CB069243

Sobrados e mucambos

Sobrados e mucambos

Introdução à história da sociedade patriarcal no Brasil – 2

Sobrados e mucambos
Decadência do patriarcado rural e desenvolvimento do urbano

Gilberto Freyre

Apresentação de Roberto DaMatta
Biobibliografia de Edson Nery da Fonseca
Notas bibliográficas revistas e índices atualizados por Gustavo Henrique Tuna

global
editora

copyright © by Fundação Gilberto Freyre,
2015/Recife – Pernambuco – Brasil

15ª Edição, Global Editora, São Paulo 2004
5ª Reimpressão, 2023

Jefferson L. Alves – diretor editorial
Francisco M. P. Teixeira – editor adjunto
Gustavo Henrique Tuna – atualização de notas e índices
Flávio Samuel – gerente de produção
Ana Cristina Teixeira – coordenação de revisão
Ana Cristina Teixeira, Giacomo Leone
Neto e Rinaldo Milesi – revisão
Fundação Gilberto Freyre e Global Editora – iconografia
Lúcia Helena S. Lima – projeto gráfico
Victor Burton – capa
Antonio Silvio Lopes
e Lúcia Helena S. Lima – editoração eletrônica
Lula Cardoso Ayres – ilustração

A Global Editora agradece a gentil cessão do material
iconográfico à Fundação Gilberto Freyre e Biblioteca José
e Guita Mindlin.

Dados Internacionais de Catalogação na Publicação (CIP)
(Câmara Brasileira do Livro, SP, Brasil)

Freyre, Gilberto, 1900-1987.
 Sobrados e Mucambos : decadência do patriarcado e
desenvolvimento do urbano / Gilberto Freyre ; apresentação de
Roberto DaMatta ; biobibliografia de Edson Nery da Fonseca ;
notas bibliográficas e índices atualizados por Gustavo Henrique
Tuna. – 15ª ed. rev. – São Paulo : Global, 2004. – (Introdução à
história da sociedade patriarcal no Brasil ; 2)

 Bibliografia.
 ISBN 978-85-260-0835-9

 1. Brasil – Civilização 2. Brasil – Condições sociais 3. Brasil
– História 4. Brasil – Relações raciais I. DaMatta, Roberto. II.
Fonseca, Edson Nery da. III. Tuna, Gustavo Henrique. IV. Título.
V. Série.

03-5364   CDD-981

Índices para catálogo sistemático:
1. Brasil : Civilização : História   981

Obra atualizada conforme o
NOVO ACORDO ORTOGRÁFICO DA LÍNGUA PORTUGUESA

global editora

Global Editora e Distribuidora Ltda.
Rua Pirapitingui, 111 – Liberdade
CEP 01508-020 – São Paulo – SP
Tel.: (11) 3277-7999
e-mail: global@globaleditora.com.br

g globaleditora.com.br   @globaleditora
f /globaleditora   @globaleditora
/globaleditora   in /globaleditora
blog.grupoeditorialglobal.com.br

Direitos reservados.
Colabore com a produção científica e cultural.
Proibida a reprodução total ou parcial desta
obra sem a autorização do editor.

Nº de Catálogo: 2390

*A Meu Pai e à memória de Minha Mãe
em cuja casa ainda meio patriarcal, e agora
já demolida, da Estrada dos Aflitos, no Recife,
foi escrita grande parte deste trabalho.*

Gilberto Freyre fotografado por Pierre Verger, 1945.
Acervo da Fundação Gilberto Freyre.

Sumário

O Brasil como morada – Apresentação para *Sobrados e mucambos*   11

Prefácio à 1ª edição   27

Introdução à 2ª edição   43

    I   O sentido em que se modificou a paisagem social do Brasil patriarcal durante o século XVIII e a primeira metade do XIX   104

   II   O engenho e a praça; a casa e a rua   134

  III   O pai e o filho   176

  IV   A mulher e o homem   206

    V   O sobrado e o mucambo   268

  VI   Ainda o sobrado e o mucambo   380

 VII   O brasileiro e o europeu   428

VIII   Raça, classe e região   472

  IX   O Oriente e o Ocidente   550

    X   Escravo, animal e máquina   620

  XI   Ascensão do bacharel e do mulato   710

 XII   Em torno de uma sistemática da miscigenação no Brasil patriarcal e semipatriarcal   776

Bibliografia	817
Apêndice 1 – Biobibliografia de Gilberto Freyre	893
Apêndice 2 – Edições de *Sobrados e mucambos*	930
Índice remissivo	932
Índice onomástico	957

O Brasil como morada
Apresentação para *Sobrados e mucambos**

Por Roberto DaMatta**

É uma honra escrever esta apresentação para *Sobrados e mucambos*. Tendo realizado um trabalho de interpretação do Brasil usando um viés semelhante ao de Gilberto Freyre e do qual sou intelectualmente devedor, é com satisfação que tomo parte em mais uma rodada de publicações de sua obra.

Sob pena de colocar o carro adiante dos bois, devo dizer que a escrita de Gilberto Freyre sempre me atraiu pelo seu enfático viés

(*) No preparo desta apresentação, muito lucrei com as recentes avaliações do trabalho de Gilberto Freyre que, já era tempo, configuram um revivalismo positivo de sua obra, como a monumental e magnífica edição crítica de *Casa-grande & senzala*, coordenada por Guillermo Giucci, Enrique Rodríguez Larreta e Edson Nery da Fonseca; bem como o livro, *Guerra e paz*, de Ricardo Benzaquen de Araújo, emblemático desses novos estudos gilbertianos. Dois ensaios que escrevi sobre Gilberto Freyre – DaMatta, 1987 e 1997 – balizaram esta apresentação.

(**) Professor Emérito da Universidade de Notre Dame, Indiana, Estados Unidos; ex-professor e coordenador do Programa de Pós-Graduação do Museu Nacional da Universidade Federal do Rio de Janeiro e da Universidade Federal Fluminense. Autor de inúmeros livros, entre os quais se destacam, *Um mundo dividido: a estrutura social dos índios apinayé*, *Carnavais, malandros e heróis: para uma sociologia do dilema brasileiro*, *A casa & a rua: espaço, cidadania, mulher e morte no Brasil*, *Relativizando: uma introdução à antropologia social*. É membro da Academia Brasileira de Ciências e da American Academy of Arts and Sciences e colunista do jornal *O Estado de S. Paulo*.

culturalista que leu o país menos como Estado-nacional e mais como um estilo de pertencer: uma configuração de costumes, com uma identidade distinta; pela sua audaciosa intuição sociológica e pelo seu imenso conhecimento da sociedade e da história do Brasil, que não hesita em usar todas as fontes e da qual os temas parecem brotar espontaneamente do texto no momento mesmo em que era escrito; pela ausência de pretensão de receitar, resolver ou ditar normas para o Brasil; e, finalmente, pelo seu devotamento a uma temática cotidiana, mesmo quando o ponto de partida é um evento histórico majestoso como a chegada de D. João VI, o Segundo Reinado, as revoltas de escravos, as grandes personagens políticas ou literárias ou a Proclamação da República. O Brasil de Gilberto não é uma engrenagem mecânica, tocada pelos leis da história ou da economia: tem alma, intriga, calor, gosto, incoerência, sussurro, discurso e coração.

Como diferença entre meu próprio rumo e o dele, devo mencionar minha perene surpresa, renovada agora pela cuidadosa releitura deste portentoso *Sobrados e mucambos*, diante do que considero ser uma ausência em seu, de outro modo, minucioso e genial trabalho de intérprete, ensaísta, pesquisador e reinventor do Brasil. Refiro-me à ausência de referências ao Estado, ao governo e ao universo das leis e da política. Aos constrangimentos legais, políticos e administrativos que, tanto quanto a família das casas-grandes e dos sobrados, os escravos da senzala e os pobres dos mucambos, foram também atores críticos desta trama de narrativas que constituem a sociologia, a história político-administrativa e a antropologia do nosso país.[1] Foi por isso que, em alguns dos meus livros e ensaios, sobretudo, no meu *A casa & a rua*, insisti – sem deixar de mencioná-lo – que a oposição constitutiva do espaço da "casa" na ideologia brasileira não seria apenas a senzala ou o mucambo (ou a favela), mas *também* o da "rua". Rua que é um espaço exterior e, com isso, a dimensão pública (e política) do sistema. Dimensão em que as pessoas se veem obrigadas a vestir a capa da impessoalidade, da individualidade e de um anonimato detestável, criador do "jeitinho" e do "você sabe com quem está falando?".[2] Rua que, em princípio, constrangeria a seguir normas universais sem distinção de sexo, idade, cor ou dinheiro, algo paradoxal e dilemático numa sociedade dividida entre os ideais da hierarquia e da igualdade, do familismo e do individualismo. Rua que conduziria a um conjunto de comportamentos radicalmente diversos dos da casa e, finalmente, rua que seria administrada não por *pater famílias*, mas por funcionários e governos que legislavam e, com isso, legitimavam e politizavam as desigualdades que Gilberto Freyre focalizou magistralmente no seu trabalho.[3] No meu entender, portanto, a dialética do sistema brasileiro não seria a da casa-grande com a senzala e do sobrado com o mucambo, mas da casa com a rua, da pessoa (relacionada e particularizada por elos pessoais) e do indivíduo-cidadão, destituído de nome de família, de cor e de gênero, sujeito a leis que devem valer para todos (cf. DaMatta, 1979, 1981, 1985, 1991, 1993, 1994).

Não cabe aqui aprofundar essas diferenças, mencionadas como testemunho de um velho diálogo com algumas das ideias de Gilberto Freyre, num momento em que seus livros jaziam esquecidos e, graças a um intolerante e antidemocrático curto-circuito entre a posição política e a obra, ele fazia parte da lista negra dos estudos sociais e era considerado má companhia sociológica.

* * *

É impossível apresentar *Sobrados e mucambos* sem seguir o exemplo de Gilberto Freyre e aproveitar a oportunidade para tecer considerações sobre a contribuição deste livro para a compreensão disso que chamamos Brasil. De um Brasil lido como uma sociedade que nasce e rotiniza-se baseado na família extensa "patriarcal" e "tutelar", dominada pelo *pater famílias* (ou, em inversões significativas, pela mulher-mãe), e por uma multidão de personagens subordinados, dotados de graus diferenciados de prestígio e autoridade como os capelães, os filhos, os afilhados, os bastardos, os criados e, claro está, por uma pletora igualmente hierarquizada de escravos cuja posição no grupo era marcada por sua paradoxal presença como estrangeiros-íntimos e mortos sociais[4] mas, sem os quais o sistema não teria vida, já que eles eram os seus braços, pernas, mãos e, posteriormente, conforme se acentua reiteradamente neste livro, máquinas e bestas de carga.

Comecemos do começo. *Sobrados e mucambos* tem uma trajetória diversa de *Casa-grande & senzala*. Realmente, o texto mítico--emblemático e, por isso mesmo, tão citado e pouco lido de Gilberto Freyre, foi um livro único. Desde o momento de sua publicação, em 1933, sua forma, salvo os riquíssimos prefácios e as reveladoras modificações do autor, permaneceu a mesma.[5] Já *Sobrados e mucambos* tem uma outra história. É uma continuação do primeiro tomo do que seria uma tetralogia, complementado que foi por *Ordem e progresso* (publicado em 1959),[6] mas é uma narrativa autônoma, singularizada, ademais, por dois nascimentos. O primeiro ocorre em 1939, o segundo em 1951, com os famíliares "acréscimos substanciais" e cinco novos capítulos, transformadores a obra original. É, como admite o autor, "um trabalho de tal modo renovado que, sob alguns aspectos, é trabalho novo" (Prefácio à Segunda Edição, p. LIII).

Não obstante as sequelas[7] desse duplo parto, *Sobrados e mucambos* mantém com *Casa-grande & senzala* um óbvio laço de continuidade temática e metodológica. Dir-se-ia, porém, refinando mais um pouco o paralelismo, que *Casa-grande & senzala* é um texto de tese, muito mais fechado em termos apresentação dos assuntos e de argumentação do que *Sobrados e mucambos*, cuja índole exprime maiores preocupações com uma etnografia do cotidiano em seu dinamismo e suas transformações.

De fato, parece-me que o primeiro livro tem três alvos explícitos. Primeiro, romper com o paradigma racista, corrente nas interpretações e, pior que isso, na ideologia nacional, para apresentar uma leitura do Brasil fundada no conceito de "cultura" que, uma vez adotado, modifica tudo, pois sem cultura não há natureza e, portanto, determinações biológicas, climáticas ou geográficas.[8] Depois, abrir-se para temas tabus como as intimidades sexuais entre senhores e escravos, cuja consequência colocava o nosso racismo de ponta-cabeça, carnavalizando-o, quando revelava a mestiçagem de modo positivo e, mais que isso, como um método de colonização. Como a maior e talvez melhor contribuição do português para o Brasil e para um Brasil-em-relação com outros sistemas, naquilo que para Gilberto Freyre seria, como ele dizia com orgulho, "primeira grande civilização moderna nos trópicos: a brasileira" (cf. a Introdução à Segunda Edição deste livro, p. LXXIII). De fato, depois de *Casa-grande & senzala*, o hibridismo não pôde mais ser visto como vergonha, tara ou patologia. Finalmente, como terceiro alvo, assumir com todas as letras e, sem dúvida, pela primeira vez na história do pensamento social brasileiro, a contribuição civilizadora do negro. Esse negro continuamente representado de modo negativo como o grande responsável pelo nosso atraso, pela nossa preguiça, pela nossa sensualidade, pelo nosso gosto pela festa e pela malandragem. Esse negro de quem tanto os intelectuais imbuídos de subsociologias racistas quanto o senso comum significativamente esqueciam a condição excepcional de escravo, essa condição tragicamente reveladora da capacidade humana de extrair trabalho oprimindo, degradando e desumanizando.

Ao mostrar que o Brasil é o que é, precisamente por causa do português, do negro e do índio; que ele não é mesmo burguês – francês ou inglês – como gostaríamos que fosse, Gilberto Freyre abre espaço para uma visão positiva de nós mesmos. Faltou unidade política, sem dúvida, mas houve integração através da casa-grande; tivemos escravidão e parasitismo social, é certo, mas isso não impediu uma ascensão social do mulato e não engendrou um racismo fixado em leis, inventor de uma verdadeira guerra entre "brancos" e "negros", como é o caso dos Estados Unidos e da África do Sul; o povo, de fato, assistiu bestializado à Proclamação da República, mas isso não o impediu de inventar as festas populares, o samba, o carnaval, o jogo do bicho, a anedota picante, a sacanagem, o cafezinho, a praia, a macumba, e de ter roubado o futebol, transformando-o num possante emblema de identidade social (e política) positiva.[9] Não tivemos nenhuma guerra civil ou revolução, mas elegemos um operário presidente da República, colocamos a esquerda no poder e continuamos a celebrar Iemanjá e Ogum ou São Jorge a Cavalo como, aliás, revela, com rara sensibilidade analítico-descritiva, esse livro. Nosso passado patriarcal, tutelar, formado pelas hierarquias das casas-grandes e dos sobrados, alimentado pelo parasitismo social da escravidão, tem criado muitos obstáculos a certos aspectos da modernidade, como o ideal da igualdade perante a lei, mas não se pode negar que criamos uma modernidade brasileira, construída a partir dos nossos valores e experiência histórica.

Uma das novidades da obra de Gilberto Freyre diz respeito à tentativa de precisar como esse sistema, fundado pelo patriarcalismo e dinamizado pela desigualdade, reage ou, como se diz em linguagem antropológica, "acultura-se" à modernidade.[10] Assim, nestes *sobrados e mucambos*, desvendam-se as formas e os estilos culturais de uma sociedade pesadamente patriarcal e escravista, como respostas às influências europeizantes que chegaram ao Brasil com a paradigmática vinda de D. João VI, em 1808. Um translado de corte que, não só separava o rei do seu reino (ao qual ele se ligava, como mandam as teorias da realeza, por substância), como promove uma radical e carnavalizadora troca de lugar, fazendo com que um Brasil marginal passasse a ser o centro do poder.

Desbastado o racismo crasso e estabelecida a plataforma culturalista, tarefas realizadas em *Casa-grande & senzala*, trata-se agora de compreender um processo de transformação que implicava o ajustamento e transformação da hierarquia, diante de demandas mais individualizantes e igualitárias, determinadas pelo meio urbano. Ajustamentos que faziam com que as elites patriarcais relativizassem a família, os parentes, os compadres e amigos, para privilegiar inicialmente corporações e irmandades religiosas e, depois, partidos políticos e ideologias que formam a base da convivência moderna, uma sociabilidade marcada pela pressão em abolir a velha oposição entre a casa e rua, o conhecido e o anônimo, o íntimo e o público, fazendo com que tudo seja governado por leis universais, válidas para todos em todos os lugares. Uma imposição que faz com que todas as pessoas sejam cidadãos indivisos (ou indivíduos) tanto na rua, diante dos seus colegas de trabalho, quanto em casa, diante de sua família.

No trabalho de Gilberto Freyre é extraordinária e, sem dúvida gratificante, essa visão do Brasil recheado de presenças. De fato, em contraste com as interpretações marcadas pela ênfase nas ausências (o Brasil não foi colonizado por "raças arianas" ou "povos adiantados", ele "não teve burguesia", "ele não tem um povo homogêneo", "não tem, sequer, vergonha na cara", "não tem patriotismo", etc., etc., etc...); no Brasil gilbertiano, não há nada inadequado, patológico, tarado ou fora do lugar. Muito pelo contrário e em oposição reitero a muitos dos seus contemporâneos (e, diga-se a bem da verdade, sucedâneos), Gilberto viu o Brasil antropologicamente, com o que ele tinha e com o que era, ou seja: sem preconceitos comparativistas negativos, quando ele não era lido em seus próprios termos, mas em função de um outro estalão civilizatório. Para ele, o diferente não significa inferioridade ou, muito menos, superioridade. A recusa da autonomia e da autenticidade emblematizada na pergunta absurda, feita por plebeus, publicistas e filósofos quando o Brasil fez 500 anos – o que comemorar? – não cabe, pois, nesta obra.[11]

Retomemos, porém, a comparação de *Casa-grande & senzala* com *Sobrados e mucambos*. O ponto central das continuidades entre os dois livros situa-se no uso de categorias nativas e culturalmente conhecidas como instrumentos – como portas e janelas – para traduzir o sistema brasileiro. Pois em ambos os casos, é a "casa" como categoria sociocultural, agência de sentimentos e instituição econômica, que serve como de ponto de partida analítico. Só que em *Casa-grande & senzala* há um ordenamento de maior impacto, pois nele Gilberto segue uma linha histórica famíliar e estuda o Brasil por meio de suas "raças formadoras", usando como roteiro o que chamei "fábula das três raças":[12] o português, o índio e o negro; ao passo que, em *Sobrados e mucambos*, as categorias que estruturam o texto são dualidades e tríades singularmente culturais, irredutíveis ao plano biológico ou geográfico, como o "o engenho e a praça, a casa e a rua"; "o pai e o filho"; "o homem e a mulher"; "o sobrado e o mucambo", "raça, classe e região", "o oriente e o ocidente", "animal, escravo e máquina".

Em termos de projeto intelectual, portanto, os dois livros têm uma enorme proximidade entre si. Um laço dado pelo uso da *casa* como campo do qual irradiam-se modelos de comportamento, comandos, símbolos e, sobretudo, relações sociais. Todo um sistema de vida e de dominação. Essa "casa" que Gilberto Freyre leu como um revelador "estilo social de habitação" que, mesmo evoluindo no tempo e no espaço, sob o impacto das mais variadas modernidades que aqui chegavam, mantinha as hierarquias básicas do sistema. Seja como casa-grande por oposição à senzala; seja como o sobrado alto e ocupado pelos ricos, em contraste com os mucambos (hoje favelas), habitadas por gente pobre. Se o sistema transitou do regime de escravidão para o de trabalho livre, ele continuava domesticando (ou "aculturando") as pressões políticas e sociais. Assim, escravos foram transformados em "cidadãos" (e sobretudo em dependentes e clientes) e os senhores em patrões. A velha e implacável hierarquia formal cedeu lugar a práticas sociais inspiradas numa nova agenda política fundada na modernidade inglesa e, sobretudo, francesa, com a sua bem conhecida agenda de liberdade, igualdade e fraternidade, mas os laços entre superiores e subordinados permaneciam (e até mesmo ampliavam-se), como faziam prova os sobrados e a sua clientela residente e inventora dos mucambos.[13]

O viés gilbertiano deixa ver o peso social e simbólico da família, em contraste com a massa de aparência individualizada (porque sem eira nem beira, sem relações e fora das redes sociais de prestígio e poder). Sua contribuição mais importante é que ela chega não só no sistema de dominação (feito de senhores e escravos e, em seguida, de patrões e empregados ou dependentes), mas no modo específico pelo qual essa dominação se faz no caso brasileiro. Pois é na *casa* "grande" ou de sobrado que as polaridades irreconciliáveis do sistema se materializam, e são igualmente amaciadas, conciliadas e mediatizadas. No Brasil, portanto, a "casa" é mais que local de moradia. É também, como Gilberto Freyre demonstra em sua obra, escola, igreja, banco, partido político, hospital, casa comercial, hospício, local de diversão, parlamento, restaurante, e o que mais se queira. De certo modo e em larga medida, continua sendo – apesar dos nossos esforços – uma instituição ainda sem rival na sociedade brasileira.

De fato, na sociedade patriarcal ou tutelar, as casas-grandes (nas quais o senhores projetavam suas personalidades sociais) eram opostas às senzalas, lugar de inferioridade e subordinação social no qual viviam os despossuídos, os desenraizados e os mortos sociais e políticos: os escravos. Se a casa-grande era para morar e existir plena e autonomamente, a senzala seria o lugar onde se vivia, ou melhor, *sobre*-vivia, como uma não pessoa ou morto vivo social. A casa-grande encarnava o topo do sistema. Desenhada para aparecer, ela dominava a paisagem com seus telhados em ponta (orientalismos, diz Gilberto neste volume), e suas amplas varandas, sombreadas e abertas, convidavam ao encontro, sugerindo uma intensa sociabilidade. A senzala, por seu lado, era o fundo do sistema. Numa sociedade gerenciada pelo favor e pelas relações pessoais, a senzala era o lugar de uma sociabilidade proibida, uma sociabilidade disciplinada e contraditória, marcada pelos laços entre "pessoas" e "não pessoas". Ela existia a despeito de si mesma, configurando um espaço a ser eliminado ou, na melhor das hipóteses, escondido.

Uma das maiores contribuições teóricas deste livro é a sua demonstração recorrente – insistente mesmo – de que esse sistema tão formalmente dividido entre senhor e escravo poderia ser mais bem compreendido a partir do desenho e dos padrões de comportamento da casa. Casa como instituição englobadora da vida social que, de saída, precisava de padres, capatazes, criados e escravos. Casa que era propriedade de uma família extensa: um grupo que se "estendia" para além do casal fundador ou original, penetrando e sendo penetrada pelas estruturas que ela mesma inventava. Casa que, abrigando tanto a família senhorial quanto a criadagem, era o centro da vida social, monopolizando, no Brasil de então, todos os aspectos da existência do escravo e do senhor. Seria mais claramente caracterizada, caso Gilberto Freyre tivesse lido Marcel Mauss, um "fato social total", pois essa morada que, para ele, vivia num meio "feudalizado", sem Estado, mercado, governo ou normas impessoais, só pode ser entendida em sua inteireza ou totalidade: nas suas dimensões econômicas, sociais, religiosas, sentimentais, morais e políticas.

Se essas casas gilbertianas promovem um convívio necessário de extremos sociais, colocando lado a lado toda a sorte de diferenças e antagonismos, elas também engendravam (a despeito de si mesmas e de sua consciência hierárquica e de posição), espaços intermediários, marginais – mulatos – e ambíguos. Varandas, alpendres, cozinhas, quintais, terreiros. Zonas sombreadas pela casa-grande (e pelo sobrado), mas que serviam como expressões de interdependências e de complementaridades que o sistema negava formalmente. Visto, pois, do interior da casa-grande ou da senzala, o sistema comportava uma rígida hierarquia incrementada, inclusive, por diferenças culturais. Diferenças, ademais, ancoradas na lei e legitimadas pelo Estado. Considerada, entretanto, em sua dinâmica, havia toda uma cadeia de "pessoas", "gentes" e espaços intermediários que criava não só uma vasta dramaturgia de situações paradoxais, mas sobretudo um sistema muito mais marcado pela interdependência do que pela rígida separação. Um estilo de vida no qual a relação não é um mero resultado contratual do encontro de dois sujeitos, mas é um valor, tendo poder coercitivo e subjetividade. Assim, o Brasil, como Da. Flor, decide escolher não escolher; tem rios com três margens; tem "jeitos" de passar pela lei sem cometer crime, bem como "desconstruções" sociais programadas, como o carnaval que coloca tudo de ponta-cabeça.

O que Gilberto tenta demonstrar, correndo o risco de ser chamado de reacionário e um ideólogo de um escravismo doce, é que o sistema funcionava *hierarquicamente*. As diferenças não corriam em paralelo, mas faziam parte de uma geometria social de inclusão, uma figura na qual os senhores englobavam mas eram também englobados por seus escravos, com os quais mantinham laços de interdependência. Nesse sistema, o senhor dependia tanto do escravo (que era seu braço, suas mãos e pernas e, posteriormente, suas máquinas e animais de carga) quanto o escravo dependia do senhor.[14]

Para finalizar essa apresentação que vai virando um ensaio, quero enfatizar que a maior contribuição da obra de Gilberto Freyre para os estudos brasileiros em particular, e para a teoria antropológica de modo geral, foi a sua compreensão intuitiva e, por isso mesmo, excepcional da hierarquia como um ponto central do sistema social brasileiro. Pois é a hierarquia – esse hóspede, como demonstra Louis Dumont, não convidado das sociologias modernas, individualistas e, por isso mesmo, sociocêntricas – que permite articular as mais radicais diferenças, provendo a base para as conciliação dos conflitos, contrastes e antagonismos em equilibrio, típicos da sociologia de Gilberto Freyre.[15]

Conflitos acentuados pelos sobrados e mucambos que surgem como espaços privilegiados nos quais ocorriam transformações de gênero, classe, idade, educacionais e de relações de trabalho, provocadas e promovidas para que a sociedade pudesse mudar e modernizar-se, permanecendo – como mostra Gilberto Freyre, através de um subtexto marcado por uma impagável distância e não sem ironia – senão fiel a ela mesma, pelo menos leal a certas dimensões constitutivas de sua identidade mas que já começavam a operar num esquema aspirante de modernidade.

Essa modernidade que, no caso do Brasil, teria a imensa tarefa de liquidar a escravidão como um sistema, como percebeu com rara sensibilidade Joaquim Nabuco,[16] além de promover uma série de reações aculturativas destinadas a europeizar-se, liquidando eventuais orientalismos, amaciando as posições rígidas entre os sexos e as idades, promovendo o bacharel livresco e identificado com o chique radical em detrimento do ricaço rural dotado de sólido bom-senso, domesticando festas, comidas, diversões e sensibilidades e, acima de tudo, lidando com doses variáveis de cinismo, hipocrisia e franca honestidade mas jamais sem personalismo, para mudar o quadro das gigantescas diferenças de posição social, de cor da pele, de educação, de classe e de região que são a herança maior do escravismo embasado por um esquema de vida aristocrático. O escravismo das casas-grandes e dos sobrados ainda hoje pressentido e que foi tão admiravelmente estudado e compreendido por esse genial Gilberto Freyre que o leitor irá ler.

Jardim Ubá, 8 de agosto de 2003

Referências Bibliográficas

ARAÚJO, Ricardo Benzaquen. *Guerra e paz: Casa-grande & senzala e a obra de Gilberto Freyre nos anos 30*. Rio de Janeiro: Editora 34, 1994.

BARBOSA, Livia. *O jeitinho brasileiro, ou a arte de ser mais igual que os outros*. Rio de Janeiro: Campus, 1986.

CARNEIRO DA CUNHA, Manuela. *Negros, estrangeiros: os escravos libres e sua volta à África*. São Paulo: Brasiliense, 1985.

DAMATTA, Roberto. *Carnavais, malandros e heróis: para uma sociologia do dilema brasileiro*. Rio de Janeiro: Rocco, 1979.

_____. *Relativizando: uma introdução à antropologia social*. Rio de Janeiro: Rocco, 1981.

_____. Com Luiz Felipe Baêta Neves, Simoni Lahud Guedes e Arno Vogel, *Universo do futebol: esporte e sociedade brasileira*. Rio de Janeiro: Pinakotheke, 1982.

_____. *A casa & a rua: espaço, cidadania, mulher e morte no Brasil*. Rio de Janeiro: Rocco, 1985.

_____. "In memoriam: a originalidade de Gilberto Freyre", in *Boletim Informativo e Bibliográfico de Ciências Sociais*. Anpocs, nº 24, 1987.

_____. *O que faz o Brasil, Brasil?*. Rio: Rocco, 1991.

_____. *Conta de mentiroso: sete ensaios de antropologia brasileira*. Rio de Janeiro: Rocco, 1993.

_____. "Dez anos depois: em torno da originalidade de Gilberto Freyre", in *Ciência & Trópico*. Vol. 25, nº 1, 1997.

_____. "Basta recordar os pés das chinesas: notas sobre Gilberto Freyre e o carnaval do Brasil", in *Anais do Seminário Internacional Novo Mundo nos Trópicos*. Recife: Fundação Gilberto Freyre, 2000.

DEGLER, Carl N. *Neither black nor white: slavery and race relations in Brazil and the United States*. Nova York: Macmillan, 1971.

DUMONT, Louis. *German ideology: from France to Germany and Back*. Chicago e Londres: The University of Chicago Press, 1994.

GIUCCI, Guillermo; Larreta, Rodríguez e Fonseca, Edson Néry da (Coordenadores). *Gilberto Freyre – Casa-*

-grande & senzala. Edição Crítica. Coleção Arquivos, 55. Fundação Vitae, 2002.

LOWIE, Robert H., 1966 [1917] – *Culture and ethnology*. Nova York: Basic Books.

MAUSS, Marcel. "Ensaio sobre a dádiva: forma e razão da troca nas sociedades arcaicas". Tradução de Mauro Almeida. São Paulo: EPU e Edusp, 1974.

NABUCO, Joaquim. [1900] – *Minha formação*. Rio de Janeiro: Topbooks, 1999.

PATTERSON, Orlando. *Slavery and social death: a comparative study*. Cambridge, Mass. Harvard University Press, 1982.

Notas para a Apresentação
de *Sobrados e mucambos*

1. O enfoque na família e rotinas diárias, típico do culturalismo boasiano praticado por Gilberto Freyre ajuda na sua classificação como conservador. No ensaio introdutório ao livro *A casa & a rua*, eu sugeri "duas linhas interpretativas" a marcar as sociologias produzidas no Brasil. Numa delas, preponderava o foco na "casa" e instituições afins ao mundo cotidiano. "Basta consultar – continua o meu texto – a obra de Gilberto Freyre para verificar como certos aspectos do nosso sistema – sobretudo a sua intimidade e heterogeneidade – surgem com clareza". Numa outra linha, o Brasil não é mais lido pelo ângulo da "casa" e da família, mas pelo da esfera exterior da "rua". Aqui, o foco do trabalho passa a ser "o conjunto institucional inclusivo – o sistema legal e constitucional, as ideologias religiosas oficiais e legitimadoras, o sistema burocrático que, afinal de contas media e pesava a sociedade não só como um sistema de costumes, mas como uma *nação* (cf. DaMatta, 1985:19-220). Não parece haver dúvida que essas duas *démarches* interpretativas são manifestações da postura romântica em contraste com a visão "iluminista-universalista" dos diversos estudiosos de nossa sociedade, e seria preciso vê-las, como tento realizar no meu trabalho, em relação. Assim sendo, o que Gilberto Freyre tem em excesso, falta em Caio Prado Jr., Florestan Fernandes ou Raymundo Faoro. O oposto, entretanto, é certamente verdadeiro. Menos do que meras posturas políticas, fáceis de rotular e, no caso de Gilberto de denunciar como negativas, elas são reveladoras do poder institucional da "casa" e da "rua" como perspectivas e categorias sociais promotoras de leituras e narrativas dos brasileiros sobre o Brasil.

2. O "jeitinho" foi alvo de um livro notável de Lívia Barbosa (cf. Barbosa, 1992); o "Você sabe com quem está falando?" é um capítulo central do meu *Carnavais, malandros e heróis*, publicado em 1979.

3. Numa resenha, publicada quando do lançamento de *A casa & a rua*, no Caderno de Programas do *Jornal da Tarde*, na sua edição de 18 de maio de 1985, Gilberto Freyre acusa-me de mestre plagiário, gatuno de um conceito muito dele, ressaltando, entretanto, o valor e a inovação do meu trabalho. Relendo essa nota, parece-me claro que Gilberto se surpreendeu com a sugestão de que casa e rua tinham um conteúdo igualmente político e weberianamente "ético", ultrapassando o seu componente habitacional ou meramente residencial.

4. A visão do escravo como um desenraizado, um estranho e um "outro" é trabalhada por Manuela Carneiro da Cunha (1985) e também no ambicioso estudo de Orlando Patterson (1982). Este

último autor sugere que o cativo é um "morto social": uma "não pessoa" sem direito à honra, à autorrepresentação e a qualquer forma de existência social fora do elo com o seu senhor. Uma condição, aliás, que o personalismo brasileiro que facultava ignorar as leis por parte dos senhores e burocratas luso-brasileiros, tende a relativizar de acordo com a pioneira demonstração realizada Gilberto Freyre, autor citado mas obviamente não lido, por Patterson.

5. Numa comparação da edição original de *Casa-grande & senzala*, de 1933, com a de 1987 (situada como a edição definitiva), Carmen da Matta (cf. Matta, 2002), faz um minucioso e competente estudo dos "acréscimos", "supressões", "inversões", "atualizações" e "ampliações" sofridas pelo texto original. A julgar pela preocupação de Gilberto com seus textos, não será exagerado pressumir que o mesmo tenha ocorrido com *Sobrados e mucambos* que, aliás, espera por sua edição crítica.

6. O tomo final da série, cujo título seria Jazigos e covas rasas, foi esboçado na Introdução à Segunda Edição (páginas LIX-LX) deste livro. Seria um estudo das relações entre vivos e mortos, dos modos de sepultamento e dos esforços de eternização da família da casa patriaclal, cujo túmulo é monumental no jazigo perpétuo e de família ou em simples cova rasa, acentuada por uma humilde e perecível cruz de madeira no "outro mundo". Pena que jamais tenha sido publicado. No meu, *A casa & a rua*, desenvolvo a ideia da esfera do "outro mundo" que, complementada pela da "casa" e pela "rua" formaria o triângulo básico do cosmos brasileiro. Nele, apresentei um ensaio preliminar sobre "A morte e os mortos no Brasil" sem – *mea culpa* – aproveitar as ideias que Gilberto havia desenvolvido sobre o assunto o que teria enriquecido enormemente o meu trabalho. Fica, porém, a referência e, ainda que tardia, a penitência sinalizadora de indesculpável, mas significativo, descuido intelectual.

7. Falo em sequela porque tive a experiência de trabalhar detidamente com esse texto quando busquei descobrir as ideias de Gilberto Freyre sobre o carnaval e descobri citações com datas incoerentes, bem como notas acrescentadas sem advertência pelo autor. Cf. DaMatta, 2000.

8. Como estudante de Franz Boas, fundador da antropologia cultural, Gilberto Freyre, como todos os outros "culturalistas", recusa-se a reduzir os fatos culturais a determinantes "infraestruturais", biológicos, climáticos, geográficos e econômicos, bem como a interesses e motivações individuais e psicológicas. Para ele, como para outro famoso discípulo de Boas, Robert H. Lowie, "a cultura seria um fato *sui generis* a ser explicada em seus próprios termos" (cf. Lowie, 1966: Cap. 4). Há, pois, na escrita de Gilberto Freyre uma clarissíma ponta do romantismo que integra a orientação antropológica, orientação simultaneamente preocupada com a universalidade humana e com o fato de que cada cultura deve ser vista em seus próprios termos e não em função de uma outra, por mais "avançada" que possa parecer.

9. Como pioneiramente demonstrei com alguns alunos, hoje ilustres professores, em DaMatta, 1982.

10. O antropólogo Louis Dumont apresenta, como características da modernidade, os seguintes elementos presentes em graus variáveis nas diversas encarnações do moderno no mundo contemporâneo:

1) individualismo (em contraste com holismo) ou a ideia de que a parte é mais importante que o todo; 2) primado das relações entre homens e coisas, em oposição à relação dos homens entre si; 3) distinção absoluta entre sujeito e objeto, em oposição a uma distinção relativa e flutuante; 4) separação dos valores entre fatos e ideias (em oposição a sua indistinção ou associação próxima); e, finalmente, 5) distribuição do conhecimento em planos ou disciplinas independentes, homólogas e homogêneas" (cf. Dumont, 1994:7). Colocadas em confronto com a vida social brasileira, ver--se-á imediatamente um conjunto de questões ou dilemas, como eu chamei atenção no meu livro *Carnavais, malandros e heróis*.

11. Como não caberia em nenhum contexto de compreensão humano, exceto como terrorismo populista. Seria realmente um fenômeno deparar com uma sociedade que, depois ter 500 anos de história, não teria coisa alguma para celebrar, porque nela – eis aqui o ponto central da reclamação inflamada, demagógica e *soi-disant* "contestatória" – não seguimos o modelo político-econômico dos países burgueses, ou alguma teoria sociológica vigente. Como se as sociedades tivessem que ler sociologia!

12. Fábula reveladora de uma sociedade preocupada com os encontros e as mediações. Vale acentuar, neste contexto, que essas triangulações, típicas, como tento mostrar na minha obra, de uma sociedade relacional, surgem em outras esferas da vida, como os rituais (carnavais, paradas militares e procissões) e os espaços organizatórios (casa, rua, outro mundo; céu, inferno purgatório). Cf. DaMatta, 1981: Primeira Parte, Cap. 7; e também DaMatta, 1979 e 1985.

13. Mucambos que Gilberto surpreendentemente vê como mais saudáveis e adequados à identidade social dos seus moradores do que as chamadas "habitações populares" gigantescas, e impessoais, a acentuar um anonimato negativo, sinônimo de pobreza, desenhadas por arquitetos cheios de teoria social e política, mas que jamais conversaram com um pobre, levando a sério suas ideias habitacionais.

14. Essa mutualidade é percebida por Joaquim Nabuco, quando diz: "É que tanto a parte do senhor era inconscientemente egoísta, tanto a do escravo era inscientemente generosa". E, mais adiante, fala de sua dívida para o leite negro (e escravo) que o amamentou, concluindo: "Entre mim e eles deve ter-se dado uma troca contínua de simpatia, de que resultou a terna e reconhecida admiração que vim mais tarde a sentir pelo seu papel" (cf. Nabuco, [1900] 1999:162-163). Para evitar os mal--entendidos de sempre, devo afirmar que essa mutualidade, esse sentimento de troca (e não de contrato) entre certos senhores e escravos, não faz prova de que eles sofreram menos (ou mais) no Brasil, mas ajuda a revelar o estilo desse sistema escravista que era personalizado, permeado de intermediários (como o mulato como "válvula de escape" na conceituação funcionalista de Carl Degler), além de ser um sistema nacional e no qual os senhores não obedeciam as leis e o poder coercitivo do governo era fraco e dependente de favores.

15. Sobre esse assunto, vale citar uma passagem significativa da Introdução à Segunda Edição deste ensaio: "(...) a hierarquia patriarcal revelada principalmente nos estilos sociais de habitação – sirva

de elemento de superação aos contrastes que oferecem as várias substâncias que constituem o Brasil étnico, o Brasil etnográfico, o próprio Brasil geoeconômico." (p. LXXVII)

16. Um pensamento proverbial de Nabuco diz tudo e, quem sabe, resume todo o projeto de pesquisa desenvolvido por Gilberto Freyre: "A escravidão permanecerá por muito tempo como a característica nacional do Brasil" (cf. Nabuco, 1999:163). Ou seja, a sociedade libertou o escravo, mas permaneceu ligada à escravidão como um fato social total, uma instituição que sobrevive, mal disfarçada no trabalho doméstico, com suas confidências, intimidades, conluios mútuos; no clientelismo que liga patrões e empregados por laços de dependência; no sistema de favor que remete a uma reciprocidade pessoal e coercitiva; na aceitação inconsciente da desigualdade como um valor.

Prefácio à 1ª edição

A tentativa de reconstituição e de interpretação de certos aspectos mais íntimos da história social da família brasileira, iniciada em trabalho anterior, é agora continuada, dentro do mesmo critério e da mesma técnica de estudo.

Nestas páginas, procura-se principalmente estudar os processos de subordinação e, ao mesmo tempo, os de acomodação, de uma raça a outra, de uma classe a outra, de várias religiões e tradições de cultura a uma só, que caraterizaram a formação do nosso patriarcado rural e, a partir dos fins do século XVIII, o seu declínio ou o seu prolongamento no patriarcado menos severo dos senhores dos sobrados urbanos e semiurbanos; o desenvolvimento das cidades; a formação do Império; íamos quase dizendo, a formação do povo brasileiro.

A princípio, os processos mais ativos foram os de subordinação e até de coerção. O Procurador do Estado do Maranhão em 1654, Manuel Guedes Aranha, chega a ser tão incisivo na expressão de suas ideias de subordinação dos índios ou dos pretos aos brancos, como qualquer arianista ou ocidentalista moderno: "Si os nobres nos paizes civilisados" – pensava ele – "são tidos em grande estima, com maior razão devem ser estimados os homens brancos em paiz de hereges; porque aquelles creados com o leite da Igreja e da fé christã". Além do que, "sabido é que diferentes homens são proprios para diferentes coisas; nós [brancos] somos proprios para introduzir a religião entre elles [índios e pretos]; e elles adequados para nos servir, caçar para nós, pescar para nós, trabalhar para nós."

Mas ao lado de procuradores do tipo e das tendências exclusivistas de Guedes Aranha, foram aparecendo, desde os princípios do século XVII, teóricos da acomodação entre as raças. Estas não estariam destinadas tão rigidamente por Deus – uma a dominar, as outras a servir. Um desses teóricos foi o Padre Antônio Vieira – ele próprio neto de preta. Diante da invasão da colônia por um povo mais branco que o português – os holandeses – perguntou um dia o grande orador se "não eramos tão pretos em respeito delles como os indios em respeito de nós?". Se podia "haver maior inconsideração do entendimento nem maior erro de juízo entre homens, que cuidar eu que hei de ser vosso senhor porque nasci mais longe do sol, e que vós haveis de ser meu escravo, porque nascestes mais perto?".

Era a dúvida em torno do próprio fundamento da escravidão nos trópicos: a inferioridade das raças de cor. As duas tendências continuariam a ter seus apologistas francos, através do século XVIII e do XIX. Uns, certos da necessidade de continuarem as raças de cor – pelo menos a negra – subordinadas à branca, que seria a raça superior; outros defendendo, como Arruda Câmara, a livre incorporação dos negros e mulatos à sociedade brasileira, sua ascensão às responsabilidades políticas e intelectuais.

Em 1834, o Dr. Henrique Félix de Dacia, não sabemos se negro ou mulato, mas "Bacharel e advogado público" muito orgulhoso do seu título e até de sua cor, aparece n'*O Censor Brasileiro*, insurgindo-se contra o preconceito de se reservarem "as sciencias e os cargos" para os brancos: "querem que um pobre homem de cor não passe de um simples artista"; "querem antes dar-lhe uma esmola do que franquear--lhe aquellas condecorações, e lucros, que por direito lhe pertencem: eu não tenho descançado; hei de ser sempre victima desses soberbos, porém, jamais serei humilde com elles." Era a voz do bacharel de cor fazendo-se expressão já arrogante dos seus próprios direitos. Querendo livrar-se quase revolucionariamente da subordinação ao branco.

Motivou o grito de orgulho e até de arrogância do Dr. Dacia a circunstância de não o terem admitido às funções de juiz de fato. Mas em outro jornal da mesma época surge-nos voz bem mais brasileira, isto é, bem mais acomodatícia, discutindo o assunto. Embora o jornal se chame *Sentinella da liberdade na sua primeira guarita, a de Pernambuco, onde hoje brada alerta!!* os termos do artigo são todos no sentido da acomodação: "Pergunto qual he mais: ser Juiz de facto, ou ser Padre, Deputado, Senador, Ministro d'Estado, Official Militar, Camarista, Lente de Academias, Magistrado, Empregado em Tribunaes etc? Parece-me que todos estes cargos são maiores do que ser jurado. Ora, nós vemos Padres Pardos e Pretos (o meo Vigario na Bahia era Preto), vemos hum Senador Pardo, hum Deputado Rebouças Pardo, Membros das Camaras Municipaes Pardos e o Senhor Canamerim de cor preta em circunstancias de tomar assento na Camara da Bahia; vemos na Medicina e Cirurgia pardos, meos honrados amigos e companheiros; vemos Lentes de Academias medicas Pardos em grande numero; temos visto Ministros d'Estado pardos; e nos tribunaes estão Pardos; nas Rellaçõens tambem Pardos; e nos Cursos Juridicos estudão Pardos; em todas as sociedades chamadas Secretas estão Pardos nossos Carissimos Irmãons; & nada pois influe o accidente das cores pois andamos iguaes em direitos, em tudo occupamos logares e cargos sem distincção mais do que nas luzes e comportamento... He pois necessario dispir prevençõens e chamar os animos á conciliação, evitando estimulos sem justo motivo; todos somos filhos da Patria; ella pertence a todos; nós a devemos amar, soccorrer, defender e pôr em socego, por que isto redunda em nosso beneficio; haja união bem serrada em nossas almas...".

A situação, porém, não era idílica. A subordinação da gente de cor, baseando-se na diferença de raça, era também uma subordinação de classe. E a ascensão de uma classe a outra, embora muito menos áspera que em velhos países europeus ou asiáticos, não se fazia tão facilmente, nem era possível que se fizesse, num Império escravocrático e agrário como o Brasil. Em 1835 salientava o General José Inácio de Abreu e Lima, no seu *Bosquejo historico, politico e literario do Brasil*, que a nossa população, dividindo-se em dois grandes grupos – pessoas livres e pessoas escravas – estes por sua vez se subdividiam em outros grupos ou "famílias distinctas", como ele chama aos subgrupos, "tão oppostas e inimigas umas das outras como as duas grandes secções entre si". E acrescentava: "Que somos todos inimigos e rivaes uns dos outros na proporção de nossas respectivas classes, não necessitamos de argumentos para proval-o, basta que cada um dos que lerem este papel, seja qual for sua condição, metta a mão na sua consciencia e consulte os sentimentos do seu coração".

Essas distâncias sociais, se por um lado diminuíram com o declínio do patriarcado rural no Brasil através do século XIX, e com o desenvolvimento das cidades e das indústrias, por outro lado se acentuaram – entre certos subgrupos, pelo menos – com as condições de vida industrial desenvolvidas no país, outrora quase exclusivamente agrícola; com os maiores e mais frequentes atritos entre os homens, que a Revolução Industrial excitou em nosso meio. A casa patriarcal perdeu, nas cidades e nos sítios, muitas de suas qualidades antigas: os senhores dos sobrados e os negros libertos, ou fugidos, moradores dos mucambos, foram se tornando extremos antagônicos, bem diversas, as relações entre eles, das que haviam se desenvolvido, entre senhores das casas-grandes e negros de senzala, sob o longo patriarcado rural. Entre esses duros antagonismos é que agiu sempre de maneira poderosa, no sentido de amolecê-los, o elemento socialmente mais plástico e em certo sentido mais dinâmico, da nossa formação: o mulato. Principalmente o mulato valorizado pela cultura intelectual ou técnica.

O centro de interesse para o nosso estudo de choques entre raças, entre culturas, entre idades, entre cores, entre os dois sexos, não é nenhum campo sensacional de batalha – Palmares, Canudos, Pedra Bonita – onde os antagonismos de raça, e, principalmente, os de cultura, tomaram, por vezes, formas as mais dramáticas em nosso país. Nem mesmo as ruas, como a da Praia, que chegaram a dar nome a algumas das nossas revoltas do povo das cidades contra os restos de feudalidade das casas-grandes de engenho e de fazenda a se estenderem sobre o governo das províncias. O centro de interesse para o nosso estudo desses antagonismos e das acomodações que lhes atenuaram as durezas continua a ser a casa – a casa maior em relação com a menor, as duas em relação com a rua, com a praça, com a terra, com o solo, com o mato, com o próprio mar.

O sistema casa-grande-senzala, que procuramos estudar em trabalho anterior, chegara a ser – em alguns pontos pelo menos – uma quase maravilha de acomodação: do escravo ao senhor, do preto ao branco, do filho ao pai, da mulher ao marido. Também uma quase maravilha de adaptação do homem, através da casa, ao meio físico, embora, neste particular, o sobrado e o mucambo talvez tenham superado o sistema inicial.

Quando a paisagem social começou a se alterar, entre nós, no sentido das casas-grandes se urbanizarem em sobrados mais requintadamente europeus, com as senzalas reduzidas quase a quartos de criado, as moças namorando das janelas para a rua, as aldeias de mucambos, os "quadros", os cortiços crescendo ao lado dos sobrados, mas quase sem se comunicarem com eles, os xangôs se diferenciando mais da religião Católica do que nos engenhos e nas fazendas, aquela acomodação quebrou-se e novas relações de subordinação, novas distâncias sociais, começaram a desenvolver-se entre o rico e o pobre, entre o branco e a gente de cor, entre a casa grande e a casa pequena. Uma nova relação de poder que continua, entretanto, a ser principalmente o dos senhores, o dos brancos, o dos homens. Maiores antagonismos entre dominadores e dominados. Entre meninos criados em casa e moleques criados na rua (sem a velha zona de confraternização entre as duas meninices que fora a bagaceira nos engenhos). Entre a dona de casa e a mulher da rua. Entre a gente dos sobrados e a gente dos mucambos. Maior desajustamento econômico entre os dois extremos, as casas-grandes com cacimba no fundo do sítio chegando a vender água à gente das casas mais pobres como "a grande casa de pedra e cal, estribaria, bastantes cafeeiros que dão annual 10 a 12 arrobas, algum arvoredo de fundo" que aparece num anúncio de jornal de 13 de abril de 1835.

Só aos poucos é que se definem não tanto zonas como momentos de confraternização entre aqueles extremos sociais: a procissão, a festa de igreja, o entrudo, o carnaval. Porque os jardins, os passeios chamados públicos, as praças sombreadas de gameleiras, e, por muito tempo, cercadas de grades de ferro semelhantes às que foram substituindo os muros em redor das casas mais elegantes, se limitaram ao uso e gozo da gente de botina, de cartola, de gravata, de chapéu de sol – insígnias de classe e ao mesmo tempo de raça, mas principalmente de classe, no Brasil do século XIX e até dos princípios do século atual. Ao uso e gozo do homem de certa situação social – mas do homem, só do homem, a mulher e o menino conservando-se dentro de casa, ou no fundo do sítio, quando muito na varanda, no postigo, no palanque do muro, na grade do jardim. Porque o menino que viesse empinar seu papagaio ou jogar seu pião no meio da rua tornava-se moleque. A dona de casa que saísse rua afora para fazer compras corria o risco de ser tomada por mulher pública. Mme. Durocher – um virago, uma mulher-homem, vestindo-se de sobrecasaca, calçando-se com botinas de homem – foi uma das primeiras mulheres a andar a pé pelas ruas do Rio de Janeiro; e causou escândalo.

Não só aos negros de pé no chão – grandes pés, chatos e esparramados, alguns de dedos torados pelo ainhum, outros roídos de aristim ou inchados de bicho – como aos próprios caixeiros de chinelo de tapete e cabelo cortado à escovinha e até aos portugueses gordos de tamanco e cara rapada estavam fechados aqueles jardins e passeios chamados públicos, aquelas calçadas de ruas nobres, por onde os homens de posição, senhores de barba fechada ou de suíças, de botinas de bico fino, de cartola, de gravata, ostentavam todas essas insígnias de raça superior, de classe dominadora, de sexo privilegiado, à sombra de chapéus de sol quase de reis. Chapéus de sol de seda preta e cabo de ouro. Às vezes de pano de cor, os cabos formando cabeças de bicho, os grandes bichos quase simbólicos do domínio patriarcal no Brasil, os mesmos dos umbrais dos portões das casas: leões, gatos, cachorros, tigres.

Aqueles momentos de confraternização entre os extremos sociais, a que nos referimos – a procissão, a festa de igreja, o entrudo – é que foram fazendo das ruas e praças mais largas – da rua em geral – zonas de confraternização. Marcaram um prestígio novo no nosso sistema de relações sociais: o prestígio da rua.

A partir dos princípios do século XIX, a rua foi deixando de ser o escoadouro das águas servidas dos sobrados, por onde o pé bem calçado do burguês tinha de andar com jeito senão se emporcalhava todo, para ganhar em dignidade e em importância social. De noite, foi deixando de ser o corredor escuro que os particulares atravessavam com um escravo na frente, de lanterna na mão, para ir se iluminando a lampião de azeite de peixe suspenso por correntes de postes altos. Os princípios de iluminação pública. Os primeiros brilhos de dignidade da rua outrora tão subalterna que era preciso que a luz das casas particulares e dos nichos dos santos a iluminasse pela mão dos negros escravos ou pela piedade dos devotos.

Ao mesmo tempo, a partir daquela época, as posturas municipais começaram a defender a rua dos abusos da casa-grande que sob a forma de sobrado se instalara nas cidades com os mesmos modos derramados, quase com as mesmas arrogâncias, da casa de engenho ou de fazenda: fazendo da calçada picadeiro de lenha, atirando para o meio da rua o bicho morto, o resto de comida, a água servida, às vezes até a sujeira do penico. A própria arquitetura do sobrado se desenvolvera fazendo da rua uma serva: as biqueiras descarregando com toda a força sobre o meio da rua as águas da chuva; as portas e os postigos abrindo para a rua; as janelas – quando as janelas substituíram as gelosias – servindo para os homens escarrarem na rua. Aí também se derramava o sobejo das quartinhas e das bilhas, ou moringues, onde se deixava a água esfriar ao sereno, sobre o peitoril das janelas. Estas, em certos sobrados mais desconfiados das ruas, eram raras no oitão – duas ou três, as outras sendo apenas fingidas, janelas falsas, pintadas na parede imensa.

As posturas dos começos do século XIX são quase todas no sentido de limitar os abusos do particular e da casa e de fixar a importância, a dignidade, os direitos da rua, outrora tão por baixo e tão violados. Tão violados pelos proprietários de terras; tão violados, no Rio de Janeiro, pelos jesuítas que aqui se fizeram donos de muitos sítios e casas de sítios ou chácaras. Alguns desses sítios compreendidos na sesmaria da cidade e estendidos ou explorados contra o interesse público. O padre Cepeda, em documento célebre, refere-se aos "insignes ladrões que havia neste Collegio" (o Colégio dos Jesuítas do Rio de Janeiro). Um deles, o "Padre Luiz de Albuquerque que em vinte e quatro annos foi Procurador de Causas" [...] e "tantas terras furtou para a Religião." Era vulgar, entre os mesmos jesuítas – acrescenta a exposição de Cepeda – "que nunca perdia uma demanda porque se via alguma mal parada, furtava os autos custasse o que custasse". Por tais meios é que grandes sítios, verdadeiras fazendas de padres e de particulares, se derramaram pelas sesmarias das cidades, encarecendo o terreno, obrigando as casas menores a se ensardinharem ao pé dos morros e até nos mangues (depois por cima dos morros) e concorrendo para o agarrado anti-higiênico das habitações pobres e mesmo dos sobrados mais modestos. Os moradores das casas de sítio dos padres eram no Rio de Janeiro simples caseiros; o trabalho desses caseiros beneficiava o solo e valorizava as terras, também valorizadas – informa João da Costa Ferreira em pesquisa recentemente publicada sobre o termo da cidade – pela "proximidade em que se achavam do centro urbano que prosperava incessantemente, pelo crescimento de sua população, pelo desenvolvimento do seu commercio." Mas essa valorização, com sacrifício da parte mais pobre da população e do patrimônio da cidade. Com sacrifício das ruas que deviam existir e não existiam, seu lugar tomado e suas funções prevenidas pelos simples caminhos dos sítios dos padres e dos particulares, pelos becos, pelas vielas sempre fedendo a mijo.

Por muito tempo, as Câmaras, os juízes, as Ordens Reais, quase nada puderam contra particulares tão poderosos. A sombra feudal da casa-grande do rico ou do jesuíta caía em cheio sobre as cidades. As ruas eram simples caminhos a serviço das casas poderosas.

A partir dos princípios do século XIX é que as leis foram proibindo aos proprietários de casas dentro das cidades uns tantos abusos: as biqueiras que desaguavam tão arrogantemente sobre a rua; as janelas e as portas que se escancaravam tão insolentemente sobre a rua; o abuso de certos moradores de criar porco no meio da rua. Só o porco "com canga triangular e argola no beiço", determinava em 1834 a Câmara de Olinda que se deixasse solto pelas ruas. As ovelhas e cabras, também: só de canga.

As câmaras foram também proibindo às negras dos mucambos lavar roupas nas bicas do centro das cidades: que fossem para os riachos fora de portas. Porque algumas cidades, como o Recife, tiveram seus arcos, fora dos quais estava-se medievalmente fora de portas.

Vieram também outras restrições à liberdade dos particulares: a dos senhores dos sobrados surrarem seus escravos depois que o sino da igreja – de tão grande influência sobre a vida doméstica e até pública, das cidades brasileiras, antes da vulgarização dos relógios – batesse solenemente nove horas da noite. O sino da igreja batia nove horas da noite; acordava o burguês para o banho de rio; batia meio-dia; batia ave-maria; anunciava incêndio – algum sobrado grande e velho se queimando; anunciava missa, enterro, casamento.

Outras posturas foram aparecendo no sentido de se fazer respeitar a rua pelo matuto que descia da serra, dos sertões ou dos engenhos e entrava pela cidade muito descansado de seu: no alto do seu cavalo de cangalha ou dentro do seu carro de boi. Que descesse e puxasse o animal pela arreata ou pelo cabresto sob pena de vinte e quatro horas de prisão; os negros escravos, de duas dúzias de palmatoadas. E ninguém tivesse mais a sem-cerimônia de entrar pela cidade de camisa e ceroula; nem esquipando ou galopando a cavalo pelas ruas, por onde desde os fins do século XVIII começaram a rodar carruagens: a princípio coches, seges, traquitanas; depois *cabriolets, cabs tilburys, balancés,* todos aos solavancos pelas pedras e pelos buracos.

Os construtores e os proprietários dos prédios urbanos também foram sendo obrigados a respeitar a rua. Obrigados a levantar seus sobrados com as testadas em alinhamento regular e não a esmo ou à toa como antigamente. Obrigados a entulhar os buracos e as poças de lama defronte das casas com caliça, areia, osso queimado. Obrigados a conservar o mesmo alinhamento nos passeios e calçadas, acabando-se com os constantes degraus e batentes de uma calçada para outra, cada proprietário não fazendo senão sua vontade nem atendendo senão aos interesses de sua casa.

E, por sua vez, a rua foi se desforrando do antigo domínio absoluto da "casa nobre", da "casa-grande", do sobrado. O moleque – a expressão mais viva da rua brasileira – foi se exagerando no desrespeito pela casa. Emporcalhando os muros e as paredes com seus calungas às vezes obscenos. Mijando e defecando ao pé dos portões ilustres e até pelos corredores dos sobrados, no patamar das escadas.

Mas mesmo desprestigiada pela rua e diminuída nas funções patriarcais (que manteve até no centro de algumas cidades); diminuída pela matriz, pela catedral, pela fábrica, pelo colégio, pelo hotel, pelo laboratório, pela botica – a casa do século XIX continuou a influir, como nenhuma dessas forças, sobre a formação social do brasileiro de cidade. O sobrado, mais europeu, formando um tipo, o mucambo, mais africano ou indígena, formando outro tipo social de homem. E a rua, a praça, a festa de igreja, o mercado, a escola, o carnaval, todas essas facilidades de comunicação entre as classes e de cruzamento entre as raças, foram atenuando os antagonismos de classe e de raça e formando uma média, um meio-termo, uma contemporização mestiçamente brasileira de estilos de vida, de padrões de cultura e de expressão física e psicológica de povo.

O "sobrado de esquina" ou "com a porta para rua" representa o máximo de aproximação entre o patriarcalismo em declínio e a rua já triunfal. O fim da fase de grande distância, de distância quase profilática entre os dois; de urupemas em vez de vidraça nas janelas; de muros e cercas de espinho separando a casa, da rua. No Recife, no meado do século XIX, os burgueses dos sobrados mais modestos já vêm cear na calçada aproveitando a luz da Lua.

Da habitação rigidamente patriarcal – como foi entre nós a casa-grande de engenho ou mesmo a de sítio – pôde dizer Gustav Schmoller, em página hoje clássica, que a sua arquitetura criara nos homens costumes, métodos de trabalho, hábitos de conforto. E não é sem razão, segundo o sociólogo europeu, que em história econômica se faz da "economia da casa" o fim da barbaria e o começo de uma cultura mais alta. Como não é sem razão, lembra ainda Schmoller, que os povos civilizados designam ainda hoje toda forma de exploração e atividade criadora pela palavra que em grego queria dizer casa. Poderia, aliás, recordar que também a palavra *ecologia* tem a mesma origem que economia.

Spengler quase repete Schmoller quando exalta a influência do *atrium* patriarcal. Quando opõe a influência da casa, com tudo que ela representa de "economia" – e, poderia ter acrescentado, como meio de adaptação ecológica do homem ao meio – à influência da raça e à capacidade desta persistir, estatuesca e brônzea, dentro de estilos diversos de habitação e de vida e de climas diferentes. E a casa é, na verdade, o centro mais importante de adaptação do homem ao meio. Mesmo diminuída de importância, como nas fases de decadência da economia patriarcal, ou com a economia agrária substituída pela metropolitana, o antigo bloco partido em muitas especializações – residência, igreja, colégio, botica, hospital, hotel, banco – não deixa de influir poderosamente na formação do tipo social.

O brasileiro pela sua profunda formação patriarcal e pela semipatriarcal, que ainda continua a atuar sobre ele em várias regiões menos asfaltadas, é um tipo social em que a influência da casa se acusa ecológica e economicamente em traços da maior significação. Gosta da rua, mas a sombra da casa o acompanha. Gosta de mudar de casa, mas ao pobre nada preocupa mais que comprar seu mucambo; e o rico, logo que faz fortuna, levanta palacete bem à vista da rua.

O fenômeno de preferência pelo hotel, pela pensão, pela casa de apartamento – que aliás ainda é casa – limita-se, por ora, ao Rio de Janeiro e a São Paulo. No resto do Brasil ainda se prefere

*"a minha casa, a minha casinha,
não há casa como a minha".*

O privatismo patriarcal ou semipatriarcal ainda nos domina. Mesmo que a casa seja mucambo – o aliás tão caluniado mucambo.

* * *

Continuação de estudo já publicado, este ensaio resulta da mesma série de pesquisas. De modo que os andaimes foram os mesmos, não sendo preciso conservá-los todos agora em volta do desenvolvimento mais livre – porém de modo nenhum autônomo, e sim condicionado por aquelas bases – que tomou o assunto, em sua nova fase. Nesta segunda edição as principais fontes de que se socorreu o autor, para este trabalho, vão, entretanto, indicadas; e indicadas com o máximo de precisão possível, sempre que forem fontes utilizadas pela primeira vez. Verá facilmente o leitor que este ensaio repousa em grande parte em manuscritos de arquivos públicos e particulares e em anúncios de jornais. Em material virgem ou quase virgem.

Impossível esquecer, num estudo que se ocupe do desenvolvimento das tendências urbanas no Brasil do século XVIII e principalmente do século XIX, em contraste com as tendências rurais, os trabalhos de João Ribeiro e Oliveira Viana sobre a formação das cidades entre nós; os de Pizarro e Baltasar Lisboa, Haddock Lobo e Moreira de Azevedo, sobre o Rio de Janeiro; o de Felisbelo Freire, o de Escragnolle Dória, os de Delgado de Carvalho, Noronha Santos, Morales de los Rios e Gastão Cruls, também sobre o Rio de Janeiro; o de Luís Edmundo sobre esta cidade no tempo dos vicerreis; os de Afonso de E. Taunay sobre a formação da cidade de São Paulo; o de Oliveira Lima e o de Tobias Monteiro sobre o Brasil – particularmente o Rio de Janeiro – no tempo de D. João VI; o de Wätjen e o do Sr. José Antônio Gonsalves de Melo, sobre o Recife durante o domínio holandês; os de Teodoro Sampaio e Silva Campos sobre a Bahia; os do Sr. Ribeiro Lamego, sobre Campos.

Mas o ponto de vista especializadíssimo em que se colocou o autor diante do desenvolvimento daquelas tendências – o ponto de vista quase proustiano de estudo e interpretação da casa em suas relações mais íntimas com as pessoas – obrigou-o a socorrer-se menos desses ilustres historiadores e dos cronistas do tipo de Macedo, de Vieira Fazenda e de Pereira da Costa do que de material quase esquecido: arquivos de família, livros de assento, atas de câmaras, livros de ordens régias e de correspondência da corte, teses médicas, relatórios, coleções de jornais, de figurinos, de revistas, estatutos de colégios e recolhimentos, almanaques, álbuns de retratos, daguerreótipos, gravuras. Sem desprezar, é claro, diários e livros de viajantes estrangeiros.

Na tradução e na cópia de alguns desses documentos ou livros, foi valiosíssimo o auxílio recebido de José Antônio Gonsalves de Melo, que se vem especializando no estudo da língua holandesa, para melhor conhecimento da história do domínio holandês no Brasil; também o de Manuel Diegues Júnior, José Valadares, Diogo de Melo Meneses, nos arquivos da Bahia, do Recife e de Alagoas e o do já ilustre escritor Francisco de Assis Barbosa, na cópia de anúncios das gazetas coloniais, da excelente coleção da Biblioteca Nacional que tão gentilmente nos franqueou o seu diretor, o velho e sábio mestre Rodolfo Garcia. Devemos também agradecer as gentilezas e facilidades que nos dispensaram o Dr. Alcides Bezerra, antigo diretor do Arquivo Nacional e o atual, Dr. Vilhena de Morais, e o Dr. José Maria C. de Albuquerque, diretor do Museu, e Olímpio Costa, diretor da Biblioteca Pública de Pernambuco. Valiosa, ainda, a colaboração de Da. Vera Melo Franco de Andrade, que traduziu do sueco, especialmente para este trabalho, as páginas que Johan Brelin dedica à arquitetura doméstica da cidade do Rio de Janeiro, no seu livro de viagens do século XVIII, obra rara outrora da coleção Alfredo de Carvalho e hoje nossa por gentil oferta de um dos filhos do ilustre historiador e bibliófilo. E não devemos nos esquecer da excursão a Minas Gerais – a visita a algumas de suas casas-grandes mais típicas, a alguns dos seus sobrados mais caraterísticos, o contato, embora rápido, com alguns dos seus arquivos – na boa companhia dos Srs. Afonso Arinos de Melo Franco e Luís Camilo de Oliveira. Nem as horas passadas no Museu Paulista, entre as reconstituições de velhos sobrados da cidade de São Paulo e até do burgo inteiro, no fim da primeira metade do século XIX, trabalho de inteligência e de pachorra, realizado por mestre Afonso de E. Taunay. Nem – ainda – as excursões pelo interior do Estado do Rio de Janeiro, pelos Estados de São Paulo, Paraná, Santa Catarina, Rio Grande do Sul, Bahia, Alagoas, Sergipe. Aí e no Rio de Janeiro pudemos entrevistar sobreviventes ilustres dos últimos dias de opulência patriarcal e escravocrática em nosso país, cujos depoimentos e reminiscências de antigos residentes de sobrados ou casas patriarcais de cidades foram elementos valiosos de esclarecimento do material de arquivo. Recordaremos, entre outros, os Srs. Raul Fernandes, a baronesa de Bonfim, a viúva Joaquim Nabuco, a baronesa de Estrela, o general Moreira Guimarães, a viúva Oliveira Lima.

É considerável a massa de notícias, avisos e principalmente de anúncios de jornal da época colonial e do tempo do Império em que se baseiam algumas das generalizações, neste livro. Anúncios de escravo, de casa, de móvel, de dentista, de sapato, de chapéu, de médico, de modista, de teatro, de mágico, de colégio, de livros, de comidas e gulodices recebidas da Europa. Anúncios nos quais vêm se acusando, através do século XIX, a admiração quase supersticiosa do brasileiro pelo estrangeiro, pelo europeu, pelo inglês, pelo francês – cujos nomes "Edgar", "Lamartine", "Arthur" e até "Benjamin Franklin", foram substituindo, no batismo dos meninos, os "Thales", "Ulysses" e "Themistocles", dos princípios do século XIX, e competindo com os nomes indígenas – a ponto das melhores casas, as melhores criadas, os melhores móveis, acabarem sendo anunciados "para família extrangeira", para "casa extrangeira", para "senhor extrangeiro": – fato, aliás, que ainda se observa em anúncios dos nossos dias. Há mais de cinquenta anos o fenômeno já servia de assunto a uma das crônicas mais interessantes e finas de França Júnior.

O estudo dos anúncios de jornal, nos quais antes só se enxergava o pitoresco, parece-nos ter sido utilizado larga e sistematicamente neste trabalho, pela primeira vez, dentro de técnica antropossociológica, para interpretações sociológicas e antropológicas. A essa utilização e a essas interpretações outras poderão se ajuntar com igual ou maior proveito: médicas por exemplo. Amplamente filológicas. Folclóricas. Puramente históricas. Aliás, já o Dr. Luís Robalinho Cavalcanti, em trabalho que escreveu sobre o ainhum, no Brasil, colheu naquela fonte sua melhor e mais flagrante documentação histórica.

Se as possibilidades de utilização de material, na aparência tão vil, ou apenas pitoresco, mas na verdade rico e até opulento de substância do maior interesse histórico e da mais profunda significação social, escapam aos que só compreendem os estudos sociais, solenes e grandiosos e servindo-se apenas de documentos ilustres, mestres como Afonso de E. Taunay e Paulo Prado souberam reconhecer a importância e o valor de riqueza tão grande e, até hoje, tão desaproveitada. Distinguiu-nos Afonso de E. Taunay com boas palavras de animação, e mais do que isso, de lúcida e simpática compreensão, primeiro em carta, depois em artigo, justamente quando críticos menos autorizados e mais afoitos proclamavam não enxergar senão "pitoresco" em todo aquele esforço de utilização à grande dos anúncios de jornais para esclarecimento de zonas mais íntimas de nossa história social.

O presente trabalho tem, como o anterior, defeitos de distribuição de material; repetições; às vezes a matéria de um capítulo transborda no outro. Também fomos obrigados a insistir em certos assuntos já tocados no estudo anterior; mas de ponto de vista diverso. Considerados em relação com outras situações sociais e psicológicas.

O que João Ribeiro estranhou na primeira parte do trabalho – a já publicada – também estranharia nesta: não conclui. Ou conclui pouco. Procura interpretar e esclarecer o material reunido e tem, talvez, um rumo ou sentido novo de interpretação; mas quase não conclui. Sugere mais do que afirma. Revela mais do que sentencia.

A quase ausência de conclusões, a pobreza de afirmações, não significa, porém, repúdio de responsabilidade intelectual pelo que possa haver de pouco ortodoxo nestas páginas. De contrário ao estabelecido, ao aceito, ao consagrado. Porque essa qualidade revolucionária vem da própria evidência do material reunido e aqui revelado e interpretado dentro da maior objetividade possível, de método e de técnica.

É tempo de procurarmos ver na formação brasileira a série de desajustamentos profundos, ao lado dos ajustamentos e dos equilíbrios. E de vê-los em conjunto, desembaraçando-nos de pontos de vista estreitos e de ânsias de conclusão interessada. Do estreito ponto de vista econômico, ora tão em moda, como do estreito ponto de vista político, até pouco tempo quase o exclusivo. O humano só pode ser compreendido pelo humano – até onde pode ser compreendido; e compreensão importa em maior ou menor sacrifício da objetividade à subjetividade. Pois tratando-se de passado humano, há que se deixar espaço para a dúvida e até para o mistério: a história de uma instituição, quando feita ou tentada sob critério sociológico que se alongue em psicológico, está sempre nos levando a zonas de mistério, onde seria ridículo nos declararmos satisfeitos com interpretações marxistas ou explicações behavioristas ou paretistas; com puras descrições semelhantes às da história natural de comunidades botânicas ou animais.

A "humildade diante dos fatos", a que ainda há pouco se referia um mestre da crítica, ao lado do sentido mais humano e menos doutrinário das coisas, cada vez se impõe com maior força aos novos franciscanos que procuram salvar as verdades da História, tanto das duras estratificações em dogmas, como das rápidas dissoluções em extravagâncias de momento.

Rio de Janeiro, 1936-1949-1961.
G. F.

Introdução à 2ª edição

Este ensaio, aparecido no ano já remoto de 1936, reaparece agora tomando o mesmo feitio da última edição de *Casa-grande & senzala* – obra de que é a continuação antes lógica que cronológica, se é que, rigorosamente, se deva falar em uma lógica que regule no tempo ou no espaço as ocorrências ou os processos sociais, condicionando, ao mesmo tempo, os estudos sobre essas ocorrências e esses processos.

Cronologicamente exato nenhum dos dois ensaios pretende ser. Em nenhum deles os fatos são estudados a prazo fixo, isto é, entre datas determinadas ou inflexíveis. Ao próprio começo da sociedade patriarcal no Brasil, quem ousaria atribuir data certa e única, sem qualificar deste ou daquele modo tal começo – começo econômico ou começo político ou começo civil? A fundação de São Vicente não satisfaz todas as condições de começo único. A sociedade patriarcal no Brasil – esta parece ser a verdade – em vez de um começo só, teve vários em espaços e datas diversas. Em vez de desenvolver-se linear ou uniformemente, no tempo ou no espaço, desenvolveu-se em ambos desigual e até contraditoriamente, amadurecendo numas áreas mais cedo do que noutras, declinando no Norte, ou no Nordeste – antes por motivos ecológicos que pura ou principalmente econômicos quando apenas se arredondava, por iguais motivos, em formas adultas no

Brasil meridional; e de tal modo variando de substância do extremo norte ao extremo sul do país, a ponto dos estudiosos que, em sociologia, se orientam mais pelo conteúdo que pela forma dos acontecimentos ou dos fatos perderem, diante dessa diversidade antes etnográfica, geográfica ou econômica que sociológica – o pastoreio, aqui, a extração da borracha, ali, o café, em São Paulo, o ouro e os diamantes, nas Minas Gerais, o açúcar, o tabaco, o algodão ou o cacau, no Norte – o sentido da unicidade sociológica de forma e de processo. Unicidade, ao nosso ver, caraterizada em áreas e em espaços diversos pela organização mais ou menos patriarcal ou tutelar, não só da família como da economia, da política, da socialidade; pela monocultura; pelo latifúndio; e pelo trabalho escravo ou servil com todas suas decorrências ou correlações, inclusive a técnica de transporte, a de cozinha, a sanitária. Por conseguinte, por um verdadeiro complexo.

Desse complexo a amplitude pode ser apenas sugerida, nunca perfeitamente definida, com os qualificativos de que vimos nos utilizando desde a publicação do nosso primeiro estudo sobre o sistema patriarcal brasileiro: *patriarcal, monocultor, latifundiário, escravocrático* e, sociologicamente, feudal, embora já misto, semifeudal, semicapitalista, em sua economia. A interpenetração desses vários característicos até formarem um conjunto predominantemente patriarcal, e, por conseguinte, com tendências a monossexual ao mesmo tempo que a monocultor – tal a importância atribuída ao sexo nobre e ao artigo, também nobre, de exploração agrária, acreditamos ter sido o primeiro a esboçar, numa tentativa menos de descrever que de fixar e interpretar, tanto quanto possível dentro de uma sistemática nova – antes psicossociológica, socioecológica e histórico-social, que puramente sociológica –, a formação brasileira. Interpretação em termos, também, dialéticos, sugeridos pelos títulos simbólicos por nós atribuídos às fases que nos parecem histórica, ecológica e, ao mesmo tempo, psicossociologicamente, mais expressivas do desenvolvimento social da gente brasileira no vasto território em que Portugal, primeiro, e depois o próprio Brasil, pelo esforço principalmente do bandeirante, se expandiu na América: *Casa-grande & senzala, Sobrados e mucambos, Ordem e progresso.*

Jazigos e covas rasas – o título com que deverá aparecer o trabalho de conclusão dos nossos estudos – cobrirá o mais possível, como estudo de ritos patriarcais de sepultamento e da influência de mortos sobre vivos, aquelas várias fases de desenvolvimento e de desintegração – desintegração na qual ainda se encontra a sociedade brasileira – do patriarcado, ou da família tutelar, entre nós. Patriarcado a princípio quase exclusivamente rural e até feudal, ou parafeudal; depois, menos rural que urbano.

O túmulo monumental ou o jazigo chamado perpétuo ou a simples cova marcada com uma cruz de madeira – prolongamentos das casas- -grandes, depois dos sobrados, das casas térreas, dos mucambos, hoje das últimas mansões ou casas puramente burguesas e do numeroso casario pequeno-burguês, camponês, pastoril e proletário – é, como a própria casa, uma expressão ecológica de ocupação ou domínio do espaço pelo homem. O homem morto ainda é, de certo modo, homem social. E, no caso de jazigo ou de monumento, o morto se torna expressão ou ostentação de poder, de prestígio, de riqueza dos sobreviventes, dos descendentes, dos parentes, dos filhos, da família. O túmulo patriarcal, o jazigo chamado perpétuo, ou de família, o que mais exprime é o esforço, às vezes pungente, de vencer o indivíduo a própria dissolução integrando-se na família, que se presume eterna através de filhos, netos, descendentes, pessoas do mesmo nome. E desse ponto de vista, o túmulo patriarcal é, de todas as formas de ocupação humana do espaço, a que representa maior esforço no sentido de permanência ou sobrevivência da família: aquela forma de ocupação de espaço cuja arquitetura, cuja escultura, cuja simbologia continuam e até aperfeiçoam a das casas-grandes e dos sobrados dos vivos, requintando-se, dentro de espaços imensamente menores que os ocupados por essas casas senhoriais, em desafios ao tempo. Esses desafios têm assumido, no Brasil, a forma de imagens ou figuras de dragões, leões, anjos, corujas, folhas de palmeira ou de louro, santos, da própria Virgem, do próprio Cristo: símbolos de imortalidade. Símbolos ou figuras que, feitos de mármore, de bronze, de outros materiais nobres, guardam os jazigos privilegiados – jazigos com pretensões a eternos – como que defendendo-os, até que chegue o dia de juízo, de ladrões, de ímpios, de enchentes, dos bichos imundos, das tempestades, dos raios, das profanações dos muleques. Um tanto à maneira dos cães defenderem as casas dos senhores vivos, defendidas, também, simbólica ou misticamente, por figuras de santos, de anjos, de leões, de dragões e por plantas profiláticas, aquelas outras figuras simbólicas guardam as casas dos mortos ricos ou ilustres. Casas guarnecidas quase sempre de palmeiras. As palmeiras-imperiais se tornaram, na ecologia patriarcal do Brasil, a marca ou o anúncio de habitação ou casa nobre, com pretensões a eterna ou imortal; e também a marca dos cemitérios ilustres ou dos túmulos monumentais.

Vãs pretensões. A ruína ou degradação dos sobrados, das casas nobres, das casas-grandes, dos próprios túmulos ou jazigos de família mais suntuosos, é tão frequente, no Brasil, que parece revelar, no brasileiro, singular negligência pelo que foi obra ou fundação de antepassado ou de avô morto. Não neguemos ao brasileiro esse defeito que, aos olhos dos entusiastas do Progresso com *P* maiúsculo, se apresenta, talvez, como qualidade: os mortos que não penurbem as atividades criadoras dos vivos com as sobrevivências de suas criações já arcaicas. A verdade é que, desintegrado o patriarcado, aquelas casas, aqueles sobrados, aqueles túmulos, só raramente podem ser mantidos por uma sociedade pós-patriarcal ou – diria o professor Carl C. Zimmermann – "atomística", como, em suas formas dominantes, grande parte da brasileira de hoje. À decadência de famílias por três, quatro, cinco ou seis gerações patriarcalmente opulentas, teria de corresponder o que vem acontecendo, entre nós: a ruína, por abandono, de velhas casas-grandes de fazenda ou de engenho; ou a sua transformação em fábricas, asilos, quartéis, refúgios de fantasmas de subúrbio ou de malandros de cais. A transformação, também, de antigos sobrados urbanos ou suburbanos, outrora habitações de famílias solidamente patriarcais, em hospitais, cortiços, "cabeça de porco", prostíbulos, escolas, museus; conventos, colégios, pensões, hotéis, fábricas, oficinas, depósitos de mercadorias, armazéns.

Quanto aos túmulos suntuosos – os jazigos de família ou chamados perpétuos – sua conservação é dispendiosa. Excede, frequentemente, à capacidade econômica dos descendentes dos senhores ricos que levantaram tais monumentos nos dias de sua máxima opulência patriarcal.

Ocorre-nos, a este propósito, a recordação de curiosa experiência: a de termos um dia comparecido ao enterro de velha senhora pernambucana, muito amiga das pessoas mais velhas da nossa família materna. Chegados ao cemitério de Santo Amaro verificamos que éramos apenas três os que acompanhávamos o corpo da velhinha ao túmulo. Pelo que pedimos a um estranho que nos ajudasse a conduzir o caixão, da porta do cemitério ao túmulo. Caminhamos cemitério adentro, por entre palmeiras-imperiais, até o jazigo da família da morta.

Era um túmulo com alguma coisa de monumental. Mandara-o levantar família opulenta do tempo do Império. Seu chefe fora ministro de Pedro II. Abandonado, arruinado, sujo, o túmulo patriarcal abria-se naquela tarde de chuva, longos anos depois de falecido o grande do Império que o mandara levantar nos seus dias de morador de sobrado de azulejo da Boa Vista, de dono de carruagem forrada de veludo e guarnecida de lanternas de prata, para receber o corpo magro e vestido simplesmente de chita branca com salpicos azuis de uma pobre velha sua neta – cujo enterro não chegara a atrair as clássicas seis pessoas necessárias para a condução decente de qualquer ataúde. Entretanto, por um contraste irônico, aquele corpo de velha pobre e moradora de casa térrea ia sepultar-se não em cova rasa – igual àquela em que, outro dia triste, vimos sumir-se na terra preta e pegajenta do mesmo cemitério de Santo Amaro do Recife o corpo de um Wanderley antigo e autêntico, velho flamengamente louro e alvo, filho de senhor de engenho do sul de Pernambuco e dono, nos seus dias de senhor-moço, de alguns dos melhores cavalos e de alguns dos mais bravos galos de briga daqueles sítios – mas num jazigo de família com alguma coisa de monumental.

Não era sem razão que a gente antiga do Recife chamava ao beco que ia do centro da cidade ao cemitério de Santo Amaro de "Quebra Roço". "Roço" é brasileirismo que quer dizer – ensina Mestre Rodolfo Garcia – "presunção, vaidade, orgulho". E é como o tempo – e através do tempo, a dissolução das instituições, e não apenas a dos indivíduos – age sobre as casas e os túmulos – mesmo os monumentais, e não apenas os modestos: quebrando-lhes o roço. O roço do que o patriarcado no Brasil teve de mais ostensivo, isto é, a sua arquitetura caraterística – casas-grandes, sobrados, monumentos fúnebres: criações de pedra e cal, de mármore, de bronze com que as famílias patriarcais ou tutelares pretenderam firmar seu domínio não só no espaço como no tempo – vem sendo quebrado à vista de toda a gente.

Para acompanharmos a degradação dos valores menos visíveis, caraterísticos da poderosa instituição, é que necessitamos de estudá-la nas suas intimidades mais sutis e esquivas. E essas intimidades não as alcança apenas o estudo histórico ou sociológico; algumas delas só se abrem ao conhecimento ou ao estudo psicológico; várias só ao conhecimento poético, vizinho do cientificamente psicológico. Elas precisam de ser estudadas em nós mesmos ou nos nossos avós – produtos ou reflexos, ao mesmo tempo que animadores, e não apenas portadores, da instituição. Nas pessoas e não apenas nas formas impessoais em que histórica e sociologicamente se objetivou ou materializou o patriarcado no Brasil.

Daí o método – ou a pluralidade de métodos ou de técnicas – de indagação e estudo, adotado pelo autor neste ensaio, como no que o precedeu. Sob o critério psicossociológico, e, ao mesmo tempo, histórico-social, de estudo, várias técnicas, e não uma só, de tentativa de revelação, compreensão e interpretação do assunto foram utilizadas: a ecológica, a sociológica, a psicológica, a antropológica, a folclórica. O sobrado patriarcal brasileiro, procuramos retratá-lo por todos os meios que nos facilitassem o conhecimento de sua realidade; e não apenas pelo convencionalmente objetivo ou o cientificamente fotográfico. Pois o que nos interessa nos nossos estudos da sociedade patriarcal no Brasil não é darmos prova de ser possível a alguém estudar este ou outro assunto sob critério único e por meio de um só método – o sociológico, por exemplo; ou o histórico. O que nos interessa é o máximo de revelação do assunto: assunto, na sua generalidade, independente de tempo e de espaço, e, nas suas peculiaridades, limitado no tempo e no espaço. Daí não nos repugnar, quando necessário, o próprio impressionismo: aquele que, em literatura, mesmo histórica, é, como o empregado na pintura, tentativa de surpreender a vida em movimento e, por conseguinte, diversa segundo o critério interpretativo com que for surpreendida. Devemos nos guardar do impressionismo fácil e irresponsável, que é o jornalístico ou o beletrista, sem desprezo pelo que ilumine de visão direta e como que imediata, um fato visto ou reconstituído quase a olho nu; e confirmado ou não por técnicas de verificação. Do passado se pode escrever o que Proust escreveu do mundo: que está sendo sempre recriado pela arte. E quase como a arte pode ser a ciência, busca ou procura de realidade complexa que adormeça em fatos aparentemente mortos tanto como em naturezas chamadas igualmente mortas: uns e outros valorizados e incorporados ao conhecimento humano pelo impressionismo revelador de aspectos esquivos ou fugazes de realidade ostensivamente viva ou aparentemente morta.

Dentro de limites de espaço e de tempo, embora sempre atento àquela generalidade que é aspiração constante do sociólogo, é possível a um só indivíduo tentar compreender, e não apenas conhecer, o que foi no Brasil a família patriarcal, considerada em seus traços principais e em alguns dos seus pormenores mais significativos. Ao que pode acrescentar a aventura de dar-se ao luxo de procurar comparar alguns dos característicos da área estudada com os de outras áreas patriarcais; com os de outros espaços e de outras épocas socialmente definidas pela mesma instituição e por seus concomitantes: latifúndio, monocultura, escravidão, miscigenação.

Os que não encontram nos nossos ensaios a abundância de estatísticas, de números, de expressões quantitativas, a que os habituou a Sociologia norte-americana mais divulgada na América do Sul, têm nos acusado de fazer mais poesia que ciência; ou mais literatura que sociologia; ou mais história pitoresca que história natural ou científica. Talvez tenham alguma razão. Mas para chegarmos a juízo definitivo sobre ponto tão duvidoso teríamos de discutir antes a questão da qualidade e da quantidade, nos estudos cientificamente sociológicos ou cientificamente históricos. Uma coisa, porém, é certa: não somos hoje o único, no Brasil, para quem a sociologia apenas quantitativa não é senão parte da sociologia; e não a sociologia inteira. É também o critério de dois jovens mestres, cujos estudos merecem cada dia maior atenção: os Srs. Mário Lins e Pinto Ferreira.

Os devotos da sociologia apenas quantitativa ou matemática, ou da História apenas cronológica e descritiva, são hoje sebastianistas à espera de algum D. Sebastião que sob a forma de novo Bacon restaure, nos estudos sociológicos e nos históricos, o prestígio absoluto do número ou do fato puro. Que esperem o seu D. Sebastião. Mas que deem aos outros o direito de seguir critério diferente de ciência social e de história humana.

Quanto a estudos históricos, vamos encontrar num dos maiores filósofos europeus da história, o nosso contemporâneo Arnold J. Toynbee, o reconhecimento do fato de que o historiador se utiliza, e precisa se utilizar, da técnica do romance ou do drama. Pois "a simples seleção, distribuição e apresentação de fatos é técnica que pertence ao domínio da ficção" [...] "sendo dificilmente possível escrever alguém duas linhas consecutivas de narrativa história sem nela introduzir personificações fictícias como: "Inglaterra" ou "França" ou o "partido conservador" ou a "igreja", ou a "imprensa", ou a "opinião pública".

Não faz muito tempo que um crítico europeu da Sociologia exclusivamente estatística – o sociólogo Paul Lazarsfield – escandalizou os devotos do quantitativismo, mostrando-lhes que, em vários trabalhos da escola estatística ou matemática de sociologia, o abuso de números, de gráficos, de quadros estatísticos antes obscurecia que esclarecia os fatos importantes: *"obscured rather than revealed the important facts"*.

Quem assim falou em 1935 não foi um simples teórico de qualquer das ciências sociais mas o autor de pesquisa sociológica notável sobre os desempregados de Marienthal (Áustria), realizada com o auxílio de sete estudantes de sociologia e quatro médicos, a nenhum dos quais permitiu o professor Lazarsfield que se comportasse como simples e distante observador dos fatos a serem estudados: de todos exigiu que se tornassem participantes da vida da comunidade que era Marienthal. É que seu estudo considerou-o desde o início esse franco inimigo da sociologia apenas matemática, mecânica ou objetiva, uma espécie de meio-termo entre o romance e o recenseamento: *"a cross between the novel on the one hand and the census on the other hand."* O que nos faz pensar na ideia que os Goncourt já faziam da "história íntima" a que se dedicaram na França do século passado com escrúpulos de miniaturistas que, ao gosto pela miniatura concreta, juntassem a sensibilidade aos conjuntos significativos: *"l' histoire intime [...] ce roman vrai"*.

O mesmo se poderá dizer do estudo não somente histórico, mas histórico-sociológico ou psicossociológico, que se empreenda de uma instituição, dentro do critério seguido por Lazarsfield em sua pesquisa de Marienthal e definido por ele próprio como combinação da "enumeração e mensuração dos fatos" com "o conhecimento íntimo" – e, por conseguinte, psicológico e até intuitivo ou poético – das "experiências e situações pessoais": *"ce roman vrai"*. "Romance", sim; mas "romance verdadeiro". "Romance" descoberto pelo observador, ao mesmo tempo intérprete e participante da história ou da atualidade estudada; e não inventado por ele. "Romance" que, afinal, é menos romance que extensão, ampliação ou alongamento, por processo vicário e empático, de autobiografia; extensão ou ampliação da memória ou da experiência individual na memória ou na experiência de uma família, de um grupo, de uma sociedade de que o participante se tornou também observador e, por fim, intérprete. Num trabalho de tal natureza, observador, participante e intérprete da realidade selecionada para estudo ou revelação se completam e um tende a corrigir os excessos dos outros: o método científico objetivo seguido pelo observador serve de constante *testing* às aventuras de indução e intuição, de revelação e de interpretação, do participante ou do intérprete.

Mais de uma vez as antecipações do intérprete sociológico ou psicossociológico de algum trecho mais representativo de experiência ou de natureza humana têm sido acusadas, pelos objetivistas absolutos, de simples "palpites", "adivinhações", "coisas de romance" ou "poesia" no sentido apenas beletrístico ou pitoresco de romance ou poesia. Entretanto, em 1903, um matemático da altura do inglês Bertrand Russell já afirmava de toda a indução que era mais ou menos "*methodical guess work*". Se das ciências, em geral, não é possível afastar o hipotético, a necessidade de hipóteses aumenta nas chamadas ciências sociais, sempre que nelas se empreenda obra de compreensão e não apenas de descrição; tentativa de interpretação e não apenas de mensuração do comportamento de um grupo humano. Em qualquer obra dessas é também maior que nas de ciências chamadas exatas a necessidade de história; pois como salienta, com a lucidez de sempre, o professor Morris R. Cohen, "necessita-se de mais história para compreender-se a reação de um búlgaro a um sérvio que para compreender-se a reação da água a uma corrente elétrica". Necessita-se igualmente de muita história – de história total mas principalmente de história orientada pela psicologia – para compreender-se a reação de um brasileiro de hoje – produto de quatro séculos de Brasil, isto é, de quatro séculos de interpenetração de influências de culturas diversas, dentro de condições peculiares a determinado espaço geométrico, e não apenas social – a um sueco ou a um belga, produtos de outros espaços, de outras experiências, de outras combinações de cultura.

A sociologia que se faça sem história e sem psicologia, esta sim, é uma sociologia vã ou, pelo menos, precária; não há "eloquência de números" que lhe dê solidez ou autenticidade. Sempre lhe faltará o apoio que vem do conhecimento das raízes que prendem à terra, à carne e ao espírito dos homens qualquer instituição. Pois considerados no vácuo, instituições ou grupos humanos podem ter extraordinário interesse como curiosidades etnográficas ou aparências estéticas mas não como realidades sociológicas. A realidade sociológica é das que não prescindem de história. O conhecimento sociológico do brasileiro não é possível sem o conhecimento de suas origens e do seu desenvolvimento considerados sociologicamente: sociologia genética. A sociologia genética sendo principalmente a sociologia da família, desta seria erro básico separar o estudo sociológico da casa que corresponde ao tipo dominante de família, inseparável, por sua vez, das condições físicas e sociais de ocupação ou dominação do espaço por grupo humano: ecologia. E não apenas das técnicas de produção: economia. Sempre *eco*, isto é, *casa*.

Daí a importância atribuída por nós à casa nos estudos, a que nos aventuramos, não só de sociologia como de ecologia e história sociais da família, ou da sociedade, de origem principalmente lusitana, que se vêm desenvolvendo no Brasil desde os começos do século XVI; e cujo desenvolvimento se fez patriarcalmente: em torno do *pater famílias*, dono de casas características menos do seu domínio de homem, que do domínio da família representada por ele, sobre mulheres, meninos e sobre outros homens. Primeiro, a casa-grande, rural ou semirrural, completada pela senzala. Depois, o sobrado urbano e semiurbano, completado – ou contrastado – pelo mucambo, pela palhoça, pelo rancho ou pela cabana.

Entre esses extremos tem havido vários tipos intermediários de habitação carateristicamente brasileiros: as pequenas casas térreas da roça e das cidades, com sua variedade de aparência e de plano. Mas acreditamos haver acenado, atribuindo àqueles tipos extremos de habitação, o máximo valor simbólico que lhes atribuímos, dentro dos traços predominantes na configuração social brasileira do século XVI aos fins do século XIX.

Foi então o Brasil uma sociedade quase sem outras formas ou expressões de *status* de homem ou família senão as extremas: senhor e escravo. O desenvolvimento de "classes médias", ou intermediárias, de "pequena burguesia", de "pequena" e de "média agricultura", de "pequena" e de "média indústria", é tão recente, entre nós, sob formas notáveis ou, sequer, consideráveis, que durante todo aquele período seu estudo pode ser quase desprezado; e quase ignorada sua presença na história social da família brasileira. Quase negligenciados podem ser também, do ponto de vista sociológico, os tipos intermediários de casa na paisagem brasileira daqueles quatro séculos, sem que essa quase negligência impone em desconhecer-se o fato de terem existido: chegaram a repontar nos próprios anúncios de jornal dos começos do século passado sob a forma de "casas térreas para pequenas famílias", de "casas de porta e janela", de "sobrados pequenos". Sinal de que não foram de todo insignificantes.

Apenas, dentro de certas "hipóteses de trabalho", existem fatos sociologicamente desprezíveis semelhantes às chamadas quantidades matematicamente desprezíveis. Num estudo etnográfico da casa no Brasil estaríamos obrigados a registrar todos os tipos de habitação brasileira. Num estudo sociológico ou psicossociológico, não estamos sob a mesma obrigação. Recordando tal distinção, pretendemos estar nos explicando de "deficiências" de que nos acusaram alguns críticos nacionais e dois ou três estrangeiros, para os quais fomos excessivos na simplificação dos tipos brasileiros de habitação dos séculos XVI-
-XIX em *Casa-grande & senzala*, em *Sobrados e mucambos*. Por que não a tejupaba do sertanejo? Por que não o rancho do gaúcho? Por que não a casa térrea do Rio de Janeiro ou do Recife antigo? Por que não a casa de pinho do Paraná? Por que não a cabana do "cabano"? Ou o tijupá do seringueiro? Ou o tejupar? Ou o tiupá? Um entusiasta, infelizmente já falecido, dos estudos de história da arquitetura no Brasil, José Mariano Filho, chegou a lamentar, numa de suas páginas mais vibrantes, o fato de em nenhum dos nossos trabalhos haver encontrado referência à tejupaba, como se ignorássemos – reforçava ele meio irônico – "a existência histórica e o papel preponderante que exerceu no correr do século XVI e seguintes" a mesma tejupaba, definida pelo ilustre publicista e esteta como "casa de muitos, choça, refúgio, cabana coletiva". Mas o próprio esteta, tão ardente indianófilo quanto radical negrófobo em assuntos de arquitetura, confessou que alguns dos supostos *mucambos*, por nós descritos, mereceriam

"o nome de Tejupabas tão típicas e características quanto aquelas de que falam Joseph de Anchieta, Fernão Cardim, Abbeville, Ives d'Evreux...". Sinal de que, tendo de designar por um nome só a casa antitética à casa nobre ou o tipo mais rústico de habitação brasileira incorporada às cidades – onde constituiu o principal contraste com os sobrados – optamos pela designação africana: *mucambo*. E o fizemos, não por aversão ao ameríndio e à tejupaba, nem por inteira ignorância de sua existência, ou completo desconhecimento de sua "importância", mas pelo fato das populações proletárias ou servis das nossas principais cidades patriarcais – Rio de Janeiro, Bahia, Ouro Preto, Recife, São Luís – nos terem parecido predominantemente africanas em seus característicos de cultura – inclusive a técnica de habitação – e em sua composição étnica. E as predominâncias de maior significação psicossociológica, ou apenas sociológica, é que nos vêm interessando assinalar num estudo, como o empreendido por nós, muito menos de história da arquitetura civil ou doméstica, em nosso país, considerada do ponto de vista técnico ou estético, que de introdução – simples introdução e, por conseguinte, antes esquemático que exaustivo – à história da sociedade patriarcal ou tutelar, entre nós. Sociedade vista, e porventura reconstituída e interpretada através dos seus tipos de habitação sociologicamente mais representativos ou mais significativos – isto é, mais significativos como pontos de apoio material ao sistema patriarcal: aos seus antagonismos, à sua hierarquia, à sua separação dos indivíduos em sexo forte e sexo frágil e dos homens em senhores e escravos que, de modo geral, foram, desde anos remotos, entre nós, "brancos" e "negros". E não "brancos" e ameríndios – a não ser em áreas de exceção como, por algum tempo, a paulista e, por longo período, o extremo Norte, onde "chácaras" ficaram "rocinhas".

As críticas levantadas contra nós por estetas ou técnicos voltados para o estudo da história da arquitetura doméstica ou civil no Brasil de ponto de vista inteiramente diferente do nosso, vêm, principalmente, do fato de não tomarem eles em consideração diferença tão importante entre eles e nós: a de ponto de vista. A do critério de estudo. Donde nos sentirmos obrigado a acentuar mais uma vez o critério sob que procuramos há anos desenvolver nossa tentativa de reconstituição e de interpretação da sociedade patriarcal ou da família tutelar brasileira: o de estudá-la dentro dos seus principais contrastes de tipo e estilos de habitação, principais reflexos de tipos e estilos diversos de vida e de cultura tanto quanto expressões e, ao mesmo tempo, condições, da convivência, da interpenetração e até da sintetização de valores. Interpenetração e sintetização que se processaram, entre nós, sob o sistema ou a organização patriarcal, embora com sacrifício da sua pureza e, afinal, de sua integridade.

Pois dentro desse sistema muita comunicação houve entre casas-grandes e senzalas, entre sobrados e mucambos e não apenas separação ou diferenciação. Síntese e não apenas antítese. Complementação afetiva e não apenas diversificação economicamente antagônica. Nem se explicaria de outro modo o relevo que vêm tomando, entre nós, manifestações híbridas não só de cultura como de tipo físico. O sistema original mal reponta do oceano de mestiçagem que o vem avassalando; e dentro do qual os valores absolutamente puros de uma origem ou de outra – europeia ou ameríndia, lusitana ou africana, civilizada ou primitiva, senhorial ou servil – sobrevivem apenas sob a forma de ilhotas cada dia mais insignificantes: antes curiosidades etnográficas, étnicas ou estéticas que realidades sociológicas. Antes pedaços flutuantes de um continente ou arquipélago desfeito do que terra firme capaz de resistir, mesmo reduzida em sua antiga configuração, à inundação triunfante. Desta já vão emergindo – isto sim – nova superfície social, nova configuração de cultura, novas formas de sociedade, caracterizadas principalmente por uma convivência entre os homens de sexos, origens, idade e profissões diversas que merece o qualificativo de democrática; e pelo começo de generalização, entre eles, de um tipo de homem e de um tipo de casa, se não único pois permanecem diferentes certos característicos regionais, de raça e de classe muito menos diferenciado, do que outrora, em seus extremos de posição ou de situação no espaço social.

São hoje raros, nas cidades brasileiras, os palácios que apenas abriguem indivíduos opulentos ou famílias patriarcais; e muitos os de habitações coletivas, já recordadas: hotéis, pensões, casas de saúde, hospitais, asilos, quartéis, internatos, edifícios de apartamentos, conjuntos de residências operárias. E numerosíssimas as casas isoladas, médias – nem grandes nem extremamente exíguas no espaço físico-social que ocupam: meio-termo entre os antigos sobrados cheios de salas e de quartos e os mucambos de uma só peça ou de duas, que, entretanto, continuam abundantes nas cidades e nos campos. Abundantes e transbordantes de moradores. A diminuição mais sensível, na paisagem brasileira é a de sobrados grandes, casas-grandes, solares ocupados por indivíduos ou famílias patriarcais.

Marca essa alteração nos volumes arquitetônicos e nos espaços ocupados por eles, a desintegração final do patriarcado em nossa sociedade e a reorganização da mesma sociedade sobre bases novas, ainda que impregnadas de sobrevivências patriarcais: aspecto do desenvolvimento social brasileiro que procuraremos estudar em ensaio próximo, *Ordem e progresso*, dedicado principalmente à análise da transição do trabalho escravo para o livre, entre nós. Transição que coincidiu com o abandono da forma monárquica de governo pela republicana, a favor da qual brasileiros de São Paulo e de outros Estados e principalmente positivistas do Maranhão, do Rio de Janeiro e do Rio Grande do Sul, começaram a agir ativamente desde 1870.

Eram esses republicanos – alguns deles senhores de casas-grandes ou homens de sobrados – brasileiros do tipo mais "progressista", à maioria dos quais repugnaria, entretanto, uma república que fosse incapaz de assegurar ao país a ordem necessária ao desenvolvimento material das cidades e à mecanização de indústrias e lavouras: progressos por eles ardentemente desejados para o Brasil. Donde o lema positivista adotado pela república que se fundou em 1889 ter correspondido bem às aspirações da maioria dos nossos republicanos, mesmo dos ideologicamente afastados da seita ou da filosofia comtista. Não é inexpressivo o fato de, fundada a república, vários dos seus principais líderes – alguns deles mestiços com sangue fidalgo ou de origem plebeia mas já aristocratizados pela instrução acadêmica ou pelo casamento com iaiá ou moça de sobrado – terem se distinguido como chefes de polícia particularmente enérgicos na defesa da Ordem, isto é, da ordem já burguesa mas ainda patriarcal, que constituía a segurança da sociedade brasileira daqueles dias. Um desses líderes – bela e forte figura de fidalgo mouro – enfrentou, no Rio de Janeiro, com notável vigor, a própria figura do capoeira: expressão do ódio do preto livre ou do mulato pobre – e também livre – ao branco rico; da gente da terra ao europeu; da população dos mucambos à dos sobrados. Extremara-se o capoeira na defesa do Trono sob a forma de "guarda negra" nos dias em que a monarquia – repelida por tanto senhor ilustre de casa-grande e de sobrado, de quartel-general e de palácio de bispo, desapontados uns com os excessos abolicionistas, outros com os exageros paisanos ou regalistas do imperador – foi encontrar, sob a figura da princesa Isabel, aclamada "a Redentora", simpatias e até dedicações entre cabras, negros e muleques dos mucambos. Muitos desses eram negros fugidos ou descendentes de negros fugidos que, frustrados em suas relações de "filhos" com "pais" nas fazendas, estabelecimentos ou sobrados patriarcais, sentiam, ainda, necessidade de "pais" ou "mães" simbólicas ou ideais que os protegessem de maneira se não efetiva, mística ou simbólica, dos pais renegados ou maus.

Mas não nos antecipemos sobre este ponto. Aqui apenas desejamos deixar anotado o fato de que, tendo o sobrado sucedido à casa-grande como expressão de domínio do sistema patriarcal sobre a paisagem brasileira, ao declínio ou ao enfraquecimento desse domínio correspondeu, além do aumento de casas térreas médias – habitações da gente média em que se foi fragmentando muita família antiga e opulenta de casa-grande e de sobrado ou à qual foi se elevando, pela perícia mecânica, muito mulato ou negro livre – a degradação de antigas residências senhoriais em habitações coletivas – cortiços, prostíbulos, pensões, hotéis, asilos etc. – ou sua transformação e descaracterização em sedes de repartições públicas, legações, consulados, clubes, jornais, sanatórios, lojas maçônicas, teatros, armazéns etc.

Ao declínio do poder político do particular rico – poder de que fora sede cada casa-grande ou sobrado mais senhorial, mais importante ou mais nitidamente patriarcal em seus característicos – correspondeu o aumento de poder político público, encarnado por órgãos judiciais, policiais ou militares ou simplesmente burocráticos do governo monárquico e, depois, do republicano, não raras vezes instalados em antigas residências patriarcais como em ruínas de fortalezas conquistadas a um inimigo poderoso: desses que, mesmo depois de vencidos, se fazem notar pelas sobrevivências ou aparências do seu antigo poder. Tal o caso do palácio do Catete e o do Itamarati, no Rio de Janeiro, que, ainda hoje, recordam aos olhos do brasileiro ou do estrangeiro o que foi o patriciado do Brasil patriarcal: tão opulento

– principalmente na área fluminense – que os estadistas da república de 89 encontraram nas residências dos antigos barões do Império melhores palácios onde instalarem os principais órgãos do governo republicano do que nas próprias residências dos antigos imperadores ou dos antigos príncipes. O sobrado patriarcal se impôs, naqueles dois expressivos casos, aos triunfadores de 89, pela solidez de sua nobreza arquitetônica – uma nobreza como que já aclimada à terra e ao meio e com a qual, aliás, não tardou a contrastar a arquitetura precária e desajeitada dos edifícios especialmente levantados pelos governos republicanos para sedes de repartições públicas.

O mesmo, aliás, se poderia dizer dos edifícios levantados pelos últimos governos monárquicos: sua dignidade não igualava à dos edifícios particulares levantados por barões ainda patriarcais. Sinal de que o sistema patriarcal no Brasil conseguira exprimir-se em tipos de residências particulares que chegaram a ultrapassar a arquitetura oficial em autenticidade, em qualidades ecológicas, de adaptação ao meio e de domínio sobre a paisagem, e, mesmo, em nobreza de construção e de estilo, numa demonstração de que aquele sistema foi, no nosso país, sob mais de um aspecto, criador de valores caracteristicamente brasileiros ao mesmo tempo que caracteristicamente patriarcais. Ou "tutelares", como diria o professor Zimmermann, a quem repugna a expressão "patriarcal", pelo que parece atribuir de absoluto ao poder do patriarca-indivíduo, quando esse poder seria antes da família investida de funções tutelares do que do seu chefe. "Patriarcal" ou tutelar, o certo é que a família, no Brasil, que teve nas casas-grandes e nos sobrados também grandes das cidades seus centros de domínio, criou entre nós uma arquitetura representativa ou característica do seu poder.

Daí não serem todos os entusiastas da antiga arquitetura de residências patriarcais, ou tutelares, do Brasil, simples ou perversos amadores do arcaico, apegados com ternuras de antiquários às relíquias do sistema social que se exprimiu naquelas casas às vezes feias e, ao mesmo tempo, fortes, como suas mães portuguesas; porém com qualidades que, nas casas, como nas mulheres, suprem, às vezes, a ausência da pura beleza física: a doçura acolhedora, a honestidade, a dignidade temperada pela simplicidade, por exemplo.

É claro que, morto o sistema, seu tipo de residência não deve ser caprichosa ou arbitrariamente perpetuado numa sociedade que se coletiviza, por um lado, e por outro se individualiza, em oposição ao privativismo da economia ou da organização patriarcal, a um tempo personalista e solidarista, dada a absorção do indivíduo pela família e a subordinação do Estado à pessoa nobre. Mas nem por isso se deve deixar de reconhecer no sobrado, como na casa-grande patriarcal brasileira, fontes de sugestões valiosas para o arquiteto que deseje fazer arquitetura coletivista, que seja também personalista, no Brasil, dentro das lições da experiência brasileira; e não, por paixão política ou sectarismo estético, sistematicamente contrária à mesma experiência; ou no vácuo.

Pois o que, no Brasil, se exprimiu em tipos de residência harmonizados com a terra e com o meio como a casa-grande, o sobrado ou o próprio mucambo, não foi apenas um sistema de economia ou de família ou de cultura; foi também o homem brasileiro, isto é, o homem de várias origens que aqui precisou vencer a hostilidade do trópico àquelas formas já altas de civilização cristã e de civilização muçulmana trazidas para a colônia americana de Portugal, não só por europeus como, em muito menor escala, por africanos. Essas formas já altas de civilização aqui se amoleceram, é certo, ou se deturparam. Mas é extraordinário que tantas delas tenham se generalizado, mesmo amolecidas ou impuras, sobre espaço fisicamente tão extenso e socialmente tão árido como o Brasil dos primeiros tempos de colonização.

Dessa disseminação de formas altas de civilização em tão vasta terra tropical, resultou a primeira grande civilização moderna nos trópicos: a brasileira. E imensa como foi a obra dos missionários carmelitas, beneditinos, jesuítas, franciscanos e dos agentes da coroa ou do governo, a verdade é que essa disseminação parece que se fez, principalmente, através das casas patriarcais ou tutelares e de suas capelas; e não tanto através dos puros conventos ou das puras catedrais, nem das fortalezas ou estabelecimentos del-Rei ou, já independente o Brasil, de S.M. o imperador.

Ainda hoje, quem viaja pelo interior do Brasil ou mesmo ao longo do litoral encontra constantemente nomes de povoados ou cidades, cheios de recordações patriarcais ou da arquitetura característica do domínio da família patriarcal ou tutelar sobre a paisagem ou o espaço brasileiro: casa grande, casa branca, casa amarela, casa nova, casa de pedra, casa verde, casa-forte, sobrado, sobrado grande, sobrado de cima, sobrado de baixo, sobradinho. Só Pernambuco chegou a ter oito lugarejos, engenhos e fazendas chamados de sobrado; e três ou quatro denominadas sobradinho. Isto sem nos referirmos a nomes que, de propriedades particulares dominados por casas-grandes ou sobrados, passaram a povoados, vilas, cidades, bairros: Pesqueira, Dois Irmãos, Piedade, Torre, Salgueiro, Surubim, Timbaúba, Gravatá. Nem aos nomes de senhores ou de famílias patriarcais, ou tutelares, que passaram a designar as zonas de influência de seus engenhos, de suas casas, de seu sobrados, de seus passos (armazéns de açúcar), de suas pontes particulares tornadas públicas: praia dos Carneiros, ponte d'Uchoa, cais do Ramos, guarita de João Albuquerque, ilha de Joana Bezerra, sítio dos Coelhos, sítio do Carvalho, passo do Fidalgo, olho-d'água de Luís João, olho-d'água do Góis, estância de Nuno de Melo, Peres, Sousa, Madalena, Vicência, Cavalcanti, Caxangá, Cordeiro, Feitosa, Mariana, João de Barros, Manuel Alves, Maria Simplícia, Cosme Velho.

Por onde se vê que o familismo ou o personalismo decorrente do sistema patriarcal inundou, no Brasil, espaços imensos, de nomes de famílias e de pessoas; de marcas de influência dessas famílias ou dessas pessoas tutelares e de suas fazendas, de seus engenhos, de seus currais, de seus armazéns, de suas casas-grandes, de seus sobrados.

Com ou sem favor do Estado ou da Igreja – com os quais entrou mais de uma vez em conflito – esse sistema foi a mais constante e a mais generalizada predominância de poder ou de influência – influência econômica, política, moral, social – em nossa formação. Numas áreas tal influência ou tal poder culminou em castelos opulentamente feudais ou quase feudais, como a casa-grande da Torre, na Bahia, ou a de Megaípe, em Pernambuco; noutras, como em São Salvador dos Campos dos Goitacases, por longo tempo as casas-grandes mal chegaram a distinguir-se do melhor tipo de mucambos; e os sobrados mal ultrapassaram as dimensões de sobradinhos.

Diferenças de intensidade, mas não de qualidade de influência: a da pessoa, a da família, a da casa maior, mais nobre ou mais rica, sobre as demais. Diferenças de conteúdo mas não de forma de domínio social: sempre o domínio da família, da economia, da organização patriarcal que raramente teve outro tipo de família, de economia ou de organização que lhe disputasse a predominância sobre a formação brasileira.

Houve Palmares, é certo: mas foi vencido. Vencidas pelo sistema patriarcal brasileiro, ou pelo familismo turbulento dos paulistas e dos maranhenses e paraenses, foram as reduções jesuíticas, o sistema jesuítico de organização ou economia paternalista-coletivista. Um Palmares teocrático. Um quilombo teologicamente organizado. Vencidas foram outras erupções de caráter se não coletivista, antipatriarcalista: a balaiada, no Maranhão, a revolta praieira, em Pernambuco.

E não se diga do extremo sul ou do extremo norte do Brasil que foram, nos séculos coloniais e no XIX, exceções ostensivas ao sistema patriarcal dominante nas demais áreas da América Portuguesa; e culminante, do século XVI à primeira metade do XIX, nas áreas do açúcar pois mesmo nesses extremos apareceu, no século XVIII, marcando a paisagem com sinais de domínio ou formas de arquitetura patriarcais – a casa-grande, o sobrado, a senzala, a capela, o cruzeiro, o cercado – e como que alusitanando ou abrasileirando definitivamente espaços por algum tempo indecisos entre as duas coroas ibéricas – a de Espanha e a de Portugal – o sistema patriarcal já desenvolvido nas áreas mais antigas de colonização agrária e pastoril do país.

Euclides da Cunha, numa de suas páginas incisivas de *À margem da história*, recorda de Alexandre Rodrigues Ferreira esta observação interessantíssima: viajando o sábio, nos fins do século XVIII, pelo grande rio, dera com a "imagem" ou "símbolo" do "progresso tipicamente amazônico"; certo "palácio [...] amplíssimo, monumental, imponente – e coberto de sapé!". Mais de um século depois de Alexandre Rodrigues Ferreira, Euclydes surpreenderia, à margem do Purus, a transformação de barracões cobertos de folhas de ubuçu – mucambos em ponto grande – "vivendas regulares, ou amplos sobrados" que lhe pareceram, estes sim, a imagem material do domínio e da posse definitiva da terra pelo homem, do ermo pelo europeu. Mas tudo indica que esse domínio ou essa posse já viesse sendo realizada por aqueles próprios sobrados ou casas-grandes cobertas de sapé, como o foram, aliás, nos primeiros anos de colonização, igrejas e casas patriarcais nas próprias áreas onde madrugou o fabrico do açúcar. Em São Paulo, por exemplo. Afinal, a coberta de sapé é, num prédio monumental, o inverso da grandeza de pés de barro. O extremo de precariedade teria sido o de um prédio que pretendesse ser sinal ou expressão de domínio de um indivíduo, de uma família, de um sistema tutelar, sobre algum espaço ainda virgem ou selvagem, e cujos fundamentos não correspondessem às dimensões ou pretensões da superestrutura. E isto raramente aconteceu com as construções mais caracteristicamente patriarcais no Brasil que, no norte como no sul, deixaram ruínas em que se pode, ainda hoje, reconhecer a solidez de suas raízes ou de seus alicerces.

É natural que a um Alexandre Rodrigues Ferreira, cujo desejo era ver o Brasil desenvolver-se harmoniosamente, repugnassem palácios de residência, na área amazônica, cobertos de sapé ou não, quando tanto lhe parecia dever ser feito, na mesma área, antes de se levantarem tais palácios. O naturalista Rodrigues Ferreira era um homem terrivelmente lógico: não podia contemporizar com o que não parecesse de acordo com a lógica. Foi também ele que desaprovou as primeiras tentativas de cultivo de chá-da-índia no nosso país. Não porque fosse inimigo do chá mas por lhe parecer que primeiro se devia cuidar do pão. Antes de casas-grandes opulentas, parecia-lhe, decerto, que devia haver na Amazônia, casas simplesmente médias. Entretanto, o que se verificou foi, ainda no século XVIII, o aparecimento de casas-grandes ou sobradões opulentamente patriarcais em plena área amazônica: a extensão do sistema, já triunfante nas áreas do açúcar, àquelas terras mais cruamente tropicais.

O mesmo no Rio Grande do Sul. Também a essa área extrema, em trechos de colonização açoriana dirigida, isto é, orientada e protegida pelo Estado, ou de população mestiça ou indígena ou de origem castelhana e impregnada de recordações do coletivismo paternalista dos padres da companhia, ou ainda, primeiro povoados por soldados e aventureiros, não tardou a estender-se o privativismo patriarcal, o familismo tutelar, dominante nas áreas mais antigas da América Portuguesa. E o resultado foi a forma patriarcal de casa nobre, quer de campo, quer de cidade, ter aparecido também no Rio Grande do Sul, juntamente com a senzala e com o rancho, integrando-se, por esse meio, aquela área, ou grande parte dela, no complexo patriarcal brasileiro. Não importa que o conteúdo ou a substância econômica sobre a qual desenvolveu-se tal forma de hierarquia social ou de convivência humana tenha sido, no Rio Grande do Sul, principalmente o gado ou a banha. Ao intérprete do desenvolvimento ou da formação brasileira cujo critério dominante de interpretação for o sociológico, o que principalmente interessa é descobrir e revelar sob que predominâncias de forma ou de processo se realizou tal desenvolvimento; e não, que diferenças de substâncias econômica ou de composição étnica ou de conteúdo cultural separam uns grupos dos outros para efeito de outros estudos ou de outras considerações de ordem prática, administrativa ou estatística.

A nós, parece, hoje, evidente – depois de estudos já longos da formação brasileira – que o Brasil teve no complexo ou sistema patriarcal, ou tutelar, de família, de economia, de organização social, na forma patriarcal de habitação – a casa-grande completada simbioticamente pela senzala, o sobrado em oposição extrema ao mucambo, à palhoça ou ao rancho – e na forma patriarcal de devoção religiosa, de assistência social e de ação política – seu principal elemento sociológico de unidade. Mais do que a própria igreja, considerada elemento independente da família e do Estado, foi a família patriarcal ou tutelar o principal elemento sociológico de unidade brasileira. Daí nos parecer aquele complexo, de todas as chaves de interpretação com que possa um sociólogo aproximar-se do passado ou do caráter brasileiro, a capaz de abrir maior número de portas; a capaz de anicular maior número de passados regionais brasileiros num passado compreensivamente nacional: caracteristicamente luso-afro-ameríndio em seus traços principais – e não únicos – de composição cultural e de expressão social.

Não descobrimos ainda passado regional brasileiro, de significado histórico, inteiramente rebelde à definição sociológica pelo domínio ou pela presença do complexo patriarcal, em que a unidade de forma de convivência humana – a hierarquia patriarcal revelada principalmente nos estilos sociais de habitação sirva de elemento de superação aos contrastes que ofereçam as várias substâncias que constituem o Brasil étnico, o Brasil etnográfico, o próprio Brasil geoeconômico. A não ser aqueles passados regionais apenas naturais – como o de grupos indígenas – e não históricos. À generalização não escapa o próprio passado bandeirante. Pois o bandeirante, aparentemente desprendido de formas patriarcais de hierarquia, foi um portador e um disseminador de valores rusticamente patriarcais ou de tendências elementarmente tutelares de organização de vida ou de família, esboçadas no próprio caciquismo tutelar de João Ramalho.

Um jovem e lúcido pesquisador piauiense, o Sr. R. P. Castelo Branco, pretendeu, em ensaio sobre o que chamou "a civilização do couro", abrir exceção para o seu estado. Zona por excelência do boi, teria tido uma formação sociologicamente única no Brasil, dissentindo da ortodoxia patriarcal – interpretemos assim a pretendida divergência – como uma seita protestante, da igreja católica de Roma. Mas ele próprio se contradiz ao descrever a figura do latifundiário piauiense, criador de gado nas velhas sesmarias, em traços que, na sua realidade de forma sociológica, são brasileiros e não unicamente piauienses: "Nestas verdadeiras ilhas humanas, encravadas no deserto, onde era impossível se exercer a autoridade dos poderes estaduais ou federais, cedo se formou um regime social peculiar em moldes nitidamente feudais. O coronel é o nobiliarca. Proprietário secular dos campos, através das famosas sesmarias, reúne, nos dilatados latifúndios, algumas dúzias de 'agregados' a quem permite o usufruto de pequenos tratos de terra para roçado e facilita o material para a construção das palhoças". Mais: o pesquisador piauiense fixa ele próprio a hierarquia social que no seu Estado, como no Brasil inteiro alcançado com maior ou menor intensidade pelo complexo patriarcal ou tutelar de família, se vem revelando nos tipos de casa, em grandes extensões brasileiras, designados por *casa-grande e senzala, sobrado e mucambo*. E recorda que, no Piauí, a casa do grande proprietário de terra e de gado é conhecida por *crua-de-telha*: "designação esplendidamente descritiva que vale por uma designação de classe. Porque a *casa-de-telha*, no Piauí, tem a mesma expressão histórico-social da *casa-grande* de Pernambuco... Dela o coronel exerce os seus poderes de árbitro absoluto de todo o latifúndio em cujas casas de palha habitam os agregados. Nas relações desses dois elementos humanos, o coronel desempenha poderes patriarcais".

Está reconhecida nestas palavras de um pesquisador honesto do passado piauiense a semelhança sociológica, isto é, de forma, de função e de processo, do sistema de relações sociais dominante na formação pastoril do seu estado com o sistema dominante na formação agrária das áreas ou subáreas mais ortodoxamente patriarcais: a do Rio de Janeiro, a do Maranhão, a de Pernambuco, a de Alagoas, a de Sergipe, a do recôncavo da Bahia, a de Minas, a de São Paulo; e, principalmente, com o sistema dominante na formação pastoril do Ceará, de Goiás, do Rio Grande do Sul, do Rio Grande do Norte, da Paraíba. A diferença entre essa áreas ou subáreas e a do Piauí não dá para fazer do piauiense um herege em face da ortodoxia patriarcal brasileira: ele será quando muito um maronita em relação com a igreja de Roma.

Do ponto de vista sociológico, pouco importa que variem não só designações como dimensões de casas nobres; ou o material, quase sempre precário, de construção das casas dos servos. Pouco importa que estes – os servos – fossem africanos ou indígenas, escravos ou "agregados" reduzidos à condição de servos. Ou mesmo que, em algumas áreas, chegasse a haver confraternização tal entre senhores de casas de telha e agregados de casas de palha que o caráter patriarcal das relações entre tais elementos deixasse de parecer "patriarcal" ou "feudal" para parecer – sem realmente ser – "democrático" e até "coletivista", como em certos trechos dos sertões pastoris e do Rio Grande do Sul.

Da denominação ou mesmo da condição específica de "escravo", em oposição a "senhor", seria um erro fazer condição indispensável à existência de um sistema sociologicamente patriarcal-feudal, isto é, patriarcal-feudal em suas formas e seus processos principais de relações entre dominadores e dominados: a dominação, a subordinação, a acomodação. O sistema pode existir ou funcionar sob aparências as mais suaves: simples "coronel" ou "major", o senhor; "morador", o servo. É o que parece ter sucedido em grande parte do Piauí, do Ceará, da área do São Francisco e do Rio Grande do Sul dando a esses estados ou a essas áreas aparência de exceções puras e completas a predominância do sistema patriarcal-feudal, ou famílial-tutelar, caraterístico da formação do Brasil em suas principais áreas de colonização mais antiga.

O Sr. Castelo Branco, no sugestivo ensaio já referido, salienta que os "coronéis" do seu estado não foram nunca "apologistas da escravidão", procurando sempre servir-se, em suas fazendas de criação, de indígenas, mamelucos e brancos. O que atribui principalmente ao fato das secas não tornarem fáceis as senzalas. O "agregado" nada custando ao "coronel", não era capital que, desaparecendo, representasse prejuízo para o dono da fazenda. Já vimos, porém, que segundo o depoimento do esclarecido pesquisador, a escassez não só de africanos como de escravos, no Piauí, não impediu que o latifundiário fosse ali um autêntico patriarca, cujo domínio sobre os agregados aparentemente livres tivesse característicos de domínio de senhor feudal sobre seus servos e vassalos.

E é o que igualmente indica o estudo da arquitetura do Piauí realizado pelo arquiteto Paulo Barreto e resumido em interessante ensaio publicado em 1938 no nº 2 da *Revista do Serviço do Patrimônio Histórico e Artístico Nacional*. Verificou o arquiteto que naquela subárea pastoril domina a chamada *morada inteira* do Maranhão, isto é, um tipo de casa importado de subárea carateristicamente patriarcal-feudal em sua formação e "adaptado às exigências e recursos do Piauí". Dessa adaptação da casa maranhense ao Piauí teria resultado uma habitação de "cômodos maiores" e "paredes mais grossas" que a original. Mais acachapada, também, ou achatada. Pois a *morada inteira* no Maranhão é vertical; no Piauí tornou-se horizontal.

A casa patriarcal do Maranhão não teria perdido, assim, no Piauí pastoril, nenhum dos seus característicos mais senhorialmente patriarcais senão a verticalidade. Não diminuiu: aumentou para os lados. Esparramou-se. O que nos faz pensar nas famílias numerosíssimas que tornaram célebre a formação patriarcal brasileira em áreas como o Piauí e o Ceará e que talvez representassem, em terras particularmente sujeitas aos horrores das secas, a compensação à escassez do número de escravos – capital precário – pelo número exagerado de filhos que os patriarcas foram acomodando menos no interior de andares superiores de casas assobradadas – como a da fazenda do Brejo, em zona pastoril da Bahia – do que em quartos e salas térreas de casas achatadas, com extensas varandas ou alpendres hospitaleiros. Não sentiam tais patriarcas a mesma necessidade que os senhores das zonas de abundante escravaria africana, de distanciarem os dormitórios dos filhos e, principalmente, as camarinhas das filhas, das senzalas de escravos. É uma das explicações que nos ocorrem da quase ausência de casas rurais assobradadas em subáreas como o Piauí ou o Ceará. Outra estaria no fato de que raramente os fundadores de fazendas de gado foram, no Brasil, homens de recursos tão amplos ou de origens sociais tão elevadas como os fundadores dos engenhos de açúcar: os engenhos mais feudais e não apenas mais capitalistas em seus característicos. A verdade, porém, é que superiores a esses altos e baixos econômicos e etnográficos parecem ter sido sempre as semelhanças de formas sociológicas entre as várias expressões de família patriarcal ou de família tutelar, com as quais se organizou a sociedade brasileira nas diferentes áreas do Brasil historicamente significativas.

Daí não nos parecer justa a observação, a respeito da parte até hoje publicada do nosso trabalho, de eminente crítico francês, o professor F. Braudel, para quem nosso estudo seria válido apenas para uma região brasileira – região de sentido geográfico; e não para o Brasil. Pretendendo que o mesmo estudo seja válido não vagamente, para o Brasil, mas para a inteira sociedade patriarcal formada, nesta parte da América, pelos portugueses, temos em vista o fato de que a própria área do açúcar – primeiro conteúdo decisivo do sistema patriarcal--escravocrático entre nós – não se limitou ao norte ou ao nordeste do Brasil, ou ao que o professor Donald Pierson chama pitorescamente a "área Recife-Olinda", mas teve no Rio de Janeiro uma de suas mais ricas e vigorosas expressões; e em vários pontos do sul e do centro do Brasil numerosas ilhas ou ilhotas, sociologicamente parentas do sistema que os observadores superfciais supõem ter se limitado ao "norte" ou ao "nordeste". A verdade é que foi o sistema patriarcal-escravocrático, ou tutelar-escravocrático, que, de suas bases de São Vicente, do Rio de Janeiro, do recôncavo, de Pernambuco e do Maranhão e através daquelas ilhas ou ilhotas, primeiro deu efetivo significado econômico e importância política ao Brasil, identificado principalmente com o açúcar aqui produzido. Foi o sistema patriarcal-escravocrático que se tornou a base principal da cultura diferenciada da de Portugal que foi aqui se desenvolvendo.

Para essa cultura diferenciada da reinol, o bandeirismo contribuiu grandemente, é certo. Mas sem dar às suas conquistas de ordem material ou imaterial a solidez necessária à sua consolidação: solidez que esses valores diferenciados dos metropolitanos só viriam a ter à sombra das casas-grandes e dos sobrados patriarcais, de cujos terraços, varandas e até quartos de hóspedes as redes imitadas dos ameríndios tornaram-se tão caraterísticas quanto das cozinhas senhoriais as vasilhas de barro, de fabrico ou feitio principalmente indígena. Igualmente foram as cozinhas também patriarcais invadidas, tanto quanto as boticas domésticas, pelos legumes e ervas da terra, para não falarmos da mandioca, de que os senhores de engenho, e não apenas os bandeirantes, aprenderam a se servir com os indígenas.

O sistema patriarcal inteiro absorveu dos indígenas valores que adotados apenas por mamelucos andejos e quase sem eira nem beira talvez nunca se tivessem solidificado ou consolidado. Esse processo de consolidação é inseparável do sistema representado por casas--grandes e sobrados, sistema cujas zonas de concentração não nos devem iludir sobre o fato de que foi um sistema transregional. Tanto que dele se encontram manifestações não apenas no Norte ou no Nordeste como em São Vicente e no Rio de Janeiro; não apenas no recôncavo Baiano ou no Maranhão como, difusas e menos ostensivas, no Paraná, em Santa Catarina, no Rio Grande do Sul, em Mato Grosso, no Pará. Já vimos que Euclides da Cunha encontrou-as no próprio Amazonas sob a forma de sobradões que lhe pareceram verdadeiros palácios perdidos no meio do mato tropical. Mansões de patriarcas a seu modo escravocratas que pretendiam firmar-se sobre a base precária da borracha como outros haviam se firmado sobre o açúcar, o café, o cacau, o gado, o ouro. O mesmo sistema – repita-se – embora com conteúdo diverso. O mesmo processo de consolidação sob aspecto geográfica e etnograficamente distinto do tradicional, ligado pelos estudiosos superfciais à paisagem dominada pelo canavial.

Empenhados em limitar a estreito espaço físico, por eles arbitrariamente fixado, a validez dos estudos por nós iniciados com *Casa-grande & senzala* e continuados em *Sobrados e mucambos,* alguns críticos têm pretendido que só a pequeno trecho do Brasil se aplicariam nossas generalizações: ao "Nordeste" ou à "área Recife-Olinda". E já houve quem insinuasse que só dessa área, ou subárea, tínhamos qualquer conhecimento.

Engano que somos obrigado um tanto imodestamente a retificar Nossas viagens de estudo pelo Brasil, para efeito de comparação sociológica de regiões, ou sub-regiões, diversas, estão longe de nos satisfazer: muito nos falta ainda conhecer, ou simplesmente ver, do nosso país. Não nos sentimos, ainda, autorizado a atribuir a todas as nossas sugestões, com pretensões a transregionais, a desejada generalidade. Mas se os bons aristarcos que nos acusam de conhecer só a área "Recife-Olinda" se dessem ao trabalho de nos acompanhar a vida de estudo, desde a publicação daqueles nossos primeiros trabalhos, moderariam, talvez, a ênfase com que nos acusam de conhecer apenas o Nordeste agrário – centro do sistema patriarcal--escravocrático em cuja análise e interpretação procuramos, é certo, desde moço nos especializar; e saberiam que nossas viagens por terra – de trem, de carro, de automóvel, a cavalo, a pé – ou pelas águas do litoral brasileiro – de rebocador, lancha, jangada e barcaça – com o fim de procurarmos reconhecer semelhanças e diferenças entre as áreas mais características do Brasil já nos levaram não só a Campos, Vassouras e Angra dos Reis como a outros pontos de interesse sociológico, e não apenas paisagístico, do litoral e do interior do Rio de Janeiro; e, mais de uma vez, ao velho interior agrário de São Paulo e ao seu litoral povoado de antigos sobrados patriarcais de que raros estudiosos modernos do Brasil, mesmo paulistas, se têm aproximado. Também a trechos do litoral e do interior do Paraná, de Santa Catarina, do Rio Grande do Sul, de Sergipe, da Bahia, do Pará, do Piauí, do Ceará marcados por traços de semelhança ou de contraste com os da área agrária ou açucareira do Nordeste. E a Minas Gerais, área de que percorremos de automóvel largos trechos dentre os mais assinalados pela presença de antigos sobrados e casas--grandes, outrora centros de residência ou de domínio de famílias tutelares. Viagem feita na companhia do erudito mineiro Sr. Afonso Arinos de Melo Franco e tendo, às vezes, por orientador de nossos contatos com os arquivos o sagaz conhecedor do passado daquela vasta e profunda província que era Luís Camilo de Oliveira. Com o Maranhão é que os nossos contatos até hoje foram tão breves que é quase como se o desconhecêssemos tanto quanto desconhecemos o Mato Grosso, Goiás, o Amazonas: conhecido apenas do alto e por alto, isto é, do alto de um avião.

Vasto como é o Brasil – o geográfico e etnográfico e não tanto o histórico-sociológico – compreende-se a relutância dos estudiosos mais conscienciosos do passado ou da realidade brasileira em aceitarem interpretações, como a oferecida pela nossa caraterização desse passado e dessa realidade sob a forma de expressão sociológica de familismo patriarcal ou tutelar, comuns às varias regiões geoeconômicas do país. Exigem – e com razão – tais estudiosos, obras minuciosas de confirmação sub-regional das sugestões esboçadas por nós para regiões ou para o todo brasileiro.

Não é por outro motivo que se insurge contra a ideia de que os binômios casa-grande-senzala e sobrado-mucambo foram, no Brasil, complexos transregionais, e não apenas regionais, que dominaram, como complexos transregionais, espaços sociais transbordantes de quantos espaços físicos se têm inventado para contê-los, o jovem e já notável crítico brasileiro, Sr. Wilson Martins. Em recente estudo sobre "Um tema de sociologia brasileira", salienta ele a presença, no Brasil meridional, de "ideias e gostos que não são puramente nacionais". Com o que não há estudioso de Sociologia do Brasil que não se encontre de perfeito acordo. No Brasil Central e no Setentrional também se encontram "ideias e gostos" que não são "puramente nacionais" – os de indígenas ainda mal assimilados ao atual sistema brasileiro de convivência e de cultura, por exemplo – compreendido por "nacional" aquele complexo de gostos e ideias predominantemente lusitanos, ou mestiços de lusitano e ameríndio ou de lusitano e africano, também chamado "brasileiro".

Quando, porém, o jovem crítico pretende negar o que há de transregional – no sentido de superação da região natural ou da área geográfica por considerações de espaço social – em nossos estudos sobre a sociedade patriarcal do Brasil – nossa sociedade básica, quer no sul, quer no norte, quer no centro, e não apenas no nordeste da cana-de-açúcar – alegando que os mesmos estudos, "embora estruturados sobre uma base científica que deve ser a mesma para os estudos da sociologia em qualquer região [...] prendem-se a trechos muito caraterizados dos país, não servindo senão em escala muito reduzida, para outros que também apresentam caráter próprio, como é o caso dos Estados meridionais", parece-nos que resvala, tanto quanto os já mestres ilustres que são os professores F. Braudel, Sérgio Milliet e Donald Pierson, no erro de confundir a forma sociológica com o conteúdo etnográfico, etnológico, étnico, econômico ou geográfico.

Aliás, vários desses conteúdos, examinados de perto, não em zonas de infiltração estrangeira mais recente – que devem ser consideradas antes manchas de exceção, talvez transitória, que típicas, do Brasil meridional – mas nas áreas de formação social mais antiga – que não foram descaraterizadas sob o impacto dos adventícios – apresentam-se com semelhanças numerosas, quando comparados com os conteúdos do nordeste ou do centro do Brasil. É o que indicam estudos profundos ou meticulosos sobre a formação não só social, em geral, como literária, ou política, em particular, do Rio Grande do Sul: de todos os estados meridionais do Brasil o que tem sido objeto de melhores estudos desse gênero. Estudos como os de Rubens de Barcelos e de Salis Goulart e os de João Pinto da Silva, Moisés Vellinho, Augusto Meyer, Coelho de Sousa, Dante de Laytano, Viana Moog, Manuel Duarte, Walter Spalding, Carlos Legori. O que o Sr. Atos Damasceno, por exemplo, evoca, em páginas sugestivas, não só do passado remoto como recente de Porto Alegre, quase se confunde com as evocações do Recife por Mário Sette. Da autobiografia de João Daudt de Oliveira, rio-grandense-do-sul descendente de alemão e há pouco falecido em idade avançadíssima, constam episódios de meninice, relações de menino com bá, que não se distinguem das experiências de meninos do Rio de Janeiro, de São Paulo, de Minas Gerais ou do Norte, nas suas zonas mais caracteristicamente patriarcais: experiências recordadas noutras autobiografias ou biografias do século XIX como a de Cristiano Ottoni, a do barão de Goiânia, a de Veridiana Prado, a de Paulino de Sousa, a de Félix Cavalcanti de Albuquerque. E o mesmo se poderia dizer do estudo que vem escrevendo, dentro de critério histórico-sociológico, sobre a cidade do rio Pardo, um dos mestres rio-grandenses-do-sul dos estudos de história regional: o professor Dante de Laytano.

Repare-se no sabor "nacional" destes pedaços de passado ainda recente do Brasil meridional (passado que continua a ser o básico ou fundamental da região e com o qual acabam transigindo numerosos adventícios ou neobrasileiros) reconstituídos pelo bom historiador de rio Pardo: "A vida da cidade" – escreve o Sr. Dante de Laytano, referindo-se à cidade do rio Pardo não de há duzentos mas de há cem anos – "afora festas de igrejas nas praças e as procissões ou um ou outro desfile militar, reduzia-se aos salões famíliares, bailes nas varandas dos sobrados e de casas assobradadas [...]. Nas famílias, quase todas numerosas, como a de uma Almeida que casou três vezes, tendo de cada matrimônio dez ou quinze filhos, as pessoas, nesses bons tempos, não se chamavam Tomás, mas Dadaio, Francisca, mas Chicuta, Antônio mas Tonico, Jerônimo mas Nonô, etc. [...] não faltavam as boas mesas de doces, os licores e refrescos de receitas domésticas muito apreciadas, e, mais do que isso, guardadas em completo segredo; mas a arte de doçaria e de cozinha se desenvolveria melhor nas fazendas, onde as donas de casa instruíam as filhas casadouras e o ambiente social era maior com visitas, piqueniques, batizados, etc. Quase todos os estancieiros passavam o rigor do inverno na cidade, quando continuavam a cultivar os mesmos hábitos e pequeno exército de quituteiras, caseiras, cozinheiras africanas, algumas vezes índias, acompanhavam os patrões para o regalo da mesa, onde sempre sentavam muitos parentes e convidados. As famílias eram sempre grandes ou, por menor que fosse, entrelaçavam-se com parentes e amigos. Acrescentem-se as mulheres alemãs que começaram a entrar no Rio Grande com os colonos, logo depois da independência do Brasil, e teremos uma contribuição notável para a arte de fazer doces entre nós".

Quase tudo que vem aqui transcrito de recente estudo de historiador escrupuloso e meticuloso, sobre o Rio Grande do Sul, poderia ter sido escrito sobre Alagoas ou Pernambuco, sobre a Bahia ou Sergipe, sobre o Rio de Janeiro ou São Paulo, sobre o Pará ou o Maranhão, considerados nas formas ou estilos de sua formação social que foi, em todas essas províncias mais antigas, a patriarcal, a escravocrática, a de raízes principalmente lusitanas ou açorianas. De modo que quando o Sr. Wilson Martins, cujo conhecimento do Brasil meridional parece quase limitar-se, no que se refere à culinária, às áreas de cultura neobrasileira, escreve que "nenhuma daquelas comidas de que fala o Sr. Gilberto Freyre, por exemplo, como sendo genuinamente nacionais, comparece nos menus sulinos, a não ser como exotismo", vê-se que lhe falta ainda o contato com as mesas, tocadas de reminiscências patriarcais, do Rio Grande do Sul e de Santa Catarina onde se come tão boa feijoada quanto no norte, em Minas, em São Paulo ou no Rio de Janeiro; onde o mocotó chamado de colher pode ter outro nome mas é o mesmo de Alagoas e de Pernambuco; onde, à sobremesa, o doce com queijo – combinação absurda aos olhos europeus ou neobrasileiros ainda estranhos ao Brasil – aparece com a mesma naturalidade que nas mesas do Ceará ou da Paraíba.

Que existem no Brasil consideráveis diferenças de região para região e até de sub-região para sub-região ou de província para província, nenhum estudioso de ciência social famíliarizado com a situação do nosso país é capaz de negar. Somos, há anos, dos que vêm procurando pôr em destaque não só tais diferenças como a conveniência de as conservarmos, em vez de nos submetermos a qualquer espécie de nacionalismo antirregional que tenda a esmagá-las ou anulá-las. Mas o estudo das diferenças não nos deve fazer esquecer o das semelhanças. Nem o critério de espaço físico nos deve fazer abandonar, em estudos sociais, o do espaço social, dentro do qual podem estender-se complexos sociais, ou de cultura, de configuração própria e até caprichosa. Daí grupos humanos fisicamente distantes um do outro como o situado em Rio Pardo (Rio Grande do Sul) e o situado em Penedo (Alagoas), por exemplo, poderem apresentar maiores semelhanças entre si, que Rio Pardo (Rio Grande do Sul) com São Leopoldo (Rio Grande do Sul); ou Penedo (Alagoas) com Palmeira dos Índios (Alagoas). Daí o Rio de Janeiro ser província muito mais semelhante a Pernambuco agrário, a despeito da distância física que separa uma da outra, que o Rio de Janeiro, da província vizinha, do Espírito Santo; ou Pernambuco agrário, do Ceará, província também vizinha.

O sistema patriarcal não só de economia como de organização de família, onde teve por base a grande lavoura trabalhada principalmente por mão de escravo africano e fundada por europeus de origem aristocrática ou semiaristocrática, criou dessas semelhanças: semelhanças entre os seus pontos de maior concentração de capital e de mão de obra e de maior intensificação de riqueza e do que Veblen denomina ostentação de riqueza, ou seja, *"conspicuous waste"*. Por isso, quem se ocupa de tal sistema, isto é, de suas formas sociológicas, não faz obra de geografia econômica ou cultural, mas de sociologia regional, ou transregional, que é um estudo antes de espaços físicos.

Se algumas das generalizações conseguidas sob tal critério de estudo não são válidas, no Brasil, senão para certos espaços físicos, podem outras generalizações alcançar, em sua transregionalidade, áreas do próprio Paraná, cuja configuração exótica no meio da sociedade brasileira de formação basicamente patriarcal, o Sr. Wilson Martins parece, às vezes, exagerar. Quem lê, por exemplo, biografias de paranaenses típicos como o velho Jesuíno Marcondes – e as biografias tendem a acentuar os traços particulares com prejuízo dos gerais – tem a impressão de estar lendo a biografia de filho de senhor de engenho baiano ou pernambucano educado na Europa. Ou seja a biografia de filho de casa-grande patriarcal, na fase de transição do patriarcalismo ortodoxo para o já desfigurado pela ascensão dos bacharéis e pelo desenvolvimento das cidades; ou pelo que Moisés Marcondes, em *Pai e patrono* (Rio de Janeiro, s.d.), chama de "passagem da fazenda à mais modesta condição de chácara". Passagem caraterizada pela subdivisão do domínio maciçamente patriarcal – equivalente de uma sesmaria de engenho antigo do norte – em sítios ou pequenas fazendas para "constituição de novos núcleos famíliares", correspondentes aos doze filhos ou herdeiros do Tenente Manuel José de Araújo (falecido em 1825) e de sua mulher Da. Maria da Conceição de Sá (falecida em 1816).

Um desses filhos – precisamente Jesuíno – resolvera o pai que seria bacharel formado; e que estudaria Direito, como outros paranaenses da época, em Olinda. Outra evidência de que o sistema patriarcal no Brasil teve suas constantes transregionais como o hábito de estudarem os filhos das grandes famílias patriarcais, das várias regiões, em escolas onde confraternizavam; e onde o seu pensamento e o seu comportamento de algum modo se unificavam. Coimbra, Montpellier, Olinda, São Paulo, o Rio de Janeiro, a Bahia foram esses centros principais de unificação de pensamento e de comportamento de moços que, em alguns casos, voltaram aos remotos domínios paternos, constituindo-se em fazendeiros ou senhores de engenho de um novo tipo: os fazendeiros-doutores. Os senhores de engenho-bacharéis. Homens que instalavam-se em casas-grandes depois de conhecerem a Corte, Olinda, São Paulo, Bahia, às vezes Paris, Londres, a Europa; que várias vezes assobradavam as casas de ordinário chatas ou as europeizavam em chalés suíços também assobradados; que povoavam essas casas, de livros e revistas novas; que ao gosto pelos cavalos, pelas mulatas, pelos cafezais, pelos bois, pelos canaviais juntavam a nostalgia de atrizes louras, de francesas elegantes, alguns não se contendo, e fazendo vir da Europa governantas ou *institutrices* para os filhos, nas quais se prolongassem aquelas imagens europeias de mulheres. Governantas ou *institutrices* que às vezes foram amantes se não carnais, platônicas, menos dos adolescentes que dos pais meio sofisticados, saudosos das metrópoles, das grandes cidades, das altas civilizações.

O historiador Dante de Laytano salienta que desde os começos do século XIX começou a fazer-se sentir na culinária do Rio Grande do Sul mais antigo – culinária ortodoxamente lusitana ou açoriana, embora com salpicos nada desprezíveis de influência ameríndia e de influência africana que, desde os primeiros dias, foram aproximando aquele como anexo, da culinária característica do já bem estabelecido complexo patriarcal escravocrático – a presença de influências alemãs às quais se juntariam mais tarde as italianas. Um elemento herético, luterano – digamos simbolicamente assim – contrário à ortodoxia dominante nos fornos e nos fogões mais solidamente patriarcais.

Nas casas-grandes e sobrados mais fartos do Brasil, recolheram os fornos e fogões, desde os primeiros dias da colonização, a herança dos mosteiros e solares portugueses, ampliando-a, acrescentando-lhe valores adquiridos das mulheres da terra e das negras preferidas para o serviço doméstico. Essa relativa ortodoxia da culinária patriarcal – expressiva das demais ortodoxias – é que seria quebrada pela presença das mulheres alemãs que, independente o Brasil, principiaram a ser admitidas, em número considerável, ao sul do império, como mães ou filhas de famílias de colonos ou imigrantes pobres. Algumas das adventícias se incorporaram ao serviço doméstico das famílias de origem portuguesa já antigas, ou já ricas, realizando, através do serviço doméstico, revoluções menos em copos de água que em panelas de cozinha com as quais se foram alterando não só os alimentos cotidianos nas casas nobres como as próprias relações entre senhores e servos, entre a sala de jantar e a cozinha. Com as quais se foram reeuropeizando várias aspectos da convivência patriarcal no Brasil; e não apenas o seu sistema de alimentação.

Revoluções semelhantes ocorreram no Norte, ainda mais ortodoxamente patriarcal, do império, desde os começos da independência alterado em seus estilos de convivência e de cultura, pela presença de europeus chegados aqui menos como senhores, para competir com os senhores, do que como técnicos, peritos, artesãos, mecânicos, para superarem os artesãos da terra, na sua maioria escravos. O que nos faz voltar às governantas e *institutrices* para acentuar que também elas, na primeira metade do século passado talvez mais numerosas nas casas-grandes e nos sobrados patriarcais do norte do que nos do sul, exerceram uma ação revolucionária que não deve de modo nenhum ser esquecida ou desprezada. Também elas alteraram a culinária patriarcal da região, acrescentando-lhe delicados sabores do norte da Europa. Também elas alteraram o sistema de relações entre senhores e servos sendo, como eram, inglesas, alemãs ou francesas bem instruídas, superiores, sob vários aspectos, às matronas da terra. De modo que não se deve imaginar um norte ou um nordeste de todo fechados, durante o meio século que se seguiu à independência, a influências europeias que lhe alterassem a ortodoxia de socialidade e de cultura. Faltou ao norte, durante aquele período, o impacto de influência europeia representado pelas ondas de imigração de suíços e alemães, de franceses e italianos, que se espalharam pelo sul. Não lhe faltou, porém, a presença de europeus do norte – franceses, ingleses, alemães e até escandinavos – que, em número muito menor do que no sul do Brasil, vieram reeuropeizar a vida e a paisagem da região através de novas técnicas de ensino de meninos, de culinária, de confeitaria, de arquitetura, de engenharia, de marcenaria, de jardinagem, de medicina, de cirurgia, de alfaiataria.

Suprindo com a qualidade a inferioridade em número, esses técnicos europeus, tantos dos quais constituíram famílias brasileiras, tiveram, no norte do Brasil, durante o meio século que se seguiu à independência, uma influência geralmente esquecida pelos estudiosos de história ou de sociologia que imaginam a parte setentrional do nosso país inteiramente fechada, durante aquele período, ou durante o século XIX inteiro, a contatos íntimos e pessoais com europeus no Norte capazes de resultarem em alterações na paisagem, na vida e na cultura da região. A verdade é que o sistema patriarcal brasileiro, considerado sociologicamente em conjunto, sofreu, durante o primeiro meio século da independência – na verdade, desde a abertura dos portos em 1808 – penetrações de elementos grandemente perturbadores de sua ortodoxia patriarcal, tanto no norte quanto no sul do país. No Sul, esses elementos foram, de modo geral, mais importantes pela quantidade ou pelo número do que pela qualidade. No norte, foram mais importantes pela qualidade do que pelo número relativamente insignificante.

De modo que esses elementos quase se igualaram em importância, dado o fato de terem atuado no Norte técnicos superiores, em qualidade, ao grande número de simples homens do campo chegados da Alemanha e de outros países europeus para o sul. Compensação da quantidade pela qualidade.

A desigualdade de influências socialmente renovadoras ou tecnicamente revolucionárias seria um fenômeno menos daquele período que dos últimos decênios do século passado e dos primeiros do atual – assunto do estudo que se segue ao presente e que se apresenta com o título de *Ordem e Progresso* e o subtítulo de *Transição do Trabalho Escravo para o Livre*. Durante a época propriamente de domínio, no Brasil, da família patriarcal ou tutelar sobre o conjunto social, aquelas desigualdades como que se compensaram de subárea para subárea, de área para área, de região para região, permitindo ao processo sociológico de dominação não só do indivíduo como, até certo ponto, do Estado e da igreja, pela família poderosa, desenvolver-se transregionalmente, sem perturbações que grandemente lhe diferenciassem as expressões ou manifestações sociológicas e até culturais.

O que houve de região para região, de área para área, de subárea para subárea, dentro do complexo patriarcal no Brasil, repita-se que foi diferença antes de intensidade que de qualidade de característicos comuns aos vários tipos de sociedades baseadas sobre a monocultura latifundiária e patriarcal. Dentro desses característicos comuns é que se formou e se desenvolveu a sociedade brasileira nas áreas mais antigas de colonização portuguesa da América: a do açúcar, a do couro, a do cacau. Depois, nas do café, do ouro, da borracha, houve zonas ou áreas de exceção: porém insignificantes do ponto de vista sociológico ou histórico-social que não deve ser confundido nunca – acentue-se mais uma vez – com o etnográfico.

Sob o critério de generalidade de formas sociológicas – e não de peculiaridades etnográficas – é que vimos procurando estudar e interpretar a mesma sociedade; é que vimos acompanhando seu desenvolvimento até os nossos dias: época de franca desintegração do sistema patriarcal se não em todas as áreas brasileiras, nas mais expostas ao impacto das influências individualistas, estatistas ou coletivistas mais particularmente hostis às antigas hierarquias sociais dominantes entre nós – país de quase tanto familismo quanto à China – e às antigas formas de domínio do Estado pela pessoa ou pela família economicamente poderosa; e da própria religião pela família patriarcal e semipatriarcal.

Estudo por nós empreendido desde a mocidade com um pouco daquela esperança que o inglês Lecky confessou certa vez, em carta a um amigo, ter animado suas pesquisas de historiador: "[...] *to detect in the slow movements of the past the great permanent forces* [...]".

A família, sob a forma patriarcal, ou tutelar, tem sido no Brasil uma dessas "grandes forças permanentes". Em torno dela é que os principais acontecimentos brasileiros giraram durante quatro séculos; e não em torno dos reis ou dos bispos, de chefes de Estado ou de chefes de igreja. Tudo indica que a família entre nós não deixará completamente de ser a influência se não criadora, conservadora e disseminadora de valores, que foi na sua fase patriarcal. O personalismo do brasileiro vem de sua formação patriarcal ao mesmo tempo que cristã – um cristianismo colorido pelo islamismo e por outras formas africanas de religiosidade inseparáveis da situação famílial da pessoa; e dificilmente desaparecerá de qualquer de nós.

Sob forma nova, que lhe permita resistir à pressão de forças hoje mais poderosas do que ela, e adaptar-se a novas circunstâncias de convivência humana, a família, no Brasil, tende a desenvolver-se com a igreja, a cooperativa, a comuna, o sindicato, a escola, num dos órgãos de renovação e de descentralização de poder, numa sociedade, como a nossa, ainda impregnada de sobrevivências feudais e tutelares. Como família patriarcal, ou poder tutelar, porém a energia da família está quase extinta no Brasil; e sua missão bem ou mal cumprida.

Suas sobrevivências terão, porém, vida longa e talvez eterna não tanto na paisagem quanto no caráter e na própria vida política do brasileiro. O patriarcal tende a prolongar-se no paternal, no paternalista, no culto sentimental ou místico do pai ainda identificado, entre nós, com as imagens de homem protetor, de homem providencial, de homem necessário ao governo geral da sociedade; o tutelar – que inclui a figura da mãe de família – tende a manifestar-se também no culto, igualmente sentimental e místico, da Mãe, identificada pelo brasileiro com imagens de pessoas ou instituições protetoras: Maria, mãe de Deus e senhora dos homens; a igreja; a madrinha; a mãe – figuras que frequentemente intervêm na vida política ou administrativa do país, para protegerem, a seu modo, filhos, afilhados e genros.

De maternalismo, ou maternismo, se mostra, na verdade, impregnado quase todo brasileiro de formação patriarcal ou tutelar. Era como se no extremo amor à mãe ou à madrinha ou à mãe-preta o menino e o próprio adolescente se refugiassem do temor excessivo ao pai, ao patriarca, ao velho – senhor, às vezes sádico, de escravos, de mulheres e de meninos.

Ainda há pouco estivemos relendo velha carta de Joaquim Nabuco conservada por Pedro Afonso Ferreira, senhor do Engenho Japaranduba e genro do visconde de Rio Branco – carta que o filho de Pedro Afonso destacou, há mais de vinte anos, do arquivo daquele engenho para que a guardássemos entre nossos papéis de estudo. "A perda da nossa Mãe" – escrevia Nabuco em 1885 – "é o maior golpe que pode ferir o coração de cada um de nós...". Maternalismo do mais puro. E maternalismo manifestado por alguém que, dentro da estrutura patriarcal em que nasceu, teve formação um tanto diferente da comum, criado, como foi, com muito mimo, mais pela madrinha, senhora de engenho, que pela própria mãe ou pelo próprio pai, ao qual cedo passou, aliás, a admirar e não apenas a temer.

Entre as figuras paterna e materna parece que, no Brasil, se desenrolou o drama de muito menino de formação patriarcal ou tutelar, a figura materna servindo de refúgio ao temor e às vezes terror à figura do patriarca. Esse terror ao pai patriarcal e aquele refúgio à sombra da figura da mãe e quase sempre companheira de sofrimento ou experiências de opressão às vezes se prolongou em traços característicos de personalidade em alguns dos homens mais representativos da antiga ordem brasileira.

O caso de D. Vital, por exemplo. Do que temos colhido a respeito dessa figura extraordinária do bispo do tempo do Império – o oposto da figura de D. Romualdo, tão acomodatício em suas relações com o Estado ou com o imperador – na personalidade de homem feito de D. Vital Maria Gonçalves de Oliveira o terror ao pai patriarcal parece ter se transformado, por um processo de transferência que a psicanálise talvez explique, em ódio ao Estado dominador da igreja; e o extremado amor à mãe, em devoção à santa madre igreja, a Maria, à mãe de Jesus – a sofredora, a mártir, a perseguida. O certo é que o pai de D. Vital deixou na família a recordação de homem áspero e excessivamente autoritário em seu domínio sobre a mulher e os filhos tanto como sobre os escravos e moradores do engenho ou sítio de que foi rendeiro: rendeiro com todos os característicos de senhor da terra ou proprietário do solo numa época em que mais importava o número de escravos que possuísse o patriarca, e o domínio sobre eles, que a plena posse da terra ou da casa; mais a qualidade do material de construção da casa senhorial que a extensão em léguas das terras possuídas ou arrendadas pelo senhor; mais a quantidade de servos que a de bois, de cavalos ou de cabras, de carros ou de barcaças, embora todos esses elementos concorressem para o maior ou menor prestígio de uma figura autenticamente patriarcal.

O excessivo autoritarismo de patriarca do pai de D. Vital é informação que colhemos de mais de uma fonte. Notadamente da melhor ou mais pura de todas: o velho sobrinho do bispo, há pouco falecido, Bráulio Gonçalves de Oliveira.

Enquanto ao visconde de Rio Branco parece ter sucedido quase o oposto ao que sucedeu a D. Vital: criara-se num ambiente de menor autoritarismo patriarcal e de menor opressão da figura materna pela paterna. Filho de negociante de cidade que enriquecera com a importação de escravos numa época – saliente-se bem – em que esse gênero de comércio não se tornara ainda, no Brasil, atividade degradante para o homem de negócios nela empenhado nem para sua família, embora já implicasse conflito de interesses do comércio brasileiro com o imperialismo britânico – o futuro visconde não se fez homem com o terror de menino a um despotismo famílial a dominar-lhe parte importante da personalidade e a exigir transferência, para outro plano, do seu ressentimento ou do seu ódio ao opressor doméstico. Seu sentimento de menino mais forte foi, porventura, o de brasileiro revoltado contra intrusões estrangeiras em atividades consideradas não só nacionais como benéficas à nação; e no sobrado paterno talvez tenha se famíliarizado com alguns dos segredos como que maçônicos necessários ao chamado "resgate" e tidos como meios de defesa da "liberdade de comércio" contra o imperialismo britânico. O equilíbrio de personalidade do primeiro Rio Branco parece ter resultado do relativo equilíbrio de sua formação mais oceânica e menos rústica que a de um Gonçalves de Goiana; menos rigidamente patriarcal que a do bispo com quem, grande do império, teve de defrontar-se no duro combate travado entre o Estado e a igreja no Brasil dos dias de Pedro II. Apenas o primeiro Rio Branco, como aqueles homens ilustres da Nova Inglaterra que, descendentes de importadores de escravos, se distinguiram na campanha norte-americana da abolição por seu abolicionismo militante, parece ter encontrado na atividade militantemente abolicionista uma espécie de purgação do grave pecado paterno – pecado cuja gravidade o filho só deve ter sentido ao fazer seus primeiros estudos de Direito sob a influência de autores ingleses e franceses.

Outro ponto a destacar é que o sobrado da meninice do futuro visconde de Rio Branco era provavelmente daqueles onde havia salão com janelas escancaradas para o mar; e aonde chegavam com alguma frequência rumores de gentes mais sofisticadas que a brasileira, produtos de outras civilizações, notícias ou novidades da Europa, porcelanas e sedas da China, marfim e perfumes da Índia. Esses requintes custavam a chegar aos alpendres das rústicas casas-grandes de engenho ou de sítio do norte de Pernambuco como aquela onde nasceu e se criou o futuro D. Vital; e aonde os próprios negros da Costa foram deixando de chegar com a antiga frequência, dada a vigilância britânica nos mares e nas próprias praias. Era, portanto, natural que nos Gonçalves de Oliveira, de Goiâna, se acentuassem tendências à introversão; e nos Paranhos, da Bahia, tendências à extroversão. E se nos alongarmos em tais análises, veremos que o estudo da casa em relação com a formação da personalidade do brasileiro não é tão banal quanto tem parecido a alguns críticos. Nem tão fútil – "femininamente fútil" – como pretendem outros censores.

Aliás, nem mesmo de um ensaio como o recente, do Sr. Wanderley de Pinho, intitulado *Salões e damas do segundo reinado* (São Paulo, s.d.) e composto sob a sugestão um tanto enlanguescente de "flores murchas de recordação de um baile", de "daguerreótipos esmaecidos", de velhas "luvas amarelecidas pelos anos", se pode dizer que seja obra feminina no sentido de ser fútil. O próprio autor de ensaio tão sugestivo – ainda que escrito, este sim, sob o exclusivo ponto de vista do descendente da classe dominante incapaz de identificar-se, por empatia, com a gente dominada – defende-se da acusação de banalidade que possa ser feita a semelhantes estudos de história social. E opõe às generalizações injustas de Tobias Barreto sobre os salões das velhas casas-grandes (que o Sr. Wanderley de Pinho sistematicamente denomina "grandes casas") e dos antigos sobrados brasileiros (às vezes intitulados inexata ou exageradamente, pelo mesmo autor, de "solares" ou de "palácios")

– e nos quais, segundo o mesmo Tobias, preponderavam "o canto, a música, o jogo, a maledicência" e não, como ele desejara, as conversas eruditas de bacharéis com bacharelas – os reparos inteligentes de José de Alencar: "se a palestra vai bem, procura-se alguma *chaise-longue* num canto de sala e a pretexto de tomar sorvete ou gelados faz-se uma transação, efetua-se um tratado de aliança".

Em ensaio recente, "A mulher na literatura brasileira" (*Nordeste*, agosto, 1947), um crítico esclarecido das letras nacionais, o Sr. Aderbal Jurema, baseia-se justamente no trabalho do Sr. Wanderley de Pinho para escrever que, durante o Segundo Reinado, mesmo "vigiado de perto" pelos patriarcas, o "talento feminino começou a brilhar" entre nós. A verdade é que esse começo de brilho da inteligência feminina nos salões patriarcais do Brasil data do Primeiro Reinado e até da época colonial: é o que indica o depoimento de Maria Graham que até uma "*bas-bleu*" conheceu no Rio de Janeiro. Mas não nos iludamos com a participação da mulher na vida intelectual do Primeiro Reinado e mesmo do segundo: o que houve foi uma ou outra flor de estufa. Tanto que Nísia Floresta seria um escândalo para a sociedade brasileira do seu tempo, merecendo o seu caso estudo à parte que bem poderia ser empreendido pelo próprio Sr. Aderbal Jurema. E a Marquesa de Santos, se nos seus dias de matrona recebeu honras quase de matriarca da parte da sociedade paulista, foi pelo reflexo, sobre sua pessoa, da condição de mulher de imperador que lhe abrilhantara os dias de moça.

Matriarcas houve, no Brasil patriarcal, apenas como equivalentes de patriarcas, isto é, considerando-se matriarcas aquelas matronas que, por ausência ou fraqueza do pai ou do marido, e dando expansão a predisposições ou caraterísticos masculinoides de personalidade, foram às vezes os "homens de suas casas". Basta que nos lembremos da que o cônsul russo, o infeliz barão de Langsdorff e Hércules Florence, conheceram no interior do Brasil na primeira metade do século XIX. Mas nunca que esses casos excepcionais de "matriarcas" nos autorizem a falar num matriarcado que florescesse dentro da sociedade patriarcal do Brasil com o vigor de uma instituição rival da econômica e politicamente dominante. Nada de confundirmos – voltemos a este ponto – matriarcalismo com maternalismo: o maternalismo de que se apresenta impregnada nossa sociedade patriarcal por uma como compensação moral ou psíquica aos excessos de patriarcalismo.

A extrema receptividade do brasileiro ao culto de Maria, mãe de Deus, da mãe dos homens, de Nossa Senhora que, em nosso cristianismo mais popular e mais lírico, chega a sobrepujar o culto de Deus Pai e de Cristo Nosso Senhor, talvez encontre sua explicação naquele maternalismo, moral e psiquicamente compensador dos excessos de patriarcalismo em nossa formação. Excessos identificados com o despotismo ou a tirania do homem sobre a mulher, do pai sobre o filho, do senhor sobre o escravo, do branco sobre o preto.

E sob esse ponto de vista, tão expressivo quanto o caso de D. Vital Maria nos parece o do Padre Ibiapina, também extremo devoto de Maria, Mãe de Jesus. O grande missionário brasileiro da época patriarcal, organizador das célebres "casas de caridade" nos sertões, é de que se apresenta impregnado aos nossos olhos: de maternalismo ao mesmo tempo que de brasileirismo. Ou de caboclismo ou nativismo.

Um maternalismo que foi uma expressão nova do complexo brasileiro da casa-grande e não a negação violenta desse complexo. Desse complexo ele se envolvera de tal modo que, construídos edifícios para suas missões, em vez de se inspirar na arquitetura das igrejas ou dos conventos, inspirou-se na das casas-grandes patriarcais. E em vez de enchê-las – as suas "casas de caridade" semelhantes às casas-grandes, com os mesmos alpendres largos, os mesmos telhados acolhedores de pagodes chineses, as mesmas paredes grossas – de freiras ou irmãs de caridade mandadas vir da Europa, encheu-as de brasileiras de tipo menos ascético do que maternal que a gente do povo foi chamando não de "irmãs" nem de "*sœurs*"; nem de "madres" nem de "*mères*"; mas, muito brasileiramente, de mães-sinhás. Mães-sinhás que costuravam e ensinavam órfãs a costurar, a fazer renda, a fazer doces, flores de cera e de papel, cestos, chapéus, esteiras. Maternalismo do mais puro que, outra vez, é preciso não ser confundido com matriarcalismo, embora tudo indique que aos bispos da época a organização de Ibiapina inspirasse o receio de ser uma organização dominada por mulheres.

Ora, os bispos ortodoxos da época, mesmo quando homens da formação de D. Vital Maria – que, para compensar-se da dura opressão sofrida da parte do pai (identificado com o Imperador, o império, o governo) teria buscado refúgio na figura ideal da mãe (igreja) e na especial devoção pela Virgem Maria – não parecem ter levado seu maternalismo a desenvolvimentos tão lógicos que confiassem na capacidade das mulheres brasileiras para o serviço da igreja do mesmo modo que confiava nelas o meio louco Ibiapina. É pena. Prestigiada pela igreja, pelos seus bispos, pelo núncio, pelo papa, a organização maternalista de Ibiapina poderia ter se alastrado pelo Brasil inteiro com suas "casas de caridade" servidas por "mães-sinhás" que teriam dado ao catolicismo social no Brasil um vigor como que telúrico: uma base francamente brasileira à sua ação social sem prejuízo nenhum da ortodoxia romana dos dogmas e dos ritos. E essa organização desabrochada do meio, das tradições e das peculiaridades brasileiras – espécie de sublimação ou santificação das casas-grandes patriarcais – teria, provavelmente, concorrido para adoçar a transição do patriarcalismo para o semipatriarcalismo no Brasil, tornando-se, nas cidades, as casas-grandes, sobrados grandes em que se abrigassem não só recolhimentos para moças ricas, como o de Nossa Senhora da Glória, como também escolas de donas de casa ou de mães de família para órfãs e moças pobres. Escolas onde essas órfãs e essas moças aprendessem a costurar, a bordar, a cozinhar, a tratar de doentes, dirigidas por outras tantas mães-sinhás, dentro da orientação esboçada por Ibiapina.

Do ponto de vista do catolicismo ou do cristianismo social, Ibiapina foi, talvez, a maior figura da igreja no Brasil. Parece ter compreendido como ninguém a necessidade da igreja, em nosso país, substituir moralmente por formas maternais de organização social e de formação de personalidade, o patriarcado das casas-grandes, por tanto tempo centro absorvente da sociedade brasileira. Substituí-lo moralmente levantando casas de caridade que fossem a continuação das casas-grandes não só na arquitetura como nas funções de assistência dos ricos aos pobres através menos dos senhores que das mulheres, ou das mães-sinhás. Tudo isso doce e pacificamente. Sem os conflitos em que se deixaram envolver bispos ilustres porém ásperos como D. Vital Maria e D. Antônio de Macedo Costa, para quem, na paisagem social brasileira, eram as catedrais que deviam aumentar de proporções de modo a sobrepujarem em majestade tanto as casas-grandes como os sobrados. Tanto as casas-grandes e os sobrados dos velhos patriarcas, capitães-mores, barões, viscondes como as casas-grandes e os sobrados do Estado ou do governo: aquelas em cujos salões nobres passaram a sentar se, como em tronos, bacharéis e doutores revestidos das insígnias de ministros, de juízes, de presidentes de província.

Desenvolvido o plano de Ibiapina, entre essas culminâncias antagônicas de arquitetura não só material como moral teriam se elevado as "casas de caridade", através das quais o catolicismo desde dias remotos teria vindo ao encontro das inquietações e dos distúrbios da organização social brasileira de modo mais largo e compreensivo que por intermédio das santas casas ou das casas de misericórdia. Porque a função destas boas casas tem sido antes de socorro aos doentes, aos pobres e aos órfãos que a de aproveitamento dos desajustados ou renegados do sistema dominante. Ou a de integração desses desajustados ou renegados num sistema novo de indústrias e atividades independentes da organização patriarcal.

Tal sentido de valorização – a de desajustados – encontra-se nas "casas de caridade" de Ibiapina, como se cada uma delas pudesse ser uma arca onde se salvassem da desintegração do sistema patriarcal brasileiro, representado pelas casas-grandes e pelos sobrados, os melhores valores, para que com esses salvados se formasse nova sociedade, continuadora da antiga no que esta tivesse de cristã e brasileiramente bom. Daí a insistência do padre cearense no ensino não só de artes domésticas como de agricultura e de ofícios, cuja dignidade exaltou, exaltando franciscanamente o trabalho manual sem desvalorizar o intelectual. Daí sua insistência no que o seu biógrafo mais recente, o Sr. Celso Mariz, chama de "instrução e formação da mulher nas camadas pobres das populações". Também do Sr. Celso Mariz é o reparo de que só meio século depois de Ibiapina governos e particulares começaram a cuidar no Brasil de "escolas domésticas", de "reformatórios", de "escolas de artes e ofícios". O que significa que só mais de meio século depois de Ibiapina e de suas casas de caridade, começou a cuidar-se entre nós daquele ensino ou daquela assistência a desajustados que se adaptassem às condições de uma sociedade, como a brasileira, desde o meado do século XIX em processo de transição do patriarcalismo rural para o industrialismo urbano e capitalista; do familismo para o individualismo.

Sob certos aspectos genial, parece ter sido Ibiapina. Mas dos gênios incompreendidos de que muito se fala e que na verdade existem, embora em número reduzido. Incompreendido tanto pelos bispos como pelos particulares ricos do seu tempo, pretendeu que suas "casas de caridade" concorressem para dar àquela transição o sentido do que os ingleses chamam "revolução conservadora". As "casas de caridade" guardariam valores das casas e dos sobrados patriarcais, libertos porém, o mais possível, tais valores, de arcaísmos e de excessos. Tanto que sendo casas de ensino, nelas não se encontravam palmatórias nem cafuas de prender menino, como em muitas das casas-grandes e dos sobrados da época. Do familismo guardaram, porém, as casas do padre ou, antes, das mães-sinhás, destinadas à formação de novo tipo de mulher, o cuidado dos patriarcas e das sinhás das casas-grandes pelo casamento e pelo dote não só das filhas como das mucamas de estimação.

E orientadas por um inteligente sentido regional do ensino, davam ao preparo das moças a diversidade exigida pelas diferenças de condições regionais nos sertões. Ou como observa o Sr. Celso Mariz no seu *Ibiapina* (Paraíba, 1942): "[...] as órfãs de Ibiapina sabiam cozinhar, fiar, tecer, costurar, plantar sementes em tempo certo, fazer chapéus de palha, conforme o tipo, a necessidade, a determinação climática e social de cada zona". E como tinha também o sentido exato de que já começara a desintegração do sistema das casas-grandes onde iaiazinhas e mucamas de estimação só aprendiam a bordar e a fazer doces, para que suas mãozinhas finas não se estragassem, o padre cearense bradou um dia do púlpito de Cajazeiras: "Que é família grande, família nobre, poderosa? Hoje dizeis enfatuados: – a nossa família. De hoje a cinquenta anos ninguém se lembrará de vós!"

Era o antifamilismo no sentido da oposição às famílias absorventes das casas-grandes e dos sobrados patriarcais. Ibiapina sonhava com um Brasil de famílias independentes que residisse cada uma na sua casa de caboclo, na sua casa térrea ou no seu sobradinho. Sem senzalas nem mucambos miseráveis. Das "cazas de caridade" do missionário cearense se sabe que, ao contrário dos grandes conventos brasileiros, não possuíam escravos. Nem os compravam nem os recebiam de presente. O trabalho era feito por gente livre e considerado ocupação digna de qualquer indivíduo, por mais branco e por mais ilustre.

No estatuto escrito por Ibiapina para suas "cazas de caridade" se encontra: "Logo que as orphans tenhão completado a primeira e a segunda educação, estando em edade conveniente serão cazadas á custa da caridade". Por esse estatuto se vê que as casas, além de meninas, acolhiam "mulheres para o trabalho", às quais também se ensinava a ler e doutrina nas horas vagas do trabalho. Essas mulheres não querendo permanecer nas casas como "irmãs", podiam "ser apresentadas para serem cazadas como as orphans", o que mostra que o fim principal das casas-grandes fundadas por Ibiapina era se desentranharem em casas pequenas, através de meninas e mulheres cujos casamentos favorecia ou promovia. Tão democrática era a organização de uma "casa de caridade" que havia nela "um conselho das mulheres mais prudentes e discretas" que "com a superiora" ocorriam "ás precizões da caza com a lembrança dos meios vantajosos" de "melhorar os costumes maos [...] augmentar e facilitar o trabalho, corrigir qualquer abuzo que se vá introduzindo...". Dentro desse ambiente de reação suave ao governo autocrático das casas-grandes e dos sobrados patriarcais, meninas e mulheres preparavam-se para a vida de casadas com um sentido de sua dignidade que dificilmente obteriam, no Brasil de então, noutros ambientes: nem em casa nem nos colégios elegantes.

Aceitavam as casas, pensionistas. Mas dentro do seu espírito democrático, tratavam essas meninas do mesmo modo que as órfãs. Que trouxessem seu enxoval: "2 cobertas de chita, 2 lenços brancos, 2 travesseiros, 4 fronhas, 4 saias e duas toalhas, 2 guardanapos, 6 camisas, 4 pares de meias, 4 de sapatos, 2 lenços de mão e 1 sacco para roupa servida, 1 bahu, agulheiros, agulhas, dedaes, thesoura, 1 manual de missa, 1 diccionario portuguez, 1 cama ou rede, 1 pente fino e 1 de alizar". Mas que não esperassem tratamento diverso do das órfãs. Pois "na caza de caridade se passa como na caza do pobre, se muito bom tem muito bom come". Evidentemente, em muitas das casas do padre se comia bem, pois as órfãs engordavam, segundo carta do próprio Ibiapina a uma de suas auxiliares. Em Santa Luzia, segundo carta do missionário, a superiora realizava excelente obra. Tanto que fizera de "hua caza velha e feia, e mal repartida, hum bello edifício [...]. Não lhe esqueceo a bella cor amarella com bom azul na frente do edifício". Amarelo e azul: as cores dominantes na pintura das antigas casas particulares do Brasil, das quais as casas do padre assimilaram tantos dos característicos mais simpáticos adaptando-os à sua condição de casas coletivas onde se preparavam meninas, na maioria pobres e até órfãs, para mães de família.

Várias das "casas de caridade" do padre substituíram casas--grandes de fazendas patriarcais. A santa fé organizou-se sobre doação caracteristicamente patriarcal: a de uma casa-grande de fazenda e de outras, de taipa, com suas terras, duas vacas paridas, cinco garrotes e cinco novilhotos. Isto em 1858. Em vez de sustento de uma família patriarcal essas casas e suas terras e seus animais tornaram-se o sustento de uma comunidade organizada dentro de um cristianismo antes famílial que ascético, antes maternal que patriarcal. Pois só o seu animador era padre; e a devoção principal das casas, a que esse padre votava não só à Mãe como ao Pai de Jesus – homenagem talvez à memória do pai, mártir da revolução de 24. As principais figuras das casas eram as mães-sinhás ou as superioras. Eram mulheres. Eram brasileiríssimas sinhás, algumas de casas-grandes. Morreria, aliás, Ibiapina, entre algumas dessas mães-sinhás, devotas, como ele, de Maria e de José, vendo ao seu lado o vulto da mãe de Deus e querendo que as mães-sinhás a vissem: "Minha filha, você está vendo Maria? Olhe, minha filha, lá está Maria!".

Poucas vezes se terá feito do culto ou da mística de Maria no Brasil a base de um cristianismo tão ativamente social e tão brasileiramente maternalista como foi o do Padre Ibiapina. E um dos aspectos sociologicamente mais significativos desse cristianismo social – aparecido, entre nós, quando nas áreas econômica e socialmente mais expressivas do país começava a desintegrar-se o patriarcado agrário para tornar-se dominante o urbano – foi a valorização social da mulher, da mãe, da moça pobre, da órfã.

Cremos que esse sentido do esforço de educação – educação adaptada a condições novas de convivência humana no Brasil – desenvolvido pelo grande cearense, não teve ainda quem o destacasse. Nem destacado parece ter sido o fato do fracasso, no matrimônio, do jovem bacharel formado em Olinda em 1832 – a noiva de Ibiapina, Carolina, filha do revolucionário de 1823 Tristão Gonçalves de Alencar Araripe, fugiu de casa para casar com um primo – haver encontrado sua compensação no sacerdócio: substituição da desejada condição de pai pela de padre, para a qual, aliás, ainda menino, o extraordinário cearense mostrara vocação. A compensação ao casamento frustrado parece afirmar-se particularmente na preocupação de fundar casas de caridade com aparência de casas patriarcais de família ou de casas-grandes de fazenda ou de engenho; e também na de dirigir paternalmente religiosas e órfãs – suas "filhas" e suas "filhinhas"; na de educar moças para o casamento.

Tal preocupação caraterizou sempre a ação missionária e pedagógica de Ibiapina. Sua concepção de família – mesmo de família espiritual – era a democrática, em que as mulheres participassem da direção da casa e o trabalho se fizesse sem auxílio de braço escravo. O que parece indicar que o grande missionário trouxe para o catolicismo brasileiro do seu tempo tanto sua experiência democrática de família numa província já então quase livre da economia escravocrática e do patriarcado absoluto como o Ceará – a província, por excelência, do *mutirão* – como as lições recebidas, no curso jurídico de Olinda, de mestres impregnados de novas ideias francesas e inglesas. Seu ilustre biógrafo, o escritor Celso Mariz, recordando as atividades de Ibiapina como magistrado, descreve-o como "adepto convicto do sistema liberal; e, realmente, num ofício dirigido em 1835 ao presidente do Ceará o então juiz Ibiapina refere-se às "ideas do seculo XIX" que ele desejaria ver triunfantes sobre "antigos prejuisos que não podem casar com o nosso systema liberal".

Num desses "prejuisos" talvez ele não tivesse cogitado no momento: o prejuízo das moças casarem não por amor, mas por conveniência – a conveniência dos pais ou da família. Neste particular, Ibiapina foi de certo modo vítima do nascente "sistema liberal" em conflito com o "feudal". No Ceará, como em outras partes do Brasil, semelhante liberalismo se manifestou através de fugas de moças com os homens de sua predileção, ficando os noivos oficiais – ou seus pais, ou os pais das moças – frustrados na sua escolha ou nos seus planos; e quebrando-se num dos seus fundamentos a ortodoxia patriarcal: a absoluta obediência da filha ao patriarca, que era quem escolhia não só noivos para as filhas como profissões para os filhos. Já o pai de Ibiapina – o mesmo que em 1824 se rebelara contra o imperador – rebelara-se contra a decisão da família de fazê-lo padre, fugindo com uma moça, Teresa de Jesus, nas vésperas de partir de Sobral para o seminário de Olinda. Desintegração do patriarcado. Enfraquecimento do poder dos patriarcas. Rebelião dos filhos contra os pais, ao mesmo tempo que das mulheres contra os homens, dos indivíduos contra as famílias, dos súditos contra o rei. O que indica que, na história de uma família ou de uma personalidade caraterística, se resume muitas vezes a história de uma sociedade se procurarmos considerá-la e interpretá-la não só econômica como cultural e psicologicamente. E também ecologicamente: em termos de relação dos subgrupos com o grupo e deste com o meio ou com o espaço. Em termos de posição ou da situação de pessoas ou grupos no espaço social.

Foi, aliás, o que o Sr. Diogo de Melo Meneses e eu esboçamos na seleção de material – inclusive a documentação fotográfica reunida pacientemente pelo Sr. Ulysses de Melo Freyre – que constitui o livro de memórias do velho Félix Cavalcanti de Albuquerque, a que demos o título de *Memórias de um Cavalcanti* e no qual, valendo-nos principalmente de relíquias e apontamentos de família, procuramos resumir a vida de um indivíduo nascido menino de engenho opulento engenho Jundiá – mas que as circunstâncias degradaram em morador de casa de sítio e de sobrado de aluguel; e em patriarca decadente, forçado, para conservar o prestígio do nome de família, a empregar os filhos bacharéis na Alfândega e a tolerar filhas, professoras de meninas.

Dentro desse critério é que, no ensaio que se segue, procura-se considerar e interpretar a história da sociedade patriarcal brasileira na primeira fase da desintegração do poder ou do sistema patriarcal ou tutelar nas áreas econômica e politicamente mais expressivas do Brasil: como um processo de alteração de *status* em que o indivíduo, desprotegido pela família, torna-se desde adolescente uma espécie de protetor individual da mesma família, em começo de desintegração.

Essa desintegração seguiu ritmos diversos em áreas diferentes sem que tal diversidade nos obrigue a evitar falar em desintegração do patriarcado no Brasil desde o primeiro reinado por não ter o processo seguido o mesmo ritmo em todas as áreas; e ter-se antecipado nas agrárias às pastoris, por exemplo; ou nas semiurbanas, às puramente rurais. Constelação de áreas – como é socialmente o Brasil – o que nos deve orientar na classificação da sociedade brasileira é o ocorrido nas áreas econômica e politicamente decisivas que nem sempre têm sido as mesmas quanto a limites de espaço físico. Essas áreas decisivas ou esses espaços sociais preponderantes moveram-se do norte – de Pernambuco e da Bahia – para o centro mineiro e, depois, para o sul do café. Moveram-se, conservando uma constância de característicos sociais, de forma, ou psicossociais, de processo e função, que explicam, em grande parte, a unidade brasileira no meio de toda a diversidade que a contraria ou a dificulta. Dentre tais característicos é que se salienta, como forma ou estilo de organização social, o sistema patriarcal: o de dominação da família, da economia e da cultura pelo homem às vezes sádico no exercício do poder ou do mando, embora o poder ou o domínio ele o exerça menos como indivíduo ou como sexo chamado "forte" ou "nobre" do que como expressão ou representante do poderio familial. Daí o fato de ter sido esse poder exercido às vezes por mulher: mulher cuja função era a de patriarca e cuja forma de domínio era a patriarcal.

Semelhante constância nos autoriza a falar de uma sociedade predominantemente patriarcal que, com substâncias diversas, foi, no Brasil, sociologicamente a mesma – a mesma nas formas, nas funções, nos processos – nas várias áreas por onde se expandiu. Como notas identificadoras dessa expansão – a do sistema patriarcal no Brasil – é que repetimos não conhecer melhores símbolos, do ponto de vista da caracterização social da paisagem, que as casas-grandes e os sobrados acompanhados de senzalas ou de mucambos ou dos seus equivalentes sociais; e completados por capelas, e, principalmente, por irmandades e túmulos correspondentes às diferenças de *status* entre os moradores dos vários tipos de casa.

Também a decadência moral e material dessas mesmas casas e sobrados e dos túmulos de família, às vezes monumentais, constitui índice valioso de desintegração do patriarcado nas diversas áreas onde sua presença foi um dia imperial. Sob esse critério poderia traçar-se mais de um mapa ilustrativo da formação e da desintegração da sociedade ou da família patriarcal no Brasil: trabalho em que colaborassem sociólogos, historiadores e arquitetos. Também dentro desse critério poderia empreender-se a classificação ou seleção de retratos de família – das famílias patriarcais em quem mais tipicamente se encarnou a família ou a sociedade patriarcal no Brasil – segundo áreas e épocas diversas quanto à integração ou a desintegração do sistema. Semelhante material revelaria, talvez, a unidade de tipo social e, até certo ponto, físico, da aristocracia brasileira da época patriarcal. Chamada, numa área, aristocracia do açúcar, noutra do café, noutra da banha, noutra disto, noutra daquilo, ela foi sempre a mesma em sua forma sociológica, e quase a mesma em sua composição étnica: predominância do elemento europeu e, dentre o elemento europeu, do lusitano, com presença às vezes acentuada do ameríndio e, acidental ou distante, do africano. É pena que sejam raros hoje os daguerreótipos, que chegaram a ser tão numerosos: Carlos D. Fredrick, especialista em "retratos coloridos e daguerreotypos", pôde anunciar no *Diário de Pernambuco* de 10 de setembro de 1847 que só "na cidade do Maranhão" – de onde se retirara havia três meses – tirara "mais de tres mil retratos". Raros os daguerreótipos relativos à primeira metade do século XIX, são felizmente ainda muitas as fotografias de família, relativas à segunda metade do mesmo século, através das quais mais de um estudo sociológico ou antropológico poderá vir a ser feito sobre a sociedade patriarcal no Brasil. Enquanto os anúncios de negros fugidos, de uma exatidão ou minúcia às vezes clínica, que enchem as gazetas brasileiras do século passado, nos permitem levantar milhares de retratos antropológicos e sociológicos de escravos de senzalas, muitos dos quais passaram, pela fuga bem-sucedida, a habitantes de mucambos nas cidades e não apenas nos ermos.

Elucidativos são também os anúncios de casas, de sobrados, de móveis, de louça, de prata, de palanquins, de carruagens, de cavalos, de vacas, de cachorros, de papagaios, de remédios, de alimentos, de trajos da época patriarcal, ao lado de gravuras e mapas, que ainda se encontram de alguns desses valores, caracteristicamente patriarcais, quer na sua fase ainda íntegra, quer na de começo de desintegração. E elucidativo é, ainda, o exame de documentos nos quais se reflete quer a integridade do patriarcado escravocrático, quer o seu começo de desintegração; quer o declínio do patriarcado rural quer o desenvolvimento de poder do urbano: os testamentos, os inventários e os compromissos de irmandades religiosas. Nesses compromissos, as condições de sócio foram significativamente democratizando-se desde meado do século passado. Foram perdendo as antigas asperezas de exclusividade que fechavam irmandades a seu modo aristocráticas a toda gente de cor ou de ofício, outras a pretos e pardos, e ainda outras, só a pretos, admitindo pardos.

É também interessante acompanharmos nos documentos de instituições profundamente representativas da sociedade patriarcal no Brasil como as santas casas de misericórdia – a Santa Casa de Misericórdia do

Rio de Janeiro, por exemplo – a transferência de poder das mãos de fazendeiros, ou senhores de casas-grandes rurais, para as de senhores de sobrados urbanos, embora nem sempre seja fácil estabelecer a distinção entre tais senhores. Pois os antigos senhores de casas-grandes de fazendas ou engenhos quase sempre tinham sobrados nas cidades mais próximas onde passavam com as famílias os meses de chuva. E os senhores de sobrados, enriquecidos no comércio ou na mineração, quase sempre adquiriam, logo que sua fortuna o permitia – e às vezes de fazendeiros ou senhores de engenho arruinados – fazendas, sítios ou engenhos onde iam com as famílias passar a festa, ou as festas, vivendo então um gênero de vida que se assemelhava ao dos senhores de terras natos. Confundia-se assim, nas exterioridades, o patriarca de cidade com o do campo. E veremos no ensaio que se segue que a transferência de poder de um a outro se fez, muitas vezes, pelo casamento e, por conseguinte, tão suavemente que, à distância de um século ou dois, quase não se distinguem diferenças de forma, de estilo de vida ou de função patriarcal entre tais patriarcas, diversos apenas na substância. Como as diferenças de forma é que são as sociologicamente significativas repetimos que as de substância se tornam, sob critério sociológico ou histórico-sociológico, desprezíveis.

A tendência para todos os elementos enriquecidos no comércio ou na mineração, na criação de gado ou na exploração de cacau ou de borracha ou de café, adquirirem o ritual de vida aristocrática estabelecido pelos patriarcas das casas-grandes dos engenhos de açúcar, parece dominar a história da sociedade patriarcal no Brasil. Capistrano de Abreu recorda que nas áreas pastoris do Brasil colonial, quando as fazendas aumentavam e ganhavam importância, suas casas tornavam-se "sólidas" e "espaçosas", isto é, tendiam a repetir as casas-grandes de engenho quanto à nobreza do material de construção e à imponência das dimensões. E não só isso: adquiriam "até capelães, cavalos de estimação, negros africanos não como fator econômico mas como elemento de magnificência e fausto". O *"conspicuous waste"*, de que fala Veblen, numa de suas manifestações mais puras. A imitação do ritual de vida dos grandes senhores de engenho pelos homens enriquecidos com o gado.

Dizemos grandes porque nem todos os senhores de engenhos foram grandes; nem verdadeiramente grandes todas as suas casas. Em ensaio recente (*O homem e o brejo*, Rio de Janeiro, 1945) o Sr. Alberto Ribeiro Lamego salienta que Campos foi por muito tempo zona de engenhocas, com casas de residência de um só piso. A casa de taipa, muitas vezes ainda coberta de palha, era a residência de "centenas de fazedores de açúcar". Só com os engenhos a vapor, no Segundo Reinado, apareciam na zona de Campos "a casa-grande, o sobrado, o solar das grandes famílias tutelares". A verdade, porém, é que ao engenho de açúcar é que está principalmente ligada a casa-grande como símbolo de supremo poder patriarcal. Daí ter sido imitada ou assimilada pelas famílias ou indivíduos que foram enriquecendo noutras atividades. Com a criação de gado, como já vimos. E no próprio Norte com a plantação de algodão, cacau ou borracha.

O mesmo se poderá dizer da transferência de poder e de fausto patriarcais, do norte do açúcar para o sul do café, onde as casas-grandes opulentas foram uma expressão tardia do sistema patriarcal brasileiro; e como forma de vida, antes repetição ou recorrência que criação ou inovação: recorrência de formas do norte agrário sobre substâncias peculiares ao sul. Formas e ritos de vida nascidos ou desenvolvidos no norte foram repetidos no sul igualmente agrário sobre a base de nova substância econômica – o café – e dentro de condições ecológicas de solo, de topografia e de clima diversas das do norte porém contidas ou moderadas, em suas diferenças, não só pela repetição daquelas formas e ritos sociais de convivência como por um elemento humano e de unidade social, importantíssimo: o escravo africano ou descendente de africano. E o escravo para as fazendas de café e para as casas-grandes do sul foi menos o importado diretamente da África, por meios regulares ou pelo contrabando, que o transferido dos velhos e às vezes decadentes canaviais do Norte para aqueles cafezais triunfantemente novos.

Simples fenômeno econômico, dirá um materialista histórico, intransigente ou sectário em suas maneiras de considerar tais transferências de poder. Quando a verdade é que esta se verificou sob influências complexas e várias e não apenas sob a ação, na verdade considerável, do puro ou simples motivo econômico. O motivo econômico, mesmo insidioso, como é, talvez tenha influído menos sobre a transferência de poder que então se verificou de uma região para outra do Brasil que o fator ecológico, particularmente favorável à cultura do café nas terras roxas de São Paulo. Mais ainda: foi um fato dramático de natureza predominantemente ecológica – a seca de 77 – que intensificou aquela transferência de poder – de poder e de escravos – para a qual vinham, entretanto, concorrendo, havia anos, secas e perturbações menos intensas, ou catastróficas, de clima. Secas e perturbações de clima menores que a de 77 porém mais insistentes ou mais constantes em sua influência sobre a sociedade brasileira situada no Norte. A constância dessas perturbações de clima – e não apenas a perda de mercados outrora dominados pelo açúcar fabricado nos engenhos patriarcais do norte do Brasil – agiu decisivamente sobre a transferência de poder econômico e de poder político do norte para o sul do Brasil, do mesmo modo que agiu sobre a transferência de poder político das casas-grandes para os sobrados.

Um publicista ilustre, José Maria dos Santos, em seu ensaio *Os Republicanos Paulistas e a Abolição* (São Paulo, 1942), observa ter havido em São Paulo "numerosos brasileiros que se fizeram barões, elevando-se ao respectivo nível econômico e social sobre o trabalho escravo atraído das províncias do norte e do nordeste", sem deixar de recordar que "também houve no Ceará quem subisse a barão pela grande opulência adquirida na revenda em grande escala de escravos para o Sul." Mas a equivalência é antes aparente que real. Os barões do Sul cujos títulos foram adquiridos com a fortuna feita sobre o café plantado e colhido por escravos comprados a senhores arruinados no norte – arruinados pela constância de crises não só de mercado como de produção – tornaram-se uma nova força no Brasil; e o seu poder veio até quase os nossos dias. Renovaram o que o sistema patriarcal dos tempos coloniais tivera de sociologicamente feudal. Os barões do Ceará – barões em consequência de fortuna adquirida com a revenda dos últimos escravos daquela província aos fazendeiros do sul – apenas gozaram dos sobejos do poder feudal tal como o Brasil o experimentou: um poder que nunca tendo sido considerável naquela província ali se extinguiu quase por inanição, antes de desaparecer de outras províncias brasileiras. Esse meio poder deu apenas para levantar sobrados de azulejo numa ou noutra cidade sociologicamente mais pernambucana do território cearense, em cuja paisagem mais pura só por capricho se imagina um vulto de casa-grande que se aproxime em grandeza ou requinte da de Garcia d'Ávila ou da de Megaípe; ou dos sobrados dos arredores de Recife; ou das casas assobradadas do Rio de Janeiro.

À importação de escravos do norte pelo sul correspondeu a importação, pela mesma região, magnificamente próspera, de bacharéis baianos, pernambucanos, maranhenses, cearenses, alagoanos, paraibanos, alguns dos quais, filhos de velhas famílias empobrecidas ou apenas moços pobres – e nem sempre louros – de extraordinário talento. Talento que às vezes atenuava a origem humilde e até a cor escura dos portadores de títulos acadêmicos. E ambas as importações – a de massa e a de *élite* levaram do norte para o sul rebelados contra a ordem dominante com os quais transferiram-se também de uma região para a outra velhas insatisfações contra o governo e contra a Igreja – ou pelo menos, contra os bispos ou contra os padres; e contra a grande propriedade. Velhas insatisfações responsáveis por movimentos por longo tempo mais característicos do norte que do sul: Palmares, a Guerra dos Mascates, a Revolução dos Alfaiates, a dos Malés, a de 17, a de 24, a de 48, a Balaiada, a Cabanada, o Quebra-quilos. Luiz Gama – filho de africana, nascido na Bahia – foi um desses rebelados desde moço radicado no sul. Saldanha Marinho foi outro. E poucos indivíduos tiveram ação mais vigorosa do que esses dois mestiços do norte, transferidos para o sul, contra o sistema patriarcal brasileiro em suas formas ortodoxas de exploração do homem pelo homem: do escravo pelo senhor, do preto pelo branco, da mulher pelo homem, do súdito pelo rei.

Da mãe de Luiz Gama se sabe que fora uma africana livre da Bahia, chamada Luísa. O futuro abolicionista nascera dos amores dessa preta inquieta com "um moço de boa sociedade". De dois "levantes de raça" participara Luísa; e tendo participado também da Sabinada fugira da Bahia num saveiro, diante da vitória do governo imperial sobre os rebeldes, para vir esconder-se no Rio de Janeiro onde, entretanto, a polícia a descobrira, embarcando-a, segundo se diz, para a África. Na ausência de Luísa é que o pai de Luís o teria vendido como escravo a bordo de um patacho a fazer-se de velas para São Paulo; e o teria feito "num instante de... depressão moral e financeira". É o que conta Sud Menucci no seu estudo sobre Luiz Gama.

Enquanto o futuro Conselheiro Saldanha Marinho – que se considerava altivamente caboclo – vinha de Pernambuco. Nascera no mais eclesiástico dos burgos da velha capitania: Olinda. Descendente de revolucionário de 17, tivera talvez, no seu passado, drama semelhante ao de Luiz Gama e que também o predispusera à atividade revolucionária; à oposição à ordem estabelecida, responsável por injustiças que a igreja, pelos seus bispos, não desaprovava, tolerando-as da parte dos senhores patriarcais e dos governos despóticos. Daí o se anticlericalismo ao lado do seu antimonarquismo. Daí seu antiautoritarismo e seu ardente fraternalismo de líder maçônico. É possível que guardasse ressentimento particular de mestre ou de padrinho ou de algum padre, conhecido na meninice: talvez algum padre-mestre mais sádico nos seus métodos de ensino, principalmente tratando-se de menino pobre e escuro.

Embora deva-se observar que, de ordinário, os antigos padres brasileiros cuidavam, como bons patriarcas ou como bons mestres de primeiras letras e de latim, de seus discípulos, de seus afilhados, de seus descendentes, de seus aprendizes e de suas crias, não os abandonando nem os vendendo como escravos; e também que vários deles, padres ou padres-mestres, eram maçons e, por conseguinte, fraternalistas e não apenas paternalistas em visão do mundo, o fraternalismo maçônico tomou, entre nós, feição rasgadamente anticlerical. A verdade, porém, é que se os sacerdotes não se destacaram como abolicionistas, na campanha que se travou, no Brasil, contra o sistema patriarcal e escravocrático, poucos foram os padres mais caracteristicamente brasileiros que se celebrizaram como senhores maus ou insensíveis à sorte dos escravos a ponto de venderem os próprios filhos de cor. Mesmo porque, com a estabilidade que lhes dava sua condição de funcionários da coroa não eram tão frequentes em sua vida, como na dos fazendeiros ou filhos de fazendeiros, ou na dos negociantes ou filhos de negociantes menos sólidos, as "depressões financeiras" que se sobrepusessem a considerações de ordem sentimental, isto é, a sentimentos de pais para com filhos ou de padrinhos para com afilhados, tios para com sobrinhos, senhores para com crias, acima dos deveres de paternidade para com todos os descendentes e não apenas para com os legítimos; ou acima dos deveres de paternidade espiritual para com meninos pobres e filhos de escravos que se revelassem, pela inteligência, merecedora de proteção especial.

Deve-se notar que mesmo em homens eminentemente fraternalistas, como os Luiz Gama, os Saldanha Marinho, os Titos Lívios de Castro e, até certo ponto, os Rebouças, o amor à imagem materna parece não ter deixado de manifestar-se simbolicamente em apegos a instituições que substituíssem ou prolongassem as figuras de mães ou de mulheres maternais por eles recordadas como vítimas de pais ou, pelo menos, do paternalismo mais ou menos despótico então dominante. Daí, talvez, o carinho quase de filho por mãe, de alguns desses homens – mestiços e, vários deles, bacharéis – por imagens ideológicas femininas em suas expressões ou convenções simbólicas como "República", "Justiça", "América", "França", "Revolução Francesa", "Ciência", ligadas a sonhos fraternalistas que, mesmo ardentes, pareciam não lhes satisfazer de todo as solicitações sentimentais ou místicas de homens, psicologicamente ainda *filhos* ou ainda necessitados de *mães* e mesmo de *pais* que os protegessem. José do Patrocínio viria encontrar essa imagem substituta da materna numa figura de princesa imperial – Isabel, a Redentora – na qual milhares de brasileiros de cor, menos intelectualizados ou menos aliteratados que o famoso abolicionista, encontraram a idealização da figura de Mãe que outros, menos trepidantes, já haviam encontrado na pessoa da imperatriz Dona Teresa Cristina – a chamada "Mãe dos Brasileiros". Os Rebouças mestiços, cujas relações com o velho Rebouças, seu pai, parecem ter sido sempre felizes ou saudáveis –, nunca resvalariam naquele antipaternalismo inimigo do monarca ou do governo imperial que caraterizou o fraternalismo de Saldanha Marinho. Ao contrário: neles a devoção pela pessoa do imperador só fez aumentar com a idade. O que neles se desenvolveu – neles e nesse outro mestiço admiravelmente lúcido que foi, no Brasil da primeira metade do século XIX, o socialista A. P. de Figueiredo – foi um fraternalismo socialmente mais adiantado que o democratismo republicano e maçônico de Saldanha Marinho. Um fraternalismo já socialista, embora sempre familista, o deles. E é significativo o fato, de nos Rebouças, nem o maternalismo nem o fraternalismo terem se exaltado em idealizações mórbidas que excluíssem o respeito ou a veneração pela figura paternal do imperador: o Pai dos Pais como a santa madre igreja foi, no Brasil patriarcal, a Mãe das Mães, à sombra da qual se refugiaram tantos revoltados contra o excesso de despotismo paternal ou imperial. Procura de compensação.

À margem do assunto aqui versado, um escritor paulista, o Sr. Luís Martins, está para publicar páginas inteligentes, ainda que algumas um tanto prejudicadas pelo exagero de doutrina dentro da qual as escreveu – a doutrina psicanalítica. Apresenta ele vários dos bacharéis brasileiros que, no reinado de D. Pedro II, tornaram-se republicanos militantes para depois se arrependerem do republicanismo revolucionário, como casos que, na terminologia psicanalítica, seriam considerados de *parricidas*. Seu remorso teria sido o de *parricidas*. E não deixou de haver no republicanismo fraternalista ou maternalista de bacharéis, nossos compatriotas, do século passado, aquela espécie de revolta de filhos contra pais que psicológica ou moralmente importa em parricídio.

Tais parricidas – psicossociologicamente compreendidos como tais – concorreram para a desintegração do sistema patriarcal entre nós, ligado, da maneira mais íntima, à escravidão do africano e à monarquia hereditária: as instituições mais visadas pela revolta dos bacharéis ou dos mestiços afrancesados contra os pais ou os patriarcas, por assim dizer, telúricos. Ligado à escravidão e à monarquia mas ligado principalmente ao latifúndio e à monocultura o sistema patriarcal quase não foi combatido por aqueles revoltados nesses dois outros aspectos de sua estrutura. Aspectos cuja sobrevivência importou no prolongamento de vida das duas formas de domínio superficialmente combatidas: o trabalho servil e o governo monárquico. Com outras substâncias e sob outras aparências – a servidão do pária de qualquer cor, nas grandes propriedades, e o despotismo ou o autoritarismo dos presidentes de República com os quais o Brasil seria por longos anos uma simples monarquia sem coroa – o sistema patriarcal chegaria, no Brasil, quase aos nossos dias.

Esta última fase de sobrevivência do patriarcado em nosso país, procuraremos estudá-la em ensaio próximo. No ensaio atual, nossa atenção se fixa principalmente na primeira fase de desintegração do sistema patriarcal, entre nós, quando este começou a deixar de ser quase exclusivamente agrário para assumir outros aspectos, tornando-se, ao mesmo tempo, menos absorvente do indivíduo e das instituições teoricamente extrapatriarcais que nos grandes dias dos Garcia d'Ávila. Menos absorvente não só em relação com os poderes da coroa como em relação com os poderes da igreja, com os quais passaria a constituir, simbioticamente, novo complexo. Esse novo complexo, menos puramente patriarcal que nos dois ou três primeiros séculos de formação brasileira, porém, ainda, predominantemente patriarcal. Pois a desintegração de força tão enorme como aquela em torno da qual se constituiu o Brasil não poderia deixar de ser lenta. Tão lenta que ainda não nos é possível dizer do complexo patriarcal que desapareceu do Brasil. Nossas casas são ainda povoadas por sobrevivências patriarcais. Nosso hábitos, ainda tocados por elas. Donde não se poder tentar no Brasil obra de sociologia genética que não seja um estudo do patriarcalismo ou do familismo tutelar sob alguma de suas formas.

Talvez resultem da incompreensão dessa realidade alguns dos reparos críticos à tentativa de sociologia genética do Brasil a que vimos nos entregando através do estudo da casa patriarcal e da sua história mais íntima. Uns, de críticos inconformados com uma sociologia apenas de "interior" de casa ou de "interior de alcova", supondo que "genética" significa somente "sexual" e fingindo ignorar, ou realmente ignorando, a amplitude atribuída por nós ao domínio da casa-grande ou do sobrado sobre a vida e a personalidade do brasileiro. Outros, de críticos ainda convencionais em suas noções de "varonilidade sociológica", para eles ligada somente às questões jurídicas e políticas, aos problemas do dia agitados na ágora, na praça, na rua, por homens públicos seguros de tudo poderem resolver dentro do legalismo ou com a lei, dentro da Constituição ou com o *habeas-corpus*. Donde o desdém de tais críticos pelo que chamam "sociologia de casas velhas": uma sociologia que lhes sugere preocupações apenas femininas, em torno de assuntos melancolicamente monos ou docemente inofensivos. Lamentam então que "o grande Ruy" – isto é, Ruy Barbosa – não tenha continuadores nesta época que consideram pouco viril, em que alguns dos chamados sociólogos brasileiros, em vez de agitarem corajosamente no *forum* ou no mercado as questões do dia como que se escondem dessas questões por trás de ruínas de casas e sobrados velhos, de tachos de doces e de caldeiras de engenhos antigos.

Talvez tenham esses críticos seu bocado de razão. Mas é possível, por outro lado, que a base de sua crítica seja uma visão inteiramente falsa da sociologia, que supõem "escapista" ou pouco viril, toda vez que o sociólogo se volta para as origens ou para as raízes dos complexos sociais.

Enquanto, para uns, nossos estudos pecam justamente pela falta do que imaginam "varonilidade sociológica", ou seja, pela preocupação com a casa e, por conseguinte, com um espaço social aparentemente dominado mais pela mulher do que pelo homem, para outros críticos nosso "equívoco fundamental" estaria em desprezarmos a influência do que chegam a denominar "matriarcado africano" sobre o "patriarcado romano" em nossa formação social. Desprezo em que se traduziria o estreito ponto de vista "burguês", "capitalista" e, por conseguinte, monossexual – de classe e sexo dominantes – sob que teríamos empreendido nossa tentativa de reconstituição e de interpretação da sociedade brasileira realizando, assim, trabalho faccioso.

Sem termos nos lembrado de opor arbitrariamente ao patriarcado característico da nossa formação um "matriarcado africano", que decerto não floresceu aqui, cremos ter sido o primeiro a procurar atribuir sistematicamente à presença da mulher e do menino – e não apenas a do escravo e a do africano – em nossa história, a importância merecida, do ponto de vista sociológico ou psicossociológico. Não tendo encontrado na história das insurreições de escravos contra senhores, havidas no Brasil, nenhuma figura de Rainha Ginga que correspondesse à da negra Da. Ana de Sousa – a "matriarca" africana célebre por ter encarnado, na Angola do século XVIII, o espírito de resistência nativa à ocupação portuguesa – não tínhamos onde nos apoiar para desenvolver a tese de um "matriarcado africano" equivalente, em nossa formação, ao "patriarcado romano". Figuras matriarcais entre as africanas, como entre as ameríndias e as europeias e suas descendentes no Brasil – estas houve, decerto, e nós já lhes reconhecemos a presença na pessoa de mulheres como dona Joaquina do Pompeu. Mas foram adjetivamente matriarcais e não substantivamente matriarcas. Sociologicamente substituíram patriarcas sem que essa substituição de homem por mulher comprometesse a forma dominante de organização da família, da economia, da sociedade: o patriarcado. O poder tutelar do chefe de família.

No Brasil, poderia alguém falar, como em Cuba o africanólogo Fernando Ortiz, na contribuição da cultura africana, através da figura da "mãe negra", para um maternalismo brasileiro. O maternalismo a que já nos referimos em páginas anteriores. Mas maternalismo e não matriarcado. "Matriarcado africano" – acentue-se ainda uma vez – é instituição de que só fragmentos insignificantes ou sobrevivências vagas se encontram entre nós e em nosso passado. Do que existe de matriarcado na África só os adjetivos, e não o substantivo, chegaram até o Brasil. Mesmo porque sabemos serem raras as subáreas africanas caracterizadas pela instituição do matriarcado. Ainda há pouco, esclarecida pesquisadora portuguesa, a Sra. Maria Archer, em conferência lida em Lisboa de que nos foi enviada gentilmente pela autora cópia datilografada, afirmou daquela África hoje lusitana, de onde vieram numerosos escravos para o Brasil: "A mulher indígena não influi, geralmente, na vida político-social do seu povo. Poucos direitos possui... É dona dos filhos do casal, como todas as fêmeas animais, e às vezes pode praticar o amor livre, mas só em solteira. Após o casamento é considerada como pertença do marido...". De modo que a pouco se reduz nosso facciosismo em torno da ficção sociológica de um "matriarcado" africano no Brasil.

Numa como compensação às acusações de "faccioso" que nos têm feito censores ofendidos, talvez, no seu purismo político ou ideológico ou simplesmente acadêmico – o mais intolerante de todos quando encarnado em historiadores ou sociólogos mais caturra e impotentemente revoltados contra as obras de criação ou renovação – pelo que encontram em nossas páginas de irredutível a caprichos de seita, críticos da autoridade, do escrúpulo e da independência do Sr. Beivam Wolfe, no estrangeiro, e do Sr. Moisés Vellinho, no Brasil, se têm generosamente manifestado sobre nossos trabalhos noutro sentido: destacando neles ausência de "discriminações tendenciosas". A verdade é que, sem pretendermos ser indivíduo inteiramente livre de preconceitos, cremos ter o direito de sorrir quase toda vez que nos acusam de sistemática "negrofilia" ou "lusofilia", de "antijesuitismo" ou "antibacharelismo" sistemático, de "antimarxismo" ou de "anticatolicismo", de "judaísmo" ou de "antijudaísmo", de "burguesismo" ou de "proletarismo" sectário. Pois seria, talvez, impossível um indivíduo reunir sistematicamente tantos preconceitos em conflito uns com os outros.

Santo Antônio de Apipucos, maio, 1949 – março, 1961.
G. F.

I | O sentido em que se modificou a paisagem social do Brasil patriarcal durante o século XVIII e a primeira metade do XIX

Com a chegada de D. João VI ao Rio de Janeiro, o patriciado rural que se consolidara nas casas-grandes de engenho e de fazenda – as mulheres gordas, fazendo doce, os homens muito anchos dos seus títulos e privilégios de sargento-mor e capitão, de seus púcaros, de suas esporas e dos seus punhais de prata, de alguma colcha da Índia guardada na arca, dos muitos filhos legítimos e naturais espalhados pela casa e pela senzala – começou a perder a majestade dos tempos coloniais. Majestade que a descoberta das minas já vinha comprometendo. Crescera desde então o interesse da Coroa pela sua colônia americana. O Brasil deixara de ser a terra de pau-de-tinta tratada um tanto de resto por el-Rei, para tornar-se a melhor colônia de Portugal – sobretudo do Portugal beato e pomposo de D. João V – e por isso mesmo a mais profundamente explorada, a vigiada com maior ciúme, a governada com mais rigor.

A presença no Rio de Janeiro de um príncipe com poderes de rei; príncipe aburguesado, porcalhão, os gestos moles, os dedos quase sempre melados de molho de galinha, mas trazendo consigo a coroa; trazendo a rainha, a corte, fidalgos para lhe beijarem a mão gordurosa mas prudente, soldados para desfilarem em dia de festa diante do seu palácio, ministros estrangeiros, físicos, maestros para lhe tocarem música de igreja, palmeiras-imperiais a cuja sombra cresceriam as primeiras escolas superiores, a primeira biblioteca, o primeiro banco; a simples presença de um monarca em terra tão republicanizada como o Brasil, com suas rochelas de insubordinação, seus senhores de engenho, seus mineiros e seus paulistas que desobedeciam o rei distante, que desrespeitavam, prendiam e até expulsavam representantes de Sua Majestade (como os senhores de Pernambuco com o Xumbergas); que já tinham tentado se estabelecer em repúblicas; a simples presença de um monarca em terra tão antimonárquica nas suas tendências para autonomias regionais e até feudais, veio modificar a fisionomia da sociedade colonial; alterá-la nos seus traços mais característicos.

Uma série de influências sociais – principalmente econômicas –, algumas anteriores à chegada do príncipe mas que só depois dela se definiram ou tomaram cor, começaram a alterar a estrutura da colônia no sentido do maior prestígio do poder real. Mas não só do poder real – que se avigorou, mesmo nas mãos moleironas de D. João; também das cidades e das indústrias ou atividades urbanas. Também estas se avigoraram e ganharam maior prestígio.

A intervenção mais direta da Coroa nos negócios do Brasil, desde que se descobrira ouro e se desenvolvera a indústria das minas, intervenção que provocou em Vila Rica a revolta de 1720 e a Inconfidência, há tempo que vinha preparando o ambiente para a maior centralização do governo e o avigoramento do poder real. Ao chegar D. João ao Rio de Janeiro, a independência dos senhores de engenho, dos paulistas, dos mineiros e dos fazendeiros já não era a mesma do século XVII; nem tamanha, sua arrogância.

Em Pernambuco definira-se o antagonismo entre o patriciado rústico das casas-grandes da zona chamada da "mata" e a burguesia dos sobrados do Recife – esta prestigiada pelo rei, já desunido dos senhores de engenho, seus aliados de outrora, e aquela pelo alto clero – na guerra civil chamada dos Mascates. Guerra que terminaria com a vitória, embora uma vitória aos pedaços, incompleta, pela metade, dos interesses burgueses sobre os privilégios da nobreza rural, tão fortes e resistentes na capitania dos Albuquerques.

Nessa capitania, porém, como em Minas por efeito da exploração do ouro, se anteciparam condições de vida urbana – a um tempo industrial e comercial – contrárias àqueles privilégios. Em Pernambuco, essa antecipação se verificou em consequência, principalmente, do domínio holandês, que comprometera ao mesmo tempo o poder dos senhores de engenho e o da igreja de Roma.

Com o domínio holandês e a presença, no Brasil, do conde Maurício de Nassau, este incomparavelmente mais príncipe nas atitudes e nos gestos decisivos do que o marido de Da. Carlota Joaquina – embora D. João não fosse, como já demonstrou o historiador Oliveira Lima, o toleirão das anedotas – o Recife, simples povoado de pescadores em volta de uma igrejinha, e com toda a sombra feudal e eclesiástica de Olinda para abafá-lo, se desenvolvera na melhor cidade da colônia e talvez do continente. Sobrados de quatro andares. Palácios de rei. Pontes. Canais. Jardim botânico. Jardim zoológico. Observatório. Igrejas da religião de Calvino. Sinagoga. Muito judeu. Estrangeiros das procedências mais diversas. Prostitutas. Lojas, armazéns, oficinas. Indústrias urbanas. Todas as condições para uma urbanização intensamente vertical.[1]

Fora esta a primeira grande aventura de liberdade, o primeiro grande contato com o mundo, com a Europa nova – burguesa e industrial – que tivera a colônia portuguesa da América, até então conservada em virgindade quase absoluta. Uma virgindade agreste, apenas arranhada pelos ataques de piratas franceses e ingleses e pelos atritos de vizinhança e de parentesco, nem sempre cordial, com os espanhóis. Mas de modo nenhum ferida ou mesmo afetada nos seus motivos mais profundos de vida nem nos seus valores essenciais; de modo nenhum perturbada na sua rotina agrícola nem na essência de sua uniformidade de fé católica e de moral peninsular. A não ser por elementos de diferenciação fracos, diante do grupo luso-católico: judeus que só em casa mangavam de Nosso Senhor, negros mandingueiros, indígenas das santidades. Nem os judeus, nem os negros, eram gente que hostilizasse propriamente a religião dominante: grandes diplomatas ou contemporizadores, como tendem a ser as nações, os grupos, as mulheres e os meninos mais inteligentes, quando muito oprimidos, o que eles principalmente realizaram foi obra de substituição: seus santos ou ritos ficaram com os nomes e a aparência dos católicos. Só por dentro diversos.

A grande aventura pernambucana não dera para quebrar a homogeneidade aparentemente frouxa, mas na verdade, resistente, em que vinha se desenvolvendo a "consciência de espécie" luso-católica entre os colonos do Brasil. Desenvolvendo-se sob aquela uniformidade de fé e de moral, animada pela ortodoxia intransigente dos padres da Companhia, embora esta agisse *pro domo sua* e não no interesse do desenvolvimento dos Brasis em um só Brasil. Desenvolvendo-se pela facilidade de comunicação e pela identidade de técnica de produção econômica e de trabalho, permitida, ou antes, estimulada, pela semelhança de clima e de condições de solo: a monocultura latifundiária e escravocrática. E intensificando-se pela endogamia geralmente praticada nos vários grupos colonizadores, embora não se desprezassem contatos com as chamadas "negras" da terra e até com as Minas, nem fossem raros os casos de estrangeiros – Filipe Cavalcanti e Gaspar van der Lei, em Pernambuco, John Whitall, em São Vicente – admitidos como genros nas famílias já ricas dos patriarcas portugueses e católicos da colonização. Manuscrito há pouco adquirido pela Biblioteca Nacional – *Journal of a residence in Brazil written by Cuthbert Pudsey during the years 1629 to 1640* – revela que foram numerosos os casamentos de holandeses com filhas de senhores de engenho e outros grandes da terra.

Passados trinta anos de domínio holandês, o Norte voltaria à rotina agrícola e à uniformidade católica, aos vagares da integração social, no sentido português e católico, ficando daquela aventura de diferenciação uma lembrança quase de sonho: o "tempo dos framengo", de que ainda hoje a gente do povo fala para explicar o excepcional, o extraordinário, o maravilhoso, o quase diabólico de algum resto de obra de engenharia ou de arte que lhe pareça superior à capacidade técnica do português ou do caboclo da terra. Uma espécie de "tempo dos mouros" em Portugal.

Mesmo assim, o "tempo dos framengo" deixara no brasileiro do Norte, principalmente naquele colono – insignificante como realidade, mas considerável pelo potencial – que não era senhor nem escravo, mas o primeiro esboço de povo e de burguesia miúda que houve entre nós, o sabor, o gosto físico, a experiência de alguma coisa de diferente, a contrastar com a monotonia tristonha de vida de trabalho à sombra das casas-grandes; o gosto da vida de cidade – não daquelas cidades antigas, do século XVI e dos princípios do XVII, dependências dos engenhos, burgos de família onde os senhores vinham passar as festas, reunindo-se para as cavalhadas e os banquetes – mas o gosto de cidade com vida própria; independentes dos grandes proprietários de terras. Provavelmente, deixara ainda o "tempo dos framengo", como elemento de revolta e de diferenciação, entre o futuro povo – que era então apenas um aglomerado de mestiços independentes junto com mecânicos e mascates de origem europeia – o gosto pelo bem-estar material, experimentado durante as administrações holandesas – neste sentido mais eficientes que a maioria das portuguesas. O flamengo, vindo de uma civilização mais urbana do que rural, trouxera para uma colônia de matutos – excetuada a quase metropolitana Bahia – novidades de um efeito quase de mágica; conhecimentos e recursos da nova técnica europeia, isto é, a burguesa-industrial.

O conflito entre Olinda, cidade eclesiástica e de senhores de engenho, e o Recife, cidade até então de gente burguesa e mecânica que, no século XVII, reunira a população mais heterogênea da colônia, não terá sido apenas a reação nativista de que falam as histórias oficiais: brasileiros natos contra portugueses ou reinóis. Terá sido principalmente um choque, que os antagonismos políticos e, confusamente, os de raça, ainda mais dramatizaram, entre os interesses rurais e os burgueses.

1710, tudo nos leva a crer que tenha sido um movimento distintamente aristocrático e um tanto antimonárquico – contra o rei de Portugal – rural e antiurbano, o interesse nacional ostensivamente identificado com os da nobreza agrária: as grandes famílias proprietárias de terras e de negros e a quem convinha o mínimo de intervenção da parte del-Rei e das câmaras dominadas por portugueses ou influenciadas por mecânicos, nos negócios da colônia. Pela vontade dessas famílias de patriarcas rurais a legislação municipal seria sempre obra sua ou a seu favor, como as provisões régias que haviam proibido execuções contra senhores de engenho. Franca proteção dos interesses dos devedores rurais contra os credores urbanos. Ou dos interesses feudalmente agrários contra os capitalistas.

Essa parcialidade, porém, sofrera alteração profunda, em face da descoberta das minas e do desenvolvimento, nas cidades, da riqueza de burgueses cuja força convinha aos reis ir opondo à arrogância dos grandes proprietários de terra e de escravos. E como outrora em Portugal, os reis portugueses do Brasil passaram a prestigiar os interesses urbanos e burgueses, embora sem hostilizar rasgadamente os rurais e territoriais.

Minas Gerais foi outra área colonial onde cedo se processou a diferenciação no sentido urbano. Nas Minas, o século XVIII é de diferenciação intensa, às vezes em franco conflito com as tendências para a integração das atividades ou energias dispersas no sentido rural, católico, casticamente português. Da colonização por paulistas afoitos, alguns talvez descendentes de judeus, resultaram as primeiras gerações, também afoitas e independentes, de magnatas do ouro e animadores de cidades que tiveram um caráter especialíssimo em nossa formação. Atraindo fornecedores de gêneros, intermediários de negócios, técnicos na manipulação de pedras preciosas e no fabrico de moeda falsa, mecânicos, artesãos – provavelmente judeus, alguns deles – essas cidades parecem ter-se dividido – nos momentos dramáticos, pelo menos – em metades antagônicas. Mas de modo geral, dominaram-nas os grandes magnatas das minas. Autocratas de sobrados, ou de *casas nobres*, levantadas dentro das cidades e envolvendo as casas menores nas suas sombras. Um alongamento das casas-grandes rurais e semirrurais, que alguns desses magnatas davam-se também ao luxo de possuir, nada os enchendo de maior orgulho – observou Saint-Hilaire numa de suas páginas clássicas sobre a gente mineira – do que intitularem-se de fazendeiros. Sinal de que a mística de prestígio social dominante entre os brasileiros era ainda a patriarcal-rural, comprometida embora a estrutura patriarcal-rural da sociedade brasileira nas suas próprias bases.

Vila Rica, os interesses que parece ter representado na sua primeira revolta – a de 1720 – contra os excessos da política fiscal dos representantes del-Rei – a segunda revolta, a de Tiradentes, seria mais popular – foram os interesses daqueles magnatas mais antigos. Esconderam-se eles por trás da figura de demagogo de Filipe dos Santos e parece que até o negaram na hora undécima. Sente-se, porém, a presença dos novos patriarcas – patriarcas antes urbanos que rurais – no movimento. Eram homens de vida já estável; donos de casarões cujas varandas davam para as ruas burguesas. *Cazas nobres*, dizem alguns documentos coloniais. *Sobrados*, dizem outros. O Sr. Miran de Barros Latif caracteriza-as como casas "rigorosamente citadinas", "comprimidas contra os morros", "desafiando despenhadeiros" sobre as altas pernas de pau que eram os seus esteios; situadas "bem sobre as praças e as ruas".[2]

Nos documentos brasileiros do século XVIII, já se recolhem evidências de uma nova classe, ansiosa de domínio: burgueses e negociantes ricos querendo quebrar o exclusivismo das famílias privilegiadas de donos simplesmente de terras, no domínio sobre as câmaras ou os senados. Aventureiros enriquecidos nas minas, alguns deles reinóis, dos chamados pés de chumbo, bem-sucedidos nos negócios, "marinheiros" que começaram vendendo alho e cebola, ou mascateando pelo interior e pelas ruas, para terminarem *mercadores de sobrados*[3] – são esses os novos elementos brancos, ou quase brancos, ansiosos de domínio. Ricaços de *cazas nobres* que às vezes, por imitação à nobreza rural, tornam-se também donos de fazendas ou proprietários de engenhos de cana ou de sítios, onde suas famílias vão passar a festa. O desdém da gente das casas-grandes de engenho e de fazenda confunde-os, às vezes, com os outros, com os mercadores de quitandas ou de casas térreas, a todos considerando *mascates*. Mas eles são de *sobrado*. Fazem-se identificar e distinguir por um tipo nobre de casa urbana ou semiurbana, utilizado também pelos senhores rurais mais opulentos nos meses de chuvas, quando vêm com as famílias para as cidades.

Aos antigos passamentos de festa nas cidades – em Olinda, por exemplo – sucederam-se, no século XVIII e no XIX, passamentos de festa em sítios e até em engenhos, que se tornaram, em certo sentido, dependências pitorescas de sobrados burgueses. Sítios e engenhos conservados pelos donos, não como base de sua vida econômica, mas por prazer e para recreio; e, também, por uma espécie de decoração social.

Esboçado, desde o século XVII, o antagonismo entre os começos de cidades coloniais e as casas-grandes de fazendas e engenhos e desenvolvida a força das cidades, a nobreza rural conservaria, entretanto, quase intatos, alguns dos seus privilégios, e principalmente o elemento decorativo da sua grandeza, até os fins do século XIX. Esse elemento, como todo ritual, toda liturgia ou mística social, sabe-se que tem uma extraordinária capacidade para prolongar a grandeza ou pelo menos a aparência de grandeza, e, extinta a grandeza, a vida, ou aparência de vida, de instituições já feridas de morte nas suas raízes.

O mercador ou reinol de origem baixa – plebeia ou pequeno- -burguesa – como o aventureiro das minas, a maior sedução por que se deixava empolgar, quando bem-sucedido nos negócios, era a de tornar-se membro da nobreza rural, ou imitar-lhe o gênero de vida, comprando engenho, plantando cana ou café. O caso, no século XVIII, de Lourenço Gomes Ferraz, que sendo filho de Portugal, e tendo feito fortuna no Recife como mercador, tornou-se depois senhor de engenho e vereador da Câmara de Olinda e um dos mais duros adversários dos mascates. O caso, no século XIX, de Bento José da Costa. O casamento foi o meio de vários desses triunfadores, de origem burguesa ou plebeia, se elevarem socialmente até à classe rural, ao hábito de Cristo, ao título de sargento-mor ou capitão nos tempos coloniais, ao de barão ou visconde, no Império.

Nesse sentido, o exemplo que se pode considerar mais completo, reunindo todos os característicos de ascensão social é, talvez, o de João Fernandes Vieira, herói da guerra contra os holandeses. Vieira era ao mesmo tempo ilhéu, e, segundo boas evidências que resistem à própria "carta de branquidade" com que se pretende provar sua condição de branco puro, mulato e homem de formação social baixa: fora até moço de açougue e caixeiro de mercador. Entretanto acabou um dos representantes mais decididos e enérgicos da nobreza pernambucana, sua figura de aventureiro tendo eclipsado a de Antônio Cavalcanti, homem provavelmente louro e muito mais autêntico na sua fidalguia rural e de sangue que o ilhéu. Vieira se incorporara à classe de que tudo o distanciava, pelo casamento com a ilha de Francisco Berenguer de Andrade, homem rico e da nobreza rural.

A ascensão de elementos dos sobrados e, até, das casas térreas ou dos casebres aos casarões dos grandes proprietários de terras, seria mais frequente no século XIX, com o maior prestígio das cidades; com o prestígio de um elemento novo e brilhante – os bacharéis e médicos, alguns filhos de mecânicos ou de mascates com negras ou mulatas; com a maior dependência dos senhores rurais de seus correspondentes e comissários de escravos, de açúcar e de café. Dependência que só veio a enfraquecer-se com o desenvolvimento das comunicações por estrada de ferro, já quase no fim da era imperial. Mas para acentuar-se outra: a da lavoura com relação aos bancos – ainda mais desprestigiadores da gente rural endividada ou necessitada de adiantamentos.

Os senhores rurais, pelas próprias condições sociologicamente feudais em que se iniciou a colonização agrária do Brasil – condições que vêm resumidas do modo mais claro no *Regimento* de Tomé de Sousa – como que se tinham habituado a um regime de responsabilidade frouxa, ou mesmo de irresponsabilidade, com relação aos financiadores de suas lavouras. Nisso os favoreceu por longo tempo a Coroa, interessada nos lucros dos grandes proprietários e necessitando deles e de seus cabras e índios de arco e flecha, para a segurança da colônia contra as tentativas de invasão de estrangeiros.

Mesmo cheio de riscos, o financiamento à grande lavoura colonial – a de açúcar – atraiu desde cedo agiotas, que parecem ter se dedicado ao mesmo tempo à importação de escravos para as plantações. E há indícios de haverem preponderado, entre esses negociantes, judeus com o espírito de aventura comercial aguçado como em nenhuma outra gente. Daí, talvez, o relevo que alguns historiadores – um deles Sombart – dão aos judeus na fundação da lavoura de cana e na indústria do açúcar no Brasil.

Com esses intermediários, talvez em grande número judeus, parece ter se iniciado a riqueza das cidades coloniais no Brasil. A capacidade de diferenciação que revelaram esses burgos, crescendo de simples pontos de armazenagem e embarque dos produtos da terra, em populações autônomas, com os senhores dos sobrados falando grosso e forte para os das casas-grandes do interior, ou perdoando-lhes as dívidas mediante os ajustes de casamento entre a moça burguesa e o filho de senhor de engenho, ou então entre o filho do mercador, ou o próprio mercador, e a sinhazinha fina da casa-grande – ajustes de que falam tantas tradições de família – parece ter sido, em grande parte, consequência das fortunas acumuladas pelos intermediários e negociantes, alguns de origem israelita.

A situação de endividados, dos senhores de engenho do Norte, é fato que vem indicado pelas primeiras crônicas: pela do padre Cardim, por exemplo, que aliás sugere a ligação entre esse estado de coisas e a base principal da riqueza colonial – o escravo. Riqueza, na verdade, em extremo corruptível, apodrecendo facilmente a um sopro mais forte de epidemia de bexiga ou de cólera.

De modo que a figura do intermediário – negociando principalmente com escravos – não podia deixar de assumir importância considerável dentro do regime mórbido de economia patriarcal. Este a exigiu pelas duas feridas sempre abertas da monocultura e da escravidão.

Duas bocas enormes pedindo dinheiro e pedindo negro. O intermediário viveu, como médico de um doente a quem explorasse, dessas feridas conservadas abertas. E as cidades começaram a crescer à custa dos senhores de terras e de escravos, assim explorados.

João Lúcio de Azevedo, na obra de mestre que é *Épocas de Portugal econômico* (Lisboa, 1929), não admite a tese, defendida por Sombart e por historiadores judeus mais ou menos apologéticos de sua raça, da agricultura de cana, ou antes, da indústria do açúcar, no Brasil, ter sido obra exclusiva, ou principal, de judeus. De terem sido estes os fundadores dos engenhos que aqui se estabeleceram no século XVI, inundando de tal modo o mercado europeu com o seu açúcar, a ponto de excitarem a cobiça holandesa. Para João Lúcio de Azevedo, sendo "considerável o cabedal necessário para erigir uma fábrica" não se pode crer o trouxessem consigo os imigrantes "da família hebreia, gente na maior parte fugida à Inquisição, degredados e outros a quem na penúria sorrira a esperança de sorte fagueira além-mar." Ponto que, na verdade, merece ser tomado na maior consideração.

Mas é preciso não esquecer, por outro lado, que entre os da família hebreia, dispersos por vários países e em todos eles entregues a formas diversas, mas entrelaçadas, de mercancia e de usura, existia então – como, até certo ponto, existe hoje – uma como maçonaria. Espécie de sociedade secreta de interesses comerciais, ligados aos de religião ou de raça perseguida, e funcionando com particular eficiência nos momentos de grande adversidade.

Lembra o Abade Raynal, para quem os judeus teriam sido, com efeito, dos primeiros a cultivar a cana e a fabricar o açúcar na América, que *"plusieurs trouvèrent des parents tendres, des amis fidèles; les autres, dont l'intelligence et la probité étaient connues obtinrent des fonds des négociants de différents nations avec lesquels ils avaient des liaisons d'affaires. Ces secours mirent des hommes entreprenants au état de cultiver des cannes à sucre, dont les premières leur vinrent de l'Ile de Madère"*. São palavras que tiram um pouco a força às de João Lúcio de Azevedo.[4]

É bem provável que, expulsos de Portugal, os judeus que tomaram o rumo da "terra de Santa Cruz" tenham sido amparados fraternalmente por outros, de comunidades prósperas. Daí lhes teria advindo capital, não diremos para iniciativas agrícolas – que estas aqui, como em toda parte, devem ter repugnado ao seu horror tradicional e "canônico" (a expressão é de Max Weber) pela terra e à sua política calculada de aventura comercial em países cujo solo sentiam não lhes pertencer, de preferência a qualquer gênero de vida estável ou sedentária – mas para o financiamento da lavoura e da indústria que então nasciam, no Brasil, ansiosas de dinheiro e de negro. Nessas duas atividades é que provavelmente se especializou no Brasil dos primeiros tempos – o assunto exige estudo especial e demorado antes de admitir generalizações em tom definitivo – o gênio econômico dos imigrantes judeus, dando àquela lavoura e àquela indústria suas condições comerciais de desenvolvimento. Sem o intermediário judeu, é quase certo que o Brasil não teria alcançado domínio tão rápido e completo sobre o mercado europeu de açúcar a ponto de só o produto dos engenhos de Pernambuco, de Itamaracá e da Paraíba render mais à Coroa, nos princípios do século XVII, que o comércio inteiro da Índia, com o seu brilho de rubis e todo o seu ruge-ruge de sedas.

Os traços que se encontram da presença do judeu nos começos da agricultura da cana e da indústria do açúcar entre nós permitem a reconstituição ou, pelo menos, a tentativa de reconstituição, de sua figura. Não é a de um grande criador de riqueza e de vida nacionais ou subnacionais que se confunda sequer com a do português dessa primeira fase da formação do Brasil – portugueses do tipo de Duarte Coelho e dos seus colonos que abriram claros enormes no mato virgem e levantaram engenhos, casas-fortes, fortalezas; que deitaram raízes na terra, embora a saudade de Portugal os acompanhasse a todo instante como uma coceira não de todo desagradável no coração: nesse coração que o português se pudesse vivia volutuosamente coçando; que construíram casas-grandes de pedra e, dentro delas, ou a seu lado, capelas ou igrejas com o lugar marcado para seus túmulos; que trouxeram família de Portugal ou ligaram-se a mulheres da terra, cujos filhos seus testamentos reconheceram. A figura do judeu não teve essa grandeza de criador, com um sentido profundo de permanência a animar-lhe o esforço. Ao contrário: viveu à sombra do português patriarcal. E quase sempre móvel e provisório nos lugares. Tanto que do Brasil muitos israelitas aqui enriquecidos se transferiram a outras áreas da América.

Mas não foi, de modo algum, o judeu no Brasil colonial um parasita que só tivesse sugado a riqueza do outro – o "Cristão velho" e proprietário de terras ou plantador de canas – e os dois a energia do negro, que era quem mais duramente trabalhava nessa sociedade nova. Ou a do indígena, tão utilizado no transporte de pessoas e de coisas.

Os judeus é evidente que chegaram ao Brasil com dinheiro bastante, se não para se estabelecerem como industriais de açúcar, para emprestarem aos senhores de engenho as somas de que esses senhores necessitavam para as despesas de safra e de renovação de escravatura. O próprio João Lúcio de Azevedo, depois de retratar os degredados judeus uns pobretões incapazes de aqui fundarem engenho para o fabrico de açúcar, reconhece que "adiantando mercadorias ou dinheiro, mas principalmente escravos aos senhores de engenho constantemente em dificuldade" alguns hebreus "por aí chegaram a possuir terras e fábricas...". [5] Sinal de que não eram pobretões tão ralos, mas homens de alguma solidez, capazes de mover mercadorias e escravos e até de adiantar dinheiro aos fidalgos do interior, das casas-grandes. Não importa que esse capital, eles o desenvolvessem com o talento, especializado nos "homens de nação" por uma experiência muitas vezes secular, para adquirir, diz João Lúcio de Azevedo um tanto enfaticamente, "a vil preço, os salvados de naufrágios". Os naufrágios, no caso, não eram os de mar, mas os de terra: os engenhos que encalhavam por falta de negro e de dinheiro para as safras.

Para o historiador português era aos judeus que se referia Brandônio naquelas palavras a Alviano sobre umas tantas criaturas que viviam no Brasil do século XVII de "comprarem fazendas aos mercadores assistentes nas villas ou cidades, e as tornarem a levar a vender pelos engenhos e fazendas, que estão dali distantes, com ganharem muitas vezes nellas cento por cento". Mascates que por esses lucros de cento por cento se faziam "riquíssimos". Brandônio refere ainda nos *Diálogos* o caso, que parece também arte de "homem de nação" ou de cidade que explorasse velhacamente matutos – arte que, depois, tanto se desenvolveu nos negócios de açúcar, de ouro e de café – de comprar um espertalhão "para pagar de presente uma partida de peças de escravos de Guiné por quantidade de dinheiro e logo no mesmo instante, sem lhe entrarem os taes escravos em poder", os tornar a vender a um lavrador "fiados por certo tempo, que não chegava a um anno, com mais de oitenta e cinco por cento de avanço".[6]

Mas não foi só entre os fidalgos das capitanias açucareiras que se exerceu a atividade do intermediário e do usurário – provavelmente, em grande número de casos, "homens de nação". Também entre os mineiros, quando para as minas de ouro e de diamantes começou a deslocar-se o comércio mais grosso de escravos. *Comboeiro* ficou se chamando na região das minas esse papão, não de meninos, mas de homens; esse boitatá, não do mato, mas da cidade, a quem o mineiro acabou criando o mesmo horror que o filho pequeno àqueles bichos fantásticos. Horror enorme, mas não sem certa atração. Um cronista das minas de diamante define o comboeiro: "o comboeiro era o judeu usurario [...]. O comboeiro era o hediondo vampiro". O mineiro temia-o; fugia dele; mas afinal "a necessidade ou novas esperanças o lançavam em suas garras".[7]

Cronista mais antigo deixara pormenores interessantes sobre a figura do comboeiro. E não só sobre a figura: sobre sua técnica sutil de vendedor de homens a prestações.

Os escravos, ele os comprava nos portos a 100$000, os melhores, a 120$000; gastava de direitos e em despesa de viagem uns 20$000; e ia vendê-los aos mineiros e aos roceiros de serra-acima, fiados por dois anos, mas por 180 ou 200 oitavas de ouro em pó, de uma vez ou "em dois pagamentos eguaes de anno a anno". Os mesmos lucros, que Brandônio tinha por ilícitos, dos negociantes de escravos em Pernambuco no século XVII; os mesmos lucros de cento por cento sobre fazendas e mercadorias das cidades vendidas nos engenhos. "Não tomam outra informação" – acrescenta o cronista das minas – "não tomam outra informação para venderem mais do que si o comprador, que quer comprar um escravo, tem ao menos outro pago; e sendo dois, melhor".[8]

No século XVIII e através do XIX, a força do intermediário, vinda do século XVII, só fez acentuar-se. Sua figura acabou enobrecida na do correspondente, na do comissário de açúcar ou de café, na do banqueiro. Aristocrata da cidade, de corrente de ouro em volta do pescoço, de cartola inglesa, morando em sobrado de azulejo, andando de vitória de luxo, comendo passa, figo, ameixa, bebendo vinho do porto, as filhas uns encantos quando vestidas pelos figurinos de Paris por alguma *Madame* Theard para assistirem a estreias de cantoras italianas no teatro lírico. Tudo à custa, muitas vezes, do maria-borralheira que ficava no mato, junto à fornalha do engenho, moendo cana, fabricando açúcar, destilando aguardente; ou então plantando seu café ou cavando sua mina. Divertindo-se com os bumbas meu boi e as palhaçadas dos negros da bagaceira ou do eito ou do terreiro. Muitas vezes não comendo senão carne-seca e bebendo vinho de jenipapo ou alegrando-se com cachaça. E nem sempre capaz de mandar para Coimbra, para Paris, para São Paulo, para Olinda, o filho que ia ficando em casa e dando para viver com os moleques, depois com os cabras, atrás de muleca, de canário de briga e – nos grandes dias – atrás de mestra ou contramestra de pastoril.

"O antigo fazendeiro ou senhor de engenho" – diria Joaquim Nabuco em 1884, recordando a vida do velho senhor de terra – trabalhava para o traficante que lhe fornecia escravos "como o atual trabalha para o correspondente...".[9] Para o correspondente "ou para o banco" – outra instituição de cidade que com a chegada de D. João VI se levantou no Brasil, modificando-lhe a paisagem social no sentido da urbanização; no sentido do domínio dos campos pelas cidades. Acentuando a gravitação de riqueza e de energia para as capitais, particularmente para a Corte. Para as capitais e para os capitalistas, pode-se dizer, sem receio de prejudicar a verdade com o trocadilho fácil.

Repita-se que a lavoura no Brasil gozara nos primeiros tempos – principalmente nesse extraordinário século XVI, que marcou o esplendor da atividade criadora de Portugal, ou antes, do colono português, na América – de favores excepcionais. Favores com que a Coroa prestigiou a iniciativa particular dos colonos de posse, concedendo-lhes grandes privilégios políticos e, à sombra desses, privilégios econômicos. Os desbravadores de mato virgem, os desvirginadores de sertões, os fundadores de grandes lavouras viram-se, por mais de um século – por dois séculos inteiros, pode-se dizer – rodeados de mercês dando-lhes o domínio político dos senados das câmaras. E com esse domínio, os contratos, a arrecadação de impostos, as obras públicas. Viram-se ao mesmo tempo resguardados dos credores menos pacientes, que se pusessem com afoitezas para os lados das casas-grandes.

Mas com o desenvolvimento da indústria das minas, com o crescimento das cidades e dos burgos, sente-se declinar o amor del-Rei pelos senhores rurais; enfraquecer-se a aristocracia deles, reduzida agora nos seus privilégios pelo prestígio novo de que vêm investidos os capitães-generais, os ouvidores, os intendentes, os bispos, o vice-rei. Alguns desses capitães-generais como o conde de Valadares em Minas, fazendo dos mulatos e dos negros oficiais de regimento e desprestigiando assim os brancos da terra.[10]

Os capitães mandados para as Minas eram como se viessem para terras que acabassem de ser conquistadas: arrogantes, dominadores, seu olhar duro fiscalizando tudo, até as libertinagens dos frades. A própria tradição dos grandes proprietários açoitarem criminoso em suas fazendas, dentro da porteira tabu dos seus engenhos, é quebrada em Minas em pleno século XVIII: o conde de Assumar manda prender certo brigadeiro Macedo – que matara a mulher – não na fazenda de um joão-ninguém, mas na do mestre de campo Pascoal da Silva Guimarães, o dono de Ouro Podre, o proprietário das lavras mais férteis do mundo, senhor de dois mil homens, de não sabemos quantos cavalos e de dois grandes engenhos. Aliás, alguns nobres da colônia haviam sofrido diminuição no seu prestígio, com a carta de 25 de abril de 1719 mandando dar baixa dos postos aos oficiais de Ordenança onde não houvesse corpos organizados.[11] O que lhes cortava as asas e punha-os quase no mesmo pé que os plebeus, os mulatos e os mascates das vilas. E agora, aquele horror. Fazendas e engenhos invadidos pela polícia. Quebrado o maior tabu da aristocracia rural.

É nas terras do Sul – em São Paulo, nas Minas – que se faz sentir mais forte, a partir dos princípios do século XVIII, a pressão do imperialismo português, agora simplesmente explorador da riqueza que nos dois primeiros séculos ajudara a descobrir ou deixara desenvolver-se. Convém-lhe a aliança com a plebe das cidades, contra os magnatas rurais; com os mascates, contra os nobres; com os *mercadores de sobrado* do litoral, contra os senhores das casas-grandes do interior; com os mulatos, até, contra os brancos de água doce.

Essa nova política da metrópole, saliente-se mais uma vez, ficara claramente indicada por ocasião do conflito entre a aristocracia rural de Pernambuco e a cidade do Recife. E indicada ainda com mais clareza em Minas Gerais durante o governo do conde de Assumar. Este não hesitou em investir contra as próprias oligarquias dos senados das câmaras.

Entretanto, em 1670, o capitão-general de Pernambuco Bernardo de Miranda Henriques, por ter mandado prender o presidente da Câmara de Iguaraçu – uma das tais câmaras dominadas pela aristocracia do açúcar – tivera contra seu gesto dura e solene carta régia. Quatro anos antes, havendo a Câmara de Olinda deposto o capitão-general Jerônimo de Mendonça Furtado, o vice-rei aprovara-lhe o ato insolente. E não precisamos de aqui relembrar a série de atos e manifestações as mais claras de insolência da Câmara de São Paulo, no mesmo século XVII.[12]

A política econômica da metrópole portuguesa que, a partir do século XVIII, foi a de deixar a grande lavoura um tanto de lado, colocando sob o seu melhor favor as cidades e os homens de comércio, e até a gente miúda, encontraria continuador em D. João VI. Ou melhor: nos responsáveis pela sua orientação, antes burguesa do que rural, antes capitalista do que feudalista, de governo.

Acentuou-se com D. João VI o desprestígio da aristocracia rural. Acabaram-se aquelas ternuras del-Rei com os devedores sempre em atraso. As câmaras deixaram de ser privilégio dos grandes proprietários de terras. "Impostos pesadíssimos" e "juros despropositados", diria um cronista do meado do século XIX, vieram dificultar desde então a vida do dono de terras. Porque "si o desfavorecido lavrador não pode acudir de prompto aos seus pagamentos, por lhe ter corrido mal o anno", os produtos do seu trabalho não chegando para "pagar os juros exorbitantes do valor dos generos comprados", devia considerar-se perdido.[13]

Com os ricos das cidades emprestando ao agricultor do século XIX, a 9%, com 8% de amortização e com hipoteca no valor duplo da quantia emprestada, reformáveis as letras de seis em seis meses improrrogavelmente, os agricultores se sentiam sem nenhum apoio para a lavoura. Ao contrário: impunham-lhe os bancos prazos fatais para suas dívidas enquanto o comércio, descansado de seu, gozava agora o favor das moratórias. Entretanto era um comércio – dizia um apologista da agricultura – que ainda por cima "recorria ao contrabando e à fraude".[14]

Bons tinham sido, para a lavoura, os primeiros tempos coloniais, com os privilégios concedidos aos senhores de engenho: privilégios – deve-se acentuar – que iam quase ao ponto de favorecer o calote, quando praticado por alguns dos grandes senhores de terras e de escravos.

"Todos roubam ao incauto lavrador", lê-se em livro do velho Melo Morais de 1870.[15] Incauto, não: desfavorecido pelo governo, agora mais chegado ao comércio das cidades e às indústrias urbanas que começavam a repontar na paisagem brasileira com seus bueiros e suas chaminés, sujando de fuligem o verde das mangueiras e das jaqueiras líricas dos sítios. A cobrança de dívidas, através de agentes que os bancos despachavam para as casas-grandes do interior, parecia ao cronista vir concorrendo poderosamente para o desprestígio social dos agricultores. Mas seria menos um abuso que a regularização de relações entre credor e devedor – outrora irregularíssimas, o devedor da casa-grande quase não fazendo caso do credor de sobrado.

Os engenhos, lugares santos de onde outrora ninguém se aproximava senão na ponta dos pés e para pedir alguma coisa – pedir asilo, pedir voto, pedir moça em casamento, pedir esmola para festa de igreja, pedir comida, pedir um copo de água de beber – deram para ser invadidos por agentes de cobrança, representantes de uma instituição arrogante da cidade – o banco – quase tão desprestigiadora da majestade das casas-grandes quanto a polícia do conde de Assumar, em Minas, ou a do presidente Chichorro da Gama, em Pernambuco.

Para o velho cronista o agente de cobrança desacreditava "o lavrador por toda a parte, a ponto de produzir no mesmo logar onde mora, o seu descredito, trazendo assim a ruina das famílias, pois que muitos casamentos se teem desmanchado nos nossos sertões pelos descreditos espalhados por esses agentes de cobranças, obrigando alguns homens susceptiveis aos desatinos que se teem dado pelo interior do Brasil". Esses "desatinos" dos "homens susceptiveis" do interior eram menos o suicídio, que o assassinato. Alguns agentes de cobrança acabaram esfaqueados por cabras de engenho, de emboscada, pelas estradas de massapê.

A atitude da gente de dinheiro das cidades contra os senhores endividados teve quase o caráter de uma desforra fulminante. Às vezes eram filhos e netos vingando-se de humilhações recebidas pelos pais e avós.

É curioso constatar que as próprias gerações mais novas de filhos de senhores de engenho, os rapazes educados na Europa, na Bahia, em São Paulo, em Olinda, no Rio de Janeiro, foram-se tornando, em certo sentido, desertores de uma aristocracia cujo gênero de vida, cujo estilo de política, cuja moral, cujo sentido de justiça já não se conciliavam com seus gostos e estilos de bacharéis, médicos e doutores europeizados. Afrancesados, urbanizados e policiados.

O bacharel – magistrado, presidente de província, ministro, chefe de polícia – seria, na luta quase de morte entre a justiça imperial e a do *pater famílias* rural, o aliado do Governo contra o próprio pai ou o próprio avô. O médico, o desprestigiador da medicina caseira, que era um dos aspectos mais sedutores da autoridade como que matriarcal de sua mãe ou de sua avó, senhora de engenho. Os dois, aliados da cidade contra o engenho. Da praça contra a roça. Do Estado contra a família.

Além do que, bacharéis e médicos raramente voltavam às fazendas e engenhos patriarcais depois de formados. Com seu talento e sua ciência foram enriquecendo a Corte, abrilhantando as cidades, abandonando a roça. A diplomacia, a política, as profissões liberais, às vezes a alta indústria, absorveram-nos. Empolgaram-nos.

As cidades tomaram das fazendas e dos engenhos esses filhos mais ilustres – e também os padres e os que se dedicavam à carreira das armas. Os inferiores em inteligência, ou os sem saúde para emigrar ou seguir a vida militar, é que foram, em numerosos casos, sucedendo os avós na administração dos domínios rurais; e estes reduzindo-se em importância e extensão; dividindo-se entre herdeiros distantes, indiferentes à agricultura e fixados nas cidades. Raro um bacharel como Antônio de Morais Silva, que se transferiu com toda a sua sabedoria, seus livros, seu grego, seu latim, da Corte para um engenho de Muribeca; e aí dedicou-se não só ao trabalho formidável de escrever o *Dicionário*, hoje clássico, como ao de melhorar os métodos pernambucanos de plantar cana e fazer açúcar. Apenas esse bacharel que no seu engenho recebia a visita de letrados como o padre Sousa Caldas e de sua casa-grande de Muribeca correspondia-se com os maiores filólogos portugueses do seu tempo, não deixou de manter sobrado no Recife, com janela para a rua e vista para o mar.

Mas não vá ninguém abandonar-se à ideia de que os grandes proprietários de terra, tão poderosos a princípio, acabaram todos uns reis Lear, sempre traídos por filhos doutores e por filhas casadas com bacharéis que abandonassem as velhas casas-grandes de engenho e de fazenda como a navios que não tardassem a naufragar;

traídos por el-Rei que dantes lhes fizera todas as vontades e todas as festas; traídos pela Igreja que outrora os adulara. O drama de desintegração do poder, por algum tempo quase absoluto, do *pater famílias* rural, no Brasil, não foi tão simples; nem a ascensão da burguesia tão rápida.

Houve senhores que esmagados pela hipotecas e pelas dívidas encontraram amparo no filho ou no genro, deputado, ministro, funcionário público, e não apenas *mercador de sobrado*. O Estado foi afinal o "grande asilo das fortunas desbaratadas da escravidão", como disse Joaquim Nabuco.[16]

Houve os que tiveram no comissário ou no correspondente, amigo honesto, que em vez de parasita do dono de terras, ao contrário, conservou e até aumentou a fortuna do comitente desmazelado, ignorante de tudo, até da extensão ou dos limites de seus domínios e do volume de sua produção. E muito fidalgo de casa-grande do interior foi caloteiro em toda a extensão da palavra; e não vítima dos judeus da cidade. Em vez de roubado, na cidade, ele é que roubou nas remessas de açúcar ou de café. Houve, enfim, muito velhaco e espertalhão escondido por trás de barbas patriarcais e engabelando, com suas manhas, comissários, agentes de cobrança e até ciganos, vendedores de cavalo pelos engenhos.

No açúcar – dizia em 1833 Frederico Burlamaqui referindo-se a senhores de engenho velhacos – "misturão-lhe diversas qualidades inferiores e alguma terra ou arêa e vendem-n'o como de qualidade superior".[17] Lei de 28 de fevereiro de 1688 já procurava conter a falsificação de produtos, promovida não só por intermediários – o que iria por conta da tão falada velhacaria de "cristãos-novos" – como por produtores – quase todos "cristãos-velhos". Referia-se à "pouca reputação" que já tinham os açúcares do Brasil "pelos vícios com que se lavravam" por "estar no arbitrio dos lavradores [...] fabrical-os com falsidade [...]." De onde a providência severa mas difícil de ser executada em terras a seu modo feudais como as do Brasil de então: "E achando-se assucar falsificado, seja logo o senhor de engenho degradado por tempo de dous annos para uma das capitanias daquelle Estado e pague 40$000 em dinheiro, e o caixeiro do engenho pagará a mesma pena pecuniaria, e será degradado dous annos para Angola [...]". Esses trechos de lei tão significativa, transcrevemo-los, na ortografia alterada da reprodução, das páginas 47 a 48 das *Informações sobre o estado da lavoura* publicadas no Rio de Janeiro em 1874.

É merecedor de nota o fato de que em 27 de abril de 1840, um correspondente do *Diário de Pernambuco*, reclamando contra a alarmante adulteração dos principais alimentos em Pernambuco, incluía entre os produtos adulterados o próprio açúcar "carregado de cal e farinha de mandioca". Adulteração de que parece ter continuado a participar, como nos séculos coloniais, o produtor embora o principal mistificador fosse o vilão, isto é, o mercador de cidade.

No mesmo Pernambuco, a tradição guarda a memória de certo fidalgote rural muito sabido que não punha nome nos seus negros: era tudo número – dez, quinze, vinte. Quando o representante do comissário o visitava, o manhoso senhor, dono de dez ou doze negros magros, simulava a maior opulência deste mundo gritando para o capataz: "Mande dez para tal trabalho", "Quinze para isto", "Vinte para aquilo". Com o que, dizem que assegurava o crédito: o homem da cidade deixava-se emprenhar pelos ouvidos.

Exagero de anedota, sem dúvida. Mas pelo número de escravos se avaliava, com efeito, a importância do senhor rural: base, aliás precária, exigindo um aumento tal de população escrava, que só se fazendo como o velhaco: chamando cada escravo "Dez" ou "Vinte" ou "Trinta", para efeito comercial sobre o comissário. "Hum senhor d'Engenho" – argumentava Burlamaqui em 33 – "que tem empregado em escravos, terras e machinas hum capital de 600 a 800.000 cruzados, apenas pode contar com huma renda precaria de 12 a 15 mil cruzados anuaes, que as despezas consomem e ás vezes excedem".[18] Despesas quase todas com escravos; mínimas com as terras e as máquinas. Que as terras não se exploravam senão pelo processo mais brutal: o dos caboclos, a *coivara*, o fogo, o machado. Nada de adubo nem de gasto ou cuidado com a terra: esta tornando-se maninha, era abandonada quase sem saudade, principalmente nas regiões de casas-grandes menos estáveis. Casas de taipa que não prendessem o dono com raízes tão fortes ao solo como as de pedra e cal.

Em toda parte, o processo de agricultura destruidora da natureza dominou com maior ou menor intensidade no Brasil patriarcal. Grandemente no Norte – no Maranhão, no Pará; em certos trechos de Pernambuco e da Bahia; em Minas, no Rio de Janeiro, em São Paulo.

Em São Paulo, no século XVIII, quando declinou o furor expansionista e começou a fase mais caracteristicamente agrícola, D. Luís Antônio de Sousa, escrevendo em 1767 ao rei de Portugal, admirava-se do "mau methodo" da lavoura: "só se planta em matto virgem pelo pouco que custa e pela repugnancia que tem de se sujeitarem ao maior trabalho de cultivarem os campos, como nesse Reino"; e em 1781 José da Silva Lisboa escrevia do recôncavo para Lisboa queixando-se de que mesmo com o açúcar a preço tão alto os senhores de terras e de negros pouco lucravam.[19] Com relação a Minas o seu presidente em 1835, Antônio Paulino Limpo de Abreu, lamentava, em relatório, que a facilidade em adquirir-se terra conservasse "como que esquecidos os recursos com que a arte costuma tornal-as productivas". O mal não vinha só da facilidade em adquirir-se terra mas também, e principalmente, da facilidade na sua exploração pelo escravo. O mal vinha da base de riqueza e até de crédito rural ter sido, no nosso regime patriarcal, menos a terra que o escravo. O número de escravos.

Se os escravos – base de riqueza e de crédito – dispensavam o emprego de máquinas e de adubos caros, pelo proprietário rural, eram por outro lado, não dez, mas cinquenta bocas a dar de comer, cinquenta corpos a vestir, mesmo que fosse de estopa ou de baeta, muitas vezes cinquenta feridas a tratar. Se havia senhores rurais que calculavam o valor do escravo pela produção intensa, de que fosse capaz, matando seus negros de trabalho, fazendo dez trabalharem por trinta, a maior parte não tinha essa ânsia toda de lucro nem esse sentido comercial da vida agrícola; e na conservação dos seus negros, ia-se quase todo o dinheiro ganho com a cana ou o café. Além do que, muitos eram os negros que deixavam os pés apodrecer, roídos de bichos, para não trabalharem. Vários os que fugiam. Numerosos os que adoeciam.[20]

O período antes sociológico que cronológico de formação social do Brasil que procuramos estudar nestas páginas, alongando o esforço de análise e de interpretação empreendido em ensaio já publicado, por um lado continuou um período de integração: durante ele é que se consolidou a sociedade brasileira, em torno de um Governo mais forte, de uma Justiça mais livre da pressão dos indivíduos poderosos, de uma Igreja também mais independente das oligarquias regionais e mais pura na vida dos seus padres. De uma Igreja que começou a falar mais alto e forte do que outrora pela voz dos seus bispos, até clamar, pela de D. Vital, contra os excessos do próprio Governo de Sua Majestade e não apenas contra os de irmandades e confrarias: expressão do poder dos ricos, dos letrados, dos próprios mecânicos.

Por outro, foi um período de diferenciação profunda – menos patriarcalismo, menos absorção do filho pelo pai, da mulher pelo homem, do indivíduo pela família, da família pelo chefe, do escravo pelo proprietário; e mais individualismo da mulher, do menino, do negro – ao mesmo tempo que mais prostituição, mais miséria, mais doença. Mais velhice desamparada. Período de transição. O patriarcalismo urbanizou-se.

Mauá e os ingleses modernizariam a técnica de transporte. Os serviços urbanos se aperfeiçoariam e com eles – iluminação, calçamento, e, por fim, saneamento – os estilos de vida nas cidades. A vida ficaria mais livre da rotina doméstica. A rua – outrora só de negros, mascates, moleques – se aristocratizaria.

Dentro das cidades, fábricas fabricando o sabão, a vela, o pano que outrora só se fabricavam em casa, nos engenhos, vagarosa e patriarcalmente. Estrangeiros de procedências e ofícios diversos – marceneiros, cabeleireiros, químicos, funileiros, ferreiros, modistas, fabricantes de queijo – estabelecendo-se com oficinas, fundições, lojas. As senhoras mais chiques penteando-se não mais à portuguesa, ou quase à oriental, mas à francesa, vestindo-se também à francesa, indo ao teatro ouvir óperas cantadas por italianas a quem os estudantes ofereciam *bouquets*, faziam discursos, dedicavam sonetos. Os meninos educando-se em colégios – alguns de estrangeiros – e em academias; e não apenas em casa, com o tio-padre ou o capelão. Nem simplesmente nas escolas de padres.

Período de equilíbrio entre as duas tendências – a coletivista e a individualista – nele se acentuaram alguns dos traços mais simpáticos da fisionomia moral do brasileiro. O talento político de contemporização. O jurídico, de harmonização. A capacidade de imitar o estrangeiro e de assimilar-lhe os traços de cultura mais finos e não apenas os superficiais. De modo geral, o brasileiro típico perdeu asperezas paulistas e pernambucanas para abaianar-se em político, em homem de cidade e até em cortesão.

É certo que os caturras da primeira metade do século XIX só enxergavam nos homens das gerações novas defeitos, fraquezas, imitações ridículas dos europeus, dentes postiços, desrespeito aos mais velhos. "Onde estavam" – chegou a perguntar um cronista da época mais representativo da ortodoxia patriarcal-rural em face das inovações e das novidades urbanas e europeias – "os capitães-generaes do tempo dos reis de Portugal", homens da importância e da experiência do "famoso Franco de Almeida", que outrora governavam com tão profundo bom senso os povos das capitanias, agora províncias desgovernadas por "umas criançolas sahidas das escolas de Direito?".[21] Referia-se – ao falar em "criançolas" desprezíveis – à geração de João Alfredo, de Alfredo de Taunay, de Sancho de Barros Pimentel, de Alencar, de Caio Prado, de Lucena, bacharéis que, na verdade, começaram a governar o país quase uns meninos, com bigodes ou barbas que pareciam postiças.

E o padre Lopes Gama indignava-se de só enxergar em torno de si gamenhos com "jaquetinhas pelas virilhas", "barbas e bigodes de mouro", "meias alcatifadas"; bachareletes que já não tomavam a bênção aos velhos porque "tal usança cheira a tempos gothicos e degrada o nobre orgulho de hum jovem quando basta hum simples cortejo de cabeça assim por modo de lagartixa"; elegantes que durante a missa davam as costas ao altar para se entreterem com o "Madamismo".[22]

Os gamenhos eram os bacharéis e doutores formados nos princípios do século XIX, vários deles educados na Europa: homens do tipo de Araújo Lima, dos Andradas, de Manuel Ferreira da Câmara, de Francisco de Melo Franco, de Francisco e Sebastião do Rego Barros. Do tipo, sobretudo, de Maciel Monteiro – de todos o mais extremado no culto do "Madamismo".

Contra eles, o padre conservou-se intransigente nos seus gostos e estilos de vida: os do seu tempo de menino, criado pela avó. O século XVIII ainda ruralmente patriarcal em seus aspectos mais característicos. Época de gente boa, de respeito dos filhos aos pais, de homens direitos e fortes que chegavam a "grandes idades", de donas de casa diligentes, de doces gostosos e lombos de vitela que vinham à mesa rechinando na frigideira – só os dias da finada sua avó. O século XVIII. O Brasil sem carros de cavalo correndo pelas ruas, sem mecânicos ingleses manejando máquinas misteriosas, sem modistas francesas, sem doutores formados na França e na Alemanha, sem óperas italianas cantadas nos teatros, sem os moços tomando os lugares dos velhos.

Notas ao Capítulo I

1. Pelo *Inventario das armas e petrechos que os hollandezes deixarão na provincia de Pernambuco quando forão obrigados a evacual-a em 1654* (Pernambuco, 1839) vê-se que os prédios da quase-ilha do Recife eram já em número considerável sobrados altos, confirmando nossa sugestão de que as condições de espaço físico estimulassem aí, de modo particular, a arquitetura predominantemente vertical, ao contrário do que se passara em Salvador, nos seus primeiros decênios de vida. Como no Recife – a princípio povoação de pescadores cujas casas seriam todas de palha – também Salvador começou com "casas cobertas de palha ao modo da terra", como escreve Teodoro Sampaio na sua *História da fundação da cidade do Salvador* (obra póstuma), Bahia, 1949, p. 176. Substituída, porém a palha pela "cantaria barata", dos "pedreiros da vizinhança", na construção de algumas casas de Salvador, é interessante observar-se que estas caracterizavam-se pela horizontalidade. Como salienta ainda Teodoro Sampaio, "as dimensões dos prédios particulares, amplos às vezes, no longitudinal, mal ganhavam em altura, tão baixo o pé-direito que afetavam". E, ainda: "As casas, nesse tempo, eram tão baixas que um indivíduo de mediana altura podia deitar para dentro delas, jogado por cima do oitão, um grosso calhau, capaz de matar homem deitado no seu leito a dormir, como foi o caso sucedido com o licenciado Jorge Fernandes..." (p. 216). Dessas casas é que cedo começaram a ser o oposto, pela sua altura, as do Recife, onde a situação de quase-ilha não permitia que elas se espalhassem como em Salvador. Daí a predominância de casas "magras", no Recife, em contraste com as "gordas", da capital da Bahia, predominância por nós assinalada desde 1926 quanto às igrejas (*Bahia de todos os santos e de quase todos os pecados*, Recife, 1926). Predominância também por nós associada às condições ecológicas da área recifense, desde este ensaio, publicado em 1936, e em nota às cartas de L. L. Vauthier (*Revista do Serviço do Patrimônio Histórico e Artístico Nacional*, Rio de Janeiro, 1944, nº 7, p. 138) – e, com maior nitidez, em Sociologia (Rio de Janeiro, 1945), onde destacamos, referindo-nos à "peculiar verticalidade [da arquitetura do Recife] por motivos de ordem predominantemente ecológica", que "já era o característico das construções holandesas na Holanda velha..." (II, p. 41). Salientando essas antecipações, escreveu o historiador José Antônio Gonsalves de Melo, no seu *Tempo dos flamengos* (Rio de Janeiro, 1947): "Condições topográficas e econômicas – especialmente o elevado preço dos terrenos – do mesmo modo e quase pelas mesmas razões que na Holanda – condicionaram no Recife [...] um tipo curioso de sobrado que persistiu até o século XIX: o sobrado alto e magro [...]. Os documentos confirmam o que disse Gilberto Freyre: pela lista dos terrenos e casas vendidos vê-se que, na maioria, os sobrados mediam

de frente 20 pés, que correspondem a 7m 42. Muitos, porém, com 16 pés, ou 5m 93. Os menores com 13 pés (4m 82)... Muitas dessas casas davam a impressão de mais altas em consequência do frontão ou da elevação da empena lateral, o que causava uma grande inclinação do telhado. É um aspecto de influência inegavelmente holandesa na arquitetura do Recife e que se conservou até o século XIX" (p. 85-86). Vê-se por aí que não são rigorosamente exatos os publicistas que atribuem a outro a sugestão de ter a verticalidade característica da arquitetura urbana do Recife decorrido das condições topográficas e econômicas – ecológicas, em resumo – ou da configuração de ilha ou quase-ilha da área em que foi edificada a cidade, condições a que se juntou a influência da técnica holandesa de arquitetura urbana, condicionada por experiência igual, ou semelhante, à dos construtores do Recife.

2. M. de Barros Latif, *As Minas Gerais*, Rio de Janeiro, 1938. Sobre o assunto veja-se também o estudo de Augusto de Lima Júnior, *A capitania das Minas Gerais – Suas origens e formação*, Lisboa, 1940.

3. Em atas da Câmara de Salvador, referentes ao século XVII, já aparece a figura do *mercador de sobrado*, destacada do mercador comum. *Documentos históricos do arquivo municipal. Atas da Câmara*, 1625-1641, Bahia, 1949, 2o vol., p. 129 e 130.

4. Abade Raynal, *Histoire philosophique et politique des établissements & du commerce des européens dans les deux indes*, Genebra, MDCCLXXV. A presença de judeus, desde dias remotos, em cidades como o Recife e Salvador – cidades cuja economia urbana refletia a prosperidade rural da região do açúcar – explica-se pela sua situação de capitalistas em face de senhores de terras e escravos cujo poder feudal não ia ao extremo de dispensar o dinheiro ou o crédito para a fundação de safras e compra de escravos. Documento que se encontra na Seção de Manuscritos da Biblioteca Nacional do Rio de Janeiro (1, 32 G 17, no 17). "Parecer e tratado feito sobre os excessivos impostos que cahirão sobre as lavouras do Brasil arruinando o commercio deste, feito por Joaquim Peixoto Viegas enviado ao Sr. Marquez das Minas concelheiro de S. Mag.de e então g.or e g.e da cid.e da B.ª – B.ª 20 de 1687 Annos", refere-se à exploração do açúcar do Brasil por intermediários, responsáveis pelos altos ou excessivos preços por que o produto brasileiro chegou a ser vendido em Portugal de 1644 a 1654. Enquanto esses intermediários enriqueciam, os lavradores, já então, viviam endividados. Note-se, porém, que os intermediários não eram todos judeus no sentido étnico ou nacional de judaísmo, mas no social, de mercadores ou usurários espertos. A respeito de "excessos judaicos no comercio" no Brasil do século XVII, veja-se a nota 440 do historiador José Honório Rodrigues à *Memorável viagem marítima e terrestre ao Brasil*, de Johan Nieuhof, São Paulo, s.d.

5. Vejam-se sobre o assunto Roberto Simonsen, *História econômica do Brasil, 1500-1820*, I (São Paulo, 1937) e Caio Prado Júnior, *Formação do Brasil contemporâneo* (São Paulo, 1942), além de João Lúcio de Azevedo, *Épocas de Portugal econômico* (Lisboa, 1929), que continua

obra essencial ao estudo da história econômica do Brasil, pelas novas perspectivas que abriu à compreensão do assunto, versado, em obras mais recentes, mas sem contribuições notáveis no plano rigorosamente histórico, por economistas ilustres, entre os quais os Srs. Humberto Bastos e Celso Furtado.

6. *Diálogos das grandezas do Brasil*, ed. da Academia Brasileira de Letras, Rio de Janeiro, 1930.

7. "Exposição manuscrita sobre o Estado das Minas por José da Costa Sousa Rabello", citada por J. Felício dos Santos nas suas "Memórias do distrito Diamantino", *Revista do Arquivo Público Mineiro*, ano XV, Belo Horizonte, 1910, p. 65-66.

8. Ibid., p. 66. Note-se que desde os começos do século XVIII e talvez desde fins do XVII, o ouro atraiu às Minas estrangeiros que, segundo meticuloso pesquisador do assunto – o professor Manuel Cardoso no seu estudo "Brazilian gold rush", publicado em The Americas, Washington, no 2, vol. III, outubro, 1946 – não sendo numerosos, exerceram, entretanto, sobre a economia e a vida da região, influência *"desproportionately great"* (p. 140). Esses estrangeiros parece que foram principalmente negociantes usurários ou intermediários. E desde os princípios do século XVIII seriam, vários deles, como os que James Holman conheceu nos começos do século XIX: judeus ou israelitas. A presença de judeus ricos ou prósperos na área brasileira de mineração fez o observador inglês filosofar a respeito do assunto: "How is it that other men cannot succeed wo well as those of the Jewish persuasion? [...] is it solely owing to their less scrupulous integrity?" (Travels in Madeira, Sierra Leone, Teneriffe, S. Jago, Cape Coast, Fernando Po, Princes Island etc. etc., Londres, 1940, I, p. 469-470). Holman refere-se principalmente a certo judeu prussiano que *"has amassed a considerable property in this country by dealing in precious stores, in addition to which traffic he has a general store at Gongo Soco. He has also a brother, a dealer in jewels who lives at Villa Rica"* (p. 469).

9. Em 1721, D. Lourenço de Almeida já se referia ao mal-estar nas Minas Gerais em consequência de estarem endividados os moradores: "[...] procede dos grandes empenhos em que se achão os moradores pela facilidade de comprarem escravos fiados, empenhando-se [...] com a esperança de desempenho com os lucros que esperão tirar das faisqueiras o qual muitas vezes se desvanesse..." ("Governo de D. Lourenço de Almeida. Cartas regias sobre o procedimento que se ha de ter com os povos que se sublevam e outros assuntos [1721]", *Revista do Arquivo Público Mineiro*, Belo Horizonte, ano VI, 1901, p. 216.) Na "Carta muito interessante do advogado da Bahia José da Silva Lisboa para o Dr. Domingos Vandelli, director do Real Jardim Botanico de Lisboa – Bahia, 18 de outubro de 1781" vê-se que semelhante à da área mineira era a situação da área baiana do açúcar durante o século XVIII: lucravam com os preços altos do açúcar os negociantes ou intermediários. "Donde se segue" – diz a carta – "que não obstante ter, ha 5 annos, quasi dobrado o valor dos assucares, comtudo não teria dobrado realmente a riquesa dos cultivadores: e com effeito assim succede...". Os senhores, estes, "na continua sujeição dos mesmos negociantes, verão quasi absorver-

-se o benefício da sua cultura pela exhorbitancia das uzuras dos seus assistentes" (Manuscrito, Arquivo Histórico Colonial, de Lisboa, antigo da Marinha e Ultramar, 10.319, Inventário Castro e Almeida, Rio de Janeiro, II, 1914). Em Pernambuco, isto é, na inteira Nova Lusitânia, os já citados *Diálogos das grandezas do Brasil* indicam que não era diversa a situação; e esse estado de relações entre agricultores e usurários ou comerciantes se manteria até o século XIX quando Joaquim Nabuco, em conferência no Rio de Janeiro, salientou que "o antigo fazendeiro trabalhava para o traficante que lhe fornecia escravos como o atual trabalha para o correspondente ou para o banco que lhe adianta capitais" ("Conferência a 22 de junho de 1884 no teatro Politeama", Rio de Janeiro, 1884).

10. Iniciativas como a do conde de Valadares e as de outros governadores coloniais no sentido de facilitar-se a ascensão social do homem de cor pelo exercício de cargos de importância – inclusive comandos militares – deve-se dizer que foram mais de uma vez contrariadas por atitudes como a do marquês de Lavradio, que, vice-rei, rebaixou em 1771 de posto um índio capitão-mor por ter casado com uma negra e assim haver manchado o seu sangue e se mostrado indigno do cargo. Ao assunto refere-se Alfredo de Carvalho em Frases e palavras, Recife, 1906, p. 42. Ao mesmo Lavradio deve-se a criação no Rio de Janeiro de um terço de homens pardos; mas com comandante e ajudantes de oficiais, brancos ("Relatorio do marquez de Lavradio", *Rev. do Inst. Hist. e Geog. Br.*, Rio de Janeiro, 1843, no 16, p. 419).

11. O século XVIII foi no Brasil uma época de restrições a privilégios que vinham sendo concedidos pela Coroa a pessoas importantes ou prestimosas da terra, inclusive homens de cor. Com relação às Minas houve bandos como o de 30 de abril de 1720 suprimindo postos de oficiais, bem como os de oficiais honorários: postos de comando e honras que engrandeciam socialmente indivíduos nascidos no Brasil. Na mesma época, proibiu-se aos negros do Serro do Frio – bando de 2 de maio de 1720 – que em suas festas se coroassem como reis e rainhas, sob severas penas: o vigário que os coroasse perderia a côngrua (Manuscrito, Arquivo Público Mineiro, códice no 11, antigo 10). O bando de 21 de novembro de 1719 já estabelecera que nenhum negro poderia possuir escravos ou bens, proibindo os vigários batizarem negros que trouxessem negros por padrinhos (Manuscrito, Arquivo Público Mineiro, códice no 11, antigo 10).

12. Vejam-se, sobre o assunto, estudos do historiador Afonso de E. Taunay, que se tem especializado na investigação do passado paulista. Entre esses: *Estudos de história paulista*, São Paulo, 1927, *Non Ducor Duco*, São Paulo, 1924, São Paulo nos primeiros anos (1554-1601), Tours, 1920.

13. Já vimos, por documento do século XVII (nota 4), que era então má, sob o aspecto econômico, a situação do lavrador brasileiro, a quem não aproveitavam tanto quanto aos intermediários os altos preços por que eram vendidos seus produtos na Europa. Mesmo assim, a agricultura do Brasil colonial abastecera com algum dos seus produtos populações da Europa, da África e mesmo da Ásia, como lembrou A. J. de Melo Morais, no seu *O Brasil social e político – O que fomos e o que*

somos, publicado no Rio de Janeiro em 1872. É que, ao seu ver, além da diminuição de trabalho nos campos depois da Independência e da perturbação causada na economia brasileira pelos privilégios concedidos aos ingleses com a abertura dos portos, o comércio passara a viver, mais do que na época colonial, "dos productos do lavrador", gozando "o favor das moratorias" enquanto o lavrador tinha "prazos fataes". Ao contrário disso, nos tempos coloniais, "com as moratorias, e mesmo privilegios concedidos aos senhores de engenho, salvarão-se muitas casas que estavão arruinadas..." (I, p. 58). Ainda segundo o primeiro Melo Morais, cujas observações datam de pouco depois do meado do século XIX, o agricultor, no Brasil independente, vinha lutando "com os juros despropositados dos intitulados commerciantes", além de ter que pagar ao Governo "juros pesadissimos". O Banco do Brasil, longe de favorecer o agricultor, emprestava-lhe dinheiro a 9%, com 8% de amortização e com hipotecas no valor duplo da quantia que emprestava, reformáveis as letras "de 6 em 6 mezes improrogavelmente". Sobre as primeiras relações do Banco do Brasil com a economia subnacional e nacional do nosso país veja-se o ensaio do professor Afonso Arinos de Melo Franco, *História do Banco do Brasil (Primeira fase – 1808- 1833)*, São Paulo, s.d.

14. Desde os dias coloniais que o comércio no Brasil vinha sendo invadido pelos indivíduos "sem educação mercantil" que chegavam a comerciantes pelo "abuso que se tem feito do credito". Eram, em grande parte, "gentes naturaes do Minho [...] de muita viveza, de um espirito muito inquieto, e de pouca ou nenhuma sinceridade..." Constituíam-se em uma casta de reinóis: "[...] senhores do commercio [...] não admittem filho nenhum da terra a caixeiros, por d'onde possam algum dia serem negociantes..." ("Relatorio do marquez de Lavradio" cit., p. 452).

15. *O Brasil social e político*, cit., I, p. 58. Refere-se o cronista aos "descreditos espalhados por esses agentes de cobranças, obrigando alguns homens susceptiveis aos desatinos que se teem dado pelo interior do Brasil."

16. Joaquim Nabuco refere-se ao agricultor brasileiro da segunda metade do século XIX como "empregado agrícola que o comissário ou o acionista de banco tem no interior para fazer o seu dinheiro render acima de 12%..." E ainda. "[...] o Estado tem um aparelho especial chamado apólice, do qual os bancos são as ventosas para sugar o que reste à lavoura de lucro líquido. Essas sobras ele as distribui pelo seu exército de funcionários" ("Conferência" cit., p. 12).

17. Em 1784, Alexandre Rodrigues Ferreira salientava, a respeito do Pará, abusos de comerciantes que, noutras áreas, eram também praticados por produtores: "[...] nesse mesmo pouco que se exporta praticão os commerciantes o abuso de em prejuiso do Commeccio e descredito seu deixarem hir ensacados paos, trapos e pedras. Falsificação esta que em outro tempo deu motivo a publicação do Bando que mandou lançar o senhor Gomes Freire de Andrada quando governava e residia no Maranhão, ordenando que toda a pessoa que comprasse ou mandasse comprar alguma cousa com novellos falços de algodão (que era a moeda da terra) em cujos novellos se achassem paos, trapos etc.... fosse condemnado em trez mezes de Cadêa donde pagava 20000 Rs metade para a Fazenda

e metade para o Denunciante..." (Manuscrito, na Biblioteca Nacional do Rio de Janeiro, "Estado presente da agricultura do Pará reprezentado a S. Excia. O Sr. Martinho de Souza e Albuquerque, governador e capitão general do Estado", Pará, 5 de março de 1784, no 12.904 do Cat. da Exp.) Veja-se sobre abusos do mesmo gênero praticados por produtores, a *Memoria analytica acerca do commercio d'escravos e acerca da escravidão domestica*, de Frederico Leopoldo César Burlamaqui, Rio de Janeiro, 1837, p. 81.

18. Burlamaqui, op. cit., p. 82.

19. José da Silva Lisboa, em sua "Carta muito interessante... para o Dr. Domingos Vandelli, director do Real Jardim Botanico de Lisboa. Bahia, 8 de outubro de 1781" cit., refere-se à má situação de vida de muitos dos senhores de terras não só explorados, ao seu ver, pelos negociantes, como dados a "exterioridades de pura fanfarronada" do que resultava que "o interior da família" estivesse em "desesperação".

20. É do mesmo observador – José da Silva Lisboa – que conhecia na intimidade as condições de vida no recôncavo baiano, durante o século XVIII, o reparo de que era irregularíssima e precária a produção da maioria dos negros: "Todos os dias se recebem más noticiais de hum preto morto, outro doente, outro rebelde, outro que deixou corromper os pés de bichos, por preguiça e ainda para desgostar o seu senhor". Sobre as condições de produção e trabalho no Maranhão da era colonial veja-se o *Compêndio histórico-político dos princípios da lavoura do Maranhão* etc. (Paris, MDCCCXVIII), de Raimundo José de Sousa Gayozo, obra hoje raríssima que nos foi possível consultar graças à gentileza do diretor da Biblioteca Nacional, Sr. Josué Montelo, que a obteve de outra biblioteca por empréstimo.

21. Melo Morais, *O Brasil social e político*, cit., I, p. 20. Veja-se do mesmo autor *Corographia historica, chronologica, genealogica, nobiliaria e política do Brasil*, Rio de Janeiro, 1863, V, p. 320.

22. Padre Miguel do Sacramento Lopes Gama, *O Carapuceiro*, no 4, Recife, 1839.

II O engenho e a praça; a casa e a rua

A praça venceu o engenho, mas aos poucos. Quase sempre respeitando nos vencidos umas tantas virtudes e gabolices; procurando imitá-las; às vezes até romantizando-as e exagerando-as nessa imitação de "inferiores" por "superiores". Outras vezes troçando do matuto rico, do fazendeiro opulento mas atrasado nos seus modos de falar e nas suas modas de vestir-se, do senhor de engenho fanfarrão e até quixotesco, de toda a "gente do matto", de todo o roceiro de "serra acima". Destacando-lhe os vícios de linguagem, os atrasos de cinquenta, cem anos em estilos de habitação e de meios de transporte, os ridículos de moral e de etiqueta também atrasada um século, dois, às vezes três. Porque esses atrasos variavam de região para região, dando ao país variedade pitoresca, mas às vezes dramática, de estilos e estágios de cultura. Variavam de região para região como de sexo para sexo, de raça para raça, de classe para classe.

Quando no capítulo anterior procuramos salientar o declínio do patriarcado rural, principalmente em Pernambuco e na Bahia, onde desde o século XVI se consolidara na casa-grande de engenho ou de fazenda, dominando daí a paisagem do Brasil colonial, foi pretendendo fixar apenas a tendência mais saliente; e não sustentando que o domínio da casa-grande de engenho tivesse sido até então absoluto.

O paulista, por exemplo, figura que dramatizou como nenhuma a paisagem sertaneja dos primeiros dois séculos de colonização, imprimindo-lhe traços profundos de sua ação criadora, a casa que ligou a essa paisagem não foi a grande e estável, de pedra e cal, mas a palhoça quase de caboclo, o casebre quase de cigano, o mucambo quase de negro, que só nos fins do século XVIII, época de relativa sedentariedade para aqueles nômades, se europeizaria na habitação urbana de taipa, "isto he" – explica Casal – "de terra" e "branqueada com tabatinga".[1]

Em 1720, em carta a Bartolomeu de Sousa Mexia, o conde de Assumar, queixando-se de Domingos Rodrigues do Prado "natural da comarca de São Paulo, homem revoltoso e regullo", informava que decidira povoar Pitangui de reinóis, que explorassem melhor as minas, pois era lugar até então habitado por Paulistas "cujas habitações sempre tem pouca forma, porque a sua vida e a natural propensão que tem de andarem pelos mattos, faz que as suas povoações não sejam persistentes...".[2]

Em um país da extensão do nosso e com tão acentuada diversidade não tanto de clima, nem de técnica de produção e de trabalho – aliás a de trabalho foi quase a mesma: a escravidão, primeiro do índio e depois do negro – mas de contatos com outros povos e com outras culturas – contatos tão desiguais, durante o período da formação brasileira – só podia ter variado, como variou, de região para região, o processo de integração social ou nacional. Integração ainda hoje incompleta.

É que a diferenciação, intensíssima em uns pontos, em outros foi quase nenhuma. Quase nenhuma mesmo através da segunda metade do século XIX.

Só depois de bem iniciado o século XVIII é que na área mineira foram-se radicando, em número considerável, famílias ao solo. Até então a zona do ouro se achava salpicada menos de vilas e de casas de fazenda do que de bandos de aventureiros sem lugar fixo de atividade nem organização cristã de família. Bandeiras. Arraiais movediços, atrás de minas e de escravos. Burgos cenográficos que desapareciam e reapareciam como se fossem cenários de teatro de feira.

Compreende-se não se ter desenvolvido ou generalizado entre gente tão móvel nenhum tipo de habitação sólida ou senhoril, contentando-se os colonos aventureiros com a palhoça, a casa de barro, o casebre; com um gênero de vida, de habitação e de alimentação próximo do indígena; com a técnica de transporte, de pesca, de caça e até de lavoura, da gente nativa. Seus contatos de cultura com a Europa quase que se interrompiam de todo à proporção que se distanciavam do litoral; iam-se amortecendo, rareando, para se avivarem os contatos com a cultura indígena.

E esses aventureiros de palhoça ou de casa de barro, deve-se notar que eram em grande parte solteirões; mais fáceis, portanto, de se dissolverem em nômades. "Solteirões" – informava D. Lourenço de Almeida em carta a el-Rei, que já compreendera a conveniência política dos seus colonos tomarem "estado de casados" e se estabelecerem "com suas famílias reguladas". Porque "por este modo ficarão mais obedientes ás Minhas reaes ordens, e os filhos que tiverem do matrimonio os farão ainda mais obedientes, e vos ordeno me informeis se será conveniente mandar eu que só os casados possam entrar na governança das camaras das villas, e se haverá sufficiente numero de casados para se poder praticar esta ordem...". Reparava D. Lourenço: "[...] e mostra a experiencia nos poucos casados que ha nestas terras, que são muito mayores trabalhadores em desentranharem ouro da terra, que estes solteirões que só lhes leva o tempo a se occuparem em extravagancias [...]".³

No que talvez houvesse injustiça, e grande, aos solteirões, da parte de D. Lourenço. Eles descobriram minas, romperam o mato virgem, abriram caminhos, tendo sido provavelmente mais eficientes que os casados nessa fase de colonização quase militar. É claro que para uma época de vida mais fácil, tudo pacificado, só faltando mesmo explorar as minas, burocratizar o trabalho, regularizar e cristianizar as relações entre os sexos, esses românticos tornaram-se figuras incômodas e arcaicas; figuras angulosas, ajeitando-se mal a uma sociedade de gente arredondada pela sedentariedade e pela paz. A não ser que se casassem – como fez em Pernambuco Jerônimo de Albuquerque, depois de muitos anos de vida solta, libertina mesmo, mas nem por isto inútil.

Não é preciso negar-se ao solteiro nômade todo o valor, para reconhecer se a importância enorme do casado e sobretudo da mulher-matrix, da mulher estável e mãe de família em nossa formação.

Sem essa figura quase matriarcal de mulher-matrix, não se imagina a casa-grande de engenho que foi o centro da nossa integração social.

O tipo nobre de casa que ficou se chamando "casa-grande" desenvolveu-se na região dos engenhos de cana; e menos em torno da figura do homem, que do vulto gordo da matrona portuguesa do século XVI. As Das. Brites, as Das. Genebras, as Das. Franciscas, as Das. Teresas, as Das. Marias. Mulheres casadas que acompanharam os maridos ao Brasil.

Onde elas se instalaram, gordas e pesadonas, com seus conhecimentos de coisas de cozinha e de higiene da casa, com seus modos europeus e cristãos de tratar de menino e de gente doente, pode-se afirmar que aí a civilização europeia aprofundou-se mais e fixou-se melhor. As iaiás foram sempre as estabilizadoras de civilização europeia no Brasil.

De onde, em grande parte, a diferença regional de estilos de vida na América portuguesa: a maior predominância de padrões europeus de cultura, nos pontos de colonização por homens casados; e menor, naquelas regiões colonizadas por homens, em sua maioria, solteiros, ou simplesmente amasiados com caboclas da terra.

O príncipe Maximiliano, viajando em princípios do século XIX pelo interior do Brasil, encontrou em São Salvador dos Campos dos Goitacases, fazendeiros ricos, vivendo a mesma vida relassa que no século XVII. Homens de enviar para a cidade próxima tropas e mais tropas cheias de produtos, donos de mil, mil e quinhentas cabeças de gado, morando em casebres inferiores aos dos camponeses alemães mais pobres.[1] Casas térreas de barro e nem ao menos caiadas. Verdadeiros mucambos. Faltava talvez, a esses colonos, a ação da mulher portuguesa, no sentido da maior dignidade moral e do maior conforto físico da casa, do móvel, da vida doméstica.

Em São Vicente, no recôncavo da Bahia, em Pernambuco – os pontos de colonização portuguesa do Brasil que mais rapidamente se policiaram – a presença da mulher europeia é que tornou possível a aristocratização da vida e da casa. E com esta, a relativa estabilização de uma economia que tendo sido patriarcal nos seus principais característicos, não deixou de ter alguma coisa de "matriarcal": o maternalismo criador que desde o primeiro século de colonização reponta como um dos traços característicos da formação do Brasil.

No fim do século XVI, o padre Cardim se admirava de encontrar em Pernambuco "grandes senhoras". E os homens e as mulheres vestindo-se pelos mesmos estilos que em Lisboa; banqueteando-se com as iguarias e os vinhos de Portugal; dormindo em camas forradas de seda que nem os príncipes e as princesas do Reino.[5]

Senhores de engenho morando em casas isoladas, reuniam-se, entretanto, os colonos em Olinda para suas festas de igreja e de casamentos, suas cavalhadas, seus jogos, suas danças, suas representações de comédias, seus recitativos. Aí não tardou a aparecer o primeiro poema inspirado pela paisagem brasileira, ainda que escrito, talvez, por judeus; e onde vem exaltada a figura da mulher do donatário: "*Dona Beatriz preclara e excellente*". Mulher que foi o primeiro indivíduo do sexo chamado frágil a governar capitania ou província na América, embora o fizesse não como matriarca mas em substituição ao patriarca ausente ou enfermo.

A presença da mulher europeia em maior número é talvez o elemento mais vivamente responsável pelo fato de se ter desenvolvido desde o século XVI em Pernambuco, na Bahia, em São Vicente e, mais tarde, em Minas Gerais, no Maranhão, no Pará, em Santa Catarina, no Rio Grande do Sul, um tipo de habitação mais nobre que em outros pontos de colonização portuguesa e espanhola na América. Esse tipo de habitação tendo a princípio se especializado na casa-grande de engenho, depois se requintou na casa-grande assobradada, de cidade. A arquitetura de residência elegante e o estilo de vida doméstica a ela correspondente se acham ligados, na formação brasileira, ao maior domínio da mulher portuguesa sobre a vida colonial.

O patriarcalismo brasileiro, vindo dos engenhos para os sobrados, não se entregou logo à rua; por muito tempo foram quase inimigos, o sobrado e a rua. E a maior luta foi a travada em torno da mulher por quem a rua ansiava, mas a quem o *pater famílias* do sobrado procurou conservar o mais possível trancada na camarinha e entre as molecas, como nos engenhos; sem que ela saísse nem para fazer compras. Só para a missa. Só nas quatro festas do ano – e mesmo então, dentro dos palanquins, mais tarde de carro fechado.

De modo que a vida da moça de sobrado era dentro de casa, entretendo-se com a fala dos papagaios dizendo-lhe "Meu bem", "Meu amor", "Iaiá", "Sinhá", "Dondon", na falta de voz grossa de homem que lhe acariciasse os ouvidos; com afagos de saguim e de macaco, na ausência de mãos fortes de varão que agradassem as suas. E com cafunés afrodisíacos de mucamas na sua cabeça de moça que às vezes talvez se imaginasse "moura-encantada" das histórias contadas pela negras velhas, com algum encanto escondido nos cabelos.

As lojas mandavam aos sobrados seus chapéus de abrir e fechar, suas botininhas de duraque, suas fitas, seus "pentes de marfim para desembaraçar e tirar piolhos", suas travessas, seus filós, seus cetins; e a moça escolhia à vontade, muitas vezes, talvez, espalhando, como em cidades do interior quase nos nossos dias, as amostras pela esteira ou por cima do sofá, e ela, de cabeção e saia de baixo, o cabelo solto, rodeada de negras, feliz como uma menina doente entre brinquedos espalhados na cama.

Quando não se mandavam vir mercadorias da loja, chamava-se o mascate. Os baús de flandres cor-de-rosa e as caixas de papelão dos mascates – a princípio, homens do Oriente e portugueses, chamados "marinheiros",[6] depois, europeus de outras origens, inclusive judeus da Alsácia, quase todos armados de varas de medir pano que eram verdadeiras matracas a quebrarem o silêncio das ruas – se escancaravam diante dos olhos gulosos das mulheres dos sobrados. De dentro dos baús começavam a derramar-se pelas mesas de jantar de jacarandá ou pelas esteiras de piripiri tanto cetim, tanta fita, tanto pano bonito, tanto frasco de cheiro, às vezes até vestidos já feitos, que era uma festa nas casas tristonhas.

Esses mascates iam também pelas casas-grandes de engenho, os baús carregados a mula. D'Assier não pôde deixar de contrastar a importância do mascate, no interior do Brasil – quase um lorde, hospedando-se nos engenhos e andando de burro ou de mula – com o "*colporteur*" dos Alpes e dos Pireneus, que carregava seu bauzinho às costas, subindo e descendo humildemente ladeiras.[7] Mas no Brasil escravocrático tinham esse ar importante os barbeiros, os ferreiros, os carpinteiros, os pintores de parede, todos donos de escravos que lhes carregavam as ferramentas e lhes preparavam as tintas: os senhores quase não sujavam os dedos; andavam de chapéu de três bicos e de sobrecasaca. Até os mendigos, notaram alguns estrangeiros que tinham modos de fidalgos; alguns pediam esmola de rede, nos ombros de dois escravos. Outros a cavalo.

No interior, os mascates – muitos deles repita-se que judeus da Alsácia e do Reno depois de terem sido homens do Oriente e do Minho – continuaram no século XIX a praticar espertezas que nem as daqueles mercadores a pé do século XVI que escandalizavam o autor dos *Diálogos*. As matutas deixavam-se engabelar pelos mascates ruivos. Precisamente o meado do século XIX foi a idade de ouro desses novos mascates. Lucros de 100%. Ou mais. Às vezes lucros monstruosos. Anéis comprados na Europa por 100 francos eram vendidos a senhores de engenho por 800$000, pagos à vista. A crédito, o senhor de engenho assinava uma letrinha de 1:000$000, isto é, 2.500 francos; e ainda por cima, hospedava o judeu. Uns mascates se especializavam em vender joia; outros, franceses, em frascos de cheiro; os italianos, em imagens de santo para as capelas das casas-grandes, para os oratórios dos sobrados.[8] Em algumas regiões, a boca do povo os foi chamando "gringos", ou por serem alourados como os ingleses ou por se parecerem, nos modos, com os ciganos – outros que, desde dias remotos, foram denominados "gringos" no Brasil.[9]

Com todas as suas espertezas e até gatunices, esses mascates tiveram sua função útil junto a um sexo recalcado, cuja vida eles de algum modo alegravam com suas joias, suas fazendas, seus vidros de perfume, seus santo-antoninhos de faces cor-de-rosa que as iaiás solteironas "trocavam" às vezes por enormes rolos de renda fina feita em casa por elas e por suas molecas. Esses santo-antônios bonitinhos ficavam então o objeto de uma devoção intensa e, em certos casos, de práticas de fetichismo sexual, recordadas pela tradição oral.

Mas não eram só os mascates que quebravam a rotina da vida nas casas-grandes e nos sobrados da aristocracia das cidades, levando para o interior desses quase conventos um pouco do ruído da rua e das novidades da praça. Também as pretas chamadas boceteiras e as quitandeiras que iam vender bico e doce às iaiás. Diz-se que algumas dessas boceteiras traziam recados de namorados para as meninas; as mais velhas parece que se especializavam em contar em uma casa o que tinham ouvido na outra, armando às vezes intrigas e fazendo circular enredos e mexericos. O padre Lopes Gama diz que conhecera "uma matronaça" que era toda denguices com as tais boceteiras. Era chegar negra em casa com seus baús ou suas latas e a sinhá-dona a fazer-lhe perguntas: "adiante de suas próprias filhas indagava com a maior meudeza da vida de seus senhores, e de suas senhoras moças, pretendendo saber com quem estas se namoravão, que homens frequentavão as casas, &c &c". O que o padre-mestre achava uma "indigna curiosidade".[10]

Mas que haviam de fazer as senhoras de sobrado, às vezes mais sós e mais isoladas que as iaiás dos engenhos? Quase que só lhes permitiam uma iniciativa: inventar comida. O mais tinha de ser o rame-rame da vida de mulher patriarcal.

Várias inventaram comidas, doces, conservas com os frutos e as raízes da terra. Os filhós de mandioca "saborosos, sadios e de boa digestão", "mantimento que se usa entre gente de primor", quem os inventou foi a mulher portuguesa: "o que foi inventado pelas mulheres portuguesas que o gentio não usava delles",[11] diz Gabriel Soares, senhor de engenho do século XVI. O processo – o velho processo português do filhó de que falam as crônicas mais antigas de Portugal; o novo elemento, o que a terra bruta dos índios apresentava de mais caracteristicamente seu – a mandioca.

E não só a mandioca; também o caju foi europeizado pela senhora de engenho em doce, em vinho, em licor, em remédio. Da castanha ela não tardou a fazer "todas as conservas doces que costumavam fazer com as amendoas, o que tem graça, na suavidade e no sabor", informa o senhor de engenho regalão. Do sumo "de bom cheiro e saboroso" do caju, o vinho adocicado que se tornou o vinho oficial das casas-grandes: quase o símbolo de sua hospitalidade. E o licor e o refresco. Da polpa, fez doces de calda, doces secos, conservas, além dos cajus doces que Gabriel Soares tanto recomendava, "para se comerem logo cosidos no assucar cobertos de canella não tem preço". E ainda se utilizou a senhora da casa-grande do caju para lavar a boca de manhã: "por fazer bom bafo a quem os come...".[12] Tudo isso foi, no Brasil, arte da mulher com as sobras do açúcar que o marido fabricava no engenho, com as frutas que os colomis e mais tarde os molequinhos apanhavam pelo mato, pelo sítio, pelo quintal.

E não foram só filhós de mandioca, cuscuz de mandioca, doces e vinhos de caju; também a banana comprida "cosida no assucar com canella"; cará cozido com carne; bolos de milho com ovos, açúcar e pão; milho quebrado e pisado no pilão para se comer com caldo de carne, de peixe e de galinha – pirão "mais saboroso que o arroz",[13] diz-nos Gabriel Soares, que deve ter sido o senhor de engenho mais glutão do seu tempo. O milho, as senhoras de engenho conservavam em fumo, "para se não danar": durava assim de ano a ano. Nas casas-grandes e nos primeiros sobrados, o fumo fez as vezes do gelo, para a conservação de certos elementos de que as donas de casa se utilizavam o ano inteiro, no preparo de doces e quitutes.

O mesmo que com o caju, a banana e o cará se terá dado com o jenipapo, com o araçá, com o mamão, com a goiaba, com o maracujá, com o marmelo; mais tarde com a manga, com a jaca, a fruta-pão, o coco-da-índia – frutas que misturadas com mel de engenho, com açúcar, com canela, com cravo, com castanha, tornaram-se doce de calda, conserva, sabongo, marmelada, geleia, enriquecendo de uma variedade de sabores novos e tropicais a sobremesa das casas-grandes de engenho e dos sobrados burgueses; e chegando a ir em latas e caixas ao próprio Portugal. Parece que mesmo a palavra marmelada, hoje tão comum no vocabulário inglês, é brasileirismo.

Nos sobrados e nas próprias casas-grandes de sítio, ou assobradadas, de subúrbio, a cozinha não teve a mesma importância que nas casas de engenho; nem a mesa, a mesma extensão de mesa de convento das casas maiores de engenho, onde se sentava para almoçar, para jantar, para cear quem aparecesse. Viajantes e mascates, além dos compadres que nunca faltavam, dos papa-pirões, dos parentes pobres, do administrador, do feitor, do capelão, dos vaqueiros, das visitas de passar o dia: famílias inteiras que vinham de outros engenhos em carro de boi. Eram mesas de jacarandá às vezes de seis, oito metros de comprido como a que ainda conhecemos na casa-grande – vasto sobrado rural – do engenho Noruega.

Não que nas casas-grandes de sítio e nos sobrados a mesa de jantar, também quase sempre de jacarandá (que ficou a madeira nobre das casas-grandes como das igrejas, das cômodas patriarcais como das cômodas das sacristias), não fosse também grande, comprida, para se sentarem em volta dela famílias enormes. O pai, a mãe, os filhos, os netos, os parentes, as visitas de passar o dia, os hóspedes, os compadres do interior. Mesas de cinco x dois metros. Mas, nas cidades e nos subúrbios, a vida era, em certo sentido, mais retraída e menos exposta aos hóspedes que nos engenhos. Nos engenhos as leis de nobreza à brasileira obrigavam a se receber o viajante a qualquer hora com bacia de prata, com toalha de linho, um lugar na mesa, uma cama ou uma rede para dormir. Tudo trabalho que as mucamas faziam com mãos de anjo; mas dirigidas pela senhora de engenho ou pela dona da casa que raramente aparecia a quem não fosse parente próximo pelo sangue ou pelo compadrio. Instituição brasileira – o compadrio – que não teve ainda o estudo merecido.

A senhora de engenho quase nunca aparecia aos estranhos, é verdade; era entrar homem estranho em casa e ouvia-se logo o ruge--ruge de saias de mulher fugindo, o barulho de moças de chinelo sem meia se escondendo pelos quartos ou subindo as escadas. O que se dava tanto nos sobrados das cidades como nos engenhos. Nos princípios do século XIX, São Paulo já capital de certa importância, com alguns sobrados, sucursal do Banco do Brasil, teatro, boas chácaras, lojas tão bem sortidas quanto as da Corte – suas senhoras não apareciam às visitas. Do mesmo modo que no interior de Minas, as mulheres da cidade de São Paulo desapareciam, ao se anunciar visita de homem, nas sombras da camarinha ou entre as plantas ou as palmas dos jardins – os jardins por detrás das salas ou no centro das casas, que eram também lugares tabus, lugares da maior intimidade, onde as mulheres podiam tomar fresco sem ser vistas da rua ou por estranhos.

Saint-Hilaire queixa-se quase amargo de não ter visto senhoras nas casas de São Paulo; de ninguém o haver convidado para jantar. Indo certo dia à casa de um aristocrata da cidade, encontrou-o quase à mesa e foi convidado para jantar; mas nem a mulher nem filha nenhuma apareceram. Em Vila Rica fora a um baile no palácio de D. Manuel de Castro e Portugal e aí dançara com mais de uma senhora ilustre. Mas durante todo o tempo que passou na cidade mineira não tornou a ver uma só das senhoras com quem dançara no baile do fidalgo. Visitou os maridos de muitas, mas nunca lhe aparecia a dona da casa.[14] Tollenare, no Recife, nos princípios do século XIX[15] teve a mesma experiência que Saint-Hilaire nas cidades do Sul: foi ele entrar na casa de certo morador da cidade, pessoa de importância, e as mulheres se sumiram como mouras-encantadas. Mas deixando bordados e trabalhos de agulha sobre a mesa. Saint-Hilaire, no sobrado do Alferes Machado, em São Nicolau, foi mais feliz: pôde ver as moças da casa fiando algodão e fazendo renda. Sinal de que nem todas passavam o dia inteiro de cabelo solto, a cabeça bamba no colo de alguma mucama perita no cafuné.

Foi no Rio de Janeiro, Corte, primeiro dos vicerreis, depois do regente e do rei, e finalmente do imperador, que a mulher começou a aparecer aos estranhos. Mas aos poucos. Em 1832 um viajante ainda se queixava das casas de "muros altos, janellas pequenas e portas ainda mais estreitas" onde um estrangeiro dificilmente conseguiria penetrar porque "lá dentro imperavam maridos ciumentos e brutaes".[16] Maria Graham notara, alguns anos antes, que moça solteira nem às festas de casamento comparecia.[17] E o comandante La Salle debalde procurou mulheres da sociedade nos passeios públicos e nas ruas do Rio de Janeiro.[18] Elas principiaram a aparecer de rosto descoberto nos bailes e nos teatros.

Nas ruas só se encontravam as escravas negras e as mulatas com quem às vezes, de noite, os velhotes do Recife namoravam, na ponte da Boa Vista. La Salle diz que também os homens pouco saíam de casa. No Rio de Janeiro dessa época talvez saíssem pouco: no Recife como em São Luís do Maranhão é tradição que viviam quase a tarde inteira na rua. No Recife, namorando com as mulatas, falando do governo e da vida alheia sentados nos bancos das pontes, combinando pacatamente negócios debaixo das gameleiras de cais. Às vezes negócios importantes: transações de contos de réis. Os burgueses de sobrado foram naquelas cidades do norte do Brasil homens de praça ou de rua como, outrora, os gregos, da ágora, ao contrário dos do Rio de Janeiro e da Bahia que raramente deixavam o interior dos sobrados. Pensando decerto nestes é que escrevia em 1855 o médico Lima Santos nos seus "Conselhos Hygienicos" transcritos pelo *Diário de Pernambuco* de 18 de agosto:

"De facto: os Brasileiros, quer sejam por natureza, quer pelo clima, he de observação, que não fazem exercicio sufficiente ao desenvolvimento de sua energia physica, e espiritual; mettidos em casa, e sentados a mor parte do tempo, e entregues a uma vida inteiramente sedentaria não tardam que não caiam em um estado de preguiça mortal. Verdade he que o grande luxo da terra – um dos signaes de fidalguia, de grandeza e de grande distincção – he, o sahir á rua o menos possivel, ser o menos visto possivel e se confundir o menos possivel com essa parte da população que os *grandes* chamam povo, e que tanto abominam. Bem certo, que não fallamos em geral; muitos não terão essa miseravel *monomania*, sobre tudo em certas provincias como, por exemplo, na de Pernambuco; mas em certas outras provincias, na Bahia, por exemplo, uma grande parte de homem (não fallamos nas Sr.ᵃˢ porque essas vivem como aves nocturnas, que só apparecem com as trevas) não só não sahem ás ruas por inercia, como por distincção e gravidade. Estes exemplos são nocivos e tristes, e delles o homem de senso deve fugir para não condemnar o seu corpo, e á sua vida a um habito tão abominavel. Para que se fuja pois destes inconvenientes que trazem a queda do corpo, que afugentam as forças e a energia, he mister uma vontade forte, e que resistindo ao clima e ao calor, despreze os habitos maus e os maus exemplos, promovendo um exercicio necessario, moderado e regulado por uma boa hygiene; pois que a energia moral sempre foi de um grande recurso para que sahia-se victoriosamente da lucta travada com o clima de um paiz quente e os habitos da molleza." E concluía o higienista do meado do século XIX:

"Debaixo do ponto de vista da hygiene geral, o Brasil deve confessar-se, ha vinte cinco annos tem feito algum progresso, mas isto só se observa nas grandes cidades; sendo para lamentar que o systema de encanamento esteja ainda no maior atrazo possivel, quando delle dependeria a hygiene das cidades. A hygiene privada, esta sim, tem-se conservado em grande atrazo".

Noite de escuro, é que sair de casa, nas cidades brasileiras dos princípios do século XIX, tinha seu quê de aventura. Tudo escuro; becos estreitos; poças de lama; "tigres" estourados no meio da rua; bicho morto. Na Bahia, em Vila Rica, em Olinda, ladeiras por onde o pé escorregando em alguma casca de fruta podre, a pessoa corria o risco de ir espapaçar-se nas pedras e até perder-se em despenhadeiros. De modo que o prudente era sair-se com um escravo, levando uma luz de azeite de peixe que alumiasse o caminho, a rua esburacada, o beco sujo.

As ruas, parece que tiveram nas cidades mais antigas do Brasil seu vago caráter sindicalista ou medievalista, em umas se achando estabelecidos, se não exclusivamente, de preferência, certa ordem de mecânicos, em outras, os negociantes de certo gênero – carne ou peixe, por exemplo. Ou de certa procedência: judeus ou ciganos.

Os nomes mais antigos de ruas acusam sobrevivência, no Brasil, do sindicalismo ou do medievalismo das cidades portuguesas. Rua dos Toneleiros. Beco dos Ferreiros. Rua dos Pescadores. Rua dos Judeus. Rua dos Ourives. Rua dos Ciganos.

A localização de ofícios e atividades industriais e comerciais obedecia principalmente a preocupações de urbanismo; mas também a de higiene. Com essas preocupações é que a Câmara Municipal do Recife, nos primeiros anos do Império, limitava à rua da Praia a venda de carnes salgadas e peixes secos; é que a Câmara Municipal de Olinda proibia que se lavasse roupa ou qualquer coisa imunda nas Bicas Poço do Conselho, Baldo e Varadouro, desde o lugar do Pisa, sob pena de 2$000 ou 4 dias de prisão, obrigando ao mesmo tempo a indústria de peles a só deitar couros de animais para enxugar, à praia de São Francisco e continuação pelo muro de São Bento; é que a Câmara Municipal de Salvador proibia fábricas de curtir couros, salgá-los e fazer cola na cidade e povoados do seu termo.[19]

A cidade, com todas as suas deficiências de higiene, foi se tornando superior às zonas rurais, se não no saneamento das casas, em certas medidas de profilaxia e em uns tantos recursos médicos, de modo a poder socorrer aos moradores de engenhos, de fazendas e de povoações do interior, quando atingidos pela bexiga e por outras doenças devastadoras. Os líricos da vida rural não têm o direito de acusar as nossas cidades do século XIX de focos de epidemias e de inocentar os engenhos, as fazendas, os povoados do interior, onde às vezes se expandiram as doenças mais terríveis – a bexiga e a peste bubônica, por exemplo – mais bem combatidas nas cidades.

Foi a cidade que, aliada à Igreja, desenvolveu entre nós não só a assistência social, representada pelos hospitais, pelos hospícios, pelas casas de expostos, pelas santas-casas, pelas atividades das Ordens Terceiras e confrarias, como a medicina pública, geralmente desprezada pela família patriarcal. Esta se revelou também desdenhosa das boas estradas, cujo desenvolvimento o esforço reunido de vários grandes proprietários poderia ter realizado, não se limitasse a economia patriarcal a produzir quase exclusivamente para o seu próprio consumo, desinteressando-se dos meios de expansão dos produtos ou de intercomunicação das pessoas; contentando-se com simples caminhos para o escoamento, durante alguns meses, do seu açúcar ou do seu café. Este fato, mais do que o empenho político dos capitães-mores, nos tempos coloniais, em dificultar a solidariedade entre os colonos, nos parece explicar o vagaroso desenvolvimento das comunicações no Brasil. O patriarcalismo mesmo, criando economias autônomas, ou quase autônomas, aguçando o individualismo dos proprietários e o privativismo das famílias, enfraqueceu na gente das casas-grandes o desejo de solidariedade – ainda hoje tão fraco no brasileiro de origem rural, quase que sensível apenas ao parentesco próximo e à identidade da religião.[20] Quando em 1822 – no *Diário do Rio de Janeiro* de 6 de março daquele ano – os moradores de Maruí rogavam aos "Senhores herdeiros da chacara do Murundu" que derribassem o mato e limpassem a parte da estrada que estava nas suas terras, "afim de que haja livre tranzito a todos os moradores daquelle lugar pois que se acha intranzitavel não só pelas crescidas e copadas arvores e espinhos como ainda pelas emboscadas que amplamente offerece aos malfazejos dezertores e escravos fugidos", por eles falavam centenas, milhares, de outros moradores de cidades, vilas, povoados, prejudicados em seus interesses de intercomunicação de pessoas e de produtos pelo privativismo das grandes famílias patriarcais, donas de engenhos, fazendas e chácaras e indiferentes àqueles interesses.

Tanto que, excetuada a confraria católica, foi no escravo negro que mais ostensivamente desabrochou no Brasil o sentido de solidariedade mais largo que o de família sob a forma de sentimento de raça e, ao mesmo tempo, de classe: a capacidade de associação sobre base francamente cooperativista e com um sentido fraternalmente étnico e militantemente defensivo dos direitos do trabalhador. Para não falar na forma quase socialista de vida e de trabalho que tomou a organização dos negros concentrados nos mucambos de Palmares. Mais do que simples revolta de escravos fugidos, essa república de mucambos ou palhoças parece ter sido verdadeiro esforço de independência baseado no prolongamento de um tipo parassocialista de cultura, inclusive de economia, em oposição ao sistema patriarcal e de monocultura latifundiária, então dominante.

Os negros reunidos nos Palmares sob uma ditadura parassocialista, que, segundo os cronistas,[21] fazia recolher ao celeiro comum as colheitas, o produto do trabalho nas roças, nos currais, nos moinhos, para realizar-se então, em plena rua, na praça, a distribuição de víveres entre os vários moradores dos mucambos, puderam resistir durante meio século aos ataques do patriarcalismo dos senhores de engenhos, aliados aos capitães-mores. O sistema socialista de vida, organizado pelos ex-escravos em Palmares, pôde resistir à economia patriarcal e escravocrática, então em toda a sua glória. Viu-se uma cidade de mucambos de palha erguer-se sozinha, do meio do mato, contra as casas-grandes e os sobrados de pedra e cal de todo o norte do Brasil. E só dificilmente as casas-grandes, os sobrados e o governo colonial conseguiram esmagar a cidade de mucambos.

Foi a primeira cidade a levantar-se contra o engenho – essa cidade parassocialista de negros; do mesmo modo que foi em sua técnica de exploração da terra um esboço de policultura em contraste com a monocultura predominante nos latifúndios dos senhores brancos. Por conseguinte, a primeira reação de pluralidade ou diversidade de produção contra o regime mórbido de sacrificar-se a cultura de víveres à produção de um só produto, e este de exportação; de sacrificar-se a concentração das populações à sua disseminação por latifúndios improdutivos de outro artigo se não o destinado a mercados estrangeiros ou remotos.

Outro exemplo de sentido cooperativista deram os negros em Ouro Preto, organizando-se sistematicamente para fins de alforria e de vida independente. Um historiador mineiro enxerga no fato a antecipação de socialismo cristão entre nós.[22] Chefiados pelo preto de nome Francisco, grande número de escravos das minas de Ouro Preto foram se alforriando, pelo trabalho, primeiro do velho, que forrou o filho, depois do pai e filho reunidos, que forraram um estranho, seguindo-se, por esse processo, a libertação de dezenas de negros. E os negros forros, operários da indústria do ouro, terminaram donos da mina da Encardideira ou Palácio Velho.

O caráter de socialismo cristão que Diogo de Vasconcelos vê nesse esforço admirável de cooperação prende-se antes à forma que à essência da organização dos negros forros de Ouro Preto: esta seria religiosa, mas não católica. Os negros reuniram-se que nem os negociantes e artífices brancos, em uma irmandade: a de Santa Ifigênia. E levantaram uma igreja – a do Rosário. Aí, Dia de Reis, celebravam com muita assuada sua festa, antes africana do que católica, presidida pelo velho chefe vestido de rei. Ouviam missa cantada, é certo; mas o principal eram as danças, aos sons de instrumentos africanos. Danças de rua, defronte da igreja. Danças de negro. Como muito antes do professor Nina Rodrigues, observou Mansfield, os pretos no Brasil, em vez de adotarem os santos católicos, esquecendo ou abandonando os seus, substituíram os africanos pelos portugueses, exagerando pontos de semelhança e conservando reminiscências dos africanos.[23] Às vezes quase criando novos santos com elementos das duas tradições religiosas. Uns como santos mestiços, pode-se dizer.

Era o que dava brilho ou ruído de festa às ruas das antigas cidades do Brasil: a religião. A religião dos pretos com suas danças; a dos brancos, com suas procissões e suas semanas santas.

Vinha gente rica dos engenhos e das fazendas acompanhar as procissões pelas ruas das cidades episcopais. Gente vestida de preto e de roxo. Senhoras gordas que só faziam assistir das varandas dos sobrados à passagem do Senhor Morto. Outras que acompanhavam o andor com vestidos do tempo dos Afonsinhos. Também os sobrados, as casas assobradadas, as casas térreas deviam enfeitar-se para as procissões; e não apenas as pessoas. Em 1825 vê-se por aviso publicado no *Diário do Rio de Janeiro* de 18 de janeiro, que o Senado da Câmara do Rio de Janeiro dirigia-se aos moradores da cidade para que, nas ruas por onde devia passar a procissão de São Sebastião, "mandassem cair as frentes das casas e ornal-as de cortinados, aciando as ruas nas suas testadas com arêa e folhas."

Desfilavam as irmandades, as confrarias, as Ordens Terceiras pelas ruas asseadas com areia e folhas e entre casas enfeitadas com colchas da Índia. Uma variedade de hábitos e de opas; banda de música; penitentes nus da cintura para cima, ferindo-se com cacos de vidros. Os andores dos santos e das santas. O governador; o bispo; os altos funcionários; os militares com as dragonas reluzindo. Algumas senhoras vestidas à última moda; outras arcaicamente, como já se notou. Na frente de tudo, o papa-angu com uma espécie de saco por cima do corpo, dois buracos à altura dos olhos, chicote na mão. E os moleques atirando-lhe pitomba.

Às vezes havia negro navalhado; moleque com os intestinos de fora que uma rede branca vinha buscar (as redes vermelhas eram para os feridos; as brancas para os mortos). Porque as procissões com banda de música tornaram-se o ponto de encontro dos *capoeiras*, curioso tipo de negro ou mulato de cidade, correspondendo ao dos *capangas* e *cabras* dos engenhos. O forte do capoeira era a navalha ou a faca de ponta; sua gabolice, a do pixaim penteado em trunfa, a da sandália na ponta do pé quase de dançarino e a do modo desengonçado de andar. A capoeiragem incluía, além disso, uma série de passos difíceis e de agilidades quase incríveis de corpo, nas quais o malandro de rua se iniciava como que maçonicamente. Voltaremos à figura do capoeira – tão típica das cidades do Brasil quanto a do capanga ou a do cabra, dos engenhos e das fazendas – em capítulo seguinte.

As festas de pátio de igreja e as procissões de rua, tornaram-se também ocasião de namoro; as "bandeiras de santo", quase um escândalo, as moças cantando quadras a São Gonçalo que aos ouvidos dos Lopes Gama soavam mal. Depois de dias tristíssimos, representação de cenas da Paixão, sermão em voz tremida, gente chorando alto com pena de Nosso Senhor, mulheres de preto, homens de luto fechado, a Semana Santa terminava em ceias alegres de peixe, de fritada de caranguejo, de caruru, vatapá, cioba cozida com pirão.

Alguns desses excessos deviam escandalizar a gente dos engenhos que vinha à cidade e voltava às casas-grandes cheia de impressões novas. Os olhos maravilhados de igrejas cheias de ouro e de prata. Maravilhados do ouro dos altares e da beleza dos santos.

Os que puderam conhecer a Capela Real do Rio de Janeiro no tempo do Senhor D. João VI devem ter guardado para sempre, no retiro tristonho das casas-grandes, a memória da tribuna real coberta de seda e franjada de ouro, donde o príncipe ouvia missa; a doçura dos sons do órgão tocado por mão de mestre europeu; da orquestra conduzida por Marcos Portugal. A acreditarmos em alguns cronistas, de tal modo se desenvolveu a música de igreja nas cidades do Brasil, que o Rio de Janeiro colonial chegou a dar-se ao luxo de ter seus *castrati*: seus cantores que envelheciam com voz de menino de coro para regalo dos volutuosos da boa música.

Quanto à música profana, também foi se desenvolvendo nos sobrados. Em 1820 quem passasse pelas ruas do Rio de Janeiro já ouvia, em vez de violão ou harpa,[21] muito piano, tocado pelas moças nas salas de visitas para o gozo único, exclusivo, dos brancos das casas-grandes; e em vez de modinhas, canções italianas e francesas. O padre Lopes

Gama observava em 1843 no seu *O Carapuceiro* (Recife), que, nos tempos coloniais, tocavam-se e cantavam-se no Brasil, não árias de Rossini ou Bellini ao piano, "porém modinhas a *duo* acompanhadas na citara ou na violla...". Modinhas como *A minha Nise adorada* ou *Chiquita, Chiquita, meu bem querer*, às quais se seguiram – ainda na primeira metade do século XIX – outras como *Os melindres de Sinhá, Vejo em teus olhos, Pega na lira sonora, Adeus, Maria, eu vou morrer*. Dentre as muitas que passam pelos anúncios de jornais da época, anotamos estas como típicas dos sentimentos dominantes.

Deve-se reparar que essas modinhas, por muito tempo expressões melífluas de idealização ou de romantização de figuras de mulher, foram-se tornando também, na primeira metade do século XIX, expressões de um brando começo de revolta das mulheres contra a inconstância de amor da parte dos homens. Revolta surpreendida em mulheres da época por compositores que procuravam fixar as diferentes ondas sentimentais em torno das relações entre os sexos; e não apenas aquelas idealizações já convencionais.

Como expressões dessas ondas sentimentais, às vezes contraditórias, são as modinhas material interessantíssimo para o pesquisador do passado brasileiro empenhado em interpretar diferenças de atitude em torno das relações entre os sexos na sociedade patriarcal. Inclusive, as diferenças de atitude dos homens com relação a tipos de mulher – louro, moreno, mulato, pálido, israelita; ou dengoso, fidalgo, meigo; ou, ainda, quanto à idade: a menina, apenas vestida de moça à maneira indiana ou oriental, idealizada por uns; ou a moça já feita, exaltada por outros, mais europeus ou burgueses nos seus sentimentos.

Wetherell recolheu à página 62 do seu livro sobre a Bahia – a Bahia que ele conheceu na primeira metade do século XIX – curiosa modinha onde timidamente se exprimia a revolta da mulher ao despotismo do homem, a princípio "cordeiro", depois "lobo matreiro". Outras ondas sentimentais se surpreendem nas modinhas brasileiras do século XIX, da coleção Almir de Andrade.

Também houve engenhos patriarcais com moleques, meninos de coro; com bandas de música; com pianos de cauda; com orquestras tocando *ouvertures* de ópera. Já no século XVI opulento senhor de engenho na Bahia tivera a sua orquestra de negros, dirigida por um marselhês. No século XIX, um missionário norte-americano que viajou pelo Brasil ficou espantado da música que ouviu na casa-grande do engenho Soledade, perto do Paraibuna, em Minas Gerais. A casa de um barão já do Império. Um sobrado grande e simpático. Quando o dono da casa lhe falou em mandar tocar uma musicazinha, o norte-americano pensou que seria alguma coisa rústica: "*a weezy plantation fiddle, a fife and a drum*". Engano. O som que o surpreendeu de tarde foi o de uma grande orquestra se afinando. Violino. Flauta. Trombone. Quando viu a orquestra – toda de negros; um sentado ao órgão; e um coro de molecotes, os papéis de solfa alvejando nas suas mãos pretas. Executaram o primeiro número: *ouverture* de uma ópera. O segundo: uma missa que os negrinhos cantaram em latim, *Stabat Mater*. A marcha de La Fayette.[25]

Mas essas casas-grandes requintadas, com negros tocando ópera e cantando em latim, não foram típicas de uma aristocracia rural que, isolando-se, cercando-se só de subordinados, fez sempre mais questão da quantidade que da qualidade dos seus títulos de grandeza: do número de seus pés de café e dos seus pés de cana; do número das suas cabeças de escravos e das suas cabeças de gado; do número das salas e dos quartos de suas casas-grandes. Isso é que, aos olhos da maioria dos brasileiros da era patriarcal ainda predominantemente rural, era grandeza. O senhor rural mais pervertido pelo isolamento, este desprezava tudo, pelo regalo de mandar sobre muitos escravos e de falar gritando com todo o mundo, tal a distância, não só social, como física, que o separava quase sempre das mulheres, dos filhos, dos negros, em casas vastas, com salas largas, onde quase nunca as pessoas estavam todas perto uma da outra; onde nas próprias mesas de jantar, de oito metros de comprido, era preciso que o senhor falasse senhorialmente alto para ser ouvido no fim da mesa quase de convento. Música, os senhores mais rústicos se contentavam com a dos passarinhos, espalhados em gaiolas pela casa toda, no corredor, na sala de jantar, no terraço. Muita casa de sítio tinha seu viveiro cheio de passarinho, debaixo das árvores. Em alguns sobrados de subúrbio, os passarinhos rústicos e os pianos mandados vir da Inglaterra devem ter entrado em conflito. Conflito da arte com a natureza que era também conflito da cidade com a roça. Veremos mais adiante que certos passarinhos, como certas plantas, tornaram-se características de sobrados nobres, do mesmo modo que pianos e mobílias de jacarandá.

Viajando pelo Brasil, no meado do século XIX, Mansfield já não se sentiu tão fora da Europa, em visita às casas-grandes, como cinquenta anos antes, seu compatriota Luccock. Tocava-se piano nessas casas. Algumas, assobradadas, de engenho, lhe recordaram casas de campo de terceira ordem da Inglaterra. E se em Caraúna, a dona da casa não desceu para jantar com as visitas, apareceu logo depois do jantar e ela é que serviu o chá aos ingleses. Meio-termo entre o velho estilo patriarcal do Brasil, da mulher não aparecer nunca aos estranhos, e o da Europa burguesa, dela presidir o jantar e participar da conversa dos homens.

Na casa do engenho Macujé (Pernambuco) Mansfield teria impressão ainda mais nítida de estar na Inglaterra e em pleno século XIX europeu. "O serviço desta casa é quase o mesmo das melhores casas de campo inglesas", reparou ele.[26] E a própria dona da casa, "senhora de mui belo caráter" e suas três filhas apareceram ao estrangeiro e participaram do jantar. Não era casa tão luxuosa como a de Caraúna. Talvez tivesse as mesmas escarradeiras, horríveis para um inglês, que Mansfield encontrou por todas as casas-grandes onde esteve no Brasil. Mas seu estilo de vida já não tinha o velho ranço muçulmano. Sentia-se em tudo um sabor mais europeu e até inglês que oriental. E as escarradeiras, a julgar pelas que aparecem nos anúncios de jornais da época, tinham sua dignidade: tal a que vem anunciada no *Diário do Rio de Janeiro* de 15 de novembro de 1821: "[...] huma cuspideira de prata de gosto antigo com sua tampa e aza". Cuspideiras fidalgas que passavam de uma geração a outra.

Como havemos de sugerir mais adiante, o contato com as modas inglesas, que se acentuou depois da chegada de D. João VI, influiria consideravelmente sobre os estilos de vida e até de arquitetura doméstica do Brasil, contribuindo para o gosto pelas chácaras cercadas de árvores, para o chá servido pela dona da casa, para a moda da cerveja e do pão, para a maior limpeza da rua e o melhor saneamento da casa. São aspectos da influência inglesa no Brasil que procuramos fixar com maior minúcia na série de ensaios iniciada com *Ingleses no Brasil*. Essa influência parece ter-se acentuado na primeira metade do século XIX, em Pernambuco, na Bahia e no Rio de Janeiro, antes de ter tomado relevo em São Paulo, em Minas Gerais e no Rio Grande do Sul, pelo fato de ter atraído então o inglês ao Brasil a riqueza daquela parte da população ou da sociedade patriarcal, enobrecida pelo açúcar.

Na segunda metade do século XIX, com a preponderância do café sobre o açúcar, as casas do Norte foram começando a perder em conforto e em luxo para as do Sul. As ruas da Corte, estas, desde D. João VI vinham se tornando as mais elegantes do Império. A do Ouvidor tornou-se a grande rua do luxo e das modas francesas. Mas sem que a casa deixasse de ser casa e a rua de ser rua: dois inimigos.

"Vende-se huma preta de bons costumes, muito agil para todo o serviço de huma casa, tem 16 annos de idade e sempre tem sido criada sem sahir á rua", dizia-se num anúncio publicado no *Diário do Rio de Janeiro*, de 28 de janeiro de 1821. Anúncio significativo: indica, com outros do mesmo sabor, a diferenciação profunda que se estabelecia entre escravo de casa – ou de sobrado – e escravo de rua. Diferenciação que se prolongou através de toda a primeira metade do século XIX. Já quase no meado do século, anunciavam-se servos para "todo o serviço de uma casa de portas a dentro", como no *Diário de Pernambuco* de 19 de fevereiro de 1842, do mesmo modo que se anunciavam outros para "vender na rua", como no mesmo *Diário* de 28 de outubro e, com menos rigor, no *Diário do Rio de Janeiro* da mesma época. Dois tipos nitidamente diferenciados de escravos: o que se conservava no serviço das casas, "de portas a dentro", e o que se destinava à rua, aos serviços de rua, a "vender na rua". Aquele em contato com os brancos dos sobrados como se fosse pessoa da família. O outro, menos pessoa de casa que indivíduo exposto aos contatos degradantes da rua.

A mais de um europeu os escravos de rua da cidade do Rio de Janeiro deram a impressão de alegres e extremamente inclinados à dança e à música, parecendo-lhes sua condição – diz o inglês Andrew Grant à página 145 de sua *History of Brazil* – superior à dos escravos das plantações. Generalização discutível, a não ser que por escravos de plantação apenas se subentendam os de eito sob feitores cruamente exigentes. Ou se comparem cidades prósperas com áreas rurais já decadentes como na segunda metade do século XIX, o Norte açucareiro.

Na maioria das casas de engenho do Norte, declarava Coelho Rodrigues no Congresso Agrícola de 1878 que o luxo, se ainda havia, "era muito pouco e ainda assim é mesquinhez comparado ao tratamento das grandes fazendas no sul do Imperio". Grande número de senhores de engenho do Norte nem mobília ostentavam mais nas suas salas de visita, "pois para o geral dos agricultores, esta |a mobília| não passa de algumas mesas, bancos e tamboretes fabricados na localidade". E na sua mesa, regulava para o jantar "o charque ou o bacalhau, a custo enviado pelo correspondente para sustento da fábrica"; e nos domingos "um pesinho de carne tomado no sábado na feira vizinha". O almoço, uma xícara de café com beiju, tapioca, cará, macaxeira – "quando houve tempo para plantá-la". A ceia, a mesma coisa. E o pão e a bolacha só apareciam à mesa nas casas-grandes mais opulentas; nas outras era luxo raro.[27] Em tais engenhos, a vida do negro escravo já não podia ser tão fácil e alegre como nos engenhos fartos e prósperos.

A relativa facilidade de vida na região do açúcar, já afetada pela descoberta das minas, foi declinando ainda mais com o surto do café. Nas cidades, os sobrados dos senhores de engenho mais imprevidentes foram ficando casarões onde já não se renovava a pintura nem se coloriam à moda oriental ou se envernizavam à moda francesa os jacarandás. Os ratos, os morcegos, os mal-assombrados foram tomando conta dessas casas malcuidadas. Os negros, as caixas de passa, as latas de ervilha, os pianos ingleses, os vinhos franceses – tudo foi ficando mais caro: mais difícil de ser adquirido pelos fidalgos rurais do açúcar. Os fidalgos do açúcar começaram a ser eclipsados pelos do café. As casas-grandes do interior a ser eclipsadas pelos sobrados das capitais.

A usura dos bancos foi se exercendo com rigor cada vez maior sobre os senhores de engenho, ao tempo que aumentavam suas despesas com a negraria sempre mais cara. O "trafego illicito", diz um publicista da época, Antônio Pedro de Figueiredo, que avivara a miséria, escravizando de vez a lavoura "ao commercio e aos capitalistas da cidade".[28] O juro do dinheiro chegou a 24 por cento e às vezes a mais; e a indústria do fabrico de açúcar parecia a muitos ameaçada de "torpor e de morte". Para quem não dispunha de meios de mandar buscar os próprios negros, como o velho Bento José da Costa, ou a coragem de furtá-los dos vizinhos, a aquisição de escravo para os engenhos tornou-se problema angustioso, à medida que os ingleses e o próprio governo imperial foram redobrando de vigilância contra os negreiros. As fazendas do Sul principiaram a absorver os negros do Norte. O Norte começou a ficar sem negro para plantar cana.

Foi quando os furtos de escravos tornaram-se uma calamidade e um escândalo nas ruas das cidades do Norte. Esses furtos foram uma como desforra dos Dons Quixotes dos engenhos contra os Sanchos Panças das cidades. Uma vingança da lavoura romântica, sem método na sua exploração do escravo e da plebe rural, contra o comércio ou o banco ou a finança urbana, mais metodicamente exploradora do homem e, indiretamente, da própria terra. Uma vingança da casa contra a rua, que parecia estar-se embelezando à sua custa. Os jornais da primeira metade do século XIX referem casos até de senhoras pobres, roubadas de seus negros, na própria Corte, insinuando-se que os ladrões agiam à sombra de pessoas poderosas do Norte, senhores de engenho ou fazendeiros. Mas foi ao aproximar-se o meado do século que os ladrões de escravos perderam toda a cerimônia, havendo verdadeiras quadrilhas de roubar negro nas cidades. Quadrilhas que tinham, ao que parece, seus compradores certos, em algumas das mais ilustres casas-grandes da época.

Em 7 de maio de 1828, o *Diário de Pernambuco* publicava o seguinte comunicado sobre roubo de escravos: "He facto publico que nesta Cidade se furtão escravos, quazi todos os dias, e que ha homens que só se occupão naquelle trafico: huns que angareiam e seduzem os negros e negras que encontrão na rua, outros que os recolhem em suas casas, e ali os occultão athé serem embarcados, ou postos fóra da Praça; outros que com os primeiros os negoceão, e delles vão fazer venda em lugares distantes; e outros que os comprão para delles se servirem [...]". Mas evidentemente fazia-se vista grossa a esses crimes: "Roubos de negros, roubos de cavallos e crimes de maior monta, ainda com provas as mais claras não obstão a que se passem ou se tenham passado daquelles Alvarás com fiança; não á pessoa do criminoso, mas de hum limitado valor de dinheiro que o mesmo ladrão pode pôr nas mãos do fiador, depois de solto [...]". Enquanto na Corte havia severa perseguição da polícia aos ladrões de escravos – como nos deixam ver notícias como a que aparece no *Diário do Rio de Janeiro* de 12 de fevereiro de 1830 – em Pernambuco e nas províncias na primeira metade do século XIX ainda predominantemente rurais em sua economia patriarcal, parece que esses ladrões não eram nunca encontrados.

Os interesses agrários dominavam ainda a presidência da maior parte das províncias, a justiça e a polícia. Compreende-se assim a benignidade para com as quadrilhas de ladrões de escravos em províncias como a de Pernambuco. Os livros das Câmaras Municipais, onde vêm registrados crimes, deixam entrever, como o de 1838, da capital da mesma Província, a extensão de tais roubos, às vezes repontando dentre os indigitados criminosos nomes do melhor sabor rural: um Carneiro d'Albuquerque e Moura ou um Gusmão e Moura, por exemplo. E em jornais da época, vêm denunciados como contrabandistas alguns dos maiores fidalgos de casas-grandes, com os quais competiam, em outras formas de contrabando ou de fraude, ricos senhores de sobrados da Corte, como aquele cujo título de nobreza teria suas iniciais N. F. interpretadas assim pelos maliciosos da época: notas falsas.

É provável que grande parte dos negros dos anúncios de *Escravos Fugidos* do tempo do Império fossem negros roubados às cidades, para os engenhos. Provável não; quase certo. Às vezes são os próprios donos de escravos que gritam, dando o sinal de alarme contra os gatunos de seus molecotes ou dos seus pretalhões. Assim a "senhora pobre" do Rio de Janeiro que a 8 de janeiro de 1833 gritava pelo *Jornal do Commercio* que lhe desaparecera, levado talvez para algum engenho da Bahia, o molecote Antônio, caçanje, de 16 anos: "sua sra. he pobre, e não possue mais cousa alguma; pede por caridade ás Autoridades a quem compete dar passaportes, matriculas e vizitão as embarcações, fação as precisas diligencias, afim de que os ladrões desta Côrte e das Provincias não furtem descaradamente os escravos".

Mas também se desviavam escravos de uns engenhos para outros. É desnecessário salientar que dos engenhos menores para os maiores: para as propriedades de senhores mais protegidos pela política que estivesse de cima, na Corte e na província. É possível que, em alguns casos, os grandes proprietários de terra acusados de acolher ou comprar escravo furtado, fossem simplesmente coiteiros de negros. De negros que por sua própria vontade, e não seduzidos por ninguém, deixassem os donos de engenhoca, que os esgotavam de trabalho, as viúvas doceiras que tendo um escravo só, faziam-no trabalhar por três, as padarias, onde o trabalho era longo e duro, à procura dos engenhos grandes com a fama de paternalmente bons para os escravos; engenhos com muito negro, às vezes fartura de mandioca e de milho, cachaça cheirosa, noites de se sambar até de manhã.

Em 1846, quem imaginam que o padre Lopes Gama acusava no seu *O sete de setembro* de furtar escravo? Algumas das figuras mais ilustres das famílias Rego Barros e Cavalcanti. "Não há quem ignore que............ ha muitos annos furta escravos, tendo por principal agente desta industria o seu parente.....................". Não que nessas famílias, dizia o padre, não houvesse "homens capazes, e honrados". Mas à sombra desses e do seu predomínio na política do Império, com "a protecção da família", ou, pelo menos, do nome, havia quem se entregasse a tráficos e contrabandos de negros. "Que importa" – perguntava o padre – "que o barão da Boa Vista por uma parte promovesse obras publicas, e desse impulso a theatros, e bailes, se por outra parte os contrabandos fervião no norte, e no sul; se as sedulas falsas introduzião-se escandalosamente na circulação, se as mesmas obras publicas eram uma mina para certos sujeitos; se varios parentes do mesmo Barão roubavão, e matavão a torto e a direito, e os homicidios se havião multiplicado a tal ponto, que o presidente Thomaz Xavier perante a Assembléa Provincial, dando conta do estado do paiz durante os dous annos prox. pas., chegou a dizer que nos iamos tornando um povo de Ismaelianos de costumes safaros?"²⁹

Os homens das grandes famílias rurais não tiveram todos, nem talvez mesmo a maioria deles, a atuação sempre cavalheiresca sobre os destinos e a moral política do Império, que lhes atribuem os entusiastas exagerados da nossa nobreza de senhores de terras e de escravos. A "policia praieira" de Chichorro da Gama, que em Pernambuco invadiu engenhos, que cercou e varejou "certos castellos feudaes [...] de onde tem tirado escravos furtados", chegando a perseguir um parente próximo do barão da Boa Vista, o qual parente, segundo o padre Gama, "com o seu bando de salteadores infestava os arredores do Recife"; a "policia praieira", agindo um pouco sob o ódio da rua da Praia contra as casas-grandes do interior, deve ter praticado seus desmandos na reação, vingança mesmo, ou desforra, da praça contra o engenho; da "praça" contra a "mata"; da "praia" contra a roça. Quase que dos mascates contra os senhores de engenho; dos credores contra os devedores; de senhores de sobrados urbanos contra senhores de casas-grandes rústicas.

Mas não vamos diante disto inocentar os senhores de engenho, imaginando-os liricamente fidalgos sempre puros, em contraste com os homens sofisticados das cidades – centros de usura e de falsificação de dinheiro e de gêneros alimentícios, mas de onde saíram algumas das maiores figuras de reformadores dos nossos métodos de administração e de higiene e da nossa vida política, religiosa e intelectual. Revolucionários de idealismo prático ou construtor e não simplesmente demagogos de rua, do tipo que geralmente se associa às cidades, em contraste com "o bom senso conservador" dos fazendeiros, com o "liberalismo esclarecido" dos senhores de engenho.

Homens de cidade, e não de engenho ou fazenda, foram os Gusmões e os Andradas; foi o Deão Bernardo Luís Ferreira Portugal; foi Cruz Cabugá; foi Evaristo Ferreira da Veiga; foi Paula Brito; foi Machado de Assis; foi o próprio Joaquim Nabuco, nascido em um sobrado do Recife, e educado principalmente aí e nas cidades do Rio de Janeiro e de São Paulo, embora parte de sua meninice tivesse decorrido na casa-grande de Maçangana.

Seria entretanto tolice, e das maiores, reduzir o assunto a debate colegial, tipo "Roma ou Cartago?". E negar a ação criadora de homens de engenho e de fazenda em nossa vida política e administrativa e até na literária. Ação não só no sentido chamado conservador – em que se salientaram o Morgado do Cabo, Araújo Lima, depois marquês de Olinda, Carneiro Leão, depois marquês de Paraná, Cotegipe, Camaragibe, Paulino de Sousa – como também no sentido liberal e no revolucionário, havendo, neste caso, maior risco físico de aventura para o senhor de engenho que para homens de cidade marítima.

Southey atribui aos senhores de engenho pernambucanos que em 1710 se ergueram contra os reinóis, "intentos separatistas e republicanos".[30] Foi então dos engenhos, ávidos de se libertarem da "economia dirigida" dos capitães-generais de Sua Majestade, que partiram os "primeiros anseios de independência e democracia" no Brasil. Deles, também foi a campanha gloriosa contra os holandeses e os judeus no século XVII – embora suas relações com os invasores não fossem puramente as de homens que defendessem o solo nativo das garras do estrangeiro: também as de devedores relapsos contra credores impacientes.

Os irmãos Francisco de Paula, Luís Francisco de Paula e José Francisco de Paula Cavalcanti de Albuquerque, todos senhores de engenho, o primeiro do Engenho Suaçuna, foram acusados, nos princípios do século XIX, de uma das conspirações mais românticas que tem havido no Brasil: pela independência de Pernambuco debaixo da proteção de Napoleão Bonaparte. Fundou-se não em nenhum sobrado de cidade, mas em um engenho brasileiro dos tempos coloniais, a "academia" ou "areópago" que, no dizer do padre Muniz, citado por Oliveira Lima, foi uma escola democrática onde "adeptos e aprendizes, não só da província e nacionais, mas ainda estrangeiros, achavam luz, agasalho e subsidios".[31]

Não se pode generalizar a respeito do Brasil – a exemplo do que se tem feito em estudos sociológicos com relação a outros países – afirmando que a aristocracia rural, entre nós consolidada principalmente, até o meado do século XIX, nas casas-grandes de engenho, e só subsidiariamente nas de fazenda de café ou nas de estância, encarnou sempre os interesses conservadores e de ordem, enquanto as cidades, os sobrados burgueses, as próprias ruas, teriam sido sempre os focos de revoluções democráticas e de movimentos liberais. A maior ou menor pressão dos interesses econômicos – a intervenção da metrópole por intermédio do vice-rei ou do capitão-general na economia particular e a favor da gente miúda – deve ter atuado poderosamente nas atitudes políticas dos proprietários de terra do século XVIII e da primeira metade do XIX. Atitudes, tantas vezes, de ressentimento e de insubordinação, em contraste com a passividade das cidades do litoral, por muito tempo cidades quase sem povo, só com uma onda movediça de plebe ou canalha da rua; e dominadas por um comércio ainda mais interessado que a lavoura na ordem e na estabilidade do domínio, primeiro português, depois imperial, sobre toda a extensão do país.[32]

É verdade que durante certa fase do Império, o engenho de açúcar e principalmente a fazenda de café viriam a ligar-se de maneira efetiva com certos interesses conservadores e de ordem, às vezes contra a demagogia das cidades, isto é, das ruas, das praças e dos mucambos. Mas mesmo durante essa fase de maior união com o Império, a casa-grande de engenho defrontou-se às vezes com o imperador, com o chefe de polícia da capital, com o bispo da diocese, com o mesmo ar terrível de inimigo, dos tempos coloniais, quando suas salas de visita ou de jantar cheias de gaiolas de passarinho, de molequinhos nus engatinhando pelo chão e pelas esteiras, de negros e negras esperando ordens dos brancos por todos os cantos da casa, transformaram-se em "areópagos" onde eles, senhores de engenho, juntamente com padres, com frades e até com estrangeiros – franceses e ingleses – conspiraram, com cautelas maçônicas e desassombros brasileiros, pela independência, pela liberdade e um pouco pela democracia na terra brasileira.

Referindo-se à ação do engenheiro socialista L. L. Vauthier no Brasil ainda patriarcal da primeira metade do século XIX – ação que procuramos analisar e interpretar em mais de um estudo – observou em interessante ensaio João Peretti que não foram só os intelectuais do Recife os atingidos pela propaganda revolucionária do jovem francês: *"D'ailleurs, toute l'aristocratie de la Province, le Baron de Boa Vista en tête, suivait Vauthier sans bien savoir où il la menerait avec ses dangereuses doctrines".*[33] Recebido em algumas das mais opulentas casas-grandes de engenho da época – a do visconde de Camaragibe e a do marquês do Recife – Vauthier teve também relações com aristocratas da toga como Nabuco de Araújo – que foi seu advogado – e com elegantes de sobrado como Maciel Monteiro. E também com mestiços aristocratizados pela inteligência e pelo saber como Nascimento Feitosa e A. P. de Figueiredo. Com agitadores como Borges da Fonseca e com homens famosos pela energia a serviço da ordem como Figueira de Melo. Mas o ponto que principalmente desejamos destacar é que esse revolucionário francês se fez estimar por conservadores, aparentemente retrógrados, de casas-grandes e de sobrados patriarcais. A vários deles parece ter comunicado a curiosidade por ideias socialistas. De alguns desses aristocratas se sabe que fez assinantes de revistas socialistas francesas como *Phalange Socialiste* e *Démocratie*. Pelo que não é de estranhar que entre alguns dos insurretos menos políticos e mais sociais da chamada Revolta Praieira estivessem homens afetados pelo socialismo francês da primeira metade do século XIX. Inclusive homens do interior. Homens com raízes no interior.

Em série de artigos, "A agricultura e a colonização", publicada em *O Liberal Pernambucano* de 4 de abril de 1856, dizia o redator desse jornal, quase socialista na sua orientação, que "... ninguém deixa seus patrios lares para em paiz estrangeiro submetter-se a um regimen feudal sem garantias...". Se no sul do Império – onde se sabe ter havido em Saí (Santa Catarina) comunidade francamente socialista – vinham prosperando algumas colônias é que ali "os costumes, o clima e outras circumstancias proporcionão vantagens que nem Pernambuco nem outras Provincias do Norte podem offerecer". Chegou o crítico, no artigo de 5 de abril do mesmo ano, a salientar a necessidade de um "codigo rural" para o Brasil. Queria por esse meio quebrar a força do "regimen feudal sem garantias".

Esta série de artigos (I, II, III, IV, V), que será analisada em nosso próximo ensaio, *Ordem e progresso*, constitui uma das mais altas expressões do espírito de inquietação social – e não apenas política – vivo ou presente em Pernambuco desde a fracassada "Revolta Praieira". Na verdade desde os motins de 1823 que vinte e cinco anos depois se alargariam naquela revolta. Enquanto em Santa Catarina se vivia socialismo, em Pernambuco lutava-se nos jornais e nas ruas por ideias socialistas.

"Na hora em que escrevemos estas linhas" – dizia em 1846 a revista[31] do mulato A. P de Figueiredo, espécie de "amotinado" de 1823 que o estudo tivesse sublimado em "socialista" de 1840 – "existem certamente mais de um solicitador de emprego, mais de um empregado demittido, mais de um operario sem trabalho, que sonham com revoluções, etc. etc.". Considerava já "desmesurado" o número dos "nossos alfaiates, sapateiros, pedreiros, carpinteiros etc.", prejudicados por "uma concurrencia que os arruina" – a dos estrangeiros – e "muitas vezes... sem trabalho". A solução "pequena lavoura" não lhe parecia fácil. As terras que poderiam servir para pequenos proprietários, os grandes recusavam-se a vendê-las: em Pernambuco, ou em largo trecho do norte do Império, eram precisamente as terras "occupadas pelos engenhos". Esses reparos de quem sentia no ambiente cheiro de revolução social, e não apenas política, fazia-os a revista de Figueiredo, *O progresso* (Recife), em estudo intitulado "Colonisação do Brasil".[35]

Em 1858 era o general José Inácio de Abreu e Lima que em artigo num jornal da Corte, afirmava estar a causa da carestia em várias províncias do Império no desequilíbrio entre a grande e a pequena lavoura, inclusive "os preconceitos dos grandes proprietarios contra a cultura dos cereais". Nesse artigo, intitulado "Carestia de Vida" (*Jornal do Commercio*, 14 de maio de 1858), Abreu e Lima volta a considerar problema por ele já enfrentado há anos, principalmente no estudo em *A barca de São Pedro*, sobre "a colonização que convem ao Brasil":

o problema dos abusos da grande propriedade no nosso país. O da relação desses abusos com a colonização do Império, assunto que, desde a memória de Raimundo José da Cunha Matos, publicada em *O auxiliador da indústria nacional*,[36] vinha preocupando de modo particular homens públicos e publicistas do Império. E levando alguns desses publicistas a considerarem o próprio problema da intervenção do Estado a favor do homem de trabalho e da redução do poder feudal dos grandes proprietários não só de escravos como de terras igualmente cativas.

Ainda no ano de 1856, o advogado Nascimento Feitosa, em polêmica com o professor Pedro Autran da Mata Albuquerque, chegaria mais longe que Abreu e Lima: defenderia a intervenção direta do Estado na vida econômica: "Qual é a missão do governo? Decidir com razão e justiça todas as disputas entre os governadores; proteger o fraco contra o forte de uma maneira que a igualdade restabeleça o respeito mutuo. E essa protecção se refere ás pessoas ou á propriedade e mais principalmente áquellas do que a esta." O artigo, "O Governo deve intervir no Fornecimento da Farinha e da Carne",[37] é dos mais interessantes para a história do desenvolvimento das ideias socialistas entre nós: desenvolvimento mais acentuado, no meado do século XIX, em Pernambuco que em outra qualquer província do Império, mesmo depois que o fracasso da "Revolta Praieira" amoleceu o ânimo de alguns entusiastas do falangismo.

A 5 de janeiro de 1856 o próprio *Diário de Pernambuco*, depois de noticiar terem entrado no porto do Recife "varios navios de bacalhau", salientava o fato de continuar a "necessidade desse artigo". O que devia atribuir-se à "avareza de certos especuladores" e à "falta de medidas policiais". Admitia assim o diário conservador, sob a forma um tanto simplista de "medidas policiais", a intervenção do Estado na vida econômica. Intervenção reclamada pelos socialistas de formação francesa como Figueiredo e pelos quase socialistas como Feitosa – ambos, aliás, homens de cor aristocratizados em líderes intelectuais pela inteligência e pelo saber. Continuadores, ambos, dos homens de cor afrancesados da conspiração baiana de 1798 e não apenas dos insurretos negros e pardos do Recife de 1823, para quem o inimigo estava no "caiado" e a inspiração no "rei Cristóvão" de Haiti.

Dirigindo-se a esse mesmo Antônio P. de Figueiredo, a 7 de agosto de 1852, é que o professor Autran acusara ao socialismo – a cuja escola lamentava pertencer Figueiredo – de proclamar a "comunhão das mulheres", artigo respondido por Figueiredo no *Diário de Pernambuco* de 12 do mesmo mês. Escreveu então o chamado "Cousin fusco": "O socialismo não é uma doutrina, ainda não passa de uma aspiração, mas esta aspiração tende a reformar o estado atual social em prol do melhoramento moral e material de todos os membros da sociedade." Inclusive – poderia ter acrescentado – das mulheres, das quais havia no Brasil "comunhão" sob o regime patriarcal ainda em vigor: patriarcal e polígamo.

Notas ao Capítulo II

1. Confirmando nossa observação neste ensaio, o Sr. Ernâni Silva Bruno, em seu notável trabalho, sobre a cidade de São Paulo, intitulado *História e tradições da cidade de São Paulo*, Rio de Janeiro, 1953, lembra a precariedade das construções paulistas, na era colonial, salientando que as primeiras casas de Piratininga foram cobertas com sapé ou com palha aguarirana ou guaricanga. Por conseguinte, mucambos, como aliás as primeiras casas do Recife e até de Salvador. Em 1590 apareceu em Piratininga o primeiro sobrado entre casas já cobertas de telha, e em 1594, um correr de casas altas de sobrado. Nas áreas rurais continuou por muito tempo a ser precária a construção paulista e nas cidades, também durante muito tempo, o tipo dominante de casa foi o baixo, acaçapado, descrito pelo historiador Almeida Prado no seu "São Paulo antigo e sua arquitetura", *Ilustração Brasileira*, Rio de Janeiro, setembro, 1929.

2. O conde de Assumar a Bartolomeu de Sousa Mexia em carta datada de 9 de fevereiro de 1720. Refere-se particularmente a Pitangui como habitado por paulistas "cujas habitações sempre tem pouca forma, porque a sua vida e a natural propensão que tem de andarem pelos mattos, faz que as suas povoaçoens não sejam persistentes..." (Manuscrito, códice no 11, antigo 10, da Seção Colonial do Arquivo Público Mineiro, cartas, ordens, despachos e bandos do conde de Assumar). Evidentemente o tipo de habitação refletia a instabilidade da economia e, talvez, as predominâncias de temperamento, daqueles bravos aventureiros empenhados em descobrir ouro ou pedras preciosas. Também a marginalidade de sua cultura, em alguns pontos mais próxima da dos indígenas do que da dos europeus.

3. Um dos empenhos dos reis de Portugal, desde que eles ou seus conselheiros começaram a compreender que o futuro do Brasil estava não no ouro, ou nos diamantes, mas nos "assucares e tabacos porque estes são estaveis e perpetuos" (Relatório do Conselho Ultramarino de 26 de outubro de 1706, códice 232, do Arquivo Histórico Colonial, de Lisboa, citado pelo historiador Manuel Cardoso no seu estudo "Brazilian gold rush", *The Americas*, Washington, vol. III, no 2, 1946, p. 149), foi no sentido de que sua colônia americana se povoasse com gente também estável e, por conseguinte, casada e moradora de casas estáveis. De onde a carta del-Rei a D. Lourenço de Almeida, governador e procurador das Minas em 1729 – quando se fez naquela capitania cuidadoso levantamento da população escrava – e na qual se dizia: "[...] procureis com toda diligencia possivel para que as pessoas principaes, e ainda quaesquer outras tomem o estado de casadas e se estabeleçam com suas famílias reguladas na parte que elegerem para sua população

porque por este modo ficarão mais obedientes ás Minhas reaes ordens, e os filhos que tiverem do matrimonio os farão ainda mais obedientes, e vos ordeno me informeis se será conveniente mandar eu que só os casados possam entrar na governança das camaras das villas, e se haverá sufficiente numero de casados para se poder praticar esta ordem [...]". Em resposta, informava a el-Rei, D. Lourenço: "[...] com todas as forças fizera maior diligencia por executar esta real ordem de V. Mag., assim para obedecer como sou obrigado; como porque vejo o gde serviço que se fazia a Deos nosso Senr. conseguindo-se que estes moradores destas minas casassem, porque só assim se livrariam do mau estado em que andam quasi todos; porem é impossivel que se possa conseguir dar-se a execução desta real e santa ordem de V. Magde. porque em todas estas minas não há mulheres que hajão de casar, e quando ha algua, que vivesse em companhia de seus pays (que são raras) são tantos casamentos que lhe sahem que vê o Pay da noyva em grande embaraço sobre a escolha que ha de fazer do genro, como ha esta impossibilidade para haver casados me parece q. V. Magde. não prohiba que entre na governança das camaras os solteiros porque os homens casados sam muito poucos, e pela maior parte vivem em fazendas distantes das villas". Informava ainda D. Lourenço: "[...] e mostra a experiencia nos poucos casados que ha nestas terras, que sam muito mayores trabalhadores em desentranharem ouro da terra que estes solteirões que só lhes leva o tempo occuparem em extravagancias, e como V. Magde. com a sua real ordem, e compreehnção tem justissimamente entendido o quanto convem que haja grande numero de casados nestas Minas; ponho na real noticia de V Magde. que me parece que hum dos meios mais faceis que ha para que venham mulheres cazar a estas minas é proibir V. Magde. que nenhuma mulher do Brasil possa hir para Portugal nem ilhas a serem freiras [...]" (Cartas citadas por Feu de Carvalho, em "Primeiras aulas e escolas de Minas Gerais, 1721-1860", *Revista do Arquivo Público Mineiro*, Belo Horizonte, vol. I, ano XXIV, 1933, p. 350-351).

4. *"[...] the planters remain fixed to their ancient habits, without thinking of the slightest improvement of their condition. Rich people are the found, who, though they send in the course of the year several Tropas laden with goods to the capital, and sell perhaps 1000 or 1500 oxen, occupying miserable hovels, one story high, composed of mud, and not even white-washed; with which all the rest of their domestic arrangements completely accord, except cleanliness of dress, which is seldom wanting"* (príncipe Maximiliano Neuwied, *Travels in Brazil in 1815, 1816 and 1817* (trad. do alemão), Londres, 1820, p. 53). Sobre o assunto veja-se também o estudo do historiador Alberto Ribeiro Lamego, *O homem e o brejo*, Rio de Janeiro, 1945.

5. Padre Fernão Cardim, *Tratados da terra e gente do Brasil*, 2a ed., Rio de Janeiro, 1939.

6. No século XVIII, o vice-rei marquês de Lavradio referia-se aos "commissarios volantes que vinham da Europa trazendo infinita fazenda", sem, entretanto, fazerem "aluguel de casas e armazens" ("Relatorio", *Rev. Inst. Hist. Geog. Br.*, Rio de Janeiro, janeiro, no 16, 1843, p. 457). Vinham eles "a titulo de officiaes de navios e muitos até de marinheiros". De onde, provavelmente, terem os

mascates e negociantes portugueses se tornado conhecidos, no Brasil, como "marinheiros" e muitos se feito notar pela sofreguidão de fazer fortuna com que regressassem a Portugal. Também pelo que Capistrano de Abreu denominou "transoceanismo".

D'Assier – um dos europeus que melhor estudaram a sociedade patriarcal brasileira quando mais afetada pelo desenvolvimento das cidades e do comércio do que na época de Debret ou de Luccock, de Saint-Hilaire ou de Koster – procurou explicar o fato do *"peu de luxe extérieur de certaines demeures qui abritent des senhores plusieurs fois millionnaires"* – recordando que *"les premiers colons portugais n'étaient venus sur cette terre de l'Eldorado que pour faire une fortune rapide"* (Adolphe d'Assier, Le Brésil contemporain, Paris, 1867, p. 190). Generalização válida antes para a grande parte dos portugueses que aqui pretenderam enriquecer no comércio do que para os que se estabeleceram como senhores de terras. Mesmo entre os primeiros foi crescendo, com o tempo, o número daqueles que a voltarem de vez a Portugal preferiram fixar-se no Brasil e dos quais pode ser considerado típico o caso do açoriano conhecido por D'Assier no Rio de Janeiro: chegado à capital brasileira sem outros bens senão a camisa, as calças e o colete aqui foi economizando suas patacas através de uma vida de trabalho e de privações capaz de levá-lo à posição de fazendeiro e ao título de comendador. A não ser que a tuberculose ou a febre amarela lhe interrompesse a carreira (D'Assier, op. cit., p. 192). Mais de um português chegou a ser no Brasil pessoa importante, tendo sido durante anos caixeiro ou mascate, amigado com negra ou mulata com a qual mais de um, cristãmente, casou-se, já depois de rico e pai de numerosos mestiços. Seu etnocentrismo quase sempre limitou-se a procurar fazer do comércio, monopólio de portugueses, como reparou o marquês de Lavradio no seu "Relatorio" cit., p. 452. Não só monopólio: espécie de sociedade secreta aonde não pudesse entrar brasileiro ou europeu de outra origem. Mas essa exclusividade por sentimento antes de classe, cedo afirmado no Brasil na chamada "Guerra dos Mascates", que, propriamente, de raça.

Sobre a "Guerra dos Mascates" considerada no seu aspecto sociológico, veja-se o esquecido estudo *O matuto*, de Franklin Távora, edição de 1929, Rio de Janeiro, onde se sugere: "Enfim a luta era menos de fidalgos e peões que da agricultura ameaçada de ruína e do comércio que aparecia como um tirano" (p. 62).

Acerca do assunto prepara há anos interessante ensaio de interpretação sociológica, do ponto de vista marxista, o Sr. Clóvis Melo, para quem estamos certos, no presente ensaio – por ele lido na 1a edição – ao sugerirmos a "confusão racial" no conflito entre Olinda e o Recife. Destaca o Sr. Clóvis Melo no seu estudo, ainda em manuscrito: "[...] o terço dos Henriques [...] aderiu aos olindenses enquanto que os índios de Camarão, aldeados no interior da Capitania, portanto dentro do mundo rural [...] passou-se inteiramente para os mascates".

7. D'Assier, op. cit., p. 260-264. Franceses e alemães, principalmente judeus, e, em certas especialidades ciganos, acabaram suplantando os portugueses como mascates. No Brasil do meado do século XIX já eram raros os portugueses, mascates.

8. Dos mascates da primeira metade do século XIX D'Assier escreve que *"ce mascate (colporteur) fripon qui court* fazendas *(plantations) avec ses caisses de faux bijoux"* era uma potência em um país novo como o Brasil (op. cit., p. 261-262). Ao seu ver, através principalmente de mascates é que as modas e indústrias do norte da Europa suplantaram as portuguesas, entre os brasileiros: *"Le premier pas une fois fait, senhores et senhoras se trouvent comme emportés par une machine qui, à chaque tour de son engrenage, met en pièces quelque vieillerie portugaise"* (p. 262). Veja-se também o livro de M. H. L. Séris, *A travers les provinces du Brésil*, Limoges, s. d., p. 19, que se refere à ação dos *"marchands colporteurs"* no desenvolvimento do comércio de produtos franceses e alemães no Rio Grande do Sul. É também interessante, para o estudo do assunto, o recente ensaio do Sr. Nilo Bruzzi, *Casimiro de Abreu*, Rio de Janeiro, 1949.

9. Os negociantes ambulantes estrangeiros, no Brasil, passaram a ser conhecidos, em certas áreas, por "gringos" dentro da velha tradição peninsular de denominar-se "gringo" o cigano ou o vagamundo. Aos negociantes ambulantes estrangeiros juntaram-se, na área do São Francisco, durante o século XIX, os mascates negros: negros livres a serviço de negociantes fixos da Bahia que percorriam esse trecho do interior brasileiro *"munis de bijouterie fausse, de verroterie, ou d'autres objets de bimbeloterie dits articles de Paris, qu'ils offrent et vendent aux esclaves en les séduisant par le son d'un harmonium ou accordéon dont ils ont soin de se munir. On connaît le faible des nègres pour la musique [...]. On compte à Bahia plusieurs maisons de commerce qui ont à leur service de soixante à quatre-vingts de ces nègres colporteurs"* (Séris, op. cit., p. 90).

A respeito de "gringos" convém lembrar que os ciganos foram, na sua especialidade – a venda de escravos e cavalos – os primeiros vendedores ambulantes que se tornaram conhecidos em trechos remotos do Brasil. Talvez daí se tenha originado a generalização do termo "gringo" para designar mascate estrangeiro ou vendedor ambulante exótico, ordinariamente pouco familiarizado com a língua da terra. É assunto controvertido, havendo quem suponha ter o termo se originado no México para designar o ianque ou o norte-americano, ou no Chile, para designar o inglês, que foi também chamado "gringo" no Brasil. Cuidadoso pesquisador que se ocupou do assunto, Lúcio V. Mancilla, em estudo sobre Rozas, sustenta que "gringo" não deve sequer ser considerado "americanismo", pois é como "gringos" que se conhecem desde dias remotos, na Espanha, vagamundos, tais como os ciganos. E no velho historiador brasileiro Pereira da Costa – no seu trabalho, ainda inédito, sobre ciganos no Brasil, depositado na Seção de Manuscritos da Biblioteca do Estado de Pernambuco – encontra-se a informação de que os ciganos, chegados ao nosso país, como se sabe, ainda na época colonial, eram conhecidos por "gringos".

Daí é que, talvez, o termo tenha passado a designar ingleses andejos que, com seu linguajar estranho para os ouvidos brasileiros e com sua aparência também exótica para os olhos da nossa gente colonial, foram, depois dos ciganos, os primeiros estrangeiros a aparecerem, em grande número no Brasil. O fato é que passaram a ser chamados "gringos" ao mesmo tempo que "bifes", "godemes", "bodes", "baetas" etc.

Um inglês que se especializou no estudo das atividades inglesas ou britânicas na América Latina, Koebel, verificou que o termo "gringo", nos princípios do século XIX, era aplicado com "imparcial generosidade", por latino-americanos, a europeus e norte-americanos. Mas – nota ele – fora antes aplicado especialmente ao inglês ou ao *"Britisher"*. No Chile, colheu o mesmo pesquisador pitoresca explicação da origem do termo "gringo", aplicado aos ingleses antes de ter sido aplicado aos norte-americanos. Teria a palavra se originado do seguinte: velha balada cantada por marinheiros ingleses de outrora, enquanto remavam dos navios para os portos. Dizia a balada dos marinheiros ingleses:

"Green grow the rushes, O!"

E esse *"green grow"* foi parecendo aos ouvidos chilenos, aos ouvidos latino-americanos, "gringo" (W. H. Koebel, *British exploits in South America*, Nova York, 1917, p. 253).
"Green grow" teria se contraído em "gringo" como *"god damn"* em "godeme".

Sobre o assunto, informa-nos do Rio Grande do Sul o professor V. Russomano que na área de Pelotas, pelo menos, a gente do povo, ainda hoje, "inclina-se a englobar sob a mesma denominação – gringo – todos os estrangeiros." É aplicada aos ingleses "mas sem cunho pejorativo".

Em seu Vocabulário pernambucano (publicação póstuma, separata do vol. XXXIV da *Revista do Instituto Arqueológico, Histórico e Geográfico Pernambucano*, Recife, 1937) o citado Pereira da Costa dá como "gringo", no Brasil, "certa ordem de estrangeiro de baixa esfera como o italiano, o árabe, o turco, e particularmente o cigano", acentuando que nas Repúblicas platinas e do Pacífico "dá-se, em geral, o nome de 'gringo' ao estrangeiro cuja fala difere totalmente da castelhana e, no Chile, particularmente, ao inglês."

10. Sobre "negras boceteiras" que foram, a seu modo, mascates e como tal penetraram no interior de sobrados patriarcais, veja-se *O Carapuceiro*, Recife, 1839.

11. Veja-se Gabriel Soares de Sousa, *Tratado descritivo do Brasil em 1587*, 3a ed., I, São Paulo, 1938. Teodoro Sampaio lembra que a cidade do Salvador começou por "uma cerca muito forte de pau a pique" dentro da qual, "segundo os arruamentos", foram construídas "casas cobertas de palha ao modo da terra [...] uma cidade de palha como uma aldeia de gentio" (op. cit., p. 176). Já havia a povoação de Diogo Álvares, o Caramuru, perto da qual se estabeleceram os colonos do Donatário, indicando documento de 1536 – "Relação de Francisco Martins Coutinho de 1536" – citado pelo mesmo historiador, que o referido Donatário "[...] poz a villa no melhor assento em que tem feito casas para cem moradores e tranqueiras em redor e uma torre já no primeiro sobrado" (op. cit., p. 139). Foi um dos primeiros sobrados no Brasil: "[...] a primeira obra d'arte que na Bahia do tempo do donatario se construiu", diz da torre, Teodoro Sampaio.

12. Gabriel Soares de Sousa, op. cit., p. 344. Em nota ao cronista, salienta o professor Pirajá da Silva que "as doceiras serviam-se da resina do caju para fazer alcorça de açúcar", explicando que *alcorça* é

"massa fina de açúcar purificado e farinha para fazer ou cobrir doces", segundo processo assimilado dos árabes pelos portugueses (op. cit., p. 345, nota). Salienta também as "virtudes medicinais depurativas" do caju, já salientadas por Gabriel Soares. Sobre o assunto veja-se também o estudo do professor Dante Costa, "Contribuição ao estudo do caju e doces de caju", separata da *Revista Brasileira de Medicina*, Rio de Janeiro, no 2, vol. V, fevereiro, 1948.

13. Gabriel Soares de Sousa, op. cit., I, p. 325-326. Referindo-se à "terrivel peçonha" que é "a da agua de mandioca", informa o mesmo cronista que com ela "muitas indias mataram seus maridos e senhores [...] do que tambem se aproveitaram, segundo dizem, algumas mulheres brancas contra seus maridos [...]" (I, p. 320).

14. Saint-Hilaire, op. cit., I, p. 151.

15. Tollenare, no Norte, e Saint-Hilaire, no sul do Brasil, chegaram, nos princípios do século XIX, à mesma conclusão: que – como generaliza Saint-Hilaire – *"l'intérieur de maisons, reservé pour les femmes, est un sanctuaire où l'étranger ne pénètre jamais [...] les jardins toujours placés derrière les maisons sont pour les femmes un faible dédommagement de leur captivité et comme les cuisines on les interdit scrupuleusement aux étrangers"* (*Voyage dans l'intérieur du Brésil*, Paris, 1830, I, p. 210).

16. Vários foram os observadores estrangeiros, que durante os séculos XVII e XVIII e a primeira metade do XIX, ficaram impressionados com o modo despótico dos brasileiros tratarem as esposas. No meado do século XIX, o norte-americano Stewart escreveu: *"The native female of the better classes is still to be regarded as a kind of house prisoner [...]"* (C. S. Stewart, *Brazil and la Plata: the personal record of a cruise*, Nova York, 1856, p. 148).

17. Também impressionou aos observadores estrangeiros da sociedade brasileira, quer durante a época colonial quer durante a primeira metade do século XIX, a reclusão das moças solteiras nas camarinhas das casas-grandes e nas alcovas dos sobrados, quando não nos conventos. O geógrafo-historiador A. W. Sellin, escrevendo já na segunda metade do século XIX, notou que o tratamento das mulheres pelos maridos tornara-se, no Brasil, "muito mais atencioso que entre nações que lhe são superiores em civilização". Mas destacando: "Outrora as mulheres, particularmente as filhas solteiras, eram muito vigiadas. Só saíam às ruas escoltadas por parentes, eram retiradas mui cuidadosamente das vistas do estrangeiro, tinham de consentir que nas janelas de seus quartos de dormir fossem postas grades para garanti-las de raptos" (*Geografia geral do Brasil*, trad., Rio de Janeiro, 1889, p. 105).

18. Veja-se o resumo das observações feitas no Brasil por De la Salle, que, durante os anos de 1837 e 1839 fez a volta do mundo na corveta *La Bonite*, por C. de Melo Leitão, *Visitantes do Primeiro Império*, São Paulo, 1934, p. 84. Reparou o comandante francês: "[...] se por seu aspecto, a cidade do Rio de Janeiro lembra as cidades da Europa, o povo que circula em seus quarteirões mui depressa destrói

essa ilusão. Os homens e sobretudo as damas da sociedade brasileira saem pouco de casa. Não as vemos, como suas semelhantes em França, aparecer nas ruas ou nos passeios públicos".

19. Livro Manuscrito da Câmara do Recife, 1828. Livro Manuscrito da Câmara de Olinda, 1833, Seção de Manuscritos da Biblioteca do Estado de Pernambuco; Posturas da Câmara de Salvador, 1844, Manuscrito segundo cópia que nos foi gentilmente fornecida pela Diretoria do Arquivo, Divulgação e Estatística da mesma cidade.

20. As casas-grandes até certo ponto continuadas pelos sobrados patriarcais das cidades, desempenharam funções de assistência social e médica no meio brasileiro, responsabilidade que foram aos poucos abdicando nas santas casas de misericórdia – aliás fundadas, no Brasil, nos primeiros anos da era colonial – nas Ordens Terceiras e nas instituições oficiais. Durante anos, os próprios senhores patriarcais juntaram às suas responsabilidades as de "médicos", explicando-se, assim, a fácil aceitação que teve entre eles a homeopatia. Entretanto, anúncios de jornais da primeira metade do século XIX indicam que vários senhores de casas-grandes foram preferindo abdicar daquela responsabilidade nas mãos de cirurgiões que, como os capelães, se integrassem no sistema patriarcal, a serviço do patriarca e concorrendo com sua técnica para a melhor conservação da vida, da saúde e da energia dos escravos. Desde os primeiros anos do século XIX foram aparecendo, nas gazetas, anúncios como este, recolhido do *Diário do Rio de Janeiro* de 13 de março de 1822: "Necessita-se de hum cirurgião habil e que tambem cuide de Medicina, para huma Fazenda de Engenho [...]".

21. O Sr. Edson Carneiro no seu estudo *O quilombo dos Palmares* (Rio de Janeiro, 1947) destaca que os aquilombados conseguiram retirar do solo e da mata regionais o necessário para seu sustento, fabricando com madeiras, fibras, barro, não só casas, potes, vasilhas, como vassouras, esteiras, chapéus, cestas, abanos e fazendo da diamba ou maconha ou "fumo da Angola" seu substituto do tabaco. Fumavam o "fumo da Angola" em cachimbos feitos com cocos de palmeira (p. 32). Pelas informações reunidas por esse e por outros pesquisadores do assunto, vê-se que os negros organizados em "república" em Palmares conseguiram ser saudavelmente ecológicos ao mesmo tempo que cooperativistas ou parassocialistas nos seus estilos de vida e na sua técnica de produção.

22. Não é sem razão que o historiador mineiro Diogo de Vasconcelos e, baseado nele, A. Teixeira Duarte em seu estudo sobre as origens do cooperativismo em Minas Gerais, veem na organização de Xico Rei para forrar "filhos" ou negros da sua "nação", a antecipação, no Brasil, do cooperativismo ou do socialismo cristão. (A. Teixeira Duarte, "Catecismo da cooperação", *Rev. Arq. Púb. Min.*, Belo Horizonte, 1914, ano XVIII, nota às páginas 341-342).

Note-se, também, que enquanto as irmandades de brancos faziam-se notar, na época colonial, em mais de uma área, por extremos de rivalidade, cada uma cuidando exclusivamente dos seus interesses, na segunda metade do século XVIII a Irmandade de Nossa Senhora da Boa Morte, do Rio de Janeiro, procurava conseguir "a reunião de todas as irmandades dos homens pardos", segundo ofício, de 8 de janeiro de 1765, sobre o assunto, que consta da correspondência dos vice-reis do Brasil no Rio de Janeiro ("Ofícios para os vicerreis do Brasil no Rio de Janeiro", fls. 20, livro I-A, Manuscrito, no Arquivo Público Nacional, Rio de Janeiro).

23. Charles B. Mansfield, Paraguay, Brazil and the Plate, Cambridge, 1856, p. 91. Veja-se também sobre o assunto o estudo do professor Artur Ramos, A aculturação negra no Brasil, São Paulo, 1942.

24. Em livro publicado em 1872, o primeiro Melo Morais, que conhecera o Brasil da primeira metade do século XIX, indignava-se com o declínio das modinhas, nas casas e sobrados coloniais, cantadas pelas moças finas, ao som dos violões: "[...] para macaquear a música extrangeira, as brasileiras se envergonhão de cantar as nossas encantadoras modinhas até nas reuniões de família" (A. J. de Melo Morais, O Brasil social e político, cit., p. 102).

25. D. P. Kidder e J. C. Fletcher, Brazil and the brazilians, Boston, 1879, p. 356.

26. Mansfield, op. cit., p. 98.

27. Sabe-se que o pão de trigo foi, por longo tempo, luxo ou requinte de raros, no Brasil, tal a generalização do uso da farinha de mandioca, solta ou sob a forma de beiju, cuscuz ou tapioca. Uso a que se juntou o hábito, muito brasileiro, de acompanhar de arroz uma variedade de carnes, dispensando-se, assim, o acompanhamento do pão de trigo.

28. A Antônio Pedro de Figueiredo, por alguns anos redator da revista O Progresso, que floresceu no Recife na primeira metade do século XIX, devem-se alguns dos melhores estudos críticos que se escreveram, então, no Brasil, sobre a economia e a sociedade patriarcais e, a seu modo, feudais. Também sobre as alterações de costumes e de arquitetura civil ou doméstica, em cidades como o Recife, onde o feudalismo industrial e capitalista foi substituindo o agrário mais rapidamente do que em outras áreas e manifestando-se na construção de palácios ou castelos em estilo "gótico", "mourisco", "italiano", em oposição à simplicidade forte e angulosa das casas-grandes.

A Figueiredo não escapou o fenômeno de interpenetração, no Brasil da sua época, de feudalismo e capitalismo.

Interessante para o leitor brasileiro o capítulo "Índole de la economía colonial" que dedica à interpenetração de feudalismo e de capitalismo na economia colonial da América Latina, inclusive na do Brasil, o Sr. Sérgio Bagu, no seu recente Economía de la sociedad colonial – Ensayo de historia comparada de la América Latina, Buenos Aires, 1949. Para esse economista "hay una etapa en la historia capitalista en la cual renacen ciertas formas feudales con inusitado vigor: la expansión del capitalismo colonial". Fenômeno por ele analisado à página 102 do seu ensaio.

Foi o que sucedeu, de modo geral, na América Latina, e no Brasil, em particular, onde os engenhos tornaram-se a base feudal da sociedade colonial, com sobrevivências na imperial: a interpenetração de feudalismo e capitalismo. Exigindo o escravo, o feudalismo brasileiro apoiou-se em um tráfico que o Sr. Bagu considera, com razão, do ponto de vista estritamente econômico em que se coloca, de base capitalista, como saliente à página 137 do mesmo ensaio.

Mesmo, porém, separando-se, um tanto arbitrariamente o aspecto econômico do todo social, é preciso reconhecer-se, como reconhece o Sr. Bagu, que o chamado "capitalismo colonial presenta reiteradamente en los distintos continentes ciertas manifestaciones externas que lo assemejan al feudalismo." Daí o seu "perfil equívoco", como escreve à página 143. O que é inegável é que, através do comércio internacional, que madrugou entre nós, a América Latina contribuiu, como contribuiu a África, para "el deslumbrante florecimiento del capitalista europeo". Mas sem deixarem de ser, em várias áreas, feudalistas a seu modo.

Equívoca na sua economia a ponto de parecer ora feudal, ora capitalista, a sociedade brasileira da época colonial, e até certo ponto da imperial, foi, nas suas formas, predominantemente feudal: um neofeudalismo penetrado por influências capitalistas com as quais chegou a entrar em "conflitos armados", como reconhece o Sr. Bagu, para emergir, desses conflitos, uma sociedade complexa em que – como já salientamos mais de uma vez – "mascates" como Fernandes Vieira tornaram-se, pelo casamento, senhores feudais, imitadas as formas feudais de vida dos elementos economicamente vencidos pelos economicamente vencedores. Aspecto que tem escapado à observação dos estudiosos menos profundos do assunto.

Sobre as revivescências de feudalismo, veja-se principalmente o estudo de Wilhelm Röpke, Die Gesellschafterkrisis der Gegenward (1942), traduzido ao espanhol e publicado em Madri em 1947 sob o título La crisis social de nuestro tiempo. Salienta o professor Röpke à página 145 do seu ensaio que "os característicos feudal-absolutistas" de organização social podem apresentar-se em diferenças extremas sobre poderosos e fracos que correspondem a razões extraeconômicas, explicando-se assim, segundo ele, a sobrevivência do feudalismo dentro do próprio capitalismo.

Em 1822, em Memórias econopolíticas sobre a administração pública no Brasil (Rio de Janeiro, 1822-1823), escrevia à página 4 da "Primeira memoria" "Hum portuguez" que a organização colonial no Brasil "não diferia do feudalismo" senão na substituição dos "pequenos senhorios" pelo "pretos escravos" que lavravam para si e não apenas para os senhores. "Hum portuguez" percebia que dentro das mesmas formas podem variar os conteúdos, sem alteração sociológica das formas.

29. O padre Lopes Gama foi, dentro de critério diverso do de Figueiredo e com visão mais limitada que a daquele mulato afrancesado do Recife, dos problemas sociais de sua época, crítico dos costumes brasileiros, na sua fase de transição da predominância do patriarcalismo rural para a do capitalismo urbano nas áreas onde essa transição primeiro se manifestou. Ao mesmo tempo, e um tanto contraditoriamente, foi ele severo adversário dos Regos Barros, Cavalcantis, Pais Barretos e outros "senhores feudais" cujos abusos de mando combateu no seu jornal O Sete de Setembro.

30. Robert Southey, como outros historiadores, atribui intuitos republicanos aos insurretos de 1710. É assunto hoje controvertido o caráter político daquele movimento, acerca do qual tem interessante

trabalho em preparo – ao qual já se fez aqui alusão – o jovem pesquisador pernambucano Clóvis Melo. Veja-se também A Guerra dos Mascates como afirmação nacionalista, de Mário Melo, Recife, 1941.

31. Alfredo de Carvalho lembra que Francisco de Paula Cavalcanti de Albuquerque, "adepto fervoroso das ideias liberais, cedo constituiu no seu engenho uma das famosas academias ou clubes nativistas, onde foram elaborados os generosos projetos de independência prematuramente abrolhados a 6 de março de 1817" (Frases e palavras, Recife, 1906, p. 25).

32. Mais de uma vez o alto comércio é que foi, no Brasil patriarcal, o elemento mais solidamente conservador nas suas atitudes políticas, em contraste com a população e com o próprio patriciado rurais, salpicados de liberais exaltados e até de radicais, participantes de revoltas, insurreições e agitações. Um dos motivos para essa sensibilidade de moradores e até senhores rurais a ideias de revolta política talvez fosse o observado pelo conde de Assumar com relação a Minas Gerais, cujos moradores "gostam de inquietações p.a não pagarem a ninguem" (Carta de Vila Rica, de 30 de setembro de 1720, manuscrito, cód. no 11, Arquivo Público Mineiro). Viviam, assim, muitos dos moradores dos campos, entregues à agricultura, em estado de instabilidade econômica, embora alguns deles fossem "filhos dos antigos e ricos mineiros" que, enriquecidos nas minas, haviam se estabelecido como fazendeiros ou senhores de terras, por ser, então, o estado mais nobre. Caídos, porém, em "vergonhosa pobreza", ocultavam na "solidão das roças" suas "indigencias", enquanto os negociantes das cidades as ostentavam nas cidades. Comparem-se informações sobre os decaídos das zonas rurais da capitania das Minas, na "Memoria sobre as minas da capitania de Minas Gerais", escrita em 1801, por José Vieira Couto, e publicada na Revista do Arquivo Público Mineiro, Belo Horizonte, 1905, ano X, com as que nos fornece sobre os moradores opulentos dos sobrados das cidades o "Triumpho eucharistico", de Simão Ferreira Machado (1733) e publicadas na mesma Revista, Belo Horizonte, 1901, ano VI. Nesta última crônica se destaca que em Vila Rica estavam "os homens de maior comercio" e também os de "maiores letras, seculares e ecclesiasticos [...] toda a nobreza, e a força da milicia" (p. 1000).

33. "Vauthier et la Gentry Pernambucane", Associação de cultura franco-brasileira do Recife, Bulletin d'Octobre, 1949. Vejam-se também nosso Um engenheiro francês no Brasil (Rio de Janeiro, 1937) e o Diário íntimo do engenheiro Vauthier (anotado por nós), Rio de Janeiro, 1940.

34. Iniciada em 4 de abril de 1846.

35. Tomo II, 1846.

36. Rio de Janeiro, no II ao no V, 1837.

37. *O Liberal Pernambucano*, 26 de janeiro de 1856.

III | O pai e o filho

Towner lembra que nas sociedades primitivas o menino e o homem são quase iguais. Dentro do sistema patriarcal, não: há uma distância social imensa entre os dois. Entre "párvulos" e "adultos", para usar as velhas expressões portuguesas. Tão grande como a que separa os sexos: o "forte", do "fraco", o "nobre", do "belo". Tão grande como a que separa as classes: a dominadora, da servil – às vezes sob a dissimulação de raça ou casta "superior" e "inferior".

É verdade que a meninice, nas sociedades patriarcais, é curta. Quebram-se logo as asas do anjo. E deste modo se atenua o antagonismo entre o menino e o homem, entre o pai e o filho. Nos períodos de decadência do patriarcalismo – tal como o estudado nestas páginas – semelhante antagonismo não desaparece: transforma-se, ou antes, prolonga-se, na rivalidade entre o homem moço e o homem velho.

Tamanho é o prestígio do homem feito, nas sociedades patriarcais, que o menino, com vergonha da meninice, deixa-se amadurecer, morbidamente, antes de tempo. Sente gosto na precocidade que o liberta da grande vergonha de ser menino. Da inferioridade de ser párvulo.

Tamanho é o prestígio da idade grande, avançada, provecta, naquelas sociedades, que o rapaz imita o velho desde a adolescência. E trata de esconder por trás de barbas de mouro, de óculos de velho, ou simplesmente, de uma fisionomia sempre severa, todo o brilho da mocidade, toda a alegria da adolescência, todo o resto de meninice que lhe fique dançando nos olhos ou animando-lhe os gestos. Se pinta a barba é para não parecer decrépito.

No Brasil patriarcal, o menino – enquanto considerado menino – foi sempre criatura conservada a grande distância do homem. A grande distância do elemento humano, pode-se acrescentar.

Até certa idade, era idealizado em extremo. Identificado com os próprios anjos do céu. Criado como anjo: andando nu em casa como um Meninozinho Deus.

Morto nessa idade angélica, o menino era adorado. As mães regozijavam-se com a morte do anjo, como a que Luccock viu no Rio de Janeiro, chorando de alegria porque o Senhor lhe tinha levado o quinto filho pequeno. Eram já cinco anjos à sua espera no céu![1]

Du Petit-Thouars viu em Santa Catarina, em 1825, um menino morto francamente adorado: "[...] vi, no fundo da sala, um estrado sobre o qual estava disposta no altar uma criancinha, cercada de lírios e vasos com flores; tinha o rosto descoberto e estava ricamente vestida, tendo na cabeça uma coroa de sempre-vivas e um ramo na mão". Em volta do altar com o meninozinho morto, esteiras; e ajoelhadas sobre as esteiras, mulheres em trajos de festa, cantando. Depois houve até danças alegres.[2]

Essa espécie de volúpia em torno da morte da criança, já sugerimos em estudo anterior[3] que talvez se derivasse dos jesuítas: do seu afã de neutralizar o rancor dos índios contra os brancos e particularmente contra eles, padres, diante da grande mortalidade de culuminzinhos que se seguiu aos primeiros contatos dos dominadores europeus com a população nativa. Essa mortalidade, tendo também se verificado entre as famílias europeias ou de origem europeia, a estas se teria comunicado também a alegria, por assim dizer teológica, estimulada pelos padres, em torno da morte das crianças. Alegria mórbida, desenvolvida para consolo das mães em época de condições as mais anti-higiênicas de vida. Principalmente nas vilas e cidades: as vilas e cidades dos primeiros séculos coloniais.

Mas essa adoração do menino era antes dele chegar à idade teológica da razão. Dos seis ou sete anos aos dez, ele passava a menino-diabo. Criatura estranha que não comia na mesa nem participava de modo nenhum da conversa da gente grande. Tratado de resto. Cabeça raspada: os cachos do tempo de anjo guardados pela mãe sentimental no fundo da gaveta da cômoda ou oferecidos ao Senhor dos Passos para a cabeleira de dia de procissão.

E porque se supunha essa criatura estranha, cheia do instinto de todos os pecados, com a tendência para a preguiça e a malícia, seu corpo era o mais castigado dentro de casa. Depois do corpo do escravo, naturalmente. Depois do corpo do moleque leva-pancada, que às vezes apanhava por ele e pelo menino branco. Mas o menino branco também apanhava. Era castigado pelo pai, pela mãe, pelo avô, pela avó, pelo padrinho, pela madrinha, pelo tio-padre, pela tia solteirona, pelo padre-mestre, pelo mestre-régio, pelo professor de Gramática. Castigado por uma sociedade de adultos em que o domínio sobre o escravo desenvolvia, junto com as responsabilidades de mando absoluto, o gosto de judiar também com o menino. O regime das casas-grandes continua a imperar, um tanto atenuado, nos sobrados.

O domínio do pai sobre o filho menor – e mesmo maior – fora no Brasil patriarcal aos seus limites ortodoxos: ao direito de matar. O patriarca tornara-se absoluto na administração da justiça de família, repetindo alguns pais, à sombra dos cajueiros de engenho, os gestos mais duros do patriarcalismo clássico: matar e mandar matar, não só os negros como os meninos e as moças brancas, seus filhos.

Diz-se que até o gesto célebre de Salomão chegou a ser imitado por um desses velhos de casa-grande. Velhos ásperos para quem julgar e justiçar a própria família era uma das imposições tristes, porém inevitáveis, da autoridade de patriarca. Tal o chamado Velho da Taipa, grande senhor de Pitangui, na capitania das Minas, onde nos princípios do século XVIII levantara no alto de um morro sua casa de taipa, daí reinando patriarcalmente sobre toda a região. Conta-se que um rapaz português, vindo do Reino, casara-se com uma menina, filha do Velho, chamada Margarida. Um dia – quem de repente chega a Pitangui? A esposa portuguesa do genro do patriarca. (Os casos de bigamia parece que foram frequentes em regiões como a das minas, de população flutuante, constituindo um problema difícil para os bispos de Mariana, depois de terem sido o maior espantalho de patriarcas severos com filhas moças dentro de casa.) Foi quando, diz a tradição, o Velho da

Taipa tendo de decidir a questão, repetiu o gesto do rei hebreu: e ele próprio – contam em Minas – partiu pelo meio, a machado, o corpo do rapaz, entregando uma metade à filha, a outra metade à mulher vinda do Reino, em busca do marido.

A administração da justiça pelo patriarca sobre a própria família, a autoridade exercida pelo adulto sobre o párvulo, no interesse real ou ostensivo da educação, ou da moralização do menino, não há dúvida que tomou muitas vezes o caráter francamente sádico que, em trabalho anterior, já procuramos salientar.[1] Sadismo, que apenas se atenuou ao estender-se o sistema patriarcal das casas-grandes aos sobrados da cidades, onde os velhos continuaram a reinar sobre os moços de modo quase absoluto.

Essa pedagogia sádica, exercida dentro das casas-grandes pelo patriarca, pelo tio-padre, pelo capelão, teve com a decadência do patriarcado rural seu prolongamento mais terrível nos colégios de padre e nas aulas dos mestres-régios. Mas principalmente nos colégios de padre do tipo do Caraça. Os pais autorizavam mestres e padres a exercerem sobre os meninos o poder patriarcal de castigá-los a vara de marmelo e a palmatória.

Através de processo tão cru de ensinar ao aluno o latim, a gramática, a doutrina, as boas maneiras, conservou-se enorme a distância social entre o homem e o menino. Nos colégios de padre, aprimorou-se o princípio de ser a meninice, dos seis aos dez ou aos doze anos, idade teologicamente imunda, durante a qual o indivíduo, sem as virtudes do adulto, adquiridas a custo, apenas se fazia tolerar pelas maneiras servis, pelos modos acanhados, pelo respeito quase babugento aos mais velhos. Era então tolerado: mas não se aproximasse dos adultos, nem levantasse a voz na presença deles, nem se desse a afoitezas de respondão. Respondesse baixo mesmo aos que falassem com ele gritando, quase como aos negros; desaparecesse da sala quando os grandes estivessem conversando; brincasse sem fazer assuada. Em resumo, guardasse dos mais velhos uma distância de inferior, de subordinado, de subserviente.

Essa distância, quando não conservada pelo próprio menino, lhe era imposta por todos os jeitos, mesmo os mais cruéis. Através de castigos e humilhações de que o folclore guarda reminiscências dramáticas, ao lado da documentação oferecida por autobiografias e memórias: homens que na meninice sofreram horrores dos pais, dos tios-padres, do padrasto e da madrasta; e nos colégios, de mestres terríveis. Homens que, como os escravos, desde pequenos oprimidos por senhores mais autoritários, ficaram gagos dos excessos de despotismo exercido sobre eles por pais ou avós terríveis e, por delegação de poder patriarcal, por padres-mestres, mestres-régios, professores de latim. Os anúncios de negros fugidos referem numerosos casos de escravos gagos, cuja causa talvez fosse o terrorismo, o despotismo e às vezes até o sadismo dos senhores velhos sobre os molequinhos. E gago ficou também muito menino de formação patriarcal. Muito aluno de colégio de padre.

O colégio de padres, quase sempre sobradão enorme, é um dos edifícios que marcam na paisagem social do Brasil, a partir do século XVIII, a decadência do patriarcado todo-poderoso da casa-grande. No primeiro século de colonização, o colégio de jesuítas já chegara a fazer sombra, em cidades como Salvador, às casas-grandes e aos sobrados patriarcais, na sua autoridade sobre o menino, a mulher, o escravo. Com relação ao poder sobre o menino o jesuíta antecipou-se no Brasil em ser o mesmo rival do patriarca que com relação ao escravo indígena.

Pelo colégio, como pelo confessionário e até pelo teatro, o jesuíta procurou subordinar à Igreja os elementos passivos da casa-grande: a mulher, o menino, o escravo. Procurou tirar da casa-grande duas de suas funções mais prestigiosas: a de escola e a de igreja. Procurou enfraquecer a autoridade do *pater famílias* em duas de suas raízes mais poderosas: a de senhor pai e a de senhor marido.

Mas a educação do jesuíta, enquanto pôde fazer sombra à autoridade do senhor da casa-grande sobre o menino, foi a mesma que a doméstica e patriarcal nos seus métodos de dominação, embora visando fins diversos dos patriarcais. A mesma no empenho de quebrar a individualidade da criança, visando adultos passivos e subservientes. Passivos perante o Senhor do Céu e da Terra e a Santa Madre Igreja e não tanto diante do pai nem da mãe simplesmente de carne.

Daí a tática terrível, porém sutil, dos educadores jesuítas, de conseguirem dos índios que lhes dessem seus culumins, dos colonos brancos que lhes confiassem seus filhos, para educarem a todos nos seus internatos, no temor do Senhor e da Madre Igreja, lançando depois os meninos, assim educados, contra os próprios pais. Tornando-os filhos mais deles, padres, e dela, Igreja, do que dos caciques e das mães caboclas, dos senhores e das senhoras de engenho ou de sobrado.

Os padres esforçaram-se em fazer dos meninos, o mais depressa possível, homens ou adultos, que fizessem frente ao caciquismo das tabas e ao patriarcalismo dos velhos das casas-grandes. Regozijavam-se diante dos meninos mais precoces que, logo cedo, amadurecidos à força, cantassem em latim, pregassem a Paixão, discutissem teses, parecessem aos pais criaturas superiores, sem nenhum jeito ou modo de menino. Visando, ao que parece, aquele domínio social, estimularam a precocidade literária, que se tornou tão caraterística do menino brasileiro, no regime de vida patriarcal de nossa formação.

Uma carta enviada do Espírito Santo em 1562, "para o padre doctor Torres por commissão do padre bras Lourenço" refere o caso de "hu Indiosinho da Baya", menino de seus treze anos, que já pregava a Paixão em português a gente de fora; e com tanto fervor que movia muito os ouvintes. Desses alunos precoces, aliados dos padres contra os próprios pais, deve ter havido também brancos ou mestiços. As cartas dos jesuítas[5] constituem precioso documentário do esforço dos padres no sentido de subtraírem os meninos mais inteligentes ao domínio dos pais, em idade ainda angélica.

Essa precocidade era conseguida não só por uma série de estímulos à vitória do indivíduo mais brilhante, e não do mais profundo em coisas intelectuais – estímulos muito caraterísticos da antiga pedagogia jesuítica: a maior responsável, talvez, pelas escolas campos de batalha, com os alunos desafiando-se em latim para as competições em que vencia justamente o melhor polemista, o argumentador de palavra mais fácil e de memória mais fértil – como também à custa de vara. A vara, já o bom do Anchieta a considerava a melhor pregação entre caboclos. Deve ter sido também o auxiliar mais poderoso dos padres-mestres, nos primeiros colégios que a Companhia fundou no Brasil.

Do irmão Antônio Rodrigues, tutor em um desses primeiros colégios, sabe-se por uma carta de Antônio Blasquez, que era tão camarada dos alunos que andava no meio deles pescando pelas praias; e quando os meninos tinham vergonha de dizer a doutrina "lh'a tirava elle a seu exemplo dizendo que pois elle era mais antigo e como pae de todos, e com isto não tinha pejo, quanto mais elles que eram ainda moços"; mas fosse algum interno comportar-se mal durante as aulas ou exercícios de religião que Rodrigues "lhe ia á mão, e lhe fazia estar quedo".

Se eram assim os irmãos, imaginem-se os padres. Representantes do Senhor e ensinando gramática e latim para maior glória de Deus, eles não deixavam que o ensino sofresse o menor desrespeito da parte de meninos desatentos ou de estudantes vadios. As aulas tinham alguma coisa de religioso naqueles primeiros colégios de padres, alguns funcionando – o da Bahia, pelo menos – em sobrado que Gabriel Soares chama "sumptuoso": casarão de pedra e cal com todas as escadas, portas e janelas de pedraria com varanda; "grandes dormitorios e muito bem acabados, parte dos quaes ficão sobre o mar com grande vista"; "cubiculos mui bem forrados, e os claustros por baixo lageados com muita perfeição"; grandes cercas até o mar "com agua muito boa por dentro".[6]

Na arquitetura escolar parece ter se antecipado entre nós a arquitetura urbana mais grandiosa que não foi assim a propriamente eclesiástica – catedral ou igreja – nem a puramente civil: as casas de governo, as casas de Câmara, as casas chamadas de função. Nem mesmo os grandes sobrados dos ricos. Os colégios dos padres, como o da Bahia, com seus cubículos para 80 religiosos, seus dormitórios para 200 meninos, foram talvez as massas mais imponentes de edificação urbana no Brasil dos primeiros séculos coloniais. Urbana e talássica. Alguns daqueles edifícios mais grandiosos, como o próprio colégio dos jesuítas na Bahia, eram sobrados "com humas terracenas onde recolhem o que lhe vem embarcado de fora".[7]

O que lhes vinha por mar era quase tudo: sementes, ferramentas, livros. Tudo da Europa. E drogas de todo o mundo. Havia sempre um Antônio Pires pedindo que lhe mandassem de Portugal ferramentas; um Vicente Rodrigues pedindo que lhe enviassem sementes; mas principalmente padres Nóbrega, padres Navarros, padres-mestres, gramáticos, teólogos, insistindo nos livros cuja falta não se cansavam de lamentar. "Porque nos fazem muita mingua para as duvidas que cá ha que todas se preguntam a mim", escrevia em 1549 o padre Nóbrega ao padre-mestre Simão. E muitas dessas coisas essenciais – sementes, ferramentas, livros – não chegaram ao Brasil pelo desembarcadouro geral que havia nas cidades, mas pelas tais terracenas particulares dos colégios de padres.

Nesses sobradões de pedra e cal, em que se expandiram as primeiras escolas dos jesuítas, algumas tão miseráveis nos seus começos – a de Piratininga, por exemplo, mucambo de palha com o pobre do padre Anchieta magro, corcunda, um ar de velho aos trinta anos, mal se podendo mover entre os meninos, um frio horrível a torturá-lo e aos pequenos de manhã cedo, todos tiritando de frio, e o próprio padre tendo de escrever, um a um, os livros para os alunos estudarem, em vez de recebê-los impressos da Europa, em caixotes, nas terracenas dos sobrados; nesses enormes sobrados de pedra e cal, prepararam-se no Brasil os primeiros letrados, que seriam os primeiros bacharéis, os primeiros juízes, padres, desembargadores, homens mais da cidade que da "roça" ou da "mata". Muito lhe deve a cultura literária com que o Brasil dos primeiros tempos coloniais adornou-se precocemente.

Os organizadores ou consolidadores da nossa vida civil e intelectual, os revolucionários da Bahia e de Vila Rica, os poetas, oradores, escritores dos tempos coloniais foram quase todos alunos de jesuítas. O gosto pelo diploma de bacharel, pelo título de mestre, criaram-no bem cedo os jesuítas no rapaz brasileiro. No século XVI já o brasileiro se deliciava em estudar a retórica e latim para receber o título de bacharel ou de mestre em artes.

Já a beca dava uma nobreza toda especial ao adolescente pálido que saía dos "pátios" dos jesuítas. Nele se anunciava o bacharel do século XIX – o que faria a Abolição e a República, com a adesão até dos bispos, dos generais e dos barões do Império. Todos um tanto fascinados pelo brilho dos bacharéis.

Mas toda aquela cultura precoce e um tanto tristonha, saliente-se mais uma vez que os jesuítas a impuseram aos filhos mais inteligentes dos colonos e aos culuminzinhos arrancados às tabas, à força de muita disciplina e de muito castigo. Tradição que se perpetuaria nos colégios de padre até os fins do século XIX.

Os jesuítas – repita-se – deram no século XVI valor exagerado ao menino inteligente, com queda para as letras, tornando-o mesmo criatura um tanto sagrada aos olhos dos adultos, que se admiravam de ver os filhos tão brilhantes, tão retóricos, tão adiantados a eles em conhecimentos. Mas essa valorização artificial era conseguida, sacrificando-se na criança sua meninice, abafando-se sua espontaneidade, secando-se antes de tempo sua ternura de criança. E por meio de castigos e privações é que, mais tarde, os outros padres, também mestres de meninos, tornaram seus colégios ainda mais sombrios que os da S. J. Os jesuítas em parte falharam na sua brava oposição ao sistema patriarcal das casas-grandes: aos seus excessos de absorção do filho pelo pai, do indivíduo pela família. Mas esses outros colégios vieram no momento certo de concorrerem para o declínio do pátrio poder no Brasil. Ou para a sua desintegração em benefício do maior poder da Igreja.

Caraça tornou-se alguma coisa de sinistro na paisagem social brasileira dos primeiros tempos do Império, arrebatando os meninos aos engenhos (onde eles, tratados de resto nas casas-grandes, pelos mais velhos, eram entretanto uns reis na bagaceira e na casa de purgar, dominando aí moleques, galinhas, carneiros, cavalos, bois); às fazendas sertanejas de criar; às casas de sítio; aos sobrados da cidade. E reduzindo-os a internos, em um casarão triste, no meio das montanhas, dentro de salas úmidas, com estampas de São Luís Gonzaga pelas paredes, uns São Luís Gonzagas de olhos doces de mulher, lírios brancos na mão; com imagens de Santo Antônio, de São José, da Virgem e de São Vicente por todos os salões de aula. Que todos esses salões pareciam sacristias, o ar mole de tanto cheiro de incenso e de flor murcha. E sobretudo com padres terríveis, que em vez de lírios brancos como São Luís na sua mão cor-de-rosa de moça, empunhavam palmatórias de sicupira e varas de marmelo.

"Caraça!" "Mando-te para Caraça!" Os mineiros antigos, piraquaras e do Norte, dizem que era o nome com que se fazia medo aos meninos mais valentes. Caraça – lembrou há anos um cronista que colhera impressões de alunos da época de maior prestígio do colégio, e também de maior crueldade dos padres – Caraça era um "nome execrando".[8]

Não que todos os mestres fossem duros e carrascos: o padre Manuelzinho, um negro alto, deixou fama de homem profundamente bom: gênio e modos de moça. Mas havia sadistas. Um deles, o padre Antunes. O padre Antunes amarrava o lenço no braço "para ter mais força de puchar a palmatória". Outro, lente de latim, sentia verdadeiro prazer em fazer a aula inteira "beijar a Santa Luzia", que era a palmatória terrível. E esse castigo, o volutuoso do padre impunha aos alunos com todo o vagar, entre pitadas de rapé. Um aluno, dos velhos tempos de Caraça, diz que viu uma vez "um pulso eclesiástico erguer no ar... vinte e quatro vezes consecutivas uma formidável palmatória, que vinte e quatro vezes estalou nas mãos de um meu colega, criança como eu". Dias depois "por ocasião do primeiro banho a que assisti e em que tomei parte, em um poço profundo, longe do Seminário (pois nessa casa de educação não havia banheiro) vi, com olhos crescidos de pasmo e de medo, largas equimoses espalhadas pelos bracinhos de muitos de meus colegas, as quais eram produzidas pelos dedos brutais de um padre que, por sinal, tinha o nome crônico de Benedito". Em outras aulas de religiosos, outro era o sadismo em que se extremavam alguns mestres. O que fez certo cronista dizer que assim como os idiomas estrangeiros modernos aprendiam-se com mais rapidez dos lábios de mulher, muito rapaz aprendeu latim no Brasil com igual rapidez, "sacudindo clandestinamente os hábitos dos nossos frades".[9]

Mas não era só ao sadismo de mestres terríveis que o menino ficava exposto em aulas de frades de conventos ou nos seminários e nos internatos de que Caraça tornou-se o símbolo. Nesses colégios de padres comia-se mal; havia muito jejum; o menino vivia com fome. Evidentemente, mais de um colégio ou diretor de colégio religioso prevaleceu-se de motivos teológicos, para realizar economias ou lucros à custa da alimentação dos alunos.

Parece que a situação melhorou, sob certos aspectos de higiene, com os colégios oficiais do tipo do Pedro II e com alguns dos particulares. Colégios com nomes de santos – São Luís Gonzaga, Santa Genoveva, São José – mas já sem o ar de seminários. Fundados nas cidades mais importantes do Império e não isolados nas montanhas. De modo que neles se introduziram mais facilmente melhoramentos que a organização urbana facultava: aparelhos sanitários e banheiros, por exemplo. No Santa Genoveva, dirigido no Recife do meado do século XIX por um bacharel, Barbosa Lima, o aluno era obrigado a tomar banho uma vez por semana e a lavar os pés todas as noites. O trajo era o de homem. Nos dias de festas, sobrecasaca e calças pretas. Nos outros dias, paletó preto e calças brancas.[10]

Entretanto, nunca será exagerado acentuar o valor que tiveram para a sociedade brasileira nos seus períodos mais difíceis de integração – os séculos XVI e XVII, no litoral todo, o século XVIII, na área mediterrânea: séculos com tanta tendência para excessos, rebeldias, desmandos e para a preponderância dos valores materiais sobre os imateriais e dos interesses de família, ou de chefes de família, sobre os gerais – os seminários e colégios de padres. Foi das mais poderosas, no sentido daquela integração, sua influência sobre os filhos dos ricos e sobre os meninos caboclos, e através deles, sobre os elementos social e culturalmente mais indigestos da população. Os meninos formados nesses seminários e nesses colégios foram um elemento sobre o qual em vez de se acentuarem os traços, as tendências, por um lado criadoras, mas por outro dissolventes, de uma formação excessivamente patriarcal, à sombra dos pais heróicos, de indivíduos em extremo poderosos, senhores de casas-grandes quase independentes do resto do mundo, se desenvolveram, ao contrário, o espírito de conformidade e certo gosto de disciplina, de ordem e de universalidade, que os padres, e principalmente os jesuítas, souberam como ninguém comunicar aos seus alunos brasileiros.

Esses alunos de colégios de padres foram, uma vez formados, elementos de urbanização e de universalização, em um meio influenciado poderosamente pelos autocratas das casas-grandes e até dos sobrados mais patriarcais das cidades ou vilas do interior, no sentido da estagnação rural e da extrema diferenciação regional. Nas modas de trajar e nos estilos de vida, eles, alunos de colégios de padres, representaram aquela tendência para o predomínio do espírito europeu e de cidade sobre o meio agreste ou turbulentamente rural, encarnado muitas vezes pelos seus próprios pais ou avós. Outras vezes encarnado pelos homens mais brancos, e cheios de preconceitos de pureza de família e de cor, sendo eles, alunos de colégios de padres e de seminários, mamelucos, caboclos, bastardos, órfãos – dos muitos órfãos que a caridade dos religiosos recolhia ou a sabedoria do Estado português dos tempos coloniais, antecipando-se a ideias moderníssimas, distribuía entre famílias de homens de bem. Famílias a quem as câmaras pagavam um tanto de subvenção para criar os meninos – conforme documentos guardados em arquivos da antiga capitania de Minas Gerais e hoje em Belo Horizonte: no Arquivo Público Mineiro. Criados por essas famílias muitos enjeitados foram depois educar-se com os padres. O caso, entre outros, de Diogo Antônio Feijó.

O número de homens ilustres da época colonial e dos primeiros anos do Império que receberam sua educação primária e secundária nos colégios de padre sobrepuja o dos educados em casa, com capelães e tios-padres. Capelães e tios-padres que, subordinados mais ao *pater famílias* que à Igreja, não deixavam, entretanto, de representar, sob a telha-vã dos casarões patriarcais, alguma coisa de sutilmente urbano, eclesiástico e universal – a Igreja, o latim, os clássicos, a Europa, o sentido de outra vida, além da dominada pelo olhar dos senhores, do alto das suas casas-grandes. Das casas-grandes exclusivamente suas: tanto que os próprios padroeiros das capelas patriarcais eram santos, que muitas vezes os patriarcas faziam substituir por outros.

Foram educados em casa o Morgado do Cabo, depois marquês do Recife e provavelmente a maior parte dos seus antecessores, fidalgos rústicos, pais Barretos de engenhos; muitos dos Albuquerques e dos Cavalcantis, que já rapazotes seguiam quase diretamente dos engenhos da "mata" para Coimbra ou para universidades francesas, alemãs e inglesas onde alguns deles se formaram em filosofia, em matemática, em direito e em medicina. E Joaquim Caetano da Silva, vindo do extremo sul do Brasil, dizem que ganhou fama de "menino-prodígio" em Montpellier. Também Joaquim Nabuco foi educado a princípio em casa, sob as vistas da madrinha, senhora do engenho Maçangana.

Mas nos colégios de padre é que principalmente se educaram, em maior número, as grandes figuras da política, das letras e das ciências brasileiras dos tempos coloniais e do Primeiro Império. Eusébio e Gregório de Matos, Bento Teixeira, Basílio da Gama e Santa Rita Durão. Frei Vicente do Salvador e Rocha Pita. Cláudio Manuel da Costa, Silva Alvarenga, Alvarenga Peixoto.

Deve-se ainda salientar a ação disciplinadora dos colégios de padre, ou mesmo do ensino particular dos capelães, dos tios-padres, dos caixeiros de engenho, no sentido de conter os excessos de diferenciação da língua portuguesa no Brasil. Em meios como os engenhos, as fazendas, os sítios, na maior parte isolados, fora do mundo, os meninos criados pelas mucamas, muitos senhores, uns ignorantaços, muitas senhoras, verdadeiras negras no falar, comendo os *rr* e os *ss* no fim das palavras, trocando os *rr* por *ll*; dizendo *fazê*, *mandá*, *comê*; dizendo *cuié* e *muié*; outras, ainda, trocando o *lh* por *l* e dizendo *coler* e *muler*; em meios assim isolados, a corrupção da língua se fazia à grande. As diferenciações se acentuaram de modo alarmante nas zonas agrárias, não apenas mais distantes, porém mais patriarcais, com o escravo negro dentro de casa, pessoa da família. Ainda hoje os membros de certas famílias ilustres de engenho ou fazenda se deixam identificar por vícios de pronúncia particularíssimos, que pegaram com os negros dentro de casa. Em outras zonas se particularizou a fala em uma acentuação de voz toda especial, quase sempre morosa, mas de um vagar não já de ternura, e sim fanhoso, arrastado, doentio. A fala dos Wanderley de Serinhaém e Rio Formoso. Um modo de falar "enfastiado e dando somno", notava o Padre Lopes Gama a propósito da "linguagem bordalenga..." de muita gente nossa. E não só do miuçalho como até de "gerarchia elevada". Assim certa "Da. Mariquinhas", que ele, no seu *O Carapuceiro*, fez simbolizar toda uma classe: menina bonita, vestindo-se bem, dançando suas quadrilhas, tocando seu piano, cantando. Mas quando falava era só *pru mode, cadê, oreia, veiaco, cuié, muié, oxente*.

Naturalmente o padre-mestre era quase um purista, desejando uma língua de casa-grande ou de sobrado que não tivesse mancha de fala de negro. Que não se deixasse salpicar pelo sujo das senzalas nem pela lama preta dos mucambos. Que fosse a mesma de Portugal. Mas, por menor que seja nossa simpatia pelo purismo de língua, com sacrifício de sua espontaneidade, não deixamos de imaginar com certo horror os excessos que teriam corrompido o português das casas-grandes e dos sobrados patriarcais em diferenciações e particularismos quase de família, o pessoal de uma casa quase sem entender o de outra, se a favor da pureza da língua, e por conseguinte, de sua unidade, e da unidade de toda a cultura brasileira, não tivesse agido desde o século XVI o ensino dos colégios de padre. Foi principalmente por esse ensino que se conservou vivo e ativo aquele nervo de integração.

A ação unificadora da língua – unificadora e ao mesmo tempo profilática, urbanizadora, europeizante – os colégios de padre exerceram-na do modo mais inteligente. Pelo menos os do tipo representado no centro do país pelo seminário de Mariana, que Saint-Hilaire observou, nos princípios do século XIX, vir adoçando os costumes das populações mineiras, brutalizadas pelas preocupações de ouro.[11] No Norte, pelo seminário e, ao mesmo tempo, colégio de Pernambuco, fundado na cidade de Olinda pelo Bispo Azeredo Coutinho.

Tipo de colégio que já não era o jesuítico, com seu ensino excessivamente retórico, literário e religioso. Com seu ensino, por um lado, quase antibrasileiro. Ao contrário: Azeredo Coutinho trouxe para o ensino não só de meninos e rapazes, no seminário de Olinda, como de meninas e mocinhas, no Recolhimento de Nossa Senhora da Glória do Lugar da Boa Vista, na cidade do Recife, uma psicologia nova, muito mais doce que a dos padres da Companhia e que a dos mestres-régios. Muito mais humana na sua compreensão do ambiente brasileiro: dos defeitos a corrigir e das virtudes a aproveitar, do patriarcalismo colonial. Um dos defeitos a corrigir – defeito perturbador de todo o progresso da cultura brasileira no sentido europeu, e da sua unidade, no sentido nacional – era decerto o daqueles vícios de pronúncia, principalmente da gente da roça e dos meninos de engenho. Vícios que vinham se acentuando terrivelmente. Às mestras de ler do Recolhimento, o bispo recomendava em 1798 que não se descuidassem de corrigir tais vícios nas mocinhas. Por exemplo: o de falarem pelo nariz ou arrastado. Mas principalmente o de pronunciarem as palavras, invertendo a ordem das letras, como *breço*, em lugar de berço, *cravão* em lugar de *carvão*; ou suprimindo no meio das palavras algumas letras, como *teado* em vez de *telhado*, *fio* em lugar de *filho*; ou, ainda, engolindo a letra última, principalmente no número plural, e nos nomes acabados em agudo, como *muitas flore* em lugar de *muitas flores*, *Portugá* em vez de Portugal.[12]

As moças em que se encontravam esses vícios de pronúncia eram as brancas e filhas legítimas; moças de casa-grande e de sobrado; que só estas se admitiam no colégio de Nossa Senhora da Glória. O vício de falar arrastado e, ao mesmo tempo, fanhoso, pelo nariz, este veio a caracterizar não matutos sem importância, mas grandes famílias rurais. Uma delas, já o dissemos, os Wanderley de Serinhaém e Rio Formoso. Destes os próprios escravos, quando crias das casas-grandes ou dos sobrados, vieram a tornar-se conhecidos pela fala do mesmo modo que pelo jeito de andar.

Não deixa de surpreender em um padre do século XVIII – embora esse padre fosse Azeredo Coutinho, descendente de família ilustre da Paraíba do Sul e formado em Coimbra – ideias, tão adiantadas para a época, sobre as relações dos adultos com as crianças. Em um tempo em que a regra era tratar-se o menino como se fora um demônio, passada a fase de ele ser adorado como um anjo que era até aos seis ou aos sete anos – Azeredo Coutinho insistia a favor dos pobres dos párvulos serem considerados criaturas simplesmente humanas. Às crianças perguntadoras, por exemplo – que eram talvez as mais hostilizadas pelo sistema patriarcal, como pelo jesuítico, vendo-se na curiosidade não só o desrespeito ao mais velho como a perturbação daquela suprema faculdade angélica que, para os jesuítas, era a memória – o bispo de Pernambuco recomendava que de nenhuma sorte o adulto desse a ideia de que as tinha por importunas nas suas muitas perguntas: "antes pelo contrario convem dar-lhes mostras de gosto em responder-lhes".

Mas o espantoso é ver D. José Joaquim da Cunha de Azevedo Coutinho aconselhar aos mestres um método quase psicanalítico de lidar com as meninas nervosas, que por qualquer coisa estivessem chorando ou com medo ou com saudade de casa: "Em algumas meninas se vê, por qualquer couza, um susto, ou timidês indizivel, que muitas vezes parecendo propriedades do sexo, não são mais do que effeitos proprios da educação que lhes derão, costumando-as a soffrer medos que lhes representavão na tenra idade para as fazer calar, ou estar quietas". O remédio era fazê-las conhecer o erro em que estavam, "até o ponto de as fazer rir de sua timidês".[13]

É oportuno recordar que o bispo deu ao ensino no seminário de Olinda – "um seminário", diz Oliveira Lima, "logo considerado o melhor colégio de instrução secundária no Brasil" – um caráter quase escandaloso para o tempo. Em vez de só religião e retórica, gramática e latim, o seminário de Olinda começou a ensinar as ciências úteis, que tornassem o rapaz mais apto a corresponder às necessidades do meio brasileiro, cuja transição do patriarcalismo agrário para um tipo de vida mais urbana e mais industrial exigia orientadores técnicos bem instruídos e não apenas mecânicos e artífices negros e mulatos, que aqui continuassem de oitiva a tradição peninsular dos artistas mouros, ou a africana, dos seus avós negros. Exigia, também, o meio em transição, o estudo dos problemas econômicos criados pela mineração, pela industrialização, pelo declínio da economia baseada simplesmente na monocultura ou no monopólio: outro aspecto da situação brasileira que Azeredo Coutinho parece ter compreendido admiravelmente.

Tollenare achou no seminário de Olinda certo aspecto de liceu francês – dos departamentais, não dos metropolitanos – com alunos que se destinavam não só às ordens sacras, mas a outras carreiras: rapazinhos desejosos de fazer os estudos de Humanidades; e estudando não só latim e filosofia, mas matemáticas, física, desenho. Era a orientação de Azeredo Coutinho que assim rompia com os restos da tradição jesuítica de ensino colonial.

Já outra era a fisionomia dos colégios que pela mesma época – fins do século XVIII, princípios do XIX – substituíram no Rio de Janeiro as antigas escolas dos jesuítas. Luccock, pelo menos, teve impressão má do seminário de São Joaquim. E um dos aspectos que mais o impressionaram foi o atraso com relação às ciências: o ensino era ainda todo literário e eclesiástico. Jesuiticamente literário. Outro aspecto que o horrorizou foi a tristeza dos meninos. Meninos calados, doentes, de olhos fundos.

Era a precocidade. Era a opressão da pedagogia sádica, exercendo-se sobre o órfão, sobre o enjeitado, sobre o aluno com o pai vivo mas aliado do mestre, no esforço de oprimir a criança. Todos – o pai e o mestre – inimigos do menino e querendo-o homem o mais breve possível. O próprio menino, inimigo de si mesmo e querendo ver-se homem antes do tempo.

É bem expressiva a alcunha que o povo do Rio de Janeiro pôs nos meninos de São Joaquim: carneiros. Carneirinhos. Calados, olhos tristes, sem vontade própria, eram mesmo uns carneiros. E o trajo ainda lhes dava mais o ar de carneiros: uma batina branca com uma cruz vermelha no peito; um cinto de cadarço preto.

No tempo do Império, passada já a época do colegial andar de batina, os meninos de colégio continuaram meninos tristes, agora de sobrecasaca preta, roupa de homem, alguns já viciados no fumo, diz o padre Gama que até no rapé. O ensino nos colégios menos eclesiástico, mas a vida de internato ainda triste. E a tendência da pedagogia, ainda a colonial, de amadurecer a criança à força e animar a precocidade. O próprio D. Pedro II foi um precoce que aos quinze anos já era imperador, cercado de ministros provectos, de titulares de barba longa entre os quais, ele, logo que pôde, apareceu também com grande barba loura a escorrer-lhe pelo peito.

Desertor da meninice – que parece ter deixado sem nenhuma saudade – Pedro II foi, entretanto, o protetor do Moço contra o Velho, no conflito, que caraterizou o seu reinado, entre o patriarcado rural e as novas gerações de bacharéis e doutores. Entre os velhos das casas-grandes, habituados a se impor por um prestígio quase místico da idade, e os moços acabados de sair das academias de São Paulo e de Olinda; ou vindos de Paris, de Coimbra, de Montpellier. Moços a quem o saber, as letras, a ciência cheia de promessas, começaram a dar um prestígio novo no meio brasileiro.

Ainda não se atentou nesse aspecto curioso do Segundo Reinado entre nós: a repentina valorização do moço de vinte anos, pálido de estudar, que nem um sefardim. Valorização favorecida por uma espécie de solidariedade de geração, de idade e de cultura intelectual, da parte do jovem Imperador. Devendo-se acrescentar a esse fato o dos moços representarem a nova ordem social e jurídica, que o imperador encarnava, contra os grandes interesses do patriarcado agrário, às vezes turbulento e separatista, antinacional e antijurídico.

É certo que nos últimos tempos coloniais, a metrópole, em luta aberta contra as oligarquias dos senados das câmaras, contra os senhores de engenho, contra os magnatas das minas, já vinha mandando ao Brasil, para governar os povos de capitanias mais arrogantes, homens moços, rapazes de vinte e tantos, trinta anos, como o conde de Valadares. Homens que pela extrema mocidade escandalizaram os velhos das casas-grandes, cujo roço vinham quebrar, cujo prestígio místico, em parte baseado na idade, vinham destruir.

Mas foi com Pedro II que essa tendência se acentuou; e que os moços começaram a ascender quase sistematicamente a cargos, outrora só confiados a velhos de longa experiência da vida. É verdade que esses moços, agora poderosos, em tudo imitavam os velhos; e disfarçavam o mais possível a mocidade.

Ainda assim, sua ascensão social e política não se fez sem a hostilidade, ou, pelo menos, a resistência dos mais velhos. Eles foram impostos aos mais velhos pela vontade do Imperador que viu talvez nos homens de sua geração e de sua cultura literária e jurídica os aliados naturais de sua política de urbanização e de centralização, de ordem e de paz, de tolerância e de justiça. Política contrária aos excessos de turbulência individual e de predomínio de família: às autonomias baseadas, às vezes, em verdadeiros fanatismos em torno de senhores velhos. Contrária, por conseguinte, aos interesses mais caros das oligarquias agrárias que formavam ainda as grandes montanhas da nossa paisagem social, ao iniciar-se o reinado de certo modo antipatriarcal de Pedro II.

Se o imperador Pedro II começou a reinar com a sombra de algumas grandes figuras de velhos vindos dos tempos coloniais e de casas-grandes do interior curvadas sobre seu governo, não tardou que sua cabeça loura de adolescente, nascido e criado em sobradão mais de cidade que de mato e ansioso de mando, cansado de tutores, se afirmasse em uma das vontades mais vivas que ainda governaram o Brasil. Temia pouco os oligarcas das casas-grandes do Império. Temia mais a opinião dos europeus a seu respeito. Os europeus dos sobrados de Paris e de Londres.

O Imperador de quinze anos era um menino alto, mas nada elegante de corpo, o que talvez resultasse de sua vida livresca, de criança de sobrado, quase sem exercício nem ar livre. Nisto não se distinguia de muitos dos rapazes que iam ser seus ministros, seus presidentes de províncias, que iam ser juízes, diplomatas e deputados, homens feios, pálidos, quase cabeças de frades barbados em corpos franzinos de criança. Falta de educação física, de exercício, de ar livre. Excetuavam-se os criados mais livremente em engenho, montando a cavalo, rodando de almanjarra. Ou os criados em estâncias do Sul. Os Araújo Lima, os barão de Goiana, os Saraiva, os Silveira Martins. Mais tarde os Saldanha da Gama e os Joaquim Nabuco – devendo salientar-se deste pernambucano que não montava a cavalo.

O bacharelismo, ou seja, a educação acadêmica e livresca, desenvolveu-se entre nós com sacrifício do desenvolvimento harmonioso do indivíduo. Bernardo Pereira de Vasconcelos aos quarenta anos já parecia um velho. E é curioso salientar nos homens novos que no reinado de Pedro II tomaram tão grande relevo na política, nas letras, na administração, na magistratura, o traço quase romântico da falta de saúde.

Não eram só doentes: tinham a volúpia da doença. Os homens mais velhos tomavam relevos de gigantes, comparados com os moços franzinos cheios de "gastrites, encephalites, bronchites, pulmonites, splenites, pericardites, interites, collites, cephalagras, hipertrophias, cardialgias, nevroses de todos os nomes" que já em 1839 o padre Lopes

Gama tanto ridicularizava. "Hum moço de outro tempo" – escrevia o padre alarmado com tanto bacharel pálido, tanto rapaz doente – "era hum Hercules; que bella cor! que força muscular! que agilidade, que vivesa, que saude! Hoje encontra-se por ahi hum jovem, que pouco dista duma mumia do Egypto."[14]

Mas tornara-se tão bonito ser doente que até as meninas elegantes da primeira metade do século XIX viviam pondo bichas, sustentando-se de caldo de pintainho e papinhas de sagu. E os rapazes, o rosto, o cabelo, a barba que imitavam eram os do Nazareno – o Jesus convencional, das imagens da crucificação.

O padre Gama se alarmava diante dos moços do seu tempo: aos dezesseis anos já tinham suíças "de fazer medo á gente (menos ás senhoritas)"; aos vinte já estavam calvejando ou encanecendo; aos vinte e cinco padecendo de gastrites, enterites, bronquites etc.; e muitos "morrendo bem velhos na idade de trinta annos".[15]

Alguns morreram aos vinte e um, aos vinte e dois anos: um deles o acadêmico de direito de São Paulo, Manuel Antônio Álvares de Azevedo, doce poeta que seria por tanto tempo o ídolo dos estudantes, o São Luís Gonzaga das devoções literárias do adolescente brasileiro. O poeta Casimiro de Abreu, morrendo tuberculoso aos vinte e três, ficou outro ídolo: das moças sentimentais. Junqueira Freire, esse finou-se do coração aos vinte e dois anos: e foi mais um santo literário a ser adorado pelos estudantes e pelas moças. Aureliano Lessa, morrendo aos trinta e três anos e Laurindo Rabelo, aos trinta e oito, aumentaram o número dos santos de vinte e de trinta anos da nossa literatura sentimental e até mórbida do tempo do Império.

Em torno dessas figuras de poetas e romancistas pálidos, nazarenos, olhos grandes e sofredores; em torno desses poetas e romancistas cujos versos de amor os estudantes e as moças recitavam ao som da *Dalila*, naquelas salas escuras do tempo do Império, com sofás de jacarandá e espelhos de Nuremberg, as velas ardendo dentro das grandes mangas de vidro, fez-se uma idealização doentia da mocidade doente. Castro Alves, pela saúde, pela firmeza da voz mais de orador que de poeta, seria uma exceção; mas também morreu moço. Contribuiu para aquela idealização mórbida da mocidade incapaz de tornar-se maturidade.

Chegara a época de ser quase tão bonito morrer moço, aos vinte, aos trinta anos, como morrer anjo, antes dos sete. Morrer velho era para os burgueses; para os fazendeiros ricos; para os vigários gordos; para os negros mais bem tratados de engenho. Os "gênios" deviam morrer cedo e, se possível, tuberculosos. Nada de saúde. Nada de robustez. Nada de gordura. E os "gênios" foram concorrendo para a própria morte. Exagerando-se no conhaque. Andando com prostitutas. Sifilizando-se em orgias baratas. Como observou Sílvio Romero, eles "tinham seu programa", cujo primeiro artigo era a libação do "conhaque" e o segundo era "a vadiagem".[16]

Junte-se a essa vida de conhaque e de vadiação com mulheres, o fato de os rapazes mais estudiosos nos colégios, nos internatos, nas próprias academias (instaladas em conventos velhos, úmidos, cheios de sombras), desenvolverem um esforço intelectual que a deficiência ou a irregularidade de alimentação, a falta de exercício, de sol, de ar, de modo nenhum favoreciam. A situação de higiene dos internatos da Corte e das capitais, onde o menino estudioso emagrecia, definhava, às vezes entisicava, pouco devia diferir da do internato do Arsenal de Guerra, onde um inquérito realizado em 1851, para determinar as causas de tanta enfermidade entre os menores, revelou condições as mais anti-higiênicas, não só de alimentação como de dormida, de roupa de cama, de vestuário, de umidade e falta de ventilação no edifício. E é curioso salientar que as principais doenças que afligiam os menores parecia que se derivavam da má alimentação: irritações gastrintestinais seguidas de diarreias, oftalmias, escorbutos.[17]

Burton, visitando Congonhas do Campo, ficara encantado com a situação do colégio dos padres. Vira os alunos, todos de batina, mas parece que sem o ar de doentes de vermes dos meninos do São Joaquim. Mas até em Congonhas e em outros pontos saudáveis de Minas, a julgar pelo escrupuloso viajante inglês, a higiene dos colégios de padre estava longe de ser ideal, havendo graves irregularidades no sistema de alimentação.[18] Daí a desvantagem que levavam precisamente os rapazes mais estudiosos, os "gênios", os que viviam mais com os livros.

Mesmo romanticamente doentes, ou morrendo aos vinte e poucos, aos vinte e tantos, aos trinta e aos trinta e tantos anos – aos quarenta, como José de Alencar e Gonçalves Dias – os moços foram tomando os lugares de maior importância na administração, na política, na magistratura e na diplomacia do Segundo Reinado. Deslocando das grandes responsabilidades os velhos sadios. Os bons gigantes de sessenta e setenta anos vindos da época do rei velho ou dos dias dos vicerreis.

O país, que se acostumara a governadores e a bispos arrastando os pés e a patriarcas cuja idade era um título de nobreza e uma condição de prestígio, acabaria vendo bispo de Olinda quase um menino: D. Frei Vital Maria Gonçalves de Oliveira. Bispo aos vinte e tantos anos, a barba de frade Capuchinho parecendo quase postiça em rosto tão moço.

E na presidência das províncias, nos ministérios, na Câmara, foram aparecendo bacharéis de vinte e poucos, vinte e tantos anos, trinta anos, a suíças e barbas mal conseguindo dar a impressão de idade provecta. Aos trinta anos Honório Hermeto Carneiro Leão, depois marquês do Paraná, já estava ministro da Justiça; aos trinta e um, Manuel Francisco Correia governava a província de Pernambuco; João Alfredo, aos trinta e cinco, já era ministro do Império; Rodolfo Dantas, aos vinte e oito; Afonso Celso, o futuro visconde de Ouro Preto, ministro da Marinha aos vinte e sete; Otaviano, ministro dos Estrangeiros, aos trinta e seis.

Era diante desse escândalo de bispos moços, de ministros de trinta e principalmente de presidentes de província de vinte e tantos anos, que os velhos não se continham. "Quando me recordo, meu venerando amigo" – dizia um deles, em carta que depois se publicou – "do passado do Brasil, e confronto com os tempos que vamos atravessando, de certa epoca para cá, vejo que apesar da mal entendida politica da metropole portugueza em relação ao Brasil erão mandados homens experimentados para o governo das nossas capitanias; e hoje são mandadas creançolas, sahidas das escolas de direito, sem conhecimentos e nem experiencias, para anarchisar as provincias do Imperio." A verdade é que nos tempos coloniais "não se mandavão para o governo no Brasil senão homens já traquejados no governo civil e politico do Estado". Até Mato Grosso, que no Império só se sabia que era província do Brasil em tempos de eleição, "era olhado com muito carinho pelo governo portuguez, que só para alli mandava homens de muita importancia e engenheiros como o famoso Franco de Almeida, que, depois de muitos annos, ali faleceu [...]".[19]

Parece fora de dúvida que a administração pública no Brasil sofreu um tanto com as presidências de província confiadas pelo Imperador a bacharéis de vinte e tantos, trinta anos, quase sem outro saber que o dos livros. Moços brilhantes e letrados, faltava-lhes, entretanto, aquele bom senso terra a terra, aquele equilíbrio, aquela solidez, aquela perspectiva das coisas que só se consegue com a experiência, aquele profundo realismo político da maioria dos capitães-generais enviados pelo governo português para a sua colônia americana, vários desses administradores coloniais da estatura dos maiores que dariam depois a Inglaterra ou a França. Política de astúcia rara. Tal o conde de Assumar, em Minas, D. Thomaz de Mello, em Pernambuco, o conde de Arcos, na Bahia, o conde da Cunha, no Rio de Janeiro.

Já em 1838, diante das primeiras gerações de bacharéis de Olinda e São Paulo invadindo com o seu "romantismo jurídico" os postos outrora ocupados por aqueles velhos realistas políticos, alguns de olhos já cansados de tanto ver, mas não se deixando iludir pelas aparências, os ouvidos já ficando moucos de tanto ouvir, mas não se deixando nunca emprenhar pelas palavras de intriga ou de enredo; já em 1838, perguntava João Gualberto dos Santos Reis onde estavam "aquelles pés de boi chamados", famosos "pelo caracter, sisudez e brio" – os homens bons de outrora? Os velhos capitães, ouvidores, juízes, homens bons?[20]

Estavam retirando-se da cena. Começara, vagamente, a vitória dos moços, que se acentuaria em traços nítidos com o governo do senhor D. Pedro II. Com a própria Igreja entregando os cajados de bispo a padres e frades com aparência ainda de noviços; e não aos velhinhos de outrora.

"Já antes dos quarenta anos, o brasileiro começa a inclinar a sua opinião diante das dos jovens de quinze a vinte e cinco anos", escreveu anos depois Joaquim Nabuco, impressionado, decerto, com o contraste entre a predominância dos moços no Brasil do seu tempo e a predominância dos velhos na Europa.[21] E na verdade, pelo menos com relação ao rapaz de quinze anos que subiu ao trono de imperador com o nome de Pedro II, foram raros os homens de mais de quarenta anos que tiveram como Honório Hermeto a altivez, a coragem e a firmeza de suas opiniões.

Os moços imitavam os velhos, é verdade; mas suas barbas eram pretas e louras; não eram brancas como as dos velhos. Os muitos anúncios de tintura para as barbas nos jornais do tempo do Império, mostram que eles as desejavam pretas e louras.

Com a ascensão social e política desses homens de vinte e trinta anos foi diminuindo o respeito pela velhice, que até aos princípios do século XIX fora um culto quase religioso, os avós de barba branca considerados os "numes da casa". Os santos, os mortos e eles, velhos.

Os antigos avós poderosos foram se adoçando em vovós ou dindinhos a quem já não se tomava a bênção com o mesmo medo dos tempos rigidamente patriarcais. Ao padre Lopes Gama não escapou a transição, no seu tempo ainda mal definida na zona rural, porém já evidente nas cidades mais europeizadas e talássicas como o Rio de Janeiro ou o Recife. Em 1839 o padre escrevia que "os meninos dos tempos antigos erão muito mais travessos, cavalgavam em canos e paus, fazião regimentos, davão batalhas; outros macaqueavão as cerimonias do culto religioso, já vestidos de padres, já com oratorios & C."; mas "tinhão muito respeito, muito medo, de seos paes, ou tutores".[22]

Pobres "meninos travessos" do tempo dos filhos chamarem ao pai de "Senhor Pai", era deles que o padre Gama sentia a falta, escandalizado com os meninos e os rapazes da nova geração: desavergonhados que conheciam melhor as quadrilhas que o padre-nosso; viciados no charuto Havana e a cachucha; leitores de "pestilenciaes novellas" e de "poesias eroticas", em vez dos "evangelhos", das "epistolas de São Paulo," e "para recreio, os Contos Moraes de Marmontel, o virtuoso Telemaco, a Moral em Acção, a Escola de Bons Costumes, a Mestra Bona" que eram os livros indicados pelo padre para a leitura da mocidade. Rapazes falando alto e dando opinião sobre todas as coisas na presença dos mais velhos, em vez de se comportarem com o respeito de outrora, pelos pais, pelos avós, pelos tios. Nas festas de família, sem que ninguém lhes perguntasse, já os mais salientes davam "o seu voto magistral a respeito da bondade, ou imperfeição do chá", "applaudindo este pão de ló, reprovando aquelle sequilho"; durante a missa, namoravam o tempo inteiro, dando as costas ao Santíssimo Sacramento para olharem as meninas de frente, "rindo-se para esta, contemplando aquella, galanteando aquell'outra... torcendo o bigóde... penteando com os dedos o furibundo passa piolho"; e quase já não tomavam a bênção aos pais![23]

Que tempos seriam esses, santo Deus? Esses rapazes tão sem medo, tão sem respeito pelos mais velhos e até pelos santos, pelo próprio Santíssimo Sacramento? Que fim de mundo seria esse?

Era o declínio do patriarcalismo. O desprestígio dos avós terríveis, suavizados agora em vovós. O desprestígio dos "senhores pais" que começavam a ser simplesmente "pais" e até "papais". Era o menino começando a se libertar da tirania do homem. O aluno começando a se libertar da tirania do mestre. O filho revoltando-se contra o pai. O neto contra o avô. Os moços assumindo lugares que se julgavam só dos velhos. Era o começo daquilo a que Joaquim Nabuco chamou de *neocracia*: "a abdicação dos pais nos filhos, da idade madura na adolescência...". Fenômeno que lhe pareceu "exclusivamente nosso"[24] quando parece caracterizar, com seus excessos, toda transcrição do patriarcalismo para o individualismo.

Em 1844 um estudante do Curso Jurídico de Olinda já se afoitava a escrever ao pai, senhor de engenho: "Olinda, 15 de Jun.º de 1844. Meu Pae e Senr. Abenção. Recebi duas cartas de Vmcê, uma escripta em Maio, q. me foi entregue pelo Sens. Q., e outra escripta agora em Jun.º q. me foi entregue pelo S.; nesta encomendou-me Vmcê, que comprasse 10 arrs. de carne, a ql. remetto plo. mmo. portor e supponho q. não será mto. ma." Mas o assunto principal não era esse da carne – o engenho se abastecendo de carne na praça. Era assunto mais grave: o filho agindo sem conhecimento do pai: "pratiquei uma acção q. era absolutamente opposta ao preceito sagrado de Vmce., sim commetti este horrendo crime e p. q. commetti? Seria pr. ventura pr. q. me vendesse p.º dinheiro?" E explicava que, sem licença do pai, aceitara a proposta de um padre rico, o Rev............ Albuquerque, para casar com a filha dele, padre rico.[25]

São várias as cartas da época em que se refletem atitudes de independência, quando não de revolta, da parte de moços para com os velhos; de jovens bacharéis para com patriarcas de casas-grandes de engenho e de fazenda. Começavam a ser rivais: o filho e o pai, o moço e o velho, o bacharel e o capitão-mor. O adulto respeitável já não era apenas o patriarca velho: também o seu filho, senhor-moço. O senhor-moço retórico, polido, urbano. Educado na Europa ou na Bahia. Em Olinda ou em São Paulo.

Deve-se notar que, tendo havido no patriarcalismo brasileiro uma tendência para o trajo se uniformizar no do adulto respeitável – de onde os meninos de roupa de homem, cartola e bengala, que Rendu achou parecidos com *marionnettes* das feiras francesas[26] e as meninas vestidas desde cedo como senhoras – ainda assim, nos seus extremos, as idades se apresentaram por longo tempo diversíssimas na maneira de vestir. A senhora de idade avançada, principalmente, não se compreendia sem capota preta. Nem homem de idade provecta e condição ilustre, sem sobrecasaca e lenço de rapé. Enquanto aos meninos em idade de anjo se permitia, mesmo nas melhores famílias, o privilégio de andarem nus dentro de casa ou no sítio do sobrado.

Notas ao Capítulo III

1. John Luccock, *Notes on Rio de Janeiro and the southern parts of Brazil, taken during a residence of ten years in that country from 1808 to 1818*, Londres, MDCCCXX, p. 192.
2. Observação feita em Santa Catarina por Abel du Petit-Thouars, que de 1836 a 1839 fez a volta do mundo na fragata *La Venus* e cujas impressões do Brasil vêm resumidas por G. de Melo Leirão, *Visitantes do Primeiro Império*, São Paulo, 1934, capítulo X. Vejam-se especialmente p. 229-230. Wetherell, em Stray notes from Bahia, escreve à página 85: "*The death of an infant or little child is not looked upon as a misfortune, but rather as a subject of congratulation. Amongst the creole blacks, if the child happens to be whiter than its mother – a circunstance not unusual, and rather looked upon with pride than otherwise – the corpse is adorned with peculiar care*".
3. Do culto dos meninos mortos, sob a forma de um angelismo característico da nossa organização patriarcal e, talvez, compensador das más condições sanitárias então dominantes, já nos ocupamos, com minúcia, no nosso estudo *Casa-grande & senzala*, de que este é a continuação.
4. Parece que foi na administração de justiça, sob a forma de vingança da família contra o indivíduo que lhe comprometia a estabilidade moral, que o sadismo patriarcal manifestou-se de modo mais cru, entre nós. Sobre o assunto veja-se o recente e sugestivo ensaio do Sr. L. A. da Costa Pinto, *Lutas de famílias no Brasil – Introdução ao seu estudo* (São Paulo, 1949), onde o autor se ocupa, no capítulo III, da justiça privada no Brasil patriarcal, como confusão da autoridade com a *propriedade*. Sobre o assunto vejam-se também Alcântara Machado, *Vida e morte do bandeirante*, São Paulo, 1930 e Nestor Duarte, *A ordem privada e a organização política nacional*, São Paulo, 1939.
5. São várias as cartas dos jesuítas, escritas no século XVI, que revelam o esforço dos padres no sentido de oporem ao poder patriarcal absoluto dos pais a superioridade moral e intelectual dos meninos, educados por eles, padres, nos seus colégios, que foram, naquele século e mesmo no seguinte, sistema rival ao formado pelos patriarcas.
6. A descrição do colégio levantada pelos jesuítas na capital da Bahia, feita por Gabriel Soares, mostra que a arquitetura dos colégios de padres – padres, ao nosso ver, decididos, desde o início, a enfrentarem, como rivais, o poder supremo dos pais de família e a reduzirem-no em benefício da Santa Madre Igreja – foi, para a época, monumental, mesmo em comparação com as grandes casas-grandes patriarcais como a da Torre. Diz, com efeito, Gabriel Soares: "E occupa este terreiro e parte da rua da banda do mar um sumptuoso collegio dos padres da Companhia de Jesus [...]. Tem este collegio grandes dormitorios e muito bem acabados, parte dos quaes ficão sobre o mar

com grande vista; cuja obra é de pedra e cal, com todas as escadas, portas e janelas de pedrarias, com varandas e cubiculos mui bem forrados, e os claustros por baixo lageados com muita perfeição [...]" (Gabriel Soares de Sousa, *Notícia do Brasil*, São Paulo, s. d., I, p. 260).

7. É ainda de Gabriel Soares de Sousa a informação: "[...] o qual collegio tem grandes cercas até o mar, com agua muito boa por dentro, e ao longo do mar humas terracenas onde recolhem o que lhe vem embarcada de fora". (Ibid., I, p. 260: Terracenas informa o anotador da edição, professor Pirajá da Silva, serem "tulhas, celeiros ou armazéns à beira do rio ou perto do cais", que completavam, então, as casas-grandes e sobrados mais importantes.)

8. "Caraça, eis o espantalho medonho de que lançavam mãos as mães contra os seus filhos dizendo [...] Mando-te para Caraça! era uma sentença que penetrava na alma dos meninos como o dobre fúnebre" (*Rev. do Arq. Púb. Min.*, ano XII, Belo Horizonte, 1907, p. 249).

9. Loc. cit., p. 250. Ao lado da figura do padre Antunes, pode ser evocada, como outro mestre extremamente sadista nos seus modos de lidar com meninos, certo lente de latim que "abria e mergulhava o polegar e o índice da esquerda no sutil narcótico com a graça de um tabaquista de raça" (p. 251); com a mão direita, porém, era um violento administrador de "bolos" nos alunos inermes. Mais docemente que em colégios do tipo áspero de Caraça foi o latim aprendido por meninos – principalmente mestiços e pobres – em conventos cujas ordens, mantendo e educando rapazinhos recrutados, às vezes, nas sacristias, pelos seus encantos físicos, tinham frades que, ao ensino, juntavam práticas sadistas de outro gênero, com seus alunos amedrontados ou inermes. A informação é de Pires de Almeida que acrescenta: "[...] do mesmo modo que, no dizer de um viajante ilustre, os idiomas estrangeiros aprendem-se com mais rapidez dos lábios de mulher, muitos dos nossos melhores latinistas saturaram-se dos perfumes da Eneida e das odes de mestre Horácio, sacudindo clandestinamente os hábitos dos nossos frades". E alguns desses alunos de latim dos conventos "atingiram as mais altas posições sociais" (*Homossexualismo – A libertinagem no Rio de Janeiro*, Rio de Janeiro, 1906, p. 63).

10. Os "Estatutos do colégio de Nossa Senhora do Bom Conselho", Recife, 1859, podem ser considerados típicos dos estatutos de colégios do meado do século XIX para onde foram enviando os filhos não só os senhores de sobrados como de casas-grandes que aí perdiam a rusticidade no convívio com os meninos de cidade e educados por mestres que os faziam perder vários dos seus característicos rurais, inclusive vícios de pronúncia. Vários dos meninos de engenho ou de fazenda tornavam-se internos de colégios; outros vinham residir com os comissários dos pais. De qualquer modo tornavam-se residentes de sobrados urbanos em idade ainda plástica pois o costume era, então, serem os meninos internados em colégios ainda simples crianças, como reparou um observador inglês (*Brazil: its history, people natural productions etc. The religious tract society*, Londres, 1860, p. 183).

11. Saint-Hilaire refere-se à ação do seminário de Mariana no sentido da elevação de hábitos e maneiras de meios rústicos, através de meninos vindos desses meios e que, educados pelos padres,

voltavam outros aos seus lares. São do sábio francês as informações: *"Le Séminaire de Marianna avait été fondé par quelques riches mineurs qui désiraient donner de l'éducation à leurs enfants sans les envoyer en Europe. On avait attaché à cet établissement des terres et des esclaves et rien n'avait été négligé pour le rendre digne du but que l'on se proposait"*. (Voyage dans l'intérieur du Brésil, Paris, 1830, I, p. 163-164). Já então os mais importantes ou "os mais recomendáveis" dentre os mineiros não eram os que se entregavam exclusivamente à mineração mas *"certainement ceux qui habitent la campagne et surtout les fazendeiros (propriétaires de fazendas) des cantons aurifères du centre de la province"*. Eram, quase todos, chamados "mineiros" em contraste com os roceiros que trabalhavam eles próprios nas suas plantações por não possuírem, como aqueles, escravos numerosos.

12. "Estatutos do recolhimento de Nossa Senhora da Glórica", Recife, cit. pelo cônego Antônio do Carmo Barata, "Um grande sábio, um grande patriota, um grande bispo", Pernambuco, 1921.

13. Ibid.

14. *O Carapuceiro*, Recife, 1842.

15. *O Carapuceiro*, cit.

16. Sílvio Romero, *História da literatura brasileira*, 4a ed., Rio de Janeiro, 1949, III, p. 376. Veja-se também o sugestivo estudo de Tulo Hostílio Montenegro, *Tuberculose e literatura*, Rio de Janeiro, 1950.

17. "Projecto de resposta á consulta do governo acerca da origem das enfermidades que affligem os aprendizes menores do arsenal de guerra", por Luís V. de Simoni, Manuel Feliciano de Carvalho, João Alves de Moura, Francisco de Paula Meneses. *Anais Brasilienses de Medicina*, Rio de Janeiro, 1851, ano 7, no 1, p. 206. Destacava-se nesse relatório que as condições do internato eram "más": "humido, sem ventilação etc."; que a alimentação, ainda que "muito variada e de boa qualidade" não estava "isenta de todos os inconvenientes para a edade tenra dos meninos [...]." Além disso, "a quantidade de duas onças de pão para o almoço de individuos que estão crescendo e a de uma quarta de farinha para trinta individuos parecem insuficientes; e conviria augmental-a assim como seria util variar o almoço e a ceia, o primeiro com matte e o segundo com sorda de pão ou outras comidas temperadas com gordura." Propunham, ainda, os médicos, "modificações no vestuario" e "na roupa de cama", destacando "o numero deficiente de banheiras e de bicas", deficiência que favorecia "a propagação das molestias contagiosas, principalmente a ophtalmia". Convinha "augmentar o numero de lavatorios, cada um tendo uma vasilha propria para o rosto".

18. Richard F. Burton, *Explorations of the highlands of the Brazil*, Londres, 1869, I, p. 163.

19. Veja-se sobre o assunto A. J. de Melo Morais, *O Brasil social e político – O que fomos e o que somos*, Rio de Janeiro, 1872, p. 87. Também Almeida e Albuquerque, *Breves reflexões retrospectivas; politicas, moraes e sociaes sobre o Imperio do Brasil*, Paris, 1854.

20. Segundo o arguto observador da transição do poder ainda quase absoluto dos patriarcas velhos para o dos bacharéis jovens, "depois que a escola de direito tomou conta do governo da nação e se apoderou dos empregos publicos, tudo se complicou porque em nome do direito appareceu o governo da mentira, filho muito do peito da falsa politica. Então sempre em nome do direito começou a invasão do thesouro publico pela reforma e a complicação dos tribunaes, inventando-se magistraturas desconhecidas [...] delegados, sub-delegados e um inferno de cousas que só terá demandas quem não tiver juiso." Passou-se a escolher – segundo o mesmo crítico – para ministro, qualquer "nullidade" ou "imbecil presumido" contanto que tivesse "um pergaminho de bacharel em direito" e fosse "protegido por alguma influencia social". E, ainda: "Quando me recordo, meu venerando amigo, do passado do Brasil, e o confronto com os tempos que vamos atravessando, de certa epoca para cá, vejo que, apezar da mal entendida politica da metropole portugueza com relação ao Brasil, erão mandados homens experimentados para o governo das nossas capitanias; e hoje são mandadas creançolas sahidas das escolas provinciaes do imperio [...]. Nos tempos coloniaes não se mandavão para o governo do Brasil senão homens já traquejados no governo civil e politico do Estado [...]". Em vez disto, o bacharel jovem passara a tudo dirigir no Brasil: "[...] organisar o Exercito e dirigil-o, sem conhecer o manejo das armas e nem as necessidades [...] dar ordens á marinha sem conhecer ao menos os nomes das velas de um navio [...] providenciar as necessidades da agricultura e commercio e dirigir a engenharia, sem nada conhecer dessas materias [...]."

Segundo o velho Melo Morais, em outro dos seus livros – hoje obra rara: *A independência e o Império do Brasil* (Rio de Janeiro, 1877) – "a Constituinte do Brazil de 1832 era composta de moços sem experiencia e de velhos ambiciosos que a tudo se sujeitavam, contanto que se lhes desse títulos, honras e dinheiro" (p. 359). Mais: mandavam-se "rapazolas" como presidentes de província "para namorarem as moças e outros para serem ridicularisados [...]" (p. 364).

21. Joaquim Nabuco, "O dever dos monarquistas – Carta do almirante Jaceguay", Rio de Janeiro, 1895, p. 18-19.

22. *O Carapuceiro*, Recife, 1839.

23. Ibid., 1839.

24. Joaquim Nabuco, loc. cit., p. 18.

25. Documento da época, manuscrito hoje da coleção do autor.

26. "A sept ans le jeune Brésilien a déjà la gravité d'un adulte, il se promène masestueusement, une badine à la main, fier d'une toilette qui le fait plutôt ressembler aux marionnettes de nos foires qu'à un être humain [...]" (Alp. Rendu, Études topographiques, medicales et agronomiques sur le Brésil, Paris, 1848, p.14). Sobre o assunto veja-se também Brazil: its history, people, natural productions etc. *The religious tract society*, Londres, 1860, p. 183.

IV | A mulher e o homem

Também é característico do regime patriarcal o homem fazer da mulher uma criatura tão diferente dele quanto possível. Ele, o sexo forte, ela o fraco; ele o sexo nobre, ela o belo.

Mas a beleza que se quer da mulher, dentro do sistema patriarcal, é uma beleza meio mórbida. A menina de tipo franzino, quase doente. Ou então a senhora gorda, mole, caseira, maternal, coxas e nádegas largas. Nada do tipo vigoroso e ágil de moça, aproximando-se da figura de rapaz. O máximo de diferenciação de tipo e de trajo entre os dois sexos.

Talvez nos motivos psíquicos da preferência por aquele tipo de mulher mole e gorda se encontre mais de uma raiz econômica: principalmente o desejo, dissimulado, é claro, de afastar-se a possível competição da mulher no domínio, econômico e político, exercido pelo homem sobre as sociedades de estrutura patriarcal.

À exploração da mulher pelo homem, caraterística de outros tipos de sociedade ou de organização social, mas notadamente do tipo patriarcal-agrário – tal como o que dominou longo tempo no Brasil – convém a extrema especialização ou diferenciação dos sexos. Por essa diferenciação exagerada, se justifica o chamado padrão duplo de moralidade, dando ao homem todas as liberdades de gozo físico do amor e limitando o da mulher a ir para a cama com o marido, toda a santa noite que ele estiver disposto a procriar. Gozo acompanhado da obrigação, para a mulher, de conceber, parir, ter filho, criar menino.

O padrão duplo de moralidade, característico do sistema patriarcal, dá também ao homem todas as oportunidades de iniciativa, de ação social, de contatos diversos, limitando as oportunidades da mulher ao serviço e às artes domésticas, ao contato com os filhos, a parentela, as amas, as velhas, os escravos. E uma vez por outra, em um tipo de sociedade católica como a brasileira, ao contato com o confessor.

Aliás, diante de certas generalizações menos controvertidas da psicanálise, pode-se atribuir ao confessionário, nas sociedades patriarcais em que se verifique extrema reclusão ou opressão da mulher, função utilíssima de higiene, ou melhor, de saneamento mental. Por ele se teria escoado, sob a forma de pecado, muita ânsia, muito desejo reprimido, que de outro modo apodreceria dentro da pessoa oprimida e recalcada.

Muita mulher brasileira deve se ter salvado da loucura, que parece haver sido mais frequente entre as mulheres das colônias puritanas da América do que entre nós, graças ao confessionário. Pyrard, na Bahia, notou o grande número de mulheres que se confessavam; e concluiu pela multidão de pecados entre as senhoras brasileiras. Esses pecados não seriam maiores nem mais numerosos que entre as mulheres europeias da mesma época; apenas mais tóxicos para as pobres das pecadoras, obrigadas a uma vida de reclusão e segregação maior do que na Europa ocidental, já francamente burguesa. Confessando-se, elas desintoxicavam-se. Purgavam-se. Era uma limpeza para os nervos, e não apenas para as suas almas ansiosas do céu onde as esperavam seus filhinhos anjos gritando "mamãe! mamãe!"

A extrema diferenciação e especialização do sexo feminino em "belo sexo" e "sexo frágil" fez da mulher de senhor de engenho e de fazenda e mesmo da iaiá de sobrado, no Brasil, um ser artificial, mórbido. Uma doente, deformada no corpo para ser a serva do homem e a boneca de carne do marido.

Ainda assim, houve figuras magníficas de mulheres criadoras, dentro dos sobrados, como no interior das casas-grandes. Como já salientamos, em capítulo anterior, às primeiras senhoras de engenho, mulheres vindas de Portugal, deve-se uma série de comodidades de habitação e de vida, de assimilações e de adaptações felizes, de valores de culturas ancilares à imperial. Assimilações, adaptações e combinações de valores que logo distinguiram as zonas de colonização por gente casada daquelas em que os portugueses se estabeleceram sozinhos, solteiros, ou quase sem mulher branca. É que nos primeiros tempos de colonização do litoral, todos os colonos, homens e mulheres, com uma formidável terra virgem a dominar, a mulher gozou de uma liberdade maior de ação. E essa maior liberdade de ação se exprimiu naquele conjunto de atividades criadoras. Foi nesse período de relativa indiferenciação, que uma capitania poderosa – a Nova Lusitânia – chegou a ser governada por ilustre matrona: Da. Brites, mulher de Duarte Coelho.

Mas através de toda a época patriarcal – época de mulheres franzinas o dia inteiro dentro da casa, cosendo, embalando-se na rede, tomando o ponto dos doces, gritando para as molecas, brincando com os periquitos, espiando os homens estranhos pela frincha das portas, fumando cigarro e às vezes charuto, parindo, morrendo de parto; através de toda a época patriarcal, houve mulheres, sobretudo senhoras de engenho, em quem explodiu uma energia social, e não simplesmente doméstica, maior que a do comum dos homens. Energia para administrar fazendas, como as Das. Joaquinas do Pompeu; energia para dirigir a política partidária da família, em toda uma região, como as Das. Franciscas do Rio Formoso; energia guerreira, como a das matronas pernambucanas que se distinguiram durante a guerra contra os holandeses, não só nas duas marchas, para as Alagoas e para a Bahia, pelo meio das matas e atravessando rios fundos, como em Tejucupapo, onde é tradição que elas lutaram bravamente contra os hereges.

Langsdorff, nos princípios do século XIX, visitou uma fazenda no Mato Grosso, onde o homem da casa era uma mulher. Vasta matrona de cinco pés e oito polegadas, o corpo proporcionado à altura, um colar de ouro no pescoço. Mulher já de seus cinquenta anos, andava entretanto por toda parte, a pé ou a cavalo, dando ordens aos homens com a sua voz dominadora, dirigindo o engenho, as plantações, o gado, os escravos.[1] Era uma machona. Junto dela o irmão padre é que era quase uma moça.

As senhoras de engenho, desse feitio amazônico, embora mais femininas de corpo, não foram raras. Várias famílias guardam a tradição de avós quase rainhas que administraram fazendas quase do tamanho de reinos. Viúvas que conservaram e às vezes desenvolveram grandes riquezas. Quase matriarcas que tiveram seus capangas, mandaram dar suas surras, foram "conservadoras" ou "liberais" no tempo do Império.

Tais mulheres que, na administração de fazendas enormes, deram mostras de extraordinária capacidade de ação – andando a cavalo por toda parte, lidando com os vaqueiros, com os mestres de açúcar, com os cambiteiros, dando ordens aos negros, tudo com uma firmeza de voz, uma autoridade de gesto, uma segurança, um desassombro, uma resistência igual à dos homens – mostraram até que ponto era do regime social de compressão da mulher, e não já do sexo, o franzino, o mole, o frágil do corpo, a domesticidade, a delicadeza exagerada. Mostraram-se capazes de exercer o mando patriarcal quase com o mesmo vigor dos homens. Às vezes com maior energia do que os maridos já mortos ou ainda vivos porém dominados, excepcionalmente, por elas. De onde os casos de filhos que tomaram das mães não só mais ilustres pelo sangue e mais poderosas pelo prestígio da fortuna como mais enérgicas pela ação, os nomes de família.[2]

O conjunto de qualidades exclusivamente doces e graciosas que se supunha resultar, de modo absoluto, do sexo, era como o conjunto de qualidades passivas e dos traços inferiores do negro, que se atribuíam de igual modo – sob o patriarcalismo escravocrático e ainda hoje – à base física ou biológica da raça. Quando a verdade é que a especialização de tipo físico e moral da mulher, em criatura franzina, neurótica, sensual, religiosa, romântica, ou então, gorda, prática e caseira, nas sociedades patriarcais e escravocráticas, resulta, em grande parte dos fatores econômicos, ou antes, sociais e culturais, que a comprimem, amolecem, alargam-lhe as ancas, estreitam-lhe a cintura, acentuam-lhe o arredondado das formas, para melhor ajustamento de sua figura aos interesses do sexo dominante e da sociedade organizada sobre o domínio exclusivo de uma classe, de uma raça e de um sexo.

Não é certo que o sexo determine de maneira absoluta a divisão do trabalho, impondo ao homem a atividade extradoméstica, e à mulher, a doméstica. Procuramos indicar em trabalho anterior que, nas sociedades ameríndias do tipo da que foi encontrada no Brasil pelos portugueses, a função da mulher estava longe de reduzir-se à doméstica, cabendo-lhe, ao contrário, atividades sociais geralmente consideradas masculinas; e notando-se tendências – como, talvez, a própria *couvade* – para a domesticidade do homem – que era entre certas tribos quem lavava as redes sujas – e até para a sua efeminação.

Nas sociedades primitivas daquele tipo nota-se, em antagonismo com as de feitio patriarcal, uma semelhança física entre o homem e a mulher, uma tendência dos dois sexos para se integrarem numa figura comum, única, que não passou despercebida a alguns dos primeiros cronistas e estudiosos das populações ameríndias cujas observações seriam confirmadas por pesquisadores do século XIX e dos nossos dias. Avé-Lallement disse dos nossos Botocudos que entre eles não se encontravam homens e mulheres, porém homens-mulheres e mulheres-homens. O professor Colini colheu a esse respeito interessantes informações que constam do seu estudo sobre os Caduveo. E interessantes são também algumas das observações de von den Steinen sobre os Bororo.[3]

Os Vaërting afirmam, no sugestivo ensaio que é *Die weibliche Eigenart im Männerstaat und die männliche Eigenart im Frauenstaat* (Karlsruhe, 1923), que não só entre os Kamchadales, como entre os Lapões, encontram-se reminiscências de um período em que o trabalho doméstico seria o dos homens e o extradoméstico, o das mulheres. As mulheres duras e angulosas; os homens gordos, voluptuosos e arredondados. Período que teria correspondido a uma organização um tanto amazônica, de domínio político da mulher sobre o homem. Quase um sistema matriarcal – e não rigorosamente um matriarcado – de que teriam chegado impregnados ao Brasil alguns dos escravos africanos, nem sempre facilmente adaptáveis à rotina de divisão sexual de trabalho dentro do sistema escravocrático dos dias patriarcais.

Discutíveis os traços ou sugestões de organização política amazônica entre algumas das sociedades primitivas antes matronímicas que matriarcais, o que não exige as mesmas reservas ou provoca as mesmas desconfianças é o fato, salientado por mais de um antropólogo, de as mulheres se apresentarem fisicamente mais fortes que os homens em certas sociedades africanas, onde o trabalho mais duro é o da mulher, e o do homem, o mais doce. Ou igualmente fortes, homem e mulher. É observação feita por Fritsch e Hellward com relação aos Bosquímanos, por exemplo: o homem e a mulher, iguais em qualidades físicas.[4]

Entre os indígenas do Brasil – ou entre a maior parte deles – a situação deve ter sido a mesma, ou semelhante: a mulher quase igual ao homem em qualidades físicas. Porque sendo dela, em várias comunidades, o trabalho agrícola, seu físico não era o das mulheres anêmicas e caseiras do regime patriarcal, embora tudo indique que homens e mulheres, entre muitos daqueles nossos indígenas, tendessem quase todos para a figura gorda. Mas uma gordura enxuta, diversa da oriental ou patriarcal.

O domínio de um sexo pelo outro afasta-se dessa tendência, tão das sociedades primitivas, para a figura comum ou única da mulher-homem ou do homem-mulher, e acentua de tal modo a diferença de físico entre os sexos que, dentro do sistema patriarcal, torna-se uma vergonha o homem parecer-se com mulher, e uma impropriedade, a mulher parecer-se com homem. O mesmo se terá provavelmente verificado no regime matriarcal, se algum dia existiu, completo e ortodoxo, como acreditam alguns.

Mas todo um conjunto de fatos nos autoriza a concluir pela artificialidade ou pela morbidez do tipo da mulher franzina ou langue, criado pelo sistema patriarcal de sociedade e em torno do qual desabrochou, no Brasil como em outros países de formação patriarcal, não só uma etiqueta de cavalheirismo exagerado, de Minha Senhora, Exma Senhora Dona, Excelentíssima, como uma literatura profundamente erótica de sonetos e quadras, de novelas e romances, com a figura de Elvira ou Clarice, de Dolores ou Idalina, ora idealizada em extremo, ora exaltada pelas sugestões de seu corpo especializado para o amor físico. De seus pezinhos mimosos. De suas mãos delicadas. De sua cintura estreita. De seus seios salientes e redondos. De tudo que exprimisse ou acentuasse sua diferença física do homem; sua especialização em boneca de carne para ser amolegada pelo homem. Pela imaginação do poeta e pelas mãos do macho.

O culto pela mulher, que se reflete nessa etiqueta e nessa literatura, e também numa arte igualmente erótica – uma música açucarada, uma pintura romântica, cor-de-rosa, uma escultura sem outra coragem que a do gracioso, a não ser a do nu (mas não o puro, e sim o obsceno); esse culto pela mulher, bem apurado, é, talvez, um culto narcisista do homem patriarcal, do sexo dominante, que se serve do oprimido – dos pés, das mãos, das tranças, do pescoço, das coxas, dos seios, das ancas da mulher, como de alguma coisa de quente e doce que lhe amacie, lhe excite e lhe aumente a volutuosidade e o gozo. O homem patriarcal se roça pela mulher macia, frágil, fingindo adorá-la, mas na verdade para sentir-se mais sexo forte, sexo nobre, mais sexo dominador.

Essa especialização e esse culto têm-se feito acompanhar, nas sociedades patriarcais e semipatriarcais, de diferenças nas modas de penteado, de calçado e de vestido entre o sexo dominante e o oprimido, que até em deformação do físico da mulher se extremaram às vezes. Basta recordar os pés das chinesas, deformados ao último ponto.

Os pés da brasileira de casa-grande e de sobrado foram também deformados pela preocupação do pé pequeno, bem diferente do de negro e do de negra, em geral grande, largo, abrutalhado. A cintura da mulher que em época bem próxima da nossa – na segunda metade do século XIX – até na Europa já burguesa conservou-se extremamente artificial, entre nós se deformou exageradamente pelo uso do espartilho. O cabelo grande – tranças, cocós, cabelo solto, penteados elaboradíssimos, seguros ou completados por pentes, que na primeira metade do século XIX, com os nomes de "tapa-missa" e "trepa-moleque", atingiram no Brasil formas bizarras e tamanhos incríveis – foi outro sinal de sexo que nas mulheres brasileiras chegou a exageros ridículos. Ao mesmo tempo que a moda dos bigodes e das barbas grandes, dos homens. Foram modas quase tão caraterísticas do patriarcalismo brasileiro como haviam sido do chinês, do hebreu, do árabe. Os três patriarcalismos, clássicos, de homens exageradamente barbados. No Rio de Janeiro, o primeiro galã de teatro que apareceu em cena sem barba nem bigode – isto já no fim do Segundo Reinado – foi estrondosamente vaiado. Aquilo não era homem: era maricas.[5] Maricas de face cor-de-rosa, bem barbeada, lisa, como a de uma moça ou mulher bonita.

A mulher patriarcal no Brasil – principalmente a do sobrado – embora andasse dentro de casa de cabeção e chinelo sem meia, esmerava-se nos vestidos de aparecer aos homens na igreja e nas festas, destacando-se então, tanto do outro sexo como das mulheres de outra classe e de outra raça, pelo excesso ou exagero de enfeite, de ornamentação, de babado, de renda, de pluma, de fita, de ouro fino, de joias, de anel no dedos, de bichas nas orelhas. Já Gabriel Soares notava no Brasil do século XVI que as mulheres dos ricos abusavam das sedas e das fazendas finas; o autor dos *Diálogos*, crônica do século XVII, que elas pintavam o rosto; e o padre Cardim observara nas senhoras de Pernambuco o exagero de sedas, de veludos, de joias. Sabe-se o desenvolvimento que tomaram no Brasil a arte da renda e do bico, para enfeite dos vestidos, e a das plumas, para ornamentação dos chapéus de senhoras; a das teteias de ouro, das pulseiras, dos trancelins, dos aneis, dos brincos, das bichas. Foram artífices – os dessas especialidades – que não faltaram ao nosso país, na fase de esplendor ou já de declínio do sistema patriarcal, alguns se fazendo admirar pelos estrangeiros mais discriminadores dos nossos confusos valores estéticos: Ferdinand Denis, que na sua *Arte plumária* tratou da arte das plumas no Brasil; Ida Pffeifer, Max Radiguet, Fletcher.[6]

Essas artes, antes de se industrializarem no meado do século XIX, foram, com exceção da de ourives, artes caseiras, em que se ocupavam as chamadas "mãos de aneis". As mãos das iaiás dengosas, nos seus longos vagares de mulheres isoladas e tristes.

Os Vaërting são de opinião que o lazer estimula o erotismo na mulher. E que, na ausência de homem, o erotismo, assim estimulado, se descongestiona ou difunde na auto-ornamentação exagerada.[7]

Depois de referir-se ao luxo ostentado nas ruas pelos brasileiros coloniais quando homens de prol ("*Such is their love of shew and finery, that the sumptuary laws for the regulation of dress are wholly evaded [...] At home most of them wear either a thin night-gown or a jacket, while others remain in their shirt and drawers*"), Andrew Grant escreve das mulheres da mesma classe: "*The hair which is suffered to grow to a great length, is fastened in a knot on the crown of the head, and loaded with powder of tapioca.*" E continuando, escreve das mulheres brasileiras à página 234 de sua *History of Brazil* que, além da cabeleira, anunciavam-lhes a condição superior a qualidade e o número das correntes de ouro que ostentavam: "*Their chief ornament consists of a gold chain, passed two or three times round the neck, and hanging down the bosom. [...] The superior workmanship of these chains and the number and value of the ornaments attached to them, indicate the rank of the wearer.*" Já escrevera, aliás, à página 131 do mesmo livro, que as mulheres do Rio de Janeiro do século XVIII geralmente usavam o cabelo "*hanging down in tresses, tied with ribbands and ornamented with flowers.*"

Wetherell notou na Bahia da primeira metade do século XIX – e registra o fato à página 126 de suas *Stray notes* – que as mulheres de cor da época geralmente traziam os cabelos cortados e cobertos com turbantes: moda que lhe pareceu expressão de asseio num país em que dominava o piolho nas cabeleiras até de senhoras aristocráticas, que por ostentação de classe alta e também de belo sexo, conservavam-nas tão compridas quanto lhes era possível. As negras crioulas e as mestiças é que, de ordinário, deixavam crescer o cabelo, como para demonstrarem que estavam acima da condição de usarem turbante.

Os negros crioulos, ao contrário dos africanos, geralmente de cabelo cortado rente, esmeravam-se em "partir o cabelo". Em partir o cabelo crescido e em andar calçados ou, pelo menos, em ostentar à mão os sapatos às vezes tão caros quanto os usados por brancos. Se não os usavam sempre é que lhes doíam nos pés.

De Gabriac no seu *Promenade à travers l'Amérique du Sud*, publicado em Paris em 1868, recorda ter encontrado em Belém do Pará numerosos africanos, muito deles escravos dos sobrados e das "belas chácaras" dos arredores da cidade. Alguns, porém, eram negros livres. O que se reconhecia – diz o observador europeu à página 288 do seu livro – pelos sapatos *"qu'ils ont seuls le droit de porter et qu'ils ne manquent pas de montrer avec fierté"*. Veremos, em capítulo próximo, que a ostentação de cabeleira e de pé bem tratado e bem calçado foi, no Brasil patriarcal, ostentação mais de raça branca ou de classe alta – ou pelo menos de classe livre – do que de belo sexo. Mas não desprezemos o fato de que foi também ostentação de sexo belo, ornamental, como que nascido principalmente para agradar o outro: o forte. Física e economicamente forte.

O certo é que o trajo da senhora de sobrado ou de casa-grande chegou aos maiores exageros de ornamentação para se distinguir do trajo da mulher de mucambo ou de casa térrea, e, principalmente do trajo do homem, por sua vez um superornamentado, quando, senhor e dono de outros homens, aparecia nas ruas ou nas festas. Contentando-se dentro de casa em andar de chambre, nas ruas ostentava condecorações e insígnias de mando. E também de "sexo forte" como esporas, espadas, bengalas revestidas de ouro. Entre os anúncios das primeiras gazetas que se publicaram no Brasil não são poucos os de decorações de sexo forte ou sexo nobre: dragonas, fardas, plumas, "becas ricamente bordadas" na China para magistrados, "chapeos armados para Cavalleiros da Ordem de Christo", "ricas bengallas de canna da India com castão, ponteira e fiador de ouro" para fidalgos, "espadins de corte", para titulares.

A superornamentação do homem de sobrado no Brasil consistiu principalmente no abuso de teteias, presas à corrente de ouro do relógio, de anéis por quase todos os dedos, de ouro no castão da bengala ou no cabo do chapéu de sol e às vezes do punhal, de penteados e cortes elegantes de barba, de perfume no cabelo, na barba, no lenço. Ao mesmo tempo proibia-se aos negros e aos escravos dos dois sexos o uso de joias e de teteias de ouro que era para ficar bem marcada no trajo a diferença de raça e de classe.[8] As mucamas bem-vestidas e cheias de joias, estas representavam um prolongamento das suas iaiás brancas quando se exibiam em festas de igreja ou de rua.

Quanto aos cabelos, repita-se que os negros forros, os caboclos e os mulatos livres se esmeravam quase tanto quanto os brancos em trazê-los bem penteados e luzindo de óleo de coco, os homens caprichando quase tanto no penteado quanto as mulheres; os adolescentes de colégio quase tanto quanto os desembargadores. Até negros fugidos surgem excepcional e escandalosamente dos anúncios de jornais com "cabelo cortado à francesa" e "barbas à nazarena". Deviam ser escravos privilegiados.

Isto no século XIX, passada a moda das cabeleiras empoadas e dos sinais pintados no rosto: no rosto dos homens graves, e não apenas no das mulheres finas e dengosas. Moda que marcara maior diferenciação de penteado, menos do homem para a mulher fidalga, que do homem para o menino e do nobre para o plebeu.

Diferenciando-se da mulher por certas ostentações de virilidade agressiva no trajo, nas maneiras, no vozeirão ao mesmo tempo de macho e de senhor, mas diferenciando-se do escravo pelo excesso quase feminino de ornamentação que caracterizasse sua condição de dono, isto é, de indivíduo de ócio ou de lazer, o homem patriarcal, no Brasil, com a sua barba de mouro e suas mãos finas cheias de anéis, foi uma mistura de agressividade machona e de molície efeminada. No século XIX – século mais de sobrados aburguesados que de casas-grandes ainda fortalezas rústicas – o aristocrata brasileiro, sem hereges para combater nem quilombolas para destruir, foi menos sexo forte, que sexo nobre. Ou sexo simplesmente privilegiado.

Exagerando-se um pouco o que alguns sociólogos modernos chamam "a relação de poder" ("*the power relation*") entre os sexos, pode-se dizer, renovando a retórica do orador gaúcho, que o homem, no Brasil rural patriarcal, foi a mulher a cavalo. Quase o mesmo ser franzino que a mulher, debilitado quase tanto quanto ela pela inércia e pela vida lânguida, porém em situação privilegiada de dominar e de mandar do alto. E não deixa de ser curioso que à mulher, no período ortodoxo do sistema patriarcal – que foi também o do cavalheirismo no seu sentido mais puro, quase literal – tenha se negado ou, pelo menos, dificultado, o uso do cavalo, que ficou, no Brasil mais ortodoxamente patriarcal, o animal do sexo dominante e, rigorosamente, cavalheiresco. A mulher, quando saía de casa, era quase sempre de serpentina, de palanquim, de liteira, de carro de boi. Raramente a cavalo. Já na decadência do patriarcalismo rural é que foram aparecendo as amazonas de engenho: as senhoras que montavam a cavalo sentadas de lado, quase nunca escanchadas como homem.

De modo geral, o homem foi, dentro do patriarcalismo brasileiro, o elemento móvel, militante e renovador; a mulher, o conservador, o estável, o de ordem. O homem, o elemento de imaginação mais criadora e de contatos mais diversos e, portanto, mais inventor, mais diferenciador, mais perturbador da rotina. A mulher, o elemento mais realista e mais integralizador.

A própria perturbação das modas femininas, dominantes em nossa sociedade patriarcal, pelas modas inglesas e principalmente pelas francesas foi, em parte, subproduto da influência de rapazes brasileiros que iam estudar leis, medicina, filosofia, comércio, nos centros europeus. Vinham cheios de novidades, algumas das quais comunicaram às mulheres.

Em *O Carapuceiro* (Recife, 1843), dizia o padre Lopes Gama que nos "pacíficos tempos coloniaes" raros eram os brasileiros de Pernambuco que atravessavam o Atlântico: em geral mancebos enviados a escolas europeias, principalmente Coimbra. E acrescentava: "Por intermedio desses viajeiros e desses doutoraços é que as doutrinas impias dos philosophantes da França pouco e pouco se forão importando no Brasil". As doutrinas e as modas. Pois o afrancesamento incluíra as modas de mulher: "As nossas sinhasinhas e yayás já não querem ser tratadas senão por *demoiselles, mademoiselle* e *madames*. Nos trajes, nos usos, nas modas, nas maneiras, só se approva o que é francez; de sorte que já não temos uma usança, uma prática, uma coisa por onde se possa dizer: isto é proprio do Brazil". Os antigos, "quando meninos, accomodando-se á indole da nossa lingua, dizião *mamãi* porque em portuguez sempre se chamou mãi; hoje nem aquelle vocabulo se permitte entre os alindados Galiciparlas: deve-se dizer – a minha maman – porque em francez assim pronuncião os pequenos".

Era a influência francesa a atingir um dos pontos mais íntimos do sistema patriarcal e, ao mesmo tempo, maternalista, do Brasil. Essa perturbação, porém, através do homem diferenciador.

O fato tem sido observado em sociedades modernas menos sociologicamente feudais do que a nossa, durante a sua época patriarcal, dependendo, até certo ponto, de condições ou imposições biológicas de sexo (imposições que só o fanatismo feminista ou certa mística comunista-marxista seria capaz de negar) e não apenas de circunstâncias de formação social, diversas para os dois sexos. Já se observou a maior capacidade conservadora da mulher entre os bascos e entre ciganos, e alguns antropólogos a têm observado em sociedades primitivas, onde é menor a diferença entre o homem e a mulher.

O fato social dessa divergência entre os sexos – um mais militante, outro mais estável – evidentemente se prende ao físico da mulher-mãe: mais sedentário; também à variabilidade, ou tendência para divergir do normal, tendência, ao que parece a alguns estudiosos do assunto como Ellis, maior no homem do que na mulher, do mesmo modo que parece a alguns antropólogos, maior na raça branca do que na negra. A mulher se apresenta, nas suas tendências conservadoras e docemente conformistas e coletivistas, o sexo que corresponderia à raça negra – a raça "*lady-like*", como já disse o sociólogo norte-americano Park; o homem, pelo seu individualismo, pendor para divergir da normalidade, quer no sentido do genial, quer no do subnormal, pela capacidade e gosto de diferenciação, o sexo que corresponderia à raça branca.

No Brasil, essas duas tendências individualistas, de raça e de sexo, teriam se unido no homem patriarcal, criador ou organizador dos valores mais caraterísticos de nossa diferenciação social ou nacional. Esse criador foi principalmente o colonizador branco ou apenas manchado de sangue ameríndio ou africano.

As tendências coletivistas, de raça e de sexo, teriam se reunido, por outro lado, com mais força, na mulher-mãe, amante, esposa ou ama. Esta, geralmente negra mina e, depois da mulher-mãe, o elemento mais responsável, ao lado do padre – cuja função sociológica em nossa vida patriarcal teria sido antes de mulher conservadora ou estabilizadora que de homem inovador ou diferenciador, embora devam-se abrir exceções para os padres revolucionários de Minas Gerais e de Pernambuco – pelas nossas condições de estabilidade social. Esse papel social de estabilizadora ou fixadora de valores, da mulher, na formação brasileira, como que se acha simbolizado pela especialização acentuada do seu corpo em corpo de mãe: o rosto, os pés, as mãos acabando simples pretexto para a realidade tremenda do ventre gerador.

O fato de que a largura do corpo parece se acentuar em diferenciação sexual, nas chamadas raças adiantadas, nas denominadas atrasadas conservando-se quase o mesmo, é dos mais interessantes para a interpretação social de antagonismo de sexo. Na Europa patriarcal, e até na burguesa, as modas procuraram exagerar aos últimos extremos essa especialização do corpo da mulher: ancas largas, maternais, fecundas, mesmo com as cinturas extremamente finas. Mas não a inventaram. Ela existe e, em condições sedentárias, parece desenvolver-se. Topinard foi talvez o primeiro a notar com olhos de antropólogo[9] essa acentuação de diferença entre o corpo do homem e o da mulher, à medida que era maior "o progresso humano"; ou o que ele considerava o progresso humano.

De onde se poder sujeitar a essa generalização o fato de que a mulher de sobrado foi, no Brasil, criatura mais frágil que a de casa-grande. Acentuou-se nos sobrados a delicadeza feminina do seu corpo como acentuou-se a delicadeza do corpo do fidalgo, homem ou mulher, com o maior conforto urbano para a gente rica ou nobre.

Em 1843 recordava o padre Lopes Gama n'*O Carapuceiro* (Recife) que, nos tempos coloniais cada cadeira de jacarandá "era carga d'um gallego", de tão pesada; e "uma cama de cazados era uma bizarma com tantos ramos entalhados, com tantos calungas, passaros e anjos que era um pasmar. Uma cama destas passava ilesa de geração em geração e atravessava impassivel todas as vicissitudes dos seculos".

Cadeiras e camas não as necessitava tão fortes o homem ou a matrona de sobrado, que vinham como que se extremando em seres aristocraticamente delicados no alto dos sobrados. A mulher talvez mais do que o homem.

Não era de admirar que as formas dos móveis ou das coisas estivessem se alterando com a urbanização, a reeuropeização, a sofisticação da vida: "O corpo humano de hoje não parece ser o dos seculos passados", reparou o mesmo padre.

Não só as formas se vinham alterando: também a consistência e o vigor das pessoas e das coisas que correspondiam às pessoas, como as cadeiras e as camas. Não havia outrora tantas "gastrites", "interites", "pulmonites"; e as moças – reparava Lopes Gama – "raras vezes erão vizitadas por medico e quando incommodadas tinhão mãe, avó, tia ou comadre que lhes applicavão charopes de batatinha, de lingua de vacca ou clisteis de pimenta, o chá de macella, avenca com mel de pao e assim se ião curando e chegavam a idade avançada". Não havia dentes postiços nem cosméticos nem ancas para mulheres; e quem era velho não dançava nem ia a baile.

Com a generalização das modas europeias mais requintadamente burguesas e a urbanização dos estilos de vida, outrora rusticamente patriarcais, as deficiências ou os excessos de formas de corpo que não correspondessem às modas de Paris e de Londres foram sendo corrigidos por meio de unguentos, cosméticos, dentes e cabelos postiços, ancas, tinturas para barbas e cabelos, espartilhos. Espartilhos de que, desde a primeira metade do século XIX, aparecem numerosos anúncios nos jornais brasileiros.

"Qual é a senhora que com effeito um pouco invejosa de manter a sua cintura em elegantes proporções não se deixará seduzir por estes delicados colletes *Cintura Regente* e estas elegantes formas da casa Escoffon, rua da Ajuda n. 7, que os tem aperfeiçoado até alem do impossivel?", perguntava Mme. Camille Escoffon em anúncio no *Jornal do Commercio* de 21 de janeiro de 1875. E acrescentava que "conservar a cintura sem a comprimir em um collete estreito, apertar a barriga sem opprimir a sua flexibilidade" era a solução. A solução ideal para o problema de ostentar a mulher brasileira cintura estreita – segundo a moda europeia – sem sofrer demasiadamente com essa exigência antimaternal e antipatriarcal.

Dos jornais da mesma época também se destacam unguentos, "aguas" ou "leites" para brotoejas, assaduras, irritações da pele de mulher. Muitas dessas irritações de pele deviam resultar do uso imoderado, pela gente mais sofisticada dos sobrados, de panos, chapéus, meias, roupas de dentro, de fabrico europeu e para uso de europeus, em condições de clima das quais só no extremo sul do Reino ou do Império as condições brasileiras se aproximavam. Se as mulheres de sobrados sofriam mais do que os homens dessas irritações de pele é que sua vida era ainda menos higiênica que a dos homens. Diferenças de gênero de vida que, em escala ou plano mais alto, talvez sejam responsáveis por diferenças mais importantes entre os sexos, atribuídas, como diferenças entre as raças, a irredutíveis determinações biológicas.

Entre essas diferenças, as do índice cefálico – índice em que se têm baseado estudos de diferença entre os dois sexos, por um lado, entre as várias raças, por outro. As pesquisas feitas até hoje indicam maior tendência da mulher para a braquicefalia, embora se encontrem grupos em uma situação precisamente inversa: maior tendência da mulher para a dolicocefalia. A mesma situação de impureza que entre as raças.

As diferenças de crânio, entre o homem e a mulher, vêm sendo interpretadas por alguns antropólogos como as mesmas diferenças, entre o branco, o preto e o amarelo.[10] É interessante observar que as diferenças encontradas de capacidade de crânio são maiores entre o homem e a mulher nas raças adiantadas que nas atrasadas. O que levou Ellis a supor influência considerável, embora de modo nenhum exclusiva, da civilização, através da maior atividade mental e do físico mais desenvolvido do homem.[11] Fatores cuja significação social não deve ser esquecida, nem no confronto das raças consideradas inferiores com as superiores, nem do sexo "fraco" com o "forte".

Principalmente quando o ponto de comparação é o cérebro. As diferenças que sugere seu peso, maior no branco do que no negro, maior no homem do que na mulher, prestam-se a interpretações perigosas: conclusões de superioridade de raça ou de sexo. Essas interpretações, alguns a têm feito sem outra consideração que a da pura diferença do peso; outros vêm procurando comparar o peso da massa do cérebro do homem com o peso da massa do cérebro da mulher, não isoladamente, mas em relação com a altura e com o peso do corpo inteiro. Mas em todos esses estudos se encontram deficiências de técnica, ou incoerências, que tornam os resultados suspeitos.

E a questão do peso do cérebro e da sua interpretação permanece um mistério. Flutua entre contradições radicais. Se é certo que o cérebro de Turguenev e o de Cuvier eram enormes, por outro lado, alguns dos cérebros maiores ou mais pesados até hoje encontrados pertenceram a indivíduos vagos, indistintos, um deles até imbecil.

Quanto aos centros nervosos, pesquisas recentes tendem à conclusão de que quase não existe preponderância sexual sobre sua organização, alguns estudiosos inclinando-se a aceitar a "superioridade nervosa" da mulher. Mas é outro mistério.

Que existem entre os sexos diferenças mentais de capacidade criadora e de predisposição para certas formas de atividade ou de sensibilidade, parece tão fora de dúvida quanto existirem diferenças semelhantes entre as raças. Não é certo que a escola de Boas pretenda ter demonstrado, como supõem alguns dos seus intérpretes mais apressados, ou dos seus críticos mais ligeiros, a inexistência de diferenças entre as raças, cuja variedade seria só a pitoresca, de cor de pele e de forma do corpo. O que aquela escola acentuou foi o erro de interpretação antropológica de se identificarem as diferenças entre as raças, com ideias de superioridade e inferioridade; e principalmente, o de se desprezar o critério histórico-cultural na análise das supostas superioridades e inferioridades de raça.

O mesmo critério histórico-cultural pode ser aplicado, como pretendem vários estudiosos da sociologia dos sexos – que convém não confundir com a genética! – ao estudo da pretendida superioridade do homem sobre a mulher.[12] Mas sem que, no afã de se fugir de uma mística, se resvale em outra, escurecendo-se as diferenças entre os sexos, do mesmo modo que alguns pretendem negar as diferenças entre as raças.

O professor Alexander Goldenweiser já se ocupou de um dos aspectos mais expressivos da diferença entre os sexos – o da criatividade – para concluir com o bom senso admirável de sempre, e com aquela sua clareza, antes francesa do que inglesa, ou germânica, de expressão, que a diferença existe, a mulher distinguindo-se nas criações mais concretas, mas ricas de elemento humano e mais exigentes de perfeição técnica – a indústria, a representação teatral, a técnica musical de interpretação, a ciência de laboratório, o romance, a poesia lírica – porém revelando-se sempre mais fraca que o homem na criatividade abstrata: a composição musical, a filosofia, o drama, a ciência teórica ou imaginativa, a alta matemática. A excelência da mulher naquela zona da criação concreta e a sua deficiência na de criatividade abstrata, seria, para Goldenweiser, expressão de característico sexual remoto, tornando difícil, se não impossível, na mulher normal, perfeitamente feminina, intensa concentração de imaginação e de personalidade. Concentração essencial aos grandes esforços criadores na esfera de atividade abstrata. A mulher tendendo a *dissolver-se* no amor e não a *cristalizar-se*, ou a completar-se, como o homem – em tudo trairia esse característico sexual: a tendência para a dissolução.[13]

Essa tendência, salientada por Goldenweiser, presta-se a larga interpretação sociológica. Podemos considerá-la, no seu significado social, mais valiosa, ou menos valiosa – diga-se mesmo, superior ou inferior – conforme o tipo de sociedade e as circunstâncias históricas e de cultura em que se encontre a mulher. Menos valiosa nas sociedades particularistas, com a predominância das artes individuais e a exaltação do talento individual e da personalidade do criador ou inventor; mais valiosa nas comunistas, com a dissolução do indivíduo, da sua iniciativa artística e do seu esforço intelectual, nos valores da tribo ou nas normas sociais do grupo.

Os antropólogos sociais reconhecem que nas sociedades primitivas a mulher se revela elemento valiosíssimo na indústria ou na arte industrial – dado o seu poder, a sua capacidade de dissolução, como indivíduo, na massa. Entre os indígenas do Brasil, já procuramos indicar, em estudo anterior, que a mulher foi o elemento mais criador – do ponto de vista cristão e europeu, pelo menos – e aquele de quem a sociedade nova, estabelecida, em grande parte, pelo contato dos portugueses com as mulheres da terra, recebeu os valores de cultura mais úteis.

Já nas sociedades particularistas, quando burguesas, embora ainda patriarcais, a tendência da mulher para *dissolver-se* – no sentido que Goldenweiser dá à palavra – tem de limitar-se às atividades domésticas. Quando muito estender-se às expressões graciosamente artísticas – o teatro, o piano, o canto, a dança. O homem, por outro lado, ganha, nas sociedades particularistas, novas oportunidades para *cristalizar-se*. Para afirmar-se criador individual, inventor, poeta, teórico, intelectual. Para concentrar-se em esforços isolados, tão essenciais, segundo parece, às formas mais subjetivas de criação.

Estudando-se a história política e literária do Brasil durante a fase patriarcal, um traço que nos impressiona nos indivíduos da classe dominante – na maioria deles – é a preponderância de subjetivismo – embora um subjetivismo, em geral, ralo e medíocre. Encontramo-lo na literatura como na política. Especialmente durante o Império. Ao lado desse subjetivismo ralo, uma grande falta de interesse pelos problemas concretos, imediatos, locais. Uma ausência quase completa de objetividade. O que em parte se pode atribuir a pouca ou nenhuma intervenção de mulher naquelas zonas de atividade artística e política. Isto se admitirmos, é claro – mesmo com restrições – a tese de Ellis e de outros sexologistas, de que na mulher se encontra, em geral, maior "realismo prático" do que no homem, em consequência de predisposições criadas pelo que o psicólogo inglês chama "afetabilidade": uma "afetabilidade" possivelmente causada pela menstruação e que se exprimiria psicologicamente no tato e na capacidade da mulher para adaptar-se mais facilmente do que o homem a circunstâncias inesperadas.[14]

Na região americana de colonização inglesa e formação puritana, o interesse pelos problemas concretos e a objetividade em encará-los foram bem maiores que no Brasil, sentindo-se, nessa atitude, tão diversa da brasileira, a colaboração, embora fraca e indireta, da mulher. Ali ela chegou a ser Martha Washington. Essa colaboração faltou quase por completo aos nossos homens políticos e intelectuais da era patriarcal. No Brasil quase ninguém sabe o nome da mulher de José Bonifácio ou da esposa de Pedro de Araújo Lima. Da mulher-esposa, quando vivo ou ativo o marido, não se queria ouvir a voz na sala, entre conversas de homem, a não ser pedindo vestido novo, cantando modinha, rezando pelos homens; quase nunca aconselhando ou sugerindo o que quer que fosse de menos doméstico, de menos gracioso, de menos gentil; quase nunca metendo-se em assuntos de homem. Raras as Das. Veridianas da Silva Prado, cuja intervenção em atividades políticas superasse a dos maridos ainda vivos: as que existiram – quase todas já no fim do tempo do Império – foram umas como excomungadas da ortodoxia patriarcal, destino a que não parece ter escapado a própria Nísia Floresta com todo seu talento e todas suas amizades ilustres na Europa.

De modo que os assuntos gerais eram tratados não só de ponto de vista inteiramente masculino como por processos mentais ou psíquicos quase exclusivamente masculinos, isto é, com a predominância do elemento subjetivo sobre o objetivo. Sirva de exemplo o "romantismo jurídico" que tanto se exagerou entre nós; e que foi típico da maneira exclusivamente masculina de se encararem problemas sociais e de administração, desprezado o lado concreto das coisas pelo teórico, desprezados os casos imediatos pelas generalidades vagas. Deve-se notar de passagem que na casuística dos padres da S. J. – aparentemente masculina – surpreendem-se processos mentais e psíquicos femininos que concorreram para o vigor e para a eficiência de sua ação no Brasil.

Da falta de feminilidade de processos – na política, na literatura, no ensino, na assistência social, em outras zonas de atividade – ressentiu-se a vida brasileira, através do esplendor e principalmente do declínio do sistema patriarcal. Só muito aos poucos é que foi saindo da pura intimidade doméstica um tipo de mulher mais instruída – um pouco de literatura, de piano, de canto, de francês, uns salpicos de ciência – para substituir a mãe ignorante e quase sem outra repercussão sobre os filhos que a sentimental, da época de patriarcalismo ortodoxo.

Nas letras, já nos fins do século XIX apareceu uma Narcisa Amália. Depois, uma Cármen Dolores. Ainda mais tarde, uma Júlia Lopes de Almeida. Antes delas, quase que só houve bacharelas medíocres, solteironas pedantes ou simplórias, uma ou outra mulher afrancesada, algumas das quais colaboradoras do *Almanaque de lembranças luso-brasileiro*. E assim mesmo foram raras. Nísia Floresta surgiu – repita-se – como uma exceção escandalosa. Verdadeira machona entre as sinhazinhas dengosas do meado do século XIX. No meio dos homens a dominarem sozinhos todas as atividades extradomésticas, as próprias baronesas e viscondessas mal sabendo escrever, as senhoras mais finas soletrando apenas livros devotos e novelas que eram quase histórias do Trancoso, causa pasmo ver uma figura como a de Nísia. Ou mesmo uma mulher como a marquesa de Santos ou Da. Francisca do Rio Formoso ou Da. Joaquina do Pompeu.

Contra as senhoras afrancesadas da primeira metade do século XIX que liam romancezinhos inocentes, o padre Lopes Gama – muito citado neste ensaio por ter sido excelente crítico, por meio da caricatura literária, dos costumes dos grandes dos sobrados[15] – bradava, como se elas fossem pecadoras terríveis. Para o padre-mestre, a boa mãe de família não devia preocupar-se senão com a administração de sua casa, levantando-se cedo a fim de dar andamento aos serviços, ver se partir a lenha, se fazer o fogo na cozinha, se matar a galinha mais gorda para a canja; a fim de dar ordem ao jantar, que era às quatro horas, e dirigir as costuras das mucamas e molecas, que também remendavam, cerziam, remontavam, alinhavam a roupa da casa, fabricavam sabão, vela, vinho, licor, doce, geleia. Mas tudo devia ser fiscalizado pela iaiá branca, que às vezes não tirava o chicote da mão.

Essa dona de casa ortodoxamente patriarcal, o padre Lopes Gama não se conformava que, nos princípios do século XIX, estivesse sendo substituída nos sobrados e até em algumas casas-grandes de engenho, por um tipo de mulher menos servil e mais mundano; acordando tarde por ter ido ao teatro ou a algum baile; lendo romance; olhando a rua da janela ou da varanda; levando duas horas no toucador "a preparar a charola da cabeça"; outras tantas horas no piano, estudando a lição de música; e ainda outras, na lição de francês ou na de dança. Muito menos devoção religiosa do que antigamente. Menos confessionário. Menos conversa com as mucamas. Menos história da carochinha contada pela negra velha. E mais romance. O médico de família mais poderoso que o confessor. O teatro seduzindo a mulher elegante mais que a igreja. O próprio "baile mascarado" atraindo senhoras de sobrado.

Uma das novidades do meado do século XIX no Brasil foi "o baile mascarado pelo tempo do Carnaval" em teatro público e não apenas em casa particular ou em casa semiparticular, semipública, como em Pernambuco a "casa grande do sitio do Sr. Brito no Cajueiro", onde houve em 1846 um "carnaval campestre" noticiado pelo *Diário de Pernambuco* de 19 de fevereiro. "Carnaval campestre" só para sócios, convidados e suas famílias. Em ambiente, portanto, ainda patriarcal e meio rústico de casa-grande.

O primeiro baile francamente público, para gente de prol, parece que foi o do teatro de São Pedro de Alcântara, no Rio de Janeiro, no ano de 1844. Em 1845, os demais teatros da Corte fizeram os seus bailes mascarados, distinguindo-se os que se realizaram nos dois teatros de João Caetano, no da Praia Grande e no de São Francisco de Paula. Estava lançada a moda e desviado o carnaval fino de cidade no Brasil da tradição de "entrudo", ao que parece oriental ou indiana, para a de baile de máscaras à maneira francesa ou italiana.

Em 1848 era o Recife que se dispunha a realizar grandioso baile de máscaras – pois em 1847 no sobradão do teatro Apolo já se esboçara um "baile mascarado" – estimulado pelo *Diário de Pernambuco* de 18 de fevereiro com palavras que refletem o espírito de uma nova época: "Pernambuco cuja capital rivalisa em luxo e polidez com a corte deste Imperio não deve ser victima dos prejuizos do seculo XVIII em que as nossas janellas eram cercadas de miudas gelozias, as portas de urupema etc. etc.".

Com efeito, resolveram os pernambucanos interessados em não deixar o Recife em situação de inferioridade para com a Corte, construir grande pavilhão ou pagode – ainda um orientalismo – na capital de Pernambuco para o baile de máscaras do ano de 48. Pavilhão guarnecido de cadeiras, as do lado direito destinadas às senhoras, as do lado esquerdo aos cavalheiros: outro orientalismo. Só os mascarados poderiam dançar. As pessoas sem máscaras, ou sem "vestidos de mascarados", deviam ocupar camarotes como simples espectadores. Admitia-se o uso de dominós com meia máscara. A máscara deveria ser considerada sagrada. Não se admitiam bebidas espirituosas. Nem mesmo o fumar.

Durante as danças deveria reinar "o mais completo silêncio". Toda pessoa que perturbasse a harmonia e o silêncio da assembleia seria mandada retirar do salão pelo mestre-sala, informa gravemente o mesmo *Diário* de 19 de fevereiro.

É certo que esse carnaval elegante, fino, silencioso, de fantasias de seda, não matou o outro: o grosseiro, plebeu, ruidoso, com oportunidades para os moços expandirem sua mocidade, para os negros exprimirem sua africanidade (de certo modo recalcada nos dias comuns), para pretos, escravos, moças, meninos gritarem, dançarem e pularem como se não fossem de raça, de classe, de sexo e de idade oprimidas pelos senhores dos sobrados. A despeito daquela exigência de silêncio, o carnaval de teatro público veio dar oportunidades a outros reprimidos para se expandirem dentro de fantasias de seda e sob máscaras consideradas "sagradas". A oportunidade a efeminados para se trajarem de modo semelhante ao das mulheres. A oportunidade a mulheres meio masculinas para se trajarem de modo semelhante ao dos homens. A oportunidade a homens obrigados por ofício ou condição social a uma solenidade quase fúnebre a pularem, saltarem e dançarem como se fossem estudantes de curso jurídico.

Numa sociedade como a patriarcal brasileira, cheia de repressões, abafos, opressões, o carnaval agiu, como, em plano superior, agiu a confissão: como meio de se livrarem homens, mulheres, meninos, escravos, negros, indígenas, de opressões que, de outro modo, a muitos teria sobrecarregado de recalques, de ressentimentos e fobias. Os bailes de máscaras juntaram-se ao entrudo como meios de desobstrução psíquica e, ao mesmo tempo, social de uma população obrigada, nos dias comuns, a normas de comportamento que, em muitos, sufocavam tendências instintivas para alegrias ruidosas e tradições extraeuropeias de danças sensuais. Que acentuavam um europeísmo artificial ou postiço.

Com esse tipo semipatriarcal de vida mais mundana para a gente elegante de sobrado, alargou-se a paisagem social de muita iaiá brasileira no sentido de maior variedade de contatos com a vida extradoméstica. Esse alargamento se fez por meio do teatro, do romance, da janela, do estudo de dança, de música, de francês.

Mas os meios de expressão da mulher ainda patriarcal e já burguesa, suas oportunidades de intervenção nas atividades extradomésticas, continuaram, no Brasil da primeira metade do século XIX, mesmo nas áreas onde se antecipou, entre nós, a urbanização do sistema patriarcal, insignificantes. Reduzidas a formas graciosas. Graciosas e quase inócuas.

Num país como o Brasil do tempo do Império, com problemas que exigiam o máximo de objetividade, é impossível exagerar a ação útil e construtora que teriam tido, através de maridos que as admitissem à sua intimidade intelectual, mulheres medianamente educadas, com suas qualidades agudíssimas de tato, de intuição, de realismo, aproveitadas, por aquele meio indireto, na interpretação e na solução de problemas gerais da sociedade brasileira. Tantos deles, problemas psicológicos, de conflito e desajustamento, e não apenas econômicos.

Não se pode considerar como o mais útil aproveitamento daquelas qualidades femininas a ação, quase que só exterior, algumas vezes, apenas emotiva e sentimental, que tiveram em campanhas políticas – na da Abolição, principalmente – senhoras como Da. Leonor Porto, como a princesa Isabel, como Da. Olegarinha, a doce mas ativa mulher de José Mariano.

O tipo mais comum de mulher brasileira durante o Império continuou o daquela boa Da. Manuela de Castro, mulher do barão de Goiana. Muito boa, muito generosa, muito devota, mas só se sentindo feliz entre os parentes, os íntimos, as mucamas, os moleques, os santos de seu oratório; conservando um apego doentio à casa e à família; desinteressando-se dos negócios e dos amigos políticos do marido, mesmo quando convidada a participar de suas conversas. Quando muito chegando às margens sentimentais do patriotismo e da literatura. Alheia ao mundo que não fosse o dominado pela casa – a família, a capela, os escravos, os moradores pobres do engenho, os negros dos mucambos mais próximos. Ignorando que houvesse Pátria, Império, literatura e até rua, cidade, praça.

Nenhuma mulher ortodoxamente patriarcal, ou semipatriarcal, do Brasil – nem de sobrado nem de engenho, nem de fazenda nem mesmo de estância – com toda a sua doçura, todo o seu donaire, toda a sua graça, foi capaz de comunicar a algum dos filhos, ao marido, ao irmão, a algum homem público ou a poeta seu apaixonado – quando era uma iaiá mais bonita e mais dengosa – sugestão que excedesse às de puro sentimento ou de pura sensualidade. Nunca os dois sexos se ajustaram numa criação comum, de significado político ou literário. Nada que se aproximasse de inteligente ação extradoméstica da mulher, através do marido, do filho, do irmão, com quem ela colaborasse ou a quem estimulasse por meio de uma simpatia docemente criadora. Nunca em uma sociedade aparentemente europeia, os homens foram tão sós no seu esforço, como os nossos no tempo do Império; nem tão unilaterais na sua obra política, literária, científica. Unilaterais pela falta, não tanto de inspiração de mulher – que esta houve, e das mais intensas, sobre os poetas e os romancistas do Império – mas do que se poderia chamar simpatia criadora.

Essa falta de mulher, não inspiradora, mas colaboradora do marido, do filho, do irmão, do amante, sente-se no muito que há de seco, de incompleto, e até de pervertido em alguns dos maiores homens do patriarcalismo e do semipatriarcalismo no Brasil. Em Fagundes Varela, em Feijó, em Gonçalves Dias, em Tobias Barreto, em Raul Pompéia. Homens em quem a ausência de colaboração inteligente de mulher ou de profunda simpatia feminina pelo seu trabalho ou pela sua pessoa parece ter desenvolvido o narcisismo ou o monossexualismo sob formas intelectuais e até pessoais próximas da morbidez.

A repercussão puramente sentimental da mulher sobre o homem, esta foi sempre profunda nos dias do semipatriarcalismo dos sobrados, como nos tempos patriarcais das casas-grandes de engenho. A mãe era a aliada do menino contra o pai excessivo na disciplina e às vezes terrivelmente duro na autoridade. Sua consoladora. Sua enfermeira. Sua primeira namorada. Quem lhe fazia certas vontades. Quem cantava modinhas para ele dormir. Primeiro foram canções de acalento trazidas de Portugal:

"Durma, durma, meu menino".

Mas depois foram modinhas. Modinhas já açucaradas ou adoçadas pelo Brasil. Modinhas de amor. O filho era um pouco o namorado da mãe, e às vezes da avó. Lopes Gama, em fins do século XVIII, foi ninado pela sua avó com modinhas sentimentais: "Minha Nize adorada, És ingrata por costume, Até onde as nuvens giram, Ingrata suspende o golpe". Uma ou outra mais alegre: "Zabelinha come pão", por exemplo. Através do século XIX as modinhas chorosas, tristes, de namoro infeliz, de amor abafado no peito, continuaram a fazer as vezes das canções de berço. O menino logo cedo estava aprendendo que o amor fazia sofrer, que Maria era ingrata, que Judite era isso, que Elvira era aquilo. Desse ponto de vista, não faltou influência amolecedora da mulher sobre o brasileiro. Essa influência talvez explique o fato de até nossos hinos de guerra terem certo sabor de modinha, alguma coisa de mole, de sentimental, de choroso mesmo.

A influência de mulher que faltou sobre o filho menino ou adolescente foi a da mãe que compreendesse o mundo para o qual ele caminhava às cegas e sem um esclarecimento. Em 1872, Correia de Azevedo responsabilizava principalmente a "mãe indolente, inculta", ao lado da "ama escrava" e da "mucama imoral", pelo fato de tão cedo o menino brasileiro tornar-se um perdido: "no corpo a sífilis; no espírito o deboche [...]. Alimentar-se, vestir-se, deitar-se, e fazer exercício um menino, são cousas que essas mães vulgares e ignorantes entregam apenas às exigências do sentido do capricho".[16] Mas se ela própria não sabia vestir-se nem alimentar-se, nem tinha liberdade para vestir-se e alimentar-se, mas vestia-se e alimentava-se de acordo com o capricho ou a vontade dos homens? Mesmo a que frequentava escola ou colégio tornava-se mãe de família sabendo apenas falar mais elegantemente que as outras, juntando ao português um pouco de francês, um pouco de música, um pouco de dança.

"Os nossos colégios de meninos ensinam muito francês, muita filosofia, mas não explicam o padre-nosso", escrevia em 1861 o padre Pinto de Campos. "Ainda é mais grave o ensino em colégios de meninas", acrescentava ele. "A mulher pode e deve ser o grande instrumento da regeneração; mas para isso cumpre substituir sua posição atual de ídolo domado ou máquina reprodutora. Uma nação é um agregado de famílias: lar doméstico é a mulher". E concluía: "A nova educação feminina é hoje exclusivamente a dos bailes, das salas, das ostentações e as que vivem fora das cidades, ou não possuem fortuna, vegetam na ignorância por se entender que a mulher de per si é nada!". Segundo monsenhor Joaquim Pinto de Campos, à página 20 da *Carta (que dirigiu) ao excelentíssimo senhor ministro dos Negócios Eclesiásticos* e foi publicada no Rio de Janeiro em 1861, era esta a situação da menina ou da moça brasileira em pleno reinado de D. Pedro II.

Aceitas as diferenças e os limites de sexo, dentro da especialização de cada um – limites já indicados por Ellis em livro clássico e interpretados por Goldenweiser, em algumas de suas páginas mais lúcidas e também por L. M. Terman e C. C. Miles no seu *Sex and personality: studies in masculinity and femininity* (Nova York, 1936) – não seria justo deixar de insistir no muito que as circunstâncias de regime econômico no Brasil impuseram à mulher de sobrado como à de casa-grande, no sentido de sua especialização em "sexo frágil" e em "belo sexo". Restrições às vezes deformadoras do próprio físico. Restrições limitando-lhe a influência, sobre a vida comum, àquela repercussão de sentimento e de dengo sobre os filhos; às sugestões de beleza ou de bondade sobre os poetas, os romancistas, os homens; a pedidos de emprego de sogras a favor de genros, junto a políticos poderosos. Limitando-lhe a atividade à esfera doméstica ou ao plano da prática religiosa. Impondo-lhe uma especialização humilhante de tipo físico: primeiro a virgenzinha franzina: "pálida virgem dos meus sonhos", de mais de um poeta. Depois de casada, "mulher gorda e bonita". Ou simplesmente gorda, caseira, procriadora.

Esta artificialização, para fins de maior domínio social e de melhor gozo sexual do homem, realizou-se através de regime todo especial de alimentação e de vida. Para o primeiro tipo – o da virgem pálida – caldinhos de pintainho, água de arroz, confeitos, banhos mornos. Para o segundo – a esposa gorda e bonita – verdadeiro regime de engorda, com muito mel de engenho, muito doce de goiaba, muito bolo, muita geleia de araçá, muito pastel, chocolate, toda a série de guloseimas ricas que os cronistas da sociedade patriarcal no Brasil notaram ser consumidos à larga pelas senhoras brasileiras. E que talvez fossem para muitas delas uma forma de se compensarem dos desgostos ou das frustrações no amor sexual. Em ambos os casos, uma alimentação imprópria e deficiente. Um regime produzindo as criaturinhas fracas do peito, meninas românticas de olhos arregalados, de quatorze e quinze anos, que os bacharéis de vinte e cinco e de trinta namoravam passando de cartola e bengala pelas calçadas dos sobrados, voltados para as varandas como para nichos ou altares. O outro, as mães de dezoito e vinte anos, mulheres gordas, mas de uma gordura mole e fofa, gordura de doença. Mulheres que morriam velhas aos vinte e cinco anos, no oitavo ou nono parto, sem outra intimidade com o marido que a da cama patriarcal. A intimidade do ventre passivamente gerador com o órgão ao mesmo tempo agressivamente viril e senhoril do dono da casa.

Em 1882 escrevia o barão Torres Homem, um dos médicos mais notáveis do tempo do Império, que nas casas opulentas, nos sobrados ilustres do Rio de Janeiro, eram muito comuns, entre as mocinhas, os "casos de tuberculose pulmonar, em cuja etiologia figura uma alimentação insuficiente pela qualidade". E acrescentava: "Em geral o médico tem de lutar nessas casas com o capricho das meninas de quinze a vinte anos que passam os dias comendo gulodices, frutas, doces e pastéis, que olham com repugnância para um suculento bife, que ficam enjoadas com a presença de um pedaço de carne mal assada, e que só gostam de acepipes que pouco nutrem e muitas vezes fazem mal".[17]

Mas a falta não era delas. A falta era principalmente de um regime que criava na mocinha solteira a vergonha de comer alimentos fortes, sujeitando-a à moda de alimentar-se de caldo de pintainho, de doce, de confeito; e assim mesmo deixando a moça bem-educada por cerimônia ou etiqueta sempre um resto do doce ou do caldo, para não parecer a ninguém que estava com fome.

O perigo que ela evitava não era o da gordura; era o da robustez de macho. Esse vigor só ficava bem às negras de senzala. Quando muito às matronas menos mundanas, passada a idade do amor e atingida a de dirigir a casa e criar os filhos. Ou às viúvas que tivessem de fazer as vezes dos homens na administração das fazendas e engenhos. Mas não às meninas casadouras, às mocinhas elegantes, às senhoras de sociedade.

Correia de Azevedo, médico que no meado do século XIX tanto se preocupou com os problemas de higiene e de educação, não hesitando nunca em denunciar os vícios da organização social do Brasil do seu tempo, considerava a mulher, dentro dessa organização, "uma escrava, à qual ainda não chegou, nem chegará tão cedo, o benéfico influxo da emancipação". É que nem criatura humana ela era: "uma boneca saída das oficinas as mais caprichosas de Paris, traria menos recortes, menos babados, menos guizos, menos fitas e cores do que essa infeliz criança, a quem querem fazer compreender, de tenra idade logo, que a mulher deve ser uma escrava dos vestidos e das exterioridades, para mais facilmente tornar-se do homem a escrava".[18]

A deformação de corpo da mulher pelo vestuário, particularmente pelo espartilho – em grande parte responsável por diferenças de respiração que alguns pesquisadores supuseram, ou ainda supõem, diferenças de sexo – já foi salientada por Ellis, no seu *Man and woman*, cuja primeira edição é de 1894. Lembra ele, a propósito, os estudos de Sir Hugh Beevor, sobre a maior frequência da tuberculose nas moças, fato que esse estudioso associou ao menor desenvolvimento do tórax na mulher, e, em última análise, a diferença de constituição sexual. Ellis considera a conclusão precipitada: a maior frequência da tísica entre as moças lhe parece resultar em grande parte de causas sociais e, por conseguinte, evitáveis. Vestuário compressor, menos exercício durante a meninice do que o homem, maiores restrições à atividade física e à vida ao ar livre.

Essas influências sociais, mais a alimentação deficiente, se fizeram sentir, com a maior intensidade, sobre a menina brasileira de sobrado. Menina aos onze anos já iaiazinha era, desde idade ainda mais verde, obrigada a "bom comportamento" tão rigoroso que lhe tirava, ainda mais que ao menino, toda a liberdade de brincar, de pular, de saltar, de subir nas mangueiras, de viver no fundo do sítio, de correr no quintal e ao ar livre. Desde os treze anos obrigavam-na a vestir-se como moça, abafada em sedas, babados e rendas; ou a usar decote, para ir ao teatro ou a algum baile. Daí tantas tísicas entre elas; tantas anêmicas; e também tantas mães de meninos que nasciam mortos; tantas mães de anjos; tantas mães que morriam de parto.

"A maneira de trajar das meninas do Brasil" – escrevia em 1855 José Bonifácio Caldeira de Andrade Júnior – "como o da generalidade das senhoras, é sobremodo defeituosa". E salientava a moda, entre as senhoras de sociedade, de trazerem "descobertos e expostos ao capricho das intempéries, o colo, as espáduas, os braços e a parte superior", moda responsável, ao seu ver, por grande número de "tubérculos nos pulmões", "pneumonias" e "diferentes espécies de anginas", contra as quais o *Correio das Modas*, "Jornal crítico e litterario das modas, bailes, theatros etc., publicado na Corte, a 12 de julho de 1840, já recomendava às moças elegantes que usassem capotes, ao saírem dos bailes ou das reuniões, quando o corpo, "por sua agitação", estava "sujeito a constipar" nas noites de inverno. "Eu não reprovo" – acrescentava por sua vez o Dr. Caldeira de Andrade, com medo de parecer censor intransigente das moças que mostravam o colo e as espáduas no teatro ou que se comprimiam em espartilhos para parecerem finas de cintura e mais bonitas de corpo nos bailes e nos espetáculos do que no interior dos sobrados – "eu não reprovo o previdente cuidado da donzela núbil que por parecer bem nas sociedades que frequenta apela para os recursos que lhe fornecem as artes, quando compatíveis com a integridade de suas funções; é em grande parte no poder de seus encantos que está firmada a base de sua felicidade futura e não é de estranhar-se que os procura domar..."[19] Mas nunca com o sacrifício da saúde.

Para o citado Correia de Azevedo, a menina brasileira, desde criança de peito alimentada inconvenientemente "aos seios de uma ama de raça africana ou indígena, no geral mulheres sujeitas a moléstias crônicas da pele, hereditárias ou não", crescia entre inimigos que em vez de a protegerem, prejudicavam-na, sob a forma de "carinhos, de sorrisos, e de um demasiado amor que enerva". Crescia "envolvida sempre em vestuários comprimentes, prejudiciais ao desenvolvimento das vísceras, e por consequência atuando sobre o útero, órgão por excelência digno de atenção no desenvolvimento das primeiras idades da mulher".[20] As condições anti-higiênicas de vestuários se prolongavam quando a menina era confiada aos recolhimentos ou colégios para se acentuarem na moça já senhora, já iaiá fina, frequentadora de teatros e de bailes, ou pelo menos, da missa ou das festas de igreja.

Nicolau Moreira, outro médico do tempo do Império que se ocupou de problemas de higiene social, incluía, em 1868, os defeitos de alimentação e o vestuário impróprio entre as causas da má saúde das moças e senhoras brasileiras. E atribuía, em nítidas palavras, "a fraqueza orgânica das nossas mulheres" aos "maus hábitos sociais".[21]

Houve assim mais de um médico inteligente do meado do século XIX e dos primeiros anos da segunda metade do mesmo século, que, conhecendo melhor que os padres confessores o interior dos sobrados ilustres, soube dar importância às influências de meio social, de hábitos e de educação sobre a vida da mulher brasileira. Maior importância a tais influências, que aos "ares" ou ao clima.

Aliás já os precedera nessa interpretação social da situação patológica da mulher – comprimida moral e fisicamente pelo regime de família patriarcal, regime prolongado nos sobrados com todas as desvantagens e sem algumas das vantagens da vida nas casas-grandes de engenho ou de fazenda – a inteligência de médicos mais antigos. Alguns vindos do século XVIII. Outros, médicos de província, formados na Europa nos primeiros decênios do século XIX. Um destes, o Dr. Joaquim de Aquino Fonseca. Depois de vários anos de estudos e observações sobre a tísica pulmonar em Pernambuco, concluiu o Dr. Joaquim atribuindo o seu extraordinário desenvolvimento na cidade do Recife (desenvolvimento mais acentuado entre as moças solteiras que entre as senhoras casadas, e maior entre as mulheres do que entre os homens) – o que as estatísticas de 1853 a 1897, levantadas com pachorra beneditina por Otávio de Freitas, deixam claramente documentado, a mortalidade de solteiros do sexo masculino tendo sido, nesse período, de 38,6 e do sexo feminino, de 44,3 – a causas francamente sociais. Entre outras, o arrocho do espartilho, "para que se possam corrigir as formas irregulares de certos individuos, ou fazer sobresahir as regulares". Arrocho que perturbava "o jogo respiratorio das costellas e diaphragma", influindo "sobre a hematose".[22] O mal não era, pois, dos "ares" e sim da falta de adaptação do trajo da classe alta ao clima tropical.

Principalmente do trajo da moça de sobrado. Trajo que, desde os princípios do século XIX, se reeuropeizara exageradamente: "[...] os pannos espessos de lã reduzindo os vestuarios a verdadeiras estufas [...]".[23]

Em 1798 já os médicos chamados a dar parecer sobre as causas da insalubridade da cidade do Rio de Janeiro haviam se referido à falta de higiene na vida da mulher, mais confinada que o homem à habitação patriarcal, à camarinha, à alcova; mais sedentária, quase nunca fazendo a iaiá de sobrado o menor exercício; mais presa à casa, que era o sobrado quase mourisco ou levantino; enfraquecida pelo uso cotidiano do banho morno, que só fazia amolecer mulheres já tão lânguidas. Era natural que sobre uma parte assim debilitada da população nobre se exercesse poderosamente a ação da tuberculose, como a de outras doenças sociais. Que as catacumbas nas igrejas vivessem escancaradas à espera de mocinhas que morressem tuberculosas, de mulheres casadas que definhassem de anemia ou de mães cujo ventre apodrecesse moço de tanto gerar, agredido pelo membro viril do marido patriarcal com uma frequência que era uma das ostentações de poder do macho sobre a fêmea, do sexo forte sobre o fraco.

Em trabalho anterior, aludimos à idealização do anjo no Brasil nos tempos coloniais e do Império. A idealização da figura do menino morto. Também se idealizou nos sobrados a figura de moça que morria virgem. Tinha direito a capela de flor de laranja, véu de noiva, *bouquet* de cravos, caixão azul-claro ou branco. Foi outra idealização mórbida, baseada, sem dúvida, nos mesmos motivos que a idealização do anjo: a compensação psíquica, sob forma teológica, da perda do valor social representado pela moça morta. A figura do médico de família, tornando-se maior que a do confessor, dentro dos sobrados, e mais tarde nas próprias casas de engenho, foi acabando aos poucos com idealizações tão antissociais.

Já nos referimos ao confessionário como um meio que teve a mulher patriarcal no Brasil de descarregar a consciência e de libertar-se um pouco da opressão do pai, do avô ou do marido sobre sua personalidade. A supremacia do médico sobre o confessor, na vida da família brasileira, esboçada desde as primeiras décadas do século XIX, veio marcar fase nova na situação da mulher. Também no sistema de relações da mulher com outros homens que não fossem os do seu sangue ou o seu marido.

O médico de família passou a exercer influência considerável sobre a mulher. Essa influência, limitando-se por algum tempo às cidades talássicas – só no Rio de Janeiro, de Freycinet encontrou nos princípios do século XIX mais de 600 médicos, incluindo cirurgiões[24] – estendeu-se depois às casas mais ilustres de engenho. As casas-grandes e, principalmente, os sobrados urbanos e suburbanos, foram reunindo a figura mais independente do médico de família à do capelão ou confessor, mais acomodado à vontade do *pater famílias*. Médico de família e até cirurgião, este para cuidar principalmente dos negros de senzala.

Não pretendemos salientar dessa primeira fase de influência do médico na vida de família do brasileiro senão a pura repercussão sobre a mulher. A mulher de sobrado foi encontrando no doutor uma figura prestigiosa de homem em quem repousar da do marido e da do padre, a confissão de doenças, de dores, de intimidades do corpo oferecendo-lhe um meio agradável de desafogar-se da opressão patriarcal e da clerical. E convém aqui recordar que nas anedotas sobre maridos enganados – aliás, relativamente raros nos dias mais ortodoxamente patriarcais do Brasil – a figura do padre donjuan foi sendo substituída pela do médico. De mais de um médico foram aparecendo histórias de adultério em alcovas ou sofás patriarcais. Também de castigos tremendos em que as vítimas da cirurgia eram os cirurgiões; e não apenas padres ou frades contra os quais mais de uma vez, na era patriarcal, voltou-se de modo terrível a ira de senhores pais ou senhores maridos feridos na sua honra de donos de mulheres. Aos poucos é que foram aparecendo maridos burguesmente pacíficos como o Manuel José da Silva, "morador na Freguezia de Guaratiba, no logar denominado Carapiba", que no *Diário do Rio de Janeiro*, de 3 de março de 1825, informava ao público haver "querelado da sua mulher, Ignacia Joaquina da Conceição, pelo crime de adulterio voluntariamente commetido com o adultero padre Manoel Nunes".

Aquelas idealizações de morte, que tão estranhamente perverteram o gosto da vida, o sentido da saúde, no Brasil patriarcal – idealização da morte da criança, idealização da morte da filha virgem e até do filho rapaz, idealizações, acrescente-se, mais ou menos teológicas, animadas pelos padres e pela Igreja, já que não tinham nem meios técnicos nem independência econômica para enfrentar as causas sociais de tanta desgraça – foram se esvaindo com a maior influência do médico sobre a mulher e sobre o meio social. O médico de família, procurando combater tudo que fosse influência ou sugestão letal, contribuiu grandemente para restabelecer, na mulher brasileira, o sentido de vida e de saúde que sofrera nela, e também no homem de cidade, profunda perversão, através das dificuldades da adaptação do europeu aos trópicos. Através, principalmente, dos exageros do sistema patriarcal de relações entre o homem e a natureza, entre o homem e a mulher, entre o adulto e o párvulo.

A transição do patriarcalismo absoluto para o semipatriarcalismo, ou do patriarcalismo rural para o que se desenvolveu nas cidades, alguém já se lembrou de comparar à transição da monarquia absoluta para a constitucional. A comparação é das melhores e abrange alguns dos aspectos mais característicos do fenômeno jurídico, tanto quanto do moral e social, daquela transição. O puramente jurídico foi estudado, em ensaio hoje esquecido, pelo barão de Ourém, *Étude sur la puissance paternelle dans le droit brésilien*, publicado em Paris em 1889. Os demais aspectos permanecem quase virgens de estudo.

O absolutismo do *pater famílias* na vida brasileira – *pater famílias* que na sua maior pureza de traços foi o senhor de casa-grande de engenho ou de fazenda – foi se dissolvendo à medida que outras figuras de homem criaram prestígio na sociedade escravocrática: o médico, por exemplo; o mestre-régio; o diretor de colégio; o presidente de província; o chefe de polícia; o juiz; o correspondente comercial. À medida que outras instituições cresceram em torno da casa-grande, diminuindo-a, desprestigiando-a, opondo-lhe contrapesos à influência: a Igreja pela voz mais independente dos bispos, o governo, o banco, o colégio, a fábrica, a oficina, a loja. Com a ascendência dessas figuras e dessas instituições, a figura da mulher foi, por sua vez, libertando-se da excessiva autoridade patriarcal, e, com o filho e o escravo, elevando-se jurídica e moralmente. Também o casamento de bacharel pobre ou mulato ou de militar plebeu com moça rica, com branca fina de casa-grande, com iaiá de sobrado, às vezes prestigiou a mulher, criando entre nós – já o acentuamos – uma espécie de descendência matrilinear: os filhos que tomaram os nomes ilustres e bonitos das mães – Castelo Branco, Albuquerque e Melo, Rocha Wanderley, Holanda Cavalcanti, Silva Prado, Argôlo, Osório – e não os dos pais. O elemento de decoração social não podia deixar de repercutir moral ou psicologicamente, em tais casos, a favor da mulher.

A Igreja, por cuja autoridade sobre a família os jesuítas se bateram tão ardentemente no primeiro século de colonização, tendo de capitular, no segundo, vencidos pelos monarcas das casas-grandes, reconquistou depois alguns dos seus supostos direitos e restaurou parte do prestígio espiritual e moral que perdera através da subserviência quase absoluta do capelão ao *pater famílias*. Mas sem conseguir o domínio absoluto, a que aspirava, sobre a mulher e sobre o menino que, libertando-se do excesso de opressão do *pater famílias*, foram se submetendo às influências novas do médico, do colégio, do teatro, da literatura profana, e não apenas à autoridade mais firme dos bispos e dos vigários, cuja voz chegava às vezes tão forte aos sobrados no som dos sinos da catedral ou da matriz.

Mas não se deve deixar de incluir a Igreja – a Igreja dos bispos e do Internúncio – entre as forças que concorreram para o declínio do patriarcalismo das casas-grandes e dos próprios sobrados, tantos dos quais aparecem nos anúncios de jornal da primeira metade do século XIX com oratório ou capela[25] particular. No século XVIII já alguns bispos procuravam reprimir o abuso das missas em capelas particulares – as capelas ou oratórios das casas de engenho, e fazenda, de sítio, de sobrado. Capelas ou oratórios que repontam ostensivamente dos anúncios de sobrados e de casas assobradadas, nos jornais brasileiros da primeira metade do século XIX. No *Diário do Rio de Janeiro* de 4 de junho de 1822, anuncia-se "huma casa de sobrado" com "Oratorio para Missa, perto do Rocio, em boa rua"; e no mesmo *Diário*, de 22 de janeiro de 1821, anunciara-se "hum oratorio uzado grande;

em tamanho sufficiente para se poder celebrar missa, muito bem construido de madeira Iribá e por dentro com muito boa pintura de ramage, fingindo seda, e galam dourado; tem crucifixo de muito boa factura". Dois anúncios típicos. Eram numerosas as casas com oratório "em tamanho sufficiente para se poder celebrar Missa": casas onde matronas gordas, moles, sedentárias ouviam missa sem precisarem ir à igreja como a pequena burguesia ou a plebe.

Em 1886 seria o próprio Internúncio, arcebispo de Otranto, quem dirigiria aos bispos uma circular sobre o assunto, que fez época na vida da Igreja no Brasil; e que marca, ao mesmo tempo, não diremos o fim – pois seria considerada sem efeito pelo substituto do arcebispo de Otranto – mas o declínio, da era do capelão subordinado ao patriarca e quase indiferente ao prelado, para acentuar novo tipo de relações entre a casa patriarcal e a Igreja; e entre o padre e o bispo. Condenava-se aí o abuso de celebrar-se a santa missa em casas particulares, nos oratórios de família. Irregularidade que seria punida com suspensão *ad celebratione Missae*.[26]

Semelhante circular levantou forte celeuma em algumas dioceses mais patriarcais: dioceses onde o interesse econômico dos padres se achava preso da maneira mais íntima às capelas particulares. Mas o simples fato de sua publicação é característico do declínio do sistema patriarcal, com o qual tanto contemporizara a Igreja, agora intransigente na sua ortodoxia. É verdade que o bispo de Mariana apresentou ao Internúncio certas dificuldades muito brasileiras para o cumprimento de ordem tão antipatriarcal: uma delas, o fato de ainda haver freguesias vastíssimas, algumas de vinte, trinta e até cinquenta léguas de uma a outra extremidade. De modo que a maior parte da gente não podia ir à matriz ou à igreja para comungar, não uma vez no ano, mas uma vez na vida. Daí a tolerância com as capelas particulares, com os oratórios das grandes famílias patriarcais. "Os oratórios em fazendas" – acrescentava o bispo de Mariana, que diante do radicalismo ortodoxo do Internúncio pendera para o lado oposto, numa atitude doce, brasileira, de conciliação – "os oratórios em fazendas, com entradas francas para todos, têm sido considerados sempre como públicos, e suprem a falta de capelas. A única condição que lhes falta para o rigor de públicos é que têm saída para terras particulares, e não para terrenos públicos, condição esta difícil de ser observada no Brasil".[27]

A proibição de se ouvir missa em casa, nos oratórios particulares dos engenhos, das fazendas, das chácaras, dos sobrados de sítio, golpeando em cheio a autoridade patriarcal, teria feito sofrer particularmente a mulher mais sedentária: a mãe de família que quase não saía de casa. Mas deve-se observar que os oratórios particulares não se limitavam às casas-grandes isoladas, a que se referia o bispo de Mariana. Havia-os também nas casas-grandes de sítio, quase dentro das cidades; e até – repita-se – em alguns sobradões do Rio de Janeiro, da Bahia, do Recife, a um passo das igrejas e até das catedrais. Na casa-grande do velho visconde de Suaçuna, por exemplo, a capela, que ainda conhecemos – e da qual nos foi dado o sino que, por nossa vez, oferecemos ao casal José Tomás Nabuco – pouca diferença apresentava da igreja matriz, dela bem próxima.

Transigindo, ainda em 1886, com os oratórios particulares, a Igreja deve ter transigido principalmente com a mulher que, desde os princípios do século, estava se tornando, com o filho pequeno e o escravo, o elemento mais conservador da fé ortodoxa, os homens dando para liberais e pedreiros-livres. Alguns sobrados, em vez de conservarem capela ou oratório, foram-se tornando até uma espécie de templos maçônicos, como, no Recife, a casa de Antônio Gonçalvez da Cruz, decorada com retratos de revolucionários franceses e norte-americanos, em lugar de estampas de santos e mártires da Igreja.

Pereira da Costa pretende que a maçonaria tenha sido introduzida no Brasil em 1801; e pelo que refere o viajante inglês Lindley,[28] nos começos do século XIX já havia loja maçônica na Bahia, que parecia datar do século anterior. Essas lojas, como as sociedades secretas – "academias", "areópagos", "universidades", "oficinas" – que foram aparecendo na mesma época, pelas partes mais europeizadas do Brasil, desempenharam em nossa sociedade patriarcal uma função que de certo modo se assemelha a daquelas associações secretas de homens nas sociedades primitivas. Associações fechadas às mulheres que, nem de longe, deviam avistar os instrumentos sagrados. No Brasil, o segredo maçônico das conspirações liberais – conspirações que, entretanto, importavam, para muitos "libertadores", na exclusão das mulheres, dos negros e dos mulatos dos governos democráticos tão idilicamente sonhados – veio aprofundar o antagonismo, já considerável, entre o sexo conservador e o diferenciador.

Entre nós, como entre os primitivos, guardava-se da vista e dos ouvidos das mulheres a atividade mais séria dos homens; no caso das sociedades secretas, todo o trabalho em prol da liberdade, da independência, da democracia. E é possível que alguns conspiradores liberais fossem com relação às mulheres e filhos, maridos e pais duríssimos – dos que as faziam entrar para os recolhimentos ou conventos à força ou por simples ostentação social. Amigos da democracia e querendo a colônia livre do jugo de Portugal tinham, entretanto, sua maneira monossexual de ser democratas e liberais.

Dizia nos princípios do século XVIII o governador das Minas D. Lourenço de Almeida, que sendo grande na Capitania o número de homens solteiros era entretanto considerável o de moças que os pais tirânicos faziam recolher aos conventos, onde algumas definhavam de triste donzelice. Uns o faziam pela honra de ter filha religiosa; outros, ao que parece, pelo embaraço de escolher genro entre os homens solteiros da terra, de branquidade porventura duvidosa. Particularmente numa capitania como a das Minas, célebre pela muita mestiçagem durante a era colonial. Atraindo famílias ilustres das capitanias mais antigas, famílias com moças em idade de casar – a filha de Antônio de Oliveira, por exemplo, que ele próprio apunhalou por suspeita de namoro com rapaz plebeu ou, talvez, de "cabelo ruim" – por outro lado atraía do reino aqueles solteirões aventureiros e extravagantes a que se referia D. Lourenço de Almeida; e, ainda mais: homens que sendo no Reino "a escória do povo e o desprezo dos bons, vendo-se num país extenso e cheio de liberdade" faziam-se "insolentes" e queriam ser todos "fidalgos".[29] Eram esses falsos fidalgos que os patriarcas de famílias mais antigas na terra, embora conspirando pela liberdade, pela independência, pela democracia, faziam questão de distinguir dos autênticos, insistindo também em distinguir os falsos brancos dos brancos puros. E era essa preocupação dos patriarcas com a fidalguia e a branquidade dos genros que tornava difícil o problema do casamento, nas capitanias de formação mais irregular, como a das Minas.

Em Pernambuco, em São Paulo, e no recôncavo da Bahia, o problema resolveu-se mais docemente, com os casamentos entre primos ou de tios com sobrinhas: a endogamia patriarcal. Casamentos que foram fazendo das várias famílias iniciadoras do povoamento quase uma só;

e tornando tão claros os limites para as relações matrimoniais que os aventureiros do Reino e os mulatos da terra, ansiosos de se limparem pelo casamento, com dificuldade, e só por exceção, conseguiam unir--se a moças afidalgadas. Ainda assim, verificaram-se casos de mulatos e aventureiros até das ilhas que, ainda no século XVII, ascenderam pelo casamento à melhor aristocracia pernambucana, tornando-se tão bons fidalgos como os sogros.

De Freycinet descreve os recolhimentos de moças do Brasil, que visavam tornar impossíveis as alianças de moças fidalgas com aventureiros. Uns, verdadeiros colégios ou escolas – e neste número deve-se incluir o da Glória, fundado no Recife pelo bispo Azeredo Coutinho; outros, estabelecimentos de correção ou conventos "onde ficam reclusas mulheres e moças, não precisamente de má vida, mas que deram algum grave motivo de descontentamento aos pais e maridos". Pode-se entretanto acrescentar que nem sempre havia desses motivos graves de descontentamento; às vezes simples suspeitas de namoro. Desconfiança. E para alguns maridos nem isso. "Sabe-se até" – escreveu um viajante alemão, Hermann Burmeister – "que muitos brasileiros internam suas mulheres, sem plausível razão, durante anos, em um claustro, simplesmente a fim de viverem tanto mais a seu gosto na sua casa com uma amante. A lei presta auxílio a este abuso; quem se quer livrar da própria esposa, vai à polícia e faz levá-la ao convento pelos funcionários, desde que pague o custo de suas despesas".[30] Nos tempos coloniais parece que não eram tão fáceis nas áreas de população mais estável esses internamentos, a julgar pelos termos de despachos às petições, de maridos e pais, que constam dos livros manuscritos de correspondência da Corte com os capitães-generais. Mas não resta dúvida de que, durante toda a época de patriarcalismo, e mesmo durante sua primeira fase de declínio, a lei favoreceu por todos os modos a subordinação da mulher ao homem, no Brasil.

A mulher semipatriarcal de sobrado continuou abusada pelo pai e pelo marido. Menos, porém, que dentro das casas-grandes de fazenda e de engenho. Nos sobrados, a maior vítima do patriarcalismo em declínio (com o senhor urbano já não se dispondo a gastar tanto como o senhor rural com as filhas solteiras, que dantes eram enviadas para os recolhimentos e os conventos com grandes dotes) foi talvez a solteirona. Abusada não só pelos homens, como pelas mulheres casadas. Era ela quem nos dias comuns como nos de festa ficava em casa o tempo todo, meio governante, meio parente-pobre, tomando conta dos meninos, botando sentido nas escravas, cosendo, cerzindo meia, enquanto as casadas e as moças casadouras iam ao teatro ou à igreja. Nos dias de aniversário ou de batizado, quase não aparecia às visitas: ficava pela cozinha, pela copa, pelos quartos ajudando a enfeitar os pratos, a preparar os doces, a dar banho nos meninos, a vesti-los para a festa. Era ela também quem mais cuidava dos santos – enchendo de joias e teteias o Menino Deus, Santo Antônio, Nosso Senhor. Sua situação de dependência econômica absoluta fazia dela a criatura mais obediente da casa. Obedecendo até às meninas e hesitando em dar ordens mais severas às mucamas.

Na França da liberdade e da igualdade, cujas ideias democráticas desde os fins do século XVIII vieram repercutir sobre o Brasil, através de livros proibidos, de lojas maçônicas, de bacharéis e doutores formados em Paris e Montpellier; na França da liberdade e da igualdade, em 1807, Portalis ainda escrevia em seu *Exposé de motifs* do Código Civil: "*La femme a besoin de protection, parce qu'elle est plus faible; l'homme est plus libre parce qu'il est plus fort [...] L'obéissance de la femme est un hommage rendu au pouvoir que la protège [...]*".

Não é de admirar que entre nós os juristas do feitio antes conservador que liberal de Trigo de Loureiro continuassem, no meado do século XIX, partidários da subserviência da mulher ao senhor patriarcal. Que as solteironas, principalmente, fossem pouco mais que escravas na economia dos sobrados. As restrições de ordem jurídica e social – refletindo, na maior parte, motivos econômicos – impostas com tanto rigor à mulher brasileira durante a fase patriarcal, explicam-nos muito da sua inferioridade, aparentemente de sexo.

Mais depressa nos libertamos, os brasileiros, dos preconceitos de raça do que dos de sexo. Quebraram-se, ainda no primeiro século de colonização, os tabus mais duros contra os índios; e no século XVII, a voz del-Rei já se levantava a favor dos pardos. Os tabus de sexo foram mais persistentes. "A inferioridade" da mulher subsistiu à "inferioridade da raça", fazendo da nossa cultura, menos uma cultura como a norte-americana, com a metade de seus valores esmagados ou reprimidos pelo fato da diversidade de cor e de raça do que, como as orientais, uma cultura com muitos dos seus elementos mais ricos abafados e proibidos de se expressarem, pelo tabu do sexo. Sexo fraco. Belo sexo. Sexo doméstico. Sexo mantido em situação toda artificial para regalo e conveniência do homem, dominador exclusivo dessa sociedade meio morta.

O fato, alegado por Proudhon, de que a mulher nem a roca inventou, não tem a significação que à primeira vista parece ter para justificar teorias de "inferioridade" do sexo feminino, tão frágeis como a maior parte das teorias de "inferioridade" da raça africana ou das "raças de cor". Explica-o, em grande parte, o constrangimento em que viveu o sexo chamado fraco durante a fase da indústria doméstica, correspondente ao patriarcalismo. O homem, pelo seu domínio sobre a cultura acumulada dentro de sistemas de civilização masculinos, tem desfrutado – salientam os antropólogos e os sociólogos – melhores oportunidades de expressão e de realização cultural. Quase o mesmo caso das raças consideradas superiores, cuja maior riqueza de expressão ou de realização cultural se prende, pelo menos até certo ponto, a melhores oportunidades históricas de acumulação de cultura pelo contato, pela imitação, pela assimilação.

Sylvia Kopard insiste em estender ao caso da mulher a interpretação social de Boas, para o caso da raça negra, negando, aliás, a maior variabilidade do sexo masculino.[31] Não vamos a tanto, antes nos inclinamos a acreditar em diferenças psíquicas entre as raças, do mesmo modo que entre os sexos, predispondo-os a especializações culturais que não implicariam necessariamente superioridade ou inferioridade de inteligência. Mas nem todas as diferenças seriam removíveis pela estandardização social ou cultural dos dois sexos e, se possível, das várias raças, se sua pureza biológica resistisse à miscigenação.

Na formação patriarcal brasileira, as diferenças sociais de sexo – favoráveis ao homem – andaram às vezes em conflito com as diferenças sociais de raça – favoráveis ao branco. Nos casos de iaiás brancas e finas apaixonadas por mulatos, aquelas diferenças sociais perturbaram-se. Mas raras vezes.

A distância, não só social como principalmente psíquica, entre a mulher branca e o escravo preto, foi sempre maior, no Brasil, do que entre o senhor branco e a escrava preta. Por outro lado, procuraremos indicar, em capítulo próximo, que foi em grande parte através da mulher branca e fina, sensível ao encanto físico e ao prestígio sexual do mulato – homem aparentemente mais forte, mais vivo, mais estranho (reação contra a endogamia), talvez mais ardente do que o branco; que foi, em grande parte, através do amor da aristocrata sentimental, e às vezes sensual, e despreocupada de escrúpulos de branquidade, pelo mulato sexualmente mais atraente que o primo branco ou quase branco – primo demasiadamente familiar e semelhante a ela, moça branca – que, durante o declínio do patriarcalismo, se fez, nas próprias áreas aristocráticas e endogâmicas do país, a ascensão do mulato claro e do bacharel ou militar pobre à classe mais alta da sociedade brasileira. Os pais nobres, no maior número dos casos, não queriam saber de casamento senão entre iguais étnica, social e economicamente. E os iguais eram quase sempre os primos, o tio e a sobrinha, os parentes próximos. As filhas, porém, as iaiás dos sobrados, as sinhás das próprias casas-grandes de engenho, deixando-se raptar por donjuans plebeus ou de cor, perturbaram consideravelmente, desde os começos do século XIX, o critério patriarcal e endogâmico de casamento.

Sellin assinalou o grande número de moças raptadas dos sobrados e das casas-grandes, na segunda metade do século XIX. Eram moças a quem os pais não consentiam, ou por questão de sangue, ou de situação social, o casamento com homens de sua predileção sexual ou sentimental. Elas, porém, já não se sujeitando, com a doçura de outrora, à escolha de marido pela família, fugiam romanticamente com os namorados, que nem as moças das novelas; e muitas vezes com homens de situação inferior à sua e até de cor escura, sendo elas alvas, louras ou de um moreno claro ou pálido.

Esses raptos marcam, de maneira dramática, o declínio da família patriarcal no Brasil e o começo da instável e romântica. Patriarcas arrogantes ficaram reduzidos quase a reis Lear. A ascensão do mulato e do bacharel – de que adiante nos ocuparemos – acentuou-se através desses raptos; mas também a ascensão da mulher. Seu direito de amar, independente de considerações de classe e de raça, de família e de sangue. Sua coragem de desobedecer ao pai e à família para atender aos desejos do sexo ou do "coração" ou do "querer bem".

"De tempos a esta parte" – comentava o redator do "Retrospecto semanal" do *Diário de Pernambuco*, a 31 de julho de 1854 – "tem-se tornado tão frequentes entre nós os casamentos pelo rapto e acompanhados de tanta immoralidade que espantam e fazem tremer aquelles que olham para a família como o fundamento da sociedade. Moças (e até moços!) teem havido que, sendo menores, são raptados da casa de seus paes e d'ahi a pouco estão casados sem a intervenção do consentimento paterno!". E notando a intrusão da magistratura do Império em assuntos que deviam ser exclusivo domínio da autoridade patriarcal: "Outras vezes apparece o supprimento desse consentimento dado por juizes [...] que mesmo contra as leis o concedem por entenderem que para se realisar um casamento tudo se deve fazer. E qual o resultado de tão graves abusos? O enfraquecimento da autoridade paterna, a dissolução dos mais poderosos vinculos da família e consequentemente a desmoralisação e o anniquilamento da sociedade". E o mesmo jornal noticiava, na sua edição de 28 de agosto de 1854, um dos raptos, então frequentes: "Mais um rapto teve lugar na madrugada de 20 do corrente. Dizem-nos que ao sahir da missa do Livramento foi uma moça violentamente raptada do braço de seu pae sendo o pretendente acompanhado de alguns auxiliares para o bom exito de sua diligencia, como succedeu. Deste modo os casandeiros se não limitam ao rapto chamado de subornação; recorrem á força aberta e a sorte das famílias torna-se cada dia mais precaria e deploravel".

Os jornais brasileiros do meado do século – na verdade de toda a segunda metade do século XIX – estão cheios de notícias de raptos de moças. *O Jornal do Recife* de 20 de fevereiro de 1868 registrando o fato, ocorrido em Niterói, de ter sido uma menor raptada da casa dos pais por certo capitão H. H. da S., lembrava que não era a primeira vez que o dito capitão roubava moça: na cidade de Alegrete raptara a noiva de um cadete que, desesperado, tomara uma porção de verdete e falecera.

Do mesmo *Jornal do Recife*, de 2 de abril de 1859, é a notícia de ter sido raptada na Bahia uma menina por frei Teodoro da Divina Providência.

Estes eram, porém, os casos de donjuanismo. Donjuanismo em que até o meado do século XIX distinguiram-se principalmente militares e clérigos; depois, principalmente, médicos como o requintado Maciel Monteiro que parece, entretanto, ter se especializado em desencabeçar senhoras casadas.

Os raptos mais comuns tornaram-se, no meado do século XIX, os de moças por homens ou rapazes que o critério patriarcal desaprovava para a condição de genros; e em numerosos casos a questão de branquidade parece ter sido o motivo da desaprovação paterna a uniões que afinal se realizavam romanticamente; ou romanticamente se resolviam com o recolhimento da moça a convento e o suicídio, às vezes, do rapaz apaixonado. A verdade, porém, é que, a partir do meado do século XIX, a solução que se generalizou foi a do rapto: solução favorecida pela intrusão da "justiça de juiz" em zona outrora exclusivamente dominada – repita-se – pela "justiça" do patriarca de casa-grande ou de sobrado.

Em seu ensaio *A República na América do Sul*, publicado em segunda edição em 1906, dizia à página 62 ilustre jurista do tempo do Império, o professor A. Coelho Rodrigues, a propósito de herança necessária", que a "intrusão do legislador" entre o pai e o filho – principalmente entre o pai e a filha – vinha anulando, no Brasil, desde o Império a "confiança recíproca que é o laço mais sólido das relações da família...". Família que, para ele, devia continuar a patriarcal, baseada sobre "a força moral do pai...". Aquela em que o homem era, como em Portugal – "cujo Código de 1603" ainda constituía "a base do nosso Direito Civil" – "o centro da comunhão da família", para o que o armavam "os poderes paterno e marital". Os praxistas portugueses é que haviam relaxado o pátrio poder, "sugerindo casos novos de emancipação presumida"; e "o nosso Império secundou-os, substituindo as Ords. Do L. 5º pelo Cód. Crim. De 1830 e, sobretudo, promulgando o Dec. de 31 de outubro de 1831, donde a nossa jurisprudência inferiu a emancipação da maioridade, reduzida de 25 a 21 anos".[32]

Uma revolução. Pois, depois desse decreto, o filho, desde que tivesse 21 anos, "podia casar sem licença nem ciência do pai, e gastar quanto ganhasse sem dar-lhe contas, por mais que lhe tivesse custado, e ainda que já houvesse recebido dele tanto quanto poderia herdar por sua morte". E defendendo o pai contra os filhos, a família patriarcal contra a intrusão do Estado ou do legislador liberal, acrescentava o jurista: "Seja ele [pai] embora pobre e os filhos ricos, passe ele a mourejar a vida enquanto os filhos dissipem os adiantamentos, os ganhos e os dotes dos respectivos cônjuges, de cada três moedas que conseguir poupar, deverá necessariamente duas aos seus filhos". A um pai assim reduzido no poder paternal chamava o professor Coelho Rodrigues "galé da paternidade". E lembrava que estava se generalizando, entre os filhos, a situação daqueles que se salvavam de dívidas inquietantes, com "a morte dos que lhes deram a vida".

Bem dizia em 1885 Da. Ana Ribeiro de Góis Bettencourt, ilustre colaboradora baiana do *Almanaque de lembranças luso-brasileiro*, alarmada com as tendências românticas das novas gerações – principalmente com as meninas fugindo de casa com os namorados – que convinha aos pais evitar as más influências junto às pobres mocinhas. O mau teatro. Os maus romances. As más leituras. Os romances de José de Alencar, por exemplo, com "certas cenas um pouco desnudadas" e certos "perfis de mulheres altivas e caprichosas [...] que podem seduzir a uma jovem inexperiente, levando-a a querer imitar esses tipos inconvenientes na vida real".

Romances ainda mais dissolutos estavam aparecendo; autores ainda mais perigosos escrevendo livros, chegando alguns até a pretender que "a união dos sexos promovida somente pelo amor seja tão santa e pura como a que a religião e a sociedade consagra". E ainda mais, santo Deus! a "desculparem o adultério da mulher!" Contra o que Da. Ana Ribeiro recomendava os romances de Escrich e os que ela própria escrevera: *A filha de Jephte* e o *Anjo do perdão*.

Não houve, porém, romance moralista que impedisse a libertação da mulher do despotismo do pai ou do marido, embora, dentro do complexo patriarcal, essa libertação se fizesse principalmente através da substituição do homem pela mulher conforme normas ou formas patriarcais. Formas que sobreviveram a alterações jurídicas ou políticas ou mesmo econômicas, de substância. Que sobreviveram ao desaparecimento do trajo oriental de mulher.

Um sistema complexo como foi o patriarcal, no Brasil, tinha de ser, como foi, um sistema de base biológica superada pela configuração sociológica. Um sistema em que a *mulher* mais de uma vez tornou-se sociologicamente *homem* para efeitos de dirigir casa, chefiar família, administrar fazenda.

Um sistema em que o *mestiço*, por sua posição, tornava-se *branco* para todos os efeitos sociais, inclusive os políticos. Em que o *afilhado*, ou o *sobrinho*, igualmente, tornava-se *filho*, para os mesmos efeitos: tanto que os indivíduos biologicamente *filhos* de padres nada sofriam nas suas oportunidades sociais sob a designação, apenas de etiqueta, de *afilhados* ou *sobrinhos*. Em que o *genro* superava às vezes o filho biológico nos privilégios sociais de descendente do chefe da casa ou da família. Em que a *mulher* tornava-se sociologicamente o *homem* da casa, o chefe da família, o senhor do engenho ou da fazenda, sem que tal substituição importasse em matriarcalismo senão adjetivo – nunca substantivo – ou em valorização do sexo considerado frágil. Em que o *padrinho* ou a *madrinha* superava o *pai* ou a *mãe* biológica, tornando-se mais de uma vez o *afilhado* ou a *afilhada* não só completo substituto de *filho* ou de *filha* para o casal estéril como substituto de esposo ausente ou do *esposo* morto: o caso de Joaquim Nabuco criado como filho único, por sua madrinha, Da. Ana Rosa, viúva, que procurou mudar o Nabuco do nome de família do afilhado para Carvalho – o nome de família do marido morto.

Foi, ainda, um sistema em que o *nome de família ilustre*, prestigioso ou importante, frequentemente superou o de *família obscura* mesmo quando aquele era o da *mulher* ou do *tio* ou *avô* ou *padrinho* e este, o do *homem* ou do *pai*. Outra simulação de matriarcalismo ou *avuncularismo* dentro do patriarcalismo.

Na verdade, o que se verificava em tais casos era a vitória do elemento sociológico sobre o biológico. Era a preferência pelo nome prestigioso de família como um nome que protegesse melhor o indivíduo incerto do seu futuro como indivíduo. Também, em mais de um caso, um processo de dissimulação: o indivíduo com nome de família pelo lado paterno – normalmente o dominante – obscuro ou desprezível (às vezes por ser nome de imigrante ou africano ou ostensivamente plebeu), refugiava-se no nome da família materna ou no nome da família do padrinho, para proteger-se, proteger o seu futuro e proteger os descendentes.

Tais casos foram numerosos na história da nossa sociedade patriarcal, ou tutelar, caracterizada pelo complexo de proteção. Tão numerosos que têm feito alguns estudiosos do nosso passado acreditarem em sobrevivências não só vagamente matriarcais – o que admitimos – no meio do sistema patriarcal que vigorou durante séculos no Brasil com um viço quase feudal, como na coexistência de matriarcado e patriarcado na mesma sociedade. Sobrevivências ou aparências matriarcais houve, certamente, entre nós; mas – repita-se – adjetivas, simplesmente adjetivas, de adaptação de indivíduos excepcionais do sexo feminino a tarefas normalmente masculinas. Nunca substantivas, que importassem na substituição de um sexo por outro ou na subordinação do sexo patriarcal ao matriarcal.

O que se verificou com a transferência do poder patriarcal das casas-grandes do interior para os sobrados das cidades foi, evidentemente, uma diminuição de distância não só física como social entre a gente senhoril e atividades mecânicas, comerciais, industriais que começaram a desenvolver-se, nas mesmas cidades, em relativa independência dos senhores de sobrados, embora, principalmente, para seu uso e conveniência. Inclusive o uso e conveniência das senhoras.

A serviço, principalmente, dos sobrados, foram-se levantando, nas cidades brasileiras do século XIX – às vezes ao pé dos próprios sobrados ou nas suas lojas – marcenarias e carpintarias onde se fabricavam não só mobílias para as salas e os quartos das casas ainda patriarcais e já urbanas (dominando nessas construções, na segunda metade do século XIX, os estilos medalhão e meio medalhão à Luís XV), como caixões fúnebres e eças; boticas ou drogarias que começaram a vender desde o princípio do século drogas importadas da Europa e dos Estados Unidos, às quais resistiram, por muito tempo – na verdade ainda resistem hoje – os antigos remédios patriarcalmente caseiros, alguns sob a forma de drogas comerciais com nomes silvestres ou indígenas – o peitoral Cambará, a Salsa Moura, Caroba e Tajujá, o Elixir Vegetal Rocha (cujo fabricante gabava-se de não conter seu produto nem mercúrio nem iodureto, nem morfina nem narceína); sorveterias famíliares onde, além de sorvetes, encontravam-se bolos, bolinhos, empadas de camarão, pão de ló e doces italianos e franceses que as negras das casas não sabiam fazer nas cozinhas patriarcais, atingidas, assim, no seu prestígio quase sagrado; cocheiras onde podiam alugar carros para passeios, casamentos, batizados, formaturas dos filhos ou afilhados, os donos de sobrados mais modestos que não tivessem cocheiras próprias; lojas de miudezas ou de ferragens e armazéns de secos e molhados onde, entre outras novidades europeias e norte-americanas para o conforto burguês das casas ou o adorno burguês das pessoas – os chapéus para senhoras, por exemplo – encontravam-se candeeiros como os "belgas" e, em vez do antigo, fétido e fumarento azeite de peixe, a Luz Diamante, "livre de Explosão, Fumaça e Máo Cheiro", "casas de banhos" onde o burguês patriarcal, enjoado do banho caseiro de tina ou de gamela, ou mesmo do agreste, de rio, podia regalar-se com a novidade dos banhos de chuvisco, mornos ou frios, depois instalados nas casas particulares mais adiantadas; casas de médicos que a qualquer hora do dia ou da noite podiam ser chamados para ver doentes ou fazer partos nos sobrados patriarcais; lojas de pianos e de música onde havia uma variedade de pianos e músicas estrangeiras a comprar para as moças das casas (casas onde já não se cantavam modinhas nem se tocava viola); colégios onde os meninos dos sobrados patriarcais tinham a vantagem de aprender a ler e escrever brincando com outros meninos e não apenas com moleques de bagaceira, como em muitos dos velhos engenhos; relojoarias que ocupavam triunfalmente sobrados inteiros, do alto dos quais grandes relógios, como desde 1869 o do "Regulador da Marinha", no Recife, davam a hora certa aos sobrados da cidade, desprestigiando assim os antigos sinos das torres das igrejas ou dos conventos; bancos onde se podia depositar o dinheiro ou guardar as economias, por tanto tempo dadas aos frades para as guardarem nos seus conventos ou sovinamente enterradas, com as joias, no chão ou nas paredes das próprias casas patriarcais; cafés que, na segunda metade do século, foram juntando aos vinhos de jenipapo e de caju, rivais dos fabricados pachorrentamente em casa pelas iaiás, vinhos, licores e *cognacs* importados diretamente da Europa; outros cafés que foram empolgando os senhores dos sobrados com ingresias de "aparelhos electricos" ou "modernos" para a moagem e a "torrificação" do café, por muito tempo feito nos sobrados patriarcais, como nas casas-grandes, de modo gostosamente rústico, isto é, pilado e moído a mão, por pacientes negras ou escravas; tabacarias que aos charutos para os senhores finos foram juntando "mimosos charutinhos" para as senhoras dos sobrados, algumas delas – como a senhora do conselheiro A. – e do mesmo modo que algumas senhoras de casas-grandes – a baronesa de L., por exemplo – tão apreciadoras quanto os homens mais elegantes de um Vilar e Vilar ou mesmo de um cigarro Barbacena de palha, dos quais havia por volta de 1870 "finissimos, proprios para distração das Senhoras que sabem quanto é bom, util, agradavel e hygienico o *fumar*"; retratistas que se encarregavam de tirar dos grandes da época "fielmente retratos a oleo, e a miniatura", e "não estando copia satisfatoria" não recebiam "paga alguma"; casas de chapéu de sol, de bengalas e de chapéus de homem, onde o ouro e a prata brilhavam nos castões e a seda refulgia nas umbelas; alfaiatarias; estações de estradas de ferro; casas de espetáculos de novos estilos, com companhias italianas, francesas, espanholas, portuguesas, embora entre as operetas fossem aparecendo desde o meado do século números de glorificação de "baianas" e de "mulatas", por tantos senhores de sobrado apreciadas tanto quanto as louras e rivais das louras nos aplausos que conquistavam do público: um público cujo europeísmo nem sempre ia ao extremo de repudiar as mulatas.

Também principalmente em benefício daquela população, cada dia mais numerosa, dos sobrados, que precisava de sair à noite para o teatro, para a sorveteria, para as festas de pátio de igrejas, e não apenas pela manhã, para a missa, ou à tarde, para uma ou outra visita, é que foi se aprimorando a iluminação das ruas e das praças. Das ruas e praças melhores, pelo menos. As cidades principais do Império viram chegar o fim da era imperial com as ruas e praças iluminadas a gás. O que diminuiu o número de crimes de assalto – assalto de vadios, ladrões, capoeiras a pessoas pacatas – nas próprias ruas centrais, diminuindo também o número de aparições de almas penadas, lobisomens, mulas sem cabeça, cabras-cabriolas, que foram, umas, tornando-se fenômenos apenas rústicos, quando muito, suburbanos, outras, refugiando-se no interior de sobradões abandonados por famílias decadentes, alguns dos quais grandes demais para serem inteiramente bem iluminados a bico de gás ou a luz de candeeiro belga. Nas igrejas, nos cemitérios, nas ruínas de velhos conventos, também se refugiaram fantasmas, outrora de ruas mal iluminadas.

Aliás foi, ao que parece, nos teatros públicos, que a iluminação a gás alcançou, por volta do meado do século XIX, suas primeiras grandes vitórias no interior de grandes edifícios brasileiros. Daí é que se estendeu aos sobrados e às casas assobradadas, dando novos brilhos aos seus jacarandás e vinháticos envernizados à francesa, aos seus espelhos, aos seus mármores, aos cristais, às porcelanas, às pratas. A 28 de janeiro de 1847 era o diretor do teatro público do Recife – um dos melhores do Império – que, pelo *Diário de Pernambuco*, a propósito de estar então o teatro completamente iluminado a gás ministrado por um Mr. Chardon, referia-se ao "perigo imaginario" desse sistema, desejando que os habitantes da cidade desprezassem "a antiga rotina das materias oleosas" para terem "nos candieiros de gaz, alem de excellente luz, um asseio a toda prova." Já havia então um dourador – Caumont – que, negociando com candelabros e lustres, encarregava-se de "por os candieiros de azeite para gaz". Sobrados e não apenas teatros começaram a ser iluminados a gás, ficando o azeite para as casas térreas, os mucambos, as casas do interior.[33]

Um brasileiro educado em Paris – Soares d'Azevedo – não tardaria a clamar – pelo *Jornal de Recife* de 4 de junho de 1859 – por um "Passeio público" para a cidade: agora que "o esplendor do gás hidrógeno veio substituir a luz amortecida do azeite-de-carrapato". "Passeio público" que, aliás, já existia no Rio de Janeiro: mesmo sem "gás hidrógeno". O que predominava, entretanto, era ainda o jardim particular – jardim emendado à horta e ao pomar – em sítios que eram verdadeiros parques: tão vastos que se realizaram, dentro deles, procissões. Esses parques particulares foram, tanto quanto as casas, atingidos pela reeuropeização que tão ostensivamente alterou formas e cores, na paisagem urbana, suburbana e até rural do litoral do Brasil, durante a primeira metade do século XIX. Reeuropeização – acentue-se sempre – no sentido inglês e francês; e não no português. Ao contrário: reeuropeização em sentido quase sempre antiportuguês, como se para os anglófilos e francófilos mais exagerados a tradição portuguesa não fosse senão aparentemente europeia.

Wetherell observou na Bahia, onde residiu durante a primeira metade do século XIX, que na velha cidade tornara-se moda o jardim em torno às casas. Onde, outrora, só se viam poucas plantas, alguns abacaxis, algumas roseiras, começaram a surgir jardins afrancesados. Da França haviam chegado jardineiros com plantas europeias e exóticas, principalmente roseiras. De Portugal vinham importando algumas pessoas, delicadas camélias plantadas em cestas. Entretanto, as orquídeas tropicais, que pareciam tão encantadoras aos olhos daquele inglês, tinham poucos cultores ou colecionadores. O entusiasmo era todo pelas plantas europeias. E o que ele registra à página 149 do seu *Stray notes from Bahia* e é confirmado por anúncios de jornal da época por nós examinados. Realmente, um dos aspectos mais ostensivos da reeuropeização do Brasil, após a chegada ao Rio de Janeiro da Família Real, foi esse culto exagerado de plantas e flores europeias, com sacrifício das tropicais, nativas ou já aclimadas entre nós. Se muitas dessas plantas não se deixavam destruir e superar pelas importadas da Europa é que grande era o seu viço, sendo quase todas como as chamadas "marias sem-vergonha" que, cortadas ou arrancadas dos jardins, não tardavam a rebentar de novo.

Nos "Avisos diversos" do *Diário de Pernambuco* de 2 de fevereiro de 1839, aparece expressivo anúncio de um Sr. Ramel, "florista membro da sociedade real de agricultura de França", no qual esse francês, em palavras salpicadas de termos científicos às vezes estropiados, "tem a honra de avisar aos srs. amadores que elle acaba de chegar a esta capital com um sortimento de toda a qualidade de arvores, arbustos uns que só dão flores outros fructos, como rosas do Japão, as camelias, magnolias, cletoras, depreas, Rhodendrum Kalmias, jasmins, peonias, arborca mestrosderos, andromedas, arabas, e roseiras de mais de 200 variedades, cebolas e flores como jacinthos, tulipas, junquilhos, narcisos, lirios, amarilis, dalias raiaunculos e animonas". Também dispunha de semente de hortaliças, árvores de fruto como pereiras, macieiras, ameixeiras, pessegueiros, damasqueiros, cerejeiras, amendoeiras, grosmeiras, ribes-preto, avelãzeiras, nogueiras, castanheiros (marrons), vinhas "das melhores especies da França" e "um grande numero de outras plantas, cujo detalhe se tornaria mui longo, que serão vendidas ao mais modico preço".

Parece que havia então muito comércio de charlatão em torno de sementes de plantas estrangeiras, pois o Sr. Ramel rogava aos "Snrs. amadores de agricultura e botanica de o não confundirem com os Charlatans que tão indignamente abuzarão ha dias de sua confiança". Além de que "elle atreve-se a lisongear-se que merecerá a confiança dos conhecedores pela fresquidão, com arranjo e apparencia de seus vegetaes e o zelo que porá a prehencher os desejos desses senhores". O Sr. Ramel encarregava-se também de mandar vir da Europa "as encommendas q. lhe fizerem". Solícito, ele se transportava "á casa das pessoas que lhe fizerem a honra de o mandar chamar". E os "encaixamentos para o interior por-se-hão com toda a cautella que exigem as sobreditas mercadorias". O seu depósito era à rua Nova nº 17, na *Livraria Francesa*.

É claro que essas plantas finas, delicadas e caras só as podiam adquirir senhores de sobrados e de casas-grandes. Claro, também, que a ostentação de tais plantas, ao lado ou à frente das casas, tornou-se ostentação de classe superior – principalmente do seu belo sexo. Que mucambos e casebres foram-se contentando com aquelas plantas nativas ou africanas ou asiáticas, úteis à economia doméstica ou tidas como profiláticas; muitas das quais, no novo ambiente – o de reeuropeização – passaram à categoria de desprezíveis. Plantas de "gente baixa". Plantas de "negro". Plantas de "macumba". Plantas de "mucambo". Mucambo ou equivalente de mucambo. Foi também desaparecendo o costume português da horta emendada com o jardim. Do cominho, da erva-doce, do açafrão, ao lado de angélicas, cravos, açucenas brancas.

O historiador mineiro Augusto de Lima Júnior, em seu ensaio *A capitania das Minas Gerais – suas origens e formação*, cujo capítulo "A casa, o mobiliário, as alfaias" é particularmente rico de informações interessantes sobre a subárea mineira de sobrados, pretende ter sido absoluta a ausência de "mucambos nos povoados mineiros do século dezoito e mesmo em grande parte do dezenove".[34] Afirmativa que nos parece discutível. Apenas o mucambo nos povoados mineiros não se chamava mucambo.

Entre as plantas de jardim e de horta que se encontravam, segundo o mesmo pesquisador, na capitania das Minas – "o cactus-de-jerusalém [...] a malva-cheirosa, o alecrim, o manjericão [...] as couves-gigantes de Portugal" e "anil" de grande consumo para clarear a roupa e de largo emprego como pintura de portas e janelas de residências coloniais [...]", plantas medicinais como "a macela-galega, o poejo, a malva, a cânfora herbácea, o bálsamo e a arruda-africana" (esta sobretudo para neutralizar os "maus-olhados") – eram várias as de gente baixa ou de mucambo. O que não exclui o fato de plantas profiláticas ou de resguardo de pessoas e casas, como a arruda, terem sido tão gerais – de todas as classes – ou nacionais – de todas ou quase todas as regiões – como, entre as plantas alimentares, o feijão, considerado por sociólogos e antropólogos sociais – entre os quais nos incluímos desde dias já remotos – e por modernos nutrólogos – um dos quais, o médico Rui Coutinho – fator de unificação brasileira.[35]

Menor foi, talvez, a diferenciação social estabelecida através do animal que através da planta de jardim e de horta. Mas sem que tenha deixado de se processar. O cão de raça – grande, feroz, ladrador, gordo, bem nutrido – veremos em capítulo próximo que foi animal caracteristicamente de sobrado: espécie de expressão viva, máscula e útil dos leões ou dragões de louça ostentados aos umbrais dos portões senhoriais. O gato, também. A vaca de leite em contraste com a cabra. O cavalo em contraste com a mula. E o pavão, cujo leque dourado tornou-se tão simbólico de casa nobre como o penacho da palmeira--imperial. Pavão e pombo acabaram com a fama de serem animais que "dão má sorte às casas". O que talvez se explique pelo fato de que eram animais simbólicos de casas nobres ou ricas: casas, no Brasil, de ordinário efêmeras na sua grandeza ou na sua opulência.

Raro o sobrado nobre que não conservasse das casas-grandes do interior o hábito das gaiolas com passarinhos cantadores – paixão principalmente do homem senhoril como a flor ou planta de jardim, da senhora ou mulher nobre. Nos sobrados, entretanto, às vezes as gaiolas foram substituídas por viveiros sob o arvoredo do sítio ou do jardim: viveiros cuidados por homem e não por mulher. Pelos anúncios de jornais passam "rolas boas cantadeiras da terra da Angola", "canarios do Imperio", "banguelinhas". Passam outros pássaros "mui bons cantadores": "bicudos", "patativas da Parahyba", "bigodes". Pássaros caros. Pássaros raros. Pássaros bons para viveiros de sobrados de que se orgulhavam alguns senhores como as senhoras de suas flores. Pássaros bons para gaiolas de casas nobres. Pássaros aristocráticos que, entretanto, eram vistos às vezes em gaiolas de mucambos ou casas térreas, alegrando a vida de pobres apaixonados por passarinhos e por canários e galos de briga a ponto de não os venderem para os sobrados ricos. Menino, conhecemos velho funileiro nascido no tempo da Regência, que se gabava de ter passado até fome na sua casinha térrea, sem nunca ter vendido a certo barão de sobrado a patativa que o ricaço desejava mais do que uma joia.

Notas ao Capítulo IV

1. Alfredo d'Escragnolle Taunay, "A expedição do cônsul Langsdorff ao interior do Brasil", *Rev. Inst. Hist. Geog. Br.*, Rio de Janeiro, XXXVIII, p. 337. Também Hércules Florence, "Viagem de Langsdorff", *Rev. Inst. Hist. Geog. Br.*, XXXVIII, 2ª, p. 231.

2. Várias têm sido as expressões de pseudomatriarcalismo no Brasil, verificado, principalmente, ao fazer a mulher, por natureza ou constituição masculina, as vezes do pai ou do esposo morto ou ausente, do irmão ou do marido efeminado ou incapaz de ação ou mando. Verificado, também, em casos de inferioridade de *status* social, econômico ou político, do marido em face da mulher, cujo nome tem sido, então, adotado por filhos e pelo próprio marido. Autran, de origem francesa, adotou no Brasil o nome prestigioso da família da mulher: Albuquerque. Outro fato típico: Manuel Luís, de modesta origem portuguesa, tendo entrado no Brasil para o serviço das armas como simples soldado, em Santa Catarina, conheceu no Rio Grande do Sul o tenente Tomás José Luís Osório, que o empregou como pião em suas lavouras. Enamorou-se Manuel Luís da filha do prestigioso protetor, com a qual veio a casar-se, a despeito da oposição da madrinha rica da moça que dizia à afilhada: "Um furriel! Um pião da casa consorciar-se contigo! É o que faltava! Não aprovo" (Fernando Luís Osório, *História do general Osório*, Rio de Janeiro, 1894, I, p. 44-45). Fez Manuel Luís questão de que os filhos herdassem o apelido *Osório* "por consideração à sua esposa e ao seu sogro..."(Ibid., p. 51).

3. Sobre a frequência de efeminados entre certos grupos ameríndios parece não haver dúvida da parte de pesquisadores autorizados do assunto. Avé-Lallement (*Reise durch Nord-Brasilien im Jahre 1859*, Leipzig, 1860) destaca que, entre indígenas do Brasil por ele estudados, a figura humana quase não variava de um sexo a outro, não marcando assim aos desviados dos extremos o mesmo relevo que marcava aos efeminados entre grupos de diferenciação acentuada entre os sexos. Os homens efeminados ou as mulheres amazônicas.

Em recente comentário à revista *Ata Venezolana* (Caracas, 1945), na *Revista do Arquivo Municipal* (São Paulo, 1946, CVII, p. 114) o erudito professor Herbert Baldus destaca daquela revista o estudo do Sr. Antônio Requena, "Noticias y consideraciones sobre las anormalidades sexuales de los aborígenes americanos: sodomía", no qual encontra "graves senões". Nota ter o seu confrade venezuelano citado a respeito do delicado assunto certa observação de von den Steinen, encontrada no "livro *Casa-grande & senzala* (edição espanhola)" e assinala: "Esta obra, aliás, é a única fonte acerca de índios do Brasil usada por Requena...". Exclusividade que também nós lamentamos pois são numerosos os estudos sobre a cultura ou os costumes de indígenas do Brasil, de ilustres autores brasileiros e estrangeiros, especializados em pesquisas etnológicas.

Mas conclui o professor Baldus: "a frase em questão [isto é, a observação de von den Steinen (*Unter den Naturvölken Zentral-Brasiliens*, Berlim, 1894, p. 502) sobre a prática da pederastia nos baito dos Bororo) reza: "Dizem que a pederastia não é desconhecida na casa-dos-homens, ocorrendo, porém, somente quando há falta extraordinária de raparigas".

Entretanto, se o professor Baldus reler a tradução da obra de Von den Steinen publicada em 1940 pelo Departamento de Cultura (São Paulo) sob o título *Entre os aborígines do Brasil Central*, tradução de Egon Schaden e prefácio de Herbert Baldus, encontrará à página 622, capítulo XVII, intitulado "Os Bororo" ("... reproduzido da *Rev. do Inst. Hist. e Geog. Bras.*, tomo LXXVIII, 2ª parte. A tradução do Sr. Basílio de Magalhães prescinde de revisão. N. do T."), o seguinte trecho: "Quão elegante e nitidamente os homens trabalhavam – notava-se principalmente no arranjo das flechas. Havia aí muitas habilidadezinhas que parecia mais natural devessem ser confiadas às delicadas mãos femininas. Por exemplo, o adorno feito de miudinhas e variegadas penugens, que eram postas uma a uma no chão e meticulosamente arranjadas. E mesmo em uma roda de fiandeira não se podia mais tagarelar e rir do que aí no baito! Certamente, era pouco feminino quando, de repente, para variar, levantavam-se dois dos trabalhadores, oferecendo o espetáculo de uma regular luta corporal, que os outros acompanhavam com o maior interesse. Erguiam-se, lutavam, derrubavam-se, e continuavam depois o seu trabalho, ou deitavam-se para o *dolce far niente*. Pois nunca faltavam preguiçosos e indolentes; muitas vezes encontravam-se pares enamorados... que se divertiam debaixo de um comum cobertor vermelho". Que pares seriam esses? Constituídos com mulheres irregularmente admitidas em reuniões monossexuais? Ou com homens que substituíssem mulheres com especiais "habilidadezinhas" femininas?

É certo que mais adiante (p. 637) Von den Steinen escreve cautelosamente as palavras destacadas pelo professor Baldus: "Dizem que a pederastia não era desconhecida no ranchão, porém que só ocorria quando ali era muito grande a falta de raparigas" (tradução de Basílio de Magalhães). Mas depois de ter registrado aquelas atividades femininas entre homens e de ter se referido a pares amorosos que se divertiam "debaixo de um comum cobertor vermelho" em reuniões monossexuais: "posto que as mulheres não aparecessem ali".

Westermarck (*The Origin and Development of Moral Ideas*, Londres, 1926, II, p. 66) cita von den Steinen a propósito das práticas homossexuais entre primitivos ou civilizados, quando causadas pela ausência ou escassez do sexo oposto; e não por inversão sexual. Os Bororo estariam na companhia dos australianos ocidentais, dos chineses de Java, dos montanheses do norte de Marrocos, dos sickhs, aghans, dorianos, dos soldados persas e marroquinos, dos barrakas, dos bapukus, de vários dos indígenas da América do Norte etc., isto é, na companhia de grupos ou tribos somente dadas a práticas homossexuais quando forçadas ou estimuladas a isto pela ausência ou escassez do sexo oposto ou por outras causas ou pressões sociais. Simplesmente sociais. A essa interpretação sociológica do fato deve juntar-se a circunstância, notada por von den Steinen, dos Bororo entregarem-se, nos *baito*, a atividades requintadamente femininas, embora não conste que houvesse entre eles *mahoos* como entre os indígenas de Taiti: homens que desempenhavam ofícios ou cultivavam artes peculiares às mulheres. Do que resultava se efeminarem também "sexualmente", se é que essas atividades não visavam essa deformação ou não a acompanhavam, acentuando predisposições.

Westermarck cita, além de Von den Steinen, vários autores que se referem a práticas homossexuais entre indígenas do Brasil: Von Spix e Von Martius (*Travels in Brazil*, II, p. 246); Von Martius (*Von dem Rechtszustand unter den Ureinwohnern Brasiliens*, p. 27 e ss.); Lomonaco ("Sulle Razze Indigene del Brasile", in *Archivio per l'Antropologia e la Etnologia*, XIX, p. 46); Burton (*Arabian nights*, X, p. 246). Só Lomonaco era especialista em etnologia, é certo; mas todos, homens de ciência eminentemente respeitáveis pelo rigor na observação e escrúpulo nas afirmativas. A esses também poderia ter recorrido o ensaísta venezuelano; e mais ao estudo de Guido Boggiani, *Os caduveo*, cuja tradução, feita por Amadeu Amaral Júnior, foi publicada há pouco em São Paulo (1945) com prefácio e um estudo histórico e etnográfico de G. A. Colini e revisão, introdução e notas de Herbert Baldus. Em apêndice ("Notícia histórica e etnográfica sobre os guaicuru e os mbayá"), escreve G. A Colini que também entre os Mbayá "é recordada uma classe de homens que imitavam as mulheres, não só se vestindo à sua maneira mas se dedicando às ocupações reservadas às mesmas, isto é, fiar, tecer, fazer louças etc." Em nota, acrescenta: "A presença de homens vestidos de mulher se notou pela primeira vez na América setentrional entre os illinois, os sioux e outros índios da Luisiana, da Florida e do Iucatã. É tanto mais digna de nota a existência de tal uso num território do Brasil meridional tão afastado daqueles juízes quanto permanecem um mistério da etnografia americana a natureza e o significado deste costume" (p. 289-290). Desses efeminados destaca o mesmo autor que "em virtude da sua vida que saía das regras comuns eram encarados como *Manitu* ou sagrados" (p. 290, nota).

4. Sobre a tendência, de muitos dos grupos ou sociedades primitivas, para igualarem o tipo do homem e o da mulher num tipo de homem-mulher, evitando extremos de diferenciação entre seu físico e seu comportamento embora separando-os por algumas ocupações, vejam-se Mathilde e Mathias Vaërting, *Die weibliche Eigenart im Männerstaat und die männliche Eigenart im Frauenstaat*, Karlsruhe, 1923, *The dominant sex – A study in the sociology of sex differentiation*, trad., Londres, 1923; Havelock Ellis, *Man and woman* (6ª ed.), Londres, 1926 e *Sex in relation to society*, Filadélfia, 1923; Fritsch e Hellward vêm citados por M. Vaërting, "Dominant sexes", *Our changing morality*, Nova York, 1930, p. 151.

5. Alberto Rangel em seu Gastão d'Orléans, o *Último conde d'Eu*, São Paulo, 1935, lembra ter sido vaiado no Rio de Janeiro um ator que se apresentou sem barba.

Sobre o assunto veja-se o estudo de J. Leite Vasconcelos, *A barba em Portugal – Estudo de etnografia comparativa*, Lisboa, 1925. O mestre português salienta que "de ser a barba sinal de virilidade nasce o ser sinal de honra pois um homem para ser perfeito, tem de ser honrado" (p. 98). E lembra ter sido corrente entre portugueses o ditado: "homem que não tem barba não tem vergonha". De onde os homens de pundonor da era ortodoxamente patriarcal, em Portugal, não se deixarem tocar na barba e jurarem pela barba, costumes que os colonizadores trouxeram para o Brasil. Também o costume de não cortarem ou apararem barba ou cabelo, quando de luto fechado.

6. Na arte plumária, como na de renda e bordado, esmeraram-se as brasileiras da época colonial, quando essas artes se distinguiram como especialidade de "mãos de mulher", ou "de mãos de aneis" inclusive da mulher aristocrática. Especialidades que continuam a vigorar hoje, embora sua prática se venha limitando a uma ou outra área mais arcaica do País. Dificilmente se imagina, no Brasil, renda ou bordado feito por homem.

7. M. Vaërtning ("Dominant sexes", loc. cit., p. 158) salienta a relação do lazer com a auto--ornamentação, relação que pode ser observada na história da sociedade patriarcal do Brasil. Note-se que no Brasil a ornamentação excessiva da aristocracia chegou a ponto de ser ostentada em mucamas que acompanhavam as senhoras, exibindo nos braços, nos cabelos, nas orelhas, nos pescoços, joias e aneis que não podiam ser exibidos pelas já sobrecarregadas sinhá-donas. Vejam-se também Floyd Dell, *Love in the Machine Age*, Londres, 1930 e Geoffrey May, *Social Control of Sex Expression*, Londres, 1930, L. Pruette, *Women and Leisure: a Study of Waste*, Nova York, 1924, V. F. Calverton e S. D. Schmalhausen, *Sex in Civilization*, Nova York, 1929.

8. A negros ou negras que não fossem mucamas ou pajens de ricos e, como tal, portadores de ornamentos e joias dos seus próprios senhores, frequentemente se dificultou ou se proibiu, no Brasil, o uso do ornamento ou joias. Típica dessas proibições é a que consta da Carta Régia de 7 de fevereiro de 1696 proibindo que os escravos, no Brasil, "uzarem de vestidos de seda ou de qualquer objecto de luxo" (Manuscrito, Arquivo Nacional, Rio de Janeiro, "Ofícios para os vicerreis do Brasil")

9. Paul Topinard, *Éléments d'anthropologie générale*, Paris, 1885.

10. Havelock Ellis, *Man and woman*, cit., p. 54. Veja-se também o estudo de L. Hollingworth e H. Montague, "The comparative variability of the sexes at birth", *American Journal of Sociology*, 1914--1915, vol. XX, p. 335, que completa o estudo das mesmas pesquisadoras, "Variability as related to sex differences in achievement", *American Journal of Sociology*, 1914, vol. XIX, p. 510. Para uma avaliação moderna dos estudos de Ellis e de outros investigadores e pensadores, sobre o assunto, veja-se Viola Klein, *The Feminine Character – History of an Ideology*, Nova York, 1949.

11. Ellis, op. cit., p. 193.

12. Viola Klein, op. cit., p. 171. Alexander Goldenweiser, "Sex and primitive society", in *Sex in civilization*, coordenado por Calverton e Schmalhausen, cit.

13. Goldenweiser, loc. cit., Veja-se do mesmo antropólogo social o estudo "Man and woman as creators", Our *Changing Morality – A Symposium*, Nova York, 1930, p. 129. E, mais, Meyrick Booth, *Woman and Society* (Londres, s. d.), Robert Briffault, *The Mothers* (Londres, 1927), William Thomas, *Sex and Society* (Chicago, s. d.) e Georg Simmel, "Das Relative und das Absolute im Geschechterproblem", Philosophische Kultur, Leipzig, 1911, onde o sociólogo alemão sustenta que os desenvolvimentos puramente objetivos da cultura representam "o espírito varonil" da mesma cultura, teoria que nos parece vulnerável em pontos essenciais.

14. Ellis, op. cit., p. 407-408. Diz Ellis: "*Women dislike the essentially intellectual process of analysis...*"

15. *O Carapuceiro*, Recife, 1842.
16. Luís Correia de Azevedo, "A mulher perante o médico", *Anais Brasilienses de Medicina*, Rio de Janeiro, agosto de 1872, tomo XXIV, nº 3, p. 93. Acrescenta Correia de Azevedo, das meninas do Brasil do seu tempo isto é, das da classe alta ou dos sobrados nobres – que eram "objetos muito queridos" mas "muito abandonadas aos caprichos dos costumes e dos trajes", "e desde que o título de – bonita – lhes pode caber, chega-se ao cúmulo de satisfação materna e paterna". E ainda: "Chega a idade crítica da puberdade, e em suas grandes transformações orgânicas, acha-se a menina ou entregue a cuidados perniciosos ou a um estado de ignorância prejudicial. A educação aqui comete o mais criminoso atentado contra a futura mulher; a leitura dos romances de todo o gênero, os enfeites, os exemplos de sensualidade e vertigem tomam-se outros tantos agentes daqueles órgãos que passam por grande transição. E o útero, a sede de todas as excitações e anormalidades nervosas, funciona mal" (p. 101). "Da infância à idade provecta, apresenta-se a mulher ante o médico como um complexo de defeitos, atuando em sua organização física como na sua organização moral", concluía o ilustrado membro da Imperial Academia de Medicina já consciente da responsabilidade que cabia ao médico, numa sociedade como a brasileira do meado do século XIX, na qual, nas principais cidades e nas áreas rurais mais adiantadas, a figura do médico como orientador da formação da mulher vinha substituindo a do capelão e comprometendo a onipotência do chefe de família.
17. João Vicente Torres Homem, *Elementos de clínica médica*, Rio de Janeiro, 1870.
18. Luís Correia de Azevedo, "Concorrerá o modo por que são dirigidos entre nós a educação e instrução da mocidade para o benéfico desenvolvimento físico e moral do homem?" (questão imposta pela Imperial Academia de Medicina e desenvolvida e respondida pelo seu membro titular Luís Correia de Azevedo), *Anais Brasilienses de Medicina*, Rio de Janeiro, abril, 1872, tomo XXIII, nº 11, p. 416-440. Critica o autor o afrancesamento da educação das meninas brasileiras no sentido da coquetterie, escrevendo: "Uma boneca saída das oficinas as mais caprichosas de Paris traria menos recortes, menos babados, menos guizos, menos fitas e cores do que essa infeliz criança a quem querem fazer de tenra idade logo, que a mulher deve ser uma escrava dos vestidos e das exterioridades, para mais facilmente tornar-se do homem a escrava" (p. 431). O médico Correia de Azevedo parece-nos ter surpreendido os motivos mais íntimos da excessiva ornamentação do chamado "belo sexo" ou "sexo frágil" dentro de um sistema patriarcal, como o do Brasil, empenhado em fazer do homem senhoril o sexo dominante e de afastar a mulher de preocupações ou responsabilidades de direção ou de mando.
19. José Bonifácio Caldeira de Andrade Júnior, *Esboço de uma higiene dos colégios aplicável aos nossos* (tese), Rio de Janeiro, 1885.
20. Correia de Azevedo, loc. cit., p. 420.
21. Nicolau Joaquim Moreira, "Estudos patogênicos – Questões de higiene", *Anais Brasilienses de Medicina*, Rio de Janeiro, novembro de 1867, nº 6, tomo XIX, p. 260.
22. Tanto quanto Joaquim de Aquino Fonseca, o médico José Joaquim de Morais Sarmento mostrava-se,

na primeira metade do século XIX, contrário, do ponto de vista da higiene, à "exótica imitação dos hábitos da Europa entre nós, a essa louca imitação do luxo dos climas frios na zona tórrida [...]" ("Relatório dos trabalhos da sociedade de medicina de Pernambuco", *Anais da Medicina Pernambucana*, Recife, 1843, nº 3, p. 110.)

23. Ainda de acordo com seu colega Joaquim de Aquino Fonseca e com outros médicos da época, formados na Europa, Morais Sarmento critica no seu relatório de 1843 as imitações de modas europeias em um meio e em um clima como os do Brasil: imitação que se teria tornado mais ativa "com a vinda do Sr. D. João para o Brasil" e que talvez, com "a chegada da expedição á Corte", tivesse tomado em 1817 "maior vigor nesta Provincia [Pernambuco], transformando a primitiva leveza e simplicidade do vestuario em pezados casacos de massiços pannos, em apertadas calças de lanificios com repuxadas presilhas [...]" (loc. cit., p. 110).

24. Louis de Freycinet, *Voyage autour du monde*, Paris, 1827, I, p. 166.

25. São numerosos nos jornais da primeira metade do século XIX, não só os anúncios de sobrados urbanos ou suburbanos com oratório – típico desses anúncios podendo ser considerado o seguinte: "aluga-se huma casa de sobrado com cocheira, e cavalherice, e bastantes commodos para grande família, e Oratorio para Missa, perto do Rocio, em boa rua, com chacara que da capim para 4 ou 6 bestas [...]" (*Diário do Rio de Janeiro*, 4 de junho de 1822) como os de sacerdotes que se oferecem para capelanias não só em casas-grandes de fazenda como em chácaras. Típico é o anúncio no *Diário do Rio de Janeiro* de 18 de junho de l830: "Hum Sacerdote [...] procura emprego não muito distante da Corte, huma capellania em chacara ou fazenda."

26. Em carta datada do Rio de Janeiro, 14 de setembro de 1886 ("Internunziatura Apostolica nel Brasile"), o então internúncio, e arcebispo de Otranto, num assomo de ortodoxia um tanto desdenhosa de condições de espaço físico e de espaço social peculiares ao Brasil, repetiu o gesto antes romântico que romano, de D. Vital – o lançar-se contra as transigências da Igreja, no Brasil, com a maçonaria brasileira – levantando-se contra as transigências dos bispos brasileiros com os senhores das casas-grandes e dos sobrados patriarcais. Não tem outro sentido sua radical condenação do "inconveniente ou abuso introduzido em algumas dioceses": o de "celebrar-se a Santa Missa *ubigue* até em casas particulares. Certos párocos não só julgam ser isto uma de suas faculdades ordinárias como também autorizam outros sacerdotes a celebrarem em casa desta ou daquela família, e de ordinário só por interesse. O abuso é grave... Foi sempre condenado pela Santa Sé e por diversas vezes os meus antecessores reclamaram a cessação dele." Pelo que, qualquer sacerdote que celebrasse fora dos lugares autorizados ou em casas particulares, fosse ou não pároco, passava a incorrer "*ipso--facto* na pena de suspensão *ad celebratione Missae* reservada a esta Internunciatura Apostólica". Era a Igreja a desafiar, no Brasil, o feudalismo patriarcal naquilo que esse feudalismo conservava, na segunda metade do século XIX, de mais vivo e de mais identificado com o sentimento popular: o seu ritual, a sua liturgia, o beija-mão dos negros aos brancos, dos filhos aos pais, dos moços aos velhos, a integração das casas-grandes e dos sobrados patriarcais em funções que excediam as de simples residências de ricos ou nobres para incluírem atividades, nitidamente sociais, de capelas e

de casas de caridade e de assistência médica aos pobres. Veja-se a carta do Internúncio na obra do Cônego Raimundo Trindade, *Arquidiocese de Mariana – Subsídios para a sua história*, São Paulo, 1928, I, p. 502.

27. Antevendo a revolta à atitude radical do Internúncio, o então bispo de Mariana, D. Antônio Maria Correia de Sá e Benevides, apressou-se em escrever ao arcebispo de Otranto: "V Ex.ª Rev.ma compreende que sendo vastíssimas nossas Freguesias, muitas de dez léguas e algumas de 20, 30 e até de 50 léguas de uma a outra extremidade, a maior parte da gente não pode ir à Igreja não digo uma vez no ano, mas nem uma vez na vida". Segundo D. Antônio, a teologia do Internúncio sobre o assunto "divergia radicalmente da que corria em Mariana" (ibid., p. 505). Do mesmo parecer era monsenhor Silvério: "Os oratórios em fazendas com entradas francas para todos, têm sido considerados sempre como públicos e suprem a falta de capelas. A única condição que lhes falta para o rigor de públicos é que têm saída para terras particulares, e não para terrenos públicos, condição esta difícil de ser observada no Brasil. Estes oratórios são o remédio e meio de conservar a fé e piedade no povo simples e religioso dos nossos interiores que aí ouvem missa, confessam-se etc. em grande número [...]. Não me parece que o Ex.mo Internúncio tivesse em mente destruir o que tem sido feito por todos os bispos do Brasil [...]". Segundo monsenhor Silvério os fazendeiros poderiam pedir Breve à Nunciatura: mas "para si não para o povo vizinho" que encontrava nos oratórios das casas ou sobrados de fazenda "meio de salvação". Pedindo os Breves, os fazendeiros farão dos seus oratórios "oratórios propriamente domésticos, dos quais podem excluir quem lhes parecer e não fazer como agora, que recebem todo o mundo com grande incômodo dos donos da casa, obrigados a sustentar e muitas vezes agasalhar e hospedar dezenas de pessoas estranhas, o que fazem por serem os oratórios tidos como públicos" (ibid., I, p. 505-506). Tais foram as resistências à circular do arcebispo de Otranto que seu sucessor considerou-a sem efeito. Deixou-se, assim, que, aos poucos, se desfizesse a simbiose Igreja-Casa patriarcal, representada pelo Oratório mantido por particulares. Evidentemente muitos foram os abusos e inconvenientes para a Igreja e para o povo miúdo que se praticaram à sombra dessa simbiose; mas não poucos foram os benefícios, em face da impossibilidade da Igreja competir com sistema tão poderoso como o patriarcal, no Brasil, até os fins do século XIX.

Destaque-se que uma das práticas associadas à simbiose Igreja-Casa patriarcal foi dos santos padroeiros de fazendas, de engenhos ou de suas capelas terem sido, em geral, os de nomes correspondentes aos dos patriarcas que, por esse meio, afirmavam seu poderio pessoal ou de família. Destaque-se, também, que os capelães de casas nobres sentiam-se mais dependentes dos mesmos patriarcas do que dos bispos, embora, segundo Quintiliano, vigário de Congonhas do Campo em 1788, a Igreja não tenha julgado convenientemente "em tempo algum que os pastores vivessem na dura dependencia de mendigar o pam daquelles mesmos a quem deviam increpar e corrigir" (cônego Raimundo Trindade, op. cit., I, p. 1036). Tal dependência foi diminuindo ao tomarem relevo, na paisagem brasileira, os sobrados urbanos ou semiurbanos que, embora com oratórios particulares, estavam à sombra de sés, catedrais ou igrejas.

Não ostentavam os sobrados suas capelas particulares do mesmo modo que as ostentavam as casas-grandes. Eram as capelas dependências discretas das casas de sobrado das cidades.

Com relação a capelas particulares que o sistema patriarcal-agrário absorvera com prejuízo não só para a autoridade da Igreja como para o decoro de culto religioso, é interessante o documento de 1704, citado pelo cônego Raimundo Trindade à página 139 de *Instituições de igrejas no bispado de Mariana* (Rio de Janeiro, 1945) sobre certa capelinha da Conceição das Almas "que hum devoto a tinha mandado fazer com interesse de ter neste lugar Missa para a sua família, a qual hera tam indecente que, excepto o tempo da Missa, servia depois de agazalho de animaes immundos...". Compreende-se assim que os alpendres diante ou em torno das capelas significasse a absorção da arquitetura religiosa pela doméstica e patriarcal, como já sugerimos mais de uma vez em estudos em torno do assunto, isto é, preponderância do complexo patriarcal sobre os demais complexos que concorreram para a formação social do brasileiro e para a composição da paisagem social do Brasil. Nessa paisagem, o aburguesamento do sobrado patriarcal teria que representar, como representou, o fortalecimento da sé, da catedral, da igreja.

Note-se que nem sempre foram cordiais as relações entre cristãos-velhos, senhores de sobrados nobres, e os bispos, um dos quais, bispo do Rio de Janeiro no século XVII, D. José de Alarcão, referiu-se aos moradores da mesma cidade, dizendo serem "os melhores cidadãos cristãos-novos, descendentes de mouros e de judeus" (Vivaldo Coaracy, *O Rio de Janeiro no século 17*, Rio de Janeiro, 1944, p. 197). Talvez porque fossem estes mais acomodatícios, em face da autoridade eclesiástica, do que os cristãos-velhos ricos e poderosos que viam nessa autoridade uma forma de intrusão no seu poder patriarcal de senhores de sobrados.

28. Thomas Lindley, *Narrative of a voyage to Brazil [...] with general sketches of the country, its natural productions, colonial inhabitants and a description of the city and provinces of St. Salvador and Porto Seguro*, Londres, 1805.

29. Muita era a simulação de fidalguia, de grandeza e de branquidade, em Minas Gerais, durante os dias coloniais, simulações de que os pais de moças ricas mais escrupulosos em guardar a pureza do sangue ou a fortuna se defendiam, fazendo das filhas freiras e enviando-as para o Reino, isto é, Portugal. Vejam-se a correspondência de D. Lourenço de Almeida e também as cartas régias por ele recebidas. "Governo de D. Lourenço de Almeida", *Rev. Arq. Púb. Min.*, Belo Horizonte, ano VI, 1901.

30. Hermann Burmeister, *Reise nach Brasilien, Durch die Provinzen von Rio de Janeiro und Minas Geraes*, Berlim, 1852. De Freycinet, op. cit., I, p. 150. Sellin atribui ao maior contato do Brasil com a Europa, depois do meado do século XIX, o fato das moças solteiras terem ganho alguma liberdade. Refere-se, também, ao declínio do que chama "a romântica do rapto", que chegou, na verdade, a tornar-se quase moda marcando significativa reação ao poder absoluto dos pais. Das jovens brasileiras do tempo em que observou o Brasil, escreveu Sellin que "vinham rompendo as peias impostas à sua emancipação" (A. W. Sellin, *Geografia geral do Brasil*, trad., Rio de Janeiro, 1889, p. 105).

Um dos meios por que algumas mulheres procuraram aproximar-se dos pais, dos maridos, dos irmãos, dos próprios filhos, foi a leitura de romances e poemas. No seu recente Casimiro de Abreu (Rio de Janeiro, 1949), o Sr. Nilo Bruzzi recorda o caso da mãe de Casimiro que "envelhecida aos trinta e nove anos" debruçava-se sobre a cartilha, à luz da lamparina, na mesa da sala de jantar da fazenda, aprendendo o alfabeto já avó... para ler os versos do filho "que, aliás, a desprezava" (p. 102).

31. Sylvia Kopard, "Where are the female geniuses?", *Our Changing Morality*, op. cit., p. 107. Trata-se da aplicação do método de Boas à interpretação das desigualdades entre os sexos. Vejam-se também sobre o assunto: A. M. B. Meakin, *Woman in Transition*, Londres, 1907; F. W. Tickner, *Women in English Economic History*, Londres, 1923; A. V. Nyemilov, *The Biological Tragedy of Woman*, trad., Londres, 1932; H. H. Ploss e P. Bartels, *Woman*, trad. Londres, 1935; C. W. Cunnington, *Feminine Attitudes in the 19th Century*, Londres, 1935; Jean Izoulet, *La cité moderne, métaphysique de la sociologie*, Paris, cit. por Viola Klein, op. cit., p. 169; A. G. Spencer, *Woman's Share in Social Culture*, Filadélfia, 1913.

32. 2ª edição, Einsiedeln, 1906.

33. Do Rio de Janeiro lembra o Sr. C. J. Dunlop à página 2 dos seus *Apontamentos para a história da iluminação na cidade do Rio de Janeiro* (Rio de Janeiro, 1949) que em 1763, por ocasião da cidade tornar-se residência dos vicerreis em substituição a Salvador, a iluminação consistia em "lampadários suspensos na frente de alguns edifícios religiosos e dos nichos e oratórios que ornavam as esquinas das ruas, nos quais se acendia de noite um candeeiro de azeite ou uma vela de cera". E informa: "Somente em 1794, no vice-reinado do conde de Rezende, é que a iluminação passou a ser subsidiada pelos cofres públicos [...] 100 lampiões com candeeiros de azeite de peixe [...] na parte da cidade compreendida entre a rua Direita e o Campo de Santaná, isto é, "a Corte propriamente dita", pois nessa área, ecologicamente dominante, estavam as sedes do governo, a polícia, o alto comércio, o corpo diplomático, as colônias estrangeiras, as escolas, os teatros. Melhorou a iluminação da cidade com a transferência da Corte portuguesa para o Rio de Janeiro e no serviço de lampiões foram aproveitados negros cambaios, coxos, corcundas, de pernas arqueadas, caolhos.

A primeira tentativa para o emprego de gás na iluminação de cidade brasileira foi, como era natural, no Rio de Janeiro: em 1828, recorda o mesmo pesquisador à página 7 do seu estudo, "foi concedida ao cidadão Antônio da Costa a faculdade de organizar uma companhia de acionistas brasileiros e ingleses para empreender esse serviço...". Concessão que caducou enquanto a iluminação de azeite de peixe foi se estendendo pela capital do império do mesmo modo que por outras cidades brasileiras. Os acendedores, pormenoriza Dunlop que "eram escravos que dormiam ao relento, nas calçadas, trazendo o corpo e a roupa sempre untados de azeite". E quando a folhinha anunciava luar, "não havia iluminação". O azeite de peixe não ardia nos lampiões. Os escravos negros descansavam.

A segunda tentativa para iluminar-se o Rio de Janeiro a gás, libertando-se esse serviço do azeite de peixe e do braço do escravo, foi em 1833. Charles Grace e William Glegg Gover chegaram a obter privilégio para iluminarem a cidade por vinte anos. Também essa tentativa ficou no papel e no sonho. E conta Dunlop que um desembargador tendo de informar sobre a pretensão de Grace e Gover, chegou a declarar que os dois ingleses eram uns impostores "uma vez que não podia haver luz de lampião sem torcida". Seguiram-se duas outras tentativas igualmente vãs. Várias outras propostas de modernização do sistema de iluminação da capital do Império. Até que apareceu Ireneu Evangelista de Sousa que em 1852 deu começo à construção do edifício da fábrica do gás do Aterrado. Uma revolução na paisagem brasileira. Temia-se o horror das explosões mas havia curiosidade pela inovação. Chegaram da Europa engenheiros, técnicos e até operários. Chegou da Inglaterra o primeiro carregamento de máquinas, aparelhos, ingresias. Mas estava escrito que não seria uma revolução branca. Que teria seus mártires louros. Pois coincidindo a montagem das máquinas que substituiriam o azeite de peixe e o braço do escravo africano com terrível surto de febre amarela, todos os mecânicos chegados da Inglaterra, informa Dunlop à página 19 do seu estudo, foram "atacados de vômito negro". Dez faleceram. Outros vieram para substituí-los com "ordenados fabulosos" para a época: 600$000 por mês. Até que em 1854, "conduzido através de vinte quilômetros de encanamento de ferro, o gás iluminou os primeiros combustores de algumas ruas da cidade...". Interessante o parecer da comissão nomeada pelo Governo para fiscalizar a execução do contrato. Verificaram seus técnicos que a intensidade da luz dos combustores era superior à dos combustores de Londres e não inferior à de Manchester. A Europa curvando-se ante o Brasil. Opinaram, por outro lado – do ponto de vista do que poderíamos denominar a sociologia da iluminação pública – que "os logradouros mais frequentados deviam ser bem iluminados" enquanto nas ruas desertas bastava que a luz fosse "suficiente para evitar o crime e distinguir-se o criminoso".

Outras consequências sociologicamente expressivas teria a substituição da luz de azeite de peixe ou de mamona, ou de vela, pela de gás: facilitar a dispersão da família, por exemplo, que até então a luz difícil ou única obrigava a concentrar-se na sala que fosse o centro da convivência familial ou patriarcal. Ou pelo menos a concentrar-se ordinariamente na casa ou no sobrado, raramente abandonado à noite para o teatro ou a festa de igreja. Mas este aspecto da transição da convivência doméstica para a urbana será principalmente versado em ensaio próximo.

34. Lisboa, 1940, p. 111. Sobre o cultivo de especiarias ao lado de flores junto a casas brasileiras do século XVIII veja-se Luís Ascendino Dantas, *São Marcos e Rio Claro*, Rio de Janeiro, 1936, p. 18.
35. *Valor social da alimentação*, 2ª ed., Rio de Janeiro, 1947, p. 61.

V | O sobrado e o mucambo

A casa, o tipo de habitação, sabe-se que é uma das influências sociais que atuam mais poderosamente sobre o homem. Sobre o homem em geral; mas, em particular, sobre a mulher, quase sempre mais sedentária ou caseira. Especialmente dentro do sistema patriarcal, inimigo da rua e até da estrada, sempre que se trate de contato da mulher com o estranho.

Essa influência, exerceu-a de modo decisivo sobre a família patriarcal, no Brasil, a casa-grande de engenho ou fazenda, já considerada em estudo anterior. Corrigiu-lhe certos excessos de privatismo, acentuando outros, o casarão assobradado da cidade. Enquanto a casa de sítio – a chácara, como se diz da Bahia para o sul – marcou a transição do tipo rural de habitação nobre, para o urbano. Três tipos distintos de casa e um só verdadeiro: a casa patriarcal brasileira com senzala, oratório, camarinha, cozinha que nem as de conventos como o de Alcobaça, chiqueiro, cocheira, estrebaria, horta, jardim. As casas de engenho e de sítio dando a frente para estradas quase intransitáveis; outras para os rios; os sobrados, para ruas sujas, ladeiras imundas, por onde quase só passavam a pé negros de ganho, moleques a empinarem seus papagaios, mulheres públicas. Menino de sobrado que brincasse na rua corria o risco de degradar-se em moleque; iaiá que saísse sozinha de casa, rua afora, ficava suspeita de mulher pública. O lugar do menino brincar era o sítio ou o quintal; a rua, do moleque. O lugar de iaiá a camarinha; quando muito a janela, a varanda, o palanque.

A verdade, entretanto, é que a casa-grande, sob a forma de "casa--nobre" de cidade ou de sobrado antes senhoril que burguês, em contato com a rua, com as outras casas, com a matriz, com o mercado, foi diminuindo aos poucos de volume e de complexidade social. As senzalas tornando-se menores que nas casas de engenho: tornando-se "quartos para criados". Ou "dependências".[1]

Mas enquanto as senzalas diminuíam de tamanho, engrossavam as aldeias de mucambos e de palhoças, perto dos sobrados e das chácaras. Engrossavam, espalhando-se pelas zonas mais desprezadas das cidades.

A compressão do patriarcado rural por um conjunto poderoso de circunstâncias desfavoráveis à conservação do seu caráter latifundiário e, sociologicamente, feudal, fez que ele, contido ou comprimido no espaço físico como no social, se despedaçasse aos poucos; que o sistema casa-grande-senzala se partisse quase pelo meio, os elementos soltos espalhando-se um pouco por toda parte e completando-se mal nos seus antagonismos de cultura europeia e de cultura africana ou cultura indígena. Antagonismos outrora mantidos em equilíbrio à sombra dos engenhos ou das fazendas e estâncias latifundiárias.

Com a urbanização do país, ganharam tais antagonismos uma intensidade nova; o equilíbrio entre brancos de sobrado e pretos, caboclos e pardos livres dos mucambos não seria o mesmo que entre os brancos das velhas casas-grandes e os negros das senzalas. É verdade que ao mesmo tempo que se acentuavam os antagonismos, tornavam-se maiores as oportunidades de ascensão social, nas cidades, para os escravos e para os filhos de escravos, que fossem indivíduos dotados de aptidão artística ou intelectual extraordinária ou de qualidades especiais de atração sexual. E a miscigenação, tão grande nas cidades como nas fazendas, amaciou, a seu modo, antagonismos entre os extremos.

Terminado o período de patriarcalismo rural, de que os engenhos banguês, com as suas casas-grandes isoladas, procurando bastar-se a si mesmas, foram os últimos representantes no Norte e seus substitutos no Sul, as fazendas mais senhoriais de café e as estâncias mais afidalgadas no gênero de vida de seus senhores; e iniciado o período industrial das grandes usinas e das fazendas e até estâncias exploradas por firmas comerciais das cidades mais do que pelas famílias, também na zona rural os extremos – senhor e escravo – que outrora formavam uma só estrutura econômica ou social, completando-se em algumas de suas necessidades e em vários dos seus interesses, tornaram-se metades antagônicas ou, pelo menos, indiferentes uma ao destino da outra. Também no interior, as senzalas foram diminuindo; e engrossando a população das palhoças, das cafuas ou dos mucambos: trabalhadores livres quase sem remédio, sem assistência e sem amparo das casas-grandes.

As relações entre os sexos sofreriam, por sua vez, uma alteração profunda, ao se distanciarem senhores de escravos, tão íntimos dentro do patriarcalismo integral; ao se aproximarem as casas nobres umas das outras, e todas das igrejas, dos teatros e da rua; ao engrossarem as aldeias de mucambos, com o predomínio de estilos extraeuropeus de vida e de moral. Numa dessas aldeias é que um frade capuchinho descobriria, espantado, que os homens estavam calmamente se dando à prática de trocar de mulheres, em um verdadeiro comunismo sexual. O frade no Brasil só se habituara a ser complacente com a poligamia das casas-grandes; com o abuso da mulher pelo homem poderoso; com a noção rígida da mulher, propriedade do homem rico. Aquele ostensivo comunismo sexual de plebeus deixou o capuchinho italiano sob verdadeiro assombro.[2]

A casa-grande no Brasil pode-se dizer que se tornou um tipo de construção doméstica especializado neste sentido quase freudiano: guardar mulheres e guardar valores. As mulheres dentro de grades, por trás de urupemas, de ralos, de postigos; quando muito no pátio ou na área ou no jardim, definhando entre as sempre-vivas e os jasmins; as joias e moedas, debaixo do chão ou dentro das paredes grossas.

Caso expressivo de influência recíproca foi o desse tipo de casa vir a refletir novas tendências sociais, vindas da rua, e ao mesmo tempo influir sobre elas e sobre a rua, um tanto à maneira das relações que se estabelecem entre veículo e estrada. O sobrado conservou quanto pôde, nas cidades, a função da casa-grande do interior, de guardar mulheres e guardar valores. Daí os cacos de garrafa espetados nos muros: não só contra os ladrões mas contra os *donjuans*.

Daí as chamadas urupemas, de ar tão agressivo e separando casa e rua, como se separasse dois inimigos.

Foi na chácara, através do palanque ou do caramanchão ou do recanto de muro debruçado para a estrada, e foi no sobrado, através da varanda, do postigo, da janela dando para a rua, que se realizou mais depressa a desorientalização da vida da mulher no Brasil. Sua europeização ou reeuropeização.

A varanda e o caramanchão marcam uma das vitórias da mulher sobre o ciúme sexual do homem e uma das transigências do sistema patriarcal com a cidade antipatriarcal. Ciúme que se exprimira em termos tão fortes na arquitetura quase de convento da casa-grande. Com a varanda e o caramanchão veio o namoro da mulher senhoril não apenas com o primo mas com o estranho. Um namoro tímido, é verdade, de sinais de lenço e de leque. Mas o bastante para romantizar o amor e torná-lo exógamo. Quando as urupemas foram arrancadas à força dos sobrados do Rio de Janeiro, já no tempo de D. João, e dos sobradões do Recife e das cidades mais opulentas da colônia já quase independente de Portugal, pode-se dizer que se iniciou nova fase nas relações entre os sexos.

E, ao mesmo tempo, nas relações entre a casa e a rua. Salvador teve desde os seus primeiros dias, no século XVI, aquela "rua muito comprida, muito larga e povoada de cazas de moradores" de que fala Gabriel Soares. Mas eram casas que se fechavam contra a rua, dentro dos "seus quintaes [...] povoados de palmeiras carregadas de cocos, outros de tamareiras, e de laranjeiras e outras arvores de espinhos, figueiras, romeiras e pereiras...".[3]

No Recife, sendo a cidade socialmente uma ilha e fisicamente um meio-termo entre ilha e península, o sobrado quase sem quintal se impôs. Questão de espaço que era pouco. O sobrado fechado dentro de si mesmo, às vezes com a frente, outras com o "traseiro" – como se diz em documentos do século XVII – para o rio, foi o tipo de habitação ecológica. Sobrado magro, venical. Às tradições de arquitetura holandesa, que condicionaram o desenvolvimento do Recife, parecem ter se juntado imposições de natureza ecológica para consagrarem aquele tipo de casa mais estreito e magro como que em harmonia, também, com um tipo mais estreito e mais magro de homem do que o baiano.

Para Morales de los Rios a arquitetura holandesa no Recife, cuja influência ainda hoje se surpreende – diz o técnico – nas "empenas laterais dos prédios",[4] pouco se inspirou no meio ambiente. Os holandeses a impuseram à cidade tropical, sem nenhuma adaptação que lhe quebrasse a estrutura europeia de casa para os frios do Norte. A verdade é que, ainda hoje, os telhados conservados, por tradição, nos sobrados mais velhos do Recife parecem acusar reminiscência tão forte de telhados flamengos que ninguém se surpreenderia de ver escorrer por eles neve pura, neve do norte da Europa, neve escandinava. Alguns telhados se apresentam inclinados quase a pique.

Não é de admirar. Sem a plasticidade do português, sem aquele seu jeito único, maravilhoso, para transigir, adaptar-se, criar condições novas e especiais de vida, o holandês viveu aqui uma vida artificialíssima, importando da Holanda tudo que era comida: manteiga, queijo, presunto, carne em conserva, bacalhau, farinha de centeio, farinha de trigo, ervilha em lata. E ainda: vinho, cerveja, azeite, vinagre, pão, toucinho. Mas não era só o alimento: a casa só faltou vir inteira da Europa. Vinham cal, pedras cortadas, ladrilhos, arames, vigas, lonas, artigos de metal. Vinha tudo.[5]

Convém entretanto atender às condições de topografia e de solo no Recife: não eram as mesmas que as da Bahia ou do Rio de Janeiro – para só falar das outras cidades talássicas. Impunham outro rumo às relações de espaço do homem com a área urbana; do sobrado com a rua; do sobrado com o mucambo; da casa com a água. Impunham à cidade outra configuração ecológica.

Durante os seus oito anos de governo. Nassau empenhou-se na urbanização mais inteligente do Recife – encarregando da tarefa um dos seus melhores técnicos, Peter Post. E um dos maiores benefícios que fez à cidade foi o de a ter dotado de pontes: para a época, talvez, as pontes tecnicamente mais adiantadas da América tropical. As primeiras pontes paleotécnicas que houve no Brasil. Com elas, parte da população passou-se da quase ilha do Recife para a ilha de Antônio Vaz, onde antes só havia um convento de frades e algumas palhoças de pescadores.

O problema de habitação, sem esse desafogo, teria se tornado um horror. Sobrados estreitíssimos e, dentro deles, um excesso de gente. Gente respirando mal, mexendo-se com dificuldade. Às vezes oito pessoas dormindo no mesmo quarto. Verdadeiros cortiços. Os primeiros cortiços do Brasil.

Mesmo assim, nos começos de 1640, não havia lugar para quem chegasse da Europa. Só se improvisando. Maurício e seus conselheiros se empenharam com o maior afã em fazer construir casas para os recém-chegados em Antônio Vaz; mas "alguns mais poderosos", sem dúvida comprando terras nas zonas a se desenvolverem em subúrbios, aproveitaram-se da situação para explorarem a falta de casa e a angústia de espaço. E o aluguel de casas e quartos subiu a alturas fabulosas. Por dois quartos com uma saleta, chegou-se a pagar 120 florins por mês.[6]

Com os burgueses mais ricos indo morar em casas quase de campo, para as bandas de Antônio Vaz, a quase ilha do Recife ficou o bairro do comércio e dos judeus, dos pequenos funcionários e dos empregados da Companhia das Índias Ocidentais; dos artífices, dos operários, dos soldados, dos marinheiros, das prostitutas. Alguns destes vivendo em verdadeiros chiqueiros, entre tavernas sujas da beira do cais e no meio dos "bordéis mais imundos do mundo". "Ai do jovem que aí se perdesse! Estaria destinado a irremediável ruína!" Estas palavras são de um relatório holandês da época.[7] Encontram plena confirmação nos reparos de um observador francês do mesmo período – Moreau.[8] Muita mocidade foi engolida por essa sodoma de judeus e de mulatas; de portugueses e de negras; de soldados e marinheiros de todas as partes do mundo.

O Recife, com seus sobrados-cortiços e seus sobrados-bordéis, foi um dos pontos mais intensos de sifilização no Brasil, a sífilis ocorrendo com frequência, diz Piso,[9] tanto entre holandeses como entre portugueses. As "prostitutas do porto" tornaram-se umas terríveis disseminadoras de sífilis. Não eram só mulheres de cor – negras, mulatas, cabrochas – que aqui despertavam a curiosidade pelos prazeres exóticos nos homens ruivos, até mesmo nos pastores da Igreja reformada, um dos quais tornou-se célebre por sua vida imoral. O Recife se encheu também de prostitutas holandesas. Não três ou quatro: grandes carregamentos de marafonas ruivas ou alvas. Para alguns dos flamengos tudo tinha de ser aqui como na mãe-pátria: a casa, a comida, a mulher. Nada de exotismo. Em 1636, porém, um conselheiro holandês mais sisudo pediu do Recife aos dignitários da Holanda que evitassem aquela vergonha. O diretório era o primeiro a recomendar – notava o conselheiro – que se punissem severamente os delitos de ordem sexual; todavia deixava que viessem para a colônia, em grandes levas, "aquelas portadoras de desgraça".[10]

A Nova Holanda, primeira tentativa de colonização urbana do Brasil, em que os sobrados superaram casas térreas e palhoças, excedeu-se à Nova Lusitânia em delitos de ordem sexual, em irregularidades morais de toda espécie. Pernambuco apresenta-se ao estudioso da nossa história social como o ponto ideal para a análise e o balanço de influências dos dois tipos da colonização: o urbano e o rural. O predominantemente feudal e o predominantemente capitalista. O holandês e o português. A colonização que se armou na casa-grande de engenho completada pela senzala e a que se desenvolveu principalmente em volta do sobrado urbano, às vezes transformado em cortiço. E aqui se impõem considerações que completam, em certos pontos, o pouco que rapidamente se sugeriu, em capítulo anterior, sobre o antagonismo entre a cidade e a zona rural, na formação social do brasileiro.

Dificilmente se poderá concluir pela superioridade do colonizador holandês sobre o português, ou do tipo urbano sobre o rural, de colonização do Brasil, em termos de raça ou de cultura nacional. A ação colonizadora do flamengo não se exerceu com elementos de raça e de cultura exclusivamente holandeses, nem mesmo norte-europeus: aproveitou, como nenhuma na América, o elemento judeu, e procurou aproveitar o português, o negro, o índio, o alemão, o francês, o inglês, toda a salsugem cosmopolita que a aventura tropical foi atirando às nossas praias.

A vida moral na Nova Holanda de modo nenhum foi superior à do Brasil rural e português. Ainda que fossem severos os castigos contra as mulheres adúlteras, foram frequentes os casos de esposas infiéis, principalmente de esposas de soldados. Pelos protocolos do Conselho Eclesiástico, vê-se que muitas foram penduradas na polé, na praça do mercado do Recife. Numerosos foram também os casos de bigamia. Eram frequentes, como refere Moreau, os de sodomia e crimes contra a natureza, destacando-se entre os sodomitas certo capitão holandês, "enviado primeiro para Fernando de Noronha, depois para os cárceres de Amsterdã".[11] Embora proibidos os duelos, os encontros entre inimigos tomaram um caráter de lutas de morte, enchendo de poças de sangue as ruas da cidade. E a sífilis, já vimos, foi onde mais se espalhou: nessa primeira área comercialmente urbana que teve o Brasil. À sombra dos seus sobrados. Por dentro dos seus mucambos ou palhoças. Além de sífilis, a disenteria e a gripe, em consequência, sem dúvida, da água poluída e das condições anti-higiênicas de habitação e da vida nos sobrados burgueses e nos sobrados-cortiços do Recife.[12]

A cidade do Recife talvez deva ser considerada a primeira de uma série de pequenas sodomas e gomorras que floresceram à margem do sistema patriarcal brasileiro. Foram muitos os sobrados que, ainda novos, tiveram lá como em cidades mineiras e em Salvador e no Rio de Janeiro, seu destino patriarcal desviado, seu sentido familial pervertido, sua condição cristã manchada por extremos de libertinagem. Não é de admirar desde que o mesmo sucedeu a casas-grandes de engenho ou de fazenda degradadas em prostíbulos ou serralhos[13] por senhores desviados do seu destino principal de pais de famílias legítimas, aos quais se admitiu sempre o direito de acrescentarem filhos naturais aos legítimos. E não só a casas-grandes do interior: até a igrejas. Em 1733 o padre Francisco da Silva, domiciliado em Olinda, era suspenso de ordens por vir abusando do confessionário para seduzir jovens penitentes. E não são poucos os casos dessa natureza registrados nas confissões e denunciações reunidas no Brasil colonial pelo Santo Ofício.[14] Na Bahia, ficou célebre frei Bastos, tão grande na libertinagem quanto na eloquência;[15] no Rio de Janeiro, ganhou fama não de conquistador de jovens, mas de efeminado, que se deliciava em ser conquistado, outro frade, também orador sacro: o apelidado *Sinhazinha*, cuja fama a tradição oral trouxe até nós.

Em 1798 era o físico-mor Bernardino Antônio Gomes que, em resposta ao questionário dirigido a médicos pelo Senado da Câmara do Rio de Janeiro, salientava ser a prostituição "maior no Brazil, que na Europa", como "consequencia indefectivel do ocio e da riqueza adquirida sem trabalho" e "fomentada pelo exemplo família dos escravos...".[16] O médico Pires de Almeida calcula que, ao findar o século XVIII, houvesse no Rio de Janeiro cerca de 255 das chamadas "mulheres de janela", isto é, "mulheres públicas", sem contar a prostituição clandestina de escravas que devia ser considerável.[17]

Na primeira metade do século XIX o número das mulheres públicas aumentaria enormemente. E para esse aumento concorreria de modo notável a imigração de mulheres dos Açores. Em estudo sobre *A prostituição, em particular na cidade do Rio de Janeiro*, outro médico, o Dr. Lassance Cunha, escrevia em 1845 que a capital do Império possuía então três classes de meretrizes que eram: a) – as "aristocraticas" (ou de sobrado); b) – as de "sobradinho" e as de "rotula"; c) – a "escoria".[18] A escória, formavam-na mulheres de casebres ou de mucambos, e para elas, principalmente, é que havia as chamadas "casas de passes" ou "zungus", isto é, "nauseabundas habitações pertencentes a negros quitandeiros" ou os "fundos das barbearias que, por modico preço, e para esse fim, eram alugados por pretos libertos". Havia também no Rio de Janeiro as "casas de costureiras", "hotéis" em Botafogo e no Jardim Botânico e no meado do século XIX os conventilhos da "Barbada": aí o roceiro rico, o filho de fazendeiro ou de senhor de engenho, o rapaz de fortuna da cidade encontravam não só estrangeiras como bonitas mucamas ou mulatinhas ainda de vestidos curtos, meninotas e meninas. "Barbada" era ela própria mulher de cor: gorda, ostentava "bigode espesso e quase *cavaignac*".[19]

Considerável chegou a ser no Rio de Janeiro da primeira metade do século XIX a pederastia; especialmente no baixo comércio: entre aqueles portugueses que viviam vida um tanto à parte e, por economia, serviam-se de caixeiros, em vez de mulheres, para acalmar seus ímpetos sexuais. Para reduzir ou extinguir a prostituição masculina no baixo comércio, predominantemente lusitano, do Rio de Janeiro é que o cônsul de Portugal na mesma cidade, barão de Moreira, teria promovido, em 1846, a importação de mulheres ilhoas. Seriam elas sucedidas pelas polacas e francesas, cujo perfil procuraremos traçar em estudo próximo. Embora seu começo date da fundação do *Alcázar Francês* em 1862, foi no fim da era escravocrática que a figura da "francesa" ou da "polaca" tomou relevo na vida libertina do Brasil, até então dominada principalmente pela mulher de cor ou pela branca dos Açores.

A sífilis cresceu no Rio de Janeiro depois que aí se intensificaram as condições de cidade, no século XVII mais fortes no Recife e em Salvador e no XVIII, em Minas Gerais. As informações reunidas por Pires de Almeida, no seu estudo já citado, documentam essa crescente sifilização do Rio de Janeiro. Salienta o mesmo autor terem "as devassidões mais bizarras da sociedade mineira durante o período do V... de B........, cujos feitos no gênero o constituiram principal assunto das belas *Cartas chilenas*" reflorescido no Rio de Janeiro durante o Primeiro Reinado, ficando "desde então salientes", assinala ele, "as célebres marq.... de..... e baron... de........".[20] Cita ainda, como evidências da devassidão nos altos meios urbanos, isto é, entre a fidalguia dos sobrados do Rio de Janeiro, a "marquesa de A..., o Dr. A., e a marquesa de O. que se entregava até aos seus próprios cocheiros", sem esquecer-se de aludir ao "bondoso velho" que não "deixava de ser encontrado a desoras, embuçado e guardado pelo cocheiro Narciso na escura rua de Santa Teresa...".[21]

As crônicas da época indicam que os coches e os cocheiros passaram quase de repente a desempenhar papel importante na vida libertina ou galante das cidades brasileiras onde mais rapidamente se generalizou o uso das carruagens e que foram o Rio de Janeiro e o Recife. No Recife ainda conhecemos, guardado entre relíquias numa das mais antigas cocheiras da cidade, entre o velho *coupé* de bispo e a vitória de lanternas de prata por onde rodou triunfalmente pelas ruas principais o marquês de Herval, o carro fechado que nos informaram ter servido a aventuras galantes de linda sinhá de sobrado. O cocheiro escravo teria sido alcoviteiro. Os coches de luxo foram às vezes uma espécie de alcovas ambulantes. Alguns passam pelos anúncios de jornal com o odor de pecado a comprometer-lhes a dignidade senhoril. Este, por exemplo, recolhido do *Jornal do Commercio*, do Rio de Janeiro, de 27 de junho de 1849: "[...] riquissimo *coupé* Wurst [...] o interior acha-se guarnecido de damasco de seda cor de cereja, com espelhos, sendo de prata os caixilhos das rodas etc.".

A alcovitice teve também a seu serviço negros ou escravos de profissões ainda mais características da convivência urbana que a de cocheiro: os vendedores de doces e de flores, por exemplo, com entrada em sobrados ilustres. Ficou célebre no Rio de Janeiro do meado do século XIX certo "*marchand de fleurs*", do qual diz um cronista que era "pernostico molecote que, por ter servido como copeiro em uma casa francesa, engrolava passavelmente aquela língua...". E houve também à rua da Carioca, instalado em "sobrado com sacada de madeira tendo no alto um macaco empalhado", o francês Chahomme.²² Eram atividades, as desses alcoviteiros ou corretores do amor, que, disfarçadas por trás de flores, de doces, de macacos empalhados, faziam-se anunciar nos jornais, onde também se ofereciam aos olhos dos libertinos que sabiam ver nas entrelinhas mulatas ou negras de formas provocantes. Também apareciam nesses anúncios "comadres", capazes de resolver casos difíceis de burguesas de sobrado cujas barrigas o amor ilícito ou inconfessável arredondara. As chamadas "fazedoras de anjos".²³

"A dissolução de costumes parece ter sido uma das notas predominantes dessa fase", escreve do Primeiro Reinado o autor de *Estudo histórico sobre a polícia da Capital Federal de 1808 a 1831* que acrescenta terem os "desregramentos de vida do primeiro imperador, seu proceder altamente censurável com a marquesa de Santos, os fatos escandalosos sucedidos na Corte, na alta sociedade e no próprio clero" invadido "todas as classes sociais", levando "a desmoralização ao lar doméstico, com o afrouxamento dos laços de mútuo respeito e estima que esposos, pais e filhos deviam entre si".²⁴ Eram os grandes dos sobrados mais nobres a darem maus exemplos à gente das casas térreas e dos próprios casebres. Era a "dissolução dos costumes" a ostentar-se nas próprias gazetas: nos seus anúncios. Em anúncios como o publicado no *Diário do Rio de Janeiro* de 22 de agosto de 1825 que fez o intendente Aragão dirigir-se ao promotor a fim de que "denunciasse o autor". Dizia o anúncio mais do que escandaloso: "Tendo chegado ao conhecimento do publico que certas senhoras casadas, como consta até por huns processos civis nos quaes as mesmas ditas senhoras se querem intitular por virgens!!! (sem o já poderem ser, do que he bem constante nesta Corte do Rio de Janeiro) mas no caso de quererem ainda parecer ou fingirem, que o sejão para certas pessoas, que sejão faceis de se capacitarem de tal cousa; e como para isso seja natural se passarem por algum exame de facultativos e de parteiros, se lhes applica hum novo remedio de cuja applicação resulta hum novo himen, sendo o seu preço mediocre e o seu uso facilimo, o qual he composto de hum emoliente (no caso que ainda não tenhão applicado outro remedio que façao mesmo effeito, dos quaes saberão muito bem os senhores facultativos e mesmo alguns parteiros). Este remedio se annuncia pela rasão de sua finalidade de composição e ser commodo em preço: quem o quizer procure por este diário".

Numerosos se tornaram também nos jornais do tempo do Império os remédios contra os males venéreos. E vinha da época colonial o uso e até abuso do mercúrio contra eles. Do mercúrio e de negrinhas virgens nas quais os fidalgos sifilizados limpassem o sangue.

O vício do álcool foi outro que tomou um desenvolvimento alarmante na cidade do Recife durante a ocupação dos holandeses – talvez por maior predisposição dos nórdicos ao álcool – e no século XVIII na área de mineração. Em 1667, passando pelo Recife os missionários capuchinhos frei Miguel Ângelo de Gattina e frei Dionysio de Carli de Piacenza ficaram admirados de ver os habitantes avessos ao uso do vinho: quase todo mundo bebia água pura.[25] Os negros e caboclos é que gostavam de beber sua cachaça.

O Recife holandês, ao contrário, foi um burgo de beberrões. Pessoas da melhor posição social eram encontradas bêbadas pelas ruas. Os próprios observadores holandeses da época se espantavam do contraste entre sua gente e a luso-brasileira. A luso-brasileira quase só bebia água fresca, às vezes com açúcar e suco de fruto: refresco ou garapa. Os nórdicos preferiam as bebidas fortes.[26]

Mas não se deve supor, a esta altura, que nas zonas rurais e entre os luso-brasileiros virgens de qualquer influência nórdica, nunca se desenvolvesse o alcoolismo. Em zonas rurais – é verdade que conservando reminiscências de uma primeira colonização urbana – é que Burton encontrou, no meado do século XIX, evidências de um abuso tão grande do álcool – da cachaça, da cana, da branquinha – que não hesitou em comparar a gente do interior do Brasil com a da Escócia: *"the consumption of ardent spirits exceeds, I believe, that of Scotland"*. Ele próprio confessa seu assombro diante do fato – desde que lera em livros de viajantes, seus predecessores, principalmente em St.-Hilaire e Gardner – que era raro encontrar gente embriagada no Brasil.[27] Burton encontrou-a e com frequência. E no princípio do século XIX, viajando no interior, o príncipe Maximiliano também encontrara muito matuto encachaçado.[28]

Os mineiros, observou Burton, não podiam gabar-se da superioridade moral de que outros brasileiros se gabavam sobre os ingleses: a de não serem os mesmos "baetas" que eles. Era difícil encontrar tropeiro ou barcaceiro, livre ou escravo, que não amanhecesse bebendo aguardente para "espantar o Diacho" ou "matar o bicho"; que de noite não se juntasse aos camaradas para tocar viola e esvaziarem juntos gordos garrafões de cachaça. Quando o estrangeiro se escandalizava com a enorme quantidade de aguardente que se consumia no interior do Império os brasileiros lhe recordavam que grande parte da cachaça era para água do banho.[29]

Nas cidades marítimas – contra toda a expectativa – é que se notava a temperança, tão elogiada por Gardner no brasileiro. Mas mesmo nas cidades, essa temperança era mais um traço da gente fina que da população em geral. Mais um traço dos fidalgos aburguesados de sobrado que do proletariado dos mucambos e dos cortiços. "O brasileiro quase só bebe água", notaram, como já vimos, os capuchinhos, em Pernambuco, no século XVII e Tollenare, no século XIX;[30] também Denis, no Rio de Janeiro dos primeiros tempos do Império.[31] Mas evidentemente limitando seu reparo à nobreza ou à burguesia das casas-grandes. Que quase todos bebericavam seu vinhozinho do porto, seu licor de caju feito em casa, sua "imaculada" de manhã cedo para fechar o corpo antes do banho de rio ou para abrir o apetite antes da feijoada ou da mão de vaca. Mas raramente entregavam-se a excessos. Isso de excesso era só uma ou outra vez na vida, quando se quebravam as taças entre saúdes cantadas: as famosas saúdes cantadas dos jantares das casas-grandes e dos sobrados patriarcais.

Nos banquetes de senhores de engenho mais ricos ou mais espetaculosos – que desde o século XVI escandalizavam os europeus pela sua fartura de comida e bebida – o vinho corria livre. Era tanta comida, que se estragava; no fim, aquelas saúdes cantadas. Muito vinho corria à toa, pela toalha, pelo chão, só por luxo. O velho major Santos Dias, de Jundiá, foi um dos últimos senhores de engenho a se celebrizarem pela opulência da mesa. Nela não faltava vinho e do melhor. Lordes ingleses vindos a Pernambuco para a caça de onça nas matas dos engenhos hospedaram-se em Jundiá, iniciando-se na cozinha brasileira. E o almirante português Ferreira do Amaral, recebido no velho engenho de Escada, outrora de Albuquerques Melos, com muita comida e bebida, escreveu, depois, em relatório oficial, para o seu governo, que o velho major tinha verdadeira "mania da hospitalidade".

Nos começos do século XIX, Bento José da Costa e Maciel Monteiro – o pai do poeta – deram também almoços escandalosos debaixo das jaqueiras de seus sítios, onde os sobrados eram verdadeiramente patriarcais. Nos banquetes de Bento José o vinho não corria tão à toa como em Jundiá; de outro modo não se explica que ele e o capitão-general de Sua Majestade, Luís do Rego Barreto, fossem depois do almoço, e naturalmente alegrados pelo álcool mais bebido que derramado, para o muro da casa e daí se divertissem como dois meninos de internato atirando caroço de fruta em quem passava.[32]

Pela mesma época – isto é, começos do século XIX – na capitania de Minas, o desembargador Manuel Ferreira da Câmara Bittencourt Aguiar e Sá regalava seus amigos, na sua casa-grande de sítio, perto do Tijuco, com vinho fino, guardado numa adega singularmente mineira: vasta escavação semicircular, aberta a poder de ferro e fogo, numa rocha granítica, com prateleiras formadas também na pedra. Só o portão enorme, de oito palmos de altura, era de madeira. Uma adega, essa, de sobradão de sítio, adaptada às condições brasileiras, e onde o vinho se conservava fresco "pela humidade" – diz um cronista – "que transudava dos póros de granito".[33] O fato se apresenta cheio de interesse para o estudioso não só da história social da casa e do sobrado no Brasil, como para o historiador da nossa arquitetura colonial.

Mas não vamos generalizar, confundindo esses sobrados e essas casas-grandes mais cheias de luxo de Pernambuco, de Minas, do Rio de Janeiro e do recôncavo, com aquelas onde o passadio era de macaxeira, de carne-seca, de farinha, de bolacha, de bacalhau, de vinho de jenipapo ou de caju. Casas onde não sobrava dinheiro para presunto nem para as latas de ervilha, os boiões de ameixa, as caixa de passa, os vinhos franceses que os jornais anunciavam estar se vendendo nas lojas do Rio de Janeiro, do Recife, de Salvador. Nem para o vinho do porto com que nos sobrados mais elegantes se recebiam as visitas.

O vinho de mesa das casas-grandes opulentas do interior e, principalmente, o dos sobrados ricos das cidades, desde o século XVI que veio da Europa. Recebido diretamente, não estava sujeito às adulterações em que se especializavam os importadores de bebidas menos aristocráticas. O desembargador Câmara, por exemplo, podia gabar-se da pureza dos vinhos de sua adega de pedra porosa; mas o morador de casa mais pobre que um dia, na vida, quisesse variar da aguardente de engenhoca tinha de se satisfazer com vinho, não só zurrapa, mas falsificado. "Muitos das classes pobres e quase todos os escravos [das cidades] são dados às bebidas alcoólicas", escrevia em

1851 Antônio José de Sousa em seu estudo sobre o regime das classes pobres e dos escravos na cidade do Rio de Janeiro;[34] e essas bebidas, quando vinhos de mesa, quase sempre falsificadas. Pela mesma época observava Francisco Fernandes Padilha que os líquidos – "vinhos, vinagre, &" – consumidos pela classe pobre do Rio de Janeiro eram todos falsificados.[35] Em 1865 Sousa Costa escrevia da mesma classe de habitantes da capital do Império que quando bebiam vinho, era sempre "vinho falsificado". Vinho com mel, pau-campeche e diversos sais, acrescenta o higienista.[36]

A mesma falsificação de vinho se verificava na Bahia, cujo regime de alimentação foi estudado por Eduardo Ferreira França em ensaio sobre *A influência dos alimentos e das bebidas sobre o moral do homem*. E, provavelmente, no Recife e nas demais cidades de população pobre numerosa, sujeita, durante o Império, à livre exploração dos importadores de bebidas e de víveres. Exploração de que se resguardava a fidalguia dos sobrados importando diretamente seu vinho, seu vinagre, seu azeite; matando em casa seu carneiro, seu bode, seu porco; criando no quintal ou engordando no sítio seus perus, suas galinhas, às vezes suas cabras e suas vacas de leite.

Porque a falsificação não se limitava ao vinho, nem ao vinagre. Era geral. Falsificação, por um lado; escassez por outro. O regime de economia privada dos sobrados, em que se prolongou quanto pôde a antiga economia autônoma, patriarcal das casas-grandes, fez do problema de abastecimento de víveres e de alimentação das famílias ricas, um problema de solução doméstica ou particular – o animal abatido em casa quase sempre dispensando a carne de talho, as frutas do sítio dispensando as cultivadas para a venda regular no mercado, as cabras e as vacas criadas nos sítios das casas nobres diminuindo a importância do problema de suprimento de leite para a população em geral. Tornou-se assim desprezível o problema da alimentação da gente mais pobre das cidades, isto é, os brancos, os pardos, os pretos livres, os moradores dos cortiços, a gente dos mucambos e dos próprios sobrados e casas térreas menores: às vezes filhos e netos de grande senhor rural cuja morte deixara de repente a viúva e os filhos na situação de náufragos refugiados em sobrados de aluguel. O caso de Félix Cavalcanti de Albuquerque.[37]

Ao contrário dos escravos domésticos dos sobrados que participavam, como nas casas-grandes dos engenhos, da alimentação patriarcal, a pobreza livre desde os tempos coloniais teve de ir se contentando, nos mucambos, nas palhoças, nos cortiços, nas próprias casas térreas, nos próprios sobrados ou sobradinhos de aluguel, com o bacalhau, a carne-seca, a farinha e as batatas menos deterioradas que comprava nas vendas e nas quitandas. E com uma insignificância de carne fresca e de vaca. O corte de carne de vaca tendo atingido no Rio de Janeiro, em 1785, quando a população era de cerca de 50.000 bocas, a 21.871 cabeças por ano, ou fossem 59 quilos e 60 gramas por ano, para cada boca, e por dia, 165 gramas, para cada indivíduo, estabilizou-se no tempo do Império, com a maior densidade da população, numa média ainda mais baixa. Em 1789 a população da capital do Império consumia por ano, segundo o cálculo de um higienista da época e na sua própria terminologia, 9.447.453 quilogramas de alimentos gordurosos, 184.934.553 quilogramas de cereais; e 19.162.500 de carne de açougue. Incluía-se porém, em "carne de açougue", toda espécie de salmoura, tripas, língua, paios e até a carne-seca, de que principalmente se alimentava a parte mais pobre e mais numerosa da população. E nos cereais, incluíam-se legumes em conserva, frutas secas e passadas, farinha de trigo, féculas, pós e massas alimentícias, biscoitos, raízes alimentares, chá, açúcar, cebola, alho, canela, batata. Mesmo assim, calculando-se por dia e por habitante a relação de cada habitante da cidade com a massa de alimentação, chega-se, por uma estatística da época, a 140 gramas de carne, ou menos ainda, feito o desconto da parte não nutritiva dos produtos incluídos em "carne" e da que tocava aos animais a serviço do homem[38] – tão numerosos nos sobrados patriarcais e nos próprios cortiços e mucambos.

Sabemos pelas cartas dos jesuítas que nas cidades do primeiro século de colonização quase não havia açougue, tendo os padres de criar boi e vaca nos seus colégios para alimentação dos noviços, dos seminaristas e dos alunos internos. E as atas da Câmara da cidade de São Paulo, onde o problema de suprimento de víveres foi talvez menos angustioso que no norte do Brasil e em Minas, por não haver sido nunca tão intensa a monocultura – pelo menos nos tempos coloniais – nem tão absorvente a mineração, acusam dificuldades constantes no suprimento de carne verde.[39]

Além do que o pobre ou o homem médio que não tivesse casa com viveiro de peixe, no dia que quisesse dar-se ao luxo de comer peixe fresco, para variar do seco, tinha de enfrentar não um atravessador apenas, mas toda uma série de intermediários. E esses intermediários não eram judeus nem ciganos – cabeças de turco para todo negócio desonesto; nem gente bangalafumenga. Eram cristãos-velhos dos mais puros, gente das casas nobres e até militares em que se encarnavam algumas das virtudes mais cavalheirescas da classe dominante. Queixando-se do fato de ser tão caro o peixe fresco em Salvador de Todos os Santos, então a cidade mais importante da colônia, Vilhena escrevia no século XVIII que era inevitável o preço alto: o peixe passava "por quatro ou cinco mãos antes de chegar ás de quem o compra para comel-o...". E comentava: "[...] todos sabem esta dezordem mas ninguem a emenda por ser aquelle negocio como privativo de ganhadeiras que de ordinario são ou foram captivas de casas ricas e chamadas nobres, com as quaes ninguem quer intrometter, pela certeza que tem de ficar mal, pelo interesse que de commum teem os senhores naquella negociação. Vendem as ganhadeiras o peixe a outras negras para tornarem a vender e a esta passagem chamam carambola".[40]

Quase o mesmo sucedia com a carne verde. Com os legumes. Com toda espécie de alimentação, que o pobre da cidade tinha de comprar pelos olhos da cara, por culpa menos da terra, que dos seus donos – os proprietários de latifúndios e sesmarias, dos primeiros tempos da colonização, que no século XVIII continuavam a servir de "covis de onças e tigres nas proprias immediações das cidades".[41] Quando nessas terras abandonadas bem podia estar se criando gado que abastecesse de carne a população urbana. Salvador de Todos os Santos, com toda essa terra boa em redor da cidade, dependia de bois do Piauí; e estes, explorados da maneira mais sórdida por militares, que foram dos maiores atravessadores de gêneros nos tempos coloniais. Não só era deficiente e magra a carne de boi de Salvador – vinha de 300 léguas de distância – como faltava à primeira cidade oficial e episcopal do Brasil, galinha, fruta, legume. Frézier deixou a Bahia sem nenhuma saudade da alimentação. A carne, magra. Os frutos e os legumes, raros.[42] E Barbinais escreveu que nem galinha ou peru se encontrava que prestasse: tudo duro, magro, coriáceo.[43]

O desequilíbrio entre a população das cidades e os víveres de origem rural europeia, desequilíbrio que houve no Brasil desde os primeiros tempos da colonização, por efeito, principalmente, da monocultura latifundiária, acentuou-se com a fúria pelo ouro. Com a exclusividade da mineração no século XVIII.

As cidades mineiras cresceram com a sua população mais pobre lutando contra a falta de víveres e o alto preço dos gêneros. Os aventureiros felizes é que foram se enobrecendo em fazendeiros ou se arredondando em burgueses de sobrado. E estes, fechados, tanto quanto as casas-grandes dos senhores de engenho na área do açúcar, na sua economia privada ou patriarcal. Os donos matando em suas casas seus porcos e seus perus e engordando no sítio suas vacas de leite. O resto da população que se arranjasse como pudesse.[44]

E assim como no Norte houve militares que se entregaram a negócios desbragados de fornecimento de carne, enriquecendo à custa da exploração do povo mais miúdo das cidades, nas cidades de Minas apareceram, entre os exploradores da falta de víveres na área de mineração, não tanto os tão falados judeus, nem ciganos, nem "gringos", mas frades. Simplesmente frades. Um deles, religioso da Santíssima Trindade, frei Francisco de Meneses.

A princípio o fornecimento de gado aos açougues, no distrito dos diamantes, estivera nas mãos de Francisco do Amaral, comerciante rico, que conseguira tal privilégio do governo. Firmado em 1701, o contrato das carnes devia terminar para Amaral em 1706; mas era tão bom o negócio que o magnata se empenhou por todos os meios pela sua prorrogação; justificando o pedido, diz-nos um cronista, "com sacrifícios feitos, o pouco lucro, e o bem dos povos"; e além disso, recorrendo ao suborno. Distribuindo dinheiro entre a gente do governo. Mas contra a pretensão de Amaral, levantaram-se os paulistas "nunca envolvidos no commercio [...] entregues ás suas lavouras". Lavouras, deve-se salientar, quase iguais às dos índios, sem a relativa fixidez das de açúcar na Bahia, em Pernambuco, na Paraíba do Sul.

Foi diante do conflito entre Amaral e aqueles lavradores nômades, e da indecisão de D. Fernando Mascarenhas em resolvê-lo, que surgiu frei Francisco de Meneses à frente de uma das mais grossas negociatas que ainda se organizaram no Brasil. Visava o monopólio do fornecimento de carne à população mineira. Tinha aliados poderosos – outro frade, um frei Firmo; Manuel Nunes Viana, dono de ricas fazendas de gado; Sebastião Pereira de Aguilar, também proprietário de fazendas de criar.

Mas os paulistas não cederam. Deu-se o choque dramático entre os dois grupos. E venceram os magnatas. Venceram os atravessadores e os negocistas.[45] Sua vitória quase envolveu a deposição do governador. É das que marcaram com nitidez a supremacia da economia privada sobre a pública; dos interesses particulares sobre os gerais. Supremacia tão ostensiva na formação brasileira.

Nesses conflitos entre o interesse geral da população das cidades e os intermediários e açambarcadores do comércio de carne fresca, de peixe, de farinha, convém recordar que os governadores coloniais quase sempre estiveram ao lado do povo e contra os magnatas. No Rio de Janeiro, Luís Vaía Monteiro enfrentou os próprios frades contrabandistas; castigou com desterro o próprio abade de São Bento; e tal foi seu desassombro que acabou vencido e deposto pela Câmara. O conde da Cunha foi outro que pelo seu espírito público e pela brava defesa do interesse geral contra o particular, levantou contra o seu governo os grandes negociantes de sobrado do Rio de Janeiro, os exploradores, os contrabandistas.[46]

Nos fins do século XVIII, escrevia de Pernambuco para a Corte o governador D. Thomaz de Mello que, ao tomar posse do governo da Capitania, em 1787, encontrara o Recife em "grande penuria dos generos de primeira necessidade". Inclusive a farinha de mandioca.

"Os poucos que havia, os atravessavam sujeitos de reprovada conducta", informava o capitão-general. De modo que D. Thomaz vira-se forçado a proceder "severamente contra os monopolios". E repetindo o gesto do conde Maurício de Nassau, no século anterior, "com todo o calor e recommendação" fizera "promover a plantagem de mandioca"[47] de que haviam descuidado os lavradores, alucinados então com o grande preço do algodão, como outrora – e novamente no século XIX – com o preço do açúcar.

"Foi preciso tomar tambem promptas medidas" – acrescenta D. Thomaz no seu relatório, um dos vários documentos que demonstram o que foi a sabedoria política de alguns dos governadores portugueses durante a época colonial – "foi preciso tomar também promptas medidas a respeito da carne fresca, e salgada, da que já de outros annos atraz se experimentavam grandes faltas; informei-me da sua origem ouvindo na materia as pessoas que maior razão tinham de o saber; e vindo a collidir que nos portos de Assú e Mossoró, de onde podiam vir os gados em pé para esta praça e conseguir-se a fartura de carne fresca, havião varias officinas de salgar e seccar carnes, nas quaes se matavão os bois daquelles sertões visinhos e depois em barcos se transportavam as carnes para outras capitanias não ficando nesta mais que 3 ou 4 barcos para o seu consumo annual; suspendi a labutação das ditas officinas nos mencionados portos dando conta a sua magestade pela secretaria do Ultramar de como o ficava executando emquanto a mma. senhora não mandasse outra coiza: e ordenei mais que os barcos empregados neste negócio fossem fazer as suas salgaçoens da Va. de Aracati para o Norte, e que viessem fundear, e dar entrada no Recife, para eu aqui deixar os que fossem bastantes para sustentação da praça e das fabricas dos engenhos de fazer assucar, e das gentes do trato, que de ordinário não uzão de outro alimento: bem persuadido de que não devia deixar a fome em caza para ir fazer a abundancia dos de fóra...".[48]

Com as iniciativas que hoje se chamariam de "economia dirigida" desse admirável D. Thomaz não se conformaram os indivíduos de prestígio e os grupos poderosos, entregues em Pernambuco (tanto quanto na Bahia, em Minas e no Rio de Janeiro) à desbragada exploração dos negócios de suprimento de farinha e de carne fresca ao povo da colônia. Principalmente àquela parte da população, concentrada nas cidades, que não podia matar boi, porco ou cabrito em casa nem possuía terra ou sítio onde plantar mandioca. Mas não só a essa gente urbana mais pobre; também, como se vê do relatório, até a engenhos de açúcar, que alguns líricos teimam em imaginar fossem todos autônomos, produzindo o necessário, e mesmo o supérfluo, para a sua alimentação.

"Não me perdoou comtudo" – informa D. Thomaz – "a malevolencia de alguns individuos que afferrados ao seu unico interesse e a pretenção de huma liberdade sem limites, ouzarão denegrir na face do Ministerio todos esses meos esforços consagrados á Saude Publica, com a especioza contemplação do prejuízo dos creadores mais chegados ás officinas embaraçadas...". Admitindo esses prejuízos o grande administrador português do século XVIII não hesitava em contrastar o interesse particular de "3 e 4 homens, que dellas [das oficinas] se aproveitão" com "a utilidade de 20 a 30 mil que estão clamando pelo remedio contra o grande mal, q'ellas lhe fazem...".⁴⁹

Foram governadores desse porte, dessa coragem e dessa nitidez de visão, mais do que as câmaras ou os senados, que defenderam os povos das capitanias, particularmente a gente mais pobre das cidades, contra a exploração de intermediários, de atravessadores e de exploradores do comércio de carne e de farinha. Intermediários, muitas vezes, a serviço de grandes senhores de terras e escravos.

As câmaras, no que se refere ao suprimento de víveres às cidades, mais de uma vez estiveram do lado dos interesses particulares e contra os gerais. Mas se dentre os governadores e enviados del-Rei houve alguns que se deixaram subornar, que facilitaram as explorações do povo pelos magnatas e até participaram delas, é preciso não esquecer a atitude dos que, pelo contrário, com risco até de vida, levantaram contra os privilégios e os monopólios todo o seu poder e toda a sua autoridade de agentes del-Rei.

Um documento de 1800 denuncia a inércia das câmaras de Olinda e do Recife diante da escassez de carne verde nas duas cidades mais importantes de Pernambuco. E descreve as duas câmaras como "zelozas muitas vezes mais dos pontos de jurisdicção e talvez dos interesses particulares sem jamais se unirem no ponto central do bem público...".⁵⁰

Em 1814, em ofício ao marquês de Aguiar, o capitão-general Caetano Pinto de Miranda Montenegro salientava entre os males da vida colonial no Brasil, prejudicada por constantes crises e irregularidades no suprimento não só de carne, como até de farinha e de peixe, o fato de algumas câmaras municipais se acharem dominadas pelos exploradores: "[...] vejo que estão alguns no governo municipal, os quaes longe de cohibirem abusos, antes são suspeitos de os praticarem pelo seu interesse particular".

Entre as causas daquela irregularidade e da diversidade de preços de carne de vaca – verde ou seca – e da própria farinha, indicava Caetano Pinto "as seccas a que as capitanias de Pernambuco, Parahyba, Rio Grande e Ceará são sujeitas, algumas das quaes como a de 1790 e 1793 destruirão inteiramente as fazendas de gado dos sertões; e outras, como a de 1800 e 1803 cauzarão nas mesmas fazendas grande estrago."⁵¹ Mas devia-se também salientar o efeito, sobre os preços da carne, dos tributos que eram impostos a cada boi de açougue; oitocentos réis de dízimo à fazenda Real; seiscentos de subsídio militar, trezentos e vinte de subsídio literário e, em 1809, novo subsídio de mil e seiscentos réis. Calculando-se o peso de cada boi em dez arrobas, "porque o gado aqui é miudo", custando ele regularmente nas feiras oito mil-réis – à exceção de dezembro e janeiro, quando os preços subiam – pouco ou nenhum lucro honesto restava ao marchante pobre, que talhando a carne no açougue a quatro patacas a arroba, gastava em direitos e no custo, 11$520. Nas outras capitanias só se pagavam o subsídio militar e o literário; na de Pernambuco, porém, os impostos sobre os bois de açougue se extremavam, tornando quase impossível um comércio honesto de carne verde.[52] Caetano Pinto quisera ver esse comércio nas mãos de pessoas abonadas que se obrigassem a dar carne ao povo por um preço certo; e se insurgia contra as câmaras que não faziam outra coisa senão aumentar tributos sobre a carne, como para favorecer marchantes privilegiados.

Quase o mesmo sucedia com relação ao peixe, que à primeira vista se supõe fosse um alimento fácil para a gente mais pobre das cidades; para a população das casas térreas, dos mucambos e dos cortiços dos fins do século XVIII e dos primeiros decênios do XIX. Mas também o suprimento de peixe tornou-se um comércio dominado por grandes proprietários de terras, donos, no Nordeste, de currais entre as praias e os arrecifes ou com viveiro dentro do sítio; pelos atravessadores e pela própria burguesia dos sobrados. Pernambuco, especialmente, chegou aos começos do século XIX, sem redes de alto nem armações: o peixe ou era pescado em jangadas ou em currais, formados entre a praia e os arrecifes, "com morões cravados no fundo, tecidos com varas, atados com cipós"; e "compostos de 3 divisões", ou "repartimentos": o 1º, "a que os pescadores chamam sala", espaçoso, dando entrada e saída franca ao peixe; o 2º, a que chamam "chiqueiro do meio", mais apertado, porém deixando ainda entrar e sair o peixe; o 3º, "chiqueiro de matar", construído de maneira a não permitir a saída do peixe. Além desses repartimentos, havia mais a espia, "que é como uma caniçada, ou, ou espaldão, muitos delles de 40, 50 e 100 braças de comprido, feita com os mesmos morões e varas, a qual espia serve de encaminhar o peixe para o curral...". Esses grandes viveiros, não eram propriedade de nenhum pescador nem de grupos de pescadores.

Seus donos eram geralmente proprietários de terras que os arrendavam aos pescadores juntamente com sítios de coqueiro. Aí os pescadores levantavam seus mucambos, pagando 12 vinténs por ano por pé de coqueiro. Às vezes o arrendamento do curral era em separado, sendo a renda mais comum, de dez mil-réis, que entretanto variava conforme a melhor ou pior localidade.[53]

Só a Provisão Régia de 17 de julho de 1815 declarou "injusto, e abusivo tudo que se exigia pelo uso do mar, e praias", tendo-se verificado então uma revolta dos pescadores contra os proprietários de terras: decidiram não só não pagar a renda dos currais mas nem mesmo a renda dos sítios.[54] Foi talvez um dos primeiros movimentos de rebeldia de homens de mucambo ou de cabana contra os de sobrados; mas tão vago, que a exploração se restabeleceu, logo depois, embora menos desbragada. Na chamada Cabanagem é que essa rebeldia se revelaria em traços mais fortes e como autêntica revolta de populações das cabanas ou mucambos contra seus exploradores, em geral homens de sobrados. Na Cabanagem, na Balaiada e na Revolta Praieira.[55]

Feita a Independência, desaparecida da nossa vida econômica e da nossa paisagem política a figura do vice-rei ou a do capitão-general – que tantas vezes enfrentou, durante o século XVIII, a arrogância de magnatas e de câmaras municipais a serviço dos mesmos magnatas, atenuando-a em uns casos, em outros contrariando-a e esmagando-a – os meios de subsistência da gente mais pobre, sobretudo dos moradores dos mucambos e dos cortiços das cidades, tornaram-se ainda mais precários. Os preços ficaram flutuando ao sabor não só dos interesses exclusivos da monocultura latifundiária como das explorações de açambarcadores de contratos de carne e peixe.

Em 1823 vamos encontrar a própria Câmara Municipal do Recife registrando reclamações contra o contrato de carnes verdes: "nas mãos de hum só homem com exclusão da liberdade de que todos devem gozar". Tão mau era o sistema, que "nas villas em que não há contracto tinham carnes melhores e mais baratas". E em 1824 – nas vésperas da revolução que teve frei Caneca entre seus mártires – o Senado do Recife se apresenta "condoido athé o fundo do seu coração dos males que a tanto tyranizão esta desgraçada Provincia, orphãa de providencias nos ramos de primeira sustentação...". Principalmente no que se referia aos peixes, cuja falta e cujos preços estavam afligindo de modo todo particular o povo da cidade.[56]

Diante de todos esses abusos "as corporações municipaes são inermes". Não podendo, entretanto, "os habitantes do Recife soffrer por mais tempo a carestia, ou antes a ladroeira do peixe", o Senado se dirigiu em 1824 ao presidente da Junta Provisória do Governo, para que tomasse providências imediatas contra os "malvados sanguesugas". Na opinião do Senado, uma das causas da carestia do peixe era a preguiça dos pescadores "que se contentam com a pesca de hum só dia, quanto baste para a carne, e farinha do seguinte, gastando o resto da semana em jogar, tocar viola pelas praias etc.". Mas a raiz do mal talvez não fosse a vida de jogo e de viola dos pescadores, que por esse meio se distraíam, já que não achavam interesse nem alegria num trabalho tão largamente explorado pelos grandes proprietários. A raiz do mal talvez fosse o sistema econômico: os sobrados, as casas-grandes, as chácaras estendendo seu poder mar adentro, ou se assenhoreando do produto das pescarias através dos negros pombeiros; dominando esse comércio, do mesmo modo que dominando, ou então dificultando, o de carne verde, o de cereais e legumes, o de leite, o da própria água de beber, que algumas casas-grandes de sítio vendiam a tanto por balde à pobreza dos mucambos ou dos casebres.

Dos barcos de pesca na costa da Bahia colonial, Andrew Grant escreve à página 177 da sua *History of Brazil*, publicada em Londres em 1809, que eram "propriedade de poucos indivíduos comparativamente ricos". O peixe, quando não vendido a dinheiro, trocavam-no esses indivíduos "comparativamente ricos" na capital da capitania por diferentes artigos de alimentação e de vestuário, que vendiam a retalho à gente pobre do litoral capaz de adquirir tais artigos. Entretanto podia-se generalizar que o alimento dos habitantes da Bahia – isto é, da população livre que não podia dar-se ao luxo da carne fresca, embora má, e das conservas importadas da Europa – consistia principalmente em peixe e farinha de mandioca. A essa dieta alguns podiam acrescentar, é certo, frutas que na Europa – lembra o inglês – eram luxo das mesas opulentas: laranjas, bananas, cocos. Mas isto em certas subáreas rurais menos afetadas pela fúria da monocultura; e nas suburbanas onde a produção de frutos dos sítios das casas-grandes ou sobrados excedesse ao consumo dos proprietários e dos seus escravos, sempre mais beneficiados que a população livre e pobre pela abundância de fruteiras patriarcais.

Em estudo anterior, já procuramos indicar quanto a monocultura dificultou, primeiro, nos engenhos de açúcar, depois, nas fazendas de cacau e, por algum tempo, até nas de algodão, a cultura de cereais e de legumes e a criação de vacas, ovelhas e cabras, não só de corte como de leite. Pelo menos, essa criação em número suficiente para servir de base a uma indústria de manteiga e de queijo que, beneficiando a família rural, sobrasse para proveito das cidades e das vilas mais próximas. Que todas tinham de contentar-se com a rançosa manteiga importada da Europa desde os tempos coloniais.

Com a urbanização mais intensa da vida brasileira, a situação só fez piorar. De tal modo se acentuou a alta dos preços da carne, dos legumes e do leite que os economistas da época se preocuparam gravemente com o problema. E o atribuíram às causas mais diversas. Uns, vagamente, à "diminuição de produção e aumento de consumo". Outros, à falta de braços que vinha ocorrendo após o fechamento do tráfico negro e da devastação dos escravos pela epidemia de cólera. Sebastião Ferreira Soares, nas suas *Notas estatísticas sobre a producção agrícola e carestia dos generos alimenticios no imperio do Brasil*, embora salientando o monopólio dos especuladores de gêneros alimentícios como a causa principal da carestia e dos preços altos, teve a intuição da causa que hoje nos surge como a mais séria e a mais profunda de todas: a maior concentração dos braços na cultura dos gêneros exportáveis – o açúcar e depois o café – com desprezo pelos de alimentação comum: "os braços [...] teem sido nos ultimos tempos occupados exclusivamente na grande lavoura...". O café, ainda mais que o açúcar, desde os fins do século XVIII, começou a agravar essa situação, absurda para uma sociedade agrária, que, aos poucos, se urbanizava, à custa do que o professor Normano já chamou de "produtos-reis",[57] sem cuidar de desenvolver ou, pelo menos, assegurar as bases rurais de sua alimentação.

Mas na monocultura do café apenas se prolongou a do açúcar. Foi justamente nas grandes províncias monocultoras que se sentiu mais agudamente, no meado do século XIX, a carestia dos gêneros alimentícios. Nelas e nas regiões mais urbanizadas. Na Corte, no Rio de Janeiro, na Bahia, em Pernambuco. Em geral, escrevia Soares em 1860, "os terríveis efeitos deste flagelo por ora só têm-se tornado sensíveis nas províncias marítimas de maior comércio".[58] O que é confirmado por minucioso inquérito que então se realizou por iniciativa do Governo central e que nos permite considerar a situação econômica criada para o Império pelos abusos da monocultura através de significativas diferenças regionais de produção.⁵⁹

Soares assinala o fato em traços exatos, errando porém na maneira de caracterizá-lo, ou pelo menos de situá-lo: o flagelo era mais intenso naquelas províncias, não pela circunstância de serem marítimas, mas, principalmente, porque eram as regiões de monocultura mais profunda. Pernambuco e a Bahia, entregues à produção quase exclusiva de açúcar. A província do Rio de Janeiro e parte da de São Paulo, à de café. E as cidades principais – Rio de Janeiro, o Recife, Salvador, São Paulo – vivendo não das zonas rurais próximas, porém das remotas: do Rio Grande do Sul, de Santa Catarina, do Mato Grosso, do Piauí. Sem falar dos produtos importados do estrangeiro, como o chá, o queijo, o vinho, o azeite, por algumas casas-grandes e por muitos sobrados consumidos mais do que produtos da terra. Para os pobres importava-se da Europa o bacalhau; e de Montevidéu e Buenos Aires, a carne-seca. A carne-seca como o bacalhau e a farinha de trigo, por maiores reduções de direitos de consumo que sofressem, continuaram a custar caro ao consumidor. Isto devido à liberdade para especulação e para lucros ilícitos de que gozaram, durante o Império, os manipuladores do comércio de gêneros. Não se viu um presidente de província ou de gabinete arriscar o futuro, colocando-se contra exploradores de carne com aquela mesma decisão de D. Thomaz de Mello nos tempos dos "reis velhos"; nem mesmo Câmara do Império que se destacasse pelo vigor de ação contra atravessadores de carne e de outros alimentos como a de Salvador, por exemplo, no século XVII.⁶⁰ Donde os abusos da monocultura terem se acentuado no Brasil sob o liberalismo econômico do Império, com prejuízo maior para aquelas regiões onde os monocultores eram os únicos, ou quase os únicos, a se beneficiarem com os lucros dos "gêneros exportáveis" à custa da produção, quase nenhuma, de alimentos.

Em 1865, o médico Manuel da Gama Lobo observava que a alimentação dos escravos – e podia acrescentar que a dos senhores também, embora em menor escala – variava não só das cidades para as fazendas, como das regiões do açúcar e do café para as de relativa variedade de produção: Rio Grande do Sul, Mato Grosso, Pará, Amazonas. Nas províncias de monocultura, cuja população – principalmente a dos mucambos – raramente comia carne e peixe, eram mais frequentes os abortos; comuns as úlceras crônicas e a cegueira noturna. Naquelas de produção mais variada onde até fruta entrava na dieta dos negros em quantidade apreciável, as moléstias pareciam mais raras, a reprodução abundante, a duração de vida mais longa.[61]

Muita gente imagina que a alimentação nas casas-grandes de engenho era sempre superior à dos sobrados da cidade. Mas já sugerimos que não. Muito sobrado recebia da Europa uma variedade de alimentos finos que faltavam à mesa patriarcal dos engenhos e das fazendas menos opulentas. E a esses alimentos finos podiam juntar frutas e legumes dos seus próprios sítios ou quintais, consumidos também pelos negros das senzalas urbanas e suburbanas.

Quanto a esses negros das senzalas, as evidências, ou pelo menos os indícios são de que, como nos engenhos e fazendas, eles foram beneficiados por uma alimentação mais regular e por um passadio mais fano que o da gente livre dos cortiços, dos mucambos e das casas térreas das cidades; e que os moradores aparentemente livres das próprias fazendas e engenhos. Isto de modo geral, sem nos esquecermos de que havia fazendas ou engenhos de proprietários que apenas começavam a fazer fortuna: homens ansiosos de lucros rápidos. Fazendas ou engenhos onde se explorava o escravo do modo mais rude: espremendo-se o coitado até o último pingo de rendimento. E o mesmo sucedia nas engenhocas de senhores mais pobres. Estes, na falta de outros recursos, procuravam tirar todo o proveito do seu capital-homem. Daí fazendas onde os senhores davam apenas aos escravos feijão cozido com angu, um bocado de toucinho, jerimum ou abóbora cozida; e esta comida rala, a homens que na região cafeeira tinham de levantar-se às três da madrugada para trabalharem até nove ou dez da noite. Homens que trabalhando tanto só dormiam cinco ou seis horas por dia. Porque mesmo no tempo de chuva, o negro de fazenda tinha de levantar-se durante a noite para recolher o café. "O trabalho excessivo, a alimentação insuficiente, os castigos corporaes em excesso" – escreveu um observador do regime de trabalho escravo nas fazendas de café: o Dr. David Jardim – "transformam estes entes miseraveis em verdadeiras machinas de fazer dinheiro [...] sem laço algum de amisade que os ligue sobre a terra...".[62]

O surto do café representou no Brasil a transição da economia patriarcal para a industrial, com o escravo menos pessoa da família do que simples operário ou "machina de fazer dinheiro" – assunto que voltaremos a ferir em outro capítulo. O Dr. David Gomes Jardim, indagando de um fazendeiro, dos tais em que se encarnava o espírito dessa fase de escravidão mais industrial que patriarcal que foi se desenvolvendo no Sul, porque lhe adoeciam e morriam tantos negros, ficou surpreendido com a resposta: "Respondeu-nos pressuroso que [a mortandade], pelo contrario, não dava damno algum, pois que quando comprava um escravo era só com o intuito de desfructal-o durante um anno, tempo alem do qual poucos poderiam sobreviver, mas que não obstante fazia-os trabalhar por um modo que chegava não só para recuperar o capital que nelles havia empregado, porem ainda a tirar lucro consideravel".[63]

À mesma fase de industrialização, do trabalho negro, refere-se Sebastião Ferreira Soares, quando escreve nas suas já citadas *Notas estatísticas*: "[...] sou informado que o fazendeiro que comprava 100 captivos, calculava tirar no fim de tres annos 25 escravos para seu serviço". O resto ou tinha morrido ou fugido. O horror dos escravos do Nordeste mais docemente patriarcal, ou mesmo do recôncavo da Bahia, ao castigo, de que os ameaçavam os senhores nos seus dias mais terríveis de zanga, de os venderem para as fazendas de São Paulo, para as minas, para as engenhocas do Maranhão e do Pará, representava, evidentemente, o pavor do negro ao regime de escravidão industrial, ao trabalho sob senhores pobres ou de fortuna apenas em começo.

Havia escravos que fugiam de engenhos de senhores pobres ou sovinas para os senhores mais abonados, moradores de casas-grandes assobradadas e homens quase sempre mais liberais nas suas relações com os escravos e nas suas exigências de trabalho que os menos opulentos. É que nesses engenhos grandes o trabalho era mais dividido e portanto menos áspero.

Quanto à fuga de negros, e sobretudo mulatos, dos engenhos para as cidades, tinha provavelmente outro fim: o de passarem por livres. Os mais peritos em ofícios – funileiro, marceneiro, ferreiro – às vezes ganhavam com a aventura, não só a liberdade, como o sucesso profissional e social. As mulatas e as negras mais jeitosas se amigavam com os portugueses e italianos recém-chegados da Europa aos quais convinham mulheres de cor capazes de ajudá-los com os lucros de suas atividades de lavadeiras, engomadeiras, boleiras, quitandeiras. E algumas, sempre fiéis a esses primeiros amantes, acabaram esposas de negociantes ricos e até de "senhores comendadores": senhores de sobrados.

Quando não tinham sorte, no ofício ou no amor, o destino dessas mulatas e daqueles mulatos não seria melhor que o dos escravos das senzalas de engenho, muitas delas, casas de pedra e cal, com janela e alpendre; casas superiores a habitações de trabalhadores rurais na França, como notou Tollenare em Pernambuco;[64] e onde a comida podia ser sempre a mesma ou variar pouco, mas não faltava nunca. Nem comida, nem mel de furo, nem cachaça.

A liberdade não era bastante para dar melhor sabor, pelo menos físico, à vida dos negros fugidos que simplesmente conseguiam passar por livres nas cidades. Dissolvendo-se no proletariado de mucambo e de cortiço, seus padrões de vida e de alimentação muitas vezes baixaram. Seus meios de subsistência tornaram-se irregulares e precários. Os de habitação às vezes degradaram-se. Muito ex-escravo, assim degradado pela liberdade e pelas condições de vida no meio urbano, tornou-se malandro de cais, capoeira, ladrão, prostituta e até assassino. O terror da burguesia dos sobrados.

Os ex-escravos bem-sucedidos é que aos poucos iam melhorando de vida. As negras e mulatas, amigadas com portugueses ou italianos, repita-se que chegaram às vezes até aos sobrados; algumas tornaram-se senhoras de escravos. E os negros e mulatos marceneiros, ferreiros, funileiros, chegaram às vezes à pequena burguesia. A moradores de casas térreas de porta e janela.

O Dr. Antônio Correia de Sousa Costa estudando, no meado do século XIX, o regime de alimentação e de vida do proletário da Corte – desde os empregados públicos subalternos aos operários propriamente ditos – deixou-nos alguns detalhes expressivos sobre as condições de habitação da pequena burguesia, formada, em sua maior parte, por artífices ou pequenos negociantes europeus recém-chegados ao Brasil, por brancos de casa-grande empobrecidos e por gente de cor, bem-sucedida nas artes e nos ofícios manuais. Eram casas de onde estavam saindo sempre enterros de anjos, isto é, de crianças, de meninos pequenos. E tudo indica que inferiores, em condições de aeração e insolação, aos mucambos ou às palhoças da gente mais pobre. "Geralmente de acanhadas dimensões, baixas, edificadas ao nível do solo, e munidas de um pequeníssimo número de janelas: muitas vezes são destituídas de assoalhos e têm por cobertura a telha", informa Sousa Costa. Mas estas eram as casas mais habitáveis e mais decentes; aquelas onde morava o pessoalzinho melhor. Nas outras, de barro, o chão era um horror: a própria terra, úmida, preta, pegajenta, como a dos cemitérios; a coberta, folha de zinco; "a preterição a mais completa de todas as regras higiênicas na sua construção". A situação dessas casas pequenas se agravava com a "circunstância da aglomeração de indivíduos".[65]

Mais bem aboletado estava decerto o pessoal de muitos dos mucambos. Alguns mucambos tinham por cobertura, como as primeiras palhoças de índios descobertas nas praias pelos portugueses, duas ou três camadas de sapé. Boa proteção contra a chuva e até contra o calor. Detalhe que não passara despercebido aos portugueses, sempre mais prontos que outros europeus a assimilar dos indígenas a experiência do meio. E a tradição é ainda conservada pelos construtores mais ortodoxos de palhoças.

Mas esse tipo indígena de palhoça recebera a influência europeia da choça ou choupana "à maneira das campesinas do Reino", levantadas pelos portugueses menos remediados. Pelos que não podiam dar-se imediatamente ao luxo de casa de pedra ou adobe.

Foi a palhoça indígena influenciada depois pelo mucambo de origem africana. Pode-se mesmo associar principalmente ao africano, sobretudo ao mucambeiro, ao quilombola, ao negro de Palmares, ao escravo fugido para os matos, o uso da palha de coqueiro, depois tão utilizada na construção da palhoça rural, de praia e mesmo de cidade, no Norte, quanto em larga zona da mesma região, as palmas de carnaúba.[66]

As coberturas de capim ou sapé parecem ter sido gerais, nos primeiros tempos; de sapé teriam sido cobertas as próprias casas dos colonos mais ricos dos primeiros tempos; em São Paulo, as casas das câmaras, as igrejas, os edifícios mais nobres. As primeiras casas-grandes, os primeiros sobrados, foram um pouco mucambos, na sua primeira fase: cobertos de sapé. Morales de los Rios supõe que em volta dos pelouros levantaram-se "edificações sumárias de origem indígena e de procedência europeia"[67] – choupanas, tejupares, casebres, ocas. Teodoro Sampaio nos fala de igual modo das primeiras casas que se levantaram em Salvador;[68] e o mestre Afonso Taunay e o Sr. Ernâni Silva Bruno, das primeiras casas de Piratininga, cobertas com sapé ou "palha aguarirana ou guaricanga", até que em 1590 aparecem as casas cobertas de telha e o primeiro sobrado.[69] Casas rasteiras, quase todas, e um ou outro sobrado, que foram preparando o terreno para os futuros sobrados, fortes e grandes, alguns com óleo de baleia na argamassa.

Com o correr dos anos, a gente abonada foi cada vez se diferenciando mais da pobre pelo tipo menos vegetal de casa. A nobreza da casa estava principalmente nos elementos mais duradouros de sua composição: pedra e cal, adobe, telha, madeira de lei, grade de ferro. Mas estava também na elevação do edifício: sobrado; na sua vastidão: casa-grande. Koster, viajando pelo norte do Brasil, de Pernambuco ao Maranhão, aprendeu a distinguir a situação social dos moradores pelo material da casa, que variava da pedra e cal à palha.[70] Podia distingui-la também por aqueles outros dois elementos – não obstante já se encontrarem então casas-grandes em ruínas. Os sobrados degradados em cortiços é que só em outra fase apareceriam na paisagem brasileira; e tomariam no Rio de Janeiro o nome de "cabeças de porco".

Com a maior urbanização do país, viriam os cortiços, preferidos aos mucambos pelo proletariado de estilos de vida mais europeus. Sua origem talvez date do Recife holandês – primeiro ponto no Brasil colonial a amadurecer em cidade moderna, as preocupações de comércio dominando as militares e juntando-se às próprias condições topográficas, no sentido de comprimir a população e verticalizar a arquitetura. Estes males foram porém atenuados no burgo holando-brasileiro, quanto às suas consequências anti-higiênicas, pelo fato de dois rios grandes banharem e servirem a cidade, toda ela plana. Plana e sem morros que formassem bases naturais a altos e baixos sociais. Banhada e servida também pelas camboas do plano de urbanização do engenheiro Post e desafogada pelas pontes, mandadas construir por Maurício de Nassau e que permitiram, como já se observou em página anterior, a expansão da área urbana.

No Rio de Janeiro, e parece que, até certo ponto, na capital da Bahia, em Ouro Preto, em Olinda, as casas da gente pobre foram construídas a princípio ao pé dos morros. Dos morros, os ricos, os jesuítas e os frades se assenhorearam logo, para levantarem nos altos suas casas-grandes, suas igrejas e seus conventos. O inconveniente das ladeiras não era tão grande, havendo escravo com fartura ao serviço das casas e dos conventos. Ficou para os pobres a beira de "lodaçais desprezados e até conservados alguns, aumentando-se-lhes às vezes as propriedades nocivas pela adição jornaleira de dejetos orgânicos".[71] De modo que os casebres e mucambos foram-se levantando, rasteiros, pelas partes baixas e imundas das cidades. Pelos mangues, pela lama, pelos alagadiços. Só depois de aterrados esses mangues e esses alagadiços, menos por algum esforço sistemático do governo que pela sucessão de casebres construídos quase dentro da própria lama e à beira do próprio lixo, é que os ricos foram descendo dos morros e assenhoreando-se também da parte baixa da cidade. Deu-se então a compressão das populações pobres em áreas ou espaços não só pequenos como desfavoráveis à saúde.

Em 1871, estando o Rio de Janeiro no auge de sua glória imperial, o médico Luís Correia de Azevedo salientava que, na construção da cidade, vinham-se acumulando há séculos erros enormes. Erros que datavam dos primeiros tempos coloniais. E a Câmara Municipal não cuidara nunca de corrigir, nem sequer atenuar, esses erros. Daí o horror das habitações das ruas como São José, Ajuda, Misericórdia, Guarda Velha, Saúde, Imperatriz, Livramento.[72] Habitações imundas. Cortiços onde as condições de vida chegavam a ser subumanas.

A cidade, aumentara; e com a cidade, esses velhos "antros". Eram cada vez mais "um flagelo"; "um perigo de cada instante para a saúde pública"; "a transmissão de moléstias, mais ou menos graves" era "a sua natural consequência". Nascendo e criando-se os meninos em casas tão más e em uma parte da cidade tão "mal delineada, mal construída, mal ventilada, úmida, quente, fétida, insalubre, mesquinha em proporções arquitetônicas e defeituosíssima no tocante a trabalhos de higiene pública, à polícia médica e à educação higiênica" como se poderia esperar, perguntava o higienista, uma mocidade "forte, enérgica", "uma raça" que soubesse "conduzir a seus destinos grandiosos o porvir deste Império"? Admitindo-se que os sobrados dos fidalgos e dos ricos fossem casas bem construídas e higiênicas, seus donos não constituíam, salientava Correia de Azevedo, "o povo, esse sangue ardente das grandes artérias do trabalho"; povo do qual teria de sair "toda a força, todo o talento patriótico de constituir um grande e abençoado país".[73]

O certo é que no Rio de Janeiro, com os padres, os frades e os ricos, donos de verdadeiras fazendas dentro da cidade, e as populações pobres forçadas a habitarem pequenos espaços de terra desprezíveis, os cortiços desenvolveram-se de tal modo a ponto de em 1869 existirem 642, com 9.671 quartos habitados por 21.929 pessoas: 13.555 homens e 8.374 mulheres; 16.852 adultos e 5.077 menores. A porcentagem dos cortiços era de 3,10% e a da sua população de 9,65%, elevando-se em 1888 a 3,96% e 11,72%.[74]

Sobrados velhos, outrora de fidalgos, degradaram-se em cortiços. A zona dos mucambos estendeu-se até eles. Estendeu-se aos morros. Depois de 1888 – período que escapa aos limites do presente estudo, para servir de assunto a trabalho próximo[75] – o cortiço só fez aumentar, não tanto de área, como de densidade. Assenhoreou-se de muito sobrado velho. De muito morro. O destino dos sobrados maiores tem sido este: transformarem-se, os mais felizes em armazéns, hotéis, colégios, pensões, quartéis, repartições públicas, sedes de sociedades carnavalescas. Os outros em cortiços, "cabeças de porco" e casas de prostitutas.

O contraste da habitação rica com a pobre no Brasil não se pode dizer que foi sempre absoluto, através do patriarcalismo e do seu declínio, com toda a vantagem do lado do sobrado, e toda a desvantagem do lado do mucambo ou da palhoça. Pode-se até sustentar que o morador de mucambo construído em terreno seco, enxuto, a cobertura dupla protegendo-o bem da chuva, foi e é indivíduo mais higienicamente instalado no trópico que o burguês e sobretudo a burguesa do antigo sobrado. Ou que o pequeno-burguês de casa térrea.

O antigo sobrado foi quase sempre uma casa de condições as mais anti-higiênicas de vida. Não tanto pela quantidade do material empregado na sua construção, muito menos pelo plano na arquitetura nela seguido, como pelas convenções de vida patriarcal, que resguardavam exageradamente da rua, do ar, do sol, o burguês e sobretudo a burguesa. A mulher e principalmente a menina.

Quanto à natureza do material, os sobrados variaram desde o primeiro século de colonização, 1) segundo os recursos dos habitantes,

2) segundo o seu maior ou menor contato com a civilização europeia e, principalmente, 3) conforme o caráter do solo da região onde se estabeleceram. Gabriel Soares diz que na Bahia os colonos se serviram de ostras para dela extrair cal para as primeiras casas nobres.[76] Martius, nos princípios do século XIX, encontrou no Brasil material favorável à construção nobre e durável[77] e o Sr. Roy Nash surpreenderia em Penedo (Alagoas), tanto quanto Diamantina (Minas Gerais), cidades com sobrados e casas de pedra. O pesquisador norte-americano verificou ainda, no Brasil, que, ao contrário do *fellah* do delta do Nilo, a quem tudo falta para levantar habitações de material sólido, o brasileiro sempre dispôs largamente de pedra, de madeira e de cal; e de lenha para fabricar tijolo.[78] De modo que a pobreza que o mucambo ou a casa de palha ou de barro e coberta de sapé acusa, ainda hoje, não é do solo, abundante em elementos os mais duráveis de construção, mas do morador. O fato desse tipo de casa ter se generalizado tanto no país se explica pela pobreza ou pelo nomadismo do grande número; por sua situação de constante mobilidade social. Quando não horizontal, vertical.

Também se explica, no caso dos ricaços rurais que o príncipe Maximiliano conheceu morando em casebres, sem conforto nenhum, pela quase ausência de contatos com a Europa; e consequente predominância, entre eles, dos padrões indígenas ou semi-indígenas de vida. Mas o motivo principal seria o primeiro, numa terra rica de pedra, de cal, de madeira. Tudo, porém, sob o domínio de uma minoria tão reduzida, que milhões de brasileiros chegariam ao fim do século XIX sem um palmo de terra, em contraste com os poucos mil, donos de usinas, fazendas, seringais, cafezais, canaviais: alguns donos de grupos inteiros de sobrados-cortiços, de aldeias imensas de mucambos, de dezenas de casas térreas.

Discute-se qual tenha sido no Brasil a primeira casa de branco com feição europeia – da qual saísse depois o sobrado. Ou a casa térrea de pedra e cal diferenciada do mucambo ou da palhoça não só pela qualidade do material como pelo contraste do estilo europeu de habitação com o ameríndio ou africano.

Alguns supõem que foi a casa da *Carioca*. Acredita-se que em 1504 Gonçalo Coelho tivesse levantado junto a um riacho uma casa, talvez um pequeno arraial, que os indígenas ficaram chamando "casa de branco".[79]

Os protestantes franceses tentaram depois estabelecer-se nas imediações do povoado português e de forma a mais burguesa.[80] Em "casas de branco" onde pudesse florescer a mesma vida de família que nas aldeias da França e da Suíça, com donas de casa vindas da Europa. Nada de chamego de branco com índia nem negra: a "casa de branco" seria também a casa da mulher branca.

A mulher branca tem sido sempre um elemento de solidez nas colonizações da América, da África, da Ásia. Como já observamos, sua presença é um estímulo à arquitetura doméstica mais nobre e mais duradoura. Esse estímulo não faltou ao esforço de colonização francesa do Rio de Janeiro. E se a tentativa não chegou nunca a amadurecer, foi pela ausência de outros elementos de sucesso; e não tanto deste.

Onde essa condição – a presença da mulher branca como elemento estável de colonização – juntou-se a outras qualidades de solidez, dando aos começos de colonização urbana no Brasil um tipo nobre e mais duradouro de "casa de branco" – taipa, pedra e cal, madeira de lei, sobrado – foi, como já sugerimos, em São Vicente, em Iguaraçu, em Olinda, em Salvador.

Em Olinda, em 1575 já havia setecentas casas de pedra e cal; e é provável que aí como em Salvador, tipo da cidade talássica, com as ruas e as próprias casas escancaradas para o mar, alguns sobrados com terracenas para a água, se aproveitasse o marisco no fabrico de cal. Duarte Coelho, que construíra Olinda, dando à colonização da Nova Lusitânia aquele caráter semiurbano que conservaria por longo tempo, com muitos senhores de engenhos morando metade do ano nos sobrados de Olinda, trouxera da Europa artífices que foram aproveitados na construção de "casas de branco"; e não, simplesmente, na montagem de engenhos de cana e na edificação de igrejas. Esses artífices devem ter vindo ganhando salários quase tão altos quanto os dos mestres do reino que vieram para a Bahia e aí construíram as "nobres casas" de que fala Gabriel Soares. O luxo de "casas bem consertadas" não eram dos mais fáceis; para ostentá-lo, o colono rico do século XVI teve que gastar com elas alguns dos seus melhores cruzados.[81]

Na construção de sobrados utilizaram-se, muitas vezes, as pedras de Lisboa trazidas nos navios como lastro de carga. No Rio de Janeiro, utilizou-se largamente o granito das colinas próximas da cidade, fazendo-se argamassa de cal de mariscos com areia do mar e barro. Nas cidades do interior, o barro parece ter predominado na argamassa; nas do litoral, a areia e o marisco. Sabe-se que na edificação de casas, em Piratininga, muito se utilizou o barro branco chamado tabatinga; e para as primeiras edificações da mesma vila aproveitou-se pedra de "local mais tarde chamado Morro da Forca".[82]

Os viajantes que estiveram nas primeiras cidades brasileiras – as do século XVI e do XVII – falam da solidez dos sobrados. Froger não se admirou só das fortalezas, dos edifícios públicos e do colégio dos jesuítas que viu em Salvador no século XVII: também das casas particulares. Eram altas e grandes, essas casas assobradadas.[83] Ao contrário daquelas casas de sertanistas de que falava o padre Mancilla: casas de *"tierras y de tapias"* que *"en qualquier parte que estieren pueden hacer otras semejantes"*. Pelo que *"dejar sus casas no se les da nada..."*.[84]

Quase pela mesma época estiveram na capital do Brasil, Frézier – outro francês – e o inglês William Dampier. Salientam os dois o número de casas: cerca de duas mil. Casas mal mobiliadas, diz Dampier; as paredes nuas, as salas sem aquele conforto que para a burguesia inglesa já ia se tornando a marca principal das civilizações. Os sobrados de dois e três andares de Salvador deixaram entretanto no célebre viajante uma impressão boa de solidez e até de nobreza de estrutura e de material. Fachadas de cantaria. Sacadas largas. Paredes grossas. Os tetos de telha. E essas casas burguesas, no meio de fruteiras e de plantas, umas da terra, outras importadas da Índia ou da África.[85]

Visitando o Rio de Janeiro no meado do século XVIII, o escandinavo Johan Brelin viu também casas bem construídas: "casas construídas de pedra à maneira espanhola ou portuguesa, com balcões diante dos postigos das janelas, que são cercadas de grades, porque as vidraças são ali muito dispendiosas e encontram-se, pois, somente nas residências mais nobres, assim como nas igrejas e claustros".[86]

Salvador parece ter conservado no século XVII e no XVIII o ar meio agreste da descrição de Gabriel Soares. O mesmo Johan Brelin viu em Salvador bonitos jardins entre as casas.[87] E era muito o mato dentro da cidade. Muita árvore. As casas-grandes dos ricaços quase rivalizando com as de engenho não só na massa enorme, patriarcal, do edifício, como no espaço reservado à cultura da mandioca e das frutas, e à criação dos bichos de corte. Os moradores dos sobrados não podiam depender de açougues, que quase não existiam, nem de um suprimento regular de víveres frescos, que viessem dos engenhos e das fazendas do interior para os mercados da beira-mar.

Precisavam assim de se assegurar dessa regularidade de gêneros de primeira necessidade, produzindo-os o mais possível em casa. Bolacha, queijo, peixe seco, vinham pelos navios; e até manteiga, biscoito, vinho, chapéus, meias inglesas, negros africanos algumas casas ficaram recebendo diretamente da Europa, da África, das Ilhas, por suas bocas abertas para o mar. O qual também lhes fornecia óleo de baleia para dar força à argamassa das paredes das casas; azeite de peixe para alumiar as salas; peixe fresco para a mesa; marisco para o fabrico de cal dos edifícios. As cidades brasileiras não podiam depender mais do mar e menos da terra.

Daí poder falar-se da casa-grande no Brasil não só como o centro de um sistema rural de economia e de família mas como um tipo de habitação patriarcal que existiu, modificado, nas imediações das cidades (chácaras, casas de sítio, casas assobradadas) ou mesmo dentro delas e à beira do mar (sobrado). Dependendo do que o mar lhe dava sob a forma de alimento, azeite, marisco para a cal das paredes e também do que lhe vinha pelo mar de países de civilização adiantadamente industrial em troca dos produtos das plantações e das matas dominadas pelas casas-grandes.

Em anúncios de casas para vender, nos jornais dos princípios do século XIX, as chácaras e até os sobrados patriarcais das cidades ainda aparecem anunciados como "casas-grandes". "Arrenda-se hum sitio no logar do Piranga com muita boa casa grande de pedra e cal, estribaria para cavallo, um bom systema de agua de beber, muitas arvores de fructo que dão bastante e terreno sufficiente para plantação de rossas e o mais que se queira, que tudo produz bellamente pelo dito sitio ser em terra fresca", diz um anúncio no *Diário de Pernambuco* de 17 de setembro de 1835. Noutros anúncios, em vez de casa-grande de sítio ou de sobrado, diz-se "chacra" ou "caza nobre", ou "chacara ou grande morada de casa de sobrado", como num anúncio do *Jornal do Commercio* de 7 de dezembro de 1827: sobrado, por sinal, com muita plantação de laranjeiras, vasto cafezal, o sítio cercado todo em roda de limões, um grande parreiral de uvas, uma grande fonte. Outra casa de sítio se anuncia, no *Jornal do Commercio* de 10 de janeiro de

1828, como de "pedra e cal, envidraçada", vista para o mar, senzala, armazém, cavalariça, 60 mil pés de café principiando a dar, mato virgem. Verdadeira fazenda junto da cidade, quase dentro do centro urbano, quase à beira-mar.

Por aí se explica, em parte, pelo menos, a extensão de área das cidades brasileiras. Elas foram crescendo com os interesses de concentração urbana prejudicados pelos de autonomia econômica das casas dos ricos, que precisavam de verdadeiro luxo de espaço para senzala, chiqueiro, estrebaria, cocheira, horta, baixa de capim, pomar, parreiral, árvores grandes a cuja sombra se almoçava nos dias mais quentes, açougue, viveiro, banheiro de palha no rio ou no riacho. Para todo um conjunto de atividades impostas às casas burguesas pela imperfeita urbanização da vida e pela escassa ou difícil comunicação das cidades com os engenhos e as fazendas.

A urbanização se foi fazendo, entretanto, em sentido vertical, naquelas cidades de topografia mais difícil para o transbordamento da população ou do casario em sentido horizontal. No Recife, por exemplo. Aí os sobrados de três andares tornaram-se comuns desde o século XVII. Era um meio de as casas continuarem grandes e satisfazerem muitas das necessidades patriarcais sem se espalharem exageradamente para os lados.

Em Salvador, no Rio de Janeiro, na capital de São Paulo, em Ouro Preto, os sobrados parecem ter variado entre um e dois andares, alguns indo a três, no Rio de Janeiro; raros a quatro ou cinco, na Bahia; no Recife é que chegaram a cinco e até seis. As casas de residência no Rio de Janeiro, escreveu nos princípios do século XIX um viajante inglês que eram geralmente de dois andares; mas havia "algumas de três; eram sobrados bem construídos, de granito ou tijolo, as paredes revestidas de cal de marisco...".[88] Spix e Martius viram na Bahia sobrados de três e até cinco andares, "as mais das vezes construídos de pedra".[89] Conservou-se nesses sobradões dos princípios do século XIX a tradição, o velho gosto da vista para o mar: "do lado do mar, compridas varandas de madeira...", repararam os alemães. Rodeando os sobrados, touceiras de bananeiras e laranjeiras. Oitões livres. Nenhum excesso de agarrado, como o das casas menores, os sobradinhos, as casas térreas de taipa e de barro, que até nos lugarejos do interior ainda hoje tendem no Brasil a agarrar-se umas às outras.

O norte-americano Roy Nash – observador arguto e sempre bem documentado – julga ter descoberto uma explicação psicológica para essa tendência das pequenas casas burguesas no Brasil se agarrarem tanto umas às outras: seria uma espécie de desforra contra o silêncio opressivo dos largos espaços entre as cidades, uma espécie de reação contra as distâncias enormes que separam um povoado do outro.⁹⁰ Principalmente no interior.

Nas cidades maiores, essa tendência para as casas pequenas se agarrarem tanto e se comprimirem talvez venha obedecendo mais a motivo econômico que ao psicológico, sugerido pelo observador norte-americano. Mas nas cidades de Minas Gerais, por exemplo, a sugestão de Nash parece aplicar-se aos próprios sobrados grandes que se apresentam quase tão agarrados uns aos outros quanto as casas pequenas. No Recife, já vimos datar dos holandeses a tendência para maior concentração e maior verticalidade dos sobrados: imposição da topografia favorecida, ao que parece, pelo sentido holandês de cidade e de arquitetura urbana. Mas acabou a cidade deixando de se limitar à quase ilha do Recife, para transbordar, em casas mais gordas, pelos aterros e pelos mangues, já saneados por palhoças de pescadores.

Em São Paulo, os sobrados de residência – em geral de dois pavimentos, e quase todos de taipa, ao contrário dos da Bahia, do Recife e do Rio de Janeiro, contruídos, mais nobremente, de tijolo ou de pedra com cal de marisco – parece que nunca tiveram o prestígio social das chácaras. Nas chácaras era onde os paulistas mais abonados prefeririam morar, guardando melhor nessa vida semiurbana o possível sabor da rural. Eram casas de um pavimento só, caiadas de branco, rodeadas de jabuticabeiras, limoeiros, laranjais. Seus moradores, ainda mais ariscos que os do centro da cidade, quase só saíam para a missa e para as festas de igreja. Os menos retraídos é possível que fossem também ao teatro onde se representavam peças do tipo do *Avarento* com atores mulatos. Quase todos os moradores de chácaras saíam decerto de casa para ver das varandas dos sobrados de conhecidos ou dos parentes as procissões que Mawe observou atraírem tanta gente. Brancos, caboclos, negros, mulatos.⁹¹ Aliás esse viajante inglês viu em São Paulo, à sombra dos sobrados de taipa, muito negro e mulato. Seu depoimento não favorece a teoria daqueles que imaginam a população paulista dos tempos coloniais virgem de sangue africano e enegrecida só pelo do "bom selvagem", isto é, o índio. Antes do esplendor da lavoura do café, que foi na segunda metade do século XIX, já São Paulo tinha seus negros e seus mulatos em número considerável; e não apenas salpicos de sangue africano.

Algumas chácaras, notou Saint-Hilaire em São Paulo que dominavam não somente laranjeiras e jabuticabeiras, como até cafezais. Quase umas fazendas. Em uma delas, a de um brigadeiro, a meia légua da cidade, havia também muita macieira, pereira, castanheira, pessegueiro, além de parreiral; e pasto para os animais, como nas fazendas do interior. Na de Joaquim Roberto de Carvalho estava-se como em uma casa-grande de engenho: terraço onde se podia fazer o quilo; pomar; e nem era preciso ir à igreja para ouvir missa, porque a casa tinha capela.[92]

Essas casas de sítio, com capela, baixa de capim, muita árvore de fruta, olho-d'água ou cacimba de onde se vendia água à gente mais pobre da vizinhança, existiam também nas imediações do Rio de Janeiro e do Recife. Os anúncios de jornal estão cheios delas. No Recife, dos últimos anos da era colonial e dos primeiros da Independência, as casas-grandes de sítio floresceram menos como residências do ano inteiro do que como casas de verão, onde os moradores mais ricos, sem se afastarem muito dos seus sobrados da cidade, iam passar a festa e fazer suas estações de água, tomando banho de rio e chupando caju para limpar o sangue. Modificado, o costume prolongou-se até o fim do século XIX.

Eram em geral casas de um pavimento só, como as chácaras paulistas. Edifícios de quatro águas, como as casas de engenho. Protegiam-nos terraços acachapados ou copiares. As árvores mais comuns nessas casas do Norte eram as goiabeiras, os araçazeiros, os cajueiros, as laranjeiras, os coqueiros; depois se generalizaram as mangueiras, as jaqueiras, as árvores de fruta-pão.

Nos terraços, os homens jogavam cartas; debaixo das mangueiras havia almoços ao ar livre, alegres e às vezes com vinho. Os salões quando se iluminavam era à vela, a luz protegida pelas grandes mangas de vidro, para as moças de saia-balão brincarem de padre-cura com os rapazes de calças justas, estreitíssimas, apertadas nas virilhas; ou dançarem as quadrilhas aprendidas com os mestres franceses. James Henderson e Maria Graham puderam observar um pouco da vida social nas casas-grandes de sítio das imediações do Recife: Poço da Panela, Monteiro, Ponte d'Uchoa. E o padre Lopes Gama nos deixou também vários flagrantes desses passamentos de festa.[93] Evidentemente, as casas de sítio do Recife não eram tão tristonhas quanto as chácaras de São Paulo; a iluminação, mesmo na era colonial, era mais farta, mais alegre, mais viva do que em São Paulo; de ordinário de azeite de peixe, e não a econômica luz das lâmpadas de azeite de mamona, preferida pelos paulistas.

Quanto aos sobrados – nos quais devemos ver o tipo de arquitetura nobre mais intransigentemente urbana que se desenvolveu no Brasil – já observamos que variavam em número de andares e na qualidade do material, os do Recife parecendo ter sido os mais altos, e quase sempre, como os da Bahia e do Rio de Janeiro, de pedra ou tijolo; os de São Paulo, de taipa e, na média, de dois pavimentos, os do Rio, de dois e três andares. Robert Burford, que descreve o Rio de Janeiro de 1823, diz-nos o que era por dentro um desses sobrados de um, dois ou três andares: sala de visita pintada com cores vistosas, varanda onde às vezes se comia, alcovas, cozinha, estábulo, para o qual se entrava, tendo de atravessar a parte mais nobre da casa. O material de construção, o granito ou o tijolo. Janelas, já de vidro, que há pouco tinham substituído as gelosias. Nas chácaras melhores, muito mais conforto à europeia, pelo menos para um inglês, do que nos sobrados, talvez mais orientais: *"they abound in the comfort of Europe"*. Mas também muito encanto dos trópicos: grandes jardins, fontes jorrando água, laranjeiras, goiabeiras.[94]

Entretanto é curioso: certos requintes, como a vidraça das janelas, tudo indica que primeiro se desenvolveram nos sobrados e até nas casas-grandes de fazenda de São Paulo e de Minas. Na região mediterrânea e não na levantina, mais em contato com a Europa. No próprio Rio de Janeiro predominou até os fins da era colonial a janela de grade de madeira. O que se explica, em parte, pelas exigências de um clima mais áspero nas províncias de São Paulo e Minas, com os dias mais escuros, mais cheios de nuvens, a garoa frequente. Sem vidraça, o interior das casas tornava-se quase intolerável, dia de chuva.

Saint-Hilaire notou na cidade de São Paulo que era raro o sobrado em que as janelas não fossem envidraçadas. Luxo que raramente faltava aos sobradões mineiros. Ainda há poucos anos, vimos perto de

Barbacena velho casarão de fazenda, ao que parece do século XVIII, com o terraço todo envidraçado. Um terraço magnífico onde se podia passar o dia inteiro de chuva, sem ter de acender a candeia de azeite ou a vela de castiçal para as senhoras coserem ou os homens jogarem cartas. Entretanto, devia ser difícil e caro o transporte de vidro para o interior de Minas.

Em São Paulo, diz-nos Saint-Hilaire que eram só as casas menores que tinham rótulas: os sobrados ostentavam vidraças. Dominava o verde na pintura das sacadas e das venezianas. Os beirais das casas não eram tão exagerados como em outras cidades do Brasil, tendo apenas largura suficiente para que protegesse os transeuntes, da chuva.[95]

Entretanto, a outros viajantes da época, a cidade de São Paulo, mesmo com as janelas envidraçadas, pareceu cidade um tanto triste. Mais triste que a Bahia, onde talvez fosse menor o número de vidraças e maior o de gelosias; mas onde as casas tinham no alto terraços para o mar. Onde as noites tinham mais luz com o fano azeite de peixe. Os dias, mais sol.

Em São Paulo, o sobrado teve um desenvolvimento mais vagaroso do que no Recife. Mas desde 1611 e 1617, lembra Alcântara Machado que os inventários dão notícias desse tipo mais nobre de edifício. Às vezes eram casas híbridas: meio lanço de sobrado e meio lanço térreo. Outras só apresentavam assobradada uma camarinha. Eram raras as forradas; mas todas tinham seu corredor, seus compartimentos de taipa de mão, suas câmaras e camarotes. A coberta, a princípio de sapé ou de palha, foi, como já reparamos, desde os fins do século XVI, sendo substituída, nos sobrados e nas casas melhores, pela telha. Cuidou-se em São Paulo, desde os fins daquele século, do fabrico de telha mas não ao ponto de produzir-se telha barata. De modo que a coberta de telha, em contraste com a de sapé ou a de palha, deve ter sido sinal de nobreza da casa. A telha era caríssima: o milheiro "vendido a mil e seiscentos e dois mil-réis, preço enorme para o tempo", recorda o professor Alcântara Machado.[96]

A casa híbrida – metade térrea, metade sobrado de um, dois e até três andares – desenvolveu-se particularmente nas cidades construídas em terreno desigual ou em planos diversos. Em Ouro Preto e na capital da Bahia, por exemplo, às vezes a frente da casa era térrea e as costas, assobradadas, davam para barrancos e até precipícios.

Mas foi sem dúvida no Recife que se antecipou, entre nós, por um conjunto de circunstâncias já sugeridas, o tipo do edifício mais caracteristicamente urbano. Sobrados patriarcais de três, quatro e, na primeira metade do século XIX, até cinco e seis andares. Sobrados onde as atividades da família – ainda patriarcal e já burguesa – começaram a espalhar-se em sentido quase puramente vertical mas com o mesmo luxo e a mesma largueza de espaço das casas-grandes de engenho. Assim, o sobrado que Kidder conheceu no Recife dos primeiros tempos da Independência – casa de seis andares, escreveu ele, "de um estilo desconhecido nos outros pontos do Brasil". Esse estilo de casa era típico da habitação dos recifenses mais ricos – os comissários de açúcar Os fidalgos do comércio. No andar térreo, ficavam o armazém e a senzala; no segundo, o escritório; no terceiro e no quarto, a sala de visitas e os quartos de dormir; no quinto, as salas de jantar; no sexto, a cozinha. E ainda por cima desse sexto andar havia um mirante, ou cocuruto, de onde se podia observar a cidade, admirar a vista dos arredores, gozar o azul do mar e o verde dos mamoeiros, tomar fresco.[97]

O missionário norte-americano subiu ao cocuruto do sobrado patriarcal de que nos deixou descrição minuciosa – lugar ideal, diz ele, para o estrangeiro colher uma ideia exata da cidade. Viu o porto cheio de jangadas de vela; navios ancorados no lamarão; Olinda branquejando entre o arvoredo; casas de sítio rodeadas de cajueiros, mangueiras, palmeiras – casas acachapadas, rasteiras, de um só pavimento, contrastando com os sobrados altos como aquele.

Às vezes, em vez de cocuruto ou mirante o que havia eram águas-furtadas ou óculos nas grossas paredes de fortaleza do sobrado, que talvez fossem já o refúgio dos gatos menos mimados pelas iaiás da casa. Óculos de onde se podia ver o mar ou o casario ou o arvoredo distante.

Kidder salienta entre as vantagens da cozinha situada no sexto andar o fato de a fumaça e os cheiros de comida não incomodarem a família, nos andares de baixo.[98] A desvantagem era o transporte de água, o da carne, o das coisas de cozinha, ter de ser feito todo através de vários lanços de escada. Mas para que tanta fartura de negro e de moleque, nos sobrados? Porque não era apenas nas casas-grandes de fazenda que os negros, os moleques e os crias se acotovelavam dentro de casa: também nos sobrados ricos. Uma senhora do Rio disse ao rev. Fletcher que os seus escravos eram um aperreio, não porque fossem poucos, porém muitos;[99] gente de mais dentro de casa; a pobre sinhá não sabia mais o que havia de inventar para dar que fazer a tanto molecão malandro, agachado pelos cantos. Essa fartura e até excesso de negro permitia, aos sobrados do meado do século XIX, instalarem no sexto andar sua cozinha e no térreo, a senzala. Como permitira aos ricos e aos jesuítas instalarem nos séculos XVI e XVII suas casas-grandes e seus colégios enormes no alto dos morros. Não faltava escravo para subir e descer as ladeiras, com carretos à cabeça e palanquins nas mãos possantes.

Foi também no Recife que alcançou maior esplendor o sobrado de azulejo. O Sr. Roy Nash dá como a região brasileira de emprego mais largo de azulejo na arquitetura não só de igreja como de casa, o trecho levantino entre Maceió e São Luís do Maranhão.[100] Exatamente aquele onde foi maior o domínio da cultura holandesa. Esta teria agido, com as suas qualidades tradicionais de asseio, sobre a higiene da casa burguesa do Nordeste, no sentido do maior uso do azulejo. Mas não se pode atribuir a esse domínio, nem aos holandeses, o relevo que tomou o azulejo na arquitetura de sobrado e de igreja do Brasil. Em Portugal o azulejo era empregado largamente, e daí é que primeiro se comunicou ao Brasil. Influência dos mouros, através dos portugueses. O comandante do navio francês *La Vênus* foi o traço que mais sentiu nas cidades do Brasil, a começar pelo tipo de arquitetura – o traço dos mouros – surpreendido também, com olhos de técnico, por outro francês que esteve no nosso país na primeira metade do século XIX: o engenheiro Vauthier.[101] Aos mouros se deve atribuir o gosto pelas fontes, tão comuns nos jardins e nos pátios dos sobrados do Recife, pelos chafarizes e pelas bicas onde a pequena burguesia de Salvador ia de noite refrescar-se, tomar banho, lavar os pés. O muito gasto de água nas cidades. Os banhos de rio até junto das pontes. Especialmente no Pará, onde Kidder e, anos depois, Warren viram tanta gente nua – homens e mulheres, velhos e meninos – regalando-se de banho de rio à vista de toda a cidade.[102] Influência do caboclo, supõem uns; mas influência, também, talvez mais profunda, do mouro, através do português.

Nunca nos devemos esquecer da influência do mouro através do português, nem a do muçulmano através do negro, no sentido da higiene do corpo e da casa nas cidades do Brasil. Foi ela que atenuou a falta de higiene pública, em burgos imundos e tão à toa que a limpeza das ruas, dos quintais, das praias, dos telhados esteve, por muito tempo, entregue quase oficialmente aos urubus ou às marés. Os urubus vinham com uma regularidade de empregados das câmaras pinicar os restos de comida e de bicho morto e até os corpos de negros que a Santa Casa não enterrava direito, nem na praia nem nos cemitérios, mas deixava no raso, às vezes um braço inteiro de fora. Com a mesma regularidade burocrática a maré subia e lavava a imundice das praias; às vezes alagava, como ainda hoje alaga, aldeias inteiras de mucambos ou palhoças.

As praias, nas proximidades dos muros dos sobrados do Rio de Janeiro, de Salvador, do Recife, até os primeiros anos do século XIX eram lugares por onde não se podia passear, muito menos tomar banho salgado. Lugares onde se faziam despejos; onde se descarregavam os gordos barris transbordantes de excremento, o lixo e a porcaria das casas e das ruas; onde se atiravam bichos e negros mortos. O banho salgado é costume recente da fidalguia e da burguesia brasileira que, nos tempos coloniais e nos primeiros tempos da Independência, deu preferência ao banho de rio. "Praia" queria dizer então imundície. O rio é que era nobre. Muita casa-grande de sítio, muito sobrado de azulejo, no Recife todo o casario ilustre da Madalena – que hoje dá as costas para o rio – foi edificado com frente para água. No rio se tomava banho de manhã e de tarde se passeava de canoa ou de bote, os chapéus de sol abertos sobre os botes. Pelo rio, e de canoa, se faziam mudanças de casa: aquelas constantes mudanças de casa que eram quase um divertimento para as famílias sedentárias. O diário, hoje em nosso poder, do velho "Papai-outro" – Félix Cavalcanti de Albuquerque – é o que recorda com mais frequência: mudança de casa. Quase não houve sobrado grande da rua Imperial, no Recife, que ele não ocupasse por algum tempo.[103]

De noite, tempo de luar, os estudantes do Recife saíam de bote, pelo rio, fazendo serenata às meninas dos sobrados da Madalena e de Ponte d'Uchoa. O costume viria quase aos nossos dias. Os trovadores do rio tornaram-se admirados pela voz e pelo sentimento poético e dentre eles emergiu mais de um poeta ilustre.

Muita casa de sítio, e até sobrado, tinha seu banheiro de palha à beira do rio mais próximo. Banheiro onde o pessoal fino se despia, caindo então, regaladamente, dentro da água. Algumas senhoras mais recatadas conservavam o cabeção por cima do corpo. Quase todas faziam antes o pelo-sinal e encomendavam a alma aos santos, como a avó do padre Lopes Gama. Os homens raramente dispensavam um gole de cachaça para fechar o corpo – gole tão profilático quanto o pelo-sinal das mulheres. A água atraía – era talvez a influência indígena ou a moura; a influência pagã. Mas por outro lado, fazia medo. Repugnava. Tinha seu gosto de pecado. Talvez resto de influência do cristianismo medieval, que degradara a água e tornara o banho de rio quase um pecado. Aos poucos é que o banho de rio foi ganhando no Brasil um caráter docemente cristão – a ponto de irem se tornando comuns os lugares onde a gente tomava banho sob a invocação de Nossa Senhora da Saúde, curava-se das dores e das febres com os banhos e com a água.

Mas o banho mais característico da gente de sobrado foi o de gamela e o de assento, dentro de casa. O banho de cuia. Os anúncios dos jornais da primeira metade do século XIX estão cheios de gamelas, aos poucos substituídas por tipos mais finos de banheiros.[104] Para a gente de mais idade, o banho era sempre morno, inteiro ou de assento. Segundo alguns viajantes dos tempos coloniais – um deles Mawe – as senhoras dos sobrados abusavam do banho morno; e isto concorria para amolentá-las. Opinião, também, de alguns higienistas do tempo do Império, que se ocuparam do assunto em teses e dissertações.

Uma das gabolices de alguns sobrados ilustres era que deles escorresse para a rua a água dos banhos mornos. Água azulada pelo sabonete fino e cheirando a aguardente de qualidade. Os fidalgos das "cazas nobres" se orgulhavam de não feder a negro nem a pobre.

Deve-se notar que o sabão, a princípio fabricado em casa, foi um dos artigos que se industrializaram mais depressa no Brasil. Sabão de lavar roupa – branqueada também a anil. Sabão de esfregar o corpo da gente fina e embelezá-lo ainda mais. Importava-se da Europa muito sabão de luxo. No século XIX os negros mais ricos deram para importar sabão da Costa. Um consumo enorme de sabão. A tal ponto que no meado do século XIX, grande parte das fábricas do Império eram de sabão.[105]

Quanto à gente dos mucambos, é claro que entre ela o luxo do sabão não se desenvolveu. Nem entre ela nem entre a pretalhada das senzalas. O budum, a catinga, a inhaca, o "cheiro de bode" dos negros, em torno do qual cresceu todo um ramo de folclore, no Brasil, deve ter sido o exagero do cheiro de raça – tão forte nos sovacos – pela falta, não tanto de banho, como de sabão, em gente obrigada aos mais duros trabalhos.

Porque do banho, o negro, a gente do povo mulata – e não apenas a mameluca e a cabocla – nunca se mostraram inimigos no Brasil. A tradição de excessivo gosto da água de bica, em regalos de banho ou pelo menos de lava-pés, não se encontra só no Norte; também no Centro e no próprio sul do país. O moleque brasileiro tornou-se célebre pelo seu gosto de banho de rio. Os jornais da primeira metade do século XIX e até da segunda estão cheios de reclamações contra moleques sem-vergonha, e mesmo homens feitos, que, nos lugares mais públicos, ou ao pé dos sobrados mais nobres, despiam-se de seus mulambos, de seus trapos de estopa ou de baeta, e iam tomar banho completamente nus. É assunto a que voltaremos a nos referir em capítulo seguinte.

Uma palavra, agora, sobre o saneamento dos sobrados e dos mucambos. Sabido que o sistema de saneamento nas cidades brasileiras foi por muito tempo o do "tigre" – o barril que ficava debaixo da escada dos sobrados, acumulando matéria dos urinóis, para ser então conduzido à praia pelos negros – facilmente se imagina a inferioridade, neste ponto, das casas burguesas ou urbanas com relação às de fazenda, de engenho ou de estância.

Martius, em Salvador, agradou-se dos sobrados. Achou magníficos aqueles casarões quadrados, bons, com varanda na frente. Mas lamentando a falta, em quase todos, de "certa *comodidade*, com o que o asseio das ruas nada tem a lucrar".[106] Luccock toca no assunto cheio de repugnância. Tanto que, para disfarçar o nojo, ostenta erudição romana e escreve que *"Cloacina has no altar erected to her in rio and a sort of pot de chambre is substituted for her temple"*.[107] Mas esses urinóis, às vezes grandes, chamados "capitães", outras vezes de louça, muito bonitos, cor-de-rosa com enfeites dourados, onde as mulheres – contam pessoas mais velhas – se sentavam fumando e conversando, nas suas camarinhas; esses urinóis eram dos aristocratas, dos burgueses mais lordes. Ainda hoje, alguns não querem saber de meio mais cômodo de defecar; morreu há pouco no Rio um médico ilustre, da geração mais antiga, e de formação ainda ortodoxamente patriarcal, que, sentado no seu vasto urinol, lia e estudava todas as manhãs. Alguns fidalgos mais comodistas, de sobrado ou de casa-grande, tinham na alcova poltronas especiais, furadas no meio do assento, por baixo do qual ficava o urinol.

O grosso do pessoal das cidades defecava no mato, nas praias, no fundo dos quintais, ao pé dos muros e até nas praças. Lugares que estavam sempre melados de excremento ainda fresco. Luccock diz: *"thickly strewed with ever fresh abominations"*.[108] Isto sem falarmos da urina, generalizado como era o costume dos homens de urinarem nas ruas; e de nas ruas se jogar a urina choca das casas ou dos sobrados sem quintal. A 3 de março de 1825 apareceu no *Diário do Rio de Janeiro* esta reclamação típica: "Já ha tempos que se roga aos vesinhos que ficam da igreja de S. Jorge, da parte da rua da Moeda, que ouvessem de não deitar na rua á noite, aguas immundas e ourinas chocas, e que ainda continuão; portanto por este annuncio se torna a rogar, prevenindo de que se tornarem a continuar se representará ao Juiz competente pois que basta a extação em que estamos de grande calor e ainda soffrer os mais vesinhos semelhante mal pestifero á saude dos mesmos".

O hábito de defecar de cócoras, à maneira dos índios, de tal modo se generalizou não só entre a gente rural como entre a população mais pobre das cidades, que ainda hoje há brasileiros distintos, de origem rural, ou então humilde, incapazes de se sentarem nos aparelhos sanitários: só acham jeito de defecar pondo-se de cócoras sobre a tampa do W. C., que às vezes deixam toda emporcalhada. Daí serem tão raros, no Brasil, os W. C. públicos limpos ou asseados. Mesmo em algumas casas de família, nas cidades já saneadas, não se concebe que os W. C. possam ser lugares limpos, inteiramente diversos dos seus predecessores: as "casinhas" com simples barris sem o fundo enterrados até o meio sobre uma fossa. O uso desses barris, em "casinhas" distantes do sobrado ou da casa, generalizou-se nas casas suburbanas da segunda metade do século XIX.

A casa-grande de cidade e de subúrbio – o sobrado com a porta e a varanda para a rua, a chácara, a casa de sítio – tem tido, como a de engenho, seus detratores, do mesmo modo que apologistas líricos ou sentimentais. Quem é que às vezes não se lembra da casa, às vezes feia, onde nasceu e brincou menino, repetindo o poeta: "A *minha casa, a minha casinha, não há casa como a minha?"* E é mais fácil de perdoar-se o tradicionalista sentimental que o modernista sem sentimentos: o que pretende sentenciar sobre o passado, sem se colocar no ambiente ou nas condições do passado.

Para criticar o sobrado ou a casa de sítio patriarcal – no sentido de discriminar suas qualidades dos seus defeitos e não no outro, de detratá-lo puramente – devemos considerar seu plano de arquitetura em relação não somente com o clima mas com as necessidades e exigências sociais do tipo de cultura, de família e de economia então predominante. Também quanto ao material empregado não apenas por imposição do meio físico como pela maior ou menor pressão dos estilos europeus de vida sobre a fidalguia das cidades.

Ainda se deve atentar no fato de que, dentro do ambiente de desonestidade nas transações e nos negócios que costuma criar em torno de si o sistema escravocrático, quando menos feudal e mais comercial, muitas vezes se adulterou e falsificou entre nós o material usado na construção dos sobrados e de outras casas urbanas. De modo que alguns defeitos dos velhos sobradões atribuídos ao plano de arquitetura resultavam do material inferior, desonestamente empregado em lugar do bom.

Não que o plano de arquitetura das velhas casas urbanas fosse no Brasil um ideal de higiene doméstica para os trópicos. A higiene dificilmente se conciliava com as exigências, mais graves para a época, de ordem moral e de natureza econômica. O sistema patriarcal de família queria as mulheres, sobretudo as moças, as meninotas, as donzelas, dormindo nas camarinhas ou alcovas de feitio árabe: quartos sem janela, no interior da casa, onde não chegasse nem sequer o reflexo do olhar pegajento dos donjuans, tão mais afoitos nas cidades do que no interior. Queria que elas, mulheres, pudessem espiar a rua, sem ser vistas por nenhum atrevido: através das rótulas, das gelosias, dos ralos de convento, pois só aos poucos é que as varandas se abriram para a rua e que apareceram os palanques, estes mesmos recatados, cobertos de trepadeiras. Queria a gente toda da casa, especialmente as senhoras e os meninos, resguardados do sol, que dava febre e fazia mal; do sereno; do ar encanado; das correntes de ar; do vento; da chuva; dos maus cheiros da rua; dos cães danados; dos cavalos desembestados; dos marinheiros bêbados; dos ladrões; dos ciganos.

Dentro das paredes grossas dos sobrados não nos esqueçamos de que se enterravam dinheiro, ouro, joia – valores cobiçados pelos ciganos, pelos ladrões, pelos malandros.

Daí a fisionomia um tanto severa dos sobrados; seu aspecto quase de inimigo da rua; os cacos de garrafa de seus muros; as lanças pontudas dos seus portões e das suas grades de ferro (onde às vezes os molecotes, simples ladrões de manga ou de sapoti, perseguidos pelos cachorros, deixavam fiapos de carne); a grossura de suas paredes; sua umidade por dentro; seu ar abafado; sua escuridão; o olhar zangado das figuras de dragão, de leão ou de cachorro nos umbrais dos portões, defendendo a casa, da rua, amedrontando os moleques que às vezes se afoitavam a pular o muro para roubar fruta; ou simplesmente sujá-lo com palavras ou figuras obscenas. Contra este último abuso a Câmara Municipal de Salvador pronunciava-se de modo severo nas posturas de 17 de junho aprovadas pelo Conselho Geral da Província, de acordo com o artigo 71 da lei de 1º de outubro de 1828: "Todo aquelle que escrever nos muros ou paredes de qualquer edifício palavras obscenas ou sobre elles pintar figuras deshonestas, soffrerá quatro dias de prisão".

Aliás, desde os dias de D. João VI que a rua, por sua vez, começou a defender-se dos sobrados. As gazetas daquela época e os livros de atas das câmaras da primeira metade do século XIX vêm cheios de editais e de pronunciamentos contra os sobrados e a favor das ruas. Restrições contra os desmandos patriarcais das casas assobradadas que ainda faziam das calçadas terreno de partir lenha e escoadouro de água durante o dia. Pelo que as posturas declaravam, como as da Câmara da capital de Pernambuco em 1831: "Ninguém poderá lançar aguas limpas da varanda de dia e só o poderá fazer das 9 horas da noite em deante, procedendo primeiro tres annuncios intelligiveis de – agua vai – sob pena de 1$000 de multa e de pagar o prejuiso que causar ao passageiro". E as de Salvador, em 1844: "O despejo immundo das casas será levado ao mar á noite em vasilhas cobertas: os que forem encontrados fazendo tal despejo nas ruas [...] incorrerão [...] na pena de 2$000 ou 24 horas de prisão".[109]

Fletcher não achou atrativo nenhum nas velhas casas de cidade que conheceu no Rio de Janeiro. Sobrados feios e tristonhos; e por dentro muito mal divididos. Que eram tristes, já nos dissera Macedo:

"tinham os sobrados engradamentos de madeira de maior ou menor altura e com gelosias abrindo para a rua; nos mais severos, porém, ou de mais pureza de costumes, as grades de madeira eram completas...".[110] Os do tempo de Fletcher já não ostentavam as grades coloniais, mas continuavam carrancudos e inimigos da rua. E por dentro, o mesmo horror. No andar térreo, a cocheira e a estrebaria, dando a frente para a rua; no primeiro andar, a sala de visitas, os quartos de dormir, a cozinha. Um pátio interior geralmente separava, no andar térreo, a cocheira da estrebaria; no primeiro andar, a cozinha, da sala de jantar. Esse pátio, no interior da casa ou atrás do sobrado, muitas vezes em forma de *U*, e lembrando um pouco os da Andaluzia, encontra-se ainda nos velhos sobrados grandes das cidades mineiras. E até em algumas casas de engenho do Norte como a de Maçangana, em Pernambuco. Era aí que, entre as flores de um pequeno jardim, as senhoras, enclausuradas a maior parte do tempo, costumavam tomar um pouco de ar fresco, tagarelando com as mucamas, brincando com os papagaios, com os saguins, com os molequinhos. Nem todas as casas de cidade podiam dar-se ao luxo dos jardins opulentos, no gênero daquele que um ricaço mandou fazer em Minas para a sua mulata de estimação. Nem daqueles jardins com altos e baixos, os canteiros trepando por cima dos morros, que Mawe admirou nas casas ricas de Ouro Preto.[111] Jardins quase suspensos.

No Recife, como no Rio de Janeiro, tornaram-se comuns, nas melhores casas de cidade, os jardins com alguma coisa de mourisco, a água escorrendo o dia inteiro de alguma bica de boca de dragão, azulejos brilhando no meio das plantas e nas fontes. O Rio de Janeiro chegou a ter casas-grandes de chácara famosas pelos seus jardins alegrados por azulejos, por figuras graciosas de louça, enobrecidos por jarros que desde os começos do século XIX aparecem nos anúncios dos jornais.[112] Veremos no capítulo seguinte que a composição desses jardins – suas plantas – sofreu notável reeuropeização no meado do século XIX.

Do século XIX restam-nos litogravuras de jardins de sobrado e de chácaras, não só animados pela água das fontes e pela frescura dos repuxos, como povoados de figuras de anõezinhos barbados, de meninozinhos nus, de escravos bronzeados, fortes, respeitosos como para servirem de exemplo aos de carne, de mulheres bonitas, representando as quatro estações e os doze meses do ano, umas sumidas entre folhagens, outras bem ao sol, ostentando brancuras greco-romanas; algumas em atitudes solenes, segurando fachos de luz que no fim do século XIX se tornariam bicos de gás. Também se encheram os jardins de pagodes ou palanques, de cercas de pitangueiras ou de flor de maracujá, de aleias de palmeiras, de jarros, de quiosques com avencas.

O jardim da casa brasileira, enquanto conservou a tradição do português, foi sempre um jardim sem a rigidez dos franceses ou dos italianos; com um sentido humano, útil, dominando o estético. Irregulares, variados, cheios de imprevistos. Essa variedade parece ter sido aprendida com os chineses: foram talvez os portugueses que introduziram na Europa a moda dos jardins chineses.

Eram também característicos dos velhos jardins de casas brasileiras os canteiros, feitos às vezes de conchas de marisco. Várias plantas eram cultivadas neles sem motivo decorativo nenhum: só por profilaxia da casa contra o mau-olhado: o alecrim e a arruda, por exemplo. Com o mesmo fim espetavam-se chifres de boi nos paus das roseiras. Outras plantas eram cultivadas principalmente pelo cheiro bom; pelo "aroma higiênico" – qualidade tão estimável naqueles dias de ruas nauseabundas e de estrebarias quase dentro de casa: o resedá, o jasmim-de-banha, a angélica, a hortelã, o bogari, o cravo, a canela. As folhas de canela se espalhavam pelas salas nos dias de festa. Sua casca se ralava para fazer o pó com que se salpicava o arroz-doce. Quando se sentia o cheiro de canela vir de dentro de uma casa já se sabia: casamento, batizado, o filho doutor que chegava da Europa ou da Corte. Cheiro de alfazema era menino novo. Cheiro de incenso, missa na capela ou defunto.

Ainda outras plantas se cultivavam no jardim para se fazer remédio caseiro, chá, suadouro, purgante, refresco, doce de resguardo: a laranjeira, o limoeiro, a erva-cidreira. Outras se deixava crescer pelo sítio com o mesmo fim higiênico das plantas de jardim.

Muita planta se tinha no jardim só pela cor sempre alegre das suas flores – a papoula, por exemplo, que, entretanto, servia também para dar brilho às botinas ou aos sapatos pretos dos burgueses. Várias, ao contrário, serviam para o culto doméstico dos mortos e dos santos: a saudade, a perpétua, a sempre-viva. Flores roxas ou de um azul

Sobrado patriarcal semiurbano da segunda
metade do século XIX.
Desenho de Lula Cardoso Ayres.

ACERVO DA FUNDAÇÃO GILBERTO FREYRE

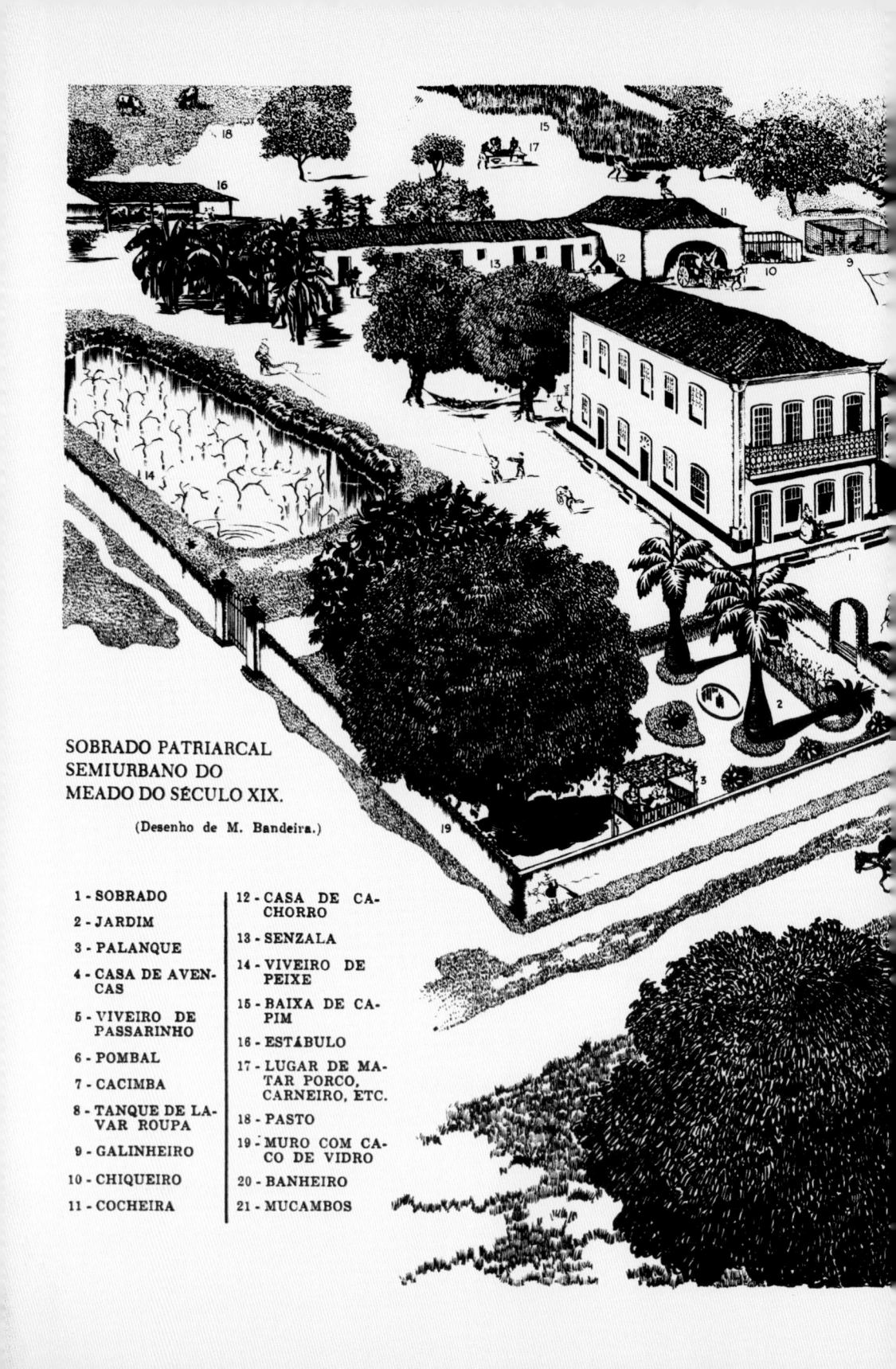

SOBRADO PATRIARCAL
SEMIURBANO DO
MEADO DO SÉCULO XIX.

(Desenho de M. Bandeira.)

1 - SOBRADO
2 - JARDIM
3 - PALANQUE
4 - CASA DE AVENCAS
5 - VIVEIRO DE PASSARINHO
6 - POMBAL
7 - CACIMBA
8 - TANQUE DE LAVAR ROUPA
9 - GALINHEIRO
10 - CHIQUEIRO
11 - COCHEIRA
12 - CASA DE CACHORRO
13 - SENZALA
14 - VIVEIRO DE PEIXE
15 - BAIXA DE CAPIM
16 - ESTÁBULO
17 - LUGAR DE MATAR PORCO, CARNEIRO, ETC.
18 - PASTO
19 - MURO COM CACO DE VIDRO
20 - BANHEIRO
21 - MUCAMBOS

Sobrado patriarcal
semiurbano do meado
do século XIX.
Desenho de M. Bandeira.
ACERVO DA FUNDAÇÃO GILBERTO FREYRE

Sobrado nobre do Rio de Janeiro (1850), residência do barão de Itambi na Praia de Botafogo.
Desenho de Lula Cardoso Ayres com base em informações da Família Joaquim Nabuco ao autor.

ACERVO DA FUNDAÇÃO GILBERTO FREYRE

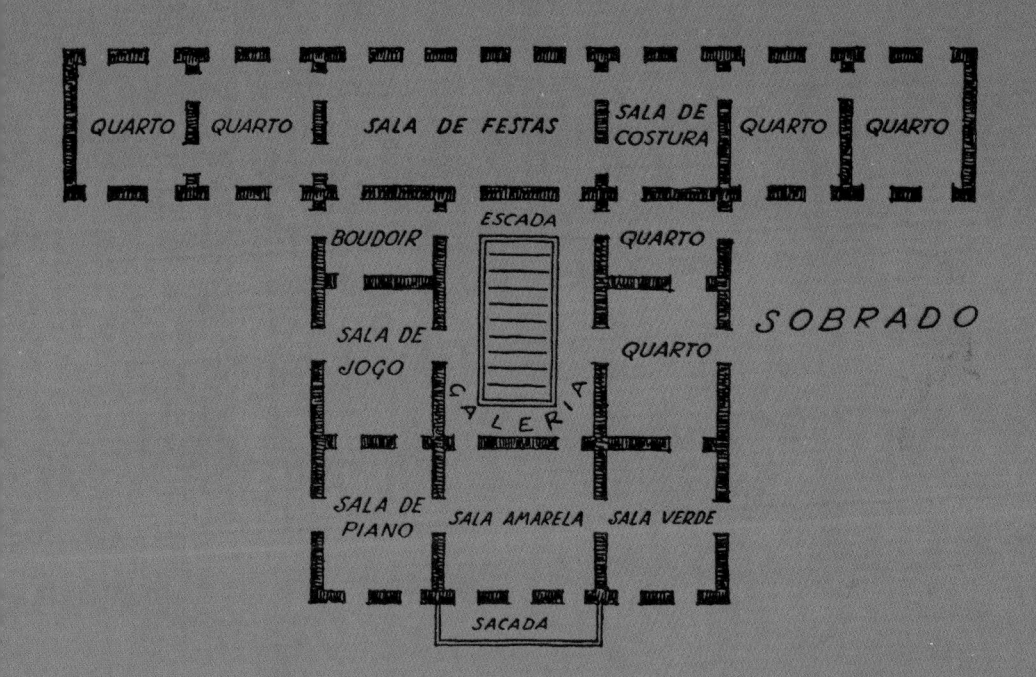

O barão de Itambi, proprietário do palacete, faleceu em 1876, e a baronesa, em 1881. Seus filhos continuaram a residir ali, e dona Evelina Nabuco, neta dos barões de Itambi, ali passou a sua infância e mocidade, e ditou, rogada, as reminiscências do palacete, complementares à planta também traçada por ela. Em 1899, o palacete foi vendido ao conselheiro Rodolfo Dantas, que nele pretendia morar, mas, depois, o demoliu.

VESTÍBULO - era pavimentado de mármore branco e preto e revestido, até certa altura, do mesmo mármore, e tinha quatro ou cinco degraus rasos, em toda a largura; depois, vinha a escada, que, na parte superior, se abria em lance duplo, próximo às portas do salão de festas.

GALERIA - circundava a escada, era mobiliada com quatro sofás, sendo um ao centro de cada parede. As visitas íntimas eram recebidas, às vezes, nesta galeria. O teto de estuque, com claraboia ao centro, era abobadado, tendo, nos quatro ângulos, medalhões, afresco representando quatro estadistas brasileiros.

SALA DE FESTAS - servia todas as quintas-feiras para banquetes políticos. O barão de Itambi tinha força eleitoral no terceiro distrito e era irmão do visconde de Itaboraí.

SALA DE JOGO - a mobília era de carvalho, torneado e entalhado e constava de duas mesas de jogo, de um sofá forrado de couro, um aparador e várias cadeiras também de couro, sendo que duas destas eram chamadas cadeiras de jogo. Podiam ser comodamente usadas às avessas, à moda de selim, apoiando-se os braços no encosto, propositadamente, baixo. O topo deste encosto estofado abria-se, formando-se caixas para fichas etc. Esta sala era usada apenas como passagem para a sala de piano.

SALA DE PIANO - era usada diariamente. A baronesa costumava coser no sofá de seda azul, ao lado da janela, durante as lições de piano das filhas. Nessa sala, havia um sofá chinês incrustado de madrepérola, uma cadeira para duas pessoas chamada conversadeira e, além do piano, uma harpa.

SALA AMARELA - assim chamada por ter móveis e cortinas de seda amarela, era pouco usada. O lustre e as arandelas, muito bonitos, eram de bronze. O tapete era Aubusson, como nas demais salas deste andar (menos a de festas, de parquet).

SALA VERDE - ao centro, havia um sofá circular, de seda verde, com eixo muito alto e enfeitado. Nesse sofá, as pessoas ficavam impossibilitadas de conversar.

Interior de sobrado patriarcal urbano do meado do século XIX.
Desenho de Lula Cardoso Ayres, baseado em notas do autor.

ACERVO DA FUNDAÇÃO GILBERTO FREYRE

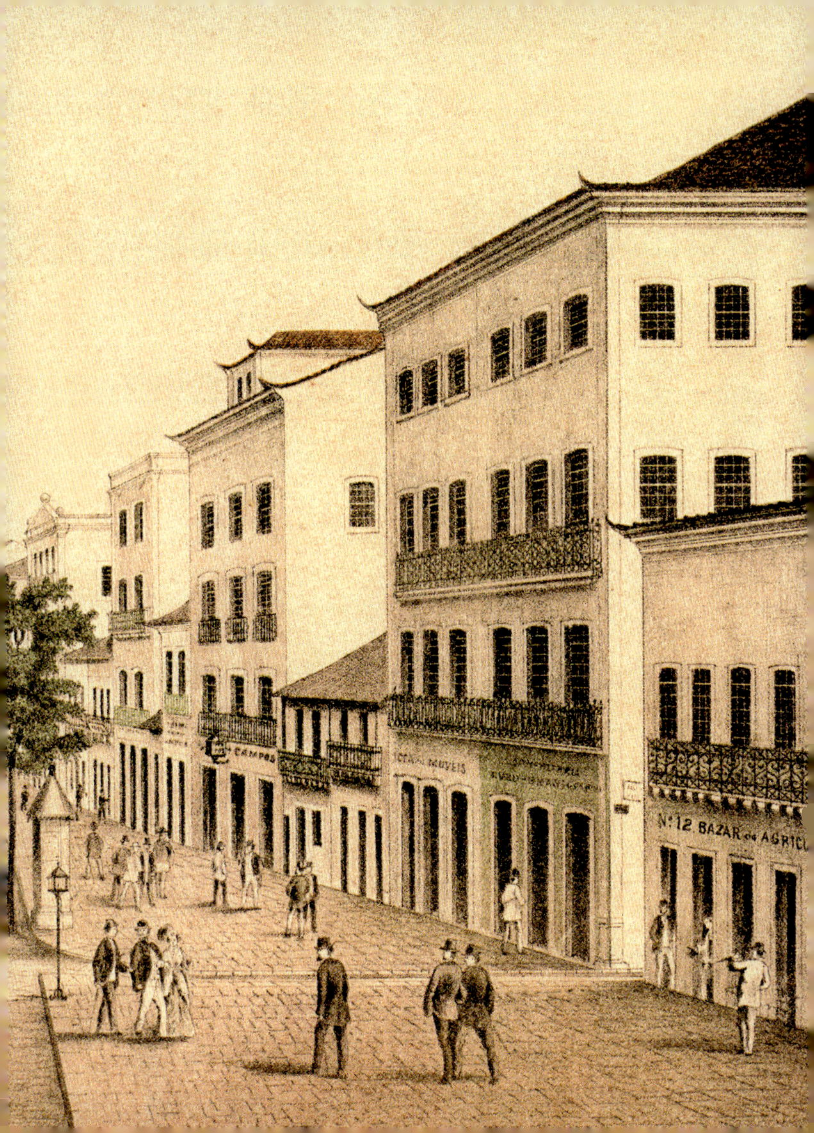
Nº 12 BAZAR da AGRIC
CAMPOS

Typ. do Jornal Pequeno

SAPATARIA OLIVEIRA
FUNDADA EM 1892

COMPLECTO SORTIMENTO DE CALÇADOS
ESTRANGEIROS E DO RIO.

João L. d'Oliveira & C.

RUA BARÃO DA VICTORIA 7

Endereço Telegraphico — Oliveira

Numero Telephonico 656

Queijo Flamengo Superior
MARCA — VACA — TRADE MARK
O melhor e mais puro que vem a este mercado
UNICOS IMPORTADORES - LOPES ALHEIRO & C.ª - PERNAMBUCO

PRATO CHINEZ
ESPECIALIDADE DO — ARTIGOS PARA

PRESENTES

O proprietaro deste estabelecimento capricha em ter sempre um escolhido sortimento do que ha de mais chic e moderno[]em louças, vidros, crystaes e porcelanas.

Aquilino Ribeiro da C. Oliveira

Rua B. da Victoria n. 36

NESTA PÁGINA:

Sapataria Oliveira. Jornal Pequeno. Recife, 14 de outubro de 1899.

Queijo Flamengo Superior. Jornal Pequeno. Recife, 31 de agosto de 1900.

Prato Chinez. Gazeta da Tarde. Recife, 1897.

AO LADO: A Leal, Oliveira & Silva. Nota de compras da Casa Imperial. Rio de Janeiro, fevereiro de 1887.

ACERVO DA FUNDAÇÃO GILBERTO FREYRE

CASA DA AGUIA

Rio de Janeiro 7 de Fevereiro de 1887

O Illmo Snr Casa Imperial Comprou

a LEAL, OLIVEIRA & SILVA
Successores de S. MIGUEL, LEAL & OLIVEIRA
20, Rua d'Alfandega, 20

IMPORTADORES
DE GENEROS NORTE AMERICANOS, FRANCEZES, INGLEZES E ALLEMÃES.

TELEPHONE — 564

Vendas a Dinheiro

ARTIGOS PARA LAVOURA
Arados Americanos e Inglezes. Grades, Capinadores. Arrancadores de raízes. Trilhadores de milho. Ventiladores. Serviços de café. Machinas Prensas para farinha de mandioca. Machinas para descascar algodão. Molinhos para sabugo de milho e para fubá.

OBJECTOS PARA USO DOMESTICO
e outros misteres
Cadeiras americanas e Austríacas, Cadeiras para jardim, ditas de ferro para etc. Tinas. Banheiras. Bombas para a pressão d'agua. Barros para aterro e armazens. Machinas para cortar grama, ditas para cortar linguiças, ditas para ter ovos, ditas para unir roupa, ditas para espremer carne, ditas para picar carne. Moinhos para café e tintas. Bolas panoramas para jardins, esteiras para sonhos. Camas. Carrinhos diversos para crianças. Velocipedes e cavallinhos para crianças. Berços de madeira e vime. Cestas de vime para todos os misteres. Mobilias americanas e Austríacas. Borracha em nós para machinas. Tubos de borracha e lona. Transportes de panno e macarrão. Relogios Americanos. Vassouras espanadores, Escovas, Cabides e muitos outros artigos.

Artigos PARA VIAGENS
Malas. Saccos. Caixas. Cavours. Polainas. Canas de lona. Tropos. Cadeiras etc.

Repartição do Almoxarifado
Pedido n° 105
em 16   2 Cadeiras Austriacas   12.000
Pedido n° 115
em 25   1 Bidet de madeira   24.000
                                                 36.000

Confere na importancia de trinta e seis mil reis, e acha-se de accordo com os pedidos do Imperial Almoxarifado de N° 1 e 92 autorisados em 16 de Fevereiro, 16 Março do corrente anno.

Almoxarifado do aço da Boa Vista, 6 de Abril de 1887
Camillo Aguilhon Rosiço
Almox.°

Recebi 2 Cadeiras e
1 Bidet
Rio 12 de Abril de 1887
Jose Germano Nascimento

Recebemos
Rio 31 dezembro 1887
Leal Oliveira & Silva

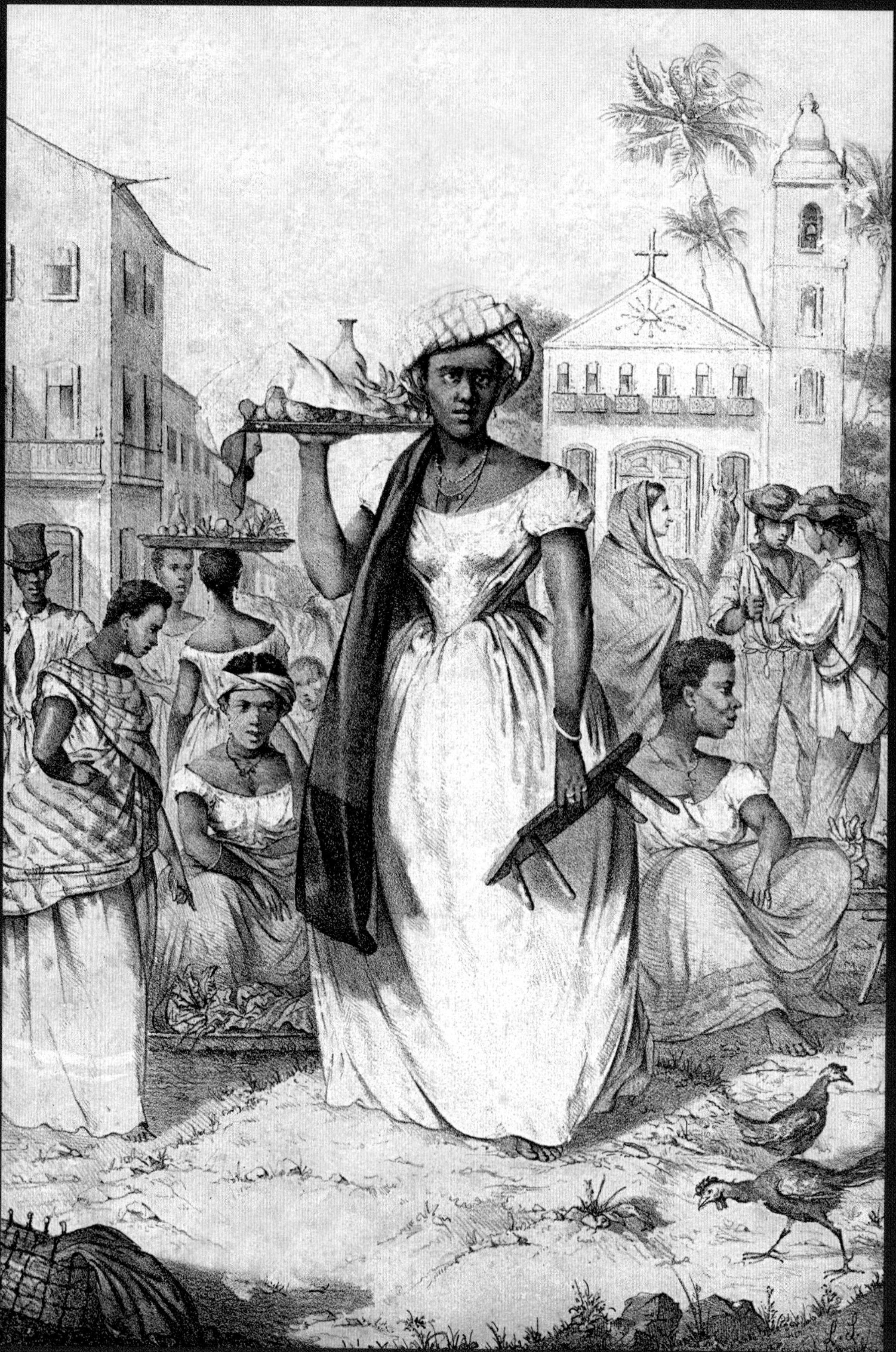

Libertação de escravos

Tendo de se entregar no dia 25 de março vindouro algumas cartas de liberdade, convida-se aos interessados á comparecerem a é o dia 8 do mesmo mez de março, do meio dia até ás 3 horas da tarde, na rua do Vigario n. 4, 1º andar, onde encontrarão com quem tratar. Recife, 21 de fevereiro de 86.

Libertação — O Sr. capitão José Francisco Pereira da Silva, commandante da 2ª estação da guarda civica, libertou no sabbado ultimo, a sua escrava de nome Bemvinda, sem onus algum. E' um acto que registramos com satisfação.

AO LADO: Grupo de Negros (em frente da Igreja de S. Gonçalo). Desenho de L. Schlappriz, litogravura de F. H. Carls.

ACIMA: Notícias de jornais comunicando a libertação de escravos. *Diário de Pernambuco*. Recife, 23 de fevereiro de 1886.

ACERVO DA FUNDAÇÃO GILBERTO FREYRE

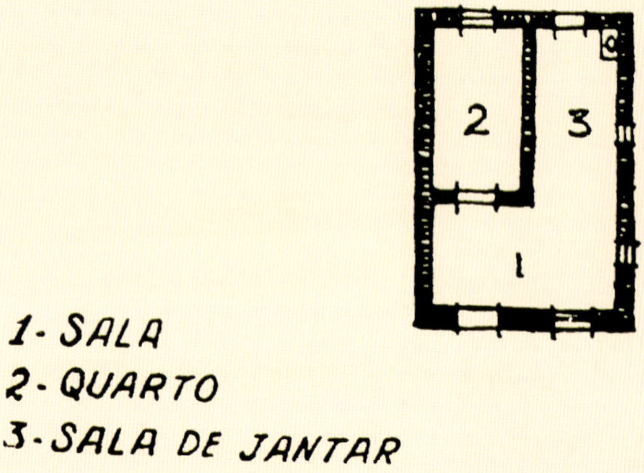

1 - SALA
2 - QUARTO
3 - SALA DE JANTAR

Tipos de mucambos identificados no Nordeste brasileiro.

Acima: **Mucambo de massapé, coberto com palha de cana.**

Ao lado: **Mucambo de massapé, coberto com capim-açu.**

Desenhos de M. Bandeira.

Acervo da Fundação Gilberto Freyre

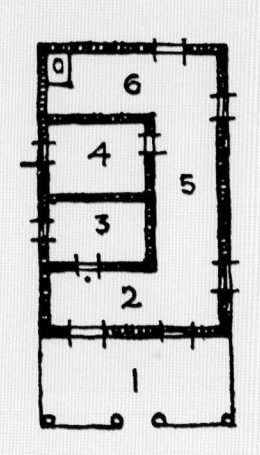

1 - ALPENDRE
2 - SALA
3 - QUARTO
4 - QUARTO
5 - CORREDOR
6 - SALA DE JANTAR

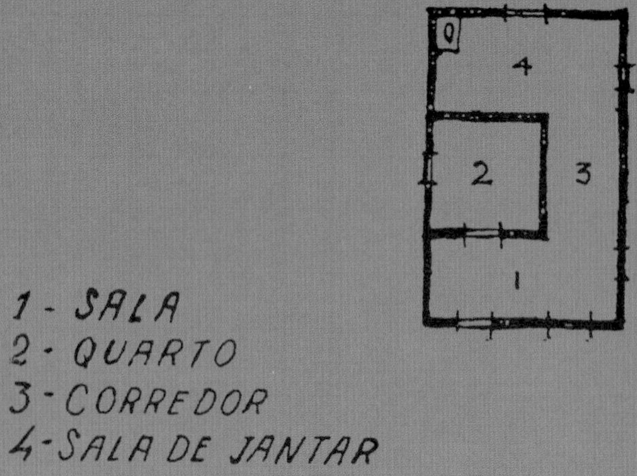

1 - SALA
2 - QUARTO
3 - CORREDOR
4 - SALA DE JANTAR

Mucambo de palha de coqueiro.
Desenho de M. Bandeira.
Acervo da Fundação Gilberto Freyre

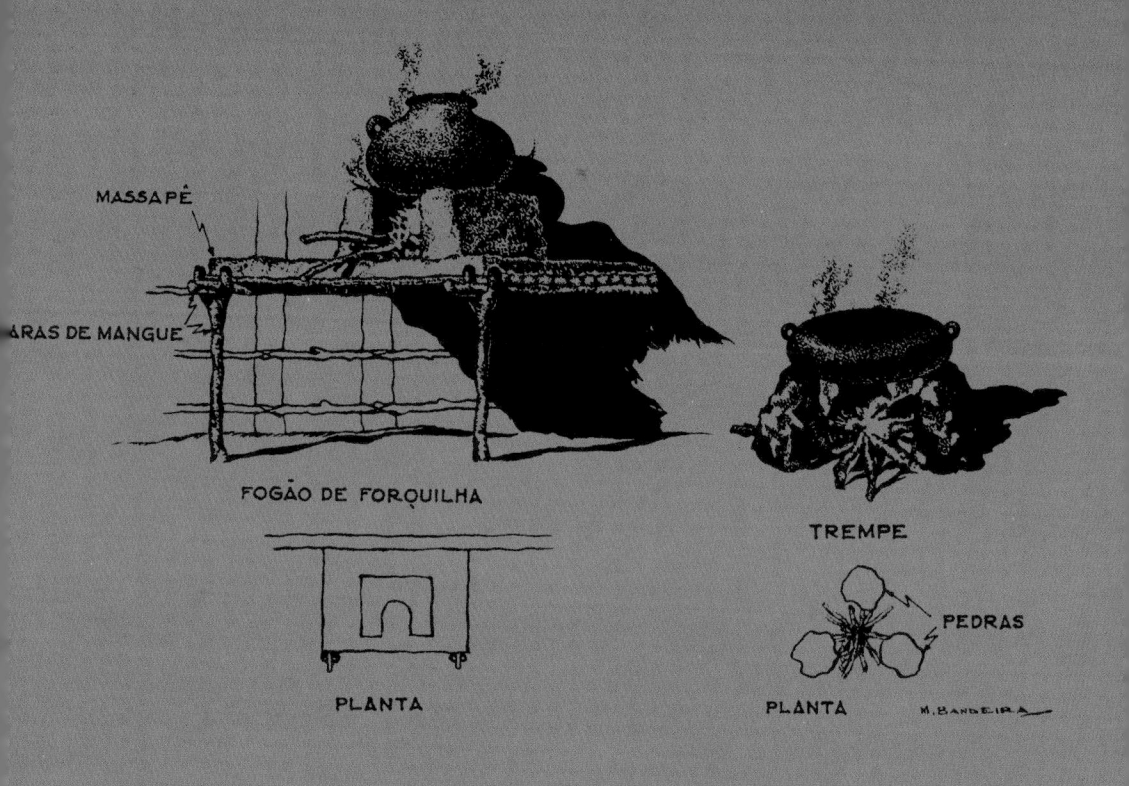

Cozinha de mucambo.
Desenho de M. Bandeira, segundo informações do autor.

Acervo da Fundação Gilberto Freyre

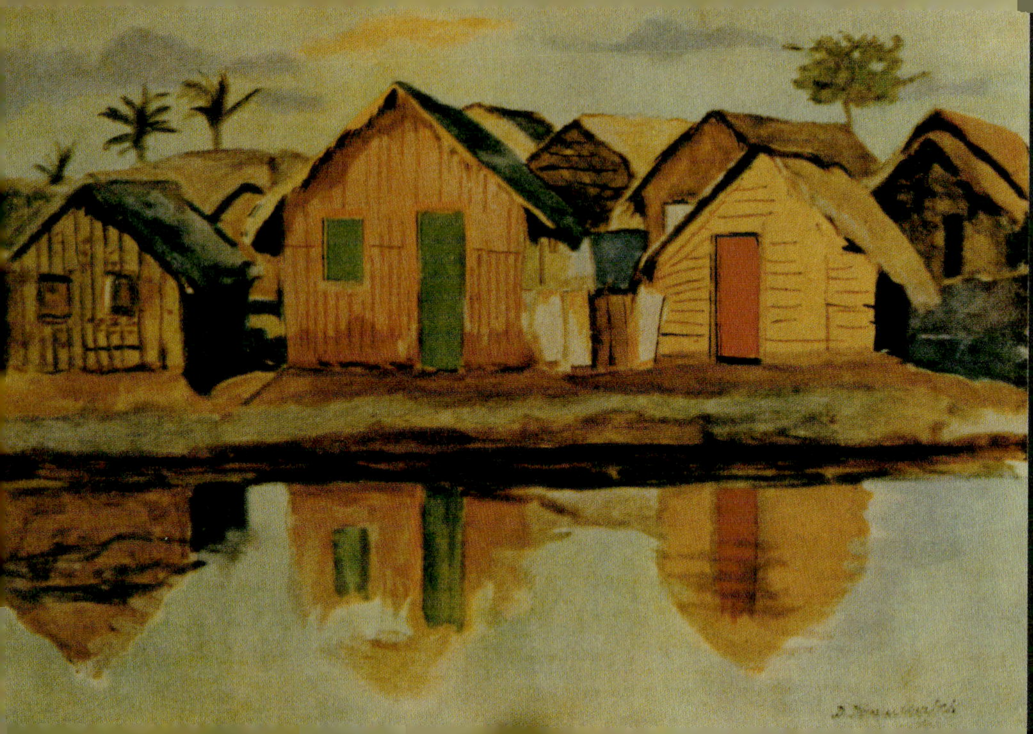

muito pálido. A filha do marquês de Sapucaí cuidava de um canteiro de violetas, que quando ela morreu o pai celebrou em um poema sentimental. Eram flores que estavam sempre se cortando para enfeitar os caixões de anjinhos e das moças que morriam tuberculosas. Às vezes, dos mucambos vinham pedir nos sobrados flores para enfeitar as caixas de camisa ou os tabuleiros de bolo onde a pobreza enterrava seus anjinhos. Alguns sobrados, com jardins grandes, vendiam flores, como também água à gente das casas pobres.

Havia sempre nos jardins das chácaras, um parreiral, sustentado por varas ou então colunas de ferro: parreiras com cachos de uva doce enroscando-se pelas árvores, confraternizando com o resto do jardim. Recantos cheios de sombra onde se podia merendar nos dias de calor. No século XVI o padre Cardim já merendara ao ar livre, debaixo de um parreiral de Pernambuco. E a tradição da merenda ou do almoço ao ar livre se conservou nas casas de sítio do século XIX. De onde o atrativo de casas assobradadas ou de chácaras das quais os anúncios de jornal podiam dizer que tinham parreiras.[113]

O muro fechava sempre o jardim patriarcal da vista da gente da rua: muro às vezes ouriçado sinistramente de cacos de vidro. Nas casas dos burgueses mais avançados em suas ideias de civilidade ou urbanidade é que foi aparecendo, ainda na primeira metade do século XIX – e em grande parte sob pressão dos anúncios de ingleses importadores de ferro – gradis de ferro. E por cima dos pilares, e dos umbrais dos portões, como no alto dos sobrados, figuras de louça representando a Europa e a Ásia, a África e a América, vasos e pinhas, bustos de Camões e do marquês de Pombal. E não apenas dragões, leões e cachorros terríveis. Não nos esqueçamos de que desde os primeiros decênios do século XIX foram aparecendo no Rio de Janeiro jardineiros franceses como o que surge de um anúncio do *Diário do Rio de Janeiro* de 12 de janeiro de 1830. "Jardineiro francez para tratamento de horta e jardim de flores, entende de toda planta de fora..."

Do lado de dentro dos muros alguns senhores mandavam construir sofás de alvenaria, revestidos de azulejo. E a certa altura do muro, nas casas de patriarcas menos ranzinzas, foram-se levantando os palanques onde até as moças iam tomar fresco de tarde e olhar a rua ou quem passava na estrada. Passava muito negro. Um ou outro inglês a cavalo. Às vezes algum figurão rodando de carro da cidade para casa. Mas, nos primeiros decênios do século XIX, quase sempre carro fechado: um ou outro com a inovação inglesa da capota que arriava – as "carruagens inglezas de vidro" com "cabeça de arriar para traz", de que fala um anúncio do *Diário do Rio de Janeiro* de 6 de dezembro de 1821.

Se nos velhos sobrados com porta e varanda para a estrada ou a rua, vê-se, pelo que resta deles, que os jardins eram quase sempre jardinzinhos acanhados – jardins um tanto à moda dos da Andaluzia – nas casas de sítio e nas chácaras eles eram vastos, confraternizando com a horta, emendando com a baixa de capim, com o viveiro de peixe, com o vasto proletariado vegetal de jaqueiras, araçazeiros, cajueiros, oitizeiros, mamoeiros, jenipapeiros – as árvores simplesmente úteis, que davam de comer e de beber aos homens. Ouseley, que conheceu o Brasil da primeira metade do século XIX, nos fala com alguma minúcia da chácara chamada "Vila das Mangueiras" onde residiu em Botafogo e que foi depois ocupada pelo príncipe Adalberto da Prússia. Considerando-a típica das chácaras patriarcais do Rio de Janeiro, salienta que estava no meio de laranjeiras de toda espécie, limoeiros, bananeiras, palmeiras e também de muitas frutas e plantas importadas da China e da Índia.[114] Nos sobrados mais afrancesados é que foi se separando jardim de horta ou de pomar.

A casa de sítio, recordaremos mais uma vez que conservou, perto das cidades, quase dentro delas, farturas de casa de engenho ou de fazenda. Foi, quanto pôde, casa-grande rural. O que permitiu que em torno dela se espalhassem jardins extensos, quase parques, que purificavam ou perfumavam o ar das ruas ou estradas. Verdadeiras criações brasileiras de arquitetura paisagista que, segundo Araújo Viana, foram ensaiadas primeiro nos pequenos jardins dos quintais mais burgueses.[115]

O sítio foi o ponto de confluência das duas especializações de habitação patriarcal e de arquitetura paisagista no Brasil: a urbana – isto é, o sobrado, com a porta e a varanda para a rua – e a casa de engenho ou de fazenda, do tipo da de Elias José Lopes, no Sul, ou da de Caraúna, no Norte. Foi nas casas de sítio que Mansfield viu os jardins mais bonitos do Recife – "jardins e hortas".[116] Os arredores da cidade lhe pareceram formar "um grande jardim, um pouco descuidado", o de uma casa quase emendando com o da outra; todos com suas bananeiras, suas palmeiras, seus coqueiros.

Na sua arquitetura, a casa de sítio ou a chácara parece que foi por muito tempo mais casa de fazenda do que de cidade. Mais horizontal do que vertical. Mais casa assobradada do que sobrado. Mesmo assobradada, sua massa era quase um cubo.

Na casa assobradada – nem casa térrea, nem sobrado – Allain encontrou uma das peculiaridades mais interessantes da arquitetura doméstica no Brasil.[117] Pereira da Costa dá como caraterístico principal, da chácara do Norte, o aspecto de casarão quadrado e com alpendre que geralmente tinham as casas de engenho. Kidder notou a predominância dos alpendres nas chácaras do Pará. E com relação ao Sul, Araújo Viana salienta os mesmos traços, isto é, que nas moradas de abastados, fora do limite urbano, adotou-se o tipo de abarracados com avanço dos telhados, dando nascimento a varandas, sustentadas por pilares ou colunas de alvenaria rebocada.[118] Eram alpendres de telha-vã sustentados por pilares ou colunas de alvenaria rebocada.

Quanto ao interior, sobradões e chácaras assobradadas se pareciam com as casas de fazenda ou de engenho no luxo de espaço. Mas não na aeração. Nos sobrados, a uma ou duas salas grandes sobre a rua, opunha-se o resto da casa – alcovas e corredores – quase sempre fechado e no escuro. Essa má distribuição de peças, nos sobrados do Rio de Janeiro, de Freycinet atribuiu ao fato de a família passar a maior parte do tempo dormindo, sem precisar de luz; ou então olhando a rua pelas grades das janelas, vendo quem passava, através dos postigos; e uma vez por outra recebendo visitas. Não precisava senão de sala de visitas – que noite de festa se iluminava toda – e de alcovas escuras, que favorecessem o sono.[119] Exagero ou malícia de francês, evidentemente.

O que é certo, entretanto, é que dentro de um velho sobrado urbano, mais ortodoxamente patriarcal, estava-se quase sempre, no Brasil do século XVIII ou da primeira metade do século XIX, como num interior de igreja. A luz só entrava pela sala da frente e um pouco pelo pátio ou pela sala dos fundos; pelas frinchas das janelas ou pela telha-vã dos quartos. Evitava-se o sol. Tinha-se medo do ar.

Os morcegos é que gostavam desse escuro de igreja: e eram íntimos amigos dos velhos sobrados e das casas-grandes mais sombrias. Eles, os camundongos, as baratas, os grilos, as próprias corujas. Todos os bichos que gostam do escuro. Os morcegos rondavam também as casas de sítio; mas por causa dos sapotis e dos cavalos. E não tanto pelo escuro do interior dos quartos. Os oratórios ou as capelas de casas-grandes ou de casas assobradadas é que principalmente atraíam as corujas.

As paredes grossas refrescavam o interior dos sobradões patriarcais, quando o material ruim não as tornava úmidas e pegajentas, como adiante veremos. Eram paredes, como notou Fletcher, quase de fortaleza; nas próprias casas de taipa – algumas construídas tão solidamente que atravessaram séculos – as paredes tinham uma grossura espantosa; dois, três palmos.

Naturalmente, a arquitetura patriarcal dos portugueses, na sua adaptação ao Brasil, teve de resolver o problema de excesso de luminosidade e de calor. O que os portugueses em parte conseguiram, valendo-se da experiência adquirida por eles na Ásia e na África – fato já salientado pelos principais estudiosos de história de nossa arquitetura civil: Araújo Viana e José Mariano Filho, entre outros. E que não escapara, na primeira metade do século XIX, ao olhar de Vauthier, a quem se devem páginas tão inteligentes sobre a arquitetura patriarcal no norte do Brasil; quer a de casa-grande, quer a de sobrado.[120]

A proteção do interior da casa de cidade contra os excessos de luminosidade e de insolação direta foi grandemente exagerada no Brasil patriarcal, devido principalmente a preconceitos morais e sanitários da época e por imposição do regime social então dominante. Procurava-se a segregação da família contra uma série de inimigos exteriores: desde o ar e o sol até os raptores, os ladrões e os moleques. Dormia-se com as portas e as janelas de madeira trancadas, o ar só entrando pelas frinchas. De modo que os quartos de dormir impregnavam-se de um cheiro composto de sexo, de urina, de pé, de sovaco, de barata, de mofo. Porque nas alcovas também se guardavam roupas, às vezes penduradas do teto – como certas comidas na despensa – por causa dos ratos, dos bichos, da umidade. Quando a inhaca era maior, queimavam-se ervas cheirosas dentro dos quartos.

Só nos tempos como o do Correia – o terrível chefe de polícia do governador D. Thomaz de Mello, da capitania de Pernambuco, que embuçado num capote e empunhando uma espada rondava as ruas a noite inteira, atrás de gatunos e de malandros – os burgueses dos sobrados puderam dormir sossegados: de "janelas abertas ao refrigerio dos aliseos", diz um cronista.[121] O ar entrando, se não pelos quartos, pelas salas e desabafando-as.

Ao contrário da casa de engenho e da de sítio – protegidas dos exageros de insolação direta pelas mesmas paredes grossas e pelos mesmos telhados de beiral acachapado, mas com os oitões todos livres e às vezes com alpendres ou copiares rodeando a casa e vigias rondando-lhe as imediações durante a noite – o sobrado de rua, de tanto se defender do excesso de sol, do perigo dos ladrões e das correntes de ar, tornou-se uma habitação úmida, fechada. Quase uma prisão.

O comandante Vaillant notou nas casas do Rio de Janeiro do tempo de Pedro I que não eram bem construções para o clima dos trópicos. Ao contrário: mal ventiladas. Não tinham a leveza que ao seu ver devia ser a primeira qualidade das casas nos países quentes.[122]

Rugendas viu no Rio algumas casas muito esguias, "num contraste desagradável entre a altura e a largura muito exígua...". E tristes. Ida Pfeiffer também; em vez das gelosias tristonhas ela quisera ter encontrado, na Corte do novo Império americano, uma cidade de casas com terraços e varandas alegres.[123] Na Bahia, Pfeiffer as teria encontrado: Martius, como já vimos, exprimiu seu entusiasmo pelas casas de Salvador com as varandas escancaradas para o mar; e depois dele, Fletcher teve a mesma opinião da capital da Bahia. Cidade de casas desafogadas, salas de visitas em que os moradores estavam sempre acendendo luzes de festa e tocando piano.[124]

Rugendas achou as casas do Rio não só sem alinhamento como mal situadas: espremidas entre a colina e o mar. Havia, entretanto, as desafogadas, que nem as de Salvador: com boas varandas e construídas por cima dos morros. Casas com a vista do mar e da baía e recebendo o ar puro das matas. Eram, em grande número, casas de estrangeiros. Ingleses, principalmente. Mas também de brasileiros com hábitos rurais, que se aproximavam das cidades sem se entregarem às exigências urbanas. Também eles tinham seu faro para os bons lugares de residência. Fletcher ficou encantado com as casas suburbanas que conheceu em Santa Teresa, Laranjeiras, Botafogo, Catumbi, Engenho Velho, Praia Grande, destacando o palacete do barão de Andaraí e a chácara de um Mr. Ginty.[125] Já Maria Graham tivera a mesma impressão das casas dos arredores do Rio, como das que vira perto do Recife, para os lados de Monteiro e do Poço da Panela; Debret, das residências patriarcais que conheceu no Rio da mesma época; James Henderson, dos casarões do Benfica, da Madalena e do Poço em Pernambuco; Saint-Hilaire, das chácaras de São Paulo, cercadas de jabuticabeiras e laranjeiras; Mawe, dos sobradões de Ouro Preto. Que melhores juízes senão do conforto – que eles talvez quisessem mais à europeia – da boa ou má situação das casas de subúrbio no Brasil, nos primeiros anos do século XIX?

A casa-grande, térrea ou assobradada, de subúrbio, se antecipou entre nós, tanto à rural, como ao sobrado de rua, em qualidades e em condições de higiene e de adaptação ao meio tropical. O sobrado teve dificuldades maiores a vencer. A princípio, quando dominou o tipo mourisco de casa gradeada, o privatismo exagerado da família patriarcal, para evitar maiores contatos com a rua, impôs-lhe aqueles resguardados orientais. Depois da chegada do príncipe regente, foi a casa urbana, o sobrado burguês, que sofreu europeização mais rápida e nem sempre no melhor sentido. A europeização da casa suburbana seria mais lenta. "As casas do Rio de Janeiro" – escrevia em 1851 o médico Paula Cândido, referindo-se particularmente aos sobrados de rua – "parecem destinadas antes á Laponia ou á Groenlandia do que á latitude tropical de 20°".[126]

Já Vaillant notara que no Rio tudo era europeu e, por consequência, antitropical, casa, mobiliário, modo de vestir. Mas é Paula Cândido quem melhor pormenoriza os inconvenientes da europeização das casas burguesas, algumas delas construídas "sobre hum pavimento...". E quanto ao plano: "huma fatal alcova, dormitorio predilecto; escura e modesta sala com hum corredor escuro; huma sala de jantar, de costura, de tudo, excepto de saude, pouco mais escura que a sala da frente, mas munida de infallivel alcova, mediante ou não outro corredor", a "cozinha terrea".[127] Tal era a habitação da família burguesa menos abastada.

A gente mais rica, dos sobrados, não vivia em condições muito diversas: suas casas eram também mal divididas e escuras. Nelas Paula Cândido não perdoava o mau hábito de se reservarem os melhores salões das casas às visitas – "aos outros", dizia ele – enquanto a dormida era a pior possível, nas tais alcovas entaipadas, nos quartos úmidos e sem janela. Aí, "envolvido em mosqueteiro", o burguês mais opulento do meado do século XIX passava pelo menos "huma quarta parte da sua vida, depois das 11 da noite até às 6 da manhã...". Isto quando não se dava aos prazeres da "apopletica sesta".[128]

Na habitação do burguês intermediário, tanto quanto na do menos abastado e na do mais opulento, o sistema de divisão de peças era o mesmo: sala da frente, grande e às vezes bem arejada; o resto da casa, úmido, escuro. Alcova e corredores sombrios. A cozinha, dada a sujeira que Luccock surpreendeu nas casas do Rio de Janeiro e Mawe nas do sul do Brasil, devia ser igualmente suja nos sobrados do Recife e da Bahia. Dos escravos que fugiam das casas burguesas, salientavam alguns anúncios que estavam "imundos por serem cozinheiros" ou "se ocuparem da cozinha". Luccock diz que nas casas do Rio de Janeiro os fornos de cozinha eram uns buracos de tijolo; não havia grelha;[129] tudo muito rudimentar e muito sujo. O fogo se animava com abanos de folha; tirava-se água das jarras com quengas de coco. Isto no maior número das casas; nos sobrados patriarcais mais opulentos havia cocos de prata.

As casas, levantavam-se quase todas ao sabor dos próprios donos, cada qual "arvorado em engenheiro"; "cada proprietario traça o risco de seu predio". Daí erros grosseiros de construção. De Freycinet salientou as escadas – quase sempre tão mal construídas que eram "verdadeiros quebra-costas...".[130]

Quase meio século depois de De Freycinet, já no Segundo Reinado, o Dr. Luís Correia de Azevedo, em discurso na Academia Imperial de Medicina, dizia que a construção das habitações no Rio de Janeiro era "a mais defeituosa que existe no mundo". E quase repetindo o velho Paula Cândido: "Ao examinal-as suppõe-se serem construcções para o Esquimó ou Groenlandia; pequenas e estreitas janellas, portas baixas e não largas, nenhuma condição de ventilação, salas quentes e abafadas, alcovas humidas, escuras e suffocantes, corredores estreitissimos, e sempre esse exgotto na cozinha, essa sujidade bem junto á preparação dos alimentos quotidianos, tendo ao lado uma area, lugar infecto, nauseabundo, onde os despejos agglomerados produzem toda a sorte de miasmas".[131] Os miasmas eram a obsessão dos higienistas da época.

Deve-se notar, entretanto, a solidez de muitos dos sobrados do tempo do Império, sempre que o material era de primeira qualidade, e não de segunda; ou adulterado. A adulteração de material, como já sugerimos, foi praticada à grande nas construções urbanas. Os comerciantes de tijolo e de madeira impingiam aos proprietários incautos, ou forneciam-lhes por preços mais baixos, material ruim, só com a aparência de bom. Daí resultava se agravarem as condições de umidade das casas, determinadas pelo próprio plano dos edifícios. Estes tornavam-se "eterna morada de erysipelas" e de outras doenças, da descrição melancólica de Paula Cândido. Ou "tumulos em vida". Resultado da desonestidade dos fornecedores de material de construção e não tanto da incompetência dos mestres de obras ou da ganância dos capitalistas.

Sem pretendermos inocentar os mestres de obras nem tampouco os capitalistas, construtores de sobrados, muito menos diminuir a importância do fato, que Correia de Azevedo já destacava em 1871, da arquitetura nas cidades do Império servir só e baixamente "à economia individual, que pretende haurir altos aluguéis de tugúrios mal levantados e, ainda mais, mal divididos" e construídos com o mínimo de gastos por "analfabetos mestres de obras, maus pedreiros ou péssimos carpinteiros"[132] – tudo reflexo do sistema econômico de escravidão então dominante – devemos fixar a responsabilidade dos comerciantes de material de construção. O tijolo que vinha sendo empregado há anos nas construções da Corte, informava em memória apresentada ao Ministro e Secretário de Estado dos Negócios do Império em 1884, o engenheiro Antônio de Paula Freitas, depois de estudo minucioso do assunto, que era "geralmente mal feito e de má qualidade, provindo este resultado não somente da má preparação do barro, que nem sempre é lavado ou expurgado de certas substâncias estranhas, prejudiciais à construção, como de os fabricantes empregarem frequentemente na confecção da pasta a areia, que além de não ser conveniente e necessária, não é escrupulosamente escolhida, pois quase sempre a extraem do mar". Daí o fato de, demolindo-se um prédio antigo, encontrarem-se "as suas paredes carregadas de umidade até nas partes mais elevadas".

Seria que o barro da região não fosse bom? Ao contrário: "do melhor que se pode imaginar", escrevia no seu relatório o engenheiro Paula Freitas. E "muitas vezes ao lado da barreira encontra-se o rio que fornece água doce...". O que sucedia era a má fabricação da pasta – defeito já notado por Freycinet – ou imperícia técnica do mestre de obras ou do operário, talvez escravo; por sovinice do proprietário (que desejava seus prédios construídos com o menor gasto possível, devendo-se ter na lembrança o fato de que grande parte do capital empregado em sobrados urbanos no Brasil foi o de capitalistas impossibilitados de continuarem a negociar com a importação legítima ou clandestina de africanos); ou ainda, por desonestidade do fornecedor de material, que vendia às vezes pelo preço da telha ou do tijolo de primeira, o de segunda ou de terceira. O que é certo é ter sofrido grande parte da população urbana dos maus efeitos de tanta casa construída ao sabor dos interesses da economia privada; material, o pior possível; tijolo, mal fabricado; argamassa de areia de água salgada; cal "contendo matérias deliquescentes em maior ou menor quantidade", operários de terceira ordem ou simples escravos (que os de primeira e livres só trabalhavam por salários que os ricaços achavam exagerados). E o plano – o *risco* dos proprietários. A fiscalização do governo, nula. Poucos cogitavam "de obter bom material", diz-nos Paula Freitas dos fornecedores e fabricantes de tijolo e cal: "tratam apenas de produzir muito e barato; porque geralmente os compradores fazem somente questão de preço".[133]

O morador que suportasse a umidade das paredes, da telha, do tijolo ruim. Telhas que apodreciam sob uma crosta pegajenta de limo. Paredes de onde escorria sempre soro esverdinhado. Paredes que soravam sempre. E essa umidade envolvendo tudo o mais na estrutura como na superfície da casa: as madeiras, os metais, a camada de pintura a óleo ou o papel pintado das paredes. De fibrosa, a madeira ficava granulosa; e sob a ação dos parasitas vegetais – "certos protococos e os insetos xilófagos", diz-nos o engenheiro Paula Freitas na sua linguagem dura de técnico – não tardava a madeira a danar-se, esfarelando-se. O cupim regalava-se nessas casas úmidas; esfuracava traves; das traves descia aos móveis, aos livros, às roupas guardadas nas arcas e nos armários ou penduradas nos caibros. Com a umidade, oxidavam-se os metais; o ferro perdia parte de sua resistência; alteravam-se o zinco, o chumbo e o cobre; e a família patriarcal, condenada a viver nesses sobrados úmidos, essa também sofria; que a sua carne não era mais forte que os metais; nem seus ossos mais resistentes que o ferro.

Daí o brado de higienistas como Correia de Azevedo contra a indiferença das câmaras municipais. As câmaras municipais cruzavam os braços diante da comercialização criminosa da arquitetura pela economia privada, tão ansiosa de lucros exagerados com a construção de sobrados como com a importação de africanos, mesmo doentes.[134] "Ella" – dizia Correia de Azevedo referindo-se à Câmara do Rio de Janeiro imperial – "não diz ao constructor de casas que exhiba documentos de sua capacidade, não exige garantias de intelligencia e boa fé daquelles que edificam, não se occupa do risco interno, nem da luz e da ventilação das habitações...". Ainda mais: "consente que se abrão janellas e portas das dimensões de jaulas e viveiros". "E, no entretanto, senhores da Academia" – bradava o médico – "é a vida nacional que atacão, é o organismo brasileiro que destroem, é a educação que nullificão, é a moral publica que violão". De que valeria educar-se a população, deixando-se, por outro lado, que a maior parte apodrecesse dentro daqueles sobrados úmidos, para não falar em casas piores, da gente mais pobre nos sobrados reduzidos a cortiços, por exemplo? Porque a casa, como lembrou-se de dizer o Dr. Correia de Azevedo em palavras um tanto retóricas, mas meio freudianas, era o "segundo utero" do homem: "Privar esse utero da circulação e da vida que o torna apto a funccionar nesse grande corpo atmospherico e do solo, é o mesmo que dar a morte ao filho adeantado na existencia, é tornal-o menos apto a viver, é prival-o de suas condições de força no acto de sahir á luz das epocas da infancia".[135]

Não se pode afirmar que as câmaras municipais viessem sempre destacando-se, no Brasil patriarcal, pela pouca importância atribuída aos problemas de higiene urbana, incluído nestes o de arquitetura. Durante os tempos coloniais houve dentro das câmaras quem clamasse por uma melhor fiscalização da vida urbana. E nos primeiros anos da independência apareceram propostas no sentido de dividir as cidades em "zonas", no moderno sentido urbanístico e no de regularizar a construção dos prédios: pelo menos das fachadas, das calçadas e telhados. A Câmara Municipal do Rio de Janeiro sabe-se que em 1798 empreendeu um inquérito entre os médicos mais notáveis da cidade, com o fim de determinar as causas principais da insalubridade urbana. Um dos médicos, o Dr. Manuel Joaquim Marreiros, respondeu que, entre outros fatos, parecia-lhe dever merecer a atenção da Câmara, "a mal entendida construcção de casas, com pequena frente e grande fundo, propria a diminuir os pontos de contacto do ar externo com o interno...". Além do que, devia-se considerar "o terreno sobre que assentão as ditas casas, feito de peor condição pelas muitas aguas sujas indiscretamente lançadas nas chamadas areas das casas, ás quaes não obstante serem descobertas, mal chega algum raio do sol perpendicular, e menos alguma particula de ar livre". Outro doutor consultado, Bernardino Gomes, salientou o grande número de casas abarracadas ou térreas, ao lado dos sobrados; nesses prédios abarracados – onde morava a gente mais pobre – o ar era ainda "menos ventilado, mais humido, mais doentio". E o Dr. Antônio Joaquim de Medeiros desde o remoto ano de 1798 insistia na necessidade de o senado, isto é, a câmara municipal providenciar no sentido de que "ninguem para o futuro construa casas, sem que o engenheiro, que a camara tiver convidado, tenha examinado o risco, e regulado a altura do pavimento...".[136]

É certo, por outro lado, que havia, desde o fim do século XVIII, sobrados grandes, nas cidades brasileiras mais nobres ou mais prósperas, construídos com ideia de conforto e com material bom onde residiam os próprios donos. Os fidalgos portugueses que vieram com o príncipe regente foi onde se instalaram: nesses palacetes melhores. O conde de Belmonte, por exemplo, morou por dez anos na casa que acabara de construir um patriarca da terra, "pai de numerosíssima família", diz um cronista: até dos escravos do homem o fidalgo parasita se apropriou. E a residência principal da própria família real passou a ser antiga casa-grande de sítio: a Quinta da Boa Vista.[137]

Algumas dessas casas melhores ostentavam seu lioz, importado do reino – em lugar do qual, outras empregavam cantaria de pedra brasileira: "rochas gneissecas das nossas primeiras pedreiras exploradas", diz Araújo Viana; ou as pedras da terra que Vauthier encontrou no Recife, empregadas em construções.[138] Predominavam nos sobrados grandes os vãos de janelas e portas de lioz ou de cantaria; mas havia também os de madeira. E quase todos retangulares. A verga ou segmento circular apareceu na edificação particular – "depois que o puseram nas igrejas".[139] Anúncios de sobrados do Rio de Janeiro dos primeiros decênios do século XIX nos dão ideia da arquitetura nobre então dominante nas ruas do centro da cidade: dos tetos de estuques, dos papéis de forro, das varandas de ferro, das cocheiras, dos jardins, das hortas. Veremos mais adiante o efeito que teve sobre a arquitetura patriarcal das principais cidades do Brasil o maior contato com a Europa não ibérica.

Madeira, as matas indígenas podiam fornecer das melhores para a construção de casas nobres; as chamadas "madeiras de lei". Koster viu uma vez, entre os restos de velha casa, as traves antigas de pau-ferro ou coração-de-negro. A crosta, diz ele, se puíra, mas por baixo dessa crosta a madeira conservava uma dureza de ferro. Parecia mesmo que endurecera ainda mais com o tempo.[140] Outra madeira muito usada na construção de casas nobres era o pau-d'arco. Para fazer portas e janelas, empregava-se de preferência o pau-amarelo, usado também para fazer os soalhos. Usava-se ainda na construção das velhas casas-grandes e sobrados brasileiros, o cedro indígena. Tollenare salienta o uso do vinhático para traves.[141] E Ouseley teve a impressão de que fogo algum podia consumir as madeiras da casa-grande de sítio em que residiu no Rio de Janeiro: eram como se fossem incombustíveis ("*incombustible*").[142]

Incrível é que havendo tanto pau de lei em nossas matas, a ponto de Portugal se abastecer largamente de madeiras no Brasil, principalmente em Pernambuco, para a construção dos seus navios e dos seus palácios, e até de palacetes particulares, como o velho casarão de Santo Amaro onde o conde de Sabugosa nos mostrou há anos a sala de jantar, toda guarnecida de madeira de lei vinda de mata brasileira; incrível é que havendo tanta fartura de pau de lei em nossas matas, o país se encontrasse, nos princípios de sua vida independente, na necessidade de importar e consumir "taboas de outras nações". É que a exploração das matas, nos pontos mais acessíveis, se fizera brutalmente. Devastara-se tudo. "Nossas mattas" – dizia em mensagem à Assembleia Legislativa de Pernambuco na sua 1ª sessão de 1835 o presidente Manuel de Carvalho Pais de Andrade – "têm sido estragadas sem piedade a ponto de tornar-se demasiado escassas as madeiras de construção: he urgente tomar medidas para a conservação das mattas que ainda existem e a plantação de bosques artificiaes".[143]

Os sobradões coloniais das cidades, dizem os cronistas que eram geralmente pintados por fora de vermelho sangue de boi. Outros eram revestidos de azulejo – principalmente os do Recife e os de São Luís do Maranhão. A julgar pelos anúncios de jornais dos primeiros decênios do século XIX, parece que muitas casas urbanas eram pintadas de vermelho ou amarelo. Algumas de verde ou azul. Numerosas parece que eram caiadas de branco.

Dentro de casa, nas salas nobres, dominou nos princípios do século XIX o requinte anti-higiênico do papel pintado com o qual se forravam as paredes. Luccock conheceu casas onde as salas eram parte caiadas de branco, parte pintadas a cores vistosas. Barras e frisos de cor. Na cornija, filetes pardos, amarelos, azuis, cor-de-rosa. O teto, também, pintado a cores. As portas, geralmente pintadas de amarelo. Algumas vezes nos tetos da sala de visitas se pintavam flores, como ainda se vê em certos sobrados velhos de Santa Luzia, em Minas Gerais, visitados por nós em 1935. Nos tetos das casas mais devotas se pintavam anjinhos bochechudos segurando ramos de rosas. Às vezes pintavam-se frutas e passarinhos. Maria Graham viu numa casa-grande dos arredores do Rio paisagens do lugar pintadas pelas paredes das salas; não eram más. Indagando, soube que a pintura era trabalho de artista negro.[144]

Já no Império é que se generalizou o requinte das portas envidraçadas, não só dando para a rua (do que fomos encontrar antecipação escandalosa – verdadeiro jardim de inverno – em velho casarão, provavelmente do século XVIII, em Barbacena, por nós igualmente visitado em 1935) como dentro da casa, das alcovas para as salas de visitas e de jantar. O requinte, também, das janelas igualmente envidraçadas, em vez de quadriculadas à moda oriental; das claraboias e telhas de vidro deixando um pouco mais de luz clarear os interiores; dos estuques nos tetos das salas de visita. Esses requintes se generalizaram com o impulso novo de influência europeia, que depois da chegada de D. João VI invadiu triunfalmente vários aspectos da nossa vida, mesmo a mais íntima. A culinária, o mobiliário, os divertimentos, o saneamento doméstico. Teve de respeitar outros: as escarradeiras nas salas de visitas e os paliteiros nas mesas de jantar, por exemplo, resistiram longamente às novas modas.

As escarradeiras, muitas tão cheias de dourados como os urinóis patriarcais e algumas de prata, recebiam as visitas quase à porta dos sobrados. Os viajantes estrangeiros que aqui estiveram no fim do século XVIII e no começo do XIX não se cansam de censurar nos brasileiros daquele tempo o mau hábito de viverem cuspindo, as salas cheias de escarradeiras ou cusparadas. Tanto os homens como as mulheres – devendo-se notar que entre essas não eram raras as que fumavam charuto e até cachimbo. Daí alguns observadores associarem o muito cuspir no chão, ou nas escarradeiras douradas das salas de visitas, à predominância daqueles vícios. O Dr. José Martins da Cruz Jobim, em discurso que em 1835 pronunciou no Rio de Janeiro, sugeriu outra explicação, também apoiada em um hábito muito brasileiro: o do abuso dos medicamentos mercuriais contra a sífilis. "Devemos aqui lembrar" – disse o Dr. Jobim no seu discurso – "que a salivação mercurial sobrevem no nosso clima com huma rapidez espantosa, occasionando com mui diminutas doses do metal grandes estragos da bocca; se attendermos ao muito que aqui se cospe admittiremos nas glandulas salivares certa irritabilidade que explica o apparecimento rapido daquella complicação, provavelmente pela sympathia que esses orgãos entreteem com as visceras do baixo ventre, mais ou menos soffredoras do nosso clima".[145]

Aquela "irritabilidade" talvez existisse, e exista ainda hoje, por efeito não só do abuso do tabaco e dos tais medicamentos mercuriais, mas do hábito, simplesmente. Com relação à influência do tabaco, o Dr. Jobim talvez tenha sido um precursor, antecipando-se ao resultado de observações mais recentes e de pesquisas mais minuciosas.

Os cientistas da expedição da Escola de Medicina Tropical de Harvard, que estiveram no norte do Brasil em 1918, observaram o fato de a gente do interior do Pará e Amazonas – sub-regiões de população arcaicamente colonial, como, aliás, a de certas sub-regiões do sul dos Estados Unidos – estar sempre escarrando, tossindo e cuspindo. Nos vapores fluviais, notaram, debaixo das redes dos viajantes, verdadeiras poças de cuspo e catarro. Nas casas mais rústicas teriam notado o mesmo; e também em algumas das melhores daqueles dias. Até em palácios de governadores teriam visto a utilidade das escarradeiras elegantes, que recolhiam as cusparadas ilustres. Os médicos de Harvard sugeriram a possibilidade de esse excesso de expectoração ser devido ao uso de tabaco forte; mas inclinaram-se principalmente a admitir que fosse efeito de hábito social.

Burton observara, no sul do Brasil, que as pessoas escarravam e cuspiam com a maior naturalidade deste mundo; algumas, como se assobiassem; outras por considerarem o hábito higiênico. Burton, aliás, em vez de se horrorizar com o excesso de expectoração, nos meios rusticamente patriarcais do Brasil, considerou-o natural: deixar de cuspir é que era artificial. O viajante inglês também tornou-se apologista do palito de dentes – outra nota característica do interior dos velhos sobrados mais brasileiramente patriarcais, onde a mesa não estava completa, faltando o paliteiro.[146] Às vezes – como já recordamos – eram os próprios senhores das casas-grandes, os próprios velhos dos sobrados patriarcais, que enchiam seus ócios fazendo pachorrentamente palitos; ou então gaiolas de passarinho. Era no que mais gastava seus vagares de homenzarrão nordicamente alourado porém tropicalmente inerme o velho Manuel da Rocha Wanderley, senhor do engenho Mangueira, de Pernambuco.

Eram paliteiros enormes, os que rebrilhavam nas mesas patriarcais. Alguns de prata. Outros de louça. Muitos em forma de bichos. Passarinhos voando. Pavões de leque escancarado. Carneirinhos. Porquinhos. Outros com figuras de pastores, Netuno, índios. Mas faltar é que não faltava à mesa dos sobrados, das chácaras, das casas de engenho: o paliteiro herdado dos portugueses. O próprio D. Pedro I parece que usou e abusou do palito na mesa do seu palácio – hábito imperial que tanto repugnou a Taunay. Parece que antes de se generalizar o uso do charuto entre os fidalgos ou os burgueses patriarcais era palitando os dentes que eles conversavam depois do jantar.[147]

Antes de as vasilhas de louça e de vidro fabricadas na Inglaterra tornarem-se de uso corrente entre a burguesia dos sobrados grandes, comia-se geralmente em louça holandesa e em tigelas portuguesas de boca larga e fundo pequeno; e em vez de canecos e de xícaras, predominavam os cocos e as cuias do mais puro sabor indígena. Com a primitividade dessas cuias e cocos contrastava a prata fina dos garfos e das colheres. Faca, cada um tinha a sua; ou então, servia-se dos dedos, e da faca só para cortar a carne.[148]

Mas a louça não era unicamente a de feitio holandês que Luccock viu nas casas do Sul. O contato com o Oriente tornara comum nos guarda-louças e aparadores dos sobrados grandes, pelo menos do Recife e de Salvador, as travessas da Índia, os pratos fundos de Macau, a porcelana da China. Até arroz-doce se vendia nas ruas em prato de porcelana da China: os irmãos Gomes Ferreira guardaram até nossos dias, no seu velho sobrado de Olinda, uma relíquia dessas. E em noite de lua, diz um cronista, os burgueses menos opulentos do Recife muitas vezes iam comer suas peixadas, sua carne com molho de ferrugem, suas fritadas de siri, na calçada da frente das casas, em pratos da China ou da Índia cujos azuis e vermelhos brilhavam ao luar.[149]

A mesa era patriarcal. O dono da casa, à cabeceira, às vezes servia. Quando era jantar com senhoras, ficavam sempre marido e mulher juntos. Mas isto já foi depois da sofisticação dos hábitos, ao contato maior com a Europa. Antes, nos tempos mouros, era raro mulher na primeira mesa: pelo menos quando havia visita. Era só homem. As mulheres e os meninos sumiam-se. Nos jantares íntimos, o patriarca servia-se primeiro e do melhor; do abacaxi, por exemplo, havendo um só, a parte nobre, imperial, a coroa, era a sua; e a outra, da mulher, dos filhos, da parentela.

As mesas já dissemos que eram nos sobrados mais nobres, quase tão grandes como nas casas-grandes de engenho ou de fazenda, embora fosse menor o número de convivas nas cidades; menos exposta a casa aos papa-jantares. Luccock informa que as mesas eram também demasiadamente altas para ser confortáveis;[150] e em assuntos de conforto doméstico devemos aceitar a palavra de um inglês, como a ortodoxa e definitiva. Mesas, quase sempre de jacarandá, pesadonas, de uma solidez bem patriarcal. Pareciam criar raízes no chão ou no soalho. Alguns senhores gabavam-se de em suas casas nunca se tirar a toalha da mesa. Senhores de chácaras e de sobrados grandes, e não apenas de engenho. Tal o velho José Antônio Gonsalves de Melo, cuja chácara, no Poço da Panela, ainda hoje está de pé, com suas arcadas quase de convento. O barão de Catas Altas, em Minas, este chegava a ser extravagante: fazia questão de que sua casa fosse um hotel, a mesa sempre posta. Acabou arruinado pelos papa-jantares.

Nas casas lordes menos exageradas na hospitalidade, o jantar tinha suas horas, que variavam entre as duas e as quatro da tarde. Consistia geralmente no caldo de substância, na carne assada ou cozida, no pirão escaldado, no molho de malagueta. Bebida, quase que era só água, que se deixava nos vãos das janelas esfriando dentro das gordas quartinhas ou moringas de barro. Álcool, só um vinhozinho do porto à sobremesa; uns goles de aguardente de cana antes de feijoada, para abrir o apetite. E o chá-da-índia, como os outros chás, foi por algum tempo considerado quase um remédio. Vendido nas boticas. Seu uso só se tornou elegante nas zonas mais influenciadas pela cultura inglesa nos começos do século XIX. Ao findar a primeira metade do século, já eram comuns anúncios como este, recolhido do *Jornal do Commercio* de 25 de outubro de 1848: "Vende-se uma preta de nação a qual sabe cortar e coser tanto camisas de homem como costuras de senhora as mais difíceis, engomma, lava, cosinha, faz doces de calda de todas as qualidades, veste e prega uma senhora, aprompta um chá e tudo que é devido a uma perfeita mucama...". Já não se compreendia não só uma perfeita senhora como uma perfeita mucama que em áreas como a do Rio de Janeiro, a de Pernambuco, a da Bahia, não soubesse aprontar um chá.

O café só veio a popularizar-se no meado do século XIX. Sobremesa: arroz-doce com canela, filhós, canjica temperada com açúcar e manteiga, o doce com queijo de Minas, o melado ou mel de engenho com farinha ou queijo. Frutas – abacaxi, pinha, manga, pitanga – das quais também se faziam doces ou pudins. Às vezes, havia grandes feijoadas. As ortodoxas eram as de feijão-preto. O feijão se comia todos os dias. Era de rigor no jantar de peixe – em Pernambuco e na Bahia preparando-se o feijão de coco. Nas feijoadas o feijão aparecia com lombo, carne salgada, toucinho, cabeça de porco, linguiça. Misturava-se com farinha até formar uma papa que se regava com molho de pimenta. De camarão, ostras e marisco se fazia nas cozinhas dos sobrados grandes – mais sofisticadas em geral que as das casas de engenho, mais em contato com os temperos do Oriente e da África – muito quitute picante: "guisados que primavam pelo excesso de condimentos excitantes, sobretudo a pimenta e que eram de uso frequente ou ao jantar ou á ceia", diz-nos o Dr. José Luciano Pereira Júnior referindo-se à cozinha das casa nobres do Rio de Janeiro antes de 1808.[151] A carne verde, adianta o Dr. Pereira Júnior, "não era fornecida em quantidade sufficiente para abastecer o mercado; usava-se então muito de carne salgada, que vinha do Norte, e do lombo de porco que com abundancia era fornecido por Minas"[152]. Informação que confirma a de viajantes franceses com relação à Bahia: carne muito escassa, não só a de boi, como a de galinha e de carneiro. Contra a carne de carneiro, Luccock observou no Rio de Janeiro curiosa repugnância religiosa: era a carne do animal que simbolizava Nosso Senhor e não devia ser comida pelos bons cristãos.[153]

Em vez de pão – raro entre nós até os começos do século XIX – usava-se ao almoço beiju de tapioca, ou de massa, e no jantar, pirão ou massa de farinha de mandioca feita no caldo de carne ou de peixe. Também arroz. Foi outro substituto do pão, à mesa patriarcal dos sobrados velhos, anterior à maior europeização da cozinha brasileira. Arroz cozido com camarões; ou então com cabeça de peixe. Arroz com carne. Arroz com sardinha. Arroz-doce. O arroz tornou-se tão do Brasil quanto da Índia. Introduzido na colônia pelo marquês de Lavradio que administrou o Brasil de 1769 a 1779, tornou-se, na opinião de franceses, mestres do paladar, superior ao arroz da Índia (*"fort supérieur au riz de l'Inde"*),[154] não se compreendendo que, à falta da justa proteção, chegasse ao fim da era imperial vencido pelo produto inferior de possessões inglesas.

Manteiga se comia pouco. Quase não se encontrava no mercado. Em compensação, havia fartura de queijo de Minas.[155]

Talvez o que mais se comesse nas cidades marítimas ou de rio, como Salvador, Olinda, o Recife, o Rio de Janeiro, São Luís, Desterro, fosse peixe e camarão, pois muita chácara tinha seu viveiro próprio, que dava para o gasto da casa e para o comércio, os ricos vendendo aos pobres os peixes considerados mais plebeus. Ainda hoje se segue a velha hierarquia, em classificar peixes, havendo os que, embora gostosos, são considerados peixe do povo e vendidos por preços mais barato. Há peixes de primeira, de segunda, de terceira, de quarta, de quinta, de sexta classe, cuja categoria se acha até oficializada pelas prefeituras de algumas cidades. Os peixes para a mesa dos sobrados grandes tornaram-se, no Norte, a cavala – de preferência a cavala-perna--de-moça – a sioba, o camorim, a carapeba, a curimã, a pescada, também se admitindo a garoupa, a tainha, o pampo-da-cabeça-mole, a enchova, a bicuda, a carapitonga, o serigado, o beijupirá, até mesmo o camarupim, o aribebéu, o galo; daí para baixo, vinha e vem o rebotalho. O peixe de mucambo e de frege: espada, bapuruna, pirambu, palombeta, arraça, bodeão, bagre. Exceções só da agulha, que sendo um peixe de mucambo, de fogareiro de rua, também se comia – e come – nas mesas fidalgas, com azeite e farofa. Mas quase por extravagância ou boêmia. No Rio de Janeiro, os peixes nobres eram o badejo, a garoupa, o beijupirá e os plebeus e vendidos a preços baixos a tainha, a sardinha, o xarelete. É assunto a que voltaremos a nos referir, esse da hierarquia dos peixes na mesa patriarcal das casas-grandes e dos sobrados de cidade no Brasil. Hierarquia mais acentuada que a das carnes, a das frutas, a dos legumes, a das bebidas.

Deve-se notar, não como simples nota de pitoresco, mas com um hábito que talvez explique muita doença dos tempos patriarcais, que o brasileiro comia então, como ainda hoje, depressa e por conseguinte mastigando mal. Notaram o fato vários estrangeiros, entre outros Tollenare e Saint-Hilaire. Este escreve dos mineiros que engoliam rapidamente a comida, deixando-o sempre em atraso. Não conversavam durante o jantar – só faziam engolir os bolões de comida.[156] Os baianos parece que foram sempre mais lentos que os demais brasileiros à mesa do jantar; e também mais conversadores e alegres. Mais civis, mais polidos, mais urbanos, mais de cidade do que de roça, neste como em outros pontos. Mais de sobrado do que de casa-grande. Não foi de todo sem razão que a plebe de Salvador chegou a cantar nas ruas da sua opulenta cidade quando os "Republicanos" de 1817, de Pernambuco, ali desembarcaram:

> *"Bahia é cidade,*
> *Pernambuco é grota.*
> *Viva o Conde d'Arcos,*
> *Morra o patriota!"*

O modo de arrumarem as senhoras os móveis nos sobrados, e a natureza e o feitio desses móveis, obedeciam igualmente à hierarquia patriarcal. Em volta da mesa de jantar, cadeiras para o senhor e as visitas; para o resto, geralmente, tamboretes ou mochos; e às vezes se comia no chão, por cima de esteiras. Parece que só nas casas mais finas sentavam-se todos em cadeiras – a do patriarca, à cabeceira da mesa, sempre maior, de braço, uma espécie de trono, como as cadeiras dos mestres-régios nas salas de aula. Ainda hoje as cadeiras patriarcais de jacarandá que nos restam desse período parecem tronos, sendo de notar sua altura, superior à das cadeiras comuns. Também sua largura – como se tivessem de acomodar montanhas de carne. E montanhas de carne tornavam-se às vezes as sinhás mais opulentas dos sobrados, principalmente na Bahia; e não apenas as senhoras de casa-grande como é tradição ter sido, em Pernambuco, Da. Ana Rosa, do Engenho Maçangana, de quem velhos conhecedores do mesmo engenho supõem ter sido a enorme cadeira, como que de abadessa, hoje de uma casa de Apicucos, também em Pernambuco.

Nas salas de visitas dos sobrados grandes, arrumava-se a mobília com uma simetria rígida: o sofá no meio, de cada lado uma cadeira de braço, e em seguida, várias das cadeiras comuns. Às vezes, uma mesa, com um castiçal grande em cima. Luccock achou o sofá patriarcal das salas de visitas do Rio de Janeiro *"at once clumsy and fantastical in its pattern"*.[157] Essas cadeiras e esses sofás, não se suponha que no século XVIII e nos princípios do XIX fossem pretos, pardos, arroxeados, cor da própria madeira nobre, de que eram feitos – em geral o jacarandá. Não; eram orientalmente pintados de vermelho e branco; ornamentados com pinturas de ramos de flores. Tais os que o observador inglês viu nas casas do Rio. Alguns desses móveis rijos, pesadões, lhe informaram que eram peças de quase cem anos – isto é, do começo do século XVIII.[158]

Saint-Hilaire, mais indulgente que Luccock, louva algumas salas de visitas que conheceu no Brasil. As paredes pintadas de cores frescas. Nas salas das casas mais antigas, viam-se pintadas figuras e arabescos; nas das casas novas, a pintura imitava papel pintado. As mesas faziam as vezes das chaminés das casas da Europa: era nelas que se colocavam os castiçais com as mangas de vidro, as serpentinas, os relógios.[159] Gravuras, viam-se às vezes. Os anúncios de jornal dão notícias de várias: as quatro estações, cenas de guerra, retratos de heróis franceses e ingleses.[160] Também nos dão notícias de candeeiros para mesa chegados de Paris como os que aparecem em um anúncio do *Jornal do Commercio* de 25 de outubro de 1848: "candeeiros para mesa, de pregar na parede, suspender etc., de todas as qualidades" e do "ultimo gosto". Nas casas mais elegantes rebrilhavam os lustres como os anunciados no *Jornal do Commercio* de 30 de outubro do mesmo ano pelo leiloeiro Carlos, ao dar notícia do "leilão extraordinário" que fazia de ordem e por conta da Ilm.ma Ex.ma Sr.a baronesa de Sorocaba no seu palacete da ladeira da Glória.

A moda de arrumar os sofás e as cadeiras hierarquicamente atravessou todo o século XIX, merecendo a atenção de Fletcher quando aqui esteve por volta de 1850. O que desapareceu quase por completo foi a moda de pintar os jacarandás nas casas. Nas igrejas ainda se encontram jacarandás e até azulejos pintados de branco, é certo, porém, raramente. Surgiu no século XIX a moda de enfeitar de rendas com lacinhos de fita vermelha ou azul, o encosto das cadeiras – moda que chegaria aos fins do século.

Nas alcovas, camas enormes, os tálamos patriarcais quase sagrados. "Camas bem-feitas, porém nada modernas", reparou tolamente Luccock, que entretanto se viu obrigado a confessar que os lençóis eram excelentes. Os colchões e os travesseiros eram, muitos deles, de lã de barriguda. Raras as casas com lençóis de cama sujos ou encardidos; só mesmo, talvez, aquelas onde faltasse dona de casa ou mucama vigilante, como o casarão de Noruega do capitão-mor Manuel Tomé de Jesus quando já viúvo, velho e quase caduco. Aí o inglês Mansfield diz que teve de dormir em uma cama imunda. Caduquice ou sovinice do velho Manuel Tomé. Porque sobre as camas dos sobrados mais ricos não era raro verem-se colchas da Índia ou da China, tradição conservada em Pernambuco desde o século XVI. Os já referidos irmãos Gomes Ferreira, que faleceram em Olinda em idade já muito avançada, conservaram no seu sobrado do Pátio de São Pedro, até 1937, colchas e panos do Oriente, outrora comuns nas casas mais opulentas do Recife. Haviam sido do sobrado grande de seus avós, em Ponte d'Uchoa, famoso pelas festas presididas pela bela Da. Ana Siqueira.

As camas, como em geral os móveis mais nobres, repita-se que eram de jacarandá. Outras madeiras geralmente empregadas no fabrico dos móveis dos sobrados foram o vinhático, o conduru e o pau-santo. Também para as madeiras de construção e de móvel o sistema patriarcal estabeleceu hierarquia. Só as madeiras nobres deviam ser empregadas na construção das casas nobres. Só de madeiras nobres deviam ser feitos os móveis das mesmas casas. Desses móveis, alguns eram fabricados no Brasil. Outros, com madeiras brasileiras, na Europa, por artistas requintados. Os anúncios de jornais da primeira metade do século XIX, nos falam de móveis importados de Portugal, como os que aparecem no *Diário do Rio de Janeiro* de 20 de dezembro de 1821; de "berço de jacarandá construido em Londres" (*Diário do Rio de Janeiro*, 7 de março de 1822); de "trastes novos de jacarandá da última moda lustrados a lustre Francez" (*Diário do Rio de Janeiro*, 12 de setembro de 1821). Jacarandá cortado, polido, lustrado na Europa ou por europeu ou com lustre francês, mas jacarandá do Brasil, com o qual não se podia comparar mogno ou carvalho algum da Europa.

Usava-se muito o mosquiteiro. As muriçocas ou pernilongos deviam ser terríveis naquela época de muitos pântanos perto das cidades: as muriçocas e as moscas. Também as pulgas e mesmo os percevejos.

Havia molequinhos e negrotas encarregados de enxotar as moscas com abanos, do rosto dos senhores brancos e das moças quando jantavam, dormiam ou jogavam. E queimavam-se ervas dentro dos quartos. Saint--Hilaire diz que nas partes mais úmidas do Rio de Janeiro a muriçoca era um horror e Debret retratou senhores do mesmo Rio de Janeiro protegidos contra os mosquitos pelos abanos dos negros. Sabe-se que Joaquim Nabuco tinha suas saudades de Pernambuco diminuídas pela má recordação dos mosquitos.

Em volta da cama, uma variedade de balaios e de baús de couro felpudo completava o quarto de dormir patriarcal, nos sobrados ou casas típicas do Rio de Janeiro ou de Salvador ou Recife. Era onde se guardava a roupa melhor: nesses baús e cestos. Às vezes, como já referimos, a roupa era pendurada pelas paredes e pelo teto, para evitar as baratas e os ratos. Raramente – notou Luccock nos princípios do século XIX – se via alguma coisa que se parecesse com um guarda-roupa.[161]

Antes de a pessoa se ir deitar era costume lavar os pés. Antes e depois do jantar, lavar as mãos. Saint-Hilaire diz que no interior de Minas Gerais, nas casas da gente de cor, era o próprio dono que vinha lavar os pés do viajante, com uma simplicidade dos tempos apostólicos. Nas casas-grandes e nos sobrados, a água vinha numa bacia grande, às vezes de prata, trazida por um dos moleques da casa. Também era costume, antes do jantar, se oferecer à visita um paletó leve, de alpaca ou de outro pano, que substituísse a casaca ou o *croisé* de pano grosso. As senhoras quando faziam visita era algumas vezes para passar o dia; de modo que também ficavam à fresca, de *matinée*, chinelo sem meia.

Muita superstição se agarrou ao complexo "casa" ou "sobrado" no Brasil patriarcal. Várias nos vieram de Portugal. Quando a pessoa batia palmas à porta de um sobrado, segundo costume oriental e gritando "ó de casa!" – até lá de dentro perguntarem "quem é?" ou "ó de fora!" e o moleque vir abrir – devia entrar com o pé direito. Nada de chapéu de sol aberto dentro de casa: era agouro. Nem de chinelo virado: morria a mãe do dono do chinelo. Ninguém quisesse saber de morar em casa de esquina:

"casa de esquina
morte ou ruína";

ou:

> *"casa de esquina*
> *triste sina".*

No Recife, como no Rio de Janeiro, se apontam vários sobrados de esquina onde tem havido morte ou ruína. Em um, incêndio e saque; em outro, um assassinato no pé da escada; de um terceiro, raptaram pela varanda uma moça que depois foi muito infeliz. Compreende-se: as casas de esquina são mais expostas, não a um vago destino mau, mas aos assaltos, aos raptos, às vinganças. Igual superstição desenvolveu-se em outras cidades do Brasil onde também se encontram casas ou sobrados de esquina marcados por desgraças ou "tristes sinas".

Várias aves eram consideradas agourentas, quando entravam nas casas ou pousavam no telhado; a coruja vinha anunciar morte de pessoa da casa que estivesse doente; o acauã também; o anum, quando vinha sentar-se nos arvoredos vizinhos das casas habitadas, era agouro; também eram tidos por agourentos a alma-de-gato, o jacamim, o beija-flor sempre que penetrasse em casa ao romper da aurora. Borboleta preta que entrasse voando dentro de casa era outro agouro. Esperança, dependia da cor da boca: a de boca preta, agouro; a de boca encarnada, felicidade. Sapo, gafanhoto, formiga de asa, gato preto – agouro. Besouro mangangá, um horror! Muita gente ainda tem cisma com pavão e pombo; mas não eram poucos os casarões de sítio com seu pombal e seu pavão, este escancarando o leque no meio do jardim. Outros bichos que estavam sempre perto das casas eram a lagartixa e a rã aos quais entretanto não se atribuía nenhuma significação. Apenas eram os bichos mais fáceis de os meninos da casa judiarem com eles. Já o sapo era outro pavor. Bicho de feitiçaria contra as casas ou sobrados, junto aos quais às vezes amanheciam sapos de boca cosida ou "despachos" de candomblé ou macumba com a sua luz de vela sinistra.

Plantas, já vimos que algumas eram consideradas profiláticas: guardavam a gente e os bichos e as árvores da casa contra o olho--mau, contra o terrível olho-de-seca-pimenta que bastava olhar para um nenenzinho de peito para o nenenzinho definhar e morrer: para um pé de pimenta, e o pé de pimenta secar; para uma rosa, e a rosa desfolhar-se toda. Outras plantas se evitavam em redor da casa: eram também agourentas. Hera nas paredes, por exemplo. Pinheiro que atingisse a altura da casa. Certas trepadeiras. À flor de maracujá dava--se certo sentido místico por ter a forma da cruz de Nosso Senhor e conter os objetos da Paixão de Cristo.

Aliás é curioso observar que o misticismo dos sobrados estendeu--se a uma série de animais de corte, dotando-os de significação religiosa e considerando-os tabus, inteiramente ou em parte, para a mesa ortodoxamente patriarcal. Já o velho Tomé de Sousa sabe-se pelos primeiros cronistas que não comia cabeça de peixe em memória da cabeça de São João Batista. Luccock indagando do motivo de quase não se comer carne de carneiro no Brasil soube – como já recordamos – que, na opinião de alguns, não era animal que os cristãos devessem comer: "por causa do Cordeiro de Deus que tira os pecados do mundo".[162] Carne de porco, muitos comiam, e faziam garbo de comer; mas para mostrar que não eram judeus. Já contra a banana havia quem tivesse esta superstição: "nenhum Católico verdadeiro no Brasil" – observou Luccock – "corta uma banana em sentido transversal, pois no centro se acha a figura da Cruz..."[163]

E convém não nos esquecermos dos papéis com orações também profiláticas – guardando a casa de cidade dos perigos de ladrões, de peste, de malfeitor – que se pregavam às portas e às paredes. Nem da fogueira que se acendia diante da porta principal na noite de São João, para afugentar o Diabo. Nem dos espessos panos pretos de que se revestia por sete dias a fachada da casa ou a do sobrado quando morria alguém da família de cujo luto a casa participava, como participava de suas alegrias, revestindo-se, nos dias de festa, de colchas da Índia, de ramos de laranjeira, de folhas de palmeira, de galhos de pitangueira, de bandeiras e lanternas de papel. Também dia de festa o sobrado deixava-se atapetar por cheirosas folhas de canela.

No sobrado patriarcal não deixava nunca de haver, guardando a casa, cachorros mais ou menos ferozes. De noite soltavam-nos os senhores no quintal ou no sítio. Latiam como uns desesperados ao menor barulho. Às vezes morriam de "bola" – bolões de comida com veneno ou vidro moído dentro que os ladrões mais espertos ou os vizinhos mais intolerantes lhes atiravam.

Quase sempre os cachorros de sobrados nobres tinham nomes terríveis. Chamavam-se Rompe-Ferro, Rompe-Nuvem, Nero. E Gavião, Trovão, Furacão, Sultão, Plutão, Vulcão, Dragão, Zangão, Papão, Grandão, Negrão, Barão, Tição, como se os nomes em "ão" lhes aumentassem o prestígio de animais ferozes, capazes de estraçalhar estranhos ou intrusos. Às vezes eles se contentavam em tirar um pedaço da calça de estopa ou mesmo um fiapo de carne do moleque de rua que viesse roubar algum manguito atraentemente maduro em mangueira do sítio; algum coração-da-índia já quase se espapaçando de podre; algum caju ou araçá ainda verde. Em alguns sítios era tanto araçá ou goiaba ou caju ou manga a cair do arvoredo farto que o chão ficava uma lama de fruta podre. Mas nem assim certos donos de sítio ou quintal grande perdoavam as afoitezas dos moleques; e lançavam contra eles seus cães mais bravos.

Na estrebaria, o sobrado ou a casa de chácara tinha seus cavalos de passeio; algumas chácaras tinham vaca de leite, cabra, carneiro; quase nenhuma deixava de ter seu carneirinho mocho com um laço de fita amarrado no pescoço. Esse carneirinho bem tratado, limpo, bonito, era para os meninos passearem de tarde. Não deixava de haver galinha e peru no galinheiro; algumas casas tinham também pato e galinha-da-angola; criação de coelho; chiqueiro de porco; caritó com gaiamum engordando – tudo defendido dos ladrões pelos Rompe-Ferro e pelos Trovões.

O gato, porém, foi o animal mais ligado ao interior dos sobrados: o que tinha regalias de colo e era mais alisado pelas iaiás e mais mimado pelas mucamas dengosas. Com suas patas de lã descia as escadas sem fazer barulho, sem fazer ranger um degrau ou uma tábua, correndo todos os andares, fiscalizando todos os recantos, todos os buracos de parede e todas as frinchas. Entrava nas alcovas mais íntimas; dormia nas melhores sombras da casa, às vezes nos óculos das paredes, outras vezes nos colchões das camas de jacarandá; nos sofás; nas marquesas; nas esteiras; nos balaios; subia aos telhados; desaparecia pelas cafuas e pelos porões; namorava com os passarinhos mais belos das gaiolas ou do viveiro. Uma vez ou outra pegava distraído um sanhaçu, um galo-de-campina, um canário e variava de sua dieta de peixe, de rato, de fiambre, de tudo que era resto de comida fidalga que não tivesse pimenta. Sua função era importante, na defesa das roupas e da comida, contra os catitas, os gabirus, os camundongos, as baratas – inimigos internos do sobrado que estavam sempre rondando os guarda-comidas ou os baús e querendo roer as roupas, os móveis, os livros, que tinham outros inimigos: o mofo, a traça e o cupim. Daí terem sido raros os livros e manuscritos guardados nas estantes ou nas secretárias das casas-grandes e sobrados patriarcais que passaram de avós a netos. Daí, e também do pouco amor da gente nova por livros, papéis e até retratos velhos que eram às vezes queimados nos fundos dos sítios em pequenos autos de fé. Na sua casa-grande de Muribeca, o Morais do *Dicionário* viu-se obrigado a deitar no rio todo o seu arquivo que devia ser um dos mais preciosos documentários da cultura brasileira da era patriarcal, por medo aos revolucionários de 1817.

O mofo também estragava as coisas. Era difícil combatê-lo como também ao cupim e à traça. As formigas, só com oração. De modo que às vezes pregavam-se papéis com oração nos potes de melado ou nas compoteiras de doce, entregando sua guarda a São Brás.

Os santos mais domésticos, já sabemos que eram nas casas de engenho Santo Antônio, São João, São Pedro; falta referirmos aqui Santa Engrácia e São Longuinho, também ligados à vida de família das casas e dos sobrados dos tempos patriarcais. Todos dois, excelentes para achar objetos perdidos. Depois de Santo Antônio, eram os mais milagrosos. Nos sobrados, nas casas assobradadas, nas casas-grandes, com espaços enormes, recantos mal-assombrados, corredores escuros, estava sempre se perdendo alguma coisa, um dedal, uma costura, um rolo de bico, uma moeda de ouro, de modo que os três santinhos tinham sempre o que fazer. São Longuinho era considerado santo "amante do barulho"; e para se achar o objeto perdido sob sua proteção ou inspiração devia-se dar três gritos em intenção do santo. Em mais de um sobrado de Salvador a devoção principal era pelos Santos Cosme e Damião; entre a fidalguia de sobrado da Corte, o santo mais festejado foi por muito tempo São Jorge, no qual os nobres que só saíam de casa a cavalo viam uma espécie de protetor, e não apenas representante, dos privilégios de sua classe contra a dos peões. Assunto a que voltaremos em capítulo seguinte.

O sobrado grande raramente envelhecia sem criar fama de mal--assombrado. O Rio de Janeiro, Salvador, São Paulo, o Recife, Ouro Preto,

Sabará, Olinda, São Cristóvão, São Luís, Penedo – todas essas cidades mais velhas têm ainda hoje seus sobrados mal-assombrados. Em um, porque um rapaz esfaqueou a noiva na escada: desde esse dia a escada ficou rangendo ou gemendo a noite inteira. Em outro, por causa de dinheiro enterrado no chão ou na parede, aparece alma penada. Em um terceiro, por causa de judiarias do senhor com os negros, ouvem-se gemidos de noite. E às vezes, quando cai um velho sobrado desses, dos tempos patriarcais, ou quando o derrubam, ou quando lhe alteram a estrutura, aparecem mesmo ossos de pessoas, botijas de dinheiro, moedas de ouro do tempo del-Rei D. José ou del-Rei D. João.

O sobrado que, no século XVII, já dominava a paisagem da costa do Brasil, nos pontos mais povoados, europeizando-lhe o perfil, sofreu nos três séculos do seu domínio uma série de alterações não só de estrutura como de fisionomia. Até certo ponto, também as sofreu a casa assobradada ou o palacete de rico, retirado nos subúrbios.

O mucambo, a palhoça ou o tejupar é que quase não mudou. Apresenta diferenças no Brasil mais de natureza regional, conforme o material empregado na sua construção – folha de buriti, palha de coqueiro, palha de cana, capim, sapé, lata velha, pedaços de flandres ou de madeira, cipó ou prego – do que de tipo, em umas regiões mais africano, em outras mais indígena. Deve-se notar do mucambo dos índios – o tejupar – feito de palha, que os primeiros cronistas acharam-no parecido com a cabana portuguesa dos camponeses do Norte. Dessas cabanas algumas eram de colmo; outras construídas de madeira ou barro amassado (taipa). A coberta de colmo usou-se até o século XVIII. De modo que Portugal já nos trazia a tradição do mucambo.

Portugal não nos comunicou da tradição de casa-grande enorme, que aqui se desenvolveu, senão o princípio de casa nobre ou de casa senhoril. Suas casas nobres do século XVI, divididas em quatro ou cinco compartimentos, as urbanas com balcões que se projetavam sobre a rua, eram antes casas afidalgadas do que palácios ou castelos. Raros os palácios que não fossem de reis. Enormes, só os conventos. Monumentais, só os mosteiros.

Estabelecida no Brasil a lavoura de cana e firmada a indústria de açúcar (indústria que a política econômica del-Rei cercou, no primeiro século, de privilégios feudais), a população foi se definindo em *senhor e escravo* e o casario colonial foi se extremando em casa de pedra, ou adobe, e em casa de sapé ou palha; em "casa de branco" e em casa de negro ou caboclo; em sobrado e em mucambo.

No sentido da harmonização com o meio tropical pode-se dizer que o mucambo tem levado vantagem a tipos mais nobres de habitação. Sobre os médios, principalmente: as casas ou sobrados menores, agarrados uns aos outros, a dormida dentro de alcovas sem janela nem claraboia. Não pretendemos fazer o elogio do mucambo como tipo de habitação. Seus vícios são muitos, tornando as palhoças – e até as casinhas de taipa, mas sem reboco, as "cafuas" de Minas Gerais – focos de infecção terríveis. Belisário Pena afirmou ter verificado que a chamada "doença de Chagas" é em Sete Lagoas e Curvello uma doença das "cafuas". Não seria talvez difícil estabelecer ligação semelhante entre o mucambo e a ancilostomíase por todo o interior mais úmido do Brasil e devido, não à palha da construção, mas ao solo enlameado sobre o qual se levanta em geral a palhoça.

Pela qualidade do seu material, e até pelo plano de sua construção, o mucambo ou a casa de pobre corresponde melhor ao clima quente que muito sobrado; ou que a casa térrea de porta e janela, do pequeno burguês, no seu maior número ou na sua quase totalidade. Esse material e esse plano não são culpados, pelo menos diretamente, do sistema de saneamento no quintal, comum a muitos mucambos – a latrina muitas vezes junto do poço de água de beber – nem da dormida sobre o chão puro; nem da falta de acabamento na casa de taipa (reboco), coberta de palha. Referimo-nos ao plano na sua pureza por assim dizer ideal e ao material, também puro, que reunidos dão ao mucambo melhores condições de arejamento e de iluminação que as dos sobrados tipicamente patriarcais – com suas alcovas no meio da casa, seus corredores, suas paredes sorando o dia inteiro – e do que as das casas de porta e janela.

"A iluminação e a ventilação" – escreveu o professor Aluísio Bezerra Coutinho da casa de palha do interior do nordeste brasileiro, casa que, para ele, se enquadra no tipo de palhoça dos indígenas da Oceania, louvado por Gerbault – "fazem-se pelas aberturas vastas do frontão e realizam-se de modo muito mais perfeito do que seria lícito esperar, se se fizessem através de janelas mesmo as mais altas possíveis". Esse sistema de ventilação é o mesmo de certo tipo de mucambo que se encontra na sub-região levantina – zonas urbana, suburbana e rural

– do Nordeste. Sua superioridade é evidente sobre as casas cobertas de telha ou de zinco, materiais "logo aquecidos pelo sol, após uma exposição e que, bons condutores do calor, vão aquecendo o ar no interior". Observações que coincidem com as conclusões alcançadas em estudos, anteriores ao do pesquisador brasileiro, nas Filipinas e confirmadas por estudos recentes, como os dos Srs. Anatole A. Solow, J. W. Drysdale, Robert C. Jones, G. C. W. Ogilvie, John B. Drew, E. Maxwell Fry, J. Compredon.[164]

De modo que a casa ideal para as regiões tropicais do Brasil não seria a que desprezasse o material empregado pelos indígenas e pelos africanos nem o seu plano de construção – o erro que segundo M. Manosa, citado pelo professor Coutinho, se começou a praticar nas Filipinas na ânsia de "modernizar" as condições de habitação pobre, isto é, de americanizá-la e europeizá-la pelo emprego do ferro e outros "excelentes condutores de calor", proibindo-se o uso de "ripa" na construção das casas e reduzindo-se ao mínimo o emprego da madeira como material desprezivelmente arcaico. A casa ideal para estas regiões seria a que utilizasse melhor a experiência dos indígenas e a dos africanos.

Os que ingenuamente, ou para enfeite de seus programas de um messianismo simplista ou cenográfico, vêm considerando o mucambo ou a palhoça o maior espantalho de nossa vida e querendo resolver o problema da habitação proletária no norte do Brasil, proibindo o uso da palha na construção de casas pequenas, vêm colocando o problema em termos falsos e inteiramente antibrasileiros e antiecológicos. O mucambo higienizado, com saneamento e piso, parece ser solução inteligentemente ecológica e econômica do nosso problema de habitação proletária no norte do País, tal como esse problema se apresenta há longos anos aos administradores: exigindo solução imediata. Solução inteligente não só dentro de nossos recursos econômicos imediatos como de acordo com o ambiente, o clima, a paisagem regional. No sul do Brasil é que o problema se agrava e, devido a condições de clima, exige soluções mais caras, com material que proteja, melhor do que a palha, o morador contra o frio e a geada.

O que não é justo é julgar-se o mucambo de palha pelas suas deformações e pelos seus vícios. Pelos seus defeitos de zona – lama, mangue, beira de riacho, em que é de ordinário levantado; e não pelas qualidades puras do seu material e do seu plano de construção.

Os mucambos conservaram até hoje, na paisagem social do Brasil, a primitividade dos primeiros tempos de colonização. Neles foi-se refugiando o caboclo; refugiando-se o negro fugido; refugiando-se o preto livre. O próprio branco integrado na situação social de caboclo. Para muito negro ou pardo, sôfrego de liberdade, era o mucambo melhor que a senzala de pedra e cal, pegada à casa do senhor e parte da casa-grande de engenho, de fazenda ou de sítio. Pois se em mais de uma casa-grande da era patriarcal brasileira, a senzala contrastava com a casa senhoril de pedra ou de adobe, por ser de palha, em numerosas outras casas a senzala era feita do mesmo material que a habitação nobre.

José Rodrigues de Lima Duarte, em ensaio sobre a higiene da escravatura no Brasil, publicado em 1849, descreve-nos senzalas que eram verdadeiros mucambos, cada casinha de negro com duas braças de largura e outras tantas de fundo e algumas até "de menor dimensão"; cobertas de sapé ou de "paus de palmito"; e sem janelas.[165] Mas o tipo de senzala que predominou foi, por motivos de segurança do escravo e garantia contra a sua fuga, o de material mais resistente: às vezes – repita-se – o mesmo que o da casa-grande. E um cubículo junto ao outro, formando um só edifício, fácil, como uma prisão ou um internato, de ser vigiado, fiscalizado e guardado. Porta e janela na frente de cada cubículo, como no Engenho Salgado (Pernambuco), ou apenas porta.

O antagonismo agudo de qualidade de material e, principalmente, de zona ou situação da casa, se estabeleceria entre a casa-grande e a palhoça do morador livre – de vida tantas vezes mais difícil que a do escravo. Entre o sobrado e o mucambo de centro de cidade ou de subúrbio de capital.

Azevedo Pimentel fala, em um dos seus estudos, de "choças de palha, levantadas sobre pântanos", no Valongo; aí se recolhiam os negros desde o tempo do marquês de Lavradio. O negro que vinha da África, muitas vezes doente de "escorbuto, sarna, bobas, maculo".[166] Essas choças de palha foram talvez a primeira mucambaria de cidade no Brasil levantada sobre pântano ou mangue: sobre solo desprezível e desfavorável à habitação ou convivência higiênica.

Em outras choças de palha, levantadas sobre outros pântanos, foi se acoitando a parte mais miserável da população livre da cidade do Rio de Janeiro: população que só depois iria para os morros. Enquanto os negros mais terríveis, ou menos acomodatícios, foram se reunindo em mucambos como os dos Palmares, no Mato Grosso, nos sertões, na própria Amazônia. E não apenas nas imediações das cidades.¹⁶⁷

Os morros foram, a princípio, aristocráticos – como já salientamos: lugares de onde era elegante descer de rede ou de palanque nos ombros dos negros. Aonde padres, fidalgos, senhoras finas subiam, carregadas por escravos.

Estabeleceram-se desde então contrastes violentos de espaço dentro da área urbana e suburbana: o sobrado ou a chácara, grande e isolada, no alto, ou dominando espaços enormes; e as aldeias de mucambos e os cortiços de palhoças embaixo, um casebre por cima do outro, os moradores também, um por cima do outro, numa angústia anti-higiênica de espaço. Isto nas cidades de altos e baixos como o Rio de Janeiro e a capital da Bahia. No Recife os contrastes de espaço não precisaram das diferenças de nível. Impuseram-se de outro modo: pelo contraste entre o solo preciosamente enxuto e o desprezivelmente alagado, onde se foram estendendo as aldeias de mucambos ou casas de palha.

Azevedo Pimentel, em 1884, encontrou no Rio de Janeiro cortiços que nem os das cidades europeias mais congestionadas.¹⁶⁸ As primeiras "cabeças de porco" com espaços livres quase ridículos, de tão pequenos, onde se lavava roupa, se criava suíno, galinha, pato, passarinho. Cortiços dentro de sobrados já velhos onde mal se respirava, tantas eram as camadas de gente que formavam sua população compacta, comprimida, angustiada. Uma latrina para dezenas de pessoas.

Enquanto isso, havia na área urbana gente morando em casas assobradadas, com cafezais e matas, águas e gado dentro dos sítios. Famílias onde cada um tinha seu penico de louça cor-de-rosa ou então sua touça de bananeira, no sítio vasto, para defecar à vontade.

Notas ao Capítulo V

1. Ainda na primeira metade do século XIX começam a aparecer nos jornais brasileiros anúncios de "casas de sobrado" não mais com senzalas porém com "casas para pretos" ou "quartos para creados ou escravos" ou "dependencias". Típico desses anúncios é o seguinte, recolhido da *Gazeta do Rio de Janeiro* de 2 de outubro de 1821: "Vende-se huma caza assobradada acabada ha muito tempo de construir com perfeição e fortaleza [...] architectura ellegante e alguns tetos das salas de estuques, todas as salas, gabinetes e quartos forrados de papeis, do ultimo gosto [...] boa cocheira, cavalharice para sete animaes, quartos de creados, duas cosinhas, tanques de beberem animaes e de lavar roupa, jardim, horta e chacara ajardinada [...] todas as ruas e o jardim guarnecidos de murta e por toda a chacara [...] pedestaes com figuras e vazos de louça fina e pilastras e cazas de fresco...". Ou este, extraído do *Diário do Rio de Janeiro* de 9 de fevereiro de 1822: "[...] casas de sobrados que possão servir para acomodação de huma família, isto he, que tenha pelo menos sala para vizitas, casa de jantar, duas alcovas, dois ou tres quartos para creados, ou escravos, sotão e quintal". E este, do mesmo *Diário* de 6 de março de 1822: "Vende-se huma chacara sita no canto da praia do Flamengo, com boa casa, Oratorio de Missa [...] mattos, e agoa de beber, e lavar, com grande pomar [...] cocheira, casa para pretos, casas de banho d'agoa salgada".

   Casas de chácara – em geral, assobradadas – e sobrados grandes, das cidades, começam, desde então, a distinguir-se das casas nobres rurais por várias características, inclusive a diminuição do número de escravos a seu serviço e a elevação do seu *status* de habitação, em contraste, principalmente, com o dos moradores livres de mucambos, cabana ou cortiços. As antigas senzalas passam a ser, sob a forma de "casas" ou "quartos", parte do edifício de residência dos senhores ou construções do mesmo material que o empregado na edificação das salas, alcovas, capelas, cocheiras. Entretanto, por muito tempo, as casas assobradadas de chácaras, juntando às vantagens de casas nobres rurais as de sobrados nobres, continuaram a dispor do bastante – espaço, plantação, água, escravaria, animais – para produzirem quase o suficiente para sua alimentação e gozo. Os próprios sobrados maiores davam-se ao luxo de possuir, quase no centro de cidades como o Rio de Janeiro à época da Independência, "[...] grande casa de sobrado com muitos commodos para huma numeroza família, com quintal e poço d'agoa" (*Diário do Rio de Janeiro*, 29 de maio de 1822) ou "casa de sobrado e cavelherice e bastantes commodos para grande família, e Oratorio para Missa [...] em boa rua, com chacara que da capim para 4 ou 6 bestas..." (*Diário do Rio de Janeiro*, 4 de junho de 1822). Ou ainda: "[...] huma morada de casas de sobrado de quatro janellas a frente, grades de ferro, muitos comodos para família, coxeira para cinco seges, cavalherice para 8 bestas, quintal e poço com agoa boa...". Note-se que em 1825, não uma chácara, mas simples "chacarinha", era retratada, num anúncio de 21 de janeiro, no mesmo Diário, sob a forma de propriedade "cita na rua da pedreira da Gloria [...] 30 braças de frente e 11 de fundo, toda cercada de grossos muros de pedra e cal com os alicerces de 5 palmos... boa casa com optimos commodos, bem pintada [...] grande portão com entrada no pateo calçado de pedra, mais outro para serventia [...] hum terceiro com boa cosinha [...] estrebaria para 5 cavallos, hum grande poço de pedra com optima agoa que sae de duas veias, hum jardim bem plantado que tem 10 braças de carramanxão de uvas excellentes, optimos figos, selectas macieiras...".

Quanto a chácaras perto do centro urbano, já no meado do século XIX appareciam nos jornais anúncios, de que é típico o seguinte, do *Jornal do Commercio*, do Rio de Janeiro, de 6 de agosto de 1845: "*Vende-se* a melhor chacara da rua de São Clemente n. 72, com casa nobre para grande família, porem por acabar: a chacara tem grande quantidade de arvoredo, sendo dez ruas de laranjas, tudo enxertos novos que tem dado grande porção de laranjas, uma bonita rua de mangueiras, no meio das quaes há um rio corrente para lavar, uma grande parreira que dá grande porção de uvas pretas e brancas, muita porção de pés de louro, muitas ruas de pés de araçás brancos e de muitas qualidades, grande quantidade de pés de cravo e canella, muitos pés de pimenta do reino; muitas macieiras que dão maçãs das melhores qualidades, por ter vindo a planta de fóra: riquissimas romeiras de varios tamanhos, muitas figueiras de varias qualidades de figos até branco: póde dar capim para seis animaes: riquissima qualidade de cravos em grande porção, morangos de muito boa qualidade, grande porção de pecegos grandes e pequenos: emfim a chacara é o melhor objecto que tem naquella rua, e mesmo por ficar muito perto da praia, sendo a casa mandada fazer para desfructar a mesma pessoa; é das melhores madeiras que póde haver, conforme muitas pessoas podem affirmar, e muito bem construida; a cocheira pode guardar quatro carros, tem quartos para criados, ditos para guardar o que se quizer, tudo forrado, menos a cavallariça; e não se duvida ceder com quatro pretos. O motivo da venda é por seu dono se retirar para Inglaterra no mez de outubro do corrente anno".

O Sr. Vivaldo Coaracy, em livro recente, *Couves da minha horta* (Rio de Janeiro, 1949), nas páginas em que inteligentemente contrasta as chácaras modernas com as antigas, observa a substituição do antigo arvoredo, quase todo de troncos fortes e copas altas, por "pomares de laranjeiras, de caquis, de ameixeiras do Japão, de figueiras, de pereiras anãs" – arvoredo quase todo "pequeno e franzino", e "quase de arbustos", e recorda à página 152 os pássaros que o arvoredo das velhas chácaras fluminenses abrigava ou ainda abriga nos raros lugares onde sobrevive: "sabiás, tiés, sanhaços, bem-te-vis, mariquitas, chanchões, saís-de-sete-cores, juritis, beija-flores, taparás, andorinhas da praia, corruíras, rolas, tico-ticos, pains, marias-pretas, coleiros e papa-capins". Alguns comuns ao arvoredo, também commum, transregionalmente brasileiro, de casa assobradadas ou térreas de outras áreas patriarcais do Brasil. Árvores como mangueiras, jaqueiras, árvores de fruta-pão, jambeiros, cajazeiros, jabuticabeiras, coqueiros, cambucazeiros, das quais escreve o Sr. Vivaldo Coaracy que dificilmente se separavam, nas antigas chácaras, em dois grupos, as nativas ou as aclimadas aqui pelos portugueses, de tal modo se multiplicaram elas nas terras patriarcais do Brasil: "como os próprios portugueses".

2. Frei Plácido de Messina, "Officio ao presidente de Pernambuco barão de Boa Vista", 26 de novembro de 1842, manuscritos no arquivo do Instituto Arqueológico, Histórico e Geográfico Pernambucano.

3. Gabriel Soares de Sousa, *Notícia do Brasil* (Introdução, comentários e notas pelo professor Pirajá da Silva), São Paulo, s. d., I, cap. VII.

4. Antes de arquitetos como o falecido professor Morales de los Rios se referirem às "empenas laterais" dos sobrados mais antigos do Recife, como possível sobrevivência de influência holandesa na arquitetura regional ("Resumo monográfico da evolução da arquitetura do Brasil", *in Livro de ouro comemorativo do centenário da Independência e da Exposição internacional do Rio de Janeiro, Rio de Janeiro*, 1922), Alfredo de Carvalho, com a sua autoridade de historiador particularmente versado em assuntos holandeses e conhecedor do norte da Europa, escrevera: "A ele [o holandês ou o flamengo] devemos a disposição topográfica especial da nossa capital e a característica arquitetônica dos seus predios alterosos..." (Frases e palavras, Recife, 1906, p. 55). Essa influência parece "inegável" ao autor do *Tempo dos flamengos* (Rio de Janeiro, 1947), que se ocupa do assunto (p. 80-88).

5. Hermann Wätjen, *Das Hollandische Kolonialreich in Brasilien*, Gota, 1921, p. 306. Veja-se também Civilização holandesa no Brasil, de José Honório Rodrigues e Joaquim Ribeiro, São Paulo, 1940.

6. Sobre aluguéis altos no Recife holandês, vejam-se Wätjen, op. cit., p. 191 e Gonsalves de Melo, op. cit., p. 84 e 92-96.

7. Sobre a prostituição no Recife holandês, veja-se Gonsalves de Melo, neto, op. cit., cap. I, onde examina as condições de vida urbana de uma população heterogênea em área reduzida. Também em Minas Gerais parece ter sido intensa a prostituição urbana no século XVIII. Saint-Hilaire ainda encontrou Barbacena "*célèbre* [...] *pour la quantité de mulâtresses prostituées*" (Voyage dans l'intérieur du Brésil, Paris, 1830, I, p. 123).

8. Pierre Moreau, *Histoire des derniers troubles du Brésil entre les hollandais et les portugais* etc., Paris, M. DC. LI, p. 52. Vide John Nieuhof, *Voyages and travels into Brazil and the East Indies*, trad., Londres, 1932.

9. Guilherme Piso, *História natural do Brasil ilustrada* (trad. do professor Alexandre Correia, comentada), São Paulo, 1948, livro II, capítulo XIX.

10. Entre as prostitutas europeias no Recife holandês estava a holandesa "lusitanamente chamada Maria d'Almeida", denunciada ao Santo Ofício (Gonsalves de Melo, neto, op. cit., p. 37).

11. Moreau, op. cit., p. 53.

12. Vätjen, op. cit., p. 192.

13. Pires de Almeida, *Homossexualismo*, Rio de Janeiro, 1906, p. 75.

14. *Denunciações de Pernambuco, primeira visitação do Santo Ofício às partes do Brasil*, São Paulo, 1929, p. 356.

15. Pires de Almeida, op. cit., p. 63.

16. "Resposta ao Inquérito da Câmara do Rio de Janeiro" (1798), *Anais Brasilienses de Medicina*, nº 5, vol. 2, Rio de Janeiro, 1946.

17. Pires de Almeida, op. cit., p. 46.

18. Cunha, Herculano Augusto Lassance, *A prostituição, em particular, na cidade do Rio de Janeiro*, Rio de Janeiro, 1845, p. 19.

19. Pires de Almeida, op. cit., p. 72.

20. Ibid., p. 76.

21. Ibid., p. 61-62.

22. Ibid., p. 70-71.

23. Veja-se sobre o assunto o estudo de Alfredo Nascimento, *O centenário da academia nacional de medicina do Rio de Janeiro – Primórdios e evolução da medicina no Brasil*, Rio de Janeiro, 1929.

    Em jornais dos primeiros decênios do século XIX encontravam-se anúncios como este, no *Diário do Rio de Janeiro* de 4 de fevereiro de 1822: "[...] parteira boa para partejar senhoras e tambem entende de molestias de barriga".

24. Elísio de Araújo, *Estudo histórico sobre a polícia da capital federal de 1808 a 1831*, Rio de Janeiro, 1898, p. 109.

25. Frei Miguel Ângelo de Gattina e Frei Dionísio de Piacenza estiveram no Brasil em 1667, a caminho do Congo. Seus depoimentos acerca do nosso País foram recolhidos pelo historiador Afonso de E. Taunay em *Non Ducor, Duco*. São Paulo, 1924.

26. Escrevendo no meado do século XIX, dizia sobre o assunto um observador inglês dos costumes brasileiros: "*Drunkness is almost unknown among native Brazilians who have any shred of respectability left [...]. Our national character does not stand high in this respect there. The expression for a dram is "um Baeta inglez"...* (*Brazil: Its history, people natural productions* etc., Londres, 1860, p. 176).

27. De Minas Gerais escreveu Saint-Hilaire que era muito raro encontrar-se vinho em casa de fazendeiro: *"l'eau est leur boisson ordinaire, et pendant la durée des repas comme dans le reste du jour on la sert dans un verre immense porté sur un plateau d'argent et qui est toujours le même pour tout le monde" (Voyage dans l'intérieur du Brésil*, Paris, 1830, I, p. 212). Gardner, viajando pelo Centro e pelo Norte do Brasil, teve a mesma impressão que Saint-Hilaire quanto ao uso do vinho (*Travels in the interior of Brazil, principally through the north of provinces*, Londres, 1846). No mesmo sentido é o depoimento do francês Alp. Rendu: *"La tempérance dans le boisson est une qualité commune au Brésil..."* (*Études topographiques, médicales et agronomiques*, Paris, 1848, p. 17).

28. Burton teve a impressão de que em Minas Gerais consumia-se muita bebida alcoólica (*Explorations of the highlands of the Brazil*, Londres, 1869).

29. Burton, op. cit., p. 163.

30. Entre os pernambucanos, em particular, Tollenare notou, como Saint-Hilaire, entre os mineiros, que nas casas da gente abastada era raro encontrar-se vinho. Bebia-se exageradamente água às refeições ("Notas dominicais tomadas durante uma viagem em Portugal e no Brasil em 1816, 1817 e 1818" (Parte relativa a Pernambuco traduzida do manuscrito francês inédito por Alfredo de Carvalho), *Rev. Inst. Arq. Hist. e Geog. Pernambuco*, nº 61, vol. XI).

31. F. Denis escreveu sobre o Rio de Janeiro dos princípios do século XIX que, além dos vinhos do porto e da madeira, usados só para as saúdes, e de vinhos de laranja e licores, bebia-se, nas casas tipicamente brasileiras, *"une eau limpide conservée dans les morinhas [sic] refraîchessantes, dont les formes sont quelque fois d'une élégance remarquable..."* (Ferdinand Denis, Le Brésil, Paris, MDCCCXXXIX, p. 125).

32. Aos almoços de Bento José da Costa refere-se F. P. do Amaral em Escavações – *Fotos da história de Pernambuco*, Recife, 1884.

33. A adega de Manuel Ferreira da Câmara ficou célebre, na tradição mineira, pela particularidade de ser cavada na rocha.

34. Antônio José de Sousa, *Do regimen das classes pobres e dos escravos na cidade do Rio de Janeiro em seus alimentos e bebidas. Qual a influencia desse regime sobre a saude?* (tese apresentada à Faculdade de Medicina do Rio de Janeiro), Rio de Janeiro, 1851. Veja-se também o estudo de José Maria Rodrigues Regadas, *Regimen das classes abastadas no Rio de Janeiro em seus alimentos e bebidas* (tese apresentada à Faculdade de Medicina do Rio de Janeiro), Rio de Janeiro, 1852, precedido, aliás, pelo de José Luciano Pereira Júnior, *Algumas considerações sobre [...] o regime das classes abastadas do Rio de Janeiro em seus alimentos e bebidas* (tese apresentada à Faculdade de Medicina do Rio de Janeiro), Rio de Janeiro, 1850.

35. Francisco Fernandes Padilha, *Qual o regime das classes pobres do Rio de Janeiro?* (tese apresentada à Faculdade de Medicina do Rio de Janeiro), Rio de Janeiro, 1852.

36. Antônio Corrêa de Sousa Costa, *Qual a alimentação de que vive a classe pobre do Rio de Janeiro e sua influencia sobre a mesma classe?* (tese apresentada à Faculdade de Medicina do Rio de Janeiro), Rio de Janeiro, 1865.

37. Vejam-se as *Memórias de um Cavalcanti (Félix Cavalcanti de Albuquerque)*, coordenadas e anotadas por Diogo de Melo Meneses, introdução de Gilberto Freyre, São Paulo, 1940.

38. Sobre o pouco consumo de carne no Rio de Janeiro, veja-se Antônio Martins de Azevedo Pimentel, *Subsídios para o estudo da higiene no Rio de Janeiro*, Rio de Janeiro, 1890. Convém, entretanto, notar que é da mesma época o reparo de Émile Allain no seu *Rio de Janeiro – Quelques données sur la capitale et sur l'administration du Brésil* (Rio de Janeiro – Paris, 1886): "*Rio est probablement une des villes du monde où il se mange le plus de viande*" (p. 182). Incluía Allain nesse consumo a carne-seca, vinda do sul do País e principalmente das repúblicas do Prata e que formava, com o feijão-preto, "*le plat national brésilien, nommé feijoada (ragoût de haricots)*" (p. 183).

39. À escassez e ao alto preço de carne esteve sempre ligado, no Brasil, o fato de se desprezarem, nas áreas de monocultura como na de mineração, tanto a cultura de legumes como a criação de gado, permitindo grandes explorações da parte de marchantes e intermediários. Em 1626, na cidade do Salvador a Câmara cuidava do assunto em face das "queixas" dos "povos" contra os marchantes (*Documentos históricos do arquivo municipal, atas da câmara, 1625-1647*, Salvador, s. d., I, p. 41). Outras câmaras e governos coloniais tiveram que enfrentar o assunto que na área mineira chegou a extremos alarmantes. Em 1703 pagavam-se por um boi, nessa área, muitas "arrobas de ouro em pó" ("Esboço histórico do município de Januária", *Rev. Arq. Púb. de Minas*, Belo Horizonte, 1906, ano XI, p. 374). Sobre os aspectos quase tão graves quanto em Minas Gerais que o problema apresentou aos administradores do Rio de Janeiro, veja-se o vasto material existente no arquivo geral da prefeitura sobre "carnes verdes, matadouros e talhos, impostos de gado", documentação de que diz o historiador Noronha Santos que "expressa um dos assuntos mais palpitantes da vida da cidade", incluindo informações sobre "monopólios" e "explorações mercantis as mais desabusadas" (*Resenha analítica de livros e documentos do Arquivo Geral da Prefeitura*, Rio de Janeiro, 1949). Também a seção de manuscrito da Biblioteca Nacional contém, sobre o assunto, interessante documentação por nós examinada.

40. Na Bahia, como em Pernambuco, tanto quanto a ação dos atravessadores da carne se fez sentir, contra o interesse público, a dos atravessadores do peixe. Vejam-se sobre o assunto as citadas Atas, I, p. 6, 7, 36, 48, 341 e a *Recompilação de notícias soteropolitanas e brasílicas* (ano de 1802), Bahia, 1921, de Luís Santos Vilhena (I, p. 328).

41. Vilhena, op. cit., I, p. 350.

42. Sr. Frézier, Relation du voyage de la Mer du Sud aux côtes du Chily et du Pérou, fait pendant les années 1712, 1713 et 1714, Paris, MDCCXVI. Veja-se também do Sr. Froger, Relation du voyage fait en 1695, 1696, 1697, aux côtes d'Afrique, Détroit de Magellan, Brésil, Cayenne & les Iles Antilles par une escadre des vaisseaux du roi commandée par monsieur des gennes, Paris, MDCC.

43. Le Gentil de la Barbinais, Nouveau voyage autour du monde etc. Amsterdã, MDCCXXVIII.

44. Talvez em nenhuma área do Brasil colonial tenha se acentuado tanto quanto na da mineração a hostilidade da gente de cor aos dominadores brancos, ou reinóis, explicando-se assim a frequência de bandos como o de 30 de dezembro de 1717 contra elementos da população que deviam sofrer particularmente os efeitos dos altos preços da carne e de outros gêneros e fugir às exigências de um trabalho como o das minas, excepcionalmente penoso, tornando-se, assim, "malfeitores", "maos pagadores" e até "ladrões" e "matadores". O referido bando proibia, sob severas penas, que se desse couto a tais elementos bem como "o uso de armas pelos negros, mulatos, bastardos ou carijós, inclusive bastões ou paos guarnecidos de castões de metal, ou paos agudos, porretes e machadinhas". Só acompanhando seus senhores podiam os negros "conduzir armas licitas e não prohibidas por lei." Outros bandos do período revelam o pavor em que viviam autoridades e ricos, em face daqueles elementos da população, alguns dos quais seriam levados a cometer crimes contra a propriedade pela situação angustiosa em que viviam então em Minas Gerais os que não dispunham de muito ouro. Este muito ouro não era só o retirado das minas, mas principalmente subtraído dos bolsos de mineiros, por meio de fornecimento de gêneros a preços elevadíssimos ou de empréstimos a juros maiores "que os estabelecidos em lei" isto é, de "4, 5, 6, 7, 8 e até 12 por cento ao mez", o que uma ordem régia de 2 de maio de 1718 considerava "violência" (códice nº 11, "Cartas, ordens, despachos e bandos do governo de Minas Gerais, 1717-1721", Arquivo Público Mineiro).

45. Na área mineira chegou a ser quase absoluta a vitória dos atravessadores e negocistas sobre os produtores, o próprio governo da Capitania, tão exigente na cobrança da sisa para Sua Majestade sobre as rendas dos bens de raiz dos moradores estáveis (conforme se vê por carta de 30 de abril de 1718, do mesmo códice nº 11), recomendando ao procurador dos quintos de Vila Rica e a outros não procederem com demasiado rigor para com os mercadores vindos do Rio de Janeiro "negociando com fazendas em pé" (Carta de 13 de fevereiro de 1719, do mesmo códice nº 11).

Eram as vantagens para os negociantes evidentemente destinadas a proteger os reinóis contra os homens da terra. É claro que entre os reinóis não estavam os ciganos, objeto de medidas severas da parte das autoridades tanto na área mineira como noutras áreas coloniais. Veja-se João Dornas Filho, Os ciganos em Minas Gerais, Belo Horizonte, 1948.

46. No Rio de Janeiro, distinguiu-se o conde da Cunha pela sua ação contra os atravessadores e negocistas, como lembra o professor Delgado de Carvalho na sua História da cidade do Rio de Janeiro, Rio de Janeiro, 1926.

47. Pereira da Costa, "D. Thomaz José de Mello em Pernambuco", manuscrito na Seção de Manuscritos da Biblioteca do Estado de Pernambuco.

48. Ibid.

49. Ibid.

50. Manuscritos, Seção de Manuscritos da Biblioteca do Estado de Pernambuco.

51. "Correspondencia com a Corte", Seção de Manuscritos da Biblioteca do Estado de Pernambuco.

52. Caetano Pinto de Miranda Montenegro, ofício manuscrito cit. Vejam-se também "Commercio das carnes seccas" (Manuscritos, cod. 29-12, Biblioteca Nacional), "Informação da fazenda real de Pernambuco", de 14 de dezembro de 1787 (Manuscritos, cód. 29-12, Biblioteca Nacional), "Carta ao marquez de Angeja, de José Cezar de Menezes de Rec.ᵉ de Pern.ᶜᵒ, 28 de setembro de 1784 (Manuscritos, cód. 29-12, Biblioteca Nacional), onde o governador se refere à "exactissima averiguação [...] para descobrir a verdadeira cauza da falta de carne que tem havido nos açougues desta cidade com hum total vexame do povo, principalmente desde o anno mil setecentos e sessenta e oito em deante...". Dessa averiguação concluiu-se que concorria grandemente para a crise "a avultadissima extração de carne salgada que se tem feito e continua a fazer para fora da mesma capitania" agravada pelo aumento de população: "...já pela multiplicação natural dos habitantes deste fecundo continente; já pelas muitas famílias que do reyno e das ilhas se tem aqui vindo estabelecer e já finalmente pelos muitos engenhos que de novo se tem levantado e que occupão hum grande numero de negros que sempre vem entrando dos portos da Africa...". Com o boi reduzido a carne-seca era grande o prejuízo para o governo: "...hum boi que peza de oito a doze arrobas em fresca, sendo seco ou salgado fica em duas, com pouca diferença: de sorte que aquelle boy que vendendo-se no açougue pagaria de subsidio, tendo dez arrobas, mil e setecentos reis secando-se e ficando em duas vem a render somente trezentos e vinte reis". Outro manuscrito da época e da mesma coleção, Carta de José Cezar de Menezes ao marquês de Angeja de 27 de abril de 1787 fixa duas opiniões significativas da Junta em torno do assunto. A primeira: "Sabe muito bem esta Junta que o commercio só pode subsistir e augmentar-se com a liberdade porem tão bem sabe que esta não he admissivel illimitadamente na exportação de hum genero de primeira necessidade qual he o da carne". A segunda: que era opinião dos "physicos" dever ser condenada a carne-seca, boa somente quando não houvesse a fresca.

53. Manuscrito, Seção de Manuscritos da Bibliteca do Estado de Pernambuco.

54. Ibid.

55. Como lembra o historiador Ernesto Cruz no seu *Nos bastidores da Cabanagem* (1942), os cabanos (originariamente os revoltosos de Pernambuco e Alagoas, durante o movimento restaurador de 32, depois os paraenses que se levantaram em armas contra o governo legal) eram assim chamados

pela sua condição humilde; ou de habitantes de "cabanas, palhoças, tejupares ou – ranchos de sapé", como diz Basílio de Magalhães (*Estudos de história do Brasil*, p. 15), citado pelo mesmo historiador. Ou moradores de mucambos, acrescentamos nós. A interpretação da Cabanagem como insurreição popular e nativista contra os ricos e brancos, lembra o Sr. Ernesto Cruz que foi oferecida por Handelmann: "...uma guerra de índios contra brancos, dos destituídos de bens contra os que possuíam bens" (op. cit., p. 18). Também Artur Viana, citado pelo historiador Ernesto Cruz, destacara em seu *Pontos de história do Pará* ter sido uma das "causas determinantes" da Cabanagem o "odio dos brasileiros de cor (pretos, mulatos, caboclos, mamelucos etc.) pelos portugueses" (op. cit., p. 33), opinião também do professor Basílio de Magalhães, que chega a reconhecer nos insurretos das cabanas paraenses "confuso socialismo" (op. cit., p. 39) e do ensaísta Caio Prado Júnior que considera aquele movimento "o mais natural movimento popular do Brasil" (op. cit., p. 41). Euclides da Cunha viu a Cabanagem com outros olhos: como aspecto do "crescente desequilíbrio entre os homens do sertão e do litoral", de que seriam outras expressões o "balaio" no Maranhão, o "chimango" no Ceará, o "cangaceiro" em Pernambuco, o "jagunço" na Bahia (op. cit., p. 41). O que parece é que a Cabanagem foi tudo isso sem ter tido nitidamente um significado exclusivo ou único. Parece ter sido desajustamento, ao mesmo tempo, de classe, raça e religião, representado principalmente por moradores de casas de palha e de feitio africano ou indígena em face dos senhores de casas-grandes ou dos ricos dos sobrados.

56. Livro manuscrito da Câmara do Recife, 1823, na Seção de Manuscritos da Biblioteca do Estado de Pernambuco.

57. J. F. Normano destaca no seu estudo Brazil: *A Study of Economic Types* (Chapel Hill, 1935) a importância dos "produtos-reis" na formação econômica do Brasil.

58. Sebastião Ferreira Soares, Notas estatísticas sobre a produção agrícola e carestia dos gêneros alimentícios no Império do Brasil, Rio de Janeiro, 1860. Para Soares o decréscimo na produção brasileira desde o meado do século XIX resultara do emprego de braços, exclusivamente, na grande lavoura (p. 18-19).

59. O inquérito sobre "a carestia de gêneros alimentícios" realizado em 1858 pelo governo Imperial e que consta como Anexo G, do Relatório apresentado à Assembleia Legislativa pelo Ministro e Secretário dos Negócios do Império, marquês de Olinda (Rio de Janeiro, 1858) revela que uma das causas da elevação de preços seria "a superabundância de capital" (p. 3) e outra, a crescente absorção de braço pelas culturas por nós denominadas imperiais como "o açúcar" e "o café" (p. 8).

60. Vejam-se Atas da Câmara do Salvador citadas, sobre marchantes que já no século XVII se aproveitavam da monocultura para explorar o consumidor com altos preços. Veja-se também sobre o assunto a memória que a prefeitura do Rio de Janeiro fez publicar em 1909, para a Exposição Internacional de Higiene, sob o título *Memória sobre os matadouros no Rio de Janeiro*.

61. Manuel da Gama Lobo, "Ophtalmia Brasiliana", Anais Brasilienses de Medicina, Rio de Janeiro, 1865, vol. XXX, p. 16. Gama Lobo foi um dos primeiros estudiosos dos problemas brasileiros de alimentação a se aproximarem de um critério regional de exame do mesmo problema, partindo de investigações de médico sobre os males de subnutrição acentuados nas áreas de monocultura.

Já Sebastião Ferreira Soares (op. cit.) chegara à conclusão de que a carestia dos gêneros alimentícios, acentuada no Brasil no meado do século XIX, "não tinha por principal causa a cessação do tráfico" e sim "o monopólio dos especuladores", visto que nas províncias do Rio Grande do Sul e Santa Catarina (isto é, nas províncias mais livres da monocultura) os dados da estatística oficial mostraram ter aumentado a produção dos mesmos gêneros alimentícios. Sendo estas províncias as que "abastecião as cidades do Rio de Janeiro, Bahia e Pernambuco, nem mesmo nas epocas das colheitas esses generos baixavão de preço nos seus mercados, ao mesmo passo que se observavam os depositos repletos de farinha, feijão e milho". De modo que, estudado objetivamente o assunto, descobre-se por trás da alta de preços, favorecida pelo sistema monocultor, escravocrático e latifundiário de economia patriarcal do Brasil, "o mais revoltante e immoral monopolio [...] flagelando o misero povo brasileiro". Muito, nas áreas de intensa monocultura, e menos nas de policultura, como era no meado do século XIX grande parte do Rio Grande do Sul, de Santa Catarina, de São Paulo e de Minas Gerais.

62. David Gomes Jardim, *Algumas considerações sobre a higiene dos escravos* (tese apresentada à Faculdade de Medicina do Rio de Janeiro), Rio de Janeiro, 1842, p. 10.

63. Ibid., p. 12. Sobre cuidados de senhores com escravos, são expressivos os testamentos da época patriarcal, como – para citar documento típico – o de Da. Ana Maria de Assunção Vieira, Maranhão, 1798, manuscritos, Registro da Sé: "... Ordeno que logo depois da minha morte separem cartas de alforria a preta Eufrazia e a seus dois filhos o mulatto Clemente e a mulatta Eugenia e da mesma sorte ao cosinheiro João da Costa Preto Angola...".

64. Tollenare, loc. cit., p. 118.

65. Sousa Costa, op. cit., p. 29. Ainda que nos começos do século XIX já fossem numerosos os sobrados em cidades como o Recife, Salvador e Rio de Janeiro, eram em grande número as casas térreas de pedra e cal – isto é, do mesmo material de construção dos sobrados nobres mas sem as dimensões que os aristocratizavam ainda mais que o material de construção. No Rio de Janeiro, eram as casas térreas "tão térreas que em alçando a mão logo se lhes tocava a beira do telhado", como lembra, baseado no estudo de documentos da época, H. J. do Carmo Neto à página 17 do seu *O intendente Aragão* (Rio de Janeiro, 1913) e como indicam processos de construção e reconstrução de prédios, contendo plantas e croquis que constituem parte valiosa dos manuscritos do Arquivo Geral da Prefeitura do Rio de Janeiro. Note-se, também, que fulminadas as rótulas, gelosias ou *urupemas* nos sobrados, pelo edital de 11 de junho de 1809, continuaram, por longos anos, toleradas nas

casas térreas, ao que parece por ser impossível aos seus proprietários substituírem as grades de pau ou de madeira por varandas de ferro inglês e janelas guarnecidas de ferro também inglês. Os anúncios de jornais, desde os primeiros anos do século XIX, referem-se a casas térreas, indicando a procura considerável de habitações desse tipo médio – e também de sobradinhos – da parte de uma população também média nos seus hábitos e nos seus recursos.

A procura de casas desse tipo parece ter-se acentuado durante o segundo e o terceiro decênios do século, podendo ser citados como típicos estes anúncios de casas a venda: "huma caza terrea nova inda por acabar por dentro, no *Forte de S. Pedro*" *(Idade d'ouro do Brazil*, 25 de setembro de 1818), "huma morada de casas terreas de porta e janela, sitas na rua Nova que bota para o Saco do Alferes, os cujos commodos que ella tem são duas salas, duas cosinhas, tôa bem corredor [...] são todas assoalhadas desde a porta da rua até a cosinha, sõa todas amuradas de pedra e cal em redor e tem hum poço" (*Diário do Rio de Janeiro*, 4 de junho de 1822). No mesmo *Diário* haviam aparecido no mesmo ano estes anúncios: "Preciza-se de huma casa terrea para huma pequena família" (29 de maio), "Preciza-se de huma casa terrea, ou de sobrado [...] não excedendo o seu aluguel a dezesseis mil reis mensalmente..." (29 de maio), "Vende-se [...] morada de cazas terreas, pequena, de 2 portas" (18 de fevereiro), "Dezeja-se [...] casa terrea sendo envidraçada [...] para huma pequena família e do Campo de S. Anna para baixo, não excedendo o seu aluguer 12$000 por mez" (4 de junho). Típico de anúncios de sobradinhos pode ser considerado o seguinte, extraído do *Diário do Rio de Janeiro* de 25 de janeiro de 1825: "Vende-se [...] hum sobradinho com sua loja e cosinha separada das casas, com sua aria no meio e um bom quintal".

Eram também para famílias pequenas ou modestas, embora com alguns recursos, "chacarinhas" do tipo descrito num anúncio do mesmo jornal de 28 de janeiro de 1825: "Aluga-se [...] a chacarinha que fica ao pé da chacara de S. M. I. que tem huma casa dentro composta de huma salla, huma alcova que pode tambem servir de salla, duas pequenas alcovas com janellas, casa de jantar, despença e cosinha com seu forno, tudo de telha vã..."

Entre os anúncios de casas de sítio ou de praia, chegam a aparecer, no meio de "laranjeiras da China", "limeiras", "bananeiras", "casas de palha", como em um anúncio, no mesmo jornal, de 14 de fevereiro de 1825: "casa de palha, hum bom poço de beber e lavar [...]" num "pequeno sitio" em Porto Velho.

66. Veja-se, do autor, *Mucambos do nordeste*, Rio de Janeiro, 1937, publicação do Serviço, hoje Diretoria, do Patrimônio Histórico e Artístico Nacional.

67. Kidder salienta que, na primeira metade do século XIX a capital do Maranhão era tida como de melhor construção que qualquer outra do Brasil, tendo ele próprio notado serem poucas as choupanas, casebres ou mucambos ao lado, ou em contraste, com as residências de aparência sólida, várias das quais – acrescente-se ao observador norte-americano – sobradões de azulejo (Daniel P. Kidder, *Sketches of Residence and Travels* in Brazil, Filadélfia, 1845, I, p. 151).

68. Morales de los Rios recorda que a cidade do Rio de Janeiro começou com casas de sapé, como,

aliás, Salvador e Piratininga: "cidades de palha" à semelhança de "aldeias de gentio", como Teodoro Sampaio escreveu de Salvador (*História da fundação da cidade de Salvador*, Bahia, 1949, p. 176).

69. Com relação a São Paulo, os estudos dos historiadores Alcântara Machado, Afonso de E. Taunay, Almeida Prado e Nuto Santana sobre as primeiras habitações podem ser considerados superados pelos do jovem pesquisador Ernâni Silva Bruno em seu trabalho *História e tradições da cidade de São Paulo*, Rio de Janeiro, 1953, onde reúne considerável massa de informações sobre o assunto.

70. Koster, em suas viagens pelo Norte, acabou identificando a condição social das famílias pelo feitio e material de suas habitações.

71. Azevedo Pimentel, *Subsídios para o estudo da higiene do Rio de Janeiro*, cit., p. 210.

72. Correia de Azevedo, "Concorrerá o modo por que são dirigidas entre nós a educação e a instrução da mocidade para o benéfico desenvolvimento físico e moral do homem?", *Anais Brasilienses de Medicina*, cit., p. 432.

73. Correia de Azevedo, loc. cit., p. 422-423. Salientava em trabalho de 1871 esse higienista com preocupações de sociólogo e, ao mesmo tempo, de reformador social, comuns a vários médicos brasileiros do século XIX: "A arquitetura do Rio de Janeiro [...] serve só e baixamente à sórdida economia individual que pretende haurir altos aluguéis de tugúrios mal levantados e, ainda mais, mal divididos. Um capitalista qualquer [...] que tem nos bancos créditos suculentos e no tesouro grande conserva de dinheiro, arvora-se em proprietário, dá o risco da casa, que é sempre igual, *mutatis mutandis*, à dos nossos avós: não indaga de ar, nem de luz, nem das variedades da atmosfera, nem das mais simples leis higiênicas, e manda erguer depressa e barato – uma casa qualquer. Ele é senhor e possuidor do que lhe pertence. Nada mais natural. Ele advoga a sua causa com o mais revoltante egoísmo. Lucra, mas mata a vida nacional; lucra, mas comete atrocidades contra as leis da saúde e da pública moral; lucra, e que lhe importa que um imundo cortiço, que lhe dá interesse, dê ao município moléstias, miséria, crápula, o roubo e a imoralidade revoltante!"

74. Azevedo Pimentel, op. cit., p. 218.

75. Em sessão de 30 de janeiro de 1873 da Academia Imperial de Medicina do Rio de Janeiro foi examinada, entre outras questões, a dos cortiços, tendo o médico Ataliba de Gomensoro versado demoradamente o assunto, por ele, aliás, já ferido em sessões anteriores da mesma Academia: "Entendendo que o foco de epidemia reinante existe nessas casas nauseabundas chamadas cortiços, que aí tem o seu berço o monstro insaciável de vidas, propus, Sr. presidente, a disseminação forçada dos indivíduos que aí vivem atufados na lama e respirando um ar insuficientíssimo, como o único meio possível de debelar, se não totalmente, ao menos em grande parte, a epidemia que parece tomar proporções aterradoras. Ao propor essa medida não tive em vista [...] entrar por essas casas e expulsar os

moradores, dando-lhes as ruas por moradas, porém reduzir os habitantes dos cortiços ao número rigorosamente comportável a essas casas; se em um quarto a cubagem do ar é somente suficiente para duas pessoas, remover as 15 ou 20 para as quais o ar existente torna-se confinado, e que entretanto aí vivem" (*Anais Brasilienses de Medicina*, julho de 1873, tomo XXV, nº 2, p. 50).

76. Gabriel Soares de Sousa, *Notícia do Brasil*, cit., I, p. 256.

77. Roy Nash, *The conquest of Brazil*, Nova York, 1926.

78. Segundo Nash, não falta ao Brasil pedra para construção de edifícios sólidos. Sobre o assunto vejam-se as cartas sobre arquitetura de L. L. Vauthier publicadas na *Revista do Serviço do Patrimônio Histórico e Artístico Nacional*, Rio de Janeiro, 1943, 7, p. 128.

79. Veja-se sobre o assunto Gastão Cruls, *Aparência do Rio de Janeiro*, Rio de Janeiro, 1949, p. 105. A. J. de Melo Morais escreve na sua *Crônica geral e minuciosa do Império do Brasil* (Rio de Janeiro, 1879) que "a primeira casa de pedra e cal que se edificou no continente da baía do Rio de Janeiro foi na praia do Sapateiro, depois do Flamengo, perto do rio Carioca, mandada construir por Villegaignon para o fabrico de tijolos e telhas para as obras da colônia francesa. Nela residiu dois meses o historiador Léry e depois o primeiro juiz do Rio de Janeiro Pedro Martins Namorado em 1568" (p. 69).

80. Sobre as tentativas de franceses para se fixarem no Rio de Janeiro, veja-se Paul Gaffarel, *Histoire du Brésil français au seizième siècle*, Paris, 1878.

81. Gabriel Soares de Sousa, op. cit., I, cap. XIII: "...têm suas casas bem consertadas..."

82. "Sabe-se que do local mais tarde chamado Morro da Forca era tirada uma parte de pedra usada nas primeiras construções", escreve Ernâni Silva Bruno (baseado em Moreira Pinto), no seu *História e tradições da cidade de São Paulo*, Rio de Janeiro, 1953.

83. Sr. Froger, op. cit., p. 123.

84. O padre Mancilla já dizia das casas dos Bandeirantes: "... *no son sino de tierras y de tapias*..." (Silva Bruno, baseado em Afonso de E. Taunay, op. cit.).

85. Frézier, op. cit., p. 89.

86. Segundo Johan Brelin, em relato de viagem, que se refere aos anos de 1755, 56 e 57, *Beskrifning ofver en Afventyrling Resa til Och ifran Ost-Indien Sodra America...* (Upsala, 1758) – gentilmente traduzido da língua sueca, para nosso conhecimento, pela Sra. Vera Melo Franco de Andrade – era geral, entre os habitantes do Brasil de então, a ostentação de ouro, prata e pedras preciosas, que também ornavam em abundância as igrejas. Entretanto, as casas de residência não refletiam tanto o fausto dos moradores (p. 88-100).

87. Salvador era então, segundo Brelin, "grande e bela cidade" com "lindos jardins dispostos entre as casas" (p. 92). "As casas eram construídas de pedra, à maneira espanhola ou portuguesa, com balcões diante dos postigos das janelas, que são cercados de grades, porque as vidraças são ali muito dispendiosas e encontram-se, pois, somente nas residências mais nobres, assim como nas igrejas e claustros" (p. 94). Os mais prósperos moradores de Salvador eram os negociantes "entre os quais há muitos tão ricos que não sabem eles próprios quanto possuem" (p. 94).

88. Do Rio de Janeiro dos primeiros anos do século XIX, dizia-se em trabalho inglês publicado em 1823 que as casas eram geralmente sobrados de dois andares, algumas de três, muitas de um só construídas de granito ou tijolo "*covered with shell lime, the door posts, window frames, vc, being of massy quartz from Bahia...*". Os sobrados "*have usually an open space in front, with large folding gates; a broad flight of steps leads to the upper story consisting of the sala or drawing-room; gorgeously painted and gilt, with folding door leading to the sleeping alcoves, beyond which is a veranda, in which the family generally take their meals and receive visits during the day; the lower parts are generally occupied by slaves, cattle and for domestic purposes*". Quanto às casas térreas: "*... consist of one good room, floored with boards, with alcoves for sleeping, a kitchen, and an enclosed yard, with stables, vc, the only passage through which is through the best apartment*" (Description of a view of the city of St. Sebastian and the bay of Rio de Janeiro, now exhibiting in the panorama, leicester-square. Painted by the proprietor Robert Burford from drawing taken in the year 1823..., Londres, 1927).

89. Joh. Bapt. von Spix e C. F. Phil. von Martius, *Travels in Brazil*, trad., Londres, 1924, I, p. 105.

90. Nash, op. cit., Do assunto já se ocupara, em página inteligente, A. Ferreira Moutinho em sua *Notícia histórica e descritiva da província de Mato Grosso* (São Paulo, 1869), ao referir-se à Cuiabá do meado do século XIX, com suas ruas cortadas "por becos na maioria tortuosos como os de todas as cidades antigas que devem sua origem a mineiros que construíam de modo que seus habitantes estivessem sempre juntos e pudessem assim acudir ao primeiro grito de socorro para se defenderem das muitas hordas de índios que povoavam os sertões e lhes ameaçavam a todo o instante as habitações; notando-se ainda que esses mineiros ambiciosos cuidavam tão-somente do seu interesse, ligando pouca importância à beleza ou à boa ordem dos lugares onde habitavam" (p. 38).

91. John Mawe, *Travels in the interior of Brazil*, Filadélfia, 1816, p. 91.

92. Auguste de Saint-Hilaire, *Voyage dans l'intérieur du Brésil*, Paris, 1830, I, p. 294. Refere-se o observador francês à chácara com "*trés grands enclos òu se voient des plantations symétriques de caféiers et des allées régulières d'orangers, de jabuticabeiras et d'autres arbres*". As chácaras cercadas principalmente de jabuticabeiras tornaram-se caraterísticas de São Paulo.

93. Veja-se a gravura, acompanhada de descrição, de casas no Poço da Panela, por James Henderson, *A history of the Brazil*, Londres, 1821. É interessante, sobre as chácaras de Pernambuco no

meado do século XIX, o depoimento de E. G. Vadet, em *L'explorateur*, citado por M. H. L. Séris em *A travers les provinces du Brésil (Paris, 1881)*: *"Tout à l'entour de la cité, sur les rives des fleuves Capibaribe et Biberibe, les sitios, ou maisons de campagne, présentent aux yeux des voyageurs un aspect aussi agréable que varié"* (p. 108). Cada casa-grande à beira do rio tinha sua porta de água: saída para os botes de recreio e transporte e para os banhos, inclusive para *"bains flottants semblables à ceux qui sont amarrés à Paris sur la Seine"* (p. 109).

94. *Description of a view* etc., cit.

95. A. de Saint-Hilaire, em *Voyage dans les provinces de Saint-Paul et de Saint-Catherine*, Paris, 1851, observa da cidade de São Paulo: "*... on y voit un grand nombre de jolies maisons; les rues ne sont point désertes comme celles de Villa Rica...*" (I, p. 294). Fato significativo de, mesmo assim, ser ainda a casa mais importante que a rua, na cidade de São Paulo da primeira metade do século XIX, é que várias ruas só eram calçadas dianteiras das casas (I, p. 250).

Em Salvador, parece que foi só sob o governo de D. João VI que as ruas e estradas adquiriram condições de segurança compatíveis com a dignidade urbana. "Todos os moradores do *Rio Bonito*, da *Vassoura*, de *Mata dentro*, de *Mata cães* e outros já se utilizão desta nova estrada abençoando continuamente a Mão Poderosa do Nosso Senhor Soberano pelo favor que lhes fez livrando-os de tantos precipicios por onde antes passavão", diz, referindo-se à estrada mandada construir por D. João, uma publicação na *Idade d'ouro do Brazil*, de 12 de dezembro de 1818.

96. Alcântara Machado, Vida e morte do bandeirante, São Paulo, 1930, p. 21.

97. Daniel Kidder, op. cit., II, p. 115.

98. Ibid., p. 117.

99. Fletcher ouviu de uma senhora brasileira que não podia achar bastante trabalho para afastar seus muitos negros ou moleques da ociosidade e das travessuras, palavras que vêm comentadas em *Brazil: its history, people, productions etc. (The religious tract society)*, Londres, 1860, p. 173.

100. Sobre o que se pode considerar a área do azulejo no Brasil veja-se Nash, op. cit.

101. L. L. Vauthier, "Casas de residência no Brasil" (trad. do francês), introdução e notas de Gilberto Freyre, *Revista do Serviço do Patrimônio Histórico e Artístico Nacional*, Rio de Janeiro, 1943, 7, p. 128. O trabalho de Vauthier acaba de aparecer no vol. II da 2ª edição de *Um engenheiro francês no Brasil*, de Gilberto Freyre, 1960.

102. John Esaias Warren, *Pará; or scenes and adventures on the banks of the Amazon*, Nova York, 1851, p. 9. Veja-se também Gilberto Freyre, *Interpretação do Brasil*, trad., Rio de Janeiro, 1947, p. 124-125.

103. *Memórias de um Cavalcanti (Félix Cavalcanti de Albuquerque)*, notas de Diogo de Melo Meneses e introdução de Gilberto Freyre, São Paulo, 1940, p. 87. Nova edição do mesmo livro apareceu em 1960.

104. São muitas as tinas e gamelas, aos poucos substituídas por banheiros de cobre ou de flandres, que passam pelos anúncios de jornal da primeira metade do século XIX. Anúncios típicos: "... tina grande para banho" (*Diário do Rio de Janeiro*, 6 de março de 1822), "gamela grande" (*Diário do Rio de Janeiro*, 26 de março de 1825), "huma gamella de tomar banhos deitado" (*Diário do Rio de Janeiro*, 23 de março de 1824), "huma bacia de cobre [...] para tomar banhos" (*Diário do Rio de Janeiro*, 2 de março de 1825), "hum banheiro de folha de flandres" (*Diário de Pernambuco*, 5 de novembro de 1833).

105. Hippolite Carvalho, *Études sur le Brésil au point de vue de l'immigration et du commerce français*, Paris, 1858. Havia em 1857 no Brasil 43 fábricas na Corte, 9 na província do Rio de Janeiro, 10 na da Bahia, 4 na de Pernambuco, 2 na do Maranhão, 1 na do Paraná, 1 na de Minas Gerais, 1 na de São Paulo, l na de São Pedro. Ao todo, 72. Dessas, 22 eram de sabão e velas (p. 57).

A técnica britânica colaborou no desenvolvimento da indústria do sabão no Brasil. "Precisa-se de hum homem extrangeiro ou nacional que saiba fazer sabão inglez para administrar huma fabrica", dizia um anúncio no *Diário do Rio de Janeiro*, de 22 de fevereiro de 1822.

106. Do mesmo modo que Martius e outros viajantes da primeira metade do século XIX se horrorizaram com a falta de higiene pública na cidade do Salvador, onde não havia saneamento, vários se escandalizaram com as duas outras principais cidades marítimas do Brasil colonial e dos primeiros decênios do Império: o Rio de Janeiro, no Sul, e, desde o declínio de Olinda, Recife, no Norte. Veja-se sobre o assunto o estudo histórico de Plácido Barbosa e Cássio Barbosa de Resende, *Os serviços de saúde pública no Brasil, especialmente na cidade do Rio de Janeiro de 1808 a 1907*, Rio de Janeiro, 1909, 1º volume (esboço histórico).

Tendo estado aqui na primeira metade do século XIX, Ida Pfeiffer horrorizou-se de ver em uma das ruas principais da capital do Império "cadáveres de cães e gatos e mesmo de uma mula" (*Voyages autour du monde (abrégés)*, Paris 1868, p. 15). E lamentou principalmente "*le manque complet d'égouts*" (p. 18). Semelhante inconveniente, parece ter sido atenuado no Recife pelo fato de ser a cidade particularmente beneficiada por dois rios; e é possível, também, que a presença dos holandeses naquela cidade, no século XVII, tenha deixado traços persistentes no maior cuidado dos administradores e da população com a higiene pública ou urbana. Foi, pelo menos, a impressão do conde de Suzannet: escreveu esse francês em Souvenirs de voyages (Paris, 1846) que, na capital de Pernambuco "*on se croit transporté dans une ville neerlandaise...*" (p. 407). A mesma impressão teria, cerca de trinta anos depois, William S. Auchincloss (*Ninety days in the tropics or letters from Brazil*, Del., 1874): "*... one cannot help intuitively attributing the great clealiness of the streets of Pernambuco to the effect of the dutch precepts and exemples*" (p. 21).

Entretanto, desembarcando em Pernambuco no meado do século XIX o inglês rev. Hamlet Clark experimentou a mesma sensação de pisar cidade suja que, alguns anos antes, seu compatriota Charles Darwin: "*We landed* [em Pernambuco] *in the midst of the vilest stenches that noses were ever subjected to*" (*Letters. Home from Spain, Algeria and Brazil during past entomological rambles*, Londres, 1867, p. 100).

107. John Luccock, *Notes on Rio de Janeiro and the southern parts of Brazil, taken during a residence of ten years in that country from 1808 to 1818*, Londres, MDCCCXX, p. 112.

108. Ibid., p. 115.

109. "Posturas da Camara" (Recife), *Diário de Pernambuco*, 12 de dezembro de 1831. Vejam-se também as posturas da Câmara de Salvador, referentes à primeira metade do século XIX, conservadas em manuscrito no arquivo daquela cidade.

   Das posturas do Rio de Janeiro se encontra síntese interessante na *Consolidação das Leis e Posturas Municipais*, enquanto algumas das "vereanças" mais significativas, dos princípios do século XIX, do ponto de vista histórico-social se acham na revista *Arquivo do Distrito Federal* (Rio de Janeiro, 1894-1897). O pesquisador Noronha Santos destaca também, como "preciosas achegas" aos historiadores, os documentos que, sob o título "Registro dos Regimentos", se acham "no livro de Vereanças que serviu de 1735 a 1808". Acrescenta ele que as infrações a posturas municipais constituem igualmente, "fontes de maior apreço [...]" ou "um cabedal informativo digno de grande interesse" ("Resenha analítica de livros e documentos do arquivo geral da prefeitura elaborada pelo historiador Noronha Santos", Rio de Janeiro, 1949, p. 14-15). Da nossa parte temos encontrado valiosas fontes de informação sobre o assunto, nos livros de câmaras municipais que registram reclamações das câmaras aos presidentes de Província, como a reclamação referente ao contrato ou monopólio de carnes verdes em Pernambuco, "fixado nas mãos de um só homem com excluzão da liberdade de que todos devem gozar", notando-se que "nas Villas em que não havia contracto tinham carnes melhores e mais baratas" ("Camaras Municipaes", "Da Camara do Recife ao Prezidente da Provincia, Recife, 1823", manuscrito na seção de manuscritos da Biblioteca do Estado de Pernambuco), ou a reclamação da mesma Câmara (ofício de 1 de outubro de 1834 ao então presidente da província de Pernambuco, Francisco do Rego Barros), na qual se diz: "Não tendo o Cap. I º, titulo 1º da lei Provincial n. 79 de 4 de maio do corrente anno marcado a cota precisa para o enterramento dos cadaveres que appareceem quasi sempre tanto nas ruas desta cidade como nas praias, e não devendo ellas ficarem insepultas sem damno da saude publica, e mesmo por não ser conforme com a nova religião catholica a camara municipal leva ao conhecimento de V. Exa. que tem determinado mandar fazer os enterramentos de taes cadaveres para cota destinada a limpeza das ruas..." (manuscritos, Seção de Manuscritos da Biblioteca do Estado de Pernambuco).

110. J. M. Macedo, *As mulheres de mantilha*, Rio de Janeiro, 1870. E especialmente *Memórias da rua do Ouvidor*, edição de 1937, Rio de Janeiro, p. 103. Recorda o cronista que o marquês de Lavradio tinha "acabado com as peneiras das portas das casas..."; o conselheiro Paulo Fernandes, intendente-geral da polícia, "fulminou as *rótulas e gelosias* dos sobrados, costume quase bárbaro e de origem

mourisca...". Nos sobrados mais severos, pormenoriza o cronista que "as grades de madeira eram completas" e atingiam a altura dos sobrados que "assim tomavam feição de cadeias".

111. John Mawe, *Travels in the interior of Brazil*, cit., p. 119.

112. Vários anúncios de jarros de louça para jardins aparecem nos jornais do Rio de Janeiro da primeira metade do século XIX. Destacamos este do *Diário do Rio de Janeiro* de 7 de março de 1822: "vasos para jardim de louça superior".

113. Aparecem com frequência nos anúncios de casas ou chácaras dos jornais brasileiros da primeira metade do século XIX "carramanchões de uvas" ou parreirais. Pode ser considerado típico o anúncio publicado no *Diário do Rio de Janeiro* de 21 de janeiro de 1825, onde se destaca como um dos valores da chácara anunciada para vender um "carramanchão de uvas excellentes...".

114. Ouseley, em *Description of views in South America* (Londres, 1852), depois de ter notado a boa situação das chácaras mais elegantes da cidade de Salvador – as da Vitória – e de denominá-las "quasi *country residences*" (p. 13), faz o elogio do jardim e da horta de uma chácara representativa do tipo mais adiantado de chácara que conheceu no Rio de Janeiro (p. 40).

É interessante o reparo do cronista. A. J. de Melo Morais (op. cit., p. 151): "A cidade de S. Sebastião do Rio de Janeiro, capital do Brasil [...] era tão circunscrita que em 1700 escassamente chegava a sua povoação à rua da Vala [...]. Todo o mais território que forma hoje os cinco grandes vales onde está assentada a cidade era ocupado por chácaras, roças e estabelecimentos rurais e industriais".

115. São muitos os anúncios de casas – "casas-grandes", "grandes casas", "casas nobres", "casas assobradadas" – nas gazetas brasileiras da primeira metade do século XIX, nos quais se salienta o fato de juntarem às casas baixas de capim, olhos-d'água, arvoredo, cocheira, "formosos jardins". Pode ser considerado típico o anúncio, aparecido na *Gazeta do Rio de Janeiro* de 2 de outubro de 1821: "...huma casa assobradada" construída com "perfeição e fortaleza", "com acommodações para numeroza família", "cavalherice", "cocheira", "jardim", "horta", "boa agoa", "duas cozinhas" etc.

116. Tanto quanto Ouseley com relação aos jardins das chácaras mais elegantes do Rio de Janeiro, Mansfield destaca o encanto dos jardins que conheceu no Recife do meado do século XIX (Charles B. Mansfield, *Paraguay, Brazil and the plate*, Cambridge, 1856, p. 95).

117. Allain ainda conheceu no Rio de Janeiro da segunda metade do século XIX "*anciennes constructions portugaises basses, étroites et profondes*" a constrastarem com residências de "estilo moderno" (*Rio de Janeiro – Quelques données sur la capitale et sur l'administration du Brésil*, 2ª ed., Paris, 1886, p. 111), contraste recordado também por Pereira da Costa com relação ao Recife. Aí, desde os dias de modernização do barão de Boa Vista, as antigas casas de sítio de feitio português ou "colonial" começaram a ser superadas por construções de estilos novos: toscano, chalé,

gótico etc. (Pereira da Costa, manuscrito, Coleção de manuscritos de Pereira da Costa, Biblioteca do Estado de Pernambuco).

118. "*Sous un climat chaud et humide, comme celui de Rio*" – escreveu Allain referindo-se às casas assobradadas da capital do então Império – "*ce sont les plus agréables et les plus saines*" (op. cit., nota, p. 108). Contava o Rio de Janeiro dos últimos anos do Império, que foram também os últimos anos do sistema patriarcal, legal e solidamente apoiado sobre o trabalho escravo, cerca de 30.000 prédios de residência dos quais 18.000 térreos, 7.500 sobrados com primeiro ou mais de um andar além do primeiro, e perto de 3.000 casas assobradadas (ibid., p. 108).

119. Louis de Freycinet, *Voyage autour du monde*, Paris, 1827, I, p. 179. Freycinet já atribuía vícios de construção nos sobrados brasileiros à "carestia dos terrenos no centro da cidade: a elevação do seu valor leva os compradores a construírem muitos alojamentos no menor espaço possível...".

120. Os tipos de habitação patriarcal brasileira, nas cidades e no campo, foram tão minuciosamente estudados no Norte do Brasil, isto é, em Pernambuco, por Vauthier, de 1841 a 1846, quanto por Debret, no Sul, especialmente no Rio de Janeiro, nos primeiros anos do século XIX. Os reparos de Vauthier, que se encontram no seu diário íntimo (publicado em 1940, em tradução portuguesa, pelo então Serviço (hoje Diretoria) do Patrimônio Histórico e Artístico Nacional) e as suas cartas sobre arquitetura também publicadas pelo mesmo serviço em sua revista (vol. 7, Rio de Janeiro) tendem a reconhecer o caráter ecológico da arquitetura doméstica desenvolvida, no Brasil, pelos portugueses, ou por seus descendentes. Tanto no tipo rural de casa de senhor (casa-grande) como no tipo urbano de casa também senhoril (sobrado). Ambos os observadores franceses destacaram em casas brasileiras por eles estudadas sobrevivências mouras ou árabes: "*analogie avec celles des Maures en Afrique*", como escreveu Debret (op. cit., II, p. 215). Referindo-se particularmente ao sobrado, observou Debret que, no Rio de Janeiro, esse tipo de arquitetura se desenvolvera, sob o governo dos vicerreis, em construção tanto urbana como suburbana: "*l'on retrouve sans aucune altération dans les grandes rues marchandes, les places publiques et les extrémités de la ville: avec cette différence, néanmoins, que dans les beaux faubourgs de Rio de Janeiro, l'homme en place et le négociant consacrent tout le rez-de-chaussée aux remises et aux écuries; tandis que en ville, le commerçant y installe ses spacieux magasins et n'y réserve, parfois, qu'une petite écurie pour sa mule*" (Ibid., II, p. 216).

Dos sobrados do Rio de Janeiro na primeira metade do século XIX ocupou-se também Abel du Petit-Thouars, comandante da fragata *La Vénus*, cujos reparos vêm resumidos por C. de Melo Leitão em Visitantes do *Primeiro Império* (São Paulo, 1934): "... Nos belos quarteirões e nos do comércio [os sobrados] são de um só pavimento, às vezes de dois, raramente de mais. O Brasil que se lembra dos portugueses, seus primeiros colonos, conservou em parte o tipo de sua arquitetura; o árabe faz-se sentir a cada passo. Adivinha-se facilmente que as artes e práticas importadas da África para Portugal, novamente atravessaram o mar" (p. 67).

121. Segundo Alfredo de Carvalho, nomeado chefe de polícia do capitão-general de Pernambuco, D. Tomás de Melo, a valente e agigantado José Correia da Silva, alcunhado "o Onça" – que "rondava noites inteiras no encalço de vagabundos e criminosos" – os moradores dos sobrados ou das casas do Recife passaram a dormir sossegados, nas "noites cálidas de estio [...] de janelas abertas ao refrigério dos alísios" (*Frases e palavras*, cit., p. 53).

122. O comandante Vaillant, cujos reparos sobre o Rio de Janeiro da primeira metade do século XIX vêm resumidos por C. de Melo Leitão (op. cit., p. 79), generalizou sobre as casas: "...não procuraram apropriá-las às exigências particulares de um clima diferente do da Europa, nada tendo sido previsto para a proteção contra o calor excessivo. Aqui não se veem, como na maioria dos países quentes, essas construções leves onde tudo é previsto para melhorar a ventilação".

123. M. Rugendas critica os sobrados do Rio de Janeiro pelo contraste entre a altura e a largura muito exígua, não se adaptando, assim, ao trópico (Maurice Rugendas, *Voyage pittoresque au Brésil*, trad., Paris e Mulhouse, 1835, p. 49).

124. Fletcher, em Fletcher e Kidder, op. cit., p. 176.

125. Rugendas, op. cit., p. 50.

126. Além de Antônio de Paula Freitas, *O saneamento da cidade do Rio de Janeiro* (Rio de Janeiro, 1884), veja-se sobre o assunto Francisco de Paula Cândido, *Relatório sobre as medidas da salubridade reclamadas pela cidade do Rio de Janeiro*, Rio de Janeiro, 1851.

127. Ibid., p. 18. Ainda sobre inconvenientes de casas térreas, vejam-se nossas notas às cartas do engenheiro francês L. L. Vauthier, cit. Veja-se também sobre casas térreas, Debret, cit., I, p. 214, que as caracteriza como "*petites maisons à rez-de-chaussée contiguës...*"

128. Paula Cândido, op. cit., p. 19.

129. Luccock, op. cit., p. 122. A Luccock, que tanto criticou as cozinhas das casas coloniais brasileiras, teriam agradado anúncios como os que aparecem nos jornais do Rio de Janeiro dos primeiros anos da Independência, relativos a "cosinhas de ferro inglezas" (*Diário do Rio de Janeiro*, 13 de abril de 1830). No *Diário do Rio de Janeiro* aparecia a 23 de fevereiro de 1822 o anúncio: "Vende-se hum fogão Inglez com lugar para cinco panellas o qual conserva hum grao certo de calor, por cuja razão he melhor o seu cosinhado, não gasta mais de hum feixe de lenha por dia..."

130. Louis de Freycinet (op. cit., p. 181) refere-se, escandalizado, às escadas dos sobrados brasileiros: "...a parte mais defeituosa da casa, às vezes verdadeiro quebra-costas, em falta de bons arquitetos...". Muitos seriam os acidentes, nos mesmos sobrados, em consequência das escadas mal construídas. Em compensação os soalhos repousavam sobre vigas de desmesurada grossura e muito aproximadas, o que – notou o francês – os proprietários faziam por ostentação: para mostrar que nada poupavam. Anúncios nos jornais brasileiros dos primeiros decênios do século XIX nos deixam acompanhar a crescente ostentação, da parte dos proprietários ou moradores de sobrados no

Rio de Janeiro, de ferros nas varandas e vidros nas janelas, em vez de gelosias de madeira, como outrora. Assim, "hum predio edificado na rua do Sabão [...] sobrado", no Rio de Janeiro, em 1822 ostentava "3 janellas, sacadas de cantaria da Pedreira da Gloria com grades de ferro"; seu pé-direito era "de mais de 21 palmos bem construidos e boas paredes mestras"; por baixo tinha "boa entrada para sege" (*Diário do Rio de Janeiro*, 4 de abril de 1822). Outro anúncio típico: "[...] huma morada de casas de sobrado, de quatro janellas a frente, grades de ferro, muitos commodos..." (*Diário do Rio de Janeiro*, 10 de janeiro de 1825). Ainda outro: "[...] huma morada de cazas boas, de grade de ferro, muito decente para huma família, com commodos para muitos escravos e animaes" (*Diário do Rio de Janeiro*, 14 de janeiro de 1825).

131. Além de Correia de Azevedo que se ocupou inteligentemente do problema das habitações no Rio de Janeiro ainda patriarcal, outro médico do século XIX versou o assunto de modo notável: o então conselheiro Dr. José Pereira Rego em discurso na sessão solene da Academia Imperial de Medicina de 30 de junho de 1871. São deste as palavras, ainda impregnadas de concepção patriarcal de administração urbana ("gerir os negócios de uma grande família constituída por uma cidade, uma vila, um município...") com que o ilustre higienista do meado do século XIX levantava-se contra o domínio da Câmara Municipal da Corte por "interesses individuais: [...] o desejo de apadrinhar alguns interesses individuais que tanta proteção encontram sempre nas deliberações daquele corpo" (*Anais Brasilienses de Medicina*, Rio de Janeiro, julho de 1871, tomo XXIII, nº 2, p. 54-55). E particularizando: "Aí estão como exemplos vivos deste asserto o estado da limpeza pública, a construção dos edifícios, muito particularmente os da classe pobre, o aterro da cidade com o lixo e imundices removidos de uns para outros pontos..." (p. 56). Quanto a habitações: "...cumpre não deixar ao arbítrio de cada construir casas como lhe convier, torna-se indispensável adotar um plano geral de edificações...". Ao seu ver "os preceitos estatuídos para garantir a salubridade e asseio das habitações devem ser prescritos por lei e não unicamente recomendados...". (p. 59). É que há 33 anos fora publicado o Código de Posturas, ainda em vigor sem que aí se cuidasse das condições higiênicas das habitações ou se impedisse construção dos cortiços, "hoje tão favoráveis à ganância em virtude dos excessivos lucros que com prejuízo da saúde e bem-estar de seus habitantes, proporcionam a seus edificadores..." (p. 60). Apenas se haviam estabelecido preceitos relativos ao alinhamento, largura das ruas, alturas dos prédios etc. Segundo estatística citada por Pereira Rego, os cortiços abrigavam em 1870 no Rio de Janeiro, 20.000 almas. Eram habitações não só anti-higiênicas como "construídas em sua maior parte em lugares insalubres", aterro feito com "imundices de toda a espécie" (p. 62).

132. Ibid., p. 70.

133. Paula Freitas, *Saneamento da cidade do Rio de Janeiro*, Rio de Janeiro, 1884. Vejam-se também Francisco Lopes de Oliveira Araújo, *Considerações gerais sobre a topografia físico-médica da cidade do Rio de Janeiro*, Rio de Janeiro, 1852; Charles Hanbury, *Limpeza da cidade do Rio de*

Janeiro, Rio de Janeiro, 1854; Vieira Souto, *Melhoramentos da cidade do Rio de Janeiro*, Rio de Janeiro, 1875; Tomás Delfino Santos, *Melhoramentos para tornar a cidade mais salubre*, Rio de Janeiro, 1882; *Relatório da comissão de melhoramentos da cidade do Rio de Janeiro*, Rio de Janeiro, 1875; Pedro Soares Caldeira, *O corte do mangue*, Rio de Janeiro, 1884; Gama Rosa, *Algumas ideias sobre o saneamento do Rio de Janeiro*, Rio de Janeiro, 1879.

134. Parece que em nenhum ponto o interesse privado, cruamente representado no Brasil de economia escravocrática pelo importador de negros, chocou-se mais violentamente com o interesse público, representado principalmente pela higiene urbana, do que neste; a importação de negros doentes. Desembarcados dos negreiros, eram de ordinário as cidades como Salvador, Rio de Janeiro, Recife, os pontos mais perigosamente contaminados por eles que também ofendiam a moral europeia ou o pudor cristão da burguesia ou da fidalguia dos sobrados, andando nus ou quase nus pelas ruas; fazendo das cidades brasileiras, aldeias africanas. Aos ciganos ou gringos, quase sempre encarregados de administrarem esse comércio de homens ou escravos, pouco incomodava a ofensa que a nudez dos negros causasse aos moradores cristãos dos burgos por onde se fazia a importação de operários para as indústrias e de trabalhadores para as lavouras do Brasil. De onde as reclamações que, ainda nos últimos tempos do Brasil-Reino, foram aparecendo nos jornais, contra o escândalo: "Roga-se a alguns dos senhores negociantes de escravos da rua do Valongo queirão ter a bondade de vestirem os escravos que dezembarcão para os armazens; pois he inteiramente indecorozo em huma Corte civilizada andarem pelas ruas publicas individuos de hum e outro sexo nus e outros quasi nus, com tanta offença da modestia e escandalo das famílias que tem a infelicidade de morarem naquella rua...". Mas ao problema moral da nudez juntava-se o da doença, comum como era a importação ou a venda de negros doentes, alguns dos quais os ciganos tratavam de fazer passar por bons e válidos aos olhos dos compradores menos meticulosos ou menos perspicazes: "Roga-se tãobem aos ditos senhores que por caridade queirão ter a bondade de preferir a vida, e saude dos seus concidadãos aos mesquinho valor dos escravos infestados e moribundos, porque, devendo estes ficar a bordo dos navios depois da vizita da Saude como empestados, logo que se auzenta a vizita, e sem irem ao lazareto, são passados das lanchas dos navios para os armazens". Havia, a mais, o problema dos negros mortos: "E finalmente os cadaveres desses infelizes sejão cobertos com mortalhas para não ver-se com vergonha nossa, e admiração dos extranhos huma continuada provisão de defuntos nus... conduzidos quasi a rastro para o malfadado sitio da Gamboa" (*Diário do Rio de Janeiro*, 21 de março de 1822).

135. Correia de Azevedo, trabalho apresentado à Academia Imperial de Medicina do Rio de Janeiro, *Anais Brasileiros de Medicina*, tomo XXIII, nº 11, p. 426, abril de 1872.

136. Resposta ao inquérito da câmara do Rio de Janeiro entre médicos sobre o clima e a salubridade (1798), *Anais Brasilienses de Medicina*, vol. II, nº 5, Rio de Janeiro, 1846.

137. É expressivo do poder representado no Brasil pelo sistema patriarcal de família, de economia e de cultura o fato de que, transferindo-se a Corte, de Portugal para o Brasil, instalou sua residência no

Rio de Janeiro em casa-grande de "chácara" ou "quinta", de particular.

138. Vários anúncios de jornais da primeira metade do século XIX de "casas-grandes", "casas nobres" e "casas de sobrado" referem-se às pedras utilizadas na sua construção que, no Rio de Janeiro, foram principalmente, ao que parece, as da pedreira da Glória.

139. Ernesto da Cunha de Araújo Viana, "Das artes plásticas no Brasil em geral e da cidade do Rio de Janeiro em particular", *Rev. Inst. Hist. Geog. Br.*, tomo LXXVIII, parte 2ª, p. 505.

140. Koster (op. cit.) se ocupou, em mais de uma página, das madeiras de construção empregadas no norte do Brasil, assunto de que nos deixou boa página de síntese relativa aos valores das florestas brasileiras utilizadas na construção civil e naval, F. Denis, no seu *Brésil*, cit., nota às páginas 59-61, onde destaca o vinhático, o angelim, o jacarandá, o óleo-amarelo, o pau-ferro, que foram, na verdade, as madeiras nobres de que se serviram os construtores de casas-grandes e sobrados patriarcais para suas obras duradouras.

141. De Tollenare (op. cit.), como de Koster, há mais de uma referência às madeiras de construção civil empregadas no norte do Brasil. Mais de um anúncio de jornal refere-se a madeiras utilizadas na construção de casas ou sobrados. Típico desses anúncios pode ser considerado o seguinte: "Vendem-se janellas de irriba raza, de almofadas, com hombreiras, peitoril e vergas para casas nobres, e 4 quadros grandes para salas..." (*Diário do Rio de Janeiro*, 29 de novembro de 1830).

142. Wm. Gore Ouseley, *Description of views in South America from original drawings made in Brasil, the river Plate*, the Parana etc., Londres, 1852, p. 40, nota.

143. Coleção de mensagens de presidentes de província, Biblioteca do Estado de Pernambuco.

144. Maria Graham, *Journal of a voyage to Brazil and residence there during the years 1821, 1822, 1823*, Londres, 1824.

145. José Martins da Cruz Jobim, "Discurso inaugural que na sessão publica da installação da sociedade de medicina do Rio de Janeiro recitou...", Rio de Janeiro, 1830.

146. Burton, op. cit., I, p. 96.

147. Visconde de Taunay, *Trechos de minha vida* (ed. póstuma), Rio de Janeiro, 1923.

148. Luccock, op. cit., p. 119.

149. Amaral, *Escavações*, cit., p. 87.

150. Luccock, op. cit., p. 121.

151. José Luciano Pereira Júnior, *Algumas considerações sobre [...] o regime das classes abastadas do Rio de Janeiro em seus alimentos e bebidas* (tese apresentada à Faculdade de Medicina do Rio de Janeiro), Rio de Janeiro, 1850, p. 32.

152. Ibid., p. 33.

153. Luccock, op. cit., p. 125.

154. Allain, op. cit., p. 187. Salienta o observador francês não só o grande consumo de arroz no Brasil da época de Pedro II como o fato de ser preparado melhor do que na Europa.

155. *"Le dessert à Rio, c'est le fromage de Minas ou de Rio Grande"*, escreve F. Denis (op. cit., p. 125). O fabrico de manteiga e de queijo desenvolveu-se no Rio Grande do Sul sob a influência dos colonos alemães estabelecidos em São Lourenço (Arsène Isabelle, *Viagem ao rio da Prata e ao Rio Grande do Sul*, (trad.), Rio de Janeiro, 1949, p. 289).

156. Voyage dans l'intérieur du Brésil, II, p. 210. Após interessantes informações e reparos sobre os alimentos principalmente usados em Minas Gerais, Saint-Hilaire observa: "Les Mineiros n'ont point l'habitude de causer en mangeant. Ils engloutissent les aliments avec une promptitude, qui, je l'avoue, a souvent fait mon désespoir et celui qui se contenterait de les voir manger, les prendrait pour le peuple de la terre le plus avare de son temps" (p. 213).

157. Luccock, op. cit., p. 109. Era o sofá ou o marquesão o móvel mais nobre da sala de casa-grande ou de sobrado brasileiro mais elegante da era patriarcal; e como as madeiras eram empregadas no fabrico de móveis de acordo com a hierarquia dos mesmos móveis, os sofás, como os marquesões, as camas de casal e as mesas de jantar, geralmente, se faziam de jacarandá ou vinhático. De Freycinet parece ter atinado com essa hierarquia, quando anotou das camas, cômodas e cadeiras dos sobrados do Rio de Janeiro que eram feitas de jacarandá ou gabiúna, os marquesões, de óleo, as mesas de jantar, de vinhático (*Voyage autour du monde*, cit., p. 181). Denis destaca, dentre os móveis que mais resistiram, no interior das casas brasileiras da "simples burguesia", ao afrancesamento de estilos de móveis, a antiga *marquesa*, *"espéce de canapé dont le fond est une simple peau de boeuf, et que fabriquèrent, dès leur arrivé, les européens avec le bois du jacarandá"* (*Brésil*, cit., p. 126). Igual resistência foi demonstrada pelas camas de casal do feitio das que passam por anúncios de jornais da primeira metade do século XIX – "de sete palmos de longo, de jacarandá, com a cabeça de flores imbutidas" (*Diário do Rio de Janeiro*, 7 de junho de 1822).

158. Luccock, op. cit., p. 115. Sobre o assunto vejam-se também os documentos relativos aos Inconfidentes, publicados pelo Ministério da Educação e Saúde, Rio de Janeiro, 1936, com pormenores interessantes sobre mobiliário e vestuário da época.

159. Luccock, op. cit., p. 132.

160. São vários os anúncios de quadros ou gravuras inglesas e francesas, para casas ou sobrados – "sortimento de quadros", diz um importador no *Diário do Rio de Janeiro* de 8 de julho de 1830 – que passam pelos anúncios de jornais da primeira metade do século XIX, embora raras as "colleções de pinturas a oleo e a fino", ao lado "de ornatos de sedas para sallas"que constam de leilões de "casas nobres", como a do conde de Barca (Diário do Rio de Janeiro, 29 de outubro de 1821).

161. Informa Luccock (op. cit., p. 121) que eram raros os guarda-roupas nas casas brasileiras que conheceu em 1808. Vinte anos mais tarde os guarda-roupas apareciam com relativa frequência nos anúncios de leilões de famílias de sobrado, ao lado de outros requintes como "relógios de muzica", "espelhos", "vazos de muito bom gosto", "ricos cortinados". Para um anúncio típico de leilão de família de sobrado, veja-se o que aparece no *Diário do Rio de Janeiro* de 26 de janeiro de 1830, de casa "no coração da cidade". Vinte anos depois – isto é, no meado do século – seriam frequentes, nos interiores dos sobrados do Rio de Janeiro, de Salvador e do Recife, ao lado dos pianos grandes, guarda-roupas, armários, toucadores, consolos, aparadores, cômodas de jacarandá. Sirva de exemplo o anúncio de leilão do corretor Oliveira no *Diário de Pernambuco* de 10 de outubro de 1850, no qual aparecem também porcelanas e pratas.

Contrastem-se essas descrições de mobiliário, prata e louça, que constituíam o trem de um sobrado representativo ou típico do Brasil patriarcal em qualquer de suas grandes cidades – o Rio de Janeiro, Salvador ou Recife – do meado do século XIX, com os inventários de famílias de sobrado dos séculos anteriores. Como este, por exemplo, publicado em 1910 por Alfredo de Carvalho, e referente a um morador do Recife do penúltimo decênio do século XVIII. Em 16 de agosto de 1787 o boticário José de Abreu Cordeiro e sua mulher, Da. Catarina de São José e Melo, residentes "numas casas de sobrado na rua chamada da Praça defronte do Pellourinho [hoje nº 2 do Largo do Corpo Santo] temendo-se da morte e não sabendo quando Deus Nosso Senhor os levaria para si", deliberaram fixar por escrito as suas últimas vontades.

Depois das invocações habituais à Santíssima Trindade, aos Santos da Corte Celestial e aos Anjos de sua guarda, de minuciosas disposições sobre os enterros de ambos e o número avultado de missas de corpo presente e de sétimo dia, passam à enumeração dos bens do casal.

Primeiramente vêm os bens de raiz: além do mencionado sobrado, possuíam "três moradinhas térreas, de pedra e cal, em chãos próprios, em Fora de Portas; quatro sítios, três pegados uns aos outros, no lugar das Salinas, adiante da Igreja de Santo Amaro, e outro na Ponte de Uchoa, onde costumavam passar as festas; no Sertão de Curimataú, quatro fazendas ou sítios de criar gado vacum e cavalos, sendo duas já com currais feitos de pau a pique e açudes; no agreste da Ribeira do Mamanguape mais três fazendas, a cargo de quatro vaqueiros escravos".

Em seguida resenham as joias e alfaias, constantes de "duas libras e quarenta e uma oitavas de ouro lavrado em várias peças; um breve grande de diamantes em prata; outro de diamantes em ouro; uma joia de diamantes, e uma topázio em ouro, um adorno de pescoço com seis quilates e brincos e pulseiras de diamantes e aljôfares; uma corrente de braço de ouro com diamantes; mais dois pares de brincos de diamantes e dois trancelins com dois cordões de ouro; um relicário de pescoço com três voltas de valor, com o peso que se achar, mais quatro flores de diamantes; um laço de peito em ouro com diamantes; cinco aneis de diamantes, dois de topázios e diamantes e um de esmeraldas, três pares de botões de diamantes, de camisas".

No bem provido oratório contavam-se "o Senhor Crucificado com o título de prata com letras de ouro e resplandor de ouro; São José com seu varão de prata e com angélicas do mesmo e resplandor de ouro; a Senhora Mãe do Povo e seu menino com resplandor de ouro; a Senhora Mãe do Povo e seu menino com coroa de ouro; São José com seu varão de prata e angélicas do mesmo com sementes de ouro de neve; o mesmo São José e seu menino; Santana e São Joaquim, Santo Antônio e São Francisco de Paula, todos com seus resplandores de ouro, e o Menino Jesus com resplandor e pendão de ouro e no peito uma medalha do Santo Ofício com trancelim e diamantes, e no peito de Santo Antônio outra medalha do Santo Ofício de ouro".

A prataria constava "de uma salva, uma caldeirinha com sua corrente, uma cuspideira, uma dúzia de facas com cabos de prata, doze colheres e doze garfos e de uma dúzia de colheres de chá, uma escumadeira, um espadim, um florete, um punho e fivela, um par de esporas, três pares de fivelas de sapato, dois pares de ligas e um relógio de algibeira, com corrente de prata e ponteiro de ouro".

Não arrolaram os móveis de suas casas de cidade e do campo; mas declararam possuir em ambas "vários trastes de coser, uns tachos de cobre, bacias de arame, almofariz, candeeiros e outras miudezas".

Além dos mencionados quatro escravos vaqueiros, possuíam mais dez outros, entre homens e mulheres, a oito dos quais, mandavam os seus testamenteiros que depois do falecimento deles testadores, passassem "suas cartas de liberdade e os deixassem ir em paz para onde muito quisessem".

Como se vê, já um século antes da lei de 13 de maio havia abolicionistas em Pernambuco.

A julgar do precedente inventário, o farmacêutico José de Abreu Cordeiro era homem bastante abastado para a época em que viveu; os bens do casal estavam, porém, quase todos gravados de hipotecas e de dívidas no valor de muitos mil cruzados; saldadas estas, libertos os escravos e satisfeitos os numerosos legados a instituições pias e de caridade, o remanescente do espólio caberia, como herdeira universal, à Irmandade das Almas do Recife, com o compromisso de fazer celebrar um sem-número de missas.

Falecendo Da. Catarina em 1792, o seu marido acrescentou um codicilo ao testamento, alterando-lhe algumas das disposições. Foi assim que resolveu conservar cativo o mulatinho Vitorino, primitivamente alforriado "em benefício do mesmo pela pouca capacidade que lhe achava"; em compensação, ao preto Antônio Canoeiro deixou forro, legando-lhe mais por esmola, e para poder sustentar-se, uma sua canoa.

A previdência humanitária do boticário Abreu ia, desta forma, ao extremo de assegurar aos seus ex-escravos os meios de subsistência, pois a todos além da liberdade fez mercê de vários bens.

A roupa de seu uso, tanto branca como de cor, deixou ao seu afilhado Máximo José de Abreu, cabo de esquadra do Regimento de Olinda, garantindo-lhe ainda na hipótese de chegar a alferes, quarenta mil-réis por uma farda.

Faleceu o boticário Abreu em 1794, e liquidado o seu espólio, parece apurou apenas a Irmandade das Almas livres e desembaraçados os três prédios nº 2 do Largo do Corpo Santo e 20 e 22 da rua do Farol atualmente desapropriados para as obras do porto e a serem demolidos dentro em breve.

Este pálido resumo, forçadamente minguado, mal pode dar ideia do interesse documental antigo que um acaso me fez versar ultimamente..." (*Diário Popular*, São Paulo, 30 de maio de 1910).

162. Luccock, op. cit., p. 138.

163. Luccock, op. cit., p. 139.

164. A. Bezerra Coutinho, *O problema da habitação higiênica nos países quentes em face da arquitetura viva*, Rio de Janeiro, 1930. Também Joaquim de Aquino Fonseca, *Algumas palavras acerca da influência benéfica do clima do sertão de Pernambuco sobre a phthysica pulmonar e da causa mais provavel da frequencia dessa affecção na mesma província*, Recife, 1849.

    Vejam-se, dentre os trabalhos mais recentes sobre o assunto: *The architectural use of building materials*, publicação do Ministério de Obras da Grã-Bretanha, Londres, 1946; J. Compredon, *Le bois, matériaux de construction moderne*, Paris, 1946; John B. Drew e E. Maxwell Fry, *Village housing in the tropics*, Londres, 1946; Robert C. Jones, *Low cost housing in Latin America*, Washington, 1944; J. W. Drysdale, *Climate and house design*, Camberra, 1947; *An appraisal method for measuring the quality of urban housing*, Washington, 1946; Anatole A. Solow, "Housing in tropical areas", *Housing and town and country planning*, Lake Success, 1949, nº 2.

165. J. R. Lima Duarte, *Ensaio sobre a higiene da escravatura no Brasil* (tese), Rio de Janeiro, 1849.

166. Azevedo Pimentel ocupou-se das doenças de que foram portadores negros ou africanos trazidos para o Brasil como escravos e, antes de sua distribuição por fazendas, plantações, indústrias etc., acumulados à sombra dos sobrados urbanos do Rio de Janeiro, do Recife e de Salvador numa espécie de cortiços ao ar livre ou de mucambarias provisórias, capazes, mesmo assim, de empestar as partes nobres da cidade.

167. No Rio de Janeiro, de tal modo cresceu o Valongo ou o espaço reservado aos negros nem sempre passivos ou submissos, recém-chegados da África, que cronistas alarmados chegaram a considerar a cidade brasileira "sitiada" por essa subcidade africana (H. J. do Carmo Neto, *O intendente Aragão*, cit., p. 27). Daí – do pavor dos senhores de sobrados a esses mucambos dentro das próprias portas da cidade – providências como a da Polícia da Corte, em edital de 1825, ordenando que todas as portas de entrada das moradias de sobrados ou corredores de casas térreas deveriam ser fechados logo que anoitecesse, salvo as que conservassem lampião aceso e proibindo a negros ou mulatos, desde o cair da noite, ficarem parados, sem motivo manifesto, nas vias públicas ou darem assobios ou fazerem outro qualquer sinal equívoco. Antes de tornar-se simples manifestação de molecagem de rua, o assobio foi temido como sinal de guerra ou conspiração de malungos ou gentalha de cor contra os brancos dos sobrados. Veja-se sobre o assunto, o significativo edital do intendente Aragão – Francisco Alberto Teixeira de Aragão, intendente-geral da Polícia da Corte do Brasil – publicado no *Diário do Rio de Janeiro* de 31 de janeiro de 1825. Por esse edital se vê também a importância do sino de igreja cristão no resguardo ou na defesa da população cristã ou cristianizada

de uma cidade como o Rio de Janeiro contra os "mouros na costa", agora sob a forma de escravos recém-chegados da África: escravos aglomerados em mucambos nas vizinhanças da própria cidade e negros ou mulatos vadios ou capoeiras. "Depois das dez horas da noite no verão e das nove no inverno até a alvorada", diz o edital; e mais adiante: "... e para que todos saibão serem dez horas da noite no verão e nove no inverno, o sino da Igreja de S. Francisco de Paula e o Convento de S. Bento dobrarão pelo espaço de meia hora sem interrupção, para não se allegar ignorancia".

168. Azevedo Pimentel, op. cit.

VI | Ainda o sobrado e o mucambo

Francisco de Sierra Y Mariscal em suas "Ideas geraes sobre a revolução do Brasil e suas consequencias", chegou a escrever, sob a impressão, ainda quente, da independência política do Brasil, que aqui o "Commercio se se quer he quem he o unico corpo aristocrata. Os previlegios dos senhores d'engenho, do unico que lhes servem he de os dezacreditar, por que estão auctorisados até serto ponto para não pagar a ninguem...". E contra a ideia geral de serem os senhores de engenho uma classe só, e esta opulenta e bem nutrida, observava: "[...] qualquer pode ser senhor d'engenho e ha muitas qualidades d'engenho...". Acrescentando: "[...] tem chegado a maior parte d'elles a tal estado que para comerem carne de vacca duas vezes por semana e terem hum cavallo d'estrebaria se faz necessario que morrão 200 pessoas de fome, que são os escravos do engenho, aquem lhes dão unicamente o Sabbado livre para com seu producto sustentarem-se e trabalharem o resto da semana para seus senhores".[1]

Daí terem os senhores de engenho – a maior parte deles – chegado aos princípios do século XIX elemento de perturbação, e não de defesa, da ordem: "esta classe não forma Ordem", isto é, ordem aristocrática no sentido de conservadora. Ao contrário: pertenciam, em grande parte, à ordem democrata dos que "nada tem a perder [...].

Os senhores d'engenho estão nesta ordem por que he o partido das Revoluções e com ellas se vem livres dos seus credores". Na mesma situação estava "a maior parte do clero, pela mesma razão"; e também "os empregados publicos que ambecionão os restos da fortuna dos europeos". Todos instáveis: mesmo os aparentemente ricos pois raros cuidavam de conservar ou desenvolver as riquezas.

O resultado é que muitos, nascidos ricos, chegavam à velhice melancolicamente pobres. Mas sempre desdenhosos de ofícios mecânicos que abandonavam a europeus e a escravos. Daí o violento contraste entre europeus que aqui chegavam pobres e morriam ricos e brasileiros nascidos ricos que envelheciam e morriam pobres.

Sierra y Mariscal fixou o contraste entre o filho de brasileiro rico que, apenas saído da infância, "porque o carinho paternal lhe da Rendas soltas", degradava-se, e o filho de português que chegava ao Brasil tendo deixado a "Caza Paternal" apenas com "suas proprias e fracas forças"; na falta de conhecido ou parente no Brasil, fazia do "portico d'huma Igreja [...] o seu primeiro leito e a sua primeira morada"; recebido "ou de Caixeiro ou de Aprendiz não há nada a que elle se não sugeite"; "com a economia e o trabalho" chegava a ter "grandes cabedaes"; uma vez rico, chegava a ter "consideração"; desprezado pelos brasileiros por ter chegado aqui pobre ou miserável, depois de rico, ele é que desprezava os brasileiros por serem "fracos, immoraes, preguiçozos e pobres"; e tendo, na sua mocidade de pobre, contraído relações com "mulheres pobres" – muitos, poderia Sierra y Mariscal ter acrescentado, com mulheres pobres de cor, enquanto outros, com filhas mestiças e ricas de patrões também portugueses – "isto tambem tem sido hum ellemento de reproxes mutuos". E ainda não tendo sido o portuguesinho aqui chegado aos dez ou doze anos, bem-educado na mocidade, raramente sabia educar bem os filhos.

Mesmo assim, tornara-se o comércio, no Brasil, para observadores como Sierra y Mariscal, "o único corpo aristocrata", por ser o mais estável na sua condição e o mais interessado na manutenção do Estado tal como o concebia no Brasil o patriarcalismo da época, isto é, um patriarcalismo já um tanto mais urbano do que rural nas suas tendências decisivas. Para esse patriarcalismo o Estado era o pai dos pais de família. Principalmente dos mais ricos, dos mais conformados com a ordem estabelecida, dos mais ordeiros; e só dentro da ordem, mais progressistas.

Estes amigos da ordem e, apenas em segundo lugar, do progresso, já não eram, no século XVIII, senão em número pequeno, os senhores de engenho, os senhores de terras, os fazendeiros, tantos deles endividados e, como todos os endividados, predispostos à inquietação, à revolta, à desordem; e sim os grandes do comércio, da indústria e das próprias artes mecânicas consideradas ingresias em contraste com as francesias (que significavam principalmente novidades em matéria de governo e de organização social e não apenas de trajo).

Principalmente os grandes do comércio e da indústria das grandes cidades tornaram-se os defensores por excelência da "ordem". Novos comendadores, novos barões, novos viscondes em cujo champanha de dia de festa podia sentir-se, como no champanha de certo negociante opulento do Recife enriquecido no comércio de peixe seco, sentiu um humorista boêmio do fim do século XIX "gosto de bacalhau"; mas que passaram a constituir uma força mais sólida, na economia nacional, do que a nobreza da terra com todo o aroma de mel de cana que irradiava de suas terras, de suas plantações, de suas fábricas, de seus tachos, de suas casas, de suas próprias pessoas, outrora quase sagradas. Tão sagradas que na era colonial se julgavam com o direito de não pagar dívidas, de insultar credores, de adulterar produtos, embora considerando-se sempre superiores aos "vilões", aos "traficantes", aos "taverneiros", aos "mecânicos". Não imaginavam então que viria época de mendigarem crédito, esse crédito que, em 4 de dezembro de 1875, escrevia na *Província* "Um negociante", em "Breves considerações sobre a praça comercial de Pernambuco", ter desaparecido para os senhores de terras da velha província agrária.

Não foi, entretanto, o plantador ou lavrador na fase de transição da sede do domínio patriarcal no Brasil das casas-grandes do interior para os sobrados das capitais – isto é, nas áreas do País social e culturalmente mais importantes na época decisiva dessa transição – vítima passiva ou inerme dos novos poderosos. Ele próprio concorreu para sua degradação.

Como observava um cronista do meado do século XIX, se era certo que os "desgovernos" do Império vinham fazendo a agricultura definhar com o excesso de "tributos", dela exigidos em benefício da Corte e das cidades, por outro lado, "os lavradores dos nossos campos são ainda mais culpados e dignos da mais aspera censura pelo desleixo e estupida miseria com que trabalhão". Ao trabalho escravo juntavam-se pragas como as de "formigas, bezouros, gafanhotos": "mas accresce a tudo isto a mandreisse orgulhosa em que vivem a maior parte dos nossos proprietarios de lavouras, respondendo com fofa basofia a tudo...", julgando-se "os fidalgos da provincia", "os ricos da terra", os "protectores do commercio" quando "da forma em que vão são os impostores da provincia, são os pobres da terra, são os sanguesugas do commercio": "os tributos que pagão á nação não equivalem aos calotes que pregão aos particulares, salvas algumas excepções que são tão poucas como dias de sol em tempo de inverno". Acrescentava o cronista, referindo-se principalmente à província da Bahia: "Falla-se em machinas, falla-se em apparelhos". Mas em vez de chegarem os agricultores a soluções concretas, dos problemas de substituição de escravos e animais por máquinas, ficavam tontos com palavras e cálculos em torno de máquinas e aparelhos; e continuavam explorando os negros e os bois, embora sem cuidarem de sua conservação como os antigos agricultores. O que primeiro deviam fazer era "dar estimação aos escravos e aos bois, principais moveis ou utencilios da lavoura...". Em vez disso, o que se via agora "por este desalmado reconcavo"? Negros alimentados com "uma triste ração de carne secca podre", surrados e "tendo por botica e medico, purgante de sal e vomitorio de Leroy, applicados estes remedios loucamente por uma negra chamada enfermeira que por ser bruta no serviço do engenho é removida para directora do hospital; os bois, esses dão alguns passos e puxão os carros opprimidos pelas cangas e fustigados pelas espetadelas do ferrão: findo o trabalho são elles atirados ao campo e ahi ficão ao desamparo de dia e de noite, expostos á chuva, sol e sereno; e se por maior desgraça o boi é novato no sitio e não pode saber dirigir-se a um certo charco chamado tanque que ha no pasto, ahi morre elle berrando damnado de sede. E ainda se queixão da morte de escravos e da falta de gado!". E sarcástico, caricaturesco, exagerado, notava que se resguardavam nos engenhos e fazendas da Bahia "os objectos ou obras materiais de ferro e de madeira, porque podem se estragar". Mas não se resguardava o corpo dos bois: "o boi que morre ao desamparo do campo devia ser immediatamente esfolado e o couro ser vestido no Sr. de engenho para andar de quatro pés e outros animaes vivos fazerem delle o bumba meu boi".

Assim se expressava desabusado crítico do estado da lavoura na província da Bahia em artigo, "A agricultura", que *A Marmota Pernambucana* publicou a 30 de julho de 1850, naturalmente por se aplicar parte da crítica à situação de outras áreas do Império, tão desintegradas ou minadas nas suas antigas bases patriarcais de economia quanto o recôncavo. Era artigo em que também se criticava a "agricultura dos quintaes", ou das "roças" ou "sitios" em torno das casas de chácaras dos arredores de Salvador: roças, em geral, "reduzidas a plantar capim tão somente, o que dá muito má idéa da cidade aos observadores de fora...". Entretanto, por essas casas e pelas ruas, era grande o número de "escravos ociozos e desnecessarios", fora "um milhão de negras africanas e creoulas" ocupadas em vender "mamões entupidos" e "cocadas remellosas que o lucro que dão não serve nem para o concerto do taxo". E sem contar os criolinhos vadios – "crias de vóvó" que levavam os dias inteiros a quebrar telhados – as "cevadas creoulas [...] intituladas costureiras, rendeiras e bordadeiras" das quais havia então em Salvador "um quarteirão em cada casa".[2] Pois o crítico não deixava de salientar que, em contraste com os negros de eito do recôncavo – um recôncavo já perturbado nas suas antigas e doces condições de economia patriarcal pela introdução de máquinas em outras áreas tropicais – os domésticos e os suburbanos e urbanos viviam no ócio ou quase no ócio, muitos deles bem alimentados e até cevados pelos senhores dos sobrados. Sobrados – acentue-se sempre – já burgueses e ainda patriarcais onde o luxo tomou relevos raramente atingidos pelas casas-grandes que, para alguns dos senhores de engenho mais ricos do Rio de Janeiro, da Bahia, de Pernambuco, desde a primeira metade do século XIX passaram à condição de casas de campo, enquanto os sobrados de cidade se elevaram à de palacetes onde os mesmos senhores residiam mais tempo do que no interior. "Proporcionalmente ás nossas circumstancias creio que não ha no mundo cidade onde o luxo tenha chegado a tão alto ponto como em o nosso Pernambuco", escrevia o padre d'*O Carapuceiro* em artigo "O luxo no nosso Pernambuco", transcrito pelo *Diário de Pernambuco* de 31 de outubro de 1843. Era o luxo de senhores de engenho, residentes principalmente em sobrados urbanos, a rivalizar com o dos negociantes fortes, seus comissários e armazenários, donos de sobrados igualmente suntuosos.

Na mesma época, outro jornal, *O Conciliador* (Recife), em artigo publicado na sua edição de 25 de junho de 1850, reconhecia estar a agricultura no Império "toda dependente do commercio" e "conseguintemente delles", isto é, dos armazenários, taverneiros e lojistas que, exagerando a realidade, dava como sendo todos "portugueses", alguns dos quais, tidos por "capitalistas honrados" e "grandes negociantes", não passavam de "moedeiros falsos". De qualquer modo, o Recife do meado do século XIX, a despeito da "Revolta Praieira", como que voltava a ser o do tempo dos mascates, com os portugueses "senhores absolutos do commercio" e alguns dos Cavalcantis, Regos Barros, Albuquerques Melos, Wanderleys, Aciolis, Sousa Leões, Carneiros da Cunha, amparados por portugueses ricos que às vezes davam presentes de casas aos homens de governo, cavalgando, do alto de sobrados, os moradores de casas térreas e de mucambos.

O *Almanack Commercial de Pernambuco*, relativo ao ano de 1850,[3] trouxe uma "lista de negociantes" que, analisada pelo *O Conciliador*, de 18 de julho do mesmo ano, resultava em demonstração da tese de que toda a força econômica do Império estava passando de novo a mãos de portugueses, agora sob a forma de trapicheiros e de outras figuras de comerciantes, dos quais dependia grande parte da agora só aparentemente soberana nobreza agrária. Dos lojistas de fazendas, poucos eram os brasileiros; das casas de ferragens e miudezas e dos armazéns de recolher carne-seca e até dos de açúcar – a aristocracia do comércio – feita uma exceção ou outra, os donos eram portugueses. De portugueses, muitas tavernas e padarias – novidade, as padarias no Brasil, do século XIX, certo como é que durante a era colonial foram raros entre nós os padeiros públicos, amassando-se quase sempre em casa o pão de trigo feito para os raros europeus intolerantes do beiju ou da farinha de mandioca ou da broa ou do cuscuz de milho; e quase todas as tabernas, padarias e lojas situadas nas "principais ruas", ao contrário das de brasileiros, colocadas em "becos tapados", "travessas", "camboas"; e instaladas em casebres, em contraste com os vastos sobrados nos quais acabavam espalhadas as mercadorias dos portugueses prósperos, moradores com seus caixeiros nos andares mais altos dessas fortalezas comerciais.

Já não era, como outrora, tão forte o preconceito contra a mercancia da parte dos brasileiros, porque o crítico d'*O Conciliador*, falando por considerável corrente de opinião ou sentimento, opunha à palavra dos que consideravam os portugueses "tão bons" que aqui ficavam "casados com nossas filhas" – vários com mestiças ou mulatas, pelas quais ficou célebre sua predileção – o argumento de que não era para ficar nas cidades e casar com as "nossas filhas" que abríamos o Brasil aos estrangeiros mas para que eles viessem trabalhar nos campos: "porque o Brasil é agricola e offerece grandes vantagens a quem vem esfaimado procurar o pão"; porém as nossas cidades não podem nem devem admitir esses "estrangeiros" que "não trazem comsigo mais que *fome, cebola* e *estupidez*". Que viessem portugueses ou estrangeiros para trabalhar nos campos. Que viessem portuguesas "de doze a vinte annos de idade para na qualidade de amas substituirem as africanas que tão prejudiciaes nos são na educação das nossas famílias". Mas não portugueses que continuassem a se apossar do comércio de retalho e da cabotagem, reduzindo os brasileiros "á condição de escravos". Não portugueses que, a título de adotivos, viessem participar da nossa política, alguns "dando dinheiro, para se guerrear, aos brasileiros, nas eleições" e "todos agradando os homens do poder contanto que os deixem desfrutar esse manancial de grandeza...". De modo que a 12 de julho de 1850 a linguagem de redatores de jornais como *O Conciliador* continuava, com relação aos estrangeiros, quase a mesma dos panfletários dos dias, ainda quentes de sangue, da Revolta Praieira. A mesma linguagem daqueles outros nativistas que, no Rio de Janeiro, pelo *O homem do povo fluminense* (24 de dezembro de 1840) chamavam aos portugueses "esta raça de judeus", acompanhados no furor antilusitano por *O pavilhão nacional* (1850), *O sino dos barbadinhos* (1840), *A sineta da misericórdia* (1849). E a atitude de muitos brasileiros já agora era a de que o comércio – outrora atividade considerada inteiramente vil – devia ser deles, filhos da terra; e não de "adotivos" e de estranhos que estavam constituindo-se em poder, na verdade, maior que o dos senhores de terras trabalhadas por escravos, em volta de casas-grandes cujos donos dependiam cada vez mais dos negociantes de sobrados.

Um dos pontos destacados pelo jornal *A Revolução de Novembro*,[4] em seu editorial de 29 de setembro de 1850, foi precisamente este: a "classe dos agricultores" estava reduzindo-se a uma classe de "pessoas arruinadas pelas dividas immensas que contrahem com os portuguezes...". O editorial tocava em outro problema de interesse particular para este nosso estudo: o de que "os filhos dos portugueses" eram pelos pais considerados seus inimigos e "substituidos em suas casas, em seus logares, em suas riquesas, por outros portuguezes, por meio de casamentos com suas filhas...". Os filhos brasileiros ou mestiços tornavam-se "os miseraveis das sociedades", isto é, das sociedades comerciais organizadas pelos pais lusitanos que, por uma perversão, econômica e sociologicamente explicável, do sentido – para não dizer "instinto" ao modo de Veblen – de continuidade patriarcal de poder, favoreciam as filhas nas pessoas dos genros vindos de Portugal como caixeiros. Caixeiros quase impossibilitados, pela sua condição de indivíduos nascidos em Portugal, de dispersarem a "fortuna da casa" tornando-se romanticamente poetas, políticos, advogados, doutores, bacharéis, intelectuais brasileiros.

Amigos das mestiças ou mulatas, os portugueses temiam nos mestiços ou mulatos – mesmo quando seus filhos – o romantismo boêmio de brasileiros que, desdenhosos da mercancia e empolgados pelas profissões liberais, pelas belas-letras, pelas belas atrizes, pelo *bel-canto*, comprometessem a continuidade da riqueza feia e forte conseguida e acumulada com esforço às vezes heróico, embora prosaico e desacompanhado de qualquer música: violão era para brasileiro. Modinha também.

Também banho, sabonete, perfume. O caixeiro português enriquecia com sacrifício do próprio asseio do corpo, no qual às vezes se exagerava o brasileiro. Como se exagerava na boêmia às vezes turbulenta. Temiam os portugueses do Reino na plebe da gente de cor o ódio de miseráveis e, principalmente, de malandros ou vadios – os capoeiras do Rio de Janeiro, de Salvador e do Recife, por exemplo – contra eles, portugueses, mercadores ou ainda caixeiros de sobrados e de loja, enriquecidos penosamente no comércio de charque, de bacalhau, de azeite, de vinho; e não apenas no de escravos.

A rivalidade, tão forte, durante o século XIX, naquelas cidades do Brasil ao mesmo tempo comerciais e acadêmicas como o Rio de Janeiro e São Paulo, no Sul, e Salvador e o Recife, no Norte, entre estudantes e caixeiros, às vezes envolveu filhos brancos ou mestiços de negociantes portugueses – estudantes em escolas de Direito ou de Medicina, onde encontraram-se ao lado de filhos de senhores de

engenho, de fazendeiros, de militares e de altos funcionários públicos
– e futuros cunhados desses rapazes, isto é, caixeiros de armazéns, de
lojas, de trapiches que tornaram-se, quase sempre, os continuadores
dos sogros armazenários, trapicheiros, negociantes. Foi rivalidade que
tomou às vezes aspectos pitorescos como o monopólio que pretendiam
ter os estudantes de trajar, como os doutores, sobrecasaca e, como
eles, usar cartola, bengala e botina preta em contraste com os caixeiros, obrigados pelo duro trabalho cotidiano de balcão ou trapiche a
conservarem-se de mangas de camisa e, às vezes, de tamancos. Só
aos domingos os estudantes ficavam à fresca – às vezes até escandalosamente nus – nas suas "repúblicas", geralmente em segundos e
terceiros andares de sobrados. Enquanto os caixeiros desciam de seus
"castelos" – quase sempre instalados nas águas-furtadas ou nos andares mais altos dos sobrados dos armazéns ou das lojas, onde lhes era
patriarcalmente servido, durante a semana inteira, pelos patrões mais
generosos, almoço bom e farto (superior ao da maioria dos estudantes, boêmios cujas mesadas cedo se esgotavam, passando eles então
a economizar na alimentação), em mesas que tinham alguma coisa
das mesas hospitaleiras das casas de família mais ricas e acolhedoras.
Desciam os caixeiros às ruas e às praias, aos cafés e às cervejarias,
nos dias úteis triunfalmente ocupados por estudantes, por doutores e
militares. Só aos domingos, eles, caixeiros, apareciam bem vestidos,
bem perfumados e às vezes bem lavados, alguns até de brilhantes nos
dedos e nos punhos da camisa e de bengalas com castão de ouro ou
de prata como se fossem estudantes ou já doutores. E a bengaladas
é que se decidiam entre os dois grupos rivalidades em torno de atrizes ou cômicas de teatro. Um incidente entre caixeiro português e
estudante brasileiro fez explodir no Recife o mata-mata-marinheiro de
1848: um dos aspectos da complexa Revolta Praieira – tão complexa
que teve também alguma coisa de socialista, igualitarista ou populista,
dentro do seu nativismo quase feroz contra portugueses e europeus.

    Explica-se, em parte, que o negociante português preferisse para
primeiro-caixeiro o genro português ao próprio filho, mestiço ou
apenas nascido no Brasil, em face da disciplina severa a que tinha
de submeter-se nos armazéns e lojas o caixeirinho vindo de Portugal
para o nosso País, quase como escravo. Escravo louro cuja formação se fazia dentro do próprio armazém despoticamente patriarcal

e monossexual. Crescia ele sob uma disciplina que muitas vezes faltava ao filho do próprio português, mimado pela mãe e educado por ela e às vezes pelo pai de modo a parecer filho de senhor de terra ou de engenho e não de mercador ou taverneiro. E não era de filho de senhor de terra ou de engenho que precisava uma casa de comércio para continuar próspera ou simplesmente forte. E sim daqueles quase escravos louros que aqui chegavam, das aldeias portuguesas, uns inocentes de oito, nove anos. Em seu número de setembro de 1849, no artigo "Portugal e Brazil", comentava a *Revista Universal Lisbonense*[5] que "a quasi totalidade da emigração portugueza" para o Brasil, consistia, até há poucos anos, "em individuos d'idade infantil". É que no Brasil eram os mais procurados para caixeiros e até para trabalhos de fábricas: os meninos de dez, doze, treze, quatorze anos: "Precisam-se de alguns meninos de idade de 12 a 14 annos, particularmente portuguezes, para fabrica de charutos", dizia um anúncio no *Diário de Pernambuco* de 4 de dezembro de 1841. E pelo mesmo *Diário de Pernambuco* de 21 de outubro de 1841 oferecia-se um "moço portuguez" para "armazem de assucar" ou para "cobranças". "Um rapaz portuguez chegado a pouco dezeja-se empregar em qualquer arrumação: quem o pretender dirija-se á rua da Cadeia, Botica, D. 5 ou annuncie", dizia outro anúncio no *Diário de Pernambuco* de 8 de fevereiro de 1842. No mesmo jornal, de 11 de fevereiro de 1842, anunciava-se um "moço portuguez" que sabia "sofrivelmente contar e escrever", para loja de fazenda: tinha apenas 14 anos. E ainda no *Diário de Pernambuco*, 11 de janeiro de 1840, aparece anunciado "um menino portuguez para caixeiro de uma loja de fazenda, tem bastante pratica, de idade de 13 a 14 annos, sabe bem ler e escrever...". No mesmo *Diário* de 12 de outubro de 1844 aparecia "Um portuguez" lamentando: "[...] não me he possivel ver a sangue frio o escandaloso trafico q. ha tempos certos negociantes fazem em transportar das Ilhas dos Açores immensos passageiros [...]" a maior parte "sem passaportes" para serem vendidos como "vis escravos".

Às vezes os caixeiros fugiam, como os escravos: tal o caso de José Manuel Arantes que fugiu da casa do comerciante Joaquim Guimarães, segundo anúncio que este publicou no *Diário de Pernambuco* de 15 de fevereiro de 1843: anúncio um tanto parecido aos de escravos fugidos. E anúncios desse sabor encontram-se com frequência nos jornais da época. Mesmo com os riscos de fuga, porém, eram os meninos portugueses que os negociantes preferiam para caixeiros de lojas e armazéns.

A 11 de março de 1852 iniciava a *Revista Universal Lisbonense* a publicação de significativa série de artigos "A defeza dos portuguezes no Brasil". Transcrevia-se no primeiro artigo de um jornal brasileiro: "O lavrador brasileiro remette do interior os seus productos ao negociante portuguez [...] mas quando pertende [*sic*] para seu filho um logar de caixeiro encontra-se face a face com uma negativa brusca e desabrida- -os brasileiros não dão para o commercio, não se ageitam...". O negociante português preferia aos filhos de lavradores brasileiros – rapazes que ele sabia viciados pela vida, demasiado solta e irresponsável, de filhos de pequenos senhores quase feudais – os portuguesinhos que lhe chegavam virgens do interior de Portugal: "[...] creados ao pé da rabiça do arado, da enxada; precisando de trabalhar para ganhar o pão quotidiano desde que souberam andar [...] costumados desde o nascer ás privações...", dizia o autor de "A defeza dos portuguezes no Brasil", no seu segundo artigo, na *Revista Universal Lisbonense* de 18 de março de 1852. A esses adolescentes ou meninos de Portugal não podia convir a aventura agrária ou pastoril nos sertões do Brasil. Não chegavam aqui senão com os próprios corpos – que às vezes serviam para os patrões mais econômicos de corpos de mulher. Com que meios levantaria um deles estabelecimento de lavoura ou criação? "Para isso é mister possuir terras e braços mas elle não tem meios para comprar nem uma nem outra coisa. Forçoso lhe é consequentemente seguir a profissão mais apropriada ás suas circumstancias e eil-o no commercio aonde para principiar lhe basta fazer-se caixeiro." Palavras do autor da "A defeza" – o bacharel formado em Coimbra João Antônio de Carvalho e Oliveira – no seu segundo artigo, provocado principalmente por agressões aos comerciantes portugueses estabelecidos no Brasil da parte de *O Argos Maranhense* no seu número 11, do ano de 1851.

Interessa-nos do terceiro artigo da série – o de 25 de março de 1852 – o ponto em que o defensor dos portugueses rebate com evidente vantagem a afirmativa de *O Argos Maranhense* de desdenharem os comerciantes e artistas lusitanos, estabelecidos no Brasil, a gente de cor do mesmo ofício ou atividade: "Percorram os redactores do

Argos as officinas do ferreiro, sapateiro, alfayate, carpinteiro, marceneiro, ou quaesquer outras, e lá acharão muitissimos portuguezes trabalhando no meio da gente de cor, ao passo que nenhuns ou bem raros brazileiros brancos ahi toparão. Percorram as quitandas e ainda ahi encontrarão bastantes portuguezes que quasi somente vivem com a ultima classe. E se o *Argos* averiguar bem até por essas casas achará não poucos portuguezes cercados de filhos, mesmo legitimos, que pelo lado materno pertencem á raça africana."

Entretanto, não eram poucos os brasileiros brancos e pobres que não faziam serviço militar nas fileiras – mas só como oficiais – da Guarda Nacional, para não se ombrearem com gente de cor. Neste particular – o ânimo de confraternização com a gente de cor – parece que raramente o português pobre deixou de ser no Brasil o europeu mais pronto a dissolver-se em descendência mestiça. Sua predileção pelo genro português como seu sucessor na direção do armazém ou da loja é evidente que obedeceu a motivos econômicos e não à rígida solidariedade de raça europeia ou de sangue puro. O que ele temia no brasileiro – mesmo no brasileiro seu filho – era a aversão à rotina comercial, ao duro, monótono e então sujo trabalho de balcão, de loja, de armazém.

Mais de um português no Brasil chegou a ser assassinado pelo próprio filho. "Est'outro dia um brazileiro adoptivo foi assassinado em sua casa por um de seus filhos" – recordava o autor de "A defeza" no seu artigo de 8 de abril de 1852 na referida *Revista Universal Lisbonense*. Casos raros, raríssimos, e que não justificariam nunca a generalização de terem sido em qualquer época os brasileiros, filhos de negociantes portugueses, parricidas sistemáticos. Tais parricídios, porém, ocorreram. E tendo ocorrido, parecem mostrar que houve em muitos brasileiros filhos de portugueses – moços a seu modo românticos – a revolta, que só em raros, raríssimos, chegou àquele extremo, de homens inconformados com a ascendência, sobre eles, de cunhados nascidos em Portugal. Não foram poucos os bacharéis, doutores ou intelectuais brasileiros, filhos de portugueses, que se fizeram notar pelo ardor da lusofobia: espécie de substituição ou compensação à fúria parricida. O caso de mais de um Casimiro de Abreu do século XIX: adolescentes brasileiros que, influenciados por "paixões românticas", de origem principalmente literária – e essa origem literária, francesa, inglesa ou alemã – revoltaram-se contra o patriarcalismo não já rural ou, a seu modo, feudal, mas urbano e comercial. Sentindo-se inconformados com a condição de caixeiros ou enojados dela e alarmados com a perspectiva de se estabilizarem em comerciantes prosaicamente sólidos, gordos e rotineiros, foram ao outro extremo: entregaram-se à boêmia, à vida de café, às mulheres, ao jogo; deixaram-se fascinar pela própria tísica, doença dos românticos, dos poetas, dos boêmios.

Isto sem nos esquecermos de que houve caixeiros – e não apenas comerciantes, industriais e artistas – que, desde os fins do século XVIII, foram se tornando conscientes da dignidade de sua condição pelo maior contato das cidades brasileiras com a Europa já industrial, comercial, burguesa e até proletária, e das possibilidades do seu poder econômico tornar-se político e assumir aspectos enobrecedores ou decorativos das suas pessoas. Tão enobrecedores quanto as decorações conferidas a pessoas e até a famílias inteiras pela posse de vastas terras de lavoura e de escravos de eito em grande número.

"A agricultura he a fonte da riqueza mas o commercio he que poen engiro o fruto da industria da agricultura", diziam, em 1808, em "Representação [...] perante ao Principe Regente, que os extrangeiros se não estabeleção com casas de negocio nos dominios do Brasil pa. os não prejudicar", os negociantes ou "o corpo do commercio da Bahia". Representação de que se encontra o manuscrito na Seção de Manuscritos da Biblioteca Nacional do Rio de Janeiro.[6] E em 1822, nos *Annaes Fluminenses de Sciencias, Artes e Literatura*, publicados no Rio de Janeiro por "huma sociedade philo-technica" já se combatia "a odioza distinçam de mechanicos e liberaes".[7] Pois "todas as artes uteis sam tanto mais nobres quanto mais necessarias para a mantença da sociedade". O comércio, vantajoso a qualquer nação, devia ser prestigiado do mesmo modo que as artes e as indústrias. "Á elle sam devidas as grandes massas que ornam as frentes e fachadas dos mais soberbos edifícios, os aquedutos, as ricas mobilias, ou utencilios..." (p. 11). Por isso mesmo, devia-se deixar correr o ouro ou a prata. Acabar-se com a prática do "metal enthesourado", isto é, o ouro ou a prata, a moeda ou o dobrão, guardado em casa, escondido debaixo dos tijolos das casas ou dentro das paredes dos sobrados, às vezes no interior dos santos de pau oco nos oratórios ou nas capelas.

Se desde os começos do século XVIII os reis de Portugal vinham prestigiando os "mascates" e negociantes contra os excessos de poder econômico e político desenvolvidos pelos senhores de terras brasileiramente feudais, agora – começos do século XIX – era na própria imprensa brasileira que se esboçava a glorificação da figura do comerciante, da do industrial, da do artista, aos quais se foi atribuindo função importantíssima na vida já quase nacional do Brasil.

Em 1821 já havia quem, no Rio de Janeiro, desejasse "ardentemente que a indústria nacional deste Reino Unido se anime mais" e, para tanto, abrisse no Rio de Janeiro "com permissão de Sua Alteza, huma subscripção annual com cujo producto se vão comprando machinas ou modellos". Máquinas ou modelos com os quais se desenvolvessem entre nós a indústria, as artes, o comércio, independentes do despotismo de produtor estrangeiro. Esse pioneiro do industrialismo no Brasil-Reino – um industrialismo identificado com a dignidade brasileira – foi Inácio Álvares Pinto de Almeida de quem aparece significativo manifesto no *Diário do Rio de Janeiro* de 12 de setembro de 1821.

No mesmo sentido – no sentido de favorecer-se o industrial ou o artista brasileiro – é a "Falla dirigida ás senhoras", publicada no mesmo *Diário* de 18 de setembro de 1821. Reprova-se aí "o depravado uso, em que estamos, de só nos vestirmos do que fabricão os estrangeiros, a quem se dá o alimento que se nega ao artista nacional, enviando-se a remotos climas o numerario que, circulando dentro do Reino, o livraria do abismo de pobresa a que está reduzido". Contra isso, as senhoras poderiam reagir privando-se de "usar de immensas cousas que lisongeão o appetite, e que não se fazem ainda, ou se fabricão mal, entre nós...".

São documentos expressivos do movimento de valorização social daqueles brasileiros que concorressem para o engrandecimento do País através do comércio, das artes, dos ofícios, da indústria, por tanto tempo economicamente insignificantes e socialmente desprezíveis em face da quase exclusiva glorificação da figura do grande senhor de terras que era também o chefe militar na sua qualidade de sargento-mor ou capitão-mor nomeado por el-Rei. Expressivo da valorização de novas figuras da economia e da sociedade ainda patriarcais e já burguesas, tornou-se a concessão de títulos de nobreza imperial a industriais e comerciantes: quase sempre comerciantes que haviam começado a atividade comercial como simples caixeiros. Varrendo lojas. Madrugando em armazéns. Trabalhando como mouros nos trapiches. De onde a valorização, também, da figura do caixeiro com possibilidades de tornar-se comendador, visconde ou barão, mesmo quando menino da terra, como o futuro Barão de Mauá, e não português importado de remota aldeia para o Rio de Janeiro ou Salvador, para São Luís do Maranhão ou o Recife.

No meado do século XIX já era o caixeiro, quando filho da terra, uma figura um tanto romântica, a favor de quem apresentara-se na Câmara dos Deputados o projeto de 1848. Já se identificava a causa do caixeiro com a causa da soberania nacional: o caixeiro brasileiro era, como o artista brasileiro, alguém que as leis do Império estavam na obrigação de defender dos rivais estrangeiros. E essa defesa importou em sua valorização social e até em sua romantização, embora em 1867 jornais como *O Conservador* (Recife) em sua edição de 27 de agosto, em artigo intitulado "A agricultura, o commercio e a industria" ainda lamentassem o fato de serem as atividades de caixeiros e guarda-livros consideradas, no Brasil, "muito abaixo da hierarquia dos bachareis e doutores".

"A bem dos caixeiros brasileiros", batiam-se, entretanto, desde 1835 jornais como *O Defensor do Commercio*, do Rio de Janeiro. E às vezes a bem do caixeiro em geral: "[...] neste paiz que se presa de ser hum dos primeiros entre os paizes christãos, este divino preceito [o descanso aos domingos e dias santos] está completamente esquecido" pois "ve-se nos dias santos abertas as casas de negocio e em completa actividade e as aucthoridades civis e ecclesiasticas mudas espectadoras deste abuzo tanto mais pernicioso quanto praticado por huma tão eminente corporação...". E acrescenta *O Defensor do Commercio* no seu número de 5 de junho de 1835: "[...] o miseravel caixeiro preso ao balcão não tem licença para d'ali sahir, muitas vezes nem para ouvir missa, porque seu amo não quer perder o ganho que pode ter...". Ao caixeiro não restava senão dizer à namorada:

> *"Não posso, meu bem, não posso,*
> *He impossivel lá ir,*
> *Que o diabo do balcão*
> *Não me consente sahir".*

A verdade, porém, é que muito caixeiro, no próprio sobrado do armazém ou da loja do comerciante, achou namorada e esposa; e esta, a filha ou a sobrinha ou a afilhada – sociologicamente filha – do patrão rico. O sistema comercial brasileiro tornou-se uma como expressão urbana do sistema agrário, isto é, foi também, a seu modo, patriarcal e até endogâmico, com os nomes das firmas fazendo as vezes dos antigos nomes de fazenda ou de engenho – Suaçuna ou Cedro, por exemplo – que absorviam os nomes de famílias, mesmo ilustres, como Cavalcanti, Holanda, Marques, Carneiro Leão. Silvas passaram a ser Ferreiras, por honra de firmas comerciais mais importantes que o nome de família de cada um.

O patriarcalismo, o familismo, o personalismo característico do alto comércio do Rio de Janeiro – na verdade, das grandes cidades do Império tanto quanto das pequenas – no meado do século XIX, surpreendeu arguto europeu, Ladislas Paridant, que escreveu o livro quase desconhecido mas deveras sugestivo que é *Du système commercial à Rio de Janeiro*, publicado em Liège em 1856. Escreveu ele à página 85: "*La matière commerciale, à Rio de Janeiro, est régie par un ensemble d'us et de coutumes abusifs et surannés que les Portugais, dans leur état de décadence, n'ont pas su réviser, et que les autres étrangers traficants au Brésil, peu nombreux à côté des premiers, n'ont pu encore réformer*".

Esse conjunto de usos arcaicos para um europeu do norte da Europa era caracterizado principalmente por "*un caractère tout particulier de familiarité, un goût très prononcé pour les longues et bruyantes causeries*". Mais do que isso: ao comprador ofereciam-se doces e vinhos como nas casas patriarcais aos viajantes e até aos caixeiros viajantes, os quais também os senhores de engenho mais particularmente generosos mandavam à noite negrinhas ou mulatas que lhes fizessem companhia e lhes aquietassem a fome sexual de comerciantes solteiros – ou mesmo casados – em viagem pelos campos. Nos armazéns e nas casas de alto comércio do Rio de Janeiro ainda patriarcal do meado do século XIX, ao lado da sala de vendas, via-se, segundo refere Paridant à página 103 daquele seu livro, "*une table couverte de pâtisseries et de vins, parmi lesquels les plus fumeux sont les plus abondants*". E não nos esqueçamos de que havia nos armazéns para patrões, caixeiros, comitentes do interior, compradores estrangeiros, mesa, também patriarcal, onde se almoçava fartamente no alto dos sobrados.

Pode-se generalizar: a tendência no Brasil, depois que as artes e os ofícios e, principalmente, as indústrias e o comércio foram se impondo como atividades necessárias ao País e compensadoras do esforço de quantos soubessem cultivá-las ou organizá-las e dirigi-las foi para que seus cultores ou diretores tomassem maneiras, gestos e usos dos patriarcas rurais, adaptando-os a novas condições de convivência. Neste ponto anteciparam-se a brasileiros de outras regiões os de Minas Gerais: aqueles mineiros de quem o conde de Assumar – ou alguém que se supõe ter sido ele – escrevia nos começos do século XVIII que, sendo homens de origem obscura, quando enriqueciam, enfeitavam-se com títulos de "coroneis, mestres de campo e brigadeyros", imitando assim a nobreza territorial e, ao mesmo tempo, militar, das regiões mais antigas do País. São bem expressivas as palavras atribuídas àquele homem de Estado e que se encontram em *A revolta de 1720 – Discurso histórico-político*, documento do século XVIII publicado em Ouro Preto em 1898. Aí pormenoriza o observador português a respeito dos indivíduos que, nas Minas Gerais dos começos do século XVIII, tornavam-se ricos pela mineração ou pelo comércio e que, uma vez ricos, "differenceam-se entam dos outros mineyros com a periphrase de grandes e poderozos: de brigadeyros, mestres de campo e coroneis se bem que, pella diversidade das insignias ainda agora se sabe menos o que elles sam; porque vereis que se neste o bastam de Marte mostra que he mestre de campo, ou coronel, o malho de vulcano dis que he ferreyro: notareis que naquelle a vara de Mercurio insinua que he juis, o tridente de Neptuno declara que he barqueyro. E eu conheço neste paiz hum homẽ honrado, o qual com outros nam entre nesta universal dos mineyros que (desde hũa varanda das suas cazas, que ficam onde o ribeyro dos Raposos entra no rio das Velhas) gracejando ao passar das carregações do Rio de Janeyro, que todos alli veem ter, cõ alguns pobres reynoes, que com o seu saco ás costas vinham atraz tocando cavallos, apontava para elles, e contando-os dizia: eis aqui dois juises! alli vam tres coroneis; acolá cinco mestres de campo".[8]

Caixeirinhos de tamancos tornaram-se no Brasil do século XIX senhores comendadores, excelências, titulares. Caixeiros – repita-se

– chegaram a barões, a viscondes, a grandes do Império. Comerciantes, industriais e até artistas de extrema habilidade morreram no século XIX tão ostensivamente nobres quanto os senhores de terras e, mais do que muitos destes, donos de palacetes suntuosos, de carruagens elegantes, de porcelanas marcadas com coroa de barão ou de visconde, de fardas douradas, de condecorações brilhantes como as dos militares. A mesma mobilidade que favoreceu entre nós a ascensão de mestiços, de mulatos, de homens de cor, à condição sociológica de brancos, favoreceu a ascensão à condição política de nobres, de comerciantes, industriais, artistas de origem obscura e de começos difíceis.

O mais que acontecia era acompanhar em alguns casos ao triunfador o comentário malicioso e às vezes injurioso dos que murmuravam, muitas vezes despeitados com o triunfo ou a vitória do mestiço ou do plebeu: "filho da mulata Fulana ou do taverneiro Manuel", "neto da negra Sicrana ou do galego da quitanda". Ou "descendente da escrava *Eva, creola!*" Com efeito, um jornal da Corte, *A Contrariedade pelo Povo*, chegou a publicar na sua edição de 13 de maio de 1848, contra brasileiro eminente daqueles dias, que descendia de "*Eva, creola, natural de Taubaté ou suas immediações*" onde tivera do capitão-mor da aldeia dos índios daquela vila uma filha "de nome Anna, perfeita mestiça de cor escurissima", ambas vendidas para o Rio de Janeiro e compradas "pelo negociante, da classe então chamada comissarios, José Francisco Cardoso, morador na rua Direita casa hoje nº 73 e como houvesse na família outra escrava tambem creola e do mesmo nome foi aquella chrismada em Eva da Serra"; que Ana, ou Anica, dera à luz em 1783 ou fins de 1782 uma filha de nome Maria, parda muito clara, "que se chamou depois Maria Patricia"; que Cardoso, tendo falecido em 1804 ou 1805, deixara forros todos os seus escravos "[...] os quaes conservando a educação que lhes deram seos senhores foram juntos morar no beco do Fisco, casa hoje nº 23, vivendo em commum do seu trabalho"; que Maria Patrícia se tornara conhecida por *Você-me-mata*, "phrase de que constantemente usava nos seus extraviados e delirantes transportes amorosos"; que *Maria-você-me-mata* se tornara mulher de certo Apolinário, padre ou, pelo menos reconhecido como tal, pelo cônego Vilas Boas, vigário-geral e governador do Arcebispado do Rio de Janeiro; que dessa união nascera o político ou estadista depois enobrecido pelo Império.

Outras vezes, a artistas, mecânicos ou taverneiros improvisados em fazendeiros, senhores de engenho, estancieiros, barões, viscondes, a malícia popular não perdoou a origem. Marcou-os com a pecha de "vilões". Tal o caso de Francisco Rodrigues Pereira que, segundo Alexandre Rodrigues Ferreira na sua "Notícia histórica sobre a Ilha do Marajó" (de que se guarda manuscrito na Biblioteca Nacional do Rio de Janeiro), foi quem primeiro fundou ali fazenda com fortuna acumulada no ofício de carpinteiro em vila ou povoação: ficou conhecido por "*o Villão*". E vilão parece ter se conservado ele, de certo modo, depois de senhor de terras e de bois, sob a forma de fornecedor de carne à vila ou cidade, a dois vinténs o arrátel. Mas já agora vilão "coronel' ou "capitão". Vilão de botas de montar a cavalo. Vilão dono de terras, de gado, de escravos.

Em Pernambuco outro vilão – vilão no sentido de residente em vila ou cidade – chamado Gabriel Antônio, tornou-se senhor de engenho sem saber, entretanto, trocar por botas de montaria os tamancos de português enriquecido em taverna. E até barões ficaram conhecidos em outras províncias do Império por "barões de tamancos". A verdade, porém, é que desde os fins do século XVIII foi se verificando no Brasil – nas áreas mais europeizadas – considerável invasão das atividades industriais e até mercantis por gente nobre mais afoita em desembaraçar-se do preconceito ruralista.

Andrew Grant observou que a atividade dos homens de prol do Brasil dos começos do século XIX com relação às atividades industriais vinha alterando-se nos "últimos poucos anos". Até mesmo os "inveterados preconceitos" contra o comércio, da parte dos nobres, vinham modificando-se sob a "crescente liberalidade" – ou liberalismo – da época. Vários deles, nobres, estavam ligados a manufaturas estabelecidas no Rio de Janeiro. Um "*gentleman of high rank*" levantara uma casa de beneficiar arroz, empregando aí cerca de cem escravos.[9]

Era pena – para o observador inglês – que, ao lado do desenvolvimento das indústrias, das artes e do comércio, continuasse o Brasil a importar negros como se importasse gado. O que sucedia era o senhor branco, mesmo quando morador de "mansões" suntuosas – isto é, casas-grandes e sobrados – ser criatura mais degradada e infeliz que o escravo.

Realmente sucedeu, no Brasil, verificar-se a transigência da parte intelectualmente mais avançada da nobreza rural com as indústrias, com as artes, com o próprio comércio – com ingresias e até com francesias essencialmente burguesas – sem que se verificasse o abandono do sistema de trabalho escravo. Nessa combinação de contrastes, anteciparam-se Minas Gerais e, de certo modo, Pernambuco, no século XVIII e no próprio século XVII. Mas onde o contraste tornou-se mais evidente, cremos que foi no Maranhão dos princípios do século XIX – ao mesmo tempo tão rotineiro e tão progressista.

"Instrumentos agrarios não ha, senão a simples enxada, e machina, senão o miseravel escravo... As conduções em geral são feitas pelos rios e algumas que se fazem por terra são em carros de bois, ainda mais defeituosos que os que se usão em Portugal..." Assim escrevia em livro publicado em Lisboa em 1822 – *Estatistica historica-geographica da provincia do Maranhão offerecida ao soberano congresso das cortes geraes* – Antônio Bernardino Pereira do Lago.[10] Observava mais haver naquela área colonial brasileira, apesar do alvará de 5 de janeiro de 1785 que proibira fábricas ou indústrias no Brasil, "fabricas de descascar arroz, de descaroçar algodão, de fazer assucar, de distillações e de tecer pano de algodão". Fábricas movidas antes a braço de escravo que a máquina: "[...] podemos dizer que a força motriz de todas he só a resultante de muitos braços de escravos, parecendo aquellas fabricas mais huma masmorra d'Africa que interessante e agradavel edifício de industria".[11]

Vê-se por depoimentos como este que a área maranhense – enobrecida desde o começo do século XIX por sobrados rivais dos baianos e dos pernambucanos – antecipou-se à paulista, do café – que só mais tarde seria enobrecida por tais sobrados – e acompanhou de perto a da mineração – desde o século XVIII famosa por cidades bem edificadas – como área de precoce ou prematura industrialização, mas não de mecanização, de sua economia, que continuou a basear-se, tanto quanto a agrária, ou ainda mais que a rusticamente agrária, na energia ou no trabalho do escravo. Perdeu, entretanto, sua organização social, com aquela antecipação, alguns dos traços mais doces de familismo tutelar ou de patriarcalismo benevolente. Explica-se assim terem sido aquelas três áreas caracterizadas, nas suas fases de precoce industrialização da economia, por um abandono do escravo pelo senhor ou por uma exploração do operário – reduzido à condição de substituto de máquina – pelo patrão, que não caracterizaram nem o nordeste agrário nem o Rio Grande do Sul e os sertões pastoris, nas suas relações entre senhores e escravos ou servos: entre senhores de engenho tutelares e escravos quase pessoas da família; entre fazendeiros e estancieiros, igualmente tutelares, e servos quase pessoas de casa.

Tais relações teriam de refletir-se, como se refletiram, na alimentação dos escravos que, nas áreas industrializadas, alterou-se quase sempre no sentido de sua degradação, desde que ao industrial precoce – como foram o mineiro, desde o século XVIII, e o maranhense e o paulista, desde o começo do século XIX – interessava mais esgotar rápida, comercial e eficientemente a energia moça do escravo (substituto de máquina e não apenas de animal) que prolongar-lhe a vida de pessoa servil e útil – mas pessoa ou, no mínimo, animal – através de alimentação farta e protetora – embora com aparência de rude – e de habitação igualmente protetora – embora com característicos de prisão: as senzalas de pedra e cal.

Foram estes os escravos – evidentemente a maioria da população escrava da época colonial e dos primeiros decênios do Império, dado o fato de que o Brasil ortodoxamente patriarcal foi antes agrário e pastoril que industrial e urbano como na área de mineração – que impressionaram os observadores estrangeiros mais penetrantes e mais objetivos nos seus reparos sobre condições de vida e de alimentação que pareceram a vários deles – Tollenare, Pfeiffer e Hamlet Clark – superiores às dos operários ou camponeses europeus e livres da mesma época.

O que conhecemos, por outras fontes de informação, do regime alimentar daqueles escravos que foram os típicos – e não os atípicos – do nosso sistema patriarcal, autoriza-nos a generalizar ter sido o escravo de casa-grande ou sobrado grande, de todos os elementos da sociedade patriarcal brasileira, o mais bem nutrido. Nutrido com feijão e toucinho; com milho ou angu; com pirão de mandioca; com inhame; com arroz – dado pelo geógrafo alemão A. W. Sellin como, em algumas regiões brasileiras, "alimento fundamental"[12] "para os escravos" e não apenas para os senhores.

Também o quiabo, o dendê, a taioba e outras "folhas", outros "verdes" ou "matos" de fácil e barato cultivo, e desprezados pelos senhores, entravam na alimentação do escravo típico. São "matos" cuja introdução na cozinha brasileira – em geral indiferente ou hostil à verdura – se deve ao africano: como quituteiro ou cozinheiro, contribuiu ele – principalmente através da chamada "cozinha baiana" – para o enriquecimento da alimentação brasileira no sentido do maior uso de óleos, de vegetais, de "folhas verdes". E até – com os Malês – de leite e de mel de abelha. Escravo, o africano foi, de modo geral, elemento mais bem nutrido que o negro ou o mestiço livre e que o branco pobre de mucambo ou palhoça do interior ou das cidades, cuja alimentação teve de limitar-se, de ordinário, ao charque ou ao bacalhau com farinha. Mais bem nutrido que o próprio senhor de engenho ou o fazendeiro ou o dono de minas quando meão ou médio nos seus recursos – e os fazendeiros ou senhores de engenho desse tipo foram, entre nós, a maioria – de alimentação também caracterizada pelo uso excessivo do charque e de bacalhau mandados vir das cidades, junto com a bolacha, o peixe seco e a farinha de mandioca. Enquanto à mesa do estancieiro, farta de carne fresca ou sangrenta, parecem ter sempre faltado o legume, e, por muito tempo, o arroz, ausente também da mesa do sertanejo do Norte, farta apenas de queijo e de carne chamada de sol ou de vento; e tão pobre de legume quanto as outras mesas de patriarcas.

Quanto à mesa dos ricos senhores de casas-grandes e dos sobrados mais opulentos, não nos esqueçamos de que foi ela quase sempre prejudicada pelo excesso de conservas importadas da Europa, em condições de transporte que estavam longe de comparar-se, do ponto de vista da higiene ou da técnica de conservação de alimentos, com as dominantes no século atual. De onde muito alimento deteriorado ou rançoso consumido pela gente nobre dos sobrados que desdenhava das verduras ou matos frescos, comidos pelos negros ou pelos escravos.

São pontos, estes, que devem ser recordados com insistência contra a generalização, baseada quase sempre no sentimentalismo antiescravocrático ou no furor doutrinário dos que desejam acomodar a história das sociedades patriarcais a este ou aquele *ismo*, de que, em tais sociedades, o escravo foi sempre e sob todos os aspectos, um "mártir", um "sofredor", um "mal-alimentado". A verdade é que houve sociedades, como a brasileira, nas quais, de modo geral, o escravo das áreas ortodoxamente patriarcais – as caracterizadas pelo maior domínio de família tutelar – tiveram um tratamento, um regime de alimentação, um gênero de vida superiores aos dos escravos em áreas já industriais ou comerciais, embora ainda de escravidão, caracterizadas pela tendência à impersonalização ou despersonalização das relações de senhor com escravo, reduzido à condição impessoal de máquina e não apenas de animal. Este é o ponto que desejamos salientar nestas páginas, através de inevitável repetição de fatos já fixados em capítulo anterior.

Essas áreas, no Brasil patriarcal, é interessante salientar que foram não as mais rústicas nem as mais "orientais", no sentido de mais afastadas social e culturalmente da Europa e mais conservadoras de traços orientais de cultura, porém as mais europeias sob o aspecto cultural: a área mineira ou a maranhense, por exemplo. Do Maranhão se sabe que, justamente na época de sua precoce industrialização – marcada pelo mau tratamento do escravo, pela sua má alimentação, pela sua péssima conservação – distinguiu-se como uma das áreas mais em contato com a Europa triunfalmente burguesa e industrial da primeira metade do século XIX, que era a Inglaterra. Pereira do Lago nos fala, à página 82 do seu referido livro, de senhoras educadas na Inglaterra: o que não acontecia então em outras áreas que àquele e a outros países mais adiantados da Europa enviam apenas rapazes, filhos das famílias mais ricas e mais liberais. Enquanto isto, as mulheres de cor se faziam notar na área maranhense, de acordo com o mesmo e idôneo observador, pela degradação: "quasi todas desformes, estupidas, sem maneiras, sem atavio, descalças sempre, deixando a cada instante ver marcas de indecencia e nenhum resto de pejo, andando por casa, e nas ruas, unicamente com saia de xita ou d'algodão e sem camisa nem lenço...". Bem diferentes, por conseguinte, das mulatas ou negras de Pernambuco, do Rio de Janeiro, e principalmente da Bahia, célebres pelos seus vestidos finos, pelas suas joias caras, pelos seus lenços, pelos seus xales, pelos seus sapatinhos ou chinelas. Estas negras ou mulatas finas eram raras no Maranhão: consequência da distância entre senhores e servos, criada por um sistema que já não era o patriarcal, na sua integridade de domínio de família tutelar, mas o sistema patriarcal pervertido pela imitação rápida – e não lenta, como na Bahia, em Pernambuco e no Rio de Janeiro – do industrialismo burguês e comercial, com os escravos a fazerem as vezes de máquinas e não apenas a substituírem a força ou a energia de animais.

Antes de acentuar-se entre nós essa substituição – que marcou toda uma época de transição em áreas como a maranhense – de máquina e de animal por escravo, é que o escravo gozou, de ordinário, de uma proteção de corpo e de saúde e de uma tolerância de seus ritos, costumes e hábitos que estavam no interesse do senhor patriarcal de casa-grande e de sobrado – do sobrado servindo ainda por palanquim e pelo "tigre" – conceder àqueles que eram seus pés e suas mãos. De onde a superioridade de sua alimentação – prejudicada quando em seu detrimento foi preciso alimentar com capim-da-guiné e outros capins, maior número de animais, e com madeira, lenha, carvão, as novas máquinas.

Destaque-se um fato expressivo: os próprios soldados, no Brasil colonial, parece que recebiam de seus superiores ou del-Rei alimentação notavelmente inferior à fornecida aos escravos da época pela maioria dos senhores patriarcais de engenhos, de fazendas e de sobrados. A confiarmos em depoimentos como o de Lindley, confirmado por Andrew Grant, os soldados de artilharia nos quartéis coloniais da opulenta cidade de Salvador – soldados que eram, em grande número, rapazes ou adolescentes necessitados de alimentação forte, e não homens feitos que pudessem se dar ao luxo do ascetismo – alimentavam-se exclusivamente de "bananas e farinha" com uma ou outra ração de peixe: "um ou dois peixinhos", informa o inglês.[13] E é da mesma fonte a informação, à página 179, de que na Bahia, isto é, na área suburbana de residências, "*the more opulent part of the inhabitants possess each a country house [...] generally situated on the banks of a river [...]. They are well stored with poultry and domestic cattle, but from total deficiency in the art of cookery, their tables are not much better supplied here than in the city; and indeed they may be said, in a great measure, to exist in poverty and want in the midst of abundance.*" Observação que seria alguns decênios depois confirmada por outro inglês, James Wetherell, em suas *Stray notes from Bahia*,[14] onde mais de uma vez salienta a insipidez ou pobreza da alimentação geralmente servida na mesa dos senhores em contraste com deliciosos pratos vindos das senzalas dos escravos como o caruru.

O mercado de Salvador – cidade de população africana superior à do Rio de Janeiro em número e certamente em influência – parece que era, nos começos do século XIX, superior ao de qualquer outra cidade grande do Brasil no suprimento de vegetais. É pelo menos o que se conclui do relevo que Andrew Grant, na sua já citada *History of Brazil*,[15] dá à abundância, no mesmo mercado, de inhame, mandioca, vagem, feijão, pepino.

Admitido, de modo geral, o fato de que a carne fresca era alimento nobre, da gente de sobrado ou casa-grande, e o vegetal, ou "mato", com uma exceção ou outra, alimento barato e desprezível, da gente de senzala e da de mucambo mais presa às tradições africanas de alimentação vegetal – inhame, quiabo, dendê, arroz – temos que admitir a decorrência: o negro de senzala de casa-grande ou de sobrado ou o próprio negro de mucambo menos desafricanizado nos seus hábitos ou estilos de alimentação era, de modo geral, mais bem nutrido que o branco de casa senhorial, com a sua carne fresca má, suas conservas e seus alimentos secos importados da Europa. Inclusive o biscoito que, para muitos, fazia as vezes do pão de trigo: por muito tempo luxo burguês quase exclusivo dos que o faziam patriarcalmente em casa.

Ainda segundo Andrew Grant, podia-se generalizar: o solo nos arredores do Rio de Janeiro era destinado à cultura de "vegetais" – que não especifica quais fossem – "para os brancos". E "arroz, mandioca, milho, &c" para os pretos.[16]

O que se depreende, porém, das informações de outros observadores é que os arredores de cidades como o Rio de Janeiro, o Recife e mesmo Salvador foram se tornando, na primeira metade do século XIX, principalmente áreas de plantação de capim ou forragem para o crescente número de animais a serviço dos ricos das cidades; e de vegetais e frutas de fácil cultura que eram consumidos mais por escravos do que por senhores, mais por pretos do que por brancos – inhame ou cará, taioba, quiabo, abóbora ou jerimum, banana – com sacrifício da produção de legumes europeus considerados finos e de cultura dispendiosa ou difícil em terra tropical. O mesmo Grant[17] observou quanto era intensa, nos primeiros anos do século XIX, a importação de alimentos da Europa: peixe seco, presunto, linguiça, queijo, manteiga, biscoitos, azeite, vinagre, macarrão, nozes, ameixas, azeitonas, cebolas, alho etc. Alimento para habitantes de sobrados. Para senhores das casas mais opulentas.

Grant notou que era comum a opinião, no Brasil, de ser o clima quente desfavorável ao preparo da manteiga, ao que ele opunha o fato de que na Índia, país de clima muito "mais quente", encontrava-se "excelente manteiga". O que o brasileiro evitava era o trabalho de fabricar manteiga ou de cultivar cebolas, que podiam ser importadas do "Reino", isto é, da Europa e não apenas de Portugal.

O clima era decerto mais favorável à cultura de plantas de alimentação tropicais que às trazidas da Europa. Mas o que é evidente é que o próprio escravo, homem não só tropical como de trabalho, cultivou com melhor ânimo as plantas de seu gosto do que as europeias e da predileção dos senhores de sobrados e de casas-grandes.

Referindo-se à alimentação do escravo brasileiro em fazendas por ele consideradas típicas do Brasil dos começos do século XIX, escreveu Rugendas no seu famoso livro, hoje traduzido sob o título de *Viagem pitoresca através do Brasil*, de que se usa aqui a 4ª edição publicada em São Paulo em 1949: "Em cada fazenda existe um pedaço de terra que aos escravos negros é entregue, cuja extensão varia de acordo com o número de escravos, cada um dos quais o cultiva como quer ou pode. Dessa maneira, não somente o escravo consegue, com o produto de seu trabalho, uma alimentação sadia suficiente, mas ainda, muitas vezes, chega a vendê-lo vantajosamente".[18] Discriminando situações, sob um critério quase sociológico de situacionismo, escreveu o mesmo Rugendas: "A situação dos escravos depende muito, também, do principal gênero de cultura da fazenda a que pertencem; assim, a situação dos escravos é muito pior quando se trata de abrir novas roças e fazendas do que nas propriedades já organizadas, principalmente quando as fazendas abertas se encontram a grande distância das regiões habitadas, pois os escravos estão então expostos a todas as intempéries do clima e da vizinhança como, por exemplo, no caso da vizinhança dos pantanais...". E ainda: "Os escravos também são mais bem tratados nas pequenas fazendas do que nas grandes, porque os trabalhos em comum, a mesma alimentação, os mesmos divertimentos fazem desaparecer quase toda diferença entre escravos e senhores".[19]

Neste ponto é discutível que fosse sempre melhor a situação do escravo de senhor pobre que de senhor rico, pois o senhor pobre, quando ambicioso ou sôfrego de ascensão social ou econômica, procurava extrair o máximo dos poucos escravos a seu serviço. Daí fugas de escravos de senhores pobres que vinham apadrinhar-se com senhores ricos conhecidos pela generosidade ou liberalidade no tratamento dos escravos das senzalas das suas casas-grandes ou dos seus sobrados.

"O pequeno escravo está quase assegurado da aquisição da liberdade pelo padrinho...", diz ainda à página 191, Rugendas, referindo-se ao molequinho, quando afilhado de senhor rico. Senhor que, em geral, considerava-se obrigado a ser quase um pai do afilhado, em uma afirmação de poder patriarcal que era também uma ostentação de força econômica. A última capacidade faltava ao senhor pobre, cuja afirmação de poder patriarcal sob a forma de padrinho extremava-se, às vezes, segundo a tradição oral, em ternuras verdadeiramente paternais, das quais decorria crescer o afilhado escravo em situação cultural quase igual à dos filhos: quase a mesma alimentação, quase os mesmos brinquedos, quase o mesmo vestuário. Apenas escravo até certa idade.

Observemos – de passagem – que a figura do padrinho ou da madrinha no sistema patriarcal brasileiro é assunto que está a merecer estudo à parte, pois nessa figura tanto se expandiu o patriarcalismo em afirmações de poder ou de funções tutelares como se compensou de frustrações de puro paternalismo ou de maternalismo. Este chegou a parecer matriarcalismo quando, na verdade, a mãe – principalmente quando masculinoide – apenas fez as vezes de pai ausente, fraco ou morto – mas nem sempre esquecido – como no caso da senhora do Engenho Maçangana, madrinha de Joaquim Nabuco. Deste pernambucano a formação de personalidade foi, evidentemente, marcada mais pela madrinha rica – absorvente e desejosa de substituto do marido morto – que por pai ou mãe.

Foram numerosos os escravos que, no sistema patriarcal brasileiro, gozaram da situação de afilhados de senhores de casas-grandes e de sobrados e foram, por este *status* especial, beneficiados em suas pessoas e particularmente protegidos em sua saúde, em seu vestuário, em sua educação. E também em sua alimentação, às vezes superior à de numerosíssimos indivíduos, seus superiores em *status*, pelo fato de ser um regime em que aos valores africanos se juntavam os europeus. Não devem, porém, ser tais escravos considerados típicos.

Típicos eram os que não gozavam outra proteção senão a que o sistema patriarcal entendia ser do seu próprio interesse e da sua obrigação estender às suas mãos e pés em troca do fato de serem mãos e pés cativos.

"A alimentação dada pelos senhores aos escravos [nas fazendas e engenhos] consiste em farinha de mandioca, feijão, carne-seca, toucinho e banana", observou Rugendas no Brasil. Seria essa alimentação parcimoniosa se não tivessem os negros, como tinham nas mesmas fazendas e engenhos, a possibilidade de melhorá-la "com frutas, legumes selvagens e mesmo caça". Enquanto nas cidades, os escravos dos sobrados ainda patriarcais tinham uma alimentação que Rugendas não hesitou em classificar de "boa": os empregados no serviço doméstico trabalhavam pouco e os de ganho, trabalhando na rua para os senhores, gozavam "em geral de muita liberdade".[20]

De "muita liberdade" viriam a gozar os negros e mulatos livres; mas não da mesma alimentação "boa" que lhes forneciam com regularidade os senhores das casas-grandes e dos sobrados; nem da mesma assistência que – aspecto interessante do assunto – em alguns pontos, acentuou-se nas cidades, da parte de senhores de sobrados ainda patriarcais embora já burgueses. Significativa é a declaração publicada a 25 de setembro de 1818, na *Idade d'Ouro do Brazil*, pelos proprietários dos trapiches, isto é, senhores de sobrados de Salvador. Mas senhores de sobrados que não haviam perdido o sentido patriarcal das suas responsabilidades de ricos sob a influência de condições urbanas de convivência, marcadas fortemente pela competição entre homens de negócios. Não tendo Salvador, nos fins do século XVIII e nos começos do XIX, se industrializado na sua economia e se mecanizado nas suas indústrias com a mesma rapidez de São Luís do Maranhão, conservou sua aristocracia de sobrado um sentido de vida patriarcal que as condições de convivência comercial e internacional foram modificando aos poucos. E do documento é o que transparece: um sentido de responsabilidade patriarcal alargado pelos de responsabilidade burguesa representado pela "fazenda" de cada um posta em jogo pelos riscos de vida de trabalhadores livres. "Os proprietarios dos trapiches desta cidade e seus reconcavos" – dizia o manifesto – "fazem saber aos senhores de engenho, e lavradores de cana para não fazerem caixas de quarenta a cincoenta arrobas, conforme a lei já estabelecida, pelo grande peso que corre nos guindastes, pondo em risco as vidas dos marinheiros e mais pessoas que andão com ellas nos embarques e dezembarques e pelo que correm ás embarcações que as conduzem para esta cidade com condição de que passando do dito pezo e acontecendo algum successo ficarem os seus donos responsaveis a pagar todo o prejuiso a custa de sua fazenda".

Sente-se aí um dos começos da legislação referente a acidentes de trabalho entre nós; e esse começo, de origem antes urbana do que rural. Mas antes de proteção do trabalhador pelo senhor, no interesse da "fazenda" desse senhor, que de reivindicação de direitos pelo próprio operário, ameaçado em sua segurança ou em sua vida e não apenas esmagado ou reprimido em sua religião, em seus ritos e em outros valores de sua cultura nativa – como o escravo africano mais consciente dos valores de que era portador – pelo sistema patriarcal de que, aliás, se tornava parte. Repressão que talvez tenha sido mais forte à sombra dos sobrados que das casas-grandes embora deva-se observar que em uma e em outra área – na do sobrado como na da casa-grande – foi possível ao africano, através da diplomacia, da astúcia, da resistência melíflua com que o oprimido em geral se defende sutil e femininamente do opressor, comunicar ao senhor brasileiro o gosto por muitos dos seus valores. Inclusive valores de alimentação: contribuição que se aguçou, por vários motivos, na subárea metropolitana da Bahia. À sombra mais de sobrados do que de casas-grandes.

Salienta o professor Tales de Azevedo, em recente ensaio, ter sido vantagem para as populações coloniais brasileiras "poderem comer, em seus bolos, pés-de-moleque, vatapás, carurus e outros pratos, não só a castanha do caju e o amendoim, com a sua composição tão próxima da carne, como o bredo ou caruru, de todos os vegetais brasileiros o mais rico em cálcio, no que é superior ao famoso espinafre, as nossas variadas pimentas com a sua cópia de vitamina C, mas especialmente o leite-de-coco e o azeite de dendê, essa fonte espantosamente pródiga de um pigmento da série dos carotenos, que nos organismos se transformam em vitamina A, indispensável à defesa dos revestimentos cutâneos e mucosos e que, por outro lado, desempenham importante função na formação da púrpura visual".[21]

E depois de lembrar a afirmativa do professor Josué de Castro,[22] de que os molhos de azeite de dendê e pimenta são "verdadeira infusão concentrada de vitaminas A e C", observa: "A boa dentadura do preto considerada um traço hereditário peculiar a esse tipo étnico, na dependência de condições glandulares próprias dos tipos constitucionais atlético e longilíneo, mais frequentes entre os negros africanos, bem pode relacionar-se ao consumo de azeite de dendê no seu continente originário".

Destaca, ainda, o pesquisador baiano o consumo, pelo brasileiro colonial, de alimentos, como o cará ou o inhame, "ricos em elementos da constelação B, vitaminas que, segundo está verificado, influem poderosamente para manter a energia física, a resistência à fadiga muscular, e a admitir as primeiras conclusões de pesquisas ainda em curso, a iniciativa, a vivacidade, o bom humor", além de atenderem "os inconvenientes de uma alimentação como era a da gente do povo, deficiente em proteínas, devido ao consumo relativamente reduzido da carne fresca...".[23]

O uso daqueles alimentos – cará e outros – "pela escravaria e pela gente pobre" – acrescenta o professor Tales de Azevedo, aproximando-se, aliás, de critério por nós já esboçado em *Casa-grande & senzala* e em outros ensaios, embora não discrimine o ilustre pesquisador, como nós, escravaria de população livre e pobre – "parece explicar por que, além de fatores de ordem social e econômica, aquela camada social era a mais enérgica e resistente ao trabalho, ao passo que os brancos chamavam a atenção dos forasteiros pela preguiça, pelo costume de ficar em casa, homens e mulheres da classe alta, sempre sentados ou recostados em estrados, esteiras, redes ou catres...".[24]

Reconhece, assim, o pesquisador baiano a superioridade da alimentação da gente das senzalas e da própria plebe africanoide dos mucambos – continuadora, sempre que possível, de hábitos alimentares africanos, respeitados, na maioria das senzalas, pelos senhores de casas-grandes e sobrados mesmo porque eram hábitos vantajosamente econômicos para os mesmos senhores – sobre a alimentação dos brancos ou da gente senhoril das casas ou sobrados nobres. Gente que os brancos ou mestiços das casas térreas procuravam, quanto possível, seguir ou imitar.

Foi entre esses brancos de cidade – de sobrado e de casa térrea – que Wetherell, na Bahia, encontrou uma alimentação insípida em seus valores europeus ou senhoris. Só conseguiu o inglês entusiasmar-se pelos pratos de origem africana ou escravocrática que, ou por motivos de ritual ou de pura conservação de hábitos do paladar, eram, quase todos, pratos em cuja composição entrava grandemente a verdura, a folha verde, o vegetal. Principalmente o bredo ou caruru.

Daí, consequências que só fazem recomendar ao nutrólogo moderno a alimentação da maioria dos escravos africanos nas áreas onde o furor da monocultura não foi ao extremo de impedir ou dificultar, como entre os grupos estudados pelo oftalmologista Gama Lobo, o uso, pelo escravo, de alimentos como o cará, o azeite de dendê, o bredo. Dentre essas consequências destaca-se o fato salientado por Euclides da Cunha, em página clássica, e comentado pelo professor Rui Coutinho e por outros nutrólogos modernos, de terem se verificado, entre sertanejos do nordeste baiano – população tipicamente livre e não escrava, note-se bem – casos de hemeralopia, ou cegueira noturna, desconhecida na área escravocrática do recôncavo: área de casas-grandes assobradadas. Segundo o professor Tales de Azevedo, deve-se atribuir a ausência de casos de cegueira noturna naquela área tipicamente escravocrática ao largo consumo, pelos escravos e por seus descendentes, e, através deles, por outros elementos da população, do azeite de dendê.

Outra vantagem do escravo, no Brasil, sobre o branco ou o quase branco senhoril de casa-grande ou de sobrado – o de sobrado, ainda mais que o de casa-grande, sobrecarregado, na rua, de vestuário espessamente europeu – foi o fato de trabalhar quase nu. Para o médico baiano "uma possível explicação para a diminuta frequência da cárie entre os negros é que o hábito da nudez e da exposição prolongada ao sol, junto com o consumo milenar de gorduras como a do dendê, tenha contribuído para tornar hereditária aquela resistência".[25]

Com o pendor do escravo para a nudez – favorecido, por motivos econômicos, pela maioria dos senhores – e com a sua prolongada exposição ao sol, contrastava, na verdade, o horror social à nudez e ao sol – horror que era ostentação de classe e de raça superior – do branco ou do senhor de casa-grande, de sobrado e mesmo de casa térrea. Era o branco de sobrado e mesmo de casa térrea resguardado excessivamente, na rua, do sol e da nudez. De sua pessoa, o chapéu de sol tornou-se não só insígnia de superioridade como meio de proteção da pele branca, ou apenas morena ou pálida, contra o sol forte, tropical, capaz de escurecê-la. O africano preto ou pardo-escuro não necessitava de tal defesa da pele contra o sol, embora, quando livre e senhor de algum dinheiro, um dos seus primeiros cuidados fosse, no Brasil, usar chapéu de sol, calçar botinas e, sendo possível, vestir sobrecasaca de seda ou farda com dragonas douradas e brilhantes. Ir ao extremo oposto ao do trajo – ou ausência de trajo – do escravo que, entretanto, dessa escassez de trajo derivava benefício para o corpo, ou a saúde, desconhecido pelo branco ou quase branco, senhoril, extremamente resguardado do sol não só pelo chapéu de sol quase sagrado como pelas cortinas da rede ou do palanquim em que atravessava a cidade. Pela própria casa ou sobrado de pedra e cal, em contraste com o mucambo de palha penetrado beneficamente pelo sol, pelo ar, pela luz.

Supunha de ordinário o preto ou pardo livre que toda a vantagem para ele estava em vestir-se e até alimentar-se como o branco senhoril, de quem a condição de livre o aproximava. Em deixar a cachaça pelo vinho. O bredo pela carne de porco. O pé descalço ou a sandália pela botina – mesmo que lhe doesse nos pés. A casa de palha pela de pedra. No que, em mais de um ponto, enganava-se.

Geralmente, porém, o que buscava era libertar-se do complexo de escravo e de africano; parecer-se com o branco senhoril no trajo, nos gestos, na própria alimentação. Ninguém mais feliz que antigo escravo ou filho de escravo dentro de sobrecasaca de doutor ou de farda da Guarda Nacional ou do Exército – mesmo que a farda o fizesse parecer ridículo aos olhos dos senhores brancos ou dos próprios moleques de rua. No seu diário íntimo, conta Francisco José do Nascimento – preto cearense que se tornou famoso como abolicionista – ter experimentado profunda mágoa ao ser escarnecido nas ruas de Fortaleza, quando as atravessava um dia fardado de oficial da Guarda Nacional. Nas suas próprias palavras: "Nunca pensei passar por uma vergonha como a de hoje. Fardado de oficial superior da gloriosa Guarda Nacional, ao passar pela praça do Ferreira, um grupo de senhores mangou de mim".[26]

Outros negros livres foram escarnecidos nas ruas por andarem de sobrecasaca e chapéu alto; outros por aparecerem de luvas e chapéu de sol; outros por ostentarem botinas de bico fino que lhes davam ao andar alguma coisa de ridículo ou de grotesco; ainda outros, por se esmerarem em penteados, barbas, unhas grandes imitadas dos brancos dos sobrados.[27] Negras, por se exibirem de chapéus franceses em vez de turbantes africanos. Ou de véus europeus em vez de panos da costa. A verdade é que, acomodando-se esses negros livres e possuidores de algum dinheiro, a usos e hábitos senhoris e europeus, se, em uns pontos, avantajaram-se aos negros escravos, presos a hábitos e usos africanos, em outros pontos romperam seu equilíbrio ecológico de gente mais bem adaptada que a europeia e senhoril ao meio tropical do Brasil. Meio semelhante ao da África.

As mucambarias ou aldeias de mucambos, palhoças ou casebres, fundadas nas cidades do Império e não apenas como Palmares nos ermos coloniais, representaram, evidentemente, da parte de negros livres ou fugidos de engenhos ou fazendas, o desejo de reviverem estilos africanos de habitação e convivência. Em algumas dessas aldeias a convivência parece ter tomado aspectos de organização de família africana, com "pais", "tios" e "malungos" sociologicamente africanos, espalhados por mucambos que formavam comunidades suprafamiliais ou "repúblicas". Mas é certo também que muito escravo impregnou-se, à sombra das casas patriarcais do Brasil, de sentimentos europeus e cristãos de família que acrescentaram aos básica ou tradicionalmente africanos. E esse fato talvez explique o afã, da parte de vários negros e pardos livres, moradores em cidades, em imitarem brancos, europeus, senhores de sobrados. Em parecerem brancos, europeus, senhores desde que, como eles, eram livres. Moradores de casas e não, mais, de senzalas – embora as casas fossem pequenas e de material precário (palha, tábua, zinco, capim, folha, sapé, barro) e as senzalas, na sua grande parte, edifícios de taipa e até de pedra e cal. Mesmo porque eram prisões e não simples habitações coletivas.

A frase tradicional entre negros livres de Sergipe quando se deslocavam da área de senzalas para a de mucambos – frase colhida pelo jovem pesquisador sergipano Felte Bezerra e registrada no seu recente e interessante estudo sobre "etnias sergipanas" – é significativa. Diziam eles: "Vou tê agora jinela e porta de fundo".[28] A negação da senzala típica que não tinha nem janela de frente nem porta de fundo, sendo, como era, prisão; ou "pombal", como a denominou Joaquim Nabuco.

É também merecedor de atenção o fato de mais de um mucambo de pardo ou negro livre ter-se dado ao luxo de ostentar alpendre na frente – onde o negro ou o pardo livre passou a ostentar seu ócio deitado quase senhorilmente em rede; e a negra ou a parda, também livre, a ostentar a volúpia de se fazer catar piolho pela filha, um tanto à maneira de senhora de casa-grande ou de iaiá de sobrado.

Também se ergueram mucambos-sobrados, isto é, com sótão ou primeiro andar; imitação ainda mais ousada de arquitetura patriarcal e europeia, por parte de negros e pardos livres, que os numerosos mucambos com alpendre à frente ou ao lado. Mas foi, talvez, o alpendre patriarcal – que alterou até a arquitetura das capelas ou igrejas do interior domesticando-as, secularizando-as, abrasileirando-as – o elemento mais ostensivo de enobrecimento de mucambos em habitações patriarcais, com os estilos europeus de organização de família desenvolvidos no Brasil pelo colonizador português do alto de casas-grandes e de sobrados, imitados por negros e pardos livres sôfregos por se assemelharem aos brancos livres nas formas de habitação.

Vantagem – a do alpendre de casa-grande imitado por mucambos e não apenas reproduzido nas senzalas de algumas casas senhoriais – que faltava às habitações de porta e janela das cidades. "Casas de pequenas frentes, grandes fundos, nada ventiladas, e formigando de habitadores", é como Miguel Antônio Heredia de Sá, generalizando, descreve as casas do Rio de Janeiro em seu estudo *Algumas reflexões sobre a cópula, onanismo e prostituição,* tese apresentada à Faculdade de Medicina do Rio de Janeiro e publicada na mesma cidade em 1845. E continuando suas generalizações: "[...] nesta cidade a hygiene publica é coisa de que ninguem cuida, ou antes é perfeitamente estranha e desconhecida".[29]

Em meio ou ambiente tão sem higiene cresciam as pessoas; e tão má era sua educação que "corpos de dez a doze annos encerram almas já envelhecidas". Falta de "hygiene publica". Falta de higiene doméstica. Falta de "hygiene alimentar". Falta de "gymnastica". Todas essas deficiências e mais o clima "humido, abrazador, a atmosphera impura, impregnada de vapores aquosos, miasmas, &C." e, ainda, a "vida sedentaria", a "syphilis", o "onanismo", a "sodomia" explicavam por que o homem da cidade do Rio de Janeiro era um predisposto à tísica. O homem e a mulher.

Pois no Rio de Janeiro era "espantosa" a "destruição do nosso bello sexo". O belo sexo podia ser considerado a maior vítima do "luxo e seus terriveis effeitos" e do "despotico tyranno chamado moda". É que "nós, os brasileiros, sempre imitadores, sempre acolhedores do mao, sempre macacos, como mui bem nos chamam os extrangeiros, pouco curamos de que as modas tenham nexo ou não com o nosso clima e nossa constituição physica. E assim no Rio de Janeiro onde o clima humido e quente predispõe eminentemente a enfermidades do canal intestinal e ás pulmonares, as senhoras attacam os espartilhos e colletes de uma maneira tão exaggerada que chegam não poucas, pois isto bem comezinho nos é, a terem syncopes: passam noites inteiras em bailes e saráos, onde dançando ligeirissimas valsas, só proprias dos paizes frigidos, vão dahi a pouco refrigeirarem-se com geladas orchatas, &C...".

Não era só isso. As mulheres do Rio de Janeiro – referia-se principalmente às senhoras dos sobrados – excediam-se em ler romances, dos quais vinham aparecendo grande número: "livros [...] só proprios a vulcanisar os corações", reparava o médico referindo-se decerto aos romances condenados também – já o vimos em outro capítulo – por moralistas. Aos romances, juntavam-se "o uso do chá com frequencia" e "repetidos banhos tepidos e mornos [...] agentes enfraquecedores cuja influencia tem formado um caracter especial e um typo peculiar para as cariocas, que as distingue das outras brasileiras".[30] Mulheres molemente gordas, que tinham de apertar-se nos espartilhos ou coletes a que já nos referimos. Ou moças franzinas que, ao contrário, tinham de usar anquinhas para fazerem enchimentos, uns de pano, outros feitos de "huma fazenda [...] de crina de cavallo", como refere o jornal *O Boticário*, do Rio de Janeiro, de 22 de maio de 1852.

Isto quanto às moças ou senhoras de família de sobrado patriarcal. Havia, porém, em sobrados e sobradinhos de ruas comerciais como a da Alfândega, a do Sabão e parte da de São Pedro outras expressões de "bello sexo": prostitutas que não só padeciam de vários dos mesmos males das mulheres honestas de sobrados e de casas térreas como comunicavam à população masculina alguns dos mais terríveis males. Principalmente a sífilis: "Nenhuma lei policial as impede de copular quando infectadas da syphilis",[31] exclamava no seu estudo o médico ansioso por ver a "hygiene publica" triunfante na capital do que ainda era principalmente vasta "colonia de plantação".

Na mesma época foi discutida em tese médica, *A prostituição, em particular na cidade do Rio de Janeiro*,³² por Herculano Augusto Lassance Cunha, assunto que alguns decênios depois serviria de tema a outro estudo médico, apresentado à Faculdade de Medicina do Rio de Janeiro, por Francisco Ferraz de Macedo.³³ É que o problema – por nós ferido em capítulo anterior – cresceu de importância à proporção que aumentou na Corte o número de sobrados.

A prostituição desenvolveu-se de tal modo, no Rio de Janeiro, depois da chegada de D. João VI, que em 1845 já havia na capital brasileira, em grande número, as três ordens de prostitutas referidas em capítulo anterior: as "aristocráticas" ou de sobrados e até de palacetes; as de "sobradinhos" e "rótulas"; e a escória, que se espalhava por casebres, palhoças, mucambos. As prostitutas de 1ª ordem, frequentadas pelos "homens serios"; as de 2ª, pelos homens que "medeiavam entre a pobresa e a abastança"; as de 3ª, por homens de "uma baixesa indiscutivel".

Pontos de reunião alegre do alto meretrício foram, no Rio de Janeiro do meado do século XIX, sobrados outrora patriarcais já transformados em sobrados públicos como o *Hotel Pharoux* com seus bailes, o *Chico Caroço*, também com seus bailes, no largo de São Domingos nº 8, o *Caçador*, com bailes e casa de jogo. Aí, em 1865, assassinaram um homem e precipitaram o cadáver da janela do sobrado abaixo.

São aspectos do assunto versados principalmente por Ferraz de Macedo que amplia a classificação de Lassance Cunha em um "mapa classificativo", em que a prostituição é dividida em *pública* e *clandestina* e a primeira subdividida na classe das *difíceis* (que incluía no seu *primeiro gênero*, floristas, modistas, vendedoras de charutos, figuristas de teatro, comparsas etc. e no *segundo gênero*, "ociosas" isoladas em sobrados ou casas aristocráticas ou já em hotéis caros), na das *fáceis* (mulheres de sobrados, de estalagens, de bordéis) e na das *facílimas* ("reformadas ou gastas", mulheres de "zungus", amancebadas). A prostituição doméstica dividia-se em mulheres de primeira classe, subdividida em mulheres "em boas condições" (viúvas, casadas, divorciadas, solteiras) e mulheres "em baixas condições" (livres, libertas, escravas) e em indivíduos, objeto de irregularidades sexuais, quer em um sexo quer no outro: coito contra a natureza, onanismo, lesbianismo, pederastia.³⁴

Foi no meado do século XIX que se acentuou, no meio brasileiro, sob a forma da atriz ou cômica de teatro, em geral italiana, espanhola ou francesa, a figura da prostituta de luxo. Algumas residindo em "casas isoladas", outras em hotéis caros, passaram a rodar pelas ruas em "luzidos trens": carros de capota arriada com cocheiro e lacaio, onde ostentavam vestidos, chapéus e sapatos de última moda. Acabaram, por esse meio, influindo sobre os estilos de trajo, de chapéu e de calçado das mulheres honestas mais mundanas que às vezes as viam passar de carro, do alto dos sobrados senhoriais. Aspecto nas relações entre os dois tipos ou as duas expressões de "bello sexo" que procuraremos estudar em ensaio próximo. Pois essa influência – embora seus começos datem do meado do século XIX – só se faria notar nos fins do século passado e nos começos do atual. Por longo tempo foi tão rígida a separação entre mulheres honestas e "mulheres da vida" que, por essa separação, parece principalmente explicar-se o retardamento no uso de chapéus pelas senhoras do Brasil: chapéu era para "mulher da vida". A senhora verdadeiramente honesta só devia sair resguardada por mantilha.

Os anúncios de jornal parecem ter concorrido para o uso generalizado, entre nós, de produtos que até os começos do século XIX destinavam-se nitidamente a esta ou aquela classe, a este ou aquele grupo, da sociedade; e não a mulheres, sem discriminação entre *senhoras e mulheres*; não a homens, sem discriminação da classe a que pertencessem. Para essa generalização parecem ter concorrido notadamente anúncios norte-americanos de remédios como que polivalentes: anunciados pelo seu poder de curar numerosas e diversas enfermidades em qualquer indivíduo e não apenas no "fidalgo" ou no "delicado", por um lado; ou no "escravo" por outro. Também anúncios de lampiões de parede ou para corredor de casa, como os chegados dos Estados Unidos ao Rio de Janeiro em 1850 e anunciados pelo *Jornal do Commercio* de 22 de janeiro do mesmo ano: "lampiões feitos debaixo do mesmo princípio e por isso os mais baratos dão tão boa luz como os mais caros". Produtos assim – remédios, lampiões, brinquedos para crianças – não poderiam deixar de fazer empalidecer as fronteiras entre classes e subclasses, grupos e subgrupos da sociedade brasileira, senhoras e "mulheres da vida". Pastilhas como as do Dr. Sherman, se a princípio foram só usadas por um tipo de mulher parecem ter, no meado do século XIX, alcançado a generalidade, pelo menos no Rio de Janeiro. Destinando-se a curar "certas obstruções peculiares de sexo", qualquer mulher de "má cor" e "má saúde" poderia ser beneficiada por elas: e não apenas a "fidalga" ou a "senhora", como no caso de outros remédios da primeira metade do mesmo século.

Nos perfumes é que se prolongou até quase nossos dias a hierarquia característica da sociedade patriarcal brasileira não só quanto a tipo de mulher – certos perfumes só se compreendendo em "cômicas" ou atrizes, nunca em senhoras honestas, outros só em mulatas, nunca em brancas finas – como quanto a classe e, menos rigidamente, quanto a sexo. Ou por influência oriental, ou por influência outra, ainda a ser apurada, o homem foi sempre, no Brasil, indivíduo quase tão perfumado quanto a mulher. Mesmo assim, as mulheres os excediam no uso de cheiros e pomadas, algumas vindas do Oriente ainda por volta de 1830. Em *These apresentada à Faculdade de Medicina do Rio de Janeiro*[35] Francisco Bonifácio de Abreu, referindo-se principalmente à primeira metade do século XIX, salientava que as senhoras saíam dos toucadores para ir aos bailes, excessivamente perfumadas ou cheirosas. Umas cheirando a âmbar, outras a "essencia de formosura", ainda outras a "castorio"[36] – perfumes então em moda. Desse excesso resultavam "palpitações, tonturas, nauseas, vomitos etc.". E não se compreendia que algumas senhoras fossem a bailes "mesmo estando incommodadas"; nem que moças doentes saíssem para festas, ajoelhando-se antes aos pés da imagem de Santo Antônio ou de São Gonçalo para que o santo as protegesse contra o sereno ou os golpes de ar. De onde moças finas que entisicavam. Moças e rapazes. Para o que parecia a Abreu concorrer o uso imoderado do gelo, nos meios finos. E também "o vicio de Onan".

Mas não era só o gelo. Nem era só o abuso do chamado "vicio de Onan". Já vimos que também o abuso do chá e do banho morno tornou-se característico da sociedade patriarcal de sobrado, notadamente no Rio de Janeiro. O abuso do café, destacou-o Melo Franco como causa de nervosismo e de "mãos tremulas", no que o apoiava, em 1846, Joaquim Pedro de Melo nas suas *Generalidades acerca da educação physica dos meninos*, publicada no mesmo ano no Rio de Janeiro.

Eram novidades para o brasileiro da primeira metade do século XIX: o chá, o café, o gelado, assim como a expansão do hábito, durante largo tempo tão insignificante em nosso País a ponto de ter sido sociológica ou culturalmente quantidade ou traço desprezível – do pão de trigo e da cerveja. Como novidades é natural que tenham provocado abusos; que por amor delas tenham se desprezado bebidas, refrescos, broas de milho, cuscuz de mandioca, aluá, doces de frutas da terra, talvez mais de acordo com o clima ou o meio; ou costumes como o de esfriar-se a água em moringas ou quartinhas ou bilhas de barro, deixadas à noite expostas ao sereno nos parapeitos das janelas dos sobrados ou das casas assobradadas que davam para as ruas ou para os jardins. Às vezes, deixavam-se essas bilhas – ou vasos de flores – no parapeito das janelas dos sobrados, com tanto desdém pelos transeuntes que em 1844, nas suas posturas de 17 de junho, a Câmara de Salvador cuidou severamente do assunto; e proibiu que continuasse na cidade aquele costume ortodoxamente patriarcal. O indivíduo desejoso de bebida fria ou fresca que fosse à sorveteria da cidade. Aí encontraria, não apenas refrescos gelados, mas sorvetes.

Quanto ao menor uso de banho morno, em casa, isto é, sua substituição pelo de mar, nas praias – outra campanha dos médicos brasileiros da primeira metade do século XIX que resultou no desprestígio do antigo patriarcalismo, dada a quase impossibilidade de cada casa assobradada ou de cada sobrado patriarcal ter praia própria ou particular – recorde-se mais uma vez que foi substituição difícil. Em 1846, Joaquim Pedro de Melo ainda se via obrigado a escrever nas suas citadas *Generalidades*: "Os mesmos banhos de mar não podem ser sem custo tomados pelos moradores do centro da cidade, porque as praias que estão proximas são immundas e servem de deposito onde o povo vae lançar o que quer".[37]

Mesmo assim, era vantajoso no Rio de Janeiro, já muito cheio de sobrados e de casas térreas, do meado do século XIX, residir a pessoa no alto de morro ou à beira do mar: "adição esta preciosissima em qualquer predio nesta cidade onde não há esgoto", dizia *O Boticário* de 26 de maio de 1852.

E desde 1825 que José Maria Bomtempo nos seus *Estudos medicos offerecidos á Magestade do Senhor, D. Pedro I*[38] batia-se por um Rio de Janeiro mais exposto às brisas vindas do mar ou a "huma livre ventilação" que corrigisse os perigos das "exhalações das impurezas" das valas, das igrejas, dos cemitérios. Os perigos da umidade do solo. Ia ao ponto de desejar a demolição dos morros de Santo Antônio e do Castelo; e de considerar seu "dever medico" dizer e escrever que "se deveria procurar a habitação em sobrados assaz elevados do terreno" evitando-se "a habitação nas casas terreas", embora reconhecesse: "imperiosas circumstancias forção a este expediente" (a habitação em casas térreas).[39] O ideal era o sobrado perto do mar, exposto ao vento, purificador das imundícies da terra. Mas nem todos podiam dar-se a este luxo: muitos tinham de contentar-se em viver rasteiramente em casas térreas e até em mucambos ou palhoças levantadas nos piores lugares das cidades. Às vezes nos pântanos ou à beira dos mangues.

Não eram poucos os brasileiros da primeira metade do século XIX para quem a gente boa, o casal de bem, a família bem constituída segundo a ortodoxia patriarcal devia residir, nas cidades, em sobrado ou casa assobradada, deixando para os indivíduos socialmente menos sólidos as casas térreas de qualquer espécie. Alguns apologistas do sobrado como residência da gente de bem partiam de considerações higiênicas, a que não eram estranhas preocupações de classe, de raça e de *status* patriarcal;[40] outras partiam francamente de preocupações sociais impregnadas de patriarcalismo. Entre estes, o bacharel Antônio Luís de Brito Aragão e Vasconcelos, em páginas que datam dos primeiros dias da independência brasileira.

Em suas *Memorias sobre o estabelecimento do Imperio do Brazil, ou novo imperio luzitano*, dizia nos começos do século XIX esse bacharel Antônio Luís de Brito Aragão e Vasconcelos considerar dever do Estado – em um país como o Brasil do seu tempo – "fazer com que o estado de cazado pareça mais appetecivel, menos pezado e mais vantajozo do que o de solteiro". E dentro da concepção patriarcalista, então dominante entre nós, de que "hum monarcha he o pay civil dos seus vassallos", entendia o bacharel Aragão e Vasconcelos que o soberano devia dispor dos "officios publicos" para remediar, em primeiro lugar, "as pessoas mais necessitadas que são os paes de família", a quem deviam ser dados, de preferência aos solteiros, "porçoens de terreno para cultivar...".[41]

Compreende-se sua preferência pelos casados e pelos casais dada sua preocupação de ver o Brasil desenvolver-se dentro da "boa policia dos povos", inseparável de casais estáveis e de casas também sólidas, bem construídas, levantadas nas cidades em linha reta e, sempre que possível, sob a forma de sobrados e não de casas térreas. De onde dizer ainda em suas "Memorias": "Tambem não deixava de ser util ao bem publico que qualquer proprietario que possuir caza terrea não podendo levantar sobrado seja obrigado a vendel-a a outra qualquer pessoa que o queira, e possa fazer, recebendo por ella o seu justo valor [...] evitando-se que as melhores ruas e as do interior dellas, onde podião, e devião haver os mais bellos edifícios, estejão occupadas por terreas e insignificantes habitaçoens".[42]

Essa concepção – a de que o sobrado ainda patriarcal e já burguês é que representava a melhor ou mais alta civilização brasileira, ao findar o século XVIII e começar o XIX – parece ter sido geral entre os homens esclarecidos da época. Não só brasileiros como europeus do norte da Europa – estes, quase todos, impregnados até à alma de noções burguesas e urbanas de civilização.

Em *Voyage dans les Deux Amériques Publié sous la Direction de M. Alcide d'Orbigny*, Ouro Preto, longe de brilhar como cidade de opulenta arquitetura, é descrita como de "mesquinha aparencia": *"la plus part d'entre elles sont d'une mesquine apparence"*,[43] diz-se das casas da cidade mineira, então já decadente. Melhor relevo é dado a São Luís do Maranhão. *"Les maisons, hautes de deux à trois étages, sont, pour la plupart, bâties en pierres de grès taillées et bien distribuées à l'intérieur"*, afirma-se dos sobrados de São Luís. Sobrados de três andares. Sobrados que refletiam um contato da parte dos maranhenses da capital com a mais alta civilização europeia da época, que não se observava mais da parte dos mineiros, já em decadência como sociedade industrial e reabsorvidos, em vários dos seus estilos de vida, pelo complexo rural de que o ouro desviara aqueles brasileiros do interior.

Um dos característicos da elegância ou da modernidade de vida na capital maranhense – modernidade do ponto de vista de um francês ou de um inglês da cidade – era, evidentemente, a importância, maior do que em Minas, que tinha a mulher nessa pequena área urbana do extremo norte do Brasil: *"Aussi ont-elles fait les mœurs de cette ville, en prenant sur les hommes cet ascendant domestique, plus doux à suivre qu'à combattre"*. Educadas algumas delas na Europa, quase todas enviavam os filhos a colégios da França e da Inglaterra. De onde o europeísmo do ambiente de São Luís do Maranhão na primeira metade do século XIX: precisamente quando esse europeísmo se apresentava quase superado em Ouro Preto por influências rústicas. Patriarcalmente rústicas. Influências que eram ainda, em conjunto, as mais fortes, no Brasil, a despeito de toda a reeuropeização que vinha se processando com relação a certas modas e a certos costumes.

Processando-se – convém nos lembrarmos sempre deste aspecto da reeuropeização do Brasil, de que o sobrado burguês, embora ainda patriarcal, foi sempre um índice – desigualmente de área para área. Tendo essa reeuropeização, sob a forma de urbanização, ocorrido no Nordeste – ou antes, no Recife – no século XVII, manifestou-se na área mineira no século XVIII, para na primeira metade do século XIX fazer-se sentir principalmente no Rio de Janeiro, em Salvador, em São Luís, em São Paulo e novamente no Recife.

Em Vila Rica Rugendas observou curioso aspecto de predominância de influência europeia não portuguesa sobre a portuguesa ou luso-brasileira: telhados, nos sobrados, "construídos em ponta como no norte da Europa, o que se compreende melhor em Vila Rica, em razão do clima e da altitude, do que nos portos do Brasil onde são, no entanto, comuns", escreveu ele.[44]

Esse telhado "pontudo" encontrava-se no Rio de Janeiro – na parte antiga da cidade, caracterizada por sobrados de três ou quatro andares, estreitos, somente com três janelas nas fachadas, em contraste com "as casas mais baixas" das "partes modernas da cidade" e com os sobrados altos mas de "telhado chato" de Salvador.[45] Encontrava-se principalmente o telhado pontudo nos "antigos edifícios [...] construídos inteiramente no estilo europeu" da cidade do Recife: casas "altas, estreitas e com tetos pontudos"[46] com reminiscências do norte da Europa talvez mais acentuadas que nos sobrados de Vila Rica.

Nos começos do século XIX, Andrew Grant[47] dizia dos sobrados ou casas de Salvador que a maioria delas eram construídas no estilo do século XVII: em geral vastas porém sem elegância ou comodidade, observou ele. Nos "últimos anos" é que vinham aparecendo nos arredores da cidade "habitações elegantes", das "classes superiores" de habitantes. As "classes inferiores" viviam em *"low tiled huts or cabins..."*[48], isto é, pequenas casas térreas, cabanas, mucambos. De pedra, eram as melhores casas, embora algumas fossem de taipa; de palha, as dos pobres.

O professor Pedro Calmon, no capítulo "As primeiras casas", de sua recente *História da fundação da Bahia*, salienta ter a construção de taipa – usada na península, conforme recorda baseado em Costa Lobo (*História da sociedade em Portugal no século XV*, Lisboa, 1904), desde o tempo dos romanos, enquanto também os árabes "construíam assim suas habitações" – se generalizado na Bahia dos primeiros tempos, onde ficou "popular e rural" por uma "fácil aliança": a taipa portuguesa e a cabana de varas e palmas dos índios, a que o negro da África ajuntou o sistema de as cobrir de lama ou arremessos de barro que chamamos de "sopapo".[49] A taipa foi técnica empregada tanto na construção de sobrados como de casebres. Tanto de casas rurais como urbanas. Não foi exclusivamente nem "rural" nem "popular".

James Wetherell, que por quinze anos residiu na Bahia durante a primeira metade do século XIX, deixou em suas *Stray notes from Bahia* descrição minuciosa de um mucambo ou casebre de cidade: *"built of stakes of bamboo, & C., interwoven with pliant twigs. These net-like walls are built double, and the intertices are filled up with mud and clay. The roof is thatched with palm leaves, and this is frequently finished previous to the walls being commenced, so as to preserve the earthen walls from destruction by rain during the process of building..."*[50] *"the floor in the natural earth..."*

Os animais geralmente criados pelos habitantes de mucambos eram galinhas às quais se juntavam às vezes cachorros magros que afugentavam timbus e raposas. Cachorros magros diferentes dos gordos e ferozes, dos sobrados. Ferozes só contra timbus ou raposas.

Timbus ou gambás, mais numerosos em umas regiões. Raposas, mais perigosas em outras. Pois nunca devemos esquecer de que, em um país da extensão do Brasil sempre variavam grandemente os elementos naturais e culturais de paisagem em torno das formas sociológicas quase invariáveis representadas pelos dois tipos principais de habitação: a senhoril e a servil. E não só os elementos naturais e culturais de paisagem: também os morais e invisíveis.

Emile Adet, no seu "O Império do Brasil e a sociedade brasileira em 1850", de que a *Revista Universal Lisbonense* de 25 de dezembro de 1851 publicou tradução portuguesa, antecipou-se em tentativas de caracterizar o brasileiro segundo as principais regiões do País. E aventurou-se a marcar até as diferenças de caráter ou de espírito. Das populações ao sul do Rio de Janeiro escreveu que "algum tanto herdaram o espirito bellicoso dos primeiros colonos europeus", assemelhando-se aos pernambucanos de "humor variavel" e dominados por um "espirito revolucionario" que "os perde muitas vezes", enquanto entre "os povos da Bahia e do Maranhão" a "indolencia do creolo" era compensada "por felizes faculdades de applicação que attestam progressos lentos porém seguros na ordem dos trabalhos intellectuaes" e em Minas os habitantes se destacavam pela energia e robustez. O "sentimento religioso" parecia-lhe comum a esses vários grupos; e o Rio de Janeiro uma espécie de síntese nacional, notando-se que aí, como nas outras grandes cidades, o chefe de família, isto é, de família patriarcal, conservava, no meado do século XIX, a "autoridade primitiva".

Grande parte da "autoridade primitiva" teria dito melhor o observador europeu. Pois para os observadores brasileiros nascidos ou formados na era colonial, uma das mais ostensivas alterações na organização social do País, desde a chegada ao Rio de Janeiro de D. João, vinha sendo precisamente o declínio do poder patriarcal família, como que substituído nas cidades pelo poder suprapatriarcal – embora ainda patriarcal em vários dos seus aspectos – não só do bispo como do regente, do rei e, afinal, do imperador. Ou do Estado, representado também pelo poder judiciário de magistrados revestidos de becas orientais para melhor enfrentarem, como rivais, o puro poder patriarcal dos chefes de família.

Notas ao Capítulo VI

1. *Anais da Biblioteca Nacional do Rio de Janeiro*, 1920-21, vol. XLIII-IV, p. 62.

2. *Marmota Pernambucana*, 30 de julho de 1850.

3. Publicado na Tipografia Figueiroa, Recife.

4. Recife.

5. Lisboa. Publicou no meado do século XIX muito artigo relativo ao Brasil.

6. Seção de Manuscritos Biblioteca Nacional do Rio de Janeiro, 1, 31, 28, 26.

7. *Annaes Fluminenses de Sciencias, Artes e Litteratura*, tomo II, 1822.

8. *A revolta de 1720 – Discurso histórico-político*, Ouro Preto, 1898, p. 16.

9. Andrew Grant, *History of Brazil*, Londres, 1809, p. 151.

10. Página 56.

11. Página 64.

12. *Geografia geral do Brasil*, 2ª ed., Rio de Janeiro, 1889, p. 146.

13. Grant, op. cit., p. 224.

14. *Stray notes from Bahia*, Liverpool, MDCCCLX.

15. Grant, op. cit., p. 240.

16. Ibid., p. 154.

17. Ibid., p. 169.

18. São Paulo, 1949 (4ª ed.), p. 180.

19. Ibid., p. 183.

20. Ibid., p. 179.

21. *Povoamento da cidade do Salvador*, Salvador, 1949, p. 307.

22. *Geografia da fome*, Rio de Janeiro, 1946, p. 279.

23. Tales de Azevedo, op. cit., p. 311.

24. Ibid., p. 312.

25. Ibid., p. 311.

26. Recolhido e divulgado por Edmar Morel, *Dragão do mar – O jangadeiro da abolição*, Rio de Janeiro, 1949.

27. James Wetherell em *Stray notes from Bahia: being extracts from letters, &C., during a residence of fifteen years* (Liverpool, MDCCCLX) nota à página 18 que o costume de usar o brasileiro unha ou unhas compridas, como evidência do ócio aristocrático, vinha degenerando, pois já as usavam, na primeira metade do século XIX, "*some of the lower class of whites, and the half-breeds...*"

    Era evidentemente costume desenvolvido no Brasil através do contato dos portugueses com o Oriente, embora dessa relação não se tenha apercebido o observador inglês com a agudeza com que se apercebeu de outras. Assim, descrevendo um "cortejo" no palácio do governo da Bahia, e as zumbaias orientais dos súditos diante dos retratos do imperador e da imperatriz, Wetherell recordará à página 60 do mesmo livro que essa cerimônia brasileira, tão detestada pelos europeus, era quase igual à que se praticava na China diante de lápides com os sagrados nomes do imperador. O beija-mão de súditos ao imperador – também comum no Brasil e detestado pelos europeus – era praticado por filhos, afilhados, escravos com relação aos patriarcas.

    Wetherell salienta à página 77 das suas notas sobre a Bahia da primeira metade do século XIX o "hábito quase universal" – e igualmente, de influência oriental, que não lhe ocorreu assinalar – do guarda-sol, feito de seda de diferentes cores: azul, vermelha, verde etc. Hábito senhoril que a gente de cor procurou também imitar da branca e de sobrado. Mesmo os pretos e pardos que, segundo o observador inglês, não tinham pele branca e fina a defender do sol, sempre que possível, ostentavam guarda-sóis como "*a luxurious article of their toilet*". A respeito do que é interessante recordar os versos populares:

    > "*Foi coisa que eu nunca*
    > *Negro de chapéu de sol:*
    > *Pra que anda esse tição*
    > *Se resguardando do sol?*"

28. *Etnias sergipanas – Contribuição ao seu estudo*, Aracaju, 1950, p. 160.

29. Página 13.

30. Heredia de Sá, op. cit., p. 19.

31. Ibid., p. 32.

32. Rio de Janeiro, 1845.

33. *Tese*, Rio de Janeiro, 1872.

34. Ibid., p. 74.

35. Rio de Janeiro, 1845.

36. Ibid., p. 35.

37. *Generalidades acerca da educação physica dos meninos*, Rio de Janeiro, 1846, p. 35.

38. Rio de Janeiro, 1825.

39. José Maria Bomtempo, *Estudos médicos*, p. 10.

40. Neste número deve ser incluído o Dr. Carolino Francisco de Lima Santos. De seus "Conselhos hygienicos aos europeus que abordam o Brasil" (*Diário de Pernambuco*, 18 de agosto de 1855) transcrevemos: "Se os habitantes do Brasil e mesmo aos indígenas cumpre fugir dos perigos de uma temperatura elevada, humida e variavel, vivendo ou habitando em casas de sobrado como também de não se exporem despidos á influencia do ar – aos estrangeiros recem chegados esta regra deve ser ainda com mais rigor observada. A habitação em casas terrias he sempre uma das peores, principalmente no Brasil, cuja temperatura he *respeitavel*; porque o ar carregado de miasmas que se desprendem das materias animaes e vegetaes em putrefacção, occupa por seu peso especifico as camadas inferiores da atmosfera, e exerce sua acção delecteria. Entretanto que a altura de um primeiro andar he quanto basta para pôr á abrigo o homem destes effeitos nocivos; por que o ar carregado de miasmas, em geral, não pode chegar a uma tal altura, e quando chegue já he rarefeito, purificado em parte, e não se torna por isso tão nocivo. E tanto mais necessario se faz entre nós este preceito, que as nossas ruas, se não são verdadeiros fócos de infecção, pela inconstancia no aceio, servem ás mais das vezes de deposito aos lixos das casas particulares, mormente á noite, que das sacadas lançam aguas carregadas de principios de facil decomposição etc. etc.".

41. *Anais da Biblioteca Nacional do Rio de Janeiro*, 1920-21, vol. XLIII-IV, p.12.

42. Ibid., p. 44.

43. Paris, MDCCCLIV, p. 169.

44. Rugendas, op. cit., p. 41.

45. Ibid., p. 18.

46. Ibid., p. 59.

47. Grant, op. cit., p. 206.

48. Ibid., p. 208.

49. *Bahia*, 1949, nota 12.

50. Página 51.

VII | O brasileiro e o europeu

Dizem que D. João VI quando chegou à Bahia em 1808 foi logo mandando iluminar a cidade: era "para o inglês ver". Outros dizem que a frase célebre data dos dias de proibição do tráfico de escravos, quando no Brasil se votavam leis menos para serem cumpridas do que para satisfazerem exigências britânicas. Foi a versão colhida no Rio de Janeiro por Emile Allain que a apresenta como equivalente do francês *"pour jeter de la poudre aux yeux"*.[1] De qualquer modo a frase ficou. E é bem característica da atitude de simulação ou fingimento do brasileiro, como também do português, diante do estrangeiro. Principalmente diante do inglês, em 1808, não mais o herege nem o "bicho" que era preciso salpicar de água benta, para se receber dentro de casa, mas, ao contrário, criatura considerada, em muitos respeitos, superior.

Sob o olhar desse ente superior, o brasileiro do século XIX foi abandonando muitos de seus hábitos tradicionais – como o de dançar dentro das igrejas no dia de São Gonçalo, por exemplo – para adotar as maneiras, os estilos e o trem de vida da nova camada de europeus que foram se estabelecendo nas nossas cidades. Desde as dentaduras postiças ao uso – até o contato maior com os ingleses quase insignificante – do pão e da cerveja.

Em três séculos de relativa segregação do Brasil da Europa não ibérica e, em certas regiões, de profunda especialização econômica e de intensa endogamia – em São Paulo, na Bahia, em Pernambuco – definira-se ou, pelo menos, esboçara-se um tipo brasileiro de homem, outro de mulher. Um tipo de senhor, outro de escravo. Mas também um meio-termo: o mulato que vinha aos poucos desabrochando em bacharel, em padre, em doutor, o diploma acadêmico ou o título de capitão de milícias servindo-lhe de carta de branquidade. A meia-raça a fazer de classe média, tão débil dentro do nosso sistema patriarcal.

Definira-se igualmente uma paisagem social com muita coisa de asiático, de mourisco, de africano: os elementos nativos deformados num sentido francamente oriental e não puramente português; a casa com os bicos do telhado vermelho em forma de asa de pombo lembrando as da Ásia; lembrando também as do Levante com seus abalcoados salientes, suas janelas recortadas em losangozinhos miúdos; os meios de condução da gente mais opulenta – os palanquins e os banguês – os da Ásia; o ideal de mulher gorda e bonita, peitos grandes, nádegas opulentas de carne – o dos mouros; o jeito das senhoras se sentarem de pernas cruzadas, pelos tapetes e pelas esteiras, em casa e até nas igrejas – ainda o das mulheres mouras; mouro o costume delas taparem o rosto quase todo, só deixando de fora os olhos, ao saírem de casa para a igreja; mouro o gosto do azulejo na frente das casas ou dos sobrados, no rodapé dos corredores, nas fontes, nos chafarizes; porcelana de mesa, a da Índia e de Macau; as colchas dos ricos, também do Oriente; asiáticos e africanos muitos temperos, muitos adubos, muitas plantas e até processos inteiros de preparar comida como o do cuscuz; asiáticas e africanas muitas das árvores de fruto em volta das casas – o coqueiro da Índia, a mangueira, a fruta-pão, o dendezeiro, a gameleira; asiático ou africano, o gosto dos lordes pelos grandes chapéus de sol com que atravessavam as ruas. Quase que tinham sido transplantados para cá pedaços inteiros e vivos, e não somente estilhaços ou restos, dessas civilizações extraeuropeias; e utilizado o elemento indígena apenas como o grude humano que ligasse à terra todas aquelas importações da África e da Ásia, e não apenas as europeias.

A colônia portuguesa da América adquirira qualidades e condições de vida tão exóticas – do ponto de vista europeu – que o século XIX, renovando o contato do Brasil com a Europa – que agora já era outra: industrial, comercial, mecânica, a burguesia triunfante – teve para o nosso País o caráter de uma reeuropeização. Em certo sentido, o de uma reconquista. Ou de uma renascença – tal como a que se processou na Europa impregnada de medievalismo, com relação à antiga cultura greco-romana. Apenas noutros termos e em ponto menor.

No Brasil dos princípios do século XIX e fins do XVIII, a reeuropeização se verificou (perdoe o leitor os muitos mas inevitáveis "ão") pela assimilação, da parte de raros, pela imitação (no sentido sociológico, primeiro fixado por Tarde), da parte do maior número; e também por coação ou coerção, os ingleses, por exemplo, impondo à colônia portuguesa da América – através do Tratado de Methuen, quase colônia deles, Portugal só fazendo reinar politicamente sobre o Brasil – e mais tarde ao Império, uma série de atitudes morais e de padrões de vida que, espontaneamente, não teriam sido adotados pelos brasileiros. Pelo menos com a rapidez com que foram seguidos pelas maiorias decisivas nessas transformações sociais.

A reconquista, porém, teve de seguir suas cautelas. De tomar suas precauções. Porque houve resistências, de ordem natural, umas, outras de ordem cultural. O clima, por exemplo, resistiu ao nórdico. E sob o favor do clima, a malária e a febre amarela agiram contra o europeu. À sombra das condições precárias de higiene, agiram contra ele a peste bubônica, a sífilis, a bexiga, o bicho-de-pé. Elementos, todos esses, de resistência antieuropeia; alguns de origem terrivelmente asiática ou africana. Operaram eles no sentido de moderar a reeuropeização do Brasil e de conservar o mais possível, no País, os traços e as cores extraeuropeias, avivadas durante séculos profundos de segregação.

Houve mesmo nativistas que se regozijaram com a ação violentamente antieuropeia da febre amarela. Febre terrível que, poupando o nativo, não perdoava o estrangeiro. Principalmente o louro, de olhos azuis, sardas pelo rosto.

Mas o estrangeiro louro insistiu em firmar-se em terra tão sua inimiga com um heroísmo que ainda não foi celebrado. Só visitando hoje alguns dos velhos cemitérios protestantes no Brasil – o do Recife ou o de Salvador ou o do Rio de Janeiro – que datam dos princípios do século XIX, e vendo quanta vítima da febre apodrecer por esses chãos úmidos e cheios de tapuru, debaixo de palmeiras gordas, tropicalmente triunfantes sobre o invasor nórdico, faz alguém ideia exata da tenacidade com que o inglês, para conquistar o mercado brasileiro e firmar nova zona de influência para o seu imperialismo, se expôs a morrer de febre tão má nesta parte dos trópicos. As inscrições se sucedem em uma monotonia melancólica: *"James Adcock – architect of civil engineer who after nearly three years of residence died here of yellow fever in the 39th year of his age"; "in memory of Robert Short – fifth son of William Short of Harrogate – died of yellow fever – aged 19 years"; "in loving memory of my beloved husband Ernest Renge Williams who died of yellow fever – age 26..."*

Em Salvador o imediato do *Whitecloud* foi um dos mortos de febre amarela, em 1849, aos 32 anos; do barco *Dorcas* faleceram também de febre amarela, no mesmo ano, 5 homens; o *Hopewell* perdeu 4 jovens; o *Wanderer*, outros 4; Alex Frazer, empregado numa casa de comércio, faleceu aos 42 anos; J. Williamson, ministro anglicano, aos 26. Dezenas de técnicos foram vítimas da febre. W. H. Chapman suicidou-se.[2]

Uma vez iniciada, a reconquista do Brasil pela Europa não cessou; e ainda hoje nos abafa, embora substituído o europeu da Europa pelo quase europeu dos Estados Unidos da América do Norte. Os mártires louros é que venceram – em parte, pelo menos – a batalha entre os nórdicos e o trópico, travada no Brasil. A febre amarela é que terminou vencida. E essa reconquista alterou a paisagem brasileira em todos os seus valores. Reeuropeizou-a – ou a europeizou – o quanto pôde.

A reeuropeização do Brasil começou fazendo empalidecer em nossa vida o elemento asiático, o africano ou o indígena, cujo vistoso de cor se tornara evidente na paisagem, no trajo e nos usos dos homens. Na cor das casas. Na cor dos sobrados que eram quase sempre vermelhos, sangue de boi; outros, roxos, e verdes; vários, amarelos; muitos de azulejos. Na cor dos palanquins – quase sempre dourados e vermelhos – e dos tapetes que cobriam as serpentinas e as redes de transporte. Na cor das cortinas dos banguês e das liteiras. Na cor dos xales das mulheres e dos ponchos dos homens; dos vestidos e das roupas; dos chinelos de trançado feitos em casa; das fitas que os homens usavam nos chapéus; dos coletes que ostentavam, opulentos de ramagens; dos chambres de chita que vestiam em casa, por cima do corpo só de ceroulas; das flores que as moças espetavam no cabelo. Na cor dos interiores de igreja – os roxos, os dourados, os encarnados vivos (em Minas, chegou a haver igreja com enfeites francamente orientais); das redes de plumas; dos pratos da Índia e da China; das colchas encarnadas e amarelas das camas de casal. Na cor dos móveis que, mesmo de jacarandá, eram pintados de vermelho ou de branco.

 Tudo isso que dava um tom tão oriental à nossa vida dos dias comuns foi empalidecendo ao contato com a nova Europa; foi se acinzentando; foi se tornando excepcional – cor dos dias feriados, dos dias de festa, dos dias de procissão, carnaval, parada militar. A nova Europa impôs a um Brasil ainda liricamente rural, que cozinhava e trabalhava com lenha, o preto, o pardo, o cinzento, o azul-escuro de sua civilização carbonífera. As cores do ferro e do carvão; o preto e o cinzento das civilizações "paleotécnicas" de que fala o Prof. Mumford; o preto e o cinzento dos fogões de ferro, das cartolas, das botinas, das carruagens do século XIX europeu. Talvez "coloração protetora", insinua o sociólogo norte-americano para explicar esse excesso de preto das coisas e do vestuário, da Europa burguesa e principalmente da vitoriana. Ou o efeito de "uma depressão dos sentidos" sob o industrialismo capitalista? O certo é que esse cinzento nos atingiu com uma rapidez espantosa de efeitos: antes mesmo do carvão e do ferro nos substituírem, nas zonas de economia mais adiantada, a velha lenha de alimentar os fornos das casas e das fábricas, a boa madeira de construir os sobrados, o pau de lei das engrenagens dos engenhos de cana, dos tornos, das prensas de espremer mandioca.

 A sobrecasaca preta, as botinas pretas, as cartolas pretas, as carruagens pretas enegreceram nossa vida quase de repente; fizeram do vestuário, nas cidades do Império, quase um luto fechado. Esse período de europeização da nossa paisagem pelo preto e pelo cinzento – cores civilizadas, urbanas, burguesas, em oposição às rústicas, às orientais, às africanas, às plebeias – começou com D. João VI; mas acentuou-se com D. Pedro II. O segundo imperador do Brasil, ainda meninote de quinze anos, já vestia e pensava como velho; aos vinte e poucos era o monarca "mais triste do mundo", na opinião de um viajante europeu. Parece que só se sentia bem dentro de seu *croisé* e de sua cartola preta; e mal, ridículo, desajeitado, sob o papo de tucano, o manto de rei, a coroa de imperador. Só se sentia bem-vestido à europeia; e de acordo com a civilização nova da Europa: a industrial, a inglesa, a francesa, a cinzenta, a que acabaria pedindo pela boca de Verlaine

– uma de suas vítimas, aliás – *"pas de couleur; rien que la nuance"*. Com a civilização gótica e a militar, com a católica e eclesiástica, as afinidades de D. Pedro II eram vagas. Não gostava nem de montar a cavalo: era o tipo do europeu de cidade.

Esse imperador de sobrecasaca que foi uma das primeiras pessoas no mundo a falarem de telefone naquela sua voz fina, quase de mulher, ridicularizada pelos republicanos, tornou-se um modelo para as gerações novas do Brasil: uma propaganda viva das modas recentes da Europa num país que se distanciara das coisas europeias pela segregação de três séculos, pelos contatos com o Oriente e a África, pelo seu patriarcalismo rural um tanto agreste, pelo desenvolvimento de estilos de vida adaptados ao clima – o copiar das casas de engenho e de sítio, a roupa leve dentro de casa, o chinelo sem meia. Estilos de acordo com as condições regionais de clima e talvez as físicas e fisiológicas, de raça; gente, na sua grande maioria, morena, escura e até negroide. Porque no tocante ao gosto das cores há quem suponha haver nos indivíduos de pele escura uma como predisposição, por influência da maior pigmentação da retina, para o encarnado; os indivíduos louros seriam, por outro lado, mais sensíveis ao azul e, naturalmente, ao cinzento. Rivers chegou a realizar pesquisas neste sentido cujos resultados, não podendo ser aceitos como definitivos, não deixam de ser ricos de sugestões.

Não é por simples retórica que dizemos que o preto das roupas, das máquinas, dos sapatos, das carruagens, dos chapéus, trouxe para o Brasil um ar de luto fechado. Tudo indica que a mortalidade entre nós subiu com essas primeiras e largas manchas de reeuropeização da nossa vida e dos nossos hábitos. A tuberculose tornou-se alarmante. Os homens de *croisé* preto, de cartola preta, de botinas pretas tinham sempre algum enterro a acompanhar nas suas carruagens também pretas e tristonhas.

Em 1849 levantou-se uma voz de médico dando o sinal de alarme diante do aumento da tuberculose no Império. Enumerando as causas do desenvolvimento espantoso que a tísica estava tomando no Brasil de Pedro II, esse médico, que era o Dr. Joaquim de Aquino Fonseca, salientava, entre as mais importantes, as relações mais próximas do Império com a Europa. Essas relações haviam modificado notavelmente os hábitos de alimentação, trazendo "grande variedade de abusos";[3] e também os hábitos da gente brasileira de cidade vestir-se. Hábitos – repita-se – que haviam se alterado no sentido de uma imitação mais passiva de trajos de climas frios e de civilização parda e cinzentamente carbonífera. No sentido da substituição das cores vivas pelo preto solene e pelo cinzento chic – problema não apenas de estética mas de higiene, pelo menos mental, criado pela repressão de um gosto de base possivelmente fisiológica, e certamente, tradicional. No sentido de novas espessuras de panos: o uso, sob um sol como o nosso de vestuários de panos grossos, felpudos, quentíssimos, fabricados para países de temperatura baixa, mas que estava no interesse do novo industrialismo europeu sobre base capitalista, e portanto estandardizador e uniformizador dos costumes e trajos, estender às populações tropicais. Ânsia de mercado. Fome de mercado. "Imperialismo colonialista", diria um marxista ortodoxo.

A parte estritamente médica das palavras do Dr. Aquino Fonseca – que, aliás, estudara medicina na França – tem o pitoresco das terminologias arcaicas; mas não lhe falta sua nota de bom senso. "Outrora os vestuarios" – dizia o dr. Aquino – "eram ligeiros e feitos com amplidão; e isto estava inteiramente em harmonia com o clima quente da cidade, e facilitava não só os movimentos respiratórios, e por consequencia a hematose, como vedava que se estabelecesse a transpiração, evitando por este modo que qualquer viração, tão frequente aqui, désse causa a sua suppressão, donde resultam males incontestáveis; mas as modas francezas, trazendo a necessidade de arrocho, para que se possam corrigir as formas irregulares de certos individuos ou fazer sobresahir as regulares, embaraçam o jogo respiratorio das costellas e diaphragma, e influem sobre a hematose; e os pannos espessos de lan, reduzindo os vestuarios a verdadeiras estufas, tornam os homens sempre dispostos a contrahir affecções do systema respiratorio, pela suppressão da transpiração, que por muitas vezes e com facilidade tem logar".[4] Daí, ao seu ver, o aumento alarmante da tuberculose coincidir com o período de reeuropeização ou europeização dos hábitos de comer e de vestir: ou com as modas francesas e inglesas de roupa a que se refere quase furioso.

No século XVIII – que foi, talvez, quanto aos costumes, o mais autônomo, o mais agreste, o mais brasileiro na história social do País – Vilhena rebatera as críticas de alguns viajantes europeus, com relação ao trajo solto, à vontade, chamado "á fresca", dos brasileiros, quando na intimidade de suas casas. Mostrara que esse relaxamento, tão repugnante para quem vinha de climas mais frios, correspondia às condições de clima tropical da colônia.[5] Luccock, crítico tão severo das nossas maneiras nos últimos tempos de vida propriamente colonial, associou o fato de as crianças andarem em casa nuas, algumas só de roupa de baixo "*nothing but under linen garment*", os antigos sunga-nenens – ao clima quente, inimigo das roupas de pano grosso.[6]

Mas com a reeuropeização do País, as próprias crianças tornaram-se martirezinhos das modas europeias de vestuário. Os maiores mártires – talvez se possa dizer. As meninas, sobretudo. Os figurinos do meado do século XIX vêm cheios de modelos de vestidos para meninas de cinco, sete, nove anos, que eram quase camisinhas de força feitas de seda, de tafetá ou de "*poil de chèvre*". Meninas de cinco anos que já tinham de usar duas, três saias, por cima das calçolas, as de baixo bordadas com "ponto de espinhos" e guarnecidas com franja Tom-Pouce. Ou então saias guarnecidas com três ordens de fofos. E não só excesso de saias: gorra de veludo preto. Botinas de pelica preta até o alto da perna. Penas de perdiz enfeitando a gorra.

Em vão clamavam os Aquino Fonseca, os Correia de Azevedo, anos mais tarde, os Torres Homem. Correia de Azevedo dizendo que no caso do menino brasileiro, o vestuário devia "apenas resguardar-lhe o corpo das variedades da temperatura". Que as crianças, num país tropical, não podiam nem deviam "ser criadas nem à inglesa, nem à alemã, nem à russa".[7] Os pais brasileiros, principalmente nas cidades, não queriam saber dessas advertências de médicos esquisitos. Vestiam seus filhos ortodoxamente à europeia. Os coitados que sofressem de brotoejas pelo corpo, assaduras entre as pernas. A questão é que parecessem inglesinhos e francesinhos.

Mas não foi só o vestuário da criança: a educação toda reeuropeizou-se, ao contato maior da colônia e, mais tarde, do Império, com as ideias e as modas inglesas e francesas. E aqui se observe um contraste: o contato com as modas inglesas e francesas operou, principalmente, no sentido de nos artificializar a vida, de nos abafar os sentidos e de nos tirar dos olhos o gosto das coisas puras e naturais; mas o contato com as ideias, ao contrário, nos trouxe, em muitos pontos, noções mais exatas do mundo e da própria natureza tropical. Uma espontaneidade que a educação portuguesa e clerical fizera secar no brasileiro.

A monocultura, devastando a paisagem física, em torno das casas, o ensino de colégio de padre jesuíta devastando a paisagem intelectual em torno dos homens, para só deixar crescer no indivíduo ideias ortodoxamente católicas, que para os jesuítas eram só as jesuíticas, quebrara no brasileiro, principalmente no da classe educada, não só as relações líricas entre o homem e a natureza – rotura cujos efeitos ainda hoje se notam em nossa ignorância dos nomes de plantas e animais que nos cercam e na indiferença pelos seus hábitos ou pelas suas particularidades – como a curiosidade de saber, a ânsia e o gosto de conhecer, a alegria das aventuras de inteligência, de sensibilidade e de exploração científica da natureza. Essa curiosidade, esse gosto, essa alegria nos foram comunicados nos fins do século XVIII, e através do XIX, pelos enciclopedistas e pelos revolucionários franceses e anglo-americanos. Através do século XIX, também por mestres franceses e ingleses que aqui estabeleceram colégios, para grande indignação dos padres.

Esses mestres, como aqueles enciclopedistas, fizeram ao brasileiro um bocado de mal, comunicando-lhe um liberalismo falso; mas fizeram-lhe também algum bem. Abriram-lhe nova zona de sensibilidade e de cultura, refazendo um pouco da espontaneidade intelectual, em tantos pontos abafada, não tanto pelo Santo Ofício, como pelo ensino uniformizador dos padres da Companhia. Ensino uniformizador útil, utilíssimo à integração social do Brasil, como já foi acentuado em capítulo anterior; mas que nos retardou e quase nos feriu de morte a inteligência, a capacidade de diferenciação, de iniciativa, de crítica, de criação.

Nada mais amolecedor da inteligência que o ensino exclusivo ou quase exclusivo do latim ou de qualquer língua morta. Foi o ensino que se desenvolveu entre nós sob a influência dos colégios de padre.

À proporção que o ensino dos jesuítas foi criando pelas cidades da colônia elitezinhas de letrados, quase todos simples latinistas untuosos, seráficos, de livro de missa no bolso – dos quais, entretanto, se desgarraram alguns temperamentos agrestes como o de Gregório de Matos – a leitura dos livros latinos tornou-se a única leitura nobre e digna: Virgílio, Tito Lívio, Horácio, Ovídio. Quem lesse *Diana* ou alguma novela ou romance em língua popular tinha o olhar desconfiado do Santo Ofício e do jesuíta dentro de casa. O único prazer intelectual dos bacharéis e mestres em artes formados pelos jesuítas era ler e decorar os velhos poetas latinos. Sabendo de cor trechos enormes dos autores clássicos alguns rivalizavam com os padres no conhecimento da língua oficial da Igreja que, dando-lhe acesso a tão grandes riquezas antigas, segregava-os da literatura viva, moderna, atual.

Também nos seminários fundados no Rio de Janeiro nos princípios do século XVIII e no de Mariana e no de Olinda – estabelecimentos de orientação pedagógica já diversa da dos jesuítas e até em antagonismo com o ensino da S. J. – continuou-se a dar importância quase exclusiva ao estudo do latim, embora no de Olinda cuidando-se já do estudo das ciências e das letras vivas. Sistematizado pelo padre Pereira na sua gramática – *o Novo Método* – e começando com a leitura das Fábulas de Fedro, o ensino do latim ia até Ovídio e Horácio. Era uma disciplina severa; e teria sido ótimo, se não fosse exclusivo. O aluno atravessava a fase mais dura das declinações e dos verbos sob a vara de marmelo e a palmatória do padre-mestre. Mas acabava não sabendo escrever um bilhete, senão com palavras solenes e mortas; e evitando as palavras vivas até na conversa.

A retórica se estudava nos autores latinos – lendo Quintiliano, recitando Horácio, decorando as orações de Cícero. Lógica e Filosofia, também: eram ainda os discursos de Cícero que constituíam os elementos principais de estudo. A filosofia era a dos oradores e a dos padres. Muita palavra e o tom sempre o dos apologetas que corrompe a dignidade da análise e compromete a honestidade da crítica. Daí a tendência para a oratória que ficou no brasileiro, perturbando-o tanto no esforço de pensar como no de analisar as coisas, os fatos, as pessoas. Mesmo ocupando-se de assuntos que peçam a maior sobriedade verbal, a precisão, de preferência ao efeito literário, o tom de conversa em vez do de discurso, a maior pureza possível de objetividade, o brasileiro insensivelmente levanta a voz e arredonda a frase como se estivesse prestando exame de retórica em colégio de padre. Efeito do muito latim; da muita retórica de padre de que se impregnou entre nós o ensino; de que se deixou marcar a formação intelectual dos homens.

O ensino do grego – que teria dado, talvez, outro ritmo ao estilo dos nossos letrados e outra perspectiva intelectual aos estudos dos bacharéis coloniais – não alcançou nunca, entre nós, a importância do ensino do latim. Os frades franciscanos que nos fins do século XVIII estabeleceram no Rio de Janeiro, em virtude da ordem régia de 1772, o primeiro arremedo de universidade que se esboçou no Brasil, incluíram o grego entre as novas cadeiras de ensino superior. O grego e o hebraico. Mas a tentativa universitária dos bons frades de São Francisco não teve a ação nem a eficácia que prometera. Nunca foram os franciscanos entre nós senão uns boêmios da ação religiosa em contraste com os jesuítas, sempre bem ordenados nos seus esforços. Data, entretanto, do curso de estudos superiores fundado por eles, franciscanos, o ensino oficial, entre nós, das línguas francesa e inglesa.[8]

Nessas línguas se sentiria ainda, e por muito tempo, o ranço da heresia política ou religiosa, certo gosto de pecado intelectual; mas mesmo assim foram elas revolucionando a vida das *élites* brasileiras segregadas, até então, das novas correntes intelectuais, pelo estudo quase exclusivo do latim. Pela monocultura intelectual representada por esse estudo único. Através do estudo da língua francesa – que aliás deixara, segundo pensam alguns, traços, porém muito vagos, no português popular do Maranhão – começou o contágio com aquelas doutrinas novas que, aprendidas, depois, na própria França, por estudantes brasileiros de medicina e de filosofia, animaram a revolução mineira – dirigida por bacharéis afrancesados ou anglo-americanizados – e a pernambucana, de 1817, esforço de padres que já não se contentavam com a leitura do latim: liam francês e até decifravam inglês. Luccock notou no Rio de Janeiro, nos princípios do século XIX, a procura de livros franceses;[9] os ingleses é que, segundo ele, continuavam evitados, talvez por ser a língua considerada de hereges mais perigosos que os franceses. O mesmo horror parece ter cercado a língua dos flamengos quando ocuparam o Norte. A língua dos flamengos e também a francesa e a inglesa que foram também línguas faladas naquela parte do Brasil durante o domínio holandês.

O Recife do século XVII ouvira por trinta anos o ruído de muitas línguas vivas, faladas nas ruas e dentro dos sobrados. Da língua holandesa, porém, os filólogos não acham jeito de identificar na fala daqueles nortistas senão uma ou outra recordação como a palavra "brote". "Pichilinga" talvez seja outra recordação dos dias de ocupação holandesa daquela parte do Brasil.

Entretanto, as crônicas neerlandesas deixam claramente ver que se ensinou o holandês em escolas para os índios, dirigidas por pastores e missionários calvinistas. É verdade que algumas atas de congregações indicam que os catecismos e livros de doutrina eram escritos não só em holandês como em português e tupi, exigindo-se dos missionários o conhecimento da língua dos índios ou da portuguesa. E deve-se salientar que os próprios nomes de pessoa de holandeses que aqui ficaram, casando-se com portuguesas, aportuguesaram-se ou desapareceram. A diferenciação no sentido holandês dissolveu-se, em grande parte, dentro da integração no sentido português. Mesmo assim, a influência holandesa marcou, na parte do Brasil onde se exerceu mais imperial e profundamente, durante o século XVII, a europeização do Brasil noutro sentido que não o português. Através de uma série de infecções de cultura norte-europeia, o Nordeste se diferenciou um tanto e para sempre, do grosso da colônia.

Vários traços dessa europeização (noutro sentido que não português) persistiram na paisagem e no espírito do povo, depois de reconquistado o Norte pelos portugueses católicos. Dizemos portugueses católicos, porque durante o domínio holandês, sob nomes hebraicos traduzidos em português – Isaacs, Jacobs, Abrahões – e nomes de famílias impossíveis de serem distinguidos dos portugueses – Campos, Cardoso, Castro, Delgado, Pinto, Fonseca – atuou entre nós, no sentido da diferenciação social e intelectual dos colonos, poderosa corrente de cultura sefárdica: a de judeus portugueses vindos de Amsterdã. Aliás, parece que já encontraram aqui, principalmente na Bahia, praticando a medicina, numerosos cristãos-novos; outros no comércio e até na indústria do açúcar.

Se na Bahia desenvolveu-se o primeiro centro de cultura médica no Brasil, é que na cidade de Salvador, já no século XVII, encontravam-se à sombra das igrejas cheias de Nossas Senhoras maternalmente gordas e de santos triunfantes, marranos peritos na ciência de tratar dos doentes e que receitavam carne de porco para que nenhum voluptuoso da delação desconfiasse deles. A medicina foi sempre uma especialização muito dos sefardins; seu meio de competir com os padres confessores e os capelães na influência sobre as grandes famílias dos países cristãos e a gente poderosa dos governos. Foram decerto eles que a trouxeram para o Brasil, nas suas formas mais adiantadas, e a desenvolveram na Bahia e no Recife. Do Recife sairia Velozino, um dos maiores médicos judeus do século XVII.[10]

O Recife judaico-holandês tornou-se o maior centro de diferenciação intelectual na colônia, que o esforço católico no sentido da integração procurava conservar estranha às novas ciências e às novas línguas. Com o conde Maurício de Nassau levantou-se do meio dos cajueiros o primeiro observatório astronômico da América; um jardim botânico e outro zoológico surgiram dentre os mangues; apareceram Piso e Marcgraf – os primeiros olhos de cientistas a estudarem sistematicamente os indígenas, as árvores, os bichos do Brasil; pastores da religião de Calvino pregando novas formas de cristianismo; Franz Post e Zacarias Wagener pintando casas de engenho, palhoças de índios, mucambos de pretos, cajueiros à beira dos rio, negras com trouxas de roupa suja à cabeça, figuras de índios, de mestiços, de negras; Peter Post traçando os planos de uma grande cidade de sobrados altos e de canais profundos por onde se pudesse passear de canoa como na Holanda. Luxo e não apenas riqueza de diferenciação intelectual, artística, científica, religiosa. A exclusividade portuguesa e católica estava quebrada em Pernambuco: exclusividade de arquitetura, de religião, de estilos de vida. Por algum tempo, a própria exclusividade de língua.

Nesse Recife que se diferenciou tanto das outras cidades da colônia pelo seu gênero de vida e pela sua população desigual de neerlandeses, franceses, alemães, judeus, católicos, protestantes, negros e caboclos, não só se falaram, por trinta anos, quase todas as línguas vivas da Europa e várias da África, como estudou-se e escreveu-se nas sinagogas um hebreu diverso do manchado e gasto pela boca dos Ashkenazic: o velho e aristocrático hebreu guardado em toda a sua pureza pelos rabinos de barba preta e olhos tristes que a congregação de Amsterdã mandara para Pernambuco. Nas cozinhas dos sobrados, com a liberdade que Nassau deu aos judeus, cozinhou-se, decerto, muito quitute israelista e é possível que dos hebreus nos tenha vindo o hábito da feijoada dormida, isto é, do alimento preparado de véspera e como que encoberto, guardado, dormido; nos quintais, debaixo dos cajueiros, criaram-se carneiros e engordaram-se galinhas para serem sacrificadas e preparadas, segundo o rito de Moisés, e comidas nos dias de preceito, com o pão da Páscoa e as ervas picantes. E nos fundos das lojas, e até em público, adorou-se o Deus de Israel; praticou-se o judaísmo. E é possível que até a Cabala, tão do gosto dos sefardins de imaginação mais ardente.

Circuncidaram-se meninos. Recitaram-se, nem sempre em voz baixa nem de medo, *piyyutim* saudosos. Talvez à mesma hora em que dentro das igrejas papistas e até na rua, em procissões que saíam com licença do conde, se entoassem louvores em latim à Virgem Maria e ao Menino Jesus; e nas capelas dos reformados, os crentes cantassem em holandês, francês ou inglês, hinos glorificando outro Deus: o de São Paulo e de Calvino. Enquanto dos matos mais próximos, dos mucambos dos mangues, chegava até às igrejas e às sinagogas de pedra e cal a assuada de alguma "santidade" de índios ou o alarido de bandos de negros de Xangô ou Santa Bárbara adorada à africana; loas pedindo ao céu milho que desse para encher as cuias; outras encomendando aos santos algum defunto; as mais atrevidas, chamando Exu.

No meio dos mangues, em lugares esquisitos e ermos, talvez já no trecho do istmo ligando Olinda ao Recife, onde depois se assassinou um estudante, se fuzilou um soldado e uma negra – conta a tradição que de toutiço gordo – desapareceu uma noite de escuro, uns dizem que engolida pela lama, outros afirmam que levada por Exu; no meio dos mangues e dos ermos, perto das praias, onde se enterrava negro pagão, é que as formas mais atrasadas de religião floresciam. Nos dias de domingo, porém, sua algazarra parece que era enorme. Bandos afoitos vinham cantar e dançar nos oitões das igrejas e sobrados. Contra tais excessos reclamou mais de uma vez a Assembleia dos Reformados do Recife. Contra os excessos dos negros, dos papistas e dos judeus. Os reformados queriam que dia de domingo, somente a voz deles louvasse o Senhor. Que era uma profanação do grande dia de Deus a maneira escandalosa por que os papistas e os outros praticavam seus cultos. Que os cantos e os pinotes dos negros provocavam a cólera divina. Que tanta assuada de rua perturbava o serviço religioso nas igrejas do Deus verdadeiro (que era sem nenhuma dúvida o deles: reformados holandeses ou nórdicos).

Sente-se, entretanto, através das queixas inúteis dos ranzinzas nas Assembleias religiosas que o governo holandês, pelo menos no tempo de Nassau, teve quase sempre ouvidos de mercador para esses incitamentos ao ódio teológico. Que deixou papistas, judeus, e até negros abusar da liberdade que lhes era concedida. Foi abusando dessa liberdade, que as parteiras da terra deram para batizar os meninos dos protestantes segundo o rito católico; os judeus, para se reunirem publicamente no mercado e até para seduzirem cristãos para o judaísmo, os mais afoitos chegando a circuncidar filhos de cristãos. Em Serinhaém, uns protestantes recusando-se a ajoelhar-se diante dos santos de andor, na ocasião em que descia pela rua uma procissão do Rosário, não somente foram insultados pelos papistas mas até levaram pancada. E quase todos os senhores de engenho holandeses não só caíram na prática portuguesa de começar a moer os engenhos dia de domingo, como alguns na de mandar benzer os engenhos pelos padres; enquanto nas cidades, muito calvinista foi adotando o costume da terra de fazer o sinal da cruz ao toque dos sinos.[11] O cristianismo lírico e mais poeticamente misturado à vida e ao trabalho dos homens foi vencendo o prosaicamente puritano dos reformados.

O domínio holandês foi, assim, uma época de interpenetração de influências diversas: conquistadores transigiram enormemente com os povos conquistados. Mas estes ficaram com a experiência do tempo dos flamengos a agir sobre a sua vida no sentido ecumênico; nunca mais seria perfeita sua acomodação ao império português na América. Não seria absoluta sua reintegração social no complexo lusitano.

No sentido da diferenciação agiu de modo particular sobre o norte do Brasil a influência da cultura sefárdica e do comércio judeu, sempre tão cosmopolita nas relações que cria e estabelece. O mesmo comércio cosmopolita foi depois agir sobre zona profundamente mediterrânea como a de Minas que, no século XVIII e nos princípios do XIX, se apresentaria, de repente, tão cheia de relações com a Europa. O que diminui um pouco a força do determinismo estaticamente geográfico para acentuar o prestígio do fator dinamicamente cultural – ou, antes, dos fatores culturais – no condicionamento das sociedades.

O que a pura oceanidade não fez com territórios mais fáceis de sofrerem a influência europeia (certas zonas levantinas da colônia cedo se apresentando com os característicos de segregação ou de estagnação social, que, geralmente, se associam às zonas mediterrâneas, isto é, centrais) fez com Minas Gerais a variedade de contatos de cultura, criados pelo desenvolvimento da indústria dos diamantes. Ao contrário da indústria do ouro, a dos diamantes e das pedras preciosas, pela sua própria natureza econômica, pela técnica do seu comércio, não se deixou prender pela segregação da metrópole sobre o produto colonial. Foi procurar os mercados próprios, que eram principalmente os da Holanda, sob o controle da técnica e da finança dos judeus. Daí as relações comerciais de Minas com a Europa não ibérica[12] – relações a que se juntaram as intelectuais e políticas no sentido liberal; e também as técnicas, as de estilos de vida, que se deixariam surpreender no maior uso do vidro nas suas casas-grandes e sobrados – neste ponto superiores aos do litoral, durante o século XVIII. O luxo do vidro na Minas do século XVIII significa – como já sugerimos – verdadeiras audácias de transporte, através de caminhos horrivelmente maus e perigosos. Grandes despesas, também. O luxo de vidro, como o de outros artigos finos importados da Europa para as casas dos mineiros ricos. As camas com cortinas – e não redes ou catres – o trajo dos homens e até das mulheres, as ideias e as leituras dos indivíduos mais instruídos mostram como aquela sociedade, tão segregada da Europa pela distância e pelas montanhas, ganhou às levantinas, às da beira-mar, às talássicas, às mais próximas da Europa, em qualidades e estilos urbanos, civis e polidos de vida.

Não se alegue o simples fato da riqueza das Minas e dos mineiros, para explicar todo esse seu esplendor de vida e de ideias no século XVIII. Já nos referimos àqueles ricaços de Campos dos Goitacases que o príncipe Maximiliano conheceu nos princípios do século XIX morando pobremente em casebres de barro. Quase em mucambos. Ausência de estímulo de ordem intelectual, ou de natureza psicológica, que completasse o estímulo econômico. A casa nobre, o sobrado, o luxo de roupa, de móvel, de cavalo, de carruagem, o requinte da moda, nem sempre corresponderam, no Brasil, à situação puramente econômica dos moradores. As regiões que mais se europeizaram nem sempre foram as mais ricas. O determinismo econômico falha, sozinho, na interpretação de longa série de processos sociais, do mesmo modo que o determinismo geográfico, quando pretende, isolado e puro, explicar fatos tão complexos e dinâmicos como os humanos. O que se vê na história social da família brasileira, desde o século XVI tão desigual nos seus tipos e nos seus momentos de cultura e tão cheia de altos e baixos nos seus estilos de habitação e de trajo e na sua técnica de transporte – *élites* de vida europeia, vizinhas de tabas, o século XVIII português, vizinho do século XIX francês ou inglês – é uma grande variedade nos contatos de cultura da população patriarcal com a Europa, desde o século XVII, já burguesa. Essa variedade, quase sempre, pelo estímulo – raramente pela imposição ou determinação – de condições econômicas ou de facilidades geográficas. Mas às vezes, como no caso de Minas, o fator cultural vencendo a dificuldade geográfica. Superando-a. Outras vezes, como no caso dos ricaços de Goitacases, a segregação social – por motivo ainda a esclarecer: psicológico talvez – criando um gênero de vida que, por imposição do puro elemento econômico, devia ser outro.[13]

A segregação social esteriliza o homem ou o grupo humano e leva-o ao retardamento nos estilos da vida, como os estudiosos das culturas isoladas estão fartos de indicar. No caso brasileiro, não se suponha que a degradação da cultura atrasada, que aqui se verificou ao contato da adiantada, desminta o fato da chamada *cross-fertilization*. Apenas deve-se notar que a reciprocidade nunca se verifica com inteiro sucesso entre culturas, não diremos radicalmente diversas, mas desiguais nos seus recursos técnicos e militares. A conquistada nem sempre dispõe de meios de evitar o desprestígio moral de elementos, na aparência decorativos ou exteriores, mas na realidade fundamentais da sua vida e da sua economia. Elementos atingidos pela ciência – principalmente a médica – pela religião e pela ética do imperialismo, ansioso – repita-se – por motivos econômicos, não de diversidade regional, mas da estandardização da vida por toda parte e em todos os climas; sôfrega de mercados mais largos para a sua indústria – a de materiais de construção, a de móveis, a de roupa, a de produtos farmacêuticos, a de alimentos em lata ou conserva, a de artigos de decoração pessoal e da casa. A nudez dos primitivos ou a diferença de trajo e a de calçado entre os civilizados – o pé deformado e o rabicho nos chineses de outrora, por exemplo – são diferenças moralmente repugnantes aos europeus imperialistas. Mas sobre essa repugnância moral talvez atue, quase sempre, indiretamente, o desejo econômico que anima o civilizado expansionista, de mercados onde se possam estender as indústrias estandardizadas: os sapatos, as meias, os chapéus fabricados na Inglaterra ou na França.

Do mesmo modo a casa de palha dos indígenas das terras tropicais. O mucambo afro-brasileiro. A palhoça de palma de buriti. A repugnância do imperialista europeu pelo mucambo nem sempre terá sido exclusivamente moral ou higiênica: talvez também econômica.

Maximiliano sentiu pelas habitações dos senhores de Campos dos Goitacases verdadeiro desprezo. Sendo ricos, os fazendeiros viviam daquele modo antieuropeu. Deviam ser sovinas ou então doentes. Mas no desprezo do príncipe pelos ricaços de Campos dos Goitacases talvez se exprimisse uma espécie de consciência de superioridade econômica de cultura, criada pelo imperialismo europeu até nos seus sábios e homens de ciência. Através de Maximiliano talvez falasse – de modo indireto, é claro – o imperialismo europeu lamentando que, à falta de estímulo, vivessem aqueles homens ricos, de uma região tropical tão fértil, sem o conforto à moda europeia oferecido pelas indústrias de vidro, de louça, de madeira, dos países da Europa.

O mesmo sentimento parece ter experimentado Saint-Hilaire no Rio Grande do Sul, ao salientar a extrema simplicidade das casas dos fazendeiros mais ricos. Simples ranchos. O conforto físico dos patrões, quase o mesmo que o dos empregados. Casas cobertas de palha, acachapadas, construídas com paus cruzados e barro. As salas sem janelas; e em vez de portas – muito menos portas envidraçadas separando as salas dos quartos principais – nada mais que cortinas, talvez de pano rude, feito em casa ou por escravo. O mobiliário – duas ou três cadeiras de couro rústico. Cama, também: de fundo de couro rústico. Um estrado de tábuas sobre o qual a dona da casa trabalhava e a mesa de pau onde os proprietários se serviam do mesmo churrasco e do mesmo chimarrão que os moradores de casas um pouco mais rústicas, seus empregados.[14]

Mas até nas regiões escravocráticas, de maior diferenciação entre o gênero e as condições de vida do senhor e do trabalhador, Saint-Hilaire observou entre nós – e antes dele Dampier, nos princípios do século XVII – certo desprezo dos ricos pelo conforto doméstico: a grandeza que alardeavam era, nas cidades, a do trajo, no mato, a dos cavalos ajaezados de prata. E principalmente a do número de escravos e a de extensão das terras. No Rio Grande do Sul o número de reses e a qualidade dos cavalos constituíam para muitos a maior ostentação social. Isto na área gaúcha, caracterizada pela extrema mobilidade das populações.[15]

As exceções – certa área levantina, ao Norte, onde a colonização começara no século XVI com casas-grandes, casas-fortes e capelas de pedra e cal, e, mais tarde, no século XVIII, a área mediterrânea, ou mineira, onde Mawe, nos princípios do XIX, ainda encontrou nos sobrados, restos de conforto e até de luxo à europeia – refletem, ao lado das vantagens econômicas e do solo aí encontradas e desenvolvidas pelos colonos, a maior intensidade de contato com a Europa, a ação de estímulos não simplesmente econômicos, mas, no caso da área levantina, principalmente geográficos: a oceanidade de Pernambuco e da Bahia, sua proximidade da Europa. Estímulos, também, de cultura – o contingente judaico na colonização industrial daqueles dois centros; e no outro caso – na área mediterrâneo-mineira – a ação de estímulos semelhantes, de cultura cosmopolita, provocados, porém não determinados, pelo fator econômico.

O diamante, atraindo para Minas os interesses do comércio europeu e, sobretudo, a mediação plástica da técnica judaica e da finança israelita, tão cheia de tentáculo por toda parte, venceu a distância que separava aquela região, da Europa; e criou uma série de relações especialíssimas entre a burguesia rica dos sobrados de Ouro Preto, Sabará, Santa Luzia e a civilização industrial e urbana do norte da Europa. Acentuaram-se, sob o estímulo da maior variedade de contatos com o estrangeiro, forças de diferenciação social, que não custaram a romper, vulcanicamente, as de integração. Daí a revolução Mineira: expressão nítida da diferenciação cultural, e não apenas econômica, que se operara na área mediterrânea. Do mesmo modo, as revoluções pernambucanas: a de 1710, a de 17, a de 24, a chamada Revolta Praieira. Sobre todas elas atuaram motivos econômicos. Forças econômicas. Apenas não atuaram sozinhas. Condicionaram, junto com outras influências, as demais especializações de cultura – inclusive o pendor para as formas liberais de governo – que se verificaram nas duas regiões, a mediterrânea e a levantina, tão diversas na sua topografia. Não se nega a influência de tais forças; o que se diz é que não determinaram, de modo rígido ou absoluto, especializações regionais de cultura – resultados de causas ou influências complexas.

O Brasil, nessas duas regiões tão desiguais pela situação física e pelas qualidades morais da colonização – a região dominada pelo Recife e Salvador, ao Norte, e a de Minas, no Centro – foi um dos países mais beneficiados pelo comércio internacional dos judeus. Beneficiado pelo que o judeu pôde oferecer de mais substancioso à América, em valores de cultura e em estímulos ao nosso desenvolvimento intelectual.

Através dos doutores e dos mestres que a Congregação de Amsterdã mandou para o Recife e para Salvador, o Brasil recebeu da velha cultura sefárdica soma considerável de elementos de valor. Valor científico. Valor intelectual. Valor técnico.

Aliás, o sefardim que aqui chegou da Holanda não era elemento inteiramente estranho à cultura predominante no Brasil, isto é, a ibérica ou hispânica. Os hinos que vinha cantando eram *piyyutim* inspirados nos poetas espanhóis e portugueses. E em vez da sovinice, da sumiticaria, da unhice de fome dos judeus Ashkenazic, marcava-lhe os hábitos certa grandeza muito espanhola e muito portuguesa. O gosto de luzir na rua e de ostentar sedas e veludos nas festas. O gosto da mesa larga e farta. O bacharelismo. O intelectualismo.

Esses traços que, ainda hoje – passados séculos – se encontram, embora amortecidos, nos judeus de origem hispânica, que se espalharam por Constantinopla, por Esmirna, por Salônica, o sefardim trouxe-os para o Brasil ainda úmidos e vivos. O curto exílio na Holanda não tivera tempo de lhe secar a espanholidade profunda. De modo que, por um lado, a colonização, aparentemente exótica, de sefardins, no Brasil – gente cujos nomes portugueses acabariam se estropiando em caricaturas de nomes, mas de qualquer maneira conservando-se na própria Nova Amsterdã (depois Nova York) e aí resistindo aos *ww* e aos *yy* dos nomes mais terrivelmente nórdicos – foi, na realidade, colonização de gente quase de casa. Colonização que não viria perturbar nas suas raízes o processo da integração social da nova colônia portuguesa. Viria quase equilibrar a diferenciação com a integração.

Os próprios jogos de seus meninos estavam cheios de reminiscências da Espanha e de Portugal, como o "*castillo*"; alguns dos guisados mais gostosos de sua cozinha, também. O "*pastelico*", por exemplo. O "*pan de España*". A adafina (do árabe, *al-dafina*, que quer dizer coisa enterrada ou oculta) é prato muito parecido com o nosso cozido, e como este, de origem oriental. Certas palavras mais íntimas – as que designam as partes sexuais do corpo, por exemplo – os sefardins do Levante ainda hoje as conhecem por nomes espanhóis ou portugueses: "*el compedron*", por exemplo. E quase como o espanhol ou o português de quatro costados, o sefardim, em vez de se conservar cosmopolita, indiferente ao local ou à região, regionalizou-se na península, cedeu ao pegajento das afeições regionais – o português insistindo em ser português, o castelhano, em ser de Castela.[16]

O que o judeu trouxe para o Brasil como elemento de diferenciação foi principalmente a capacidade para o comércio internacional, que nos enriqueceria de uma variedade de contatos, impossíveis dentro da exclusividade portuguesa. Também a especialização científica e literária que neles se aguçara por efeito daquela riqueza de contatos, distanciando-se dos portugueses rurais e cristãos-velhos. Especialização que se aguçara não só no exílio como nas próprias Espanhas quando, excluídos da política e da carreira militar, acharam compensação para o recalque dos seus desejos de glória e de triunfo pessoal ou de família ou raça, nas carreiras intelectuais e científicas: a medicina, o professorado, a literatura, um pouco a matemática e a filosofia. Pais negociantes e filhos doutores – tal foi, em Portugal, o seu processo de ascensão social.

Dispersos pelo norte da Europa, pelas repúblicas italianas, pelo Levante, pela África, os sefardins que a Inquisição enxotara das Espanhas, onde quer que se fixaram, foram estabelecendo relações comerciais uns com os outros e assim desenvolvendo um grande comércio internacional. Dos benefícios desse sistema de relações internacionais é que o Brasil veio a participar, um pouco no século XVII e outro tanto no século XVIII, comunicando-se, pelos judeus, com a Holanda e com a Inglaterra, com o Levante e com as repúblicas italianas.

Assim se explica, em grande parte, o surto cultural, tanto em Pernambuco, naquele primeiro século – onde a força de diferenciação dos judeus se juntou à dos holandeses, ou, mais rigorosamente, à de Maurício de Nassau – como, até certo ponto, nas cidades mineiras do século XVIII – onde a infiltração israelita foi decerto menos ostensiva e talvez mais comercial que social e intelectual. Em Pernambuco, supõem alguns ter sido judeu o próprio Bento Teixeira Pinto. Judeu, o primeiro poeta que cantou no século XVI as belezas do Brasil e as glórias de Portugal.[17]

No Sul – principalmente em Minas Gerais – algumas das melhores famílias antigas, com olhos, nariz ou beiços que são os clássicos, do semita, autorizam-nos a supor larga infiltração de sangue judaico na velha região dos diamantes. Pelas crônicas sabe-se que não foram poucos os indivíduos e até as famílias inteiras, residentes na capitania das Minas – principalmente em Vila Rica, Serro Frio e Paracatu – condenadas pela Santa Inquisição por culpas de judaísmo. Em 1726,

Diogo Henriques, 63 anos, homem de negócio morador em Minas de Ouro Preto; José da Cruz Henriques, 29 anos, cobrador de dízimos, morador em Mariana; David Mendes da Silva, solteiro, natural de Vila Nova da Fonseca e morador em Serro Frio. Em 1735, João Rodrigues de Morais, de 22 anos, natural da cidade de Miranda e morador em Vila Rica; José Nunes, de 39 anos, natural da Vila de Espada à Cinta e morador em Serro Frio; Helena do Vale, 28 anos, solteira, natural do Rio de Janeiro, e moradora em Ouro Preto. Em 1732, Manuel de Albuquerque e Aguilar, de 38 anos, natural da Vila do Castelo Rodrigo e morador nas minas de Ouro Preto; Antônio Fernandes Pereira, de 39 anos, natural da Vila do Mogadouro, morador nas minas de Araçuaí; Domingos Nunes, de 40 anos, solteiro, natural do Pinhal; Diogo Correia do Vale. Em 1748, Antônio Sanches, médico, residente em Paracatu e João Henriques, boticário, também de Paracatu, de 59 anos, médico, natural de Covilhã, morador em Ouro Preto. Em 1733, Antônio Rodrigues Garcia, de 39 anos, mercador natural de Pinhal; Miguel Nunes Sanchez, de 39 anos residente em Paracatu; Antônio Ribeiro Furtado, solteiro, residente em Serro Frio. E em 1739, Manuel Gomes de Carvalho, morador em Vila Rica e outros.

Manuel de Albuquerque e Aguilar – o Aguilar é nome de sabor muito judaico – vamos encontrá-lo, também, entre uma dezena de outros, na carta régia de 12 de agosto de 1732 ao conde das Galvêas, denunciando o fabrico de moeda falsa em "Paraopeba" e depois em Itoubrava. As moedas eram de ouro e o trabalho de fundição e cunho, aperfeiçoadíssimo. Quase não se distinguia o dinheiro falso do autêntico. Técnica finíssima.

Aliás, não se veja nessa atividade ilegal, que teria sido provavelmente orientada por técnicos judeus, o só aspecto de ilegalidade mas um dos meios de a indústria mineira reagir contra o tributo exageradíssimo que era obrigada a pagar à metrópole exploradora. Indiretamente – e por meios nem sempre legais – a técnica dos judeus parece ter concorrido para o desenvolvimento da riqueza local, nas cidades mineiras, tornando-as mais aptas às atitudes autonomistas, fundadas quer na consciência de suficiência econômica, quer na revolta contra os exageros da exploração pela metrópole portuguesa. Por outro lado, o comércio internacional dos judeus parece ter criado, para Minas, pontos de contato com o estrangeiro, favoráveis aos impulsos de diferenciação não só social e intelectual – um mineiro, o Dr. Francisco de Melo Franco, seria condenado pela Inquisição por ideias consideradas perigosas, à religião – mas também, política.

Este é um aspecto do problema estranho ao presente ensaio: a provável projeção política da atividade dos estrangeiros no Brasil colonial. Apenas recordaremos que, em Minas, o irlandês Nicolau Jorge, que, nos fins do século XVIII, residiu no distrito Diamantino, foi um entusiasta da revolução de 1789, em cuja devassa vem uma frase sua, aliás bonita, mas não se pode determinar hoje se de negociante, a quem interessasse particularmente um Brasil mais livre no seu sistema de comércio, se de um homem de ardores fáceis, a quem tivesse contagiado o patriotismo dos bacharéis e dos letrados das cidades mineiras: "O Brasil seria um dos primeiros países do mundo se fosse livre!". E em Pernambuco, o inglês Bowen, de tal modo se identificou com os revolucionários de 1817, que foi o primeiro enviado dos conspiradores aos Estados Unidos. Há também quem ligue à influência do liberalismo de Nassau sobre a mentalidade dos colonos do Norte no século XVII, certo pendor, porventura mais acentuado no pernambucano que nos brasileiros de outras regiões, para a insubordinação política e para as formas liberais de governo.[18]

Ao fato de o comércio de diamantes e de pedras preciosas – que alguns estudiosos da expansão israelita na América afirmam ter sido dominado, no século XVIII, pelos judeus – haver criado para as cidades mineiras relações especialíssimas com o norte da Europa, deve-se atribuir, em grande parte, repita-se, a maior europeização daquela área brasileira no século XVIII quanto a padrões de conforto de casa. Mawe é até enfático sobre o conforto europeu que encontrou em Vila Rica: "as casas de pessoas de alta classe em Vila Rica são muito mais cômodas e melhor mobiladas que as do Rio de Janeiro e São Paulo, a maior parte muito bem decoradas".[19]

O tom europeu das modas de vestuário em Olinda, no Recife, em Salvador, e até em São Luís do Maranhão – tom tão acentuado, nos séculos XVI e XVII – empalideceu no século XVIII, indo ostentar-se com maior viço nas montanhas de Minas. Montanhas aparentemente tão antieuropeias mas, na verdade, deixando-se penetrar, através de bacharéis, de mascates e até de ingleses, pelas influências novas, tanto de ideias como de modas, vindas da Europa. Porque foi em Minas que se desenvolvera, então, no Brasil, os estilos de vida e os padrões de conforto físico que deliciaram europeus como Mawe e Sant-Hilaire: camas elegantes, de bela madeira, o fundo às vezes de couro; colchões de algodão; lençóis de pano fino, enfeitados de renda; os travesseiros também guarnecidos de renda; as colchas de damasco amarelo. Acima dos leitos, armações em forma de dossel, mas sem cortinados. "Nunca vi camas tão magníficas como as das pessoas ricas desta capitania, sem excetuar mesmo as da Europa", escreveu Mawe referindo-se aos leitos onde dormiam os burgueses dos sobrados de Ouro Preto.[20]

Em contraste com esses burgueses de sobrado, tão europeus nos estilos de vida, fazendeiros ricos, donos de muitas terras e escravos, dormiam em rede ou em catre. "Não se conhece nas casas dos fazendeiros" – escreveu Saint-Hilaire referindo-se aos mineiros – "nenhum dos móveis a que estamos habituados em nossos aposentos; guarda-se a roupa em baús ou suspende-se em cordas, a fim de protegê-la da umidade e dos insetos. As cadeiras são raras, e as pessoas se sentam em bancos ou tamboretes de pau...".[21] Existia em algumas fazendas apenas certo luxo de damasco e de guarnição de renda nas camas, talvez imitado daquelas camas de rei dos burgueses de Vila Rica.

Quanto ao trajo, Mawe reparou em Vila Rica, nos começos do século XIX, que as senhoras imitavam de preferência as modas inglesas.[22] E Saint-Hilaire, tendo ido a um baile oferecido à sociedade mineira pelo governador D. Manuel de Castro Portugal, não encontrou entre os estilos de vestir das senhoras montanhesas e as modas europeias a distância enorme que esperava. De destoante, só surpreendeu, num intervalo de contradanças europeias, o fandango que certa mulata dançou no meio do baile, parece que com muito arregaçar de saias e exagerado saracoteio do corpo.[23] Pelo menos o cientista francês se escandalizou. Como que sentiu de repente um bafo quente e para ele, talvez, fétido de África, naquele ambiente de temperatura agradavelmente europeia e burguesa.

Nas igrejas, é que as senhoras não desprezavam as capotas, os xales, as mantilhas, tapando a metade do rosto. Capotes outrora muito usados em Portugal e Espanha que por muito tempo sobreviveram no Brasil, marcando a resistência da moda árabe à penetração da europeia, triunfante nas salas de baile e nos teatros.

Os pés, que, no tempo dos holandeses, as senhoras de Pernambuco escondiam como uma parte íntima e como que sexual do corpo, aos poucos foram sendo mostrados – pelo menos aos primeiros fazedores de sonetos. Mas as pernas, não; e o melindroso Pascual que procurou rebater, já no meado do século XIX, as críticas do inglês Mansfield à sociedade brasileira, um dos pontos em que mais orgulhosamente insistiu foi neste: no cuidado das iaiás e sinhá-donas em nunca mostrarem as pernas: só a pontinha do pé. Ao contrário das inglesas, que não falando nunca em pernas de mesa, exibiam as próprias com o maior desembaraço. Quando tinham de atravessar alguma poça de lama, por exemplo, só faltavam levantar a saia até os joelhos.[24]

Em minúcias de moral, em preconceitos de pudor, foi talvez onde a brasileira, impregnada de tradições árabes, mais resistiu à penetração inglesa ou francesa. Aliás, o estrangeiro era sempre visto em nossa sociedade colonial, e mesmo durante longo período do Império, como um possível Don Juan; e evitado no interior das casas e dos sobrados. Tollenare, já vimos como se magoou com a burguesia do Recife por esses excessos de retraimento da parte das mulheres, até vingar-se das pernambucanas, esquivas como mouras, vendo nuas, no banho, as nádegas todas de fora, as filhas do Senhor N.[25] Nas casas, porém, era o francês se anunciar e as senhoras correrem para os quartos, deixando as costuras e as rendas por cima da mesa. Saint-Hilaire notou o mesmo retraimento nas sinhá-donas de Minas.[26] Diante do estrangeiro as mulheres só faltavam morrer de vergonha. E não só as matutonas, das fazendas, porém as mesmas fidalgas burguesas finas de sobrado que ele vira nos bailes oficiais vestidas à francesa; e nessa ocasião tão desembaraçadas que no intervalo das contradanças tocavam e cantavam. Seu acanhamento excessivo era nos dias comuns, ordinários, rotineiros.

É curioso observar, nos nossos velhos retratos do tempo do Império, nas fotografias antigas de família que amarelecem no fundo das gavetas ou dentro dos álbuns de capas às vezes de madrepérola, a muito maior europeização não só de trajo como que de fisionomia, vamos dizer social, dos homens. As senhoras parecem às vezes, ao lado dos maridos, as sinhazinhas, ao lado dos pais, ou dos irmãos, mulheres malaias ou chinesas ao lado de missionários ingleses de bigodes ou de médicos norte-americanos de barbas. Duas raças – ou aparências de raça – criadas pela profunda diferenciação social entre os sexos. O homem mais europeu pelo trajo, pelo porte, pela como urbanização da fisionomia e do tipo; a mulher – mesmo quando branca pura ou quase pura – mais oriental, mais asiática, mais rural, quando não pelo trajo menos europeu que o do homem, pela fisionomia tristonha de recalcada ou de segregada, que lhe aproximava do tipo das grandes recalcadas e segregadas do Oriente.

Aliás, a maior europeização de trajo nem sempre significou, entre nós, a libertação da mulher do excessivo domínio do homem. Nem a libertação do próprio homem, dos preconceitos e tradições que criara, para ele, uma segregação intelectual profunda da Europa burguesa industrial, nórdica. O hábito nem sempre faz o monge.

Em 1872 Correia de Azevedo lamentava ver, há anos, tão generalizado nos homens o uso da "pesada casaca de Londres ou de Paris" e substituído o chapéu de palha "por esse informe canudo preto, desairoso, quente, pesado", que era a cartola, destacou entre as senhoras da Corte e das capitais, o francesismo de maneira, que "só a palavra *coquetterie* definia.[27] Consistia em cumprimentar à francesa, em vestir à francesa, em falar um pouco de francês e de inglês, tocar no teclado de um piano valsas sentimentais. Música francesa ou italiana, em vez do fado com sua tristeza árabe e da modinha adocicada, meio africana, durante o século XVIII tão tocada ao som do violão. O piano em vez do violão ou da harpa. Os anúncios de jornais documentam abundantemente essas transformações de gosto que, durante a revolucionária primeira metade do século XIX, foram afastando o brasileiro de costumes já casticamente luso-brasileiros para aproximá--los de modas francesas, inglesas, italianas, alemãs, eslavas; e também norte-americanas que, desde então, começaram a competir com as europeias. Tal o caso da cerveja fabricada nos Estados Unidos e em 1848 já importada pelo Brasil, segundo anúncio no *Jornal do Commercio* de 11 de dezembro: cerveja que "tem tomado o lugar da cerveja inglesa em quasi todos os climas dos tropicos onde é inteiramente preferivel". O caso, também, de danças: no mesmo jornal, de 18 de setembro de 1848, certa *Mme.* Degremonte, "discipula do Conservatorio de Paris", anunciava-se mestra de "todos os generos de danças de sociedade assim como tambem a Polka, a Mazourka, a Cracovienna, a Tarantella, o Bolero, o Styrin". Danças exóticas.

Com a decadência da economia apoiada no escravo, acentuou-se a importância do europeu que aqui viesse, não como simples negociante, como os ingleses desde os tempos coloniais, à sombra do Tratado de Methuen, nem como modista e dentista para europeizar o trajo das senhoras e consertar os dentes, sempre tão estragados, do brasileiro, nem apenas como médico, parteira, mestre de dança, professor, governante, mas como operário, construtor, pedreiro, marceneiro, carpinteiro, pequeno agricultor, trabalhador de fazenda. Como operário ou artífice, que substituísse o negro e a indústria doméstica e, ao mesmo tempo, viesse satisfazer a ânsia, cada vez maior, da parte do mais adiantado burguês brasileiro, de europeização dos estilos de casa, de móvel, de cozinha, de confeitaria, de transporte.

Vieram então alemães, irlandeses, italianos e suíços para os campos, de preferência para os lugares de clima mais doce e de terras mais altas, uns entregando-se ao fabrico da manteiga e do queijo, outros à pequena lavoura, alguns indo mesmo trabalhar nos cafezais de São Paulo e até nos canaviais da Bahia, como o grupo de irlandeses que ali degradou-se pelo abuso da aguardente.[28] Os mais ousados ou mais loucos se aventuraram a ir se estabelecer nas matas das províncias do Norte, como aquele bando de louros que tomou romanticamente o rumo de Catucá, mato grosso e quase virgem de Pernambuco, onde deram para fabricar carvão. Mesmo assim, com tanta infelicidade, que sendo as matas dominadas por quilombolas ou negros fugidos, os negros, um dia, trucidaram muitos dos invasores ruivos.[29]

Ainda outros europeus se instalaram pelas cidades como operários e artífices; tal o grupo que veio para o Recife, em 1839, com Augusto Koersting, a chamado do presidente da província, o afrancesado barão de Boa Vista. Mecânicos, pedreiros, carpinteiros, canteiros. Datam dessa época, os *chalets*, as casas em estilo gótico ou toscano, que foram substituindo as do velho estilo da era colonial já acomodado à paisagem: casas quadradas, de quatro águas, o beiral com as pontas orientalmente arrebitadas em asas de pombo ou cornos de lua. Datam também dos princípios do século XIX os sobrados com cornijas construídas a molde; o estuque; as vergas de alvenaria. A europeização da arquitetura – do plano e da técnica – começando nas cidades, e com os edifícios públicos terminou nas casas de engenho, onde muito sobradão orientalmente gordo acabou substituído por *chalet* esguio, de dois andares. A casa do Engenho Gaipió, em Pernambuco, casa com luxos de palacete de cidade, é dessa época de europeização. Dessa época de casas um pouco com o ar de edifícios públicos e de teatros; vistosas; salientes; sem aquele recato das antigas, que se escondiam por trás de cercas de espinho, de muros altos, de grades de convento.

No Rio de Janeiro a europeização dos edifícios públicos e dos sobrados de alguns dos homens mais ricos da Corte começara com a chegada do príncipe. Com a missão de artistas franceses que veio para o Brasil no tempo de D. João VI.

Grandjean de Montigny foi quem traçou o plano para a edificação de palácios e escolas à francesa; também o plano ou o risco de algumas casas-grandes. O gosto francês, não só de arquitetura como de sobremesa, de vinho, de verniz de boneca para dar brilho ao móvel, de imagem de santo, juntou-se ao do vestido, dominando os burgueses mais instruídos e mais ricos. Coincidindo com as tendências mais acentuadas para o separatismo e para a independência, o gosto pelo artigo ou pelo estilo francês ou inglês de trajo ou de móvel, pelas ideias dos tratadistas franceses e ingleses – Montesquieu inspirou e orientou frei Caneca, já liberto da tradição intelectual portuguesa – foi se aguçando em um gosto político, de reação ao gosto português. Tudo que era português foi ficando "mau gosto"; tudo que era francês ou inglês ou italiano ou alemão foi ficando "bom gosto".

As gazetas coloniais, e mais tarde as do Império – a *Gazeta do Rio de Janeiro*, que era a da Corte, e *a Idade d'Ouro do Brazil*, de Salvador, o *Diário do Rio de Janeiro* e o *Jornal do Commercio*, o *Diário de Pernambuco* – vêm cheias de *réclames* de coisas francesas e inglesas; de anúncios de técnicos e artistas europeus – principalmente ingleses, franceses e italianos – e de suas habilidades ou de suas artes. *Réclames* não só de clássicos latinos, mas das obras completas de Voltaire, das *Viagens de Gulliver*, das *Poesias* de Bocage, das operetas de Bellini, da *Gramática Inglesa* de Jonathan Abbot, das *Novelas* de Saavedra, dos livros de Say e Adam Smith, de Bentham e Milton. O *Almanach do Rio de Janeiro* começa a aparecer cheio de nomes franceses, ingleses e italianos de parteiras, cabeleireiros, confeiteiros: Teissier, com seu "grande sortimento de cabellos postiços"; Franccioni, com seus "sorvetes a qualquer hora"; outro com seus novos processos europeus de enxertar dentes "nas raizes dos podres"; firmar "dentaduras, queixos, ceos de bocca"; ainda outro com sua "descoberta milagrosa para curar bebados", a qual já teria curado "1900 pessoas".

Em 1818 a *Idade d'Ouro do Brasil* anunciava, em Salvador, uma companhia de dançarinos ingleses que era uma maravilha; e muito digno de nota o seu sucesso pelo fato de significar uma substituição social: exibia-se na velha praça de Touros. Em vez de ver correr os touros, como no tempo do Sr. D. José, o povo de Salvador da Bahia de Todos os Santos agora se divertia com dançarinos ingleses. Dançarinos um tanto mecânicos que subiam "ao ar huma machina com hum homem equilibrado em cima, com a cabeça para baixo e dois mais por baixo da mesma". Terminava a função, segundo o anúncio, com um "admirável fogo artificial" mostrando no fim as Armas Reais e um dístico com "Viva D. João VI".

Quase pela mesma época – em 1809, 1810, 1811 – a *Gazeta do Rio de Janeiro* anunciava carruagens vindas de Londres: carrinhos ingleses com seus arreios; carruagem inglesa de quatro rodas, "muito ligeira" e – detalhe digno de atenção – "Lanternas de patente, Almofadas de marroquim". Era o prestígio da roda, da máquina, do cavalo, seu triunfo sobre o palanquim, o braço do escravo e a pata do boi vagaroso de carro. Quem anunciava a carruagem de quatro rodas era mesmo um inglês, Jorge Thomaz Standfast, que tinha também para vender na sua casa da rua Direita nº 35 "huns poucos de Barris de Manteiga e queijos de primeira qualidade". "Huma ingleza", cujo nome não vem no anúncio, mas que morava na rua dos Ourives nº 27, se oferecia, pela mesma época e na mesma gazeta, para ensinar meninas a ler, escrever, contar, coser, bordar e fallar inglez e portuguez". Mr. Gardner, "Doutor em Medicina, membro das Sociedades Mathematicas e Philosophicas de Londres", informava pela mesma *Gazeta do Rio de Janeiro*, de 27 de junho de 1810, que suas "leituras sobre chimica e philosophia natural" principiavam "Sexta feira 29 de junho ás 6 horas da tarde infallivelmente esperando ser honrado por um auditorio capaz de poder cooperar o grande trabalho e despesas, que elle tem feito em apparatos chimicos, proprios para fazer as leituras mais completas".

Por outro anúncio – da mesma *Gazeta*, de 27 de julho de 1811 – se vê que as tais leituras do doutor Gardner foram concorridas; que tiveram até "a presença de S. A. R. o Principe Regente Nosso Senhor e sua Augusta e Real Família".

Também um Mr. Blake aparece pelo *Jornal do Commercio* de 16 de outubro de 1827 anunciando "novas preparações chimicas". O prestígio do "Laboratorio Chimico". O prestígio da droga de laboratório ou vinda da Europa. Seu triunfo sobre o remédio caseiro patriarcal, aprendido com a índia ou com a preta velha, preparado na cozinha da casa-grande ou do sobrado, numa cuia ou numa simples tigela de sopa.

Os anúncios de comidas importadas também aparecem com frequência nas gazetas coloniais, acentuando-se nas do tempo do Reino e do Império. Eram presuntos frescos de Vestfalia, a 240 réis a libra como os que anunciava a confeitaria de Horacio Meseri pelo *Jornal do Commercio* de 25 de outubro de 1827, confeitaria que chamava também a atenção dos seus fregueses para a sopa de tartaruga à inglesa que servia pelas onze horas da manhã. Era a passa, era o vinho engarrafado francês borgonha, era o porto em barril, o champanha, a sardinha de Nantes, o molho inglês, a mostarda inglesa, a conserva inglesa, o queijo parmesão, o queijo flamengo, o queijo suíço, o queijo londrino, o toucinho de Lisboa, o biscoito em lata. Era o "cosinheiro genovez" Thomaz Galinho a anunciar sua "caza sita no beco do Piolho" onde aceitava "todas as encommendas de pratos de cosinha como raviolis cruas e cosidas, perus rexeados, gallinhas e frangos e differentes pratos de massas, tortas de fructas e creme de leite", como consta de um anúncio do *Diário do Rio de Janeiro*, de 16 de fevereiro de 1822. Era o "cosinheiro de nação italiana" que não só cozinhava como fazia "todas as qualidades de massas, pastéis e doces" anunciado pelo mesmo *Diário* de 13 de janeiro de 1830 – a mesma época em que Auguste, cozinheiro francês, brilhava nos anúncios do *Diário de Pernambuco*.

A pintura para a barba, a fazenda, o calçado, o vestido, o chapéu, o remédio, o alimento, o adorno de pessoa e de casa, o meio de transporte, tudo passou a ser importado da Europa, um ou outro artigo dos Estados Unidos. Eram artigos nem sempre da melhor qualidade, embora os preços fossem os mais altos. Os vestidos, os calçados, os chapéus nem sempre eram os de última moda, embora vendidos aqui por duas, três vezes, o preço de Paris. A louça de mesa tornou-se também a inglesa ou a francesa. Louça quase sempre branca e dourada: "appparelhos para chá dourados", "casaes de chicaras douradas", "appparelhos para meza dourada", tudo "francez e de muito bom gosto", como anunciava a *Idade d'Ouro do Brazil* a 3 de julho de 1818.

Raro aparecerem depois de 1830, avisos, nos jornais, de "louça da India", outrora tão comum. Entretanto continuou a ser importada para mais de um volutuoso da tradição. "Louça da India chegada proximamente de Macau no Bergantin Novo Dourado", aparelhos de mesa chineses de 172 e 174 pares, meias-tigelas para almoço, de Nanquim e Cantão, xícaras e pires de louça da China, para chá e café. Em capítulo seguinte procuraremos indicar que esses e outros artigos vindos do Oriente, tão abundantes no Brasil do século XVIII e dos primeiros anos do século XIX, não se deixaram vencer sem resistência pelos importadores do Ocidente. De tal modo, porém, se fez sentir sobre o Brasil a pressão do imperialismo europeu – da Inglaterra e da França, principalmente – que o europeu não tardou a tornar-se senhor do mercado brasileiro de louça, expulsando daqui o fino artigo oriental.

Grandes cargas de panos, móveis, louças, artigos de luxo franceses, inundaram os portos do Brasil, logo que a França pôde competir com a Grã-Bretanha na conquista do mercado brasileiro. E são de um francês, D'Assier, estas palavras um tanto duras para os ouvidos franceses: *"Nous ne croyons pas qu'il existe dans les annales du commerce une époque où la fièvre du gain se soit étalée d'une manière aussi scandaleuse"*.[30]

Antes de D'Assier, Denis contrastara o comércio francês no Brasil com o inglês.[31] E Charles Expilly, no seu *Le Brésil tel qu'il est*, destacaria horrores do comércio francês entre nós, na primeira metade do século XIX: em um Brasil que procurava fugir tão às tontas do "mau gosto" português e das coisas feitas em casa ou por mão de amarelo, de pardo ou de negro, para agarrar-se aos artigos de fábrica, de oficina, de loja, de laboratório europeu, os mais finos fabricados por mãos cor-de-rosa de parisiense. "*Les alliances de cuivre et de zinc furent vendues pour l'or*", informa Expilly. E ainda: "*le cuivre blanc de l'Allemagne passe pour de l'argent*".[32] Vestidos do tempo do diretório, com um atraso de dezenas de anos, eram vendidos no Rio de Janeiro como o "*dernier goût*" de Paris. A mistificação em larga escala.

O brasileiro, mal saído das sombras do sistema patriarcal e da indústria caseira, deixou-se estontear da maneira mais completa pelos brilhos, às vezes falsos, de tudo que era artigo de fábrica vindo da Europa. Um menino diante das máquinas e das novidades de Londres e de Paris. A situação atenuou-se com a competição: casas suíças e alemãs e não somente francesas vendendo artigos de luxo e de sobremesa. Mas a exploração continuou até o meado do século. Os anúncios de dentistas, de mágicos e sonâmbulos, de mestres de música e de dança, de professores, e de retratistas, de tinturas para a barba, de remédios, de cozinheiros, deixam suspeitas de muita charlatanice da parte de europeus, agindo sobre meio tão fácil de explorar, tão fascinado pelo prestígio místico do inglês, do francês, do italiano, do alemão, da máquina, da novidade europeia, do teatro em vez do carrossel, da festa de igreja em lugar da corrida de touros.

Os depoimentos de D'Assier, quanto ao Império, em geral, e o de Arsène Isabelle, quanto ao extremo Sul, em particular, confirmam o fato de que alguns franceses excederam-se no Brasil na mistificação comercial. No meado do século XIX – que foi quando esteve no Império aquele agudo observador europeu – não era raro encontrar-se o mesmo aventureiro francês praticando no Brasil as mais diferentes profissões: saltimbanco aqui; dentista ali; professor de francês mais adiante. Daí, reparava D'Assier, a expressão "negócio afrancesado" ter-se tornado na boca dos brasileiros o mesmo que *fides punica*, na boca dos latinos. E Arsène Isabelle reparou que os artigos franceses que chegavam a Porto Alegre na primeira metade do século XIX – vinhos e conservas – eram "de uma qualidade detestável".[33] No Norte do Brasil, "francês" tornou-se, na boca do povo, equivalente de falso ou fingido.

Num navio, informa ainda D'Assier ter ouvido conversa bem característica da atitude dos negociantes franceses com relação ao Brasil. Era um grupo que conversava na intimidade. Um contava como fazia contrabando de relógios. Outro que chegara ao Brasil apenas com *"40 sous"* no bolso: sua fortuna já subia a 200 contos. Ganhara tão gorda soma vendendo chapéus de sol. Chapéus de sol de pano e de armação ordinária; mas tão bonitos, que brasileiro nenhum resistia ao encanto deles. E quando algum ingênuo lhe aparecia para se queixar da má qualidade do artigo, ele alegava todo espantado que a mercadoria era de Paris: Paris, o nome mágico! Que nos climas temperados o artigo resistia admiravelmente ao tempo. Mas que não havia chapéu de sol de seda, por mais fina, que resistisse ao clima do Brasil, às chuvas dos trópicos, a um sol inimigo dos produtos finos da Europa como o do Brasil. Ainda outro falou para dizer como explorava as senhoras na sua loja de modas da Rua do Ouvidor. E quando alguém objetou que vender por cem mil-réis o que custava cinco francos talvez fosse furto, todos perguntaram a um tempo, e indignados, que espécie de furto. Furto o deles, que se aventuravam ao perigo da febre amarela, às picadas dos mosquitos, à vida no meio de negros fétidos? Além do que, tudo era tão caro no Brasil – caríssimos, na verdade, os alimentos, com a monocultura dificultando a sua produção – que se os negociantes europeus não vendessem por tão alto preço seus artigos aos súditos de D. Pedro II, eles, europeus, é que acabariam arruinando-se no Brasil. "E os brasileiros" – perguntara um francês do grupo – "não roubam os negros?".[34]

Com a maior europeização e a mais larga urbanização dos estilos de vida, o Brasil atravessou um período de muito artigo falsificado e velho a fazer as vezes do bom, do novo, do vindo direto de Paris para as lojas do Rio de Janeiro, do Recife, de Salvador, de São Paulo, de São Luís do Maranhão, de Porto Alegre. Época de muito alimento adulterado. As cozinhas das casas-grandes e dos sobrados eram decerto umas imundices; mas a comida preparada nelas mais sã que a maior parte da vinda em conserva da Europa. Que a servida às vezes nos hotéis franceses ou pelos cozinheiros italianos. Foi entretanto tornando-se *chic* comer à francesa, à italiana, à inglesa.

O chá e a cerveja dos ingleses se propagaram rapidamente entre a fidalguia dos sobrados. Também as massas e os pastéis dos italianos. O queijo flamengo ou suíço. A própria doçaria das casas-grandes, das iaiás solteironas dos sobrados, das freiras dos conventos, dos negros de tabuleiro, foi desaparecendo, perdendo o encanto até para os meninos. E os doces e os doceiros elegantes tornando-se os franceses e os italianos, como indicam os anúncios de jornais.

Denis escreveu em 1839 que os confeiteiros da moda no Rio de Janeiro já eram os franceses e os italianos. Que na Corte do Brasil já se tomava sorvete tão bom como na Europa. E os anúncios de jornais da primeira metade do século XIX vêm cheios de cozinheiros franceses oferecendo-se com muita mesura e riquefife para as casas ricas; de hotéis anunciando pratos franceses, cozinha francesa, massas italianas. É certo que nos anúncios da época encontram-se "cozinheiros negros" em franca competição com os europeus. Representativo deles pode ser considerado o escravo posto à venda pelo seu senhor em anúncio no *Diário do Rio de Janeiro* de 5 de março de 1830: "[...] hum preto perfeito Cosinheiro de forno como de fogão faz podins, doces, massas, cremes, geleias, muito capaz de desempenhar hum grande jantar [...] muito sadio, não bebe e não tem vicios conhecidos".

Os móveis dos sobrados se afrancesaram no estilo tanto quanto as modas de vestidos das senhoras. Vieram mestres franceses para as cidades do Império, trabalhar, com as suas mãos brancas, o jacarandá e as outras madeiras nobres e boas da terra, até então quase só trabalhadas por mãos grandes e rudes de pretos, às vezes por mãos de moça de mulatos efeminados. As velhas cadeiras portuguesas, pesadas e largas, foram desaparecendo das salas de visitas, com outras velharias do tempo dos Afonsinhos; foram desaparecendo dos santuários, as imagens feitas pelos santeiros de água-doce; e aparecendo os sofás à Luís XV as poltronas graciosas e finas, os armários de carvalho de Hamburgo, as mobílias de mogno, os espelhos de Nuremberg, as imagens francesas e italianas. Ou então cadeiras inglesas, que já vêm anunciadas na *Gazeta do Rio de Janeiro* no ano remoto de 1809. Móveis importados da Europa. Móveis fabricados, não mais nos engenhos, nem nas casas particulares, mas em oficinas; e segundo estilos franceses e ingleses, por artífices e operários brancos e louros. Mestres franceses e alemães da arte de marceneiro.

Natural que fosse se acentuando a rivalidade entre o artífice ou o operário da terra – em geral, o preto ou o mulato livre, porque o escravo negro não podia dar-se ao luxo de rivalidade com ninguém – e o operário ou o artífice estrangeiro, que surgia com grande *réclame* pelos jornais ou protegido pelos governos. A rivalidade, também, entre o funcionário público menor, o pequeno burguês brasileiro, o proletário caboclo ou mulato, e o vendeiro português, o "marinheiro" da venda, do botequim, da quitanda. Português geralmente considerado porcalhão e sumítico amigado com negra que trabalhava servilmente para ele e a quem às vezes o "marinheiro" abandonava depois de tê-la explorado duramente. Era esse "marinheiro" que vendia o bacalhau e a carne-seca a magricelas doentes mas afidalgados nos hábitos de trajo: os "caboclos da terra" incapazes, como pequenos funcionários públicos, de se alimentarem de carne fresca.

Em artigo na revista *O Progresso* perguntava H., em 1846, a propósito do problema da colonização do Brasil, por que razão "em vez de aprenderem os officios de alfaiate, pedreiro, carapina" – que iam sendo cada vez mais dominados pelo operário estrangeiro – "os filhos das famílias pouco favorecidas" continuavam no empreguinho público, os do mato buscando as vilas? Reconhecia as dificuldades do mancebo de família pobre que quisesse viver do próprio trabalho, cultivando seu bocado de terra ou vendendo seu bacalhau ou seu charque. Na agricultura, a "Grande Propriedade Territorial" – é do autor o luxo de maiúsculas – tornava impossível a figura do pequeno lavrador independente. No comércio, só se fizessem uma lei que tornasse o comércio a retalho privativo dos nacionais poderia o brasileiro nato fazer alguma coisa.

A verdade é que a situação de rivalidade entre brasileiro nato e comerciante ou artífice europeu, de tal modo se extremou que culminou em um começo de drama social logo abafado a sangue; e que ainda hoje passa aos olhos dos observadores menos profundos como simples insurreição política: a chamada Revolta Praeira do Recife, em 1848.[35] Também a Cabanada teve um pouco esse caráter: o de rivalidade entre "caboclo da terra" e adventício.[36] Enquanto no Rio de Janeiro e na Bahia a rivalidade entre os dois elementos generalizou-se na rivalidade, tantas vezes sangrenta, entre "marinheiros", isto é, portugueses ou europeus, comerciantes, e "capoeiras" ou "moleques".

A ideia de o operário ou artífice estrangeiro estar fazendo sombra ao mulato, o português da venda estar tirando a oportunidade ao filho de família pobre de enriquecer no comércio a retalho, foi crescendo nas cidades, a ponto de explodir, em algumas, em reações nativistas contra o europeu. No Rio de Janeiro, no Recife, em Belém do Pará.

Mas a europeização do trabalho, e até certo ponto a do comércio, se impusera com o declínio da economia rigidamente patriarcal e com a industrialização da vida brasileira. Com o novo ritmo de vida: ritmo que veio exigir relógios, tão raros na época em que o tempo quase não se contava por horas, muito menos por minutos, só pelo nascer do sol, pelo sol a pino, pelo pôr do sol. Com os novos estilos de vida, de conforto, de arquitetura criados pela abertura dos portos ao comércio europeu e para satisfazer os quais não estava apto o artífice de engenho, o mulato livre, o operário da terra. Só o estrangeiro, do tipo dos que o barão de Boa Vista mandou vir para a então província de Pernambuco. E que fizeram a glória do seu governo, e ao mesmo tempo a impopularidade do seu nome na política da época.

Com o rapé, o vinagre, a vela, o pano, a escova, o colchão de cama, a vassoura, o carvão, o vinho de caju, o sabão, o tamanco, o sapato, com tudo que era indústria ou arte de casa-grande, de negro, de mulato, quando muito de mestre português – fabricado não mais dentro de casa, mas nas cidades e à grande, por novos processos; com a paisagem econômica do Império enriquecida de fábricas de gelo, de fumo picado a vapor, de sabão, de macarrão, de aletria, de licor de genebra, de caixa de papelão, de piano, de órgão, de chapéu de sol, de vidro, de chocolate, de máquinas de serrar madeira; com os trens, com o saneamento das cidades, a iluminação, o gás – quase tudo obra de engenheiro inglês; o operário europeu, o artífice branco, o técnico estrangeiro se tornaram tão necessários como o próprio ar à organização mais industrial e à estrutura mais burguesa, mais urbana, mais mecanizada, da vida brasileira. O nativismo gritou contra a concorrência do adventício louro ao "caboclo da terra". A febre amarela já recordamos que matou muito adventício ruivo. A malária também. E a peste bubônica – outra inimiga de gringo.[37]

Mas o técnico europeu repita-se que acabou triunfando. Até que o mulato aprendeu com ele a dirigir os trens, os tornos, as máquinas, a fabricar o vidro, a fazer macarrão e aletria. O sábio norte-americano John Casper Branner, viajando, já no fim do século XIX, pelo interior do Brasil, espantou-se da rapidez com que, diante dele, dos seus olhos claros de anglo-saxão, simples mulatinho de Minas endireitou certa vez as rodas de enorme balduína, que se desconsertara no meio da viagem. Era a assimilação da técnica do europeu ou do anglo-saxão pelo "mulato da terra". Uma nova fase nas relações entre o europeu e o brasileiro. Também uma nova fase na economia e na convivência brasileiras, com a valorização, pela perícia técnica, do descendente de escravo, da gente de cor, moradora de mucambo; e a desvalorização, pela imperícia, do descendente de senhor de casa-grande, de fidalgo de sobrado, de morgado de canavial.

Notas ao Capítulo VII

1. Émile Allain, Rio de Janeiro. *Quelques données sur la capitale et sur l'administration du Brésil*, 2ª ed., Rio de Janeiro-Paris, 1886, p. 147.

    Afirma Pereira da Costa (*Vocabulário pernambucano*, cit.), a propósito da expressão "para inglês ver", que sua origem é a seguinte: "Tocando na Bahia na tarde de 22 de janeiro de 1808 a esquadra que conduzia de Lisboa para o Rio de Janeiro a fugitiva família real portuguesa e não desembarcando ninguém pelo adiantado da hora, à noite, a geral iluminação da cidade, acompanhando a todas as suas sinuosidades, apresentava um deslumbrante aspecto. Extasiado e entusiasmado o príncipe regente D. João, ao contemplar do tombadilho da nau capitânia tão belo espetáculo, exclama radiante de alegria, voltando-se para a gente da Corte que o rodeava: *'Está bem para o inglês ver'*, indicando com um gesto o lugar em que fundeava a nau Bedford, da marinha de guerra britânica, sob a chefia do Almirante Jervis, de comboio à frota real portuguesa".

2. Perdidos em Salvador os registros ("Register of burials") de 1811-1836, de sepultamentos no cemitério dos ingleses, os registros posteriores foram recentemente examinados, a nosso pedido, pelo pesquisador norte-americano Charles Gauld, nosso antigo aluno na Universidade de Stanford que, gentilmente, nos comunicou os resultados de sua pesquisa naquele arquivo. Do assunto nos ocuparemos minuciosamente no segundo ou no terceiro volume de *Ingleses no Brasil*. Os epitáfios que destacamos como típicos foram recolhidos de túmulos nos cemitérios ingleses do Rio de Janeiro, Salvador e Recife.

3. Joaquim de Aquino Fonseca, José Joaquim de Morais Sarmento e Simplício Mavignier foram três dos médicos brasileiros da primeira metade do século XIX que mais inteligentemente se ocuparam de problemas de higiene de habitação e vestuário no Brasil. Morais Sarmento já se insurgia em 1842 contra o mau hábito, consagrado como artigo de fé, "de se esperar pelas horas de calor para sahir de caza depondo então as vestes leves e frescas, de que usamos de manhan para nos envolvermos em calorentos tecidos de lan, quando o sol vae chegando ao meridiano..." ("Relatorio dos trabalhos da Sociedade de Medicina de Pernambuco no anno de 1841 a 1842", *Annaes da Medicina Pernambucana*, Recife, 1843, nº 3, p. 110). Também se insurgia Sarmento contra o europeísmo de se fazer das habitações "verdadeiras estufas onde o calor é concentrado por tapetes, vidraças e ferros, não só caros e desnecessarios, mas directamente contrarios á saude..." (p. 110).

    Enquanto o Dr. Mavignier lamentava, na mesma época, que estivessem desaparecendo da cidade do Recife os antigos quintais "bastante espaçosos, cujo arvoredo contribuia poderosamente para a purificação da athmosfera e agitação do ar", quase todos eles estavam, porém, "transformados em quarteirões de cazas...". Em pouco tempo não existiria "um arvoredo" dentro da cidade e "nem ao menos praças publicas substituirão alguns desses quintaes: brevemente não se verá mais do que paredes formando cazas e as ruas cheias de lamas, de aguas corrompidas e de materias organicas em putrefacção" ("Representação que a sociedade de medicina [de Pernambuco] dirigio ao excellentissimo presidente da provincia em maio de 1842 acerca das molestias que então reinavão na capital da provincia"), *Annaes da Medicina Pernambucana*, cit., p. 125.

4. Joaquim de Aquino Fonseca, cit. por Otávio de Freitas, *A tuberculose em Pernambuco*, Recife, 1896.

5. Vilhena, *Cartas*, cit., p. 89.

6. Luccock, op. cit., p. 127.

7. Para Correia de Azevedo o Brasil devia fugir do "moderno francesismo", inclusive em relação ao vestuário das crianças: "O mesmo brasileiro, em consequência do clima e dos acidentes das localidades em que habita, tem de seguir uma higiene à parte, só para ele formulada. Nossas crianças não podem e não devem ser criadas nem à inglesa, nem à alemã, nem à russa [...]. O seu vestuário deve apenas resguardar-lhe o corpo das variedades da temperatura" ("Concorrerá o modo por que são dirigidos entre nós a educação e a instrução da mocidade para o benéfico desenvolvimento físico e moral do homem?", *Anais Brasilienses de Medicina*, Rio de Janeiro, abril de 1872, tomo XXIII, p. 435).

8. Nos seus cursos, os franciscanos e outros mestres, no Brasil, foram dando, ao ensino, caráter mais democrático que o do ensino jesuítico, por longo tempo intransigentemente clássico nos seus melhores aspectos e excessivamente ornamental ou decorativo nos piores. A favor dos jesuítas, saliente-se que eles próprios vêm ultimamente admitindo um humanismo "baseado na língua moderna" (padre F. Charmont, S. J.,*L'humanisme et l'humain*, cit. pelo professor Antônio Ferreira de Almeida Júnior, em *Diretrizes e bases da educação nacional*, Rio de Janeiro, s. d., p. 85).

9. Luccock (op. cit., p. 129) salienta o fato de poucos serem os livros ingleses lidos pelos brasileiros nos princípios do século XIX. Os livros estrangeiros mais lidos eram então os franceses. Veja-se sobre o assunto nosso *Ingleses no Brasil*, Rio de Janeiro, 1948.

10. Welozino foi um dos médicos que mais se destacaram no Brasil colonial, quando o Recife holandês, tendo atraído, da Europa, letrados israelitas, atraiu também médicos de valor, da mesma raça ou fé, do mesmo modo que já atraíra técnicos no fabrico de açúcar e atrairia técnicos em mineração (M. Kayserling, "The earliest rabbis and jewish writers of America", *Publications of the American Jewish Historical Society*, Nova York, 1895, nº 3).

Em seu excelente estudo "Os sinais da suspeição" (*Os judeus na história do Brasil*, Rio de Janeiro, 1935, p. 84), o professor Roquette-Pinto recorda que entre tais sinais estava vestir-se o judeu no sábado com roupas e joias de festa.

Quanto ao judeu que participou no Brasil dos trabalhos de mineração, Solidônio Leite salienta que o preparo do ferro laminado ("folha-de-fladres") foi invenção ou descoberta de um judeu de Minas Gerais, preso pela Inquisição. (*Os judeus no Brasil*, Rio de Janeiro, 1923.) Veja-se também Artur H. Neiva, "Estudos sobre a imigração semita no Brasil", *Revista de Imigração e Colonização*, Rio de Janeiro, ano V, nº 2, junho de 1944.

11. Veja-se em Jean Crespin (*A tragédia de Guanabara*, trad., Rio de Janeiro, 1917, p. 87) o apêndice "A religião cristã reformada no Brasil no século XVII (Atas dos sínodos e classes do Brasil no século XVII, durante o domínio holandês)", tradução de Pedro Souto Maior.

12. O professor Manoel Cardoso, nosso antigo aluno na Universidade de Stanford e atual catedrático da Universidade Católica de Washington, lembra no seu estudo "Brazilian gold rush" baseado em pesquisas no Arquivo Histórico Colonial, de Lisboa, que "*as early as 1702 complaints were sent to Lisbon by the governor-general of Bahia on the 'pernicious consequences' arising out of the presence of non-portuguese in the gold fields. The number of foreigner in the colony was never large at any one time, but their influence was disproportionately great. In 1703 Brazilian business men protested against these foreigners, who, to the detriment of portuguese subjects, were accused of participating in Brazil's commercial life*" (*The Americas*, Washington, vol. III, nº 2, outubro, 1946, p. 140).

13. Observou Maximiliano que, no interior do Brasil, notava-se geralmente o seguinte: que os fazendeiros conservam-se apegados a antigos hábitos rústicos de habitações e de vida sem sequer pensarem em melhorá-los (príncipe Maximiliano Neuwied, *Travels in Brazil in 1815, 1816 and 1817*, trad., Londres, 1820, p. 53). Veja-se sobre o assunto Alberto Ribeiro Lamego, *O homem e o brejo*, Rio de Janeiro, 1945.

14. A rusticidade de vida no Rio Grande do Sul, observada nos começos do século XIX por A. de Saint-Hilaire, foi também retratada por Arsène Isabelle (*Viagem ao rio da Prata e ao Rio Grande do Sul*, cit.,). Modificou-se aquela rusticidade à proporção que se levantaram ao lado de torres de igrejas, sobrados patriarcais de feitio semelhante aos do Norte e do centro do País e que as estâncias começaram a ser visitadas por mascates ou colportores franceses – provavelmente israelitas franceses – com seus baús de artigos de moda e de "*bijouterie fine*". Sobre sobrados no Rio Grande do Sul, veja-se nosso estudo em Problemas brasileiros de antropologia, Rio de Janeiro, 1942. Sobre a influência dos colportores franceses naquela área brasileira, veja-se M. H. L. Séries, *A travers les provinces du Brésil*, Paris, 1881, p. 19-20. Também Arsène Isabelle, op. cit.

15. Saint-Hilaire, op. cit.

16. Sobre as influências sofridas pelos judeus, nas Espanhas, da parte das populações regionais, não existe ainda o trabalho sistemático que o assunto reclama, embora seja muito sugestivo o ensaio de A. S. Yahuda, "Contribución al estudio del judio-español", *Revista de Filologia Espanola*, Madri, 1915, tomo II. Vejam-se J. Leite de Vasconcelos, *Origem histórica e formação do povo português*, Lisboa, 1923, e P. Bosch Gimpera, *La formación de los pueblos de España*, México, 1945.

17. A possibilidade de ter sido Bento Teixeira, o autor da *Prosopopeia*, cristão-novo – o Bento Teixeira que aparece em denúncia ao Santo Ofício referente a morador de Pernambuco do século XVI – foi pela primeira vez sugerida por nós, em prefácio à reedição popular do poema, promovida pelo Sr. Carlos Pereira da Costa (Recife, 1927) e, do ponto de vista da interpretação do texto, pelo professor Joaquim Ribeiro. Foi posteriormente admitida por conhecida autoridade em história colonial do Brasil: Rodolfo Garcia, então diretor da Biblioteca Nacional, na introdução escrita à *Primeira visitação do Santo Ofício, denunciações de Pernambuco* (São Paulo, 1929). O assunto provocou pesquisas minuciosas de um dos mais ilustres membros do Instituto Arqueológico, Histórico e Geográfico Pernambucano, João Peretti, para quem o Bento Teixeira da *Prosopopeia* não seria o mesmo Bento Teixeira denunciado à Inquisição (*Barleu e outros ensaios críticos*, Recife, 1941). As dúvidas acabam de ser resolvidas de modo definitivo pelo historiador J. A. Gonsalves de Melo, em erudito ensaio incluído nos seus *Estudos pernambucanos* (Recife, 1961), que mostra ter sido de fato o autor da *Prosopopeia* o cristão-novo denunciado ao Santo Ofício.

18. Para Alfredo de Carvalho, "o etnólogo presume com razão lobrigar na psicologia do pernambucano indícios apreciáveis do tenaz espírito de independência que foi a feição mais rasgada do caráter nacional dos seus efêmeros dominadores" (*Frases e palavras*, Recife, 1906, p. 54-55). Veja-se também nosso prefácio a *Tempo dos flamengos* (Rio de Janeiro, 1947), do Sr. José Antônio Gonsalves de Melo, onde recordamos haver sociólogos que supõem, como Artur Orlando, "ter o contato com os filhos da Holanda" deixado "no espírito dos nossos antepassados, ideais que mais tarde deviam fazer explosão". "Esses ideais" – são ainda palavras nossas naquele prefácio – "teriam sido o de 'pensamento livre' segundo Artur Orlando, o de 'espírito de independência', conforme Alfredo de Carvalho, o de 'tolerância, a melhor das virtudes', na opinião de Oliveira Lima e o de 'liberdade de comércio' e o de 'liberdade de consciência' na síntese um tanto derramada de Joaquim Nabuco..." (p.11). Para Alfredo de Carvalho os holandeses teriam deixado também "flagrantes vestígios no direito pátrio".

19. Mawe (op. cit., p. 126) destaca o conforto das casas de Vila Rica que ele conheceu nos começos do século XIX. Não nos esqueçamos de que, no século XVII, havia quem desse, em Minas Gerais, seis (6) oitavas de ouro em pó por "uma boceta de prata de relevo em tartaruga para tabaco" (*Rev. Arq. Púb. Min.*, Belo Horizonte, 1906, ano XI, p. 374).

20. Mawe, op. cit., p. 130. Veja-se também o que escreve sobre o luxo em cidades mineiras da era colonial, J. Felício dos Santos em "Memorias do distrito diamantino" (*Rev. Arq. Púb. Min.*, Belo Horizonte, 1910, ano XV) que salienta costumes essencialmente urbanos ao mesmo tempo que um tanto orientais, entre os mineiros de prol daquela época como o uso de bastões de castão de prata e de ouro e de floretes de bainha de ouro, o uso ou o abuso de sedas, veludos, cetins, sapatos com fivelas da cravação de pedras preciosas sobre o peito das senhoras, sapatos de bico agudo voltado para cima, aneis nos dedos das mãos. Não faltavam os mestres de "política" ou "civilidade" (p. 683): evidência de que a gente dos sobrados esmerava-se em parecer ou ser urbana, embora decorando-a socialmente com a posse de terras ou fazendas e não apenas de escravos e minas.

21. Saint-Hilaire recorda que em 1818 caravanas de cinquenta mulas faziam sem cessar a viagem entre São João e Rio de Janeiro, trazendo e levando mercadorias (*Voyages dans le district des diamants et sur le littoral du Brésil*, Paris, 1833, I, p. 253) e – é evidente – conservando o burgo mineiro em contato com a civilização do litoral e com a civilização europeia. Também informa que os víveres consumidos naquelas cidades vinham de fazendas próximas, em carros de boi (ibid., I, p. 259) cuja rusticidade ou primitividade devia contrastar com a modernidade e a civilidade dos hábitos e trajos da gente de São João. Do mesmo observador francês é a informação de que as casas de fazenda em Minas Gerais apresentavam, nos começos do século XIX, "*peu de commodités*", não se conhecendo nelas "*aucun de ces meubles que nous accumulons dans nos appartements...*" Eram raras as próprias cadeiras. Só mereciam atenção as camas: as camas ou os tálamos patriarcais (*Voyages dans l'intérieur du Brésil*, Paris, 1830, I, p. 208).

22. Tanto Mawe como Saint-Hilaire surpreenderam-se de encontrar, nas cidades de Minas, as modas europeias seguidas de perto pelas próprias senhoras.

23. Saint-Hilaire observou num baile em Vila Rica: "*La toilette et la tournure des dames pouvaient offrir matière à la critique d'un français nouvellement arrivé de Paris; cependant nous fûmes étonnés de ne pas trouver, à une aussi grande distance de la côte, une différence plus sensible entre les manières des femmes et celles des européennes*" (op. cit., I, p. 151).

24. A. D. de Pascual, *Ensaio crítico sobre a viagem ao Brasil em 1852 de Carlos B. Mansfield*, Rio de Janeiro, 1861.

25. Recorde-se mais uma vez que Tollenare, a cuja chegada, em sobrado ou casa nobre do Recife, as senhoras se retiraram, para não serem vistas pelo estrangeiro, vingou-se desse excesso de recato da parte de pernambucanas, surpreendendo nuas, no banho, iaiás de família ilustre. ("Notas dominicais tomadas durante uma viagem em Portugal e no Brasil, em 1816, 1817 e 1818", *Rev. do Inst. Arq., Hist. e Geog. Pernambucano*, vol. XI, nº 61).

26. Saint-Hilaire notou em Minas: "*L'intérieur des maisons reservé pour les femmes est un sanctuaire où l'étranger ne pénètre jamais...*" (op. cit., I, p. 210).

27. "Que esperais dessa enclausurada das más alcovas...?" perguntava em 1872, referindo-se à moça brasileira de sobrado e criticando defeitos de habitação, de trajo e de educação urbano-patriarcal no Brasil, o médico Correia de Azevedo (*Anais Brasilienses de Medicina*, Rio de Janeiro, tomo XXIII, nº 11, abril de 1872, p. 432).

28. Em 1835 – sessão de 12 de julho – ocupou-se Lino Coutinho, na Câmara dos Deputados, do assunto: a tentativa de colonização de certo trecho da Bahia com irlandeses: "Paga-se um dinheirão a esses homens e eles não querem trabalhar; não há ano em que morram 30 a 40 e todos eles têm pesado sobre o hospital nacional para onde vão com hidropsias etc., etc... ainda não vi beberrões maiores" (*Anais do Parlamento Brasileiro [Câmara dos srs. Deputados. Sessão de 1830]*, Rio de Janeiro, 1878).

29. Quase ao mesmo estado de degradação dos irlandeses da Bahia atingiram os alemães, em Pernambuco, aos quais se deram terras em 1829 em Catucá ou Cova da Onça. Em Pernambuco, o plano fora vencer quilombolas ou negros fugidos, refugiados nas matas de Catucá, com uma massa, que se supunha irresistível, de 150 famílias europeias, "em numero de 750 almas...". Supunha-se que instalando-se, naquelas matas, colonos suíços ou germânicos, se extinguiriam "os negros do Quilombo": ingênua suposição manifestada pelo cônsul da Suíça em Pernambuco, Meroz, em carta ao *Diário de Pernambuco* publicada a 16 de dezembro de 1828. Enquanto os colonos de sangue ou stock germânico ali instalados, degradaram-se em simples carvoeiros, o quilombo cresceu de tal modo que foi necessário ao Governo da Província lançar contra eles a Companhia de Caboclos de Barreiros, comandada pelo capitão da Guarda Nacional daquele lugar José Pessoa Panasco Arco Verde (*Diário de Pernambuco*, 11 de agosto de 1835).

30. Adolphe d'Assier, op. cit., p. 253-258.

31. F. Denis, op. cit., p. 114.

32. Charles Expilly, *Le Brésil tel qu'il est*, cit. por D'Assier, op. cit., p. 253-254.

33. D'Assier, op. cit., p. 256. Veja-se sobre o assunto S. Dutot, *France et Brésil* (Paris, 1857), cujo ponto de vista era o de que os brasileiros dos primeiros decênios do século XIX, detestando os portugueses, respeitavam os ingleses, estimavam os alemães e imitavam os franceses (p. 33).

34. Filosofando sobre os "negócios afrancesados" no Brasil D'Assier chegou à conclusão de que, furtados os brasileiros por negociantes europeus, os roubados por todos eram os negros, cujo trabalho os brasileiros brancos e quase brancos exploravam: "*eux aussi spéculaient sur les sueurs de l'esclavage...*" (D'Assier, op. cit., p. 260).

35. Quem primeiro viu a Revolta Praieira com olhos não apenas de historiador político, mas de historiador social, foi Joaquim Nabuco que, em *Um estadista do Império*, destaca: "A guerra dos praieiros era feita a esses dois elementos – o estrangeiro e o territorial: mais que um movimento político, era assim um movimento social" (Rio de Janeiro, 1898, tomo I, p. 103). Sobre o assunto, prepara interessante trabalho, baseado em pesquisa em jornais e documentos da época, o professor Amaro Quintas. Em sua nota prévia – "Considerações sobre a Revolução Praieira" (Separata da *Revista do Arquivo Público*, Recife, 1949, ano III, nº V) – conclui o pesquisador que "qualquer coisa existia no ânimo da praia diante do panorama de desajustamento social em que vivia a província" (p. 130).

36. A Cabanagem – voltamos a assunto ferido em página anterior – foi, tanto no Pará como em outras áreas do Norte, movimento de sentido social: sentido que não tem escapado aos historiadores mais perspicazes, embora para outros continue, como para o *Diário de Pernambuco* da época (9 de janeiro de 1834), revolta de "meia duzia de salteadores e estupidos matutos". Esse sentido social pode ser simbolicamente sintetizado dizendo-se do movimento que foi revolta de moradores de cabanas, palhoças, tejupares, mucambos, ranchos de sapé contra os de casas nobres (casas-grandes, sobrados, casas assobradadas), embora em seu ensaio *Nos bastidores da cabanagem* (Belém, 1942),

o pesquisador paraense Ernesto Cruz saliente que, por exceção, os cabanos maranhenses eram "gente poderosa, da elite social [...] portugueses apatacados" (p. 15). Por conseguinte, gente de sobrado.

Se a Cabanagem nem sempre foi "guerra de índios contra brancos" ou dos "destituídos dos bens contra os que possuíam bens" – sabido que em cabanas moravam, às vezes, no Brasil, homens mais solidamente ricos que os moradores de sobrados elegantes – parece ter sido, quase sempre, conflito entre a cultura matuta e a urbana, aquela quase parada desde os primeiros séculos da colonização portuguesa do Brasil, esta renovada nas suas cores, europeias, individualistas e secularistas, depois de 1808, quando o comércio ou o capital estrangeiro passou a ter predominância na economia brasileira e a alterar os estilos de vida e de convivência do País. Donde ser aceitável a generalização sobre a Cabanagem, de Euclides da Cunha, em *À margem da história*. Generalização recordada pelo Sr. Ernesto Cruz no seu referido ensaio (p. 41): "Era o crescente desequilíbrio entre os homens do sertão e os do litoral [...]. Ao cabano se ajuntariam no correr do tempo o balaio, no Maranhão, o chimango, no Ceará, o cangaceiro, em Pernambuco, nomes diversos de uma diátese social única, que chegaria até hoje projetando nos deslumbramentos da República a silhueta trágica do jagunço".

37. Aceita a informação de Pereira da Costa de que os ciganos eram chamados "gringos" no Brasil (manuscrito, Biblioteca do Estado de Pernambuco), é fácil aceitar-se a transferência dessa designação para os ingleses, judeus alsacianos e outros tipos exóticos que, a partir dos primeiros anos do século XIX, passaram a percorrer pontos mais afastados do País.

VIII Raça, classe e região

Dentro de uma sociedade patriarcal e até feudal, isto é, com espaços ou zonas sociais sociologicamente equivalentes às das sociedades chamadas feudais, como foi o Brasil durante o tempo quase inteiro da escravidão entre nós, não eram cidadãos nem mesmo súditos que aqui se encontravam como elementos básicos ou decisivos da população, porém famílias e classes. E estas famílias e classes, separadas, até certo ponto, pelas raças que entraram na composição da gente brasileira com suas diferenças de tipo físico, de configuração de cultura e, principalmente, de *status* ou de situação inicial ou decisiva.

Tomaram também com o tempo, essas raças, cores regionais diversas conforme as condições físicas da terra, de solo e de configuração de paisagem ou de clima e não apenas as culturais, de meio social. Os dominadores eram os invasores brancos ou europeus e seus descendentes puros ou insignificantemente mesclados com as gentes de cor; os dominados e utilizados como instrumentos de produção, de transporte e de trabalho, os nativos e, em face da sua insuficiência ou da sua deficiência antes de cultura que de capacidade física, os africanos e seus descendentes puros ou misturados com os nativos; ou mesmo com o sangue dos dominadores nas veias, embora dos principais desses dominadores – os portugueses – dissesse no século XVII o padre Antônio Vieira:[1] "[...] somos tão pretos a respeito delles [os holandeses], como os indios em respeito de nós"; e se soubesse de vários deles, senhores de "negros" e de "pretos", que guardavam nas suas casas escravas "mais brancas do que elles".

Das famílias agrupadas em torno de pais naturais e sociais – ou simplesmente sociais – o prestígio variava mais com o poder econômico e as condições regionais de espaço físico do que com a origem social ou étnica. As classes eram constituídas por dominadores ou por dominados: os senhores, num extremo, os escravos, no outro. E flutuantes entre aqueles elementos de caracterização de homens pela sua situação de família, de classe, de raça e de região, os produtos dos cruzamentos que desde os primeiros dias se foram verificando entre dominadores e dominados, entre homens do litoral e homens dos sertões, e que não raro resultaram em transferências de indivíduos e até de famílias inteiras de uma classe para outra e, no plano ou no espaço social, de uma raça para outra, com desprezo das insígnias ou dos característicos biológicos e mesmo culturais de tipo étnico ou regional. De onde o vasto amalgamento verificado no Brasil e que torna duvidoso aos olhos de alguns, o caráter principalmente feudal que outros atribuem à organização patriarcal, ou tutelar, da economia e da sociedade brasileiras durante a época da escravidão, tais as flutuações sociais e étnicas dentro da mesma organização. Com tais flutuações, como admitir a existência de um feudalismo brasileiro, sabido que o feudalismo se faz notar principalmente pela fixidez?

É que – para insistirmos em interpretação esboçada nas primeiras páginas deste estudo – as flutuações foram, no Brasil, de conteúdo e substância e não de forma. Em suas formas a organização brasileira foi predominantemente feudal – embora um tanto capitalista desde o início – durante séculos. O patriarcalismo caracterizou-a sociologicamente, isto é, considerada a organização em suas formas e em seus processos, embora variassem os conteúdos econômicos e geográficos e as predominâncias étnicas e culturais que lhe deram coloridos regionais diversos. Sociologicamente, porém, o fenômeno foi o mesmo, admitindo essa generalidade, ao lado da caracterização de feudal que se dê à sociedade patriarcal brasileira considerada em suas zonas e períodos de maturidade – maturidade que se verificou no recôncavo, em Pernambuco, no Maranhão, no Rio de Janeiro, em

Minas Gerais, nas estâncias do Rio Grande do Sul, em períodos nem sempre coincidentes – o estudo sociológico do Brasil como processo de integração, amadurecimento e desintegração da forma patriarcal, ou tutelar, de organização de família, de economia e de cultura. Integração, amadurecimento e desintegração que não se verificaram nunca, independentemente de outro processo igualmente característico da formação brasileira: o de amalgamento de raças e culturas, principal dissolvente de quanto houve de rígido nos limites impostos pelo sistema mais ou menos feudal de relações entre os homens às situações não tanto de raça como de classe, de grupos e indivíduos.

Os dois processos sempre se interpenetraram entre nós. Raramente entraram em choque ou conflito violento, embora tais conflitos tenham se verificado. Desde os primeiros dias de colonização portuguesa da América, a tendência foi para os dois processos operarem, interpenetrando-se. Até que o que havia de mais renitentemente aristocrático na organização patriarcal de família, de economia e de cultura foi atingido pelo que sempre houve de contagiosamente democrático ou democratizante e até anarquizante, no amalgamento de raças e culturas e, até certo ponto, de tipos regionais, dando-se uma espécie de despedaçamento das formas mais duras, ou menos plásticas, por excesso de trepidação ou inquietação de conteúdos.

Começou então o que, no estudo sociológico da história brasileira, pode ser considerado o declínio do patriarcado: primeiro do rural que foi o mais rígido, e porventura, o mais característico; depois do semirrural, semiurbano, urbano. E ao lado desse declínio verificou-se – ou vem se verificando – o desenvolvimento de formas por alguns chamadas particularistas, ou individualistas, de organização de família, de economia, de cultura. Apareceram mais nitidamente os *súditos* e depois os *cidadãos*, outrora quase ausentes, entre nós, tal a lealdade de cada um a seu pai natural ou social, que era o patriarca, o tutor, o padrinho, o chefe de família; e tal a suficiência de cada um desses pais naturais ou sociais com relação ao pai político de todos e que passou a ser – abaixo de Deus – el-Rei Nosso Senhor, substituído mais tarde pelo imperador, também pai político não só de patriarcas como de filhos de patriarcas, não só de brancos como de indivíduos de cor, não só de ricos como de pobres, não só de homens do litoral como dos sertões. Substituição que foi de certo modo absorção – a das prerrogativas do patriarca por el-Rei – explicando-se assim que desde 1646 pudesse escrever em Lisboa um João Pinto Ribeiro: "Porque o Rey he pay de vassallos; a parentes & não parentes; a amigos & não amigos o pay a todos coantos filhos te acode cõ igoaldade. Que na casa do Rey tem vassallos foro de filhos".[2] Conceito quase repetido pelo marquês de Penalva ao escrever que os "verdadeiros" modelos dos reis eram em geral "os patriarcas da antiga lei [...] os paes de família"[3] que, aliás, no Brasil como que se haviam inspirado nos antigos senhores absolutos de mulheres, de filhos, e de escravos, para o abuso, em que aqui se extremaram, do pátrio poder.

Ao começar a verificar-se a absorção desse poder pelo real, ou pelo imperial, no Brasil, já se verificara entre nós, em larga escala, uma extensão de domínio paternal que os portugueses do Reino apenas haviam principiado a experimentar em seus tratos com mouros e africanos: a de poder ser um patriarca branco pai não só de brancos como de indivíduos de cor; não só de indivíduos do seu próprio *status* econômico como de *status* não apenas inferior, como servil. Antes, porém, dos reis de Portugal tomarem a si a proteção de todos os seus súditos – os de cor e não exclusivamente os brancos, pois todos tinham "foro de filhos" – viram-se vários patriarcas e pais de família estabelecidos no Brasil, como ainda no século XVI, Jerônimo de Albuquerque, estenderem a filhos naturais e de cor a proteção paternal. Neles é que talvez tenham se inspirado reis, ou pais políticos, para atitudes semelhantes, em relação a súditos pobres ou de cor e contra pais naturais ou sociais – entre estes alguns dos jesuítas estabelecidos no Brasil no século XVII – menos compreensivos do que Jerônimo de Albuquerque em seus sentimentos ou ideias de obrigações de paternidade. De qualquer modo, deve-se atribuir a tais sentimentos ou ideias de obrigações de paternidade da parte de alguns patriarcas considerável influência na interpenetração das condições de *raça* e *classe* que desde os começos da colonização do Brasil vêm se verificando no nosso País e resultando em constantes transferências de indivíduos de cor, da classe a que pareciam condenados pela condição da raça materna e, até certo ponto, deles – a condição de dominados – menos para a condição de dominadores que para a de marginais ou intermediários entre dominadores ou dominados.

As transferências de indivíduos e até de grupos inteiros, por esse e por outros meios, de um para outro plano social, é que, acentuando-se, tornaram-se, desde os fins do século XVIII, mas, principalmente, durante o século XIX, um dos estímulos mais fortes ao desenvolvimento de formas chamadas individuais e, ao mesmo tempo, étnica e culturalmente mistas, de família, de economia e de cultura, tão numerosas, desde então, no Brasil, ao lado das cada dia menos poderosas, e étnica e culturalmente menos puras, famílias patriarcais de origem portuguesa.

Daí famílias como as que nos princípios do século XIX o príncipe Maximiliano conheceu entre nós: famílias de caboclos que viviam em aldeias em torno de uma igreja católica e de um padre português: gente cujo trajo e língua cotidiana eram, como o culto religioso, os portugueses, como português era o penteado das mulheres – o cocó. De ameríndio conservavam além do principal da técnica de habitação, o uso das redes de dormir e do vasilhame de barro, além dos bodoques em que eram destros os meninos.

E, é claro, os pratos de resistência como a farinha de mandioca. Como o mingau adotado pelos portugueses para comida de convalescentes, meninos e velhos.

Sua maior ambição, porém, notou o príncipe que era a de passarem por portugueses, cujos nomes pessoais e de família foram adotando como os seus seriam anos depois adotados por brasileiros predominantemente brancos e até por portugueses. Daí – daquela preocupação de parecerem portugueses – o desdém com que se referiam a seus irmãos selvagens, que chamavam *caboclos* ou *tapuias*.[4]

Tinham capitão-mor de sua própria raça, cujas funções se assemelhavam às dos capitães-mores entre as populações predominantemente brancas ou mestiças, isto é, funções de suprapatriarcas. Mas evidentemente blocos de população como esse conhecido pelo príncipe Maximiliano – São Pedro dos Índios – e como o visitado por Maria Graham na mesma época[5] constituíram aglomerados de famílias cujos estilos de convivência, de economia e de cultura, guardando sobrevivências do excessivo paternalismo dos jesuítas – quase sempre os fundadores ou organizadores de tais aldeias – afastavam-se das normas ortodoxas do patriarcado das casas-grandes e dos sobrados e concorriam para o desprestígio do sistema ortodoxamente patriarcal. Aos olhos de tais indivíduos e de seus descendentes, os patriarcas das casas-grandes e dos sobrados não eram as mesmas figuras máximas que aos olhos das populações criadas dentro dos quadros rigorosamente patriarcais. O que explica, talvez, a maior tendência dos mesmos indivíduos à rebeldia e à própria revolta contra aqueles senhores: às *balaiadas, tapuiadas* e *cabanadas* em que os começos, do século XIX foram férteis entre nós. Explicam, por outro lado, a tendência dos descendentes desses caboclos mais ou menos civilizados para se tornarem soldados: soldados del-Rei, que era poder superior ao dos senhores das casas-grandes, embora essa superioridade fosse às vezes apenas teórica.

Foram povoações, as de caboclos e descendentes de ameríndios domesticados ou civilizados, menos à sombra de casas-grandes ou sobrados que de igrejas de jesuítas ou franciscanos ou de diretores paisanos, mas igualmente paternalistas, do tipo criado pela reforma de Pombal, que repetiram, de certo modo, no Brasil, o caso das populações daquelas vilas de lavradores-soldados, que se constituíram, em Portugal, não mais sob a proteção de algum *palatium* meio feudal mas em torno de campanários ou de igrejas. Como recorda o historiador Alberto Sampaio, partidas as relações antigas entre os rústicos e o *palatium*, o campanário deu a esses rústicos a coesão necessária para as vilas se converterem em pequenas comunas.[6]

Que classe era a desses rústicos? Não se confundiam nem com os escravos nem com os servos ou moradores ou pequenos lavradores falsamente livres dos feudos agrários. O paternalismo do missionário não os preparara, é certo, para a vida livre, de súditos del-Rei. Mas, por outro lado, não os predispusera à sujeição aos senhores particulares e latifundiários. Sua situação social era especial: era quase a de livres a quem o que principalmente faltava para autenticar essa condição era iniciativa de ação; ou a técnica da independência econômica que completasse neles o gosto pela vida de homens livres ou materialmente independentes de outros homens. Pois sua sujeição aos vigários ou párocos, às vezes sucessores dos missionários da S. J. mas não seus inteiros substitutos no duro e absorvente paternalismo exercido sobre os ameríndios, era antes espiritual e política que econômica e material.

Em outros casos, os substitutos dos missionários foram os tais "diretores" paisanos da reforma de Pombal, dos quais o que se sabe de certo é que geralmente foram antes exploradores que tutores – os tutores que pretendera fazer deles a lei simplistamente antijesuítica do reformador – dos ameríndios aldeados em palhoças ou mucambos; e não em habitações semelhantes às suas antigas: coletivas e um tanto promíscuas. Palhoças ou mucambos ou "casas de caboclos" representavam a consagração de uniões monogâmicas contra as livres, da família particular à maneira católica contra a indígena, embora se saiba de ameríndios ou descendentes de ameríndios aldeados em casas monogâmicas que reagiam contra as dificuldades materiais à antiga liberdade sexual, trocando as mulheres. Prática que tanto horrorizou o capuchinho italiano que a descobriu na primeira metade do século XIX entre caboclos aldeados nos sertões de Pernambuco.[7]

Ainda em outros casos, os aldeados, em vez de dominados pelo complexo de "parecerem portugueses" – como os da povoação conhecida por Maximiliano – guardando, sob esse complexo, costumes ou estilos de cultura ameríndia, reagiram contra o sistema de catequese que os desenraizava dos sertões para os fixarem nas proximidades das principais povoações de estilo europeu. E regressaram aos sertões, regredindo às culturas selvagens.[8] Contra o que tentou providenciar a Coroa procurando dar maior amparo à liberdade dos ameríndios e tornar mais fácil sua incorporação à sociedade culturalmente portuguesa e cristã que os reis de Portugal quase sempre se empenharam por desenvolver no Brasil. É o que revelam, dentre outras providências, as contidas na lei de 6 de junho de 1755, a propósito do quase nenhum progresso na catequese dos índios do Grão-pará e do Maranhão, entre os quais notava-se que, descidos dos sertões para as aldeias, "em lugar de propagarem e prosperarem nellas de sorte que as suas commodidades e fortunas servissem de estimulo aos que vivem dispersos pelos mattos para virem buscar nas povoações pelo meio das felicidades temporaes o maior fim da bemaventurança eterna, unindo-se ao gremio da Santa Madre Igreja, se tem visto muito diversamente que, havendo descido muitos milhões de indios se forão extinguindo de modo que é muito pequeno o numero das povoações e dos moradores dellas, vivendo ainda esses poucos em tão grande miseria que, em vez de convidarem e animarem os outros indios barbaros a que os imitem, lhes servem de escandalo para se internarem nas suas habitações silvestres com lamentavel prejuízo da salvação das suas almas e greve damno do mesmo estado, não tendo os habitantes delle quem os sirva e ajude para colherem na cultura das terras os muitos e preciosos fructos em que ellas abundam...".[9]

Em face de tal situação é que "foi assentado por todos os votos que a causa que tem produzido tão perniciosos effeitos consistio, e consiste ainda, em se não haverem sustentado os ditos indios na liberdade que a seu favor foi declarada pelos Summos Pontifices e pelos senhores reis, meus predecessores [...] cavillando-se sempre [as leis por eles promulgadas) pela cobiça dos interesses particulares".[10] Pelo que dispôs el-Rei: que os índios eram livres em tudo, pela lei de 1º de abril de 1680; que poderiam servir a quem quisessem, na forma da lei de 10 de novembro de 1647; que sua situação civil era a dos demais súditos del-Rei, hábeis, como eles, para todas as honras, privilégios e liberdades; que pela lei de 10 de setembro de 1611, nenhum índio podia ser possuído como escravo, excetuados somente os descendentes de pretas escravas que até segunda providência continuariam no domínio dos senhores; que, empregados na lavoura ou na indústria, teriam os índios salários ou jornais conforme o preço comum no estado ou na região (Grão-Pará e Maranhão), pagos por férias no fim de cada semana, em dinheiro, pano, ferramenta ou outros objetos, como melhor parecesse aos trabalhadores; que aos índios se restituísse o livre uso dos seus bens; que entre eles deviam ser repartidas as terras adjacentes aos seus aldeamentos, sustentando-se os mesmos índios no domínio e posse das terras para si e seus herdeiros; que fossem aldeados nos próprios sertões conforme seus desejos, levantando-se aí igrejas e convidando-se missionários para os instruírem na fé, cuidando-se também de sua instrução civil.

Trata-se de lei socialmente significativa pela nitidez e amplitude com que procurou substituir o paternalismo dos missionários pelo del-Rei; e também pelo modo por que tratou de pôr em vigor o esquecido alvará de 1º de abril de 1680, defendendo os ameríndios do sistema de economia dominante – a latifundiária, monocultora e escravocrática – e resguardando a liberdade dos mesmos índios e o livre uso, por eles, de bens e de terras, contra a ganância dos absorventes brancos, os patriarcas donos de terras e de homens: "[...] nem serão obrigados [os índios] a pagar foro ou tributo algum das ditas terras, ainda que estejão dadas em sesmarias a pessoas particulares, porque na concessão destas se reserva sempre o prejuiso de terceiro e muito mais se entende ser reservado o prejuiso e direito dos indios, primarios e naturaes senhores dellas".[11]

A substituição do paternalismo dos padres pelo del-Rei se acentuou com o alvará de 7 de julho de 1735, abolindo o poder temporal dos missionários e declarando-o incompatível com as obrigações do sacerdócio. Como substituir, porém, aqueles missionários dos quais tantos eram acusados de abusar do seu poder material sobre os indígenas? El-Rei procurou resolver o problema, determinando que nas vilas de ameríndios fossem preferidos para os cargos de administração e de justiça os próprios "indios naturaes dellas", e nas simples aldeias fossem encarregados do governo os respectivos principais que teriam por subalternos "os sargentos-mores, capitães, alferes e meirinhos de suas nações...". Era a elevação dos ameríndios à categoria de súditos, responsáveis perante el-Rei pelo governo de suas comunas e protegidos por el-Rei mesmo contra outros pais sociais que pretendessem dominá-los e explorá-los: padres ou patriarcas. Sua classe não era a de escravos que nada possuíssem e não pudessem aspirar a honras e cargos: era a de pequenos proprietários, com os mesmos direitos que os brancos a cargos e honras. A raça não os desclassificava para tais cargos e honras. O alvará de 4 de abril de 1755 foi, a esse respeito, de uma nitidez absoluta, declarando não haver infâmia alguma no casamento de portugueses ou brancos com índias mas, ao contrário, proveito para o Estado que por isto mesmo, pela voz del-Rei, consagrou oficialmente tais casamentos como de especial conveniência para "o desenvolvimento do Estado", cercando os descendentes dos casamentos mistos de particular proteção, dando-lhes preferência para os cargos "por capases" de qualquer emprego, honra ou dignidade e proibindo que fossem injuriados com a denominação de *caboclos* ou outra semelhante.[12] Só se exigia dos ameríndios, para lhes ser concedido o *status* de súditos, que se fizessem cristãos.

Se tais leis – as de 1755 – foram a princípio limitadas à região que era então a de maior contato de populações brancas com indígenas – o extremo norte do Brasil mais do que São Paulo ou o Rio Grande do Sul – não tardaram a se tornar extensivas ao país inteiro. Foi o que realizou o alvará de 17 de agosto de 1758; a transregionalização e, ao mesmo tempo, a efetivação de leis a princípio como que experimentais.

Surpreende que a experimentação regional tivesse dado aos estadistas voltados para o problema da incorporação do indígena do Brasil à sociedade aqui fundada pelos portugueses, a ideia de terem atinado com os meios exatos de promoverem aquela incorporação, dando de repente à raça ameríndia os mesmos direitos, responsabilidades e condições de classe que à europeia, quando as primeiras experiências parecem ter resultado em fracasso. Os indígenas recém-atraídos à sociedade portuguesa e à cultura cristã não tinham a capacidade para se governarem que deles esperavam um tanto romanticamente alguns estadistas de Portugal; enquanto os já habituados aos excessos de tutela paternal dos jesuítas e de outros padres eram simples crianças grandes tão incapazes de se administrarem a si próprios como os criados à sombra feudal daquelas casas-grandes que se serviam de índios quase como de escravos, menos para trabalhos de rotina agrária – nos quais foram desde os primeiros tempos substituídos, nas áreas mais ricas, por africanos – que para serviços menos sedentários: "para caçar para nós, para pescar para nós", como no século XVII especificava o procurador do Estado do Maranhão Manuel Guedes Aranha.[13] Raras as exceções: as povoações indígenas que se desenvolveram em vilas ou comarcas, como a conhecida pelo príncipe Maximiliano, quase sem outra tutela que a do vigário e sem outro governo que o do seu próprio capitão-mor; e dominada pela preocupação de parecer gente portuguesa – aldeões portugueses – tanto nos modos de vestir-se quanto nos nomes pessoais e de famílias.

Aliás devemos nos lembrar do fato de que não havia, no Brasil, índio mas índios, com diferenças regionais de cultura e de sub-raça e até hierárquicas, de classe. As diferenças hierárquicas de classe são salientadas por Mendes de Almeida numa de suas páginas mais sugestivas: "[...] os indígenas tinham o fidalgo, *moacara;* e um corpo de nobreza, *moacaraetá*".[14] E o sempre perspicaz Vieira já reconhecera a importância da hierarquia indígena ao informar o padre provincial Francisco Gonçalves, em carta de 5 de outubro de 1653, que havia entre os indígenas uma cerimônia equivalente à de se armarem cavaleiros entre os europeus, distinguindo-se também os que por nascimento ou por ofícios eram como a gente nobre entre os brancos. Dessa nobreza é que se escolhiam os que deveriam mandar nos demais.[15]

Tudo indica, porém, que para o grosso dos colonizadores os índios eram uma figura só: o índio. Não se prestava a atenção devida às suas diferenças de cultura, de classe, de sub-raça. O que bem pode explicar parte dos fracassos nas tentativas de se deixar aos indígenas a direção de aldeias sem se considerarem as diferenças de hierarquia entre eles, antes substituindo-as por outras, arbitrariamente.

Em geral, o problema encarado na sua crua realidade forçou os administradores portugueses do Brasil a modificarem a ideia de administração das aldeias ou vilas indígenas pelos próprios indígenas; e essa modificação importou na pior das deformações de plano tão generoso e democrático. Decidiu-se que enquanto os índios não tivessem capacidade para se governarem, haveria um diretor branco ou português nomeado pelo governador da capitania.[16] Embora essa decisão cercada de mil e uma precauções no sentido de ser respeitada a dignidade dos indígenas e realizada sua incorporação à sociedade portuguesa e à cultura cristã como homens livres, aptos ao exercício de qualquer cargo de honra concedida aos homens brancos, livres e cristãos – uma dessas precauções sendo a de não mais serem chamados os índios de "*negros*, pela infamia e vilesa que isto lhes trazia por equiparal-os aos da costa d'Africa como destinados para escravos dos brancos" – a verdade é que os diretores cedo se tornavam, em grande número de casos, opressores e exploradores dos indígenas. O pensamento dos reis de Portugal, justiça lhes seja feita, foi quase sempre o de oficializarem a tendência de grande parte da gente portuguesa para considerar os indígenas do Brasil, como outrora considerara os mouros: brancos para todos os efeitos sociais. Inclusive para o matrimônio. Esse pensamento – também de alguns papas – encontrou, porém, resistência da parte de particulares interessados, durante o primeiro século de colonização, em equiparar os índios aos negros, sendo frequente encontrar nos documentos daquela época esse modo perverso de tratar os ameríndios: *negros*. Não contentes de não estabelecerem diferenças entre africanos, para a todos considerarem simplesmente o negro ou o preto, diverso apenas nas línguas que as várias tribos falavam, a tendência dos primeiros europeus no Brasil foi para simplificarem os índios, numa arbitrária figura de índio único, que não existia. E a mais os levou o interesse econômico de a todos escravizarem: à simplificação de africanos e ameríndios na figura, igualmente arbitrária, do *negro*.

Daí, sem dúvida, o empenho dos mesmos ameríndios em repudiarem o trabalho agrário como próprio só dos verdadeiros negros. Na verdade, essa espécie de trabalho repugnou desde cedo ao nomadismo dos nativos desta parte da América, incapazes, como eram, de se fixarem em esforços demorados e sedentários. Daí, com certeza, aquele requinte das caboclas recém-civilizadas em se pentearem como as damas portuguesas, armando o cabelo em cocós como às negras era então impossível fazer, não restando às mais elegantes dentre elas, negras e mesmo mulatas de cabelo mais encarapinhado, senão disfarçarem essa incapacidade usando vistosos turbantes que se tornaram insígnias ao mesmo tempo de raça e de classe servis ou ancilares. Daí, provavelmente, o afã dos caboclos – sobretudo os "nobres" – em se tornarem cavaleiros, isto é, destros em montarem e correrem a cavalo, talento em que muitos chegaram a rivalizar com os senhores brancos, sendo, em geral, caboclos ou descendentes de ameríndios os vaqueiros mais hábeis na arte de cavalgar: arte, dentro das tradições europeias de cultura, eminentemente aristocrática, associada de modo ostensivo à classe superior. O referido príncipe Maximiliano notou, no Brasil, serem os portugueses bons cavaleiros, amantes de um andar "passeiro" de cavalo, para o que atavam às patas dos animais pedaços de madeira.[17] Mais: usavam enormes esporas, no que os imitavam, quanto possível, caboclos e mulatos mais sacudidos como o que Maximiliano conheceu em São Bento: espada de lado e esporas atadas aos pés descalços.[18] Ostentação de insígnias de classe dominante por homens agrestes demais em sua cultura para renunciarem ao gosto da gente de sua raça pelo hábito de andar descalça, mesmo quando revestida de adornos mais solenes.

Ainda outro hábito de classe superior ostentado pelos caboclos brasileiros recém-civilizados, em um como sinal de serem homens livres, foi o de se fazerem sempre acompanhar por cachorros de caça: dos mesmos que, aguçados em uma espécie de cães policiais, serviam aos brancos para caçar negros fugidos e não apenas animais selvagens. Pois a caça, como o uso da arma de fogo, era regalia de homens livres e não ocupação de escravos ou de negros que, de ordinário, apenas acompanhavam os senhores às matas, nas grandes caçadas, para fins inteiramente servis; e não, à maneira dos índios, como guias ou companheiros dos europeus ou dos filhos dos europeus. Explica-se assim que à perícia no arco e flecha fossem juntando os caboclos a habilidade no manejo das armas de fogo que lhes foram permitidas para melhor cooperarem com os brancos nas caçadas a bichos e às vezes a homens considerados daninhos. Cabras-homens e não apenas cabras-bichos, quando agrestes ou selvagens, isto é, rebeldes à ordem estabelecida pelos europeus e seus descendentes do alto de suas casas-grandes ou de seus sobrados.

Podiam também os índios dar-se ao luxo de rivalizar com os senhores brancos no abuso aristocrático do fumo, hábito originário deles, ameríndios; e vedado em suas formas mais aristocráticas à maioria dos escravos durante as longas horas de trabalho. Mesmo porque o "fumo de negro" era a desprezível maconha, embora muitos fossem os escravos que à planta africana preferissem o tabaco sob a forma de rapé e mesmo de cachimbo. Vários são os escravos que passam pelos anúncios de jornal da primeira metade do século XIX marcados pelo vício ilustre. Dos caboclos e das caboclas civilizados é tradição que sempre fumaram, no Brasil, como caiporas, passando alguns o dia inteiro a cachimbar ou a pitar, na ostentação de um vício que tendo sido de raça – a raça ameríndia – passou a ser, sob suas formas mais finas – o charuto feito a mão e depois importado principalmente do Oriente, o cachimbo de madeira e não simplesmente de barro, o rapé aromático em caixa ou boceta fina importada do Oriente e algumas vezes até de ouro – volúpia ou regalo de classe superior. A mais de um observador estrangeiro impressionou o uso generalizado do rapé entre nós: não podemos considerar exclusividade de raça ou de classe ou de região vício tão geral. A diferença estava na qualidade do fumo e no modo de conduzi-lo que variava das bocetas de ouro dos fidalgos aos cornimboques de chifre e às caixinhas de lata dos roceiros, dos escravos ou dos pobres de cidade.

Se, em grande número de casos, a cristianização ou a europeização de ameríndios e de africanos e de seus descendentes foi obra de superfície, não os arrancando senão aparentemente de seus hábitos de "raças inferiores" transformadas em classes servis, noutros casos resultou em fazer de descendentes de selvagens ou primitivos uns quase fanáticos das ortodoxias – a política, a moral e a religiosa – por eles mal assimiladas dos primeiros europeus. Nessas ortodoxias – talvez mais por fidelidade ou apego à região mais propícia aos homens de cultura primitiva e de economia antes rústica que urbana, isto é, o senão, que por motivos principalmente de "raça" ou de classe – alguns grupos se fixaram com unhas e dentes, contra desvios ou invasões dos próprios brancos do litoral. Daí o seu modo nem sempre lógico de participação em lutas civis travadas no Brasil, depois de já aqui estabelecidas formas patriarcais de convivência. Em vez de investirem contra as ordens estabelecidas pelos brancos, a atitude de caboclos e homens de cor foi, mais de uma vez, a de defesa de valores europeus ortodoxos, ou já tradicionais, no Brasil. Valores que julgavam ameaçados por inovações.

Não foi outro o modo de se justificarem os *cabanos* e os *papa--mel* do Norte – grande número dos quais, sertanejos e matutos com sangue ameríndio, a quem se juntaram negros e pardos de engenhos, atraídos pela possibilidade de se libertarem – de sua guerra de morte a liberais, progressistas e inovadores dos sobrados do litoral ou das cidades. "Os liberaes não querem mais desigualdade, quando desde que Christo se humanisou que ha desigualdade", diziam os *papa-mel* de Alagoas em resposta à proclamação legalista de 11 de setembro de 1832. Justificavam-se assim esses homens quase de mucambos do seu monarquismo absolutista e do seu patriarcalismo severo e a seu modo hierárquico de rústicos. E acrescentavam: "querem os liberaes que os filhos não obedeçam aos paes, os sobrinhos aos tios, os afilhados aos padrinhos: querem, si agradar, a filha dos outros, carregal-a e da mesma sorte a mulher mais bonita... o mais a proporção como estão obrando contra a lei de Nosso Senhor Jesus Christo. Finalmente não querem obedecer ao monarcha e o mesmo Deus disse ao rei que quando os povos lhe faltassem com a obediencia que elle os destruirá com peste, fome e guerra".[19]

Ora, desse movimento a um tempo patriarcalista e monarquista, de homens rústicos contra liberais e progressistas das cidades, não participaram só pequenos agricultores e criadores de gado, dos quais muitos, descendentes de caboclos; nem apenas negros e homens de cor, escravos de engenhos da região – região de engenhos pequenos. Também participaram dele ameríndios recém-civilizados como os do Jacuípe, com seu capitão-mor,[20] envolvidos na luta – luta de absolutistas contra constitucionalistas, de restauradores de D. Pedro I contra nacionalistas partidários de Pedro II – talvez por solidariedade com a região ou por "consciência de espécie" regional – sertanejos contra o litoral – talvez por vago sentimento de lealdade à monarquia, sabido como é que, no Brasil, os reis de Portugal deixaram bem estabelecida a tradição de ser a Coroa amiga dos indígenas, em particular, e das gentes de cor, em geral. E na verdade mais de uma vez defendeu a Coroa as gentes de cor, contra os interesses dos particulares ricos ou contra a exploração ou os excessos de religiosos poderosos. Contra a própria discriminação de raça ou de cor da parte de jesuítas contra pardos.

Da crise de Pedra Bonita – onde sertanejos de Pajeú das Flores, na província de Pernambuco, na sua maioria caboclos, dominados por um místico que foi uma espécie de esboço traçado a sangue do fanático ou monge de Canudos, chegaram ao sacrifício humano[21] – não nos esqueçamos de que foi a seu modo sebastianista: expressão de sentimento ou desejo de regresso à monarquia absoluta e, ao mesmo tempo, de repúdio àquelas formas dominantes de grande propriedade – a das casas-grandes – que não se conciliavam com a independência das "casas de caboclos", donos apenas de cabras de leite. Antes de haver no Brasil uma "guarda negra", de defesa à monarquia paternalista ou maternalista dos Braganças e composta de africanos e descendentes de africanos – capoeiras, capadócios, capangas – que grandemente dificultaram a ação antimonárquica de bacharéis brancos como Silva Jardim ou a de propagandistas da República mestiços como Saldanha Marinho e Glycerio, houve caboclos e descendentes de caboclos, mestiços e cafuzos que, em grupos numerosos, se puseram ao lado das instituições mais antigas para aqui transplantadas da Europa – mesmo as mais duramente hierárquicas, como a monarquia absoluta ou a forma mais severamente patriarcal de família – e contra as inovações, mesmo as igualitárias: igualitarismo que, praticado, tenderia a beneficiá-los. É que, como raças subjugadas, se sentiam necessitados menos de liberdades abstratas que da proteção efetiva que reis e papas pareciam ser os mais aptos a lhes conceder contra senhores brancos e padres católicos desabusados no exercício, ou na perversão, do domínio econômico, político ou religioso sobre as gentes de cor. Dos reis e dos papas, na verdade, é que mais de uma vez tiveram os nativos do Brasil e mesmo os negros vindos da África, proteção efetiva contra abusos de particulares e até de religiosos; e essa proteção é natural que tenha criado nos ameríndios e nos seus descendentes e nos negros e descendentes de negros sentimentos de classe capazes de superar os de raça: vermelhos, pretos ou pardos eram tão filhos de Deus e de Maria Santíssima como qualquer branco; vermelhos ou pardos eram tão súditos del-Rei como qualquer português. Nem a colonização portuguesa do Brasil – já o acentuamos em outras páginas – se fez sobre outra base: a da importância capital ser a do *status* religioso e não a do de raça; a do *status* político e não a do de cor.

O que desde cedo resultou na transferência de valores e sentimentos, em outras áreas presos principalmente à condição de raça, para a condição, quase pura, de classe: o homem de cor, civilizado e cristianizado, podia ser socialmente tão português como qualquer português e tão cristão como qualquer cristão, desde anos remotos tendo se aberto aos ameríndios o próprio sacerdócio, franqueado também, em casos excepcionais, a descendentes de africanos como o grande Antônio Vieira; desde anos remotos tendo se aberto aos dois elementos extraeuropeus, por imposição de necessidades de defesa militar da colônia, a própria carreira das armas, na qual podiam chegar a postos elevados da confiança especial del-Rei. O caso de Camarão e o de Henrique Dias, entre outros.

E tendo sido esta a tendência, em nosso país, desde dias remotos, é natural que as gentes de cor venham se comportando menos como duas raças oprimidas pela branca, que vária ou diversamente, segundo *status* de cada indivíduo ou de cada família na sociedade (classe) e no espaço físico-social ou físico-cultural (região). Pois não devemos nos esquecer da força com que, entre nós, a situação regional do indivíduo ou da família a tem impelido para integrar-se, independente da cor, da raça, da classe, e da própria condição de naturalizado ou de nato, em culturas, ou configurações regionais de cultura, como a sertaneja, a caipira ou a gaúcha. Que o diga, além dos exemplos já invocados, o de Canudos onde se reuniram, em torno do conselheiro, indivíduos e famílias de procedências e situações étnicas diversas, cuja "consciência de espécie" era principalmente a de sertanejos estagnados em sua concepção ao mesmo tempo pastoril e patriarcal de vida, em fase remota de transição de culturas primitivas para a europeia e católica. Que o diga, por outro lado, a situação do ameríndio e do próprio negro nas estâncias rústicas do Rio Grande do Sul, onde, segundo esclarecido historiador moderno da região, "o negro foi mais companheiro do que servo".[22] Situação que se acentuou quando o negro, numa área brasileira eminentemente militar como a sul-rio-grandense pastoril, encontrou na atividade bélica, ou no serviço de guerra a pé e a cavalo, o caminho para sua elevação social. O mesmo caminho que encontrara no Nordeste do século XVII, isto é, durante os dias de uma guerra de efeitos confraternizantes sobre portugueses e brasileiros de todas as classes, raças e até regiões – pois os próprios paulistas participaram da luta – reunidos contra o inimigo comum, que era o invasor holandês.[23]

O professor Dante de Laytano já pôs em relevo o fato de que, ao contrário do geralmente afirmado pelos historiadores, o Rio Grande do Sul chegou a ter numerosa população de origem africana: o mapa de Córdova (1780) indica que em Cachoeira, Triunfo e Anjos da Aldeia o elemento negro era então superior, em número, ao branco e em Rio Pardo, Mostardas e Viamão quase igual ao branco, tendo essa proeminência desaparecido pelo "caldeamento", "dispersão" (inclusive "fuga para o Rio da Prata") e "falta de novas entradas".[24] O caldeamento de preto com ameríndio parece ter sido considerável, na região, recordando a respeito o professor Laytano a expressiva informação de Saint-Hilaire: "As índias dizem que se entregam aos homens de sua raça por dever; aos brancos por interesse; e aos negros por prazer". O que parece indicar que em uma área, como a pastoril, do Rio Grande do Sul, durante dois séculos especializada em guerras, entreveros, cavalhadas, o negro conseguiu impor-se à atenção e até ao entusiasmo das *chinas*, ou caboclas, por qualidades superiores às dos nativos. Entre elas, a própria bravura guerreira, segundo o depoimento de Saint-Hilaire: "o negro é mais bravo do que o índio", isto é, o índio do Rio Grande do Sul. Deste modo, o negro, na área ou na região gaúcha, se sobrepôs ao próprio índio. Deste modo e por sua situação de companheiro dos brancos das estâncias. Essa situação, superando a de servo, teria condicionado, naqueles extremos do Brasil, o comportamento ou a figura do africano ou do seu descendente, empregado no pastoreio ou engajado no serviço militar. Donde, em parte, pelo menos, a atração sentida pela índia, desencantada, talvez, com a inércia dos homens de sua raça e encantada com a bravura de ação dos africanos.

A situação regional modificou, assim, a de raça e de classe servis que, em outras áreas – as de patriarcado agrário mais opulento – fizeram do negro, aos olhos dos indígenas, e não apenas dos brancos, um ser desprezível, tornando necessário – para recorrermos a um exemplo expressivo – aos africanos e descendentes de africanos concentrados em Palmares, raptarem caboclas para, sob violência e de modo algum por prazer, lhes servirem de mulheres. O que não significa afirmar-se que a formação social do Rio Grande do Sul se fez sem distâncias entre estancieiros e peões, correspondentes às que, nas áreas de grande lavoura, separaram os homens em senhores de casas-grandes – brancos ou quase brancos – e servos das senzalas – negros ou mestiços. Sem confundirmos estâncias com estanciolas – equivalentes das engenhocas de rapadura ou de aguardente do Norte – devemos reconhecer nas antigas casas-grandes das verdadeiras estâncias, equivalentes exatos das casas-grandes das fazendas e dos engenhos. Eram casas – as das grandes estâncias – às vezes com "boas mobílias, pianos, havendo em algumas banda de música como na estância do coronel Macedo".[25] Se nas numerosas estanciolas era curta a distância social entre senhores e peões, ou entre brancos e servos de cor, nas grandes a distância se fazia notar, como nas fazendas e engenhos, por diferenças de trajo, de alimentação, de comportamento, de danças. Os *fandangos*, por exemplo, foram a princípio danças "dos salões das altas classes [estancieiros]",[26] só na segunda metade do século XIX, "descendo até as senzalas dos peões" e sendo substituídas por danças, não só senhoris como estritamente europeias: "gavota", "montenegro", "valsa", "polca", entre outras.[27] O que agiu mais constantemente na área gaúcha do que nas demais áreas brasileiras, no sentido de diminuir distâncias entre classes e raças, para criar principalmente a aristocracia da bravura independente de cor ou de situação social, foi o frequente estado de guerra – inclusive guerra civil – em que viveu durante longos anos a população.

"Até hoje se reservou ao índio esse papel de formador da vontade guerreira do gaúcho, entretanto Saint-Hilaire [...] o considera muito inferior ao negro", recorda mais de uma vez o professor Dante de Laytano em trabalho que, entre outros méritos, apresenta o de levantar-se, com o apoio de sólida documentação desprezada pelos historiadores convencionais, contra o sistemático desprezo pela ação do negro na formação da sociedade rio-grandense-do-sul. No Rio Grande do Sul não foi a ação do negro menos intensa, embora muito menos extensa, que em outras regiões do país. Se foi no Nordeste, com os "henriques" e na Bahia, com os malês e os "alfaiates" da revolução de 98, que o negro deu, no Brasil, maiores demonstrações de capacidade revolucionária ou guerreira, essa capacidade ele a revelou menos dramaticamente noutras regiões – em Minas Gerais, no Rio de Janeiro, em São Paulo – sempre que as situações regionais o estimularam, pela extrema facilidade ou pelo extremo obstáculo, a definir-se por atitudes de altivez, de bravura e de resistência, geralmente associados só aos índios. É que tais qualidades devem ser consideradas menos de raça ou mesmo de classe que de situação regional de grupo.

Do estudo das expressões ou variações de *status* na história da sociedade brasileira, nunca se deve separar a consideração da situação regional do indivíduo ou do grupo, tantas vezes modificadora de outros aspectos do seu *status*. Ora no sentido dignificante, de valorização, ora no degradante, de desvalorização.

Ser senhor de engenho foi, de modo geral, situação dignificante ou nobilitante na sociedade patriarcal ou tutelar brasileira. Mas essa situação sofreu sempre restrições consideráveis impostas pela condição regional do senhor ou do senhorio. Não era o mesmo ser senhor de engenho de rapadura no Piauí ou de engenho de mandioca em Santa Catarina, do que de açúcar em Pernambuco ou no recôncavo da Bahia – regiões dos melhores engenhos de açúcar e das melhores terras de cana. E o baiano de cidade, isto é, de Salvador, acabou por sua vez fazendo de sua condição de homem da capital do Brasil – por muitos anos a cidade por excelência do palanquim e de negros que gritavam para todo homem de sapato que descesse de navio ou nau: "Qué cadeira, sinhô?" – motivo de supravalorização de origem ou de situação regional. Era como se fosse Salvador a única região civilizada, urbana, polida, do Brasil; e o mais, mato rústico.

A essa supravalorização de origem ou situação urbana ou metropolitana, o gaúcho reagiu a seu modo, desdenhando de quanto brasileiro do Norte se mostrasse incapaz de montar a cavalo com a destreza dos homens do extremo Sul; e associando essa incapacidade à condição de *baiano*. Ser baiano era ignorar a arte máscula da cavalaria. Era ser excessivamente civilizado: quase efeminado. Quase mulher. Quase sinhá. Era só saber viajar de palanquim, de rede, de cadeira, aos ombros dos escravos negros. De modo que *baiano* tornou-se, no Brasil, termo ao mesmo tempo de valorização e de desvalorização do indivíduo por circunstâncias regionais de origem e de formação social. E o mesmo se verificou com *gaúcho*.

Em Pernambuco, notava em 1806 o capitão-general Caetano Pinto de Miranda Montenegro, em carta ao visconde de Anadia datada de 13 de janeiro, que "Matutos chamão aqui a todos os q. morão fora do Re. e de Olinda, são os camponezes de Portugal; e posto q. o nome seja pouco harmonioso não he ouvido por aquelles a quem se da com o mesmo desagrado como o de carioca no Rio de Janeiro".[28] Montenegro conhecia de perto o Rio de Janeiro: tinha autoridade para afirmar que aos ouvidos dos naturais não soava bem a designação de "carioca", hoje purificada de qualquer sentido pejorativo. O recifense foi por algum tempo chamado desdenhosamente "mascate" pela gente de Olinda, da qual, entretanto, grande parte acabou transferindo-se das velhas casas olindenses para os sobrados recifenses.

São numerosos, no Brasil, os exemplos de designações pejorativas de naturais ou de residentes de certas áreas ou regiões pelos de áreas ou regiões suas rivais em poder econômico, em poder político ou em valores de cultura. Nessas designações têm se refletido circunstâncias regionais modificadoras do *status* de indivíduo ou grupo, *status* que raras vezes pode ser seca e exclusivamente atribuído à condição de raça ou de classe de um ou de outro. Para qualquer caracterização sociológica de *status* do brasileiro dentro de uma sociedade regulada principalmente pela tutela de família ou de patriarca, como foi a nossa até quase nossos dias, devemos sempre nos informar, além de sua posição na constelação família, de sua condição de região, ao lado da de raça e da de classe. Só assim se esclarecerá a posição de um Andrada, de Santos, por exemplo, numa sociedade como a paulista, e em face de paulistas de Itu, da formação de Diogo Antônio Feijó. Ambos paulistas mas de regiões diferentes e social e culturalmente antagônicas.

Pois do critério regional de caraterização que aqui se apresenta como essencial à compreensão de indivíduo ou de grupo particular dentro da generalidade social brasileira, que foi a patriarcal, deve-se separar a ideia política, administrativa ou geográfica de estado, de província ou de capitania. É o nosso um critério sociológico. E sob esse critério, maiores são as semelhanças entre *matutos* de províncias ou capitanias diferentes, ou entre *homens do interior*, isto é, homens de pequenas cidades do interior brasileiro como o padre Feijó, de Itu, e Ibiapina, do Ceará, do que entre Feijó e qualquer dos Andradas, de Santos; ou do que entre Ibiapina e qualquer Maciel Monteiro mais cosmopolita do Recife do tempo em que o cearense estudou na capital não só de Pernambuco como do Nordeste.

O que não significa que na caracterização de indivíduo ou grupo brasileiro por *status*, consideremos preponderante, ou invariavelmente decisiva, sua situação regional de cultura e de poder político correspondente a essa cultura regionalmente configurada. Decisiva nos parece antes sua situação sociocultural – principalmente econômica – de classe que, por muito tempo, no Brasil, foi a de escravo oposta à do senhor ao mesmo tempo que simbiótica à do mesmo senhor dentro da constelação família! ou patriarcal constituída pelo patriarca e pela mulher, pelos filhos, pelos descendentes, pelos parentes pobres, pelos agregados e pelos escravos – em geral pessoas de casa ou da família do mesmo patriarca.

Deve-se, entretanto, reconhecer o fato de que data dos começos da sociedade brasileira, configurada como sistema família! de organização, a presença, nas primeiras áreas de vida urbana que aqui se esboçaram, de subgrupos cuja situação de classe, escapando àqueles dois extremos, fê-los ter, entre nós, funções semelhantes à de grupos ou classes intermediários nas sociedades de composição mais complexa que as patriarcais ou tutelares. A subgrupos de mecânicos vindos do Reino ou da Europa foram-se juntando muitos dos mestiços, hábeis em ofícios, peritos em caligrafa e em outras artes burocráticas aprendidas com os brancos e que, desde os primeiros dias de colonização, começaram a surgir da sombra das casas-grandes e dos sobrados patriarcais e, principalmente – naqueles primeiros dias – dos colégios de padres. Daí se espalharam pelas zonas ou espaços sociais mais livres, às vezes em competição com aqueles outros elementos, não de todo insignificantes nas referidas áreas de vida urbana: os mecânicos vindos do reino ou da Europa.

Referindo-se a esses mecânicos, e também, de modo geral e um tanto vago, aos "degredados, judeus e estrangeiros", observa em ensaio recente o Sr. Edmundo Zenha que, no Brasil, não foram sistematicamente afastados dos cargos municipais com a mesma rigidez que em

Portugal, onde a instituição de "homens-bons" chegou a ser instituição fechada. No Brasil era natural que essa instituição sofresse, com outras instituições e estilos de vida e de arquitetura importados da Europa, o amolecimento que já procuramos caracterizar em outro ensaio. Para o Sr. Edmundo Zenha, desde que o degredado, por exemplo, representasse na colônia "uma unidade ativa e útil, esquecia-se a condição pejorativa para acolher-se tão-somente os padrões de valores que o mesmo resumia".[29] O caso de Filipe de Campos, "prestativo cidadão da vila piratiningana", a quem Taques atribui "muita civilidade, cortesia, política e boa instrução": traços que em meio urbano ainda em formação atenuavam num adventício a condição de degredado por crime de morte. Fora o crime cometido por "acidentes do tempo e extravagâncias de estudante", dizia-se para reduzir-lhe a importância. E ainda mais expressivo que o caso de Campos podem ser considerados o de Simão de Toledo Piza, foragido em São Paulo da justiça do Reino e o de Antônio Cubas. Este "foi juiz ordinário em Santo André embora estivesse cumprindo pena de degredo no Brasil",[30] recorda o historiador Afonso de Taunay citado pelo autor do sugestivo ensaio que é *O município no Brasil*. Aliás é ainda do Sr. Afonso de Taunay o registro do fato de que tendo sido eleito juiz ordinário outro degredado, Antônio Proença, recusou-se a aceitar o cargo, alegando sua situação. A Câmara, porém, evidentemente reconhecendo em Proença qualidades de "civilidade", "corteia", "política" e "instrução", semelhantes às proclamadas em Campos pela voz de Taques, não reconheceu a escusa, empossando o degredado no cargo ilustre.

Dos mecânicos, salienta o Sr. Edmundo Zenha, no seu referido ensaio do mesmo modo que Afonso de E. Taunay em sua *História seiscentista da vila de São Paulo* que, embora por "disposições legais" e "costumes metropolitanos", não pudessem "exercer cargo algum no conselho" e nem formar na "ordem dos homens-bons", mais de uma vez aparecem entre os eleitos. Também essa outra rigidez, venceu-a o meio brasileiro naquelas primeiras áreas de convivência urbana onde madrugaram entre nós acomodações e transigências de sentido democrático.

Lembra o historiador Taunay que eleito a 8 de agosto de 1637 procurador da Câmara de São Paulo Manuel Fernandes Gigante, "foi suspeito de mecanismo"; logo, porém, declarou que "não o era"; e mais: que se o fosse "desistia doje para sempre do officio", motivo pelo qual – informa o historiador após recolher palavras tão expressivas do antigo mecânico a quem a eleição enobrecera – "se viu aceito".[31] Neste como em outros casos se reflete o fato de que, atingida pelo mecânico ou pelo pequeno taverneiro certa estabilidade econômica, podia ele repugnar o ofício manual ou a bodega e ser eleito para a Câmara ou elevado a alcaide. Repúdio que parece nem sempre ter se verificado, senão como renúncia de boca.

Em 1636 a mesma Câmara de São Paulo se viu obrigada a repreender o alcaide Domingos Machado por continuar, depois de alcaide, a vender pão e vinho. Que "usasse da nobresa que Sua Magestade lhe dava"[32] – lhe dizia a Câmara, tornando claro o processo de enobrecimento por que passava no Brasil do século XVII o mecânico ou o pequeno taverneiro e que era o de renúncia, quando eleito para algum cargo del-Rei, da atividade considerada vil. Evidentemente, porém, havia quem desejasse continuar taverneiro, já sendo alcaide,[33] combinação considerada escandalosa por aqueles elementos de comunidade mais ortodoxos em suas noções europeias de classe.

Será que se passava o mesmo em outros meios urbanos brasileiros da época? Em Olinda, por exemplo? Ou em Salvador? Ou no Rio de Janeiro? Ou em São Luís? Justamente a respeito de São Luís recorda o historiador paulista a informação do inglês Southey de que em 1685 havia na cidade "mais de mil portugueses". "Muitos dentre esses eram fidalgos", informa o minucioso Southey que acrescenta: "parece que quem quer que servia com alguma patente de ordenança, embora fosse por três meses somente, adquiria nobreza, gozando não só de distinções sobre o povo mas também de certos privilégios que tornavam o aumento desta classe em detrimento do Estado". E em Tapuitapera, ao "lado oposto da baía [...] tanto se haviam multiplicado os nobres em consequência do serviço da ordenança que a Irmandade da Misericórdia, composta de mecânicos e gente de baixa esfera, teve de extinguir-se por se haverem afinal nobilitado todos os irmãos".[34]

Nas cidades do Norte, já sabemos que a guerra contra os holandeses, enobrecendo até negros, favoreceu o acesso de homens miúdos à nobreza, por meio do serviço militar e até do ato de bravura. Parece, também, ter deslocado membros natos de irmandades de mecânicos para as de fidalgos. É assunto a que voltaremos, este das irmandades terem tido, tanto quanto os ofícios del-Rei ou os cargos das câmaras, ou ao lado deles, a função, nos primeiros meios urbanos do Brasil, de dar nobreza, a eleitos, em vez de recebê-la sempre deles, como teórica ou ortodoxamente devia suceder. Se em Pernambuco tomou aspecto de guerra civil o conflito entre os senhores do Recife, que eram homens do comércio miúdo recém-vindos de Portugal, e os de Olinda, que eram proprietários de terras e engenhos, já antigos no Brasil e alguns até com sangue ameríndio, de que, aliás, se orgulhavam, parece dever atribuir-se o fato à maior vitalidade da nobreza agrária na área pernambucana, colonizada de início com portugueses procedentes da pequena fidalguia de província do reino, grupo talvez superior em qualidade aos primeiros povoadores regulares de outras áreas brasileiras. Conservando-se relativamente puro pelo *imbreeding*, e dispondo de gente bastante para ocupar a representação na Câmara, esse grupo de primeiros povoadores parece ter se fechado mais do que naquelas outras áreas à transigência com taverneiros e mecânicos. De onde terem os olindenses se levantado contra a heresia de poder econômico e de poder político representada pelos chamados "mascates", como se por eles tivessem sido atraiçoados os mesmos olindenses em privilégios sagrados: os senhores natos de terras e não apenas de escravos; de cargos políticos e não apenas de encargos militares.

Não consta que para o Senado de Olinda tivessem sido eleitos nos primeiros séculos de colonização suspeitos de mecanismo ou de tavernismo. Ao contrário: há quem sustente[35] ter essa corporação se mantido intransigentemente nobre ou aristocrática em sua composição, tendo a guerra contra o flamengo apenas aguçado seu caráter nobre e elevado à nobreza apenas indivíduos de raças e classes consideradas inferiores, como indivíduos – indivíduos excepcionais – sem igualar essas raças ou classes à dominante, que era a de brancos, ou quase brancos natos, e a de senhores de terras, de escravos e de engenhos de açúcar. Nobreza ou aristocracia durante longos anos protegida por el-Rei e pelos Vice-reis, através de provisões como a de 1714, do vice-rei do Estado do Brasil, a favor dos "moradores desta capitania de Pernambuco para não serem executados nas suas fabricas...".[36]

Talvez em nenhuma outra área brasileira de colonização portuguesa mais antiga tenham sido mais nítidas do que na de Pernambuco

– ou Nova Lusitânia – as distinções não tanto de cor quanto de classe. Essas distinções se refletem nos compromissos e estatutos de irmandades, confrarias e corporações de ofícios que aí e, até certo ponto, nas áreas vizinhas – na Bahia, principalmente – parecem ter florescido com um viço que faltou à área paulista. Os ourives de prata, por exemplo, tinham em Pernambuco, como na Bahia, não só juiz de ofício cuja posse se verificava perante a Câmara, como irmandade, também de ofício: a de Santo Elói, Bispo, no século XVIII ereta na Igreja do Hospital do Paraíso do Recife. Os sapateiros mantinham-se igualmente organizados em irmandade, a de São Crispim e São Crispiniano; os carpinteiros e marceneiros, constituíam a Irmandade de São José. Anualmente os vários ofícios elegiam seus juízes perante a Câmara sem, entretanto, representarem-se nela. O que formavam era o conjunto de *Corporações de ofícios,* que, segundo Pereira da Costa, "exerciam sobre sua gente", isto é, os mecânicos, organizados em irmandades ou dirigidos por juízes de sua escolha, "certa autoridade, e gozavam de umas tantas prerrogativas, como a de tomarem parte na organização do regimento ou taxação dos preços das respectivas obras". O mesmo historiador encontrou no arquivo do Conselho Municipal de Olinda o registro de uma *Provisão do Ofício de Carpina* passada a 15 de junho de 1793 que indica o fato de terem os carpinas de Olinda se conservado organizados até quase o século XIX. Sabe-se que até 1770, carta de lei determinava não exercesse ninguém arte alguma "sem carta de examinação do seu officio [...] cujos titulos eram passados pela Camara do Senado local".[37] Garantia-se assim aos ofícios sua dignidade, além de sua pureza técnica.

Também se conhecem atos de resistência de juízes de ofícios, alguns muito vigorosos, até meado do século XVIII, na defesa daquela dignidade, aos desejos de antigos mecânicos, tornados senhores de escravos, que pretendiam submeter a exame profissional negros e pardos cativos a quem ensinavam suas artes manuais para não terem de praticá-las com as suas mãos de homens brancos e livres já enriquecidos pelo exercício de artes consideradas vis; e a quem já sorriam possibilidades de se transferirem da classe mecânica à burguesa e até à nobre, pela exploração do trabalho escravo. Quando Koster esteve em Pernambuco nos começos do século XIX notou que eram mulatos, na sua maior parte, os melhores mecânicos: mas notou também que já havia homens de cor entre os "ricos plantadores" ("*wealth planters*") – senhores das casas-grandes do interior – e os "ricos moradores" ("*rich inhabitants*") – moradores de sobrados – do Recife.[38] Por conseguinte entre os chamados "ricos homens" ou "homens-bons"[39] que podiam pertencer às câmaras e às irmandades de ricos e nobres. Entretanto havia limites para as transferências: elas não se verificavam no caso de pretos. Só no de pardos claros, mulatos semibrancos.

Essas transferências parecem explicar o fato de terem as antigas irmandades de ofício quase todas desaparecido com o século XVIII para, em seu lugar, se desenvolverem irmandades do tipo da do Santíssimo Sacramento que exigiam severamente dos candidatos a irmãos a condição de brancos além da capacidade de concorrerem para os cofres da corporação com quantias ou "esmolas" avultadas. Eram as irmandades que convinham aos antigos mecânicos ou artesãos, brancos ou quase brancos, que o bom sucesso na arte ou no ofício manual permitira se transformarem em senhores de escravos e até em vereadores. E uma vez vereadores, compreende-se que sua ação nas câmaras fosse no sentido de serem atendidos os artesãos de cor que por si próprios ou por seus senhores se dirigissem aos vereadores para que estes lhes dessem cartas e lhes concedessem exames, negados pelos juízes das corporações de ofícios.

Evidentemente havia entre os cristãos-velhos da colônia aqueles que, brancos ou quase brancos, eram senhores demasiadamente antigos na condição de senhores e de cristãos para se sentirem bem ombro a ombro com os novos, chegados às irmandades aristocráticas com as mãos ainda calejadas pelo exercícios de artes ou ofícios considerados vis ou ainda marcados pela prática de ritos israelitas também considerados inferiores. De onde a existência de irmandades não só rigorosas quanto à pureza de raça como quanto à antiguidade de católicos e à antiguidade de senhores, dos candidatos. Antiguidades que consagravam os verdadeiros aristocratas ou nobres – e não apenas os "homens-bons" ou "ricos homens" – distinguindo-os nitidamente dos aparentes ou dos improvisados pelo dinheiro. Assim a Irmandade de Nossa Senhora do Amparo, de Olinda, instituída por "mancebos solteiros", ao que parece, no século XVI, e reorganizada com novo compromisso em 1783, no tempo da rainha Da. Maria I, exigia dos candidatos além da condição de "mancebos solteiros", que não fossem pretos, judeus e mulatos "até o terceiro grão"; que não tivessem "officios vis"; que não fossem "peccadores publicos e escandalosos". Exigências – as três últimas – que podem ser consideradas características das condições de admissão de irmãos às confrarias coloniais de feitio mais acentuadamente aristocrático. Enquanto isto, várias irmandades, do Santíssimo Sacramento – também aristocráticas, ou antes, plutocráticas, em sua composição – limitavam-se a exigir dos candidatos, além dos bons costumes, a condição de brancos e a capacidade de pagarem de "esmola" quantia considerável. Admitiam, porém, tanto casados como solteiros e tanto mulheres como homens. Em compromisso da Irmandade do Santíssimo Sacramento de Nossa Senhora dos Remédios em Vila Nova de Sousa, confirmado pelo príncipe regente a 16 de julho de 1809, lê-se no capítulo 1º: "A exemplo do Senhor Sacramentado que ninguem exclue da sua meza pode ser admittido a esta Irmandade toda pessoa de hum e outro sexo que quizer entrar nella pois não se deve negar ao proximo a inextimavel honra de servir [ilegível] a pessoa do seo soberano verdadeiramente presente no Augustissimo Sacramento dos nossos altares; com tanto porém que o pretendente seja branco e de taes costumes que não deslustre [...] a Irmandade [...]. Entrando qualquer pessoa por irmão ou irmã dará de esmola seis mil reis...".[40]

É evidente que as exigências de admissão de irmãos às confrarias aristocráticas modificavam-se de acordo com as condições regionais de composição étnica e de formação social, inclusive econômica da população. Em Sousa não podia uma Irmandade do Santíssimo Sacramento ser tão exigente quanto à antiguidade da condição de branco do candidato a irmão como em Olinda ou em Salvador ou no Recife, onde a sondagem alongava-se até o terceiro grau de ascendência, resguardando-se a corporação da presença de pessoas com sangue de "preto", de "mulato", e de "judeu", em uns casos, e em outros, também, de indivíduo com sangue mouro.[41]

O historiador Augusto de Lima Júnior, em seu ensaio *A capitania das Minas Gerais*, lembra, à página 62, que em 1736 a Câmara de Vila Rica, ao considerar o compromisso da Santa Casa, resolveu suprimir a distinção entre irmãos nobres e mecânicos por "impraticável nas Minas por odiosa, pois não quereriam servir à irmandade muitos homens zelosos e honestos que, segundo o estilo do país, têm hoje abertas casas de negócio...". Salienta o mesmo historiador a distinção entre brancos e pretos e entre "cristãos-velhos" e "cristãos-novos": "cristãos-novos" que, naquela capitania, "chegaram a constituir povoados, verdadeiros guetos que ainda hoje se reconhecem por não terem capelas em suas ruínas". Nas cidades ou vilas de importância, porém, teriam os "cristãos-novos" penetrado pelo dinheiro e pelo casamento nos círculos dos "cristãos-velhos" chegando a dominar "pela astúcia as irmandades do Santíssimo Sacramento reservadas à melhor nobreza". O historiador Augusto de Lima Júnior refere-se ainda aos "pés-rapados" como tendo sido, na sociedade colonial das Minas – escreve à página 63 – o "preto, branco ou mulato cujo pauperismo impedia o uso de calçado". "Pés-rapados" é claro que não podiam pertencer a irmandades nobres mesmo quando brancos. Ao menos que usassem tamancos como certos portugueses irmãos do Santíssimo, segundo tradição recifense.

Ato régio de 27 de setembro de 1693, confirmacão do compromisso da Irmandade do SS. Sacramento de São Frei Pedro Gonçalves do Recife, indica que desde o remoto ano de 1680 essa corporação recifense tinha "foros de nobresa conferidos pelas leis do Reino, só podendo ser juizes pessoas condecoradas e assim gosando de grandes honras, prerrogativas e privilegios". O que parece sugerir proteção especial da Coroa àqueles moradores das cidades do Brasil que fossem prosperando no comércio, considerado, quase tanto quanto os ofícios, atividade vil, pelos senhores de terras e de engenhos; mas desde o século XVII admitido por el-Rei entre as atividades dignas de honras e merecedoras de privilégios e até foros de nobreza. E não nos esqueçamos do fato de que em Salvador da Bahia, el-Rei fez no século XVI "cavalheiro de Sua Casa e alvo de muitas outras mercês", o mestre de obras e construtor Luís Dias, que vencia de ordenado anual nada menos de setenta e dois mil-réis, enquanto o mestre de fabrico de cal ganhava por ano cinquenta e quatro mil-réis e o mestre-pedreiro, Diogo Peres, trinta e seis.[42]

O estudo minucioso da composição social e, quanto possível, étnica, das nossas irmandades, é dos que mais contribuem para o esclarecimento das condições de raça, classe e região que, tomadas em conjunto – nunca isolada umas das outras – caracterizam a formação brasileira. Sem o exame em conjunto de condições que quase sempre se interpenetraram entre nós, como as referidas, de raça, de classe e de região, arrisca-se o estudioso da formação brasileira a generalizações falsas sobre o indivíduo ou grupo que considere representativo; pois, no Brasil, generalizações firmadas em critérios de interpretações puras, válidas para países de maior pureza ou maior nitidez hierárquica na sua composição social ou étnica, perdem a validez ou o vigor. Assim não se pode afirmar da nossa formação que tenha sido substancialmente aristocrática no sentido de uma raça, de uma classe ou de uma região única. O que a nossa formação tem tido é forma aristocrática dentro da qual vêm variando substâncias ou conteúdos de raça, de classe e de região, ora exaltando-se como nobre o branco (e dando-se aos indígenas o direito de adotarem velhos nomes portugueses de pessoa ou família), ora o caboclo (cujos nomes passaram em certa época a substituir os europeus); ora glorificando-se o senhor de engenho, isto é, da região da cana, ora o fidalgo de sobrado, isto é, da região ou área urbana (de onde a tendência contemporizadora para o senhor rural mais rico ter tido sempre sobrado na cidade mais próxima de suas terras e, vice-versa, o senhor mais rico de sobrado ter tido sempre engenho, fazenda ou quinta socialmente decorativa do seu poder econômico de burguês);[43] ora fazendo-se do homem do litoral o herói da formação nacional, ora considerando-se o verdadeiro herói dessa formação o paulista, o sertanejo ou o montanhês; ora fazendo-se do açúcar o artigo-rei da economia nacional, ora transferindo-se essa majestade para o café.

Já sugerimos o duplo sentido da palavra "baiano", para uns expressão máxima de civilidade e de polidez aristocrática, para outros, de incapacidade daquela ação viril e militar, considerada a verdadeira marca de nobreza ou fidalguia no homem. E já vimos que a palavra "carioca" teve em certa época sentido pejorativo, como sentido pejorativo teve "mascate" para designar o recifense desdenhado pelo olindense.

Ainda mais: da história oral do parlamento brasileiro consta um atrito entre ilustre parlamentar do Norte e brilhante cronista do Rio de Janeiro que classificara o parlamentar de "senhor de engenho". Isto na época – primeiros anos da Primeira República – em que se acentuara o desprestígio da chamada "nobreza rural" do Norte, superada pela nobreza paulista, do café, pela aristocracia dos comerciantes de cidade honrados nos últimos anos do Império com comendas e títulos de fidalgos, e, principalmente, pela nobreza de toga ou de beca que era aquela a que o parlamentar gabava-se de pertencer: "Bacharel é o que sou, rapaz! Bacharel e não senhor de engenho!" E ostentava o fraque correto, a gravata de seda, a botina de verniz, a cartola, o guarda-chuva de cabo de ouro, o anel com rubi, como insígnias de sua condição aristocrática de homem de cidade e de homem de letras jurídicas, que não devia ser confundido com a dos rudes senhores de engenho de sua região de origem. Tinha engenho, é certo, herdado do pai. Porém mais para passar as festas com a família e criar cavalos de montaria e de carro do que para plantar cana ou fabricar açúcar. Do que vivia era de sua banca de advogado na cidade. Que o cronista não insistisse em chamá-lo "senhor de engenho" dando ao público uma falsa impressão de sua pessoa, de sua cultura e de suas ideias.

Em nossa ecologia social, a constante tem sido a posição da figura do escravo de senzala, substituído pelo pária de mucambo ou de palhoça, obrigado a trabalhos vis; e de quem os demais elementos da sociedade têm sempre querido distinguir-se, para tanto procurando constituir-se, de diferentes maneiras, em figuras, ou arremedos de figuras, de nobres ou simplesmente de homens livres. De nobres sim; e não de nobre. Pois se o nobre rural, branco ou quase branco, tem sido, entre nós, a figura predominante de senhor em oposição ao negro servil, de eito ou de senzala, não tem sido, nem é hoje, a única figura nobre ou senhoril na imaginação brasileira tão flutuante em suas idealizações do que seja o indivíduo ou o grupo superior pela raça, pela classe e pela região de origem ou de residência.

Encontram-se em nossa formação social predominâncias de figuras senhoris ou superiores, pelo conjunto das condições de região de origem, de classe e de raça, ou por uma dessas condições, no momento decisiva, de superioridade ou prestígio: o branco em relação com os indivíduos das raças e sub-raças de cor; o proprietário de vastas terras de lavoura ou criação e das respectivas casas-grandes de residência, em relação com os moradores sem eira nem beira dessas terras e com os escravos ou servos necessários à exploração agrária ou à atividade pastoril ou mineira; o cristão-velho em relação com o novo e com os demais católicos; o brasileiro nato em relação com o reinol ou com o brasileiro naturalizado; o habitante do litoral mais europeizado em relação com o do interior mais agreste. Mas nenhuma dessas predominâncias foi, muito menos é hoje, absoluta, tendo havido frequentes casos de inversões e confusões de superioridades: figuras senhoris sob a pele escura de raça geralmente considerada servil ou inferior; sertanejos superiores aos homens do litoral em poder econômico e em prestígio político; proprietários rurais dependentes de tal modo de comissários de cidades a ponto de tornarem seus vassalos econômicos.

A despeito de tais inversões e confusões, podem ser destacados do conjunto de valores, hábitos e estilos brasileiros de vida e de cultura, elementos que se vêm conservando, em nosso País, característicos ou particularidades de classe, de raça ou de região: tipos de casa, de leito e de sepultura, meios de transporte, animais domésticos e de campo, alimentos, remédios, trajos, calçados, chapéus, devoções, vícios, maneira de sentar-se o indivíduo, divertimentos, brinquedos de meninos, flores de jardim. Assim, de São Benedito se sabe que é, no Brasil, desde dias remotos, "santo de negro", como Santo Onofre é "santo de pobre". O samba foi por muito tempo divertimento de escravo ou de preto de que branco ou gente senhoril não participava. São vários os remédios de negro e mesmo de caboclo, de matuto, de caipira, de sertanejo, que têm sido desprezados pelos "civilizados" como indignos de gente fina ou delicada. Nas áreas mais requintadas em cultura europeia, sempre têm se esmerado aqueles "civilizados" no uso e até no abuso de alimentos, bebidas e remédios caros, importados da Europa e tornados uma espécie de expressão ou de ostentação de classe superior e da raça fina – gente a quem os alimentos, as bebidas ou os remédios rústicos poderiam fazer maior dano que as próprias doenças. Nos anúncios de jornal da primeira metade do século XIX são frequentes os remédios que se recomendam como próprios para "pessoas delicadas", "fidalgas" ou "nobres": tal o "Elixir tonico anti--cholerico de Guilhie" ou "remedio do Le Roy, para as senhoras e os fidalgos", alguns dos quais, entretanto, como o próprio Le Roy, acabariam desprezados pelas "senhoras" e pelos "fidalgos" e vendidos em garrafas só "para as roças e para os negros".[44]

Também como alimentos próprios de "nobres" se recomendam nos anúncios da mesma época o presunto, a passa, o *petit-pois*, em contraste com a carne-seca, o bacalhau, a abóbora, tidos por comida plebeia, grosseira ou rústica. Os próprios peixes ainda hoje se dividem em classes que correspondem a classes sociais, através de uma verdadeira hierarquia que se torna notável durante a Semana Santa. O bagre, peixe considerado inferior, era significativamente chamado no tempo do Brasil-Colônia, o "mulato velho".[45]

Grande parte do desdém do brasileiro "progressista" pela casa de palha ou pelo mucambo – sob vários aspectos, habitação boa para o meio tropical – parece vir do fato de ser o mucambo ou a palhoça um tipo de habitação associado durante séculos a classe, raça e região consideradas inferiores e das quais, muitas vezes, provém o "progressista" ou "reformador" ansioso de desembaraçar-se das marcas dessas origens. Com o leite de cabra-bicho foi hábito, por longo tempo, criarem-se os meninos sertanejos e, nas cidades, os pobres ou apenas remediados, enquanto os da classe alta, nas cidades e nas áreas agrárias mais opulentas, criavam-se com leite de vaca ou de cabra-mulher. A distinção entre cabra-bicho e cabra-mulher, ambas para o aleitamento de crianças, é frequente nos anúncios de jornais da primeira metade do século XIX.[46]

Dormir em cama foi, também por longo tempo, sinal de distinção social – de classe, de raça ou de região culta ou rica – no meio do uso generalizado da rede para o leito e não apenas para repouso – repouso móvel – durante o dia ou transporte aristocrático – na falta do palanquim – do indivíduo – principalmente da senhora – de uma casa a outra e até de uma cidade a outra ou de cidade a engenho ou fazenda. Com relação à área paulista, o historiador Sérgio Buarque de Holanda já destacou o fato de terem sido raras as camas nos primeiros séculos de colonização. Só os indivíduos muito opulentos possuíam cama.[47]

Também nas prisões refletiram-se sempre, entre nós, distinções de classe e de raça, não se compreendendo que, pelo mesmo crime, fossem recolhidos ao mesmo tipo de prisão indivíduos de classes e raças diversas. Em 1729, o bispo de Pernambuco, D. Frei José Fialho, levantou-se quase como um leão ferido no peito na defesa daqueles clérigos que se achavam presos nas cadeias de Olinda e do Recife, "servindo de grande escandalo e indecência contra o Habito Sacerdotal acharem-se os taes clerigos na companhia dos seculares facinerozos, sendo os mais d'elles pardos e negros...".[48] E durante anos, um dos motivos de serem procurados avidamente por brasileiros os títulos de capitães e sargentos de milícia e, depois, os de Guarda Nacional, foi o direito ou o privilégio que se concedia ao portador de tais títulos de ser recolhido, quando acusado de crime, a prisão especial, com honras de militar, conferidas também ao portador de título acadêmico.

O mesmo se verificaria com as primeiras casas de saúde a serem estabelecidas entre nós, e que vieram quebrar a exclusividade dos hospitais das Ordens Terceiras, para os ricos, e das Misericórdias, para os pobres e escravos e juntar-se aos hospitais para soldados: instalaram-se em antigas casas-grandes patriarcais de sítio adaptadas às novas funções. E como a de Santo Amaro, estabelecida num casarão desses na cidade do Recife, no meado do século XIX, foram repartidas de modo que pudessem receber pessoas de diversas categorias. Categorias correspondentes tanto à região de origem dos doentes – sertanejos, moradores de engenhos, estrangeiros empregados no comércio e em oficinas, embarcadiços – como à sua classe e à sua raça – remediados, pobres, livres, escravos, brancos, pretos, pardos. Constando aos proprietários de mesma casa de saúde – a de Santo Amaro – os Drs. Ramos e Seve, vir se espalhando o boato de que "os doentes brancos estão misturados com os escravos", apareceram eles, alarmados, em aviso pelo jornal principal da cidade – o *Diário de Pernambuco*, de 21 de fevereiro de 1857 – desfazendo "a falsidade deste boato" e declarando que "há em seu estabelecimento cômodos excelentes para a separação dos doentes conforme suas categorias, e moléstias, e que nunca se deu o caso de estar um doente branco no mesmo quarto do escravo". Declararam mais que "as roupas, camas, louças e mais objetos do uso dos doentes estão também separados [...] conforme suas categorias, e moléstias". As "categorias" sociais e étnicas avultavam sobre as doenças.

Aliás, são da mesma época casas de saúde destinadas exclusivamente a escravos, enquanto os ingleses, desde os começos do século XIX, foram juntando, nas principais cidades comerciais do Brasil, às capelas e aos cemitérios particulares, hospitais ou casas de saúde destinadas exclusivamente aos seus embarcadiços, marítimos, negociantes solteiros, técnicos e operários de fundição. As casas de saúde e hospitais diferenciavam-se não só pela raça, pela classe e pela região de origem dos doentes a que principalmente se destinavam como pela técnica e pelos remédios empregados pelos doutores e pelo tipo de assistência religiosa dispensada aos moribundos, numa época em que eram profundas as divergências entre católicos e protestantes e também entre a terapêutica inglesa e a da Europa latina.

Profundas eram também as diferenças entre ingleses e luso-brasileiros quanto ao tipo de calçado predominante entre as classes médias e proletárias dos dois povos e também quanto aos seus hábitos de cuspir, de tratar do cabelo e dos dentes: hábitos tão difíceis de ser conciliados na convivência dos hospitais. É célebre o horror britânico não só ao mesmo cuspir, às muitas escarradeiras e ao palito de dentes como aos tamancos de origem portuguesa e rural que, no Brasil, tornaram-se, com a frequente transformação de portugueses de origem rural em homens urbanos, o tipo predominante de calçado nas cidades entre pequenos e até médios e grandes comerciantes portugueses e brasileiros; e entre operários, marítimos de cais, negros e pardos livres de mercado e de rua. O comércio de tamancos chegou, no meado do século XIX, a ser um dos mais importantes nas cidades brasileiras; e sabe-se – é da tradição oral, pelo menos – que até irmãos do SS. Sacramento desfilavam de tamancos nas procissões. Que de tamancos iam à missa negociantes e não apenas caixeiros do Rio de Janeiro, de Salvador e do Recife. Que de tamancos montavam a cavalo antigos comerciantes transformados em senhores de engenho – o caso de Gabriel Antônio em Serinhaém, por exemplo – em contraste com aqueles decaídos da opulência rural que, mesmo dentro de casa e nus da cintura para cima, conservavam-se de botas de andar a cavalo.[49]

O Recife, como o Rio de Janeiro, chegou a ter "grande fábrica de tamancos", a da rua Direita, onde, no meado do século passado, encontravam-se "tamancos de todas as qualidades", principalmente os "próprios para a estação invernosa", anunciados no *Diário de Pernambuco* de 30 de janeiro de 1858. Eram tamancos que estalavam nos pés dos caixeiros e dos próprios comerciantes, pelas duras pedras do calçamento do Recife, de Salvador, do Rio de Janeiro, com um estridor que muito deve ter doído aos ouvidos delicados dos ingleses estabelecidos com armazéns e escritórios nas mesmas cidades, explicando-se, talvez, por sua reação de gente quase fanática do silêncio a essa espécie de barulho, o fato de ter se generalizado entre nós como invenção inglesa – quando parece ter sido apenas um aperfeiçoamento inglês de técnica brasileira – o sapato de sola de borracha, por algum tempo fabricado principalmente pelos escoceses da fábrica Clark. Era o sapato de sola de borracha a verdadeira antítese do tamanco que, nos pés de doentes e serventes de hospital, tornava a melhor das casas de saúde brasileiras verdadeiro inferno para enfermos ou convalescentes ingleses e talvez para os próprios sertanejos, habituados a alpercatas macias.

O inglês Wetherell observou na Bahia da primeira metade do século XIX o uso de sandálias por "muitos padres" e pela "maioria dos matutos", enquanto os tamancos, ou "tamancas" – registra ele à página 146 de seu *Stray Notes from Bahia* – eram usados por muita gente na cidade.

As casas de saúde exclusivamente inglesas, e as divisões por "categorias" de hospitais como o dos Drs. Ramos e Seve, parecem ter correspondido não só a preconceitos de raça e de cor da parte da gente britânica em suas relações com o Brasil mestiço ou negroide do século XIX e da parte de umas classes com relação a outras, dentro da própria sociedade brasileira, como também a diferenças de estilos regionais e nacionais de cultura e de vida entre os dois povos e entre aquelas várias classes ou subclasses. Pois mais do que nos hotéis, nos restaurantes e nas igrejas é difícil a convivência de indivíduos muito diversos em estilos de cultura e de vida, nas casas de saúde e nos hospitais, onde a maior sensibilidade do enfermo ou do convalescente a diferenças de raça, de classe e de cultura regional ou nacional nos companheiros, torna quase impossível a tolerância mútua.

O trajo nas principais cidades do Brasil durante a primeira metade do século passado – época que nas então principais áreas brasileiras marcou o nítido começo de desintegração do patriarcado rural entre nós – deixando de distinguir, com o vigor de outrora, as gerações, isto é, os velhos dos moços – embora a tendência continuasse até quase nossos dias no sentido dos moços mais sequiosos de poder se anteciparem em trajar como velhos, para absorverem assim o prestígio característico da idade provecta – acusava mais visível e pitorescamente que outros estilos de cultura as diferenças de classe, de raça e de região entre os brasileiros. Com o começo nítido de desintegração do patriarcado rural como o maior poder econômico – e não apenas moral – em nosso meio, principiou a definir-se a tendência no sentido dos vários trajos regionais e de raça e de classe acompanharem o das cidades. Ou fosse o da Europa ocidental e triunfantemente burguesa, da qual o Brasil, despregando-se do Portugal meio mourisco, passou a ser colônia não só econômica como, sob vários outros aspectos, cultural. Daí os próprios senhores de engenho e fazendeiros mais opulentos não se apresentarem nas cidades senão vestidos burguesmente de sobrecasaca e cartola e burguesmente calçados de botinas. Os primeiros chapéus do chile parecem ter surgido em cabeças de desabusados. De chapéus de couro do sertão ou de palha grosseira, do tipo dos de Ouricuri, de sapatos do tipo, também rústico, de Aracati, quem se apresentava nas cidades era o matuto, o roceiro, o criador sertanejo de cabra, o dono de engenho pequeno, homens a seu modo senhoris mas prejudicados, em sua condição de senhores, pelo seu excessivo arcaísmo. Os simples matutos e roceiros, os "moradores" de engenhos grandes, os pequenos lavradores e criadores, os caipiras, estes as cidades tiveram de lhes impor suas modas de trajo, tal a insistência deles em se apresentarem aos olhos burgueses de camisa por fora das calças, à moda sertaneja ou caipira: e de chapéus de palha ou de couro dos mais crus e rústicos.

Daí ter sido a primeira metade do século XIX uma época de leis municipais muito significativas pelos estilos de trajo de homem que consagravam através do repúdio aos modos de trajar mais ostensivamente rurais ou rústicos. São leis que evidentemente exprimem a vitória dos estilos urbanos sobre os rurais e que devem ter concorrido para as reações, que então se verificaram, das populações rurais mais vigorosas à tirania das cidades do litoral: revoltas como a dos "Cabanos", a dos "Balaios", a dos "Quebra-Quilos", a dos "Farroupilhas". Gente cujo próprio trajo de "revoltosos" procurava confundir-se com o mato, com as árvores, com as folhas secas.[50]

Em 1831 a Câmara Municipal do Recife repelia como um insulto à dignidade urbana o hábito de matutos e sertanejos andarem em ceroulas e camisas: "Ninguem poderá tranzitar pelas ruas desta cidade e seos suburbios em ceroulas e camisa, mas sim em calças...". Era igualmente proibido aos mesmos matutos e sertanejos entrarem na cidade montados ou sentados em cavalos que trouxessem carga: deviam vir puxando os animais "pela arreata ou cabresto".[51]

E a passo. Nenhum matuto entrasse na cidade esquipando ou galopando como se as ruas fossem estradas e eles, matutos, cavaleiros entre peões. Os que corressem a cavalo dentro da cidade, sendo homens livres, pagariam a multa de trinta mil-réis e sendo cativos, sofreriam três dúzias de palmatoadas. Excetuavam-se as ordenanças montadas e os oficiais e soldados em serviço público, e, é de presumir em face das regalias características da época, os homens de botas de montar a cavalo e de esporas de prata, em geral, que estes eram quase todos oficiais de milícias ou da Guarda Nacional que as sucedeu em prestígio; e, esquipando ou galopando, estavam tais oficiais honorários no gozo ou na ostentação de direitos tão amplos que iam ao extremo de conferir a condição de brancos aos portadores dos títulos máximos. Ora, oficiais honorários de milícias ou da Guarda Nacional eram quase todos os senhores de engenho ou fazendeiros importantes da época. Quase todos tinham seus títulos e gozavam dos privilégios que decorriam desses títulos. Quase todos faziam das botas de montar a cavalo e das esporas de prata, insígnias brilhantes de sua situação de senhores ou fidalgos rurais. De modo que entre eles e os matutos, os sertanejos, os caipiras que apenas revestiam os pés de alpercatas ou de sapatos de couro cru e não sabiam o que era dominar cavalos com esporas de prata, a distância social e ostensivamente cultural, que havia, era grande. Imensa, mesmo, embora pelo critério de branquidade fossem, numerosas vezes, os sertanejos – muitos deles louros e de olhos azuis – os brancos puros; e os senhores de engenhos e de fazendas, os incertos ou turvos quanto à sua pureza de sangue europeu em relação com o de africano ou de escravo.

Mais forte que a condição de raça, como condição ou base de prestígio, eram evidentemente, a condição de classe e a própria condição de região de origem ou residência do indivíduo. Não nos esqueçamos de que, em Pernambuco, quem fosse proprietário de largas terras de cana na chamada zona da mata era como quem fosse grande senhor de engenho na zona baiana do recôncavo ou grande estancieiro no Rio Grande do Sul: um privilegiado pela região física e pelo espaço social de sua propriedade ou de sua fazenda. Vantagem que, ligada à de raça branca, à de classe superior e à de sexo chamado forte, favorecia o indivíduo com as condições ideais de bem-nascido e de bem-situado na sociedade: o caso de Araújo Lima, em Pernambuco. O de Saraiva, na Bahia. O de Paulino de Sousa, no Rio de Janeiro. O caso de Joaquim Nabuco, bem-nascido como ninguém no Brasil de há cem anos e desde pequeno bem-situado como ninguém, cultural e socialmente, na sociedade brasileira do Segundo Reinado e do começo da República.

Voltemos, porém, às posturas de câmaras brasileiras da primeira metade do século XIX, que, como as do Recife de 1831 e as de Salvador, de 1844,[52] se referem a situações de raça, de classe e de região dos indivíduos e nos permitem surpreender, através de suas definições de *status* e de suas restrições à liberdade individual, a ostentação de poder dos brancos sobre os pretos, dos senhores sobre os escravos e, como evidência de transição do patriarcado rural para o urbano, das populações das cidades – ou de suas *élites* dominantes: os moradores de sobrados – sobre as populações dos campos. Excetuados destas últimas, é claro, os senhores rurais mais fortes ou mais ricos, muitos deles moradores de casas-grandes assobradadas. Homens enobrecidos com títulos não só de barão e de visconde concedidos pelo Imperador metropolitano como de capitães de milícias e da Guarda Nacional que constituíam antes forças auxiliares do exército constitucional do que autônomas. E o exército constitucional ou imperial, embora servido por homens de cor, desde os primeiros dias do Império, tornou-se afirmação do poder, da cultura e dos interesses predominantemente europeus da Corte e das capitais de província, vitoriosas sobre as populações dispersas, meio anárquicas e mais ou menos deseuropeizadas, ou antieuropeias, do interior. Esse papel, representou-o nitidamente Caxias cuja espada garantiu não só a integridade nacional contra as insurreições regionais como a supremacia da cultura europeia da *élite* predominantemente branca e da classe senhoril (que era principalmente a agrária embora já fosse também a dos grandes negociantes das capitais) sobre os elementos que tentaram disputar ou comprometer tal supremacia.

Entre as posturas da Câmara Municipal da cidade do Recife – cidade insistentemente referida neste capítulo por ter sido, na época aqui considerada, mais característica que qualquer outra capital brasileira, exceção feita da Metrópole (sob alguns aspectos, atípica), do processo de reeuropeização, ou europeização, da paisagem, da vida e da cultura brasileiras – são particularmente significativas as que atingem aqueles pretos cujos costumes mais cruamente africanos e aqueles escravos cujo comportamento ou cujo trajo, considerado mais ostensiva ou perigosamente impróprio de sua condição servil, perturbavam ou inquietavam os indivíduos da raça, da cultura e da classe dominantes com responsabilidades de administração ou de governo das cidades e do país. Assim, ficava proibido, na cidade do Recife, a partir de 10 de dezembro de 1831, fazer alguém "vozerias, alaridos e gritos pelas ruas", restrição que atingia em cheio os africanos e as suas expansões de caráter religioso ou simplesmente recreativo. Ficava, também, proibido que os pretos carregadores andassem pelas ruas cantando, "desde o recolher até o nascer do sol".[53] Restrição severa, dado o hábito dos africanos de adoçarem o trabalho com o canto. Em Salvador, pelas posturas de 1844, proibiam-se "lundus, vozerias e alaridos" só "nas horas de silencio".[54]

Mais: nenhum escravo poderia, na cidade do Recife, andar na rua "de dia ou a noite, com paos, ou outra qualquer arma, publica ou occulta, sob pena de soffrer de 50 a 150 assoutes na cadeia, conforme a qualidade aggravante da arma, isso executado será entregue a seo senhor...". Só "os carregadores de tipoias, ou redes" poderiam trazer "as competentes furquilhas, que lhes sirvão de descanço, e aos companheiros, e os que condusem lenha, pequenos paos que ajudem a carga".[55]

Desde remotos dias coloniais que os homens de governo, no nosso País, preocuparam-se em proibir aos escravos e aos pretos não só a ostentação de joias como a de armas, considerando-se que umas e outras deviam ser insígnias da raça e da classe dominantes. As armas não foram consideradas só insígnias, como vantagens técnicas em caso de luta ou conflito de senhores com servos. Daí, provavelmente, o fato de ter se desenvolvido entre os negros e mulatos livres das cidades – sobretudo do Rio de Janeiro e do Recife – a arte da capoeiragem, através da qual indivíduos desarmados poderiam lutar vantajosamente com polícias e particulares armados.

Ficavam, ainda, proibidos, na cidade do Recife, por decisão dos seus vereadores de 1831, "os jogos pelas ruas, praças, praias ou escadas, que costumão os pretos e vadios, faserem, sob pena de soffrerem os que forem livres, de 2 a 6 dias de cadeia, e os escravos, de 12 a 36 bolos dados na mesma cadeia, e logo depois serem entregues a seos senhores...". Pormenor interessante é o de que essa "graduação de pena" seria "em proporção das idades dos transgressores". A pena variava, portanto, não só com a condição de livre ou escravo do transgressor como com a sua condição de idade.

A mais se estendia o cuidado da Câmara Municipal do Recife de 1831 no sentido de dar à vida da cidade aparência tão europeia quanto possível: todo indivíduo que fosse "achado nu em beiras de praia", ou "tomando banho com os corpos descubertos, sem a devida decencia", seria punido com prisão ou bolos. Excetuavam-se os indivíduos pertencentes a "corporações militares", que seriam entregues "aos seos commandantes respectivos para estes lhes faserem applicar a correspondente pena de prisão...".

A despeito do rigor dessas proibições, documentos extraoficiais da época indicam que até mesmo na segunda metade do século continuou o costume de recifenses pobres ou médios se banharem nus, às vezes perto das próprias pontes principais da cidade e à vista das senhoras dos sobrados mais nobres; e na cidade de Belém do Pará o norte-americano Warren, quando ali chegou em 1850, viu homens, mulheres e meninos do povo banhando-se nus, com a maior sem-cerimônia deste mundo.[56] Aliás, veio até quase nossos dias o hábito, no Norte do País, da própria gente senhoril tomar nua seus banhos de rio, perto às casas de subúrbio ou no interior. Apenas despiam-se pudicamente em banheiros de palha à beira ou dentro da água. As senhoras e as crianças desciam ao rio numa hora; os senhores, em outra. O banho tinha assim todas as vantagens do verdadeiro banho, sem que o corpo se revestisse dos pesados trajos de baeta escura que só se propagaram entre a gente senhoril no Brasil, com a moda dos banhos de mar, iniciada no Rio de Janeiro ainda na primeira metade do século XIX; mas só generalizada na segunda.[57]

A gente do povo das cidades, porém, que não tinha banheiro de palha onde despir-se, para o banho de regalo ou de higiene, se via obrigada a despir-se no meio do mato e daí caminhar nua para a água do rio ou do mar, escandalizando aqueles moradores de sobrado que não compreendiam a vista ou a paisagem que se gozava do alto de suas varandas maculada por manchas pardas, pretas e amarelas de nudez plebeia. Além do que havia "prejuízo da saude dos habitantes" que bebiam água de rios conspurcados pelos banhos da mesma plebe. Pelo que às câmaras foram-se juntando os juízes de paz na perseguição aos indivíduos pobres e de cor que, com seus banhos, conspurcavam as águas dos rios e "representavam figuras contrarias á moral publica", incorrendo assim nas penas estabelecidas pelo Código do Processo Criminal no seu § 7º, artigo 12; e não apenas nos castigos das posturas das câmaras.

O que indicam várias dessas imposições e proibições no interesse só de um grupo, ou apenas de uma classe, de uma raça ou de uma cultura de minoria e de região – raramente no interesse do público ou do grosso ou da maioria da população nacional – é que, paralelo ao processo de europeização ou reeuropeização do Brasil que caracterizou, nas principais áreas do país, a primeira metade do século XIX, aguçou-se, entre nós, o processo, já antigo, de opressão não só de escravos ou servos por senhores, como de pobres por ricos, de africanos e indígenas por portadores exclusivistas da cultura europeia, agora encarnada principalmente nos moradores principais das cidades. Nos moradores ou senhores dos sobrados e das casas assobradadas. Opressão que não poderia deixar de criar, como criou, revoltas ou insurreições como as já referidas: a dos "Cabanos", a dos "Balaios", a dos "Quebra-Quilos"; e como a dos Malês, na Bahia, em 1835.

Não era possível que se conservassem noutro estado senão no de crispação, no de ressentimento e no de insurreição, grupos aos quais se proibiam de modo tão simplistamente policial expansões de fervor religioso e de ardor recreativo à maneira de suas velhas tradições e de velhos costumes de sua cultura materna: cantos de trabalho; trajos regionais; joias, adornos, balangandãs. Os indivíduos, aparentemente livres, aos quais se obrigava – como aos sertanejos, aos matutos ou aos roceiros – num requinte de humilhação, que não entrassem nas cidades montados ou sentados nos seus animais de carga, mas ao lado ou à frente deles; e humildemente, a passo, pisando o chão e a lama como peões indignos de se apresentarem aos olhos dos moradores de sobrados com aparência ou modos de cavaleiros.

O direito de galopar ou esquipar ou andar a trote pelas ruas das cidades repita-se que era exclusivo dos militares e dos milicianos. O de atravessá-las montado senhorilmente a cavalo era privilégio do homem vestido e calçado à europeia. A água dos rios poluía-se quando nela se banhava o moleque, o homem do povo, o escravo. O ar das cidades enchia-se de ruídos como que nefandos quando eram os africanos que cantavam seus cantos de trabalho, de xangô ou de maracatu, tão diversos no som e nas palavras das ladainhas cantadas nas procissões católicas, nas festas de pátio de igreja, nos terços diante dos nichos.

O que se verificava repita-se que era vasta tentativa de opressão das culturas não europeias pela europeia, dos valores rurais pelos urbanos, das expansões religiosas e lúdicas da população servil mais repugnantes aos padrões europeus de vida e de comportamento da população senhoril, dona das câmaras municipais e orientadora dos juízes de paz e dos chefes de polícia. Como esperar que a primeira metade do século XIX fosse, entre nós – nas nossas áreas social ou culturalmente decisivas – um período diverso do que foi? Foi um período de tão frequentes conflitos sociais e de cultura entre grupos da população – conflitos complexos com aparência de simplesmente políticos – que todo ele se distingue pela trepidação e pela inquietação.

Nos séculos anteriores, houvera, talvez, maior prudência, maior sabedoria, mais agudo senso de contemporização da parte das autoridades civis (quando não também das eclesiásticas) e dos grandes senhores patriarcais, com relação a culturas e a populações consideradas por eles inferiores; e encarnadas por elementos quando não servis, oprimidos, degradados ou simplesmente ridicularizados pelos brancos, pelos cristãos-velhos e pelos moradores de áreas urbanas ou dominadas por casas-grandes mais requintadas em sua organização ou na sua estrutura senhoril. Degradados ou ridicularizados por peculiaridades de raça e de classe, de cultura e de região que repugnavam aos grupos dominantes da população, representados por aquelas predominâncias de raça, de classe e de cultura que se consideravam superiores.

Nos fins do século XVIII, ouvido pelo ministro de Estado Martinho de Melo e Castro sobre danças de negros no Brasil, era de parecer o conde de Povolide, antigo governador de capitania, que tais danças não deviam ser consideradas mais indecentes que "os fandangos de Castella e as fofas de Portugal e os lunduns dos brancos e pardos daquelle paiz". Dançavam os negros, "divididos em nações e com instrumentos proprios de cada uma", fazendo "voltas como arlequins" e com "diversos movimentos do corpo". Dessas danças toleráveis deviam ser separadas, por merecerem "total reprovação", aquelas que: "os pretos da Costa da Mina" faziam "ás escondidas ou em casas ou em roças com uma preta mestra, com altar de idolos, adorando bodes vivos e outros feitos de barro, untados seus corpos com diversos oleos ou sangue de gallo, dando a comer bolos de milho depois de diversas bençans supersticiosas, fazendo crer aos rusticos que aquellas uncções de pão dão fortuna, fazem querer bem mulheres a homens e homens a mulheres, e chegando tanto a credulidade de algumas pessoas, ainda daquelles que pareciam não serem tão rusticos como frades e clerigos que chegarão a vir presos á minha presença em os cercos que mandava botar a taes casas que querendo-os desmaginar me foi preciso em as suas presenças lhes fazer confessar o embuste aos pretos donos das casas; e depois remettel-os a seus prelados para que estes os castigassem como merecião, e aos negros fazia castigar com rigorosos açoites e obrigava aos senhores que os vendessem para fóra".[58]

O Santo Ofício achava o conde que não devia confundir umas danças com as outras. E baseado, ao que parece, em parecer de homem tão profundamente conhecedor de assuntos brasileiros, é que o ministro Melo e Castro escrevia a 4 de julho ao Governador de Pernambuco que as danças dos pretos "ainda que pouco innocentes podiam ser toleradas, com o fim de se evitar com este menor mal, outros males maiores, devendo comtudo usar de todos os meios suaves que a sua prudencia lhe suggere para ir destruindo pouco a pouco divertimento tão contrario aos bons costumes". Quando mais tarde veio de Goiana uma reclamação contra os batuques dos negros, o governador D. Tomás José de Melo respondeu aos reclamantes em ofício de 10 de novembro de 1796: "Quanto aos batuques que os negros dos engenhos e dessa villa costumão praticar nos dias santos [...] não devem ser privados de semelhante funcção porque para elles é o maior gosto que podem ter em todos os dias de sua escravidão".[59]

Foi essa sabedoria de contemporização ou essa inteligente tolerância de diferenças de comportamento de raça, de classe e de cultura de região que faltou àquelas câmaras municipais do Brasil-Império, mais ciosas de sua condição de câmaras de cidades principais; e àqueles juízes de paz, àqueles presidentes de província, àqueles chefes de polícia, àqueles prelados que se dedicaram à perseguição dos batuques, dos candomblés, dos maracatus de escravos e de africanos como a uma guerra santa. Em Salvador, pelas posturas da câmara de 1844, ficaram proibidos "os batuques, danças e ajuntamentos de escravos, em qualquer logar e a qualquer hora...".

Semelhante política de coerção ou repressão violenta seria, aliás, aplaudida pela melhor imprensa da época. Em 1856 a polícia provincial dispersava, na cidade do Recife, sob os aplausos da imprensa mais esclarecida, representada pelo *Diário de Pernambuco*, o maracatu dos "pretinhos do Rosário", da mesma cidade do Recife, não – esclarece o referido jornal – "porque julgasse que aquele inocente divertimento era atentatório da ordem pública, mas porque do *maracatu* passariam a bebedeira e daí aos distúrbios...". Pelo que a polícia provincial, segundo a mesma imprensa, "obrara muito bem".⁶⁰

Não admira. Da mesma imprensa partiam aplausos a atos ainda mais violentos da polícia com relação a negros e escravos. Porque dois pretos cativos fossem ingenuamente queixar-se ao subdelegado da Boa Vista de que seus senhores os haviam castigado com palmatoadas por eles consideradas injustas e o Javert atendesse aos queixosos mandando "duplicar a dose de cada um", o *Diário de Pernambuco* comentou o abuso de força, aplaudindo-o: "excelente despacho para tais petições...". Negro não tinha o direito a queixar-se à polícia, de castigo de senhor branco. Escravo não tinha o direito de pedir reparação de castigo que lhe tivesse sido aplicado por senhor. E nada parecia mais vergonhoso aos olhos dos moralistas do grave diário – representativo dos jornais que melhor orientavam então o público brasileiro – que tolerar a polícia os chamados "levantamentos de bandeiras" com "bandos de meninas cantarolando à moda de Guiné". Tal costume nos fazia passar "aos olhos do estrangeiro como selvagens".⁶¹

Eram os olhos que, talvez, mais que os de Deus, nos preocupavam no meado do século XIX – na verdade desde a abertura dos portos: "os olhos dos estrangeiros". Os olhos do inglês. Os olhos do francês. Os olhos do europeu.

Desses olhos o que principalmente devíamos esconder eram costumes africanos e batuques de negros, danças de Guiné nas ruas, sertanejos vestidos à moda regional nas capitais do Império. Donde a benevolência com que vem registrada, em um jornal de 26 de novembro de 1856, uma "reunião de pretos africanos", na ponte velha do Recife, reunião em que os negros "arremedaram toda a etiqueta dos salões, dançaram, tocaram, conversaram, comeram e beberam na melhor ordem possível".⁶² Isto sim, estava direito. Podia ser visto por ingleses e franceses: os negros africanos do Brasil divertindo-se conforme a "etiqueta dos salões" dos brancos. Nada de danças de Guiné nem de batuque nem de xangô. Tudo como uma reunião de sobrado burguesmente patriarcal. Danças arremedadas das dos brancos. Música imitada da dos brancos. Bebidas europeias. Comida feita segundo as receitas dos livros europeus.

Por consideração ou temor aos "olhos dos estrangeiros" – isto é, aos olhos dos ingleses e dos franceses – e sob a pressão de interesses, e não apenas de valores, representados por esses olhos críticos ou desdenhosos de quanto fosse diferente dos costumes e das modas dominantes na Europa ocidental, carbonífera e burguesa – é que se destruíram, entre nós, na segunda metade do século passado – na verdade durante o século XIX inteiro – algumas daquelas sobrevivências rústicas ou orientalmente patriarcais, várias daquelas expressões mais pitorescas de diferenças de cultura, de raça, de classe e de região que vinham coexistindo entre nós sob o primado nada despótico do elemento europeu, isto é, o lusitanamente católico. Rompeu-se o equilíbrio para acentuar-se pela exclusão violenta de diferenças, a supremacia ou a superioridade do elemento europeu, senhoril e urbano, agora com um sentido nitidamente burguês, capitalista, francês e inglês de dominação. Dominação de "superior" sobre "inferiores".

Bem caraterístico da época é o desprimor que foram adquirindo expressões estéticas e recreativas de uma cultura já brasileira – e não apenas patriarcal – como a arte da modinha cantada ao violão nas festas de família e nas serenatas e alvoradas de rua; como o hábito do rapé esmeradamente feito no Rio de Janeiro ou na Bahia ou importado de Lisboa e até de Londres – hábito generalizado entre a gente nobre de casa-grande e de sobrado; como a cozinha, a doçaria e a confeitaria mestiças, de repente repelidas ou perseguidas sob a acusação de serem "africanas", "grosseiras", "indignas de paladar de gente fina"; como os santos de cajá feitos por santeiros rústicos com uma técnica meio europeia e meio asiática ou meio africana, que lembra a das esculturas do Aleijadinho; como as redes de fio de algodão e de plumas feitas por indígenas; como os móveis talhados em madeiras da terra por mãos de mulatos que se deliciavam em arredondar pernas de mesas e de cadeiras e em amolecer a técnica europeia do móvel patriarcal e de convento, dando-lhe formas aprendidas com artistas portugueses impregnados de influências do extremo Oriente e da própria África – e não apenas da Europa ocidental – e inspiradas por um sentido já brasileiramente mestiço da vida e da natureza; como a arte da renda e do bico, das mulheres rústicas do interior; como a das jarras, bilhas e quartinhas de guardar água, conservando-a fresca; como a das cestas e balaios; como a dos balangandãs, das joias e das pratas trabalhadas também por mãos mestiças, com floreios e variações já tão caracteristicamente brasileiras ou regionais como as que tornaram doces e guisados importados do Reino novas combinações de gosto ou de estilos marcados pelo trópico e pela mistura de ingredientes. O arroz-doce feito com leite de coco. O cuscuz feito com mandioca. O filhó comido com mel de engenho.

Os anúncios de jornal da época deixam bem clara a rápida substituição, nas casas da gente mais fina, do violão pelo piano inglês, da modinha pela música italiana ou francesa, do rapé da Bahia e do Rio de Janeiro pelo charuto de Manilha, e, mais tarde, pelo de Havana, do doce ou do quitute brasileiro feito em casa pelo importado da Europa e adquirido na confeitaria ou na mercearia, do remédio igualmente caseiro pelo igualmente importado da Europa e adquirido na botica ou na drogaria, da rede de repouso pelo canapé, pelo marquesão e pela cadeira de balanço, do santo de cajá feito por santeiro da terra pelo importado da Europa e de feições puramente europeias, do móvel feito por marceneiro pelo importado já feito de Portugal, de Hamburgo, da Inglaterra, da França e até dos Estados Unidos, da renda e do bico feitos na terra pelos fabricados na Europa e de lá importados, do vasilhame de barro pelo de ferro, pelo de vidro ou de cristal, das joias de ouro e prata maciça feitas na terra pela importada da Europa e aqui trocada, com enorme vantagem, pela da terra, por judeus da Alsácia especializados nesse gênero de negócio.

Com essa transformação verificada nos meios finos ou superiores, deu-se a degradação de artes e hábitos mestiços que já se haviam tornado artes e hábitos da raça, da classe e da região aristocrática, em artes e hábitos de classes, raças e regiões consideradas inferiores ou plebeias. Foram várias essas degradações; e algumas rápidas.

O rapé, até o meado do século XIX hábito de fidalgo, nas capitais e nas casas-grandes mais ilustres do Brasil, foi-se degradando em vício apenas de senhores rurais mais rústicos, de magistrados e vigários desterrados no interior, de negros velhos, de caipiras, de tabaréus, de matutos, de roceiros. Entre estes os lenços de Alcobaça foram-se tornando símbolos de um vício ridículo e lamentável que chegara, entretanto, a ser hábito elegante dos grandes do tempo do rei e dos primeiros decênios do Império. Tão elegante que da arrematação dos bens penhorados do espólio do conde da Barca, constavam, segundo o *Diário do Rio de Janeiro* de 15 de março de 1822, "caixas para tabaco".

O mesmo verificou-se com o violão, vencido de tal modo pelo piano inglês de cauda que se tornou vergonhosa sua presença em casa de gente que se considerasse ilustre pela raça e nobre pela classe. Também o violão tornou-se símbolo de inferioridade social e de cultura, arrastando na sua degradação a modinha. Violão e modinha desceram das mãos, das bocas e das salas dos brancos, dos nobres, dos ricos para se refugiarem nas palhoças dos negros e dos pardos, e nas mãos dos capadócios, dos cafajestes, dos capoeiras, ao lado das rudes vasilhas de barro, das redes de fio de algodão, dos santos de cajá, das rendas e dos bicos da terra, das panelas de cozinhar caruru, das garapas de maracujá com cachaça com que a plebe se alegrava nos dias de festa.

Largos anos se passariam até que se verificasse novo ajustamento em valores brasileiros, nacionais, mestiços, de hábitos, artes e técnicas que, na primeira metade do século XIX, se separaram duramente em valores ou hábitos cruamente característicos de raça, de classe e de região "superior" ou "inferior", depois de terem já atingido sentido quase universalmente brasileiro – ou pan-brasileiro – através da miscigenação de raças e da interpenetração de culturas nacionais e regionais. O caso de vários alimentos, de várias danças, de vários remédios.

Tais diferenças vieram acentuar outras, inseparáveis da organização escravocrática ou do sistema patriarcal, isto é, de sua hierarquia: velhos e meninos; homens e mulheres; senhores e escravos. Diferenças de vozes, de gestos, de insígnias, as dos dominadores não se confundindo com as dos dominados. A voz de mando era uma – e vários observadores estrangeiros repararam nas próprias senhoras brasileiras do tempo da escravidão o hábito de falarem gritando,[63] naturalmente pelo costume de darem de longe ordens a escravos ou servos – e a servil, outra: "humilde", "mansa", "política", "fina" e até "poética"[64] como aparecem em anúncios de jornais; o andar do senhor era um, o do escravo, outro, embora a tendência deste para imitar, quando pajem, mucama ou malungo, o andar e os gestos da família senhoril de que sociologicamente era membro; o comportamento dos velhos era um, e outro, muito diferente, o dos meninos e moços da casa que na presença dos velhos não levantavam sequer a voz, não riam, não fumavam; os gestos dos homens eram uns, e outros, muito diversos, os das mulheres, que deviam se distinguir pela graça, pela delicadeza, pela doçura, pela submissão aos pais e aos maridos, pelo sacrifício aos filhos.

Diferenças também de doenças. Embora logicamente as da sedentariedade devessem ser as da raça e classe senhoris e as de excesso de esforço ou de ação, as da raça e classe servis, deve-se notar que eram principalmente os senhores que sofriam da "doença dos cavaleiros", isto é, a "sciatica" que afligia os cavaleiros depois de longas caminhadas a cavalo ou a mula,[65] devido à quentura que do corpo do animal – principalmente da mula – se comunicava às pernas do homem. Enquanto eram comuns entre os negros das senzalas, doenças de sedentários como a que se atribuía à "friagem" do chão ou do barro onde muitos dormiam e que, de qualquer modo, quase não acinzentava, descorava e matava senão escravo de eito: a então chamada "hypoemia inter-tropical". Ou a "opilação" que um médico da Bahia, o Dr. Wucherer, fazendo autópsias de negros, em 1860 ligou ao "anchylostomum duodenale"[66] já associado no Egito à clorose dos servos descalços. E que outro médico do meado do século XIX, Lima Santos, em estudo, "Considerações sobre o Brasil, seu clima, suas enfermidades especiais", publicado no *Diário de Pernambuco* em 9 de agosto de 1855, considerava consequência não só de clima como de causas sociais. Escrevia ele: "Os meninos são em geral frequentemente affectados, e os pretos escravos, principalmente os do matto, não menos. O vulgo tem considerado um dos symptomas da molestia como um vicio dependente da vontade e ao qual lhe dá o nome de *vicio de comer terra*; mas he este um erro prejudicial pelo abandono que á molestia se dá e pelos actos de barbaridade praticados contra os que a soffrem. Sendo a opilação uma enfermidade que em resultado consiste na alteração do sangue, e pobreza dos principios que o constituem, claro he que deve ser combatida pelos meios da arte, e nunca pelo rigor, e exercicio forçado, como he de uso practicar-se. Pode-se attribuir as causas do desenvolvimento da opilação á natureza do clima, e a hygiene pelos habitantes dos lugares humidos, pelos meninos pobres e pretos escravos de ruins senhores. He de observação que nos lugares onde o calor he forte, em que existe bastante humidade como a partir do Rio de Janeiro ate o rio Amazonas, esta molestia he muito frequente; mas independente das condições climatericas, cremos que a principal causa está na natureza do solo que se habita, e na especie de alimentação...". Pois, da população, "a parte que mais soffre he a que vive sujeita a uma má nutrição", como "os pobres e os escravos", isto é, os escravos de "ruins senhores" e os "pobres que moravam em lugares humidos, entregues ás intemperies do tempo como o frio e a humidade". A devastadora "opilação" foi, no Brasil patriarcal, doença ao mesmo tempo de raça – a africana – de classe – a servil – e de região – a agrária e latifundiária. Principalmente da sub-região do café.[67] Para um médico brasileiro do Rio de Janeiro que desde o meado do século XIX estudou pacientemente o assunto, embora concorresse para intensificar o mal a ação combinada do calor e da umidade de certas regiões, a opilação se apresentava maior onde o trabalho dos escravos era excessivo e mais exposto à chuva ou ao sol como na área dos cafezais; e onde eram piores as condições de habitação. Uma das "causas predisponentes da molestia" parecia-lhe ser o "dormir sobre a argila humida";[68] e o Dr. Peçanha da Silva responsabilizava também pela generalização do mal entre nossa gente servil o vestuário dos escravos de eito – ou "quasi nus" ou "cobertos por baetas grossas de uma cor azul escura" – e a alimentação: no Sul, farinha de mandioca e feijão-preto e este "apenas temperado com um pouco de gordura de porco" ou farinha de milho, batatas-doces, carás, abóboras, com deficiência de "alimentação animal". Em fazendas onde à alimentação vegetal dos escravos se juntava a animal, como na propriedade da marquesa de Paraná, a opilação era desconhecida.[69]

Vícios e doenças tiveram no Brasil patriarcal suas especializações de raça e de classe e não apenas de sexo, de idade e de região – algumas destas registradas por Spix e Martius[70] com olhos de clínicos. Várias observadas por Sigaud.[71]

O vício de comer terra, barro, cinza, pó de café, o de mascar tabaco, o da maconha, o da cachaça, foram, entre nós, vícios associados quase exclusivamente a gente de classe, de raça e de região "inferiores". Vícios de escravos, de negros, de tabaréus. E as doenças resultantes deles, doenças vergonhosas. Ao contrário das doenças venéreas, de que particularmente se gabavam os rapazes brancos e de famílias senhoris das áreas agrárias numa afirmação não só de virilidade precoce como de superioridade de classe e de raça: a classe e a raça donas, desde cedo, das mulheres. O vício do rapé, a paixão das brigas de galo e de canário, a das barganhas com cavalos, fixaram-se como hábitos de classe alta e de raça branca que, entretanto, acabaram transferindo-os à classe baixa e à gente de cor. Destas subiram, em compensação, ao alto das casas-grandes e dos sobrados, vários hábitos de alimentação, de recreação, de devoção e até de adorno e de profilaxia e cuidado da pessoa ou do corpo da pessoa. Hábitos por longo tempo desprezados como inferioridades de negros ou de escravos. Assim se explica a valorização do caruru, do vatapá, do efô, do samba, da figa, do balangandã, de unguentos e chás com ervas africanas ou indígenas, da faca de ponta como arma de defesa pessoal aristocratizada, com o tempo, no punhal de cabo de prata dos senhores ou dos fidalgos. Explica-se também a aristocratização do hábito de catar piolho, comum entre escravos e pobres, no hábito volutuoso do cafuné entre as senhoras e os próprios fidalgos da nobreza rural, que entregavam as cabeças aos dedos ou às unhas das mucamas, para um catar antes simbólico do que real de piolhos, no qual o professor Roger Bastide encontrou motivos para interessante interpretação psicanalítica.[72]

Ao mesmo tempo foi se concedendo a negros, a escravos, a descendentes de negros e de escravos a graça de ostentarem doenças – e não apenas vícios – consideradas privativas de brancos ou de senhores. O direito de serem anêmicos. O direito de sofrerem de reumatismo. O direito de morrerem do coração e até de febre amarela. E também o uso de insígnias, por algum tempo de raça, de classe e região dominantes, ao mesmo tempo que de sexo forte, como a bengala, a bota de montar a cavalo, o rebenque de cabo de prata, a pistola, o chapéu alto, a botina, a sobrecasaca, a luva, o anel. Foram essas as concessões mais lentamente feitas no Brasil por senhores a servos, por brancos a pretos, importando, como importavam, no reconhecimento de negros e escravos, e de seus descendentes, como seres capazes ou dignos de participarem, sob a forma de indivíduos excepcionais, do poder ou do mando exercido ou do ócio desfrutado por brancos senhoriais, como um direito de nascença. Direito de raça, de classe e de sexo biológica ou naturalmente "superiores".

Da bengala sabe-se que alguns senhores brasileiros da época patriarcal não se separavam nunca do mesmo modo que não a admitiam em mão de negro, de escravo, de mulher ou de inferior. Era como se fosse um cetro de homem branco e senhoril. Donde a caturrice de ilustre estadista do Império, homem da zona agrária e aristocrática da Bahia, que, estando em Londres, foi visitar famoso museu de arte; e sentiu-se ferido no mais fundo do seu brio ou da sua dignidade senhorial quando dele exigiram, na portaria, que deixasse ali a bengala. Nenhum senhor digno desse nome deixava-se despojar de sua bengala como se fosse um negro a quem as leis brasileiras não permitiam andar de cacete, quiri ou pau pelas ruas. Pelo que o conselheiro Saraiva deixou, no fim do século XIX, de visitar a *National Gallery* de Londres.[73]

Essas bengalas e os chapéus de sol e guarda-chuvas aristocráticos da era patriarcal brasileira merecem estudo à parte. Eram de madeiras nobres. Os cabos, de ouro ou de marfim. E muitos deles simbólicos de autoridade ou de poder: cabeças de leão, de águia, de tigre, de serpente, de dragão. Uma das nossas mais fortes recordações de meninice é a da loja, no Recife, de chapéus, chapéus de sol e bengalas, dos nossos parentes João e José de Sousa e Melo que eram, também, senhores do engenho São Severino dos Ramos, em Pernambuco, herança de família, do ramo em cuja origem aparece a figura de um capitão-mor de índios e índio puro ele próprio, casado com moça raptada a família opulenta de casa-grande do Norte da então capitania de Pernambuco, os Barbosa Aguiar de Araújo, de Limoeiro. Não se envergonhavam aqueles dois senhores de terras de cana, de gênero tão ilustre de comércio, frequentada, como era, sua loja – que da segunda metade do século XIX chegou, decadente, aos princípios do século XX – só por gente de sua própria classe, da qual se tornaram, durante anos, uma espécie de orientadores em assuntos de chapéus, chapéus de sol e bengalas. Assunto importante numa época de senhores ainda ciosos de suas afirmações de *status* social por meio da bengala ou do chapéu de sol que o indivíduo conduzisse, da qualidade da madeira de que fosse feita a bengala ou chapéu de sol, do ouro ou do marfim que lhe revestisse o cabo.

Data do século XX a degradação da bengala e do chapéu de sol como insígnias de classe e de raça dominantes; e a vulgarização do seu uso, independente da situação social do portador. O folclore registrou alguns aspectos da vulgarização, a princípio escandalosa, de insígnias por muito tempo de classe e de raça senhoris. Por exemplo:

*"Negro de luva
sinal de chuva".*

E as primeiras mulheres de cor a se vestirem como senhoras brancas no Brasil foram vaiadas pelos moleques: isto é, pelos de sua própria raça inconformados com a deserção de negros da classe servil para a alta. O mesmo sucedeu a negros de cartola, de sobrecasaca, de luva, de bengala: foram vaiados pelos moleques em mais de uma cidade do Brasil, durante o século XIX. Na própria Corte. No próprio Rio de Janeiro. No jornal *Nova Luz Brasileira*, do Rio de Janeiro, de 9 de março de 1830, encontrou o historiador Otávio Tarquínio de Sousa a informação, que nos comunicou, de que, naquela época, se aparecia no teatro, em camarote, um "cidadão homem de cor, livre" entravam brancos e supostos brancos "a espirrar" – "uso de Portugal para insultar os pretos", esclarece o jornal – e "a gritar *fora preto, fora carvão*, ao que se ajuntam assovios e algazarras...". Acrescentava o jornal da Corte, depois de observar que a gente do Rio de Janeiro, tendo então "a bocca cheia" de "a civilisação do Rio de Janeiro", "nós, os civilisados da Corte" praticava incivilidades dessa espécie: "egualmente se apparece alguma parda que deite a cabeça fora do camarote gritam logo – *fora mindubi torrado* e outras phrases semelhantes que aborrecem a toda a gente polida. Dizem alguns que isto provem de caixeiros imprudentes e rapaziada que tem a pressunção de possuir a cor branca, que é a cor conquistadora ou dos senhores...". Não era a parte mais polida do público que tinha dessas expansões contra a gente mais ostensivamente de cor que comparecesse a teatro, de camarote: era a parte menos polida. Não era a classe mais alta mas a classe de "conquistadores" ou "senhores", senão baixa, ainda em ascensão; e, por conseguinte, em competição com a de indivíduos de cor também em ascensão.

Dos característicos de raça e de classe que mais vêm resistindo ao desaparecimento de fronteiras rígidas entre classes, raças e regiões na sociedade brasileira, alguns devem ser aqui recordados. Mas recordados, apenas; pois o que pedem é estudo à parte. Tais os gestos, modos de andar, de falar, de rir, de cantar, peculiares não a escravos ou a servos mas a capoeiras ou capadócios das cidades, a jagunços do interior, a sertanejos, a caboclos, a malandros cariocas, a baianas, depois de terem separado, principalmente, senhores de escravos e brancos, de negros, europeus, nativos ou de africanos, ricos, de pobres. Note-se, entretanto, que numerosos negros, crias de casas-grandes opulentas, adquiriram dos senhores ou da família senhorial gestos, modos de falar, de andar, de rir, característicos de classe alta e de raça "superior", a ponto de terem se tornado, cultural e sociologicamente, membros da mesma família e de suas maneiras contrastarem com as da maioria da gente de sua raça e de sua classe. Daí a vulgarização, no Brasil, de expressões eruditas como "vote" – de "vote, tibi" – que das salas passaram às cozinhas e às senzalas.

Confundiram-se, nesses casos, característicos de raça e de classe sob a influência decisiva ou absorvente dos traços e hábitos de família dominante, ciosa de manifestar sua superioridade social e de cultura nos seus próprios crias e não apenas nos seus filhos. Muitas vezes concedeu-se a afilhados, crias, filhos naturais, o direito de tomarem de seus pais, padrinhos ou senhores brancos, nomes europeus e fidalgos de família: outra forma de confusão de plebeus com fidalgos, através da qual vem se democratizando a sociedade brasileira em virtude do próprio sistema patriarcal. Um sistema que foi entre nós contraditório em vários dos seus efeitos sociais.

Notas ao Capítulo VIII

1. Sermão de 6 de janeiro de 1662 em presença da rainha e da corte. Note-se que já no século XVIII eram numerosos os escravos mais brancos que os senhores, conservados, como se achavam, em situação de escravos, indivíduos quase brancos, como destacou el-Rei no alvará de 16 de janeiro de 1773: "existem ainda pessoas tão faltas de sentimentos de humanidade, e de religião, que guardam nas suas casas escravas, humas mais brancas do que elles com os nomes de pretas e de negras, e outras mestiças..." (Cópia na Seção de Manuscritos da Biblioteca do Estado de Pernambuco). Dos mestiços e quase brancos provenientes de uniões de senhores com escravos é que Perdigão Malheiro escrevia no seu *A escravidão no Brasil – Ensaio histórico-jurídico-social* (Rio de Janeiro, 1867, parte 2ª) que, com eles "a raça reputada a mais nobre e superior abastardava-se, com dano para si, e sem vantagem para as outras, não tanto porque do cruzamento só por si viesse esse dano ou prejuízo, mas por causa da condição a que essa descendência escrava era reduzida e degradada" (p. 14). E o notável ensaísta enxergava nesse processo de degradação de negros e mestiços "agravação do mal de raças pelo de classes" (p. 16).

2. *A santidade do monarcha ecclesiastico Innocencio X*, Lisboa, 1646, p. 32.

3. Marquês de Penalva, *Dissertação a favor da monarchia*, Lisboa, 1799, p. 17. Ideia também de José da Gama e Castro ao notar que "o governo primitivo e natural foi decididamente monárquico..." – o monárquico patriarcal, evidentemente – devendo os outros ser considerados "obra de artifício" (O novo príncipe, Rio de Janeiro, 1841, p. 20) e ao insistir na necessidade da família patriarcal nobre conservar-se presa à terra sem transferir suas afeições para a "propriedade móvel" (p. 276).

4. Príncipe Maximiliano Neuwied, *Travels in Brazil in 1815, 1816 and 1817* (*translated from the German*), Londres 1820, p. 32. Notou também Maximiliano que os índios aí aldeados eram bons caçadores e peritos no uso das armas de fogo; também que revelavam "predileção pelas florestas: 'suas florestas'". Conta que certo indígena, membro de uma das tribos mais selvagens, depois de sacerdote católico, durante anos, em Minas Gerais, desapareceu de repente da paróquia; e quando se soube dele estava vivendo novamente nu, na floresta, entre indígenas (p. 32-33). Sinal de que nem todos tinham profundo desdém pelos tapuias ou índios do mato.

5. A aldeia de indígenas civilizados visitada por Maria Graham foi a de São Francisco Xavier de Itaguaí ou Taguaí no Rio de Janeiro. Perguntando a uma mulher (em cuja palhoça a inglesa entrou) pelos seus parentes, respondeu-lhe a ameríndia que o marido morrera, que as filhas viviam em

sua companhia mas que os filhos e netos haviam regressado à vida selvagem, depois que a aldeia deixara de ser dirigida por jesuítas. Em geral, ficavam nas aldeias, em maior número, as mulheres das quais escreve Maria Graham: "*Many of the indian women have married the creole portuguese; intermarriages between creole women and indian men are more rare. The children of such couples are prettier and appear to me to be more intelligent than the pure race of either*" (*Journal of a voyage to Brazil and residence there during the years 1821, 1822, 1823*, Londres, 1824, p. 284-285).

J. B. Debret (*Voyage pittoresque et historique au Brésil, 1816-1831*, Paris, 1834-1839) impressionou-se com os bons resultados das uniões de brancos com indígenas no Brasil, a respeito do que escreveu: "*... il existe dans les provinces de San-Paulo et de Minas de très belles familles de race mêlée, issues de l'union d'hommes blancs et des femmes cabocles*". Predominava, ao seu ver, nesses mestiços paulistas "*une beauté gracieuse et piquante, particulièrement remarquable chez les femmes*" (I, p. 39). Notou que, para os portugueses, "índio civilizado" queria dizer índio batizado e iniciado no cristianismo ou no catolicismo (p. 40). O que sucedia de acordo com a tendência geral do colonizador português, pelo menos no Brasil, para substituir a mística de raça pela de religião – tendência por nós destacada em nosso *Casa-grande & senzala* e em outros ensaios. Segundo essa mística, o indivíduo de raça exótica que fosse batizado e cristianizado, tornava-se membro, se não da "raça", da cultura ou da comunidade cristã, organizada, mas não monopolizada, por portugueses. Seu *status* de classe é que variava segundo considerações que alcançavam antes a situação social do neófito, anterior à sua conversão, que a sua raça.

Reconhecendo inconscientemente esse fato é que Debret (II, p.19) chega a referir-se à sub-raça ou meia-raça de mulatos, no Brasil, como "*classe mulâtre*", da qual escreve: "*c'est elle, en effet, qui fournit la majeure partie des ouvriers recherchés pour habilité; c'est elle aussi qui est la plus turbulente et, par conséquent, la plus facile à influencer pour fomenter les troubles populaires...*" Situação que lhe pareceu transitória, pois, examinando-se esses "*demi-blancs dans leur état de parfaite civilisation, particulièrement dans les principales villes de l'empire, vous en rencontrez déjà un grand nombre honorés de l'estime générale, qu'ils doivent à leur succès dans la culture des sciences et les arts tels que la medicine ou la musique les mathématiques ou la poésie, la chirurgie ou la peinture*" (II, p. 19).

6. Alberto Sampaio, As "vilas" do norte de Portugal, Porto, 1903, p. 117.

7. Ofício de frei Plácido de Messina ao presidente da província de Pernambuco, barão de Boa Vista, datado de 26 de novembro de 1842, dando conta da missão de que fora encarregado no interior da província. Manuscrito no arquivo do Instituto Arqueológico, Histórico e Geográfico Pernambucano. Veja-se, a propósito, nosso estudo *Casa-grande & senzala*, 9ª edição brasileira, Rio de Janeiro, 1958, I, p. 91.

8. Maria Graham, ibid., p. 284. Essas fugas devem ser atribuídas principalmente ao fato, salientado por Perdigão Malheiro, de que "moradores, o próprio Governo (apesar de seus escrúpulos), e até

os jesuítas, degenerados dos seus primeiros e gloriosos tempos, todos praticavam de modo que os indios eram *de fato*, contra algumas disposições humanas das leis, destinados só ao trabalho da colônia, e que neles se pretendia apenas um viveiro de trabalhadores, de cujas força, sangue e indústria tirassem o maior proveito possível..." (Agostinho Marques Perdigão Malheiro, *A escravidão no Brasil – Ensaio histórico jurídico-social*, parte 2ª, Rio de Janeiro, 1867, p. 88). Perdigão Malheiro cita a propósito as palavras do padre Antônio Vieira: que os colonos só queriam do "sangue vermelho" dos índios tirar o "ouro amarello". Sobre o assunto veja-se também a "Memória sobre as aldeias dos índios da províncias de São Paulo", *Rev. do Inst. Hist. Geogr. Br.*, IV, p. 295 e seguintes.

9. *Coleção de leis*, pelo desembargador Delgado, citado por Perdigão Malheiro, op. cit., parte 2ª, p. 98-102.

10. Ibid., p. 100-101.

11. *Col. de leis*, cit., apud Malheiro, op. cit., parte 2ª, p. 70.

12. Malheiro, op. cit., parte 2ª, p. 105. No *regimento* destinado especialmente ao Grão-Pará e ao Maranhão determinava-se não só que aos índios se fizesse aprender a língua portuguesa, "banido o perniciosissimo abuso de conservarem [os jesuítas] os índios na ignorancia della", como que "não fossem [os índios] chamados *negros*, pela infamia e vileza que isto lhes trazia por equipara-los aos da costa d'Africa como destinados para escravos de brancos, segundo se pensava": também se determinava "que os índios tomassem sobrenomes, com preferencia de famílias portuguezas, para evitar a confusão que do contrario se seguia, e a vileza de o não terem"; e, ainda, que se recomendava aos diretores de aldeias que cuidassem de construir para os indígenas aldeados "casas á semelhança das dos portugueses, para que não vivessem todos promiscuamente com offensa da honestidade" e de se conseguir que "os indios deixassem de andar nus..." Mais: "havendo sido causas da miseria publica não só a ociosidade mas também o abuso de terem sido applicados os indios a serviço dos particulares", que os diretores cuidassem em induzir os indígenas à cultura da mandioca para farinha, feijão, milho, arroz, outros gêneros alimentícios, e algodão e tabaco – gêneros então "de grande interesse commercial" – pagando-se aos mesmos indígenas o dízimo (Malheiro, op. cit., parte 2ª, p. 108).

É ainda de significação para o estudo das relações entre raças e entre classes no Brasil do século XVIII, naquelas sub-regiões ou áreas menos dominadas pelo poder patriarcal das casas-grandes e que o paternalismo del-Rei procurou arrancar ao excessivo paternalismo dos padres da Companhia e às explorações de aventureiros sôfregos de enriquecimento à custa do trabalho servil do indígena, que o referido *regimento* investe contra a "odiosa separação" em que os jesuítas procuravam conservar indígenas e brancos e insiste em que, "para extinguir essa abominavel separação de indios e brancos, fomentassem os directores os casamentos de uns e outros, castigando-se os que, depois de casados, despresassem os maridos ou as mulheres só pela qualidade de Indios" (p.112). Infelizmente, o *regimento* não foi na prática o que prometia ser em teoria, continuando os indígenas, naquelas áreas, a serem abusados por particulares que os tratavam pior do que a escravos, "pois só cuidavam de tirar dos mesmos [índios] o maior serviço possível, chegando á inqualificavel barbaridade de lhe deitarem pimenta nos olhos si adormeciam prostrados de fadiga. Si os indios assim cruelmente tratados, fugiam, eram perseguidos no sertão em seus mucambos; e si aprehendidos, castigados severamente com trabalhos e calceta, sem direito a premio ou salario algum" (p. 113-114). Veja-se também a memória do cônego Januário da Cunha Barbosa, "Qual seria o melhor systema de colonisar os indios entranhados em nossos sertões...", *Rev. do Inst. Hist. Geog. Br.*, II, p. 3 e seguintes.

13. Manuel Guedes Aranha, "Papel politico sobre o Estado do Maranhão apresentado em nome da camara, por seu procurador Manoel Guedes Aranha (1665)", *Rev. do Inst. Hist. Br.*, XLVI, p. 1.

14. João Mendes de Almeida, *Algumas notas genealógicas. Livro de família*, São Paulo, 1886, p. 318.

15. Apud Mendes de Almeida, op. cit., p. 318. Mendes de Almeida recorda que Pedro Taques fez observação semelhante a respeito dos indígenas encontrados pelos portugueses no Brasil meridional.

16. Malheiro, op. cit., parte 2ª, p. 106.

17. Maximiliano, op. cit., p. 17.

18. Ibid., p. 50.

19. M. Lopes Machado, "O 14 de abril de 1832, em Pernambuco", *Rev. do Inst. Arq. Hist. Geog. Pernambucano*, XXXIII, p. 62. Para esse historiador os insurretos de 1832 deram provas de "heroicidade, de amor ao lar e à família..." (p. 65) supondo "defender a família, o lar e a religião" (p. 62). Foram uma espécie de antecipação e, ao mesmo tempo, de miniatura de Canudos: "Dos píncaros mais agrestes, dos alcantis mais escabrosos, das brenhas mais enredadas daqueles lugares, caíam de improviso sobre as avançadas do governo, ou os atraíam a veredas enguerrilhadas para os destruir e aniquilar e quando surpreendidos todos ou separados na refrega, morriam motejando, sem nunca se renderem" (p. 61). Note-se, ainda, que, "dividiam-se em bandos sem disciplina militar mas obedientes ao chefe" (p. 61), isto é, ao chefe de cada bando. São muitas as semelhanças entre o movimento chamado dos "cabanos", no Nordeste, e os quase contemporâneos que ocorreram no Maranhão ("Balaiada") e no extremo Norte do Império ("Cabanagem"), o primeiro estudado pelo Sr. Astolfo Serra no seu ensaio *A Balaiada*, Rio de Janeiro, 1946, o segundo pelo Sr. Ernesto Cruz, no seu trabalho *Nos bastidores da Cabanagem*, Belém, 1942.

20. Ibid., p. 63.

21. Note-se que em Pedra Bonita a superstição dominante foi a de que ali, depois do sacrifício de certo número de inocentes, se desencantaria um reino "onde o proletário [...] ressurgiria nobre, rico e poderoso", como lembra o conselheiro Tristão de Alencar Araripe em prefácio a *Fanatis-*

mo religioso – *Memória sobre o reino encantado na comarca de Vila Bela*, de Antônio Ático de Sousa Leite, 2ª edição por Solidônio Ático Leite, Juiz de Fora, 1898, p. 8. E pormenor significativo: além do sacrifício de criaturas humanas, houve "o sacrifício de cães, verdadeiros molossos, que no dia do grande evento levantar-se-iam como valentes e indômitos dragões para devorar os proprietários" (p. 9).

22. Dante de Laytano, *O negro no Rio Grande do Sul*, Porto Alegre, 1941, p. 8.

23. Em seu ensaio *O banguê nas Alagoas* (Rio de Janeiro, 1949), o Sr. Manuel Diegues Júnior recorda que na luta contra os holandeses o próprio escravo negro "acompanhou o senhor de engenho no seu sofrimento e na sua reação." E acrescenta: "Moradores e cabras de engenho, gente do eito e da bagaceira, pessoal da moenda e da casa-grande, juntaram-se todos no mesmo sentimento de confraternização com os proprietários rurais, reagindo contra os holandeses". Em comentário ao mesmo ensaio, já salientamos em trabalho publicado em *Cultura*, Rio de Janeiro, nº I, setembro--dezembro de 1948, que o patriarcado no Brasil "não só tornou o senhor dependente do escravo e o escravo dependente do senhor como criou entre senhor e escravo, nos dias normais e não apenas nos de guerra, sentimentos de solidariedade mais de uma vez superiores aos de classe ou de raça de cada um daqueles elementos. Donde podermos concluir que tais elementos nem sempre foram antagônicos mas, ao contrário, sob mais de um aspecto, simbióticos." E mais: "...não devemos nos esquecer de que nas Alagoas, como noutras partes do Brasil, a tendência dominante foi para o escravo sentir-se membro da família de que era escravo, a ponto de identificar-se com seus sentimentos, sua linguagem, seus gestos, seus deuses domésticos, suas devoções e seus símbolos. Sabe-se que houve escravos, por este vasto Brasil, de tal modo identificados com a política de seus senhores que, homens feitos, usavam, como os senhores, o cavanhaque ou a pera que se tornara insígnia dos membros do Partido Conservador" (p. 121).

24. Laytano, op. cit., p. 10.

25. Em seu *Ensaio sobre os costumes do Rio Grande do Sul* (Porto Alegre, 1883), João Cesimbra Jacques reconhece ser "indispensável" a quem estuda a população rio-grandense-do-sul, "não olvidar os negros africanos", introduzidos na província, como, em maior número, noutras partes do Brasil e de toda a América, como "brutas máquinas de produção" (p. 48). Nota porém que, ao contrário do que sucedeu entre os brancos e indígenas – a ponto das "gerações rio-grandenses que viveram até 1839 falarem indiferentemente a língua portuguesa e a guarani" – o elemento africano no Rio Grande do Sul "muito pouco se tem combinado com os brancos, devido a uma natural repugnância na aproximação dos sexos, especialmente o sexo feminino branco com o sexo masculino negro; assim é que os poucos mulatos que aqui existem são filhos de brancos com negras, sendo mui raro vê-los oriundos de uma origem diversa" (p. 48). Entretanto, dada a grande inclinação das mulheres indígenas pelos negros, observada pelo meticuloso Saint-Hilaire, é

de presumir que daí tenha resultado numeroso subgrupo de curibocas, talvez menos repugnantes que as negras puras ao paladar sexual dos brancos. O fato é que ao olhar do antropólogo mais familiarizado que o leigo com os característicos de raças maternas conservados pelos mestiços, não escapam, em rio-grandenses-do-sul, do mesmo modo que em paulistas, de hoje – alguns eminentes na vida pública – traços negroides, talvez derivados de curibocas

26. Ibid., p. 72.

27. Ibid., p. 92. Sobre o caráter guerreiro e, ao mesmo tempo, *apolíneo* – no sentido sociológico – das danças de carnaval na subárea de fronteira do Rio Grande do Sul, em relação com outras danças brasileiras de carnaval – quase todas dionisíacas – veja-se nosso pequeno estudo "Problemas de relações de personalidade com o meio", em *Problemas brasileiros de antropologia*, Rio de Janeiro, 1943, p.154 e seguintes, onde também se encontra outro pequeno estudo sobre a área rio-grandense-do-sul, do ponto de vista de suas semelhanças e dessemelhanças com as demais áreas brasileiras, "Sugestões para o estudo histórico-social do sobrado no Rio Grande do Sul", onde observamos: "Pela leitura de anúncios de jornais mais antigos do Rio Grande do Sul já consegui verificar que os móveis dos sobradões daqui, nos meados do século passado, se assemelhavam aos do Norte do país: que à louça dos sobrados não faltavam, entre porcelanas finas e objetos de ouro e de prata, açucareiros e bules para chá" (p. 146). A mais recente edição de *Problemas brasileiros de antropologia* é a de 1959.

28. Manuscrito do arquivo público do Estado de Pernambuco. É curioso que, enquanto para muitos brasileiros do Norte, os gaúchos eram homens grosseiros em tudo, até nas danças, dançadas com batidos de salto de bota e ruídos de roseta de espora, para muitos gaúchos eles é que dançavam com graça, em contraste com "as danças grosseiras [...] dos sertanejos do norte do Brasil". Nas palavras de Jacques, referindo-se às antigas danças caracteristicamente regionais do Rio Grande do Sul (tirana, anu, tatu, cara, feliz amor, balaio, xará, chimarrita, chico, queromã, bambaquerê e outras): "Estas danças, apesar de serem um tanto toscas, apresentavam certos meneios delicados, revestidos de muita graça e estavam longe de assemelhar-se às danças grosseiras e de umbigadas dos sertanejos do norte do Brasil" (op. cit., p. 92).

Do lundu, escreveu Pereira da Costa, baseado em Sílvio Romero, à página 423 do seu *Vocabulário pernambucano* (Recife, 1937): "Originariamente era uma dança lasciva, ao som da cítara e da viola" [...]. "Dança de origem africana encontramos já a sua menção na obra *Compêndio narrativo do peregrino da América*, da lavra de um brasileiro e impressa em 1731; e teve tanta voga que saiu da senzala e subiu as escadas da casa-grande do engenho, entrou nas salas da cidade e por fim chegou à propria metrópole [...] dançado por louro peralta adamado ao som do bandolim marchetado".

Por outro lado, Grant escreveu à página 233 de sua History of Brazil da dança brasileira, por ele considerada "*a mixture of that of Africa with Spanish fandango*" que no século XIX, passou a ser substituída, nos meios elegantes, por danças europeias: "*The national dance [...] among the higher and more enlightened classes of the Bahians it has in a great measure given place to minuets and country dances*".

29. Edmundo Zenha, *O município no Brasil* (1532-1700), São Paulo, s. d., p. 93.

30. Ibid., p. 93.

31. Afonso de E. Taunay, *Na era das bandeiras*, São Paulo, 1922, p. 59.

32. Afonso de E. Taunay, *História seiscentista da vila de S. Paulo – Escrita à vista de avultada documentação inédita dos arquivos brasileiros e estrangeiros*, São Paulo, 1927, II, p. 37.

33. Ibid., II, p. 202.

34. Robert Southey, *História do Brasil* trad., IV 390, cit. por Zenha, op. cit., p. 95.

35. No seu *Dicionário corográfico, histórico e estatístico de Pernambuco*, Rio de Janeiro, 1908, A-O, p. 413, salienta Sebastião Galvão que "o rei D. João IV, grato aos heróis da restauração, que tinham com os próprios esforços reivindicado para Portugal todo o território conquistado pelos holandeses, concedeu àqueles quantos privilégios pediram e desejaram. E se entregando nos braços da nobreza, que era a descendência dos povoadores da capitania, desde logo foi a mesma nobreza senhora da administração, gozando por isso a capitania de Pernambuco de prerrogativas e imunidades que nenhuma outra do Brasil tinha. Os primeiros governadores mesmo que se seguiram à restauração foram escolhidos de preferência dos que haviam servido na guerra holandesa, notando-se entre eles André Vidal de Negreiros, duas vezes, D. João de Sousa, e o historiador Brito Freire, sendo que os substitutos vinham sempre de acordo com o Senado da câmara, representação direta da nobreza pernambucana, cuja sede principal era Olinda".

No Rio de Janeiro, recorda o Sr. Paulo Thedin Barreto, no seu excelente estudo, ainda em manuscrito, *Casas de câmara e cadeia*, que não podiam fazer parte da câmara os judeus e os oficiais mecânicos: a Câmara do Rio de Janeiro só queria para ela, como consta de documento publicado nos *Anais da Biblioteca Nacional*, XLVI, p. l.129, pessoas que "fossem da principal e conhecida nobreza".

36. Registro de "Huma provisão do exmo. senhor marquez de Agu. V. rey e capitão geral de mar e terra deste estado do Brasil paçada a favor dos moradores desta capitania de Pernambuco...", in "Cartas regias, decretos e provisões (1711-1824)", livro manuscrito na Seção de Manuscritos da Biblioteca do Estado de Pernambuco. Sobre as graças honoríficas dadas por el-Rei de Portugal em 1642 aos moradores da cidade do Rio de Janeiro veja-se o "Almanack historico da cidade de São Sebastião do Rio de Janeiro para o anno de 1799", *Rev. Inst. Hist. Geog. Br.*, XXI, p. 99-100.

37. Manuscrito na Seção de Manuscritos da Biblioteca do Estado de Pernambuco.

38. Sobre o assunto, Henry Koster acrescenta: "*It is said that mulatos make bad masters... The change of situation would lead to the same consequences in any race of human beings and cannot be accounted peculiar to the mixed blood*". Entretanto, destaca o fato de conhecidos mulatos livres, tão bondosos e lenientes com os escravos ou servos, quanto qualquer branco (*Travels in Brazil*, Londres, 1816, p. 393).

São ainda do mesmo observador estes reparos: "*The creole negroes of Recife are, generally speaking, mechanics of all description; but they have not yet reached the higher ranks of life, as gentlemen, as planters and as merchants. Some of them have accumulated considerable sums of money, and possess many slaves, to whom they teach their own trade, or these slaves are taught other mechanical employments by which they may become useful*" (p. 398). Entretanto, sendo homens ricos, esses negros não se tornavam ricos homens como os mulatos mais claros enriquecidos em artes ou ofícios manuais pois "*the negroes are excluded... from the offices*" que os mulatos "*may obtain through their evasion of the law, but which the decided and unequivocal colour of the negro entirely precludes him from aspiring too*" (p. 398). Questão mais de cor do que de raça. O bastante, porém, para impedir que negros retintos, por mais ricos, se elevassem a certos cargos e tivessem acesso a certas irmandades aonde, nas mesmas condições, os mulatos chegavam como brancos, quase brancos e semibrancos.

Debret observa que no Rio de Janeiro, nos princípios do século XIX, operários negros e mulatos foram assimilando as técnicas dos franceses e alemães e tornando-se "*les rivaux de leurs maîtres...*" (II, p. 91). Os rivais mais poderosos dos europeus foram, nos aspectos sociais da competição técnica, os mulatos. A esse propósito, escreveu Teodoro Sampaio que na sociedade brasileira dos primeiros núcleos coloniais os mulatos "tidos em gradação inferior ao mamaluco, nessa sociedade semifeudal, propendiam para as artes e ofícios e não raro davam para as façanhas de pegar negros fugidos e destruir mocambos. Viviam quase todos solteiros" (*História da fundação da cidade do Salvador*, obra póstuma, Bahia, 1949, p. 280).

39. A respeito de "homens-bons" e "ricos homens" o Sr. Edmundo Zenha, no seu já citado ensaio sobre o município no Brasil, recorda o conceito de "homens-bons" de Alexandre Herculano, na sua História de Portugal: "os indivíduos da povoação mais ricos e mais notáveis por qualquer título" (p. 90). E transcreve de *A propriedade, comentário à lei dos forais* (Coimbra, 1850, p. 94), obra de Antônio Luís Seabra, palavras que esclarecem melhor o assunto: "Em todos os tempos as qualidades morais têm sido representadas pelos objetos materiais, com que têm alguma função ou analogia. Assim o homem abonado foi chamado homem-bom e o melhor título de nobreza era o de rico-homem. Ainda hoje o *homem de bem* é vulgarmente o rico, o fidalgo; e o homem *vil*, vilão, o que nada tem – *l'homme de rien*, como dizem os franceses; e nisto prendem, mais ou menos, as teorias eleitorais fundadas no censo etc., etc." (p. 91).

No Brasil, esse conceito, já por natureza elástico, de nobreza suficiente para a governança, ganhou maior elasticidade. Mas só muito lentamente veio a incluir negros ou pretos evidentes como o velho Rebouças, embora no século XVII, por exceção, tivesse beneficiado o herói negro da guerra contra os hereges louros, Henrique Dias.

Teodoro Sampaio, na sua referida obra póstuma, depois de salientar que em Salvador os oficiais da câmara eram escolhidos dentre os "'homens-bons', isto é aqueles que, *por sua pessoa, partes e qualidades* eram considerados capazes de governação" (op. cit., p. 201), lembra que "os brancos do Brasil" cedo tornaram-se em grande parte "mazombos" ou "mamalucos", isto é, gente com "laivos de sangue indígena", embora houvesse da parte de mulatos "o cuidado de provar a boa e pura linhagem" (p. 280). "Não obstante isso" – acrescenta – "mamalucos se ligavam por laços matrimoniais às mais importantes famílias da colônia. Com os descendentes do Caramuru, todos de procedência indígena, ligaram-se os de Garcia d'Ávila, os dos Aragões, dos Araújos, Britto Freire e Barbosa" (p. 280). O que ocorreu na Bahia com os descendentes de Caramuru – incorporados desde os primeiros anos coloniais à melhor nobreza da região, à classe dirigente, à raça senhoril – aconteceu em São Paulo com os descendentes de Tibiriçá e em Pernambuco com os de Maria Arcoverde. Quase sempre o estigma de "raça inferior" desapareceu para a incorporação de elementos indígenas à nobreza patriarcal, sob a consideração de se tratarem de caciques, ou príncipes, ou de filhos de caciques. Ou de princesas, como Maria Arcoverde. A classe sobrepujava a raça.

40. Manuscrito no Arquivo Público do Estado da Paraíba, pac. n° 29. É oportuno lembrarmos aqui que há anos nos interessa particularmente o assunto – as relações das irmandades com as diferenças de ofício, profissão, classe, raça, sexo e região no Brasil – sobre o qual já conseguimos reunir considerável material para um estudo à parte. Dois dos nossos antigos alunos – o hoje professor da Universidade Católica de Washington, Dr. Manoel Cardozo, que seguiu nosso curso de seminário sobre a formação social do Brasil, na Universidade de Stanford, e o hoje também professor José Bonifácio Rodrigues, que seguiu nossos cursos de antropologia social e de sociologia na extinta Universidade do Distrito Federal – vêm estudando, por sugestão nossa, outros aspectos do assunto, sobre o qual o professor Cardozo já publicou interessante nota prévia: "*The lay brotherhoods of colonial Bahia*", *The catholic historical review*, vol. XXXIII, abril, 1949.

Sobre ofícios mecânicos na capitania da Bahia, sua organização, eleições de seus juízes, sua presença em procissões vejam-se *Documentos históricos do arquivo municipal, atas das câmaras*, 1625-1641, Prefeitura Municipal de Salvador, s.d., 1º volume e 2º volume, 1641-1649, Salvador, s. d. Sobre irmandades no Rio de Janeiro colonial, veja-se o bem documentado estudo do Sr. Vivaldo Coaracy *O Rio de Janeiro no século 17*, Rio de Janeiro, 1944, p. 80, 95-96, 123, 197-198. Salienta este historiador que "não raras vezes eram acesas e intensas as rivalidades e ciúmes entre irmandades" (p. 96), rivalidades em que talvez se exprimissem – pensamos nós – antagonismos entre classes e raças, através de antagonismos ou conflitos entre ofícios e bairros, diversas, como eram, as irmandades em sua composição étnica, social e cultural. Tais conflitos mais de uma vez se verificaram, sob o pretexto de precedência de lugar em procissões. Tal o que sucedeu em 1790, em Campos, onde a Irmandade de N. S.Mãe dos Homens, dirigida pelo capitão Manuel Fonseca de Azevedo Castelão, quis para si a precedência na procissão de São Sebastião, contra os direitos de irmandades mais antigas – de São Benedito, do Terço, da Boa Morte, do Rosário – "só com o pretexto de serem estas de pretos e pardos e a sua de brancos..." (Alberto Lamego, *A terra goitacá*, Niterói, 1941, IV, p. 154).

41. Em relação às discriminações, por parte das irmandades, confrarias e ordens terceiras mais aristocráticas, que atingissem pardos na sua condição de raça e mecânicos ou mercadores na sua condição de classe, foram aparecendo desde o século XVIII associações religiosas – como em "Penedo do Rio São Francisco", a "Irmandade do Glorioso Martyr S. Gonçalo Garcia" – patrocinadas não por santos militares cavaleiros e brancos – São Jorge, Santo Antônio, São José Patriarca, São Pedro Príncipe dos Apóstolos, Senhor Jesus dos Quartéis, São Sebastião dos Militares – mas por santos mercadores ou de meio-sangue, como o referido São Gonçalo, nascido em Baçaim, na Índia Oriental, de pai "português" e mãe "preta" e que até tomar o estado de religioso exercera "o tracto da mercancia, navegando da India para a Ilha de Manilha..." (*Compromisso da Irmandade do Glorioso Martyr S. Gonçalo Garcia*, Penedo, 1914, p. 4). Defrontava-se essa irmandade – franqueada a "todos os homens e mulheres livres, sem distincção alguma de cor" (p. 7) – com a aristocrática Venerável Ordem Terceira da Penitência, da mesma cidade de Penedo, que, no seu compromisso, por nós lido em manuscrito por ocasião da nossa visita àquela cidade alagoana em 1944, declarava: "Fica entendido que é condição essencial de admissão á ordem a limpesa do sangue tão recommendada no capítulo segundo da nossa Santa Regra". Essenciais à admissão de candidato eram também consideradas informações exatas sobre a sua situação econômica: "acerca de suas posses para que não venha a ser gravoso á ordem". Mais liberal no assunto, a Irmandade de São Gonçalo, que parece ter reunido no século XVIII negociantes menores da cidade e pardos enriquecidos nos ofícios e na mercancia, dizia no artigo 51 do seu compromisso que a irmandade faria "effectivos suffragios e direitos concedidos por este compromisso a todos os irmãos" que falecessem, "ainda que algum fique debitado e insolvente: devendo porem promover a cobrança mesmo judicial dos debitos dos irmãos, fallecidos, que deixarem bens com que possam pagal-os" (p. 19). Ainda mais liberais no tocante à admissão de candidatos ao seu grêmio que as irmandades do tipo da de São Gonçalo Garcia, as Confrarias de São Benedito admitiam como irmãos "as pessoas de cor livres de cativeiro, podendo, porém, ser também admitidas as pessoas livres, de cor parda e branca que por devoção quiserem pertencer à confraria..." (*Compromisso da Confraria de São Benedito ereta no Convento de Santo Antônio da cidade do Recife de Pernambuco*, Recife, 1888, p. 4).

Não nos esqueçamos de que só em 1862, em virtude do aviso nº 432 de 13 de setembro, ficaram oficialmente sem efeito as exigências de exclusividade de cor ou de raça branca, da parte das irmandades mais aristocráticas – como, em geral, as do Santíssimo Sacramento – com relação aos candidatos a irmãos. Foram então essas exigências consideradas "anticristãs" e "inconstitucionais" pelo governo imperial.

Até então, ao lado das irmandades, confrarias e Ordens Terceiras para brancos e quase brancos, havia as irmandades ou confrarias ostensiva ou dissimuladamente destinadas a mulatos – irmandades em geral, chamadas do Amparo – e para pretos, em geral sob a invocação de São Benedito ou de Nossa Senhora do Rosário, como a que James Henderson, nos começos do século XIX, informa que florescia na cidade de São Cristóvão em Sergipe (*A history of the Brazil*, Londres, 1821, p. 351).

Deve-se notar que as irmandades de negros eram também, de ordinário – mas não sempre – irmandades de mecânicos ou operários do mesmo, ou quase do mesmo, nível social. Tal a que Koster conheceu em Olinda, nos começos do século XIX: irmandade cujo juiz era um sapateiro, os demais irmãos ocupando mais ou menos na vida ou na sociedade a situação do referido juiz (Koster, op. cit., p., 243). Koster viu em Itamaracá a festa do Rosário dos pretos de nação Congo, durante a qual foi coroado o rei pelo sacerdote católico. Pretos livres e escravos estavam constituídos em irmandade.

No caso de cativos, precisavam os negros trazer licença de seus senhores para serem irmãos do Rosário, ficando os mesmos senhores obrigados "a pagar os annaes dos seus escravos, quando estes não o fação" (Compromisso da Irmandade de N. S. do Rosario desta Villa de Maranguape da Parahyba do Norte", 1850, manuscrito no Arquivo Público do Estado da Paraíba). Essas irmandades de pretos livres e escravos, parece que foram poderoso anteparo à sobrevivência de ritos e práticas religiosas africanas entre os negros livres e escravos do Brasil, criando neles, através do exercício de cargos importantes – inclusive o de "rei do Congo" – o orgulho de sua condição de cristãos e de sua situação de negros superiores aos "boçais" e diferentes dos "gentílicos".

Sobre este ponto é particularmente elucidativo o manuscrito encontrado pelo nosso antigo aluno, na Universidade do Distrito Federal, o hoje professor José Bonifácio Rodrigues, na Seção de Manuscritos da Biblioteca Nacional, "Regra ou estatutos, por modo de hum dialogo, onde se dá noticias das caridades, e sufragaçoens, das almas, que usam os prettos minnas, com seus nancionaes no estado do Brasil, expecialmente no Rio de Janeiro...". Nesse manuscrito do século XVIII (31 de janeiro de 1786) se lê que os pretos Minas já em 1748 se achavam organizados em "comgregação" ou "corporação de pretos Minas, de varias nações daquella costa..., tendo p. rey de tal comgregação a hum Pedro da Costa Mimozo" e se orgulhavam de ser diferentes dos pretos da Angolla", que enterravam seus mortos "com cantigos gentilicos e supersticiosos...". Vê-se, ainda, pelo mesmo manuscrito, que guardavam os mesmos negros Minas, na sua "comgregação", hierarquia imitada da de suas terras de origem e com equivalentes nos títulos portugueses de duque, marquês etc.: "... os nossos postos, e nomes, q. a imitação dos fidalgos de nosso reino de Makie, se uza entre nós outros, afim de distinguir o major do menor, do fidalgo a macanico [sic], e aver respeito entre huns e outros". Quanto à condição de admissão na "comgregação dos Pretos Minas Makie", cujos patronos eram S. S. Elesbão e Efigenia, lê-se: "Toda pessoa que quizer entrar neste adejunto [sic] ou congregação excepto pretos de Angolla seram examinados pelo sacretario [sic] desde adejunto, e aggaú que é o mesmo que procurador geral, verem que não sejão pretos ou pretos que usem de abuzos e gentilismos ou superstição que achando, ou tendo noticias que uzão os não poderão receber".

Em relação com o assunto, isto é, irmandades e confrarias como expressões de interesses, às vezes antagônicos, de classe, raça e região, devem ser lidos, ainda, o ensaio de Zoroastro Passos sobre Sabará e o excelente pequeno estudo do Sr. Carlos Drummond de Andrade, "Rosario dos homens pretos" (Correio da Manhã, Rio de Janeiro, 1º de agosto de 1948), do qual julgamos interessante, para a documentação de algumas das sugestões por nós esboçadas no texto, a transcrição de largos trechos. Referindo-se às irmandades do Rosário, escreve o pesquisador mineiro, depois de salientar o caso excepcional de que em Sabará a Irmandade do Santíssimo congregava indistintamente brancos e pretos, ao lado das do Rosário e Mercês, de pretos, e da do Amparo, de pardos: "Ausência de preconceito racial ou de classe? Não seria a razão. Em outras cidades e vilas mineiras de então, certas associações eclesiásticas só admitiam brancos legítimos com um pedigree de, pelo menos, quatro avós lusitanos. Em Diamantina, a Ordem 3ª do Carmo 'a custo passou a tolerar irmãos casados com mulatas' pelo que conta Aires da Mata Machado Filho. A Ordem 3ª da Penitência, em Vila Rica, expulsou um irmão que se casara com uma mulher parda, só o readmitindo dez anos depois de a haver abandonado – assim refere o cônego Raimundo Trindade. E mesmo no caso das irmandades escuras de Sabará, que seriam iguais às suas congêneres do território das minas, é bom saber que o seu mecanismo estava praticamente na mão dos brancos. Estes, muito de indústria, se reservavam sempre os cargos de orientador e tesoureiro. 'Para subordinar negros e mestiços e lhes dar um pouco de freio social' – explica o historiador sabarense. E mestre Diogo de Vasconcelos penetra mais a fundo no pensamento dos brancos: 'Os brancos, o rei, e todas as classes dirigentes, para não dizermos opressoras, interesse tinham assaz que os negros algo achassem ao desporto, uma fonte de consolação, um lugar enfim próprio, onde se entretivessem, governando coisas suas, dirigindo cargos, e ao mesmo tempo ouvindo conselhos de resignação e colhendo ilusões de melhor sorte. A religião, que a todos igualava, brancos e pretos, na mesa da comunhão, fé que punha senhores e escravos de joelhos perante o mesmo Deus, dono de todos, e que tinha aos altares elevados santos negros, essa religião com suas festas, seus comícios e representações era o encanto dos humildes'.

Joaquim José da Costa, antigo mesário da Irmandade do Rosário e São Benedito dos Homens Pretos do Rio, escrevendo em 1886 uma 'breve notícia' da mesma irmandade, justifica a reunião dos pretos pelo desejo, que tinham 'os novos filhos da Igreja', 'arrancados ao barbarismo dos mais remotos cantões d'África', 'de se confraternizarem por meio de associações religiosas, à imitação de outras, bem como de ter uma protetora que ante o céu advogasse a sua causa'. O fato é, porém, que ao se organizarem em agremiações próprias, não visavam os negros apenas um benefício espiritual. Valorizavam-se socialmente, afirmavam-se na medida do possível e essa mesma irmandade carioca inscrevia em seu compromisso de 1883 os seguintes deveres:

1. Prestar devoto culto a Maria Santíssima do Rosário;
2. Sepultar os irmãos defuntos e sufragar suas almas;
3. Cuidar da educação dos filhos legítimos dos irmãos que morrerem em indigência etc.;
4. Libertar da escravidão aos irmãos cativos.

E esta última era, sem dúvida, uma das funções mais altas da irmandade, empenhada na luta social pela emancipação dos negros do Brasil.

Assim, de um lado cuidavam os brancos de adormentar nos homens de cor o sentimento de rebeldia, conduzindo-os para o êxtase religioso; de outro, reagiam os homens de cor, fazendo da prática religiosa um instrumento de afirmação política e de reivindicação.

Ouro Preto, Diamantina, Conceição, Sabará e tantas outras cidades mineiras foram teatro da luta contínua de pretos contra brancos, à sombra das irmandades; reunidos na mesma confraria, acabam por separar-se; e separados, perdura a hostilidade, às vezes sob forma de competição ou de demandas infindáveis. E nem sempre o branco levava a melhor".

"... Era a luta de classes – luta civil, urbana, longe dos quilombos. A irmandade própria, forçando os negros à segregação, como que lhes inspirava um motivo de orgulho, induzindo--os a esmerar-se no adorno de suas capelas e na realização espetacular do culto, em emulação com os brancos. Daí o fausto de que as mesas procuravam revestir suas festas ânuas, onde sagravam rei e rainha, com seu cortejo de príncipes. Enquanto os donos das minas só podiam contar com um rei além do Atlântico, e eram obrigados a cuidar dos negócios de todo dia com governadores e capitães-mores, prepostos de S. M., eles pretos se davam ao luxo de possuir um casal de monarcas em cada vila, onde se instituísse uma irmandade do Rosário, de São Benedito, ou do Amparo, e esse reinado, posto que efêmero, seria fonte de grandes consolações para o escravo oprimido."

Esse rei do Congo e essa rainha Ginga, decorativos, burlescos aos olhos de hoje, mas revestidos de profunda dignidade nos breves dias do seu domínio, eram imagens evocativas de um poder real na costa africana, e que o tráfico extinguira, ou reduzira seus detentores à condição de escravos de eito. Por umas poucas horas, o negro voltava a ser livre. O rei ou o "imperador do Divino" exerciam jurisdição efetiva sobre seus "súditos". E é compreensível que, na embriaguez desse domínio, alimentassem a veleidade de estendê-lo aos próprios senhores brancos. A instituição do reinado adquiria assim um conteúdo revolucionário, que seria causa de mais de um incidente penoso e mesmo de choques sangrentos.

O caráter ameaçador assumido por essas festas de natureza piedosa e recreativa levou o conde de Sabugosa, vice-rei do Brasil de 1720 a 1735, a proibir-lhes a realização. Que essa proibição, tempos mais tarde, não era observada, podemos verificá-lo através de interessantíssimo documento cuja cópia se acha no arquivo da Diretoria do Patrimônio Histórico e Artístico Nacional, e que confirma o papel revolucionário das irmandades de pretos no período colonial.

Trata-se de uma petição do padre Leonardo de Azevedo Castro, vigário colado de São Sebastião de Mariana, em Minas, no ano de 1771. Dirigindo-se presumidamente ao governador da capitania, conde de Valladares, informa-lhe que impugnou a reeleição do rei na irmandade do Rosário dos Pretos de sua freguesia, vedando o uso abusivo dos títulos de rei e rainha, por ver quanto "indecente, abominável e incompatível era pessoas semelhantes revestirem-se das insígnias de majestade" – "coroa e cetro", pois "todo aquele fingido aparato não produzia mais efeito que o de persuadirem-se os mesmos negros e alguns do povo que o intitulado rei o era na realidade, gastando-se com bebidas e abomináveis danças o que tiraram de esmolas a título de louvarem a Deus e à Senhora" etc. Com essa medida não se conformaram os negros, que passaram a visitar o padre Leonardo "aos pares e aos ternos, disfarçadamente armados". Apelando para o padre Capitular, a Irmandade tivera ganho de causa, pelo que o vigário desautorado pedia ao governador uma providência eficaz e definitiva.

E para comprovar o desaforo e a agressividade dos negros, juntou o padre Leonardo uma série de documentos, dos quais vale a pena transcrever o seguinte, para fecho destas notas:

"1º – Na vila de São José, por dois homens brancos sapateiros, que estavam limpando uns sapatos, não tiraram os chapéus ou não se levantaram quando passavam rei negro com o seu reinado, os prenderam com tal motim e briga que foi preciso acudir o capitão-mor Manuel de Carvalho Botelho, então juiz ordinário, com meirinhos e gente armada para livrar os tais homens e serenar a briga. Deixando depois passar os três dias de seu reinado mandou o dito juiz ordinário prender o tal rei e alguns mais.

"2º – Na mesma vila, em uma igreja pública de N. S.ª do Ó, a dois homens distintos que dizem serviam na República os fizeram à força levantar dos assentos em que estavam (que eram próprios dos mesmos homens), dizendo que ali estava sua majestade, e que aqueles lugares eram para os fidalgos e oficiais do rei, que se fossem eles sentar lá para baixo: e desta sorte, sentando-se os negros nos ditos assentos e cadeiras, que tinham os homens levado para a igreja, ficaram estes de pé, por evitar distúrbios na casa de Deus.

"3º – Na mesma vila ou onde fosse, indo o rei à cadeia para soltar alguns presos, impugnando-lhe o carcereiro e perguntando pela ordem do juiz, respondeu-lhe que não lhe importava o juiz; que mandava ele, que era rei. Não obedecendo o carcereiro, mandou o rei buscar machados e investir a cadeia, que então tinha grades de madeira, sendo preciso ao carcereiro rebater com gente e armas esta fúria.

"4º – Na cidade de Mariana, então vila, passando de viagem por entre eles um homem branco, de cavalo, o qual não podia esperar tantos vagares com que costumam andar nesses reinados, o acometeram, de sorte que para se livrar deles lhe foi preciso arrancar da catana, dar cutiladas bastantes e arrojar-se de cavalo por uma ribanceira abaixo, que milagrosamente se não fez em pedaços por ser o cavalo bom.

"5º – Na freguesia dos Prados, este presente ano, querendo os homens do arraial mudar-lhes a capela por ordem e licença do ordinário, não quiseram os pretos, e para impedir a mudança foi o rei com séquito grande armado, dizendo que ou ele era rei ou não: e que assim havia de obrar como rei que era mais fácil morrerem todos os do arraial que mudar-se-lhes a capela. Assim sucederia, se estes se não preparassem armados e com ordens do capitão-mor, comandantes e muitos outros, que todos assistiram até o fim da mudança da capela, que se lhe fez de repente, tudo em um dia, com engenho, arte e muito poder de gente: andando o rei com os seus sequazes, toda a noite antecedente, de ronda, a esperar os brancos, pois cuidavam que de noite lhes faziam a dita mudança da capela.

"6º – Em São Sebastião, este presente ano, ameaçaram um homem branco, Antônio Alq. Gomes, que o rei o havia de mandar prender: e dizem mandaram prender um negro de Antônio Alves Diniz, o que é costume neles, nestes dias, em toda a parte mandar prender e soltar; e ultrajar muitos brancos e pardos, tirando-lhes os chapéus com as bengalas e bastões.

"7º – No arraial do Tejuco. Comarca do Serro, este presente ano, à força tiraram um escravo de casa de seu senhor, e o soltaram, e sendo preciso fugir o dito senhor do escravo, do ímpeto e violência dos negros.

"8º – No mesmo arraial, este mesmo ano, mandando o Dr. intendente um pardo escravo de um sujeito destas minas na cadeia, e querendo o dono (que era Caetano Leonel de Abreu) livrá-lo, fazendo petição ao intendente, lhe disseram muitos homens brancos que não fosse ao intendente, que era muito teimoso, antes fizesse petição ao rei preto e mandasse a palácio, que imediatamente o mandava soltar e não pagava carceragem, sendo mandado soltar por sua majestade, pois naqueles dias podia mais o tal rei preto que o Dr. intendente, o que não quis o dito senhor do pardo, dizendo-lhes que não queria dar obediência a um rei negro, inda que muito instado por todos.

"9º – No mesmo arraial, é costume este e todos os anos mandar soltar a quem quer o rei, fazendo lá outros mil desatinos, são venerados lá como reis verdadeiros e legitimamente lhes fazem até os homens brancos genuflexão quando por eles passam. Fazem-lhe trono levantado, com dossel onde, sentados com coroa e cetro, despacham petições, dão audiência a brancos e pretos, e a todos despacham. O mesmo trono e dossel se costuma em quase toda a parte, cidade, São Sebastião até na igreja lhe fazem dossel.

"10º – Tem mostrado a experiência que, depois de ser rei algum escravo, é tal a sua presunção que não servem mais a seu senhor com satisfação, o que será sendo forros todos os pretos os ficam tratando sempre como reis velhos.

"11º – Em São Sebastião, na casa do rei, este ano presente, iam matando um negro de Vila Rica com feitiços, ao qual foi rdo. Pároco toda pressa a confessar e fingir e milagrosamente escapou com contras que se lhe deu e exorcismos: nos mesmos dias do seu reinado, iam matando um escravo do rdo. Pároco com feitiços, dos quais o sarou somente com exorcismos, e não se pode julgar se não que foi por ódio por lhes impugnar o dito rdo. Pároco as denominações de reis; pois é um negro novo, boçal e criança o dito escravo.

"12º – Em Lisboa ou nessas partes de Portugal consta que já se não usam os tais reis pelos seus insultos: e pelo menos na Bahia há muitos anos até agora estão proibidos pelo Sr. governador ou vice-rei, por causa dos mesmos insultos.

"13º – Em São Sebastião, ao rei reeleito o reconhecem os pretos por verdadeiro rei, o têm por oráculo, rendem-lhe obediência, tratam-no pelo seu rei, ainda fora das funções da igreja acreditam-no como adivinhador; é procurado de diversas partes pelos seus calundus e adivinhações, e fortunas que promete.

"14º – É certo que nestas minas, tantas vezes cuidadosas pelos ameaços dos pretos, têm estes tal ambição e afeto a reinar, que em qualquer quilombo no mato levantam seu rei e sua rainha, fazem os seus fidalgos, mandam matar e castigar como soberanos.

"15º – Tanta veneração aos tais reis nesta terra, onde é tão superior o corpo dos negros ao número dos brancos, facilmente pode produzir as funestas consequências por eles tantas vezes ameaçadas."

Dos documentos relacionados na coleção inédita do Desembargo do Paço que figurou na exposição comemorativa do 112º aniversário do Arquivo Nacional, do Rio de Janeiro, constam numerosos compromissos de irmandades religiosas, alguns caligrafados e não raro iluminados com estampas a ouro. Eis a relação desses compromissos:

Doc. 52 – L.º 1– Compromisso da Irmandade da Imaculada e Sacratíssima Virgem Nossa Senhora da Conceição, instituída e confirmada na Bahia – 1645 Doc. 12 – L.º 2 – Compromisso da Irmandade do Santíssimo Sacramento da Igreja Matriz da Vila de São João del-Rei – 28.5.1748. Doc. 20 – L.º 3 – Compromisso e Estatutos da Santa Casa e Hospital da Natividade novamente erigida na Vila de Nossa Senhora da Purificação e Santo Amaro – 8.9.1778. Doc. 29 – L.º 4 – Compromisso da Irmandade de Nossa Senhora do Rosário dos Pretos, ereta na sua Igreja do Arraial de Baependi, comarca do Rio das Mortes, Bispado de Mariana, capitania de Minas Gerais – 1797. Doc. 57 – L.º 5 – Compromisso da Irmandade da Senhora da Boa Morte e Assunção, da Vila da Vitória, na capitania do Espírito Santo – 3.9.1809. Doc. 28 – L.º 6 – Compromisso da Irmandade de São José dos Bem-Casados, ereta na Freguesia de Nossa Senhora do Pilar em Vila Rica – 23.1.1810.

Doc. 1 – L.º 7 – Compromisso da Irmandade da Imaculada Conceição da Santíssima Virgem Maria, na Paróquia de Inhomerim – 7.2.1810. Doc. 26 – L.º 8 – Compromisso da Irmandade de Nossa Senhora do Livramento da Freguesia de São Caetano – 13.3.1810. Doc. 65 – L.º 9 – Compromisso da Irmandade de Nossa Senhora da Boa Morte, ereta na Matriz de Nossa Senhora da Conceição da Vila Rica de Ouro Preto – Minas Gerais – Bispado de Mariana – 1.8.1810. Doc. 5 – L.º 10 – Estatuto da Venerável Ordem Terceira do Glorioso Patriarca São Francisco de Assis da província da cidade e corte do Rio de Janeiro, ereta na Capela de Nossa Senhora da Conceição na Leal Cidade Mariana – 20.2.1811. Doc. 31 – L.º 11 – Compromisso da Irmandade de novo instituída à Virgem Senhora Nossa da Conceição, sita na Freguesia de São Sebastião do distrito de Taipu – 31.8.1811. Doc. 32 – L.º 12 – Compromisso da Irmandade de Nossa Senhora dos Navegantes e Santíssimo Sacramento da Capitania do Rio Grande de São Pedro – 1.4.1812. Doc. 29 – L.º 13 – Reforma do compromisso da Irmandade do Glorioso Santo Antônio da Moraria dos Homens Pretos da Senhora do Rosário – Freguesia da Sé, da corte de São Sebastião do Rio de Janeiro – 30.9.1812. Doc. 40 – L.º 14 – Compromisso para a regência e governo da Confraria do Glorioso Patriarca São José, Padroeiro da Igreja Matriz do Brejo da Madre de Deus, da capitania de Pernambuco – 30.7.1813. Doc. 39 – L.º 15 – Compromisso ou Regra Canônica da Irmandade do Rosário do Glorioso São Gonçalo de Amarante, ereta em sua própria Igreja, no bairro da Boa Vista, filial à Matriz do Santíssimo Sacramento do mesmo, no Bispado de Pernambuco – 30.3.1814. Doc. 58 – L.º 16 – Compromisso da Irmandade da Senhora do Rosário, ereta na Capela da Senhora da Boa Morte, da Vila da Vitória, capitania do Espírito Santo – 19.7.1814. Doc. 27 – L.º 17 – Compromisso da Irmandade do Menino Jesus, sita na Matriz de Nossa Senhora da Purificação – 21.7.1814. Doc. 58 – L.º 18 – Compromisso da Irmandade de Nossa Senhora do Rosário dos Homens Pretos da Vila de Nossa Senhora da Vitória, cabeça da comarca da capitania do Espírito Santo – Diocese do Rio de Janeiro – 7.10.1814. Doc. 52 – L.º 19 – Compromisso da Irmandade de Nossa Senhora do Terço, ereta na Capela do Corpo Santo, filial da Freguesia de Nossa Senhora da Conceição da Praia, da cidade da Bahia – 3.11.1814. Doc. 54 – L.º 20 – Aprovação e confirmação do compromisso da Irmandade Nossa Senhora do Rosário da Freguesia de São Bartolomeu – Comarca de Vila Rica – bispado de Mariana – 2.3.1815. Doc. 28 – L.º 21 – Compromisso da Irmandade do Senhor Bom Jesus dos Passos, ereta na Paroquial Igreja de São Bartolomeu, comarca de Vila Rica do Ouro Preto – Bispado de Mariana – 25.4.1815. Doc. 42 – L.º 22 – Compromisso da arquiconfraria de São Francisco de Assis, na Vila de São José – Comarca de São João del-Rei, capitania de Minas Gerais, bispado de Mariana – 27.6.1815. Doc. 61 – L.º 23 – Decreto confirmando e aprovando a ereção da Irmandade de Nossa Senhora do Rosário na Igreja de Nossa Senhora da Conceição das Carrancas – 30.1.1816. Doc. 25 – L.º 24 – Compromisso da Irmandade de Nossa Senhora dos Humildes, ereta na sua capela, da Vila de Nossa Senhora da Purificação e Santo Amaro, no ano de 1817. Doc. 17 – L.º 25 – Aditamento ao compromisso da Irmandade do Santíssimo Sacramento da Freguesia de Nossa Senhora do Pilar da Vila de São João del-Rei, comarca do

Rio das Mortes – 7.1.1817. Doc. 51 – L.º 26 – Compromisso da Irmandade de Nossa Senhora do Rosário dos Pretos, da Freguesia do Arraial de Camandaocaia, Bispado de São Paulo – 15.1.1818. Doc. 1 – L.º 27 – Estatutos de Confraria da Santa Cecília, ereta na Catedral da Cidade de Mariana – 8.2.1820. Doc. 40 – L.º 28 – Aprovação e Confirmação dos Estatutos da Irmandade de Nossa Senhora de Amparo ereta na Freguesia de São Gonçalo – 19.6.1827. Doc. 18 – L.º 29 – Compromisso da Irmandade de São Caetano da Divina Providência, ereta no Mosteiro de São Bento da cidade da Bahia – s. d. Doc. 52 – L.º 30 – Compromisso da Irmandade do Santíssimo Sacramento da Igreja Matriz da Freguesia da Senhora da Ajuda de Caçapava – s. d. Doc. 72 – L.º 31 – Compromissos das Irmandades de Nossa Senhora do Rosário, Santa Ifigênia e São Benedito, eretas na sua comum Igreja de Nossa Senhora do Rosário da cidade de Mariana – s. d.

42. Teodoro Sampaio, "A engenharia e a sua evolução no século da independência da Bahia", *Diário Oficial do Estado da Bahia*, edição especial do Centenário, 2 de julho de 1922. Veja-se do mesmo autor a obra póstuma, há pouco publicada, *História da fundação da cidade do Salvador*. Leia-se também a *História política e administrativa da cidade do Salvador*, de Afonso Ruy, Salvador, 1949.

    Não nos esqueçamos deste fato importante para a compreensão do que têm sido, no Brasil, as interpenetrações de condições de raça, classe e região das famílias ou dos indivíduos: que na Índia, no século XVII, havia construtores portugueses de navios, então considerados essenciais à segurança e à expansão do Reino, que eram "pessoas de certa consideração [...] cavaleiros da casa real, embora fossem mestres de carpinteria." Recorda-o Sousa Viterbo em *Artes e artistas em Portugal – Contribuição para a história das artes e indústrias portuguesas* (2ª ed., Lisboa, 1920, p. 147), que acrescenta: "um deles, Francisco do Souto, era mestre de carpinteiros da Ribeira de Goa, e pedia que lhe fosse concedido o hábito de São Tiago ou de Avis, com vinte mil-réis de tença, como fora concedido a Jorge de Carvalho, mestre dos carpinteiros de Cochim [...] el-Rei não o atendeu mas recomendou ao vizo-rei que lhe fizesse a mercê que julgasse conveniente" (p. 147). A outro, Valentim Temudo, ia ser concedido o hábito de São Tiago, por ser "mestre-mor das naus da Ribeira de Goa", quando se verificou que, além de ser ele próprio mecânico, "tinha mais de uma costela de mecânico". Mesmo assim parece que se mandaram passar as provisões necessárias para ser lançado o hábito de fidalgo a Temudo (p. 149).

43. A observação de Lindley sobre a Bahia ainda colonial pode ser generalizada às demais áreas opulentas do Brasil agrário e patriarcal da mesma época e da primeira metade do século XIX: "*The rich owners of these plantations have very handsome seats (with chapels adjoining) where they generally reside, except during the winter rains; when they repair with their families to their houses in the city, and by this intercourse their manners and habits assimilate so much with those of the citizens as to form the same character*" (Thomas Lindley, Narrative of a voyage to Brazil, Londres, 1805, p. 271).

Por outro lado a história dos provedores e benfeitores de uma instituição caracteristicamente senhoril e, ao mesmo tempo, urbana, como a misericórdia do Rio de Janeiro, que no seu compromisso fechou-se de modo intransigente à entrada no grêmio daqueles que trabalhassem "por suas mãos", nos permite ver que foram os mesmos provedores, desde o século XVII, homens mistos quanto às suas situações sociais e às suas regiões de residência. Altos funcionários da administração pública e, ao mesmo tempo, senhores de engenho, como Pedro de Sousa Pereira (1649), provedor da Fazenda e senhor de engenho em Irajá e Campos dos Goitacases (José Vieira Fazenda, *Os provedores da Santa Casa de Misericórdia da cidade de São Sebastião do Rio de Janeiro*, Rio de Janeiro, 1912, p. 37); ou como alcaide-mor e senhor de engenho em Tijubucajá como Tomé Correia de Alvarenga, provedor em 1651 (p. 41); "ricos proprietários na cidade e por isso senhores abastados" e senhores de engenho em Jacarepaguá como os Teles, o primeiro dos quais ocupou a cadeira de regedor em 1676 (p. 61); ou como José de Sousa Barros – "grande benfeitor" da Casa falecido em 1722 que era ao mesmo tempo "senhor de engenho em Iriri" e dono de "muitas propriedades na cidade"; ou como o capitão Francisco de Araújo Pereira, eleito provedor em 1790, que à condição de forte negociante na cidade juntava-se a de "dono da grande fazenda da Olaria" (p. 181); ou como Gomes Barroso, provedor em 1812, também "grande benfeitor" da casa, "negociante de muito crédito" e "senhor de engenho de Itaguaí e Piaí" (p. 198); ou, ainda, o provedor eleito em 1818, Joaquim Ribeiro de Almeida, "rico proprietário" no Rio de Janeiro e também "dono da grande fazenda do Lagarto em Macaé" (p. 207). Só já nas proximidades do meado do século XIX é que se acentuaria o domínio, sobre a importante instituição, dos puros negociantes de cidade, capitalistas, ou homens públicos com residência única na Corte, depois de abolida em 1823 a classificação dos irmãos em dois foros – fidalgos, que formavam o primeiro foro – e não fidalgos – que formavam o segundo foro. "À falta de fidalgos de sangue azul eram considerados do primeiro faro até oficiais subalternos do exército, da milícia e das ordenanças", diz-nos Vieira Fazenda numa explicação indireta do fato dos irmãos provedores, negociantes na capital, serem, ao mesmo tempo, senhores de engenho e de fazenda, situações que lhes conferiam títulos militares de capitães-mores e sargentos-mores e, por conseguinte, de fidalgos da melhor qualidade, que eram os militares. "No segundo [foro] figuravam os industriais, os negociantes a retalho, artistas etc." (p. 213), gente que dificilmente poderia aspirar a títulos militares que os enobrecessem, embora essa ascensão à nobreza fosse possível e acontecesse. Tal o caso do português Joaquim Antônio Ferreira – definidor da Misericórdia de 1823 até a sua morte em 1859 – que começou a vida no Rio de Janeiro como empregado da casa de comércio de Gomes Vale, da qual se tornou sócio; e que, feito Capitão de Ordenanças do Regimento de Minas Novas, foi depois agraciado por D. João VI com o hábito da Ordem de Cristo, por D. Pedro I com a mercê de Cavaleiro de Cristo do Brasil e por D. Pedro II com o foro de fidalgo da Casa Imperial, com o título de barão, com o de visconde e com a Comenda da Rosa (p. 222). Depois de Ferreira, vários foram os casos de homens de cidade enriquecidos no comércio ou na indústria, que foram enobrecidos pelo governo imperial e se tornaram no Rio de Janeiro e em outras cidades, provedores de Misericórdias por sua vez já democratizadas em sua composição.

44. *"Jornal do Commercio,* 26 de outubro de 1827. *Veja-se no Diário de saude ou ephemerides das sciencias medicas e naturaes do Brazil,* vol. I, nº 81, Rio de Janeiro, 18 de abril de 1835, o pequeno mas sugestivo estudo, do médico J. F. Sigaud, "A moda dos remedios e os remedios da moda", onde são registradas várias transferências de remédios de umas classes e de umas raças para outras e também de regiões: da metrópole ou do litoral para o interior e do interior para o litoral. Longo foi o reinado da sanguessuga vinda da Europa em época em que nas regiões tecnicamente mais adiantadas do continente europeu já não era empregada: "[...] que de milhões destes annelides tem sido transportados para o Brazil ha dez annos a esta parte! que recurso para os doentes, para os barbeiros, para a alfandega e até para a diplomacia extrangeira", escrevia o autor do estudo, referindo-se ao caso de cerca de 30.000 sanguessugas importadas pelo encarregado de negócios de uma nação europeia, naturalmente para comércio, terem sido comidas pelos ratos num armazém da alfândega. Refere-se a novo prestígio do "calomelano agente universal da therapeutica ingleza" que tornara "a ganhar sua influencia". Ao mesmo tempo vinham tomando "merecido logar na therapeutica", talvez devido ao movimento geral de nativismo e de caboclismo, o barbatimão, o angelim, o guaranhém e outros produtos das nossa matas, em luta com os produtos de regiões europeias e norte-americanas: emetina, estricnina, salicina etc. (p. 32). Produtos economicamente mais poderosos que os nossos. O tabaco indígena – na época considerado terapêutico sob a forma de rapé que desentupia as ventas e talvez reduzisse os efeitos de sinusites e de outras aflições – é que vinha se revelando superior ao estrangeiro. Interessantíssimo para as sugestões esboçadas no texto do nosso ensaio é este reparo do Dr. Sigaud: "A classe inferior da sociedade gosta e gostaria sempre dos purgantes, e entre estes os drasticos serão os mais queridos. Os proletarios e os escravos adorarão sempre os tonicos, e o alcool será o emblema de sua predilecção. Para a classe remediada ficão os minorativos e os anti-phlogisticos para os ricos".

45. John Mawe, *Travels in the interior of Brazil,* cit., p. 59, nota. Foi em Santa Catarina – terra de peixe farto, ao mesmo tempo que de boas aves, ovos e legumes – que Mawe conheceu o bagre, chamado "mulato velho". Era o peixe, informa o inglês, comido pelos negros na Semana Santa e nas sextas-feiras e sábados. Espécie de bacalhau caboclo.

46. Eram ambíguos os anúncios como este, no *Diário de Pernambuco* de 18 de novembro de 1828: "Compra-se huma cabra de boa qualidade que esteja prenhe ou já dando leite...". Ou este: "Desapareceu do sitio do Bebedor huma cabra, bonita figura julga-se já ter parido..." (*Diário de Pernambuco,* 21 de abril de 1836). Exemplo de anúncio claro de cabra-mulher: "Vende-se [...] huma cabra sem vicio nem achaque algum, sabe cozinhar o diario de uma casa, lava, engoma e é boa

custureira [sic], tem boas maneiras, e só se vende por se não dar com outra parceira..." (*Diário de Pernambuco*, 8 de novembro de 1830).

Frequentemente se encontra, nos anúncios, a caracterização de "cabra-bicho", quando se trata de venda de animal, e não de mulher: "huma cabra (bicho) muito mansa e com muito bom leite" (*Diário de Pernambuco*, 19 de julho de 1841). Ou no *Diário do Rio de Janeiro* de 12 de janeiro de 1930: "Vende-se [...] huma cabra bicho bastante grande parida a 3 dias com huma cria..."

47. Sérgio Buarque de Holanda, "Redes e Redeiras de São Paulo", *Paulistana*, São Paulo, julho-agosto, 1948. O pesquisador paulista contrasta aí a rede, por natureza móvel, com a cama ou o catre, por natureza sedentários (p. 27). Destaca que havia redes "por vezes luxuosamente adornadas, como a de Pascoal Leite Pais, feita de tecido carmezim com o forro de tela verde e passamanes de prata...".

48. Manuscrito na Seção de Manuscritos da Biblioteca Nacional. I, 3, 3, 20.

49. Veja-se nosso prefácio ao livro do Sr. Júlio Bello, *Memórias de um senhor de engenho*, 2ª ed., Rio de Janeiro, 1948.

50. Dos cabanos de Pernambuco e de Alagoas se sabe que viviam vestidos "com roupa de algodão cor de folhas secas, para melhor se ocultarem, por entre o folhiço e tronco das árvores" ("O 14 de abril de 1832 em Pernambuco", cit., p. 62).

51. "Posturas da camara", *Diário de Pernambuco*, 13 de dezembro de 1831.

52. Posturas da camara, 1844, manuscrito, arquivo da Prefeitura do Município do Salvador.

53. "Posturas da camara", *Diário de Pernambuco*, 13 de dezembro de 1813.

54. Posturas da camara, 1844, manuscrito, arquivo da Prefeitura do Município do Salvador.

55. "Postura da camara", *Diário de Pernambuco*, 13 de dezembro de 1831.

56. John Warren, *Pará; or scenes and adventures on the banks of the Amazon*, Nova York, 1851, p. 9.

57. Os primeiros banhos públicos de mar da gente senhoril no Brasil não foram abertamente nas praias mas em "casas de banho" ou em barcas de banho como a *Fluctuante* que nos começos do século XIX fundeava "defronte do largo do Paço" no Rio de Janeiro, recomendando-se pela "segurança, decencia [...] lugares separados para homens, e senhoras". O tempo do banho devia ser de "1/2 hora pelo preço de 320 reis" (*Gazeta do Rio de Janeiro*, 2 de dezembro de 1811).

58. Manuscrito na Seção de Manuscritos (Coleção Pereira da Costa) da Biblioteca do Estado de Pernambuco.

59. Manuscrito na Seção de Manuscritos (Coleção Pereira da Costa) da Biblioteca do Estado de Pernambuco.

60. *Diário de Pernambuco*, 11 de novembro de 1856.
61. *Diário de Pernambuco*, 12 de novembro de 1856.
62. *Diário de Pernambuco*, 12 de novembro de 1856.
63. Entre outros, Auguste de Saint-Hilaire que se refere à desagradável "*voix rauque*" das senhoras do Brasil, provavelmente devido ao hábito de darem ordens a escravos (*Voyages dans l'intérieur du Brésil*, Paris, 1830, II, p. 284). Não só o hábito de dar ordens, terá dado à voz senhoril no Brasil – à do homem e principalmente à da mulher – sua estridência desagradável: também o hábito de repreender, admoestar, castigar com gritos e palavras insultuosas, os escravos ou os inferiores sociais. E não devemos nos esquecer da distância física que, ao lado da social, tende a estimular o hábito de falar o senhor excessivamente alto, como ainda hoje se observa nos gaúchos de estância habituados a gritar para os peões.
64. "[...] muito poeta no falar" é como vem caracterizado em anúncio de negro fugido "José, de Nação Cabinda, estatura regular, beiçudo, coxeia de huma coxa". (*Diário de Pernambuco*, 27 de maio de 1830); "bom cozinheiro, fala fina", é como aparece o crioulo José num anúncio da *Gazeta do Rio de Janeiro* de 28 de setembro, de 1816; "fala [...] fanhoza e branda" tinha João, outro negro fugido (*Diário de Pernambuco*, 20 de março de 1830); do negro Benedito, desaparecido em 1841 diz o anúncio no *Diário de Pernambuco* de 31 de agosto que tinha "falla muito baixa"; "falla branda e humilde", era também a de Jacob, escravo fugido do Engenho Utinga-de-Cima (Diário de Pernambuco, 9 de dezembro de 1848); "falla muito descançada", era a de Francisco, Nação Janga, fugido do brigue Sertório (*Diário de Pernambuco*, 9 de dezembro de 1848); Antônio, de "Nação Angola", quando falava era "com um ar de riso" (*Diário de Pernambuco*, 25 de junho de 1846); João, de "Nação Quelimane (Moçambique), alto, seco do corpo, cor muito retinta, e [...] com cicatrizes nas nadegas" tinha, entretanto, "falla mansa" (*Diário de Pernambuco*, 27 de agosto de 1846); Maria, desaparecida da casa do seu senhor no Recife, quando falava era "hum pouco devagar, indicando vergonha" (*Diário de Pernambuco*, 1 de outubro de 1848); Gertrudes, parda clara, que fugiu de um sobrado de Aterro da Boa Vista, tinha "falla aportuguesada", naturalmente por ter sido cria de portugueses (*Diário de Pernambuco*, 16 de outubro de 1848). A predominância de fala entre escravos, ou fosse "aportuguesada", ou "amatutada", era a da fala "mansa", "humilde", "baixa", "fina", "vagarosa". Sabe-se, entretanto, que certos escravos juntavam à sua voz de servos, ou servil – isto é, baixa, mansa, humilde – a imitada da família de que eram sociologicamente membros: daí a voz fanhosa e descansada de escravos dos Wanderley.
65. John Mawe, *Travels in the interior of Brazil*, 2ª ed., Londres, 1821, p. 481.
66. "Relatório sobre a nota ou memória do Dr. Júlio Rodrigues de Moura pelo Dr. Peçanha da Silva", *Anais Brasilienses de Medicina*, Rio de Janeiro, 1867, I, tomo XIX, p. 45.
67. E se atendermos ao gênero de lavoura, veremos que a do café e dos cereais tem influência mais manifesta do que a da cana, porquanto aquela é mais penosa, o gênero de trabalho é menos variado,

os indivíduos expõem-se mais à insolação e aí é verdade que o uso da garapa em fermentação alcooliza e mesmo o uso da cachaça tem influência curativa sobre tal moléstia, claro é que os plantadores de cana [escravos] são menos expostos a contraí-la pelo uso que dela [cachaça] fazem", ("Relatório", cit., p. 41-42).

68. Opinião do "falecido Dr. Silva". Na Bahia, segundo o Dr. Lívio Coutinho, "os soldados, sabendo da perniciosa influência da umidade para o aparecimento desta moléstia, deitavam-se muitas vezes sobre a terra molhada, com o firme propósito de adquiri-la..." ("Relatório", cit., p. 43).

69. Das senzalas das fazendas, escrevia o Dr. Peçanha da Silva: "Em geral são senzalas onde há muito pouco asseio, formadas de palhoças de sapé ou telha-vã, pouco resguardadas do ar, de modo que durante as noites penetra o ar frio, e muitas vezes sobrecarregado de umidade...". E ainda: "... em pequenos espaços acumulam-se grande número de indivíduos..." ("Relatório", cit., p. 42). Daí resultaria "supressão das funções exalantes da pele e mucosas..." (p. 43). Quanto à alimentação, deficiente na parte "animal", parecia-lhe concorrer para "o frequente aparecimento" da doença não só "nos escravos das fazendas" como "na população pobre, privada pelas suas tristes condições de fortuna de uma alimentação substancial e resconstituinte" (p. 43).

70. Joh. Bapt von Spix e C. F. Phil. von Martius, *Travels in Brazil*, trad., Londres, 1824.

Entre as doenças peculiares ao negro escravo e, por conseguinte, aparentemente de raça e de classe mas, na verdade, provocada pela transferência brutal não só de *status* como de uma região a outra, não deve ser desprezado o banzo para o qual médicos adiantados como Paula Cândido em 1835 já aconselhavam tratamento mental e social: "um trato que seja capaz de desimaginar [o doente]", "permissão de [o doente] se divertir e folgar a seu modo" (*Diário de Saude*, cit., 13 de abril de 1835, p. 74). Vejam-se também as doenças anotadas por Jobim como predominantes entre os escravos domésticos e operários do Rio de Janeiro na primeira metade do século XIX em seu "Discurso sobre as molestias que mais affligem a classe pobre do Rio de Janeiro", Rio de Janeiro, 1835.

71. J. F. X. Sigaud, *Du climat et des maladies du Brésil*, Paris, 1844. Veja-se também o estudo "Considerações medico-topographicas sobre a cidade do Rio de Janeiro e suas immediações", pelo Dr. Paula Cândido, Diario de Saude, cit., 13 de junho de 1835.

72. Roger Bastide, *Psicanálise do cafuné e estudos de sociologia estética brasileira*, Curitiba, 1941.

73. M. de Oliveira Lima, *Impressões da América espanhola*, trabalho em impressão, lido por nós em manuscritos. Note-se que em 1835, em face de distúrbios provocados por estudantes na Escola de Medicina do Rio de Janeiro, a polícia proibiu-os de "entrar no recinto da escola com bengala ou arma de qualquer naturesa..." (*Diario de Saude*, cit., 16 de maio de 1835). Tirava assim aos moços, em grande número brancos e de famílias distintas, uma das insígnias de classe e de raça senhoris, ao mesmo tempo que lhes cortava a regalia de "moleques finos" de que tanto se serviram os estudantes de escolas superiores no Brasil do século XIX, não só para troçar de velhos, do Governo e de instituições venerandas como para "escrever pelas paredes ou fixar em qualquer parte, dysticos ou palavras obscenas e satyricas".

Note-se que em estilos de trajo, os estudantes de cursos superiores, no Brasil daquela época, procuraram principalmente distinguir-se dos caixeiros, de sua mesma idade mas de classe considerada inferior à sua. Foram frequentes os conflitos entre estudantes de "repúblicas" e caixeiros de "castelos", alguns motivados pelo fato de caixeiros mais elegantes pretenderem usar cartola, sobrecasaca e bengala.

IX | O Oriente e o Ocidente

Há quem tenha por exagerada a importância por nós atribuída ao Oriente na formação da cultura que aqui se desenvolveu com a sociedade patriarcal e foi, em várias de suas formas, condicionada pelo tipo absorvente de organização de economia e de política, de recreação e de arte, de religião e de assistência social, de educação e de transporte – e não apenas de família, no sentido apenas biológico da palavra – que é o patriarcal. A verdade é que o Oriente chegou a dar considerável substância, e não apenas alguns dos seus brilhos mais vistosos de cor, à cultura que aqui se formou e à paisagem que aqui se compôs dentro de condições, predominantemente patriarcais de convivência humana, em geral, e de exploração da terra pelo homem e dos homens de uma raça pelos de outra, em particular. E não só substância e cor à cultura: o Oriente concorreu para avivar as formas senhoris e servis dessa convivência entre nós: os modos hierárquicos de viver o homem em família e em sociedade. Modos de viver, de trajar e de transportar-se que não podem ter deixado de afetar os modos de pensar.[1]

Só o vigor do capitalismo industrial britânico na sua necessidade às vezes sôfrega de mercados não só coloniais como semicoloniais para sua produção, de repente imensa, de artigos de vidro, ferro, carvão, lã, louça e cutelaria – produção servida por um sistema verdadeiramente revolucionário de transporte – conseguiria acinzentar, em tempo relativamente curto, a influência oriental sobre a vida, a paisagem e a cultura brasileira. Pois o que parece é que, ao findar o século XVIII e ao principiar o XIX, em nenhuma outra área americana o palanquim, a esteira, a quitanda, o chafariz, o fogo de vista, a telha côncava, o banguê, a rótula ou gelosia de madeira, o xale e o turbante de mulher, a casa caiada de branco ou pintada de cor viva e em forma de pagode, as pontas de beiral de telhado arrebitadas em cornos de lua, o azulejo, o coqueiro e a mangueira da Índia, a elefantíase dos Árabes, o cuscuz, o alfeolo, o alfenim, o arroz-doce com canela, o cravo das Molucas, a canela de Ceilão, a pimenta de Cochim, o chá da China, a cânfora de Bornéu, a muscadeira de Bandu, a fazenda e a louça da China e da Índia, os perfumes do Oriente, haviam se aclimado com o mesmo à vontade que no Brasil; e formado com valores indígenas, europeus e de outras procedências o mesmo conjunto simbiótico de natureza e cultura que chegou a formar no nosso País. É como se ecologicamente nosso parentesco fosse antes com o Oriente do que com o Ocidente que, em sua mística de pureza etnocêntrica ou em sua intolerância sistemática do exótico, só se manifestaria, entre nós, através de alguns daqueles estilos e de algumas daquelas substâncias inglesas e francesas de cultura generalizadas no litoral brasileiro após a chegada de D. João VI ao Rio de Janeiro. Ou por meio de um ou outro arreganho de ocidentalismo ortodoxo da parte de portugueses mais em desarmonia com o quase instinto ou a quase política portuguesa de expansão, que sempre se afirmou no sentido da conciliação dos valores orientais com os ocidentais.

É que até a transferência da Corte de Portugal para o Rio de Janeiro, o primado europeu de cultura no Brasil significara o primado português ou ibérico, abertas, apenas, exceções para os efêmeros domínios de franceses, no Rio de Janeiro e no Maranhão, de holandeses, no Nordeste, e de ingleses, na Amazônia. E o primado ibérico de cultura nunca foi, no Brasil, exclusivamente europeu mas, em grande parte, impregnado de influências mouras, árabes, israelitas, maometanas. De influências do Oriente mescladas às do Ocidente. De sobrevivências sólidas do Oriente não de todo dissolvidas nas predominâncias do Ocidente sobre Portugal ou sobre a Ibéria.

Em 1809, fervoroso apologista da ocidentalização do Brasil referia-se aos costumes, em grande parte de fundo oriental, que aqui se haviam desenvolvido à sua maneira em usos caracteristicamente brasileiros, como a "bisonhos, e antigos costumes, que apenas se podião tolerar quando esta porção da America era reputada huma Colonia Portugueza", por serem usos que "desde muito não se soffrem entre povos cultos, e de perfeita civilisação...".[2] A "perfeita civilização" sendo a ocidental, a cristã, a europeia era para esse estado de perfeição humana que devia caminhar o Brasil, desembaraçando-se de sobrevivências asiáticas e africanas em sua cultura, em sua vida, no gesto dos seus homens, na sua própria paisagem. Pois já vimos em capítulo anterior que houve, na primeira metade do século XIX, e, de certo modo, através do inteiro século passado, verdadeiro afã da parte dos principais dirigentes do Brasil e dos próprios particulares de prol em importarem, para o nosso País, árvores e plantas europeias, ao contrário da política portuguesa da época colonial que fora, principalmente, no sentido de enriquecer a América lusitana com árvores, plantas e animais úteis, ou de gozo, trazidos menos da Europa que da Ásia, da África, e das ilhas do Atlântico Sul. De áreas de clima parente do da América tropical. Debret ainda pôde observar no Brasil dos primeiros anos do Império: o brasileiro *"n'emprunte pas à l'Europe seule ses innovations; il va lui-même les demander à l'Asie..."*.[3]

Entre aqueles "costumes bisonhos", indignos de "uma perfeita civilisação", era natural que o eloquente apologista do Ocidente que foi o padre Gonçalves dos Sanctos incluísse, como incluiu – referindo-se principalmente ao Rio de Janeiro – o uso das rótulas ou gelosias de madeira que "tanto afêa o prospecto da Cidade, e a faz menos brilhante"; pois "alem de serem incommodas, prejudiciaes á saude publica, interceptando a livre circulação do ar, estão mostrando a falta de civilisação dos seus moradores...". Pelo que eram os próprios moradores do Rio de Janeiro que deviam "arredar de si os testemunhos da antiga condição de conquista, e de colonia", representados pelas rótulas ou gelosias orientais e concorrer, assim, para "enobrecer", isto é, ocidentalizar ou europeizar a Corte; "e fazel-a mais notavel, e magnifica aos olhos dos estrangeiros, que já em grande numero começo a concorrer a ella...".[4]

Confirma-se aqui o fato, por nós já salientado em capítulo anterior, de que o brasileiro do litoral ou de cidade viveu, durante a primeira metade do século XIX – na verdade durante o século inteiro – sob a obsessão dos "olhos dos estrangeiros". Preocupado com esses olhos. Sob o temor desses olhos como outrora vivera sob o terror dos olhos do jesuíta ou dos da Santa Inquisição. E os "olhos dos estrangeiros" eram os olhos da Europa. Eram os olhos do Ocidente. Do Ocidente burguês, industrial, carbonífero, com cujos estilos de cultura, modos de vida, composições de paisagem, chocavam-se as nossas, particularmente impregnadas de sobrevivências do Oriente. Penetrado ou desvirginado por Portugal, o Oriente como que se vingara do ousado conquistador semiocidental avivando nele empalidecidos traços orientais de cultura e até de sangue; e acrescentando a antigos característicos africanos e asiáticos dos portugueses, vários novos. Desses traços muitos foram transmitidos ao Brasil desde os primeiros anos de colonização; e aqui se desenvolveram a seu modo sob o favor da política de segregação da Europa adotada pelos portugueses com relação à sua colônia americana depois que se descobriram nesta parte da América esmeraldas e diamantes, além do ouro das Gerais.

No próprio Portugal, os traços orientais chegaram ao século XIX com uma vivacidade que talvez só fosse maior, na Europa inteira, na Turquia Asiática ou na parte asiática da Rússia. Formavam eles forte contraste com os traços da Europa propriamente ocidental, da qual, chegando ao Brasil, o Príncipe Regente e seus orientadores tudo fizeram para aproximar o Brasil, mesmo afastando-o de Portugal. É que os orientadores do Regente e ele próprio agiram menos em função de uma política castiçamente portuguesa ou ibérica com relação ao Brasil, do que de uma política imperialmente inglesa, ou britânica, de absorção e dominação de povos e culturas extraeuropeias, para maior expansão dos produtos de suas indústrias. Os "olhos dos estrangeiros", ou antes, dos ingleses, é que passaram a governar o Brasil através menos de cônsules e de caixeiros-viajantes, que daqueles portugueses e brasileiros anglófilos do tipo do conde de Linhares e do economista Silva Lisboa, para quem a salvação de Portugal ou do Brasil estava em perderem, com a possível rapidez, quanto fosse forma ou cor oriental de cultura para adquirirem as formas, as cores e os gestos dominantes no Ocidente perfeitamente civilizado. E para eles o Ocidente perfeitamente civilizado eram a Inglaterra e a França. Principalmente a Inglaterra. Donde o sentido sociológico da frase que desde os princípios do século XIX se generalizou no Brasil: "para inglês ver".

Os "olhos dos estrangeiros", sob os quais o Brasil devia ascender à condição de Nação ou de Reino civilizado, seriam principalmente os olhos dos ingleses. Eram eles que deviam substituir o olhar duro, exigente, tutelar dos jesuítas e da Santa Inquisição na direção "política e moral" das atividades brasileiras. O próprio anglófilo a quem já se fez referência a propósito do significativo incidente de destruição das rótulas nos sobrados do Rio de Janeiro, é como procura justificar a violência policial que então se praticou contra os senhores dos mesmos sobrados: invocando "muitos motivos de consideração moral e política". Entre os de consideração política, estariam, como já sugerimos noutro ensaio, os de política econômica que várias evidências indicam terem concorrido para o desejo inglês de que as rótulas ou gelosias de madeira das cidades principais do Brasil fossem substituídas, nos sobrados – só nos sobrados – por janelas de vidraça e varandas de ferro.

O fato de alcançar a medida apenas os sobrados parece indicar que o costume da rótula só era considerado "bisonho" neste tipo nobre de edifício: os "motivos de consideração moral e política" contra as gelosias como que deixavam de existir quando elas revestiam o tipo médio, ainda que já muito generalizado, de casa urbana, que era a casa térrea: meio-termo entre o sobrado e o mucambo; entre o palácio de rico e a palhoça de pobre ou miserável. Pelo ato violentamente policial que acabou com as rótulas na cidade do Rio de Janeiro, deviam elas desaparecer das "janellas dos sobrados [...] no termo de oito dias", tolerando-se pelo "espaço de seis mezes" as dos peitoris daquelas casas que não tivessem ainda "grades de ferro", para, durante esses breves seis meses, processar-se a substituição da madeira pelo ferro, e não apenas do xadrez mourisco pelo vidro de fabrico inglês. Excetuavam-se, porém, da violência, as gelosias das já numerosas "casas terreas que nada influem na belleza do prospecto...".[5]

Que não influísse o casario térreo na beleza do "prospecto" ou do conjunto urbano, é duvidoso. O que parece certo, porém, é que os moradores ou os proprietários desse casario médio fossem, na sua maioria, indivíduos economicamente incapazes de substituir em dias ou meses as gelosias de suas residências por janelas envidraçadas. Razão para que só fossem consideradas "disformes" e "funebres" as gelosias dos sobrados.

O Padre Sanctos informa terem elas caído por terra no meio de "geral satisfação". "Geral satisfação", ao que parece, dos ocidentalistas que eram os reformistas ou os modernistas da época, revoltados contra "os prejuisos, com que nos criarão os nossos avós!".

Para esses ocidentalistas era como se o desaparecimento de característico tão oriental da arquitetura doméstica como a gelosia de madeira marcasse a vitória decisiva do Ocidente sobre o Oriente na luta entre culturas ou civilizações a que o Brasil vinha servindo há anos de campo; e ora tomando feições nitidamente orientais nos costumes, nos gestos – inclusive no modo de sentar-se a mulher e mesmo o homem: de pernas cruzadas, "como os turcos", segundo notaram Kidder, no Norte, e Debret, no Rio de Janeiro[6] – na arquitetura, nos meios de transporte da gente e das coisas e na paisagem dos jardins e das estradas; ora assumindo aspectos ocidentais de cultura e paisagem que superavam os orientais. O sentimento que animava os ocidentalistas era, porém, o de superação total do Ocidente na vida brasileira de modo a tornar-se o Brasil área ocidental ou subeuropeia de cultura.

Quando os ocidentalistas eram também, como os industriais ingleses e os franceses da primeira metade do século XIX, fabricantes de artigos de casa, de vestuário, de gozo, de alimentação, de transporte, de recreação, ou importadores, como vários brasileiros da mesma época, desses artigos domésticos e civis, ao sentimento juntava-se o interesse: o interesse na absoluta ocidentalização da vida brasileira para que daqui desaparecesse a tradição de artigos orientais ou o gosto pelo seu uso. Donde a necessidade, enxergada com olhos quase de ingleses e franceses, por ocidentalistas brasileiros, de levantarem-se as novas gerações do seu País contra os "prejuisos dos avós" – caturras apegados a gelosias, a esteiras e a palanquins do Oriente; a sedas, a porcelanas, a perfumes e a leques da China; e até ao costume dos adultos, e não apenas dos pequenos, divertirem-se soltando fogos de vista orientais e empinando papagaios de papel de seda à maneira dos chineses. Costume – o de adultos empinarem papagaios, como forma de recreação nobre ou fidalga – que viria até quase nossos dias, devendo notar-se que foi empinando – já moço ilustre e até bacharel – baldes e gamelas, que Augusto Severo de Albuquerque Maranhão teve seu interesse particularmente voltado para o problema da navegação aérea, de que seria mártir, com a queda do balão *Pax*, em Paris. Seu companheiro de recreação oriental fora o seu primo, igualmente já adulto e grave, José Antônio Gonsalves de Melo que, na República, seria um dos mais severos "bispos" do Tesouro Nacional, do qual foi diretor.

Para os ocidentalistas, do que o Brasil necessitava era do que um deles, regozijado com a violenta destruição das gelosias nos sobrados no Rio de Janeiro, em 1809, chamava expressivamente de "desassombramento".[7] Desassombramento através do vidro inglês nas casas e nas carruagens ainda orientalmente revestidas de gelosias e cortinas: as casas de "grades de xadrez" que a Walsh recordaram as dos turcos.[8] Desassombramento nas cidades, através de ruas largas como as do Ocidente que substituíssem os becos orientalmente estreitos do Rio de Janeiro, de Salvador, do Recife, de São Luís do Maranhão, de São Paulo, de Olinda, de todos os burgos antigos do país. Desassombramento nas igrejas, através da substituição, pelas senhoras, de capas, mantos, mantilhas ou xales orientalmente espessos, por transparentes véus franceses que não escondessem os encantos de rosto e de peito das iaiás. Desassombramento no rosto dos homens, por meio do corte, com as tesouras e as navalhas inglesas de que se encheram as lojas brasileiras na segunda metade do século XIX, dos excessos das barbas chamadas de "mouros", de "turcos", de "nazarenos" – barbas ao mesmo tempo orientais e ortodoxamente patriarcais, que seriam aos poucos substituídas por suíças, peras e *cavaignacs* burgueses ou semiburgueses. Desassombramento através de poderosos sistemas ocidentais de iluminação das ruas, das praças, das casas que substituíssem o azeite de peixe, a vela de sebo, a lanterna oriental de papel, a chamada "cabeça de alcatrão", pelo lampião de querosene, pelo candeeiro inglês, ou belga, também de querosene, pelo bico de gás. Desassombramento nos costumes, nas maneiras, nos hábitos, nos gestos, nas relações entre homem e mulher e entre pai e filho.

Veremos mais adiante que "desassombrando-se" sob a influência de técnicas ocidentais de produção, de transporte, de urbanização, de iluminação, de pavimentação de estradas, de habitação, de conservação e preparação de alimentos, de recreação, de saneamento de ruas e de casas, o Brasil entrou em nova fase de vida moral e material. Mas sem que essa fase nova fosse marcada só por vantagens para a nossa gente e para a nossa cultura ainda em formação. Sob vários aspectos, o que havia já entre nós de imitado, assimilado ou adotado do Oriente representava uma já profunda e, às vezes, saudável adaptação do homem ao trópico, que aquele "desassombramento" rompeu ou interrompeu quase de repente.

Pois não se vence o trópico sem de algum modo ensombrá-lo à moda dos árabes ou dos orientais. Sem ruas estreitas. Sem xales, panos da Costa, guarda-sóis orientalmente vastos para as caminhadas sob o sol dos dias mais quentes. Sem sombras de grandes árvores asiáticas e africanas, como a mangueira, a jaqueira, a gameleira, em volta das casas, nas praças e à beira das estradas. Sem telha côncava nos edifícios. Sem largos beirais arrebitados nas pontas em cornos de lua. Sem casas de telhado acachapado no estilo dos pagodes da China. Sem varanda ou copiar, à moda indiana, ou dos bangalôs da Índia, nas habitações rústicas. Sem cortinas, sem rótulas ou sem gelosias nas casas ou sobrados de cidade. Sem esteiras dentro das casas, forrando o chão. Sem colchas da Índia nas camas dos ricos. Sem refrescos de tamarindo, de limão, de água de coco, nas horas de calor mais ardente. Sem muito azeite, muito cravo, muita pimenta, muito açafrão avermelhando a comida, avivando-a, requeimando-a para melhor despertar o paladar um tanto indolente das pessoas amolecidas pelo calor. E esses valores orientais, o Brasil assimilara-os através do português, do mouro, do judeu, do negro. O Brasil fizera-os valores seus. Ao findar o século XVIII eram valores brasileiros. Ligavam amorosamente o homem e a sua casa à América tropical. Não podiam deixar de afetar a mentalidade ou o espírito dos homens, certo como é que o hábito tende a fazer o monge: tanto o hábito-trajo como o hábito-costume.

Mas não era só ecologicamente que o Brasil, oficialmente colonizado por europeus, se aproximara de tal modo do Oriente e, através de experiências e instrumentos de cultura do Oriente, se adaptara de tal modo ao trópico, a ponto de se haver tornado, sob vários aspectos de sua organização e de sua paisagem, área indecisa entre o Oriente e o Ocidente. Área que às vezes se diria destacada antes do Oriente que do Ocidente. Espécie de Goa portuguesa em ponto grande onde o Oriente se encontrasse com o Ocidente produzindo um tipo misto de português e de cultura como a surpreendida na Índia lusitana por europeus do Norte da Europa, espantados com novas combinações de cor e de forma de homens e novas combinações de estilos de vida.[9]

Economicamente o Brasil e o Oriente haviam se aproximado a ponto do comércio regular e irregular entre os dois ter se constituído, durante a era colonial do Brasil, numa das bases mais sólidas do sistema agrário e patriarcal brasileiro. Para certos centros orientais de produção de tecidos, como Malabar, o Brasil tornara-se quantidade nada desprezível como mercado consumidor. "O Commercio da Asia, principalmente o da costa de Malabar, sente grave prejuiso pela estagnação das immensas e differentes fazendas que dali se exportavão para o Brasil", escrevia em 1837 Domingos Alves Branco Moniz Barreto em sua *Memoria sobre a abolição do commercio da escravatura*, publicada no Rio de Janeiro. Pois de muita fazenda comum da Ásia – fazenda destinada a escravos e plebeus – e não apenas da de luxo e para os ricos ou opulentos, abastecia-se o Brasil, antes do inglês imperialmente dominar ou absorver o mercado brasileiro: pano de Cafre, "coberta de bozarrate", "calaganes pintados", lenços de Diu vermelhos e azuis.[10] E de muita quinquilharia asiática e africana se supria a América portuguesa no Oriente, antes do francês assenhorear-se desse gênero de comércio: miçanga de todas as cores, conta miúda chamada "bolona", "roncalha" ou miçanga comprida, búzio, coral falso. Também pratos de estanho, facas de cabo de pau, chumbo em pastas, pólvora, chumbo de munição, pistolas, espadas, chifarotes.[11]

Todo esse comércio, porém, desenvolvera-se à sombra do comércio de escravos da África para o Brasil; e continuava a depender desse tráfico e da estabilidade do sistema agrário, patriarcal e escravocrático brasileiro, para sua conservação. Hostilizando esse sistema, hostilizava o industrialismo inglês sistema ainda maior: o de produção oriental, ao qual a economia brasileira acomodara-se através de uma série de vantagens recíprocas, certo como é que chegou a ser considerável a exportação do Brasil para a África, de fumo e de aguardente.[12]

Não foram raros os brasileiros da época que chegaram a considerar as afinidades do Brasil com o Oriente procedentes de semelhanças dos sistemas patriarcais em vigor nas duas áreas, base ou condição de uma reciprocidade econômica entre elas capaz de sobreviver à própria extinção do tráfico de escravos. Um desses brasileiros, o referido Moniz

Barreto que, naquela memória, publicada em 1837, já advogava a importação, pelo Brasil, de "homens livres" da África, que ficariam "engajados na lavoura" ou "aprendendo, com Mestres, artes e officios".[13] É que, ao seu ver, "a extrema desigualdade de fortunas" – característica de um país semifeudal em sua economia, como o Brasil – repugnava de tal modo ao trabalhador europeu, agrário ou artesão, que não poderíamos contar com esse tipo de homem livre. Enquanto o africano de origem plebeia não estranharia, mesmo livre, tais condições. Ao contrário: quase sem esforço se acomodaria a elas. Argumento que seria alguns anos depois utilizado pelos apologistas da importação de trabalhadores asiáticos para o Brasil, país onde "a extrema desigualdade de fortunas" não oferecia aos olhos de um plebeu do Oriente o mesmo aspecto estranho e desagradável que aos olhos de um mecânico europeu da Inglaterra ou da França; ou de um camponês da Alemanha ou da Suíça ou mesmo da Espanha ou de Portugal.

O que importava a esses apologistas da importação de "homens livres" do Oriente para o Brasil era satisfazerem o inglês quanto à exigência de abolição do tráfico de escravos. Não ignoravam eles que africanos e chins "livres" seriam, no Brasil, virtualmente escravos, dentro de um sistema patriarcal que se assemelhava ao dos países de origem desses africanos e desses chins. A tais indivíduos não repugnaria, no Brasil, como a europeus do Norte e mesmo do Sul, a condição de servos, à qual estavam habituados desde tempos remotos. Ao contrário: nada lhes faria tanta falta fora do Oriente como um senhor patriarcal que lhes concedesse proteção em troca do trabalho escravo ou quase escravo que eles lhe rendessem. Neste ponto, o Oriente e o Brasil poderiam ter se compreendido e se completado vantajosamente se ao aspecto puramente social ou econômico das relações entre as duas áreas não se juntassem o cultural e o étnico. Como desde a transferência da Corte para o Brasil – uma Corte dominada por ingleses – a Europa ganhara um prestígio novo, no Brasil, como modelo da "civilização perfeita" a que deviam todos os brasileiros aspirar, a essa atitude, irradiada das cidades ou dos centros de populações mais cultas, teria de corresponder, como de fato correspondeu, a desvalorização de tipos de homem e de valores de cultura extraeuropeus.

De onde verdadeiros movimentos da parte de médicos e de outros homens de ciência brasileiros da época no sentido da condenação de "amarelos", e não apenas de "negros", como elementos de composição ou de recomposição étnica e cultural de população nacional. Segundo eles, a população brasileira deveria procurar aproximar-se, na sua etnia e na sua cultura, da Europa. Seria uma loucura acrescentarmos ao número já considerável de africanos introduzidos no Brasil como escravos, africanos "livres" ou asiáticos. As sobrevivências da Ásia e da África entre nós pensavam os antimelanistas que só faziam humilhar-nos aos olhos dos europeus. Delas deveríamos nos desembaraçar completamente em vez de reanimá-las ou refrescá-las com a introdução, no País, de novos asiatismos e africanismos, ao lado de novos africanos e de asiáticos em grande número, que acentuassem vergonhosas manchas pretas, pardas e amarelas na face da população e conservassem na cultura e na paisagem brasileiras vermelhos escandalosos e amarelos gritantes que já não correspondiam aos gostos europeus de cor, de decoração e de composição aqui desenvolvidos.

Ao tráfico de escravos africanos não queriam os antimelanistas que se sucedesse o de asiáticos aparentemente livres[14] mas tão servis como os africanos, e, como eles – ou pior que eles – elemento de perturbação do desenvolvimento do Brasil em população branca e em cultura europeia. E esse desenvolvimento devia considerá-lo sagrado todo patriota brasileiro esclarecido pela ciência. Que não deixasse o Governo aumentar o número de orientais entre nós, sob o pretexto de aqui introduzirem o chá ou cultivarem o bicho-da-seda.

Semelhante corrente de opinião veio tomando força entre nós desde os primeiros decênios do Império. Cresceu de tal modo, depois do meado do século XIX, que, em 1879, o Dr. Costa Ferraz se julgaria no dever de lançar, como médico ou homem de ciência, alarmante grito de guerra: "O mongolismo ameaça o Brasil". Já eram vários os males que afligiam "a pátria" devidos, "em grande parte, à falta de previdência e ao desprezo das reiteradas reclamações da ciência...". E a esses se vinha juntando o mongolismo: "O Brasil, vitimado pelos seus descobridores com o terrível cancro da escravidão, uma das causas que mais têm concorrido para o seu atraso, está ameaçado, depois de mais de meio século de independência, do maior de todos os flagelos, da inoculação do mongolismo".[15]

Acrescentava Costa Ferraz que a "tão grave questão para o presente e para o futuro de nossa pátria" não podia ser "indiferente, a ciência médica que com máximo carinho formula e firma princípios que concorrem para o progresso e conservação das populações".[16] Pois "quer se encare como médico, quer como filósofo, quer enfim como patriota, a invasão mongólica de que está ameaçado o País, a resultante será sempre das mais fatais consequências". Não seria com "vantagens pecuniárias" que se compensariam os males de ordem física e de ordem moral da "projetada invasão mongólica". Daí não poder o médico que fosse também patriota deixar de "levantar um brado da mais justa indignação contra a criminosa invasão a que se quer sujeitar o nosso País de uma raça em que a degradação moral se acentua em seus hábitos seculares e sobressai como um dos mais notáveis caraterísticos".[17]

Esquecia-se, talvez, o radical inimigo da imigração de orientais de que, do ponto de vista higiênico, a mesma colonização, quando representada por chineses, estava longe de justificar a fúria, contra ela, de médicos particularmente sensíveis ao aspecto sanitário do assunto. Pois a verdade é que tendo se realizado no meado do século XIX, em Mucuri, uma experiência de colonização do Brasil com elementos estrangeiros de várias procedências, os chins, em contraste com os próprios alemães, primaram pelo asseio. A cinquenta braças do rancho de alemães, "recendia o cheiro mais nauseabundo".[18] Deixaram-se os alvos colonos invadir pelos bichos de pé pois "o pouco asseio do corpo atraía os daninhos insetos"... "Debalde se dizia aos colonos que aquela doença se extirpava com a tesourinha ou o alfinete e que o grande preservativo era recorrer diariamente ao rio e trazer o corpo limpo de imundices. Mas eles queriam curar-se do mal dos bichos com unguentos e cataplasmas e não foi possível convencer a um grande número que o hábito brasileiro de lavar ao menos os pés todas as noites é uma necessidade do homem do povo e não como pensa o proletário europeu, uma fantasia ou regalo de aristocratas e sibaritas".[19]

Enquanto isso acontecia com os colonos alemães, os chins, "como não têm horror à água, nunca sofreram de bichos no Mucuri. Um só não vi ainda manquejar por tal motivo. Foram há 3 anos para o Mucuri 89 de que só têm morrido dois". Isto escreveu Ottoni, observador idôneo.[20]

Aliás, não foram somente chins ou chinas – como eram geralmente chamados – que desde os dias coloniais se introduziram no Brasil para competir com escravos africanos nos serviços de campo e no doméstico. Também asiáticos de outras procedências. Alguns aparecem em anúncios de jornais da primeira metade do século XIX um tanto confundidos com negros ou escravos fugidos. Tal o caso do cozinheiro de "Nação Aziatica" que em 1822 desapareceu de uma casa à rua do Sabão nº 364 no Rio de Janeiro. Era homem de 28 a 30 anos, cor quase negra, cabelo crespo, estatura bastante pequena, magro, andar como de marinheiro, "Nação Aziatica ou Cafre". À primeira vista se conhecia "ser extrangeiro pelas suas feições que não são de negro". Falava mal o português, pouco e mal o inglês e também o francês "não obstante querer passar por tal", diz um anúncio no *Diário do Rio de Janeiro* de 30 de maio de 1822.

As razões de "ordem física" para os médicos brasileiros que fossem também patriotas se colocarem contra a "invasão asiática do Brasil", isto é, contra a introdução de asiáticos em maior número do que os introduzidos na era colonial como cozinheiros, mascates, cultivadores de chá, deviam ser de ordem principalmente eugênica. E não, principalmente, de ordem higiênica ou cultural. A experiência de Mucuri, considerada por observadores estrangeiros esplêndido laboratório para estudos de grupos de diferentes raças e do seu comportamento em meio tropical, foi, do ponto de vista higiênico, rasgadamente favorável ao colono asiático no Brasil.

O artigo de Costa Ferraz deve ser talvez considerado o primeiro grande brado, entre nós, contra a "invasão asiática", isto é, contra a introdução, no País, de trabalhadores asiáticos em grande número, assunto que se tornaria mais agudo no decênio seguinte; e ao qual voltaremos em ensaio próximo, a respeito da transição do trabalho escravo para o livre. Aqui apenas recordaremos que durante a primeira metade do século XIX vários grupos de orientais foram introduzidos no Brasil,[21] concorrendo com sua presença para acentuar influências do Oriente aqui visíveis ou apenas sensíveis desde o primeiro século de colonização portuguesa, quando numerosos mascates parecem ter chegado aqui do Oriente.

Em seu *Vocabulário pernambucano*, Pereira da Costa recorda, a propósito de ser o vocábulo "mascate" de origem asiática, que já nos primeiros anos do século XVII concorriam à América portuguesa – fato registrado pelo autor dos *Diálogos das grandezas do Brasil* – de todas as partes, principalmente das Índias, "diversas condições de gentes a comerciar com os naturais da terra, acompanhando suas fazendas que vinham daquelas remotas procedências conduzidas pelas naus do comércio". Tais mascates devem ter sido portadores, em dias remotos, de numerosos orientalismos, dissolvidos hoje na cultura brasileira; e aos quais se vêm acrescentando outros, por intermédio não só de simples mascates como de ingleses ou de franceses de prol: pijama, quimono, bangalô.

De origem oriental é a palavra caqui (*kaki*) tanto para designar o brim de tecido forte (usado há anos no fardamento militar do Brasil) como o fruto do caquizeiro, também há anos aclimado no nosso País, onde veio fazer companhia à manga, ao jambo, à fruta-pão. Recorda-o o mesmo Pereira da Costa, no seu referido *Vocabulário pernambucano*, ao registrar a palavra "caqui". Trazido igualmente da Índia foi, segundo o mesmo pesquisador, o caramboleiro, aclimado no norte do País no horto del-Rei, em Olinda.

Também foi de origem oriental o *kiosque* ou quiosque, pequeno pavilhão de forma otogonal que sob esse nome ou o de pagode, tornou-se, com o palanque, característico das praças públicas do Brasil do tempo do Império, algumas das quais, enfeitadas com bandeirolas de papel e lanternas de cor e folhas de canela, tomavam, nos dias de festa, aspecto nitidamente oriental. Principalmente ao clarão dos fogos de artifício acompanhados do ruído de foguetes. Quiosque ou pagode foi construção leve importada do Oriente e às vezes feita orientalmente de bambu e palha de coqueiro, que se tornou comum nas cidades do Brasil como elemento pitorescamente festivo.

Em 1848, José dos Santos Torres era proprietário, em Pernambuco, de "bem conhecido hotel ambulante *Oh! que belo retiro!*", isto é, "elegante e espaçoso kioski" onde se encontrava "toda a qualidade de bebidas espirituosas e refrescos" e muitos e variados quitutes europeus e brasileiros. O pavilhão oriental serviu, assim, entre nós, de ponto de encontro de valores de cultura os mais diversos, alguns novos para o Brasil como o sorvete e a gasosa, outros velhos ou tradicionais. No quiosque do Torres vendiam-se "champanha-cometa, montebello, chateau-margô, ale, porter, verdadeiro marasquino de zara, limonadas, gasosas e sorvetes de todas as fructas da estação". Também "salame, fiambre, rosbife, perus, galinhas, peixe frito e de escabeche, mão de vaca, empadas, pastelões, tortas e pudins e todas as diversas iguarias que constituem a boa mesa e o deleite do gourmand". Ainda que nele se encontrasse mão de vaca, o "kioski" do Torres, estabelecido por algum tempo na Estância, era um pavilhão predominantemente aristocrático.

Na segunda metade do século, porém, o quiosque de pé de ponte ou esquina de rua e rival de quitanda – não o pavilhão ou pagode de centro de jardim público – seria nota plebeia da paisagem brasileira. Nele se venderia, não fiambre ou *champagne*, porém cachaça, vinho português barato, bacalhau, sarapatel, munguzá, mão de vaca. Até que contra essa sobrevivência oriental, não de todo má, nas cidades brasileiras, levantou-se o ocidentalismo dos urbanistas e engenheiros do Brasil-República envergonhados do quanto fosse cor ou forma da Ásia ou da África na cultura, na vida e na paisagem desta parte da América. Mas isto é assunto para outro ensaio.

Aqui lembraremos ainda, a propósito de quiosques como o do Torres, com a sua conciliação pitoresca de *champagne* com mão de vaca, de gasosa com refresco de tamarindo, de arcaísmos com modernismos, de exotismos com valores da terra, que tal conciliação ocorreu noutras esferas, no Brasil da mesma época, isto é, da primeira metade do século XIX. Apenas outro exemplo: o *Diário de Pernambuco* de 12 de fevereiro de 1848 traz um anúncio de representação no "Theatro Publico" do Recife, na qual, a uma queima de lapinhas dentro do gosto dos tradicionalistas mais exigentes, com "uma linda e eterna música de despedida das pastoras compostas pelo sr. Major Patricio" – talvez homem de cor, pois os homens livres de cor, da época, muito se refugiaram na composição e execução de músicas do exercício de ocupações que pudessem comprometer-lhes a dignidade de homens livres – juntavam-se danças de "polka, mashurka, polaca, podidu inglez e minuete escossez" pelas mesmas pastoras. No meio desses exotismos, as arrematações tradicionais. O presepe e o pastoril. Satanás. O Velho. Os Anjos. As pastorinhas. O culto do Menino Deus.

Os teatros públicos já abandonavam, na sua iluminação, a "antiga rotina das materias oleosas" pelos candeeiros de gás que além de darem "excellente luz" eram de "um asseio a toda prova" – como se lê no mesmo *Diário* de 28 de janeiro de 1848 – e ainda abrigavam sobrevivências medievais com toques ou manchas orientais como os presepes e os pastoris. Mocinhas vestidas de anjos que, pela tradição europeia, deviam ser antes ocidentalmente louros que orientalmente morenos. Pastoras que podiam ser tanto morenas como as mouras como louras à maneira das europeias do Norte. As pastoras do cordão azul deviam ser quanto possível louras, as do cordão encarnado, morenas. E aos pastoris e presepes, juntavam-se às vezes as lutas entre "cristãos" e "mouros" nas quais também o público via dramatizar-se aos seus olhos o conflito entre o Ocidente e o Oriente.

Já na segunda metade do século, a cômicas ou atrizes louras – como, em geral, as atrizes das companhias estrangeiras – se juntariam números de "baianas", num começo de glorificação pública da "morena brasileira" e até da própria "mulata da terra" vestida à maneira do Oriente. As baianas facilmente se prestavam a essa espécie de glorificação pelo teatral do seu trajo cotidiano, muito cheio de cor, de brilhos e de reminiscências orientais e muçulmanas às quais, aliás, se juntaram, como notou Wetherell na Bahia, influências cristãs como a de se atenuarem os mesmos brilhos durante a Semana Santa.

Durante largos anos foram conservadas vivas pelo comércio tanto regular como irregular entre as duas áreas e ao qual já se fez referência, influências do Oriente como o trajo das baianas. Como o encanto pelas mulheres morenas. Como o gosto pelas sedas, pelas joias, pelas sandálias.

Por meio de comércio regular vinham as mercadorias orientais para o Brasil-Colônia, em navios portugueses que chegavam de Lisboa e do Porto aos portos brasileiros não só cheios de vinho, farinha de trigo, bacalhau e queijo do Reino – ou da Europa – como de artigos do Oriente, aqui trocados, junto com os da Europa, por algodão, açúcar, aguardente, café, tabaco, madeira, raízes medicinais. Era considerável, nesse intercâmbio, a balança de lucro a favor de Lisboa – segundo reparou, nos princípios do século XIX, um observador inglês – a despeito de se conceder então a brasileiros a graça de importarem da África, escravos e de trazerem nos negreiros, dos mercados africanos, cera, ouro em pó e outros valores, trocados por algodões grosseiros, aguardente e fumo.[22]

Toda outra atividade de comércio com o exterior proibida a brasileiros e a estrangeiros, dada a política de segregação e de monopólio seguida por Portugal com relação à sua colônia americana depois que nela se descobriram diamantes e esmeraldas, além de ouro, era natural que se desenvolvesse, entre a gente da colônia mais afoita em seus pendores para a mercancia clandestina, de um lado, e de outro lado, entre os estrangeiros mais audazes ou astutos que então navegavam por águas do Atlântico Sul, o gosto, a técnica, a aventura do contrabando. Apresentava-se sedutor o comércio irregular de brasileiros com o Oriente, cujos artigos eram altamente estimados por uma população, como a colonial, do Brasil, não só marcada pela influência do Oriente desde os dias já remotos de sua formação portuguesa como reavivada, em alguns dos seus traços ou hábitos orientais, pela constante transferência do Oriente para o Brasil de funcionários, militares e religiosos portugueses e pela também constante importação de escravos impregnados da mesma influência.

Tantas eram as proibições de monopólios, no Brasil colonial, que delas resultava o estímulo ao contrabando, notado por Lindley.²³ E no assunto Lindley deve ser considerado autoridade, pois conheceu de perto atividades irregulares de ingleses como intermediários do Brasil com o Oriente, não só na época em que essas atividades eram toleradas quase como normais pelas autoridades portuguesas na América, como, principalmente, nos dias de intolerância e de rigor. Intolerância e rigor que parecem ter concorrido para a hostilidade dos ingleses ao comércio do Brasil com o Oriente. Tal comércio, sob forma irregular e semiclandestina, parece ter sido também praticado nos fins do século XVIII e nos princípios do XIX pelos rivais dos ingleses na técnica ou na arte de transporte marítimo: os norte-americanos. O que, tendo se verificado mais de uma vez, deve ter concorrido para a política britânica, do século XIX, de dominação ou absorção imperial do mercado brasileiro, que a Grã-Bretanha invadiu com os produtos de sua indústria nos próprios setores de especialidade africana ou asiática: a fazenda fina e a porcelana. Também com alguns produtos do Oriente naturalmente por preços muito mais elevados que os das fábricas inglesas e transportados pelos navios ingleses.

Lindley informa dos navios ingleses que no século XVIII se destinavam às Índias Orientais, à China e a outras terras do Oriente que, devido à viagem extremamente longa, viam-se quase sempre obrigados a tocar em portos intermediários para reabastecimento de água e de alimentos frescos e para reparos a consequências de pequenos acidentes acontecidos durante a primeira metade da viagem.[24] E sucedia que Pernambuco, a Bahia e o Rio de Janeiro se apresentavam como portos intermediários convenientes pela facilidade de boas provisões. Donde estarem sempre recebendo visitas de navios ingleses que, sob o pretexto de arribadas, aí demoravam, comerciando com a gente da terra. De modo que antes da abertura oficial dos portos brasileiros ao comércio estrangeiro, já o Brasil acolhia, além de naus da Índia sempre necessitadas de "provisões" ou de "reparos", navios ingleses, e às vezes anglo-americanos, que procuravam os três portos principais da colônia sob o mesmo pretexto.

Assim se manteve, durante longos anos, o contato do Brasil com as terras proibidas da Europa e do Oriente: principalmente do Oriente. Mesmo quando Portugal decidiu, nos começos do século XIX, hostilizar e perseguir todo comércio europeu com o Brasil que não fosse o oficial ou ortodoxo, de Lisboa e do Porto, continuaram as arribadas de naus estrangeiras ou portuguesas vindas do Oriente para Lisboa, em portos brasileiros: "[...] *yet scarcely a ship arrives without making some contraband sales as the very persons appointed to prevent this are themselves smugglers*",[25] escreve Lindley referindo-se às arribadas de naus europeias.

Para Andrew Grant, em nenhuma parte do mundo, excetuada a China ou o Japão, criavam-se tantos obstáculos à entrada de navios estrangeiros como no Brasil. É o que ele registra à página 122 de sua *History of Brazil*, publicada em Londres em 1809. A despeito de tais obstáculos tanto no Brasil como no Oriente, foi considerável o comércio entre os dois através do século XVIII e nos primeiros anos do XIX.

Vinha de longe a irregularidade das arribadas falsas ou como pretexto ao comércio direto do Brasil com o Oriente e com a Europa. Comércio – o direto, com o Oriente – que às autoridades metropolitanas repugnava por motivos principalmente econômicos como por motivos principalmente políticos lhes repugnavam os contatos do Brasil-Colônia com ingleses e franceses não só heréticos em religião como liberais em política. Mas que várias autoridades portuguesas na colônia parecem ter achado de toda conveniência tolerar: não só no seu interesse particular como no geral, da colônia. Os obstáculos eram, em grande parte, se não "para inglês ver", para inglês superar.

E a superação dava-se pelo ouro que os contrabandistas espalhavam entre autoridades e funcionários.

Em estudo aparecido em 1922, em Salvador da Bahia, sobre a "Alfândega da Bahia" – sua história documentada com a cópia de manuscritos existentes no Arquivo Público do Estado, vem transcrito, sobre o assunto, mais de um documento interessante recolhido de tão opulenta fonte. Um deles a provisão real de 8 de fevereiro de 1711: "Eu El Rey faço saber aos que esta minha provisão em forma de ley virem que sendo me presente que na Bahia de Todos os Santos foram quatro navios de guerra da India Oriental, todos inglezes e tambem outros ao Rio de Janeiro, e que os ditos navios dos ditos portos introduziram mercadorias da Europa e da India trazendo do Brasil muito ouro e tabaco. Fuy servido resolver para evitar tão consideravel damno que se ordenasse aos governadores das conquistas não admittissem nos portos dellas navios alguns inglezes ou de outra qualquer nação extrangeira, se não indo encorporados com a frota deste Reyno e voltando com elles na forma dos tratados, obrigados de alguma tempestade ou falta de mantimentos, nos quaes casos assistindo-lhes com o necessario os deviam mandar sahir sem lhes permitir commercio algum; e porque este não se pode fazer sem que os governadores o consintam ou tolerem, o que necessita de pronpto e efficaz remedio pelas consequencias que podem resultar da tolerancia ou dissimulação deste negocio e pedir a boa igualdade da justiça se evite tão grande damno e se castiguem os que de algum modo concorrem para semelhante negocio com os extrangeiros, hei por bem e mando que as pessoas que com elles commerciarem ou consentirem que se commercei, ou sabendo-o, o não impedirem, sendo Governador de qualquer das minhas conquistas Ultramarinas, encorrerão nas penas de pagarem tres dobros para minha Fazenda os ordenados que receber ou tiver recebido pela tal occupação de Governador e que perca os bens da Coroa que tiver e seja inhabil para requerer outros, ou para occupar qualquer ou governos para o futuro...". E do mesmo ano é outra carta transcrita no mesmo estudo – de 27 de janeiro – mandando prender o capitão que despachasse o navio para um porto e fosse descarregar em outro.[26]

Aliás, é abundante, com relação à Bahia, a documentação publicada, e não apenas manuscrita, sobre o assunto. O volume XX dos

Anais do Arquivo Público e Inspetoria dos Movimentos do Estado da Bahia,²⁷ é do que se ocupa: do "comércio da Bahia Colonial com a África e a Índia", principiando pelo "comércio clandestino". Pelo material de arquivo aí reunido vê-se quais as principais mercadorias da Ásia e da África importadas pela Bahia durante o século XVIII e registradas na grafia arrevesada e às vezes confusa da época: buzio, bafetas, cadiá balagate, surrate, cassas, coromandeis, chiatas surrates, guizaiates, chitas de Damão, cobertores ordinários, cravo, canella, chá, xales, botins, dometins, gosciz, garraz, gangas, incenso, lençóis ordinários, louça de Chinchen, linhas surrate, linhas patavaz, linhas de Dui, murins, pericaes, panos de Cafre, pimenta, sedas, xarões, leques, zuarte.²⁸ E ainda: panos azul, amarelo, serafina branca, serafina azul, brim, chapos de cairel amarello, pentes, fitas pretas de lã, meias, linhas de oeiras, botões de latão, chapos de cairel branco, botões de estanho, fitas.²⁹ E do mapa de carga do que trouxe em 1759 "no porato, curvas e mais agazalhados a Nau por Invocação *Santo Antonio e Justiça*", vinda de Goa e, ao que parece, típica ou representativa das naus que faziam então comércio regular entre a Bahia e a Índia, constam: "saccos de pimenta, barris de pimenta, fardos de fazenda, caixões, caixetas e caixinhas, amarrados de louça, fardos de canella, pipas de vinha Acquim, arcas e bahus de roupa, bucetas, peças de seda soltas, frasqueiros de louça, barris de incenso, bizalhos, envoltorios, papeleiras"³⁰.

Em 1771 a nau *Nossa Senhora de Ajuda* trazia da China "louça, vidros e outros effeitos...", segundo carta de Martinho Nobre ao conde de Povolide sobre as providências tomadas com relação ao encalhe da referida nau "nas Salinas junto a Benguela" e os reparos que teve de sofrer na Bahia, onde foram descarregados louça e vidros. E a propósito de ataques franceses ao comércio português com Goa, informa um ofício de 30 de maio de 1801 ao governador da Bahia, do comandante da fragata portuguesa *Andorinha*, cuja missão era proteger os navios que faziam o comércio entre o Brasil e a Índia sob a bandeira de Portugal, que sofrera, em um encontro com a fragata francesa *La Chifone*, perdas de homens e de peças. Vinham então da Índia, para o Brasil, além de outros artigos, "louças, fazendas, pimenta, canela, tapeçarias e pedras preciosas como esmeraldas e rubis". Outras especiarias "vinham acondicionadas em frasqueiros, vasos, garrafas e em objetos de cerâmica fina, além da louça da China comprada a preço de rolos de tabaco".³¹

Outros documentos do século XVIII e do XIX – como várias das instruções relativas a arribadas que constam da correspondência da Corte com os vicerreis do Brasil, guardadas em manuscrito no Arquivo Nacional³² – indicam que foram numerosos os contatos regulares e irregulares da Bahia e outras partes do Brasil com o Oriente, quase sempre sob o doce pretexto de arribadas de naus da Índia ou estrangeiras em portos brasileiros. Arribadas, as naus abasteciam os colonos de artigos do Oriente, pelos quais a população – principalmente a senhoril – das cidades e dos engenhos mais opulentos do litoral conservou o gosto, mesmo depois de inundados os mercados brasileiros de artigos ingleses e franceses. Donde ter sido lenta, nos meios mais orientalizados da colônia transformada em Reino e depois, em Império, a vitória da carruagem inglesa sobre o palanquim, da fazenda inglesa ou francesa sobre o pano da Ásia, da porcelana europeia sobre a oriental, do verniz sobre a pintura de móveis.

Particularmente expressiva, com relação às arribadas, é a "Portaria para o provedor-mor tirar devassa dos descaminhos da fazenda da Índia", datada da Bahia, 24 de maio de 1675 e que se encontra nos *Documentos* da Biblioteca Nacional, à página 166 do volume VIII da série *Documentos históricos (Portarias e cartas dos governadores--gerais,* 1670-1678, Rio de Janeiro, 1929) a propósito de nau da Índia comandada por um Dinis: "[...] tendo eu notícia de que na casa de uma das pessoas que vieram na mesma nau se vendiam algumas coisas da Índia", diz a carta, deixando-nos ver como se fazia o comércio do Brasil com o Oriente a despeito de "todo esse cuidado e prevenção". Vários casos de naus da Índia arribadas à Bahia são referidos no volume VIII e no VII da referida série de *Documentos.*

Os anúncios de jornal revelam, desde os primeiros dias em que começou a haver imprensa no Brasil até o terceiro decênio do século XIX, como persistiu na população, resistindo ao impacto da produção industrial europeia, o gosto pelos artigos orientais a cujo uso ou gozo o brasileiro se afeiçoara durante longo período de sua experiência colonial; e que correspondiam melhor que os europeus – produtos de uma civilização individualista, racionalista, secularista – ao seu sistema de vida e aos seus estilos de cultura impregnados, como os do Oriente, de familismo, de patriarcalismo e de religionismo ou misticismo. Os conteúdos ou as substâncias eram, por certo, diferentes e até antagônicos; mas as formas dos dois sistemas de vida – o oriental e o brasileiro – semelhantes. Donde terem persistido, do modo por que persistiram, as afinidades entre as duas áreas.

Os primeiros números da *Gazeta do Rio de Janeiro* e da *Idade d'Ouro do Brasil* trazem, entre os anúncios de novidades europeias, notícias de artigos de fabrico, procedência ou feitio oriental, ainda correntes no Brasil: palanquim, fazenda, porcelana, chá e até diamante. A 11 de abril de 1809, Cláudio José Pereira da Silva anunciava na *Gazeta do Rio de Janeiro* ter perdido "hum annel com hum diamante brilhante da India".

Mas não era só o artigo de luxo que vinha do Oriente: também o ordinário. A 11 de fevereiro a mesma *Gazeta* anunciava ter fugido da casa do seu senhor "hum preto por nome João [...] magro, bem feito [...] com calças riscadas de azul e branco e camiza de algodão da India". E na *Idade d'Ouro do Brasil* aparecia a 20 de dezembro de 1822, para trocar por escravos, "huma partida de coral fino". Também se importava do Oriente "louça ordinaria". A 13 de abril de 1817, a *Gazeta do Rio de Janeiro* publicava entre seus "Avisos": "Na rua da Alfandega nº 5 se acha á venda por attacado e miudo todos os generos e fazendas da *China*, como sejão canella e chás Aljofar, Perola, Hisson, Uxim, Congo, Sequim, Tonkay e Suchon, toda a qualidade de gangas, charões, sedas e tonquins, tanto em pessas como em chales, mantas etc. No armazem da mesma casa se vendem varejados todos os chás novos do navio Maria I, pelos preços actuaes e louça ordinaria e em porcelana, para mesa e chá tambem do mesmo navio".

Chá do Oriente não faltava aos requintados da Corte de D. João. Na rua da Candelária nº 18 vendia-se em 1815, segundo anúncio na Gazeta, "o melhor chá de todas as qualidades vindo proximamente de Macao no navio Maria I para vender por grosso e a varejo...". Mas tinha rival esse importador de chá do Oriente pois em casa defronte à sua vendia-se chá Uxim e Sequim, também "chegado proximamente da China", segundo anúncio de 16 de agosto de 1815 na mesma *Gazeta*. À Bahia e a Pernambuco chegou igualmente, ainda nos dias coloniais, o requinte do uso do chá do Oriente como bebida de gozo e não apenas sob a forma de remédio. A capitania de Pernambuco, no ano remoto de 1806, já importava para seus fidalgos ou ricos de sobrado como o brigadeiro José Roberto Pereira da Silva – sogro do dicionarista Morais – o desembargador e juiz conservador das matas, Joaquim Vaz Salgado, o físico-mor Estanislau Pereira Lisboa e Antônio Marques da Costa Soares, serviços de louça de chá, ao mesmo tempo que garrafas de cerveja.[33]

Em 1830 o chá que chegava ao Brasil, do Oriente, era o aljôfar, o pérola, o hisson, o uxim, o sequim. E do preto, o sonchong, segundo anúncio de 17 de julho daquele ano no *Diário Fluminense*.

Não nos esqueçamos de que em 1839 o chá era ainda monopólio dos chineses que, segundo Carlos Augusto Taunay, não entregavam ao comércio estrangeiro senão "as qualidades inferiores, reservando a infinitamente mais exquisita da colheita dos botões tenros e folhinhas para o paladar dos seus imperadores e mandarins...".[34] Transplantado para o Brasil, em 1828, os produtos desse chá transplantado foram expostos a venda; mas desacreditou-os "hum cheiro de verniz", resultado de circunstância "extranha à cultura e preparação".[35] Donde a preferência pelo chá vindo do Oriente que se não era exatamente o dos imperadores e mandarins trazia alguma coisa de sabor e de perfume nobres. Não só o chá da China: também o da Índia "muito superior", de que fala um anúncio no *Diário do Rio de Janeiro* de 18 de abril de 1822.

O próprio rapé Macoubá aparece nos anúncios da época prestigiado pelo fato de ser o usado "principalmente na Ásia onde o preferem a outro rapé não só pella excellencia de ser o unico que se conserva no clima quente e humido sem a minima corrupção mas sim com tanta melhoração quanto mais antigo [...] mas tambem pelo beneficio que retirão do seu uzo porque fazendo purgar muito o orgão do olfacto sem offendel-o, dizem que diminui a acrimonia dos humores da cabeça, anima, desperta, vivifica os sentidos, produzindo deste modo os mais uteis effeitos". O uso do rapé Macoubá pelos povos da Ásia vem invocado, como prova da superioridade do mesmo rapé em climas semelhantes ao brasileiro e entre gente mais sábia, em assunto de paladar e de perfume, do que a europeia, em anúncio da *Gazeta* de 27 de outubro de 1813.

São ainda do tempo do Brasil-Reino e do colonial anúncios de jornal que indicam ter continuado durante todo esse período, e a despeito da invasão do mercado por novidades europeias, a preferência por artigos orientais da parte dos brasileiros mais conservadores. Por finas esteiras da Índia, que faziam as vezes de cortinas e de vidro, nas casas, por exemplo; e não apenas pelas simples esteiras de Angola importadas principalmente para uso das famílias que tinham menino em idade de engatinhar e também para leito e mortalha de negros que não se acomodassem às redes dos índios. Por louça ou porcelana azul, dourada, pintada e de cor que ainda aparece em anúncios do ano de 1821 a "preços muito commodos".

Nessa época, parece que o armazém do Rio de Janeiro que se especializava na importação de artigos finos do Oriente "por conta própria" era o da travessa da Alfândega nº 5, onde também se vendiam "chás superiores de todas as qualidades" e "sedas, tonquim e becas para Ministros...".[36] Já independente o Brasil, ainda apareciam nos jornais anúncios, como o que se encontra no *Diário de Pernambuco* de 29 de julho de 1842, de "uma beca rica e nova de setim de macau bordada de veludo lavrado com o seu competente chapéu da mesma fazenda, para algum magistrado..."[37] e na praça da Constituição havia em 1825 para vender, segundo anúncio no *Diário do Rio de Janeiro* de 21 de janeiro, "becas para dezembargadores, ricamente bordadas na China".

Eram os principais magistrados brasileiros, e não apenas os ministros, que se revestiam então, para o exercício de suas funções, de becas "ricamente bordadas", vindas do Oriente. Se o hábito faz sempre o monge, a justiça por eles administrada ou distribuída era antes a patriarcal que a estatal nas suas inspirações; a que considerava antes a família que o indivíduo ou o Estado. E a julgar pelas leis – então dominantes num país patriarcal como o Brasil – a favor da propriedade de homens por homens, da subordinação quase absoluta das mulheres aos maridos e dos filhos aos pais, de defesa da religião como valor político e familial e não apenas individual ou pessoal, os magistrados brasileiros da primeira metade do século XIX, revestidos daquelas becas orientais, se sentiam mais à vontade para exercer seu ofício do que em togas de juízes ingleses ou franceses impregnados de estatismo ou de secularismo. De modo que a importação de becas para magistrados correspondia a profunda afinidade entre os dois sistemas sociais e de cultura: o brasileiro e o oriental, este representado principalmente pela China ou pela Índia. E o mesmo era certo de outros artigos então importados pelos brasileiros, do Oriente, como vestidos bordados a ouro e a prata. E leques, também insígnias de casta como os mandados fazer na China para comemorar aclamações e coroações no Brasil e dos quais se veem curiosos exemplares no Museu de Petrópolis.

Importador, durante anos, de artigos orientais foi o armazém de Joaquim Matos Costa, estabelecido à rua dos Pescadores n° 11, no Rio de Janeiro, dos primeiros decênios do século XIX, "lado direito hindo para cima": aí encontravam-se lonas, meias-lonas e brins da Índia, cabos do Cairo de todas as bitolas, sabão em caixa, arroz da Índia muito claro e inteiro, além de fazendas, chá e gangas, tudo do Oriente.[38] E anúncio da *Gazeta* de 24 de janeiro de 1818 indica que havia então para vender à rua de São Pedro n° 25 "guardanapos da India a 1:600 a duzia", além de "hum vestido de cassa bordado de ouro muito rico". Os vestidos de gosto oriental, bordados a ouro e a prata, os lenços de cambraia da Índia, as mantilhas "com apparelho de prata" foram artigos do Oriente cuja presença no Brasil se prolongou mais do que a de outros, talvez por serem as mulheres mais conservadoras do que os homens; talvez por se adaptarem os vestidos asiáticos melhor do que os europeus ao ambiente brasileiro de cor e de luxo vistoso da gente senhoril.

Independente o Brasil de Portugal, e tornado zona de influência ou de domínio econômico da Grã-Bretanha, não se desprendeu de repente dos velhos laços que o ligavam ao Oriente, embora as dificuldades criadas pelos ingleses ao comércio direto do Brasil com os portos orientais tradicionalmente ligados à nossa economia e a nossa cultura. Dificuldades a que mais adiante voltaremos a nos referir. No Rio de Janeiro, em pleno ano de 1827 recebia-se ainda louça da Índia vinda diretamente de Macau, que era vendida à rua dos Pescadores n° 2. Aí vendiam-se aparelhos de mesa, sopeiras, meias-tigelas para almoço de Nanquim e Cantão – tudo azul ou esmaltado. Também gangas azuis de Nanquim "da primeira qualidade".[39]

Em 1828 importava-se ainda da China "bom fogo artificial" para as festas de igreja. Vendia-o no Rio de Janeiro a loja da rua do Sabão n° 100, especializada, ao que parece, em artigos de procedência oriental, pois ali se encontravam também "chá uxim" e "conchas de madrepérola".[40] E não nos esqueçamos de que, indiana a origem do

Carnaval brasileiro, como pareceu a Thomas Ewbank,[41] teríamos aí – e não apenas nos santo-antônios, nos são-joões e nos são-pedros e nas festas de igreja celebradas com muito fogo de artifício, à moda oriental – tão profunda marca de influência oriental sobre os estilos brasileiros de recreação, como sobre os estilos de vestuário, de transporte, de arquitetura doméstica, de adorno pessoal.

Em 1830 encontrava-se à rua da Alfândega nº 126, na loja de um *Mr.* Hunt, tinta do Japão, tanto a varejo como em barricas de trinta dúzias, conforme anúncio no *Jornal do Commercio* de 31 de março. "Chapeos de sol de seda cor de rapé e verdes muito superiores" e "chapeos de lan de camello da India" eram vendidos no Recife em 1833,[42] ao lado de "lenços de cambraia da India bordados para senhora, tanto brancos como de cores", "chales de seda", "vestidos bordados de ouro e prata", "lenços bordados de ouro e prata para senhora", "mantilhas com apparelho de prata",[43] "colchas de Damasco... da fabrica de Lisboa",[44] cuja tradição era a oriental. Dez anos depois era raro brilhar num anúncio de jornal brasileiro vestido ou mantilha ou lenço do Oriente, com tanto bordado a ouro e a prata. Quase que só brilhavam "corazes azues com requefifes para braço de senhora"[45] tendo diminuído consideravelmente as importações de artigos de marfim, de porcelana e de seda, ainda tão numerosos nos primeiros dez ou quinze anos que se seguiram à Independência. Tanto que em 1833, nas ruas do Rio de Janeiro, os olhos do francês Douville haviam se surpreendido com o luxo oriental dos vestidos de mulher, bordados de ouro e prata.[46]

A lista dos gêneros de importação em grosso publicada a 20 de dezembro de 1828 pelo *Jornal do Commercio* do Rio de Janeiro nos deixa ver que continuava então o Brasil a importar do Oriente, em largas quantidades, cravo-da-índia, cera amarela, chá, gangas da Índia, gangas de Cantão, marfim de lei, "tartaruga de Moçambique". E a essas importações em grosso juntava-se a de artigos especiais e delicados como bandejas, porcelanas, caixas para senhoras, móveis, inclusive as "mezas com caixas de costuras da China" a que se refere um anúncio no *Jornal do Commercio* de 27 de janeiro de 1831.

Não consta de anúncios de jornais por nós examinados mas sabe-se por tradição oral que, durante os dias coloniais e durante os primeiros anos do Império, vieram do Oriente para o Brasil, coçadores de marfim, ou "mãos de coçar", com que os requintados davam-se ao luxo de coçar as costas. E não nos esqueçamos de que, por evidente influência oriental, desenvolveu-se no Brasil dos dias coloniais o costume, que veio até à época do Segundo Reinado, de usarem as pessoas superiores, dentro da hierarquia patriarcal, unhas excepcionalmente compridas nos dedos principais das mãos. Por elas e pelo uso, também oriental, de anéis de diamantes, esmeraldas, rubis – alguns importados da Índia – exprimia-se, como já salientamos em outro dos nossos ensaios sobre a formação brasileira, a condição senhoril e aristocrática do indivíduo: indivíduo que não precisava de trabalhar ou de lidar com instrumentos plebeus ou servis de trabalho. Ou que podiam ostentar sua qualidade de ociosos, como observou Lindley. "*The singular custom*" – escreveu Lindley, que conheceu a sociedade colonial do Brasil ainda quase intacta nos seus modos e costumes do século XVIII – "*of permitting the nail of the thumb, or fore-finger (sometimes both) to grow to a hideous length, and then paring it to a sharp point, is common to both sexes*".[47] E acrescentava que a estranha excrescência, além de anunciar nos seus portadores a qualidade de pessoas de ócio, ou lazer, tinha sua utilidade, em relação com outros costumes brasileiros: servia para os homens dividirem as fibras da folha de tabaco e cortarem-na na forma necessária à preparação de charutos, por eles tão estimados – substitutos, no ritual da sobremesa, dos palitos de dentes, feitos também pelos próprios senhores[48] – e servia para o manejo de violas e violões, instrumentos então aristocráticos,[49] embora, com surpreendente rapidez, substituídos pelos pianos ingleses, quando não pelas primeiras caixas de música.

O mesmo era certo dos palanquins – tão comuns nas cidades principais do Brasil até os começos do século XIX como os banguês, também de origem oriental, nas áreas dos engenhos de açúcar. Em Salvador da Bahia – cidade por longos anos rica como nenhuma, da América portuguesa, e como nenhuma, das do litoral, ladeirosa e cheia de voltas – encontravam-se nos tempos coloniais, e mesmo nos primeiros anos da Independência, os palanquins mais orientalmente sobrecarregados de ouro e prata. Revestiam-nos pesadas cortinas, algumas de seda,[50] decoravam-nos figuras de cupidos, de anjos, de dragões. E os palanquins ou as "cadeiras" da gente mais fina ou mais rica, carregavam-nas negros vestidos caprichosamente de trajos de cor – casacos, calções, saiotes azuis e vermelhos[51] – embora descalços, como, aliás, os que Koster encontrou no Recife.[52] Não havia calçado que resistisse ao áspero e ao imundo das ruas; além do que a hierarquia dos modos de vestir não admitia que escravos se apresentassem calçados, como senhores. Só por exceção mucamas e pajens que eram quase pessoas das famílias, mucamas havendo que iam às festas com o excesso de joias das iaiás a lhes abrilhantarem as orelhas, os braços, os dedos e os pescoços de mulatas ou de negras. Acentue-se de passagem que não foram apenas as pessoas finas que em geral foram transportadas, no Brasil patriarcal, à moda do Oriente, isto é, em palanquins. Também o foram certas mercadorias ou fardos, conduzidos pelos "puxadores de carretas" que aparecem em estampas da época: quatro adiante e dois atrás empurrando, à "moda japonesa". Isto sem falarmos nos carretos à cabeça e nos banguês.

Foram os palanquins uma expressão de cultura oriental no Brasil que as peculiaridades da situação física e social de Salvador permitiram que resistisse mais vigorosamente lá do que em outras cidades à carruagem, ao carro de cavalo, às novas técnicas de transporte do Ocidente. Já o Brasil independente, viajando Kidder pelo norte do Império ficou surpreendido com o número de palanquins em Salvador onde seus olhos não descobriram ônibus, *cabriolet* ou sege, já numerosos no Rio de Janeiro e no próprio Recife. Só palanquins ou "cadeiras". Palanquins ou "cadeiras" cujos carregadores de cor ofereciam-se avidamente ao senhor branco que aparecesse: "Quer cadeira, senhor?" Continuavam a ser palanquins guardados por cortinas: o antigo recato oriental e ao mesmo tempo patriarcal que a generalização do uso do vidro veio quebrar no Brasil, expondo à vista do público o interior das salas de visita, dos palanquins e dos armazéns.

Kidder notou que na riqueza das cortinas e dos ornamentos, assim como no trajo dos carregadores dos palanquins, exprimiam-se a situação econômica, a condição social, o estilo de vida das famílias proprietárias.[53] Lindley fizera igual reparo quase meio século antes, horrorizado com a excessiva ornamentação dos palanquins da Bahia. Onde os palanquins eram raros, como no extremo sul do Brasil, os homens afidalgados ostentavam sua condição de ricos ou de nobres na prata de que orientalmente revestiam os cavalos. Exatamente como os portugueses e os descendentes de portugueses da Índia.

Aliás, a vitória do Ocidente sobre o Oriente no Brasil foi menos fácil e mais lenta, em certos meios, ou com relação a certos estilos de vida, do que parece à primeira vista ter sido. Não só o palanquim resistiu em alguns meios, longamente, à carruagem ou ao carro de cavalo, a porcelana da China à europeia, a fazenda da Índia à inglesa e à francesa, o xale ou o capote do Oriente ao véu europeu de ir à missa e ao chapéu de senhora, inglês ou francês, de ir às festas profanas. A própria vitória do vidro de janela de casa e de carruagem sobre o muxarabi, a gelosia, a rótula, a cortina de seda ou a "esteira da India", foi lenta, em grande parte do Brasil. Na verdade só em relação com os sobrados ricos do Rio de Janeiro parece ter sido fulminante.

Mesmo no Rio de Janeiro, porém, o vidro nem sempre foi o substituto da madeira em xadrez das rótulas ou gelosias. Outro substituto oriental se apresentou para o muxarabi: a "esteira para janelas". Em 1828 essas esteiras continuavam a ser vendidas à rua dos Pescadores nº 51: "esteiras da India para janellas, grandes e pequenas, muito superiores tanto em padrões como em qualidade", dizia um anúncio no *Jornal do Commercio* de 7 de janeiro daquele ano. No mesmo jornal, outro importador de artigos do Oriente anunciava em 4 de março de 1830: "esteiras finas da India para janellas". E no Recife, em 1840, segundo anúncio no *Diário de Pernambuco* de 15 de julho, vendiam-se ainda "esteiras para janellas" vindas do Oriente. Eram esteiras que defendiam o interior das casas de residência dos excessos de sol forte como outrora as gelosias, ao mesmo tempo que o ornamentavam ou alegravam com suas pinturas e suas cores. No mesmo caso estavam, com relação às casas de negócio, as empanadas ou os guarda-sóis que por algum tempo as protegeram orientalmente do sol: até que leis ocidentalistas as proibiram como em Salvador, postura de 17 de junho de 1844, alegando excesso de sombra com prejuízo da claridade necessária ao interior das casas e incômodo para o trânsito público.

A generalização do uso da faca e do garfo individuais entre a burguesia brasileira marca uma das vitórias mais expressivas do Ocidente sobre o Oriente nas nossas cidades, em consequência da abertura dos portos e da rápida dominação dos mercados pelo comércio britânico. Merece estudo à parte a invasão do Brasil, desde os primeiros anos do século XIX, por artigos ocidentais de cutelaria que brilham e rebrilham nos anúncios de jornal: facas e garfos para as mesas, facas de cozinha, facas de açougue, tesouras, navalhas, tesouras de jardim. E também lancetas de cirurgião e instrumentos de cirurgia. Artigos de aço e de ferro com cabos de prata, "prata alemã", latão, chifre, madeira e, em alguns casos, por combinação do material do Ocidente com o do Oriente, de marfim e de tartaruga.

Vasilhas para cozinha também anglicizaram o Brasil. Fogões de ferro. Candeeiros europeus de bronze e de latão. Artigos de couro, arreios para cavalo, selins para homens e até para senhoras, cujo uso não podia deixar de significar a morte dos palanquins, das cadeirinhas, das liteiras, o fim das viagens em que senhoras e meninos repousavam em fofas colchas e em macias esteiras do Oriente. Forravam essas colchas e esteiras, para comodidade da gente senhoril, aos próprios carros de boi.

Compreende-se que os importadores de artigos ocidentais da época procurassem vencer o apego dos brasileiros às doçuras das colchas e das esteiras do Oriente com a *réclame* do extremo conforto que as novidades da indústria ocidental ofereciam ao corpo ou ao traseiro dos indivíduos mais delicados. Donde o significativo anúncio de "Affonço St. Martin" que na sua "loja franceza" da rua do Cabugá, no Recife, tinha para vender em 1840 – diz o *Diário de Pernambuco* de 22 de maio – "grande sortimento de selins para Sras., para meninos e para homens, entre os quaes ha dos estufados elasticos, chamados regala bunda."

O Recife, menos conservador que a capital da Bahia e, sob alguns aspectos, mais aberto a influências transoceânicas do que o próprio Rio de Janeiro, não se deixou, entretanto, encantar de repente por todas as vozes de sereia do Ocidente. Não foi senão aos poucos que se desprendeu de algumas de suas ligações mais íntimas com o Oriente. Inclusive o gosto pelo móvel pintado: imitação do laqueado.

Se foi rápida, nas suas ruas planas, a vitória das carruagens ocidentais sobre os palanquins orientais, no interior das casas muita coisa continuou-se a fazer à moda do Oriente e com artigos vindos da China ou da Índia. Em 1840, "as caixas de charon para chá com pés dourados", as "sestinhas de charon pa. senhoras", os "leques de charon e papel", importados da Índia, tinham ainda em Pernambuco quem os preferisse aos substitutos ocidentais. Eram esses artigos vendidos na rua do Apolo, segundo anúncio no *Diário de Pernambuco* de 30 de junho.

São do mesmo ano e do mesmo jornal anúncios de grande variedade de artigos do Oriente, vindos de Manilha e de Batávia em um navio espanhol que aparentemente destinava-se a Santander; mas que parece ter repetido a técnica – a quase rotina – de arribação, das velhas naus chamadas da Índia. E se a repetiu é que continuava a haver naquela parte do Brasil, dezoito anos depois da Independência, mercado fácil para produtos orientais e mesmo avidez por esses produtos, até cerca do ano de 1835 anunciados nos jornais ao lado de produtos das fábricas europeias. A importância atribuída ao fato daquela arribação nos anúncios do corretor Oliveira é significativa. E a quantidade e a variedade dos artigos expostos à venda pelo mesmo corredor indicam que, com arribações como a do brigue espanhol *Francisco José* no Recife de 1840, o domínio do Ocidente sobre os mercados brasileiros sofreu, já depois de francamente imperial, para não dizer imperialista, interrupções não de todo insignificantes, durante as quais reavivaram-se na nossa cultura cores e traços orientais.

Pode-se dizer que o ano de 1840 foi colorido no Recife por aquele acontecimento – recorrência dos de sua ainda próxima vida colonial: arribações de naus da Índia. Transbordaram do brigue artigos orientais que logo se espalharam entre a população, como outrora as louças e as fazendas das naus da Índia que arribavam em porto brasileiro para "reparo" ou "aguada". E vale a pena fixarmos o fato com alguns pormenores, dado o seu caráter de representativo ou, pelo menos, significativo, do gosto que continuava a haver entre brasileiros, dezoito anos depois da Independência e de predomínio inglês e francês no comércio, pelas coisas ou valores do Oriente.

Dessas coisas ou valores trazia o brigue arribado xales de tonquim bordados e estampados, mantas da China, lenços de seda de muitas cores, sedas diversas para vestidos, mosquiteiros para armações de camas, caixinhas de costura para senhoras, caixas para chá e para tabaco de tartaruga e de marfim, porta-garrafas, pratos, bandejas, copos e bacias de lavar rosto de charão, fichas de madrepérola, jogo de damas, leques de todas as qualidades tanto finos como "mais inferiores", inclusive alguns de prata, pentes de tartaruga e de marfim, livros com pinturas finas, panos de Cantão superiores para camisas e lenços, figuras de barro de chefes chineses vestidos de sedarias, mesas de charão, charuteiras, canastras para roupa suja.[54] E ainda: bolas de marfim, leques de marfim, baús de alcanfor, fazendas de quadros, tafetás, sedas lustrosas, damascos, mantas de manilha, panos de chamados cutão, xales bordados, xales estampados, bocetas, garrafas, caixas de marfim, jarros, esteiras para janelas, figuras de Manilha e da China, sedas para mosquiteiros, cestas, pratinhos de charão, xales e mantas de palha.[55]

Pode-se detalhar acerca de alguns desses artigos: que havia tafetás "encarnados e verdes"; que dos xales de palha alguns eram "bordados"; que havia lenços com "pinturas"; que havia leques e bocetas de charão; jarros de porcelanas; bonecos, quadros, flautas,[56] "casacas feitas de pacha proprias para o verão".[57] Também que os vendedores de artigos vindos do Oriente pelo brigue arribado tinham permanentemente para vender, no seu armazém da rua da Conceição nº 34, produtos da arte ou da indústria oriental – sedas, marfins, charões, tafetás – "em porções á vontade dos compradores".[58]

Outros anúncios de jornal da época, do meado ou já da segunda metade do século XIX, indicam que no Recife, como no Rio de Janeiro, os pentes de marfim e de tartaruga do Oriente – depois fabricados no Norte com a matéria fornecida pelas tartarugas indígenas – e os leques de madrepérola da China continuaram a resistir às ingresias e às francesias do mesmo gênero. Francesias e ingresias que desde os primeiros anos do século enchem os jornais como a *Idade d'Ouro do Brazil*, a *Gazeta* e o *Diário do Rio de Janeiro*. Neste aparecem, ainda antes da Independência, até anúncios de "creadas brancas"[59] vindas de Lisboa para competir com as escravas de cor, de "berços de jacarandá" feitos "em Londres",[60] de "mezas de costura" para "chá" e para jogo, fabricadas em Hamburgo, para virem competir com as importadas do Oriente.[61]

No meado do século, enquanto "madama Rosa Hardy", modista do Recife, anunciava pelo *Diário de Pernambuco*[62] vir recebendo da França chapéus de seda para senhoras de todas as cores, chapeuzinhos de palha de arroz para moças e meninas, cones de seda para noivas, enxovais completos para batizar crianças, luvas, mantas, meias; e a loja da rua do Queimado nº 33 dizia, nas suas *réclames*, vir importando, também da França, espartilhos de molas, de carretéis e de ilhoses para enfiar; e Bieber & Companhia comunicavam ao público terem acabado de receber da Inglaterra, lonas inglesas, Bowman e Starr & Companhia e Low-Moor, também da Inglaterra, máquinas a vapor, tachos de ferro, bombas de repuxo para regar hortas e baixas de capim e varandas e grades de ferro "de gosto modernissimo", para os sobrados, ainda havia, no comércio do Recife, quem recebesse legítimos "leques de madreperola" e "pentes de tartaruga [...] fornidos para coco", "para piolho" e "travessas".[63] Eram já miudezas, essas de madrepérola, de marfim, de tartaruga, de coral, a se perderem na imensidade de artigos ocidentais de osso e de baleia que, no dizer dos anunciantes, chegavam a confundir-se com os do Oriente e eram muito mais baratos. "Pentes grandes de chifre que finge tartaruga", anunciava no *Diário do Rio de Janeiro* de 3 de maio de 1822 um mercador da Capital.

A partir do meado do século XIX aumentou a variedade de sedas, fazendas, porcelanas, móveis, vidros, ferros, aços que os navios europeus vinham trazendo para o Brasil, desde 1808, por preços inferiores aos dos artigos do Oriente, da Inglaterra, de Hamburgo e da França. As imitações ocidentais de marfim, de tartaruga, de seda, de casimira, de cambraia foram pondo ao alcance de maior número de pessoas, no Brasil, artigos que, quando autênticos e feitos a mão no Oriente, só haviam sido aqui adquiridos pelos fidalgos, pelos ricos, ou pelos remediados, constituindo insígnias ou privilégios de classe e de raça senhoris ou de famílias ou indivíduos em ascensão social. A vitória do Ocidente industrial sobre o Oriente artesão teve, no Brasil, efeito nitidamente democratizante. Generalizou-se o uso de pentes, leques, perfumes, outrora restritos a pequeno número.

O Oriente foi desaparecendo das casas de comércio, dos anúncios de jornal, do interior das casas, do trajo e dos hábitos das pessoas em consequência, até certo ponto, dessa democratização de artigos que as fábricas do Ocidente podiam produzir em quantidade maior, embora com sacrifício da qualidade ou da autenticidade. E o Ocidente foi se assenhoreando do Brasil como de uma semicolônia. Assenhoreando-se da própria paisagem marcada desde dias remotos por formas e cores do Oriente. Pelo coqueiro, por exemplo. E desde os fins do século

XVIII e do começo do XIX, pela mangueira, pela jaqueira, pela árvore de fruta-pão; e também pela caneleira, pela pimenta-da-índia, pelo cravo, pela alcanforeira, o carrapato de mamona.[64] Árvores e plantas do Oriente trazidas diretamente de lá para o Brasil ou aqui introduzidas depois da conquista de Caiena, onde vários desses valores orientais já se achavam aclimados.

Data da própria primeira metade do século XIX, uma como reação à influência oriental sobre a natureza, sobre os jardins, sobre a arborização das ruas do Brasil; e um como movimento no sentido da europeização, ou reeuropeização, de estilos de jardim e de modas de sobremesa, com sacrifícios de valores já aclimados ou de estilos já divulgados entre nós. Brasileiros inglesados e afrancesados juntaram--se a ingleses e a franceses em experiências de aclimação, em terras brasileiras, de árvores e plantas elegantes da Europa. Daí a moda das nogueiras. De morangos para a sobremesa.[65] E desde 1799 já nos chegava da Inglaterra a *morus papyrifera*; e junto com o cedro-do-líbano, sementes de pinheiro.[66] Macieiras e pereiras, foram aparecendo nas áreas que se gabavam de "clima europeu".

Neste campo, porém, o Oriente resistiu vigorosamente às tentativas no sentido de sua superação pelo Ocidente, no Brasil. Continuaram suas árvores a rivalizar com as nativas em viço e em fecundidade. Há áreas brasileiras em que velhas árvores nativas como o pau-brasil e o próprio pau-d'arco é que parecem hoje as exóticas, tal a sua raridade; enquanto as mangueiras, as jaqueiras, as caneleiras, os coqueiros-da--índia, as tamareiras, se alastram triunfalmente como se a terra tivesse sido sempre sua. O mesmo é certo do boi da Índia (*bos indicus*) que, introduzido no Brasil em dias remotos, aqui se cruzou com o europeu, produzindo a raça mestiça que C. A. Taunay, em obra publicada em 1839, considerava "valente e lindíssima raça, de pontas tão lisas e regulares e de aspecto nedio"; e da qual lhe diziam vários donos de animais que a prefeririam à ordinária, pela "propriedade que tem de aturar bem no serviço...".[67]

É curioso, aliás, que tendo o nativismo entre nós se exprimido em movimento de exaltação à aguardente de cana e ao vinho de caju e de repulsa ao vinho do porto, e de exaltação à mandioca e de repulsa ao trigo, não tenha tomado vigorosamente o aspecto de exaltação de árvores e plantas nativas como o pau-d'arco e o pau-brasil e de repulsa às exóticas. Nem às exóticas trazidas da Ásia ou da África nem às de procedência europeia parece ter havido repulsa que se manifestasse sob a forma de culto patriótico ou nativista às árvores da terra. Apenas vozes isoladas se manifestaram uma ou outra vez sobre o assunto, isto é, no sentido de valorização de árvores e de plantas de jardim caracteristicamente brasileiras, raras vezes aproveitadas por alcaides ou vereadores do tempo do Império na arborização de praças, de ruas ou de estradas. Na primeira metade do século XIX esteve, é certo, um tanto na moda, em cidades do Império mais patrióticas, o castanheiro-do-pará; e em Belém, Andrea plantou com mangabeiras uma rua que logo atraiu a simpatia dos estrangeiros. Mas foi essa também a época da nogueira e, ao mesmo tempo, da gameleira. Sob as gameleiras passaram os escravos negros a descansar dos excessos de trabalho nos cais e nas ruas das cidades: o duro trabalho de carregar para os senhores brancos fardos de algodão, sacos de açúcar e de café, pianos ingleses de cauda, sofás e camas de jacarandá, barris de excremento. Árvore por muitos deles, africanos, considerada sagrada foi, entretanto, e talvez um pouco devido a esse fato, despertando a repugnância dos brancos mais apegados à Europa. Era talvez gameleira a árvore que se tornou célebre, em Salvador, como "árvore de suicídio" daqueles negros ou escravos que não sabiam vencer o banzo – a saudade da África – ou a humilhação do trabalho servil. O barão Fonh-Rouen, visitando a Bahia em 1847, soube que a árvore sinistra fora derrubada; mas depois de ter sido testemunha de grande número de atos de desespero de negros ou escravos.[68]

A segunda metade do século XIX marca em nossa vida, entre outras tendências dignas de estudo no sentido de procurarmos parecer o mais possível, nas cidades, europeus, o desprezo por árvores, plantas e frutas asiáticas e africanas aqui já aclimadas, das quais muitos brasileiros mais requintados foram se envergonhando. Envergonhando-se da jaca, da manga, da fruta-pão, do dendê, do próprio coco-da-índia, saboreados às escondidas, ou na intimidade do banho de rio ou de bica – como o caju, o cajá e a mangaba-da-terra – e não à mesa ou nas confeitarias. Daí ter sido vão o esforço daqueles médicos alongados em patriotas que pretenderam fundar no Rio de Janeiro "*hum jardim pharmaceutico* [...] especialmente reservado á cultura das plantas medicinaes indigenas que compõem a materia medica brasileira".

Pelo que um médico da época – o Dr. J. F. Sigaud – escreveu: "ahi está o vento do Norte que sopra sobre as nossas plagas: o gelo, esse agente tão energico, não virá mudar porventura de repente a ordem dos remedios acreditados e gabados como infallíveis?".[69] E profético, diante do declínio de prestígio das velhas composições médicas com plantas ou ervas do Oriente ou dos trópicos, vencidos pelas da Europa fria e ocidental, perguntava: "Quem sabe se o grog britannico, a agoa com assucar francesa, não teem de ser sacrificadas sem misericordia ao gelo dos Estados Unidos d'America? Que revolução produz a agoa sobre o globo, sobre os homens, condensada ou liquida, quente ou fria, em massas monstruosas ou em deliciosos sorvetes!"[70]

Ao mesmo tempo que foram sendo abandonados os antigos hortos ou jardins del-Rei onde, dentre as árvores e plantas aclimadas, destacavam-se as árvores e plantas do Oriente, começaram a aparecer no meado do século XIX, jardins como o da Soledade, no Recife, com sua grande variedade de flores, rosas, dálias, árvores de fruto, "vindas de Portugal, França e Hamburgo" e que se vendiam não só para a cidade como para "o centro da província e as mais do Sul e Norte".[71] Era o vento do Norte a nos trazer suas sementes. Era o começo de ocidentalização sistemática da própria paisagem do interior mais agrestemente patriarcal do Brasil onde rosas e dálias, ao lado de macieiras, foram chegando com o prestígio de sua novidade; e tornando desprezíveis flores, plantas e árvores dos trópicos, nativas ou importadas do Oriente. Não tardaram os brancos de olfato ou de paladar mais contagiados pela cultura ocidental em descobrir em alguns dos jasmins da terra cheiros parecidos com o do suor fétido das negras de trabalho; e no azeite de dendê, gosto bárbaro e grosseiro que só indivíduos bárbaros e grosseiros poderiam tolerar.

Infiltrações mais sutis que as de paladar, de olfato, de gesto, de trajo, de formas de arquitetura, de moral e mesmo de estética, do Brasil pelo Oriente teriam substituição mais lenta por equivalentes ou contrários europeus. Ou substituição, durante longos anos, mais aparente do que real.

Oriental não fora só, no Brasil-Colônia e dos primeiros tempos do Império, o costume de homens e mulheres se sentarem de pernas cruzadas sobre tapetes, esteiras ou no chão – costume seguido pelas mulheres até nas festas de igreja. Fora, também, o de bater a pessoa palmas à porta das casas, para se anunciar,[72] o costume ainda hoje muito brasileiro. Fora o gosto pelo chapéu de sol, não só para resguardar do sol o homem importante como para marcar-lhe a condição socialmente superior de pessoa fina. Fora o hábito das unhas crescidas, outra ostentação de importância social ou de condição senhoril nos homens e nas mulheres fidalgas ou parafidalgas. Fora o costume das sinhazinhas serem dadas em casamento ainda meninas a homens às vezes mais velhos que seus próprios pais. O hábito de não aparecerem as senhoras a estranhos. O de se revestirem de mantilhas ou de xales. O de armarem as senhoras o cabelo em penteados altos – de preferência ao uso europeu de chapéu – e o de adornarem as mucamas a cabeça com turbantes. O gosto pelas cores quentes, pelos perfumes fortes, pelas comidas avivadas por temperos também fortes.

Fora também oriental o rito de se reverenciarem, em solenidades oficiais, com zumbaias características do extremo respeito dos governados pelos governantes, quando não as pessoas, os retratos dos monarcas ou dos príncipes (prática que a protestantes mais severos pareceu tão repugnante quanto a do beija-mão nos palácios reais). Oriental o costume de se ajoelharem todos na rua à passagem da rainha ou de qualquer dos príncipes da Família Real, desde que a ilustre família se transferiu de Lisboa para o Rio de Janeiro; ou o da gente servil curvar-se diante da senhoril em gestos que se tornaram conhecidos entre nós por aquele nome indiano: zumbaias. Zumbaias também trocadas entre iguais na classe, na raça e na cultura regional.

"*Bien des Portugais sont Nègres par cet usage*", escreveu, referindo-se ao hábito de se ajoelharem as pessoas à passagem da rainha ou dos príncipes, o francês Arago,[73] para quem só gente de raça inferior ou de classe servil, como a negra ou a africana, era capaz de se pôr humildemente de joelhos diante de príncipes. A verdade é que no Oriente quase inteiro – inclusive no mais civilizado – continuavam os príncipes, no século XIX, a despeito da Revolução Francesa e da "Época das Luzes", a ser pessoas quase divinas para seus súditos, que diante deles se prostravam como os católicos do Ocidente diante não só do Santíssimo Sacramento como do Santo Padre; e desses costumes de tal modo se impregnara o português que só aos poucos a "grande Revolução" ou a "Época das Luzes" o afetaria nos seus modos semiorientais de reverenciar príncipes, pais e avós. "Não há país em que os filhos testemunhem maior respeito aos pais", observou o mesmo Arago no Brasil. "Depois da refeição, sempre lhes beijam as mãos e nunca se sentam em sua presença, a menos que autorizados por um gesto ou olhar."[74] É claro que Arago referia-se aos países ocidentais do seu conhecimento; pois o Oriente encontraria ainda maiores demonstrações de respeito dos filhos aos pais – e não apenas dos súditos aos monarcas – do que as observadas no Brasil do tempo de D. João.

Também o escandalizara no nosso País outro orientalismo: o fato de haver *castrati*, ou eunucos, que cantavam nas igrejas: *"Tous sont chanteurs de la chapelle royale, et reçoivent de forts appointements. On les entend dans toutes les églises et jamais au théâtre"*.[75] De estranho havia o fato de serem esses *castrati*, europeus – italianos – e não, como seria de esperar, importados do Oriente já cristão: de Goa, por exemplo. Ou recrutados dentre os africanos já convertidos à fé católica, aos quais era costume os senhores mandarem ensinar a cantar e a tocar nas festas de igreja. Em um país, entretanto, da organização patriarcal e escravocrática do Brasil, não estava de modo algum na conveniência econômica dos senhores de escravos que se castrassem negros ou molecões só para adoçar-lhes melifluamente a voz de homens em voz de eunucos, bons apenas para entoar ladainhas e cantos sagrados; e, impedindo-se, assim, homens vigorosos de procriarem e de se multiplicarem, como, normalmente, os machos, e, sobretudo os machos ou garanhões das senzalas, em outros negros, isto é, em outros escravos.

Não nos esqueçamos dos ciganos – outra mancha colorida de remoto orientalismo, na paisagem do Brasil. Ao nosso sistema patriarcal não se adaptaram esses nômades senão como marginais: como pequenos e às vezes sádicos vendedores de escravos nas cidades e como negociantes ou trocadores de cavalos, e conservadores de tachos, caldeiras e máquinas de engenho, no interior. Donde, talvez, o nome de gringos por que foram se tornando conhecidos em algumas áreas,[76] como, depois, os ingleses e outros estrangeiros de aparência rebarbativa, empenhados em atividades mercantis e, ao mesmo tempo, mecânicas.

Kidder encontrou ainda na Bahia o subúrbio denominado *Mouraria* por ter sido zona reservada a ciganos. Desde 1718 que el-Rei de

Portugal banira para o Brasil várias famílias de ciganos, proibindo-lhes apenas o uso de sua língua, a fim de que esta desaparecesse e com ela o viver à parte e às vezes parasitário de tais gringos. Trinta anos depois verificava-se que não era menor o dano que eles causavam ao Brasil do que o causado a Portugal.

Onde mais daninhos se revelaram no Brasil patriarcal foi no roubo de cavalos e bestas aos mineiros, a despeito de todas as precauções tomadas contra tão astutos ladrões; e é possível que fossem autores de roubos misteriosos de meninos de cor, para serem vendidos como escravos.[78] Também houve entre eles assassinos célebres como, no Rio de Janeiro, Joaquim Alves Saião (o "Bujo") e Antônio da Costa que se serviam, para seus crimes, de "armas prateadas".[79] Em compensação, teria sangue de cigano o poeta Castro Alves[80] que numa de suas poesias cantou a beleza da mulher oriental sob a forma não de cigana, mas de judia, num disfarce, talvez consciente, de sua admiração ou ternura pela figura materna. E dos ciganos – vários dos quais, passada a fase de marginalidade socialmente patológica, dissolveram-se no conjunto brasileiro – em certas áreas, como a cearense, é que parece haver a sociedade patriarcal do Brasil absorvido – naquela área e na baiana de onde se comunicou a outros trechos do País, sob formas mais pálidas – o rito da camisa nupcial, isto é, o de se fazer da camisa vestida pela noiva na noite de casamento e manchada de sangue, troféu de virgindade. Debret, curioso de informar-se a respeito dos ciganos do Brasil, soube do costume ainda dominante entre eles nos princípios do século XIX, da camisa bordada, de núpcias, ser, na manhã seguinte ao casamento, apresentada às pessoas mais respeitáveis da família como "*trophée de l'hymen*".[81] Ainda hoje, em trechos do Brasil cultural ou socialmente mais presos ao passado patriarcal-pastoril, notam-se práticas semelhantes à que Debret fixou como característica do patriarcalismo cigano em nosso País. Era natural que os dois patriarcalismos se interpenetrassem nesse e noutros pontos como no do culto às imagens de santos com laços de fitas e moedas, que Debret registrou como pitoresco ciganismo no Brasil.[82] No Brasil que ele conheceu nos primeiros anos do século XIX seria ciganismo. No Brasil de hoje, pode ser considerado bom e autêntico brasileirismo.

Judiaria é orientalismo que parece não ter havido, rigorosamente, nem em Salvador da Bahia nem em outra qualquer cidade do Brasil português. O Recife holandês – como já foi recordado em capítulo anterior – é que teve seu arremedo de judiaria: sua rua dos Judeus, suas sinagogas, seus rabinos ilustres. Os judeus, entre nós, foram quase sempre gente encoberta que só na sombra praticava seus ritos, seguia seus costumes, comia suas comidas e regalava-se com seu ouro, sua prata e suas pedras preciosas, evitando, assim, os duros castigos do Santo Ofício. O contrário dos ciganos que ostentavam nos cintos, no trajo, no cabelo, no pescoço, nas orelhas, nos braços, nos dedos, nos pés, tudo que era seu: ouro, prata, joias, pedras preciosas. Nem por isto devem ou podem os judeus ser desprezados como agentes mais ou menos secretos de orientalismo, e não apenas de internacionalismo, num meio como o patriarcalismo brasileiro, fechado a quanto fosse elemento ostensivamente acatólico. Certos pratos brasileiros preparados de véspera, e encobertos, ou dormidos, é possível – já o sugerimos naquele capítulo – que tenham alguma coisa de orientalmente judaico em sua inspiração.

Contra "judeus" e "mouros" conservou-se sempre vagamente hostil o brasileiro da era patriarcal não só rural como urbana, mais impregnado de reminiscências portuguesas das lutas entre cristãos e infiéis na Península e no Oriente. Lutas recordadas sob a forma de dramas populares: os combates entre "mouros" e "cristãos", tão estimados, outrora, nas festas brasileiras[83] e as comemorações de rua dos sábados de aleluia. Contanto que a vitória tocasse aos "cristãos" e os "mouros" terminassem sob pancadaria ou castigo. E os sábados de aleluia acabassem – ou principiassem – com os Judas de pano ou de trapo – Judas em efígie – estraçalhados nas ruas e queimados pelos moleques, numa evidente expressão popular de ódio teológico do católico ao judeu e de ódio social do oprimido ao opressor: do moleque pobre de rua ao homem apatacado e nem sempre de sangue israelita, embora quase sempre considerado "judeu", de sobrado comercial.

Daí, talvez, as tentativas que, desde os primeiros anos da Independência, se fizeram, entre nós, para acabar policialmente com uma prática considerada por alguns dirigentes mais afrancesados ou inglesados da nação tão contrária à dignidade nacional como os palanquins asiáticos, as gelosias orientais, os batuques dos africanos: "o tristissimo brinquedo publico, das figuras de Judas nos Sabbados de Aleluia". "Fica prohibido o tristissimo brinquedo publico, das figuras de Judas nos Sabbados de Aleluia", dizia nas suas posturas de 1831 a Câmara da cidade do Recife, "assim como os Furnicocos, e Papanguz, figuras de mortes, e de tirannos nas procissões que a Igreja celebra no tempo da Quaresma, por tornar acto irrisorio, e indecente: os administradores contraventores pagarão de multa 4$ e os representantes de taes objectos soffrerão 24 horas de prisão".[84]

Os próprios burgueses de ideias de civilidade ou de urbanidade mais adiantadas deram para castigar com bengaladas ou golpes de chapéu de sol moleques que insistiam em tais arcaísmos. Arcaísmos que deixavam mal o Brasil aos olhos do estrangeiro – alguns deles acatólicos ricos ou prestigiosos e portadores, eles próprios, de bengalas e chapéus de sol senhoris. Ingleses ricos. Judeus ricos. Negociantes, banqueiros, industriais que não deviam ser ofendidos por moleques de rua, merecedores, por suas afoitezas contra estrangeiros ilustres, de rijas bengaladas.

No tempo de Pedro I tornaram-se comuns no Brasil as bengalas importadas da Índia, que começaram desde o começo do século XIX a substituir as espadas de que se faziam acompanhar fidalgos e até burgueses afidalgados do século anterior e do XVII. Desde 15 de janeiro de 1822 encontravam-se no *Diário do Rio de Janeiro* anúncios de "bengallas de cana da India". A 3 de março de 1825 o mesmo *Diário do Rio de Janeiro* publicava, entre seus anúncios mais importantes, o de uma bengala da Índia que pedia evidentemente mão de fidalgo ou de burguês rico: "huma rica bengalla de cana da India com castão, ponteira e fiador de ouro". No dia seguinte pessoa mais modesta anunciava no mesmo jornal: "Preciza-se de huma bengalla de cana da India liza com seu castão de prata". As bengalas da Índia estavam na moda.

A 20 de agosto de 1828 o *Jornal do Commercio* anunciava "huma grande porção de bengallas chegadas proximamente nos navios da India" para a loja da praia dos Mineiros n.º 51. A 12 de janeiro de 1830 o *Diário do Rio de Janeiro* anunciava a venda de "bengallas" ao lado de louças e champanha: artigos de luxo oriental e ocidental.

Já vinha se acentuando a competição entre a bengala da Índia e outro artigo, outrora do Oriente e que, por influência do Oriente, tornara-se, no Brasil, insígnia de importância ou de fidalguia: o chapéu de sol. Nos anúncios de jornal do tempo de D. Pedro I e da Regência o chapéu de sol aparece menos com a sua velha pompa oriental do que como artigo civil e utilmente burguês, de procedência inglesa ou de gosto inglês; mas sem perder de todo suas antigas sugestões orientais de grandeza; nem seus antigos característicos asiáticos de insígnia de gente nobre. Tanto que seu uso era, pela tradição ou pelo costume, vedado ao escravo e ao plebeu – assunto a que já nos referimos em capítulo anterior. Em 1847 vendiam-se ainda, no Brasil, chapéus de sol furta-cores ao lado dos pretos, de barra lavrada – "os mais modernos que teem apparecido neste mercado", dizia o dono de uma loja de chapéus de sol do Recife em anúncio no *Diário*;[85] e também "chapeos de sol de panninhos de todas as cores e ultimo gosto da rainha da Escocia". As cores vivas de gosto oriental harmonizando-se com os gostos ocidentais, através das combinações escocesas de cores vivas com as escuras.

Não eram só louças da Índia ou da China que os bergantins, como o *Novo Dourado*, traziam nos primeiros decênios do século XIX do Oriente para o Brasil: aquelas "tigelas azues de Nankim e Cantão"[86] que rebrilham, nos anúncios de jornais, "chicaras esmaltadas para chá" em contraste com o branco insípido ou apenas dourado nas beiras das louças europeias. Nem eram apenas "fazendas da Asia" em contraste com as casimiras pretas e escuras vindas da Europa, que o Brasil dos dias de D. João VI e de Pedro I importava do Oriente, com algumas das quais deviam ser feitos não só vestidos de senhoras mais ricas como aquelas casacas de homens, azuis, roxas, verdes cor de alecrim, que ainda surgem romanticamente dos anúncios de jornais dos dias de Pedro I, embora já ameaçadas de morte pelas novas sobrecasacas escuras dos ingleses.[87] Vinham do Oriente para os fidalgos dos sobrados navalhas da China, com as quais podia-se fazer a barba "sem offensa da pelle deixando a cara parecendo estar na primeira mocidade", navalhas trabalhadas por "dous dos melhores e mais abalisados cutileiros da nunca excedida e rica cidade de Pekim, capital do Imperio Chim".[88]

Não eram apenas tecidos finos que o Brasil recebia do Oriente, como já recordamos: "guardanapos da India a 1:600 a duzia";[89] gangas azuis de Nanquin;[90] "ricos cortes" de vestidos de tonquim da Índia "adamascados, cor de roza e verde a 8$000 reis e pretos e azues a 12$000";[91] gangas da Índia e de Cantão."[92] Também "canella da China" em "pequenos fardinhos";[93] "marfins de lei";[94] caixas de voltarete da Índia com suas fixas";[95] "conxas de madreperola";[96] "pentes de tartarugas fina da India";⁹⁷ bolsas de palhinha da Índia como a que aparece num anúncio do *Diário do Rio de Janeiro* de 15 de novembro de 1821; "caixinhas de charão da India para chá".⁹⁸ E leques finos.

O Oriente continuou a se fazer sentir fortemente no Brasil até os primeiros dias do reinado de D. Pedro II. Em 1828 – diz-nos Walsh – havia, ainda, no Rio de Janeiro negociantes dedicados à importação de artigos do Oriente. E os anúncios de jornais nos permitem acompanhar o esforço de resistência do Oriente ao Ocidente, no Brasil, através de toda a primeira metade do século XIX: resistência notavelmente enérgica até cerca de 1840. Daí em diante tal é a penetração do Ocidente no comércio, na economia, na cultura moral do Brasil ainda patriarcal e já burguês, que o Oriente se manifesta apenas em sobrevivências.

Baseados no estudo de anúncios dessa época de transição, no Brasil, de familismo para estatismo, de religiosismo para secularismo, ousamos afirmar que a mulher – geralmente considerada mais volúvel que o homem – resistiu, no nosso País, mais do que o homem culto, a forças ou influências novas no sentido da europeização ou ocidentalização do seu adorno pessoal e do seu trajo. Durante quase toda a primeira metade do século XIX o vestido oriental, bordado a ouro ou a prata competiu, entre nós, com o vindo de Paris ou feito aqui por modista francesa. E o chapéu europeu de senhora só aos poucos venceu o manto ou o xale oriental preferido pelas senhoras brasileiras para se resguardarem tanto do sol como dos olhos dos curiosos de rua sem sacrifício dos seus penteados também orientais.

Sob a pressão das novas modas inglesas e francesas, vários costumes de origem principalmente oriental foram se juntando a sobrevivências europeias da época pré-burguesa e pré-industrial da Europa, como costumes "arcaicos", "vergonhosos", "indignos" de uma nação, como o Brasil dos princípios do século XIX, que já não era simples colônia de plantação de Portugal porém Reino e até Império. Semelhantes arcaísmos foram, uns reprimidos pela polícia, outros ridicularizados pelos progressistas ou ocidentalistas nas gazetas e nas farsas de teatro.

O costume das senhoras se cobrirem com mantilhas, mantas ou capotes – a que já nos referimos – foi um deles. Esse traço, ao mesmo tempo moral e estético, ligado intimamente à mística da organização patriarcal de família, resistiu como poucos aos inovadores ou reformadores. Sua substituição ou superação pelo chapéu ocidental de mulher foi lenta e, por muitos anos, incompleta.

Mawe notou que as paulistas – "célebres no Brasil inteiro pelos seus encantos" – apareciam na missa ou na rua, nos começos do século XIX, vestidas de seda preta, com um longo manto também de seda e debruado de renda, sobre a cabeça. Manto ou xale que estava começando a ser, em parte, substituído por comprido casaco de lã guarnecido de veludo, renda, ouro, de acordo com a situação social da senhora. Quando vestiam esse casaco, havia senhoras – naturalmente as mais amazônicas – que apareciam também com "chapéus redondos", iguais aos de homem e usados também pelas mulheres que andavam a cavalo.[99] Nos bailes se apresentavam as paulistas com muitas correntes de ouro pelo pescoço e cheias de pentes,[100] à maneira de mulheres do Oriente.

Em Minas Gerais, viu Mawe damas vestidas com fazendas inglesas e uma "profusão de correntes de ouro em volta ao pescoço, sempre usadas quando as senhoras fazem ou recebem visitas".[101] Orientalismo do bom em combinação com o ocidentalismo dos vestidos. Notou também o inglês ser ainda raro entre as senhoras mineiras o hábito europeu das mulheres usarem chapéu. A não ser as velhas,[102] nas quais tornou-se insígnia de idade e de classe senhoril, até o fim do século XIX, o uso de capotas, geralmente pretas. Enquanto as pobres ou de classe ou raça servil se cobriam com xales, panos da costa ou baetas. Nos dias de Mawe no Brasil as senhoras, mesmo vestidas à europeia, apresentavam-se sem chapéus, com o cabelo orientalmente adornado de pentes "frequentemente de ouro". Ficaram elas espantadas de saber que as senhoras inglesas usavam chapéus.[103]

Esse orientalismo – o uso de grandes pentes no cabelo, em vez de chapéus – parece explicar por que só no meado do século XIX o chapéu para senhora, de fabrico inglês ou francês, se apoderou verdadeiramente do mercado brasileiro, fazendo declinar o uso dos grandes pentes de ouro, de marfim e de tartaruga da Índia ou de Moçambique, chamados "tapa-missas" ou "trepa-moleques". Fazendo declinar também o uso das mantilhas, mantos e xales entre as senhoras da classe alta. Mantos e xales foram tornando-se insígnias de classe inferior, de raça negra ou de mulher da roça. Os adornos de rendas – rendas de ouro ou de veludo – das mantilhas ou dos mantos de mulher – que outrora distinguiam as classes ou subclasses – passaram assim a perder seus antigos significados, ao lado daquelas distinções de origem regional, dentro da procedência africana das mulheres servis, indicadas pelo modo de usarem seus xales ou seus panos da Costa que, antes do professor M. J. Herskovits na América do Norte, tentamos estudar no norte do Brasil com a colaboração do Sr. Cícero Dias como desenhista.[104]

Oriental foi também o hábito de se ornamentarem as varandas dos sobrados, nos dias de festa, com panos ou colchas de veludo ou de seda bordadas de ouro. Assim ornamentadas, era "esplêndida" a aparência das casas, informa Mawe referindo-se particularmente à Bahia.[105] Oriental o crepe de luto de que os mesmos sobrados se revestiam quando falecia pessoa da casa.

Orientais já recordamos que eram os fogos de vista nas festas de igreja, nos são-joões das cidades e dos engenhos, nas próprias festas cívicas, quando grande era o gasto de pólvora e maior, ainda, o de cera da Índia ou da África, que se derretia nas velas das igrejas, o de incenso ou perfumes do Oriente, que se queimavam dentro das igrejas ou nas procissões.[106] Sentia-se "nos ares a fragrancia de aromas, transplantada ao occidente a odorifera Arabia do Oriente", escreveu um cronista de solene procissão de que, na Vila Rica colonial, participaram, além da "opulentissima" Irmandade do Divino Sacramento, com seu guião de "damasco carmezim franjado de ouro", a "Irmandade dos Pardos da Capella do Senhor S. Joseph, a Irmandade da Senhora do Rosario dos Pretos", a de "Santo Antonio de Lisboa", clero, o governador, a Companhia de Dragões, "turcos" e "christãos" dançando danças características, negros tocadores de charamelas.[107]

Embora poucas referências tenhamos encontrado em anúncios de jornais ou em testamentos ou inventários, a mobílias de fabrico ou de feitio oriental, elas existiram entre nós, em número considerável, feitas de sândalo ou de ébano, embutidas de marfim ou de madrepérola. Não seriam, todas, de importação direta do Oriente. Talvez produtos principalmente das oficinas estabelecidas em Lisboa por artistas indianos, a que Ramalho Ortigão se refere.[108] Ramalho, porém, fala também de oficinas estabelecidas na Índia por artífices portugueses; e já vimos que foi maior do que geralmente se supõe o comércio regular e irregular entre o Brasil colonial e o Oriente, sendo provável que de lá nos tenham chegado, em dias remotos, além de jarros, bordados e pinturas da China – como as que Maria Graham viu na sala de visita de um sobrado de Salvador[109] – móveis da própria Índia, ao lado dos da China. Alguns passam pelos anúncios de jornais com sua pompa de cores orientais que talvez tenha sido responsável pelo costume dos nossos avós coloniais de, imitando o laqueado, pintarem de azul, de vermelho, e de outras cores vivas, os móveis de jacarandá ou de vinhático das casas-grandes e dos sobrados.[110] Entre outros: "hum tocador feito na India", como o que aparece num anúncio do *Diário do Rio de Janeiro* de 5 de janeiro de 1825 ao lado de artigos igualmente vindos do Oriente como "pentes de tartaruga", "colares de coral" e "pomadas muito frescas bem cheirozas"; "huma rica e grande meza de louça da China, esmaltada de ouro, e azul, com serviço para dezert, e para chá, caffé e chocolate", como a que se destaca de um anúncio de 2 de março do mesmo ano no mesmo *Diário*; como as "mezas de charão" que vêm anunciadas no *Diário de Pernambuco* de 20 de maio de 1840.

Das nossas igrejas da época colonial sabe-se que mais de uma se embelezou com objetos vindos do Oriente, alguns dos quais podem ser vistos em museus como o de Arte Sacra de Salvador. Schaeffer, quando esteve no Brasil em 1849, admirou-se de ver num mosteiro do Rio de Janeiro, construído – diz ele – em 1671 – "*a large China figure of our Saviour in the Cross*" – numa capela que brilhava de cores orientais: "*the walls with porcelain and China squares, relived by gilt and scarlet lines*".[111] Em Sabará, em Minas Gerais, umas das igrejas por nós visitada em 1936 na companhia do historiador Afonso Arinos de Melo Franco, ostenta adornos orientais que dão ao interior do templo católico cores quase de pagode. De modo que é possível que a cristianização ou a catequização dos indígenas por meio da "pintura decorativa", nas igrejas – pintura a que se refere o Sr. Luís Jardim, em sugestivo estudo sobre igrejas de Minas Gerais[112] – tenha se feito, mais de uma vez, no Brasil, com o emprego de adornos ou decorações orientais. Buda e Islã parecem ter concorrido, no nosso País, para conduzir a Cristo ou a Roma indígenas fascinados por vermelhos, amarelos e azuis do Oriente.

Oriental – mouro, ao que parece – na origem mais remota dos seus requintes volutuosos parece que se deve considerar o hábito, que o Brasil herdou de Portugal, das senhoras, dos meninos e dos próprios senhores das casas-grandes e até dos sobrados deixarem catar o cabelo ou coçar a cabeça por mãos ou dedos de escravos que matavam, ou simulavam matar, piolhos, com pequenos trincos característicos: os cafunés. Pois na ausência de piolhos, regalavam-se ioiôs ou iaiás mais dengosas com trincos ou cafunés de mucamas, na cabeça e por entre o cabelo, isto é, com a catação simulada ou simbólica de piolhos pelas pontas das unhas finas das mulatas ou das negras. Às vezes era o contrário que se verificava: a iaiá branca catava a mucama ou o malungo. No seu *Vocabulário pernambucano*, Pereira da Costa recorda, a propósito desse tipo de cafuné, os versos populares:

> *"Eu adoro uma iaiá*
> *Que quando está de maré*
> *Me chama muito em segredo*
> *Pra me dar seu cafuné*
> *Não sei que jeito ela tem*
> *No revolver dos dedinhos*
> *Qu'eu fecho os olhos, suspiro*
> *Quando sinto os estalinhos".*

"Se se acreditasse nas más línguas, algumas damas tinham razões mais poderosas para cultivar assiduamente o cafuné do que o desejo de uma doce superexcitação de nervos, seguido de um estado de prostração que chega ao êxtase", escreveu Charles Expilly.[113] Pormenoriza o europeu escandalizado com o costume brasileiro volutuosamente oriental: "À hora do grande calor [...] as senhoras recolhidas no interior dos aposentos deitam-se no colo da mucama favorita, entregando-lhe a cabeça. A mucama passa e repassa seus dedos indolentes na espessa cabeleira que se desenrola diante dela. Mexe em todos os sentidos naquela luxuriante meada de seda. Coça delicadamente a raiz dos cabelos, beliscando a pele com habilidade e fazendo ouvir, de tempos a tempos, um estalido seco entre a unha do polegar e a do dedo médio. Esta sensação torna-se uma fonte de prazer para o sensualismo das crioulas. Um volutuoso arrepio percorre os seus membros ao contato dos dedos acariciadores. Invadidas, vencidas pelo fluido que se espalha em todo o seu corpo, algumas sucumbem à deliciosa sensação e desfalecem de prazer sobre os joelhos da mucama".[114] De onde a interpretação psicanalítica do cafuné inteligentemente oferecida pelo professor Roger Bastide no seu *Psicanálise do cafuné*.[115] Transcreve o professor Roger Bastide do cronista francês do meado do século XIX[116] a informação de ter sido o hábito do cafuné também regalo dos senhores, embora principalmente das senhoras.

Ao que se deve acrescentar o regalo – este principalmente dos meninos das casas-grandes e dos sobrados – de terem os pés catados por bonitas mucamas, peritas na extração de bichos: extração quase sempre precedida de volutuosa comichão, a que os dedos das mulatas sabiam dar alívio, abrandando-a numa espécie de coceira pós-operatória. Era a extração de bicho-de-pé em menino ou menina, por mão macia de mucama de sobrado ou casa-grande, uma como catação de piolho nos pés. Volutuosa, também, como o cafuné. Em viagem, os próprios adultos tinham em áreas como a mineira os pés catados por peritos em extrair bichos: "*at which operation they are very expert*",[117] escreveu dos mineiros o inglês James Holman que, cego, parece ter tido olhos, e não apenas sensibilidade, nas pontas dos dedos dos pés: olhos para acompanharem as operações de extração de bichos, precedidas da lavagem dos pés em bacia ou alguidar, por mãos de escravo ou escrava. Ora, o lava-pés mais ou menos volutuoso pode ser incluído entre os orientalismos que caraterizam a vida patriarcal no Brasil. O lava-pés e a catação, real ou simbólica, de piolhos na cabeleira das mulheres ou no cabelo dos homens. Costumes de origem evidentemente oriental. O cafuné, parece que não só de origem oriental como, particularmente, moura.

Atribuindo a origem do hábito do cafuné ou do trinco – como requinte volutuoso e não como pura atividade higiênica – aos mouros, lembremo-nos de que a catação aparece em mais de uma história de "moura-torta" ou de "moura-encantada" nos próprios instantes supremos do desencantamento de mulher, ou princesa encantada, por meio de alfinete ou espinho cravado na cabeça da encantada e daí retirado por dedo ágil e macio. E nessas histórias têm sempre relevo as belas "cabeleiras" da mulher e seus "pentes de ouro". O "complexo da cabeleira" parece ter sido tão brasileiro quanto mouro ou oriental, dada a persistência das nossas damas coloniais em se apresentarem, nas festas de igreja, e mesmo nas profanas, da primeira metade do século XIX, de cabelo armado e cheio de pentes; pentes às vezes de ouro, geralmente de marfim e de tartaruga, importados do Oriente ou de feitio oriental como os célebres e já referidos "tapa-missas".

E o mesmo parece que se pode dizer do banho não só de asseio como de volúpia – quente ou morno, de bacia, dentro de casa, ou de rio: nos rios para os quais davam a frente, e não o traseiro,[118] casas e sobrados senhoris – que entre as senhoras brasileiras da era patriarcal foi, quase sempre, a "distração" e o "prazer" a que se refere Expilly com relação às mulheres do Oriente "submetidas ao despotismo oriental". Dando o cerimonial do cafuné das brasileiras da era patriarcal e escravocrática como equivalente social do banho das mulheres do Oriente, o cronista europeu esqueceu-se de que também no Brasil o banho de rio de senhoras, servidas por mucamas que as despiam e as vestiam, que lhes soltavam o cabelo e que as penteavam, foi instituição significativa do sistema patriarcal em nosso País. E como o cerimonial do cafuné, o do banho de rio pode ter oferecido às senhoras mais comprimidas pelo despotismo masculino, oportunidades para a prática se não de atos, de aproximações ou simulações de atos lésbicos, compensadores dos normalmente heterossexuais, de prática às vezes difícil.

Tais irregularidades – os atos lésbicos – foram praticadas no Brasil como nos esclarecem os papéis da Inquisição, já examinados pelo professor Roger Bastide em relação com sua engenhosa interpretação psicanalítica do cafuné. Nesses papéis – nos relativos às áreas pernambucana e baiana – aparecem brancas como Maria Lucena dormindo "carnalmente" com "as negras da casa", segundo se lê na *Primeira visitação do Santo Ofício às partes do Brasil. Denunciações de Pernambuco*,[119] ou como Madalena Pimentel, com "uma parda"; Catarina Barbosa, "com uma mestiça", segundo se lê na *Primeira visitação às partes do Brasil [...] Confissões da Bahia*.[120]

Mawe, nos começos do século XIX, notou o uso generalizado de banhos quentes em Minas Gerais. Isto depois de se ter referido aos "hábitos sedentários das mulheres",[121] por ele considerados prejudiciais à saúde das delicadas iaiás. Para torná-las lânguidas é possível que concorressem também os longos banhos quentes em gamela,[122] bacia de prata ou banheira de mármore. Dariam também esses banhos ainda mais que os banhos de rio ocasião a aproximações, inconscientes ou não, de atos lésbicos, semelhantes às daquelas senhoras de casas-grandes, observadas por Expilly em dias de festa: recostadas negligentemente nos espaldares das cadeiras, entregavam as cabeças a jovens escravas, peritas no cafuné, enquanto a conversa prosseguia seu curso.[123] Tais senhoras se entregariam ao que pudesse haver de pecaminoso ou de libidinoso nos prazeres do cafuné como Mr. Jourdain fazia prosa: sem o saberem. Tanto que era de público que se deixavam catar ou coçar por dedos de mucama. Nos banhos mornos ou quentes em que as iaiás mais lânguidas deixavam orientalmente que mãos de mucamas não só as despissem e vestissem, descalçassem e calçassem, despenteassem e penteassem, como lhes esfregassem o corpo, o ensaboassem, o untassem de essências de jasmim, o enxugassem com toalhas finas e lhes lavassem e secassem o cabelo solto, é que, ao caráter de "festas de preguiça" (que teriam essas abluções como outros ritos da vida das mulheres senhoris da era patriarcal e escravocrática), talvez se juntassem, menos inconscientemente do que aos prazeres do cafuné, aproximações de luxúria lésbica.

Não nos esqueçamos de que, dentro do ideal de mulher "gorda e bonita" – ideal mouro – e, mais do que isso, de mulher frágil, mole, banzeira, resguardada do sol e do vento, criada em alcova ou camarinha e cercada apenas dos filhos e mucamas – ideal caracteristicamente oriental – é que se formou a brasileira durante os dias decisivos ou mais profundos da era patriarcal. Daí o conflito desse tipo de mulher fofa e quase só de carne, com as modas ocidentais – isto é, inglesas e francesas – de trajo feminino, quando essas modas aqui penetraram depois da abertura dos portos em 1808 como em terra conquistada. Correspondiam as modas inglesas e francesas a outro tipo de mulher – o já burguês e caracteristicamente ocidental: mulheres enxutas e até magras, algumas mesmo ossudas, angulosas, como as inglesas mais secas dos fins do século XVIII e dos princípios do XIX, que parecem ter precisado de artifícios como o das anquinhas e o das saias-balão para parecerem femininamente redondas. Também correspondiam as novas modas ocidentais que chegaram ao Brasil no começo do século XIX a outro gênero de vida de mulher: o de mulheres que andavam a pé nas ruas, que iam às lojas e aos armazéns fazer compras, que acompanhavam os maridos ao teatro, aos concertos, aos jantares, às corridas de cavalo, aos jogos da bola. Que andavam a cavalo quase à maneira dos homens.

Quando Koster voltou ao Recife – que ele conhecera em 1809 – no fim do ano de 1811, notou que muitos eram os recifenses que, sob a influência do maior contato com europeus do norte da Europa, estavam "modernizando-se a si próprios, suas famílias e suas habitações".[124] Mas observou também que esse "espírito de alteração" – ou de inovação: que outra coisa não era, senão inovação revolucionária, o repúdio a estilos de vida orientalmente patriarcais e a adoção de modas inglesas e francesas de trajo, de transporte, de alimentação e de convivência burguesa – produzia consequências às vezes cômicas. Tal o caso de uma senhora de "dimensões consideráveis" que apaixonou-se pelas inovações e nelas se exagerou ou excedeu. Embora redonda de gorda – "*almost equal in circumference and height*" – insistia em vestir-se à moda inglesa: e em adornar a cabeça – habituada decerto à mantilha ou ao manto à moda oriental – com um chapeuzinho atado ao queixo. Ainda que já houvesse cintas no Brasil – novidade ocidental – a gorda senhora não as adotara: donde ficarem à vista excessos de gordura que de outro modo se teriam conservado encobertos. O vestido era enfeitado e de muitas cores;[125] e os sapatinhos comprimiam a redundância de carne que se espalhava pelos tornozelos e pelos pés. Uma superabundância de gordura derramava-se da cabeça aos pés da mulher.[126]

Evidentemente, um caso extremo de gordura oriental de iaiá a tornar ridículo o uso de artigos femininos inspirados nas formas ocidentais de mulher. Mas o fato é que o comum, no Brasil patriarcal, eram as senhoras gordas ou moles. Ou corpulentas, como as matronas que Luccock conheceu nos princípios do século XIX. Só as iaiazinhas eram de ordinário finas e franzinas.

Mas as iaiazinhas eram meninas-moças; e para elas não havia "vestidos feitos" da Inglaterra ou da França, donde só chegavam trajos para as mulheres feitas. Os vestidos franceses e ingleses para meninas de treze anos seriam todos, na época, vestidos para meninotas consideradas ainda crianças; e não para mocinhas já em idade de casar como era o caso no Brasil e no Oriente: nesse Oriente de onde, nos princípios do século XIX, ainda se recebiam, no Brasil, vestidos para senhoras que, certamente, correspondiam melhor que os ingleses e franceses, às formas de corpo, aos gestos e ao ritmo de andar e de dançar e aos modos de sentar-se – de pernas cruzadas sobre os tapetes ou as esteiras – das sinhazinhas ainda ortodoxamente patriarcais dos começos do século passado. Como as mulheres do Oriente, eram as do Brasil – não só as das casas-grandes como as dos sobrados em que por algum tempo as casas-grandes projetaram quase toda a sua sombra patriarcal – mulheres que, ainda meninas, se casavam; que muito cedo tornavam-se mães; que ainda novas começavam a envelhecer. E cuja única atividade, fora a procriação, a devoção e a administração das mucamas, era fazer renda e fazer doce: outra maneira antes oriental que ocidental de ser mulher. E fazendo renda a iaiá era como se fosse mulher do Oriente: sentada de pernas cruzadas sobre uma esteira diante da almofada. A renda, notou Luccock que não era empregada em chapéus de mulher – pois as mulheres não usavam então chapéu no Brasil: *"they wear none"* – mas para enfeite de camisas, decotes e mangas de blusa.[127] Ainda outro orientalismo. Como oriental era o hábito de quase todas elas só se ataviarem para sair; e em casa se conservarem de camisa ou cabeção – os célebres cabeções picados de renda – os pés descalços ou soltos gostosamente em chinelos sem meia e até em tamancos: *"no stockings and seldom either slippers or the wooden clogs with brown upper leatters called tamancas"*, escreve Luccock.[128]

Do mesmo observador inglês é o reparo de que a testa sempre franzida das mulheres brasileiras talvez fosse consequência do fato de viverem sob um sol de zona tórrida sem *"covering on the head"* ou *"shade for the eye"*, isto é, sem chapéu de estilo europeu que as resguardasse dos excessos de luz tropical. Pois ele próprio notou serem de uso geral, entre as mulheres – ao menos no Rio Grande do Sul – os panos – em vez de chapéus – sobre a cabeça: mantilhas de seda e de renda, entre as senhoras da classe mais alta; capotas de casimira, entre as mulheres da "segunda classe"; baetas, entre as de terceira, isto é, as escravas.[129] Reparo semelhante ao de Mawe, referido em página anterior.

Entretanto, a mantilha ou o xale à moda oriental talvez constituísse melhor proteção para a mulher contra os excessos de luz ou de sol num país como o Brasil do que os chapéus europeus de que Luccock, como bom negociante inglês, se fazia consciente ou inconscientemente propagandista. O que parece é que as mulheres de testa franzida observadas pelo inglês pertenciam ao número daquelas que já não usavam ortodoxamente a mantilha senão na missa; e ainda não haviam substituído a mantilha ou o manto oriental pelo chapéu ocidental.

Se voltamos ao assunto é, principalmente, para procurarmos acentuar a semelhança, neste como noutros traços de cultura, entre os hábitos da sociedade do Brasil patriarcal e a da Índia ocupada pelos portugueses; os quais, em vez de procurarem ocidentalizar violenta e completamente a Ásia que conquistaram, adotaram dela numerosos usos e costumes. E desses costumes, vários talvez tenham sido transmitidos diretamente dali ao Brasil. Na verdade, o retrato que europeus como Pyrard de Laval e John Fryer traçam da Índia portuguesa nos séculos XVII e XVIII parece às vezes do Brasil durante o inteiro período de organização patriarcal de vida. Os mesmos palanquins fechados. O mesmo luxo de prata nos arreios dos cavalos. Os mesmos rosários de ouro nas mãos das mulheres. A mesma ostentação de sedas, de veludos e de joias nas ruas e nas igrejas. Os mesmos chapéus de sol de seda anunciando fidalgos. O mesmo excesso de zumbaias entre pessoas de qualidade. As mesmas senhoras peritas no preparo de doces e de conservas. Os mesmos mantos ou mantilhas guardando-as do olhar dos estranhos.[130]

Também o mesmo respeito da gente servil à senhoril. Os mesmos senhores armados de espada ou de bengala com as quais às vezes obrigavam servos ou párias a se curvarem nas ruas à sua passagem de brancos, de senhores, de fidalgos arbitrários. Uma cena dessas, ocorrida no Brasil nos princípios do século XIX e fixada por Arago, parece ocorrida antes em Goa no século XVIII do que no Brasil.[131]

Não é de admirar que fosse tanta a semelhança do Brasil colonial com a Índia portuguesa dos séculos XVII e XVIII. Já vimos quanto foi vivo e numeroso o comércio entre as duas áreas, assim regular como irregular, quando o Brasil simples colônia ou apenas domínio de vicereis. Transferida a Corte de Portugal, de Lisboa para o Rio de Janeiro, um dos efeitos dessa transferência do centro político do Império lusitano foi deslocar para o Brasil grande parte do comércio da Índia com a antiga metrópole, aumentando, assim, as relações da América portuguesa com o Oriente. O referido Luccock, comerciante arguto, viu com olhos de inglês a importância que assumiriam essas relações se a Grã-Bretanha não se apressasse em dificultá-las, como de fato as dificultou, com o Tratado de 1810 e com os privilégios obtidos para o seu comércio sobre o próprio comércio português. Considerou o assunto merecedor de *"the most particular attention"*, como escreveu no seu livro sobre o Brasil, onde esteve de 1808 a 1818.[132]

Como os navios portugueses da linha oriental traziam principalmente da Índia para o Brasil tecidos de algodão de várias qualidades

– parte dos quais, reexportada daqui para Portugal, para as colônias portuguesas da costa da África e para os portos da América, ao sul da linha – tecidos que, muito procurados, entraram em aguda competição com os da Irlanda, criou-se um problema para a Grã-Bretanha mais sério que o das antigas importações de artigos orientais para a América portuguesa por navios que não fossem os ingleses ou os dos comboios de Lisboa. Tanto mais quanto, além dos tecidos indianos, traziam os navios portugueses para o Brasil, chá, tecidos de Nanquim, cobre, seda e vários outros artigos da China.[133] Mawe pôde escrever no seu livro publicado em 1821 que nos princípios do século XIX havia no Brasil grande abundância de artigos da China.[134] Poderia ter dito que, também, da Índia. Em uma palavra, do Oriente.

Luccock insinua, ainda, que haveria vantagem para o Brasil em que navios portugueses da linha do Brasil para o Oriente fossem substituídos pelos ingleses[135] – o que de fato sucedeu, através dos privilégios obtidos pela gente britânica para o seu comércio sobre o próprio comércio português, com prejuízo para os interesses brasileiros; e vantagem imensa só para os ingleses. Também lucraria a Grã-Bretanha imperial com a redução ao mínimo não só do comércio, por algum tempo particularmente intenso, entre o Brasil, elevado a Reino, e a Ásia portuguesa, como das relações, sempre mais ou menos numerosas, entre a América portuguesa e o Oriente. Relações favorecidas – já o sugerimos – pelas afinidades de organização patriarcal e escravocrática de família, de economia e de convivência entre as duas áreas.

Quando Koster – outro comerciante britânico residente no Brasil dos começos do século XIX e como Mawe e Luccock, arguto observador – escreveu, em comentário ao Tratado de 1810, que o artigo 21, do mesmo Tratado – relativo aos impostos proibitivos que poderiam sofrer nos domínios de Portugal os produtos ingleses das Índias Orientais e das Índias Ocidentais – era uma espécie de compensação ao artigo precedente – o que sujeitava a impostos proibitivos na Grã-Bretanha certos produtos brasileiros de que houvesse similares, produzidos nas colônias britânicas[136] – talvez tenha considerado o assunto com olhos apenas de inglês. Pois não poderia estar no interesse do Brasil fechar-se à importação de artigos das Índias Orientais – mesmo das áreas dominadas pelo comércio britânico – do mesmo modo que estava no interesse da Grã-Bretanha preferir ao açúcar e ao café da América portuguesa o açúcar e o café de suas colônias tropicais. Eram situações diferentes. Normalmente, teria sido da conveniência do Brasil a continuação, ainda por longos anos, do comércio e das abundantes relações que, durante séculos, conservaram-no em contato com uma parte do mundo de que ele se tornara ecológica e socialmente parente. Parente pelo clima e parente pelo sistema de organização patriarcal de economia e de convivência entre raças e classes. Até que a reeuropeização intensa da sociedade brasileira, a partir dos princípios do século XIX – reeuropeização coincidente com o declínio do patriarcado nas suas áreas tradicionais de domínio rural – tornou o Oriente remoto e vago para a mesma sociedade e para a sua cultura, ainda em formação. Tão remoto e vago que valores orientais, outrora comuns entre nós, tornaram-se quase tão raros – peças de museu, arcaísmos, curiosidades – como nos países de civilização mais acentuadamente ocidental da América.

Notas ao Capítulo IX

1. Aqui divergimos do ilustre ensaísta Sr. Afonso Arinos de Melo Franco que, em estudo a propósito do Latin America and the enlightment – livro escrito, em colaboração, por um grupo de ensaístas norte-americanos, um dos quais, o professor Arthur P. Whitaker, firma-se em sugestões nossas – na primeira edição deste livro – para sustentar ter o Brasil "se desenvolvido progressivamente em um sentido asiático" e participado, assim, menos que a América espanhola, da chamada "Época das Luzes" ocidental – escreve: "... na verdade Freyre se refere exclusivamente ao que sempre tem em vista, isto é, aos modos de viver, não aos modos de pensar. Doces, vestidos, transportes, subordinação da mulher e da criança, traços arquitetônicos trazidos do Oriente via Portugal...". E ainda: "em todo caso, nada de aproximado com as ideias, as concepções de vida política (tão marcantes no século dezoito), as posições assumidas em face dos problemas intelectuais, em uma palavra. Este assunto, que Gilberto Freyre não tinha em vista, e com que, aliás, raramente se preocupa, é que interessa particular e exclusivamente ao estudo da Época das Luzes" ("A época das luzes", in Mar de sargaços, São Paulo, s. d., p. 55).

   Admitido o exagero do erudito ensaísta norte-americano na interpretação das sugestões por nós esboçadas neste ensaio desde 1936, temos, por outro lado, de admitir a tendência do ensaísta brasileiro para a crença, igualmente exagerada, em uma espécie de intelectualismo no vácuo, pois a tanto importa a sua teoria de nada terem a ver os modos de pensar de uma sociedade com seus modos de viver. Parece fato estabelecido pelos estudos de sociologia e de psicologia justamente o contrário: a interdependência entre o pensar e o viver de um indivíduo ou de uma comunidade.

   Quanto a nós, frequentemente acusados de "materialista" por críticos mais ou menos superficiais, devido ao fato de atribuirmos importância básica aos modos de viver do brasileiro – inclusive aos até nós tão desdenhados doces, tidos como preocupação digna apenas de mulheres e de confeiteiros – tivemos em um lúcido crítico francês, o professor P. Arbousse-Bastide, quem explicasse, com a clareza de que os franceses são mestres, nossa maneira de lidar com coisas e de relacioná-las com as pessoas e as sociedades, inclusive com seus modos de sentir e de pensar. A acusação que renova contra nós um escritor da categoria do Sr. Afonso Arinos de Melo Franco obriga-nos a imodestamente recorrer ao sociólogo e crítico francês, para que responda por nós ao autor de Mar de sargaços. "Les éléments matériels" – escreve o professor Arbousse-Bastide – *"ne sont jamais pour Gilberto Freyre que des signes d'autres réalités, plus difficiles à saisir, mais plus essentielles. Il serait ridicule de chercher à discréditer une telle méthode en la taxant de matérialiste; elle ne trahit même pas ce qu'on pourrait appeler un favoritisme du matériel.*

Au contraire, les objets matériels, dans une telle conception, n'ont de sens, ni d'intérêt, que dans la mesure où ils traduisent des réalités immatérielles, des mentalités, des croyances, des préjugés des inventions" (Prefácio a Um engenheiro francês no Brasil, Rio de Janeiro, 1940, p. XIV).

Dificilmente se admite que um ser social e cultural tão cercado de "objetos materiais" do Oriente, como o brasileiro – ou o português do Brasil – da época colonial e dos primeiros anos do século XIX, não sofresse influências orientais nos seus modos de pensar e de sentir. Sofreu-as e foram influências que principalmente reforçaram no sexo, na classe e na raça dominantes, ou senhoris, atitudes patriarcais de superioridade sobre os demais elementos da sociedade. Atitudes baseadas nas místicas de "sexo forte", de "idade provecta" e de casta ao mesmo tempo feudal e militar, ou de "nobreza" agrária, e afirmadas em usos, trajos, insígnias, símbolos – como os de dragões ou leões de louça ou de pedra nos umbrais dos portões – meios de transporte, modos de sentar-se o homem ou de comportar-se a mulher. Desses usos, trajos, símbolos, hábitos, muitos se alimentaram, em um Brasil desde o século XVIII crescentemente arcaico para o sistema ocidental de civilização, de exemplos, inspirações e materiais caracteristicamente orientais. Só aos poucos o conceito caracteristicamente ocidental de civilização – racionalista, individualista, secularista – penetraria no Brasil, substituindo símbolos orientais por ocidentais e patriarcais por burgueses.

A insistência dos modernizadores da Turquia – até quase nossos dias mais asiática que europeia em seus costumes – em fazerem substituir o fez oriental pela cartola ocidental e em abolirem o véu, também oriental, de mulher, e substituí-lo pelo chapéu ocidental, mostra que a sagacidade levantina vê nas coisas, nos "objetos materiais", nas exterioridades, nos símbolos, influências capazes de influir sobre o íntimo das pessoas ou sobre sua mentalidade, predispondo-as a estagnações ou alterações de natureza moral ou intelectual. O ditador Kemal chegou a declarar que enquanto o turco usasse fez e a turca se cobrisse com o tradicional véu do Oriente a Turquia se conservaria fechada à "civilização" e ao "progresso", simbolizado, ao seu ver, pela cartola ocidental e pelo chapéu europeu ou norte-americano de mulher. O hábito faria o burguês, o racionalista, o individualista, isto é, criaria no turco a predisposição para ocidentalizar-se nos sentimentos e nas ideias. Novas modas de trajo favoreceriam novos modos de pensar. Veja-se sobre o assunto, Barbara Ward, *Turkey*, Nova York, 1942.

Contra esse processo de transculturação, pela adoção de exterioridades e símbolos exóticos, favoráveis à alteração – de modos de sentir e de pensar – é que os japoneses procuraram resguardar-se, transigindo com várias técnicas ocidentais por eles consideradas moralmente neutras, mas conservando-se intransigentemente hostis a outras (John Embree, *The japanese nation*, Nova York, 1945): conservando insígnias, símbolos e mitos orientais e, ao mesmo tempo, patriarcais e feudais, religiosos e coletivistas, irracionalistas e anticientíficos – entre eles o de origem divina do Imperador – contra seus opostos ou equivalentes ocidentais e, ao mesmo tempo, burgueses, individualistas e secularistas, capazes de alterarem a civilização japonesa na sua essência, é que o Japão feudal, monárquico e patriarcal, conseguiu sobreviver até nossos dias.

São ocorrências que recordamos para acentuar o fato de que, em nossos estudos, acentuando a importância de "objetos materiais", símbolos, insígnias, mitos, não o fazemos por "materialismo" ou por desprezo pelos valores invisível e requintadamente intelectuais e espirituais, mas por considerar os chamados "objetos materiais" – inclusive móveis, trajos, alimentos – reflexos das chamadas "realidades imateriais", nunca ausentes dos mesmos objetos. Ausentes dos "objetos materiais" de procedência oriental, de uso mais generalizado no Brasil da época colonial e dos primeiros anos do Império, não se podem considerar o familismo, o patriarcalismo, o hierarquismo, o religionismo, o irracionalismo do Oriente que, reforçando o nosso próprio sistema de organização de família e de sociedade, chocaram-se no Brasil, como em outras áreas – a Índia portuguesa, por exemplo – com o individualismo, o secularismo e o racionalismo do Ocidente.

2. O padre Luiz Gonçalves dos Sanctos, em suas *Memorias para servir á historia do reino do Brasil [...] Escriptas na Corte do Rio de Janeiro no anno de 1821 e offerecidas a S. Magestade elrei Nosso Senhor D. João VI*, Lisboa, 1825, I, p. 136.

3. Debret, op. cit., II, p. I.

4. Gonçalves dos Sanctos, op. cit., I, p. 136.

5. Ibid., I, p. 137.

6. Em um almoço típico de gente média do campo de que participou em Itamaracá, Kidder notou que a mesa, presidiu-a *"the Senhor, sitting à la Turque"* (Daniel P. Kidder, Sketches of residence and travels in Brazil, Filadélfia, 1845, II, p. 163). O costume era ainda muito generalizado nas áreas rurais e, nas urbanas, limitado às senhoras ou às mulheres. Já Debret observara, no Rio de Janeiro, entre senhoras da classe alta, que, nas igrejas, sentavam-se à asiática (*"à l'asiatique"*), *"usage"* – acrescenta – *"qu'on retrouve dans les réunions particulières des classes inférieures de la population, toujours assises par terre"* (op. cit., II, p. 91). Asiatismo ou orientalismo deve ser também considerado o hábito de as mesmas senhoras não usarem em casa sapatos, mas conservarem-se descalças, quando sentadas à asiática no meio de suas mucamas, utilizando-se, para andarem dentro das salas, de *"une paire de souliers fanés qui leur sert de pantoufles pour ne pas marcher pieds nus dans la maison"* (ibid., p. 91).

7. Padre Luiz Gonçalves dos Sanctos, op. cit., II, p. 137.

8. R. Walsh, Notices of Brazil in 1828 and 1829, Londres, 1830, I, p. 86. Nas palavras do observador inglês: *"The windows were barred up like those of the Turks, with lattices of cross-barred laths, which acarcely admitted the light, and throught which it was impossible to see or to be seen"*.

9. Veja-se o resumo de depoimentos de alguns desses europeus no estudo do professor Alberto C. Germano da Silva Correia, *La vieille Goa (Aperçu historique, récueils de voyageurs, Saint François Xavier, chronique sanitaire, esquisse archéologique)*, Bombaim, 1931, capítulo III. Do mesmo

autor veja-se Os *"lusos descendentes" da Índia portuguesa* – Estudo histórico, demográfico, antropométrico e aclimativo, Lisboa, 1925.

10. Domingos Alves Branco Moniz Barreto,*Memoria sobre a abolição do commercio de escravatura*, Rio de Janeiro, 1837, p. 26.

11. Ibid., p. 27.

12. Ibid., p. 25.

13. Ibid., p. 45.

14. Representativo desse ponto de vista pode ser considerado L. P. de Lacerda Werneck que em 1855 publicava no Rio de Janeiro seu ensaio *Ideias sobre colonização precedidas de uma sucinta exposição dos princípios gerais que regem a população* (Rio de Janeiro, 1855). Levantava-se ele contra a ideia de substituir-se o escravo africano pelo trabalhador asiático – "povo sem vida e sem futuro" (p. 78), quando o que nos convinha era "a raça forte e enérgica dos neolatinos e anglo-saxônicos", "que com sua intervenção" viessem "inocular-nos o sangue fervente da agitação industriosa, misturando-se e derramando-se pela nossa população atuall" (p. 78). "Superior ao china", considerava Werneck o próprio africano porque neste, ao menos havia "a força bruta" sem os "prejuizos" do fraco chinês: "...se nós achamos má a colonização africana, como nos podemos lembrar da chinesa?!" (p. 79).

15. "O mongolismo ameaça o Brasil",*Anais Brasilienses de Medicina*, Rio de Janeiro, no 2, tomo XXXI, 1879, p. 11.

    Em 1879 dizia Joaquim Nabuco em discurso na Câmara dos Deputados, traçando um paralelo entre a China e o Brasil: "... ambos esses países são dois dos maiores impérios do mundo; ambos têm à sua frente um governo patriarcal; em ambos o imperador é, como se diz na linguagem oficial da China, o pai e a mãe do povo; ambos têm os seus mandarins, a sua organização especial...". Apenas a China levava ao extremo "o respeito das suas tradições, dos seus antepassados", enquanto no Brasil tudo estava "em evolução." (Discurso pronunciado em 1o de setembro de 1879, *Discursos parlamentares*, Publicação do centenário do nascimento de Joaquim Nabuco, iniciativa da Mesa da Câmara dos Deputados, seleção e prefácio de Gilberto Freyre, introdução de Munhoz da Rocha, Rio de Janeiro, 1949, p. 142.)

16. Ibid., p. 12.

17. Ibid., p. 12.

18. Theophilo Benedicto Ottoni, A colonização do Mucuri, Rio de Janeiro, 1859, p. 34.

19. Ibid., p. 35.

20. Ibid., p. 35.

21. Entre os progressos materiais do Brasil no começo do século XIX, Henrique Cancio considera "digno de menção", o descobrimento, por Inácio de Siqueira Nobre, de "matas de arbustos próprios para o cultivo do bicho-da-seda" ao mesmo tempo que a importação de "duzentos chins," importação que, ao seu ver, "dotou o País com a cultura do chá" (D. João VI, Bahia, 1909, p. 154). Essa colônia de chins, ou chinas, informa C. A. Taunay que "o Governo portuguez tinha mandado vir com extraordinário desembolso". Trouxeram eles "sementes e novelhos" e os ensaios de aclimação do chá foram feitos em Santa Cruz e no Jardim Botânico. A empresa, porém, "teve a sorte de muitas outras: o desleixo, a inveja do partido portuguez e indifferença dos ministerios que succederão aquelle que fez o ensaio, paralysarão os bons resultados que já deveria ter dado". Quanto aos duzentos chins importados pelo governo português para introduzirem a cultura do chá no Brasil colonial informa C. A. Taunay com igual melancolia em livro publicado em 1839: "Poucos desses chinas sobrevivem e esses ganhão a sua vida a mascatear..." (C. A. Taunay, *Manual do agricultor brasileiro*, Rio de Janeiro, 1839, p. 60). O príncipe Maximiliano, entretanto, conheceu nove desses chineses numa fazenda de Ponte do Gentio, ao lado de seis famílias açorianas e de vários escravos negros, todos dedicados ao trabalho agrícola. Ainda que os asiáticos parecessem a Maximiliano "preguiçosos", notou o europeu que as cabanas ou mucambos em que viviam eram muito limpos e asseados, com camas, que contrastavam com as palhoças e almofadas redondas que serviam de travesseiros aos chinas, possuidores também de porcelana e de leques da China que guardavam com grande cuidado. Ainda que alguns tivessem já se convertido à religião católica e casado com moças índias, conservavam costumes chineses e comemoravam com as devidas cerimônias dias de festas tradicionais do seu país de origem (príncipe Maximiliano Neuwied, *travels in Brazil in 1815, 1816, and 1817*, trad., Londres, 1820, p. 110-111).

Novo grupo de chineses – trezentos – vieram para o Brasil em 1855, contratados por um particular, o negociante Manoel de Almeida Cardoso. Esses trabalhadores orientais deram ao diretor-geral da Repartição Geral de Terras Públicas, Manoel Felizardo de Sousa e Melo, a impressão, registrada em relatório do ano de 1855, de vigorosos e aptos aos trabalhos do campo. Entretanto, por mais úteis que se reconhecesse serem eles ao Brasil, nada nos acrescentaram aos conhecimentos agrícolas, à moralidade e à civilização (*Relatório – Repartição geral de terras públicas*, Rio de Janeiro, 1855, p. 12).

22. Thomas Lindley, *Narrative of a voyage to Brazil etc.*, Londres, 1805, p. 259.

Rugendas observou, nos seus dias de residência no Brasil, que de nosso País mandavam-se ainda para o Oriente "grandes importâncias em metal, o que dá a seu valor flutuações perigosas e muitas vezes altas súbitas e injustificáveis" (op. cit., p. 154). A introdução do chá no Brasil talvez modificasse a situação, desde o século XVIII dominante nas relações entre o Ocidente e o Oriente, do qual só a Inglaterra importava "mais de três milhões de libras de chá da China". Situação que fazia do Oriente "o abismo devorador de quase todos os metais preciosos exportados da América para a Europa", provocando crises de numerário na Europa. O que se verificou, porém, é que das centenas de chineses importados pelo Brasil, ainda colônia, para desenvolverem entre nós a cultura do chá, muitos tornaram-se mascates, outros cozinheiros etc.; e em vez do chá, o aliás também oriental café é que se tornou o artigo-rei da produção e da economia brasileira.

23. Ibid., p. 263.

24. Ibid., p. 285.

25. Ibid., p. 286. Durante o século XVIII são frequentes as recomendações do governo Metropolitano, em correspondência com os vicerreis do Brasil, contra os contrabandos, podendo ser citadas como exemplos dessa preocupação a carta de 14 de março de 1769 e principalmente a de 14 de janeiro de 1799 "recommendando todo cuidado para impedir que navios extrangeiros sob o pretexto de arribada façam contrabando" (Liv. 20, fls. 15, Correspondencia da Corte de Portugal com os vicerreis do Brasil no Rio de Janeiro de 1762 a 1807, manuscrito, Arquivo Público Nacional).

26. *Diário Oficial, Salvador*, 2 de julho de 1922.

27. Salvador, 1931.

28. "Comércio da Bahia colonial com a África e a Índia",*Anais do Arquivo Público e da Inspetoria dos Monumentos do Estado da Bahia*, vol. XX, Salvador, 1931, p. 228.

29. Ibid., p. 228.

30. Ibid., p. 231-232.

31. Ibid., p. 252. O tabaco brasileiro parece ter sido então particularmente apreciado no Oriente e, como tal, objeto de contrabando. Em 1805, recomendação da Corte, de 15 de março, para o Governo do Brasil no Rio de Janeiro, mandava "providenciar para impedir que navios em viagem para a Índia" fizessem "contrabando de tabaco" (Liv. 23B, fls. 12, manuscrito, Arquivo Público Nacional).

32. Também, em vários dos volumes de *Documentos históricos* (leis, provisões, alvarás, cartas e ordens reais) publicados pelo Arquivo Nacional e pela Biblioteca Nacional encontram-se numerosas informações sobre o mesmo comércio e acerca de arribadas de naus da Índia, navios estrangeiros etc.

33. Manuscritos ("Offícios do Governo – 1804-1807", na Seção de Manuscritos da Biblioteca do Estado de Pernambuco).

34. C. A. Taunay, *Manual do agricultor brasileiro*, Rio de Janeiro, 1839, p. 60.

35. Ibid., p. 60. Os chineses se serviam, para perfumar os seus chás, de folhas de camélia, resedá-de--badiana, ou anis-estrelado, para o chá verde; de flores de metiantes ou mogerim, sambac, vitex pinnata, chlorntus inconspicus, alea-fragans, raízes de íris e de corcuva, para dar-lhe cor. (S. V. Vigneron Jousselandière – *Novo manual prático da agricultura tropical* [...] *Fruto de 37 anos de experiência*, Rio de Janeiro, 1860, p. 150). Parece que de tais plantas não foram transplantadas

para o Brasil senão algumas, faltando, assim, ao chá brasileiro, o gosto, a cor e o perfume dos orientais.

36. *Gazeta do Rio de Janeiro*, 11 de abril de 1821.

37. *Diário de Pernambuco*, 29 de julho de 1842.

38. *Gazeta do Rio de Janeiro*, 7 de março de 1821.

39. *Jornal do Commercio*, 10 de novembro de 1827.

40. *Jornal do Commercio*, 12 de julho de 1828.

41. Thomas Ewbank, *Life in Brazil – or journal of a visit to the land of Cocoa and the Palm*, Nova York, 1856. Para o assunto voltou-se ultimamente o redator do Boletim Informativo publicado pelo Serviço de Informações da Embaixada da Índia no Rio de Janeiro (fevereiro, 1949), que salientou:
"Em um livro fascinante, intitulado Life in Brazil – Land of the Cocoa and the Palm, Thomas Ewbank nos fala de uma possível origem indiana do carnaval brasileiro. Dá-nos o autor uma descrição vívida do 'Holi', descrição essa que, por si só, talvez venha a explicar muito do que hoje ainda sobrevive de uma tradição já esquecida, cujo significado o povo não mais conhece.
"Segundo Ewbank, o carnaval chamava-se Intrudo na época em que ele visitou o Rio de Janeiro – 1849. Da descrição abaixo, do Intrudo, poderá o leitor verificar a relação profunda existente entre o carnaval brasileiro e o 'Holi' indiano. Diz Thomas Ewbank:
"As estranhas coincidências na linguagem, costumes e outros hábitos que constituem a intimidade, ou mesmo a identidade, entre os povos primitivos da Europa Ocidental e da Ásia Central, já foram frequentemente observadas. Não me consta que o Intrudo tenha sido interpretado dessa maneira. Quer me parecer, entretanto, que pouca dúvida resta de que o mesmo seja o *Hohlee do Hindustão* – Festival que data de tempos mitológicos, e, portanto, envolto no mais denso mistério.
"Mr. Broughton, que teve ensejo de participar desse festival na corte de um príncipe hindu, nos dá uma descrição detalhada da sua experiência:
'O entretenimento do *Hohlee* consiste em atirar uma quantidade de farinha feita de uma noz aquática, o 'singaram', e tingida de vermelho. É conhecida como *'abeer'*. O divertimento principal é jogar essa farinha nos olhos, boca e nariz dos participantes, ao mesmo tempo que se lhes aplica um banho de água alaranjada. Muitas vezes o 'abeer' é misturado com talco em pó, a fim de torná-lo brilhante, sendo bastante doloroso se penetrar nos olhos. Outras vezes, o 'abeer' é colocado dentro de pequenas bolas feitas de uma substância gelatinosa, do tamanho de um ovo, e que servem como arma de ataque. Todavia, são tão delicadas que precisam ser tratadas com o máximo cuidado, pois se desmancham sob a menor pressão...
'Alguns minutos após ocuparmos os nossos lugares, enormes bandejas de bronze cheias de *'abeer'* e das bolinhas acima descritas, foram colocadas diante dos espectadores, juntamente com água amarelada e grandes bisnagas de prata. O Muha Raj em pessoa iniciou então o divertimento,

lançando sobre os assistentes um pouco da água amarela ou vermelha dos '*goolabdans*' – pequenos vasos de prata usados para pôr água-de-rosas durante as visitas de cerimônia. Cada um principiou então a atirar o '*abeer*' e a jogar água nos vizinhos. A etiqueta proíbe que alguém lance qualquer cousa sobre o Rajá; contudo, fora ele informado de que estávamos determinados a atacar todo aquele que nos havia atacado, tendo ele respondido jovialmente: 'De todo o coração' – disse – 'estaria ele pronto para nos enfrentar, e veríamos quem sabia atacar melhor'. Descobrimos logo, porém, que contra ele nada podíamos fazer; pois, além de um pano com que os seus servos lhes protegiam o rosto, em poucos minutos havia ele mandado colocar em suas mãos uma grande mangueira de extintor de incêndio, cheia de água amarela, e que estava sendo trabalhada por meia dúzia de homens. Os resultados foram tais que dentro de pouco tempo não restava um único homem dentro da tenda que não estivesse encharcado dos pés à cabeça.

'Às vezes, voltava ele o jato da mangueira contra os que se achavam mais próximos, com tamanha força que, dificilmente, a vítima conseguia se manter em seu lugar. Toda oposição a essa máquina formidável era vã. O 'abeer' era lançado aos montões, seguido imediatamente de uma chuva de água amarela, enquanto que nós nos víamos assim alternadamente empoados e encharcados, até que dentro em pouco o chão sobre o qual estávamos sentados encontrava-se coberto de uma densa lama rosada. Jamais presenciara cena igual em toda minha vida.'

"O Intrudo e o *Hohlee* apresentam, ainda, outra semelhança. Consta-nos que o *Hohlee* 'é festejado praticamente ao mesmo tempo que a nossa Quarta-Feira de Cinzas, precedendo também a Quaresma ou Época Expiatória dos Hindus' – coincidência de tempo e finalidade tão extraordinárias, como extraordinário é o fato de esses dois festivais serem celebrados com pó e água – com bolas de arremesso e bisnagas. O Hohlee é celebrado por todas as classes da Índia – sendo motivo de festejo universal."

42. *Diário de Pernambuco*, 18 de outubro de 1833.

43. *Diário de Pernambuco*, 5 de novembro de 1833.

44. *Diário de Pernambuco*, 6 de novembro de 1833.

45. *Diário de Pernambuco*, 4 de janeiro de 1843.

46. J. B. Douville, *30 mois de ma vie, quinze mois avant et quinze mois après mon voyage au Congo [...] Suivie des details nouveaux et curieux sur les moeurs et les usages des habitants du Brésil et de Buenos Aires et d'une description de la colonie Patagonia*, Paris, 1833. Douville diz ter visto no Rio de Janeiro senhoras *"vetues de robes de satin et de tulle garnies d'or et d'argent"* (p. 247), isto é, vestidos de um gosto antes oriental que ocidental para os olhos de um francês de 1830. Chocaram-no outros costumes brasileiros que podemos interpretar como orientalismos: os vestidos das mulatas de cetim branco bordado de amarelo; suas chinelas de diversas cores; seus xales negligentemente caídos sobre os ombros; flores nos cabelos (p. 248). Também os fogos de artifício (p. 248).

47. Thomas Lindley, *Narrative of a voyage to Brazil* [. ...] *with general sketches of the country, its natural productions, colonial inhabitants and a description of the city and province of St. Salvador and Porto Seguro*, Londres, 1825, p. 272.

48. José Daniel Rodrigues da Costa, em sua *Roda da fortuna* (*Obra crítica, moral e muito divertida*), recorda à página 6 do folheto II (Lisboa, 1818) que o costume antigo em Portugal era o dos homens palitarem ostensivamente os dentes após a refeição: "Puxavão [...] os homens por paliteiros, e era da ordem politica offerecerem palitos uns aos outros; hoje mal se acabou da meza, puxam por hum macinho embrulhado em papel e em lugar de palitos offerecem xarotos".

49. Lindley, op. cit., p. 273.

50. Ibid., p. 250.

51. Ibid., p. 251.

52. Henry Koster, *Travels in Brazil*, Londres, 1816, p. 274.

53. D. P. Kidder, *Sketches of residence and travels in Brazil*, Filadélfia, 1845, II, p. 21.

54. *Diário de Pernambuco*, 20 de maio de 1840.

55. *Diário de Pernambuco*, 15 de julho de 1840.

56. *Diário de Pernambuco*, 27 de julho de 1840.

57. *Diário de Pernambuco*, 18 de setembro de 1840.

58. *Diário de Pernambuco*, 27 de julho de 1840.

59. Exemplo: o anúncio no *Diário do Rio de Janeiro* de 1o de maio de 1822 de "huma criada branca chegada proximamente de Lisboa"...

60. Exemplo: "... hum bom berço de jacarandá construído em Londres", no *Diário do Rio de Janeiro*, de 7 de maio de 1822.

61. *Diário do Rio de Janeiro*, 15 de dezembro de 1821.

62. *Diário de Pernambuco*, 6 de julho de 1857.

63. *Diário de Pernambuco*, 21 de fevereiro de 1859. Vejam-se anúncios semelhantes no *Diário do Rio de Janeiro* e no *Jornal do Commercio* da mesma época.

64. C. A. Taunay, op. cit., p. 65 e 78.

65. Ibid., p. 78.

66. Manuscrito no Arquivo Nacional, Rio de Janeiro. Deve-se salientar que no Brasil parecem ter sido principalmente os padres e frades-fazendeiros ou senhores de engenho, os principais experimentadores agrários e importadores de sementes do Oriente. Veja-se, sobre o assunto, "Novos documentos

para a história colonial", por F. Borges de Barros, *Anais do Arquivo Público e da Inspetoria dos Monumentos do Estado da Bahia*, Salvador, 1931, vol. XX, p. 158.

67. C. A. Taunay, op. cit., p. 101.

68. "Bahia em 1847 – Deux Lettres de M. Forth-Rouen, Envoyé et Chargé d'Affaires en Chine, publiées par M. Henri Cordier", *Journal de la Société des Américanistes de Paris* (nova série), tomo VI, no 1, p. 6.

69. *Diário de saude ou ephemerides das sciencias medicas e naturais do Brazil*, no 1, vol. I, 9 de maio de 1835.

70. Ibid.

71. *Diário de Pernambuco*, 6 de julho de 1857.

72. Debret, op. cit., III, p. 147. Debret escreve: "*L'usage des cordons de sonnettes, encore inconnu, laisse subsister l'ancienne coutume asiatique de frapper plusieurs dans les mains pour s'annoncer: signal auquel descend le nègre valet de chambre et qui se charge de vous conduire, et de vous reconduire au besoin*".

73. J. Arago, *Promenade autour du monde*, Paris, s. d., I, p. 115.

74. Ibid., I, p. 108.

75. Ibid., I, p. 108.

76. Pereira da Costa, "Ciganos", manuscrito na Seção de Manuscritos da Biblioteca do Estado de Pernambuco.

77. Kidder, op. cit., II, p. 43.

78. Exemplo: no *Diário do Maranhão*, de 16 de maio de 1856, José Antônio Pereira de Lima, residente e lavrador na povoação do Pinheiro, Termo da Comarca de Guimarães, fazia público que no dia 27 do mês anterior "se sumirão trez crianças de sua fazenda Santa Maria, sita em S. Bento. Estas crianças sahirão a brincar para a estrada que passa em frente da fazenda e segue pa. diversas partes a horas depois do almoço e ao jantar he que as mães dão por falta dos filhos e sahindo ellas pela estrada em procura delles só vião os rastos até certo ponto de dahi em diante nada poderão encontrar... Prometto-me a pagar 50$000 por cada huma criança". E alarmado com "esta nova *industria*", Pereira de Lima lembrava ao chefe de Polícia: "Cabe ao Ilmo. Sr. chefe de Polícia providenciar tão bem da sua parte não concedendo passaporte a creanças cujas mães as não acompanhem ou uma certidão de idade, e título, por onde o primeiro possuidor a houve". É curioso que os três meninos eram todos "vermelhos" ou avermelhados de cabelo, podendo, assim, passar por filhos de "gringos": ... "Cosme, edade 4 annos, cafuz vermelho, cabello da mesma cor"; "Manoel dos Reis, edade 2/3 annos, pretinho fullo de cabelo avermelhado"; "...Pio, edade 3 annos, cafuz vermelho mais escuro...".

79. Elísio de Araújo, *Estudo histórico sobre a polícia da Capital Federal de 1808 a 1831*, Rio de Janeiro, 1898, p. 132.

80. Informação ao autor do ilustre historiador professor Pedro Calmon, que estudou o assunto.

81. Debret, op. cit., II, p. 81.

82. Ibid., II, p. 80.

83. Walsh, op. cit., I, p. 187.

84. *Diário de Pernambuco*, 29 de dezembro de 1831.

85. *Diário de Pernambuco*, 22 de janeiro de 1847.

86. Exemplo: anúncio no *Jornal do Commercio* de 10 de novembro de 1827.

87. Exemplos: o anúncio do *Diário do Rio de Janeiro* de 21 de maio de 1822 de "huma casaca, colete, calção, tudo de seda cor de flor de alecrim..." Ou este, 9 de outubro de 1821, no mesmo jornal: "Vende-se [...] huma sobrecazaca de pano verde fino, com gola de veludo verde, com as costas forradas de Hollanda...". O *Diário do Rio de Janeiro* de 6 de dezembro do mesmo ano (1821) traz significativo anúncio no qual oferece ao lado de "huma cazaca preta nova", "huma dita azul usada". O começo da vitória do preto sobre o verde, a cor de flor de alecrim, o amarelo, o vermelho e mesmo o azul nas principais peças do vestuário burguês e até aristocrático dos homens. As cores orientalmente vivas e variadas, vencidas nesse setor, sob a pressão das novas modas europeias de roupa de homem de cidade – que teriam nos estilos da época Romântica sua última expressão de colorido, embora um colorido já falido, dentro do gosto geral do Romantismo para os azuis e roxos pálidos – continuaram a ostentar-se, no Brasil, no trajo da mulher – quer da aristocrática quer da plebeia – e do escravo que, nos anúncios de negros fugidos, continuou, durante quase toda a primeira metade do século XIX, a desfilar com calças, camisas, coletes, restos de casacas e sobrecasacas de cores orientalmente vivas. Sobrevivências, em vários casos, dos trajos senhoris de homem do século XVIII e dos princípios dos século XIX, marcadas por cores que se tornaram depois femininas e plebeias. Afrânio de Melo Franco, em estudo sobre "Cláudio Manuel da Costa" (*Revista do Arquivo Público Mineiro*, ano XXIII, Belo Horizonte, 1929), salienta do arrolamento dos bens confiscados àquele inconfidente, típico – ao nosso ver – dos primeiros intelectuais afrancesados, no Brasil, as casacas, véstias e calções, nos quais predominavam cores orientalmente vivas: "calções de pano carmezim caseado de ouro", de "cabanga verde com chuva de prata", de "veludo cor de cereja", de "belbute amarelo", de "pano verde", de "cetim cor-de-rosa". Deixou também o inconfidente "dúzias de porcelana da Índia" (p. 48).

88. *Diário de Pernambuco*, 16 de setembro de 1846.

89. *Gazeta do Rio de Janeiro*, 24 de janeiro de 1818.

90. *Jornal do Commercio*, 10 de novembro de 1827.

91. *Jornal do Commercio*, 20 de dezembro de 1828.
92. *Jornal do Commercio*, 20 de dezembro de 1828.
93. *Gazeta do Rio de Janeiro*, 6 de março de 1818.
94. *Jornal do Commercio*, 20 de dezembro de 1828.
95. *Jornal do Commercio*, 7 de agosto de 1828.
96. *Jornal do Commercio*, 12 de julho de 1828.
97. *Jornal do Commercio*, 3 de março de 1830.
98. *Diário do Rio de Janeiro*, 22 de julho de 1821.
99. Mawe, op. cit., p. 114.
100. Ibid., p. 115.
101. Ibid., p. 218.
102. Ibid., p. 219.
103. Ibid., p. 219.
104. Sobre o assunto apresentamos nota prévia ao 1o Congresso Afro-Brasileiro, reunido no Recife em 1934. Extraviaram-se a nota e as excelentes ilustrações, feitas pelo pintor Cícero Dias, dos diferentes modos por nós observados, de mulheres do povo de Pernambuco usarem, até época recente, xales ou mantas, de acordo com diferentes estilos dominantes nas áreas africanas de procedência de grupos cujas tradições se conservaram no Brasil.
105. Mawe, op. cit., p. 393.
106. Em 1822, ainda se vendiam no Rio de Janeiro, segundo anúncio no *Diário do Rio de Janeiro* de 7 de março, "vellas de cera da India de muito boa qualidade por ser de muita duração e muito clara". Parece ter sido considerável a importação brasileira de velas de cera da Índia.
107. "Triumpho eucharistico, exemplar da christandade luzitana em publica exaltação da fé na solenne transladação do divinissimo sacramento da igreja da Senhora do Rozario para um novo templo da Senhora do Pilar em Villa Rica, Corte da Capitania das Minas aos 24 de maio de 1733 por Simão Ferreira Machado", Lisboa ocidental, MDCCXXXIV (*Arquivo Público Mineiro*, Belo Horizonte, Ano III, 1901, 1902, p. 1000-1012).
108. *O culto da arte em Portugal*, Lisboa, 1896.
109. Maria Graham, *Journal of a voyage to Brazil and residence there during the years* 1821, 1822, 1823, Londres, 1824.

110. Costume observado, entre outros, por Luccock (op. cit., p. 205).

111. L. M. Shaeffer, *Sketches of travels in South America, Mexico and California*, Nova York, 1860, p. 14-15.

112. Luís Jardim, "A pintura decorativa em algumas igrejas de Minas", *Revista do Serviço do Patrimônio Histórico e Artístico Nacional*, Rio de Janeiro, 1939.

   O historiador mineiro Augusto de Lima Júnior no seu estudo *A capitania das Minas Gerais* (Lisboa, 1940) recorda à página 78 que do Oriente vieram para Minas Gerais, na era colonial, "muitas reproduções em vulto, cortadas em ébano", da Virgem de São Lucas, da qual se fizeram, no Brasil, cópias em jacarandá. Também em bens arrolados de padres ou bacharéis de Minas Gerais, daquela época, encontravam-se peças de louça da Índia, destacando o historiador mineiro à página 118 do seu ensaio: "... guarneciam as residências grande cópia de louças da Índia, assim denominadas as procedentes do Oriente...". Explica-se assim que às igrejas tivessem também chegado peças decorativas do Oriente ou de estilo oriental, fabricadas no Reino.

113. Charles Expilly, *Mulheres e costumes do Brasil* (trad. de Gastão Penalva), São Paulo, 1940, p. 369.

114. Ibid., p. 366.

115. *Psicanálise do cafuné e estudos de sociologia estética brasileira*, Curitiba, 1941.

116. Ibid., p. 57.

117. James Holman, *Travels in Madeira, Sierra Leone, Teneriffe, S. Jago, Cape Coast, Fernando Po, Princess Island* etc., Londres, 1840, I, p. 487.

118. A expressão "traseiro", com referência a casas ou prédios, ocorre frequentemente no inventário.

119. São Paulo, 1929, p. 79.

120. São Paulo, 1922, p. 158. Casos menos remotos de safismo no Brasil que os referidos nas denunciações e confissões do Santo Ofício são anotados por Pires de Almeida em seu estudo *Homossexualismo – A libertinagem no Rio de Janeiro*, Rio de Janeiro, 1906.

121. Mawe, op. cit., p. 370.

122. Aos banhos de gamela refere-se Burton em *The Highlands of the Brazil*, I, p. 103, nota. Os anúncios de jornais nos deixam ver a substituição de gamelas nos sobrados das cidades por banheiras de materiais que passaram a ser considerados mais nobres e, talvez, mais higiênicos que a madeira. "Huma bacia de cobre [...] para tomar banhos", aparece num anúncio do *Diário do Rio de Janeiro* de 2 de março de 1825, podendo ser considerada dos novos tipos de banheiras móveis, anteriores aos banheiros de mármore e azulejo nos sobrados nobres. Em um anúncio de 22 de março de

1825 no *Diário do Rio de Janeiro* aparecem, ao lado da novidade técnica representada por "hum par de pistolas de Allemanha de algibeira", alguns bons orientalismos e arcaísmos: "duas duzias de chicaras e pires da India, dourados", "hum espadim de corte, de prata, dourado", "hum jogo de damas de madreperola em caixa de xarão", "huma chaleira de tartaruga em marfim com feixadura", "huma bengalla de cana da India, de estoque" e, também, ao lado de outra novidade técnica – "hum catre de ferro que todo se dezarma", "huma gamella de tomar banhos deitado".

123. Expilly, op. cit., p. 368.

124. Koster, op. cit., p. 189.

125. Ibid., p. 181.

126. Ibid., p. 190.

127. Luccock, op. cit., p. 115.

128. Ibid., p. 111.

129. Ibid., p. 190.

130. "Veja-se de John Fryer, *A new account of East India and Persia*, Londres, 1698, p. 152-154. Para um resumo de depoimentos desse e de outros cronistas dos séculos XVII e XVIII sobre a Índia portuguesa, leia-se o capítulo III do estudo do professor Alberto C. Germano da Silva Correia, *La vieille Goa*, Bombaim, 1931.

131. A cena é a seguinte: "*Un Portugais se trouva dernièrement dans un défilé en face d'un Nègre qui fit un pas de côté pour le laisser passer. Peu satisfait le Portugais ordonne à l'esclave de franchir le fossé; le malheureux balbutie une excuse et s'efface davantage. Il reçoit un coup de canne.*" (Arago, op. cit., I, p. 103).

132. Luccock, op. cit., p. 594-595.

133. Ibid., p. 596.

134. Mawe, op. cit., p. 318.

135. Luccock, op. cit., p. 597.

136. Koster, op. cit., p. 469.

X | Escravo, animal e máquina

O culto de São Jorge no Brasil tem, entre outros significados sociológicos, o de ter sido o culto do homem a cavalo, do nobre, do guerreiro, do poderoso, do dominador de dragões. Foi esse culto equivalente, na zona social mais alta, de brancos, e na zona cultural mais adiantada, de negros, do culto do boi: companheiro ou auxiliar do escravo passivo e do negro conformado com seu *status* de servo e, ao mesmo tempo, do brasileiro culturalmente mais atrasado das áreas pastoris, caracterizadas também pelo carinho do homem para com a cabra: a "comadre cabra" do sertanejo mais pobre.

O bumba meu boi e o culto de São Jorge, puro ou sob a forma de culto de Ogum, surgem na formação brasileira como opostos ou contrários e, ao mesmo tempo, como expressões dramáticas do mesmo sentimento de identificação do homem com os animais mais próximos de sua condição ou de suas aspirações de elevação de *status*. Cavalo e boi, cabra e mula foram animais que, em nossa formação social, concorreram para aliviar tanto o escravo como o homem livre, mas pobre, dos seus encargos; e o senhor, de sua exclusiva dependência do trabalho, da energia e do leite de escravos. Ou de cabras-pessoas, tantas vezes diferenciadas, nos anúncios de jornais da primeira metade do século XIX, de cabras-bichos com a mesma naturalidade com que se distinguiam então burras-bichos, de burras-cofres de guardar dinheiro ou valores; ou macacos, monos, de macacos, máquinas de levantar peso.

É claro que o trabalho escravo, ou forçado, apenas se atenuou, entre nós, com o crescente uso daqueles animais nos engenhos, nas fazendas, no transporte de pessoas e de carga, no aleitamento de crianças e na alimentação de doentes, de convalescentes e mesmo de gente sã sob a forma de leite fresco, coalhada e queijo, substituindo-se na última função – a de fornecer leite às pessoas – mulheres pretas e pardas por vacas e cabras chamadas de leite, embora do próprio leite consumido pela população do Rio de Janeiro no meado do século XIX conste que era principalmente leite de escrava, isto é, de cabra-mulher; e não de cabra-bicho ou de vaca.[1] Pois semelhante gênero de trabalho – o escravo – só se tornaria arcaico ou obsoleto com o desenvolvimento da máquina – espécie de sublimação realizada entre nós principalmente pelos ingleses, da energia animal em energia mecânica animada pelo vapor. Particularmente da energia do cavalo consagrada pelas iniciais HP – isto é, *"Horse-Power"* – como símbolo ou medida de força motora ou de tração. Com o começo de generalização do uso da máquina é que verdadeiramente principiou a libertação do negro, da escravidão e da servidão; e se tornou possível a valorização do animal, por longo tempo explorado entre nós com uma crueldade que chegou a impressionar mal os estrangeiros mais benevolentes que visitaram o nosso país.

Do desenvolvimento da máquina não se consegue separar, como desprezível ou insignificante, o motivo moral ou o estímulo sentimental, de acordo com a pretensão daqueles materialistas históricos mais rígidos na sua "interpretação econômica" da História. Fato nada insignificante deve ser considerado o de terem os ingleses – dos quais adotamos, aliás, o culto de São Jorge a Cavalo – se adiantado a outros povos no carinho pelo nobre animal de guerra e de transporte, de recreação e de carga, a ponto de haverem desenvolvido o "trote inglês" que, segundo conhecida autoridade no assunto, evita, mais que os outros, que o cavalo seja ferido ou magoado pelo cavaleiro.[2] De modo que no "trote inglês" pode o olhar do historiador que tiver alguma coisa de psicólogo, e não apenas de economista, descobrir o primeiro passo de estímulo moral ou sentimental – sem se desconhecer, é claro, a ação de outros estímulos – para a invenção de máquinas destinadas à substituição ou à superação do cavalo e, à sombra do cavalo, do burro, da mula, do boi e do camelo, como animais de transporte de pessoas e de cargas; e também de guerra e de acionamento de engenhos e de moinhos. Animais duramente explorados e até martirizados pelos homens tanto nas civilizações essencialmente escravocráticas – a árabe, entre as antigas, a brasileira, entre as modernas – como naquelas já livres do trabalho humano mais vil à custa de maior exploração ou utilização da energia animal. O caso da civilização inglesa antes do cavalo mecânico, isto é, a vapor (HP), haver substituído o cavalo animal.

Era, decerto, ouvindo o ruído dos grandes motores "*made in England*" que Lívio de Castro regozijava-se, nos últimos anos do Império, com "o advento do cavalo-vapor": "o cavalo-vapor aparece em todos pontos do horizonte como uma inundação medonha...".[3] Inundação capaz de reduzir o sistema patriarcal brasileiro, baseado antes sobre o trabalho humano que sobre o animal, a resto de naufrágio. Os novos sistemas de família e de sociedade teriam de basear-se sobre a mecânica, sobre o carvão, sobre o cavalo a vapor.

O que aqui se sustenta, porém, é que os ingleses concorreram por meio de aperfeiçoamento da técnica de produção e de transporte animal – aperfeiçoamento tanto de ordem técnica como de ordem moral – e, principalmente, por meio de nova técnica de produção e de transporte – a mecânica, o vapor – para dificultar a sobrevivência da escravidão entre os homens. O que não significa que em sua luta a princípio meio vaga, depois sistemática, contra a escravidão, no Brasil, não agissem por motivo de crua rivalidade econômica: a da produção mecânica a vapor, ainda cara, com a produção por meio do braço escravo ou servil, por algum tempo mais barata que a mecânica ou a vapor, dada a situação do escravo em áreas tropicais em comparação com a do operário em áreas de clima frio e de vida mais cara do que nos trópicos.

Entre aqueles primeiros aperfeiçoamentos – os do transporte, intimamente ligados com os da produção por força ou energia animal e com os do comércio inter-regional – já vimos que estava o trote inglês. Outro, aparecido no século XVIII, seria a sela inglesa.[4] Já então estavam os cavalos ingleses diferenciados em duas classes ou duas raças: cavalos de sela e cavalos de carga. Os de sela especializados em qualidades militares, políticas – inclusive o transporte rápido de correspondência urgente da classe dominante – e aristocraticamente recreativas, de ligeireza, de velocidade e de elegância de forma, de porte e de marcha. Os de carga, especializados na capacidade de tração mais rápida que a bovina e de transporte seguro de grandes volumes ou[5] de pesadas cargas. A mesma diferenciação de cavalos em "classes" ou "raças", conforme sua utilização, não tardou a acentuar-se em Portugal, onde, entretanto, os cavalos grandes foram sendo empregados no transporte comercial e os pequenos e médios tornaram-se os preferidos para a guerra ou para a cavalaria fidalga. O cavalo nobre – diferente do quartau – deveria ter "seis quartas e meya, que assim será mais fácil de montar, e desmontar [...] e regularmente vemos serem estes mais ligeiros que os cavalos grandes, que são dotados de menos espirito". Devia também o cavalo nobre ter "o pello murzello ou castanho escuro" e não "branco ruço ou lazão claro, pois estes se divisão de longe".[6] O cavalo grande, por ser considerado de "menos espirito" que os médios ou pequenos e, ao mesmo tempo, superior a eles em força, foi se tornando cavalo servil entre alguns povos. E, como animal servil, substituindo o escravo humano em várias atividades. No Brasil, entretanto, veremos mais adiante que a mula é que se revelou, como animal de transporte, o melhor escravo do homem. O melhor e, ao lado do boi, o mais duramente explorado.

A seu favor, nunca se levantaram as mesmas vozes eloquentes que a favor do cavalo – "nobre animal" considerado por alguns tão impróprio por natureza para a condição servil como o "nobre selvagem" ou o "altivo índio". Vozes como a do redator do "Retrospecto Semanal" do *Diário de Pernambuco* que a 5 de fevereiro de 1859, a propósito de cavalos extenuados por viagens de carro ou de ônibus dos centros das capitais aos subúrbios, escreveu que era "[...] conveniente regulamentar as cocheiras de aluguel, marcando-se, por exemplo, o número de viagens que um carro poderia fazer, no espaço de um dia, daqui ao Poço ou ao Monteiro". E mais: "[...] Daí também a necessidade de se prescreverem regras ao tratamento dos cavalos. A nossa raça cavalar é robusta e sã e talvez a prática de alimentá-la antes com garapa do que com sólidos, como milho, jerimum, maniva etc., contribua para enfraquecê-la e torná-la imprópria para puxar grandes pesos". Ou por isso ou por aquilo, não era animal que devesse ser abandonado como a mula à condição servil, sem cuidados especiais.

Em ensaio memorável, o comandante Lefebvre des Noëttes destaca que contra a escravidão exigida pelas civilizações antigas, foi vão ou inútil todo esforço simplesmente moral. O trabalho escravo, "indispensável a essas civilizações",[7] só se atenuaria com os aperfeiçoamentos realizados pelo homem na utilização do cavalo e do boi no transporte e nos trabalhos de agricultura e de indústria. Dependência absoluta do progresso moral do progresso material, como pretende o "materialismo histórico" mais estreitamente sectário, ao salientar a importância da confirmação à sua filosofia, trazida pelo estudo do comandante des Noëttes? Para Jérôme Carcopino, autor do prefácio a esse notável estudo francês – prefácio, aliás, escrito no Rio de Janeiro em setembro de 1930 – semelhante confirmação seria *"trop éclatante et complète pour être acceptée sans resistance"*.[8] E ele próprio cita o exemplo dos Estados Unidos onde a escravidão sobreviveu aos aperfeiçoamentos da técnica de tração, contra o aspecto "determinista" ou, aparentemente, materialista-histórico, da tese de des Noëttes.

O que parece é que sem inquietação moral ou trepidação sentimental, só por efeito de aperfeiçoamentos materiais ou técnicos não se realizam progressos dos chamados morais. Não se realizaram nos Estados Unidos; e, no Brasil, o palanquim asiático carregado por mãos de escravos africanos, ou descendentes de africanos, resistiu longamente à carruagem europeia: ao carro inglês ou francês puxado a cavalo ou a mula. Enquanto não se generalizou contra seu uso – e contra o da rede ou do banguê de transporte de pessoas ou de coisas, no interior – a indignação moral, por algum tempo limitada aos brasileiros de maior sensibilidade cristã; enquanto a esse uso não se associou a vergonha ou o pudor de constituir arcaísmo oriental no meio de uma civilização com pretensões a europeia, o palanquim resistiu, nas cidades, ao carro de cavalo como, no interior, a rede ou o banguê de transporte, ao carro de boi; e o engenho movido a besta ou a boi, ao engenho a vapor. Por inércia, em grande parte, é certo; por dificuldades de ordem física como as oferecidas à tração animal pelas ladeiras em Salvador, em Olinda, no Rio de Janeiro, tão desfavoráveis aos cavalos e às carruagens; por falta de estradas no interior. Mas, também, por ausência, ou quase ausência, de sentimentos de piedade pelos abusos do homem senhoril na exploração do homem servil e do animal manso. Sentimentos que, generalizados no começo do século XIX, teriam concorrido para a mais rápida substituição da energia humana pela animal e da animal pela mecânica e a vapor, no nosso meio.

Esses sentimentos, o senhor patriarcal no Brasil limitava-se a dispensá-los àqueles escravos ou servos que considerava uma espécie de pessoas de casa: mães-pretas, mucamas, malungos. E aos animais que personalizava em parentes: as comadres-cabras, por exemplo. Pelos outros, sua indiferença era tal que confundia-se às vezes com crueldade. Com a "ausência completa da ideia ou do sentimento de consciência"[9] que Maximiliano encontrou no Brasil na primeira metade do século XIX. Atribuiu a vários fatores, essa "ausência de consciência", inclusive a inconstância de tudo no Brasil; mas o principal responsável pela precariedade de organização moral no nosso País, pareceu-lhe a natureza, o clima, a vida fácil que não criava responsabilidades no homem, sem que se devesse esquecer o sistema de trabalho escravo.[10]

Kidder, viajando pelo Brasil em mil oitocentos e quarenta e poucos, notou que na capital da Bahia não se enxergava um único carro, uma única sege, uma única carroça para o transporte de cargas, pessoas, ou mercadorias: *"no omnibus or cab, or even sege..."*. Tudo se transportava às cabeças ou aos ombros dos escravos. Observou apenas que na Bahia o ordinário era carregar-se o açúcar ou o algodão aos ombros e não à cabeça, como o café no Rio de Janeiro. Eram negros altos e atléticos, os empregados na Bahia nesses serviços de transporte. E como os carregadores de café no Rio de Janeiro e os de açúcar no Recife, os de açúcar e de algodão, na cidade do Salvador, marchavam cantando, como para adoçar o peso das grandes cargas. Um ritmo de marcha fúnebre, o deles que contrastava com o alegre, dos seus camaradas do Rio de Janeiro: *"rather than the double-quick step of their Fluminensian colleagues"*.[11]

Pode-se dizer que o maior espanto de Kidder numa cidade da importância de Salvador e numa época como a da sua visita ao Brasil – mil oitocentos e quarenta e poucos: época já caraterizada pelos chamados "cavalos de ferro" na Europa e nos Estados Unidos – foi a ausência de tração animal. Foi a sobrevivência de tração humana. Ou nas suas palavras: *"The almost entire absence of horses and mules in the streets, did no cease to appear singular. An unusual number*

*of goats and pigs was hardly suffcient to supply the lack of the afore-
-mentioned animals*".¹²

Na época em que na Europa ocidental e nos Estados Unidos já começava o declínio do cavalo, do burro e do boi como animais de tração e sua substituição pela tração a vapor, na antiga capital do Brasil – cidade da maior importância comercial, e não apenas política, entre as do Império – a tração humana não só não fora ainda superada pela animal como continuava quase a única. Não se enxergavam cavalos nem burros. Nem carruagens nem carroças. Só palanquins. Nenhuma pessoa ou coisa sobre rodas puxadas por animal ou mesmo por homem. Mercadorias carregadas aos ombros de escravos. Homens carregados por homens. Senhores carregados por servos.

Não é de admirar. Na própria cidade do Rio de Janeiro ainda se viam então palanquins como o que Colton encontrou carregado por dois escravos e seguido por vários servos. "*A Brazilian lady of rank in her palanquin*", anotou ele no seu diário.¹³ E já observara que embora fosse condição de elegância de todo sobrado ilustre ostentar na cocheira carruagem de duas ou quatro rodas, a muitas das carruagens faltavam cavalos que as puxassem. Seu papel era o de simples decoração ou ornamentação social: "*a quiet indication of rank*".¹⁴ Como o negro continuava a ser mais fácil que o cavalo ou mesmo a mula, as senhoras menos abastadas saíam de palanquim, enquanto as carruagens repousavam nas cocheiras dos sobrados patriarcais.

Em Alagoas observara o mesmo Kidder outro fato interessante para a história do transporte ou da tração no Brasil: o fato da mula não ter sido introduzida na região como besta de carga, trabalho em que teria se revelado – segundo o observador norte-americano – animal mais prestimoso que o cavalo. A verdade, porém, é que o açúcar chegava então a Maceió – cidade ainda de raros sobrados e quase que exclusivamente de casas térreas feitas de taipa – trazido em carros rústicos de madeira, rodas de feitio primitivo e puxados por seis ou oito bois cada um.¹⁵ Eram os carros de boi, que no interior do Brasil latifundiário, tanto agrário como pastoril, mostraram-se os únicos veículos capazes de vencer, sob o peso do açúcar ou de outros produtos, os péssimos caminhos denominados estradas.¹⁶

As famílias patriarcais, bastando-se nas suas casas-grandes de engenho, de fazenda e mesmo de estância – as grandes estâncias parentas das fazendas e dos engenhos também grandes e quase feudais – e apenas visitando-se raras vezes em dias de festa de aniversário, de batizado, de casamento, de botada, de grande churrasco, não sentiam – como já sugerimos noutro dos nossos ensaios[17] – a necessidade nem de boas estradas nem de veículos rápidos. Contentavam-se com os maus caminhos e com as lentas e raras viagens de rede ou de banguê, aos ombros dos escravos; ou em carros de bois atapetados e cobertos especialmente com folhagens ou colchas,[18] para essas viagens de pessoas senhoris. Na área do açúcar, uma ou outra mulher mais amazônica acompanhava então o marido em viagens a cavalo – costume encontrado entre paulistas e gaúchos mais rústicos e menos aristocráticos que os brasileiros do Norte. O maior número das iaiás de casas-grandes e sobrados do Norte preferia admirar nos homens, quase sempre através das rótulas mouriscas, raramente em festa ou cavalhadas, a perícia ou a elegância de cavaleiros. Arte em que os aristocratas do Brasil da área do açúcar chegaram a surpreender os europeus da Holanda, da Inglaterra e da França pela sua destreza e pelos seus floreios de movimento. Ninguém os excedia em acrobacias e galope, nos torneios chamados de cavalhadas, embora fossem acrobacias e floreios que talvez fizessem sofrer os cavalos.

Deve-se, a propósito, recordar o torneio de cavalaria promovido, com outras festas, por Maurício de Nassau, nos seus grandes dias de príncipe do Brasil holandês. Torneio do qual conseguiu que participassem, como grupos amigavelmente rivais, europeus do Norte e fidalgos portugueses ou brasileiros da região. Merece o acontecimento ser recordado aqui não como simples nota de pitoresco histórico mas pelo que parece ter revelado de diferenças e de contrastes entre duas civilizações: uma ainda patriarcal e até oriental ou mourisca no seu caráter monossexual; outra já mais burguesa que patriarcal e antes bissexual que monossexual na sua estrutura: tanto que as mulheres já bebiam e comiam com os homens depois de assistirem a paradas de equitação. Diferenças que se refletiam nos próprios modos de andarem a cavalo os nórdicos e os "portugueses do Brasil".

Em seu *Valeroso Lucideno e o triumpho da liberdade*,[19] frei Manuel Calado descreve com minúcia as festas que o conde Maurício de Nassau promoveu em Pernambuco para celebrar a Restauração de Portugal em 1640. Houve banquete. Muita música. O rio encheu-se de batéis e barcas. As senhoras – inglesas e francesas – exibiram suas joias mais ricas.

A parte mais interessante das comemorações foi, porém, a que hoje chamaríamos esportiva, com duas quadrilhas de cavaleiros a darem demonstrações de perícia na arte então mais nobre e viril que havia: a de cavalgar. Uma quadrilha era de nórdicos: holandeses, ingleses, alemães e franceses. A outra era de portugueses e brasileiros. A primeira tinha por chefe o próprio Nassau. A outra, o fidalgo pernambucano Pedro Marinho.

Primeiro os cavaleiros, com suas lanças, desfilaram de dois em dois pelas ruas do Recife: um português (ou brasileiro) e um nórdico. E pela simples maneira de cavalgarem, parece que se tornaram de início evidentes os contrastes entre as duas civilizações – a nórdica e a lusitana – que a astúcia política de Nassau, aproveitando-se da notícia da Restauração de Portugal, conseguiu fazer que ostentassem, numa festa quase de confraternização, os seus característicos diferentes. De onde o reparo do padre cronista – o chamado frei Manuel dos Óculos – de que os animais cavalgados "á bastarda" pelos homens do Norte não sabiam senão dar saltos. Os cavaleiros se descompunham em picar os cavalos. Faltava-lhes a arte dos portugueses de irem sobre os animais "á geneta" e "fechados nas selas".

Segundo o cronista, foram os cavaleiros portugueses de Pernambuco que atraíram o melhor entusiasmo das damas, embora, ortodoxo inflexível, não se esqueça de observar que "nenhumas se poderiam gabar que portuguez algum de Pernambuco se affeiçoasse a mulher das partes do Norte; não digo para casar com ella, mas nem ainda para tratar amores, ou para alguma desenvoltura; como por contrario o fizeram quasi vinte mulheres portuguezas que se casaram com os hollandezes ou, para melhor dizer, amancebaram pois se casaram com herejes e por os predicantes herejes, porquanto os hollandezes as enganaram, dizendo-lhes que eram catholicos romanos; e tambem porque como elles eram senhores da terra faziam as coisas como lhes parecia, e era mais honroso, e proveitoso; e se os paes das mulheres se queixavam, não eram ouvidos, antes os ameaçavam com falsos testemunhos e com castigos". Observação que lança alguma luz sobre os casamentos entre católicos e acatólicos que então se realizaram no Brasil, a despeito do clamor dos padres e da Igreja contra eles.

Ao desfile dos cavaleiros, seguiram-se as carreiras em torno das argolinhas e depois o jogo de "patos a mão". E a ser exata a notícia que dá dos festejos o padre-cronista, as vitórias foram quase todas dos portugueses de Pernambuco, sempre muito "compostos e airosos" nos seus cavalos e capazes das façanhas mais espantosas como a de, no meio da carreira, passar-se um cavaleiro ao cavalo do outro, nas ancas. O que o padre não estranha, pois que em Pernambuco, havia então, segundo ele, "muitos e mui bons homens de cavallo".

As damas estrangeiras é que ficaram maravilhadas com tais façanhas dos "homens de cavallo" do Brasil. Frei Manuel informa que houve "inglezas e francezas" que tiraram os aneis dos dedos e os mandaram oferecer aos cavaleiros de Pedro Marinho, "só por os ver correr". E como no dia seguinte houve banquete aos cavaleiros, e ceias até de madrugada, com a presença das tais damas "hollandezas, francezas e inglezas" e muita abundância de bebida – banquetes em que as mulheres beberam "melhor que os homens", arrimando-se a bordões, como era "costume em suas terras"[20] – é possível que, fora das vistas já cansadas de frei Manuel dos Óculos, tenha havido "amores" e algumas "desenvolturas" entre os portugueses católicos de Pernambuco e suas admiradoras, as mulheres acatólicas do Norte. Mas não nos deixemos seduzir pelas suposições nem pelas hipóteses.

Os festejos promovidos pelo conde de Nassau no Recife, em abril de 1641, parecem ter tornado claros dois contrastes. Primeiro, o contraste entre os cavalos adestrados e cavalgados por homens de uma civilização ainda feudal em alguns dos seus traços e os adestrados e cavalgados por homens de civilizações já burguesas. Segundo, o contraste entre as mulheres daquela civilização não só meio feudal como católica e não só católica como ainda um tanto mourisca, e as mulheres das civilizações protestantes ou anticatólicas do norte da Europa. Dentro dessas civilizações protestantes já havia, no século XVII, damas de tal modo desembaraçadas dos pudores católicos e dos recatos mouriscos que bebiam melhor que os homens nos banquetes, arrimavam-se a bordões, participavam de festas e enviavam ostensivamente presentes a cavaleiros cujas façanhas na arte de cavalgar mais admiravam. Protestantes, não lhes repugnavam os papistas. Estes é que esquivavam-se ao casamento com mulheres dos países reformados do Norte, menos, talvez, por preconceito de ordem rigorosamente doutrinária ou teológica, do que moral ou social. Homens habituados a mulheres doces e passivas, parece que os modos desembaraçados das inglesas, das francesas, das mulheres do Norte reformado não os atraíam às mesmas mulheres senão para namoros efêmeros: nunca para o casamento ou o amor conjugal. O mesmo não sucedeu com as mulheres da terra em relação com os hereges. Foram várias as que aceitaram hereges para esposos. É que das mulheres da terra algumas parecem ter descoberto ou adivinhado nos mesmos hereges cavaleiros menos brilhantes que os portugueses ou os brasileiros na arte da cavalaria – talvez por serem mais brandos com os animais e os considerarem já menos armas de guerra que instrumentos de comércio – e homens menos tirânicos que os portugueses do Reino ou do Brasil no seu trato com o belo sexo, no qual a civilização burguesa e protestante do norte da Europa fazia-os ver pessoas quase iguais às deles, homens ou machos.

Dos cavalos das principais áreas ou cidades por onde se foi aburguesando o Brasil agrário e patriarcal deve-se recordar que contrastavam no vigor e no porte com os cavalos quase gigantes das cidades do norte da Europa, utilizados para o transporte de pessoas ou de cargas por estradas e ruas, que com o desenvolvimento do comércio estimulado pelo aparecimento das indústrias foram-se tornando menos ásperas que os antigos caminhos e algumas até macias para as patas dos cavalos. Destes foi se exigindo velocidade de galope ou de trote, ao lado da capacidade de transportar grandes cargas. E foram sendo tratados como bons e úteis gigantes. Com o mesmo cuidado com que no Brasil os melhores senhores tratavam os melhores escravos. No interesse da velocidade e em benefício dos *"trotters"*, os melhoramentos de estradas se acentuaram nos fins do século XVIII e nos princípios do XIX. Principalmente nos princípios do século XIX, com o grande renovador da técnica de construção de rodovias que foi MacAdam. Um inglês a quem os cavalos devem uma fase nova na sua vida de servos do homem.

Maria Graham conheceu no Rio de Janeiro dos princípios do século XIX cavalos bonitos porém fracos, alimentados com milho e com capim-da-guiné (*"Guinea Grass"*), há pouco introduzido no País onde já vicejava "prodigiosamente" (*"prodigiously"*). Os cavalos comuns estavam longe de alcançar os preços por que eram então vendidos os belos animais de Buenos Aires, aos quais se assemelhavam os do Rio Grande do Sul. E para as carruagens, era costume usarem-se mulas em vez de cavalos, por serem as mulas mais resistentes do que eles, machos bonitos porém débeis para os trabalhos cotidianos ou de rotina. Também por serem as mulas capazes de tolerar melhor do que os cavalos o calor do verão[21] em cidades como o Rio de Janeiro. De modo que às obrigações de transporte rural, nas quais foi o rival do boi de carro, a mula, no Brasil da primeira metade do século XIX, juntou as igualmente duras obrigações de transporte urbano. Já na segunda metade do mesmo século – em 1865 – Codman, tendo observado a entrada de uma tropa de mulas na cidade de Santos, notou que quando os tropeiros retiravam as cangalhas dos animais, viam-se em muitos deles feridas que iam até aos ossos. Resultado de longas viagens por maus caminhos, sem que os homens se preocupassem com os animais.[22] E quase o mesmo martírio sofriam as mulas nas cidades, transportando pelas ruas esburacadas, em caleças e carros arcaicos, gordos vigários, imensas baronesas acompanhadas de pretas também opulentas, fidalgos enormemente arredondados pelo pirão e pela inércia ou inchados monstruosamente pela elefantíase. O comandante Wilkes viu no Rio de Janeiro, em 1838, essas caleças e esses carros arcaicos puxados por mulas que rodavam pelas ruas maltratadas aos solavancos, em contraste com os palanquins maciamente carregados por escravos. Aliás, Wilkes notou que eram raras, então, as carroças, pois quase todo o transporte era feito aos ombros ou à cabeça de escravo.[23]

Deve-se notar que no Rio de Janeiro colonial e mesmo no dos primeiros tempos do Império – já depois de MacAdam e do seu triunfal processo de pavimentação ou de macadamização de estradas – as ruas se apresentavam "detestavelmente calçadas"; e "por terem os esgotos pluviais ao centro, para onde as pedras mal calçadas faziam rampas, se tornavam desagradáveis de transitar, empoçando de contínuo com as chuvas...".[24] Só as patas de resistentes mulas e de pachorrentos bois de carro eram capazes de competir com os pés descalços dos igualmente vigorosos carregadores negros de palanquins, como animais de transporte de pessoas e cargas senhoris – vigários, capitães, baronesas, pianos de cauda, sofás de jacarandá, barris com excremento dos brancos dos sobrados – através de ruas tão "detestavelmente calçadas", enlameadas e sujas, como as do Rio de Janeiro ou as do Recife e mesmo as de São Paulo.[25] De onde as cargas por muito tempo terem sido transportadas, em cidades brasileiras, em carroças puxadas por vagarosos mas resistentes bois para os quais pode-se quase dizer que não havia caminho mau. Nem para eles nem para os carregadores negros de fardos: inclusive de *tigres*, isto é, os enormes barris de excremento conduzidos das casas às praias às cabeças ou aos ombros de escravos. Eram também escravos ou negros que conduziam das fontes ou dos chafarizes para as casas água de beber, de cozinhar e de banho, pois no Rio de Janeiro, como nas demais cidades importantes do Brasil, a facilidade de pretos para suprirem os sobrados burgueses ou patriarcais de água e de alimentos e de os aliviarem de excremento e de lixo retardou a instalação de serviços de canalização e de esgotos nas casas ou nos sobrados. Foi uma das admirações de Schaeffer quando visitou o Brasil já quase no meado do século XIX: "*hydrants and pipes*" eram "*unknown to the brazilians*".[26]

Havia também, para o transporte de pessoas ou de fardos, os chamados negros de ganho; pretalhões munidos sempre de rodilhas e às vezes vestidos só de tangas, prontos a acudirem aos *psius* de quem quisesse se utilizar de seus serviços. Como os carregadores de café, carregavam "pesos absurdos".

Entre as escravas de balaio à cabeça, as pretas vendedoras de bugigangas, os vendedores de artigos do interior que traziam pela arreata seus burros com caçuás, as baianas de tabuleiros cheios de frutas ou de quitutes, as lavadeiras de trouxas de roupa suja, também à cabeça, aqueles pretalhões eram como "os mariolas da Turquia d'Asia [...] vergados [...] ao peso absurdo da carga".[27] Deles se pode dizer sem exagero que trabalhavam mais duramente que bestas de carga, obrigados, como eram, a trazer no fim do dia, à casa dos patrões, quantia considerável: faltassem a isso e eram castigados "como fui testemunha por mais de uma vez", refere o holandês van Boelen que residiu no Rio de Janeiro durante os primeiros anos do Império.[28] Wilkes, que esteve no Brasil em 1838, escreveu que os carregadores do Rio de Janeiro corriam em grupos, pelas ruas, atrás do principal de cada grupo que, ao som de um maracá, fazia que os demais marchassem numa espécie de trote. Todos cantavam. E de ordinário cada um carregava cerca de duzentas libras de peso.[29] Dez anos depois de Wilkes, Schaeffer horrorizou-se ao saber que *"these poor degraded blacks"* – os carregadores de sacos de café, de caixas, de fardos, que, no Rio de Janeiro, faziam as vezes de carroças e de animais – não suportavam mais do que sete anos de semelhante vida: *"about seven years finishes them entirely"*.[30] As rodas dos carros de boi chiavam, como para adoçar o sofrimento dos animais; os carregadores negros cantavam como para aligeirar o peso da carga sobre os ombros ou as cabeças, nas quais o hábito de conduzir barris ou tabuleiros abriam "coroas": as "coroas de carregar peso à cabeça" com que tantos escravos aparecem, caracterizados, em anúncios de jornais da primeira metade do século XIX, ao lado de animais de carga também marcados no lombo pelo mesmo trabalho cru.[31]

Grande parte da riqueza ainda patriarcal e já burguesa do Rio de Janeiro como de Salvador, do Recife ou de São Luiz do Maranhão estava, até a predominância do transporte por animal sobre o transporte por negro, nesses escravos de ganho, alugados pelos seus senhores como se fossem cavalos de carro ou bestas de transporte. Espécie de tropa de mulas levadas pela "madrinha" que era o negro de maracá.

"This is one great cause that prevents the adaptation of machinery in abridging manual labor, as so many persons have no interest in its being perfomed by the slaves alone,"[32] observou Walsh a propósito dos numerosos negros de ganho que faziam as vezes de animais de transporte e de carga nas ruas das cidades brasileiras; e no interior, junto com as mulas, as bestas e os bois, as vezes do próprio vento ou da própria água capazes de moer engenhos de açúcar por meio de corrupios ou rodas de madeira. Ao senhor de escravos que, todo fim de dia, recolhiam à casa com o dinheiro ganho em serviços de rua, não interessava, na verdade, a substituição desses produtivos escravos por cavalos de tração ou de carga, com aumento de despesa; menos, ainda, sua substituição por máquinas caras e complicadas, cujas ingresias só mecânicos estrangeiros ou mulatos pretensiosos e cheios de voltas fossem capazes de manejar.

Não nos foi possível encontrar informações que nos permitissem calcular com segurança o número de escravos empregados, no Brasil colonial e no dos primeiros decênios do Império, no transporte de pessoas e coisas. Devia ser imenso. E imensa, entre eles, a mortandade. Tão grande como entre as mulas. De Minas Gerais se sabe com segurança que, em 1837 era servida por cerca de 260.000 mulas de transporte, das quais nunca menos de 18.000 a 20.000 morriam cada ano. Para manter aquele número os mineiros importavam anualmente de Sorocaba cerca de 60.000 mulas. Ou no cálculo de Aluísio de Almeida, adotado pelo professor Ellis Júnior no seu recente "O ciclo do muar", mais de 30.000 muares por ano de 1826 a 1845, mais de 50.000 de 1845 a 1855, mais de 100.000 de 1855 a 1860.[33]

Dos cavalos eram como que sagrados os necessários ao estado de cavaleiros, de nobres, de autoridades, de sexo forte, dos senhores, dos chefes de tropa, dos milicianos ou militares; para o grosso do trabalho nos engenhos e nas cidades e de transporte de cargas, para a condução das senhoras às missas e às casas dos parentes, para o regalo dos meninos, bastavam ao brasileiro patriarcal dos engenhos ou fazendas e ao já burguês, das cidades – ou ao misto, que foi, por tantos anos, nas áreas principais, o tipo dominante – os bois, as mulas, os burros, os carneiros e, principalmente, os negros escravos. De onde aquela resistência de muitos dos brasileiros da classe alta aos cavalos a vapor quando estes começaram a apresentar-se sob a forma de máquinas inglesas e como substitutos menos de animais, de algum modo sagrados, e relativamente poupados pelos donos, como eram os cavalos de carne – cavalgados por eles, chefes, e particularmente estimados pelos primeiros ingleses que foram aparecendo no Brasil – do que de bois, de mulas e de escravos de trabalho de campo ou de transporte ou almanjarra. Por que a máquina cara, difícil, complicada, de moer isso, de fazer aquilo, quando havia o negro fácil, simples, barato para moer isso e fazer aquilo? Por outro lado, por que a generalização do uso do cavalo – mais difícil de nutrir, de cuidar e de conservar do que o negro ou o boi, o escravo ou a mula – quando o cavalo devia ser animal só de ação guerreira e de transporte ou de recreio só de senhor, de fidalgo, de militar, havendo para o serviço das demais classes de homens a mula, o burro, o boi, o jumento, o próprio negro? Assim parecem ter pensado muitos dos brasileiros identificados desde dias remotos com São Jorge como com um padroeiro ou santo de classe: a classe dominante na sociedade patriarcal.

Dos senhores que Brackenridge viu a cavalo nas ruas do Rio de Janeiro em 1817 – cavalos pequenos, cujas caudas arrastavam-se pelo chão[34] – muitos deviam ser devotos de São Jorge e ostentar decorações da mesma categoria das ostentadas pelos "padres e nobres" que aquele observador viu, ou antes entreviu, com olhos escandalizados de republicano e de puritano, dentro de palanquins. Padres e nobres que rebrilhavam de insígnias de nobreza ou de autoridade.

Revela uma notícia no *Diário do Rio de Janeiro* de 11 de junho de 1822 que a irmandade de São Jorge, na sua qualidade de irmandade de cavaleiros ou nobres – comparsas do santo – e, ao mesmo tempo, de ferreiros e serralheiros, estava sob a vigilância do próprio Senado da Câmara. E não tendo, naquele ano, aparecido na procissão do Corpo de Deus a imagem de São Jorge, a irmandade de fidalgos e ferreiros – unidos, ao que parece, pelo mesmo culto, símbolo da força nobre – foi censurada de público pelo Senado que lhe recordou o capítulo V da *Obrigação*: "Tem esta irmandade por obrigação o compor annualmente a Imagem do Senhor S. Jorge para hir na procissão de *Corpo de Deos*, o que se executará com todo o asseio possível, hindo a mesma Santa Imagem sobre hum cavallo bem ajaezado e adiante huma figura de Alferes vestido de armas brancas e atraz huma figura de pagem vestido de encarnado, ambos a cavallo; e hirão tãbem a cavallo os tocadores de trombetas e atabales, e apé aquelles tocadores de outros instrumentos [...]. Alem do que serão nomeados pela Mesa quatro irmãos para acompanharem a imagem do santo, dous pegando nas estribeiras e dous tirando pela redea do cavallo, os quaes quatro irmãos serão propostos ao Senado da Camara para os obrigar a hir [...]. O juiz, e escrivão dos officios de serralheiro, e ferreiro, acompanharão o estado do Senhor S. Jorge, naquelles lugares em que he costume hirem vestidos de capa e voltas...". Para as despesas desse verdadeiro culto ao cavalo e não apenas ao Santo Cavaleiro, eram obrigados a concorrer "todos e quaesquer officiaes, que trabalhassem por jornal pelos officios que ficão declarados no capitulo II, em qualquer parte no destrito desta cidade, cada hum 320 rs. annualmente e o mesmo se estenderá a respeito dos pretos forros que tiverem lojas abertas dos ditos officios fora dos dominios de seos senhores, que estes pagarão pelos taes escravos...".

Dizia mais o comunicado do Senado do Rio de Janeiro publicado no *Diário*, da mesma cidade, de 11 de junho de 1822, que costumava a mesma irmandade "pedir nas cavalherices reaes o cavallo branco sobre o qual sahia S. Jorge e por parte deste Senado se pedia nas mesmas cavalherices o estado que deve acompanhar o santo". Deixara, porém, a irmandade, no referido ano de 1882, de aprontar "a sella do cavallo da imagem". "Culposo descuido" que merecia censura tratando-se de um culto que, evidentemente, não era só do santo cavaleiro mas do cavalo, animal capaz de assegurar ao homem situação de superioridade sobre os demais homens e sobre os próprios dragões.

Também o grupo de negros inconformados com seu estado de servidão e de inferioridade social e com aspirações a grupo dominante – pelo menos a domínio sobre os escravos e ex-escravos – fez no Brasil – principalmente no Rio de Janeiro – de São Jorge, aliás Ogum,[35] seu santo ou seu padroeiro de homens que se não apareciam senhorilmente – senão como pajens de brancos ou nos dias de procissão daquele santo – no alto de cavalos de carne, dominando com a vista os homens a pé, dominavam nos dias comuns forças ou energias equivalentes às de cavalos e capazes de comprometer a ordem estabelecida. Forças que estavam nos seus músculos de homens vigorosos, de moços, de adolescentes capazes de se revoltarem contra os brancos, de os assassinarem, de os fazerem definhar com mandingas. São Jorge reuniu, assim, no Brasil, dois cultos contraditórios: o do grupo dominante – de brancos e de quase brancos – e o daquele grupo dominado, de homens de cor que se não conformavam, senão aparentemente, com a dominação exercida sobre eles por brancos às vezes seus inferiores em instrução, em inteligência, em perícia técnica, em vigor físico e em beleza de corpo. Que reagiam contra essa dominação através do que um marxista chamaria "luta de classes" e que a outros tem se afigurado "luta de raças" ou de "culturas" quando na realidade, em tal conflito, parece ter se exprimido a interpenetração de vários antagonismos e nunca um só.

Como recorda H. J. do Carmo Neto, em interessante contribuição para a história da polícia no Rio de Janeiro, no "fetichismo" dos negros que habitavam o Brasil-Colônia, Ogum era, entre os orixás, uma espécie de "deus da Guerra" ou da "Vingança", tendo por símbolo "uma espada" ou um "arpão de ferro"; e por "ofertório" uma pedra, "posta numa encruzilhada", onde os devotos iam depor ex-votos, tais como "uma faca tinta de sangue" ou outros instrumentos de crime, logo após a prática de um homicídio ou de um simples ajuste preparatório.[36] Era equivalente esse seu culto, ao católico, do santo guerreiro São Jorge – guerreiro dominador, montado significativamente a cavalo.

Compreende-se assim, que a igreja de São Jorge, no Rio de Janeiro, se tornasse o centro da devoção africana a Ogum. E por quase todo o Brasil, a imagem do santo guerreiro – em algumas áreas substituído pela figura de Santo Antônio – tornou-se para os negros o símbolo de Ogum, em torno do qual chegou a formar-se o que Carmo Neto, apoiado em informações colhidas principalmente nos arquivos policiais do Rio de Janeiro, verificou ter sido "vasta confraria" cujo emblema era "um bracelete de ferro", cuja "cor típica" era "o amarelo" e cuja venera, nos pejis, era "um adufe adornado, simbolizando a guerra".[37]

Ao culto de Ogum, ou de São Jorge a Cavalo, por negros organizados em confraria secreta, filia o mesmo pesquisador o fato, relatado por van Boelen com relação ao Rio de Janeiro dos primeiros anos do Império, de um negro a quem "ideias supersticiosas haviam impedido de quebrar o compromisso tomado em uma empreitada criminosa apesar do mandante se haver adrede arrependido e querer, a todo transe, evitar o crime; só os seus padres, com a virtude dos seus exorcismos e ritos cabalísticos executados sobre uma pedra apanhada no canto de uma rua, vingaram fazê-lo quebrar o juramento dado". Esse negro, o holandês o conhecera e parece que era de ganho ou dos utilizados no transporte de pessoas ou cargas, pois a respeito dos negros de ganho chegou a esta generalização: "[...] convém desconfiar deles a todo instante pois obrigados como são pelos senhores a lhes entregar uma certa quantia diária, procuram sempre arranjá-la de qualquer modo; e citam-se vários casos de terem virado, à tarde ou durante a noite, na baía, canoas tripuladas por eles, conduzindo a bordo passageiros que assim eram saqueados primeiro e depois afogados. Deixam-se facilmente corromper a vil preço, para tirar, de surpresa, a existência a um inimigo qualquer de terceiro; e depois de empenhada a palavra para esse fim, cumprem-na tão fielmente que ainda mesmo que o mandante retire a ordem dada não pode mais demovê-los da prática do delito, pois que a sua religião assim lhes proíbe".[38]

Desses como de outros depoimentos sobre criminosos negros nas cidades principais do Brasil-Colônia e dos primeiros tempos do Império, transparece o fato de que, em muitos deles, criminosos pretos, o crime era menos individual que de raça escravizada ou de classe ou cultura oprimida, a quem o culto de São Jorge a Cavalo dava esperança ou ânimo de libertação do jugo dos brancos. Contanto que eles, negros, colaborassem com o poderoso santo armado, cada um matando a faca, a pau ou com veneno ou mandinga, o seu pequeno dragão. Pois da mandinga ou do feitiço ou veneno, desconhecido dos brancos, convém nos recordarmos que foi um dos instrumentos de defesa ou de agressão de escravos contra senhores, de negros contra brancos, no Brasil patriarcal.[39]

Um capítulo inteiro poderia escrever-se, num ensaio da natureza deste, sobre a mandinga ou o feitiço como expressão de antagonismos complexamente de raça, de classe e de cultura que separaram a sociedade patriarcal no Brasil em pequenos grupos inimigos uns dos outros e dos quais os organizados com maior vigor, mas não os únicos, parecem ter sido os que tiveram em São Jorge ou em Ogum seu patrono ou símbolo de luta.

O antagonismo entre médicos de formação europeia, e, geralmente, brancos quando não europeus – pois na primeira metade do século XIX foram vários os médicos ingleses e franceses no nosso País – e os curandeiros de formação africana ou indígena, assumiu, às vezes, em nosso País, a mais clara expressão de luta entre classes, entre raças ou entre culturas. Destaque-se, como típico, o caso do "preto Manoel" que, no Pernambuco do meado do século XIX, extremou-se em dramático conflito aparentemente entre brancos e pretos mas, na verdade, entre sobrevivências de cultura africana representadas por curandeiros e inovações de terapêutica de que eram portadores médicos de formação europeia com suas drogas, seus instrumentos de cirurgia e até suas máquinas inglesas e francesas de tratar doentes, geralmente cuidados por físicos, barbeiros e curandeiros com ervas da terra ou remédios tradicionais da Península Ibérica. Permitiu-se a Manoel, curandeiro africano, tratar de doentes de cólera no próprio hospital de Marinha do Recife. Tendo, porém, falecido vários enfermos sob seus cuidados, foi ele "advertido pela polícia de que não devia empregar mais o seu remedio". Desobedecendo a essa exigência, recolheu-o a polícia à Casa de Detenção. São informações do médico-presidente da Comissão de Higiene Pública,[40] em parte confirmadas por outro médico da época, este formado na França: "Um preto da costa d'Africa apparece em o engenho Guararapes e pretende curar o colera: pessoas incompetentes em medicina nem mesmo reflectindo que se essa affecção fosse conhecida na costa de Guiné e aqui houvesse um preto que a curasse, na Bahia, foco dos pretos da costa d'Africa, não teria deixado de apparecer algum que a conhecesse e soubesse cura-la, apregoam as virtudes therapeuticas das hervas empregadas por esse preto em fricções e bebidas [...]. Pessoas que occupam posição elevada na sociedade tomaram esse preto sob sua protecção; um até desejava que houvesse uma sublevação popular afim de por-se a sua frente e metralhar medicos [...] e por fim esse preto não só poz-se a vender publicamente e por alto preço o seu remedio, senão a ser levado de casa em casa!"[41]

A Comissão de Higiene tentou de início dominar a situação. Mas "os protectores do preto redobraram de enthusiasmo e gritavam pelas lojas e esquinas; a população exultou-se e os pretos tornaram-se insolentes; os desordeiros começaram a formar grupos que percorriam as ruas como foram vistos durante duas noites, e de todas as boccas só sahiam imprecações contra os medicos que se viam expostos a ditos insultuosos; e por fim um sacerdote pregava no pulpito a favor desse preto e contra os medicos e boticarios, pretendendo que estes o queriam matar por que elle curava os pardos e pretos...". Grupos chegaram a formar-se "para quebrarem as boticas e maltratarem os medicos...".[42]

Durante algum tempo não houve médico, não no interior da província de Pernambuco – uma das mais cultas do Império – mas na sua capital – no Recife – que rivalizasse com o preto Manoel em prestígio. Não eram só os doentes pretos e os pardos que corriam dos mucambos e das senzalas para o parceiro: também brancos finos de sobrado. Era como se fosse um São Jorge escuro: não lhe faltava cavalo. Ofereciam-lhe "carro para conducção rapida", conta o médico Cosme de Sá Pereira, em curioso relato das atividades do preto.[43] Carro de cavalo que naqueles dias era privilégio ou regalo só de brancos, de fidalgos, de senhores. E em informação ao ministro do Império teve de confessar o então presidente da província que, no meio da "conflagração epidemica" que se estendia pelo país inteiro, surgia em Pernambuco o preto Manoel "com aura extraordinaria", trazido do interior da província "como um signal de redempção", por "pessoas mui notaveis entre ellas os commendadores Manoel José da Costa, Manoel Gonçalves da Silva, e o chefe de estado maior Sebastião Lopes Guimarães", todos a afirmarem que o preto já operara "curas

O corpo da mulher em relação com as modas de exagero dos característicos de sexo, típicas do século XIX.
Desenho do autor.

ACERVO DA FUNDAÇÃO GILBERTO FREYRE

PHOTOGRAPHIA ALLEMA
DE
:-C. Barza--

Casa de 1.ª ordem

Este bem montado atteller executa todas as qualidades de serviços com a máxima promptidão e nitidez.
Especialidade em platinotypia e retratos de creanças.

—

52.--RUA NOVA--:52
PERNAMBUCO

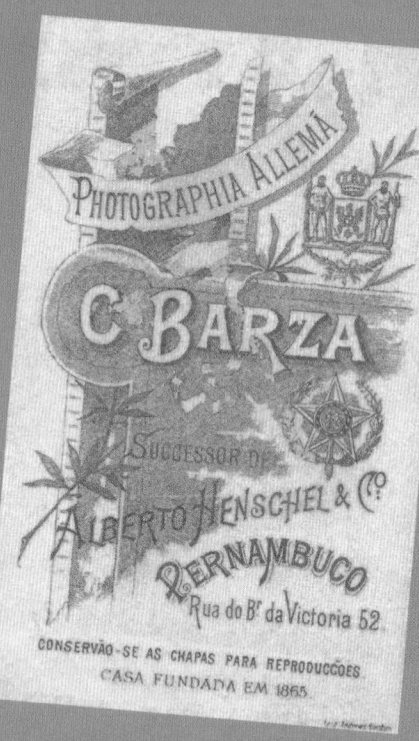

PHOTOGRAPHIA ALLEMA
C. BARZA
SUCCESSOR DE
Alberto Henschel & C.º
PERNAMBUCO
Rua do Br da Victoria 52
CONSERVÃO-SE AS CHAPAS PARA REPRODUCÇÕES.
CASA FUNDADA EM 1865.

Ao lado:
Mulher brasileira do meado do século XIX,
cujos trajo e penteado acusam influência do oriente.
C. Barza - Photoghafia Allemã. *O Anunciador Comercial*.
Recife, 4 de outubro de 1899.

Acima: Sinhazinha de Sobrado.
Desenho de Lula Cardoso Ayres, segundo fotografia da época.

Acervo da Fundação Gilberto Freyre

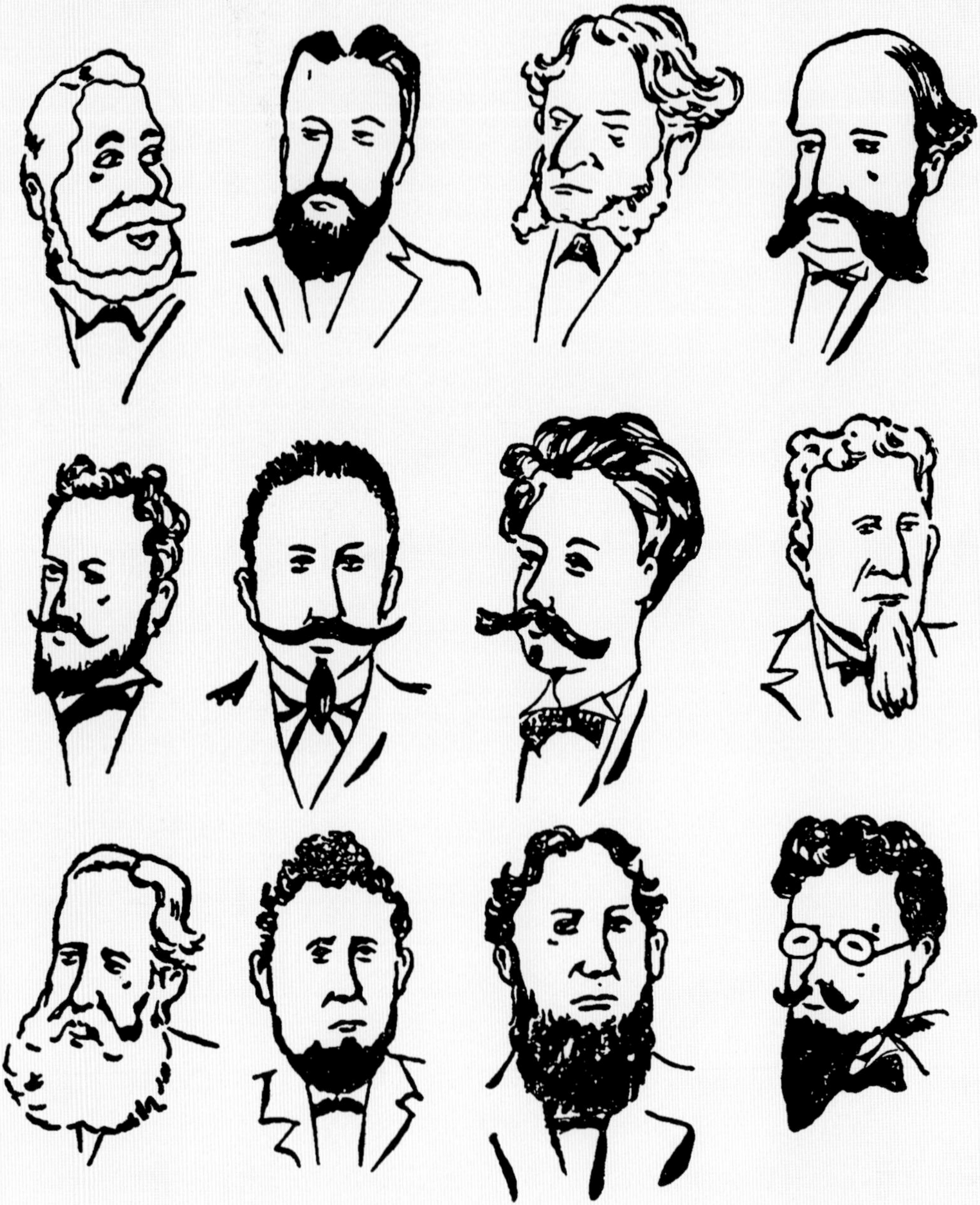

LABORATORIO HOMŒOPATHICO
DE
FREDERICO CHAVES JUNIOR
MEDICO E PHARMACEUTICO HOMŒOPATHICO
Rua do Barão da Victoria n. 39, 1.º andar

Dr. Cerqueira Leite
MEDICO

Tem o seu escriptorio a rua do Marquez de Olinda n. 53 das 12 ás 2 horas da tarde, e desta hora em diante em sua residencia á rua da Santa Cruz n. 10. Especialidades, molestias de senhoras e crianças.

Advogado

bacharel Jeronymo Materno Pereira de Carvalho, tendo deixado o cargo de juiz substituto dos feitos da fazenda, advoga nesta capital e fora della e tem seu escriptorio á rua Duque de Caxias n. 55, onde póde ser procurado das 10 horas da manhã ás 3 da tarde, e fóra destas em sua residencia á rua de Domingos Theotonio n. 39, a qualquer hora.

Consultorio homeopathico
DO
Dr Tristão Henriques Costa
Rua da União n. 15

sultas das 11 ás 2 horas.
Chamados a qualquer hora.
Telephone numero 54.

Conultorio medico-cirurgico

O Dr. Estevão Cavalcante de Albuquerque continua a dar consultas medico-cirurgicas, na rua do Bom Jesus n. 20, 1º andar, de meio dia ás 4 horas da tarde. Paras demais consulta e visitas em sua residencia provisoria, rua da Aurora n. 53, 1º andar.

Ns. telephonicos: do consultorie 95 e residencia 126.

Especialidades — Partos, molestias de creanças, d'utero e seus annexos.

Oculista

Dr. Ferreira da Silva, consultas das 9 ao meio dia. Residencia e consultorio, n. 20 rua Larga do Rosario.

NA PÁGINA AO LADO: Os estilos de barba mais comuns no Brasil do século XIX. Desenho do autor.

NESTA PÁGINA: Anúncios de profissionais comuns nos jornais da segunda metade do século XIX. *Diário de Pernambuco*. Recife, 23 de fevereiro de 1886.

ACERVO DA FUNDAÇÃO GILBERTO FREYRE

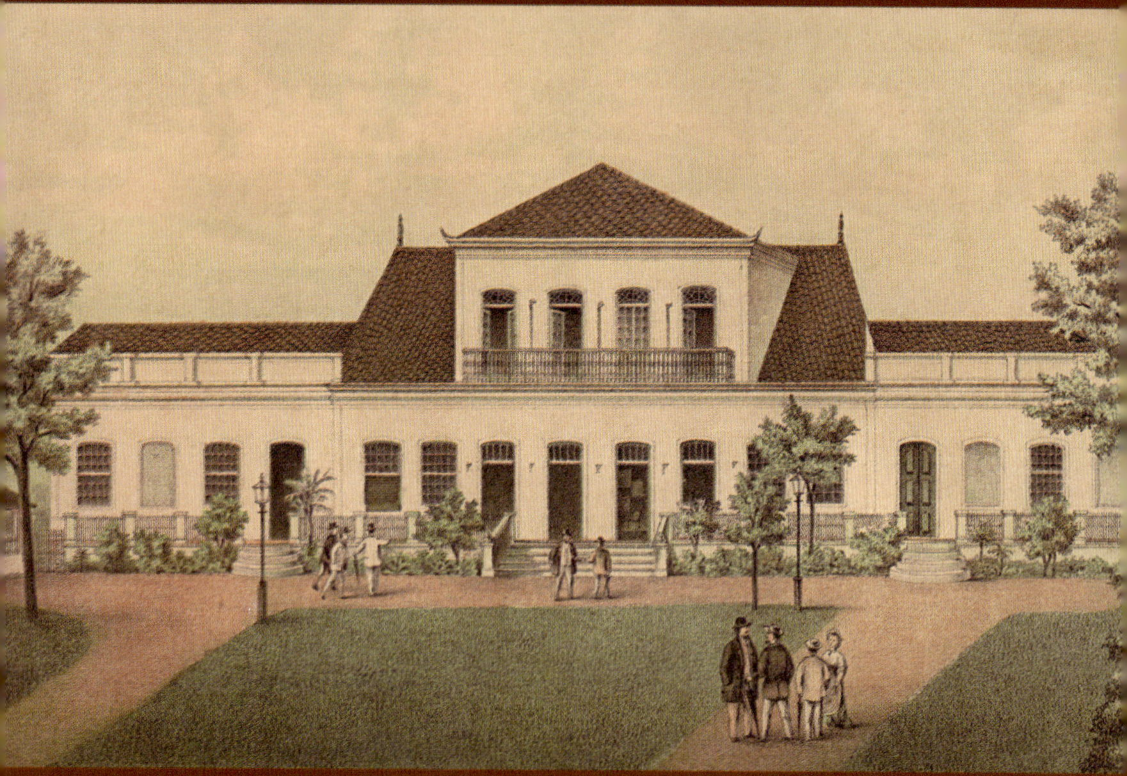

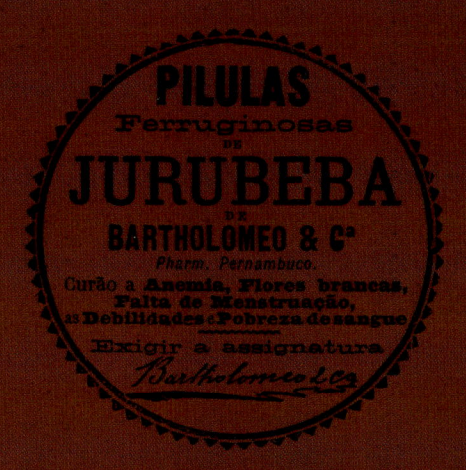

AO LADO: *Hospital Portuguez de Beneficiencia*.
Litogravura de Franz Heinnrich Carls.

ACIMA:

Pharmacia Humanitaria A. J. de Araujo & C. Detalhe de nota de compras da Casa Imperial. Rio de Janeiro, 30 de junho de 1887.

Anúncio das Pílulas Ferrugenosas de Jurubeba.
Diário de Pernambuco. Recife, 23 de fevereiro de 1886.

ACERVO DA FUNDAÇÃO GILBERTO FREYRE

MARITIMOS
United States & Brasil Mail S. S. C.
O paquete Finance

Espera-se de New-Port-News até o dia 12 de Março, o qual seguirá depois da demora necessaria para a

Bahia e Rio de Janeiro

Para carga, passagens, encommendas e dinheiro frete, tracta-se com os

AGENTES

Henry Forster & C.

N. 8. — RUA DO COMMERCIO — N. 8

1º andar

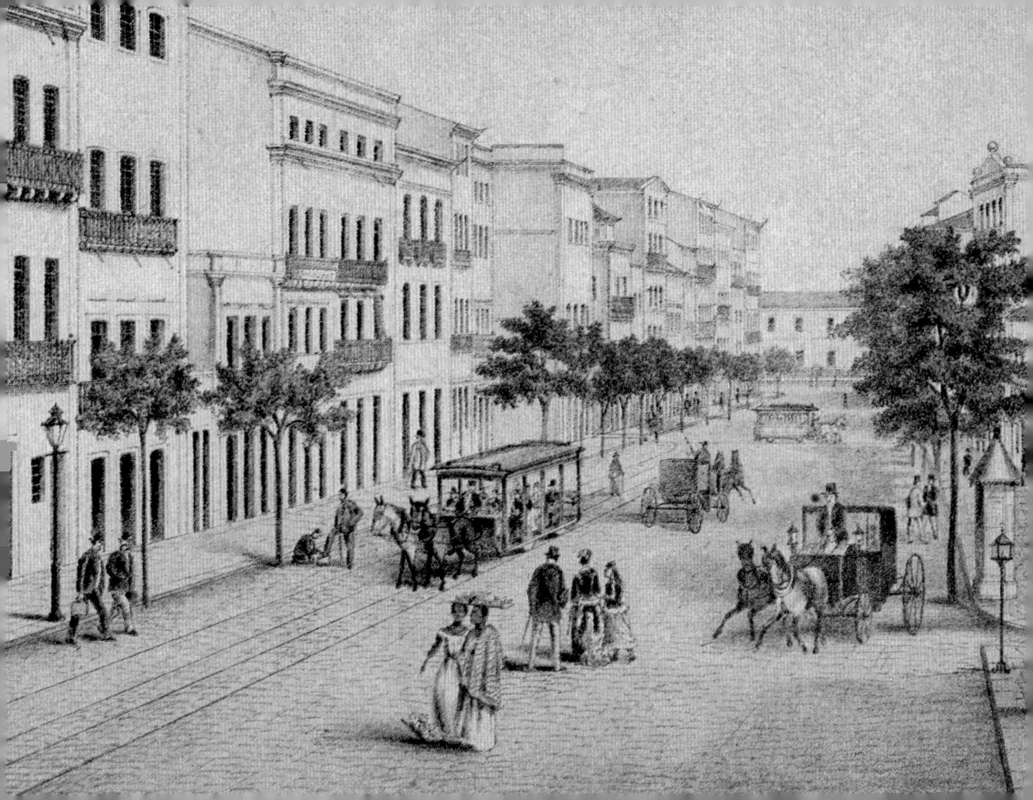

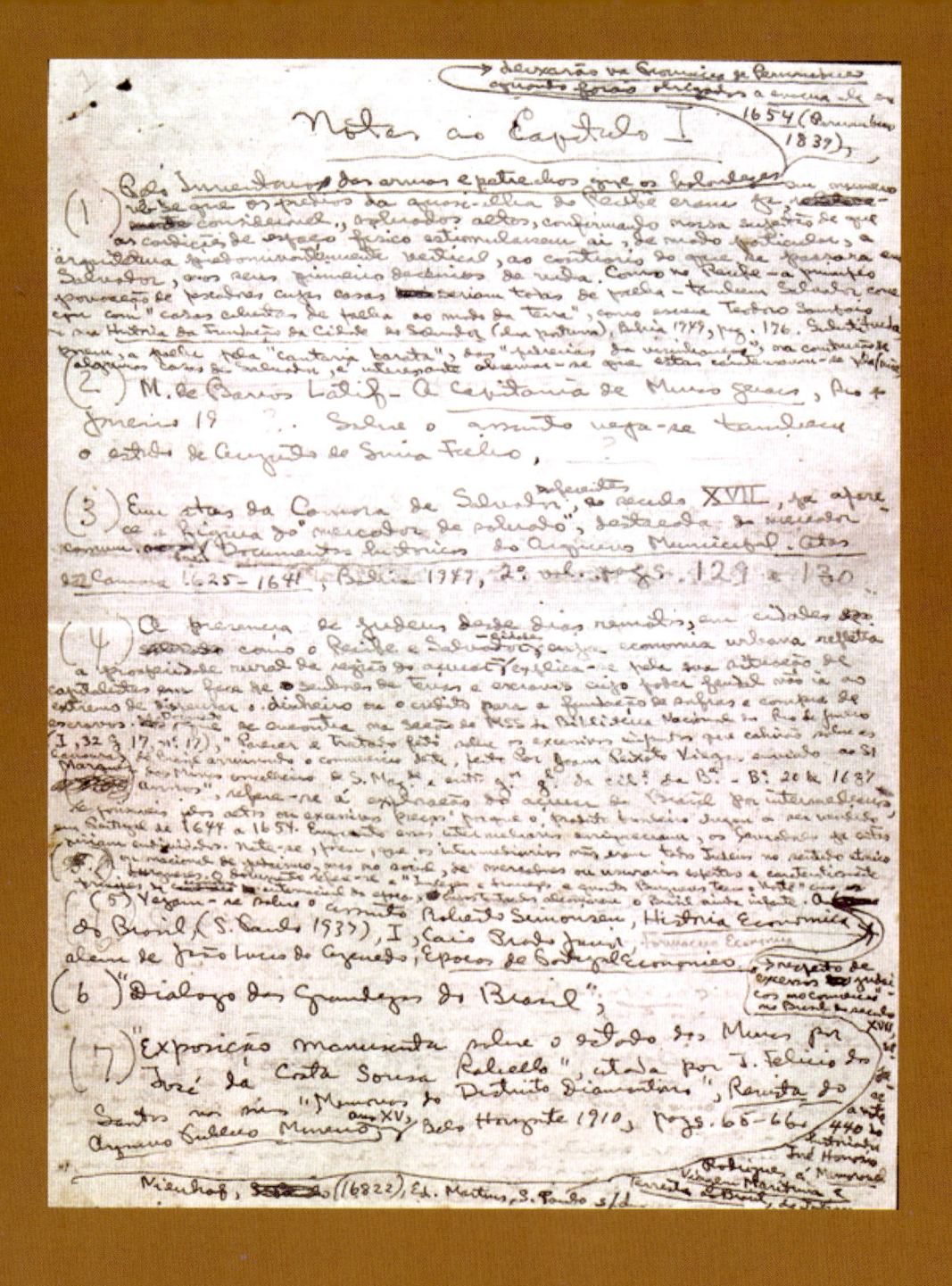

ACIMA: Manuscritos do original de *Sobrados e mucambos*.
ACERVO DA BIBLIOTECA JOSÉ MINDLIN

AO LADO: Manuscrito da página de abertura do primeiro capítulo de *Sobrados e mucambos*.
ACERVO DA FUNDAÇÃO GILBERTO FREYRE

1. O sentido em que se modificou a paizagem social do Brasil ~~dura~~ ~~do seculo XX~~ 2. ~~no meio~~ XVIII e XIX

Com a chegada de Dom João VI ao Rio de Janeiro, o patriciado rural que se consolida nas casas-grandes de engenho e de ~~...~~

~~...~~ fazenda, ~~...~~ começou a perder a magestade dos tempos coloniaes. Magestade que a descoberta das (burguezias ricas), e, o desenvolvimento de algumas cidades com minas, já vinha compromettendo

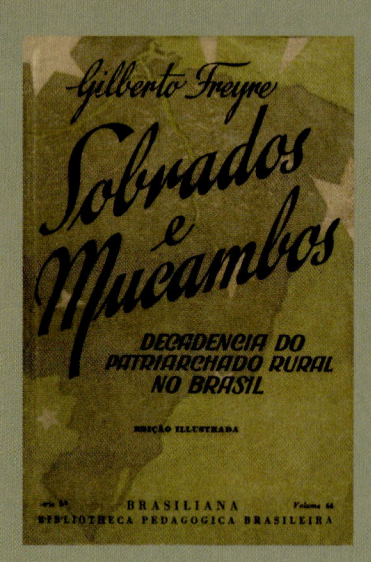

1951 - 2ª edição.

1936 - 1ª edição.

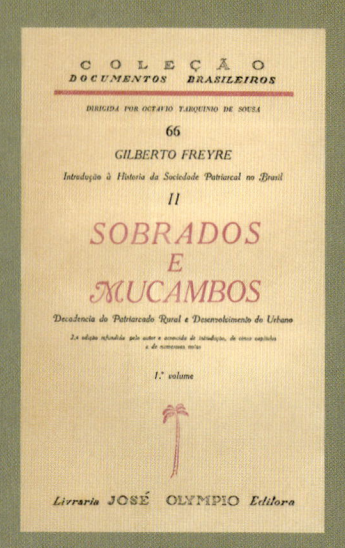

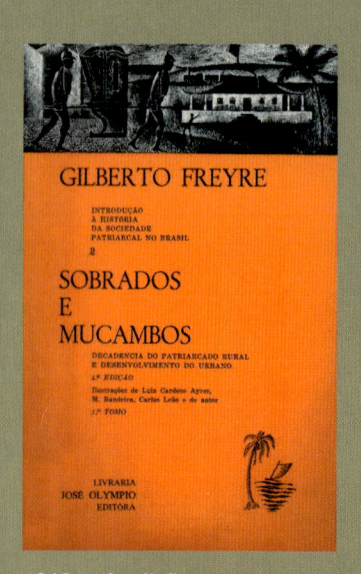

1968 - 4ª edição.

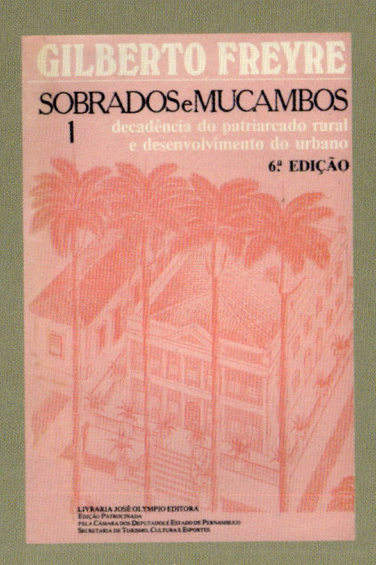

1981 - 6ª edição.

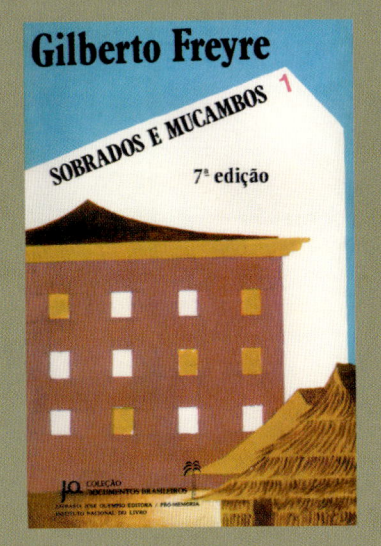

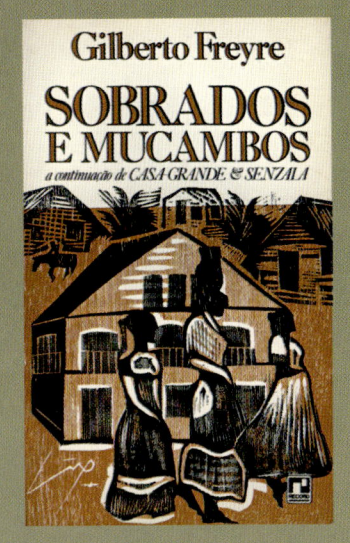

1990 - 8ª edição.

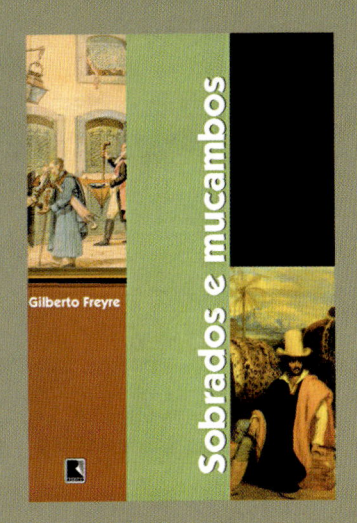

1985 - 7ª edição.

2000 - 11ª edição.

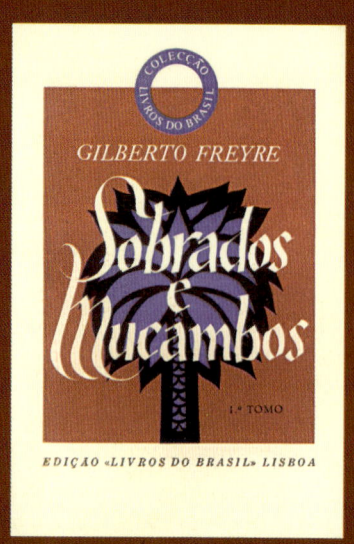

Portugal - 1962.

Edição em Portugal
de «Sobrados e Mucambos»
de Gilberto Freyre

Representa contribuição notável para a aproximação cultural de portugueses e brasileiros, nas suas mais vivas realidades intelectuais presentes e na compenetração das suas raízes históricas comuns, a publicação em Portugal, agora realizada por *Livros do Brasil*, da obra de Gilberto Freyre «Sobrados e Mucambos». Seguindo-se na mesma colecção a «O Mundo que o Português Criou» e «Casa Grande e Senzala», essa obra vem revelar mais largamente ao nosso público a cria-

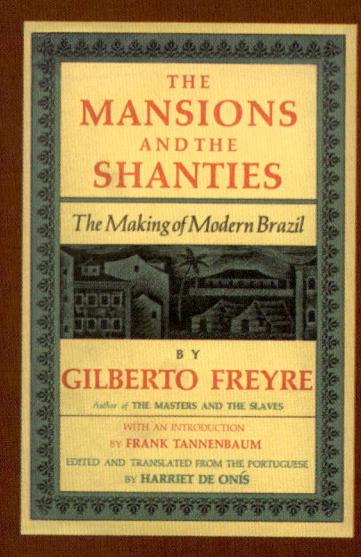

Estados Unidos da América - 1963.

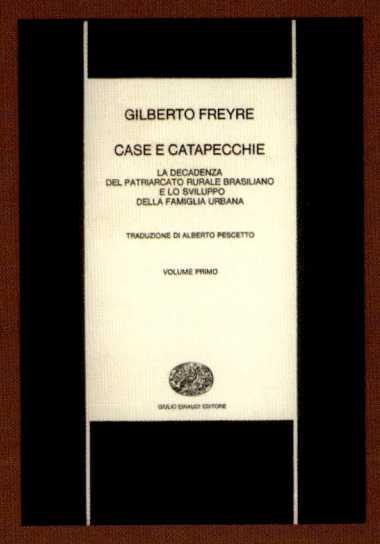

Itália - 1972.

"Sobrados e Mocambos", "Best-Seller" Nos EUA

WASHINGTON, 31 (UPI — O GLOBO) — Um livro de Gilberto Freire sagrou-se o "best-seller" das obras de não-ficção vendidas nesta capital, segundo a pesquisa realizada pelo "Washington Post".

O jornal anunciou que a obra daquele autor brasileiro, "Sobrados e Mocambos" — que recebeu o título de "Mansions and Shanties" na versão inglêsa —, colocou-se em primeiro lugar no terreno das vendas, segundo informações colhidas junto aos principais livreiros desta capital.

Alemanha - 1982.

Sobrados e Mocambos: da sociologia para o teatro

Mário da Silva BRITO

Com os livros "Casa Grande e Senzala e Sobrados e Mocambos", Gilberto Freyre abriu novos horizontes para o conhecimento e a interpretação da vida social — também familiar — brasileira, notadamente na chamada região do Nordeste.

Suas pesquisas sociológicas, apoiadas em poderosa massa de dados e informações, que recolheu com sensível acuidade através de depoimentos, antigos jornais, memórias, álbuns de retratos, diários íntimos [...], permitiram-lhe [...] determinado tempo, [...] erou assim um até [...] adições, hábitos, es- [...] uta e até de dizer, [...] ma a alma de uma [...]

[...] a social — e desta [...] ro e renovador de [...] — Gilberto Freyre re- [...] ente nos dois livros [...] ustiana, a que en- [...] volvente que se al- [...] cionante poesia de [...]

Finalmente o ficcionista apareceu, encarnado na pessoa de Hermilo Borba Filho. Este romancista e teatrólogo desentranhou da sociologia de Gilberto Freyre, uma peça que é o famoso estudo "Sobrados e Mocambos" transfigurado pela arte. Transpôs, de um plano para outro, um mundo que jazia em estado de ciência e pedia para explodir em romance ou em teatro.

Hermilo Borba Filho não fez mera adaptação cênica do ensaio gilbertiano. Produziu antes obra nova, dotada de específico valor estético, indiscutível recriação pessoal de todo um complexo de sugestões insinuadas ou deflagradas pela leitura daquele livro do cientista pernambucano.

Essa proeza intelectual, que redundou em brilhante "réussite", é ressaltada pelo próprio Gilberto Freyre, que, depois de destacar algumas divergências, até profundas, de idéias e atitudes que os separam de Hermilo Borba Filho, escreve no "Prefácio" redigido para o livro (lançado pela Editora Civilização Brasileira): "Por mais que as sugestões e a própria matéria-prima de caráter histórico-social, por ele utili[...] com admirável arte, procedam de trabalho meu [...] ação ou a estilização teatral a sua. Extraída [...]"

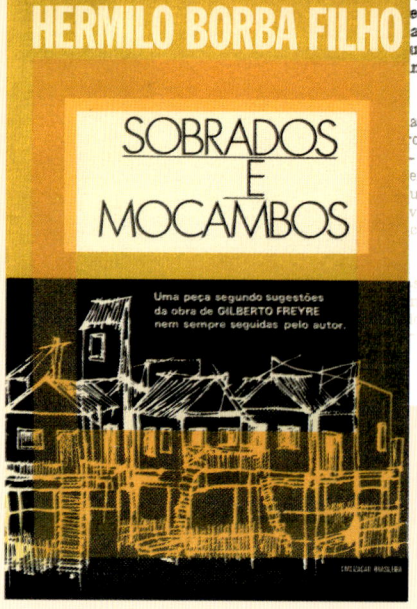

Adaptação teatral por Hermilo Borba Filho, publicada em 1972 pela Civilização Brasileira.

ACERVO DA FUNDAÇÃO GILBERTO FREYRE

instantaneas e que o povo o applaudia". Isto em contraste com "a descrença a respeito dos medicos", que as devastações da cólera nas casas-grandes e principalmente nas senzalas e da febre amarela nos sobrados – principalmente nos sobrados das capitais – vinha acentuando na população. Insistia o presidente da Província em salientar que se permitira que o preto Manoel cuidasse de doentes pretos no hospital de Marinha fora para "inutilisal-o sem risco de disturbio popular que seria inevitavel se por outro modo se praticasse; porque já a população dizia que se pretendia prender o preto para deixar que os medicos matassem a gente de cor que era a mais perseguida pela epidemia".[44]

Vê-se, por esse acontecimento ao mesmo tempo dramático e típico, que apaixonou a cidade do Recife e quase a ensanguentou no meado do século XIX, que, em vários dos conflitos que agitaram a sociedade patriarcal no Brasil, e são hoje simplistamente interpretados por estudiosos da nossa formação, filiados a sistemas rígidos de interpretação da história humana, como puras expressões de "lutas de classes" e, por outros, de "lutas entre raças", não foram exclusivamente nem uma nem outra cousa mas ambas, confusa ou contraditoriamente; e, principalmente, choques entre culturas. Médicos de formação europeia e servidos por instrumentos e máquinas europeias de tratar doentes ou de observar doenças em suas relações com os climas frios ou os meios europeus, tiveram que travar áspera batalha com curandeiros africanos ou da terra, íntimos conhecedores de ervas ou plantas tropicais e protegidos às vezes – o caso do "preto Manoel" – por senhores prestigiosos de casas-grandes e de sobrados patriarcais: gente a quem repugnava a invasão dos seus domínios rurais ou semirrurais por médicos nem sempre dispostos a se contentarem, como os capelães com relação às almas dos mesmos domínios, a serem "cirurgiões de escravos" ou sequer "médicos de família". Gente telúrica, confiante mais nas ervas dos escravos e dos caboclos da terra do que nas drogas francesas e inglesas das boticas. Gente antes conservadora da cultura tradicional – a de origem principalmente ibérica – que disposta a substituí-la ou modificá-la. De modo que, por inércia cultural, confraternizavam esses brancos de casas-grandes e até de sobrados patriarcais com os negros de senzala e os pretos e pardos livres de mucambos, antipáticos, por inércia ou sentimento de suficiência cultural, às inovações europeias de terapêutica, contra os brancos mais europeizados das cidades, para quem a medicina da Europa era a verdadeiramente capaz, com suas ingresias e francesias, de curar doentes e dominar doenças.

A esse elemento europeizado, foi particularmente desfavorável a devastação da população africana, ou de origem africana, das senzalas e mucambos, pelo "mal asiático". Onde estava o poder da técnica europeia? De que valiam os instrumentos, as máquinas, as ingresias dos médicos de formação europeia, se tantos eram os negros e pardos que vinham morrendo de cólera? Apareceu então uma interpretação antes etnocêntrica que econômica do fato: que os brancos estavam deixando que os médicos – quase todos brancos – matassem a gente de cor. Economicamente – sabiam-no os próprios negros e pardos e os escravos mais ladinos – convinha aos senhores brancos a saúde, e não apenas a vida, dos seus servos. Como, porém, começara desde os primeiros decênios do século XIX a imigração de europeus do tipo dos irlandeses que foram chamados pela plebe do Rio de Janeiro de "escravos brancos", era natural que negros e pardos desconfiassem de que os brancos poderosos ou ricos desejavam a substituição dos pretos e pardos por trabalhadores também brancos. De onde a idealização em São Jorges capazes de vencer o dragão da cólera asiática, de figuras como o curandeiro Manoel, que triunfalmente andou a cavalo como um santo e rodou de carro como um lorde pelas ruas de uma das mais cultas e nobres cidades do Império. Foram figuras elevadas a redentores de pardos e pretos aos quais é possível que suas ervas beneficiassem, de fato, mais que as drogas europeias, quase inócuas no combate ao chamado mal asiático. Tanto que foi nesses anos de crise para a medicina ortodoxamente europeia que se desenvolveu no Brasil, entre brancos esclarecidos, a homeopatia.[45]

Enquanto isso se verificava com relação aos negros mais inquietos ou mais inconformados com sua situação de raça ou de classe oprimida, para os senhores brancos o culto de São Jorge a Cavalo representava justamente o contrário: representava a conservação da ordem social. Conservação por meio da força militar. Por meio da ação da cavalaria sobre a gentalha a pé; da arma de fogo sobre a simples faca ou a pura navalha; da arte estratégica aprendida nas academias militares sobre a capoeiragem dos capangas ou dos capadócios de rua; da velocidade de homem a cavalo sobre a lentidão do homem a pé.

Surpreendendo-se de ver a procissão de São Jorge a Cavalo sair do próprio palácio real do Rio de Janeiro,[46] Arago mostrou não ter compreendido o alcance social de devoção tão contraditória e tão importante no antigo Brasil. Tão de negros sequiosos de libertação, por um lado (através de sua ascensão na sociedade não só como guerreiros e soldados, como por suas qualidades de artesãos, ferreiros, mecânicos, cirurgiões, maquinistas); e tão de brancos empenhados na conservação do seu poder político e de sua superioridade social, por outro lado. De onde ter sido um culto ao mesmo tempo, e por motivos opostos, de palácio de rei e de cabana de escravo, de sobrado e de mucambo, de igreja e de peji, de irmão de irmandade católica e de malungo de confraria africana, de proprietário de terras e de prédios urbanos e de proletário indispensável à construção de casas, móveis e carruagens e ao manejo de máquinas, serras, tornos, bigornas.

Pois não nos esqueçamos do fato de que divididos por ódios ou rivalidades de castas, de línguas, de regiões e de cultos em moçambiques e congos, minas e coromatins, ladinos e negros da Costa,[47] os africanos e os descendentes de africanos no Brasil sofreram influências no sentido de sua coesão. A primeira delas, a condição de escravos de grande parte deles – embora fosse uma condição que variasse da situação do negro doméstico (mucama, pajem, malungo) à do negro de eito ou à do preto de ganho; ou da situação de escravo de estância à de escravo de mina; ou da de escravo de engenho grande, de açúcar, em Pernambuco ou no Rio de Janeiro à de escravo de engenhoca de mandioca em Santa Catarina ou de rapadura, no Piauí. A segunda, a condição de africanos ou de descendentes de africanos – embora fosse outra condição vária, dada a diversidade de cor, de traços, de característicos étnicos entre eles.

Outras influências estabeleceram entre africanos, diferentes na cor da pele e nas formas de corpo e na situação de escravo, aquela "espécie de parentesco" observada por Koster[48] e que os fazia tratarem-se uns aos outros de *malungos*, "nome considerado entre eles de elevada estima". Entre essas outras influências, a que resultava do fato de terem feito parte do mesmo lote de negreiro com destino ao Brasil. A que resultava do fato de serem membros da mesma irmandade católica – em geral, de São Benedito – ou do mesmo bando de capoeiras ou de capangas de cidade. E, principalmente, a que resultava do fato de serem devotos ou iniciados do culto religioso alongado em movimento secreto de insurreição social que parece ter sido, entre nós, o culto de São Jorge a Cavalo – ou seu equivalente: o de Santo Antônio militar – praticado por negros e escravos como disfarce do culto de Ogum e em oposição ao mesmo culto – de São Jorge a Cavalo – praticado pelos senhores dos sobrados, pelos militares das cidades, pelos brancos econômica e politicamente poderosos.

Na capital de Pernambuco, os pretos carregadores de açúcar dos armazéns que chegaram a formar corporação à parte, com governador especial,[49] como se vê da provisão de 13 de setembro de 1776 passada pelo governador José César de Meneses, eram negros protegidos pelo próprio rei; e parece que formavam o grupo mais importante de pretos da cidade, depois dos de soldados ou milicianos, com seus coronéis e suas regalias militares, consideradas perigosas por mais de um José Venâncio de Seixas: o provedor da Casa da Moeda na Bahia que em 1788 escrevia a D. Rodrigo de Sousa Coutinho, preocupado com a formação de "corpos milicianos" com gente de cor. Gente "naturalmente persuadida" e capaz, sob "o espírito do seculo" – o século da Revolução Francesa – de "toda a qualidade de excesso".[50] Era o pavor a negros São-Jorges que, armados de espadas de milicianos para a defesa da ordem, se revoltassem contra os brancos com armas que só os brancos deviam ter o direito de usar e ostentar.

Impedidos de usar armas de fogo, espadas, bengalas de estoque – armas de fidalgos, de senhores ou de brancos – os escravos – principalmente os negros de ganho e carregadores de fardos, que parecem ter constituído no Rio de Janeiro como no Recife, junto com os ferradores, os ferreiros, os serralheiros e os maquinistas, a aristocracia guerreira da massa cativa – tornaram-se peritos, junto com cabras livres e moleques de rua, uns no manejo de facas e navalhas e, principalmente, nas cabeçadas, nos rabos de arraia e nas rasteiras de capoeiragem; outros, no feitiço, na mandinga, no veneno misterioso que aleijava e matava brancos. A arte da capoeiragem mais de uma vez lhes permitiu suprir a falta de armas de fogo com movimentos de corpo que eram quase movimentos de dança. Dançando, esses bailarinos da capoeiragem enfrentaram com pés ligeiros, pequenos, delicados, às vezes quase de moça e, como os das baianas, geralmente calçados de chinelas orientalmente enfeitadas, soldados armados, nórdicos vigorosos, marinheiros ingleses, portugueses machões e cheios de si, europeus de pés grandes e bem calçados, destroçando-os e, de algum modo, desmoralizando-os. Comprometendo-lhes a superioridade técnica de militares ou de homens armados de pistolas, de espadas, e de facões e a superioridade social de brancos, de senhores, de reinóis. Talvez tenha se acentuado nesses embates a antipatia dos reinóis pelos mestiços brasileiros – geralmente de pés pequenos e ágeis – por eles chamados "pés de cabras"; e a dos mestiços pelos reinóis, que, geralmente homens de pés grandes, às vezes chatos e pesados, ficaram caricaturados no folclore como "pés de chumbo":

> *"Marinheiro pé de chumbo*
> *Calcanhar de frigideira.*
> *Quem te deu a ousadia,*
> *De casar com brasileira?"*

Contra o que os reinóis inventaram este canto, também de guerra, alusivo tanto aos "pés de cabra" dos mestiços como à atividade econômica – a plantação de café – que vinha libertando os brasileiros da tutela portuguesa:

> *"Cabra gente brasileira*
> *Do gentio de Guiné*
> *Que deixou as cinco chagas*
> *Pelos ramos do café."*

Não nos esqueçamos de que não foi só no norte da América lusitana que os brasileiros foram chamados de "pés-rapados" pelos portugueses. Também no centro ou no sul. Em "Instrucção e norma" a seu irmão, José Antônio, para o governo das Minas, Gomes Freire de Andrada referia-se em 1751 à "congregação de pés rapados cariboca e mulatos, que hoje são os executores das violencias".[51]

Admitido o fato de que, em remotos dias coloniais, os reinóis tenham sobrepujado os brasileiros no cuidado com os pés ou no luxo dos calçados, a situação parece ter se modificado no sentido de verdadeiro culto aos pés e aos sapatos e às botas de montar a cavalo da parte dos brasileiros de formação ou condição patriarcal. Já nos referimos ao costume do lava-pés não só nas casas-grandes como nas próprias casas pequenas de lavradores do interior: liturgia de hospitalidade e prática higiênica de origem talvez oriental a que os viajantes se submetiam em um como reconhecimento do fato de que os lares patriarcais eram recintos puros aonde não devia chegar a imundície das ruas ou dos caminhos. Liturgia e prática higiênica a que se submetiam as próprias pessoas de casa antes de se recolherem às suas camas ou às suas redes, nas casas-grandes e nos sobrados nobres, havendo mucamas que se especializavam na arte não só de lavar os pés dos ioiozinhos como na de livrá-los dos bichos causadores de comichões, a princípio volutuosas, depois irritantes ou incômodas.

Se voltamos ao assunto é para acentuar o fato de que a distância entre classes, no Brasil, teve no cuidado com os pés e com os sapatos uma das suas expressões mais características, fazendo-se dos pés dos homens senhoris uma espécie de pés de montar a cavalo e dos pés dos homens servis, pés de andar nua e cruamente pelas ruas ou pelas estradas. E, sobretudo, idealizando-se os pés pequenos, bonitos e bem calçados das mulheres senhoris em objetos quase de culto ou de devoção da parte dos homens: culto social e sexual que assumiu aspecto francamente religioso, ao mesmo tempo que simbólico, na devoção pelos chamados "sapatos de Nossa Senhora". Ewbank ainda encontrou no Rio de Janeiro do meado do século XIX, o culto da "sola do sapato de Nossa Senhora", sola que era beijada por homens de cor tanto quanto por senhores brancos e respeitáveis. Viu o observador norte-americano um devoto beijar *"the framed pattern of Mary's shoe-sole"*: o devoto *"putting his hands against the whitewashed wall, pressed his mouth and rubbed his nose against it"*. O culto – talvez reminiscência do Oriente na vida ou na cultura portuguesa do Brasil – pareceu a Ewbank, "untuoso".[52]

A Debret impressionara o fato, no Rio de Janeiro que ele conhecera em 1816, de haver tanta loja de sapateiro numa cidade onde cinco sextos da população eram, então, formados por indivíduos que caminhavam pelas ruas sem sapatos. Explicava-se o aparente absurdo: as senhoras brasileiras usavam sapatos de seda extremamente delicados. Postos em contato, mesmo breve, com as calçadas ásperas, rompiam-se facilmente, exigindo consertos das mãos dos sapateiros.

Ou novos sapatos. Notou o francês que as mulheres brasileiras tinham de ordinário lindos pés: "[...] *les femmes généralement favorisées d'un très joli pied...*"⁵³ Pés que elas ou os homens, seus donos ou senhores – pais, maridos, amantes – tinham extremo gosto em revestir de seda. Os sapatinhos das iaiás da era colonial tinham sido principalmente brancos, róseos, azuis; depois de 1823, notou Debret que tornaram-se moda os verdes e amarelos: cores imperiais ou nacionais.⁵⁴

Mas não era só a iaiá de sobrado ou de casa-grande que, nos últimos decênios da era colonial, ostentava pés não só mimosos como calçados orientalmente de seda cor-de-rosa ou azul-celeste. Também suas mucamas: "*[...] les six ou sept négresses qui la suivent à l'église ou à la promenade*", diz Debret. Também a mãe de família de casa térrea e pequena: "*La mère de famille moins fortunée a la même dépense pour ses trois ou quatre filles et ses deux négresses*".

E, ainda, a "*mulâtresse entretenue*". E, finalmente, a mulher do mecânico ou a do artífice e a negra livre, que faziam esforços verdadeiramente heróicos para se apresentarem bem calçadas nas festas, de modo a se destacarem das baianas de chinelas na ponta dos pés ou das negras descalças. "*La femme du pauvre artisan*" – escreve Debret – "*se prive presque du nécessaire pour paraître avec une chaussure neuve à toutes les fêtes; et enfin la négresse libre y ruine son amant pour satisfaire à cette dépense fréquemment renouvelée*".⁵⁵

Essa ostentação de sapatos finos de seda era nas ruas; ou só nas calçadas, dos palanquins para o interior das igrejas, onde as senhoras se ajoelhavam de modo a não deixarem aparecer senão a ponta dos pés. Enquanto em casa, os sapatos velhos geralmente lhes serviam de chinelos.

Foi só depois da transferência da Corte, de Lisboa para o Rio de Janeiro, que aos sapatos medieval ou orientalmente feitos em oficinas de sapateiro se sucederiam os fabricados em Londres: os sapatos feitos já em máquinas e alguns com peles de animais. E pardos, cinzentos, escuros, em vez de orientalmente de cor, como os ostentados até então pelas senhoras. Não nos parece que se deva atribuir, como parece querer Debret, à "anglomania dos cortesãos portugueses",⁵⁶ que vieram então para o Brasil, o triunfo dos sapatos que poderemos considerar de feitio burguês e de fabrico mecânico, ou semimecânico, sobre os antigos sapatinhos de mulher feitos inteiramente a mão e com material incapaz de resistir a caminhadas longas e sobre ruas ásperas. Evidentemente as novas condições de vida e de transporte – a maior liberdade que foi sendo concedida às senhoras para atravessarem as ruas a pé, nos dias de missa ou de festa, e a substituição de palanquins (que as deixavam quase dentro das salas) por carruagens que, a trote de cavalo ou de mula, apenas as conduziam aos portões das casas – foram exigindo das senhoras o uso de calçados mais resistentes que os de seda.

Os calçados fabricados em Londres, com máquinas ou por meio de técnicas que permitiam a sua uniformização de estilo e seu aumento de resistência, vinham atender a essas condições novas de vida. A anglomania dos brasileiros mais adiantados da época terá sido apenas o excitante que aguçou o desenvolvimento, entre as senhoras, da moda dos sapatos fortes e de cores discretas, de preferência aos frágeis e de cores vivas. E, entre os homens, da moda das botinas burguesas que foram substituindo os antigos sapatos de fivelas de prata, orgulho dos fidalgos da era colonial. Os anúncios de sapatos aparecidos nas gazetas brasileiras dos últimos anos do Reino e dos primeiros decênios do Império nos deixam ver que foi principalmente nas fábricas inglesas que nossos antepassados se supriram então de calçados de gosto burguês, ao mesmo tempo que de botas de montar a cavalo e de outros artigos de couro,[57] fabricados na Inglaterra com grande superioridade técnica. O próprio comércio de meias de seda, a princípio dominado pelos franceses, não tardou a passar para as mãos dos ingleses. O estado de guerra entre Portugal e a França, nos primeiros anos do século XIX, contribuiu para o declínio desse comércio e para o quase desaparecimento das meias francesas de seda nos mercados brasileiros. Quando se fez a paz entre os dois Reinos, diz Say que *"les Brésiliens demandèrent avec instance qu'on leur envoya des bas de soie et des draps français, dont la réputation était grande et ancienne parmi eux; mais lorsque ces marchandises arrivèrent, ils reprochèrent aux bas de soie de n'avoir pas l'élasticité des bas (patent stocking) des Anglais..."*.[58] Segundo o mesmo Say o produto francês não se alterara; o gosto brasileiro é que se modificara, sob a influência das meias fabricadas na Inglaterra.

É também da primeira metade do século XIX o aparecimento, no Brasil, de sapatos de macia e profilática sola de borracha – capazes de resguardar o indivíduo dos resfriamentos devidos a pés molhados – e que, como novidade técnica, talvez devam ser considerados antes um brasileirismo do que um anglicismo. Em 1849 eram os sapatos desse tipo anunciados como "sapatos de gomma elastica com sola para livrar da humidade, para homens e senhoras". É o que diz um anúncio, no *Jornal do Commercio* de 10 de julho, da sapataria que havia então na rua do Ouvidor nº 72.

Sabe-se que os profiláticos de borracha, aos quais se atribui na Inglaterra origem francesa e, na França, origem inglesa, foram primeiro fabricados, ainda no século XIX, com matéria-prima brasileira – borracha do Pará – da qual foram também fabricados – ao que parece dentro de inspiração oriental e segundo técnica chinesa – os primeiros falos dúteis e maleáveis de caucho, que tornaram famosos os nomes brasileiros do Pará e do Maranhão. Pires de Almeida refere-se ao Pará como a primeira região que forneceu "à indústria nacional e estrangeira, matéria-prima para esses artefatos".[59] Para esses artefatos e para os sapatos de "gomma elastica".

Intenso como foi, no Brasil ainda patriarcal e já urbano, o culto de pé pequeno, delicado e bonito de mulher e mesmo de homem, como evidência de sua superioridade ou de sua situação social, e do sapato ou da botina que correspondesse a essas qualidades de pé, ou as acentuasse, ou resguardasse o pé fidalgo da água das ruas ou da umidade dos caminhos – como o sapato ou a bonita de sola de borracha – é natural que transbordasse tal culto da zona social para a de excessos de fetichismo sexual. Foi o que sucedeu. Ao caso relatado pelo médico Alberto da Cunha, em "tese inaugural" – o do indivíduo que só se sentia apto para o ato venéreo "quando ardentemente cobria de beijos a botina da mulher ambicionada"[60] – poderiam juntar-se vários outros de brasileiros obcecados pelo pé ou pela botina da mulher desejada, alguns dos quais deixariam em sonetos célebres a marca de sua obsessão. Também parecem ter sido – e continuam a ser – vários os casos, entre brasileiros de formação ainda patriarcal, de predispostos ao orgasmo ou à volutuosidade, através do simples roçar de um pé no outro: a chamada "bolina" de pé. Os pés como que se tornaram em tais indivíduos zonas de particular sensibilidade talvez em consequência dos bichos docemente extraídos dos seus pés de meninos por mucamas ou mulatas de dedos ágeis e macios. Assunto a que já nos referimos em capítulo anterior e a que voltamos neste para considerá-lo sob novo aspecto.

A verdade é que o culto do pé pequeno e bonito e do sapato elegantemente protetor desse pé fidalgo surpreende ao estudioso da história íntima do brasileiro como um dos traços mais expressivos de formação de personalidade pelo *status* ou pela situação social do indivíduo: a personalidade do aristocrata de casa-grande e, principalmente, de sobrado, em oposição ao taverneiro de pé grande e metido em tamanco ou ao negro de senzala, obrigado, como o de mucambo, pela natureza do seu trabalho rude de rua ou de eito, a andar descalço ou apenas de alpercata, inteira ou quase inteiramente exposto aos bichos, à lama e à imundície. E dada essa importância do culto do pé, esse resguardo do pé nobre, esse afã de proteger-se no fidalgo o pé, tanto quanto as mãos, dos esforços ou trabalhos rudes, próprios só de escravo ou de animal, compreende-se que o aristocrata brasileiro tenha sido, na era colonial e nos começos da imperial, homem exímio na arte de cavalgar e, ao mesmo tempo, volutuosamente inclinado, tanto quanto o rico ou o poderoso do Oriente, a fazer-se transportar, nas cidades, em palanquins, redes ou cadeiras, no interior, em banguês ou liteiras, por escravos e animais de boa figura e de bons músculos.

Atingido o Brasil pela "era da máquina", compreende-se, igualmente, que tenha se desenvolvido entre nós o gosto pela carruagem puxada por bonitos cavalos e boleada por bonitos escravos: complexo de máquina, escravo e animal a serviço do homem fidalgo que não podia gastar os sapatos nem sujar os pés, andando por caminhos ásperos e ruas imundas. Mas deve, igualmente, compreender-se que, ao culto do pé simplesmente pequeno e bonito, do aristocrata rico, de palanquim ou de carro, tenha se juntado entre nós, desde os dias coloniais, o culto do pé não só pequeno e bonito porém ágil, como foi entre nós o pé do capoeira, do capadócio, do *baiano* ou do malandro de chinelo e de andar acapadoçado. O pé daquele aristocrata de cor que podia gabar-se de não precisar de trabalhar rotineiramente nem com os pés nem com as mãos para viver vida mais ou menos regalada nas grandes cidades do Brasil patriarcal: cidades onde o principal inimigo do capoeira foi menos o fidalgo de sobrado – do qual tantas vezes tornou-se aliado ou capanga, como Nascimento Grande de José Mariano – do que o "marinheiro pé de chumbo" ou "pé de boi", isto é, o português de venda, de taverna, de loja, de armazém, de carroça, que enriquecia no trabalho duro e rotineiro – quase animal – e mais de uma vez conseguia, pela sua maior estabilidade econômica, arrebatar ao mulato boêmio ou ao *cabra* romântico, tocador de viola, cantador de modinha e dançador de samba e de capoeira, sua mulata de estimação.

Aos "pés de chumbo" raro foi possível sustentar vantajosamente combate a pé com os "pés de cabra" descalços ou apenas de chinelos – chinelos quase de mulher – mas sempre destros na arte da capoeiragem. Era como se os capoeiras pretos e mulatos lutassem contra os taverneiros brancos – brancos armados a pistola mas burguesmente a pé – cavalgando cavalos invisíveis de Ogum ou de São Jorge. Na verdade, só a cavalaria vencia esses capoeiras diabólicos. Só cavalos de verdade. Só brancos, soldados ou fidalgos feudalmente a cavalo faziam fugir moleques afoitos, capoeiras desembestados, capadócios atrevidos. Veio até quase os nossos dias o prestígio do simples grito de "lá vem a cavalaria!", isto é, tropa a galope, fazer dispersarem-se desordeiros ou insurretos a pé.

Dos primeiros dias do Império é um episódio, ocorrido no Rio de Janeiro, que indica até onde chegou, entre nós, o poder do moleque de rua ou do negro ou mulato capoeira em face da superioridade técnica de soldados brancos ou europeus de infantaria. E desta vez, como de outras, veremos daqui a algumas páginas que o capoeira negro ou o moleque de rua não foi o amotinado, o revoltoso ou o agitador mas, paradoxalmente, o conservador da ordem social ou o defensor da dignidade nacional contra o perturbador ou o agressor estrangeiro: no caso, mercenários irlandeses ou alemães a serviço do primeiro imperador de quem se dizia que era malvisto por muitos brasileiros "por não ser nato" como o segundo seria mal compreendido, por numerosos súditos, por "não ser mulato".

Escreve Elísio de Araújo em seu já mais de uma vez citado *Estudo histórico sobre a polícia da Capital Federal de 1808 a 1831* (Rio de Janeiro, 1898) terem feito época, no Rio de Janeiro, nos princípios do século XIX, as chamadas "ceias de camarão": grandes tundas de pau dos granadeiros de corpo da *Guarda Real da Polícia*, em "vagabundos" ou "peraltas" que fossem apanhados nos "batuques, então muito frequentes nos subúrbios da cidade".[61] Entretanto, alguns, pelo menos, desses supostos "vagabundos" ou "peraltas" negros e mestiços, talvez fossem principalmente devotos de Ogum prontos a honrar o santo ou seu patrono, com uma valentia menos de negros ou mestiços predispostos ao crime do que à ação militar, à guerra, à dança guerreira, à expressão física e até artística de energia moça e viril. Essa energia moça eles a punham principalmente na afirmação ou na defesa tanto de sua condição de "filhos de Ogum" ou de "São Jorge" – como de "filhos" del-Rei Nosso Senhor ou do Imperador Nosso Pai ou da Santa Virgem Maria, quando desrespeitada a santa por hereges de qualquer espécie ou o rei ou o imperador por estrangeiros. Tanto que depois de duramente surrados pelos granadeiros do famoso major Vidigal – que era com seus "ares de moleirão" e sua "voz adoçada" a alma às vezes danada da referida *Guarda Real da Polícia* – e conservados presos por algum tempo na Casa da Guarda, "os válidos" daí saíam para "engrossar as fileiras do Exército".[62]

No Exército é pena ter faltado a chefes áridos a imaginação, a inteligência, a flama capaz de os fazer aproveitar a arte de capoeiragem de cabras tão sarados no serviço da própria segurança nacional. Esses escravos fugidos, inconformados com a condição de escravos, ou esses descendentes de escravos, inadaptados ao trabalho de rotina, mesmo livre, teriam dado ótimos soldados-capoeiras. Pois os próprios historiadores da época que se baseiam exclusivamente, como Araújo, em informações dos arquivos policiais, salientam que o crime dos "peraltas", dos "capadócios" ou dos "capoeiras" negros ou mestiços consistia em, nos "batuques", nas "tavernas das mais baixas ruas" ou "nos terrenos devolutos", exercitarem-se em "jogos de agilidade e destreza corporal, com imenso gáudio dos embarcadiços e marujos que, entre baforadas de fumo impregnadas de álcool, gostosamente apreciavam tais *divertimentos*".[63]

Para resguardarem-se da perseguição da polícia constituíam-se os capoeiras – e esta foi, verdadeiramente, a causa da capoeiragem entre nós ter deixado de se desenvolver num jogo caracteristicamente afro-brasileiro para degradar-se em crime ou pecado como que nefando – como era natural que se constituíssem, em "maltas" de capadócios armadas de faca ou navalha que "em contínuas correrias levavam o terror e o pânico à pacífica e burguesa população desta antiga e atrasada metrópole".[64] Devotos de São Jorge a Cavalo, não é de estranhar que os "cavalos marinhos" se tornassem, com outras "funções públicas", "o teatro predileto dos terríveis ajustes de contas ou torneios de capoeiragem..."[65]

No estudo já referido, Elísio de Araújo salienta que a datar de 1814 "aumentam progressiva e espantosamente as devassas mandadas proceder contra indivíduos encontrados de posse de navalhas ou acusados de serem autores de ferimentos feitos por essas armas".[66] O que parece indicar que só em face da brutal perseguição policial que depois de 1808 se desenvolveu contra eles, como contra as gelosias árabes, os telhados orientalmente arrebitados nas pontas em cornos de lua, os batuques e os remédios africanos – e por motivo ou sob pretexto sempre o mesmo: o de repugnarem tais orientalismos ou africanismos aos olhos, aos ouvidos e ao paladar, quando não também aos interesses, dos europeus "perfeitamente civilizados", isto é, os do norte da Europa – recorreram os capoeiras à navalha e à faca como armas de defesa contra a polícia e mesmo de agressão a brancos intolerantes. Merecem estudo minucioso essas devassas pois "projetam" – diz Araújo – "intensa luz sobre o conjunto dos exercícios que constituem a capoeiragem", dos quais talvez o principal fosse a chamada "cabeçada".

Devassa de 22 de abril de 1812 contra o soldado Felício Novais, do 2º Regimento, refere ter o mesmo dado "uma cabeçada no inglez Guilherme Lodgat"[67] que parece ter deixado o *mister* espapaçado. Tratava-se de um capoeira ainda ortodoxo – dos que não se serviam, em combate, de navalha ou de faca, mas da cabeça, dos pés e das mãos. Destes parece que o maior foi, ainda no século XVIII – nos dias do marquês de Lavradio – o tenente de milícias João Moreira, por alcunha o "Amotinado", que, jogando perfeitamente a espada, a faca e o pau, dava preferência à cabeçada e aos golpes com os pés.[68] Sinal de que algumas milícias coloniais, na segunda metade do século XVIII, seguiram, com relação aos exercícios de capoeiragem, política ainda mais avançada que a dos capitães-generais com relação às danças de negros e aos batuques: a política não só de tolerá-los como de absorver-lhes valores e técnicas, no interesse da comunidade. À causa da segurança pública só podia ser útil a presença, entre oficiais das milícias, de homens de cor que fossem também campeões da capoeiragem. O caso, ao que parece, não só do tenente Moreira como do soldado Novais.

Se deles foram se queixando à polícia do Príncipe Regente, como de bailarinos incômodos, ingleses e franceses que não viam com bons olhos nem gelosias árabes capazes de esconder ladrões nem capoeiras peritos em cabeçadas e rabos de arraia, devem ter se arrependido de algumas das queixas. Pois – repita-se – a perseguição sistemática da polícia do Regente aos capoeiras dos rabos de arraia e das cabeçadas é que os perverteu em bailarinos ainda mais incômodos: bailarinos de navalha e de faca de ponta. Bailarinos que rindo, gingando, andando macio, deram para matar brancos – principalmente europeus – rasgando-lhes o ventre a navalha e a faca, quando outrora apenas os espapaçavam no chão com as terríveis cabeçadas, maltratando-os, é certo, e pondo-os fora de combate; mas sem os matar. Como nas lutas de *box* entre os ingleses.

Em 1821 já era diversa a situação no Rio de Janeiro: os ferimentos e as mortes estavam se tornando numerosos na cidade; e muitas delas praticadas por escravos negros e mulatos. De onde a representação dirigida ao ministro da guerra, a 26 de fevereiro do mesmo ano, pela Comissão Militar, no sentido de desenvolver a polícia ação mais vigorosa contra escravos e negros desabusados, "visto que pela falta de castigos de açoites, unicos que os atemorisa e aterra, se estão perpetrando mortes e ferimentos como tem acontecido ha poucos dias, que se tem feito seis mortes pelos referidos capoeiras e muitos ferimentos de facadas...". À Comissão Militar parecia faltar "energia" ao então intendente de Polícia. Ou isto ou não estava ele "bem ao alcance das perigosas consequencias que se devem esperar de tratar por meios de brandura aquella qualidade de individuos...". Pelo que a mesma comissão recomendava a S. A. R., por intermédio do seu ministro da Guerra, que, em vez de prender os escravos desordeiros, como se eles fossem sensíveis à pena de prisão, como os brancos – e dessas prisões resultava "damno a seos senhores" que eram "obrigados a pagar as despezas da cadeia" – a polícia submetesse sempre os pretos apanhados em desordem, ou "com alguma faca" ou "instrumento suspeitoso", a castigos de açoites que pudessem concorrer para a "emenda dos negros".[69]

Desde 8 de dezembro de 1823 que uma portaria de Clemente Ferreira França[70] mandava que o brigadeiro-chefe do corpo de polícia da capital do Império fizesse reforçar as patrulhas nos largos e açougues de sorte a evitar o ajuntamento de negros capoeiras. E desde 1821 que um edital – de 26 de novembro – mandava que os açougues e tavernas se fechassem às dez horas da noite,[71] a fim de evitar iguais ajuntamentos. Em 1825, outro edital, este do intendente-geral da polícia da Corte do Brasil, Francisco Alberto Teixeira do Aragão, declarava que os escravos poderiam ser apalpados a qualquer hora do dia ou da noite, desde que lhes era proibido, sob pena de açoites, o uso de qualquer arma: "não só o uso de qualquer arma de defeza como trazerem paos". Era também proibido ao escravo – não só a eles como a todo negro ou homem de cor – estar parado nas esquinas "sem motivos manifestos" e até "dar assobios ou outro qualquer signal".[72] Atingia-se o moleque em algumas das liberdades mais características de sua condição de moleque: a de parar nas esquinas e a de dar assobios, por exemplo.

Entretanto esses negros, esses escravos, esses capoeiras, esses moleques, contidos e até reprimidos nas suas expansões de vigor viril e de combatividade de moços e de adolescentes como se todos os seus exercícios físicos, todos os seus passos de dança, todos os seus cantos em louvor de Ogum, todos os seus assobios fossem crime ou vergonha para a Colônia ou para o Império, é que conteriam as turbulências e reprimiam a revolta de mercenários irlandeses e alemães quando esses europeus armados, soldados prediletos de Pedro I – como eles, europeu – sublevaram-se em 1828. Primeiro – na manhã de 9 de junho – alemães, aquartelados em São Cristóvão, depois de lançarem fogo aos quartéis, precipitaram-se nas ruas como uns demônios ruivos, saqueando tavernas e maltratando quanta gente pacífica e desarmada foram encontrando. Depois, fizeram o mesmo os alemães da Praia Vermelha. Estes, tendo assassinado o major Benedito Teola, que tentara contê-los, saíram em confusão pelas ruas assaltando casas, bebendo e roubando. Dois dias depois, aos alemães procuraram juntar-se os irlandeses aquartelados no Campo de Santana. Antes, porém, que esses novos amotinados saíssem dos quartéis, foram cercados por forças milicianas que lhes cortaram comunicações com as ruas. E quanto aos soldados irlandeses que se achavam de guarda a edifícios ou estabelecimentos públicos, estes, ao tratarem de reunir-se aos seus companheiros sublevados, foram "atacados por pretos denominados capoeiras" que com eles travaram "combates mortíferos". Pormenoriza o historiador Pereira da Silva que, embora "armados com espingardas" não puderam os irlandeses resistir aos capoeiras; e vencidos por "pedra", "pau", e "força de braços" caíram os estrangeiros pelas ruas e praças públicas, feridos grande parte e bastantes sem vida".[73]

Se é certo que só com o auxílio de tripulações de navios de guerra ingleses e franceses surtos no porto – marinheiros que foram empregados em guardar os arsenais e estabelecimentos públicos – e de "cidadãos importantes", capazes de reunir "paisanos" dispostos à luta, pôde o governo subjugar a revolta dos mercenários alemães e irlandeses, trazidos da Europa ou aqui reunidos pelo primeiro imperador para constituírem sua guarda de confiança contra as turbulências tanto dos mestiços ou dos "natos" como dos "portugueses exaltados",[74] é também verdade que, contra muitos dos amotinados agiram, de modo fulminante, "pretos denominados capoeiras" que não eram outros senão os negros mais viris e os moleques mais sacudidos, cansados do rame-rame de carregar palanquins, fardos, pedras, madeira, água, barris de excremento dos brancos. Cansados de servir de bestas de carga, de bois de carroça e de cavalos de carro aos brancos sem que lhes fosse permitido descarregar sua melhor energia de homens e de adolescentes vibrantes em jogos, exercícios físicos, danças, cantos e batuques do seu gosto ou da sua devoção de africanos e de filhos de africanos.

Não, porém, que esses negros e esses pardos fossem por natureza anárquicos ou sanguinários, como ainda hoje acreditam os intérpretes mais superficiais de insurreições como a "dos alfaiates", no século XVIII e a dos Malês, no século XIX, na Bahia. Ou das insurreições de quilombolas. Ou das revoltas ou motins de gente de cor como os de 1823 no Recife.[75] Ou das façanhas de capoeiras aí e no Rio de Janeiro.

O que negros e pardos moços fizeram, explodindo algumas vezes em desordeiros, foi dar alívio a energias normais em homens ou adolescentes vigorosos que a gente dominante nem sempre soube deixar que se exprimissem por meios menos violentos que a fuga para os quilombos, o assassinato de feitores brancos, a insurreição: o batuque, o samba, a capoeiragem, o assobio, o culto de Ogum, a prática da religião de Maomé. A estupidez da repressão é que principalmente perverteu batuques em baixa feitiçaria, o culto de Ogum, em grosseiro arremedo de maçonaria, com sinais e assobios misteriosos, o islamismo, em inimigo de morte da religião dos senhores cristãos das casas-grandes e dos sobrados, a capoeiragem, em atividade criminosa e sanguinária, o samba, em dança imundamente plebeia. É curioso observar-se hoje – largos anos depois dos dias de repressão mais violenta a tais africanismos – que os descendentes dos bailarinos da navalha e da faca como que se vêm sublimado nos bailarinos da bola, isto é, da bola de *foot-ball*, do tipo dos nossos jogadores mais dionisíacos como o preto Leônidas; os passos do samba se arredondando na dança antes baiana que africana, dançada pela artista Cármen Miranda sob os aplausos de requintadas plateias internacionais; as sobrevivências do culto de Ogum e do culto de Alá dissolvendo-se em práticas marginalmente católico-romanas como a lavagem da igreja de Nosso Senhor do Bonfim – na Bahia, há pouco transferida para uma das igrejas do Rio de Janeiro.

É que até em negros rebeldes estava quase sempre presente, no Brasil patriarcal e escravocrático, o desejo de serem guiados e protegidos paternalmente por brancos ou senhores poderosos. Quando os brancos fracassavam como pais sociais de seus escravos negros para os tratarem como simples animais de almanjarra, de eito ou de tração ou simples "máquinas" de ganho, de produção ou de trabalho, é que muitos dos negros os renegavam. Queriam ser homens bem tratados – mesmo sob a forma de escravos; e não animais nem máquinas. Por sua vez, senhores da terra, de ideias mais adiantadas como o visconde de Prados, era o que alegavam contra a importação de *coolies* como substitutos de escravos da África: que os *coolies* tendiam a ser simples "máquinas animais". Com o que se mostrou de acordo Joaquim Nabuco no seu discurso na Câmara dos Deputados de 1º de setembro de 1879.

Diz-se da chamada "conspiração de alfaiates" na Bahia, que quase converteu a velha capitania, outrora sede de vicerreis, numa "república à feição da de Haiti",[76] intenção também dos negros e pardos que, em 1823, espalharam-se triunfalmente pelas ruas do Recife, gritando contra os "caiados", isto é, os brancos, que os oprimiam, e dizendo-se imitadores de Cristóvão.[77] Entretanto, por um ofício dos conspiradores ao governador daquela capitania, parece que era desejo dos baianos – "quase todos homens de cor, escravos e libertos" – conservar no governo da Bahia D. Fernando José de Portugal sob a forma, ou com o título, de "Presidente do Supremo Tribunal da Democracia Bahinense". Presidente eleito pela comunidade; e não governador imposto por um rei distante. Do que os moços conspiradores – um dos quais, Manuel de Santos Lira, parece que tinha, já homem, rosto de menino de dezessete anos, pois foi aconselhado pelos advogados a dizer-se menor[78] – estavam impregnados era de um republicanismo vagamente à francesa; mas um republicanismo que em vez de se extremar em guerra a todos os brancos ou a todos os senhores, se conciliava com o sistema patriarcal, dominante no Brasil, a ponto de não se desprender do respeito dos escravos e dos ex-escravos por aqueles senhores que tratavam paternalmente a gente de cor e de trabalho.

Não é de admirar que semelhante fato – tentativa de síntese em vez de explosão crua de antítese – se passasse no Brasil dos fins do século XVIII – onde a escravidão parece ter sido desde o século XVI mais benigna para o escravo do que na América inglesa – quando, no sul dos Estados Unidos, nos princípios do século XIX, haveria quem considerasse o sistema patriarcal, "tal como existe em alguns domínios e colônias na América e nos Estados Unidos sob o nome de escravidão [...] sistema cooperativo de sociedade". É a tese que defende "um morador de Flórida" ("*an inhabitant of Florida*"), em opúsculo, hoje raro, publicado particularmente pelo autor em 1829 sob o título *Treatise of the patriarchal or cooperative system of society*. Parecia-lhe o sistema escravocrático, quando patriarcal, não só necessário como vantajoso para senhores e escravos, sempre que soubessem se entender e se completar; e capaz de permitir a participação dos escravos nos rendimentos do seu próprio trabalho, excetuados os que se derivassem do produto capital: no caso, dos escravos considerados particularmente pelo autor do curioso tratado, o algodão das fazendas ou plantações do sul dos Estados Unidos.

Da intuição de ser o sistema patriarcal, a seu modo cooperativo, talvez resultasse o fato, frequente no Brasil, dos escravos furtarem livremente dos senhores coisas miúdas, explicando: "furtar de senhor não é furtar".[79] Era como o filho que furtasse do pai. Como da mesma intuição parece que se derivava o costume de negros fugidos de senhor que consideravam mau irem se apadrinhar com senhores de quem esperavam tratamento paternal. Ainda hoje se encontram descendentes de negros no Brasil que dizem não saber se conservarem em casa onde não haja senhor ou senhora velha, a quem tomarem toda santa noite a bênção, como filhos a pais. E as místicas recorrentes entre nós em torno de políticos consagrados como "pais da pobreza", "pais dos pobres", "pais dos humildes", correspondem evidentemente a essa predisposição remota.

Dos revolucionários de 1798, na Bahia, é possível que alguns pensassem de modo semelhante ao do economista ou sociólogo de Flórida; e julgassem realizável o sonho de uma república, a seu modo cooperativa e, ao mesmo tempo, patriarcal, em que brancos ou senhores, estimados filialmente por escravos e ex-escravos, continuassem a desempenhar funções tutelares, por eleição ou desejo da população politicamente livre mas patriarcalmente configurada em sua estrutura social.

São várias as evidências de que o escravo africano ou descendente de africano, no Brasil, sempre que tratado paternalmente por senhor cuja superioridade social e de cultura ele reconhecesse, foi indivíduo mais ou menos conformado com seu *status*. Raras parecem ter sido as exceções. O negro com quem Saint-Hilaire conversou em Minas Gerais, e que confessou ao francês estar satisfeito com sua vida de escravo,[80] parece que deve ser considerado limpidamente representativo ou típico dos escravos da sua época, isto é, dos tratados paternalmente pelos senhores. Dos tratados como pessoas e não como animais ou como máquinas de produção.

E Koster parece ter inteira razão ao observar que, ao contrário dos indivíduos que faziam da acumulação de riquezas seu fim principal na vida, os brasileiros já antigos no Brasil e na posse de terras e de negros, mostravam-se livres daqueles "*avaricious spirit that works a man or a brute animal until it is unfit for farther service, without any regard to the well-being of the creature, which is thus treated as mere machine, as if it was formed of wood or iron...*".[81] Havia certamente senhores que só enxergavam nos escravos máquinas como que feitas de madeira ou de ferro; mas havia também os que consideravam seus negros pessoas e não máquinas nem apenas animais de trabalho. E estes senhores foram talvez o maior número.

À despersonalização das relações entre senhores e escravos é que principalmente se deve atribuir a insatisfação da maioria de africanos ou descendentes de africanos, no Brasil, com o seu estado de escravos ou de servos. E essa despersonalização, tendo se verificado desde que aqui se expandiram os primeiros engenhos em grandes fábricas, com centenas e não apenas dezenas de operários-escravos a seu serviço, acentuou-se com a exploração das minas e, já no século XIX, com as frequentes vendas de escravos, da Bahia e do Nordeste para o Sul, ou para o extremo Norte; para cafezais e plantações de caucho, exploradas às vezes por senhores ausentes ou por homens ávidos de fortuna rápida; e nem sempre por senhores do antigo feitio patriarcal. Já habituados, como pessoas e até crias de casa-grande, ao sistema de convivência patriarcal dos engenhos de açúcar, os negros assim vendidos a estranhos que não sabiam tratá-los senão como animais ou máquinas foram se sentindo diminuídos à condição de bichos ou de coisas imundas, pelas vendas humilhantes; e no meio novo é natural que, como outros adventícios – como os próprios africanos recém-chegados ao Brasil,[82] como os mesmos europeus ainda mal aclimados ao meio brasileiro, como os brasileiros brancos ou quase brancos do Norte, de espírito mais aventureiro, nos seus primeiros anos de residentes em províncias do Sul – se comportassem como indivíduos desenraizados do meio nativo; e como todos os desenraizados, mais fáceis de resvalar no crime, no roubo, na revolta, na insubordinação, do que os indivíduos conservados no próprio ambiente onde nasceram e se criaram. Daí, talvez, as frequentes insubordinações de negros importados do Norte, na província de São Paulo, onde muitas vezes sentiam-se antes transformados em animais ou máquinas do que tratados como pessoas. Daí, também, o fato de quase sempre terem sido os escravos revoltados contra seus senhores, no Norte, negros da África – principalmente os de áreas tocadas pela influência maometana – e não crioulos ou "brasileiros".

Quando esteve no Rio de Janeiro – já depois de cessada a importação legal de escravos africanos para o nosso País – o francês Charles Wiener espantou-se das muitas vendas e compras de homens: vendia-se ou comprava-se um homem como se vendia ou se comprava um animal: cavalo ou carneiro, boi ou cão.[83] É claro que quanto mais frequentes fossem essas vendas e essas compras de escravos, muitos deles já crioulos e todos diminuídos igualmente à condição de animais, mais difícil seria conservar-se o sistema de relações entre senhores e escravos como um sistema de relações entre pessoas. Era demorando em uma casa, em uma fazenda ou em uma estância, afeiçoando-se a uma família ou a um senhor, que o escravo se fazia gente de casa, pessoa da família, membro da "cooperativa patriarcal" de que falava o "morador de Flórida". E não sendo facilmente vendido ou trocado como coisa, como animal, como simples objeto de comércio ou de lucro: o caso de muito escravo em Salvador, nas mãos de comerciantes de sobrado incapazes de praticar o patriarcalismo das velhas casas-grandes mais enraizadas na terra. Comerciantes que frequentemente aparecem na *Idade d'Ouro do Brazil* trocando escravos por "carne secca vinda de Montevideo" (12 de outubro de 1822) ou por "cebo vindo de Porto Alegre" (3 de dezembro de 1822) ou por "coral fino" (20 de dezembro de 1822).

A observadores mais argutos do que Wiener o que deve ter principalmente espantado no Brasil da segunda metade do século XIX é que os escravos fizessem ainda, como pessoas ou como animais, as vezes não tanto de cavalos e de bois, já meio arcaicos para várias das funções que exerciam entre nós, quanto de máquinas, de que o Império patriarcal e escravocrático continuava a não tomar conhecimento. Na primeira metade do século, Walsh já se admirava do pouco uso da máquina e do próprio animal entre nós – país onde tudo era o braço escravo que fazia: notando, porém, que da parte de numerosos brasileiros a atitude era de avidez pelo conhecimento ou pela posse de inventos mecânicos já utilizados na Europa ocidental e aos quais atribuíam a superioridade dos europeus do Norte sobre os demais.[84]

Por outro lado, muitos eram os que, estando em situação econômica de possuir máquinas nas suas fazendas ou engenhos, superiores às rudes caranguejolas de que se serviam para moer mandioca, café, cana, e nos seus sobrados, moinhos domésticos em vez de rudes pilões, contentavam-se com essas simples caranguejolas e esses rudes pilões. Contanto que não lhes faltassem negros e bois. Principalmente negros. Os próprios cavalos eram antes para a sua ostentação ou decoração social que para seu uso. Os bois apenas para auxiliarem os negros.

Mawe, na propriedade do capitão Ferreira, em Morro Queimado, no Rio de Janeiro, ficou surpreendido com as instalações arcaicas: engenho e destilaria. Disse o inglês ao capitão, ao ver as fornalhas da destilaria, que não podiam ser piores. Ao que o capitão respondeu que na região não se conheciam melhores.⁸⁵ A verdade é que, segundo pôde observar o inglês, os senhores brancos do tipo do capitão Ferreira deixavam quanto era serviço mecânico nos seus estabelecimentos ao cuidado de negros, de escravos. Nada sabiam do funcionamento das máquinas. Quando Mawe procurou convencer o capataz da destilaria, que era um negro, de que estava-se gastando inutilmente imensa quantidade de combustível e que era possível corrigir o gosto desagradável da aguardente que Morro Queimado produzia, o negro riu, certo de que tendo aprendido a fabricar cachaça com velho fabricante, não havia processo melhor de produzi-la; e indiferente ao problema de desperdício ou de economia de combustível. Concluiu o inglês que sendo os proprietários indiferentes a melhoramentos mecânicos nos seus estabelecimentos e nas suas casas e tudo deixando à direção ou ao critério de homens de cor, escravos ou servos que se contraíam de quanto fosse aumento temporário de trabalho, não era possível que o Brasil saísse da rotina.⁸⁶ E a rotina pode-se generalizar que era a do mínimo de máquina e a do máximo de trabalho escravo, apenas auxiliado pela energia do boi ou pela energia da mula.

Era uma aversão, a dos proprietários de engenhos e de estâncias, de granjas e de fazendas – mesmo os residentes de sobrados ou casas assobradadas – pelos aperfeiçoamentos de técnica de produção, nos seus estabelecimentos ou nas suas casas, comum aos brasileiros de tipo ou classe senhoril. *"This aversion to improvement I have often observed among the inhabitants of Brazil"*, notou Mawe, atribuindo o fato à dependência do negro ou do escravo em que se encontrava a inteira organização industrial e não apenas a agrária do País: o fabrico de tijolo como o de açúcar, o fabrico de sabão como a exploração das minas.⁸⁷ E ao negro, quando escravo, não interessavam, de ordinário, melhoramentos mecânicos que ele supunha virem aumentar-lhe se não o trabalho, as preocupações e as responsabilidades. Igual observação fez alguns anos depois Walsh no interior do Império, a propósito da máquina de moer milho que encontrou numa fazenda: máquina arcaica e ineficiente que desperdiçava água. E não hesitou no diagnóstico: "[...] *it is one of the effects of slavery*".⁸⁸

De onde ter sido, ao que parece, depois do técnico ou do artesão estrangeiro, o negro livre, o pardo ou o mulato de cidade, o elemento que com mais entusiasmo concorreu para a mecanização do trabalho entre nós. E isto por enxergar ele no seu domínio sobre a máquina meio de se elevar socialmente; de melhorar de *status*, aproximando-se da situação social do técnico ou do mecânico estrangeiro e tornando-se necessário aos brancos da terra pelo conhecimento daquelas ingresias em que senhores e escravos evitaram aprofundar-se, temendo que elas viessem quebrar sua rotina de vida e de trabalho; seu sistema de relações patriarcais.

Walsh notou em Minas Gerais que a introdução de número considerável de estrangeiros, isto é, de ingleses, como técnicos e operários de mineração, em um país em que a preponderância de gente preta se tornara, segundo ele, "alarmante", era acontecimento de importância; e essa importância tendia a crescer com o aumento da população adventícia. Pois os instrumentos aperfeiçoados de toda espécie que esses brancos traziam, as máquinas que punham em movimento, sua extrema habilidade manual como maquinistas, a redução de trabalho que realizavam as máquinas por eles dirigidas, eram "lições do maior valor para os nativos".[89] Já observara o padre inglês que no próprio interior no Brasil – e não apenas nas cidades – havia muito quem acreditasse em processos sumários e até mágicos pelos quais os ingleses conseguiriam descobrir no País tesouros que os brasileiros eram incapazes de encontrar. Isto porque as máquinas inglesas supunham eles que iam ao extremo de transferir rios das planícies para as montanhas e "outras maravilhas de igual caráter miraculoso".[90]

Aliás, já Mawe, em Minas Gerais, surpreendido com "a apatia dos habitantes", pensara nas vantagens que haveria em introduzirem-se entre eles métodos ingleses de cuidar da terra e dos animais. O exemplo de uma única fazenda à inglesa supunha Mawe que muito poderia fazer no sentido de despertar gente tão apática, do seu marasmo.[91] O mesmo ele pensara ao atravessar Santa Catarina: terra capaz de se tornar "perfeito paraíso" nas mãos de ingleses.[92] E em Curitiba, o que mais o impressionara fora ver uma região capaz de produzir trigo do melhor, acompanhar as terras do Norte na cultura da mandioca, alimento inferior ao trigo. O que atribuiu ao fato do trigo exigir do produtor uma série de preparações mecânicas, inclusive moinhos e fornos; enquanto a mandioca, uma vez madura, podia ser convertida em farinha em meia hora e a farinha comida sem ter o seu fabrico exigido complicações de máquinas.[93] Outra vez, o horror ao trabalho mecanizado, à máquina, ao arado, ao moinho, sempre que era possível depender da simples técnica do indígena e do fácil braço do escravo para a produção de alimentos e de comodidades.

Com relação à mineração – atividade que em certas áreas conferia ao minerador, como em outras a plantação de açúcar, de café e de algodão ao senhor de engenho ou de fazenda, prestígio social superior ao que derivava um lavrador da simples cultura de cereais e de legumes chamada "agricultura comum" – notava-se também atraso técnico no Brasil dos primeiros anos do século XIX. Mawe presenteou o capitão Ferreira com o desenho de um aparelho de lavar cascalho, superior ao geralmente empregado na colônia.[94] E além de procurar ensinar à gente do interior métodos adiantados de fazer manteiga e fabricar queijo, a muitos roceiros impressionou com o estilo, para eles novo, da sela inglesa em que viajou pelo Brasil. Aliás é de Mawe a observação de que as selas inglesas para senhoras, introduzidas no distrito Diamantino, vinham resultando na substituição do hábito das mulheres da classe alta só saírem de casa para a missa, em cadeirinhas revestidas de cortinas e conduzidas por dois escravos, pelo saudável costume de passearem a cavalo.[95]

Referimo-nos já ao fato do negro e do mulato livres terem sido auxiliares poderosos de técnicos e mecânicos ingleses, franceses e de outros países da Europa, na obra de mecanização da técnica de produção e de transporte entre nós; e também na de saneamento dos sobrados ou das casas urbanas. E atribuímos o papel desempenhado por esses negros e mulatos livres na revolução técnica por que passou o nosso País desde os primeiros anos do século XIX à circunstância de oferecer o domínio da máquina a homens como os livres, de cor, que eram então a parte mais inquieta da população, oportunidades de se elevarem socialmente por meio do exercício de artes mecânicas diferentes das antigas. As antigas significavam trabalho inteira ou quase inteiramente manual: justamente o tipo ou espécie de trabalho degradado pela escravidão. As novas significavam o manejo de instrumentos e de aparelhos que vinham sendo revelados ao Brasil por brancos, por europeus, por homens livres, por *misters* cujas mãos de homens superiores aos portugueses dirigiam senhorilmente as máquinas e dominavam como novos São Jorges os cavalos a vapor.

Koster notou em Pernambuco – o Pernambuco ainda colonial mas já cheio de novidades inglesas e francesas que ele conheceu em duas viagens memoráveis, a primeira em 1809, a segunda em 1811 – que *"the major part the best mechanics"* – "a maior parte dos melhores mecânicos" – eram "mestiços": *"of mixed blood"*.⁹⁶ Destes, vários já eram decerto mecânicos do novo tipo, isto é, maquinistas, cujo número cresceu rapidamente naquela área, sabido, como é, que Pernambuco foi um dos primeiros pontos do Brasil onde se estabeleceram oficinas e fundições inglesas, com capatazes e numerosos operários europeus. Oficinas contemporâneas das que começaram a florescer junto às companhias de mineração em Minas Gerais e anteriores às do Rio Grande do Sul e de São Paulo. Esses técnicos e operários europeus, à medida que se foram valorizando socialmente pelo fato de sua capacidade técnica os engrandecer e até enobrecer aos olhos de brasileiros de cidades do interior e do litoral, para quem as máquinas se tornaram alguma coisa de sobrenatural, foram transmitindo seu conhecimento de máquinas, de aparelhos, de instrumentos, de inventos novos, de ingresias, enfim, a auxiliares negros e principalmente mestiços. Mestiços inteligentes e sôfregos de ascensão social. Isto ocorreu tanto em Minas Gerais como em Pernambuco, que foram talvez os dois principais focos da revolução ao mesmo tempo social e técnica ocorrida no Brasil nos primeiros decênios do século XIX, devido à introdução de máquinas industriais por ingleses.

Ocorreu também no Rio de Janeiro: outra área onde essa revolução se fez sentir poderosamente nos primeiros decênios do século passado, alterando estilos de vida e relações entre classes e raças, entre senhores e servos, entre homens e animais. É de Debret – que residiu então na capital do Brasil – a observação de que era o que ele chama a *"classe* mulâtre" que fornecia *"la majeure partie des ouvriers recherchés pour leur habilité"*.⁹⁷ Antecipou-se o francês a outros observadores na anotação do fato de que foram principalmente os brasileiros dessa *"classe* mulâtre" que com maior rapidez apreenderam de mecânicos europeus do novo tipo suas técnicas ou artes. Dos sapateiros franceses e alemães, por exemplo, os aprendizes de cor, no Rio de Janeiro, cedo assimilaram as novas técnicas, tornando-se rivais dos mestres: "[...] *rivaux de leurs maîtres"*.⁹⁸ De modistas ou costureiras francesas, mulheres de cor rapidamente adquiriram, como aprendizes, não só as técnicas como a graça de maneiras, tornando-se, depois de valorizadas técnica e socialmente por esse aprendizado, modistas e costureiras ilustres. Delas Debret pôde escrever que "*avec leur talent*", levavam dos *magasins* franceses para o interior das casas, "*l'imitation très bien singée des manières françaises, sous une mise recherchée et un extérieur très décent*".[99]

Note-se, ainda, que várias mulatas ou negras livres e até escravas valorizaram-se técnica e socialmente como amantes de técnicos, operários ou mascates europeus – para cujas fortunas, aliás, concorreram com seu trabalho – tornando-se algumas, depois da morte ou da ausência dos "amigos", conhecidas pelo fato de terem sido companheiras e aprendizes de mestres afamados em várias especialidades. A. Ferreira Moutinho refere-se aos europeus que, na cidade ainda pequena que era a capital de Mato Grosso no meado do século XIX, logo depois de instalados, "tratavam de namoricar as crioulas que lhes levavam pratos de comida em troco de muitos agrados e promessas de alforria"; e às quais abandonavam, depois de lhes explorarem o trabalho e a ternura, seguindo para a Europa com "meia dúzia de contos de réis" e "rindo das pobres negras".[100]

Mas nem todas as crioulas ou mulatas, casadas ou amigadas com estrangeiros, ficaram, por morte ou ausência deles, em situações de merecer pena ou piedade. Em estudo anterior,[101] já salientamos o fato de aparecerem nos anúncios de jornais da primeira metade do século XIX, figuras de viúvas de cozinheiros e pasteleiros europeus que se valiam dessa condição para se valorizarem como quituteiras requintadas. Tal o caso de Joana Francisca do Rosário – o nome sugere preta ou mulata – que aparece num jornal da época como "viúva do francês mestre Simão" e capaz de "preparar comida e mandar a qualquer casa estrangeira...".

Debret lembra que vários artesãos franceses, voltando à França, deram liberdade aos mais hábeis dos seus escravos assim como a negras encarregadas de trabalhos domésticos. E observa que "*formés avec plus de douceur et d'intelligence comme ouvriers et domestiques, ces nègres, à peine libres, étaient recherchés et assimilés aux blancs pour de salaire*".[102] Até senhoras de sobrados tornaram-se algumas mulatas, valorizadas por seus amantes e mestres europeus de ofício.

Se o manejo de novas máquinas e técnicas valorizava negros e mulatos aos quais eram as técnicas transmitidas por maquinistas e artesãos europeus, criava também para esses europeus situações de prestígio que lhes permitiram às vezes ligar-se com famílias da terra aristocratizadas pela condição de proprietárias de terras, de escravos ou de minas. Aristocratização que nem sempre coincidia com a pureza de sangue europeu embora fossem quase sempre, esses aristocratas, brancos, quase brancos ou tocados só de sangue indígena, do qual alguns até se orgulhavam.

Burton, já na segunda metade do século XIX, notaria que, em Minas Gerais, mecânicos e simples empregados de escritório das companhias inglesas de mineração ali estabelecidas desde os primeiros anos do mesmo século, gente de origem social modesta, vinham-se ligando, pelo casamento, com algumas das "primeiras famílias" da terra. O que o faria concluir que num Império democrático como o do Brasil todos os brancos eram iguais. A cor da pele formava, por si só, em presença de uma "raça inferior" ou de uma "casta servil", uma como aristocracia: a aristocracia dos brancos. E a essa aristocracia ou casta podia ter fácil acesso qualquer inglês, mesmo simples operário ou caixeiro de companhia de mineração.

É possível, porém, que, em alguns casos, os pais das moças de famílias importantes da terra, ou elas próprias, julgassem encontrar, em europeus alvos e louros como os mecânicos ingleses, que, afinal, não eram simples mecânicos de trabalharem com as mãos à maneira dos negros ou dos escravos, porém mecânicos finos, superiores, capazes de dirigir máquinas ou dar vida a instrumentos quase mágicos de criar riqueza, a necessária garantia contra o espantalho do filho *saltatrás*. O filho que pela cor escura revivesse o sangue africano de alguma negra ou mulata, bela ou rica, com quem se tivesse casado avô já remoto, branco pobre necessitado de fortuna ou português vencido pelo quindim de alguma Vênus fosca. Pois Minas Gerais era então província famosa pelo muito sangue africano que corria nas veias de parte considerável de sua população: resultado, talvez, da segregação em que vivera, durante o século XVIII, penetrada quase exclusivamente por europeus solteiros ou celibatários que se viam obrigados a se juntarem com mulheres de cor. Situação que no século XIX se repetiu em área parenta da mineira – a goiana – quando para ali começaram a afluir aventureiros europeus e bandeirantes em busca de ouro. "Todos os proprietários" – escreve dos novos mineiros, na sua

"Corografia", Cunha Matos – "eram brancos americanos ou europeus, celibatários e mui raras vezes entrou na província alguma mulher de sua cor [...]. Alguns celibatários tinham de portas a dentro escravas africanas ou índias, com quem reproduziram a sua espécie...". E embora os brancos se retirassem ricos, dentre os pardos que ficaram na terra e herdaram parte dos seus bens, vários foram se distinguindo e até adquirindo opulência.[103]

Por todo o interior do Brasil, e nas cidades pequenas, pareceu a Burton – na segunda metade do século XIX – ser fácil ao técnico ou ao operário europeu, *"whatever be his speciality or trick"*, fazer rápida carreira, já dificultada nas cidades grandes pela antipatia que nelas se vinha desenvolvendo contra os artífices e negociantes estrangeiros. É que, nas cidades grandes, considerável número de brasileiros natos, ou mulatos, já sabendo manejar máquinas ou ingresias, foram-se julgando com o direito de ser os únicos senhores das novidades técnicas. Não enxergavam nos técnicos estrangeiros capazes de competir com eles, ou superá-los no trato com as máquinas, senão intrusos. Eles, mestiços livres, deviam ser agora os únicos maquinistas mecânicos; os exclusivos senhores das oficinas; os São Jorges fuscos dos cavalos a vapor.

Se houve a princípio relutância da parte dos brasileiros pobres e livres – na maioria mestiços – em se empregarem nas oficinas e nos serviços mecânicos das primeiras companhias de estradas de ferro, fundadas no Brasil, não tardaram eles em se apaixonar por tal trabalho, que de mestiços se encheu tanto quanto o trabalho das minas e das fundições. Depois de anos de atividades no Brasil como superintendente de estrada de ferro, J. J. Aubertin salientava que era do que não se podia queixar: da falta de trabalhadores brasileiros, aos quais os serviços ferroviários vinham dando "sustento e independência".[104] Donde Burton ter reparado que a mineração e a estrada de ferro estavam criando no Brasil *"a race of skilled and practiced hands..."*.[105] Também uma nova camada de população: a de homens livres, na sua maioria mestiços, engrandecidos ou valorizados pelo fato de saberem dominar ou manejar máquinas ou motores, importados da Europa. Máquinas que substituíam o trabalho lento de animais e escravos, com um poder, uma velocidade e um rendimento a que não podiam chegar animais e escravos.

Esse novo tipo de homem e essa nova raça de mecânicos, não os criaram só a mineração e a estrada de ferro: também as fundições. E além das fundições, aquelas atividades industriais que, passando a servir-se de máquinas, precisaram também de valer-se de maquinistas, isto é, de mecânicos ou peritos de novo tipo.[106] Se estes foram a princípio só estrangeiros, não tardaram a ser, em grande parte, brasileiros, isto é, mestiços e negros livres, alguns dos quais tornaram-se peritos em difíceis especialidades; e a muitos essa perícia proporcionou a desejada ascensão social.

Se a princípio à aquisição da máquina europeia mais complicada era preciso que o produtor ou o industrial brasileiro juntasse a aquisição de maquinista, também europeu, que se encarregasse do aparelho misterioso, a essa fase de exclusividade europeia na revolução técnica sofrida pelo Brasil sucedeu-se o período da máquina europeia ou norte-americana manejada pelo mestiço ou pelo negro livre da terra. A balduína dominada pelo balduíno – nome que foi se generalizando entre a gente mestiça antes como homenagem à possante locomotiva anglo-saxônia do que em memória do herói nórdico.

Desde a primeira fase – a da máquina completada pelo maquinista estrangeiro, em geral inglês – que a revolução técnica causada pela presença de novas máquinas europeias nas cidades, nas minas e nas plantações do Brasil foi também uma revolução social, dado o valor novo representado pelo maquinista, pelo técnico, pelo mecânico do novo tipo; e dadas as novas relações entre o senhor de terras e o técnico ou o maquinista – homem livre – encarregado de lhe moer, por novo processo, a cana ou o milho; de lhe serrar a madeira; de lhe lavar o cascalho; de lhe fabricar o açúcar ou a aguardente. A figura do técnico ou do maquinista – primeiro estrangeiro, depois da terra ou mestiço – veio a ser, em muitos casos, a de um primeiro-ministro de monarquia não já absoluta mas limitada ou constitucional: primeiro-ministro que vinha diminuir a figura, outrora onipotente, do senhor de terras e, ao mesmo tempo, sultão de escravos. Escravos que se encarregavam do processo inteiro de produção e de transporte, inclusive da parte rudimentarmente mecânica da produção nos engenhos e nas minas.

Agora era diferente. A máquina vinha diminuir a importância tanto do escravo como do senhor. Tanto do proprietário branco como do servo preto. Vinha valorizar principalmente o mestiço, o mulato, o meio-sangue; e também o branco pobre, sem outra riqueza ou pobreza que a da sua técnica, necessária ou essencial aos proprietários de terras ou de fábricas e à comunidade. A máquina vinha concorrer para fazer de uma meia-raça uma classe média.

Lendo-se os anúncios de novas máquinas que desde os princípios do século XIX começam a aparecer nas gazetas ainda coloniais do Brasil, e surgem com maior insistência nos primeiros jornais do tempo do Império, quase não se tem ideia da revolução social, e não apenas técnica, que essas *réclames* anunciavam aos gritos. Nunca uma revolução se fez mais escandalosamente à vista de todo o mundo do que essa, no Brasil da primeira metade do século XIX. São jornais, os dos primeiros decênios do século XIX, cujos anúncios fazem tremer nas bases todo o sistema escravocrático e patriarcal, dominante na colônia e depois no Império. Pois a vitória da máquina seria a ruína desse sistema baseado quase exclusivamente no trabalho do escravo e subsidiariamente na energia do animal, com a máquina desempenhando papel não só secundário como insignificante.

A verdade é que quem abrisse com olhos de homem e mesmo de adolescente a *Gazeta do Rio de Janeiro*, do tempo de D. João, era o que encontrava de mais fascinante entre os anúncios: anúncios de máquinas – além dos de carruagens, das quais, como de várias máquinas, se destacava a virtude da velocidade ou da ligeireza ligada à da resistência; de instrumentos de cirurgia e de marcenaria; de fornos; de caldeiras; de arados. Se nos primeiros anos de sua existência, a *Gazeta* trouxe principalmente anúncios de louças e fazendas, de manteiga e de conservas, na sua segunda fase tomaram relevo *as réclames* de máquinas e pianos-fortes. As próprias carruagens foram se distanciando, em estrutura e forma de palanquins e liteiras para se tornarem, cada dia mais "trens", "máquinas", obras de mecânica ou de engenharia que ao conforto e às vezes ao luxo dos forros de veludo e das lanternas de prata juntavam a capacidade de rodarem com extrema velocidade pelas ruas e pelas estradas.

O gosto pela velocidade apoderou-se de não raros brasileiros como um demônio, fazendo de alguns quase uns endemoniados. De onde o acontecimento que foi, no Rio de Janeiro ainda pacatamente colonial do tempo de S.S. A.A. R.R. a experiência do barão Charles de Drais com sua máquina "denominada Draiscene, ou Velocípede". A experiência se fez perante as referidas S.S. A.A. R.R., na Real Quinta da Boa Vista e segundo notícia no *Diário do Rio de Janeiro* "teve o referido barão, depois de a [a máquina] ter feito trabalhar, a honroza satisfação de merecer de S.S. A.A. R.R. elogios pela sua acertada e útil invenção". Segundo o mesmo *Diário* a nova máquina assemelhava-se a um cavalo: "seu feitio he semelhante ao de hum cavallo de pao, fixo sobre duas rodas, que são movidas pelos pés, do cavalheiro"... "Quando os caminhos se achão seccos em planicie, ella anda quasi quatro legoas por hora, que iguala a hum cavallo a galope. Em descida, ella excede á carreira de hum cavallo a toda a brida."[107]

O encanto dos brasileiros das cidades dos primeiros anos do século XIX – cidades ainda coloniais mas já escancaradas às novidades técnicas da Europa – era pelas máquinas capazes de extremos de velocidade ou de força; mas o ponto de referência, tanto para a força como para a velocidade das mesmas máquinas, seria ainda por muito tempo o cavalo: "[...] hum cavallo a galope", "hum cavallo a toda a brida...". Ainda durante anos as carruagens combinariam, nas ruas das cidades brasileiras e nas estradas das áreas rurais mais adiantadas do Império, a condição de máquinas com o fato de dependerem de escravos e de animais para o seu funcionamento. Como, porém, a carruagem ligeira, do tipo inglês, foi invenção que chegou ao Brasil de repente, com ela se deslumbraram muitos brasileiros como meninos com um brinquedo novo; e desse deslumbramento resultou muito abuso ou excesso. O Rio de Janeiro cedo se tornou cidade famosa pelo excesso de velocidade com que os carros novos rodavam pelas ruas, com os cavalos a galope ou mesmo a toda a brida e os trens aos solavancos, a despeito das molas que os adoçavam. Exibicionismo ou arrivismo, talvez, da parte de senhores, habituados a traquitanas ou a palanquins morosos e de repente donos de carruagens capazes de os proclamarem superiores por mais esta condição: a de rodarem velozmente por entre plebeus vagarosamente a pé. E da parte dos escravos ou dos negros elevados à situação de boleeiros e coroados de cartola, como os doutores, houve talvez o abuso da oportunidade de se encontrarem com extraordinário poder nas mãos: o poder representado pelas rédeas, pelo chicote, pela cartola, pela altura da boleia nas carruagens majestosas. Quase uns tronos para esses capoeiras de um novo tipo.

Na hierarquia dos escravos, os boleeiros ou cocheiros passaram a ocupar um dos primeiros lugares. E dessa primazia, muitos abusaram, tornando-se insolentes para com os peões ou os pedestres. Outros, excedendo-se na velocidade. Mais de um europeu dos que estiveram no Brasil na primeira metade do século XIX deixou registrado o seu espanto ante a velocidade extraordinária com que os carros rodavam pelas ruas do Rio de Janeiro. Um desses europeus foi Radiguet. É dele a expressão *"vitesse extraordinaire"* para caraterizar o excesso de velocidade dos carros, que, de repente, tornou perigosas as ruas do Rio de Janeiro.[108] Tanto mais perigosas quanto não eram raros os boleeiros bêbados. "Quem tiver hum bolieiro que não seja bebado ou fujão, e o queira vender procure na rua Direita nº 90", diz significativamente um anúncio no *Diário do Rio de Janeiro* de 3 de janeiro de 1822. Dos boleeiros de carros de aluguel se sabe que alguns se tornaram famosos como alcoviteiros. Outros como tocadores de violão, do qual não se separavam. Grant registrou à página 146 da sua *History of Brazil:* "*It is very common to see black drivers of hackney carriages at Rio, in the intervals of employment, amusing themselves by playing on some musical instrument, most commonly a guitar*".

Outras novidades, além das carruagens de novo estilo e capazes de extrema velocidade, foram aparecendo nos anúncios dos jornais com um brilho demoníaco. Máquinas de toda espécie. Inclusive veículos que complexamente reuniam, na situação em que eram expostos à venda, os três elementos para o serviço dos senhores de sobrados: escravo, animal e máquina. Tal a carroça que reponta como um modernismo no mesmo *Diário*, edição de 4 de fevereiro de 1822: "huma carroça com a sua besta e hum preto muito habil para andar com a mesma." Vendiam-se os três juntos. Também vendiam-se cavalos só para carros: "...cavallos ensinados para carruagem", diz um anúncio no *Diário do Rio de Janeiro* de 26 de fevereiro de 1822. Escravos só para lidar com cavalos ou carros, embora às vezes fossem ainda copeiros: "bom copeiro para hum fidalgo assim como tambem para page de acompanhar de cavalleria e também entende de montar na bolleia", diz outro anúncio do mesmo *Diário* de 8 de março de 1822, "Hum moleção de boa figura [...] que sabe tratar de cavalgaduras e com muita inclinação para bolieiro", diz ainda outro anúncio, no *Diário do Rio de Janeiro* de 15 de março de 1825.

A 24 de janeiro de 1818, Pedro José Bernardes anunciava ter para vender, não carruagens ou carroças mas "hum alambique chegado proximamente de Londres" – máquina que exigia escravos hábeis para a dirigirem. Já era aparelho conhecido no Brasil "onde se encontram vários da mesma invenção que se tornam em grande proveito e utilidade dos senhores de engenhos, pelas suas boas qualidades". Quem o pretendesse, procurasse Benardes "a caza de sua residencia, rua dos Pescadores nº 9" onde poderia ver "a factura original, e a planta do dito alambique."

Da mesma época são vários outros anúncios característicos da revolução técnica que então se operou em nossa vida: anúncios de "caramujos, juras, afins e taixas para obras de *marcineiro*" vindas de Londres "do último gosto e muito moderno";[109] de "varios instrumentos de cirurgia", da mesma origem;[110] alguns até fabricados pelo "celebrado Weis, fabricante de instrumentos cirurgicos do Hospital Real de Greenwich";[111] de "ingenho [sic] de serrar de todas as grossuras e larguras com muita velocidade" e também "hum ingenho para engommar roupa com grande velocidade", vindos de Londres.[112] Várias dessas máquinas, para sobrados urbanos. O conde da Barca tinha em casa, no Rio de Janeiro, tornos ingleses e "huma maquina para moer trigo com duas moz e serrar madeira" e, ao mesmo tempo, "hum bom official de ferreiro", como consta do *Diário do Rio de Janeiro* de 15 de março de 1822.

A 21 de agosto de 1819 era João Gilmour que anunciava *pela Gazeta do Rio de Janeiro* terem-lhe chegado de Londres engenhos tanto "para manufacturas de assucar, distillações, como para qualquer outro effeito", além de ele próprio ter trazido consigo "dois engenhos completos, e de nova invenção, para moer cana, e tem armado hum no Trapiche da Ordem, aonde convida a todos os senhores interessados em engenharia para o examinar; e se offerece a tomar com exactidão qualquer encommenda de engenhos ou machinas, e transmittil-os á fabrica em *Londres*, para sua execução, afim de prevenir a ocurrencia de enganos e demoras, taes como succederão com algumas encommendas transmittidas á sua caza anteriormente." E a 8 de dezembro do mesmo ano de 1819 aparece na *Gazeta* "Thomaz Reid, inglez, que ha pouco tempo veio de Jamaica para reformar a moda das fornalhas para fazer assucar" dizendo-se pronto a "começar logo a reformal-os, para cosinhar com bagaço ou lenha posta por debaixo de huma caldeira para fazer todas as outras ferver". Os "particulares" interessados no assunto que se dirigissem "á caza de Ewing e Hudson, inglezes, nº 3, rua dos Pescadores".

Pela *Gazeta* de 1º de janeiro de 1820 é Ladislau do Espírito Santo quem anuncia ter para vender "hum excellente conductor para raios com todos os seus pertences [...] tudo de bronze"; e pela de 12 de julho, do mesmo ano, Costa Guimarães, da rua do Cano nº 13, "faz saber que tem os ferros seguintes, engenho para assucar, de differentes tamanhos, os mais completos e aperfeiçoados, tachos e caldeiras, portas para fornalhas de engenhos e alambiques, tachos de differentes tamanhos com tampas, grelhas e portas para fogões de cosinhas economicas no combustivel, e uteis á saude das cosinheiras, fornos de differentes tamanhos para assar com o mesmo fogo das cosinhas, aguilhões com piões, bronzes e mancaes para moendas de pao, rodas de ferro para carrinhos de mãos, fornos de ferro para torrar a farinha de mandioca e, mais que se offerecer, cosinha portatil economica de vapor que ao mesmo tempo serve para assar". Ainda no mesmo ano, na *Gazeta* de 5 de agosto, aparecem Jackson e Richardson anunciando ter recebido pelo navio *Regente*, vindo de Londres, "hum sortimento grande de sellins, freios, &C., com todos seus pertences tanto militares como outros", "lanternas para carruagens e arreios para hum e quatro animaes de huma elegancia superior", "oculos de alcance", "estojos de instrumentos mathematicos", "pentes", "navalhas". E a 11 de novembro de 1820 a *Gazeta* traz um anúncio em que aparecem "oculos de theatros" e "mappas geographicos". Artigos, na sua maioria, destinados a sobrados urbanos e à fidalguia das casas assobradadas das cidades, geralmente mais pronta que a das casas-grandes do interior em adotar da Europa burguesa fogões ingleses de cozinha, rodas de ferro para carros de mão, arreios elegantes, máquinas de moer trigo, milho, mandioca, e carroças e carruagens rápidas, que, dirigidas por escravos hábeis e servidas por animais ensinados, reduzissem nos mesmos sobrados e nas mesmas casas assobradadas o número de escravos necessários ao serviço patriarcal e o uso de pilões e borralhos rústicos.

A 15 de setembro de 1821 trazia o *Diário do Rio de Janeiro* anúncio de "huma pequena e simples machina respiratoria que serve de introduzir o banho de vapor no bofe quando esta entranha está doente...". É do mesmo jornal e da mesma época o anúncio de outra máquina sedutora: "Huma charrua [...] das mais modernas e aperfeiçoadas em Inglaterra, onde os instrumentos aratorios estão em grande perfeição...".[113] E mais este, significativo da atenção que se começava a dar às estradas em consequência do próprio desenvolvimento das carruagens em substituição às liteiras e aos animais de sela: "Huma machina para compor estradas" que, aliás, surge ao lado de outra, "de preparar o linho".[114]

Precisamente nessa época começou, entre nós, a haver quem se batesse pela rápida mecanização da nossa indústria e pela industrialização da nossa economia. Em "Falla dirigida ás senhoras" criticava um desses precursores o "depravado uso, em que estamos, de nos vestirmos do que fabricão os estrangeiros, a quem se dá o alimento que se nega ao artista nacional, enviando-se a remotos climas o numerario que, circulando dentro do Reino, o livraria do abismo da pobresa a que está reduzido". Contra o que as senhoras poderiam reagir "privando-se de usar de immensas cousas que lisongeão o appetite e que se não fazem ainda, ou se fabricão mal entre nós...".[115]

O mesmo sentimento moveu, na mesma época, Inácio Álvares Pinto de Almeida a tomar a iniciativa de uma exposição de máquinas que despertasse a gente do Rio de Janeiro para a importância de substituir-se o braço do escravo e a própria energia do animal, pela máquina, "em beneficio da Industria Nacional". É o que ele próprio declara pelo *Diário do Rio de Janeiro* de 15 de setembro de 1821: que "desejando ardentemente que a Industria Nacional deste Reino Unido se anime mais [...] abrio com permissão de S. M. huma subscripção annual com cujo producto se vão comprando machinas ou modellos que expostos ao publico possam ser vistas francamente, copiadas e empregadas em benefício da Industria Nacional deste Reino Unido em que infelizmente os braços dos escravos são quasi as unicas machinas conhecidas que se empregão, compradas a tanto custo e tão precarias, como pouco conformes aos princípios da humanidade christã...". Entre as máquinas a serem expostas anunciava "huma machina para joeirar grão sem dependencia de que o tempo seja bom" e "huma machina que ao mesmo tempo rala a mandioca, espreme e peneira a massa...".

A 13 de fevereiro de 1828, o *Jornal do Commercio* nos informa já existir no Rio de Janeiro um "moinho de vapor" onde se vendia "arroz" e "farellos de arroz", assim como "vergantas de pinho da Suecia e Riga de todas as bitolas". E à rua dos Pescadores vendiam-se, pela mesma época, "4 fornos de cobre feitos em Inglaterra, e dalli proximamente chegados, proprios para torrar farinha de mandioca, os quaes terão 1040 a 1050 lib."[116] Na rua dos Ourives, nº 84 achava-se então à venda, na "fabrica de rapé", "huma machina de nova invenção para descascar caffé [...] a mais util daquellas que até agora tem apparecido".[117] E na rua Direita nº 25, além de pianos novos "de huma e de duas frentes", "relogios de todos os tamanhos, alguns com tambor e triangulo com a maior parte das peças brazileiras", "orgãos de igreja", "selins de homem e de mulher", "freios", "faqueiros com facas e garfos cabo de marfim", "navalhas finas de barba", "thesouras, canivetes, oculos de Doeland, quadrante, cornetas de 7 chaves, frautas".[118]

A 14 de janeiro de 1830 o mesmo *Jornal do Commercio* anunciava: "Há huma nova machina, movendo 6 pilões, tendo cada mão 70 libras de pezo e levantando-as 4 palmos. As experiencias se fizerão por espaço de huma hora e 45 minutos, em que apromptou 5 alqueires de arroz...". Além de forte e veloz, a "nova machina" era econômica; e o seu custo, 510.000 Rs., verdadeiramente extraodinário numa época em que "tudo he tão caro como presentemente está nesta capital".

A 15 de fevereiro de 1830 era ainda o *Jornal do Commercio* que anunciava ter se aberto no Campo da Aclamação, lado da rua do Conde nº 105, "huma casa composta de trez fabricas", inclusive uma de "licores finos de diversas qualidades". Vinham esses licores competir com os feitos por freiras, nos conventos, e por iaiás de engenho, nas casas-grandes, de maracujá, de jenipapo e de outras frutas da terra. As outras duas fábricas eram, uma de refinação de açúcar, outra de "chocolates de varias qualidades": esta outra rival do fabrico caseiro, doméstico, patriarcal de doces e confeitos.

A 10 de março do mesmo ano, trazia o *Jornal* o anúncio de estar para vender à rua dos Pescadores nº 39 "hum excellente sortido de amarras e ancoras de ferro chegadas proximamente de Inglaterra...". E a 13 de março de 1830 prevenia-se ao público, pela seção de anúncios do mesmo diário, que "agora as machinas de *Carlos Bertran* para agricultura e industria achão-se augmentadas de huma nova machina mui recommendavel tambem pelos seus grandes effeitos...". Tratava-se de novo aparelho para "buscar em qualquer profundeza, o ouro, os outros metaes, pedras finas e agua" e "para tirar as raizes das mattas roçadas e alimpar as terras novas". Anúncios de particular interesse para os senhores de casas-grandes que não quisessem se deixar ultrapassar de todo pelos senhores de sobrados na substituição de escravos e de animais por máquinas revolucionárias e até mágicas.

A 15 de março do mesmo ano o *Jornal* anunciava que C. Cannel tinha para vender em sua casa "na rua detraz do Hospicio nº 3 [...] huma bomba com seus pertences para machina de vapor". Bombas de apagar incêndio já eram então conhecidas no Rio de Janeiro, para proteção dos sobrados nobres contra o fogo, embora a capital da Bahia, sempre mais retardada que a Corte e que o próprio Recife na adoção de novidades mecânicas, chegasse quase ao meado do século XIX sem "uma bomba sequer de incendio". Tendo havido ali grande incêndio na noite de 3 de novembro de 1848, a única bomba que apareceu no meio das "ruinas fumegantes" fora a das "corvetas francesas surtas no porto". Contra o que bradou o *Correio Mercantil* em artigo de que o *Jornal do Commercio*, da Corte, de 13 de novembro de 1848, destacou alguns trechos: "É miseria ainda maior no arsenal de marinha não haver machados e se andar a pedir pelas portas algum por empréstimo!".

Em Pernambuco, sabe-se que, dentre as novidades técnicas introduzidas por europeus desde os primeiros decênios do século XIX e que foram importando na substituição de escravos e animais por máquinas, carros ou aparelhos, destacou-se o aparelho do francês Cambronne. Chamava-se ele Charles Louis Cambronne e era engenheiro.[119] Também ônibus – inovação inglesa – embora não *cabs*, do tipo dos que foram, ainda na primeira metade do século XIX, introduzidos na Corte pelo Sr. Guilherme Suckow sob o nome de "cabs imperiaes" "com cocheiro na frente", segundo refere notícia no *Jornal do Commercio* de 14 de dezembro de 1849.

Enquanto em 1828 – ano típico da revolução técnica, social e não apenas comercial ou econômica por que vinha passando o Brasil desde 1808 – exportávamos principalmente aguardente de cana ou cachaça, algodão de Minas Novas e de Minas Gerais, anil, arroz de Santos e da terra, açúcar de Campos, de Santos e da terra, cabelo de cavalo, café, carne, cabo, chifres do Rio Grande, couros, graxa do Rio Grande, jacarandá, ipecacuanha, sola, tabaco Maependim, tabaco Piedade, tapioca, tabagiba,[120] importávamos largamente aço, ferro, cobre, chumbo em barras ou sob a forma de amarras, âncoras, arame, arreios de carro ou de cavalo, carruagens, instrumentos de cirurgia, chumbo de munição, fechaduras de porta, candeeiros, cobre para forro, folhas de flandres, pregos, arame, máquinas, caldeiras, fornos, relógios, fogões, carvão de pedra. Duros, negros e cinzentos artigos que o começo de substituição do escravo pelo animal, dos dois pelo colono europeu e pela máquina a vapor, dos palanquins e banguês do Oriente pelos carros velozes, de duas e de quatro rodas, do Ocidente, foram tornando essenciais à nossa economia, à nossa vida e à nossa cultura; ao novo ritmo se não de produção ou de trabalho, de existência ou de recreação que muitos adquiriram de repente dos europeus do Norte, exagerando-o como em geral os novos-ricos, os novos-poderosos ou os novos-cultos.

Não tardariam a nos chegar, inteiros ou em esqueletos, barcos a vapor. E no meado do século, trilhos de vias férreas, locomotivas, vagões. Viriam os canos: água encanada das fontes para as casas. Canos de esgotos das casas para o mar ou para os rios. Aparelhos sanitários como os "cambronnes" do engenheiro francês em Pernambuco. Canos de gás.

Era o desaparecimento do chafariz, da água carregada por escravo, do excremento conduzido por negro, das ruas iluminadas a azeite, quando não pelos particulares que se faziam preceder por escravos com lanternas ou tochas. Toda uma revolução técnica que assumiria aspectos de renovação não só da economia como da organização social e da cultura brasileira. Da própria paisagem. Principalmente na área dos sobrados e dos mucambos.

Na própria indústria do açúcar e na organização social e de cultura baseada sobre a mesma indústria e sobre a agricultura da cana – a área, por excelência, das casas-grandes assobradadas e de senzalas já ladrilhadas como a do Engenho Salgado em Pernambuco – foram consideráveis as alterações trazidas pela substituição das almanjarras pelas máquinas a vapor e da lenha pelo bagaço para aquecer as fornalhas, embora a velha indústria e a lavoura de cana procurassem conservar se quanto possível fechadas – como procuraremos indicar em ensaio próximo – às consequências sociais de tais alterações. Normalmente, sob condições de clima mais favoráveis aos brancos que as do norte do

Império, e dentro de leis de terra ou de propriedade menos favoráveis aos latifúndios quase feudais dos grandes senhores de terras, teriam as alterações técnicas importado em maior substituição de trabalhadores escravos por homens livres e até na introdução – que quase não se verificou na região açucareira – de colonos europeus, como técnicos e lavradores peritos.[121] E, ainda, na associação cooperativa de senhores de engenhos em torno dos novos engenhos – os depois chamados centrais – para aumento da quantidade e aperfeiçoamento da qualidade do produto e maior e melhor cultura de plantas de alimentação. Aperfeiçoamento por meio de aparelhos ou de máquinas que reduzissem ao mínimo o custo da fabricação do açúcar,[122] reduzindo o número de escravos e de animais a seu serviço.

"A introdução das máquinas" e "o estabelecimento de colonos", considerava-os Henrique Jorge Rebelo, em memória publicada em 1836, inseparáveis: os "alicerces sobre que o Brasil deve fundar seu novo edifício de prosperidade nacional."[123] Ao seu ver, do que principalmente se devia cuidar num país excessivamente preocupado com a importação de africanos para o trabalho escravo era de "mandar vir machinas para supprir a carencia de braços que soffre".[124] À mesma conclusão chegara, no fim do século XVIII, D. Fernando José de Portugal que, em carta de 28 de março de 1798, a D. Rodrigo de Sousa Coutinho, recomendava o uso, na Bahia, de bois e arados para cultivar as terras assim como a economia das lenhas nas fornalhas dos engenhos pelo método de "queimar as cannas já moidas como praticam os inglezes e francezes nas Antilhas".[125]

Pois "o proprietário que para seu trafico agricola necessita de 100 africanos, com a introducção de machinas poderá bem dispensar 60".[126] Mandando vir colonos alemães, suíços e de "outras nações civilisadas que os podem dispensar", "nossa civilisação" se engrandeceria, como já estava, aliás, se engrandecendo, no extremo Sul e em São Paulo. Nessa província – a de São Paulo – "a cultura da batata chamada vulgarmente ingleza" se elevara graças a colonos europeus, a "alto grao de perfeição", abastecendo a população paulista e exportando-se o excesso para Minas, Goiás e Rio de Janeiro.[127]

Mas não era só a consequência econômica dessa renovação de população que devia interessar ao novo Império. Rebelos e Calmons enxergavam a importância de consequências sociais e culturais da imigração de europeus de países tecnicamente adiantados, importância representada pelas novas técnicas de produção e de transporte que eles traziam para o Brasil. Por exemplo: os "carros sobre eichos que facilitão a conducção de muitas arrobas de mercancias differentes por meio de 2 bois, o que até então os nacionaes não faziam com 4 ou 6". Outro exemplo: o aperfeiçoamento no fabrico de carvão, elevado "a hum grao de apuro tal" que São Paulo, só com uma camada de bons imigrantes do Norte da Europa sobre sua velha população mameluca salpicada de sangue africano, passara a fornecer carvão ao trem militar, além de abastecer-se abundantemente do combustível.[128] E ainda outro: o fabrico de saboroso queijo e de boa manteiga que "por muitas vezes tem soccorrido o pais na falta da do extrangeiro que se importa".[129]

Iguais vantagens vinham sendo trazidas a outras áreas por europeus do norte da Europa, alguns do tipo que, no século XVII, político ou economista português enviado ao Brasil, para observar a situação da economia colonial, já classificava de "burguês": "... inglezes e francezes e quantos burguezes tem o Norte". É o que nos revela manuscrito da época.[130]

Denis refere-se à considerável população que ele denomina ocidental, isto é, de europeus de origem não ibérica que, nos princípios do século XIX, já se faziam sentir no meio brasileiro: franceses, ingleses, suíços, alemães, irlandeses, suecos, dinamarqueses, russos.[131] Nem todos, é certo, do tipo "burguês" e "industrial". Mas os de influência mais poderosa eram, com certeza, desse tipo; e a eles se deve a introdução, em nosso País, de numerosos valores industriais e técnicos "burgueses", ao lado do aburguesamento de maneiras e de hábitos da gente rica ou nobre dos sobrados e dos próprios senhores das casas-grandes mais em contato com as cidades. Em 1830, Denis já considerava um salão de casa elegante do Rio de Janeiro ou da Bahia bem pouco diferente de um salão de Paris.[132] E ele próprio julgava a imitação, pelos brasileiros, de modas inglesas, prejudicial à "manifestação e ao desenvolvimento das disposições naturais" de um povo "meridional",[133] indo ao extremo de regozijar-se, como, aliás, Debret e outros europeus da época cuja sensibilidade artística não se deixou dominar pelo interesse econômico de franceses ou ingleses imperiais em face de povos coloniais, com o fato de que continuava a haver, no Brasil, gente conservadora dos velhos hábitos: dos antigos alimentos, substituídos, entre os ricos (mais depressa aburguesados por imitações de europeus do Norte), pela comida francesa ou italiana; das antigas esteiras feitas por negros; das antigas redes de estilo indígena; dos antigos canapés forrados de pele de boi; de renda feita em casa pelas senhoras, como no século XVI; do modo de andar – "todo oriental", diz ele – das mulheres, que os mestres de dança francesa ainda não haviam conseguido alterar.

Não se pense que fosse unânime, entre os brasileiros esclarecidos da primeira metade do século XIX, a ideia de que convinha ao Brasil, por motivos não só econômicos como sociais, não só técnicos como culturais, ir substituindo o braço do escravo pelo dente da máquina, o cavalo de carne pelo cavalo chamado de ferro, o lavrador ou o operário de cor pelo branco ou louro. Na mesma época em que aparecia na Bahia a memória de Rebêlo, surgia no Rio de Janeiro a *Memoria sobre o commercio dos escravos em que se pretende mostrar que este trafico he para elles antes hum bem do que hum mal, escripta por XXX. Natural dos campos dos Goitacazes.* "Sem a escravatura, o que seria na America o seu commercio de exportação?", perguntava o escravocrata, autor da memória. Quem trabalharia nas minas? Na lavoura? Nas embarcações de cabotagem?[134] E ferindo o assunto que aqui nos interessa versar: "Geralmente se diz que a introducção das machinas no Brasil deve cerrar a precisão de maior numero de braços. Nos paizes manufactureiros, não duvido que as machinas diminuirão consideravelmente o numero dos trabalhadores; mas não acontece o mesmo nos paizes agricultores de assucar ou de café. Por exemplo, nas fabricas de assucar, as machinas que mais lhes convem são as de vapor ou agua, as quaes para fazermos hum serviço regular e correspondente a taes fabricas, exigem, pelo menos, duzentos trabalhadores; e qual será o proprietário que, no estado actual da população, possa ajustar duzentos jornaleiros para trabalharem em huma fabrica de assucar? No caso mesmo que fosse possivel achar tal numero, não os poderia ajustar por menos de 20$00 rs. mensais, o que produz huma somma de 48:000$000 annuaes. Supponhamos por hum momento que os podesse ajustar por metade: 24:000$000 junto ás mais despezas indispensaveis de huma destas fabricas, não deixarão de arruinar a mais rendosa e deixal-a desde o primeiro anno sem meios de poder continuar, e cahirá infallivelmente". Admitia o escravocrata a necessidade da introdução de colonos. Mas pela pura repercussão econômica do fato: "[...] afim de que tenhamos hum rapido augmento na nossa população, porque só assim poderão baixar de preço os jornaleiros e então serão empregados em nossas fabricas e lavouras ao menos em alguns serviços".[135] Não lhe ocorria a possibilidade de vários agricultores se agruparem em torno de engenhos centrais que a todos eles servissem com suas máquinas poderosas e sua economia de braços para o fabrico do açúcar. Nem a necessidade de, na lavoura, irem os agricultores da terra aprendendo com europeus do Norte métodos também mais econômicos de produção. Mais econômicos e menos perigosos para a saúde das populações.

Pois uma das descobertas mais importantes dos higienistas ou dos sanitaristas brasileiros da primeira metade do século XIX foi a de que "a destruição da vegetação dos mangues" e a "extensão das queimadas" estavam alterando alarmantemente as condições de vida humana no País. Na verdade, estavam alterando as condições de vida humana menos em torno das casas-grandes e das senzalas de fazendas ou engenhos que iam se deslocando para junto do mato virgem e abandonando como ruínas, terras violentamente desvirginadas, do que para as populações de cidades do interior mais próximas das plantações antigas ou abandonadas.

Essas devastações deviam ser, em grande parte, responsabilizadas por epidemias novas e por doenças outrora desconhecidas entre as mesmas populações. Assim, foi considerada a chamada "epidemia de Macacu" no Rio de Janeiro, em 1828, que invadiu Magé, Guapi, Porto de Estrela, Pilar, Iguaçu e Irajá.[136] Os higienistas chamados a estudá-la fizeram obra inteligente de ecologia, para concluírem que as alterações sofridas por aquela área, sob o sistema de exploração desbragada do solo, vinham concorrendo para torná-la insalubre quase ao ponto de inabitável.

Mas não eram só os higienistas: também dos homens entendidos em plantas e em agricultura, alguns, como Theodoro Peckolt, autor da História das plantas alimentares e de gozo do Brasil, contendo generalidades sobre a agricultura do Brasil etc.[137] procuraram atrair a atenção dos brasileiros do meado do século XIX para o perigo das derrubadas com a sua "consequência natural", de "aumento tanto do calor como da sequidão do clima".[138] Para Peckolt "a causa fundamental do nosso proceder a este respeito e de tantos outros males" era "a escravidão". Era o trabalho escravo. E explicava: "Calculando-se o valor das terras, o cabedal empregado para compra dos escravos, o sustento, vestuário e as perdas infalíveis, por moléstias, mortes etc., o lucro, mau grado a fertilidade do terreno, é pequeno. Por isso o cultivador procura esgotar as terras o mais depressa possível; para laboriosa estrumação faltam-lhe braços; prefere a estrumação unicamente pelas cinzas; demais não faltam matas virgens para sustentá-lo, a seus filhos e netos".[139]

A superstição de que o cafeeiro só produzia bem em terreno de mato virgem é que vinha reduzindo o clima do Rio de Janeiro a um clima, na linguagem da época, chamado "bastardo", e o abandono de terras arruinadas por fazendeiros sempre à procura de terrenos de mato virgem deixava principalmente expostas a epidemias e doenças, favorecidas pelas novas condições de solo e de clima, as populações mais ou menos inermes das cidades e vilas mais próximas das fazendas abandonadas. Daí o mau estado sanitário de cidades do interior que tendo chegado a se tornar famosas por seus sobrados, depressa se arruinaram. Que tendo se tornado famosas por seus pianos de cauda, acabaram tristemente célebres por suas febres perniciosas. Daí, também, o número sempre crescente de indivíduos de famílias de cidades do interior que foram se refugiando nas capitais de província e na do Império; que foram trocando sobrados em cidades outrora salubres do interior e do litoral por casas térreas nas capitais e na Corte. Casas de porta e janela onde às vezes antigos moradores de sobrados passaram à categoria de indivíduos quase sem eira nem beira.

A despeito da má orientação das ruas e das insuficientes valas de esgoto no centro das mesmas ruas, as capitais – a Corte e as capitais das províncias mais opulentas – passaram a ser ainda na primeira metade do século XIX mais higiênicas do que muitas cidades pequenas do interior. O que se deve atribuir, principalmente, a alterações de técnica sanitária e de sistema de alimentação, de muitas das quais foram campeões, ingleses e franceses, desejosos de introduzirem aqui, com seus capitais, seus aparelhos, suas máquinas, seus canos de água e de esgoto, seus novos processos de pavimentação de ruas e de iluminação de ruas e de casas, seus processos, superiores aos nossos, de fabricação de manteiga. Os capitais ingleses, particularmente, desempenharam papel importante nessas alterações de sentido urbano por que passaram a vida, a paisagem e a cultura brasileiras, não faltando razões ao anglófilo José da Silva Lisboa para escrever à página 84, parte II, de sua *Memoria dos beneficios politicos do governo de El-Rey Nosso Senhor D. João VI* publicada no Rio de Janeiro em 1818 que ao "activo e vasto giro mercantil depois que se formarão as relações commerciaes dos inglezes no Brasil" devia-se, em grande parte, "a edificação da cidade" e "a elegancia e formosura dos edifícios urbanos e casas de campo".

Depois de 1808 e, principalmente, de 1835 a 1850, melhoramentos ou inovações notáveis de técnica sanitária e de transporte, de iluminação e de arborização de ruas foram aparecendo na cidade do Rio de Janeiro, na do Recife, na de São Paulo e até em Rio Grande, em Pelotas, em Porto Alegre, em Belém. Salvador e Ouro Preto é que se retardaram em vários desses melhoramentos.

No Rio de Janeiro, começou-se a levantar quanto possível o solo da cidade, aterrando-se lugares baixos e paludosos. Cuidou-se do calçamento das ruas e, ao mesmo tempo, de facilitar-se o escoamento das águas de chuva nas mesmas ruas. Abriram-se novas ruas. Construíram-se novos sobrados e novas casas. Iniciou-se o aterro do grande mangue chamado da Cidade Nova. Deu-se começo ao encanamento das águas da Tijuca para abastecimento da população que crescia não só pela imigração estrangeira, numerosa desde 1808, como pela introdução de escravos clandestinos. Deu-se começo ao encanamento de gás. Aumentou-se a área urbana cuja população até 1836 aglomerava-se no perímetro indicado por uma linha que partindo de um dos pontos do litoral, praia Formosa, e seguindo pelas ruas do Aterrado e São Cristóvão, ia terminar na praia do Botafogo, havendo em muitos trechos terrenos sem nenhuma edificação, em ruas que meio século depois seriam consideradas centrais.[140]

Foi ainda da primeira metade do século a medida que Pereira Rego salienta ter sido uma das mais reclamadas para o Rio de Janeiro – e para as demais cidades grandes do Brasil – pela "humanidade" e pela "ciencia": "a cessação dos enterramentos nas igrejas, tendo sido já removidos do cemitério da Misericórdia graças à atividade e energia do conselheiro José Clemente Pereira". A própria capital da Bahia moveu-se neste particular: das suas posturas de 1º de junho de 1844 consta absoluta proibição de "enterrar-se corpos dentro das igrejas e nos seus adros".

Removeram-se, na Corte, os presos do Calabouço para a Casa de Correção, "retirando-se do centro da cidade o escândalo de andarem homens seminus e acorrentados pelas ruas" e de serem alguns castigados aos olhos do público: açoites com azorrague de quatro a cinco pontas de couro trançado, ensopadas em areia. Outra grande alteração da época, esta considerada de importância tanto para a saúde pública como para a segurança de vida na capital, foi a remoção do matadouro da praia de Santa Luzia para ponto mais reservado. É que vinham se repetindo "cenas desagradáveis de fugas de animais bravios", que corriam furiosos pelas ruas da cidade.[141] A fúria desses animais teria que aumentar diante de máquinas, para eles tão fantásticas quanto para os homens da roça: máquinas de que foram se enchendo as cidades. Os próprios cavalos vindos do interior espantavam-se com as ingresias triunfantes nas cidades. Com os trens de ferro, com os cavalos a vapor, com os carros em disparada. Também em Salvador, postura do referido ano de 1844 proibiu "o andar solto dentro da cidade gado vaccum, cavallar e lanigero", cuja criação só se permitia "debaixo de cercas". Enquanto os animais daninhos que andassem dispersos pelas ruas, assim como os cães que, por furiosos ou danados, ameaçassem "atropellar ao povo", estes poderiam ser "lanceados por qualquer pessoa e enterrados, ou levados ao mar a custa dos seus donos...".

É do maior interesse para a compreensão do período de transição que foi, nas principais áreas do nosso País, a primeira metade do século XIX, destacar-se que várias das modificações que sofreram então paisagens e instituições ligam-se direta ou indiretamente à cessação do tráfico legal de escravos, cujo volume o clandestino nem sempre conseguiu suprir; nem pôde manter. Os capitais foram tomando, assim, outros rumos. Deixando de concentrar-se no comércio de escravos, tornaram-se disponíveis para os melhoramentos mecânicos, para as compras de máquinas ou simplesmente de cavalos e de vacas de leite, superiores ou de raça, para a construção de sobrados de luxo. Por longos anos, vinham afluindo os capitais à praça, sem terem aí emprego suficiente. Eram limitadas as transações. Acanhado o giro do dinheiro. As maiores fortunas móveis do Império em grande parte se achavam em mãos de traficantes de escravos; e estes só as aplicavam com escravos. Com a cessação do tráfico é que o emprego dos mesmos capitais reverteu para os melhoramentos materiais do País – especialmente na Corte.[142] Uns, ativando as construções urbanas, dando-lhes o que os higienistas da época consideravam "melhores e mais salutares condições"; outros convergindo para empresas de viação urbana, criação de gado de leite que substituísse as já escassas cabras-gente, mecanização de serviços públicos ou particulares até então movidos por braço escravo.

É certo que a adaptação de capitais, concentrados em escravos, a máquinas, fábricas, animais de tração e de leite e prédios urbanos, não se fez docemente mas através de crises profundas[143] que em áreas como a do Rio de Janeiro, a da Bahia, a de Pernambuco, a do Maranhão afetaram a sociedade em costumes ou estilos de vida; e não apenas a economia brasileira. É que a cessação do tráfico de escravos africanos foi como que o golpe de morte – mas não ainda o de misericórdia – numa forma, já então arcaica, de economia e de sociedade, a um tempo feudalista e capitalista; e esse golpe doeu não só nos capitalistas, negociantes de "folegos vivos", e nos senhores, ainda feudais, de terras (senhores para quem esses fôlegos vivos eram a própria vida) como na população das próprias cidades, em grande parte dependente de condições de existência criadas pelo mesmo sistema, por longo tempo moribundo: lento em deixar de existir e de influir sobre o ambiente ou sobre o meio.

A simples transferência de capitais, outrora concentrados em escravos, para a criação ou a exploração de gado – fato, aparentemente sem importância, e cuja dramática repercussão sobre a ecologia social do Império parece ter escapado aos que, como Vítor Viana, Roberto Simonsen e os Srs. Afonso Arinos de Melo Franco e Caio Prado Júnior, se têm ocupado da história econômica ou financeira do Brasil em sugestivos estudos especializados, bastaria para ter resultado em crise profunda. Em 1858, respondendo aos quesitos que aviso imperial de 9 de outubro do ano anterior distribuíra entre os presidentes de Província, relativos à alarmante carestia de gêneros, respondia a comissão nomeada pelo presidente da província do Ceará para estudar o assunto, atribuindo a escassez de carne a secas e epizootias, mas, principalmente, à "existência de forte companhia na província de Minas que há poucos anos a esta parte emprega grandes somas em compras de gado no Piauí...".[144] O mesmo se verificava no Rio Grande do Norte, segundo informação do presidente dessa província ao governo imperial: "[...] concorrência do gado desta para os mercados de outras províncias".[145] E fenômeno idêntico – a transferência de capitais, concentrados em escravos, para animais de corte ou de transporte – se observava na província de Santa Catarina, cujo presidente queixava-se ao governo imperial da "vida errante" a que vinha se entregando grande parte da população seduzida pelo "comércio de animais muares e cavalares".[146]

Esse comércio se fazia principalmente com a Corte, do mesmo modo que a "forte companhia" da província de Minas visava abastecer de animais de corte, de leite e de tração as populações da área metropolitana e das áreas vizinhas à Corte, no beneficiamento das quais foi se esmerando o capitalismo outrora especializado na importação de escravos da África para o Brasil, e, por conseguinte, no beneficiamento das áreas mais feudalmente agrárias do País. Vinha-se desenvolvendo, assim, uma revolução ecológica, e não apenas tecnológica, com a transferência de capitais, de escravos para animais e, até certo ponto, para máquinas, ao lado do deslocamento de prestígio político do Norte açucareiro, e necessitado de escravos para a sua economia, ainda predominantemente açucareira e ortodoxamente patriarcal, para o Sul cafeeiro, e menos patriarcal que comercial, em cuja economia agrária, seria mais fácil a substituição do escravo pelo colono europeu e, na urbana, a substituição do negro pela máquina também europeia.

Ao golpe de morte na escravidão que foi a cessação do tráfico regular, sucedeu-se outro: a epidemia de cólera-morbo, ou cólera asiática, que devastou como uma praga do Velho Testamento senzalas de casas-grandes de engenhos e de fazendas persistentemente patriarcais e até feudais em sua organização social. Não só senzalas: também mucambos de pretos e de pardos nos arredores dos sobrados a ponto de parecer a epidemia a alguns deles, pretos e pardos, arte diabólica de brancos para acabar com a gente de cor.

Mas por uma como compensação biológica e não apenas sociológica, quase ao mesmo tempo em que a cólera asiática devastava principalmente a população africana e escrava das senzalas e dos mucambos, a febre amarela aparecia, para especializar-se em matar europeu ou branco puro, fino, vigoroso, entre os dezesseis e os trinta anos.¹⁴⁷ Principalmente branco de sobrado. Foi como se a febre amarela tivesse tomado a si a tarefa de retardar, no Brasil, a vitória sobre o patriarcalismo rústico, encarnado nos homens de mais de sessenta anos – raramente atingidos pelo mal – do capitalismo ou do tecnicismo burguês representado principalmente por estrangeiros ainda jovens: por ingleses, franceses, portugueses de sobrado ou de loja; e por um ou outro Mauá brasileiro. Ou o triunfo, porventura menos difícil, do liberalismo dos bacharéis e dos doutores de vinte e tantos, trinta anos, sobre a rotina conservadora do maior número dos senhores de mais de sessenta.

Há até quem atribua à febre amarela a função patriótica de ter guardado o Império da cobiça europeia ou britânica. E na verdade parece ter ela impedido a desnacionalização do Brasil sob a influência de uma transferência, demasiadamente rápida, de domínio econômico, das mãos dos senhores de escravos e dos traficantes de negros para as dos senhores de bancos e dos traficantes de máquinas de ferro ou a vapor. Das mãos dos velhos das casas-grandes para as dos senhores moços dos sobrados.

O certo, porém, é que, sob o estímulo dos dois flagelos, parecem ter melhorado não só as condições de higiene e de vida nas principais cidades do Império como nas senzalas, nas casas-grandes, nas fazendas do interior alcançadas tanto pelo mal asiático como pela "febre de gringos", isto é, de estrangeiros, de ingleses, de franceses, de alemães, de suíços, de italianos. À febre amarela pode-se, na verdade, atribuir uma série de aperfeiçoamentos técnicos ou mecânicos na vida das cidades brasileiras. Entre eles, a construção de cemitérios públicos e a generalização do hábito de residência nobre ou burguesa nos subúrbios, ou nas ruas afastadas do centro, deixando-se os sobrados dos centros urbanos para funções exclusivamente comerciais ou burocráticas. Ou para bordéis e cortiços, para repartições públicas e armazéns.

Notas ao Capítulo X

1. Walter Colton, *Deck and port*, Nova York, 1850, p. 43. Note-se que cabra foi e é, ainda, expressão que, no Brasil, tem, como negro, duas acepções: a elogiosa e a depreciativa. Tanto se diz da pessoa que é "cabra" no sentido de ser criatura inferior e desprezível, como no sentido, lembrado por Pereira da Costa no seu *Vocabulário pernambucano* (Recife, 1937), de ser excepcionalmente boa: "cabra às direitas". O pesquisador uruguaio Buenaventura Caviglia (hijo) que se especializou no estudo do assunto lembra outras acepções em que cabra deixa de ser "título malsinante" para tornar-se elogio: "cabra-macho", "cabra danado", "cabra topetudo", "cabra-bamba". Por outro lado, recorda o ditado:

    "Quando cabra bicho é
    que dirá cabrinha gente."

    ("Indios y esclavos 'cabras'", *Boletín de filología*, Montevidéu, 1940, tomo III, no 13-14, p. 33-34).
    Esqueceu-se, porém, o ilustre pesquisador, da personalização da cabra-bicho, no Brasil, sob a forma de "comadre cabra", expressiva da tendência, tão do patriarcalismo brasileiro na sua fase mais característica de fazer de escravos e até de animais utilizados no seu serviço mais íntimo ou mais delicado, uma espécie de pessoas de casa ou de membros da família, que não se confundiam com os "bichos do mato" nem com os "negros do eito" ou os animais empregados em serviços vis.
    Joaquim Nabuco teve de fato a intuição ao escrever em *Minha formação*, no capítulo XX, que no Norte do açúcar "uma longa hereditariedade de relações fixas entre o senhor e os escravos" como que fizera de uns e outros "uma espécie de tribo patriarcal isolada do mundo". Aproximação "impossível nas novas e ricas fazendas do Sul, onde o escravo, desconhecido do proprietário, era somente um instrumento de colheita". É que os "engenhos do Norte eram pela maior parte pobres explorações industriais" e "existiam apenas para a conservação do estado do senhor, cuja importância e posição avaliava-se pelo número de seus escravos". Havia entre esses senhores "um pudor, um resguardo em questões de lucro, próprio das classes que não traficam". Entre alguns, era um fato esse pudor. Em outros já vimos que o anúncio do negócio – e negócio nem sempre limpo – não era inferior ao dos homens de cidade e de fábrica.

2. Lefebvre des *Noëttes, L'Attelage, le cheval de selle à travers les âges – Contribution à l'histoire de l'esclavage*, Paris, 1931, I, p. 257. Veja-se também Menessier de La Lance, *Essai de bibliographie*

hippique, donnant la description détaillée des ouvrages publiés ou traduits en latin et en français sur le cheval et la cavalerie, Paris, 1915-1921.

3. Lívio de Castro, *A mulher e a sociegenia* (obra póstuma), Rio, s. d., p. 350. Acrescentava Lívio de Castro em página escrita cerca de 1870: "... o industrialismo aí vem. A mecânica aproxima-se para o advento da emancipação humana." E mais concreto: "O cavalo-vapor [...] vale mais do que vinte homens".

4. Lefebvre des Noëttes, op. cit., I, p. 257.

5. Ibid., I, p. 128.

6. Era o que recomendava obra do século XVIII que deve ter tido divulgação nos meios nobres do Brasil, pois era recomendada pelo bispo de Pernambuco: *Manejo real, escola moderna da cavallaria da brida* etc., por José de Barros Paiva e Moraes Pona, Lisboa, MDCCLXII, p. 10.

7. L. des Noëttes, op. cit., I, p. 186.

8. Ibid., I, p. IV.

9. Príncipe Maximiliano, *Souvenirs de ma vie* (trad. por Jules Gaillard), Paris, 1868, p. 193-194.

10. Ibid., p. 195.

11. Kidder, op. cit., p. 21.

12. Ibid., p. 26.

13. Colton, op. cit., p. 62.

14. Ibid., p. 48.

15. Kidder, op. cit., p. 97.

16. Sabe-se que sobre o carro de boi no Brasil vinha preparando minucioso estudo o pesquisador baiano Bernardino de Sousa, infelizmente falecido em 1948.

17. *Um engenheiro francês no Brasil*, Rio de Janeiro, 1940, especialmente o capítulo "Efeitos sociais do sistema de estradas estabelecido por Vauthier". A mais recente edição de *Um engenheiro francês no Brasil* é a de 1960.

18. Costume tanto no "sul como no norte do Brasil patriarcal. Com relação ao sul, veja-se no estudo de Antônio Egídio Martins, *São Paulo antigo (1554 a 1910)*, I, Rio de Janeiro-São Paulo-Belo Horizonte, 1911, p. 68, destacado, como fonte de informação sobre este ponto, pelo pesquisador paulista Ernâni Silva Bruno no seu bem documentado e inteligente ensaio, *História e tradições da cidade de São Paulo*, Rio de Janeiro, 1953, que, por gentileza do autor, tivemos o gosto de ler ainda em manuscrito. Recorda o mesmo pesquisador: "Parece que até o ano de 1867 os carros de

boi trafegavam pelas ruas da cidade da mesma forma que circulavam pelas estradas dos sítios e das fazendas: puxados por grandes juntas vagarosas embaladas pela música dos eixos em que se prendiam as rodas maciças. Só naquele ano a Câmara Municipal editou uma postura proibindo que eles chiassem transitando pela cidade".

19. Lisboa, 1648. Existe uma edição brasileira de 1942 que se deve ao estado de Pernambuco.

20. Edição de 1942, I, p. 232.

21. Maria Graham, op.cit., p. 161.

22. John Codman, *Ten months in Brazil*, Londres, 1870, p. 60.

23. Charles Wilkes, *Narrative of the United States exploring expedition during the years 1838, 1839, 1840, 1841, 1842*, Londres, 1852, I, p. 19.

24. H. J. do Carmo Neto, "O intendente Aragão" (*Separata do Boletim Policial*, XI), Rio de Janeiro, 1913, p. 6.

25. Note-se que as ruas de São Paulo – onde, no meado do século XIX, segundo um cronista da época recordado pelo Sr. Ernâni Silva Bruno, "o rodar de uma carruagem era coisa que ainda chamava atenção", aparecendo "gente nas janelas para ver de quem era o trem que passava" – por serem "retas e largas", em comparação com as orientalmente estreitas do Rio de Janeiro, de Salvador e do Recife, tornaram fácil "a circulação de veículos", quando estes começaram a substituir redes e banguês. Foi observação feita por Spix e Martius (*Viagem pelo Brasil*, I, p. 204) e Saint-Hilaire (*Viagem pela província de São Paulo*, p. 173), conforme lembra o Sr. Ernâni Silva Bruno no seu trabalho manuscrito, já citado. O mesmo parece ter ocorrido em Belém do Pará que, favorecida por outras circunstâncias, antecipou-se, no meado do século XIX, a cidades então mais importantes do Império, no número de carruagens que rodavam pelas suas ruas: cerca de cinquenta carruagens fabricadas em Newark e em Boston, além de leves cabriolés de fabricação local, conforme notaram – ainda recordado pelo pesquisador Ernâni Silva Buno – D. P. Kidder e J. C. Fletcher (*O Brasil e os brasileiros*, II, p. 296) e Henry Walter Bates (*Um naturalista no rio Amazonas*, II, p. 394).

26. Schaeffer, op. cit., p. 15.

27. Carmo Neto, op. cit., p. 7.

28. Jacobus van Boelen, *Viagens nas costas oriental e ocidental da América do Sul* (1826), I, p. 77-84, apud Carmo Neto, op. cit., p. 7.

29. Wilkes, op. cit., p. 21.

30. Shaeffer, op. cit., p. 15.

31. Típico dos numerosos anúncios de negros com "coroas" à cabeça é o que se encontra no *Diário de Pernambuco* de 23 de novembro de 1836: "No dia 14 de junho do anno p. p. fugio hum preto

por nome João por alcunha ladino de nação cambinda 36 annos de edade, estatura regular, magro, tem huma coroa pelo uzo de carregar peso, pouca barba, olhos grandes, e perna direita hum tanto arqueada, anda e falla muito apressado, gagueja e tem o costume de tremer os beiços...".

32. Walsh, op. cit., II, p. 199.

33. J. J. Sturz, *A review, financial, statistical & commercial, of the empire of Brazil and its resources; together with a suggestion of the expediency and mode of admiting brazilian and other foreign sugars into great britain for refining and exportation*, Londres, 1837, p. 113. Veja-se também o estudo do professor Alfredo Ellis Júnior, "O ciclo do muar", separata da *Revista de História*, São Paulo, no 1, 1950.

34. H. M. Brackenridge, *Voyage to Buenos Ayres performed in the years 1817 and 1818 by order of the american government*, Londres, 1820, p. 20.

35. A identificação de São Jorge com Ogum verificou-se principalmente no Rio de Janeiro. Vejam-se sobre o assunto os magistrais estudos do professor Artur Ramos. Também o estudo do Sr. Edson Carneiro, *Candomblés*, Bahia, 1948, onde se destaca que, na Bahia, "o deus da guerra, Ogum, se representa pela sua ferramenta – um feixe de pequenos instrumentos de lavoura, machado, foice, enxada, pá, picareta, e se identifica com Santo Antônio que na Bahia é capitão do Exército nacional". Exu é "considerado seu escravo". Surge sempre de espada na mão e "dança como que duelando". Sua cor é "o azul profundo". É "o patrono das artes manuais" (p. 44). Na Bahia, encontra símile em São Jorge, Oxossi, "deus da caça" que chega a ser "representado nos candomblés, pela imagem católica do santo, de armadura e lança em punho, combatendo o dragão [...]. Veste-se principescamente, de manto aos ombros" (p. 43). Thomas Ewbank, em seu *Life in Brazil; or a journal of a visit to the land of the cocoa and the palm* (Nova York, 1858), acentua o caráter militarista ao mesmo tempo que nacionalista do culto de São Jorge no Brasil: "*San Jorge, defensor do Imperio [...] armed cap-a-pie, a baton in his hand and a falchion by his side, he leads the emperor and the court, the national troops, the Church's staff, and an army of lay people through the streets in triunph*" (p. 254).

36. Carmo Neto, op. cit., p. 9.

37. Ibid., p. 9.

38. Ibid., p. 8.

39. Interessantíssimo, a esse respeito, é o depoimento de Vigneron Jousselandière, que residiu largos anos no Brasil e recordou suas experiências no livro *Novo manual prático de agricultura intertropical*, Rio de Janeiro, 1860. "Todos os dias" – destaca ele – "presenciam-se desgraças pesando sobre famílias inteiras, e as autoridades cruzam os braços, o que faz com que os desgraçados partidos políticos que dividem o Brasil acusem-se reciprocamente de vinganças, só próprias das sociedades

secretas estabelecidas entre os negros. Se o governo não tomar providências, acabará isso por causar grandes desgraças. Eu mesmo fui por muitas vezes vítima dessas torpezas; por essas razões desde 1835 tornei-me médico e com isso aproveitei muito até 1856 em que foi preciso vender por todo o preço ou antes queimar tudo quanto possuía e retirar-me para a Corte" (p. 175). O médico fora vencido, no interior, pela "peste chamada gangau d'África que a população chama feitiçaria, cujos capatazes não são mais que envenenadores" (p. 175).

40. *Relatorio do estudo sanitario da provincia de Pernambuco no anno de 1856, apresentado pela Commissão de Hygiene Publica da mesma*, Pernambuco, 1857, p. 88-95. Concluía o presidente da Comissão, o médico Cosme de Sá Pereira, procurando justificar as deficiências dos médicos de formação europeia em face de doenças e condições extraeuropeias: "Os estudos das sciencias physicas não estão plantados nesta cidade, os medicos aqui residentes sabem estudar as mudanças que se effectuam nos elementos existentes, ou na superfície da terra, ou nas correntes aerias mas havendo falta de instrumentos proprios perdem-se ainda por isso os resultados transcendentes que se poderia obter das observações meteorologicas: porém com a organização maritima espero que todos os annos se poderão noticiar as occorencias que forem apparecendo" (p. 94-95).

41. "Manifesto do Dr. Joaquim d'Aquino Fonseca sobre a sua Retirada da Commissão de Hygiene Publica", *Diário de Pernambuco* de 29 de fevereiro de 1856.

42. Ibid.

43. "Analyse dos motivos apresentados no manifesto do Dr. J. A. Fonseca pelo Dr. C. S. Pereira, presidente da Commissão de Hygiene Publica", Diário de Pernambuco, Documento no 6 do *Relatório do estado sanitario da provincia de Pernambuco*, cit., p. 118.

44. "Informação que o conselheiro Dr. José Bento da Cunha e Figueiredo dera ao exm. ministro do Imperio por occasião de ter sido denunciado de ter autorizado o exercicio Medico a pessoas não habilitadas. Juizo que o exm. ministro do Imperio fizera da denuncia, e da informação", documentos no 7 e 8, do *Relatorio do estado sanitario da provincia de Pernambuco*, cit., p. 225.

Sobre a medicina popular no Brasil, em face da acadêmica, vejam-se o sugestivo estudo do médico Pedro Nava, "Introdução ao estudo da história da medicina popular no Brasil", *Capítulos da história da medicina no Brasil*, Rio de Janeiro, 1949, *O culto de São Cosme e São Damião em Portugal e no Brasil*, por Augusto da Silva Carvalho, Coimbra, 1928 e *Namoros com a Medicina*, por Mário de Andrade, Porto Alegre, 1939.

45. "Tendo chegado de Alagoas noticias de que as dozes homeopathicas estavam fazendo ali milagres contra o cholera morbus, especuladores cuidaram de aproveitar-se da quadra, e munidos de carteiras, espalharam-se pela provincia. Em Santo Antão o delegado capitaneando os homeopathos, segundo se diz, fez crer a população que não havia melhor remedio contra a epidemia do que os globulos, e tal foi a habilidade que os especuladores empregaram que conseguiram seduzil-a

regeitando ella, por suggestões suas, os soccorros medicos que lhe eram ministrados por pessoas competentes. Os facultativos que á cidade da Victoria foram por ordem de S. Excia. [o presidente da Provincia] soffreram insultos, viram-se apedrejados, e tiveram de retirar-se..." (Dr. Joaquim de Aquino Fonseca, art. cit., *Diário de Pernambuco*, 29 de fevereiro de 1856). Deve-se atentar não só no fato de que havia, então, considerável hostilidade, da parte de grande número de senhores e de escravos, nos meios rurais, e ao mesmo tempo patriarcais, aos médicos de formação europeia, principalmente quando "médicos públicos", ou do Governo, como no de que eram poucos os médicos titulados. O que tornou impossível maior rigorismo das autoridades imperiais com relação à prática da medicina ou da "arte de curar", pelos não titulados. Essa tolerância, justificava-a sensatamente outro médico da época: "Medicos titulados, não os ha; aos curiosos é prohibido por lei o exercicio da medicina; logo não se deve consentir que curem aquelles que nestes logares povoados se dedicam por genio a observação das molestias, e dos seus domesticos remedios, no que adquirem muita pratica?" (Documento no 6, *Relatorio*, cit. p. 109). As dificuldades e debates surgidos no meado do século XIX tanto em Pernambuco como em outras das províncias brasileiras mais antigas e mais sólidas no seu patriarcalismo rural, em torno da questão do exercício da medicina só por médicos titulados, revelam uma das zonas mais delicadas de transição do sistema patriarcal – do rural, e mesmo do urbano – com sua medicina principalmente doméstica, para o sistema de família pequena, conformada a renunciar várias de suas responsabilidades de domínio ou tutela social nas mãos de médicos públicos, professores públicos, repartições públicas.

46. J. Arago, *Promenade autour du monde*, cit., I, p. 59.

47. Ao arguto observador Charles Wilkes, que esteve no Brasil na primeira metade do século XIX, não escapou o fato de estar a sociedade escrava no Brasil dividida em numerosos subgrupos. Os próprios minas, notou ele que eram uma variedade de "nações", e de subgrupos linguísticos: "... *Though of various nations and languages have yet a general likeness, which stamps them as one race. In Brazil to-day they are known under the name of Minas*" (*Narrative of the United States exploring expedition*, cit., I, p. 21). Daí o seu reparo de que só na província da Bahia os escravos se apresentavam, pela sua maior homogeneidade, perigosos: "*The slaves of the other provinces are of mixed character, incapable of organization and more or less hostile to each other*" (I, p. 33). As diferenças de língua e de cultura entre os escravos de procedência africana – pode-se concluir das observações tanto de Wilkes como de outros estrangeiros ilustres que visitaram o Brasil na primeira metade do século XIX – anulavam, entre os mesmos escravos, a consciência de raça – "raça" africana – diante dos seus dominadores de "raça" mais ou menos branca. As influências no sentido da coesão dos escravos foram antes as que decorreram de semelhança de status ou de situação social no meio brasileiro, do que as etnocêntricas.

48. Henry Koster, op. cit., p. 357.

49. Manuscrito, Col. Pereira da Costa, Seção de Manuscritos da Biblioteca do Estado de Pernambuco.

50. Carta de José Venâncio de Seixas para D. Rodrigo de Sousa Coutinho em que lhe participa ter chegado à Bahia e ter tomado posse do lugar de provedor da Casa da Moeda etc., Bahia, 20 de outubro de 1798. Manuscrito no Arquivo Histórico Colonial de Lisboa. Pertence ao número de manuscritos referidos no *Inventário dos documentos relativos ao Brasil existentes no Arquivo da Marinha e Ultramar de Lisboa organizado para a Biblioteca Nacional do Rio de Janeiro*, por Eduardo de Castro e Almeida, Rio de Janeiro, 1914. Diz a carta: "Huma das novidades inesperadas que aqui achei foi a do perigo em que estiverão os habitantes desta cidade com huma associação sediciosa de mulatos que não podia deixar de ter perniciosas consequencias, sem embargo de ser projectada por pessoas insignificantes; porque para se fortificarem lhes bastavam os **escravos** domesticos inimigos inconciliaveis de seus senhores, cujo jugo por mais leve que seja lhes he insupportavel. Foi Deos servido descobrir por hum modo bem singular a ponta desta meada ao fim da qual julgo se tem chegado sem que nella se ache embaraçada pessoa de estado decente. Creio que V. Excia. receberá nesta occasião huma conta muito circumstanciada deste caso que ensina a desconfiar para o futuro. Eu não posso deixar de me lembrar nesta occasião que todas as ordens antigas dirigidas ao Brazil a respeito de mulatos os fazia conservar em hum certo abatimento, prohibindo-lhes a entrada em qualquer officio publico ou posto militar, inhibição que era ampliada ainda mesmo aos brancos casados com mulatas.

"A carta regia de 1766 foi segundo me parece hum erro de politica em administração de colonias, porque deixando formar corpos milicianos desta qualidade de individuos, se viram condecorados com postos de coroneis e outros semelhantes com que esta gente, naturalmente persuadida, adeantou consideravelmente as suas ideias vaidosas, o que junto ao espirito do seculo os faz romper em toda a qualidade de excessos.

"Esta materia me conduz a pôr na presença de V. Excia. outra em que me parece indispensável que V Excia. dê as mais promptas e positiva ordens. Há alguns annos se tem formado acima da Villa da Cachoeira hum Quilombo de negros fugidos e ultimamente se forma outro ainda mais perigoso a 5 ou 6 legoas de distancia desta cidade".

Sobre a insurreição não só de homens de cor mas também de brancos desajustados, na Bahia, em 1798, veja-se o estudo do Sr. Afonso Ruy, *Primeira revolução social brasileira*, São Paulo, 1942. Também devem ser lidas as interessantes páginas que o mesmo historiador baiano consagra ao assunto na sua *História política e administrativa da cidade do Salvador*, Bahia, 1949, onde considera o movimento "uma das mais importantes manifestações nativistas, radicalmente reformadora da nossa situação política e da estrutura social da colônia pela pretendida proclamação da república e abolição da escravatura." Ao seu ver, sobreviveram aos mártires de 1798, homens que "mais tarde comporiam a primeira estacada da defesa da independência" (p. 321).

51. Gomes Freire de Andrada, "Instrução e norma etc." *Rev. Inst. Hist. Geog. Br.*, Rio de Janeiro, 1849, 3ª série, p. 374. Sobre o uso dos sapatos por indivíduos de cor, como "prova de alforria" – fenômeno, principalmente, do século XIX – veja-se o estudo do professor Roger Bastide, "Cerimonial

de polidez", *Rev. do Arq. Municipal de São Paulo*, setembro-outubro, 1944. Também o estudo, ainda em manuscrito, do professor Felte Bezerra, sobre a formação social de Sergipe, onde destaca, baseado no estudo das populações sergipanas: "Talvez pela condição de liberdade que o calçado expressava nos tempos da escravidão [...] tenha o seu uso passado a indicar alto *status* social..."

52. Ewbank, op. cit., p. 275.

53. Debret, op. cit., I, p. 91.

54. Ibid., I, p. 91.

55. Ibid., I, p. 91.

56. Ibid., I, p. 91.

57. São numerosos, nos jornais dos primeiros decênios do século XIX, os anúncios de sapatos ingleses. Sebastião Ferreira Soares, em suas *Notas estatísticas sobre a produção agrícola de carestia dos gêneros alimentícios no Império do Brasil* (Rio de Janeiro, 1860) refere-se ao fato da larga quantidade de calçados e chapéus importados da Europa na primeira metade do século XIX ter feito definhar a indústria brasileira, ao seu ver, desde o século XVIII, já adiantada com relação a sapatos, móveis, joias etc. (p. 270).

58. Horace Say, *Histoire des relations commerciales entre la France et le Brésil, et considérations générales sur les monnaies, les changes, les banques et le commerce extérieur*, Paris, 1839, p. 25.

59. Pires de Almeida, *Homossexualismo (A libertinagem no Rio de Janeiro)*, Rio de Janeiro, 1906, p. 148.

60. Alberto da Cunha, Obsessões, Rio de Janeiro, 1898, p. 15.

61. Elísio de Araújo, op. cit., p. 55.

62. Ibid., p. 56.

63. Ibid., p. 57. Da comunicação, ainda inédita, sobre "Capoeira e capoeiragem", feita à Comissão Nacional de Folclore, do Instituto Brasileiro de Educação, Ciência e Cultura – comissão dirigida pelo erudito folclorista Renato Almeida – pelo Sr. Luís R. de Almeida, da Subcomissão Baiana de Folclore, são as seguintes e interessantes informações:

"O termo 'capoeira' é indígena; vem de 'caá' – mato, e 'puera' – que foi mato. Jogo atlético regional; indivíduo que se entrega ao jogo atlético da capoeira, também chamado 'capoeirista'.

"'Capoeiragem' – Sistema de luta dos capoeiras. Essa luta não é indígena, nasceu de uma dança africana de escravos negros nas 'capoeiras' ou roçados. Diz Rugendas o seguinte: 'Os negros têm ainda outro folguedo guerreiro muito mais violento: a 'capoeira', que consiste em dois contendores se jogarem um contra o outro, como dois bodes, procurando dar marrada no peito do adversário, para derrubá-lo. Neutralizam o ataque por meio de paradas, ou fogem-lhe com o corpo em hábeis saltos. Por vezes, entretanto, acontece chocarem-se terrivelmente as cabeças e, não raro, a brincadeira degenera em conflito sangrento'.

"Em algum tempo, portanto, a capoeira foi uma dança. Virou luta depois, mas as suas demonstrações eram acompanhadas por uma orquestra de músicos africanos chamados 'agogôs' (na Bahia), composta de 'berimbau', 'ganzá' e pandeiro. É necessário não confundir o 'berimbau' de capoeira com um outro instrumento de sopro. O berimbau de capoeira' é um grande arco, instrumento usado exclusivamente para acompanhar a luta nacional por excelência. O 'ganzá' é uma caixa de folha-de-flandres, munido de cabo e com seixinhos, a qual, produzindo som quando agitada, serve de instrumento musical. Hoje, usa-se, apenas, o 'berimbau' nas lições de capoeira do mestre Bimba.

"Entre as nossas classes populares, a dos capoeiras avultou sempre neste País, assinalando nos primeiros tempos costumes de uma torrente de imigração africana e depois uma herança da mestiçagem no conflito de raças. O capoeira não é nada mais nem nada menos do que o homem que entre 10 e 12 anos começou a educar-se na capoeiragem, que põe em contribuição à força muscular, a flexibilidade das articulações e a rapidez dos movimentos – uma ginástica degenerada em poderosos recursos de agressão e pasmosos auxílios de desafronta. O capoeira gosta da ociosidade, e, entretanto, trabalha. A segunda-feira é para ele um prolongamento do domingo. Quando se dedica a alguém é incapaz de um traição, de uma deslealdade.

"O seu trajar é característico: calças largas, paletó desabotoado, camisa de cor, gravata de manta e anel corrediço, colete sem gola, botinas de bico estreito e revirado, e chapéu de feltro.

"Seu andar é oscilante, gingando; e na conversa com os companheiros ou estranhos, guarda distância, como em posição de defesa.

"Se acontece ser acometido, quando desarmado, machuca o chapéu ao comprido, e nas evoluções costumadas desvia com ele golpes certeiros.

"Um bom capoeira, entrando na luta vestido de branco, sai dela tão limpo e engomado como entrou, a única peça do vestuário machucada é o chapéu...

"O capoeira antigo tinha seus bairros, o ponto de reunião das mulatas; suas escolas eram as praças, as ruas, os corredores. O seu pessoal era composto de africanos, que tinham como distintivos as cores e o modo de botar a carapuça, ou de mestiços (alfaiates ou charuteiros) que se davam a conhecer entre si pelos chapéus de palha ou de feltro, cujas abas reviravam, segundo a convenção.

"A categoria de chefe da malta só atingia aquele cuja valentia o tomava inexcedível, e de chefe dos chefes, o mais afoito de entre estes, mais refletido e prudente.

"Os capoeiras, até 80 anos passados, prestavam juramento solene, e o lugar escolhido para isso eram as torres das igrejas.

"As questões de freguesia ou de bairro não os desligavam, quando as circunstâncias exigiam desagravo comum; por exemplo: 'um senhor, por motivo de capoeiragem, vendia para as fazendas um escravo filiado a qualquer malta; eles reuniam-se e designavam o que havia de vingá-lo'.

"No tempo em que os enterramentos faziam-se nas igrejas e que as festas religiosas amiudavam-se, as torres enchiam-se de capoeiras, famosos sineiros que, montados nas cabeças dos sinos, acompanhavam toda a impulsão dos dobres, abençoando o povo que admirava, apinhado nas praças e nas ruas.

"A capoeiragem antiga e a moderna têm a sua gíria, a sua maneira de expressão, que varia um pouco de estado para estado:

'Rabo de arraia' – Consiste em firmar um pé sobre o solo e, na rotação instantânea da perna livre varrendo a horizontal, de sorte que a parte dorsal do pé vá bater no flanco do contendor, seguindo-se após a 'cabeçada' ou a 'rasteira', infalíveis corolários da iniciação do combate.

'Escorão' – Amparar inesperadamente, com o pé de encontro ao ventre, o adversário, o que é um subterfúgio.

'Pé de panzina' – É o mesmo que 'escorão', mas não como defesa. Dá o mesmo resultado, mas deixando à destreza tempo de varrê-lo.

'Passo a dois' (gíria moderna) – É um sapateado rápido que antecede à cabeçada ou à rasteira, do qual o acometido se livra armando o 'Clube X', isto é, o afastamento completo das tíbias e união dos joelhos que, formando larga base, estabelecem equilíbrio, recebendo no embate o salto da botina, que ainda ofende o adversário.

'Tombo de ladeira' – Tocar no ar, com o pé, o indivíduo que pula.

'Rasteira a caçador' – É o meio ginástico de que se servem para, deixando-se cair sobre as costas, ao mesmo tempo que firmam-se nas mãos, derrubarem o contrário, imprimindo-lhe com o pé violenta pancada na articulação tíbio-tarsiana.

'Tronco, raiz e fedegoso' – Talvez o lance mais feliz do jogo, visto depender de uma agilidade incrível e considerável solidez muscular, forma a síntese dos arriscados estudos de capoeiragem.

"Talvez seja a Bahia onde melhor se pratique hoje a capoeira em todo o Brasil. O Congresso Afro-Brasileiro de 1937, reunido na cidade do Salvador cuidou muito de que não morresse por falta de estímulo a luta dos negros e dos mulatos, a luta da agilidade, onde pouco vale a força bruta, a luta que veio de uma dança e ainda conserva o seu ritmo.

"Eis aqui uma amostra do folclore baiano:

> *'Negro, o que vende aí?*
> *– Vendo arroz de camarão,*
> *Sinhá mandou vender*
> *Na cova de Salomão.'*
> *'Camaradinha, eh!*
> *Camaradinho,*
> *Camarada...'*

"E a luta começa. Vão lutando e cantando. É como um desafio. Cada capoeira tem seus versos próprios além daqueles que já perderam os direitos autorais e são propriedade de todos. Alguns com forte acento negro:

'Volta do mundo, eh!
Volta do mundo, ah!
Aiuna é mandingueira
Quando está no bebedor...
Ela é muito sagonha
Capoeira pegou ela
E matou..."

"Vejamos, agora, no Rio de Janeiro:

"O tocador de berimbau segurava o instrumento com a mão esquerda e na direita trazia pequena cesta contendo calhaus, chamada 'gongo', além de um cipó fino com o qual feria a corda, produzindo o som. Depois entoava esta cantiga:

'Tiririca' é faca de cotá,
'Jacatimba' muleque de sinhá,
'Subiava' ni fundo de quintá.

Aloanguê, acaba de matá,
Aloanguê.

Marimbondo, dono do mato,
Carrapato, dono de foia,
Todo mundo bebe caxaxa,
Negro Angola só leva fama.

Aloanguê, Som Bento tá me chamando
Aloanguê.

Cachimbêre nã fica sem fogo,
Sinhá véia não é mai do mundo,
Doença que tem nã é boa
Nã é cousa de fazê zombaria.

CORO

Aloangnê, Som Bento tá me chamando
Aloangê.
Pade Inganga fechou coroa

*Ha de morê
Parente, não me caba de matá.*

CORO

*Aloanguê, Som Bento tá me chamando
Aloanguê.
Aloanguê.*

*Camarada, toma sintido
Capoera tem fundamento.*

CORO

*Aloanguê, Som Bento tá me chamando
Aloanguê, caba de matá
Aloanguê.'*

E sobre curiosa figura de sobrevivente baiano dos grandes dias da capoeiragem:

"O único profissional de capoeira, aqui na Bahia, é mestre Bimba, todos os demais são amadores, o que não quer dizer que sejam inferiores, que não levem a sério a 'arte'.

"Mestre Bimba tem tido discípulos que honram o mestre. Prefere-os jovens e ágeis. A força bruta, a estatura e a dificuldade de movimentos nada valem contra um bom capoeirista. A prova disto é o que se está dando em São Paulo. Rapazes de 17, 18, 19 anos, franzinos, mas treinados no jogo da capoeira, vencendo boxeadores profissionais, lutadores de toda classe, verdadeiros atletas, nos ringues da terra bandeirante.

"Mestre Bimba quase nunca aceita desafios; para derrubar gigantes, confia nos seus discípulos. Uma vez, em um desafio de um atleta lusitano, escolheu para lutar com ele o seu discípulo predileto: um pretinho pequeno e franzino. Começou a luta, e, depois do português ter tomado vários pontapés no rosto e estar sangrando, consegue pegar o rapaz a jeito e dar-lhe um tronco. Passaram-se alguns segundos e, como o pretinho não se mexesse, pergunta mestre Bimba:

'— Vai ficar assim ainda muito tempo?

'— Não Sinhô, responde o menino, e, ato contínuo, dá um 'balão' naquela montanha de carne e de músculos que se estatela num chão de cimento completamente fora de combate". Sobre a capoeira no Brasil, veja-se também o restante ensaio de Lamartine Pereira da Costa, Capoeiragem (A arte de defesa pessoal brasileira).

64. Elísio de Araújo, op. cit., p. 64. Sobre o assunto veja-se também a obra de Melo Barreto Filho e Hermeto Lima, *História da polícia no Rio de Janeiro*, Rio de Janeiro, s. d., II.

65. Araújo, op. cit., p. 58. Veja-se também a obra, já citada, de Carmo Neto, "O intendente Aragão", notando-se que Carmo Neto considera Araújo "em matéria de história da polícia desta Capital [...] um espécie de *doctor unius libri*..." (p. 14).

66. Ibid., p. 58.

67. Ibid., p. 58.

68. Ibid., p. 56.

69. Ibid., p. 61. Veja-se também o capítulo XXVIII, do estudo de Émile Allain, Rio de Janeiro, *Quelques données sur la capitale et sur l'administration du Brésil*, 2a ed., Paris-Rio de Janeiro, 1886.

70. Manuscrito, Arquivo Público Nacional, cit. por Araújo, op. cit., p. 115. França ordena aí ao comandante da Imperial Guarda da Polícia fazer "reforçar as patrulhas nos largos e praças da cidade, de sorte a evitar o ajuntamento de negros capoeiras...". Veja-se também a seção "Postura e infração de posturas" do Arquivo Geral da Prefeitura do Distrito Federal, seção que o ilustre historiador Noronha Santos destaca como fonte "do maio apreço" ou "cabedal informativo digno de grande interesse" ("Resenha analítica de livros e documentos do Arquivo Geral da Prefeitura elaborada pelo historiador Noronha Santos", Rio de Janeiro, 1949, p. 15).

71. *Diário do Rio de Janeiro*, 26 de novembro de 1821. Sobre a polícia do Rio de Janeiro nos primeiros anos do Império, veja-se a obra já citada de Carmo Neto, "O intendente Aragão."

72. *Diário do Rio de Janeiro*, 3 de janeiro de 1825. Era "depois das dez horas da noite no verão e das nove no inverno, até á alvorada" que ninguém, no Rio de Janeiro dos primeiros anos do Império, estava "isento de ser apalpado e corrido pelos patrulhas da polícia". Os escravos, porém, poderiam ser apalpados a qualquer hora.

Carmo Neto recorda a observação de van Bolen de que, por essa época, rondavam frequentemente as ruas da cidade do Rio de Janeiro "patrulhas a cavalo e a pé" (op. cit., p. 15).

73. J. M. Pereira da Silva, *Segundo período do reinado de D. Pedro I no Brasil*, Rio de Janeiro, 1871, p. 287.

74. Pertence ao arquivo do Instituto Histórico e Geográfico Brasileiro interessante autógrafo, em alemão, assinado por D. Pedro I e dirigido a seu "caro Schaeffer", onde se diz: "Muito lhe agradeço a boa gente que tem mandado para soldados. A imperatriz já lhe mandou, da minha parte, encommendar mais 800 homens; agora eu lhe peço que, em logar de colonos casados, mante mais 3.000 solteiros, também para soldados, além dos 800. O ministro dos Negócios Estrangeiros lhe mandou dizer que não mandasse mais, mas eu quero que mande os que por esta lhe encommendo, e faça de conta que não recebeu ordem para não mandar. Mande, mande e mande, pois lhe ordenna quem o há de desculpar e premiar pois é – seu *Imperador*. Boa Vista, em 13 de junho de 1824." Desde 1823, recorda Carmo Neto, Jorge Antônio de Schaeffer, "a serviço do Exército brasileiro", fora encar-

regado pelo governo do Brasil de contratar colonos na Alemanha e, ao mesmo tempo, engajar aí "soldados estrangeiros para servirem em nossas fileiras, como se vê da portaria de 4 de dezembro de 1824 (Coleção Nabuco)" (op. cit., p. 13). Com esses estrangeiros contratados, formaram-se os três batalhões cuja revolta foi sufocada com o auxílio de capoeiras: "o de irlandeses aquartelado no campo de Santana e os dois de alemães, aquartelados um no campo de São Cristóvão e outro na praia Vermelha".

75. Sobre os motins do Recife em 1823 – os menos conhecidos dos movimentos de rebeldia da gente de cor no Brasil patriarcal – veja-se Alfredo de Carvalho, *Estudos pernambucanos*, Recife, 1907.

76. H. Cancio, D. João VI, Bahia, 1909, p. 21.

77. Alfredo de Carvalho, op. cit.

78. O historiador baiano Afonso Ruy que estudou minuciosamente o assunto em seu ensaio *Primeira revolução social brasileira* (São Paulo, 1942), diz que o fato de alguns historiadores atribuírem ao jovem conspirador a idade de 17 anos resulta da "declaração que esse réu fizera aos juízes processantes com o propósito de beneficiar-se com o tratamento dado pelas ordenações aos delinquentes de menor idade..." (*História política e administrativa da cidade do Salvador*, Bahia, 1949, p. 321, nota). Recorda o mesmo historiador que ao movimento dos fins do século XVIII precederam várias agitações na Bahia contra atos reais considerados nocivos aos colonos: "... mais das vezes, tais movimentos tinham como inspirador o juiz do povo, que, valendo-se das vantagens do seu cargo, em vez de ter uma atuação ponderada e ordeira era quem arrastava os munícipes dos agitados comícios da praça pública para a sala de reunião do Senado da Câmara. E assim como o vimos encabeçar o protesto contra o monopólio de sal, que culminou no tumulto de 1711, vamos encontrar esse representante dos Mestres a incitar os comerciantes a deporem o governador se este não aprestasse a esquadra libertadora do Rio de Janeiro, então atacado pelos franceses. Não foi senão um juiz do povo que, em 1711, iniciou a campanha contra o Conselho Ultramarino acusado de afastar os brasileiros do desembargo da Relação da Colônia, e que ainda nesse mesmo ano se recusou a auxiliar o juiz de Fora a arrecadar a contribuição anual para pagamento do dote da princesa consorte de Carlos II, da Inglaterra, e dos encargos da paz da Holanda" (op. cit., p. 272). Evidentemente a insurreição de 1798, na Bahia, inspirou-se numa tradição de vitalidade popular afirmada mais de uma vez por palavras e atos do "representante dos Mestres", isto é, dos mecânicos, ou "juiz do Povo", juizado extinto em 1713 sem que a carta régia, extinguindo o órgão, tivesse feito desaparecer a corrente de sentimentos e interesses que por ele vinham se exprimindo.

Datam, com efeito, dos primeiros anos de organização civil e política da capital da Bahia, e, primeira, do Brasil e que, em contraste com Olinda, cidade quase exclusivamente aristocrática, nasceu e desenvolveu-se, ao mesmo tempo, aristocrática e popular – combinação verificada depois na cidade do Recife – expressões claras do poder dos mecânicos, zelosos em reclamar para si direitos e vigilantes na defesa de prerrogativas por eles já conquistadas no Reino. Os "juízes dos misteres", aos quais encontramos numerosas referências nos atos da Câmara de Salvador que vêm sendo publicadas na Bahia, eram, como repara o historiador baiano Afonso Ruy, "ligações do poder da comuna com as classes proletárias" (op. cit., p. 120). Como desde o século XVI, na Bahia, como, ao que parece, em outras áreas do Brasil, os mulatos é que "propendiam para as artes e ofícios" (Teodoro Sampaio, *História da fundação da cidade de Salvador*, Bahia, 1949, p. 280), os mecânicos, em suas afirmações de poder, vêm exprimindo no nosso País, desde dias remotos, direitos ao mesmo tempo de classe e de raça da parte daqueles artesãos, artífices e operários menos dispostos a se confundirem com escravos ou animais de carga.

79. Koster, op. cit., p. 443.
80. Em Minas Gerais, o cientista francês conversou com um negro numa palhoça ou mucambo perto de plantação de milho. E foi este o diálogo:

"– *Vous êtes de la côte d'Afrique; ne regrettez-vous pas quelque fois votre pays?*"

"– *Non: celui-ci vaut mieux; je n'avais pas encore de barbe lorsque j'y suis venu; je me suis accoutumé à la vie que j'y mène.*"

"– *Mais ici vous êtes esclave; vous ne pouvez jamais faire votre volonté.*"

"– *Cela est désagréable il est vrai; mais mon maître est bon, il me donne bien à manger, il ne m'a pas battu six fois depuis qu'il m'a acheté, et il me laisse cultiver un petit champ. Je travaille pour moi le dimanche; je plante du maïs et des mandubis..., cela me donne un peu d'argent*", Auguste de Saint-Hilaire, *Voyage dans l'intérieur du Brésil. Partie I. Les provinces de Rio de Janeiro et de Minas Gerais*, Paris, 1830, I, p. 98-99.

81. Koster, op. cit., p. 390.
82. Sobre negros africanos comparados com os "crioulos", veja-se Saint-Hilaire, op. cit., II, p. 294.
83. Charles Wiener, *333 Jours au Brésil*, Paris, s. d., p. 23.
84. R. Walsh, *Notices of Brazil in 1828 and 1829*, Boston, 1831, II, p. 78. Deve-se notar que os anúncios de máquinas e instrumentos europeus, tanto quanto a eficiência de algumas dessas máquinas e instrumentos, instalados ou postos a funcionar no Rio de Janeiro, na Bahia e em Pernambuco, acabaram convencendo muito brasileiro dos primeiros decênios do século XIX que os fabricantes, donos ou maquinistas daquelas máquinas eram todos uma espécie de novos messias ou novos bruxos; que com suas invenções mecânicas seriam capazes de realizar maravilhas. Um novo sebastianismo ou messianismo formou-se então no Brasil: em torno das máquinas inglesas e francesas. Daí um brasileiro desses ter procurado Mr. Duval, pouco depois da chegada desse inglês ao Rio de Janeiro. Sabendo que Duval vinha se entregar, no Brasil, a negócios de mineração, desejava saber por meio de que maravilhoso instrumento se orientava ele no sentido de descobrir ouro sem ter de cavar a terra. Devia haver um instrumento inglês para esse fim. Talvez um vidro – esse vidro tão associado à chegada dos ingleses

no Brasil e à sua presença entre os nossos antepassados mal saídos da sombra das gelosias – por meio do qual fosse possível ao minerador ver através da terra. Talvez um ferro que possuísse a faculdade mágica de indicar a presença do ouro. Estava certo, tal brasileiro típico, de que *Mr.* Duval, sem contar com o auxílio de um instrumento desses, não se teria largado da Inglaterra para o Brasil onde tantos brasileiros procuravam inutilmente ouro pelos meios já conhecidos. O que fez o Rev. Walsh, amigo de Mr. Duval, filosofar sobre o fato: o de muitos brasileiros associarem ao nome e à figura dos ingleses, processos sumários e mágicos de se descobrirem, por meio de vidro ou ferro – duas grandes expressões, ao lado do carvão, do poder econômico e técnico dos ingleses – tesouros ou riquezas; e atribuírem às máquinas britânicas poderes miraculosos. Sobre o assunto veja-se o capítulo "Aventura, comércio e técnica", do nosso *Ingleses no Brasil*, Rio de Janeiro, 1948, p. 49.

85. Mawe, op. cit., p. 191.
86. Ibid., p. 192.
87. Ibid., p. 192.
88. Walsh, op. cit., p. 40.
89. Ibid., II, p. 213.
90. Ibid., II, p. 131.
91. Mawe, op. cit., p. 217.
92. Ibid., p. 66.
93. Ibid., p. 77.
94. Ibid., p. 193.
95. Ibid., p. 370.
96. Koster, op. cit., p. 393.
97. Debret, op. cit., p. 19.
98. Ibid., II, p. 101.
99. Ibid., II, p. 101.
100. A. Ferreira Moutinho, *Notícia histórica e descritiva da província de Mato Grosso*, São Paulo, 1869, p. 129.
101. *Um engenheiro francês no Brasil*, Rio de Janeiro, 1940, p. 65.
102. Debret, op. cit., II, p. 101. Fora evidentemente menino criado por europeu o negro forro Carlos Dunch que, em anúncio no *Diário do Rio de Janeiro* de 20 de fevereiro de 1822, se oferece para pajem ou escudeiro em "huma caza de algum inglez", pois falava "Inglez, francez e italiano".

103. Cunha Matos, "Corografia histórica da província de Goiás", *Rev. Inst. Hist. Geog. Br.*, t. XXXVII, p. I, Rio de Janeiro, 1874, p. 299-301.

104. J. J. Aubertin, *Eleven days journey in the province of São Paulo*, Londres, 1866, p. 6.

105. Richard F. Burton, *Explorations of the highlands of the Brazil*, Londres, 1869, I, p. 262-267.

106. Os anúncios de jornais dos primeiros decênios do século XIX nos trazem, sobre o assunto, informações significativas. São numerosos os anúncios que se referem a maquinistas ou técnicos, principalmente estrangeiros, ao lado dos anúncios de máquinas, também quase sempre estrangeiras, a que mais adiante nos havemos de referir. Destacaremos aqui alguns, que consideramos típicos, de técnicos europeus em várias especialidades novas para o Brasil. Do *Diário do Rio de Janeiro* de 11 de setembro de 1821: "Preciza-se de hum homem que saiba tratar da limpeza e conservação de machinas e que tenha capacidade de explicar o uso dellas..." Do mesmo Diário de 5 de outubro de 1821: "Offerece-se [...] hum francez com sua esposa para administrador de fazenda". Do mesmo Diário, de 23 de fevereiro de 1822 : "Preciza-se de hum homem estrangeiro ou nacional que saiba fazer sabão inglez para administrar huma fabrica..." Do mesmo Diário, de 13 de abril de 1822; "Offerece-se [...] hum moço inglez para ser caixeiro". Do mesmo Diário, de 25 de abril de 1822 : "Diogo Forsyty, vindo de Londres, acha-se estabelecido na rua da Misericordia no 115 onde elle trabalha em toda a obra de torneiro, segundo a ultima moda..." Do mesmo Diário de 12 de janeiro de 1830: "Offerece-se [...] jardineiro francez para tratamento de horta e jardim de flores, entende de toda planta de fora..." Do mesmo Diário de 13 de janeiro de 1830: "Offerece-se [...] hum cozinheiro de nação Italiano [...] não só cozinha como faz todas as qualidades de massa, pasteis e doces..." Da Gazeta do Rio de Janeiro de 31 de janeiro de 1821: "... huma loja de ferrador tanto á ingleza como á portugueza debaixo dos princípios physicos da anatomia do casco". Do Diário de Pernambuco de 6 de fevereiro de 1830: "Auguste, conzinheiro [sic] francez tem a honra de prevenir ao publico que elle se encarrega de fazer todo e qualquer banquete..." e "Angela Montini Garcia, primeira dama de dançarinos..." para lições de danças novas e moças, certo como é que as danças, tanto como a culinária, vinham sendo atingidas na Europa pelo processo de mecanização ou cientifização das artes.

107. Diário do Rio de Janeiro, 26 de junho de 1822.

108. Max Radiguet, Souvenirs de l'Amérique espagnole, Paris, 1856, p. 257. Sobre a substituição de palanquins e traquitanas por carruagens velozes, de fabrico inglês, veja-se o excelente estudo do historiador Noronha Santos, Meios de transportes no Rio de Janeiro – História e legislação, Rio de Janeiro, 1934. Destaca o Sr. Noronha Santos a relutância de alguns senhores, na própria cidade do Rio de Janeiro, em deixarem as cavalgaduras para substituí-las pelas seges. Tal o barão de Ubá que preferia uma besta ruça à sege de sua propriedade. "A obsessão dos ricaços" — escreve o historiador — "em possuir esse ou aquele animal de montaria ajaezada com arreios e artefatos de luxo – selas, acolchoadas, cabeçadas, testeiras, peitorais rebrilhantes – e ostentar estribos de prata,

guizeiras em volta do pescoço da cavalgadura, freios, rédeas, esporas, tudo que a arte da equitação exige, passava de pais a filhos como legado de família" (I, p. 32). Recorda, a propósito, o reparo de Rocha Pombo de que a ostentação de arreios de prata era para os senhores o mesmo que as joias de ouro para as senhoras: "ostentação de nobreza". Daí a indústria de selins e arreios ter atingido no Rio de Janeiro "espantoso desenvolvimento" (p. 35). Aos poucos, porém – acrescentemos ao ilustre historiador – os objetos de "ostentação de nobreza" foram se transferindo dos simples animais para as máquinas, completadas pelos escravos e animais que as animavam.

109. Gazeta do Rio de Janeiro, 28 de janeiro de 1818.

110. Gazeta do Rio de Janeiro, 31 de janeiro de 1818.

111. Gazeta do Rio de Janeiro, 5 de dezembro de 1818.

112. Gazeta do Rio de Janeiro, 28 de fevereiro de 1818.

113. Diário do Rio de Janeiro, 15 de setembro de 1821.

114. Diário do Rio de Janeiro, 15 de setembro de 1821.

115. Diário do Rio de Janeiro, 18 de setembro de 1821.

116. Jornal do Commercio, 18 de fevereiro de 1828.

117. Jornal do Commercio, 3 de junho de 1828.

118. Jornal do Commercio, 11 de junho de 1828.

119. Alfredo de Carvalho, Frases e palavras, Recife, 1906. Sobre outras atividades técnicas de franceses em Pernambuco, veja-se o nosso Um engenheiro francês no Brasil, cit., onde se destacam vários anúncios típicos dessas atividades, colhidos no Diário de Pernambuco. Sobre o assunto veja-se também nosso Ingleses no Brasil, cap. I (Rio de Janeiro, 1948), onde são estudados, entre outros aspectos da influência inglesa na formação da vida, da cultura e da paisagem brasileira, as atividades inovadoras, no nosso meio, de técnicos e maquinistas britânicos.

120. Jornal do Commercio, 20 de dezembro de 1828.

121. Veja-se, sobre o assunto, o estudo de George Eduardo Fairbanks, Observações sobre o commercio do assucar e o estado presente desta industria em varios paizes etc., Bahia, 1847. Leiam-se também Francisco de Paula Cândido, Clamores da agricultura no Brasil e indicação de meios facílimos de levá-la rapidamente à prosperidade, Rio de Janeiro, 1859 e, especialmente, o Discurso sobre o melhoramento da economia rústica do Brasil (Lisboa, MDCCXCIX), por José Gregório de Morais Navarro, onde o autor faz inteligente crítica ao sistema de agricultura dominante no Brasil e clama pela urgente utilização do arado e, na indústria rural, de fornalhas de nova invenção (p. 15-18).

122. Veja-se, sobre o assunto, Antônio Gomes de Matos, Esboço de um manual para os fazendeiros do açúcar, Rio de Janeiro, 1882, cujo estudo é, em parte, retrospectivo.

123. Henrique Jorge Rebelo, Memória e considerações sobre a população do Brasil, Bahia, 1836, p. 43.

124. Ibid., p. 36.

125. Manuscrito, Arquivo Histórico Colonial, Lisboa, IV, 18-170.

126. Rebelo, op. cit., p. 36.

127. Ibid., p. 39.

128. Ibid., p. 39.

129. Ibid., p. 39.

130. "Parecer e tratado feito sobre os excessivos impostos que cahirão sobre as lavouras do Brasil arruinando o commercio deste. Por Joam Peixoto Viegas enviado ao Sr. Marquez das Minas concelheiro de S. Mag.de e então g.or g.1 da cid.e da B.a. B.a. 20 de julho de 1687 annoz", manuscrito, Seção de Manuscritos da Biblioteca Nacional do Rio de Janeiro, I, 32 G, no 17.

131. Ferdinand Denis, le Brésil, Paris, MDCCCXXXIX, p. 112.

132. Ibid., p. 123.

133. Ibid., p. 122.

134. P. 7-8.

135. Veja-se sobre o assunto a Memória sobre o commercio de escravos, cit., p. 9.

136. José Pereira Rego, Esboço histórico das epidemias que têm grassado na cidade do Rio de Janeiro desde 1830 a 1870, Rio de Janeiro, 1872. Também o "Parecer da sociedade de Medicina do Rio de Janeiro sobre a enfermidade que grassou em 1830 na vila de Magé e seu termo", Anais Brasilienses de Medicina – Jornal da Academia Imperial de Medicina do Rio de Janeiro, outubro de 1872, XXN, nos 5 e 6. E mais o manuscrito no Arquivo Nacional do Rio de Janeiro, Seção Histórica, Lo M. no 7, Fls. 27 a 37, cujo conhecimento devemos ao seu digno diretor, o historiador Vilhena de Morais: "Projeto de calculo para um novo estabelecimento entre os rios Macabú e do Imbé, apresentado pelos moradores dos campos de Goytacazes, Macahé, Rio de Som João, Cabofrio e Cantagallo", s.d.

137. Publicada no Rio de Janeiro em 1871.

138. Peckolt, op. cit., p. 59.

139. Ibid., p. 59-60.

140. Vejam-se sobre o assunto, José de Sousa Azevedo Pizarro Araújo, *Memorias historicas do Rio de Janeiro*, Rio de Janeiro, 1820- 1822, C. Schlichthort, Rio de Janeiro wie es ist, Hanover, 1829, Baltasar da Silva Lisboa, Anais do Rio de Janeiro, Rio de Janeiro, 1834-1835, Charles Hanbury, *Limpeza da cidade do Rio de Janeiro*, Rio de Janeiro, 1854, J. M. de Macedo, *Um passeio pela cidade do Rio de Janeiro*, Rio de Janeiro, 1862-1863, Pereira Rego, *Memória histórica das epidemias de febre amarela e cólera-morbo que têm reinado no Brasil*, Rio de Janeiro, 1873. Vieira Souto, *Melhoramentos da cidade do Rio de Janeiro*, Rio de Janeiro, 1875, Tomás Delfino Santos, *Melhoramentos para tornar a cidade mais salubre*, Rio de Janeiro, 1882, A. M. Azevedo Pimentel, *Quais os melhoramentos higiênicos a serem introduzidos no Rio de Janeiro para tornar a cidade mais saudável*, Rio de Janeiro, 1884, Moreira de Azevedo, *O Rio de Janeiro*, Rio de Janeiro, 1877 e também *Pequeno panorama ou descrição dos principais edifícios da cidade do Rio de Janeiro*, Rio de Janeiro, 1866, Augusto Fausto de Sousa, *A baía do Rio de Janeiro*, Rio de Janeiro, 1882, A. de Paula Freitas, *O saneamento da cidade do Rio de Janeiro*, Rio de Janeiro, 1884. Vejam-se também as "Vereanças de 1805 a 1829" publicadas em parte no *Arquivo do Distrito Federal* (1894-1897) e que, segundo o sempre bem informado Sr. Noronha Santos, "retratam provimentos do 'concelho' da cidade, relativos à administração local e a melhoramentos de maior utilidade em benefício da população e das condições sanitárias" ("Resenha analítica de livros e documentos do Arquivo Geral da Prefeitura elaborada pelo historiador Noronha Santos", Rio de Janeiro, 1949). Excelente síntese da formação da cidade do Rio de Janeiro, tanto do ponto de vista do desenvolvimento material como do político, é a recente *Aparência do Rio de Janeiro*, do escritor Gastão Cruls (Rio de Janeiro, 1949), precedida, aliás, pela História da cidade do Rio de Janeiro, do professor Delgado de Carvalho (Rio de Janeiro, 1926).

141. Veja-se sobre o assunto a memória histórica que a prefeitura do Rio de Janeiro fez publicar em 1909: *Memória sobre matadouros no Rio de Janeiro*. Também o vasto material que a respeito existe no Arquivo da Prefeitura do Distrito Federal e indicado pelo historiador Noronha Santos ("Resenha", cit., p. 22).

142. O fato foi surpreendido em alguns dos seus efeitos imediatos por observadores da época, um deles Charles Reybaud que escreveu no seu Le Brésil (Paris, 1856) : *"La suppression de la traite a laissé au Brésil bien des capitaux inactifs, indigènes ou étrangers, mais habitués à chercher un emploi lucratif dans les transactions des grandes places brésiliennes. C'est cette abondance de valeurs disponibles, combinée avec des développements de l'esprit d'association, qui explique la facilité avec laquelle se sont montées à Rio les plus importantes affaires. On a vu tour à tour la Banque du Brésil, l'entreprise des services à vapeur sur l'Amazone, celle du chemin de fer de don Pedro II et bon nombre d'autres, trouver sur-le-champ, par des souscriptions empressées, dix fois le capital dont ils avaient besoin. Il y avait certainement de l'agiotage dans cette ardeur à souscrire, et la capitale du Brésil n'est pas plus affranchie que Paris et Londres de cette spéculation malséante, levier vereux et nécessaire du crédit public et privé"* (p. 230-231).

143. Vítor Viana, em seu estudo *O Banco do Brasil – Sua formação, seu engrandecimento, sua missão nacional* (Rio de Janeiro, 1926), refere-se às crises de 51, 57, 64 como "crises de crescimento" (p. 362). E transcreve do relatório de 1859: "... a cessação do tráfego deslocou avultados capitais, até então empregados nas feitorias das costas da África e no aparelhamento das expedições", isto é, das expedições para a captura de negros. Esse dinheiro, refluindo para o Brasil, "mudou completamente a face de todas as cousas na agricultura, no comércio e na indústria" (p. 363). O recente estudo do professor Afonso Arinos de Melo Franco, *História do Banco do Brasil* (São Paulo, 1947), limitando-se à primeira fase da história do Banco (1808- 1835), não alcança as crises que nos parecem marcar transições de tipos de economia no Império.

144. *Relatorio apresentado à Assembleia legislativa na segunda sessão da décima legislatura pelo ministro e secretario d'Estado dos Negocios do Imperio marquês de Olinda*, Rio de Janeiro, 1858, "Parecer da Comissão Encarregada pelo Exmo. Sr. Presidente da Província para consultar sobre as causas da carestia dos gêneros alimentícios", p. 8.

145. Op. cit., "Informação do presidente do Rio Grande do Norte", p. 1-3.

146. Op. cit., "Informação do presidente de Santa Catarina", p. 2.

147. Vejam-se, sobre o assunto, *Memória histórica das epidemias de febre amarela e cólera-morbo que têm reinado no Brasil*, pelo Dr. Pereira Rego (barão de Lavradio), Rio de Janeiro, 1873, o trabalho anterior do mesmo José Pereira Rego, *História e descrição da febre amarela no Rio de Janeiro*, em 1850, Rio de Janeiro, 1851, e sobre a receptividade mórbida à febre amarela de indivíduos ou populações segundo áreas, idades, raças, tipos de habitação etc., o relatório do médico José Domingos Freire, anexo ao *Relatório do ministro do Império*, Rio de Janeiro, 1885. Vejam-se também *Du climat et des maladies du Brésil*, por J. F. X. Sigaud, Paris, 1844, *Considerações gerais sobre a topografia físico-médica da cidade do Rio de Janeiro*, por Francisco Lopes de Oliveira Araújo, Rio de Janeiro, 1852, *Observações sobre a febre amarela*, por Roberto Lallemant, Rio de Janeiro, 1951, e Estudo clínico sobre as febres do *Rio de Janeiro*, por João Torres Homem, Rio de Janeiro, 1856.

XI Ascensão do bacharel e do mulato

É impossível defrontar-se alguém com o Brasil de D. Pedro I, de D. Pedro II, da princesa Isabel, da campanha da Abolição, da propaganda da República por doutores de *pince-nez*, dos namoros de varanda de primeiro andar para a esquina da rua, com a moça fazendo sinais de leque, de flor ou de lenço para o rapaz de cartola e de sobrecasaca, sem atentar nestas duas grandes forças, novas e triunfantes, às vezes reunidas numa só: o bacharel e o mulato.

Desde os últimos tempos coloniais que o bacharel e o mulato vinham se constituindo em elementos de diferenciação, dentro de uma sociedade rural e patriarcal que procurava integrar-se pelo equilíbrio, e mais do que isso, pelo que os sociólogos modernos chamam acomodação, entre dois grandes antagonismos: o senhor e o escravo. A casa-grande, completada pela senzala, representou, entre nós, verdadeira maravilha de acomodação que o antagonismo entre o sobrado e o mucambo veio quebrar ou perturbar.

A urbanização do Império, a consequente diminuição de tanta casa-grande gorda, em sobrado magro, mais tarde até em chalé esguio; a fragmentação de tanta senzala em mucambaria, não já de negro fugido, no meio do mato grosso ou no alto do morro agreste mas de negro ou pardo livre, dentro da cidade – fenômeno do 1830 brasileiro que se acentuou com a campanha da Abolição – tornou quase impossível o equilíbrio antigo, da época de ascendência quase absoluta dos senhores de escravos sobre todos os outros elementos da sociedade; sobre os próprios vicerreis e sobre os próprios bispos. Maximiliano ainda alcançou essa época quase feudal de organização social do Brasil;[1] e o conde de Suzannet ainda sentiu de perto, no Império, essa feudalidade,[2] senão de substância, de forma.

A valorização social começara a fazer-se em volta de outros elementos: em torno da Europa, mas uma Europa burguesa, de onde nos foram chegando novos estilos de vida, contrários aos rurais e mesmo aos patriarcais: o chá, o governo de gabinete, a cerveja inglesa, a botina Clark, o biscoito de lata. Também roupa de homem menos colorida e mais cinzenta; o maior gosto pelo teatro, que foi substituindo a igreja; pela carruagem de quatro rodas que foi substituindo o cavalo ou o palanquim; pela bengala e pelo chapéus de sol que foram substituindo a espada de capitão ou de sargento-mor dos antigos senhores rurais. E todos esses novos valores foram tornando-se as insígnias de mando de uma nova aristocracia: a dos sobrados. De uma nova nobreza: a dos doutores e bacharéis talvez mais que a dos negociantes ou industriais. De uma nova casta: a de senhores de escravos e mesmo de terras, excessivamente sofisticados para tolerarem a vida rural na sua pureza rude.

Eram tendências encarnadas principalmente pelo bacharel, filho legítimo ou não do senhor de engenho ou do fazendeiro, que voltava com novas ideias da Europa – de Coimbra, de Montpellier, de Paris, da Inglaterra, da Alemanha – onde fora estudar por influência ou lembrança de algum tio-padre mais liberal ou de algum parente maçom mais cosmopolita.

Às vezes eram rapazes da burguesia mais nova das cidades que se bacharelavam na Europa. Filhos ou netos de "mascates". Valorizados pela educação europeia, voltavam socialmente iguais aos filhos das mais velhas e poderosas famílias de senhores de terras. Do mesmo modo que iguais a estes, muitas vezes seus superiores pela melhor assimilação de valores europeus e pelo encanto particular, aos olhos do outro sexo, que o híbrido, quando eugênico, parece possuir como nenhum indivíduo de raça pura, voltavam os mestiços ou os mulatos claros. Alguns deles filhos ilegítimos de grandes senhores brancos; e com a mão pequena, o pé bonito, às vezes os lábios ou o nariz, dos pais fidalgos.

A ascensão dos bacharéis brancos se fez rapidamente no meio político, em particular, como no social, em geral. O começo do reinado de Pedro II é o que marca, entre outras alterações na fisionomia brasileira: o começo do "romantismo jurídico" no Brasil, até então governado mais pelo bom senso dos velhos que pelo senso jurídico dos moços. Com Pedro I, tipo de filho de senhor de engenho destabocado, quebrara-se já quase por completo, para o brasileiro, a tradição ou a mística da idade respeitável. Mística ou tradição já comprometida, como vimos, por alguns capitães-generais de vinte e tantos anos, para cá enviados pela metrópole, na era colonial, quase como um acinte ou uma pirraça aos velhos poderosos da terra. Mas foi com Pedro II que a nova mística – a do bacharel moço – como que se sistematizou, destruindo quase de todo a antiga: a do capitão-mor velho.

Os bacharéis e doutores que iam chegando de Coimbra, de Paris, da Alemanha, de Montpellier, de Edimburgo, mais tarde os que foram saindo de Olinda, de São Paulo, da Bahia, do Rio de Janeiro, a maior parte deles formados em Direito e Medicina, alguns em Filosofia ou Matemática e todos uns sofisticados, trazendo com o verdor brilhante dos vinte anos, as últimas ideias inglesas e as últimas modas francesas, vieram acentuar, nos pais e avós senhores de engenho, não só o desprestígio da idade patriarcal, por si só uma mística, como a sua inferioridade de matutões atrasados. Ao segundo Imperador, ele próprio, nos seus primeiros anos de mando, um meninote meio pedante presidindo com certo ar de superioridade europeia e gabinetes de velhos acaboclados e até amulatados, às vezes matutos profundamente sensatos, mas sem nenhuma cultura francesa, apenas a latina, aprendida a palmatória ou vara de marmelo, devia atrair, como atraiu, nos novos bacharéis e doutores, não só a solidariedade da juventude, a que já nos referimos, mas a solidariedade da cultura europeia. Porque ninguém foi mais bacharel nem mais doutor neste país que D. Pedro II. Nem menos indígena e mais europeu. Seu reinado foi o reinado dos bacharéis.

Em suas *Memórias* recorda à página 91 D. Romualdo de Seixas que "distinto deputado, hoje senador do Império" propunha que se mandasse para o Pará, com o fim de melhor ajustar ao sistema imperial aquela província indianoide do extremo Norte, "carne, farinha e bacharéis". E comentava D. Romualdo: "Pareceu com efeito irrisória a medida; mas refletindo-se um pouco vê-se que os dois primeiros socorros eram os mais próprios para contentar os povos oprimidos de fome e miséria e o terceiro não menos valioso pela mágica virtude que tem uma carta de bacharel que transforma os que têm a fortuna de alcançá-la em homens enciclopédicos e aptos para tudo".

De D. Pedro II não será talvez exagero dizer-se que sua confiança estava mais nos bacharéis que administrassem juridicamente as províncias e distribuíssem corretamente a justiça, do que em socorros de carne e farinha aos "povos oprimidos". Socorros precários e efêmeros.

Mas o bacharel não apareceu no Brasil com D. Pedro II e à sombra das palmeiras imperiais plantadas por el-Rei seu avô. Já os jesuítas tinham dado à colônia ainda sombreada de mato grosso – a terra inteira por desbravar, índios nus quase dentro das igrejas, de olhos arregalados para os padres que diziam missas, casavam e batizavam, cobras caindo do telhado por cima das camas ou enroscando-se nas botas dos colonos – os primeiros bacharéis e os primeiros arremedos de doutores ou mestres em arte. E nos séculos XVII e XVIII, graças aos esforços dos padres, aos seus cursos de latim, Salvador já reunira bacharéis formados nos pátios da Companhia, como Gregório de Matos e seu irmão Euzébio, como Rocha Pita e Botelho de Oliveira. Alguns aperfeiçoaram-se na Europa, é certo; mas na própria Bahia, e com os padres velhos, é que quase todos fizeram os estudos de Humanidades.

Entretanto, é do século seguinte que data verdadeiramente a ascensão do homem formado na vida política e social da colônia. Gonzaga, Cláudio, os dois Alvarenga, Basílio da Gama marcam esse prestígio mais acentuado do bacharel na sociedade colonial; a intervenção mais franca do letrado ou do clérigo na política. Marcam, ao mesmo tempo, o triunfo político de outro elemento na vida brasileira – o homem fino da cidade. E mais: a ascensão do brasileiro nato e até do mulato aos cargos públicos e à aristocracia da toga.

Nesses bacharéis de Minas se faz, com efeito, antecipar a decadência do patriarcado rural, fenômeno que se tornaria tão evidente no século XIX. Eles são da aristocracia dos sobrados: mas uma nova aristocracia de sobrado diversa da semirural ou da comercial. Aristocracia de toga e de beca.

Ainda que sentindo-se diferenciados da Europa ou da metrópole, onde estudaram, e querendo um Brasil independente e republicano, a formação europeia lhes tirara o gosto pela natureza bruta e quente do trópico substituindo-o por um naturalismo morno e apenas literário, à sombra de mangueiras de sítio e entre macacos amansados pelos negros da casa e papagaios que, em vez de palavras tupis, repetiam frases latinas e até francesas aprendidas já com esses novos senhores. De Morais do *Dicionário*, pelo menos, é tradição que gostava de divertir-se ensinando latim e francês a papagaios.

Embora mulatos, alguns desses bacharéis, quando escrevem verso para celebrar a paisagem dos trópicos, é sentindo dentro do peito, inflamando-o, "pastores louros", do doce lirismo rural da Europa:

*"O pastor louro que meu peito inflama
Dará novos alentos a meu verso"*

diz Alvarenga Peixoto no seu "Canto genetlíaco".[3]

Cláudio Manuel da Costa, de volta ao Brasil, depois de cinco anos de Europa, não contém nem disfarça o desencanto diante da paisagem tristonha. Não eram estas na verdade "as aventurosas praias da Arcádia" onde "o som das águas inspirava a harmonia dos versos". Depois de cinco anos de voluptuosa formação intelectual, junto ao Mondego, de águas tão azuis, só lhe restava aqui, à sombra dos cajueiros, à margem de rios de águas barrentas e entre gente tão pervertida como a paisagem, pela "ambiciosa fadiga de minerar a terra", "entregar-se ao ócio, sepultar-se na ignorância".

O mesmo desconsolo sentiriam, depois de Cláudio Manuel, uma série de brasileiros que tendo estudado fora do Brasil, aqui experimentariam, de volta à casa, verdadeiro tormento: a difícil readaptação ao meio, à paisagem, à casa, à própria família: "A desconsolação de não poder subestabelecer aqui as delícias do Tejo, do Lima e do Mondego me faz entorpecer o engenho dentro do meu berço" conclui melancolicamente o bacharel mineiro; e pela sua boca parecem falar centenas de outros bacharéis e doutores, que voltaram formados da Europa, sonhando com Arcádias, para encontrarem campos para eles feios e tristes, a terra acinzentada pelas "queimadas" e devastada pela mineração. Adolescentes que se europeizaram de tal modo e se sofisticaram de tal maneira que o meio brasileiro, sobretudo o rural – menos europeu, mais bruto – só lhes deu a princípio nojo, enjoo físico: aquela vontade de vomitar aos olhos de que fala o pregador.

E sendo eles os mais moços, por conseguinte os mais inclinados à libertinagem do corpo, como à da inteligência, tornaram-se, entretanto, os censores dos mais velhos e dos exageros de vida sexual que aqui substituíam, para os senhores de escravos, principalmente nos engenhos e nas fazendas, gostos mais finos, preocupações mais intelectuais. De volta à colônia, um dos bacharéis mais europeizados não esconde a repugnância que lhe causa ver as margens do riacho que banha Vila Rica transformadas em lugares de bacanal; e o batuque africano dançado não apenas nos mucambos de negros, mas nos sobrados grandes dos brancos:

"Oh, dança venturosa! Tu entravas
Nas humildes choupanas, onde as negras,
Aonde as vis mulatas apertando
Por baixo do bandulho, a larga cinta,
Te honravam c'os marotos e brejeiros,
Batendo sobre o chão o pé descalço.
Agora já consegue ter entrada
Nas casas mais honestas e palacios!!!"[4]

Entretanto esses desencantados quando deram para patriotas foi para se tornarem nativistas exaltados, alguns indo até ao martírio que nem estudantes de romance russo. Passado o enjoo dos primeiros anos, os bacharéis e doutores formados na Europa tornaram-se – alguns pelo menos, porque em outros o desencanto durou a vida inteira, havendo até os que se deixaram reabsorver pelo meio agreste, como o doutor José de Melo Franco, sertanejo de Paracatu – um elemento de diferenciação criadora, dentro da integração brasileira que se processava, quase por inércia, em volta das casas-grandes patriarcais. Por um lado, inimigos da aristocracia matuta, a cujos gostos e maneiras dificilmente se readaptavam, por outro lado, encontraram nela, esses bacharéis novos, seus aliados naturais para os planos revolucionários de independência política da colônia e até para as aventuras de ação romântica.

Alvarenga Peixoto, o mesmo que se sentia "pastor louro" diante destes "sertões feios e escuros", seria também o cantor desta

"bárbara terra mas abençoada"

e até dos seus escravos, trabalhadores de campo, homens já de várias cores, os sangues misturados – pretos, pardos, morenos – tão diferentes dos tais pastores louros da Europa:

> "[...] *homens de vários acidentes*
> *pardos, pretos, tintos e tostados*
> *[...] os fortes braços feitos ao trabalho"*.⁵

E José Basílio da Gama capricharia em exaltar no seu estilo de letrado – embora querendo às vezes fazer-se de instintivo puro – as árvores, os bichos, as plantas, as frutas mais picantemente brasileiras. Ele e Santa Rita Durão.

Deu-se em vários bacharéis e clérigos essa meia reconciliação com o meio nativo, ainda que "feio e escuro" tornado não só objeto de planos de reforma política e de reconstrução social, como campo de maior aproximação do homem com a natureza. Porque os brasileiros que se formaram na Europa, principalmente na França, na segunda metade do século XVIII, tinham lido lá, e mais a cômodo do que entre nós os padres e maçons mais curiosos das novidades políticas – padres e maçons que só muito na sombra podiam entregar-se a essas libertinagens intelectuais – os livros franceses em que se exaltava o idílio do homem com a natureza: idílio sobre o qual vinham se levantando novas teorias de Liberdade, de Estado, de Direitos do Homem, de Contrato Social. Talvez já sob a influência desse naturismo revolucionário é que Alvarenga Peixoto vira nos homens *"pardos, pretos, tintos e tostados"*, nos negros, índios e mestiços de *"fortes braços feitos ao trabalho"*, os verdadeiros construtores do Brasil: os que vinham mudando as correntes aos rios e rasgando as serras *"sempre armados de pesada alavanca e duro malho"*. Em nossa literatura colonial, essa voz de bacharel é talvez a primeira que exalta o trabalho do escravo, a ação criadora, brasileiramente criadora, do proletariado negro, índio e principalmente mestiço na formação nacional.

A Inconfidência Mineira foi uma revolução de bacharéis, como revoluções de bacharéis – pelo menos de clérigos que eram antes bacharéis de batina do que mesmo padres, alguns educados em Olinda, no seminário liberal de Azeredo Coutinho, "em todos os principais ramos da literatura própria não só de um eclesiástico mas também de um cidadão que se propõe a servir ao estado" – foram as duas revoluções pernambucanas, preparadas por homens ainda do século XVIII: a de 1817 e a de 1824. Esses intelectuais, ansiosos de um Brasil independente e republicano, repita-se que a melhor aliança que encontraram foi a de poderosos senhores de escravos e de terras. Aristocratas já com várias gerações na América, alguns com sangue de índio e até de negro: de Silva Alvarenga se sabe que era mulato como mulato ou quadrarão ou pelo menos "moreno" parece ter sido o próprio Tiradentes, de quem o padre Martinho Freitas diz nas suas *Memórias* (citadas pelo Sr. Aires da Mata Machado Filho à página 17 do seu *Tiradentes, Herói Humano*, publicado em Belo Horizonte em 1948) que quisera desposar certa moça de São João del-Rei "opondo--se o pai da mesma por ser o pretendente colono e de cor morena".

Eram, assim, vários dos revolucionários, gente a quem convinha precisamente a República ou um Brasil independente – pelo menos independente de Portugal. A República, aliás, segundo alguns dos nossos historiadores políticos, já fora tentada em 1710 por senhores de engenho de Pernambuco, diz-se que inspirada no modelo da de Veneza. O que parece, entretanto, é que àqueles revolucionários, quase todos fidalgos, embora rústicos, faltara justamente a direção intelectual de alguma grande figura de bacharel ou de clérigo mais esclarecido. O que não faltaria, antes sobraria, à conspiração mineira e às duas insurreições de Pernambuco, dos princípios do século XIX.

Mas em qualquer uma dessas, se porventura tivesse triunfado o ideal revolucionário, teria talvez se verificado, dentro da vitória, o choque entre os partidários da independência que visavam interesses de produtores de açúcar ou de mineradores e os partidários da independência por motivos menos econômicos e mais ideológicos, ou, pelo menos, de natureza mais psicológica ou mais sociológica do que econômica. Entre estes estariam os bacharéis: grande número deles. Principalmente os bacharéis mulatos ou "morenos". E estariam também os que, sem serem bacharéis nem doutores, como o Tiradentes, tinham, como ele, alguma coisa de doutor, sendo "dentistas" e curandeiros, e não apenas mascates, bacharelescamente retóricos. Gente de meia-raça a fazer as vezes de classe média.

Sentiriam estes bacharéis, doutores e semidoutores de cor, como ninguém, a necessidade de melhor ajustamento social que viesse dar aos intelectuais, aos homens formados, a essa espécie de aristocracia nova e mais indiferentes que as outras à pureza de sangue, maior responsabilidade na direção política do país. Bem característico da dualidade ou do antagonismo de interesses que separava, pelo menos em dois grupos, os homens de 1817, é o choque entre a opinião do ouvidor Andrada, encarnando preconceitos de branquidade, e as ideias de extrema democracia social do Dr. Manuel de Arruda Câmara.

Arruda Câmara era um afrancesado. Seus biógrafos informam que foi egresso carmelita secularizado por breve pontifício. Estudou em Coimbra e sustentam alguns que formou-se depois em Medicina na Universidade de Montpellier, embora o historiador Alberto Rangel nos tenha informado que em suas pesquisas em Montpellier não encontrara confirmação dos estudos regulares de câmara naquela Universidade. Foi – segundo ainda se afirma – companheiro de José Bonifácio em viagens de estudos pela Europa.

Nele, porém, o afrancesamento não deu para que perdesse o sentido social do Brasil – um Brasil já de muito mulato e de muito pardo. Para Arruda Câmara, a revolução que separasse o Brasil de Portugal não devia ser simplesmente política, mas a reconstrução inteira da sociedade. E nessa reconstrução devia ser incluído o melhor ajustamento de relações entre senhores e oprimidos. Entre brancos e homens de cor.

Em contraste com a opinião do ouvidor Antônio Carlos, brasileiro partidário da Independência que, entretanto, exagerava-se no horror, não só político, como até físico, a uma revolução de ideólogos radicais como a de 17, revolução capaz de derrubá-lo, se vitoriosa, "da ordem da nobresa" e de pô-lo – fale o próprio ouvidor – "a par da canalha e ralé de todas as cores" e até de "segar-lhe em flor as mais bem fundadas esperanças de ulterior avanço e de mores dignidades"; em contraste com palavras tão características do sentimento de raça superior que se ligara ao de domínio de classe, a opinião de Arruda Câmara, em carta-testamento que deixou para o padre João Ribeiro, seu discípulo, datada de Itamaracá em 2 de outubro de 1810, chega aos nossos ouvidos com outra compreensão do problema brasileiro de relações entre as raças e entre as classes. "Acabem com o atrazo da gente de cor", escrevia Arruda Câmara ao discípulo de quem ele mais gostava, o pobre padre cuja cabeça de sonhador sete anos depois ia apodrecer espetada num pau, para servir de exemplo aos revolucionários; "isto deve cessar para que logo que seja necessário se chamar aos logares publicos, haver homens para isto, porque jamais pode progredir o Brasil sem elles intervirem collectivamente em seus negocios; não se importem com essa acanalhada e absurda aristocracia 'cabundá' que ha de sempre apresentar futeis obstaculos. Com monarchia ou sem ella, deve a gente de cor ter ingresso na prosperidade do Brasil".[6]

A ascensão do bacharel ou doutor – mulato ou não – afrancesado trouxe para a vida brasileira muita fuga da realidade através de leis quase freudianas nas suas raízes ou nos seus verdadeiros motivos. Leis copiadas das francesas e das inglesas e em oposição às portuguesas: revolta de filhos contra pais. Mas, por outro lado, afrancesados como Arruda Câmara é que deram o grito de alarme contra certos artificialismos que comprometiam a obra patriarcal de integração do Brasil, como aqueles exagerados sentimentos de nobreza encarnados por Antônio Carlos.[7]

Quando Melo Morais aparece, no meado do século XIX, recordando cheio de saudade os velhos do seu tempo de moço, o prestígio que tinham, o bom senso com que administravam a então colônia, é para lamentar, entre outros horrores dos novos tempos, o predomínio dos bacharéis afrancesados; para contrastar-lhes a inexperiência de puros letrados com a sabedoria prática dos velhos administradores. Destes se pode dizer, na verdade, que estavam para os filhos e netos, formados em Direito e em Filosofia, ou em Matemática e Medicina, na Europa, ou sob influência francesa ou inglesa, como muito curandeiro da terra para os rapazes formados em Medicina em Montpellier e em Paris: superiores aos doutos – os curandeiros – pelo seu traquejo e pela sua prática; pela sua sabedoria de grandes intuitivos que lidavam face a face com os males e as doenças de meio tão diverso do europeu, que conheciam pelo nome e às vezes pela experiência do próprio corpo as resinas, as ervas e os venenos indígenas ou trazidos da África pelos negros. Na mesma relação de curandeiros para médicos, estiveram, entre nós, os guerrilheiros para os guerreiros. A guerra contra a Holanda, por exemplo, foi ganha principalmente pelos guerrilheiros da terra contra os guerreiros da Europa. Por homens de conhecimentos concretos da terra em que se batalhava contra guerreiros, a eles vastamente superiores, na arte ou na ciência abstrata das batalhas.

O professor Gilberto Amado salienta que à política e à administração do Império, os homens mais úteis não foram os mais bem preparados com "sua fácil e inexaurível erudição à margem dos fatos e das coisas". E num dos seus mais lúcidos ensaios observa desses "mais preparados" que eram homens de "erudição abstrata", "preocupados mais com o espírito que com o fundo dos problemas", fazendo discursos cheios de "citações de estadistas franceses e ingleses" sem, entretanto, se darem "ao pequeno trabalho de fazer um estudo ligeiro das condições de raça, de meio, das contingências particulares" do Império. Os estadistas mais realizadores foram, muitas vezes, homens de feitio oposto ao dos bacharéis, mais cultos: "os menos preparados". Isto sem exceção, desde Paraná a Cotegipe.[8]

Se houve doutores e bacharéis formados na Europa do fim do século XVIII que reuniram, como Arruda Câmara, a teoria europeia a qualidades de curandeiros dos nossos males sociais por processos brasileiros, muitos se exageraram na doutrina. E foram uns românticos ou então uns livrescos, imaginando que dirigiam país castiçamente europeu: e não uma população mulata, mestiça, plural.

Em 1845, já em pleno domínio o segundo Imperador e em pleno funcionamento as Faculdades de Direito do Recife e de São Paulo, à frente da administração das províncias e nas maiores responsabilidades políticas e de governo começaram a só aparecer homens formados. Os edifícios onde foram se instalando as sedes de governo e as repartições públicas mais importantes – uns novos, em estilo francês ou italiano, outros, antigos casarões de convento ou de patriarca rico adaptados à burocracia do Império – principiaram a avultar na paisagem brasileira. Ao mesmo tempo, já indicamos em capítulo anterior que começaram a ir diminuindo de tamanho as casas-grandes dos particulares: dos capitães, dos brigadeiros, dos senhores de escravos.

À gente do povo não passou despercebida a transferência de poder de uns edifícios para outros. Mas de tal modo se habituara ao prestígio das casas-grandes patriarcais que, em algumas províncias, os palácios dos presidentes ficaram conhecidos pelas "casas-grandes do governo"; e em quase todas parece que o povo custou a admitir nos bacharéis, nos doutores e até nos barões e nos bispos, a mesma importância que nos "capitães-mores" ou nos "sargentos-mores". Ainda hoje sobrevive a mística popular no Brasil em torno dos títulos militares: para a imaginação da gente do povo o Messias a salvar o Brasil será antes um senhor capitão ou um senhor general que um senhor bacharel ou um senhor doutor.

Entretanto, o prestígio do título de "bacharel" e de "doutor" veio crescendo nos meios urbanos e mesmo nos rústicos desde os começos do Império. Nos jornais, notícias e avisos sobre "bacharéis formados", "doutores" e até "senhores estudantes", principiaram desde os primeiros anos do século XIX a anunciar o novo poder aristocrático que se levantava, envolvido nas suas sobrecasacas ou nas suas becas de seda preta, que nos bacharéis-ministros ou nos doutores-desembargadores, tornavam-se becas "ricamente bordadas" e importadas do Oriente. Vestes quase de mandarins. Trajos quase de casta. E esses trajos capazes de aristocratizarem homens de cor, mulatos, "morenos".

É verdade que, às vezes, eram avisos indiscretos os que apareciam nos jornais sobre bacharéis. Alfaiates que revelavam, depois de anos de pachorrenta espera, que o senhor bacharel formado fulano, o senhor doutor sicrano ou o senhor estudante beltrano continuava a lhe dever uma sobrecasaca ou um fato feito por medida no mês tal ou no ano qual. Mas os alfaiates foram sempre inimigos das aristocracias. Em arquivos particulares de velhas casas-grandes de engenho, que pudemos examinar, verificamos o mesmo quanto a filhos de barões e de viscondes: não uma nem duas, mas várias cartas de alfaiates já de paciência gasta com o atraso no pagamento das contas. Filhos e netos de senhores de engenho – nem sempre bacharéis – que ficavam a dever *croisés*, coletes de ramagens, calças de listras, até que a conta ia para o pai visconde ou o avô barão ou simplesmente major, que as mandava pagar pelo correspondente.

A ascensão social do bacharel pobre que, abandonado aos próprios recursos, não podia ostentar senão *croisés* ruços e fatos sovados, ou, então, sujeitar-se a indiscrições de alfaites pelos apedidos dos jornais; que não dispunha de protetores políticos para chegar à Câmara nem subir à diplomacia; que estudara ou se formara, às vezes, graças ao esforço heróico da mãe quitandeira ou do pai funileiro; a ascensão do bacharel assim, se fez, muitas vezes, pelo casamento com moça rica ou de família poderosa.

Diz-se de alguns moços inteligentes, mas pobres ou simplesmente remediados, que não foi de outro jeito que chegaram a deputado às cortes e a ministro do Império. Uns, de nome bonito, ou sonoro, a quem só faltava o calor da riqueza ou do poder para se enobrecerem ou ganharem o prestígio. Outro, de nome vulgar, que, ligando-se pelo casamento com moças de nome ilustre os filhos do casal adotaram o nome da família da mãe.

José da Natividade Saldanha, por outro lado, foi no Brasil o tipo do insubmisso: o dos bacharéis mulatos que à vitória por meios macios preferiram sempre a insubmissão. Foi sempre um insubmisso. Filho de padre, estudou para padre no seminário de Olinda. Mas rebelou-se contra o seminário "apesar das qualidades hereditárias que lhe deviam gritar no sangue de filho dum sacerdote de Cristo", diz um dos seus biógrafos. Foi então estudar Direito em Coimbra "cheio da independência nativa que deve forrar os organismos dos filhos do amor livre". E quando publicou-se a sentença de morte contra ele, devido às suas atividades de revolucionário em Pernambuco, comentou de Caracas a sentença do juiz branco, Mayer, na qual ele, Saldanha, era chamado de mulato: "[...] esse tal mulato Saldanha era o mesmo que adquirira prêmios quando ele Mayer tinha aprovação por empenho e quando o tal mulato recusava o lugar de auditor de guerra em Pernambuco ele o alcançava por bajulação".[9]

Se no tempo de Koster, proprietários rurais dos lugares mais afastados ou segregados, encomendavam aos correspondentes, caixeiros que fossem brancos e soubessem ler e contar[10] – evitando, ainda, bacharéis brilhantes mas mulatos, como Saldanha – com o Império a exigência aumentou por um lado – o sociológico – e diminuiu por outro – o biológico. Já não serviam simples caixeiros brancos – aliás úteis à economia patriarcal e à pureza de raça das famílias de engenho. Os desejados agora – mesmo com risco da economia patriarcal, de que alguns genros se tornariam puros parasitas, e da pureza de raça das famílias matutas, que outros genros maculariam – eram bacharéis e doutores, nem sempre fazendo-se questão fechada do sangue rigorosamente limpo. Saliente-se, entretanto que a ascensão social do bacharel, quando mulato evidente, só raramente ocorreu de modo menos dramático.

Era mais de um caso de bacharel casado em família rica ou poderosa – sobretudo família poderosa, de engenho ou de fazenda – ele é que se tornou o nervo político da família. No caso de João Alfredo Correia de Oliveira em relação com o sogro, o barão de Goiana, sente-se essa ascendência política do genro bacharel sobre o patriarca senhor de engenho. Ao que tudo faz supor, no interesse da carreira política do genro bacharel é que a própria sede da família transferiu-se de casa-grande de Goiana para sobrado, também grande, do Recife, onde o sogro, belo, alto, olhos azuis, mas um tanto amatutado, se tornaria figura secundária ao lado do bacharel de *croisé* bem-feito e modos urbanos, que guardava no rosto de mestiço traços de linda e agreste ameríndia que, na meninice, ganhara o apelido de Maria Salta Riacho. Apenas o neto da índia agreste tornou-se ministro do Império aos vinte e tantos anos.

Tempos depois, já tendo experimentado desenganos políticos, João Alfredo lamentaria ter deixado a sombra da casa-grande de engenho pelo sobrado de azulejo que ainda hoje brilha ao sol do Recife onde agasalha uma tristonha repartição militar. Mas era tarde. Convém, entretanto, não nos esquecermos que houve bacharéis formados na Europa que, de volta ao Brasil, prefeririam a casa-grande de engenho do pai ou do sogro à vida na Corte ou nas grandes cidades do litoral. O caso do Dr. Antônio de Morais Silva, que sendo do Rio de Janeiro morreu senhor de engenho em Pernambuco.

A ascensão política dos bacharéis dentro das famílias não foi só de genros: foi principalmente de filhos, como indicamos em capítulo anterior. Se destacamos aqui a ascensão dos genros é que nela se acentuou com maior nitidez o fenômeno da transferência de poder, ou de parte considerável do poder, da nobreza rural para a aristocracia ou a burguesia intelectual. Das casas-grandes dos engenhos para os sobrados das cidades.

O já citado professor Gilberto Amado, em outra de suas páginas inteligentes, refere-se à influência que alcançou na segunda metade do século XIX, a "fulgurante plebe intelectual, dos doutores pobres, jornalistas, oradores que de todos os pontos do País surgiam com a pena, com a palavra e com a ação, em nome do pensamento liberal, para dominar a opinião". E acrescenta que "eles é que no eclipse das grandes famílias arruinadas em consequência da extinção do tráfico e de outras causas acumuladas, substituem aos poucos nos prélios partidários, os filhos dos senhores de engenho, os viscondes, marqueses e barões, aparecendo no centro da arena à primeira luz da ribalta política".[11]

Já aqui se assinala fenômeno um tanto diverso do que procuramos fixar. Diverso e mais recente: o da geração saída das Escolas já para fazer a Abolição e a República. Mas essa geração de bacharéis foi um prolongamento da outra: acentuou a substituição do senhor rural da casa-grande, não já pelo filho doutor, nem mesmo pelo genro de origem humilde, mas pelo bacharel estranho que se foi impondo de modo mais violento: através de choques e atritos com o velho patriciado rural e com a própria burguesia afidalgada dos sobrados. Entretanto, a geração que fez a República teve seus meios-termos burgueses entre a velha ordem econômica e a nova. Mesmo alguns dos bacharéis mais evidentemente mulatos e de origem mais rasgadamente plebeia, como Nilo Peçanha, representaram a acomodação entre os dois regimes. Nem todos se extremaram em radicalismos, embora alguns viessem a ostentar ideias anticlericais e outros, certo republicanismo jacobino, mais de rua do que de prática doméstica. Mais de palavras, nos discursos, do que de atos ou trajos cotidianos.

Nilo Peçanha ficaria a dever a alfaiate do Recife do seu tempo de estudante, fraque ou sobrecasaca fina como qualquer moço fidalgo. Lopes Trovão se tornaria célebre pelos seus discursos jacobinamente republicanos mas também pela sua elegância de trajo e de aparência: era de fraque e de monóculo que discursava contra os autocratas do Império. Joaquim Nabuco chegaria quase ao socialismo, depois de se haver extremado no anticlericalismo e roçado pelo próprio republicanismo sem deixar nunca de ser nos atos e – com alguns deslizes – no trajo, o mais fidalgo dos recifenses de sobrado, o mais elegante dos pernambucanos de casa-grande.

Já Sílvio Romero escrevera que depois dos primeiros trinta anos do Império, durante os quais o Brasil – já país de mestiços – fora governado por um resto de *élite* de brancos – "resto de gente válida", diz ele, identificando como qualquer lapougiano a superioridade moral e o senso de administração e de governo com a raça branca – as condições se foram modificando com "as centenas de bacharéis e doutores de raça cruzada",[12] atirados no País pelas academias: a do Recife, a de São Paulo, a da Bahia, a do Rio de Janeiro. Mais tarde, pela Escola Militar, pela Politécnica.

O sagaz sergipano parece ter compreendido, tanto quanto o professor Gilberto Amado, o fenômeno que nestas páginas procuramos associar ao declínio do patriarcado rural do Brasil: a transferência de poder, ou de soma considerável de poder, da aristocracia rural, quase sempre branca, não só para o burguês intelectual – o bacharel ou doutor às vezes mulato – como para o militar – o bacharel da Escola Militar e da Politécnica, em vários casos, negroide. Mas aqui já se toca em outro aspecto do problema que foge um pouco aos limites deste estudo: a farda do Exército, os galões de oficial, a cultura técnica do soldado, a carreira militar – sobretudo a híbrida de militar-bacharel – foram outro meio de acesso social do mulato brasileiro. E é possível que se possa ampliar a sugestão: a atividade política, no sentido revolucionário, das milícias ou do Exército Brasileiro – Exército ou milícias sempre um tanto inquietos e trepidantes desde os dias de Silva Pedroso, mas, principalmente, desde a Guerra do Paraguai – talvez venha sendo, em parte, outra expressão de descontentamento ou insatisfação do mulato mais inteligente e sensitivo, ainda mal ajustado ao meio.

A Marinha que, até recentemente, através de dissimulações, de pretextos de ordem técnica os mais sutis, conservou fechados de modo quase absoluto, ao mulato e mesmo ao caboclo mais escuro, os postos de direção, sua aristocracia de oficiais formando talvez a nossa mais perfeita seleção de quase arianos, tem sido, como se sabe, o oposto do Exército. Dominada ainda mais do que a Igreja – entre nós também trabalhada, embora não tanto como no México, pela insatisfação do padre pobre e do padre mestiço contra o padre rico ou o padre fidalgo – pelo espírito de conformidade social, ou pela mística de respeito à autoridade, sua única revolução foi, na verdade, uma contrarrevolução. O herói do movimento, um dos brasileiros mais brancos e mais fidalgos do seu tempo: Saldanha da Gama. Enquanto do lado oposto, um oficial do Exército, tipo do caboclo sonso e desconfiado, célebre por seu trajar amatutado e pelos chinelos também de matuto com que descansava os pés das botas militares, foi quem encarnou a nova ordem política estabelecida por bacharéis e doutores unidos a majores e capitães, não tendo sido poucos, nesse grupo revolucionário, os híbridos não só de sangue como de vocação: os capitães-doutores, os majores-doutores, os coronéis-doutores. Os bacharéis-militares.

É fácil de compreender a atração do mestiço pela farda cheia de dourados de oficial do Exército. Farda agradável à sua vaidade de igualar-se ao branco pelas insígnias de autoridade e de mando e, ao mesmo tempo, instrumento de poder e elemento de força nas suas mãos inquietas. São insígnias que desde os primeiros anos do século XIX passam pelos anúncios de jornal com brilhos ou cintilações sedutoras para os olhos dos indivíduos sociologicamente meninos ou mulheres que se tornam às vezes os mestiços na fase de ascensão para os postos de autoridade ou comando conservados por brancos ou quase brancos como privilégio de casta superior identificada com raça pura.

O conde de Valadares, em Minas, organizara ainda na era colonial regimentos de homens de cor com oficiais mulatos e pretos.[13] Um desprestígio para a melhor aristocracia da terra. Aliás, nos tempos coloniais, chegara a haver sargento-mor e até capitão-mor mulato; mulato escuro, até, como o que Koster conheceu em Pernambuco. Mas esses poucos mulatos que chegaram a exercer, nos tempos coloniais, postos de senhores, quando aristocratizados em capitães-mores, tornavam-se oficialmente brancos, tendo atingido a posição de mando por alguma qualidade ou circunstância excepcional. Talvez ato de heroísmo, ação brava contra rebeldes. Talvez grande fortuna herdada de algum padrinho vigário. Quando o inglês perguntou, em Pernambuco, se o tal capitão-mor era mulato – o que, aliás, saltava aos olhos – em vez de lhe responderem que sim, perguntaram-lhe "se era possível um capitão-mor ser mulato".[14]

O título de capitão-mor arianizava os próprios mulatos escuros – poder mágico que não chegaram a ter tão grande as cartas de bacharel transformadas em cartas de branquidade; nem mesmo as coroas de visconde e de barão que Sua Majestade o Imperador colocaria sobre cabeças nem sempre revestidas de macio cabelo louro ou mesmo castanho. Sobre cabeças cujas origens foram às vezes mais do que plebleias. De um desses nobres chegou-se a dizer que nascera de mulher de cor, alcunhada – já o recordamos – *Maria-você-me-mata*, pela ardência em que, nos seus dias de moça, fizera os homens seus amantes se extremarem no gozo do sexo.[15]

Verificaram-se casos semelhantes nos Estados Unidos. Em certo velho burgo do Estado de... nos foi um dia apontado – isto já há largos anos – indivíduo ilustre admitido e até cortejado na sociedade branca mais fina e mais exclusivista do lugar, e de quem entretanto se sabia ter ascendente africano, embora remoto. Numa terra em que a simples suspeita de tal ascendência basta para determinar o mais cruel ostracismo social, o caso nos pareceu espantoso. Esclareceram-nos, porém, que o indivíduo em questão tivera outro ascendente – ou seria o mesmo negroide? – entre os heróis mais gloriosos da guerra da Independência. O que lhe arianizara a raça e lhe aristocratizara o sangue.

Que outros mestiços no Brasil, semiaristocratizados pelo posto militar, não se sentiram tão confortavelmente brancos como o capitão-mor conhecido de Koster, prova-o o caso de Pedroso, comandante de armas no Recife, em 1823, a quem mais de uma vez nos referimos no correr deste ensaio. Pedroso fez da espada de defensor da Ordem e do Império instrumento revolucionário. E instrumento revolucionário, não a serviço de alguma causa política ou de simples levante de quartel, mas de um dos movimentos mais nítidos de insatisfação social de gente de cor que já ocorreram entre nós. Pedroso andava pelos mucambos, confraternizando com os negros e os mulatos, bebendo e comendo com eles. E por alguns dias não se cantou no Recife senão a quadrinha:

"Marinheiros e caiados
Todos devem se acabar
Porque só pretos e pardos
O país hão de habitar".

Nem se falou senão do rei Cristóvão e da Revolta de São Domingos.¹⁶

Esse mesmo sentimento de insatisfação talvez esclareça, por outro lado, a presença de bacharéis mulatos, como Natividade Saldanha, em movimentos revolucionários que talvez tenham correspondido menos ao seu idealismo afrancesado de doutores e de patriotas, que ao seu mal-estar quase físico e certamente psíquico de mulatos; à sua insatisfação de indivíduos mal ajustados à ordem social então predominante, com a *élite* branca, do tipo encarnado por Guedes Aranha e Antônio Carlos, querendo governar sozinha. Por outro lado, talvez, explique também a nota, não de clara revolta social, mas aparentemente de simples ressentimento mal dissimulado em tristeza romântica, em mágoa individual, em dor abafada de namorado infeliz, que se encontra em alguns dos nossos maiores poetas do século XIX. Mulatos que tendo se bacharelado em Coimbra ou nas Academias do Império foram indivíduos que nunca se sentiram perfeitamente ajustados à sociedade da época: aos seus preconceitos de branquidade, mais suaves que noutros países, porém não de todo inofensivos.

Tal o caso do grande poeta maranhense Dr. Antônio Gonçalves Dias. O tipo de bacharel "mulato" ou "moreno". Filho de português com cafuza, Gonçalves Dias foi a vida inteira um inadaptado tristonho à ordem social ainda dominante num Brasil mal saído da condição de colônia, quando a governadores do tipo do conde de Valadares, que se extremavam em prestigiar mulatos contra brancos da terra, se opunham capitães do feitio do marquês de Lavradio, que rebaixou de posto certo miliciano índio por ter casado com negra.[17] O poeta cafuzo foi uma ferida sempre sangrando embora escondida pelo *croisé* de doutor sensível à inferioridade de sua origem, ao estigma de sua cor, aos traços negroides gritando-lhe sempre do espelho: "lembra-te que és mulato!" Pior, para a época e para o meio, do que ser mortal para o triunfador romano. Ao poeta não bastava o triunfo ou a imortalidade literária: seu desejo era triunfar também, como qualquer mortal de pele branca, na sociedade elegante do seu tempo.

O indianismo literário, que Gonçalves Dias parece ter adotado como uma cabeleira ou uma dentadura postiça, mal disfarça essa sua dor enorme de ser mulato ou amulatado: uma dor quente mas abafada, que Sílvio Romero atribuiu erradamente ao "sangue de índio", isto é, ao fato biológico da origem ameríndia do poeta. O sangue de índio *per se* seria, porém, o menor responsável por aquela tristeza toda do bacharel maranhense; e o maior responsável, a consciência do sangue negro da mãe. A sensibilidade aos reflexos sociais dessa origem.

Em *Marabá* talvez haja alguma coisa de freudianamente autobiográfico quanto à situação flutuante do mulato romantizado na figura da mameluca de olhos verdes, de quem diziam os homens de raça pura:

"Tu és Marabá!"

ou então, guardando distância:

"Mas és Marabá!"

E na poesia *O Tempo* a mesma consciência aparece, sem disfarce algum a romantizá-la, numa explosão ainda mais autobiográfica:

"[...] Por que assim choro?
E direi eu por quê? Antes meu berço
Que vagidos d'infante vividoiro
Os sons finais dum moribundo ouvisse".

Não somos nós, agora, o primeiro a associar a tristeza de Gonçalves Dias à consciência de sua origem: filho de escrava e cafuza. Foi um seu colega de Coimbra e, mais do que isso, pessoa de sua maior intimidade – Rodrigues Cordeiro – que escrevendo em 1872, deu seu depoimento: a consciência de filho de mulher de cor amigada com português era o que em Gonçalves Dias "nas noites de insônia lhe cobria o coração de nuvens", rebentando em poemas como O Tempo.[18]

Não importa que noutros poemas, em torno de assunto mais puramente africanos, como A escrava, Gonçalves Dias se conservasse à distância do negro, sem fazer de sua fala aportuguesada de bacharel de Coimbra, a voz clara e franca da raça degradada pela escravidão da qual nascera tão tragicamente perto. Roçando pelos seus horrores.

Mesmo porque sua consciência não era, nem podia ser, entre nós (País onde o negro quase nunca foi "quem escapa de branco", como no ditado antigo – "quem escapa de branco, negro é" – depois substituído pelo mais brasileiro – "quem escapa de negro, branco é")[19] a consciência de negro ou a consciência de africano que, em outros países, absorve a consciência do mulato, mesmo claro. O ressentimento nele foi, caracteristicamente, o do mulato ou "moreno", sensível ao lado socialmente inferior de sua origem, embora gozasse, pela sua qualidade de bacharel, vantagens de branco.

O romantismo literário no Brasil – vozes de homens gemendo e se lamuriando até parecerem às vezes vozes de mulher – nem sempre foi o mesmo que outros romantismos: aquela "revolta do Indivíduo" contra o Todo – sociedade, época, espécie – de que fala o crítico francês. Em alguns casos, parece ter sido menos expressão de indivíduos revoltados que de homens de meia-raça sentindo, como os de meio-sexo, a distância social, e talvez psíquica, entre eles e a raça definidamente branca ou pura; ou o sexo definidamente masculino e dominador.

É o que se observa também – a revolta do homem de meia-raça consciente, como o de meio-sexo, da distância social entre ele e a normalidade social do seu meio – no artista extraordinário que foi o Aleijadinho. O escultor mulato das igrejas de Minas. Nesse mulato doente – distanciado socialmente dos dominadores brancos não só pela cor e pela origem como pela doença que foi lhe comendo o corpo e lhe secando os dedos até só deixar vivo um resto ou retalho de homem e de sexo – o ressentimento tomou a expressão de revolta social, de vingança de sub-raça oprimida, de sexo insatisfeito, do donjuanismo inacabado. De modo que na escultura do Aleijadinho, as figuras de "brancos", de "senhores", de "capitães romanos", aparecem deformadas menos por devoção a Nosso Senhor Jesus Cristo e ódio religioso aos seus inimigos, que por aquela sua raiva de ser mulato e de ser doente; por aquela sua revolta contra os dominadores brancos da colônia, a um dos quais retratou, ou antes, caricaturou ou deformou com intenção artística e ao mesmo tempo mística – pois foi uma espécie de El Greco mulato[20] em figura terrivelmente feia, exagerando principalmente o nariz: o maior ponto de contraste somático ou plástico entre oprimidos e opressores, no Brasil do tempo do Aleijadinho. Aliás todas as figuras de capitães e mesmo de soldados romanos, para não falar nas de judeus, que se veem nos "passos" de Congonhas do Campo, se apresentam com narizes caricaturescos, a forma ou o tamanho dos narizes semitas e caucásicos exagerado ao ponto do ridículo.

O sentido brasileiro, nitidamente brasileiro, ou pelo menos extraeuropeu e – Deus nos perdoe – até extracatólico, da obra do Aleijadinho, não passou de todo despercebido, embora sob outro aspecto, aos críticos mais recentes do escultor mulato. Entre outros, o Sr. Manuel Bandeira e Mário de Andrade. O aspecto revolucionário, salientou-o o professor Afonso Arinos de Melo Franco, em artigo sobre a viagem que fizemos juntos a Minas Gerais, em 1934.[21] O mesmo aspecto procuramos fixar, ao nosso jeito, imediatamente depois daquela viagem, em trabalho apresentado, de colaboração com o pintor Cícero Dias, ao Congresso Afro-Brasileiro do Recife, também em 1934, sobre reminiscências africanas na arte popular do Brasil. Incluída a arte das promessas e dos ex-votos, a arte dos santeiros cujos santonofres e Nossas Senhoras de cajá, às vezes não têm que ver iansãs e orixás. O caso, em ponto grande, grandioso mesmo, do Aleijadinho, em cujas figuras cristãs há evidente deformação em sentido extraeuropeu, extragreco--romano, embora não se possa dizer que em sentido caracteristicamente africano. Marginalmente africano, apenas. Caracteristicamente brasileiro, isto é, mestiço; ou culturalmente plural.

Esse sentido e essa expressão artística extraeuropeia dos santeiros e dos pintores de "promessas", sentido e expressão que, por meio do mulato, foram também ganhando a música brasileira e, por intermédio dele e do negro, a culinária, hoje tão pouco europeia nos seus quitutes mais caracteristicamente nacionais; esse sentido e essa expressão custaram a se fazer notar nas artes menos espontâneas e mais dirigidas, mais oficiais, digamos assim, de tal modo ia lhes quebrando a espontaneidade a tradição acadêmica europeia, greco-romana, latina, francesa, de pintura, de escultura, de poesia, de arquitetura.

É verdade que na poesia uma convenção não resistiu à influência dos alongamentos ou das sugestões extraeuropeias que a miscigenação foi criando para o lirismo brasileiro: a convenção do tipo louro ou alvo da mulher. A influência de sugestões extraeuropeias nesse sentido já se fizera sentir no século XVII, em "*Romances*", de Gregório de Matos, através dos disfarces freudianos indicados recentemente pelo professor Renato Mendonça. Rebentou depois mais livres na poesia do povo, onde tanto se exalta o quindim da mulata ou o dengue da moreninha; e no próprio lirismo dos bacharéis, em cujos versos e romances começaram a aparecer mais moreninhas dengosas do que virgens louras. Moreninhas que em tantos casos eram tipos de quadraronas ou octorunas idealizadas naquele disfarce delicado.

Pela beleza física e pela atração sexual exercida sobre o branco do sexo oposto é que, em grande número de casos, se elevou socialmente o tipo mulato em nosso meio: pelo prestígio puro dessa beleza ou por esse prestígio acrescido de atrativos intelectuais, ganhos pelo homem na Europa ou, mesmo, em Olinda, em São Paulo, na Bahia, ou no Rio de Janeiro. O caso de tantos bacharéis mulatos – retóricos e afetados no trajo, uns, outros tão à vontade nas sobrecasacas e nas ideias francesas e inglesas, como se tivessem nascido dentro delas. Alguns quase helênicos ou quase nórdicos em sua configuração intelectual e no seu próprio *humour*. Aluísio Azevedo deixou-nos em romance – verdadeiro "documento humano" recortado da vida provinciana do seu tempo, segundo a técnica realista que foi um dos primeiros a seguir entre nós – meticuloso retrato de bacharel mulato educado na Europa. De volta ao Maranhão, "o mulato" desperta um grande amor em moça branca. Moça de sobrado. Moça de família cheia de preconceitos de branquidade. A família queria que a moça se casasse com português – já estando escolhido um, branco feio e cujo tipo contrastava com o fino, eugênico e asseado do mulato. Este não era, aliás, nenhum pobretão. Herdara do pai e pudera viajar pela Europa depois de formado. Dá-se, entretanto, o choque desse amor romântico com os preconceitos sociais – talvez não tanto provocados pela cor do bacharel como pelo fato de ser ele filho de escrava, negra de engenho. Negra que ainda vivia, embora maluca, mulambenta, vagando pelo mato.

Os preconceitos de branquidade, de sangue limpo – o fato teria ocorrido no meado do século XIX – quem os tinha mais vivos na família, era a avó da moça, senhora de formação ainda colonial. "Pois olha" – diz ela à moça – "se tivesse de assistir ao teu casamento com um cabra, juro-te por esta luz que está nos iluminando que te preferia uma boa morte, minha neta! porque serias a primeira que na família suja o sangue!". E para o genro: "Mas creia, seu Manuel, que se tamanha desgraça viesse a suceder, só a você a deveríamos, porque no fim de contas, a quem lembra meter em casa um cabra tão cheio de fumaças como o tal doutor das dúzias?... Eles hoje em dia são todos assim! Dá-se-lhes o pé e tomam a mão! Já não conhecem o seu lugar, tratantes! Oh, meu tempo, meu tempo! que não era preciso estar cá com discussões e políticas! Fez-se de besta? – Rua! A porta da rua é a serventia da casa! E é o que você deve fazer, seu Manuel. Não seja pamonha! despeça-o por uma vez para o sul, com todos os diabos do inferno! e trate de casar sua filha com um branco como ela!".[22]

Se em sociedade, o bacharel mulato, retratado no romance de Aluísio, era por todas as famílias ilustres da capital do Maranhão recebido com constrangimento, com frieza, até, em particular "via-se provocado por várias damas solteiras, casadas e viúvas, cuja leviandade chegava ao ponto de mandarem-lhe flores e recados".[23] A atração sexual do mulato exercendo-se sobre as brancas mais finas do lugar, a despeito dos escrúpulos de branquidade contra ele. Atração de que se conhecem vários exemplos no Brasil, em circunstâncias semelhantes, íamos dizendo idênticas, às do romance de Aluísio.

Era de fato um mulatão bonito o Dr. Raimundo, herói do romance. Alto, cabelo um tanto crespo, mas de um preto lustroso; a pele amulatada, mas fina; os olhos, grandes e azuis – azul que puxara do pai; o nariz direito; a fronte espaçosa; o pescoço largo; "dentes claros que reluziam sob a negrura do bigode". Para ser completo o perfil antropológico que aí se traça de mulato eugênico – corpo com todo o chamado "vigor do híbrido" – falta referência às orelhas, que não se diz se eram pequenas e bem-feitas; e aos beiços, que ficamos sem saber se seriam grossos. Falta também referência aos pés e às mãos;

e à proporção dos braços e das pernas com relação ao corpo. O que sabemos é que nesse mulato fino, por quem se apaixonaram tantas senhoras brancas, talvez enjoadas dos maridos alvos ou pálidos, a quem se entregavam já sem gosto, no silêncio das noites quentes do Maranhão, sobre as enormes camas de jacarandá das alcovas dos sobrados, os traços mais característicos da fisionomia eram os olhos: "grandes, ramalhudos, cheios de sombras azuis: pestanas eriçadas e negras, pálpebras de um roxo vaporoso e úmido, as sobrancelhas muito desenhadas no rosto, como a nanquim...".[24]

Pelo perfil psicológico que dele se traça – e diz-se que Aluísio não inventou o seu Dr. Raimundo, mas fotografou-o do vivo, quase sem retoques, segundo o seu método e o da sua escola – não era nenhum novo-culto ou arrivista intelectual, querendo brilhar todo o tempo, como tantas vezes o bacharel mulato, por motivos, talvez, sociais, como adiante havemos de sugerir. Ao contrário: homem de gestos sóbrios, a voz baixa, vestindo-se com sobriedade e bom gosto, amando as ciências, a literatura e, um pouco menos, a política. No comportamento, quase um mulato à Machado de Assis – menos o acanhamento doentio, excessivo; ou então à Domício da Gama – o "mulato cor-de-rosa", como na intimidade chamava o Eça de Queiroz ao discreto e polido diplomata brasileiro.

Esses mulatos cor-de-rosa, alguns louros, olhos azuis, podendo passar por brancos em lugares onde não soubessem direito sua origem, não foram raros no Brasil do século XIX. A favor da transferência deles do número dos escravos para o dos livres ou da sua ascensão social, de "pretos" para "brancos", houve sempre poderosa corrente de opinião, ou antes, de sentimento. Isto desde o século XVIII. Em 1773 já um alvará del-Rei de Portugal falava de pessoas "tão faltas de sentimento de humanidade e de religião" que guardavam, nas suas casas, escravos mais brancos do que elas, com os nomes de pretos e de negros. Walsh ficou impressionado com os escravos louros e de olhos azuis que viu no Brasil nos princípios do século XIX – alguns deles bastardos, filhos de senhores estrangeiros que os vendiam por excelentes preços.[25] E Perdigão Malheiro, no seu ensaio sobre a escravidão no Brasil, destaca a tendência, que foi se acentuando entre os senhores de escravos mais liberais, para alforriarem de preferência os mulatos mais claros,[26] que eram também os escolhidos para o serviço doméstico mais fino e mais delicado. Os mais beneficiados pelo contato civilizador e aristocratizante com os sinhôs e as sinhás.

Daí, talvez, o número considerável de mulatos eugênicos – ou, principalmente, eutênicos – e bonitos, de rosto e de corpo, valorizadíssimos pelos senhores, que se encontram nos testamentos e inventários do século XIX. Ou que passam pelos anúncios de escravos fugidos, nas gazetas coloniais e do tempo do Império.[27] Uns de "ar alegre", outros com "physionomia de quem soffre"; ou então, como a estranha Joana, de um anúncio de 1835, no *Diário de Pernambuco*, "bem alva, cabellos soltos, já assemelhando-se a branca" – com alguma coisa de misterioso no seu passado que o anunciante não ousava dizer de público: só em particular à pessoa que a conservasse em casa. Vários os mulatos e as mulatas alvas e bonitas, de estatura alta, de dentes perfeitos, mãos e pés bem-feitos, mas "os braços compridos". Talvez compridos demais em relação ao corpo, o que viria comprovar a ideia de assimetria do mestiço, particularmente do mulato, sustentada por alguns antropólogos, entre outros Davenport.[28] Um desses mulatos claros, quase brancos, encontramos, adolescente de dezoito anos, alvo, de estatura alta, os tais braços compridos, cabelos corridos e pretos, mãos e pés bem-feitos e cavados, olhos pardos e bonitos, sobrancelhas pretas e grossas, de "dedos finos e grandes, sendo os dois mínimos do pé bastante curtos e finos". Vários altos, bem-feitos de corpo, mas os pés, ao que parece exageradamente compridos; e os dedos da mão, também. Algumas mulatas puxando a sarará, cabelo carapinho e ruço, cor alvacenta, todos os dentes, o corpo regular, pernas e mãos muito finas. É considerável o número de sararás, cabras, cafuzos, mulatos de cabelo liso ou cacheado ou encarapinhado, mas ruço e até arruivado ou vermelho, que passam pelos anúncios de jornais, da primeira metade do século XIX. E se alguns são mulatos doentes, tipos cacogênicos – mulatas com "boubas nas partes occultas", cabras com sífilis, pardos com dentes podres, molecotes com peitos de pombo, sararás com os ombros arqueados dos tuberculosos – a maioria dos mestiços que se deixam identificar pelos traços, tão realistas, de escravos fugidos – às vezes verdadeiros perfis antropológicos e psicológicos – são figuras eugênicas ou eutênicas: homens e mulheres altos, bem-feitos de corpo, os dentes bons, alguns, como "o mulato por nome Vicente", que aparece num anúncio do *Diário de Pernambuco*, do meado do século XIX, francamente atléticos: boa estatura, rosto comprido, nariz mediano, as ventas um tanto arregaçadas, espadaúdos, faltando-lhes apenas um dente ou marcando-os apenas uma "coroa" de carregar peso à cabeça.

Não é raro destacar-se nos mulatos fugidos o tronco grosso como o da maioria dos negros, em contraste com os pés pequenos e os dedos da mão finos e compridos, como os de quase todos os senhores. Dedos compridos como a pedirem aneis de doutor ou bacharel. Como a pedirem penas de escrivão, de burocrata e até de jornalista, punhos de espada de oficial, agulhas de costureiro e de alfaiate, as cordas de boas violas de acompanhar modinhas, espingarda de passarinhar, as rédeas de bom carro de cavalo. Ofícios e especializações a que alguns deles conseguiram subir, não só pelo prestígio da inteligência – mais plástica e ágil que a dos negros de nação, perdidos, no Brasil, em meios tão diversos da África, onde nasceram e se criaram – e das feições do rosto – mais próximas das dos brancos como por essas suas mãos de dedos finos e compridos. Mãos mais aptas que as abrutalhadas e rústicas, da maioria dos negros, para os ofícios civis, polidos, urbanos. Para as tarefas delicadas.

Os pés, também, foram para o mulato um elemento de ascensão social: pés compridos, bem-feitos, finos, "nervudos" – diz-se de alguns que passam aristocraticamente pelos anúncios, em forte contraste com os pés de grande número dos negros: esparramados, espalhados, apapagaiados, de alguns repontando calombos, joanetes, dedos grandes separados; noutros, faltando o dedo mindinho ou o grande, talvez comido pelo ainhum; vários com aristim. Os pés negros deviam ser particularmente rebeldes aos sapatos e às botinas de molde europeu; às próprias chinelinhas em que se especializou, entre nós, o pé da mulata, o próprio pé do mulato capoeira que teve sempre alguma coisa de dançarino e até de mulher. Quando o uso dos sapatos e das botinas – a princípio elegância quase somente de reinóis – generalizou-se entre a aristocracia brasileira de homens e mulheres de pé pequeno, compreende-se a dificuldade dos pretos da África chamados boçais para se acomodarem, quando pajens, ou mucamas, a esse elemento aristocratizante e europeizante, tão contrário à configuração dos seus pés largos e chatos. Os mulatos, não; bem-feitos de pé pelo critério europeu – os pés finos e compridos – puderam adaptar-se mais facilmente ao uso dos sapatos, que mais de um observador europeu repara ter se constituído no Brasil do século XIX num dos sinais de distinção de classe: o indivíduo calçado em contraste com o descalço ou de pé no chão.²⁹ Pode-se acrescentar também que em um sinal de distinção de raça. Os próprios pretos bonitos elevados a pajens no serviço doméstico dos sobrados ricos e vestidos pelos donos a rigor – chapéu de oleado com pluma, libré toda enfeitada de dourado, as mãos enormes calçadas de luvas – andavam pela rua e dentro de casa descalços, os grandes pés inteiramente nus. Descalços, embora vestidos dos pés para cima, é como os retrata Koster, num dos seus flagrantes de rua colonial. Viu-os o inglês nas ruas do Recife, carregando palanquins de brancas finas, das tais que quando mostravam a ponta do pé era um pezinho de nada, de menina pequena. Quase um pé de chinesa. Quanto menor o pé, e mais fino, mais aristocracia. Parece que não só os escravos negros, como nem mesmo os portugueses de origem baixa e média, podiam rivalizar com os senhores finos da terra no tamanho do pé. De onde alcunhas que lhes foram dadas, aludindo ao abrutalhado dos pés, algumas das quais – por nós já referidas – datam, talvez, dos dias da guerra chamada dos Mascates, entre a nobreza de Olinda e os mercadores portugueses do Recife: "Marinheiros pé de chumbo", "calcanhares de frigideira", uns; e outros, "pés rapados" ou "pés de cabra".

Quando a arte de sapateiro deixou de ser no Brasil uma industriazinha semidoméstica, das muitas que quando saíram da sombra das casas-grandes foi para florescer em patamar ou ao pé de escada de sobrados, quase medievalmente; quando a arte de sapateiro tornou-se uma indústria de fábrica, e o fabrico, europeu – a princípio, principalmente inglês – deve ter sido uma dificuldade considerável para os fabricantes a falta de um pé médio brasileiro. É verdade que por essa época o pé que se calçava à botina era quase exclusivamente o pé fidalgo de casa-grande ou o de doutor, bacharel ou burguês mais fino de sobrado – o pé comprido e pequeno, que foi se tornando mais numeroso com a ascensão social do mulato. Os portugueses de venda, de quitanda, de loja pequena preferiam a comodidade dos tamancos; e já aludimos a "marinheiros" que, por conveniência do comércio de escravos, ou por outro qualquer motivo, tornaram-se senhores de engenho e que até a cavalo andavam de tamancos. A história anedótica do Império fala mesmo de "barões de tamancos". Em contraste com os aristocratas de pés de moça que até decadentes e andando dentro de casa de ceroulas e nus da cintura para cima, conservavam as botas de montar a cavalo. Ou então as botinas inglesas. Tal o caso – que outra vez recordamos – do velho Casusa Sô, de Pernambuco. Wanderley, gordo mas de pés pequenos; e sempre metidos nas suas botas pretas de montar a cavalo, as esporas de prata tilintando dentro de casa.[30]

Nas gazetas dos tempos coloniais que examinamos já começam a aparecer anúncios de sapatos estrangeiros. Sapatos ingleses e franceses. Mas foi em 1822 que James Clark, dono, juntamente com o irmão, de uma fábrica de calçado na Escócia, montou na rua do Ouvidor sua loja de sapato, para vender no Brasil os produtos daquela fábrica.[31] O calçado escocês ganhou fama. Foi-se tornando o calçado da gente mais polida – magistrados, advogados, estudantes e também dos militares e até de senhores gaúchos, homens pouco burgueses e muito rústicos no trajo e no gosto, mas uns cavalheiros e até uns fidalgos em questão de calçado. Tanto que anos depois instalavam-se filiais no Rio Grande do Sul – especializando-se, naturalmente, em botas de montar a cavalo – e não apenas na Bahia, em São Paulo e no Recife: as cidades por excelência dos doutores, dos bacharéis, dos acadêmicos, dos senhores de terras mais aristocráticos e mais cavalheirescos.

Faltam-nos elementos para julgar a orientação técnica no fabrico de calçados adotada pelos escoceses da Clark com relação ao Brasil, à medida que aumentou entre nós o uso de sapatos depois do meado do século XIX. Várias devem ter sido as alterações de estilo ou de forma europeia adotadas por eles para seu calçado corresponder aos exageros de pé pequeno e de pé grande entre nós; de pé aristocrático e de pé de negro – à proporção que foi sendo necessário calçar o negro soldado de exército, soldado de polícia, marinheiro, bombeiro, fuzileiro naval. O mais que conseguimos saber em 1935, através de sondagem junto aos técnicos da Clark, na qual nos auxiliou gentilmente o professor Fernando de Azevedo, é que se fabricava então um sapato de pouca altura, de maior consumo entre as populações negroides do litoral do Norte. Gente de pé mais chato. Mais recentemente, porém, apuramos que os mesmos técnicos, baseados na experiência secular da fábrica paulista e certos de que "o calçado deve ser bastante flexível para acompanhar a curva e o movimento dos pés" resolveram fabricar "até 36 alturas e tamanhos diferentes para um só modelo", criando, ao mesmo tempo, para serviço das lojas da mesma fábrica, um tipo de auxiliares especializados em tomar "as medidas anatômicas" dos pés dos fregueses para calçá-los na sua largura e na sua altura exatas. Largura e altura variadíssimas, entre nós: desde que a meia-raça foi-se tornando classe média obrigada a andar calçada, cresceu a necessidade de fabricar-se sapato variadíssimo na altura e largura.

Por outro lado, com a incorporação à burguesia e ao proletariado brasileiros, de alemães, portugueses, italianos, espanhóis – gente de pé grande, mas de altura considerável – o pé brasileiro deve vir se aproximando do *standard* de calçado europeu, em várias zonas do litoral. O pé caracteristicamente brasileiro pode-se entretanto dizer que continua, em largos trechos do País, o pé pequeno que o mulato tem certo garbo em contrastar com o grandalhão, do português, do inglês, do negro, do alemão. O pé ágil mas delicado do capoeira, do dançarinho de samba, do jogador de *foot-ball* pela técnica brasileira antes de dança dionisíaca do que de jogo britanicamente apolíneo.[32]

O chapéu, também deve ter sofrido entre nós, quando sua industrialização exigiu padrões nacionais de tamanho, de forma e de estilo e a população consumidora deixou de ser apenas a reduzida *élite* de senhores e burgueses finos, adaptação em mais de um sentido. No da predominância de braquicéfalos em certas áreas; no do grande número de dólicos, noutras áreas. No meado do século XIX já havia negros, mestres de meninos, padres, engenheiros, médicos, sangradores – para não falar nos boleeiros e nos pajens, aos quais os donos obrigavam a usar chapéu alto ou de oleado – que não dispensavam a cartola ou o chapéu de feltro dos brancos. Mas foi principalmente pela ação do mulato que o chapéu deixou de ser privilégio do aristocrata ou do burguês branco. Com o mulato bacharel é que se generalizou, entre nós, o uso do chapéu alto e de feltro da burguesia europeia, a princípio só dos brancos afrancesados ou dos brancos apenas tocados de sangue indígena que trajavam pelos modelos europeus. O mulato bacharel começou a esmerar-se ou requintar-se mais que o branco em trajar-se ortodoxamente à europeia.

Alfred Mars ainda conheceu um Brasil onde o chapéu de palha "manilha" e a roupa de pano nanquim, feita em casa, eram de uso corrente entre os grandes da terra mais independentes das modas europeias.³³ Tendo se desembaraçado dos veludos e das sedas dos primeiros séculos coloniais esses aristocratas rústicos vinham se adaptando por inteligência ou por intuição às condições de clima quente e de vida nos trópicos. Com a ascensão do bacharel e do mulato, interrompeu-se a adaptação. O trajo reeuropeizou-se segundo estilos mais burgueses e mais urbanos. Roupas, como chapéus e calçados, passaram a ser importados da Europa para crescente número de europeizados, acentuando-se a tendência para os senhores da terra abandonarem o artigo oriental e mesmo o indígena, pelo europeu. Os anúncios de jornais nos permitem acompanhar o aumento de tais importações em face do crescimento do número de europeizados: mestiços e não apenas brancos e quase brancos a se vestirem como europeus.³⁴ Mestiços a se esmerarem mais que os brancos nesse europeísmo de trajo, de calçado e de chapéu.

Foi quando apareceram lojas como a do velho Armada, no Rio de Janeiro, com chapéus importados da Europa que foram substituindo os de "manilha", de fabricação indígena e até doméstica. Chapéus europeus de todos os estilos e do material mais diverso: de pelúcia, de seda, de castor, de filó, de feltro, de veludo, de cetim, de palha inglesa, de palha da Itália, de palha de arroz. O próprio Armada, entretanto, foi transigindo com as condições do meio. Nos chapéus do seu fabrico procurou adaptar o estilo europeu ao clima brasileiro. E entre outras adaptações lhe atribuem a da guarnição da carneira tubular no chapéu de seda de copa alta – o chapéu típico do bacharel mulato e cujo maior defeito era aquecer terrivelmente a cabeça. Foi esse defeito atenuado pela penetração do ar, através da carneira do novo tipo: um brasileirismo. Atenuado também o excesso do peso do chapéu europeu pelo emprego de matéria-prima mais leve e mais de acordo com o clima.³⁵ Outro brasileirismo.

Iria além mestre Armada: iniciou o fabrico de chapéus de palha para o verão e para o campo, com a fibra de palmeira do Pará. Esse reabrasileiramento de material, tipo e forma do chapéu europeu – sobretudo da cartola de bacharel – como o abrasileiramento do tipo e da forma da botina e do sapato burguês, coincidiria com a maior ascensão do mestiço, do mulato, do quase negro e até do negro em nosso meio social. Suas formas de cabeça e de pé foram encontrando maior facilidade em suprir-se de artigos europeus já abrasileirados. Ou exigiram mesmo, mais que as formas de cabeça e de pé dos brancos, alguns desses abrasileiramentos. Ou brasileirismos.

Também as alfaiatarias modificaram estilos e medidas europeias de corte de fraque, de calças e de *croisés* burgueses para bacharéis e doutores mulatos e até negros. Para alguns, pelo menos – certo que entre os nossos mestiços e fulos aristocratizados pelo ambiente fino se notavam, além de exuberâncias de nádegas, desproporções de comprimento e de grossura de braços ou pernas com relação ao corpo, que os anúncios de escravos fugidos acusam para numerosos mulatos, talvez inferiorizados pela situação social de escravos. Dessas desproporções, como efeito inevitável de hibridização – negadas por uns antropólogos, embora sustentadas por outros como Davenport – ainda não se fez entre nós nenhum cuidadoso estudo antropométrico. Apenas possuímos dados – e estes interessantíssimos – sobre a relação entre o comprimento do rádio e o diâmetro bicristilíaco (índice radiopélvico de Lapicque) de vários grupos de nossa população, recolhidos pelos professores Roquette-Pinto e Froes da Fonseca, Bastos de Ávila e Ermiro Lima.

Os cabeleireiros e barbeiros foram outros que nem sempre conseguiram dar à barba e ao penteado dos bacharéis mulatos, à cabeleira crespa ou mesmo um tanto zangada das sinhá-donas quadraronas – às vezes noras de viscondes – as mesmas flexões e as mesmas formas que à barba loura, que ao cabelo ruivo, que ao bigode castanho ou preto, mas dócil ao dente, dos brancos e dos quase brancos.

Através de retratos e daguerreótipos do século XIX, quase se pode afirmar dos cabeleireiros e barbeiros franceses – que desde o começo do século foram aparecendo com lojas elegantes no Rio de Janeiro, no Recife e na capital da Bahia – que desenvolveram, no Brasil, composições de penteados de mulher e feitios de corte de barba de homem adaptadas à situação antropológica dos mestiços de indígena e mesmo de africano que, sob o reinado de D. Pedro II, já tinham se tornado numerosos na melhor sociedade. Algumas fotografias da época é o que parecem indicar, sendo curioso que em certos retratos de mulher o penteado de cabelo evidentemente ameríndio é composto mais à espanhola do que à francesa; ou mais à oriental do que à europeia. São sinhás-moças que nos surgem das fotografias e dos daguerreótipos com um ar chinês ou malaio acentuado pela forma do cabelo: não têm que ver mulheres polinésias, o penteado parecendo combinar, em umas com o oblíquo dos olhos, em outras com certo arregalado do olhar que o sangue árabe ou norte-africano, reunido ao índio ou ao branco, ou aos dois, parece dar a algumas fisionomias brasileiras. Aliás o historiador paulista J. F. de Almeida Prado surpreendeu alguma coisa de vagamente malaio, como a acusar sangue índio, embora remoto, na fotografia de sinhá-dona pernambucana (Wanderley de 1870) que publicamos em ensaio anterior.[36]

Diante de muitos dos antigos retratos de sinhás-donas e sinhás-moças de casa-grande ou de sobrado brasileiro é vivíssima a impressão de estarmos em face não de europeias, mas de tipos polinésios, melanésios, malaios, hispano-árabes e indianos de mulheres ou de moças de classe ou casta alta. Impressão que nos comunica não só a forma dos olhos, o próprio modo de olhar – tão pronto a acusar mestiçagens – como o trajo – e não foi pequeno o número de vestidos do Oriente importados pelo Brasil durante a primeira metade do século XIX, como já destacamos em capítulo anterior – a armação ou a disposição oriental ou semioriental do cabelo. No que talvez interviesse a arte do cabeleireiro francês, tirando partido de elementos um tanto rebeldes a estilos europeus de penteado e procurando harmonizar o cabelo com o rosto. Valendo-se às vezes da Ásia para contemporizar com a África.

A mulata ao natural, ou enfeitada e artificializada pela arte do cabeleireiro francês, do sapateiro inglês, da modista parisiense, do perfumista europeu – e cremos que povo nenhum no mundo chegou a abusar tanto de perfumes europeus como o mulato brasileiro, talvez para combater a chamada inhaca ou o odor de negro, aliás apreciado por certos brancos volutuosos – sempre teve o seu quindim para o branco.

Também o teve para a mulher branca o mulato brasileiro, se não ao natural – a tradição guarda a lembrança de crimes raros mas terríveis causados por sinhás brancas que em momentos de grande ardor se entregaram a escravos mulatos – quando aristocratizado pela educação, sobretudo a educação na Europa, como no caso do Dr. Raimundo do romance de Aluísio. A moda europeia de pentear-se, de calçar-se e vestir-se, acentuaria no mestiço a esquisita sedução que a Aluísio Azevedo pareceu ter sua sede nos olhos e que para outros está sobretudo nesse modo de sorrir, agradando aos outros, tão do mulato; tão do "brasileiro simpático" de que fala o professor Gilberto

Amado. Tão do servo, em geral, com relação ao senhor, nos sistemas escravocráticos bem equilibrados pela acomodação entre os seus vários elementos. O mando desenvolve nos senhores vozes altas e nos servos falas brandas e até macias quase sempre acompanhadas de sorrisos também doces.[37] Aliás, tanto com relação ao sorriso como à fala e ao gesto, o sistema patriarcal de escravidão, dominante longo tempo no Brasil, parece ter desenvolvido no escravo e, por intermédio deste, no descendente mulato, modos agradáveis que vinham do desejo dos servos de se insinuarem à simpatia, quando não ao amor, dos senhores. Assunto por nós versado em outro dos nossos ensaios.[38] Aqui apenas recordaremos que o abraço, hoje tão do ritual brasileiro da amizade entre homens, e de origem, ao que parece, oriental ou indiana, quando acompanhado pelas palmadinhas convencionais nas costas, tomou entre nós calor, passou de gesto apolíneo a dionisíaco, por influência do mulato: da exuberância de sua cordialidade.

À mulata, pela sugestão sexual não só dos olhos como do modo de andar e do jeito de sorrir, alguns acham até que dos pés, porventura mais nervosos que os das brancas e os das negras; dos dedos da mão, mais sábios que os das brancas, tanto nos cafunés e nas extrações de bichos de pé nos sinhô-moços como em outros agrados afrodisíacos; do sexo, dizem que em geral mais adstringente que o da branca; do cheiro de carne, afirmam certos voluptuosos que todo especial na sua provocação – à mulata, por todos esses motivos, já se tem atribuído, um tanto precipitadamente e em nome de ciência ainda tão verde e em começo como a sexologia, uma como permanente "superexcitação sexual", que faria dela uma anormal; e do ponto de vista da moral europeia e católica, uma grande e perigosa amoral. No que chegaram a acreditar entre nós dois homens seriíssimos, um de ciência, outro de letras: Nina Rodrigues e José Veríssimo. O bom senso popular, a sabedoria folclórica, tantas vezes cheia de intuições felizes, mas outras vezes convicta de inverdades profundas – de que a terra é chata e fixa, por exemplo; o bom senso popular e a sabedoria folclórica continuam a acreditar na mulata diabólica, superexcitada por natureza; e não pelas circunstâncias sociais que quase sempre a rodeiam, estimulando-a às aventuras do amor físico como a nenhuma mulher de raça pura – mais bem defendida de tais excitações pela própria fixidez de sua situação social, decorrente da de raça, também mais estável.

Por essa superexcitação, verdadeira ou não, de sexo, a mulata é procurada pelos que desejam colher do amor físico os extremos de gozo, e não apenas o comum. De modo que também esse aspecto psicológico nas relações entre os homens de raça pura e as mulheres de meio-sangue deve ser destacado como elemento, em alguns casos, de ascensão social da mulata. Talvez tenha sido o fato de alguns casamentos de brancos já idosos, cinquentões de família ilustre – filhos de barões e bem situados na vida – com mulatas, quadraronas e octorunas bonitas vestindo-se com jeito de brancas mas com a aparência ou a aura de ardência sexual fora do comum que lhes dá a circunstância de serem mestiças. Esses casos se têm verificado em nosso meio e talvez neles, ou em alguns deles, estivesse pensando Bryce quando comparou o escândalo social causado entre nós pelo casamento de senhor fino e branco com moça não de todo branca, sua pinta de sangue negro acusando-se nas feições, no cabelo ou na cor, com o escândalo que provoca na Inglaterra o casamento de um *gentleman* com simples criada.[39] Surpresa a princípio, mas depois acomodação à união desigual não só pela diferença de idade como de situação social entre os cônjuges.

Apenas no Brasil, sendo a mestiça clara e vestindo-se bem, comportando-se como gente fina, torna-se branca para todos os efeitos sociais. Sempre, entretanto, ou quase sempre, porém, acompanha-a a aura de mulher mais quente que as outras – que as brancas finas, principalmente – expondo-a a maiores audácias do donjuanismo elegante e a maiores riscos de conduta nas suas relações com os homens.

A mesma aura cerca a figura do mulato: o "cabra safado" do folclore, o "mulato bamba", o "mulato sestroso", o "mulato escovado", o "mulato sacudido", o "mulato bicho-cacau". Correm boatos sobre vantagens de ordem física que fariam dele ou do negro o superior do branco puro e louro no ato do amor. Vantagens ainda mais concretas que as de natureza priápica atribuídas à mulata, em comparação com a branca fina, considerada mulher mais fria.

Se é certo que Hrdlicka, em estudo de antropologia comparada, atribui ao negro, em geral, superioridade no tamanho dos órgãos sexuais, essa superioridade nem sempre se tem verificado, nas pesquisas regionais empreendidas entre grupos de indivíduos de raça preta comparados com os de raça branca. Ao contrário: há quem pense de modo diverso sobre esse aspecto de comparação de raças de cor ou primitivas com a branca ou civilizada.⁴⁰ Léon Pales, depois de investigação realizada na África francesa e resumida no seu trabalho "Contribution à l'étude anthropologique du noir en Afrique équatoriale française", em número recente de *L'Anthropologie* (tomo XLIV), contesta as alegações de Prumer Bey (1860), Duckworth (1904) e Kopernicki (1871), talvez os autores que mais contribuíram para a lenda *"d'une grandeur extraordinaire, démesurée, du pénis chez le nègre"*. Pales encontrou realmente negros de *"pénis volumineux, hors des proportions habituelles"*, mas sem constituírem a média, o típico, o normal dos homens de sua cor, tanto mais quanto – lembra o pesquisador – *"il y a des blancs qui n'ont rien à leur envier sous ce rapport"*. Davenport no estudo comparativo de pretos e pardos com brancos, que realizou na Jamaica, não se ocupou infelizmente do assunto, talvez por pundonor anglo-saxônio; entre nós, um médico do tempo do Império voltado para estudos desse gênero chegou, talvez precipitadamente, à conclusão de ser "o pênis do africano [...] geralmente volumoso, pesado, quando em placidez; ganhando pouco em dimensões quando em orgasmo", sem atingir a "completa rigidez". Daí "a fecundação quase improvável do negro coabitando com a mulher de raça branca...".⁴¹ Entretanto baseia-se em parte na crença na superioridade física do macho, acrescida de certo gosto pelo diferente, pelo bizarro até, o interesse sexual da mulher branca pelo mulato e mesmo pelo negro. Crença que vem de longe. No primeiro capítulo das *Mil e uma noites* – recordava há anos em *The Spectator*⁴² Owen Berkeley Hill – já se encontra um caso nítido de atração sexual exercida sobre mulher fina por homem de raça primitiva e escura. E o tenente-coronel Berkeley Hill salienta o fato de o negro desempenhar papel saliente na vida sexual dos turcos, dos persas, dos hindus, dos parisienses, como que atraídos por indivíduos de raça mais escura e porventura mais elementar nas suas reações nervosas e mais vigorosa fisicamente que a sua. O mesmo papel desempenhara o negro, segundo Sêneca, em carta a Lucílio, na vida dos romanos antigos, já muito chegados, os homens, ao culto da Vênus fusca, as mulheres, à admiração voluptuosa pelos machos de cor. De onde o grande número de negros de um e outro sexo introduzidos em Roma.

Para Berkeley Hill parece evidente que tanto o homem como a mulher, mas especialmente a mulher, a branca e fina, a fêmea que ele chama "tipo racialmente superior" ("*a racially superior type*") é suscetível de tornar-se presa da mais forte atração sexual por indivíduo de tipo racialmente mais primitivo". Daí, furioso ciúme ou inveja sexual do macho de raça adiantada com relação ao de raça primitiva, que explicaria, junto com motivos de ordem econômica, certos ódios de raça. Principalmente da parte do macho branco com relação ao macho de cor. Para contrariar o encanto do macho negro sobre a mulher branca, o branco civilizado teria procurado desenvolver uma aura de ridículo e de grotesco em volta do preto e da sua primitividade e – pode-se acrescentar – uma aura de antipatia em torno do mulato, tão acusado de falso ou inconstante na afeição, de incapaz de igualar-se ao branco em verdadeiro cavalheirismo e na autêntica elegância masculina; para não falar na inteligência, no seu sentido mais nobre e com todas as suas qualidades mais sólidas de equilíbrio, de discernimento e de poder de concentração, que seriam – para os críticos do mulatismo – raramente atingidos pelos meio-sangues, ou pelos negros puros. Os meio-sangues apresentariam sobre estes apenas a vantagem de um brilho mais fácil na expressão verbal e talvez na plástica.

Esta não foi, entretanto, a observação dos beneditinos, frades argutos que, no Brasil, andaram sempre a fazer experiências de genética com os seus escravos para chegarem à conclusão, no século XVIII, de que os melhores, os mais dotados de inteligência e de talento, eram os mulatos. Sir George Stauton, que aqui passou com Lord Macartney a caminho da China, nos meados daquele século, ouviu dos frades do mosteiro do Rio de Janeiro os maiores elogios à inteligência dos mulatos por eles instruídos nas próprias artes liberais. E citavam-lhe o exemplo de um mulato que acabara de ser escolhido para reger importante cadeira em Lisboa.[43]

Os jesuítas também estimularam o cruzamento nas senzalas de suas fazendas. Cruzamento de caboclo com escravo. De índio com negro. Nas fazendas loyolistas – salienta o historiador Ribeiro Lamengo – "deu-se o cruzamento mais intenso de etíopes e ameríndios, tão difícil, dada a repulsa destes por aqueles".[44] Nesses cruzamentos que encheram as senzalas dos jesuítas de cafuzos e curibocas, alguns críticos da obra dos padres julgam encontrar a intenção mal dissimulada de aumentarem a massa escrava pela absorção do sangue índio – sendo o índio um elemento mais fácil dos padres adquirirem do que o negro e menos comercializado. O que é certo é que não se encontra evidência nenhuma de interesse dos jesuítas pela elevação intelectual ou social do negro e do mulato, que os padres parece terem quase sempre evitado nos seus colégios e até nas suas senzalas. Interesse demonstrado, entretanto, pelos beneditinos.

A estes – repita-se – devemos no Brasil experiências de genética, cujos resultados têm tido as interpretações mais diversas. Se no fim do século XVIII, Stauton, baseado nas informações dos próprios padres, destacava nos mulatos dos mosteiros – alguns dos quais os religiosos fizeram subir das senzalas a cátedras e a responsabilidades intelectuais na própria metrópole – inteligência igual à dos brancos, anos depois, agitado entre os médicos do Império o problema da mestiçagem, um deles, e dos mais sábios, o Dr. Nicolau Joaquim Moreira, em trabalho sobre o cruzamento das raças encarado ao mesmo tempo pelo lado antropológico e pelo ético, invocaria a favor da degradação do mulato o exemplo da fazenda de Campos, também dos beneditinos – de "proliferação mista pouco extensa" – em contraste com outra fazenda dos mesmos padres, a de Camorim, "fundada há quase três séculos", escrevia o médico em 1870, e ainda com "uma população negra", homogênea e vigorosa, aumentando de inteligência e modificando seu crânio que se aproxima hoje ao da raça caucásica".[45]

A experiência referida – a conservação, pelos frades, de escravaria negra, tanto quanto possível pura, numa das suas grandes fazendas, em contraste com as outras, onde se estimulou o cruzamento do branco com o preto – é das mais interessantes, sugerindo-nos a conveniência de se tentar o estudo dos remanescentes de populações negras, ainda em 1870 consideradas tão homogêneas. E digno de maior atenção é o reparo do Dr. Moreira quanto ao crânio vir se modificando em população apresentada como tão pura e homogênea. No que talvez se antecipasse em uma das possíveis interpretações dos resultados das experiências de Franz Boas com imigrantes europeus nos Estados Unidos.

Quando ao "aumento de inteligência", é provável que resultasse de estímulos sociais a que os negros teriam sido submetidos de modo todo particular na fazenda dos beneditinos, talvez os mais doces senhores de escravos que teve o nosso País. Fora casos particularíssimos como o da experiência beneditina, a esses estímulos foram expostos mais largamente, no Brasil escravocrático, os mulatos mais claros que os negros mais escuros. Daí – em grande parte, pelo menos – a fama que criaram os mulatos, de mais inteligentes – embora mais cheios de defeitos morais – do que os pretos. Aqui como nos Estados Unidos verificou-se não só a ascensão do mulato escravo, dentro das casas-grandes, onde eram os preferidos para pajens e mucamas, como do mulato livre, nas cidades e na Corte. Sua urbanização foi mais rápida que a do negro livre, em consequência da seleção social se dirigir sempre no sentido não só do indivíduo de pele mais clara e de aparência mais europeia, como de formação ou traquejo também mais europeu.

Ainda que alguns senhores – isto desde o tempo de Pombal – conservassem em casa escravos mais brancos do que eles, repita-se que a tendência no Brasil foi no sentido de se favorecer a alforria dos indivíduos de formas mais caucásicas e de pele mais clara e cabelo mais próximo do castanho ou do louro. Alguns indivíduos de origem escrava, assim favorecidos, não raro conseguiram passar, em cidades distantes da sua, por brancos de ascendentes livres. Os anúncios de negros fugidos constantemente referem casos de escravos mulatos "muito poetas no falar", "pacholas", "retóricos", "cabelo cortado à francesa", ou então "capadócios e políticos", cuja astúcia estava sobretudo em se fazerem passar por livres. Os de pele mais clara e traços, vamos dizer, mais "arianos", mais finos, indivíduos criados na maior intimidade dos brancos nas casas-grandes e nos sobrados, melhor simulavam a condição de livres. No trajo, também, alguns não tinham que ver brancos: chapéus europeus, botinas, coletes e até guarda-sol, insígnia burguesa de autoridade. Não é de admirar que vários desses ex-escravos tivessem encontrado oportunidade de rápida ascensão social, alguns tornando-se brancos para todos os efeitos.

Com o século XIX, e o desenvolvimento das cidades, as cidades maiores tornaram-se o "paraíso dos mulatos" a que já se referira um cronista do século XVIII. Os meios ou ambientes ideais para a ascensão rápida dos mais simpáticos e mais hábeis, principalmente quando valorizados pelo saber técnico ou acadêmico. Fato semelhante já acontecera com os judeus em cidades como o Rio de Janeiro: entre eles e os cristãos-velhos desde o século XVIII quase se acabara a antiga distinção, lembra Gastão Cruls à página 304 do volume I do seu *Aparência do Rio de Janeiro* (Rio de Janeiro, 1949).

O mulato brasileiro, dizia D'Assier em 1867 que era mais um produto das cidades e das fazendas do litoral que do interior mais afastado ou do sertão.⁴⁶ E suas funções, aquelas que o índio não desempenhava, por ser muito indolente, o negro por não ter a precisa inteligência, o branco para não descer da sua dignidade. Assim ele era principalmente o soldado, o alfaiate, o pedreiro.

Os mulatos desde o começo do século começaram a sair em grande número dos "quadros", dos "cortiços" e dos "mucambos", onde imigrantes portugueses e italianos mais pobres foram se amigando com pretas ou pardas. Não só por nenhuma repugnância sexual desses europeus pelas negras, ou pardas, ao contrário, talvez por encontrarem nelas algum pegajento encanto sexual, como pelo fato – já salientado neste ensaio – das pretas, principalmente as minas, representarem considerável valor econômico: mãos de lavadeira, de boleira, de doceira, de cozinheira, de fabricante de bonecas de pano, capazes de os auxiliar nas suas primeiras lutas de imigrantes pobres. Os imigrantes portugueses e italianos, tão numerosos nos meados do século XIX, sobretudo nas cidades, tornaram-se, assim, grandes procriadores de mulatos.

Esses mulatos foram os de vida mais difícil, os que, muitas vezes, se esterilizaram em capadócios, tocadores de violão, valentões de bairro, capangas de chefes políticos, malandros de beira de cais, as mulheres, em prostitutas, faltando-lhes as facilidades que amaciaram os esforços de ascensão intelectual e social de muitos dos mulatos de origem rural com sangue aristocrático nas veias. Sobre eles, mulatos nascidos e criados em mucambos e cortiços, agiu poderosamente o desfavor das circunstâncias sociais, predispondo-os ao estado de flutuação e de inadaptação aos quadros normais de vida e de profissão, ao de inconstância no trabalho, ao de rebeldia a esmo – estados, todos esses, socialmente patológicos, que tantos associam ao processo biológico de miscigenação. Nesses mulatos, a má origem era completa e para todos os efeitos sociais: ilícita a união de que resultavam; socialmente desprezíveis os pais; socialmente inferior o meio em que nasciam e se criavam – cortiços, "quadros", mucambos. De um desses meios – o cortiço – deixou Aluísio Azevedo no seu *O cortiço* um retrato disfarçado em romance que é menos ficção literária que documentação sociológica de uma fase e de um aspecto característico da formação brasileira.

É verdade que o meio urbano mais trepidante – "a rua" – com que desde cedo se punham em íntimo contato os moleques – moleques ainda mais diferenciados de meninos brancos dos sobrados que os das bagaceiras dos engenhos, dos sinhozinhos das casas-grandes; é verdade que o meio urbano mais trepidante acelerava neles o desenvolvimento de certos aspectos da inteligência. Mas esse desenvolvimento no sentido de revolta precoce e a esmo. No sentido, até certo ponto, antissocial – a travessura, o roubo de fruta dos sítios dos lordes, o furto de doce e de bolo dos tabuleiros das "baianas" e das quitandas dos portugueses, as pedradas nas vidraças dos sobrados, a caricatura de muro e de parede, onde era, muitas vezes, o mulatinho, mais afoito que o preto, quem riscava a carvão ou mesmo a piche safadezas, desenhos de órgãos sexuais, calungas obscenos, palavrões. Os muros das casas-grandes de sítio, as paredes dos sobrados, ficavam às vezes imundas de porcarias riscadas por esses caricaturistas mulatos e pretos dos mucambos, cuja raiva, consciente ou não, das casas lordes também se exprimia no hábito de moleques, mendigos e malandros, de fazerem dos umbrais de portões ilustres, das esquinas de sobrados ricos, dos cantos de muros patriarcais, mictórios e às vezes até latrinas. Os donos de alguns sobrados viram-se mesmo obrigados a colocar semicírculos de ferro com espigões, em torno dos umbrais de portões, espigões que completavam os muros ouriçados de cacos de vidro como defesa da casa nobre contra a plebe da rua, da habitação patriarcal contra os desrespeitos ou os rancores do indivíduo sem eira nem beira.

O mulato livre de cidade, geralmente filho de imigrante português ou de imigrante italiano, crescia nesse ambiente de maior antagonismo entre mucambo ou casebre de palha e sobrado grande, entre cortiço e casa assobradada de chácara – ambiente que mal chegava a conhecer, na meninice, o mulato de engenho ou de fazenda, tão beneficiado, quando no serviço doméstico, por uma mais doce confraternização entre os dois extremos: os senhores e escravos. Beneficiados pela seleção de cor e de traços pela qual se aristocratizavam desde pequenos os escravos mais jeitosos, mais vivos, mais inteligentes, mesmo quando não eram filhos de senhores: os mulatinhos que se tornavam discípulos dos padres capelães e até dos mestres-régios, dos seminários, das faculdades, as despesas correndo por conta dos senhores brancos.[47] De modo que foi ao acentuar-se a predominância, na paisagem brasileira, do contraste de sobrados com mucambos, que se acentuou, entre nós, a presença de negros e pardos como inimigos de brancos.

Impressionado com o número de negros e pardos no Brasil – principalmente nas cidades – e com a possibilidade dos brasileiros natos, irritados com a metrópole, se aliarem com eles, negros, sobrepondo assim – pode-se hoje observar – o sentimento de região ao de raça e mesmo ao de classe, é que Araújo Carneiro observava em 1822 "...a critica situação do Brazil com a immensidade de negro que ali abunda", pois "huma vez irritados os brazileiros" poderiam "por último e desesperado recurso chamal-os [aos negros] a seu socorro, e redusir-se aquelle vasto e rico paiz ao estado da ilha de S. Domingos". Esse reparo, fê-lo H. J. d'Araújo Carneiro, no seu *Brazil e Portugal ou reflexões sobre o estado actual do Brazil*, publicado em 1822.[48]

Do assunto já se ocupara Francisco Soares Franco em *Ensaio sobre os melhoramentos de Portugal e do Brazil*, publicado em 1821, onde reconhecera: "A casta preta he hoje a dominante no Brazil",[49] isto é, dominante pelo número. Daí sua sugestão para que se estimulasse a mestiçagem e se favorecesse o mestiço, desenvolvendo-se a emigração de europeus e proibindo-se a importação de negros. Os brancos substituiriam os negros nas cidades marítimas, já nos ofícios, já no serviço doméstico, enquanto os pretos se concentrariam nos sertões nos trabalhos de minas e plantações. Apelava para o legislador no sentido de que os mestiços não pudessem legalmente casar senão com indivíduos de "casta branca ou india", promovendo-se assim o "baldeamento" dos mestiços na "raça branca". No Brasil, pensava ainda Franco que não se devia consentir "tão grande numero de celibatarios", pois o solteiro era em geral – escreveu à página 19 daquele seu ensaio – indivíduo "desprezado dos vinculos sociaes". Além do que todos deviam contribuir legalmente para que os descendentes de africanos se baldeassem na raça branca.

Também noutro ensaio da época, *Portugal e o Brazil*, escrevera Francisco d'Alpuim de Menezes que o brasileiro, "desprovido de machinas para o penoso serviço de seus engenhos, estabelecimento primordial do seu paiz", vira-se na necessidade de "se fazer servir por escravos, inimigos implacáveis do seu senhor". E superiores ao número de senhores, numa proporção, pelo menos, de seis para um.

Sendo assim, era impossível ao brasileiro viver independente de "uma potencia europea que lhe afiançasse a obediencia destes escravos".⁵⁰

Foi, assim, de pavor a atitude de grande parte dos brancos – principalmente europeus – no Brasil da época em que se processou a independência política da até então colônia portuguesa. Consideravam alguns impossível essa independência se não se cuidasse de conseguir, contra o elemento africano, a proteção de uma potência europeia, ou de assegurar-se, no novo Estado, a preponderância do elemento europeu. No desenvolvimento de novo elemento que não fosse nem africano nem europeu mas a combinação dos dois e de mais um terceiro, o indígena – numa palavra, o mestiço – é que estava, porventura, a solução, aliás entrevista não só pelos homens do gênio de José Bonifácio como pelo bom senso dos simples Soares Franco. Solução para a qual vinham, aliás, concorrendo desde remotos anos a política social da metrópole e a da própria Igreja, com exceção, talvez, dos jesuítas. A esse respeito são significativas ocorrências como aquelas que se encontram em velhos cronistas do Brasil ainda colonial.

Refere, por exemplo, Melo Morais Filho, ter sido nomeado para comandar a milícia de pardos, no Rio de Janeiro colonial, certo português branco, contra quem manifestou-se o batalhão pelo fato de ser o nomeado, branco e europeu. Ao ter ciência dessa atitude dos seus comandados, o português reuniu, em banquete, a oficialidade, e, em discurso eloquente, declarou-se descendente de africanos.⁵¹ Parece ter bastado tal declaração para torná-lo pardo para o efeito de merecer a confiança dos comandados. De modo que não era só de "raça parda" que se passava arbitrariamente à "branca"; também da branca se passava do mesmo modo, à "parda", contanto que o deslocamento correspondesse à conveniência, para o indivíduo, de interesse político ou social de domínio.

Pardo por natureza, o Pedroso que pela sua condição prestigiosa de "comandante das armas", desejoso de napoleonicamente empolgar todo o poder – e não apenas o militar – tornou-se líder da insurreição de pardos e pretos na cidade do Recife em 1823, não necessitou de declarar-se "descendente de africanos" para merecer a confiança daquela parte considerável e trepidante da população. Sua situação de pardo claro, com prestígio militar, permitia-lhe pender para qualquer dos extremos: para a "classe branca" e dominadora e para a "classe parda e preta", que, dominada, estava então sôfrega para se impor pelo número como o verdadeiro Brasil independente. O manuscrito, que se encontra na Biblioteca Nacional, do traslado da devassa daquela insurreição, conhecida por "motins de fevereiro", indica quanto era forte nos insurretos o ânimo de raça oprimida, nem sempre fácil de separar-se do de classe ou região explorada.

Com efeito, chegaram os insurretos a faltar com o "respeito a mulheres brancas", como consta da página 22 do traslado da devassa. A prender numerosos europeus. A gritar que "toda esta terra pertencia mais a elles pretos e pardos do que aos brancos". Claras manifestações de sentimento não só de raça como de classe e de região revoltadas. Pois o que está implicado em tais atitudes e declarações é que a pretos e pardos devia pertencer a terra brasileira; e não a brancos, muito menos a europeus, isto é, brancos de outra região. A um dos revoltosos ouvira uma das testemunhas, cujo depoimento aparece à página 30 do traslado, que "prezentemente negro nem mulato não era cidadão que o havia de ser". A Pedroso aclamaram os insurretos "Pai da Patria". Pai de uma pátria de que negros e mulatos fossem cidadãos. Mas pai: paternalismo. Patriarcalismo. A forma patriarcal dominante na organização da vida brasileira era forte demais para que a desprezassem insurretos como os congregados durante dias, à sombra dos sobrados senhoriais do Recife, em redor da figura, ao mesmo tempo revolucionária e patriarcal, do pardo Pedroso – militar napoleônico de quem um dos mais "intimos conselheiros" era certo bacharel de óculos, ao que parece pardo como ele: "hum tal Advogado dos Oculos chamado Jacintho Surianno Moreira da Cunha". A verdade, entretanto, é que para muitos daqueles pretos e pardos revoltosos, os pais biológicos eram seres desconhecidos, sociologicamente superados por "tios" e "pais" fictícios; e as mães, as realidades.

Referimo-nos na introdução a este ensaio ao maternalismo como traço característico da formação social e da formação do caráter ("*ethos*") do brasileiro. Devemos aqui acentuar: do brasileiro de mucambo ou de senzala e não apenas do de sobrado ou casa-grande, isto é, de zonas socialmente marcadas pelo poder quase absoluto do pai biológico alongado em pai sociológico.

Naquelas outras zonas (mucambos e senzalas) caracterizadas muitas vezes pelo desconhecimento do pai biológico, a figura dominante como poder famílial e, até certo ponto, político, foi a do "pai" ou do "tio", isto é, do tio sociológico, sem que essa expressão patriarcalista prejudicasse o culto da figura materna encarnado na mãe biológica, em alguns casos alongada em substituto de pai, isto é, de provedor das necessidades de alimento, vestuário, educação etc., do filho ou dos filhos de pai desconhecido ou ausente e de "tio" – tio sociológico – apenas platônico ou para efeitos, quase sempre vagos ou difusos, de centro de solidariedade famílial segundo modelo ou inspiração africana. O historiador Rocha Pombo, em sua *História do Brasil*, recorda que, entre negros livres de cidades brasileiras, ou negros, na sua maioria, de mucambos, vigorou esse tipo de patriarcado de inspiração ou modelo africano, em que o negro mais velho da comunidade tomava o nome de "pai" e os apenas idosos, os nomes de "tios", sendo os indivíduos da mesma idade, "irmãos" ou "malungos".[52] L. Couty, no seu *L'Esclavage au Brésil*, registra o caráter maternal de famílias que conheceu no Brasil, entre as mesmas camadas de população: filhos que só conheciam a mãe, ignorando os pais biológicos.[53] Eram criados pela mãe. De algumas dessas se sabe que fizeram dos filhos doutores ou bacharéis; e o conseguiram vendendo doces ou frutas em tabuleiro ou quitanda, cozinhando em casas ou sobrados de ricos, ou, menos puritanamente, aceitando o amor de brancos opulentos que as enchiam de regalos. Parte desses regalos é que as mais profundamente maternais souberam destinar à educação de filhos, principalmente daqueles mais brancos que elas, mães. Esses filhos mais brancos que as mães, Wetherrell, na cidade de Salvador, notou serem objeto de orgulho materno das negras.

Tais contradições entre maternalismo – que não deve ser nunca confundido com matriarcalismo propriamente dito (à maneira do que faz, a nosso ver, distinto ensaísta e pesquisador brasileiro, o Sr. Joaquim Ribeiro) – e patriarcalismo, foram frequentes na formação social do Brasil, colorida em suas intimidades por mais de uma sobrevivência africana que aqui se comportou como uma espécie de adjetivo com relação ao substantivo, ou de conteúdo etnológico – facilmente perecível – com relação à forma sociológica – perdurável ou constante. Esta foi sempre no Brasil escravocrático o poder patriarcal, mesmo quando exercido por mulher: mulher-homem ou mulher substituto de homem. Dessexualizada, portanto.

Daí os africanismos desse gênero – isto é, relacionados com a organização famílial – surpreendidos, entre nós, pelo olhar arguto de um dos maiores africanologistas do nosso tempo, o professor M. J. Herskovits, que defende com vigor a tese de sobrevivências africanas em ritos de união de sexos e de organização de família no Brasil[54] contra o igualmente notável africanologista norte-americano que é o professor F. Frazier.[55] Para o professor Frazier aqueles ritos dissolveram-se todos no Brasil nos ritos europeus. No Recife, o africanologista brasileiro professor René Ribeiro, em pesquisa sobre amasiados – *"On the amaziado relationship and other aspects of the family in Recife, Brazil"*[56] – encontrou elementos favoráveis à tese de Herskovits, isto é, a de que o concubinato entre gente de cor constitui, de ordinário, família estável, distinguindo-se assim do concubinato europeu. Tese também apoiada pelo sociólogo francês, já tão famíliarizado com assuntos brasileiros, em geral, e afro-brasileiros, em particular, que é o professor Roger Bastide. Para o professor Roger Bastide – e este é o ponto que especialmente nos interessa – o negro livre, isto é, o negro, quase sempre, de mucambo, ao deixar as senzalas rurais pelas cidades, inclinou-se a refazer a "grande família" de estilo africano com as classes por idade de indivíduos: "grande família" cuja existência em cidades caracteristicamente brasileiras foi recordada, como já vimos e como assinala o próprio professor Roger Bastide, pelo historiador Rocha Pombo. Para o lúcido sociólogo francês o que devemos admitir é que a família afro-brasileira, ao refazer-se nas cidades – isto é, nos mucambos e casas térreas de negros livres, artesãos, operários, quitandeiros etc. – reviveu-os – aos ritos africanos de relações sociais de filhos com "mães", "pais", "tios", "irmãos" – reinterpretados em "termos europeus". É a tese que o professor Roger Bastide defende no seu recente estudo "Dans les Amériques noires: Afrique ou Europe?".[57]

Foi, talvez, no sistema ao mesmo tempo patriarcal, maternal e fraternal de "grande família", africano, com "pais" e "tios" investidos de poderes de direção decorrentes da idade, da experiência ou da sabedoria adquirida com o tempo – e não da condição econômica – e irmãos ou "malungos" unidos por solidariedade de idade ativa – e não por serem filhos biológicos do mesmo pai ou mãe comum, ou de ambos – que se inspirou, por um lado, o movimento conhecido por insurreição ou revolução dos "alfaiates" ou dos "pardos" que, no fim do século XVIII, pretenderam fundar no Brasil a "Republica Bahinense". Movimento, por outro lado, inspirado em ideias igualitárias e republicanas – fraternalistas, em uma palavra – francesas, a ponto de se ter tornado notável como expressão de "francezia". Com efeito, do depoimento de um dos conspiradores, o pardo José Félix, consta que "a cauza de quererem reduzida a Republica este continente era para evitar o grande furto que o príncipe faz a praça desta cidade", definição de um dos principais do movimento, que também dissera a Félix ser necessária a revolução "para respirarmos livres: pois vivemos sujeitos, e por sermos pardos não somos admittidos a accesso algum e sendo Republica ha egualdade entre todos". Depoimento incluído nas "devassas e sequestros" da "Inconfidencia da Bahia em 1798", publicados nos *Anais da Biblioteca Nacional do Rio de Janeiro*.[58]

De outro insurreto ou conspirador, João de Deos, "pardo alfaiate com loja na rua direita de Palacio",[59] se sabe que usava, para se distinguir dos opressores portugueses e contrariá-los no trajo e não apenas nas ideias, "huns chinelins com bico muito cumprido e a entrada muito baixa, e calçoens tão apertados que vinha muito descomposto"; e quando alguém estranhara seu modo de trajar respondera: "calle a boca, este trajar he francez, muito brevemente verá vossa merce tudo francez". Tão ostensivamente francês era nas ideias e no trajo esse revolucionário antiportuguês que Ana Romana Lopes do Nascimento, mulher parda forra de quem João fora amigo, ao perguntar a causa da sua prisão, soubera que "por estar mettido em historias de francezia".[60] De modo que o movimento foi complexo como complexa seria a chamada Revolta Praieira na cidade do Recife, meio século depois: ambos fraternalistas no sentido de terem sido movimentos de oposição ao poder absoluto de autocratas que, para indignação dos homens obrigados a andar a pé, na Bahia do século XVIII, se faziam conduzir em palanquins dourados e, no Pernambuco da primeira metade do século XIX, em carruagens com lanternas de prata; ambos antilusitanos ou antieuropeus – exceção feita na França da Revolução, considerada messiânica, e idealizada em pátria universal dos insurretos a ponto de até pardos se dizerem "francezes"; ambos solidaristas ou, a seu modo, socialistas, no sentido de aspirarem à "egualdade geral" dos homens: "a chimerica doutrina da egualdade geral sem distincção de cores", como vem dito no "termo da conclusão" contra os inconfidentes baianos.[61]

Era aspiração dos mesmos insurretos ou conspiradores verem os comandos das tropas de linha e, naturalmente, outros postos de direção, preenchidos não exclusivamente por pretos ou pardos mas "sem distincção de qualidade e sim de capacidade", como se lê na "denuncia publica jurada e necessaria, que dá o capitão do Regimento Auxiliar dos homens pretos Joaquim Joze de Santa Anna cazado morador na rua de João Pereira com loja de cabellereiro na rua do Corpo Santo de fuão homem pardo com tenda de alfaiate na rua direita de Palacio e de todos os mais participantes da confederação por ella projectada".[62] Desejavam os "republicanos" baianos que nem a raça nem a classe nem a região de origem que davam "qualidade" ao indivíduo, no Brasil, fossem condições de sua ascensão aos postos e situações importantes e sim sua "capacidade". Apressavam-se em ver realizado no País o que lentamente vinha já acontecendo, que era aquela ascensão de valores por meio da capacidade, isto é, da inteligência, do saber, da bravura dos indivíduos, a despeito de sua raça, de sua classe e de sua região de origem tenderem para a sua estagnação entre os elementos servis ou secundários da sociedade.

"Quando a origem, as alianças, as riquezas ou o mérito pessoal permitem a um mulato ambicionar um lugar" – escreveu Rugendas – "é muito raro, e pode-se mesmo dizer que não ocorre nunca, que sua cor ou a mistura do seu sangue se tornem um obstáculo para ele. Seja ele embora muito escuro é registrado como branco e nesta qualidade figura em todos os seus papéis, em quaisquer negociações e está apto a ocupar qualquer emprego."[63] E já escrevera: "Existem, no Brasil, regimentos de milícia inteiramente formados de mulatos e nos quais não são os brancos recebidos; em compensação a lei impede que se admita um mulato nos regimentos de linha. Mas os motivos que expusemos acima fazem com que muitos mulatos se introduzam neles, mesmo entre os oficiais, o que acontece tanto mais frequentemente quando são precisamente as famílias ricas, as consideradas, as que se acham no Brasil há mais tempo, as que mais se misturaram, sem que a circunstância tenha prejudicado de modo algum sua nobreza, sua dignidade e suas pretensões aos cargos militares". Pois os casamentos de brancos com mulheres de cor, "comuns nas classes médias e inferiores", observavam-se algumas vezes "nas classes mais elevadas". Quando mulher branca de família rica e considerada desposava homem de cor muito escura, havia algum escândalo: porém "espanto" mais do que "censura". E Rugendas generaliza, numa exata compreensão da superação do sentimento de raça pelo de classe e pelo de região: "Em igualdade de condições a cor escura e o sangue africano são preteridas mas um branco das classes mais elevadas tampouco se uniria a uma mulher branca de baixa categoria".[64]

Se os "rapazes europeus, quando agradáveis de aspecto e com alguma prática de comércio", conseguiam facilmente os "ricos casamentos com mulheres de cor", a que se refere ainda Rugendas, é que os europeus formavam uma "classe", no Brasil colonial e dos primeiros anos da Independência, que se julgava superior, por ser composta de europeus do Reino ou da metrópole (sentimento de "região" e não apenas de "raça"), a brancos nascidos no Brasil – simples colônia – mesmo quando econômica, cultural e socialmente superiores, estes brasileiros natos, àqueles adventícios. Pretensão a que desde os dias coloniais resistiram brancos, nascidos já no Brasil, opondo aos adventícios seu tradicional desdém por "marinheiros".

Se é certo que a "arianização" – como diria um discípulo mais retardado do sociólogo Oliveira Viana – daquela parte da sociedade brasileira de origem, em parte, africana ou negra, verificou-se principalmente pela união do mestiço claro e valorizado pela cultura intelectual ou pela bravura militar, com a moça branca, ou do homem branco com a mestiça clara e valorizada pela beleza ou pela riqueza, também sucedeu que, "por exageração de ideias românticas", brancos se ligassem com criaturas escandalosamente escuras ou mesmo pretas. Ou que se dramatizassem situações de apaixonados, pertencentes a raças ou classes diversas, a ponto de terminarem seus amores avermelhados pelo sangue do assassínio ou do suicídio. Foi o que aconteceu, por exemplo, com Fernando Brás Tinoco da Silva que, em 1856, suicidou-se na Fazenda de Santa Cruz, no Maranhão, tendo apenas 18 anos de idade. Era moço "de talento e estudioso", diz a notícia do seu suicídio no *Diário do Maranhão* de 26 de fevereiro de 1856, que também se refere à "exageração de ideias românticas atuadas por uma paixão amorosa mal sucedida", como a causa da desgraça. O objeto da paixão constava ao jornal que fora uma "beleza africana".

A época que marca mais decisiva ou incisivamente a desintegração da ortodoxia patriarcal nas áreas social e culturalmente mais importantes do Brasil – a segunda metade do século XVIII e a primeira do século XIX – foi, entre nós, de aparecimento de "ideias românticas" não só a respeito das relações de amor ou de sexo entre indivíduos como no tocante às relações de subordinação de filhos a pais, de súditos a reis, de cristãos aos bispos ou padres da Igreja. E mais de uma vez umas relações foram perturbadas por outras, através de atitudes românticas de indivíduos mais arrojados. Típico ou representativo pode ser considerado o caso de Silva Alvarenga: "alto, afamado, de cor parda", era filho de pequeno lavrador que vivia também de tocar rabeca e flauta em festas de igreja e de família; e cuja habitação perto de Vila Rica era a "casa de triste aparência" a que se refere Moreira de Azevedo em uma de suas "crônicas dos séculos XVIII e XIX".[65]

Fez questão o pobre homem morador de "casa de triste aparência" de doutorar o filho de cor: de fazê-lo "vestir gabinardo em Coimbra". O que fez que uns murmurassem na povoação: "Mas não será o orgulho que insufla o desejo que tem o Alvarenga do filho ser doutor, para desse modo elevá-lo acima das outras pessoas do lugar?" E que outros dissessem: "E que tem isso, quer dar ao filho a supremacia do saber que não ofende e pode torná-lo útil a todos nós". Venceram estes porque o padrinho rico do menino abriu subscrição entre os amigos, assinando ele a maior soma e levantando o bastante, em cruzados, para a educação do mineirinho de cor no Rio de Janeiro e em Coimbra.

No Rio de Janeiro, estavam então em moda os outeiros, principalmente os das freiras do Convento de Ajuda na época de Reis: ficavam elas por trás das grades enquanto junto aos muros do convento estudantes e poetas já feitos improvisavam glosas com os motes que as monjas lhes davam. Foi nesses outeiros que começou a destacar-se o talento poético de Silva Alvarenga, talento acentuado por seu "vulto alto e corpulento" de mulato ou pardo eugênico. Glosando um mote de freira romântica (talvez vítima de pai autoritário e recolhida ao convento por amor ou paixão por esse mesmo pai julgada ultrajante para a família),

"Quem tem presa a liberdade
Não pode sentir prazer"

o estudante mulato de Minas teve este primeiro rompante perigosamente romântico, do ponto de vista da ordem estabelecida, que era antes a patriarcal que a monárquica:

> *"Que para feliz viver*
> *Mui livre se deve ser".*

Noutra reunião, cercado por muitas moças, Silva Alvarenga se apaixonara por certa iaiá da sua idade e, talvez, de casta superior à sua; mas cujo amor parece ter sobrevivido à ausência do poeta em Coimbra, de onde voltou ao Brasil formado em Leis ou Direito. O que, segundo Moreira de Azevedo, afastou a moça do bacharel mulato foi ter sabido por um frade, talvez inimigo de Alvarenga, que este era "um revolucionário", "um jacobino" que "ofendera a Deus tramando contra o governo de el-rei nosso senhor...". Ser jacobino e ateu era, para a gente patriarcalmente religiosa, pior que ser mulato. Laura só então teria repudiado o mulato. E cortado os cabelos, desprezado os vestidos enfeitados, envolvido o rosto em mantilha preta, voltando-se toda para a Igreja, os terços, as novenas, as ladainhas de São José, do Rosário e da Mãe dos Homens, como faziam naquela época as solteironas deixadas pelo ritmo da vida patriarcal em situação de estranhas ao sistema de organização de família: um sistema baseado principalmente na glorificação do "ventre gerador" branco ou negro, aristocrático ou plebeu. O que é interessante no caso Laura-Alvarenga é a confusão de romantismos vários e contraditórios que se reuniram para aproximar e, ao mesmo tempo, separar dois indivíduos, sobre os quais o sistema patriarcal, aliado antes da Santa Madre Igreja e do Rei, Nosso Pai e Senhor supremo, que da raça puramente branca, acabaria triunfante.

Já se achava o sistema ferido de morte em algumas das suas raízes. Já começara a desintegrar-se em áreas como a fluminense. Mas continuava a ser o centro da vida brasileira – admitida, é claro, a ascensão do mestiço e do bacharel como uma influência revolucionariamente poderosa no sentido daquela desintegração.

Não negamos que contra a ascensão do mestiço e no resguardo da ortodoxia patriarcal agissem preconceitos de origem irracional. Mas evidentemente entre o sistema patriarcal e a ascensão daquele elemento sob a figura não só de bacharel e de militar como, principalmente, de mecânico e de mestre artesão, senhor de escravos e lavrador e mineiro, também senhor de escravos e de terras e não apenas empregado de senhores brancos, havia incompatibilidade de ordem econômica que ilustre historiador mineiro, o Sr. João Dornas Filho, em pequeno e sugestivo ensaio, "O populário do negro brasileiro",[66] soube surpreender, ao sugerir: "... não sendo [o mulato e o negro forro] escravos, teriam de ser remunerados e a remuneração era ilógica pela existência do trabalho servil". A propósito do que transcreve interessantes documentos coloniais como a carta que a 17 de março de 1732 D. Lourenço de Almeida escrevia a Antônio do Vale Melo: "Esta má casta de gente tem sido de gravissimos prejuizos em todas estas Minas, principalmente nesta Comarca do Serro do frio, porque as negras forras, com suas vendas e tavernas e com as mancebias com os negros captivos erão causa de que estes furtavão os diamantes que tiravão e lhos dessem a ellas não os dando aos seus senhores, e alem desta razão, furtavão tão bem a seus senhores diamantes para forrarem negros, por cuja causa repetidas vezes os mineiros me requererão, que deitasse fora dessa comarca todas as negras forras, e negros, e mulatos forros, porque estes erão os que por outros caminhos se farião senhores dos diamantes que tiravão os negros captivos...".

Enquanto Basílio Teixeira de Sá Vedra, na sua "Informação da capitania de Minas Geraes", datada de Sabará em 30 de março de 1805, dizia: "Os casamentos, e mais ainda as mancebias dos proprietarios com mulheres pretas, e mulatas tem feito de tres partes do povo de gente liberta, sem creação nem meios de alimentar-se, sem costumes, é com a louca opinião de que a gente forra não deve trabalhar; tal he a mania, que induz a vista da escravatura, dos vicios mencionados". E mais adiante: "Eu quizera que huma ley prohibisse aos mulatos e sucessao legitima dos brancos; e que aquelles á maneira dos espurios só obtivessem destes alimentos, e mais algumas precauções suaves para o passado a este respeito; Eu quizera que fosse assignada certa porção de terreno, certo numero de datas, para que elles não pudessem possuir maior extensão; quizera que muitos delles fossem obrigados a se empregar nos officios e artes liberaes para o que costumão ter muita habilidade; quizera com elles muita attenção, emquanto esta pode ser empregada utilmente, e alguma tão bem com os pretos forros, filhos do paiz, chamados crioulos, que não são tão bem boa fazenda; e principalmente, prohibir que huns pretos possão ter outros em escravidão, nem huns mulatos a outros mulatos, e menos que mulatos sejão escravos de negros; em cujo artigo tem chegado o abuso a haver filhos de que comprão seus pais, irmãos e irmãs, e que lhes não deixão gozar plena liberdade, cujas cautelas me parecem todas necessarias para maior segurança desta conquista...".

Insistindo em realizar com escravos o que outros sistemas econômicos começavam a realizar com máquinas e não apenas com animais, o sistema patriarcal brasileiro viu no mestiço impregnado de ingresias ou francesias um revolucionário a abafar ou reprimir. Tarefa difícil, dado o sucesso alcançado desde a primeira metade do século XIX, por numerosos mestiços em especialidades necessárias, não diremos ao desenvolvimento, mas à salvação do Brasil do perigo de estagnar-se em subnação tristonhamente arcaica.

De Filipe Nery Colaço, nascido em Pernambuco em 1813 e formado em Direito pela Faculdade do Recife, sabe-se que, homem de cor, distinguiu-se menos por suas francesias de bacharel em Direito que por suas ingresias de curioso da engenharia: foi lente de língua inglesa do Ginásio Pernambucano e salientou-se pelo "gabinete técnico de engenharia" que estabeleceu na capital da Província.[67] Ora Nery Colaço foi apenas um caso típico. Como ele surgiram, na primeira metade do século passado, numerosos mestiços hábeis, cujas qualidades foram sendo estudadas e aproveitadas – como se assinala em outra passagem deste ensaio – por mestres avançados nas ideias como os beneditinos.

Não foram, porém, os beneditinos os únicos a estudar nos dias da escravidão os efeitos do ambiente ou do meio brasileiro sobre os negros vindos da África; ou as consequências do cruzamento de sangue ou de raça sobre os mestiços. Também médicos como Tiburtino Moreira Prates de quem é uma das teses mais interessantes apresentadas na primeira metade do século XIX à Faculdade de Medicina da Bahia: *Identidade da espécie humana*.[68]

Aí sustentava o autor, baseado em observações feitas entre nós ainda na primeira metade do século XIX: "Todo o mundo sabe que os creoulos negros do Brasil differem muito dos africanos, de que descendem, tanto em seos characteres physicos como nas suas faculdades intellectuaes". E de acordo com D'Orbigny: "Na indagação que temos feito temos encontrado nesta provincia três famílias descendentes de africanos que teem chegado sem se cruzarem até a 3ª geração; estes indivíduos não são mais tão negros como seos progenitores e por seos characteres não differem de zambros ou cabras: o que já não he pequena modificação".[69] Ia além Prates: antecipava-se aos culturalistas modernos ao afirmar, baseado em seus estudos na Bahia, que os homens de todas as raças "se mostrão aptos a receber a cultura que desenvolve as faculdades do espírito, a conformar-se com as praticas da religião, com os habitos da vida civilisada; todos teem, em huma palavra, a mesma natureza mental [...]. Os homens da raça ethiopica, que se consideram como os mais degradados, podem, entretanto, manifestar as mais excellentes virtudes e elevar-se á altura das sciencias". Era o que sucedia já no Brasil: "Todo o mundo conhece os obstaculos que se oppõem ao negro que intenta dedicar-se á carreira das lettras ainda sem falar da falta de meios pecuniarios, pois que he esta raça a mais pobre de nosso povo; mas a pezar disto temos muitos exemplos de negros que se teem mostrado muito aptos para a cultura das sciencias, das lettras e das bellas-artes; temos visto em concursos publicos disputarem e obterem a coroa do professorado...".[70] O mesmo com relação aos mulatos: "Huma outra classe ludibriada até pelos seos proprios progenitores he a dos mulatos cuja intelligencia tem sido muitas vezes amesquinhada por homens dominados por preconceitos...". Mas vinha se acentuando cada dia mais a inteligência do mulato brasileiro: "Apezar de alguma rivalidade que há ainda entre os brancos e os mulatos, estes, ou pela grande parte que tiverão na luta da nossa independencia ou por seo numero predominante, ou por o que quer que fosse, no Brasil gosão de consideração; e podem elevar-se a altos logares, quando a fortuna os ajuda". Especialmente na província da Bahia: "Huma prova inconcussa da grande intelligencia dos mulatos pode ser tirada da estatistica desta provincia: aqui he com effeito raro que se encontrem homens, ainda tidos por brancos, que não tenhão tido em seos avós huma tal ou qual mistura de sangue ethiope; e com tudo os bahianos são distinctos por seos talentos e por seo amor ás lettras e ás sciencias e nenhuma outra provincia brasileira tem dado hum tão grande numero de sabios".[71] E particularmente na Faculdade de Medicina: "Mais de cem estudantes frequentão a

Eschola de Medicina desta cidade: a metade são incontestavelmente mulatos; dos outros sabemos que muitos são quintãos, ou desertores (brancos da terra); de outros ignoramos a genealogia; e assim os que são incontestavelmente da raça caucasica pura não passão de vinte".

Em igual sentido manifestava-se, na mesma época, M. P. A. de Lisboa em suas "Notes sur la race noire et la race mulâtre au Brésil", publicadas em Paris, em 1847:[72] "*... il est permis de conclure que l'affaiblissement d'intelligence parmi les nègres africains dérive des imperfections de l'état social dans lequel ils vivent en Afrique, plutôt que d'une différence importante d'organisation*". E quanto aos mulatos: "*Au Brésil, dans toutes les classes de la société, parmi les jurisconsultes ainsi que parmi les médecins chez les hommes qui s'occupent de la politique du pays comme chez les hommes de lettres, on remarque des mulâtres d'un talent, d'un esprit, d'une perspicacité et d'une instruction qui leur donnent beaucoup d'importance et d'ascendant*".

E não nos esqueçamos de outro depoimento importante, este de europeu, sobre a situação da "classe" ou da "raça" mulata no Brasil do século XIX: o depoimento de Elisée Reclus em estudo publicado na *Revue des Deux Mondes*, sob o título *"Le Brésil et la colonisation, les provinces du littoral, les noirs et les colonies allemandes"*. Depois de salientar não haver no Brasil lei que se interpusesse entre o pai e o filho para impedir o primeiro de reconhecer seu próprio sangue – o que vinha favorecendo a emancipação do mulato – escrevia o geógrafo francês: "*... on peut prévoir le jour prochain où le sang des anciens esclaves coulera dans les veines de tout brésilien*". E ainda: "*Les fils de noirs émancipés deviennent citoyens: ils entrent dans l'armée de terre et de mer [...] et peuvent au même titre que leurs compagnons d'armes de race caucasique parler de la cause de la patrie et de l'honneur du drapeau. Quelques-uns montent de grade en grade et commandent à des blancs restés leurs inférieurs; d'autres s'adonnent aux professions liberales et deviennent avocats, médecins, professeurs, artistes.*" E acentuando o que poderíamos denominar a predominância do caráter sociológico da branquidade sobre o biológico, no Brasil da primeira metade do século XIX: "*il est vrai que la loi n'accorde pas aux nègres le droit d'entrer dans la classe des électeurs ni dans celle des éligibles; mais les employés dont la peau est plus ou moins ombrée ne font aucune difficulté de reconnaître comme blancs tous ceux qui veulent* *bien se dire tels et ils leur délivrent les papiers nécessaires pour établir légalement et d'une manière incontestable la pureté de leur origine*".[73]

O que aqui se destacava era a tendência, já então antiga no Brasil, do documento ou da declaração biologicamente válida fazer as vezes da realidade biológica, ou superá-la, quanto à raça de indivíduos. Tendência que teria servos passivos não só em papéis escritos como na pintura, no retrato a óleo e na própria fotografia colorida. Foram "documentos" postos a serviço da arianização de superfície de quantos fossem "brancos" pela situação social, equivalente à de brancos.

A fase de transição da sede de poder das casas-grandes rurais para os sobrados urbanos, ou suburbanos, marcou também, entre nós, a transição do retrato pintado por artista para o daguerreótipo e a fotografia. Esta por algum tempo primou pela exatidão: o feio aparecia feio mesmo que fosse rico ou poderoso o retratado. Tornou-se depois a fotografia velhacamente comercial e interessadamente "colorida". Nos Estados Unidos, especialistas em cores angelicamente nórdicas requintaram-se, nos últimos decênios do século XIX, em amaciar em louros e róseos, novos-ricos, novos-poderosos e novos-cultos sararás, alaranjados ou mesmo pardos do Brasil e de outros países da América do Sul. Mas não nos antecipemos neste particular. Recordemos que em 1818, a *Idade d'Ouro do Brazil*, de 3 de julho, anunciava estar em Salvador certo pintor de miniaturas, Letanneur, chegado de Paris, cujo forte era a "perfeita semelhança".

Em 1848, jornais como o *Diário de Pernambuco* ainda traziam anúncios de retratistas romanticamente a pincel como Cincinato Mavignier. Fazia Mavignier constar ao "respeitavel publico", pela edição de 12 de outubro do mesmo jornal, que recebera da França, no seu sobrado da travessa do Carmo nº 1, no Recife, "completo sortimento de finíssimas tintas para retractos, optimos marfins, papel de desenho etc. etc.". As pessoas que se quisessem retratar com esse mestre ficariam "possuindo um verdadeiro exemplar da sua physionomia", em "bellas tintas".

Essas "bellas tintas" se tornavam, talvez, mais belas quando o retratado ou a retratada era pessoa de importância; e podiam, como mais tarde as cores das fotografias comercialmente coloridas, amaciar em cor-de-rosa, pardos amarelos de pele, em louro puro e sedoso, o alaranjado de cabelos zangados ou encarapinhados. São, entretanto, desta fase, retrato notáveis de sinhás, de meninos e mesmo de homens. Entre outros, o da Alves da Silva, tida por inspiradora dos versos célebres de Maciel Monteiro:

*"Formosa qual pincel em tela fina
Debuxar jamais pôde ou nunca ousara".*

Note-se, porém, que desde 1843 apareciam anúncios nos jornais brasileiros de "artistas no Daguerreotypo". Mr. Evan, por exemplo, que dizia pelo *Diário de Pernambuco* de 16 de maio daquele ano "tirar retratos admiraveis e perfeitos". Com ele podiam os brasileiros obter "uma copia fiel de si mesmos ou uma segunda imagem e semelhança". E o Sr. Sílvio da Cunha, em artigo publicado em *Letras e Artes* (Rio de Janeiro) de 9 de novembro de 1947 sobre "Os primeiros fotógrafos no Brasil", recorda outra figura de pioneiro: o irlandês Frederic Walter, também artista do daguerreótipo. Artista ou técnico.

Artista de daguerreótipo – "daguerreotypo colorido e fixo, pelos ultimos descobrimentos" – era, também, o Carlos D. Fredrick que aparece no *Diário de Pernambuco* de 8 de março de 1849, anunciando ter recebido dos Estados Unidos "bello sortimento de objectos para retratos". E como devesse seguir breve para a Bahia convidava as pessoas que precisassem dos seus serviços a aproveitarem "a occasião presente". Seus retratos não deviam ser confundidos com "os de fumaça" que se tiraram "anteriormente". Os retratos "coloridos e fixos" – os do seu processo – não eram "capazes de sumir-se nunca". As horas mais próprias para "tirar estes retratos", informava o retratista que eram "das 9 horas da manhã ás duas da tarde...". Em outro dos seus anúncios – de 26 de agosto de 1847 – Fredrick dissera pelo mesmo *Diário* que tirava também retratos copiados e "para medalhas e alfinetes". Só na cidade do Maranhão – de onde se retirara há três meses – tirara mais de três mil retratos.

No Rio de Janeiro, já se faziam então pelo processo do daguerreótipo retratos que, segundo anúncio no *Jornal do Commercio* de 3 de junho de 1850 eram "verdadeiros desenhos que se enxergão em qualquer posição, quando collocados neste ou naquelle logar." Retratos de que se tirava "um numero infinito de copias" e que eram "inalteraveis, coloridos e a fumo". E pelo mesmo jornal de 24 de julho do mesmo ano Guilherme Telfer anunciava poder produzir em daguerreótipo "umas sombras na pintura, do modo mais delecado possivel, ao mesmo tempo dando uma expressão tão natural aos olhos que nenhum artista tem podido até hoje rivalisar". Era a competição do daguerreótipo com a pintura a óleo; da técnica com a arte do retrato. Do alto do seu sobrado à rua do Ouvidor nº 126, Telfer procurava seduzir os ricos, os fidalgos, os mestiços em ascensão social para as delicadezas de sua técnica de fixar fisionomias: delicadezas de que não eram capazes os simples artistas.

Note-se que dez anos antes, um "retratista chegado da França" anunciara pelo *Diário de Pernambuco* – de 24 de agosto de 1840 – retratar "fielmente a oleo, e a miniatura". Dava lições de "Desenho historico, paysagem e architectura a oleo e miniatura..." Desse francês e de Fredrick devem ser muitos dos retratos de grandes do Império tirados no Norte ainda na primeira metade do século XIX.

O daguerreótipo nos deu dos primeiros grandes do Império – homens, senhoras e mesmo meninos – imagens, na verdade, exatas, em contraste com vários dos retratos ou das pinturas dos séculos coloniais. Nestas a exatidão de traços e de cores terá sido por vezes hábil ou ostensivamente sacrificada ao desejo ou à conveniência e até à necessidade do artista servil agradar o paciente – ou impaciente – senhoril.

O mesmo aconteceria, não por servilismo mas por comercialismo dos técnicos, com as fotografias coloridas ou "*made in America*", de mestiços brasileiros, feitas nos últimos decênios de patriarcado não só rural como urbano entre nós; e de ascensão franca de mulatos ou mestiços sob a forma de bacharéis, médicos, engenheiros, militares, industriais. Novos-poderosos, novos-cultos ou novos-ricos que podiam dar-se ao luxo de fotografias ampliadas ou coloridas no estrangeiro de acordo com as informações que os próprios interessados fornecessem de suas cores: da pele, do cabelo, dos olhos, dos lábios. Um processo cômodo da intitulada "arianização", da teoria de Oliveira Viana.

Os anúncios dessa arte, indústria ou comércio de arianização são numerosos nos jornais brasileiros dos últimos decênios do século XIX. Acentuaram-se nos últimos anos do mesmo século, quando o vantajoso comércio se vulgarizou em atividade de mascates. Passaram estes a percorrer o interior do Brasil, recolhendo dos interessados dados carnavalescamente antropológicos para o aumento e sobretudo a coloração de fotografias comuns. Um dos anúncios, já do fim do século XIX, chega a ser admirável do ponto de vista da arte ou da psicologia do *réclame* comercial: "Qualquer pessoa que desejar um lindo e perfeito retrato é bastante mandar um pequeno retrato em cartão de visita, não importa que seja antigo, basta dizer a cor dos olhos e dos cabelos para chegar um retrato perfeito e muito lindo para um presente ou sala de visita". Anúncio de que se encontra em jornais da época a variante: "Qualquer pessoa pode ter o retrato de um parente ou amigo em sua sala de visita, ou para fazer um presente, mandando um pequeno retrato em cartão de vizita, não importa que seja antigo é bastante dizer a cor dos olhos e do cabello para chegar um retrato muito perfeito e a gosto da pessoa que encommendar".[74]

A voga de "fotografias coloridas" entre nós explica o fato de, ainda hoje, encontrarem-se em salas de visitas de famílias reconhecidamente negroides nas suas origens retratos de patriarcas já mortos que, tendo sido mulatos ou quadrarões evidentes, nos dão às vezes a ideia, nas suas fotografias apologéticas quando não angélicas, daqueles "europeus degradados pelos trópicos", a que se referiu, certa vez, o escritor Mário Pedrosa. É que a fotografia nem sempre pode servir, em tais casos, de "tira-teima". Torna-se cúmplice da mistificação.

Notas ao Capítulo XI

1. Príncipe Maximiliano Neuwied, *Travels in Brazil in 1815, 1816, and 1817*, trad., Londres, 1820, p. 31.

2. Sobre o caráter feudal ou quase feudal da sociedade escravocrática brasileira, particularmente da pernambucana – ponto já ferido em capítulo anterior – veja-se o conde de Suzannet, *Souvenirs de voyages*, Paris, 1846, p. 409-412. Leia-se, também, sobre o assunto, a excelente "Revista Retrospectiva" publicada em *O Progresso*, Recife, novembro de 1846, p. 207, por E. R. e onde se lê sobre a grande propriedade feudal em Pernambuco: "O proprietario ou rendeiro occupa uma parte dellas [propriedades] e abandona, mediante pequena paga, o direito de permanecer n'outra e de cultival-a, a cem, duzentas e, algumas vezes, a quatrocentas famílias de pardos ou pretos livres dos quaes se torna protector natural; mas delles exige obediencia absoluta e sobre elles exerce o mais completo despotismo [...]. Assim, estes novos barões feudaes, quando as suas propriedades se acham mais distantes da capital da provincia, vivem numa independencia completa, fazendo justiça a si proprios, e algumas vezes armando os seus *vassallos* e em guerra aberta entre si, a despeito das ordens do governo e das sentenças dos juizes..." (p. 208).

3. Cláudio Manuel da Costa, citado por Sílvio Romero, Martins Pena (Porto, 1901), p. 142. Alvarenga Peixoto, "Canto genetlíaco", *Obras poéticas de Inácio José de Alvarenga Peixoto*, Rio de Janeiro, 1865.

4. *Cartas chilenas*, I, Rio de Janeiro, p. 183. Veja-se também J. Norberto de Sousa e Silva, História da conjuração mineira, edição do Instituto Nacional do Livro, Rio de Janeiro, 1948, I.
   Embora a autoria das Cartas chilenas continue objeto de controvérsia, um ensaísta da responsabilidade do Sr. Afonso Arinos de Melo Franco afirma: "Tomás Antônio Gonzaga foi o autor..." (Critilo – Cartas chilenas, Introdução e notas por Afonso Arinos de Melo Franco, Rio de Janeiro, 1940, p. 26). Veja-se também Caio de Melo Franco, *O inconfidente Cláudio Manuel da Costa*, Rio de Janeiro, 1931.

5. Na expressão do bacharel-poeta "os fortes braços feitos ao trabalho" encontra-se, talvez, a primeira apologia literária, escrita no Brasil, do operário ou do trabalhador manual.

6. Carta de Manuel de Arruda Câmara ao padre João Ribeiro Pessoa em 2 de outubro de 1810, transcrita por Pereira da Costa, *Dicionário biográfico de pernambucanos célebres*, Recife, 1882, p. 641. Típico do bacharel mulato e filho ilegítimo, rebelado contra sua situação social, o Dr. José

da Natividade Saldanha foi estudado em sua personalidade de mestiço "cheio de independência nativa que deve forrar os organismos dos filhos do amor livre" e caracterizado por "qualidades hereditárias que lhe deviam gritar no sangue de filho de um sacerdote de Cristo", por Artur Muniz em "Dr. José da Natividade Saldanha", *Almanaque de Pernambuco*, Recife, 1908, p. 15.

7. Antônio Carlos Ribeiro de Andrada parece ter pertencido ao número daqueles brasileiros que escandalizaram um aristocrata francês de sentimentos já liberais como o conde de Suzannet pelos seus orgulhos de família (op. cit., p. 411).

8. Gilberto Amado, *Grão de areia*, Rio de Janeiro, 1919, p. 244-245. Veja-se também *A Chave de Salomão e outros escritos*, Rio de Janeiro, 1947, p. 176-180.

9. Gilberto Amado, *Grão de areia*, cit., p. 245.

10. Koster (op. cit., p. 196) recorda que senhores do interior encomendavam a seus correspondentes nas cidades rapazes brancos que lhes servissem de auxiliares de escrita e de genros. É possível que alguns anúncios de jornal dos primeiros decênios do século XIX visassem atrair rapazes brancos a fazendas ou engenhos do interior, onde não estivesse desenvolvido o domínio de grandes famílias não só brancas ou quase brancas como endogâmicas.

11. A expressão "fulgurante plebe intelectual" é exata e feliz para caracterizar os bacharéis, tantos deles de origem humilde e vários, negroides, que, com a fundação dos cursos jurídicos foram aparecendo na sociedade brasileira como nova e considerável élite, compensada pela cultura intelectual e jurídicas nas deficiências de sua posição social e na inferioridade de sua condição étnica.

12. Sílvio Romero, *Martins Pena*, Porto, 1901, p. 163-164.

13. Já salientamos, em nota a capítulo anterior, que variou a política portuguesa no Brasil colonial quanto ao aproveitamento de negros e mulatos como oficiais de milícias. Menos, porém, ao que parece, por preconceito de raça ou de cor do que de região: a região colonial em relação com a metropolitana, cujos filhos pretendiam monopolizar na colônia os postos de direção, deixando aos cabras que – de modo geral – eram todos os brasileiros, os cargos secundários e, principalmente, os encargos penosos, da administração.

14. É bem conhecida a observação de Koster no norte do Brasil quanto a certo capitão-mor, homem evidentemente de sangue africano que era, entretanto, considerado branco, por força do cargo. Também "brancos", por força dos cargos que ocuparam no Império e de títulos de nobreza que lhes concedeu o Imperador, ficaram vários brasileiros evidentemente negroides, alguns deles filhos de mestiças célebres como Maria-você-me-mata, muito malvistas pelas iaiás mais puritanas dos sobrados.

Aliás, várias senhoras de sobrados do Brasil imperial tornaram-se famosas pela sua hostilidade a mulatas belas ou sedutoras. Uma dessas senhoras, descendente do marquês de Paraná e do conde de Porto Alegre, impressionada com certa figura de mulata, personagem do drama de Pinheiro Guimarães, *História de uma moça rica* – representado pela primeira vez no Rio de Janeiro em 1861 – costumava explicar sua ojeriza às mulatas, em geral – ojeriza que ia ao ponto de não admiti-las na sua casa: "Mulatas na minha casa? Eu não quero desgraças" (Escragnolle Dória, "Cousas do passado", separata da parte II do tomo LXXXII da *Revista do Instituto Histórico e Geográfico Brasileiro*, Rio de Janeiro, 1909, p. 143).

15. Mais de uma vez, no Parlamento e na imprensa da era imperial, alegou-se contra homens eminentes sua situação de negroides ou de filhos ilegítimos. Basta nos recordarmos da violência com que o barão de Quaraim, Pedro Chaves, em pleno Senado do Império, referiu-se, na sessão de 4 de maio de 1859, à condição de filho natural do também senador D. Manuel, filho do marquês de S. João da Palma. É característica da tendência brasileira para retificar por meios suaves – títulos, leis, honras – tais situações a resposta do ofendido: "Mas não se sabe que, estando legitimado, tenho a nobreza e honras que a lei me concede?" Sobre o assunto leiam-se os debates no Parlamento em torno da Resolução nº 53 de 1846 derrogando a Ord. liv. 4, tit. 32 na parte em que estabelece distinção entre os filhos naturais dos nobres e dos plebeus, em relação ao direito hereditário (*Anais do Parlamento Brasileiro. Câmara dos Srs. Deputados*. Sessão de 1846. Coligidos por Antônio Pereira Pinto. Rio de Janeiro, 1880. Sessão de 8 de maio).

16. O folclore pernambucano guarda a tradição de negros amotinados no Recife, nos primeiros anos da Independência, que se vangloriavam de imitar o rei Cristóvão. Veja-se, sobre o assunto, *Estudos pernambucanos*, de Alfredo de Carvalho, Recife, 1907.

17. Manifestando-se, no século XVIII, sua repulsa a capitães ou fidalgos indígenas que se casavam com negras, o marquês de Lavradio representava o critério daqueles homens de Estado português para os quais os mulatos, no Brasil, deviam ser conservados em "hum certo abatimento" (Carta de José Venâncio de Seixas, para D. Rodrigo de Sousa Coutinho [...] Bahia, 20 de outubro de 1798, manuscrito, Arquivo Histórico Colonial de Lisboa).

18. Biografia inicial, *Almanack de lembranças luso-brasileiro*, Lisboa, 1872.

19. James Bryce reparou que no Brasil facilitava-se ao negroide passar por branco, em vez de se dificultar ao indivíduo essa alteração social (*South America*, Londres, 1910, p. 215). A ideia, hoje generalizada, de que influem sobre o *status* do brasileiro menos a raça do que a classe e a região, foi por nós esboçada neste ensaio em 1936 e em nossos cursos de Antropologia e de Sociologia na Faculdade de Direito do Recife e na Universidade do Distrito Federal, desde 1935.

Sobre o assunto, antecipou-se em inteligentes reparos, além de Debret e Koster, J. M. Rugendas que escreveu em trabalho aparecido em 1835: "Por mais estranha que pareça a afirmação que vamos fazer, cabe menos à vista e à fisiologia do que à legislação e à administração resolver sobre a cor de tal ou qual indivíduo. Os que não são de um negro muito pronunciado e não revelam de uma maneira incontestável os caracteres de raça africana, não são necessariamente homens de cor; podem de acordo com as circunstâncias ser considerados brancos" (*Viagem pitoresca através do Brasil* (trad. de Sérgio Milliet), 4ª edição, São Paulo, 1949, p. 94).

É oportuno recordar-se aqui a "expressão chula de abençoar" recordada por Pereira da Costa à página 121 do seu *Vocabulário pernambucano*: "Deus te faça branco para honra dos teus parentes!"

20. A expressão "El Greco mulato" para caracterizar o Aleijadinho – empregada por nós desde 1936 e, ultimamente, em *Brazil: an interpretation* (Nova York, 1945) emprega-a, em livro recente, o ilustre ensaísta francês André Maurois que, aliás, faz referência aos nossos estudos (*Journal d'un tour en Amérique Latine*, Paris, s. d., p. 63). O Sr. André Maurois repete mais do nosso Brazil: *an interpretation*: "*C'est le mélange des sangs qui a sauvé la culture brésilienne du colonialisme [...] le grand sculpteur brésilien Aleijadinho était lui aussi comme un "Greco mulâtre" par ses audacieuses distorsions de la forme humaine. Les plus grands artistes brésiliens sont extra-européens, ce qui ne les empêche pas de s'intéresser avec passion à la culture européenne*".

Sobre o Aleijadinho prepara interessante ensaio de interpretação o escritor Viana Moog.

21. Veja-se um resumo das impressões da viagem a Minas Gerais que fizemos em companhia do professor Afonso Arinos de Melo Franco no seu *Espelho de três faces*, São Paulo, 1937.

22. Aluísio Azevedo, *O Mulato*, 12ª edição, Rio de Janeiro, 1945, p. 133. Ainda que Aluísio Azevedo encarnasse em portugueses ou filhos de portugueses residentes dos sobrados do Maranhão, a maior negrofobia no Brasil daquela época, um observador português que esteve então no Brasil, Silva Pinto, em seu livro *No Brasil – Notas de viagem* (Porto, 1879), acusa do mesmo preconceito, brasileiros não só natos como mulatos, não só liberais como maçons: "... há perto de dois meses a loja maçônica do Rio de Janeiro *Igualdade e beneficência* repeliu uma proposta de admissão do cidadão brasileiro Sr. João Pessanha (empregado numa companhia de seguros daquela cidade – rua de São Pedro 122), fundando-se, para a repulsão, na cor do citado indivíduo. Aí está a maçonaria brasileira, êmula dos sacripantas mitrados a quem fulmina do alto da tribuna e do livro o Sr. Saldanha Marinho! Aí está a *Igualdade* brasileira! Aí está a beneficência brasileira! Aí tendes a sinceridade dos 'negrófilos' e a sinceridade das suas leis..." (p. 122).

23. Aluísio Azevedo, op. cit., p. 152.

24. Ibid., p. 52.

25. Recorda-se aqui o caso de um inglês, mencionado por mais de um cronista do Brasil imperial, que *"purposely had as many children as he could by slave women because he found that his children were generally pretty men with light, curling hair, blue eyes and a skin as light as that of a European and he was consequently able to sell them at a good price..."* Veja-se nosso

Ingleses no Brasil (Rio de Janeiro, 1948), onde vem citado, a propósito, Robert Walsh, *Notices of Brasil in 1828 and 1929*, Boston, 1831, I, p. 193.

26. Perdigão Malheiro, *A escravidão no Brasil – Ensaio jurídico-histórico-social*, Rio de Janeiro, 1866, II, p. 187.

27. Veja-se nosso "O escravo nos anúncios de jornal do tempo do Império", *Lanterna Verde*, Rio de Janeiro, 1934.

28. Veja-se sobre o assunto C. B. Davenport e Morris Steggerda, *Race-crossing in Jamaica*, Washington, 1929.

29. Já nos referimos ao assunto – pés calçados e pés descalços como afirmações de classe, raça e região dominantes ou dominadas – em capítulo anterior.

30. Referimo-nos ao fato em introdução a *Memórias de um senhor de engenho*, de Júlio Bello, 2ª edição, Rio de Janeiro, 1947.

31. Sobre Clark veja-se Ernesto Sena, *O velho comércio do Rio de Janeiro*, Rio de Janeiro, s. d. Veja-se o anúncio publicado pela Cia. Calçado Clark em *O Cruzeiro* (Rio de Janeiro) julho, 1950 acentuando: "Somente o novo sistema exclusivo da Clark possui modelos com até 36 tamanhos e larguras diferentes..." Outras fábricas brasileiras de calçado estão provavelmente produzindo modelos com larguras e alturas várias, adaptadas aos pés mestiços.

32. Em nosso *Brazil: an interpretation* (Nova York, 1945) referimo-nos ao modo brasileiro de jogar *foot-ball*, como possível expressão do que o africano comunicou de dionisíaco ao caráter ou ao *ethos* brasileiro.

33. Alfred Mars, *Le Brésil, excursion à travers ses 20 provinces*, Paris, 1890.

34. São numerosos, nos jornais brasileiros da primeira metade do século XIX, os anúncios de roupas, chapéus e calçados europeus, principalmente ingleses, franceses e portugueses. Alguns anúncios típicos: "... chapeos [...] vindos de Hull no Navio Clarkson" (*Gazeta do Rio de Janeiro*, 24 de fevereiro de 1809); "... luvas e chapeos de sol..." (franceses) (*Gazeta do Rio de Janeiro*, 25 de janeiro de 1815); "botas" (inglesas) (*Gazeta do Rio de Janeiro*, 9 de novembro de 1808); "çapatos para homens inglezes e francezes" (*Diário do Rio de Janeiro*, 9 de janeiro de 1830); "fato vindo de Londres [...] cazacos de panno fino de todas as cores [...] jaquetas de panno azul e preto fino..." (*Diário do Rio de Janeiro*, 7 de maio de 1830); "fatos feitos [...] de Inglaterra" (*Diário de Pernambuco*, 23 de julho de 1829), "vestidos" (franceses) para senhoras (*Diário de Pernambuco*, 11 de março de 1830).

35. Sena, op. cit.

36. Do assunto nos ocupamos no nosso *Casa-grande & senzala*.

37. Os anúncios de negros fugidos nos permitem estudar as vozes ou falas dos escravos, em geral, baixas, tímidas, em contraste com as altas, ásperas e arrogantes dos senhores. Pretendemos nos ocupar do assunto em nova edição, ampliada, do nosso "O escravo nos anúncios de jornais do tempo do Império".

38. Veja-se nossa *Sociologia. Introdução ao estudo dos seus princípios. Limites e posição da sociologia*, Rio de Janeiro, 1945, na qual frequentemente nos servimos de fatos ou recorrências do passado patriarcal e escravocrático do Brasil.

39. Bryce, op. cit., p. 212.

40. Veja-se Pires de Almeida, *Homossexualismo*, cit., especialmente p. 74-75.

41. *L'Anthropologie*, Paris, 1934, tomo XLIX. Pires de Almeida, op. cit., p. 104-105. Para Almeida os silvícolas eram "em sua generalidade infantilistas" – ao contrário dos africanos – encontrando, por isto, dificuldade em satisfazerem suas companheiras – as silvícolas – "geralmente dotadas de vagina muito ampla" (p. 103).

42. *The Spectator*, Londres, 15 de setembro de 1931.

43. Sir George Stauton,*An authentic account of an embassy from the king of Great Britain to the emperor of China*, Londres, MDCCXCVII, p. 192.

44. Alberto Ribeiro Lamego, *Planície do solar e da senzala*, Rio de Janeiro, 1933.

45. Nicolau Joaquim Moreira, "Questão étnica-antropológica: o cruzamento das raças acarreta degradação intelectual do produto hibrido resultante?",*Anais Brasilienses de Medicina*, Rio de Janeiro, março de 1870, tomo XXII, nº 10, p. 265.

46. Embora observadores como D'Assier considerem o mulato brasileiro produto mais das cidades que das fazendas convém não nos esquecermos de que nas fazendas e engenhos patriarcais foi larga a procriação de mulatos. Pires de Almeida que estudou minuciosamente a libertinagem no Brasil patriarcal dos últimos decênios do Império lembra que alguns senhores rurais mantinham em suas propriedades "verdadeiros serralhos e prostíbulos de escravas"; que vários senhores "entretinham a procriação geral dos seus domínios rurais designando para cada grupo de quatro escravas um crioulo que as fecundava"; que "para obter mestiços", mandavam-se negras aos quartos dos *cometas* ou mascates à noite, com "água para os pés" ou, de madrugada, com "mingauzinho dourado e ovos" (op. cit., p. 75).

47. Sobre o aproveitamento de mulatinhos inteligentes por seus senhores, que mandavam educá-los pelos professores dos filhos, veja-se W. H. Webster, *Narrative of a voyage to the South Atlantic Ocean*, Londres, 1834, p. 43.

48. Lisboa, 1822, p. 11.

49. Lisboa, 1821, Quarto Caderno, p. 141.

50. Lisboa, 1822, p. 13.

51. *Fatos e memórias*, Rio de Janeiro, 1904, p. 131.

52. *História do Brasil*, Rio de Janeiro, 1922, II, p. 542.

53. L. Couty, *L'Esclavage au Brésil*, Paris, 1881, p. 74.

54. "The negro in Bahia, Brazil: a problem in method", *American Sociological Review*, VIII, 4, 1943.

55. "The negro family in Bahia, Brazil", *American Sociological Review*, VII, 4, 1942.

56. *American Sociological Review*, X, 1, 1945.

57. *Cahiers des Annales*, nº 4, Paris, 1949.

58. Rio de Janeiro, 1920-21, vol. XLIII-IV, p. 112.

59. Loc. cit., p. 120.

60. Loc. cit., p. 126.

61. *Anais da Biblioteca Nacional*, Rio de Janeiro, 1922-1923, vol. XLV, p. 26 e seguintes.

62. Loc. cit., p. 58.

63. J. M. Rugendas, *Viagem pitoresca através do Brasil* (trad.), 4ª edição, São Paulo, 1949, p. 99.

64. Ibid., p. 95.

65. *Homens do passado*, Rio de Janeiro, 1875, p. 8.

66. *Diário de Minas*, 19 de fevereiro de 1950.

67. Sebastião Galvão, *Dicionário corográfico, histórico e estatístico de Pernambuco*, Letras O-R, Rio de Janeiro, 1921, p. 142.

68. Bahia, 1848.

69. Moreira Prates, *Identidade da espécie humana*, p. 20.

70. Loc. cit., 22.

71. Loc. cit., p. 28.

72. *Nouvelles annales des voyages et des sciences géographiques*, dirigidas por Vivien de Saint-Martin, Paris, 1847, tomo II, p. 65.

73. Paris, 15 de julho de 1862, tomo 40, p. 388.

74. *Estado de Pernambuco*, Recife, 1º de julho de 1890.

XII | Em torno de uma sistemática da miscigenação no Brasil patriarcal e semipatriarcal

Raymundo José de Souza Gayoso, no seu *Compendio historico-politico dos principios da lavoura no Maranhão*, publicado em Paris em 1818, ocupou-se nos parágrafos 97 e 99 das diferentes camadas de população do Maranhão colonial. Especialmente de São Luís: cidade que foi uma das primeiras no Brasil a adquirirem a opulência burguesa sem perderem o tom patriarcal de vida, ou de convivência.

"A povoação da cidade conforme as noticias que tenho dos ultimos numeramentos feitos pelos róes da desobriga" – escrevia Gayoso no seu *Compendio* – "não chegava a trinta mil almas; mas como do anno de 1808 para deante, ella tem accrescido, talvez que hoje complete esse numero. Os seus habitantes se podem dividir em varias classes. A mais poderosa, e a que merece a primeira contemplação é a dos filhos do reino."

Seguiam-se aos "filhos do reino" os descendentes de europeus estabelecidos no Brasil. Os brasileiros natos. Os brancos da terra. Situação que não era peculiar ao Maranhão mas comum às várias sub-regiões do Brasil onde, ao lado do sistema patriarcal, agrário ou mesmo pastoril, inteiramente rural ou misto de rural e urbano, desenvolvera-se, às vezes quase como outro sistema, e sistema rival do dominante, a miscigenação.

Aos brancos da terra, seguiam-se os mulatos e mestiços. Mestiços às vezes quase brancos ou "semibrancos" como eram às vezes chamados.

"A terceira classe dos habitantes do Maranhão é de uma geração misturada, proveniente ou de um europeu e uma negra, ou de um europeu e uma india", notava Gayoso. E acrescentava: "Os da primeira filiação se chamam mulatos; os da segunda filiação são chamados mestiços. No princípio das conquistas do Novo Mundo, todas as cortes da Europa procuraram fazer uma só nação entre os seus novos, e antigos vassallos, promovendo os casamentos dos europeus estabelecidos na America com os naturaes do paiz. Estas allianças se praticaram logo que o Maranhão principiou a sahir do poder dos seus primeiros habitantes; porém talvez que a lassidão dos costumes, e ardencia do clima fossem os motivos principaes que produziram esta classe de habitantes, até o ponto de a constituir uma parte consideravel da sua população. Os portuguezes, e os mesmos hespanhoes distinguem com differentes nomes todos os graos desta filiação, e todas as variedades da especie desde o negro da costa d'Africa, transplantado para a America, e a cor bronzeada do americano, até a alvura do europeu".

E ostentando certa erudição, reparava o mesmo Gayoso: "Robertson, na sua historia da America, diz que na primeira geração, os mestiços, os mulatos, são reputados como indios, ou como negros; na terceira – que a cor primitiva, e distinctiva do indio fica extincta, e na quinta a cor do negro se desvaneceu de tal sorte, que o nacional proveniente desta mistura, já se não distingue do europeu, e participa de todos os privilegios deste. Observo no guia do commercio da America uma tabuada onde se acham mais especificadas essas gradações.

TABUADA DAS MISTURAS
PARA FICAR BRANCO

1 branco com uma negra produz mulato
Metade branco, metade preto.
1 branco com uma mulata produz quartão
Trez quartos branco, e um quarto negro.
1 branco com uma quartão produz outão
7/8 branco e 1/8 negro.
1 branco com uma outona produz branco
Inteiramente branco.

TABUADA DAS MISTURAS
PARA FICAR NEGRO

1 negro com uma branca produz mulato
Metade negro, e metade branco.
1 negro com uma mulata produz quartão
3/4 negro, e 1/4 branco.
1 negro com uma quartão produz outão
7/8 negro, e 1/8 branco.
1 negro com uma outona produz negro
Inteiramente negro."

À sistemática de Robertson, juntava Gayoso observações sobre a situação brasileira, em particular, baseadas em seu íntimo conhecimento do Maranhão:

"As misturas de um mulato com uma quartão, ou uma outona, produzirão outras cores, que se aproximarão do branco, ou do negro, na proporção da progressão acima declarada. É comtudo esta classe de habitantes, cuja constituição é muito robusta, a que exercita todas as artes mechanicas e todas as occupações da sociedade que requerem actividades, e que em geral os habitantes das classes superiores desprezarão occupar-se nellas, mais por vaidade do que por preguiça, ou talvez por uma e outra."

Quanto aos negros, ocupavam a "quarta classe dos habitantes". E quanto à "classe dos indios" não estava tão integrada quanto as outras na sociedade do Maranhão – neste ponto representativa da sociedade ou da economia patriarcal da maior parte do Brasil – que pudesse ser considerada "classe" de importância.

Foi talvez Gayoso quem tentou com maior cuidado traçar uma sistemática da miscigenação no Brasil patriarcal e semipatriarcal. E tentou-a submetendo as categorias de raças e sub-raças às de classes e subclasses. No que seria acompanhado alguns anos depois por Abreu e Lima que enfrentou o problema, em estudo sobre o Brasil publicado em 1835, no Rio de Janeiro e escrito sob critério quase marxista: salientando os ódios que separavam essas "raças" ou "classes", essas "sub-raças" e essas "subclasses", uma das outras. "A nossa população se divide em duas partes: pessoas livres e pessoas escravas que decerto não apresentam grande affinidade. Todavia feliz de nós se esta parte livre fosse homogenea e encontrasse condições de uma perfeita egualdade..." Em vez disso, Abreu e Lima considerava a subdividida em quatro famílias distintas e tão opostas e inimigas umas das outras como as duas grandes secções entre si: negros livres, mulatos livres, brancos natos e brancos adotivos, sem contar os índios, por ele também considerados "família" ou "raça" ou "classe" à parte. Eram todos rivais uns dos outros na proporção de suas "respectivas classes", escrevia Abreu e Lima à página 56 daquele seu ensaio. Que os mulatos não tolerassem, quando livres, superioridades da parte dos brancos, parecia justo a Abreu e Lima: eram homens como os brancos, nascidos no mesmo solo e – argumento patriarcal a favor da igualdade de raças e sub-raças – "filhos de nossos proprios paes". De modo que como "filhos dos mesmos paes" tinham os mesmos direitos que os brancos; os mesmos direitos que os demais brasileiros natos; os mesmos direitos que os demais brasileiros livres.

Da negação – que aliás nunca foi sistemática no Brasil – desses direitos a pardos ou mulatos livres resultaram, em nosso País, agitações de sentido social, disfarçado às vezes em político. Também aspectos mais ostensivos do que alguns consideram patologia da miscigenação, dando ao diagnóstico caráter nitidamente biológico, quando essa patologia parece ter resultado, principalmente, de circunstâncias sociais desfavoráveis, em numerosos casos, ao desenvolvimento normal dos mulatos ou pardos.

Na África do Sul – área que hoje se apresenta semelhante ao Brasil já mestiço e ainda patriarcal e etnicamente hierárquico dos séculos coloniais – os estudiosos da miscigenação vêm reconhecendo – como um comentário a um livro de Ray Phillips, o crítico do *Journal of the African Society* – que os resultados da miscigenação se apresentam desfavoráveis em consequência de "causas sociais"[1] que teriam de ser reconhecidas, antes de podermos encarar o problema biológico na sua pureza. O verdadeiro mal estaria nas "*illicit connections*" que constituem lá, como nos outros países de população meio-sangue, a grande porcentagem das uniões de brancos com negras. A união ilícita cria por si só uma situação de nítida inferioridade para o bastardo, inferioridade que se torna maior, tratando-se de bastardo mestiço. Isto na África, como nos Estados Unidos.

Tal o caso, também, dos eurasiáticos – híbridos de europeus com hindus, renegados por ingleses e hindus e que constituem hoje uma das populações mais melancólicas do mundo. Um meio-termo doentio, menos entre duas raças que entre duas civilizações hirtas. O caso é único porque nenhuma das duas raças – nem a imperial nem a até há pouco sujeita ou dominada – e nenhuma das duas civilizações – nem mesmo a cristã, dos conquistadores, tão cheia de humildade e de doçura na sua doutrina – se rebaixa para absorvê-los ou se contrai para tolerá-los. Cada qual se conserva mais alta e mais rígida diante deles. E o estigma que os marca é para uma, como para a outra civilização, o do coito danado que os trouxe ao mundo. O destino das mulheres eurasiáticas – este quase não se afasta do de prostitutas para os brancos. Os homens, por muito favor, vêm chegando a funcionários públicos subalternos. Mas a população inteira é – ou tem sido por longo tempo – de indivíduos socialmente doentes. Gente mórbida pela pressão das circunstâncias sobre o desenvolvimento dos indivíduos. A "patologia da miscigenação" se apresenta nesse grupo tristonho e sofredor de híbridos nos seus traços mais grossos e mais salientes. Talvez na sua expressão mais dramática. Neles é que melhor se sente e se vê o problema social dos renegados ao lado do biológico, dos meio-sangues. O mulato norte-americano tem onde se acolher: a sombra cada dia mais poderosa da raça "negra", da qual mais de um terço são mestiços. O eurasiático não tem sombra nenhuma onde se refugiar da claridade que o dia inteiro lhes denuncia a "origem infame". A sombra da noite é a única que lhe permite confraternizar com os indivíduos de raça pura: mas só nos requeimes do gozo físico.

Não é de estranhar num grupo de renegados desses, a inferioridade física – que faz deles uma população tão fraca. Tão mofina. Tão sensual – mesmo para o Oriente. O fato se observa nas populações mestiças em geral, ao que parece, por motivos principalmente sociais.

Sem ser preciso negar-se ou desconhecer-se a tendência de certas raças para certos estados mórbidos – o *amok* por exemplo – que alguns associam de modo absoluto a grupos étnicos, outros a climas, precisamos de estar atentos às poderosas influências sociais que parecem favorecer o desenvolvimento da tuberculose e de certas formas de doenças mentais entre as populações mestiças. Sabe-se que o negro, em regra – pelo menos o norte-americano, mais estudado que o de outras regiões – é menos predisposto que o branco a doenças de espinha, à obesidade, à surdez, às doenças dos olhos, das fossas nasais e da garganta, a uma série de outros males. Menos suscetível à febre tifoide, à malária, à bexiga, ao câncer. O mulato também apresenta várias dessas felizes predisposições do negro, mas se excede extraordinariamente ao branco nas estatísticas de tuberculose e de doenças venéreas. A tuberculose parece ser, não só entre os mulatos norte-americanos como entre os mestiços, em geral, o traço mais comum de fraqueza física. Davenport salienta que talvez nesse traço persista a falta de resistência a doenças de civilizados herdada de uma raça primitiva, em contato com os portadores europeus da doença.[2]

Mas além dessa possível persistência, deve-se ter sempre em vista o ambiente social – incluída a situação econômica – do mulato, do mesmo modo que a do negro, transplantado para as Américas. Já no caso do raquitismo – tão comum entre os negros das cidades norte-americanas – o estudo do ambiente social do negro urbano, nos Estados Unidos, das sombras enormes que envolvem os cortiços e "quadros" de Nova York e de outras cidades durante os dias de inverno, o pouco sol, o ar viciado, a alimentação deficiente, tudo agindo sobre a possível suscetibilidade especial do preto à doença, veio esclarecer a frequência da deformação de corpo entre os meninos de cor. O maior inimigo dos nenês, seja qual for a sua cor, é a "pobreza", a que o professor Reuter dá todo o relevo no seu estudo sobre a saúde do negro e do mulato nos Estados Unidos.[3]

As variações regionais de mortalidade por tuberculose, nos Estados Unidos, parecem indicar a força com que atuam sobre a doença as influências de natureza social e de base econômica: a tuberculose, embora em declínio, ainda se apresenta preeminentemente urbana. Doença de cortiço, de "quadro", de *"slum"*. E quem tiver visitado um dia os cortiços negros ou os bairros pretos mais miseráveis de certas cidades norte-americanas – Waco, Texas, por exemplo – não achará exagero nenhum no quase lirismo com que uma vez se referiu aos mucambos do Recife o general Clement de Grandprey. E depois dele, o escritor Ribeiro Couto. Os 20.000 mucambos dos pretos, dos pardos, dos mulatos de Afogados, do Pina, de Santana de Dentro, do Oiteiro, de Motocolombó, que são os mais típicos do Brasil. Desses 20.000

mucambos os levantados no chão seco, na terra enxuta, não podem horrorizar a ninguém pelo fato de serem de palha. O sol entra por eles, como um amigo rico e generoso da casa. Do ponto de vista da defesa ou do resguardo do homem contra a tuberculose, a palha é excelente material de construção pobre para os trópicos; de habitação para grande parte das populações proletárias.

Há – como recordamos em capítulo anterior – os mucambos construídos dentro da lama. Uns, mais felizes, trepados em pernas de pau sobre os alagadiços e os mangues têm até um ar doce de palhoças lacustres: guardam uma distância higiênica do chão úmido ou da água podre. Mas outros deixam-se ficar bem dentro da podridão, os moradores numa intimidade doentia com a lama: tais os mucambos de Joaneiro, dentro da própria área do Recife. O problema é o ecológico, de distribuição humana desigual, o rico a estender-se pelo solo bom e seco, o pobre – ordinariamente mestiço, mulato ou negro – ensardinhado angustiosamente na lama. As populações miseráveis em luta com a lama muitas vezes acabam saneando o chão. Mas o chão enxuto e saneado é espaço aristocratizado: o mucambeiro é enxotado dele; e vêm então ricos que levantam casas de pedra e cal. Casas de eira e beira. Os mucambos vão aparecer mais adiante, noutros trechos de lama, dentro de outros mangues. Uma reportagem em forma de romance feita há anos, no Recife, pelo Sr. Chagas Ribeiro revelou um caso desses com luxo de pormenores.

O mesmo se dá nos morros do Rio de Janeiro com as chamadas favelas – que são como certos "ranchos" que conhecemos em 1939 no Rio Grande do Sul e desde então estudados pelo professor Tales de Azevedo – conjuntos de casebres mais anti-higiênicos que os mucambos das cidades do Norte. Casebres de tábuas podres e de folhas de flandres. Casebres quase tão abafados, durante as noites úmidas, como os "quadros" e "cortiços" onde se apertam quase sem ar e sem sol – esse ar e esse sol que são luxo fácil dos moradores de mucambos – outras camadas de população pobre das cidades brasileiras. População, em grande parte, negra e mulata. No Rio Grande do Sul, porém, menos negroide que indianoide ou brancoide. O estado de extrema miséria física de gaúchos moradores de "ranchos" equivalentes dos mucambos, cremos ter sido o primeiro a salientar, depois de uma viagem (1939) àquela área, durante a qual observamos ser mito ou lenda o retrato convencional do gaúcho como homem sempre forte, rosado e sadio em contraste com o "amarelinho" do Norte.

Sendo a tuberculose como é, doença que se aproveita das condições precárias de vida, inclusive, como salienta o médico Álvaro de Faria, o "deficit no balanço nutritivo", não é de espantar que a nossa população mulata e negra, mal abrigada e mal nutrida, ofereça aos cemitérios tão grande massa de tuberculosos. E, ainda, porque os pretos não "têm a defesa específica que os brancos vêm acumulando há séculos de convívio com doentes da peste branca", sendo, ao contrário, "terreno ainda virgem" para a infecção, a tão falada suscetibilidade do negro e do mulato à tuberculose é quase um aspecto desprezível no confronto da resistência ou do vigor físico dos brancos com os pretos, dos brancos com os mulatos. A verdade é que trazido da África para o "ambiente diferente, tão cheio de agressores sociais e orgânicos"[4] a que se refere o médico Álvaro de Faria, o negro, no Brasil, e o mulato mais escuro, tendo nestes quatro séculos "produzido mais do que consumido das riquezas sociais", se apresentam, hoje, cheios não só de possibilidades como de afirmações de vigor físico e de capacidade intelectual.

Destaque-se, porém, ainda uma vez que essas afirmações e possibilidades reúne-as hoje, no Brasil, mais o mulato que o negro puro, há quase meio século – o período de mais constante ascensão do homem de cor entre nós – tão raro entre nós. Aliás na própria República norte-americana, os especialistas no estudo do negro como o professor M. J. Herskovits salientam o fato do negro puro constituir provavelmente menos de um quarto da massa de cor, os outros três quartos sendo de mulatos. Daí, para o professor Herskovits, o erro do professor Reuter que, pretendendo demonstrar a superioridade do mulato sobre o negro puro, se esquece de que este quase não existe em número que permita o justo confronto.[5]

As mesmas influências de ambiente social invocadas no caso da tuberculose, da sua generalização entre populações mestiças, devem ser tomadas em conta na interpretação das doenças mentais entre pretos e mulatos. Ulisses Pernambucano de Melo, em Pernambuco, constatou em estatística levantada entre os doentes da Tamarineira que no grupo das psicoses tóxicas e infecciosas domina, entre os negros, o alcoolismo, que determina 11,81% dos internamentos, enquanto os brancos e mestiços doentes de alcoolismo são apenas 7,01%.[6] E o professor Cunha Lopes verificou no Rio de Janeiro a "habitual alcoolização das mulheres negras ou sua pouca resistência às bebidas alcoólicas", enquanto "o fenótipo mestiço começa de divergir da raça negra, visto que a mulher mulata já revela atenuado o referido fenômeno em face do grande tóxico social". Nessa linha descendente de alcoolismo da mulher preta – que é socialmente a mais degradada, a prostituta de beco, a fêmea de soldado de polícia ou de marinheiro bêbado – para a branca, que é a mulher socialmente mais fina, talvez se reflita a influência do fator social, de modo mais poderoso que qualquer outra. São também as mulheres de cor do Rio de Janeiro que mais avultam no quadro da sífilis cerebral. Cunha Lopes verificou ainda o excesso de negros entre os indivíduos compreendidos na idiotia e imbecilidade mental, concluindo dessa e doutras observações que, em face da psicopatologia, o mestiço, o mulato brasileiro, vem assimilando constantemente as qualidades do tipo branco. O mesmo que se dá antropologicamente, segundo as indicações das pesquisas do professor Roquette-Pinto.

Divergindo de Ulisses Pernambucano de Melo quando afirma que as condições de vida dos negros não diferem, de qualquer outro ponto de vista, da dos brancos e mestiços das classes pobres – a maioria dos doentes por ele examinados. Quer nos parecer que mesmo entre as classes pobres atuam às vezes influências desfavoráveis aos negros – desfavoráveis ao seu sucesso ou triunfo social e sentimental no amor, por exemplo. Influências que podem muito bem intervir na sua saúde mental e na sua normalidade social de vida.

Ao Congresso Afro-Brasileiro do Recife, de 1934, dois velhos folcloristas, o alagoano Alfredo Brandão e o paraibano Rodrigues de Carvalho apresentaram uma massa considerável de trovas, glosas e ditados que acusam o desprezo ao preto retinto, mesmo da parte dos seus iguais, ou quase iguais, em condições cultural ou economicamente rasteiras de vida – mulatos, caboclos, cafuzos. Também é desprezado ou ridicularizado no folclore brasileiro o caboclo do mato ou da roça pelo mulato da cidade – que ostenta sua maior proximidade de sangue e de civilização do branco – inclusive o fato de calçar sapato:

> *"Mulato é filho de branco*
> *Branco é filho de rei*
> *Caboclo eu lá não sei*
> *Por ser um filho do mato*
> *Ele não calça sapato*
> *Não fala senão asneira."*[7]

Mas o negro é que é o mais duramente atingido pela sátira, na qual se exprime o desprezo social por ele, da parte dos mulatos e dos brancos das classes pobres. Isto através de numerosos ditados: "Negro quando não suja na entrada suja na saída". "Negro de pé é um toco, deitado é um porco." "Negro só nasceu para espoleta dos brancos." Ou nas cantorias de feira:

> *"Negro velho quando morre*
> *Tem catinga de xexéu,*
> *Permita Nossa Senhora*
> *Que negro não vá ao céu."*

E ainda:

> *"O branco come na sala*
> *Caboclo no corredor*
> *O mulato na cozinha*
> *O negro no cagador*
> *O branco bebe champagne*
> *Caboclo vinho do Porto*
> *Mulato bebe aguardente*
> *E negro mijo de porco."*

O negro é ridicularizado e desprezado não só pelas suas diferenças somáticas – a venta chata, o beiço grosso, o cabelo pixaim, a bunda grande, de alguns – e pelo seu "cheiro de xexéu", sua "catinga de sovaco", seu "budum" ou sua "inhaca", como por acessórios e formas de cultura africana que, no Brasil, se conservaram peculiares do preto e não foram assimiladas pelos mestiços nem pelos brancos. O berimbau, por exemplo:

"Sua mãe é uma coruja
Que mora no oco de um pau
Seu pai um negro d'Angola
Tocador de berimbau."

Também o preto é ridicularizado no folclore brasileiro e desprezado pelos seus iguais em condições sociais, pelo uso daqueles artigos de vestuário que tomaram entre nós – como já recordamos em capítulo anterior – um sentido de quase característicos de raça e principalmente de classe: o sapato, o chapéu alto, o chapéu de mulher, o chapéu de sol, as luvas, o anel com brilhante, a bengala, a sobrecasaca e mesmo o paletó. Nos tempos coloniais já vimos que foi a própria lei que chegou a proibir ao negro o uso de joias, de espada, de punhal. Em velha cantiga do Norte se caçoa muito do "negro de chapéu de sol". O maior absurdo: negro de chapéu de sol. E em livro recente, *Suor*, o escritor Jorge Amado recolheu na Bahia esta trova bem característica:

"Chique-chique é pau de espinho,
Umburana é pau de abeia,
Gravata de boi é canga,
Paletó de negro é peia."

Também se diz em Pernambuco, por debique ao preto:

"Negro de luva é sinal de chuva."

Pereira da Costa já registrara em Pernambuco:[8]

"Bacalhau é comer de negro
Negro é comer de onça."

E o professor Artur Ramos colheu na Bahia:[9]

"Negro nagô quando morre
Vai na tumba de banguê."

O leitor, se já tem mais de cinquenta anos, lembra-se de que, no seu tempo de menino, nas zonas brasileiras de localização mais espessa de população negra, fazia juntar gente e provocava pateada de moleque a preta que atravessasse a rua de chapéu de senhora branca na cabeça – aqueles chapéus de senhora cheios de flores, de fitas, de plumas que se usavam há quarenta anos. E recordemos mais uma vez que chapéu de sol, a negra ou quase negra só podia gozar dele e de sua pompa, pelo carnaval: chapéu de sol grande, vasto, mais bonito que qualquer guarda-chuva burguês. O chapéu de sol vermelho e às vezes com franjas de ouro das rainhas de maracatu.

Outros traços e usos tornaram-se peculiares – já o destacamos noutra passagem deste estudo – ao preto, ligados ao seu físico, e, por essa ligação, ridicularizados pelo mulato e não apenas pelo branco pobre: o palito de dente enfiado no pixaim, por exemplo; o vício de mascar fumo em contraste com o aristocrático dos brancos, de tomar rapé. Nem todos os vícios dos negros foram adotados pelos mulatos e pelos brancos pobres, como o da maconha. Vícios de indivíduos ou subgrupos sem desejo ou ânsia de ascensão social. Conformados com o *status* baixo.

Já contra o mulato, não: o folclore não acusa o mesmo desprezo; nem ridiculariza do mesmo modo suas afirmações de ascensão ou vitória social. Referimo-nos, é evidente, ao mulato mais claro: a situação do mais escuro, quando a seu favor não intervenham motivos especialíssimos, é quase igual à do negro. E é certo que contra todo mulato – mesmo claro – repontam do folclore insinuações de que é falso, inconstante, leviano. O mulato é aí objeto tanto do despeito do negro e do caboclo como de sentimentos de rivalidade do branco, tocado pelo triunfador ou pelo arrivista em privilégios antes de casta ou de classe do que de raça.

Nos antigos álbuns de família do tempo do Império, não é raro deparar a gente com essas figuras de triunfadores: às vezes mulato claro, de sobrecasaca, anel grande e vistoso no dedo, corrente de ouro, cartola ou guarda-sol de lado – todas as insígnias de aristocrata branco; ou então, alguma mulatona de vestido de seda preta, a saia cheia de refolhos, o cabelo ajeitado em tufos um tanto extraeuropeus, muita joia, o ar perfeito da grande senhora. O conde de Gobineau escreveu ter visto entre as damas de honra da imperatriz três mulatas evidentes, citando uma delas pelo nome: Da. Josefina da Fonseca Costa. Aliás, exagerando um tanto, escreveu o arianista francês que falar de brasileiro era o mesmo que falar de homem de cor. Raríssimas as exceções. O sangue negro ou índio corria pelas melhores famílias. O ministro dos estrangeiros do seu tempo de representante diplomático no Rio afirma Gobineau que era mulato: o barão de Cotegipe. Mulatos, alguns senadores. Nas famílias mais ilustres se encontravam tipos amulatados. Das tais damas de honra mulatas, uma era *"marron"*, outra *"chocolat clair"*, a terceira *"violette"*.[10] Eminente historiador, já falecido, informou-nos, a este respeito, ter encontrado na França, entre papéis íntimos do imperador D. Pedro II, uma lista de mulatos ilustres, trabalho do próprio punho de D. Pedro, que talvez tivesse servido a Gobineau para sua generalização.

Numa época como foi o século XIX, entre nós, de grande mortalidade não só das crianças como de senhoras, e em que só o marido vivia, de ordinário, patriarcalmente, até idade provecta, depois de ter casado sucessivamente com três, quatro mulheres e de cada uma ter tido cinco, seis, oito filhos; numa época como foi entre nós o século XIX, não deviam ser raros os casos de irmãos por parte de pai que fossem, uns brancos, outros negroides, outros acaboclados. Sob o mesmo nome patriarcal de família, os três sangues. Brancos puros com irmão ou irmã mulata. Indivíduos louros, ruivos até, com irmão ou irmã de cabelo encarapinhado e beiços grossos. Esses casos de três mulheres para um marido tornam difíceis generalizações sobre certas famílias. Vê-se como era fácil, debaixo do mesmo teto de casa-grande ou de sobrado, ou do mesmo nome de família – Cavalcanti, Argolo, Albuquerque, Breves, Wanderley – haver irmãos diversos na raça, na cor, nos traços, na qualidade do cabelo, no próprio teor de sangue.

Resultavam, na verdade, desse fato, ou da circunstância de ser mulata a mãe ou a avó da casa, situações muitas vezes dramáticas, de que vamos encontrar o reflexo em alguns romances e contos brasileiros. Indivíduos alourados evitando que as visitas lhes vissem a avó ou a mãe, mulata vasta e culatrona. Outros escondendo o irmão ou a irmã escura, o "tira-teima" da família, o tal ou a tal em quem se revelassem com toda a nitidez de traços, a cor ou a origem menos nobre ou menos ariana de todos. Ainda outros, ostentando com a ênfase de brancos-novos – espécie de cristãos-novos da cor ortodoxa e socialmente dominante – não só as joias, o chapéu de sol, as polainas, a bengala, o dente de ouro, o anel de diamantes, outrora proibidos por lei ou pelo costume, aos pretos e mulatos escuros, como ideias e escrúpulos de branquidade exageradamente arianos. Isto, os mais sofisticados; os mais simples fingindo não tolerar catinga de negro; simulando horror físico aos pretos e procurando requintar-se no uso daqueles acessórios de *toilette* que o negro é, pela sua condição física, incapaz de usar sem ridículo ou incômodo evidente: o *pince-nez*, por exemplo. E certas formas de penteado e de barba.

Referimo-nos ao arrivismo de brancos-novos. Só, ou associado a outras formas de arrivismo – a de novo-culto, a de novo-poderoso, a de novo-rico, e, ao nosso ver, igualmente social na sua origem e nos seus motivos – encontramo-lo em alguns dos nossos mulatos mais notáveis que, pela ascensão econômica ou intelectual, tornaram-se oficialmente brancos. Mas não se encontra nem sombra dele em Machado de Assis, por exemplo: a sobriedade, o equilíbrio, a reticência desse mulato pálido, alcunhado de "mulato inglês", já se tornaram clássicos. Nem no barão de Cotegipe – tão fino, tão malicioso, tão sutil, incapaz do menor gesto ou sinal de arrivismo. Nem em Gonçalves Dias, Juliano Moreira, Domício da Gama, D. Silvério Gomes Pimenta. Nem mesmo nesse outro bispo, mulatão gordo e cor-de-rosa, doido por feijoada e por abacaxi, que, menino ainda conhecemos quando ele, no fim da vida, rodava de carro pelas ruas do Recife: D. Luís Raimundo da Silva Brito. Entretanto o arrivismo de mulato, com todo o seu "complexo de inferioridade", ligado ao arrivismo de novo-culto, esplende de modo tão forte que dói na vista, na grande figura de Tobias Barreto: mulato quase de gênio que para compensar-se de sua condição de negroide em face de brasileiros, portugueses, franceses ou afrancesados, requintou-se no germanismo, no alemanismo, no culto de uma ciência de brancos – os alemães – mais brancos que os franceses. Em Nilo Peçanha, porém, o arrivismo de novo-poderoso deixou-se adoçar por uma simpatia que é um dos melhores característicos do mulato brasileiro, quando já triunfante ou a caminho certo do triunfo. O caso, também, de Francisco Glycerio.

A simpatia à brasileira – o homem simpático de que tanto se fala entre nós, o homem "feio, sim, mas simpático" e até "ruim ou safado, é verdade, mas muito simpático"; o "homem cordial" a que se referem os Srs. Ribeiro Couto e Sérgio Buarque de Holanda[11] – essa simpatia e essa cordialidade, transbordam principalmente do mulato. Não tanto do retraído e pálido como do cor-de-rosa, do marrom, do alaranjado. Ninguém como eles é tão amável; nem tem um riso tão bom; uma maneira mais cordial de oferecer ao estranho a clássica xicrinha de café; a casa; os préstimos. Nem modo mais carinhoso de abraçar e de transformar esse rito como já dissemos orientalmente apolíneo de amizade entre homens em expansão caracteristicamente brasileira, dionisiacamente mulata, de cordialidade. O próprio conde de Gobineau que todo o tempo se sentiu contrafeito ou mal entre os súditos de Pedro II, vendo em todos uns decadentes por efeito da miscigenação, reconheceu, no brasileiro, o supremo homem cordial: *"très poli, très accueillant, très aimable"*. Evidentemente, o brasileiro[12] que tem sua pinta de sangue africano ou alguma coisa de africano na formação de sua pessoa; não o branco ou o "europeu" puro, às vezes cheio de reservas; nem o caboclo, de ordinário, desconfiado e que ri pouco.

Essa simpatia do brasileiro – evidentemente maior no mulato "em quem a linfa ariana" – escreve o professor Gilberto Amado – "não dissolveu ainda a abundância animal do temperamento negro" – não nos parece ter origem principalmente étnica.[13] Não nos parece que se derive da pura "alegria carnal das primeiras africanas que riam com os seus belos dentes e se espanejavam contentes na doçura das novas senzalas onde os senhores iam procurá-las com o seu amor." "O riso abundante", que o professor Amado salienta no mulato brasileiro, cremos que é antes um desenvolvimento social; e estamos de inteiro acordo com o eminente ensaísta quando escreve dos mulatos risonhos: "o que lhes resta do hábito de servir, adquirido na longa passividade da escravidão, dá-lhes um caráter prestativo e obsequioso", certa "mole doçura que opõem aos obstáculos". Naquele "riso abundante" haverá extroversão africana; talvez maior plasticidade de músculos da face do que no branco. Mas o que ele exprime parece que é principalmente um desenvolvimento ou uma especialização social. Terá se desenvolvido principalmente – como já nos aventuramos a sugerir – dentro das condições de ascensão social do mulato: condições de ascensão através da vida livre e não apenas nas senzalas e nos haréns dos engenhos; mas tendo por pontos de partida essas senzalas e esses haréns.

O mulato formado, em competição com o advogado branco, com o médico, com o político, procurou vencer o competidor, agradando, mais do que eles, aos clientes, ao público, ao eleitorado, ao "Povo"; e em seu auxílio moveram-se, sem dúvida mais facilmente do que no branco, os músculos do rosto negroide. Seu riso foi não só um dos elementos, como um dos instrumentos mais poderosos de ascensão profissional, política, econômica; uma das expressões mais características de sua plasticidade, na transição do estado servil para o de mando ou domínio ou, pelo menos, de igualdade com o dominador branco, outrora sozinho, único. Na passagem não só de uma raça para a outra como de uma classe para outra.

Alguns deles – mulatos triunfantes – no meado do século XIX, já se sentiam mais "celtas" ou mais europeus na aparência – e não apenas na cultura de bacharéis ou doutores – do que brancos há longo tempo fixados no Brasil. A 19 de fevereiro de 1859 comentava um colaborador do *Diário de Pernambuco*, escondido sob a inicial W, o fato de haver publicado *O Liberal Pernambucano*, de 6 de setembro de 1856, este trecho que W. considerava "pedacinho d'ouro": "[...] Temos visto netos de africanos, cruzados com europeus, tão claros e com o oval da face tão perfeito como os indivíduos do puro tipo céltico. Ao contrário, aqueles cujas famílias demoram no Brasil de mais longa data, vão tomando mais pronunciadamente o tipo colonial, vão perdendo o oval da face (ficando assim como um queijo do sertão) como acontece especialmente para Norte do Imperio e vão tomando o tipo trigueiro".

Interpretava o colaborador do *Diário* que, assim se expressando, o redator-chefe d'*O Liberal* – mestiço ilustre – pretendia provar que era "branco e não mestiço". E procurando atingir em sua condição de mestiços os homens d'*O Liberal* chamava-os W. a todos, grosseiramente, "miseraveis fundibularios desse novo Catucá".

Simplismo ou má-fé de W. O que *O Liberal Pernambucano* desinteressadamente ou *pro domo sua* procurava salientar era, ao nosso ver, a ação do meio cultural sobre o indivíduo: sobre o físico do mestiço que, indeciso, às vezes, entre origens contraditórias, pendia para a origem socialmente nobre quando a favor dela agiam influências sociais e de cultura. Cuidados com a pele e com o cabelo que acentuavam aquela origem. Alimentação que, aceitas as conclusões das famosas pesquisas de Boas, influiria, com outras forças do ambiente, sobre a forma de cabeça e o oval da face de adventícios, desprestigiando a suposta fixidez absoluta de tais característicos de raças: modos de andar, de falar, de gesticular, de rir, antes de "celta" que de "africano". Ou "celtamente" africanos.

Ao mesmo tempo que fácil no riso – um riso, não já servil, como o do preto, mas quando muito, obsequioso e, sobretudo, criador de intimidade – tornou-se o mulato brasileiro, quando extrovertido, como Nilo Peçanha, transbordante no uso do diminutivo – outro criador de intimidade. O "desejo de estabelecer intimidade", que o ensaísta Sérgio Buarque de Holanda considera tão característico do brasileiro, e ao qual associa aquele pendor, tão nosso, para o emprego dos diminutivos – que serve, diz ele, para "familiarizar-nos com os objetos".[14]

Podemos acrescentar que serve principalmente para familiarizar-nos com as pessoas – principalmente com as pessoas socialmente mais importantes: "sinhozinho", "doutorzinho", "capitãozinho", "padrinho", "fradinho", "ioiozinho", "seu Pedrinho", "Zezinho", "Machadinho", "Sousinha", "Goizinho", "Manezinho", "o Pequenininho", "o Velhinho", o "gordinho", "o Amarelinho", "o Branquinho". E esse desejo de intimidade com as pessoas nos parece vir, não só de condições comuns a todo povo ainda novo, para quem o contato humano tende a reduzir-se à maior pureza de expressão, como, particularmente, de condições peculiares ao período de rápida ascensão de um grupo numeroso, da população – o grupo mulato – ansioso de encurtar, pelos meios mais doces, a distância social entre ele e o grupo dominante.

No uso brasileiro de diminutivo, uso um tanto dengoso, ninguém excede ao mulato. Ele foi pelo menos quem deu mais força e nitidez a esse nosso pendor; quem mais o enriqueceu de tendências e de significados sociais particularmente brasileiros. Para os seus interesses, para as suas dificuldades de indivíduo em transição de uma classe para outra, quase de uma raça para outra, o diminutivo, adoçando as palavras, representava a maneira de ser ainda respeitoso, sendo já íntimo, dos antigos senhores e também dos assuntos, outrora distantes e nos quais só os brancos tocavam.

Essas qualidades e esses recursos plásticos de mulato em ascensão para branco, e de filho ou neto de escravo, em ascensão para senhor, encarnou-as Nilo Peçanha do modo mais expressivo. Quase ninguém se lembra de o ter visto senão sorrindo ou então rindo, os dentes cordialmente de fora. E sua conversa dizem que era das que logo estabelecem intimidade entre as pessoas e em torno dos assuntos, pelo uso exuberantemente brasileiro de diminutivos. No que, aliás, se requintava – por mulatismo moral, é claro – o seu antecessor no Itamarati: o teuto-catarinense Lauro Muller. Filho doutor e militar de imigrante alemão com uma distância social a vencer entre ele e o grupo politicamente dominante, semelhante à distância social entre o bacharel mulato e o branco.

Essa exuberância de diminutivos, indo até à denguice, no trato social como na literatura, em muitos casos se apresenta ligada, no mulato em ascensão, a extremos no sentido oposto, que vem a ser o uso imoderado de termos difíceis, de palavras solenes, de expressões de alta cerimônia, o vossa excelência pra cá, vossa excelência pra lá, que Sílvio Romero já observava em alguns mulatos do seu tempo. É talvez a expressão mais comum de arrivismo não só intelectual como social, no mulato. Expressão, porém, de cunho social, e não reveladora, como pretendem interpretar alguns, de incapacidade de assimilação intelectual do mestiço, sempre mais próximo da raça negra ou parda, do que da branca. Também a surpreendemos no adolescente, no seu período de arrivismo intelectual e social; no meninote que aos primeiros sinais de homem, aos primeiros estudos de curso superior, dá para falar difícil e solene ao mesmo tempo que – e em contradição com esse pendor – para empregar expressões de intimidade com os adultos. Arrivismo que se observa não só no adolescente semibacharel ou no bacharelando branco como na mulher bacharela. Não há que estranhá-lo no bacharel mulato.

A denguice do mulato, é certo que vai às vezes ao extremo da molície – certas ternuras de moça, certos modos doces, gestos quase de mulher agradando homem, em torno do branco socialmente dominante. Alguma coisa também do adolescente diante do homem sexual e socialmente maduro, o homem completo e triunfante que ele, adolescente, no íntimo quer exceder; que imita, exagerando-lhe os característicos de adulto – a voz grossa, a força, a superioridade intelectual e física; e junto a quem se extrema em agrados e festas, em desejos de intimidade. Socialmente incompleto, o mulato procura completar-se por esse esforço doce, oleoso, um tanto feminino. Até que atingida a madureza social, pelo menos nas suas qualidades e condições exteriores, ele se torna muitas vezes o arrivista, o rastaquera, o novo-culto, extremando-se alguns naquela "hiperestesia do arrivismo" a que se refere um publicista hispano-americano.

Mas não é daí – desse arrivismo a que seria difícil dar interpretação biológica – que se pode concluir pela incapacidade do mulato para estabilizar se num tipo igual do branco, social e intelectualmente completo. De capacidade intelectual, o mulato tem dado, no Brasil como em outros países de miscigenação, quase todas as evidências, chegando mesmo, com Machado de Assis e Cotegipe, ao mais alto "*humour*" – "*humour*" puro e não fingido – com Auta de Sousa à mais elevada espiritualidade poética e com Lívio de Castro à capacidade para análise sociológica, depois dele revelada por outros negroides de alta inteligência em nosso País.

Faltam-nos *tests*, segundo a técnica mais recente, que nos habilitem a falar sobre base mais segura e com referência, não já a homens notáveis e sós, mas a grupos inteiros – grupos verdadeiramente representativos – acerca das diferenças mentais que os três grupos apresentem porventura entre nós. Remexendo-se velhos relatórios de mestres dos primeiros tempos do Império – alguns meticulosos, indicando com todo o cuidado o aproveitamento de alunos classificados pela cor: brancos, pardos e pretos, um ou outro índio – encontram-se evidências, não de inferioridade intelectual do mestiço – que seria tanto o mulato como o cafuzo e o curiboca, mas principalmente o mulato – mas de sua aptidão para os estudos. Dois desses relatórios, sobre grupos mais representativos de pardos, comparados com brancos e pretos, publicaremos em volume de documentos correspondente a este ensaio, por nos parecerem tais relatórios expressivos ou típicos da situação de aproveitamento escolar de pardos e pretos com relação a brancos, em área, também típica, de convivência patriarcal.

A mesma aptidão fora encontrada em meninos e adolescentes de sangue africano, como vimos, pelos mestres beneditinos dos tempos coloniais. E se essa aptidão revelava-se mais fraca no preto, convém não nos esquecermos do mais fácil acesso dos mulatos mais claros às situações e aos contatos sociais favoráveis ao desenvolvimento da sua inteligência e à expansão de sua personalidade.

Na resistência a doenças, no que essa resistência pode depender da alimentação e das condições de vida, é o que o mulato livre, mas pobre, do tempo da escravidão, morador de casa de porta e janela de cidade no Brasil do século XIX, teria contra si desvantagens, em comparação com o escravo preto ou pardo, mais bem alimentado e nutrido nas senzalas das casas-grandes e dos sobrados. Na resistência a doenças e na longevidade.

O médico Luís Robalinho Cavalcanti, assistente do professor Antônio Austregésilo, em estatística procedida no Hospital de Psicopatas do Rio de Janeiro, em 1.198 doentes, acima de cinquenta anos, verificou maior longevidade nos brancos e nos pretos do que nos pardos (mestiços de branco x negro, branco x índio, índio x negro, ou do intercruzamento). Para explicar os resultados da pesquisa, valeu-lhe em parte a sugestão do professor Roquette-Pinto: a desigualdade de garantias sociais de longevidade entre mulatos e brancos brasileiros.[15] Mas entre mulatos e pretos? Talvez a melhor adaptação do negro ao meio tropical. Não nos esqueçamos, porém – por maior importância que se atribua a essa melhor adaptação – da diferença de condições sociais, sob o regime patriarcal de escravidão, entre negros escravos e grande número de pardos livres e desamparados. Diferença cujos efeitos talvez repercutam ainda vantajosamente sobre os negros de idades quase bíblicas que todos conhecemos: os pretos velhos que ostentam setenta, oitenta e até noventa anos, sobre pés ainda capazes de dançar seu batuque ou seu xangô.

Observa-se, entretanto, nas gerações mais novas de brasileiros – gerações menos atingidas por aquela diferença de garantias sociais – a ascensão do mulato não só mais claro como mais escuro, entre os atletas, os nadadores, os jogadores de *foot-ball*, que são hoje, no Brasil, quase todos, mestiços. O Sr. Mário Filho já ofereceu do assunto, em incisivas páginas, sugestiva interpretação.[16] O mesmo é certo do grosso do pessoal do Exército, da Marinha, da Aeronáutica, das Forças Públicas e dos Corpos de Bombeiros: dos seus campeões nos *sports*, entre os quais os negros retintos parece que são cada vez mais raros, embora de modo algum ausentes. Predomina o pardo. O mestiço. Pardos e mestiços fortes, que vêm enfrentando vantajosamente os brancos e os pretos nos jogos, nos torneios, nos exercícios militares.

Não nos esqueçamos da resistência dos cabras de engenho – mulatos e cafuzos quase todos – nem da dos estivadores de muitas das nossas cidades: quase todos mulatos. Como convém não nos esquecermos de que passa por negro, no Brasil, muito mulato escuro, sendo hoje quase impossível encontrarem-se, entre nós, africanos ou pretos em sua pureza antropológica. Muitos dos assim considerados são mestiços: dão a falsa impressão de negros pela maior riqueza da pele em melanina. Mas, levantado seu perfl antropológico, identifica-se o mestiço. Descobre-se o mulato. Mulato escuro mas mulato. Ou curiboca. O professor Roquette-Pinto chega a afirmar: "é quase certo que não existem hoje negros puros no Brasil". Um ou outro, talvez. O negro, no Brasil, está quase reduzido ao mulato. O problema do negro, entre nós, está simplificado pela miscigenação larga – que alagou tudo, só não chegando a um ou outro resto mais só e isolado de quilombo ou a um ou outro grupo ou reduto de brancos mais intransigente nos seus preconceitos de casta ou de raça. Os próprios grandes líderes do que o negro conserva de mais intimamente seu entre nós – as tradições religiosas – são hoje mulatos. Mulatos, alguns deles já muito desafricanizados nos seus estilos de vida, mas que se reafricanizaram indo estudar na África. Tal o caso de Pai Adão, do Recife, que se fez pai de santo em Lagos; que falava africano com a mesma facilidade com que falava português. Situação semelhante à dos chamados "brasileiros" da África: africanos e descendentes de africanos que, libertos, regressaram à África no decorrer do século XIX, e cujos netos e bisnetos conservam costumes brasileiros, inclusive o culto de Nosso Senhor do Bonfim por eles alterado para Nossa Senhora. Assunto sobre o qual temos em preparo pequeno estudo, de colaboração com o pesquisador francês Pierre Verger.

Mas as tradições religiosas, como outras formas de cultura, ou de culturas negras, para cá transportadas, junto com a sombra das próprias árvores sagradas, com o cheiro das próprias plantas místicas – a maconha ou a diamba, por exemplo – é que vêm resistindo mais profundamente, no Brasil, à desafricanização. Muito mais que o sangue, a cor e a forma dos homens. A Europa não as vencerá. A interpenetração é que lhes dará formas novas, através de novas combinações dos seus valores com os valores europeus e indígenas.

O Brasil parece que nunca será, como a Argentina, país quase europeu; nem como o México, ou o Paraguai, quase ameríndio. A substância da cultura africana permanecerá em nós através de toda a nossa formação e consolidação em nação.

O mulato nem sempre será, como os Machado de Assis – sofisticado à inglesa – ou como os Cotegipe, os Montezuma, os Gonçalves Dias, os D. Silvério, os D. Luís de Brito, os D. José Pereira Alves, o cúmplice do branco contra o preto. Também o cúmplice do negro contra o branco.

Essa sua influência africanizante vem se exercendo através das mulatas que ainda hoje ensinam os meninos brancos a falar e, dentro desse primeiro ensino de português, transmitem-lhes superstições, cautos, tradições africanas; através das mulatonas gordas que cozinham para as casas dos brancos, africanizando com seus temperos as próprias receitas francesas; através das quadraronas e oitavonas bonitas que pelo prestígio da beleza e do sexo sobem dos mucambos até os sobrados de azulejo – amantes de negociantes, de oficiais da Polícia e do Exército, de fucionários públicos, de portugueses ricos, de italianos, de alemães, de filhos de barões e de viscondes do tempo do Império. Mulatas que, nessa ascensão, levam de seu meio de origem muita coisa africana para os ambientes predominantemente europeus, reavivando em uns e introduzindo em outros gostos ou valores africanos. Substituindo às vezes alimentos e temperos europeus, utensílios de cozinha europeus, artigos de vestuário íntimo europeus, cultos domésticos europeus, por quitutes quase puramente africanos, por temperos africanos, por utensílios de cozinha africanos, pela chinela, pelo xale, pelo balangandã, pela figa, pelo culto dos Santos Cosme e Damião, pelo excesso de joia na decoração do corpo, pelo de vermelhos, amarelos e roxos vivos na decoração da casa, dos panos de vestido e da roupa de cama. E ainda o abuso de material e de estilos decorativos africanos, adaptados a coisas europeias – o emprego de conchas no enfeite de moldura de retrato ou de fotografia, por exemplo: o culto de *orixás* africanos – culto de mucambos – disfarçado sob outras formas de culto de santos católicos, além dos ligados à devoção por S. S. Cosme e Damião.

Vieira Fazenda, no Rio de Janeiro, e Nina Rodrigues, na Bahia, foram encontrar dentro de sobrados ilustres, os quartos de santos e as capelas de certas casas-grandes patriarcais das cidades, transformadas, em certos dias do ano, em verdadeiros pejis. O vigário ortodoxo que entrasse num deles havia de gritar de horror. As mesmas velas de iluminar Nossa Senhora com o menino Jesus nos braços, iluminando santos africanos dissimulados em santos católicos: imagens vindas não de Portugal nem da Itália, nem dourados na França, mas algumas vindas da Ásia ou várias feitas aqui mesmo, a quicé, de cajá ou de cedro, por mão de mulato ou de negro. Porque o mulato, sobretudo o amaricado, foi uma das funções em que se especializou entre nós: a de santeiro. A de escultor de santonofres, de santoantoninhos, de nossas-senhoras de cajá. Santeiro para mucambos e santeiro para os sobrados aonde foram chegando formas semiafricanas de religião – tantas vezes por intermédio daquelas quadraronas e oitavonas que a beleza e o encanto do sexo elevaram de mulatinhas de mucambo a "senhoras morenas", donas de casas assobradadas ou iaiás de sobrados nobres. E que aí se constituíram, pelo muito que lhes ficou de sua formação meio-africana, em elementos africanizantes, às vezes a contragosto delas, que prefeririam se parecer em tudo às brancas. Que aí se tornaram mães, nem sempre legítimas, de brasileiros ilustres cuja causa – a causa do reconhecimento dos seus direitos civis de "filhos naturais" – teve significativamente em brasileiros de origem humilde ou africana, aristocratizados pelo saber técnico ou acadêmico em líderes políticos, defensores ardorosos e lúcidos no Parlamento do Império.[17]

Já hoje ninguém tem a ilusão de sermos nós, brasileiros – quase todos, mesmo em São Paulo e no Rio Grande do Sul, parentes de mulatos – um povo verdadeiramente latino, muito menos rigorosamente cristão, no sentido em que o é, por exemplo, o povo francês. (Não nos esqueçamos, de passagem, com relação aos próprios franceses, que o cristianismo que Renan encontrou à sombra severa de Saint-Sulpice era um tanto diferente do cristianismo da gente do povo da Bretanha.) O catolicismo, concordamos ter sido elemento poderoso de integração brasileira; mas um catolicismo que, ao contato – desde as Espanhas – com as formas africanas de religião, como que se amorenou e se amulatou, os santos adquirindo dos homens da terra uma cor mais quente ou mais de carne do que a europeia. Adaptou-se assim às nossas condições de vida tropical e de povo de formação híbrida. De modo que as portas de vidro dos santuários se abriram, no Brasil, se escancararam mesmo, para deixar entrar *orixás* de cajá disfarçados em S. S. Cosme e Damião; São Beneditos pretíssimos, Santas Ifigênias retintas, Nossas Senhoras do Rosário fortemente morenas. Santos de cor que tomaram lugar entre santo-antônios cor-de-rosa e querubinzinhos louros, ruivos, em uma confraternização que nem a dos homens. Os santos e os anjos, tradicionalmente louros, foram aqui obrigados a imitar os homens – nem todos brancos, alguns pretos, muitos mulatos – tornando-se, eles também, parentes de pretos, de pardos e mulatos. Ou amulatando-se, amorenando-se. Até Nossa Senhora amulatou-se, engordou e criou peitos de mãe-preta nas mãos dos nossos santeiros. E do próprio Cristo a imagem que mais se popularizou no Brasil foi a do judeu palidamente moreno, o cabelo e a barba pretos, ou então castanhos; e não a do Nosso Senhor ruivo, que se supõe ser o histórico ou o ortodoxo. É possível que qualquer insistência da parte dos padres em impor à gente do povo santos todos ortodoxamente louros ou ruivos tivesse resultado em desprestígio para o catolicismo, formando-se, talvez, em volta dos altares e dos santos, o mesmo ambiente de distância e de indiferença que foi crescendo em torno do trono e dos imperadores e regentes louros, a tal ponto de poder dizer-se – repita-se – com muito exagero, mas não sem certo fundo de verdade, que o primeiro Imperador fora destronado por não ser nato, o segundo, por não ser mulato.

Para Azevedo Amaral, os heróis autênticos para a gente do povo, no Brasil, os que "se fixam como ídolos na consciência popular" são "os que exprimem nas suas atitudes e nos seus gestos os traços mais fortemente antieuropeus do psiquismo brasileiro".[18] Os traços negroides e caboclos. E contrasta a indiferença pela figura de branco de Caxias com o entusiasmo pelos traços caboclos de Floriano.

Talvez exagere o arguto publicista. Nada, porém, mais natural que essa preferência pelos heróis em cujas figuras a massa encontre o máximo de si mesma. Seu nariz, sua boca, seus olhos, seus vícios, seus gestos, seu riso. Há mesmo aí uma das formas mais poderosas de integração vencendo a diferenciação: o herói, o santo, o gênio se diferencia pelo excepcional da coragem, da santidade, da inteligência; a massa, porém, o reabsorve pelo muito ou pelo pouco que encontra nele de si mesma. Afinal, não existe herói, nem gênio, nem mesmo santo, que não tenha retirado da massa alguma coisa de sua grandeza ou de sua virtude; que não guarde traços da massa em sua superioridade de pessoa excepcional. Alguns chegam exageradamente a considerar o homem de gênio um ladrão: do tesouro que o povo juntou e ele só fez revelar. A riqueza transbordou nele, vinda de outros. De qualquer jeito, a massa tende a recuperar o que o herói ou o indivíduo de gênio de certo modo lhe usurpa, exagerando os traços de semelhança e os pontos de contato entre os dois, massa e herói: os traços caboclos de Floriano ou de Carlos Gomes como os negroides de Montezuma, de Torres Homem, de Rebouças, de José do Patrocínio. Há no culto dos heróis um pouco de agrado de gato – o clássico agrado do gato ao homem: parecendo estar fazendo festa à perna do dono, o gato afaga volutuosamente o próprio pelo. Assim a massa negroide ou cabocla quando encontra herói ou santo de cabelo de índio ou de barba encarapinhada regozija-se nele mais do que num herói louro; é um meio de afagar os próprios pelos nos do herói, nos do gênio, nos do santo.

Essa tendência não se limita aos países de miscigenação, como o nosso, com relação aos tipos negroides ou indianoides em quem a massa surpreenda, não sem certo narcisismo, talento superior ou qualidade de direção iguais às dos brancos – outrora os senhores únicos ou exclusivos: os generais, os sábios, os doutores, os barões, os bispos. E a "consciência de espécie" agindo de baixo para cima. E essa tendência ou essa consciência se encontra nos países onde domina no povo o tipo louro, com relação aos vultos superiores que sejam também louros; são os preferidos. Do mesmo modo que os vultos superiores mais afastados desse tipo dificilmente ganham popularidade em países de gente ruiva. O segundo Coleridge – quase tão genial quanto o primeiro – nunca teve na Inglaterra a popularidade merecida; e a razão está, pelo menos em parte, na barba de turco que lhe dava ao rosto, mesmo escanhoado, uma sombra anti-inglesa e quase negroide. Os seus biógrafos destacam não só os vexames como a antipatia que lhe valeu barba tão dura no rosto desde os tempos de adolescente.

Na Rússia, se um negroide como Pushkin alcançou popularidade fácil, tornando-se o maior poeta de todas as Rússias, é que o povo, só em parte, louro, se habituara aos homens de gênio de feições nitidamente mestiças e profundamente antieuropeias: mongoloides do tipo que teria em Dostoiévski sua expressão mais completa; e do tipo de Gorki e de Lenine, em nossos dias.

Não há dúvida de que no Brasil "em contraposição à mestiçagem étnica" persistem, como salienta Azevedo Amaral, as culturas "identificadas com as três raças formadoras da etnia nacional."[19]

Principalmente a europeia e a negra – as negras, diria o professor Herskovits.[20] Duvidamos, porém, que se possa dizer dessas culturas que se mantêm entre nós "isoladas e opondo às outras os seus valores éticos, metafísicos, sociais, econômicos e políticos", como pretende Azevedo Amaral. Precisamente o característico mais vivo do ambiente social brasileiro parece-nos hoje o de reciprocidade entre as culturas; e não o marcado pelo domínio de uma pela outra, ao ponto da de baixo nada poder dar de si, conservando-se, como em outros países de miscigenação, num estado de quase permanente crispação ou de recalque.

Reciprocidade entre culturas que se tem feito acompanhar de intensa mobilidade social – entre classes e entre regiões. Mobilidade vertical e mobilidade horizontal. Talvez em nenhum país da extensão do nosso, o indivíduo do extremo Norte – do Pará, digamos – se sinta tão à vontade no extremo Sul e encontre, conforme seu temperamento mais do que conforme sua origem étnica, tantas facilidades de ascensão social e política. É o caso de centenas de bacharéis cearenses, paraenses, sergipanos, baianos, pernambucanos – vários deles negroides ou caboclos – que têm feito carreira no Rio Grande, no Paraná, em São Paulo e até governado esses Estados e os representado no Parlamento ou no Congresso Nacional. Talvez em nenhum outro país seja possível ascensão social mais rápida de uma classe a outra: do mucambo ao sobrado. De uma raça a outra: de negro a "branco" ou a "moreno" ou "caboclo". De uma região a outra: de cearense a paulista. Juliano Moreira sabe-se que era filho de negra de tabuleiro. Luiz Gama, de simples escrava. O negro Rebouças, conta-se que acabou dançando quadrilha nos bailes da Corte com a loura princesa Isabel.

Por outro lado encontram-se brancos, no Brasil – brancos, quase brancos e até louros – que desceram de classe, em vez de se conservarem na de origem; e são hoje os "brancosos", os "amarelos", os "come sapo com banana", tão desdenhados pela gente da classe inferior, de cor mais carregada que a deles. Como a maioria dos negros, dos mulatos e dos caboclos mais escuros, eles moram em mucambos: em casas todas de palha ou cobertas de palha como as da África; comem com os dedos em cuias à maneira dos índios e dos negros; andam descalços; dormem em rede ou em palha de coqueiro. E como os africanos, eles se servem de folhas de bananeira em vez de pratos; seus meninos andam nus; suas mulheres dão preferência aos vestidos vermelhos, como as índias e as negras. Mulheres e homens preferem receitar-se com os curandeiros e com as ervas do mato a se servir dos remédios de frasco, preparados nas boticas e nos laboratórios; outros preferem os pais de santo aos vigários. Onde a cultura, o estilo de vida, rigidamente identificado com a raça? A tese de Azevedo Amaral parece tão falsa como o "arianismo" do professor Oliveira Viana que, aliás, com o estudo mais meticuloso do assunto, vem modificando sabiamente seus primeiros e radicais critérios de interpretação etnocêntrica dos problemas brasileiros de raça e de cultura.[21]

Se é certo que somos móveis nos dois sentidos – no horizontal e no vertical – é que não são tão rígidas as configurações psicológicas de raça e de classe no nosso País. O pernambucano julga encontrar mais afinidades com o rio-grandense-do-sul, ou então com o paulista, do que com o baiano, seu vizinho. E não deixa de ter suas razões. O pernambucano, como o gaúcho, e ao contrário do baiano, é amigo da luta e antes rusticamente cavalheiresco do que maciamente urbano. Como o paulista, seco e calado, e não como o baiano, ou o carioca ou o cearense, fácil de acamaradar-se com estranhos. Rígida a psicologia de raça que Azevedo Amaral atribui importância tão grande em nossa formação pretendendo explicar por ela as divergências psicológicas mais profundas, entre os vários grupos de brasileiros, conforme a parcela desta ou daquela raça que predomina em cada um; rígida a psicologia de raça, como esclarecem aquelas evidentes afinidades do pernambucano com o rio-grandense-do-sul, quando absoluta a repercussão da raça sobre o comportamento do homem, as afinidades do pernambucano deveriam ser todas ou quase todas com o baiano do recôncavo e não com o gaúcho espanholado do extremo Sul ou com o paulista? É que talvez as afinidades venham antes de pontos de semelhança na formação social dos três: do pernambucano e do rio-grandense-do-sul e do paulista. Formação menos volutuosa e menos descansada que a do baiano; mais guerreira e mais independente da Corte ou da metrópole; mais avivada pela responsabilidade de estarem sempre defendendo a terra, o Brasil, a América portuguesa com o próprio esforço e o próprio sangue. Através dessa formação, teriam se desenvolvido nos três grupos tradições de luta, de independência, de caudilhismo, de separatismo e, ao mesmo tempo, de liberalismo. Apontam-se hoje verdadeiros traços de união entre as revoluções pernambucanas e as rio-grandenses-do-sul, nos princípios do século XIX. Entre os dois separatismos, os dois republicanismos – o do Norte e o do Sul.[22]

Pelo menos no caso da afinidade, vamos provisoriamente dizer psicológica, de um grupo de nortistas de composição étnica quase igual à dos baianos, com sulistas de formação étnica predominantemente europeia, pelo menos quase isenta de sangue africano quando comparada com a pernambucana ou a baiana – o fator raça empalidece sob a atuação, evidentemente mais poderosa, de semelhanças de formação histórica. Ou de experiência social.

Já não se dá tanto crédito, como outrora, à fácil psicologia de raça que por tanto tempo consistiu em associar, de modo absoluto, à raça do indivíduo ou da nação ou região, qualidades ou defeitos. Fácil psicologia, segundo a qual o homem mediterrâneo seria sempre, por dura determinação de raça, volátil, apaixonado, instável, imaginoso, com muita queda para as artes plásticas e gráficas, mas sem a pertinácia dos nórdicos, nem a sua coragem, o seu amor de independência, a sua fleuma, a sua capacidade de direção. De positivo, ou através de meios técnicos de mensuração e comparação, pouco se sabe ainda das diferenças mentais e de temperamento entre raças; e menos ainda sobre essas diferenças, em termos claros de superioridade e de inferioridade. As superioridades e inferioridades de raça se acham consagradas apenas, umas pelo bom senso popular, outras só pela meia-ciência, sempre tão enfática, dos psicólogos de segunda e dos sociólogos de terceira ordem. No mesmo caso se acha o problema da relação da inteligência e do temperamento do mestiço ou do mulato com a inteligência e o temperamento das raças mais puras; a ideia de que o mulato reúne sempre todos os defeitos, sem possuir nenhuma das qualidades, do branco e do preto. A ideia, também, de que o mulato não passa de sub-raça instável, incapaz dos grandes esforços de criação intelectual e de direção política: só das improvisações e dos brilhos fáceis.

Entretanto, nunca será insistência demasiada recordar este fato: dentro do regime de economia escravocrática, a parte branca, e quando muito a mameluca, da população brasileira, é que desfrutou as melhores oportunidades – pelo gosto dos jesuítas teria desfrutado as únicas – de desenvolvimento intelectual e de ascensão social. Mesmo assim, alguns dos maiores exemplos de capacidade intelectual e artística em nosso País, deram-nos, sob a sombra abafadiça daquele regime de privilégios para os brancos e para os mamelucos, homens do gênio do Aleijadinho – filho de negra – e de Antônio Vieira – neto de negra; mulatos, quadrarões ou oitavões como Caldas Barbosa, Silva Alvarenga, Natividade Saldanha, Gonçalves Dias, Machado de Assis, Montezuma, os Rebouças, José Maurício, Torres Homem, Saldanha Marinho, Juliano Moreira, Lívio de Castro. Todos eles se revelaram capazes de esforços notáveis de criação intelectual e artística; e alguns foram, também, expressões de firmeza de qualidades morais. Honestos como Machado, os Rebouças, Juliano Moreira, na sua vida pessoal como na pública e na artística.

Deve-se, aliás, salientar este aspecto honroso para a honestidade intelectual do mestiço brasileiro: ser capaz de assumir atitudes contra o fácil narcisismo que o levaria, tão docemente, a considerar-se a solução ideal para o problema de relações entre as raças. Com efeito, os maiores apologistas do "arianismo" entre nós têm sido mestiços ou indivíduos "impuros" em sua composição étnica. "Arianista" foi, em certa fase da sua vida de guerrilheiro intelectual, Sílvio Romero – cuja fisionomia acusava em vida, e deixa transparecer nos retratos, traços fortes de ascendência ameríndia. "Arianistas" foram, de certo modo, Euclides da Cunha e, recentemente, os Srs. Oliveira Viana e Jorge de Lima, nenhum dos quais puramente caucásico em seu tipo físico ou em sua formação social e de cultura.

Ninguém ousará negar que várias qualidades e atitudes psicológicas do homem possam ser condicionadas biologicamente pela raça. Condicionadas, porém, e não determinadas de modo exclusivo ou absoluto. Libertando-nos do determinismo étnico, como do geográfico e do econômico, e vendo na raça, como no meio físico e na técnica de produção, forças que condicionam o desenvolvimento humano, sem o determinarem de modo rígido e uniforme – ao contrário, influenciando-se reciprocamente e de maneira sempre diversa – ficamos com liberdade para interpretar esse desenvolvimento, segundo a sua própria dinâmica.

Muitas das qualidades ligadas à raça, ou ao meio, vê-se então que se desenvolveram historicamente, ou antes, dinamicamente, pela cultura, no grupo e no homem. Condicionadas pela raça e, certamente, pelo meio, mas não criadas por uma ou determinadas pelo outro. A raça dará as predisposições; condicionará as especializações de cultura humana. Mas essas especializações desenvolve-as o ambiente total – o ambiente social mais do que o puramente físico – peculiar à região ou à classe a que pertença o indivíduo. Peculiar à sua situação.

Assim o mulato – especialização sobretudo social, com defeitos aparentemente mentais e de temperamento que, vistos de perto, se revelam principalmente sociais. E o mulato é, em traços mais evidentes, o que a raça é, em traços mais pálidos: a negação do biologicamente estático no homem ou no grupo. A afirmação mais viva do socialmente dinâmico. A afirmação mais clara da mobilidade biológica das raças. "A raça é dinâmica", salienta Dixon. Desenvolve-se e altera-se pela renovação de elementos primordiais da mesma raça ou pelo acréscimo de elementos de outra raça. E ainda mais dinâmica é a meia-raça: espécie de classe média em suas atitudes, quando bem equilibrada entre os extremos.

A mobilidade das raças oferece, nos seus primeiros momentos de transição – a fase brasileira, que tanto alarmou o conde de Gobineau e o professor Agassiz – aspectos dramáticos. As combinações tendem, porém, quando profunda e demorada a miscigenação, a tipos novos relativamente estáveis que já se esboçam em certas regiões do Brasil.

O professor Hooton – para quem a miscigenação cria novas raças – salienta que se observam em produtos de cruzamento entre raças primárias, combinações e traços que recordam os das grandes raças secundárias.[23] Por exemplo: tipos cruzados de branco, negro e índio, que muito se assemelham ao polinésio, hoje classificado como raça. É o que já vai sucedendo entre nós, nas regiões de cruzamento mais longo e maior daqueles três tipos: o novo tipo adquire traços semelhantes aos dos polinésios e esboça tendências para a estabilização em raça. Relativa estabilização, é claro, porque nem no caso das raças chamadas puras ela é absoluta.

Para essa relativa estabilização de traços como que provisoriamente combinados e não, propriamente, para uma "síntese cultural" que importe em alguma coisa de definitivo, de brônzeo, de estatuesco, de acabado, é que se dirigem também as culturas diversas que vêm concorrendo para a formação brasileira, mais pela reciprocidade que pelo choque de antagonismos. O dinamismo dessas culturas a se combinarem é ainda maior que o das raças. Daí muito se dever esperar da penetração da cultura brasileira por elementos de origem italiana, germânica, polonesa, síria, que – presentes em nossa formação há anos, alguns desde o começo do século XIX – só ultimamente vêm se pondo em contato íntimo com os elementos tradicionais da mesma cultura.

Os choques de antagonismos na vida social ou cultural do Brasil são ainda frequentes: refletem-se na política, estimulando atritos e rivalidades entre grupos e regiões. Rivalidades entre "gaúchos" e "baianos"; entre paulistas e "cabeças-chatas". E não apenas entre brasileiros antigos e neobrasileiros como as fixadas pelo professor Coelho de Sousa no seu sugestivo pequeno estudo *Conflito de Culturas*, publicado em Porto Alegre em 1949.

Mas a interpretação desses choques não se pode fazer sob o critério simplista de conflitos entre raças que fossem biológica ou psicologicamente incapazes de se entenderem e de se conciliarem. Como não se pode fazer pelo critério, igualmente simplista, da pura "luta de classes" dos marxistas rigidamente ortodoxos que chegam a ver no paulista, por exemplo, apenas o "capitalista colonizador" e nos brasileiros do Norte, apenas a "massa colonial".

A disparidade entre subgrupos, numa sociedade como a brasileira, vem antes do conflito entre as fases ou os momentos de cultura que, encarnados a princípio pelas três raças diversas, hoje o são por populações ou "raças" puramente sociais e também por diferenças regionais de progresso técnico. E ainda pela maior ou menor facilidade de contatos sociais e intelectuais, com estrangeiros e entre si, de grupos ou regiões, de subgrupos e de sub-regiões.

Além do que a disparidade procede das distâncias sociais, ainda grandes, que se acentuaram, no Brasil, desde a era colonial, entre esses grupos e entre essas regiões, com o desenvolvimento da economia industrial em certas regiões, em benefício de minorias econômica e politicamente poderosas. Desenvolvimento favorecido por condições ecológicas de solo, de terra, de clima que não podem ser perdidas de vista pelo intérprete dos contrastes brasileiros.

As cidades industrializadas, sob o favor decisivo dessas ou de outras circunstâncias, passaram a conservar, dentro delas, no alto dos morros, à sombra dos seus bueiros de fábricas e de usinas, mucambarias e favelas profundamente diferenciadas da parte nobre da população. Uma espécie de inimigos à vista: de mouros sempre na costa. Ou nos morros, como no Rio de Janeiro, ou nos mangues, como no Recife. Populações diferenciadas de tal modo da dominante pela diversidade de condições materiais de vida – coincidindo essas condições pelas consequências da escravidão, com a diversidade de cor ou de raça – que a configuração de grupo, e não de raça, é que provisoriamente, pelo menos, se mostra mais viva entre os brasileiros: os da área mais europeizada com relação aos das manchas, não tanto de sangue, como de vida mais africana ou, culturalmente, mais elementar. Os de classe explorada com relação aos de classe – e não rigorosamente raça – exploradora.

Mesmo, porém, a essa fase de maior diferenciação social entre sobrados e mucambos, correspondente à maior desintegração do sistema patriarcal entre nós, não têm faltado elementos ou meios de intercomunicação entre os extremos sociais ou de cultura. De modo que os antagonismos que não foram nunca absolutos, não se tornaram absolutos depois daquela desintegração. E um dos elementos mais poderosos de intercomunicação, pelo seu dinamismo de raça e, principalmente, de cultura, tem sido, nessa fase difícil, o mulato.

O encontro de culturas, como o de raças, em condições que não sacrifiquem a expressão dos desejos, dos gostos, dos interesses de uma ao domínio exclusivo de outra, parece ser particularmente favorável ao desenvolvimento de culturas novas e mais ricas que as chamadas ou consideradas puras. A desvantagem maior, do ponto de vista desse desenvolvimento, está justamente no isolamento ou na distância social que dificulte as oportunidades de contato de um grupo com os outros, de uma raça com as outras. Por isto, Lars Ringbom vê no mestiço a melhor solução para os extremos de individualismo ou de coletivismo, nas grandes raças e nas grandes culturas, que ele considera puras.[24]

O professor Hooton, por sua vez, lembra que o Egito chegou à sua riqueza extraordinária de civilização pela miscigenação profunda: sobre o fundo de raça mediterrânea, o elemento negro, o armenoide e possivelmente o nórdico. A Grécia também: uma mistura de mediterrâneos, armenoides, nórdicos e provavelmente alpinos. À formação de Roma concorreram mediterrâneos, nórdicos e alpinos.[25]

Os puristas da raça não devem esquecer-se desses muitos exemplos de enriquecimento de cultura regional ou nacional pela miscigenação.

Um deles, o professor Gunther,²⁶ admite no grupo de gênios que procurou estudar antropologicamente, dentro da teoria de que a capacidade de invenção e criação é suprema nos nórdicos, sangue de outras raças, ao lado do sangue nórdico – raramente encontrado triunfalmente puro, mesmo nos heróis dos países chamados nórdicos. Por que meio-sangue foi Lutero; meio-sangue, Schopenhauer; meio-sangue, Schumann; meio-sangue, Ibsen. Mas o sal dos países nórdico-alpinos e nórdico-mediterrâneos seria, para Gunther, o sangue nórdico; a força daqueles gênios estaria na metade de sangue nórdico em suas veias de híbridos. Argumento perigoso e frouxo. Ao mesmo tempo que reconhece a vantagem do cruzamento – pelo menos entre raças menos distanciadas nos seus característicos somáticos e nas suas especializações psicológicas – dá a Hertz o direito de perguntar com toda a fleuma: "Mas se é verdade que a cultura da Grécia, a de Roma, a da Itália, a da Espanha, a dos eslavos é criação dos elementos nórdicos que entraram na formação desses povos, por que então o começo de todas essas culturas não foi nos centros de origem dos nórdicos – na Escandinávia e no norte da Alemanha? Por que essas regiões só fizeram seguir, em épocas relativamente recentes, os caminhos abertos pelos povos híbridos do Sul?".²⁷

No Brasil, uma coisa é certa: as regiões ou áreas de mestiçamento mais intenso se apresentam as mais fecundas em grandes homens. A nossa Virgínia durante a monarquia, a mãe de grande parte dos presidentes de conselho e dos ministros de Estado foi – a comparação já tem ocorrido a mais de um estudioso da formação política do Brasil e não tem pretensão nenhuma a original – a Bahia, penetrada não só do melhor sangue que o tráfico negreiro trouxe para a América como da cultura mais alta que transmitiu da África, ao continente americano. A chamada Atenas brasileira, o Maranhão, foi outra sub-região de mestiçamento intenso, com seus muitos curibocas idealizados ou romantizados em caboclos. O maior deles, Gonçalves Dias. Minas Gerais foi ainda outra área de mestiçamento intenso, com predominância do negro sobre o índio entre os elementos de cor. Em contraste com os rio-grandenses-do-sul, mais brancos e tão cheio de radicalismos e de intransigências nas suas atitudes políticas – excetuados os mestiços da área *misionera*: caboclos dos quais o ensino jesuítico fez uma espécie de mulatos introvertidos ou apolíneos, pelo untuoso dos modos, pelo diplomático das atitudes – os homens da região de maior e mais profundo amalgamento de raças, alguns deles mulatos, vários negroides, têm levado para a administração pública em nosso País, para a política, para a diplomacia, para a direção da Igreja católica, uma sabedoria de contemporização, um senso de oportunidade, um equilíbrio que fazem deles os melhores pacificadores, os melhores bispos, os diplomatas mais finos, os políticos mais eficientes.

E sem desprimor nenhum para a nossa Marinha de Guerra, recordaremos ainda uma vez que tendo-se constituído ela no maior viveiro de brancos ou quase brancos no Brasil apresenta número relativamente insignificante de grandes homens. Nem mesmo um professor de matemática da estatura de Benjamim Constant. Saldanha da Gama e Jaceguay foram antes duas belas figuras de gentis-homens que dois autênticos grandes homens. Barroso e Tamandaré, dois burgueses gentis-homens, aos quais não faltava bravura que lhes suprisse a pobreza de imaginação marcial. O contraste com o Exército, de oficialidade, há anos, em grande parte mestiça e até negroide, imediatamente se impõe. E com o contraste, a ideia de que, pelo menos no sentido de melhor correspondência com o meio brasileiro e de adaptação mais fácil e talvez mais profunda aos seus interesses, aos seus gostos, às suas necessidades, o mestiço, o mulato, digamos delicadamente, o moreno, na acepção já assinalada por Sílvio Romero, parece vir revelando maior inteligência de líder que o branco ou o quase branco.

Não é mais o caso da ascensão de mulatos ou de mestiços à sombra do domínio social, já agora em declínio, dos brancos e dos quase brancos das casas-grandes e dos sobrados patriarcais. É o triunfo mais largo e menos individual do mestiço, do curiboca e, principalmente, do mulato, do meia-raça, do caldeado no sangue ou na cultura, através de melhor correspondência não diremos de caráter rigidamente psicológico – derivando essa correspondência de imposições biológicas – mas socialmente psicológico, entre o líder mestiço e a massa, em sua maioria também mestiça. Biológica ou sociologicamente mestiça. Pois consideráveis grupos de populações meridionais do Brasil, cuja situação de filhos de italianos, poloneses, alemães, sírios, japoneses assemelha-se psicológica e sociologicamente – embora não culturalmente – à de mestiços, dão extensão sociológica à caracterização da massa brasileira como massa mestiça. Há entre os dois – indivíduo mestiço e massa mestiça, dentro do sentido antes sociológico que biológico aqui atribuído à condição de mestiço – uma espécie de maçonaria, uma linguagem secreta como a dos namorados e a dos pedreiros-livres. De onde a incompreensão da parte da massa em torno de "europeus" como, no fim do Império, foram os próprios "ingleses do Sr. Dantas" e a sensibilidade a atitudes revolucionárias ou rebeldes de "mestiços" se não no sangue, na personalidade, como foram Castro Alves, Feitosa, José Mariano, Saldanha Marinho, José do Patrocínio, Luiz Gama, Nilo Peçanha, Francisco Glycerio, Tobias Barreto.

Mas esse e outros aspectos da relação entre a desintegração do sistema patriarcal no Brasil, cujo poder foi encarnado principalmente em homens brancos ou quase brancos e de cultura quase exclusivamente portuguesa e católica, e o desenvolvimento de uma sociedade ao mesmo tempo mestiça e vária na sua composição étnica e cultural e predominantemente individualista na sua organização de família, serão estudados – ou, pelo menos, considerados – em ensaio próximo.

Notas ao Capítulo XII

1. *Journal of the African Society*, IV, Londres, 1930.
2. Para as ideias de C. B. Davenport sobre miscigenação, vejam-se os seus ensaios *Heredity in relation to eugenics*, Nova York, 1911, e *Race Crossing in Jamaica* (de colaboração com Morris Steggerda), Washington, 1929. Veja-se também, sobre o assunto, o estudo do professor Otávio Domingues, a *Hereditariedade em face da educação*, São Paulo, s. d.
3. E. B. Reuter, *The american race problem*, Nova York, 1927. Sobre o mesmo problema – o de raça – encarado do ponto de vista brasileiro e dentro das constantes da formação brasileira, veja-se o estudo do professor Roquette-Pinto, "Notas sobre os tipos antropológicos do Brasil", *Anais do 1º Congresso Brasileiro de Eugenia*, Rio de Janeiro, 1929.
4. Álvaro de Faria, "O problema da tuberculose no preto e no branco e relação da resistência racial" (estudo apresentado ao 1º Congresso Afro-Brasileiro, Recife, 1934).
5. Mestre no assunto é o professor Melville J. Herskovits com seu *The american negro: a study in racial crossing*, Nova York, 1928. O professor Herskovits, nos últimos anos, vem se interessando pela situação do descendente de africano no nosso País, no que tem recebido valioso auxílio do seu aluno brasileiro, professor René Ribeiro.
6. Ulisses Pernambucano de Melo e seus colaboradores iniciaram em Pernambuco, sob o estímulo do Congresso Afro-Brasileiro reunido no Recife em 1934, com aplausos de Franz Boas e de outros antropólogos eminentes, o estudo de doenças mentais e atividades religiosas ou pararreligiosas entre as populações de sangue ou cultura mais acentuadamente africana daquela parte do Brasil, estudos que vêm sendo continuados com entusiasmo e paciência pelo professor René Ribeiro, discípulo também do professor M. J. Herskovits.
7. Ao referido Congresso Afro-Brasileiro do Recife (1934) o folclorista Rodrigues de Carvalho apresentou interessante estudo, com numerosas trovas, quadras e reparos populares sobre a situação do negro em face da do branco e da do ameríndio, na sociedade brasileira.
8. Pereira da Costa, *Folclore pernambucano*, Rio, 1908.
9. Artur Ramos, *O folclore negro no Brasil*, Rio de Janeiro, 1935. Vejam-se do mesmo autor o excelente estudo *As culturas negras do novo mundo* (Rio de Janeiro, 1937) que o consagrou a

maior autoridade brasileira no assunto e os capítulos XIV a XIX de sua *Introdução à antropologia brasileira*. Rio de Janeiro, 1947, vol. II.

10. George Readers, *Le comte de Gobineau au Brésil*, Paris, 1934.

11. Sérgio Buarque de Holanda, *Raízes do Brasil*, 2ª ed., Rio de Janeiro, 1947, p. 213.

12. G. Readers, op. cit.

13. Gilberto Amado, *Grão de areia*, cit., p. 136-137.

14. Sérgio Buarque de Holanda, op. cit., p. 217.

15. Luís Robalinho Cavalcanti, "Longevidade – Sua relação com os grupos étnicos da população" (trabalho apresentado ao 1º Congresso Afro-Brasileiro, Recife, 1934).

16. Mário Filho, *O negro no foot-ball brasileiro*, Rio de Janeiro, 1945.

17. Já nos referimos, em nota anterior, a debates no Parlamento do Império (sessão de 1846) em torno do problema dos filhos naturais. Recordaremos aqui que um dos discursos mais interessantes sobre o assunto foi o de Rebouças a 15 de maio, contestado por Sousa Martins a 18 do mesmo mês. Sousa Martins salientou: "...entre nós os filhos naturais são em maior número do que em quase todas as nações da Europa: consequência inevitável do sistema de escravidão estabelecido entre nós, efeito necessário das duas raças, das quais uma é possuída pela outra como cousa e não como pessoa...".

18. Azevedo Amaral, em *O Brasil na crise atual* (Rio de Janeiro, 1935, p. 253).

19. Azevedo Amaral, op. cit., cap. VIII, dedicado ao estudo do "conflito de culturas" no Brasil.

20. Veja-se o estudo da "cultura" em relação com "culturas" em Wilfrid Dyson Hambly, *Source-book for african anthropology*, Chicago, 1937. Veja-se também sobre o assunto Oliveira Viana, *Instituições políticas brasileiras*, Rio de Janeiro, 1949, I, capítulo II, intitulado "Cultura e Panculturalismo" onde o eminente sociólogo brasileiro se pôs em dia com os modernos critérios de interpretação cultural dos fatos sociais, inclusive com a síntese de Franz Boas, *Race, language and culture* (Nova York, 1940) e a de B. Malinowski, A scientific theory of culture (Chapel Hill, 1944).

21. O "arianismo" do sociólogo Oliveira Viana parece ter sofrido modificações sob a influência da expansão de suas leituras e estudos, nos seus últimos anos. É assim que, em vez do seu anunciado "Os arianos no Brasil", publicou, pouco antes da sua morte, excelente estudo, o já referido *Instituições Políticas Brasileiras*, em dois volumes, em que se nota seu contato com o culturalismo e o funcionalismo, de sentido contrário a qualquer arianismo ou etnocentrismo sectário.

22. O historiador Manuel Duarte, em *Província e nação* (Rio de Janeiro, 1949), mostra que os movimentos revolucionários no Sul e no Norte do Império, durante os primeiros anos da Independência, nem sempre se processaram independentemente uns dos outros.

23. E. A. Hooton, *Up from the ape*, Nova York, 1931, p. 429.
24. Lars Ringbom, *The renewal of culture*, trad., Londres, s. d.
25. Hooton, op. cit., p. 458.
26. O critério arianista de interpretação sociológica e histórico-social das nações é apresentado vigorosamente por H. F. K. Gunther, em *Rassenkunde des Deutschen Volkes*, 11ª ed. Munique, 1927.
27. F. Hertz, *Rasse und Kultur* (trad. em inglês por G. S. Levetus e W. Entz sob o título *Race and civilization*, Londres, 1928). No Brasil, o critério arianista e antimulatista, abandonado, ao que parece, pelo distinto sociólogo Oliveira Viana, foi defendido até o fim dos seus dias, com admirável bravura literária, pelo historiador Alberto Rangel que, sob esse critério, ao lado de altos elogios, fez severas restrições a este ensaio em carta que em 1936 dirigiu ao então secretário da embaixada do Brasil em Londres e também ilustre homem de letras Caio de Melo Franco e de que este gentilmente nos enviou cópia.

Já publicara, então, de Alberto Rangel, a *Revista Nova* (São Paulo, 15 de novembro, 1931, ano I, nº 4, p. 517) "extratos de correspondência" sobre "o mulatismo nacional" onde se dizia:

"Amargo e tristérrimo o quadro que V. me traça do momento brasileiro. Todas as instituições do Brasil sofrem do vício capital que a experiência humana vê decorrente do cruzamento do negro e do indo-europeu. Letras, moral, política, administração, sociabilidade não podiam ficar pelas cumeadas, forçam-nas ladeira abaixo os influxos dessa mistura nas veias dos indivíduos, cuja energia não tem calma, nem autoridade, nem alvo que a dignifique; cujo espírito só marcha aos saltos e em superfície...

"O metediço e amalucado Rodrigues de Carvalho, Barbacena, Cachoeira e Justiniano da Rocha eram mulatos. O general Morais, servilíssimo instrumento na dissolução da Constituinte e lambe-pratos da Domitila, mulataço de dragonas. Lima e Silva do 7 de abril tinha o topete de dirigir-se em 1835 ao menino monarca nestes termos, em que sacudindo a sua chibata de ex-regente, aconselhava 'hum Decreto prohibindo o uzo do beija mão costume barbaro q as luzes do seculo 19 reprovão' [...]. Esse não passava de um mulatão de chapéu armado e esporas de estribeiro revoltado e exagerado.

"Nos partidos de vanguarda, que conturbaram a Independência e solaparam a monarquia, envenenados de separatismo, sempre predominaram mulatos. Até que enfim o mulatismo nos deu a República com Deodoro & Glicério, Nilo & Patrocínio...

"No desequilíbrio dessa miscelânea racial reconhece V. a causa primeira de nossos males. Quanto V. tem razão! A praga do mulato incoordenado e instável, intentou afrouxar o plexo nacional. Basta lembrar os nomes de Pinto Madeira, Rodrigues de Carvalho, Natividade Saldanha, Doutor Meireles, Montezuma, o primeiro Rebouças. Na história maravilhosa de nossa reação católica contra os bíblias neerlandeses, a mancha do tríplice caim, o negroide Calabar, é de toda significação.

"Há uma memorável máxima indiana que envolve ao nosso futuro em uma hórrida mortalha: *Todo país onde nascem homens de raça misturada que corrompe a pureza das classes é cedo destruído assim como aqueles que o habitam.*

"Receio, porém, que os seus ataques ao cancro generalizado da peste baça o faça objeto de ódios que o distraiam das preocupações em que a arte pura e a pura história são o campo de torneio próprio ao cavaleiro elegante e poderoso, no garbo dos seus *Lauréis* e no triunfo e aplausos da *Brava Gente*...Não o acoroçôo a esfuracar a vespeira. O paladino de ponto em branco, aos lançados heróicos, como seria maltratado!

"Contudo, creio que devemos sempre aproveitar todos os meios para sustentar e desenvolver a prevenção contra o mestiço. Inventando no domínio da ficção ou verificando e discorrendo nos círculos da História, toda ocasião será oportuna de patentear os prejuízos dessa fatalidade étnica em que o eixo da nacionalidade brasileira balança, ameaçado o destino do País no fluxo e refluxo dessas almas heterogêneas e falhas. Ao capricho de uma aliança de sangues que não se amalgamam, o Brasil está fadado ao galrejo, à charola, à confusão dos valores, aos desvios do raciocínio, ao bairrismo, à jactância, às ciumadas, à pouca perseverança, e à incandescência sensual, que tudo isso é mulatice de raiz e confluência, na sua gama do branco ao preto."

Bibliografia

I. Fontes: manuscritos, documentos etc.

A revolta de 1720, discurso histórico-político, Ouro Preto, 1898.

A santidade do monarcha ecclesiastico Innocencio X, Lisboa, 1646.

ABREU, Francisco Bonifácio de. *These apresentada á Faculdade de Medicina do Rio de Janeiro*, Rio de Janeiro, 1845.

Atas da Câmara de São Paulo, vol. I a XXXII (Publicações da Prefeitura do Município de São Paulo).

Aditamento ao compromisso da Irmandade do Santíssimo Sacramento da Freguesia de Nossa Senhora do Pilar da Vila de São João del-Rei, Comarca do Rio das Mortes, Doc.17, L. 25, 7, 1, 1817.

Africanos livres falecidos. Correspondencia do curador com o ministro da Justiça, 1840-1844, Cx. 952, Pac. 6, Arquivo Nacional, Rio de Janeiro (Exposição Joaquim Nabuco).

AGASSIZ, Louis. *A Journey in Brazil*, Boston-Londres, 1868.

Agrégé de l'histoire générale des voyages, Paris, 1816.

ALBUQUERQUE, Almeida e. *Breves reflexões retrospectivas, politicas, morais e sociais sobre o império do Brasil*, Paris, 1854.

ALLAIN, Émile. *Rio de Janeiro, Quelques donnéos sur la capitale et sur l'administration du Brésil*, Paris-Rio de Janeiro, 1886.

ALMEIDA, Antônio Calmon du Pine. *Memoria oferecida á Sociedade de agricultura, commercio e industria da provincia da Bahia*, Bahia, 1834.

ALMEIDA, Eduardo de Castro e. *Inventário dos documentos relativos ao Brasil, existentes no Arquivo de Marinha e Ultramar de Lisboa, organizado para a Biblioteca Nacional do Rio de Janeiro*, Rio de Janeiro, 1914.

ALMEIDA, João Mendes de. *Algumas notas genealógicas*. Livro de família, São Paulo, 1886.

ALMEIDA, Pires de. *Inspetoria geral da higiene — Higiene das habitações*, Rio de Janeiro, 1886.

_____. *L'Agriculture et les industries au Brésil*, Rio de Janeiro, 1889.

_____. *L'Instruction publique au Brésil — histoire et législation*, Rio de Janeiro, 1889.

ALMEIDA, Tito Franco. *A questão das carnes verdes*, Pará, 1856.

Alvará de 16 de janeiro de 1773, cópia na seção de manuscritos da Biblioteca do Estado de Pernambuco.

AMARAL, F. P. do. *Escavações — Fatos da história de Pernambuco*, Recife, 1884.

Analyse dos motivos apresentados no manifesto do Dr. J. A. Fonseca pelo Dr. C. S. Pereira, presidente da Comissão de Hygiene Publica, Diário de Pernambuco, Documento nº 6 do *Relatório do estado sanitário da província de Pernambuco*, Pernambuco, 1857.

ANDRADE, Almir de. *Coleção de modinhas brasileiras*.

ANDRADE JÚNIOR, José Bonifácio Caldeira de. *Esboço de uma higiene dos colégios aplicável aos nossos* (tese), Rio de Janeiro, 1885.

Aprovação e confirmação dos estatutos da Irmandade de Nossa Senhora de Amparo, ereta na Freguesia de São Gonçalo, Doc. 40, L. 28, 19, 6, 1827.

Aprovação e confirmação dos estatutos da Irmandade de São Bartolomeu, comarca de Vila Rica, Bispado de Mariana, Doc. 54. L. 20, 2, 3, 1815.

ARAGO, J. *Promenade autour du monde*, Paris. s.d.

ARARIPE, T. Alencar. *O elemento servil*, Paraíba do Sul, 1871.

ARAÚJO, Antônio Alves de. *Reflexões sobre as edificações das novas casas*, Rio de Janeiro, cit. por Luís Edmundo, *De um livro de memórias*, Correio da Manhã, Rio de Janeiro, 21 de maio de 1950.

ARAÚJO, Francisco Lopes de Oliveira. *Considerações gerais sobre a topografia físico-médica do Rio de Janeiro*, Rio de Janeiro, 1852.

ARAÚJO, José de Sousa Azevedo Pizarro. *Memórias históricas do Rio de Janeiro*, Rio de Janeiro, 1820-1822.

Arquivo da família Lassance da Cunha, Rio de Janeiro.

Arquivo da família Werneck, da Fazenda Forquilha, Rio de Janeiro.

Arquivo da Sé do Maranhão.

Arquivo (incompleto) da Sé de Olinda.

Arquivo de família de Da. Joaquina do Pompeu, Minas Gerais.

Arquivo de família e de engenho, livros de assento, correspondência particular e comercial de Alfredo Alves da Silva Freire, senhor de engenho e comerciante.

Arquivo de família do Sobrado de Brejo, Bahia.

Arquivo de família do barão de Amaragi.

Arquivo de família e correspondência particular e comercial do barão de Jundiá, senhor de engenho.

Arquivo de família e correspondência particular de Maria Cavalcanti de Albuquerque e Melo.

Arquivo de família e correspondência particular de Ulisses Pernambucano de Melo (Pernambuco).

Arquivo de engenho, livros de assento, correspondência comercial de Bento José da Costa, senhor de engenho e comerciante.

Arquivo de família, livros de assento, diário, correspondência particular de Félix Cavalcanti de Albuquerque e Melo (Pernambuco).

Arquivo de família e de engenho, livros de assento, diários, correspondência particular e comercial de Manuel Tomé de Jesus, senhor de engenho.

Arquivo de família do engenho Boa Vista, Pernambuco.

Arquivo de família do engenho Itapuá, Paraíba.

Arquivo de família do engenho Japaranduba, Pernambuco.

Arquivo do Distrito Federal, Rio de Janeiro, 1894-1897.

Arquivo Luís Pinto (famílias mineiras), Minas Gerais.

ASSIER, Adolphe D'. *Le Brésil contemporain — races — moeurs — institutions — paysages*, Paris, 1867.

ASSUMAR, Conde de. *Carta de Vila Rica de 30 de setembro de 1720*, manuscritos, códice nº 11, Arquivo Público Mineiro.

Atas da Câmara do Salvador, Bahia, manuscritos, Arquivo da Prefeitura do Município de Salvador.

AUBERTIN, J. J. *Eleven days journey in the province of São Paulo*, Londres, 1866.

AUCHINCLOSS, William S. *Ninety days in the tropics or letters from Brazil*, Del., 1874.

Autos da devassa da Inconfidência Mineira, Rio de Janeiro, 1936.

AVÉ-Lallement. *Reise durch nord-Brasilien im jahre 1859*, Leipzig, 1860.

Aviso sobre impuresa de sangue (1779), Doc. nº 526, seção de manuscritos, Arquivo do Instituto Histórico de Alagoas.

AZEVEDO, Aluísio. *O mulato*, Rio de Janeiro, 1889.

_____. *O cortiço*, Rio de Janeiro, 1890.

AZEVEDO, Moreira de. *Homens do passado*, Rio de Janeiro, 1875.

_____. *O Rio de Janeiro*, Rio de Janeiro, 1877.

_____. *Pequeno panorama ou descrição dos principais edifícios da cidade do Rio de Janeiro*, Rio de Janeiro, 1866.

BAHIANA, Manoel de Vasconcelos de Souza. *Memoria acerca do nosso systema de manufacturar o assucar em caldeiras quadradas*, Bahia, 1834.

Bando de 21 de novembro de 1719, manuscrito, Arquivo Público Mineiro, códice nº 11, antigo 10.

Bando de 30 de abril de 1720, manuscrito, Arquivo Público Mineiro, códice nº 11, antigo 10.

Bando de 2 de maio de 1720, manuscrito, Arquivo Público Mineiro, códice nº 11, antigo 10.

BARBINAIS, Le Gentil de La. *Nouveau voyage autour du monde*, Amsterdã, MDCCXXVIII.

BARRETO, Domingos Alves Branco Moniz. *Memória sobre à abolição do commercio de escravatura*, Rio de Janeiro, 1837.

BARRETO, Paulo Thedin. *Casas de câmara e cadeia* (manuscrito).

BATES, Henry Walter. *The naturalist on the river Amazons*, Londres, 1863.

BELLEGARD, P. D'A. *Notícia histórica, política civil e natural do império do Brasil em 1833*, Rio de Janeiro, 1833.

BELLEGARDE, G. C. *Estudos econômicos*, Rio de Janeiro, 1862.

BERREDO, Bernardo Pereira de. *Annaes Historicos do Maranhão*, Lisboa, 1769.

BOCAYUVA, Quintino. *A crise da lavoura*, Rio de Janeiro, 1868.

BOELEN, Jacobus van. *Viagens nas costas oriental e ocidental da América do Sul*, 1826, cit. por H. J. do Carmo Neto, *O intendente Aragão*, e consultada no original holandês, na Biblioteca Nacional, Rio de Janeiro.

BOMTEMPO, José Maria. *Estudos médicos offerecidos á magestade do senhor D. Pedro I*, Rio de Janeiro, 1825.

BRACKENRIDGE, H. M. *Voyage to Buenos Aires, performed in the years 1817 and 1818 by order of the American government*, Londres, 1820.

Brazil: its history people, natural productions, etc. (The religious tract society), Londres, 1860.

BRELIN, Johan, *Beskrifing ófver en afventyrlig resa til och ifran ost-Indien, sódra America, och en del af Europa, aren 1755, 56 och 57*, 1758.

BUENO, Luís de Oliveira. *Da topografia e climatologia da cidade do Rio de Janeiro*, Rio de Janeiro, 1875.

BURLAMAQUI, Frederico Leopoldo César. *Memoria analytica acerca do commercio d'escravos e acerca da escravidão domestica*, Rio de Janeiro, 1837.

BURMEISTER, Hermann. *Reise nach brasilien, Durch die provinzen von Rio de Janeiro und Minas Gerais*, Berlim, 1852.

BURTON, Richard F. *A Mission to gelele, king of dahomey*, 2ª ed., Londres, 1864.

_____. *Explorations of the highlands of the Brazil*, Londres, 1869.

CALADO, Frei Manuel. *Valeroso lucideno e o triunfo da liberdade*, Lisboa, 1648.

CALDEIRA, Pedro Soares. *O corte do mangue*, Rio de Janeiro, 1884.

CÂMARA, Manuel de Arruda. Carta ao padre João Ribeiro Pessoa em 2 de outubro de 1810, transcrita por F. A. Pereira da Costa, *Dicionário Biográfico de Pernambucanos Célebres*, Recife, 1882.

Camaras Municipaes (1819-1840), seção de manuscritos, Biblioteca do Estado de Pernambuco.

Camaras Municipaes — Da Camara do Recife ao Prezidente da Provincia, Recife, 1823, manuscrito na seção de manuscritos da Biblioteca do Estado de Pernambuco.

CAMPOS, Monsenhor Joaquim Pinto de. *Carta (que dirigiu) ao excelentíssimo senhor ministro dos negócios eclesiásticos*, Rio de Janeiro, 1861.

CÂNDIDO, Francisco de Paula. *Relatório sobre medidas de salubridade reclamadas pela cidade do Rio de Janeiro e acerca da febre amarela em particular*, Rio de Janeiro, 1851.

_____. *Clamores da agricultura no Brasil e indicação de meios facílimos de levá-la rapidamente à prosperidade*, Rio de Janeiro, 1859.

CARDIM, Padre Fernão. *Tratados da terra e gente do Brasil*, 2ª ed., Rio de Janeiro, 1939.

CARNEIRO, H. J. D'Araújo. *Cartas dirigidas a S. M. el-Rey D. João VI desde 1817*, Londres, s.d.

_____. *Brazil e Portugal ou reflexões sobre o estado actual do Brazil*, Lisboa, 1822.

CARSON, João Monteiro. *Primeiro relatório apresentado à presidência da Bahia sobre melhoramentos da cultura da cana e do fabrico do açúcar*, Bahia, 1854.

Carta ao marquez de Angeja, de José Cezar de Menezes de Rec.ᵉ Pern.ᶜᵒ, 28 de setembro de 1784, manuscrito códice 29-12, Biblioteca Nacional, Rio de Janeiro.

Carta de Caetano Pinto de Miranda Montenegro ao conde de Aguiar sobre um requerimento do padre Silvestre José da Costa Geras, clérigo que "tem hua muito visivel mistura de sangue africano", 17 de março de 1812, manuscrito, Correspondência com a Corte, Biblioteca do Estado de Pernambuco.

Carta de Caetano Pinto de Miranda Montenegro ao visconde de Anadia sobre um eclesiástico com mistura de sangue africano, 7 de outubro de 1804, manuscrito, Correspondência com a Corte, Biblioteca do Estado de Pernambuco.

Carta de Lei sobre ofícios, manuscrito na seção de manuscritos da Biblioteca do Estado de Pernambuco.

Carta de Privilegios do inglez James Pinches, Livro 9, Registro de provisões reais e imperiais, 1803-1827 manuscrito, coleção de manuscritos da Biblioteca do Estado de Pernambuco.

Carta de Sesmaria do Engenho Salgado junto nos autos de demarcação do dito engenho, manuscrito, Cartório de Ipojuca, Pernambuco.

Carta do Conde de Assumar a Bartolomeu de Sousa Mexia datada de 9 de fevereiro de 1720, manuscrito, códice nº 11, antigo 10, da seção colonial do Arquivo Público Mineiro, cartas, ordens, despachos e bandos do conde de Assumar.

Carta muito interessante do advogado da Bahia José da Silva Lisboa para o Dr. Domingos Vandelli, Diretor do Real Jardim Botanico de Lisboa — Bahia, 18 de outubro de 178 1º manuscrito, Arquivo Histórico Colonial de Lisboa, antigo da marinha e ultramar 10.319, Inventário Castro e Almeida, Rio de Janeiro, 1914, II.

Carta-testamento de Arruda Câmara, deixada para o padre João Ribeiro, cit. por Pereira da Costa, manuscrito, Seção de manuscritos, da Biblioteca do Estado de Pernambuco.

Cartas de Alforria, 1831-1841, Cx. 952-3, Arquivo Nacional, Rio de Janeiro (Exposição Joaquim Nabuco).

Cartas de José Francisco dos Santos escritas para a Bahia, da Costa da África, na primeira metade do século XIX (manuscritos, cópias fornecidas ao autor por Pierre Verger).

Cartas jesuíticas (1549-1560), Rio de Janeiro, 1931.

Cartas, ordens, despachos e bandos do governo de Minas Gerais, 1717-1721, Arquivo Público Mineiro, códice nº 11.

CARVALHO, Carlos de. *Patrimônio territorial da cidade do Rio de Janeiro*, Rio de Janeiro, 1893.

CARVALHO, Vicente Antônio Esteves de. *Observações históricas e críticas sobre nossa legislação agrária chamada comummente das Sesmarias*, Lisboa, 1815.

CARVALHO, Hippolite. *Études sur le Brésil au point de vue de l'immigration et du commerce français*, Paris, 1858.

CÁSSIO. *A escravidão*, Rio de Janeiro.

CASTELNAU, Francis de la Porte. *Expédition dans les parties centrales de l'Amérique du Sud*, Paris, 1850.

CASTRO, E. Machado de. *Epanáfora histórica de Minas Gerais*, Ouro Preto, 1884.

CASTRO, José da Gama E. *O novo príncipe*, Rio de Janeiro, 1841.

CASTRO, Tito Lívio de. *A Mulher e a sociogenia* (obra póstuma), Rio de Janeiro, s. d.

CHAMBERLAIN, Lieutenant. *Views and costumes of the city of Rio de Janeiro*, Londres, 1822.

CHAPUIS, P. *Golpe de vista sobre o Rio de Janeiro em 1826*, Rio de Janeiro, 1826.

CLARK, Reverendo Hamlet. *Letters Home from Spain, Algeria and Brazil during past entomological rambles*, Londres, 1867.

CODMAN, John. *Ten months in Brazil*, Londres, 1870.

Coleção de atas das Câmaras de Pernambuco, referentes ao mesmo período, parte do Arquivo de Pernambuco, hoje na Biblioteca do Estado.

Coleção de cartas régias, decretos e provisões (séculos XVIII e XIX) do Arquivo de Pernambuco, hoje na Biblioteca do Estado.

Coleção de mensagens de Presidentes de Província, Biblioteca do Estado de Pernambuco.

Coleção de panfletos raros, arquivo do barão de Geremoabo (Bahia).

Coleções de estampas (casas, jardins, aspectos de ruas e cidades) da Biblioteca Nacional, Rio de Janeiro.

Coleções de estampas (casas, jardins, aspectos de ruas e cidades) da Biblioteca Oliveira Lima, Universidade Católica, Washington.

Coleções de estampas (casas, jardins, aspectos de ruas e cidades) do Museu do Estado de Pernambuco.

Coleções de estampas (casas, jardins, aspectos de ruas e cidades) do Museu Paulista.

COLTON, Walter. *Deck and port,* Nova York, 1850.

Commercio das carnes seccas, manuscrito, Cód. 29-12, Biblioteca Nacional, Rio de Janeiro.

Compromisso da arquiconfraria de São Francisco de Assis, na Vila de São José, comarca de São João del-Rei, capitania de Minas Gerais, bispado de Mariana, Doc. 42, L. 22, 27, 6, Arquivo Nacional, Rio de Janeiro, 1815.

Compromisso da Confraria de São Benedito ereta no Convento de Santo Antônio da cidade do Recife de Pernambuco, Recife, 1888.

Compromisso da Irmandade da Imaculada Conceição da Santíssima Virgem Maria, na paróquia de Inhomerim, Doc. 1. L. 7, 7, 2, Arquivo Nacional, Rio de Janeiro, 1810.

Compromisso da Irmandade da Imaculada e Sacratíssima Virgem Nossa Senhora da Conceição, instituída e confirmada na Bahia, Doc. 52, L. 1, Arquivo Nacional, Rio de Janeiro, 1645.

Compromisso da Irmandade da Senhora da Boa Morte e Assunção, da Vila da Vitória, na capitania do Espírito Santo, Doc. 57, L. 5, 3, 9, Arquivo Nacional, Rio de Janeiro, 1809.

Compromisso da Irmandade de Nossa Senhora da Boa Morte, ereta na matriz de Nossa Senhora da Conceição da Vila Rica de Ouro Preto, Minas Gerais, bispado de Mariana, Doc. 65, L. 9, 1, 8, Arquivo Nacional, Rio de Janeiro, 1810.

Compromisso da Irmandade de Nossa Senhora do Livramento da freguesia de São Caetano, Doc. 26, L. 8, 13, 3, Arquivo Nacional, Rio de Janeiro, 1810.

Compromisso da Irmandade de N. S. do Rosario desta Villa de Maranguape da Parahiba do Norte, 1850, manuscrito, Arquivo Público do Estado da Paraíba.

Compromisso da Irmandade da Senhora do Rosário, ereta na capela da Senhora da Boa Morte, da Vila da Vitória, capitania do Espírito Santo, Doc. 58, L. 16, 19, 7, Arquivo Nacional, Rio de Janeiro, 1814.

Compromisso da Irmandade de Nossa Senhora do Rosário dos Pretos, da freguesia do arraial de Camandaocaia, bispado de São Paulo, Doc. 51, L. 26, 15, 1, Arquivo Nacional, Rio de Janeiro, 1818.

Compromisso da Irmandade de Nossa Senhora do Rosário dos Pretos, ereta na sua igreja do arraial de Baependi, comarca do Rio das Mortes, bispado de Mariana, capitania de Minas Gerais, Doc. 29, L. 4, Arquivo Nacional, Rio de Janeiro, 1797.

Compromisso da Irmandade de Nossa Senhora do Rosário dos Homens Pretos, da Vila de Nossa Senhora da Vitória, cabeça da comarca da capitania do Espírito Santo, diocese do Rio de Janeiro, Doc. 58, L. 18, 7, 10, Arquivo Nacional, Rio de Janeiro, 1814.

Compromisso da Irmandade de Nossa Senhora do Terço, ereta na capela do Corpo Santo, Filial da Freguesia de Nossa Senhora da Conceição da Praia, da cidade da Bahia, Doc. 52, L. 19, 3, 11, Arquivo Nacional, Rio de Janeiro, 1814.

Compromisso da Irmandade de Nossa Senhora dos Humildes, ereta na sua capela, da Vila de Nossa Senhora da Purificação e Santo Amaro, no ano de 1817, Doc. 25, L. 24, Arquivo Nacional, Rio de Janeiro.

Compromisso da Irmandade de Nossa Senhora dos Navegantes e Santíssimo Sacramento da Capitania do Rio Grande de São Pedro, Doc. 32, L. 12, I, 4, Arquivo Nacional, Rio de Janeiro, 1812.

Compromisso da Irmandade de novo instituída à Virgem Senhora Nossa da Conceição, sita na freguesia de São Sebastião do distrito de Taipu, Doc. 31, L. 11, 31, 8, Arquivo Nacional, Rio de Janeiro, 1811.

Compromisso da Irmandade de São Caetano da Divina Providência, ereta no mosteiro de São Bento da cidade da Bahia, Doc. 18, L. 29, Arquivo Nacional, Rio de Janeiro, s. d.

Compromisso da Irmandade de São José dos Bem Casados, ereta na freguesia de Nossa Senhora do Pilar em Vila Rica, Doc. 28, L. 6, 23, 1, Arquivo Nacional, Rio de Janeiro, 1810.

Compromisso da Irmandade do Glorioso Mártir São Gonçalo Garcia, Penedo, 1914.

Compromisso da Irmandade do Menino Jesus, sita na matriz de Nossa Senhora da Purificação, Doc. 27, L. 17, 21, 7, Arquivo Nacional, Rio de Janeiro, 1814.

Compromisso da Irmandade do SS. Sacramento, Cx. 294, Doc. 17, Arquivo Nacional, Rio de Janeiro.

Compromisso da Irmandade do Santíssimo Sacramento da igreja matriz da freguesia da Senhora da Ajuda de Caçapava, Doc. 52, L. 30, Arquivo Nacional, Rio de Janeiro, s. d.

Compromisso da Irmandade do Santíssimo Sacramento da igreja matriz da Vila de São João del-Rei, Doc. 12, L. 2, 28, 5, Arquivo Nacional, Rio de Janeiro, 1748.

Compromisso da Irmandade do SS. Sacramento de Nossa Senhora dos Remédios, em Vila Nova de Sousa, 16 de julho de 1809, manuscrito, Arquivo Público do Estado da Paraíba, pac. nº 29, Paraíba.

Compromisso da Irmandade do SS. Sacramento de São Frei Pedro Gonçalves do Recife, manuscrito, resumido por F. A. Pereira da Costa, manuscritos, Biblioteca do Estado de Pernambuco.

Compromisso da Irmandade do Senhor Bom Jesus dos Passos, ereta na paroquial igreja de São Bartholomeu, comarca de Vila Rica do Ouro Preto, bispado de Mariana, Doc. 28, L. 21, 25, 4, Arquivo Nacional, Rio de Janeiro, 1815.

Compromisso ou regra canônica da Irmandade do Rosário do Glorioso São Gonçalo de Amarante, ereta em sua própria igreja, no Bairro da Boa Vista, filial à matriz do Santíssimo Sacramento do mesmo, no Bispado de Pernambuco, Doc. 39, L. 15, 30, 3, Arquivo Nacional, Rio de Janeiro, 1814.

Compromisso para a regência e governo da Confraria do Glorioso Patriarca São José, padroeiro da igreja matriz do Brejo da Madre de Deus, da capitania de Pernambuco, Doc. 40, L.14, 30, 7, Arquivo Nacional, Rio de Janeiro, 1813.

Compromisso e estatutos da Santa Casa e Hospital da Natividade novamente erigida na vila de Nossa Senhora da Purificação e Santo Amaro, Doc. 20, L. 3, 8, 9, Arquivo Nacional, Rio de Janeiro, 1778.

Compromissos das Irmandades de Nossa Senhora do Rosário, Santa Ifigênia e São Benedito, eretas na sua comum igreja de Nossa Senhora do Rosário da cidade de Mariana, s. d.

CORREIA Junior, A. B. *Da corte à fazenda de Santa Fé*, Rio de Janeiro, 1870.

————. *Os bacharéis — Ensaios políticos sobre a situação*, Rio de janeiro, 1861.

Correspondência com a Corte, manuscrito, seção de manuscritos da Biblioteca do Estado de Pernambuco.

Correspondência com o ministério do império, Arquivo Nacional, Rio de Janeiro.

Correspondência da Corte de Portugal com os vice-reis do Brasil no Rio de Janeiro, de 1762 a 1807, manuscrito, Arquivo Público Nacional, Rio de Janeiro.

Correspondência da Corte — Livro 25 — 1817 a 1821, seção de manuscritos da Biblioteca do Estado de Pernambuco.

Correspondência da Corte — Livro 33, de 1831 a 1833, seção de manuscritos da Biblioteca do Estado de Pernambuco.

COSTA, Antônio Correia de Sousa. *Qual a alimentação de que vive a classe pobre do Rio de Janeiro e a sua influência sobre a mesma classe* (tese apresentada à Faculdade de Medicina do Rio de Janeiro), Rio de Janeiro, 1865.

COSTA, F. A. Pereira da. *"Ciganos"*. Manuscrito, Seção de Manuscritos da Biblioteca do Estado de Pernambuco.

————————. *D. Thomaz José de Mello em Pernambuco*, manuscrito, seção de manuscritos da Biblioteca do Estado de Pernambuco.

COSTA, João Severiano Maciel da. *Memória sobre a necessidade de abolir a introdução de escravos africanos no Brasil*, Coimbra, 1821.

COSTA, José Daniel Rodrigues da. *Roda da fortuna (Obra crítica, moral e muito divertida)*, Lisboa, 1818.

COUTY, Louis. *L'Esclavage au Brésil*, Paris, 1881.

CREARY Rev. *Brazil under the monarchy — A record of facts and observations*, manuscrito conservado na Biblioteca do Congresso, em Washington.

_____. *Chronicas lageanas*, manuscrito conservado na Biblioteca do Congresso, em Washington.

CUNHA, Agostinho Rodrigues. *Arte da cultura e preparação do café*, Rio de Janeiro, 1844.

CUNHA, Herculano Augusto Lassance. *A prostituição, em particular, na cidade do Rio de Janeiro*, Rio de Janeiro, 1845.

Daguerreótipos e álbuns de família com retratos e fotografias, da coleção da família de Félix Cavalcanti de Albuquerque e Melo (Pernambuco), hoje coleção Gilberto Freyre.

Daguerreótipos e álbuns de família com retratos e fotografias, da coleção Brás Ribeiro, Recife.

Daguerreótipos e álbuns de família com retratos e fotografias, da coleção Nery da Fonseca, Pernambuco.

Daguerreótipos e álbuns de família com retratos e fotografias, da coleção Paulo Cavalcanti de Amorim Salgado, Pernambuco.

Daguerreótipos e álbuns de família com retratos e fotografias, da coleção Pontual, Pernambuco.

DEBRET, Jean-Baptiste. *Voyage pittoresque et historique au Brésil... 1816-1831*, Paris, 1834-1839.

Decreto confirmando e aprovando a ereção da Irmandade de Nossa Senhora do Rosário na igreja de Nossa Senhora da Conceição das Carrancas, Doc. 61, L. 23, 30, 1, Arquivo Nacional, Rio de Janeiro, 1816.

DELGADO, Desembargador *Coleção de leis*, cit. por Perdigão Malheiro, *A escravidão no Brasil*, Rio de Janeiro, 1866.

DENIS, Fernand. *Le Brésil*, Paris, 1837.

Description of a view of the city of St. Sebastian and the bay of Rio de Janeiro, now exhibiting in the panorama, Leicester-Square. Painted by the proprietor, Robert Burford, from drawing taken in the year 1823..., Londres, 1827.

Diálogos das grandezas do Brasil. Introdução de Capistrano de Abreu e notas de Rodolfo Garcia, ed. da Academia Brasileira de Letras, Rio de Janeiro, 1930.

Diário de saude ou ephemerides das sciencias medicas e naturaes do Brazil. Rio de Janeiro, 1835.

Diário íntimo do engenheiro Vauthier (publicado em tradução portuguesa pelo serviço (hoje diretoria) do Patrimônio Histórico e Artístico Nacional. O original francês, ofertado por Paulo Prado a Gilberto Freyre, foi por este oferecido ao sr. Rodrigo Melo Franco de Andrade, para sua coleção de manuscritos, na qual se encontra).

Documentos históricos do Arquivo Municipal. Atas da Câmara, 1625-1641, Prefeitura Municipal do Salvador, Bahia, 1949.

Documentos interessantes para a história e costumes de São Paulo, São Paulo.

Documentos relativos a uma projetada sedição de escravos em Alagoas em 1815, manuscrito do Arquivo do Instituto Histórico de Alagoas.

DOUVILLE, J. B., *30 mois de ma vie, quinze mois avant et quinze mois après mon voyage au Congo... Suivie des détails nouveaux et curieux sur les moeurs et les usages des habitants du Brésil et de Buenos Aires, et d'une description de la colonie Patagonia,* Paris, 1833.

DRUMMOND, A. M. V. de. *Memória sobre a colonização dos estrangeiros...,* manuscrito, I, 3, 1, 6, Biblioteca Nacional do Rio de Janeiro.

DUARTE, José Rodrigues de Lima. *Ensaio sobre a hygiene da escravatura no Brasil* (teste), Rio de Janeiro, 1849.

DUTOT, S. *France et Brésil,* Paris, 1857.

EDWARDS, William H. *A voyage up the river Amazons including a residence at Pará,* Londres, 1847.

Eleição q. se faz do rey, rainha, juiz, juiza e mais irmãos q. ão de servir a N. Snra. do Rosário dos Pretos (tantos forros como captivos) nesta capela de N. Snra. da Guia do Acari neste anno de 1787 (continuado até o ano de 1894), manuscritos, Coleção Gilberto Freyre.

Escrituras de compra e venda de escravos, 1864, Arquivo Nacional, Rio de Janeiro, Exposição Joaquim Nabuco, 1949.

Estatística da cidade do Rio de Janeiro, Rio de Janeiro, 1831.

Estatutos da confraria de Santa Cecília, ereta na catedral da cidade de Mariana, Doc. 1, L. 27, 8, 2, Arquivo Nacional, Rio de Janeiro, 1920.

Estatuto da venerável ordem terceira do glorioso patriarca São Francisco de Assis da província da cidade e corte do Rio de Janeiro, ereta na capela de Nossa Senhora da Conceição na leal cidade Mariana, Doc. 5, L. 10, 20, 2, Arquivo Nacional, Rio de Janeiro, 1811.

Estatutos do Colégio de Nossa Senhora do Bom Conselho, Recife, 1859.

EWBANK, Thomas. *Life in Brazil; or a Journal of a visit to the land of the Cocoa and the Palm*, Nova York, 1856.

EXPILLY, Charles. *Les femmes et les moeurs au Brésil*, Paris, 1864.

————. *Le Brésil tel qu'il est*, Paris.

FAIRBANKS, George Eduardo. *Observações sobre o commercio do assucar e o estado presente desta industria em varios paízes, etc.*, Bahia, 1847.

FARIA, I. G. Teixeira de. *Base do projeto de colonização*, Rio de Janeiro, 1872.

FERREIRA, Alexandre Rodrigues. *Notícia histórica sobre a ilha do Marajó, manuscrito Biblioteca Nacional, Rio de Janeiro*.

Estado presente da agricultura do Pará reprezentado a S. Excia., o sr. Martinho de Souza e Albuquerque, Governador e Capitão general do estado, manuscrito, Biblioteca Nacional, Rio de Janeiro, nº 12.904 do Cat. da Exposição.

FLETCHER, J. C. e Kidder, D. P. *Brazil and the brazilians*, Boston, edição de 1879.

FOA, Edouard. *Le dahomey, Paris, 1895.*

————————. *Folhinha de algibeira ou diário eclesiástico e civil para as províncias de Pernambuco, Paraíba, Rio Grande do Norte, Ceará e Alagoas*, Recife, 1851.

FONSECA, Joaquim de Aquino. *Algumas palavras acerca da influencia benefica do clima do sertão de Pernambuco sobre a phthisica pulmonar e da causa mais provavel da frequencia dessa affecção na mesma provincia*, Recife, 1849.

FONSECA, Pedro P. da. *Apontamentos históricos, biográficos e genealógicos sobre a fundação de Alagoas*, manuscrito, coleção Gilberto Freyre.

FRANÇA, Eduardo Ferreira. *A influência dos alimentos e das bebidas sobre o moral do homem*, Bahia, 1834.

FRANCO, Francisco Soares. *Ensaio sobre os melhoramentos de Portugal e do Brasil*, Lisboa, 1821.

FREIRE, José Domingos. *Relatório anexo ao relatório do ministro do Império*, Rio de Janeiro, 1885.

FREITAS, Antônio de Paula. *O saneamento da cidade do Rio de Janeiro*, Rio de Janeiro, 1884.

FREYCINET, Louis de. *Voyage autour du monde*, Paris, 1827.

FRÉZIER. *Relation du voyage de la Mer du Sud aux côtes du Chily et du Pérou, fait pendant les années* 1712, 1713 *et* 1714, Paris, MDCCXVI.

FROGER. *Relation d'un voyage fait en 1695, 1696 et 1697, aux côtes d'Afrique, Détroit de Magellan, Brésil, Cayenne & les Iles Antilles par une escadre des vaisseaux du roi commandée par monsieur des gennes*, Paris, MDCC.

FRYER, John. *A new account of east India and Persia*, Londres, 1698.

GALVÃO, Manuel da Cunha. *Apontamentos sobre os trabalhos de salubridade e utilidade pública*, Rio de Janeiro, 1858.

_____. *Notícia sobre as estradas de ferro no Brasil*, Rio de Janeiro, 1869.

GARDNER, George. *Travels in the interior of Brazil, principally through the north of provinces*, Londres, 1846.

GAYOSO, Raymundo José de Souza. *Compendio historico-politico dos principios da lavoura no Maranhão*, Paris, 1818.

GONÇALVES, Domingos Maria. *A instrução agrícola*, Rio de Janeiro, 1880.

GRAHAM, Maria. *Journal of a voyage to Brazil and residence there during the years 1821, 1822, 1823*, Londres, 1824.

GRANT, Andrew. *History of Brazil*, Londres, 1809.

GUIMARÃES, Francisco Pinheiro. *História de uma moça rica*, Rio de Janeiro, 1861.

HADFIELD, W. *Brazil and the plate*, Londres, 1877.

HANBURY, Charles, *Limpeza da cidade do Rio de Janeiro*, Rio de Janeiro, 1854.

HENDERSON, James. *History of Brazil*, Londres, 1821.

HOLMAN, James. *Travels in Madeira, Sierra Leone, Teneriffe S. Jago, Cape Coast, Fernando Po, Princess Island, etc. etc.*, Londres, 1840.

HOMEM, João Vicente Torres. *Estudo clínico sobre as febres do Rio de Janeiro*, Rio de Janeiro, 1856.

_____. *Elementos de clínica médica*. Rio de Janeiro, 1870.

HOUSSAY, L. *De Rio a São Paulo*, Rio de Janeiro, 1877.

HUM Portuguez. *Memórias econopolíticas sobre a administração pública no Brasil*, Rio de Janeiro, 1822-1823.

"*Informação da fazenda real de Pernambuco*", de 14 de dezembro de 1787, manuscrito, códice 29-12, Biblioteca Nacional, Rio de Janeiro.

"Informação do presidente de Santa Catarina", *Relatório apresentado à Assembleia Legislativa na segunda sessão da décima legislatura pelo ministro e secretário de estado dos negócios do Império marquês de Olinda*, Rio de Janeiro, 1858.

"Informação do presidence do Rio Grande do Norte", *Relatório apresentado à Assembleia Legislativa na segunda sessão da décima legislatura pelo ministro e secretário de estado dos negócios do Império marquês de Olinda*, Rio de Janeiro, 1858.

"Informação que o conselheiro Dr. José Bento da Cunha e Figueiredo dera ao exm. ministro do Imperio por occasião de ter sido denunciado de ter azutorizado o exercicio medico a pessoas não habilitadas. Juizo que o exm. ministro do Imperio fizera da denuncia, e da informação", documentos nº 7 e 8 do *Relatório do estado sanitário da Província de Pernambuco*, Pernambuco, 1857.

Informações sobre o estado da lavoura, Rio de Janeiro, 1874.

Inventario das armas e petrechos que os hollandezes deixarão na provincia de Pernambuco quando forão obrigados a evacual-a em 1654, Pernambuco, 1839.

Inventários e testamentos do século XIX conservados em manuscrito no cartório de Ipojuca (Pernambuco).

ISABELLE, Arsène. *Viagem ao Rio da Prata e ao Rio Grande do Sul*, trad., Rio de Janeiro, 1949.

J. E. P. da S. *Memória sobre a escravatura*, Rio de Janeiro, 1826.

JACQUES, João Cesimbra. *Ensaio sobre os costumes do Rio Grande do Sul*, Porto Alegre, 1883.

JAGUARIBE Filho, Domingos. *Organização do trabalho. Questões sociais*, São Paulo, 1884.

JARDIM, David Gomes. *Algumas considerações sobre higiene dos escravos* (tese apresentada à Faculdade de Medicina do Rio de Janeiro), Rio de Janeiro, 1842.

JOUSSELANDIÈRE, S. V. Vigneron. *Novo manual prático de agricultura tropical... Fruto de 37 Anos de experiência*, Rio de Janeiro, 1860.

Junta do comércio. *Tráfico de escravos, 1818-1821*, Col. 148, Liv. 3, Arquivo Nacional, Rio de Janeiro (Exposição Joaquim Nabuco, 1949).

KIDDER, Daniel P. *Sketches of residence and travels in Brazil*, Filadélfia, 1845.

KIDDER, Daniel P. e Fletcher, J. C. *Brazil and the brazilians*, edição de Boston, 1879.

KOSTER, Henry. *Travels in Brazil*, Londres, 1816.

LABRE, Bento José. *Memória... Conselhos aos senhores de engenho da província de São Paulo concernentes aos meios de utilizarem mais vantajosamente a força de braços e os recursos do solo no fabrico do açúcar tendo em atenção o estado atual das nossas indústrias colateais e subsidiárias São Paulo*, 1851.

LAGO, Antônio Bernardino Pereira do. *Estatística historico-geographica da província do Maranhão offerecida ao soberano Congresso das Cortes Geraes*, Lisboa, 1822.

LALLEMANT, Roberto. *Observações sobre a febre amarela*, Rio de Janeiro, 1851.

LANGSDORFF, G. H. Von. *Bemerkunger über brasilien*, 1821.

LAVRADIO, Barão de. *Apontamentos sobre a mortalidade na cidade do Rio de Janeiro*, Rio de Janeiro, 1878.

LAXE, João Batista Cortines. *Regimento das Câmaras Municipais*, Rio de Janeiro, 1868.

LEÃO, Henrique Hermeto Carneiro. *Da aclimação nos países quentes em geral e especialmente no Brasil* (Dissertação), Rio de Janeiro, 1870.

LEDE, Charles Van. *Colonisation du Brésil*, Bruxelas, 1843.

LIMA, I. A. de Abreu e. *O socialismo*, Recife, 1855.

LIMA, J. I. de Abreu e. (Hum brasileiro) — *Bosquejo historico, e literario do Brasil: ou analyse critica do projeto do Dr. A. F. França, offerecido em sessão de 16 de maio ultimo á camara, etc.*, Niterói, 1835.

LINDLEY, Thomas. *Narrative of a voyage to Brazil... with general sketches of the country its natural productions, colonial inhabitants and a description of the city and provinces of St. Salvador and Porto Seguro*, Londres, 1805.

LISBOA, Baltasar da Silva. *Annaes do Rio de Janeiro*, Rio de Janeiro, 1834-1835.

LISBOA, José da Silva. *Memoria dos beneficios politicos do governo de el-Rey nosso senhor D. João IV*, Rio de Janeiro, 1818.

Livro de Assentos de Pedro Miliano da Silveira, manuscrito, 1814.

Livro de Notas nº 124, Anno de 1839-1840, do tabellião Adelmar Brasil Corrêa, manuscrito, São Luís do Maranhão.

Livro do Registro da Sé, Anno 1798, manuscrito, Arquivo da Sé, São Luís do Maranhão.

Livro do Tombo das Terras do Rio de Janeiro, Rio de Janeiro, 1930.

Livro do Vigário-Geral (1862-1866), manuscrito, Arquivo da Sé, São Luís do Maranhão.

Livro manuscrito da Câmara de Olinda, 1833, seção de manuscritos da Biblioteca do Estado de Pernambuco.

Livro manuscrito da Câmara do Recife, manuscrito, Biblioteca do Estado de Pernambuco, 1823.

Livro manuscrito da Câmara do Recife, manuscrito, Biblioteca do Estado de Pernambuco, 1828.

Livro 5º de Ordens Regias qª principia nos 1.ᵒˢ dias de mayo de 1731, seção de manuscritos, Biblioteca do Estado de Pernambuco.

Livros de Sesmarias (séculos XVII e XVIII), parte do Arquivo de Pernambuco, hoje Biblioteca do Estado de Pernambuco.

LOBO, Haddock. *Tombo das terras do Rio de Janeiro*, Rio de Janeiro, 1863.

LOCTEUR, Louis. *La vérité sur l'empire au Brésil*, Paris, 1874.

LUCCOCK, John. *Notes on Rio de Janeiro and the southern parts of Brazil, taken during a residence of ten years in that country from 1808 to 1818*, Londres, 1820,

M. P., *Duas palavras sobre a imigração portuguesa para o Brasil*, Rio de Janeiro, s. d.

MACEDO, Duarte Ribeiro de. *"Observação sobre a transplantação das frutas da Índia ao Brasil"*, manuscrito I, 1, 1, 15, Biblioteca Nacional, Rio de Janeiro.

MACEDO, Francisco Ferraz de. *These* apresentada à Faculdade de Medicina do Rio de Janeiro, Rio de Janeiro, 1872.

MACEDO, Joaquim Manuel de. *Um passeio pela cidade do Rio de Janeiro*, Rio de Janeiro, 1862-1863.

_____. *Mulheres de mantilha*, Rio de Janeiro, 1870.

_____. *Memórias da rua do Ouvidor*, Rio de Janeiro, edição de 1937.

MANSFIELD, Charles B. *Paraguay, Brazil and the Plate*, Cambridge, 1856.

Mapa de alunos que frequentarão a aula de grammatica latina da Villa de Serinhaem (1833), seção de manuscritos, Biblioteca do Estado de Pernambuco.

Mapa geral da Villa de Serinhaem de q he Cap.ᵃᵐ Mor Manoel de Barros Wanderley desde o mez de mço até o de mayo de 1788, manuscrito, (copiado por José Antonio Gonsalves de Mello), Arquivo do Instituto Arqueológico, Histórico e Geográfico Pernambucano.

MARROCOS, Luiz Joaquim dos Santos. *Cartas*, separata dos *Anais da Biblioteca Nacional*, LVI, Rio de Janeiro.

MARS, Alfred. *Le Brésil, excursion à travers ses 20 provinces*, Paris, 1890.

MARTIUS, C. F. Phil Von. *Von dem Rechtszustande unter den ureinwohnern brasiliens*, Munique, 1832.

MARTIUS, C. F. PHIL VON E Spix, Joh., Bapt Von. *Travels in Brazil*, trad., Londres, 1824, I.

MATTOS, Antonio Gomes de. *Esboço de um manual para os fazendeiros de açúcar*, Rio de Janeiro, 1882.

MAWE, John. *Travels in the interior of Brazil*, Filadelfia, 1812.

MELLO, Felix Cavalcanti de Albuquerque e. *Memorias de um Cavalcanti*, notas de Diogo de Mello Menezes e introdução de Gilberto Freyre, São Paulo, 1940.

MELLO, Joaquim Pedro de. *Generalidades acerca da educação physica dos meninos*, Rio de Janeiro, 1846.

MELLO, Manoel Felizardo de Souza e. *Relatorio — Repartição geral de terras publicas*, Rio de Janeiro, 1855.

Memoria de Pernambuco (Lith. de Carls e desenhos de Schappriz), Recife, 1878.

Memórias econopolíticas sobre a administração pública no Brasil. por "Hum Portuguez", Rio de Janeiro, 1822-1823.

Memorias sobre as principais cauzas por que deve o Brasil reassumir os seus direitos ás suas provincias, offerecido ao principe real por B. J. G., Rio de Janeiro, 1822.

Memorias sobre o commercio dos escravos em que se pretende mostrar que este trafico he para elles antes hum bem do que hum mal, escripta por XXX, natural dos Campos dos Goitacazes, Rio de Janeiro, 1838.

MENDONÇA, Salvador de. *Trabalhadores asiáticos*, Rio de Janeiro, 1879.

MENEZES, Adolfo Bezerra de. *A escravidão no Brasil e as medidas que convem tomar para extingui--la sem dano para a nação*, Rio de Janeiro, 1869.

MENEZES, Francisco D'Alpuim. *Portugal, e Brazil*, Lisboa, 1822.

MESSINA, Frei Plácido de. *Oficio ao presidente da provincia de Pernambuco*, barão da Boa Vista, datado de 26 de novembro de 1842, manuscrito, Arquivo do Instituto Arqueológico, Histórico e Geográfico Pernambucano, Recife.

MICHAUX-BELLAIRE, L. *Considérations sur l'abolition de l'esclavage et sur la colonisation du Brésil*, Paris, 1876.

MILET, Henrique Augusto. *O meio circulante e a questão bancaria*, Recife, 1875.

_____. *Os quebra-kilos e a crise da lavoura*, Recife, 1876.

MORAIS Filho, Melo. *Os ciganos no Brasil*, Rio de Janeiro, 1886.

MOREAU, Pierre. *Histoire des derniers troubles du Brésil entre les hollandois et les portugois, etc.*, Paris, MDCLI.

MOREIRA, Nicolao Joaquim. *Convem ao Brasil a importação de colonos chins?*, Rio de Janeiro, 1870.

_____. *Relatório sobre a imigração nos Estados Unidos da América apresentado ao ex.^{mo} sr. Ministro da Agricultura, Indústria e Comércio*, Rio de Janeiro, 1876.

Motins de fevereiro de 1823 (traslado da devassa), Recife, 1824, manuscrito, seção de manuscritos, Biblioteca Nacional, Rio de Janeiro, 11, 19, 1936.

Manuscrito no Arquivo Histórico Colonial, Lisboa, IV, 18.170.

Manuscrito no Arquivo Nacional, Rio de Janeiro, Seção Histórica, Lº M. nº 7, Fls., 27 a 37.

Manuscritos do Arquivo Geral da Prefeitura do Rio de Janeiro.

NAVARRO, José Gregório de Morais. *Discurso sobre o melhoramento da economia rústica do Brasil*, Lisboa, MDCCXCIX.

NERY Santana. *Folklore brésilien*, Paris, 1889.

NETSCHER, P. M. *Les Hollandais au Brésil*, Paris, 1853.

NIEUHOF, Johan. *Voyage and travels into Brazil and the east Indies*, trad., Londres, 1732.

Notas (manuscritos) recolhidas em Lagos por Pierre Verger sobre a colônia de africanos "brasileiros", descendentes de negros que tendo estado no Brasil regressaram à África.

O Rio de Janeiro no século XVII (Acórdãos e vereanças do Senado da Câmara... mandados publicar pelo sr. prefeito Dr. Pedro Ernesto). Rio de Janeiro, 1935.

Obras poéticas de Gregório de Matos. Rio de Janeiro, 1882.

Offícios do governo de 1796-1798. seção de manuscritos, Biblioteca do Estado de Pernambuco.

Ofício de 1º de outubro de 1834 ao então presidente da província de Pernambuco, Francisco do Rego Barros. (manuscrito da Biblioteca do Estado de Pernambuco).

Ofício de Francisco de Carvalho Pais de Andrade, de 16 de fevereiro de 1832, ao il.^{mo} e ex.^{mo} sr. Diogo Antônio Feijó sobre a exclusão a ordens praticada pelo bispo desta diocese (Olinda) dos pretendentes que não fossem de casta branca de ambos os lados, correspondência da Corte, Livro 33, 1831-1833, manuscrito, seção de manuscritos da Biblioteca do Estado de Pernambuco.

Ofício de Luís do Rego Barreto ao ex.^{mo} sr. Tomás Antônio de Vilanova Portugal sobre negros e mulatos na revolução de 1817, manuscrito, seção de manuscritos, Livro 25, correspondência da corte, Biblioteca do Estado de Pernambuco.

Ofícios para os vice-reis do Brasil no Rio de Janeiro, fls. 20, Livro I-A, manuscrito no Arquivo Público Nacional, Rio de Janeiro.

ORBIGNY, Alcide D'. *Voyage pittoresque dans les deux Amériques*, Paris, 1836.

Ordens e provisoens reays (Arquivo do Distrito Federal).

"*Ordens de sua majestade pelo expediente da secretaria do estado e erario regio ao governador e cap. gen.^{al} de Pernambuco desde o anno de 1778 athé 1779*", seção de manuscritos, Biblioteca do Estado de Pernambuco.

Os Grandes ladrões de casaca do Rio de Janeiro, Rio de Janeiro, 1877.

Os moradores dos Campos de Goitacazes, Macahe, R.° de Som João, Cabofrio e Cantagallo, etc. (cerca de 1801), manuscrito, Arquivo Nacional, Rio de Janeiro.

OTRANTO, Arcebispo de. *Internunziatura Apostolica nel Brasile* (carta), Rio de Janeiro, 14 de setembro de 1886, transcrita pelo cônego Raimundo Trindade, Arquidiocese de Mariana, etc.

OTTONI, C. B. *O futuro das estradas de ferro do Brasil*, Rio de Janeiro, 1859.

OTTONI, Teófilo Benedito. *A colonização do Mucuri*, Rio de Janeiro, 1869.

OURÉM, Barão de. *Étude sur la puissance paternelle dans le droit brésilien*, Paris, 1889.

OUSELEY WM. Gore, *Description of views in South America from original drawing made in Brazil, the river Plate, the Parana, etc.*, Londres, 1852.

PADILHA, Francisco Fernandes. *Qual o regime das classes pobres do Rio de Janeiro?* (tese apresenta à Faculdade de Medicina no Rio de Janeiro), Rio de Janeiro, 1852.

PAIVA, José de Barros e PONA, Moraes. *Manejo real, Escola Moderna da Cavallaria da Brida*, etc., Lisboa, MDCCLXII.

Parecer e tratado feito sobre os excessivos impostos que cahirão sobre as lavouras do Brasil arruinando o commercio deste. Por Joam Peixoto Viegas enviado ao sr. marquez, das minas concelheiro de S. Mag.^{de} de então g.^{or} g.^{l} da cid.^{e} da B.^{a} B.^{a} 20 de julho de 1687 annoz, manuscrito, seção de manuscritos, Biblioteca Nacional, Rio de Janeiro, I, 32 G, n° 17.

PARIDANT, Ladislas. *Du système commercial à Rio de Janeiro*, Liège, 1856.

PASCUAL, A. D. de. *Ensaio crítico sobre a viagem ao Brasil em 1852 de Carlos B. Mansfield*, Rio de Janeiro, 1861.

Passaportes concedidos por presidentes da província da Bahia a Francisco de Paula e sua mulher Felismina e seus filhos menores, a Jacinto da Costa Santos e a outros africanos ou crioulos que regressaram à costa da África ou para ali emigraram durante a época imperial (manuscrito, cópias fornecidas ao autor por Pierre Verger).

PATI do Alferes, Barão do. *Memória sobre a fundação e custeio de uma fazenda na província do Rio de Janeiro*, 2ª ed., Rio de Janeiro, 1863.

PECKOLT, Teodoro. *História das plantas alimentares e de gozo do Brasil, contendo generalidades sobre a agricultura do Brasil, etc.*, Rio de Janeiro, 1871.

Pedidos de africanos livres e carta de emancipação, 1835-1857. Cx. 952, Arquivo Nacional, Rio de Janeiro (Exposição Joaquim Nabuco, 1949).

PEIXOTO, Inácio José de Alvarenga. "Canto Genetlíaco", *Obras poéticas de Inácio José de Alvarenga Peixoto*, Rio de Janeiro, 1865.

PENALVA, Marquês de. *Dissertação a favor da Monarchia*, Lisboa, 1799.

PEREIRA, Nuno Marques. *Compêndio narrativo do peregrino da américa*, Lisboa, 1728.

PEREIRA Júnior, José Luciano. *Algumas considerações sobre... o regime das classes abastadas do Rio de Janeiro em seus alimentos e bebidas* (tese apresentada à Faculdade de Medicina do Rio de Janeiro), Rio de Janeiro, 1850.

PFEIFFER, Ida. *Voyage autour du monde*, Paris, 1868.

PIMENTEL, Antônio Martins de Azevedo. *Subsídios para o estudo da higiene no Rio de Janeiro*, Rio de Janeiro, 1890.

Quais os melhoramentos higiênicos a serem introduzidos no Rio de Janeiro para tornar a cidade mais saudável, Rio de Janeiro, 1884.

PIMENTEL, J. Galdino. *Duas palavras sobre a colonização*, Rio de Janeiro, 1879.

PINTO, Bento Teixeira. *Prosopopéia*, Rio de Janeiro, 1873.

PINTO, Silva. *No Brasil-notas de viagem*. Porto, 1879.

PISO, Guilherme. *História natural do Brasil ilustrada* (trad. do professor Alexandre Correia, comentada), São Paulo, 1948.

Plan d'installation d'une fabrication... (10 de fevereiro de 1864), manuscrito, I, 32, 13, 5, Biblioteca Nacional, Rio de Janeiro.

POHL, Johann Emanuel. *Reise im innern von brasilien*, Viena, 1832.

Polícia, óbitos de africanos (1834-1840). Col. 400, Arquivo Nacional, Rio de Janeiro (Exposição Joaquim Nabuco).

Polícia. Prisões (1849-1850). Col. 398, Arquivos Nacional, Rio de Janeiro (Exposição Joaquim Nabuco).

Polícia. Suprimento de escravos, 1826. Col. 400, Arquivo Nacional, Rio de Janeiro (Exposição Joaquim Nabuco).

Polícia, termos. Exames de averiguação. Escravos. 1852, Col. 37, Arquivo Nacional, Rio de Janeiro (Exposição Joaquim Nabuco).

PONA, Moraes, e PAIVA, José de Barros. *Manejo real, Escola Moderna da Cavallaria da Brida*, etc., Lisboa, MDCCLXII.

PORTALIS, Jean-Etienne-Marie. *Exposé de motifs*, Paris, 1807.

"Portaria para o provedor-mor tirar devassa dos descaminhos da fazenda da India", Bahia, 24 de maio de 1675, vol. VIII da série *Documentos Históricos* (Portarias e cartas dos governadores-gerais, 1670-1678), Biblioteca Nacional, Rio de Janeiro, 1929.

Posturas das Câmara de Salvador, 1844, manuscrito, segundo cópia fornecida ao autor pela diretoria do arquivo, Divulgação e Estatística do Estado da Bahia.

PRADEZ, CH. *Nouvelles études sur le Brésil*, Paris, 1872.

PRATES, Tiburtino Moreira. *Identidade da espécie humana* (tese), Bahia, 1848.

Prefeitura de Goiana. "Ofícios da Câmara de Goiana ao presidente da província, 1849, 1850 e 1851", Goiana, 1949.

Prefeituras de Comarcas de Fora (1838). seção de manuscritos, Biblioteca do Estado de Pernambuco.

Presidentes de Pernambuco: correspondência com o Ministério do Império, II, 1822, 1824, manuscrito, seção de manuscritos, Biblioteca do Estado de Pernambuco.

Primeira visitação do Santo Ofício às partes do Brasil... confissões da Bahia, São Paulo, 1927.

Primeira visitação do Santo Ofício às partes do Brasil... denunciações de Pernambuco, São Paulo, 1929.

Processos de escravos, 1814-1888. Arquivo Nacional, Rio de Janeiro (Exposição Joaquim Nabuco), 1949.

Projecto de calculo para um novo estabelecimento entre os rios Macabú e do Imbé, apresentado pelos moradores dos Campos de Goytacazes, Macahé, Rio de Som João, Cabofrio e Cantagalho. s.d., manuscrito, Arquivo Nacional, Rio de Janeiro. Cópia fornecida ao autor pelo diretor do mesmo arquivo, Sr. Vilhena de Morais.

Projeto de melhoramentos da cidade nova. Rio de Janeiro, 1887.

Proposta de arrasamento do Morro do Castelo. Rio de Janeiro, 1879.

Proposta e relatório apresentado à Assembleia Geral Legislativa na terceira sessão da décima quinta legislatura pelo ministro e secretário de estado dos negócios da fazenda. visconde do Rio Branco, Rio de Janeiro, 1874.

Provisão do ofício de Carpina. Arquivo do Conselho Municipal de Olinda, 15 de junho de 1793, manuscrito, col. de manuscritos de F. A. Pereira da Costa, Biblioteca do Estado de Pernambuco.

PUDSEY, Cuthbert. *Journal of a residence in Brazil written by... during the years 1629 to 1640*, manuscrito, seção de manuscritos Biblioteca Nacional. Rio de Janeiro, 36028c, 1947.

PUIQCERVER, F. Rivas. *Los judíos y el nuevo mundo*, 1891.

RACINE, Jean. *Oeuvres de Jean Racine de Lefevre*, Paris, 1835.

RADIGUET, Max. *Souvenirs de l'Amérique espagnole*, Paris, 1856.

RAFFARD, Henri. *Crise do açúcar no Brasil*, Rio de Janeiro, 1888.

RAYNAL (Abade). *Histoire philosophique et politique des établissements & du commerce des européens dans les deux indes*, Genebra, MDCCLXXV.

REBELO, Henrique Jorge. *Memória e considerações sobre a população do Brasil*, Bahia, 1836.

Reconstrução da zona comercial do Rio de Janeiro, Rio de Janeiro, 1892.

Reforma do compromisso da Irmandade do Glorioso Santo Antônio da Moraria dos Homens Pretos da Senhora do Rosário, Freguesia da Sé, da corte de São Sebastião do Rio de Janeiro, Doc. 29, L. 13, 30, 9, 1812, Arquivo Nacional, Rio de Janeiro.

REGADAS, José Maria Rodrigues. *Regímen das classes abastadas no Rio de Janeiro em seus alimentos e bebidas* (tese apresentada à Faculdade de Medicina do Rio de Janeiro), Rio de Janeiro, 1852.

Registro da Irmandade da N. S.ª do Rosário do Iguaraçu (1844), manuscrito, seção de manuscritos, Biblioteca do Estado de Pernambuco.

"*Registro de huma provisão do exmo. senhor marquez de Agu. V. rey e capitão geral de mar e terra deste estado do Brasil paçada a favor dos moradores desta capitania de Pernambuco...*,

Cartas regias, decretos e provisões (1711-1824), livro manuscrito, seção de manuscritos da Biblioteca do Estado de Pernambuco.

Registro dos regimentos, livro de vereanças, 1735 a 1808.

REGO, José Pereira do. *Esboço histórico das epidemias que têm grassado na cidade do Rio de Janeiro desde 1830 a 1870*, Rio de Janeiro, 1872.

_____. *História e sescrição da febre amarela no Rio de Janeiro em 1850*, Rio de Janeiro, 1851.

_____. *Memória histórica das epidemias de febre amarela e cólera-morbo que têm reinado no Brasil*, Rio de Janeiro, 1873.

Regra ou estatutos, por modo de hum dialogo, onde se dá noticias das caridades, e sufragaçoens, das almas, que usam os prettos Minnas, com seus nacionaes no estado do Brasil, expecialmente no Rio de Janeiro..., manuscrito, seção de manuscritos, Biblioteca Nacional, Rio de Janeiro.

REIS, Fábio A. de Carvalho. *Breves considerações sobre a nossa lavoura*, São Luis, 1856.

Reize naar de oost en Westkust van zud-amerika en van doar naar de sandwichs en philippynsche eilanden China enzgedaan in de jaren 1826, 1827, 1828 en 1829 met het koopvaardijschp Wilhelmina en Maria door J. Boelen, Joh. Zoon, Amsterdã, MDCCCXXXV.

Relação dos alumnos que aprendem na aula das primeiras letras desta Villa de Goyanna, (1825), seção de manuscrito, Biblioteca do Estado de Pernambuco.

Relação dos alumnos que de prezente aprendem na aula das primas lettras da freguezia de S. Lourenço de Tejecupapo (1828), seção de manuscritos, Biblioteca do Estado de Pernambuco.

Relação e observação do sr. Dr. José Pereira Rego sobre as moléstias tratadas no Hospital da Santa Casa de Misericórdia na repartição de medicina a cargo do Dr. L. V. de Simone, *Revista de Medicina Fluminense*, Rio de Janeiro, 1839, Ano 5, nº 7.

Relatório apresentado à Assembleia Geral Legislativa na quinta sessão da oitava legislatura pelo Ministro e Secretário de Estado dos Negócios da Justiça Eusébio de Queirós Matoso Câmara, Rio de Janeiro, 1852.

Relatório apresentado à Assembleia Legislativa na segunda sessão da décima legislatura pelo Ministro e Secretário de Estado dos Negócios do Império, marquês de Olinda, Rio de Janeiro, 1859.

Relatório apresentado ao Ministério da Agricultura, Comércio e Obras Públicas pelo Dr. J. P. Carvalho de Morais, Rio de Janeiro, 1870.

Relatório da comissão de melhoramentos da cidade do Rio de Janeiro, Rio de Janeiro, 1875.

Relatório da comissão encarregada de examinar os esgotos da cidade do Rio de Janeiro, Rio de Janeiro, 1875.

Relatório da repartição dos negócios da justiça apresentado à Assembleia Geral Legislativa na primeira sessão da oitava legislatura, Rio de Janeiro, 1850.

Relatório do estado sanitario da provincia de Pernambuco no anno de 1856 apresentado pela comissão de hygiene publica da mesma, Pernambuco, 1857.

Relatório que á Assembleia Legislativa de Pernambuco apresentou em sessão ordinaria de 1844 o excellentíssimo barão da Boa Vista presidente da mesma provincia, Recife, 1844.

RENDU, ALP. *Études topographiques, médicales et agronomiques sur le Brésil*, Paris, 1848.

Representações da lavoura de Sergipe aos altos poderes do estado, Rio de Janeiro, 1877.

Representação que a S. M. Imp. dirigem os negociantes da Praça da Bahia, manuscrito, Biblioteca Nacional, Rio de Janeiro.

REYBAUD, Charles. *Le Brésil*, Paris, 1856.

RIBEYROLLES, Charles. *Brasil pitoresco. História, descrições, viagens, instituições colonizações* (trad.). Rio de Janeiro, 1859.

RIOS, José Artur. *Origens do sistema agrário brasileiro*, ed. particular, Rio de Janeiro, 1949.

ROCHA, Manuel Ribeiro da. *Etíope resgatado*, Lisboa, 1758.

RODRIGUES, A. Coelho. *Manual do súdito fiel*, Rio de Janeiro, 1884.

_____. *A República na América do Sul*, Einsiedeln, 2ª ed., 1906.

RODRIGUES, Eugênio. *Descrizione de viaggio*, Nápoles, 1844.

ROHAN, Henrique de Beaure-Paire. *O futuro da grande lavoura*, Rio de Janeiro, 1878.

ROMERO, Sílvio. *História da literatura brasileira*, Rio de Janeiro, 1888.

ROSA, Gama. *Algumas ideias sobre o saneamento do Rio de Janeiro*, Rio de Janeiro, 1879.

RUELLE-POMPONNE, M. *Une epopée au Brésil*, Paris, 1869.

RUGENDAS, J. Maurice. *Voyage pittoresque au Brésil* (trad.), Paris e Mulhouse, 1835, gr. in-fol.

SÁ, Miguel Antônio Heredia de. *Algumas reflexões sobre a cópula, onanismo e prostituição*, tese apresentada à Faculdade de Medicina do Rio de Janeiro, 1845.

SAINT-HILAIRE, Auguste de. *Voyage dans l'intérieur du Brésil. Partie I. Les provinces de Rio de Janeiro et de Minas Geraes*, Paris, 1830.

_____. *Voyage dans le district des diamants et sur le littoral du Brésil*, Paris, 1833.

_____. *Voyages dans les provinces de Saint-Paul et de Saint-Catherine*, Paris, 1851.

SANTOS, Padre Luís Gonçalves dos. *Memorias para servir á história do reino do Brasil... Escripta na corte do Rio de Janeiro no anno de 1821, e offerecidas a S. Magestade el-rei nosso senhor D. João VI*, Lisboa, 1825.

SANT'ANA, José Joaquim de. *Memória sobre o enxugo geral da cidade*, Rio de Janeiro, 1815.

SANTOS, Dr. Gabriel José Rodrigues dos. *Discursos parlamentares*, coligidos pelo Dr. A. J. R., Rio de Janeiro, 1863.

SANTOS, Ferreira dos. *A arquidiocese de São Sebastião do Rio de Janeiro*, Rio de Janeiro, s. d.

SANTOS, Tomás Delfino. *Melhoramentos para a tornar a cidade mais salubre*, Rio de Janeiro, 1882.

SAY, Horace. *Histoire des relations commerciales entre la France et le Brésil, et considérations générales sur les monnaies, les changes, les banques et le commerce extérieur*, Paris, 1839.

SCHAEFFER, L. M. *Sketches of travels in South America, Mexico and California*, Nova York, 1860.

SCHLICHTHORST, C. *Rio de Janeiro wie es ist*, Hannover, 1829.

SEIXAS, D. Romualdo Antônio de. *Memórias do marquês de Santa Cruz*, arcebispo da Bahia, Rio de Janeiro, 1861.

SEIXAS, José Venâncio de. *Carta a D. Rodrigo de Sousa Coutinho*, Bahia, 20 de outubro de 1798, manuscrito, Arquivo Histórico Colonial de Lisboa.

SÉRIS, M. H. L. *A travers les provinces du Brésil*, Paris, 1881.

SIGAUD, J. F. X. *Du climat et des maladies du Brésil*, Paris, 1884.

SILVA, J. M. Pereira da. *Segundo período do reinado de D. Pedro I no Brasil*, Rio de Janeiro, 1871.

SILVA NETO, A. da. *Estudos sobre a emancipação dos escravos no Brasil*, Rio de Janeiro, 1866.

SINIMBU, J. L. V. Cansanção de, *notícia das colônias agrícolas Suíça e Alemã, fundadas na freguesia de São João Batista de Nova Friburgo*, Rio de Janeiro, 1852.

SOARES, Caetano Alberto. *Memória para melhorar a sorte dos nossos escravos*, Rio de Janeiro, 1847.

SOARES, Sebastião Ferreira. *Notas estatísticas sobre a produção agrícola e carestia dos gêneros alimentícios no Império do Brasil*, Rio de Janeiro, 1860.

SOUSA, Gabriel Soares de. *Notícia do Brasil (introdução, comentários e notas pelo professor Pirajá da Silva)*, São Paulo, s. d.

_____. *Tratado descritivo do Brasil em 1587*, 3ª ed., São Paulo, 1938.

SOUSA, Antônio José de. *Do regime das classes pobres e dos escravos na cidade do Rio de Janeiro em seus alimentos e bebidas. Qual a influência desse regime sobre a saúde?* (tese apresentada à Faculdade de Medicina do Rio de Janeiro), Rio de Janeiro, 1851.

SOUSA, Augusto Fausto de. *A baía do Rio de Janeiro*, Rio de Janeiro, 1882.

SOUSA, Tomé de. *Regimento*, cópia do manuscrito na Biblioteca do Estado de Pernambuco.

SOUTO, Vieira. *Melhoramentos da cidade do Rio de Janeiro*, Rio de Janeiro, 1875.

SPIX, Joh. Bap. Von e MARTIUS, C. F. Phil, Von. *Travels in Brazil* (trad.), Londres, 1824.

STAUTON, George. *An authentic account of an embassy from the king of Great Britain to the emperor of China*, Londres, MDCCXCVII.

STEINEN, Karl von den. *Unter den naturvölken zentral-brasiliens*, Berlim, 1894.

_____. *Dürch zentral-brasilien*, 1886.

_____. "Os Bororo", cap. XVII de *entre os aborígines do Brasil central*, tradução de Basílio de Magalhães, *Revista do Instituto Histórico e Geográfico Brasileiro*, LXXVIII, 2ª.

STEINMANN, J. *Souvenirs de Rio de Janeiro*, Basiléia, 1839 (edição em gravação fac-símile de Frank Arnau, Rio de Janeiro, 1949).

STEWART, C. S. *Brazil and la plata; The personal record of a cruise*, Nova York, 1856.

STRATEN-PONTHOZ, Auguste Von Der. *Le budget du Brésil*, Paris, 1854.

STURZ, J. J. *A review financial, statistical & commercial, of the Empire of Brazil and its Resources; Together with a suggestion of the expediency and mode of admitting brazilian and other foreign sugars into Great Britain for refining and exportation*, Londres, 1837.

SUZANNET, Conde de. *Souvenirs de voyages*, Paris, 1846.

Synopsis das sismarias registradas nos livros existentes no Archivo da Thesouraria da Fazenda da Bahia, publicações do Arquivo Nacional, XXVII, Arquivo Nacional, Rio de Janeiro.

TAUNAY, C. A. *Manual do agricultor brasileiro*, Rio de Janeiro, 1839.

TAUNAY, Visconde de. *Trechos de minha vida* (ed. póstuma), Rio de Janeiro, 1923.

TÁVORA, Franklin. *O Matuto*, Rio de Janeiro, 1929.

TEIXEIRA, José Maria. *Causas da mortalidade das crianças no Rio de Janeiro*, Rio de Janeiro, 1887.

Testamento com que falleceu Anicetta Pinheiro da Villa de Alcantara, 1798, manuscrito, Arquivo da Sé, São Luís do Maranhão.

Testamento de Antônio d'Almeida, "brasileiro" de Lagos, manuscrito, 1864.

Testamento de Manuel Tomé de Jesus, manuscrito, Pernambuco, 1854.

THOMPSON, J. Arthur e GEDDES, Patrick. *The evolution of sexes*, Londres, 1889.

TOUSSAINT-SAMSON (*MME*). *Une parisienne au Brésil*, Paris, 1883.

Treatise of the patriarchal or cooperative system of society, 1829.

TSCHUDI, Joan Jakob Von. *Rapport de l'envoyé extraordinaire*, s. d.

URSEL, C^{TE} Charles D'. *Sud-Amérique*, Paris, 1879.

VADET, E. G. *L'explorateur*, citado por M. L. H. Séris em *A travers les provinces brésiliennes*, Paris, 1881.

VEDRA, Basílio Teixeira de Sá. "Informação da capitania de Minas Gerais" (Sabará, 1805), *apud* João Dornas Filho, "O Populário do Negro Brasileiro", *Diário de Minas*, Belo Horizonte, 19 de fevereiro de 1950.

VEIGA, Luís Francisco da. *O Brasil tal como é*, Rio de Janeiro, 1872.

VIANA, Pedro Antônio Ferreira. *A crise comercial do Rio de Janeiro*, em 1864, Rio de Janeiro, 1864.

VIEIRA, Ana Maria de Assunção. manuscrito, *Registro da Sé (Maranhão)*, 1798.

VIEIRA, Padre Antônio. "Sermão de 6 de janeiro de 1662", *Sermões*, Lisboa, 1854-1858.

VILHENA, Luís dos Santos. *Recompilação de notícias soteropolitanas e brasílicas* (ano de 1802), Bahia, 1921.

Voyage dans les deux Amériques publié sous la direction de M. Alcide d'Orbigny, Paris, MDCCCLIV.

WALLACE, Alfred R. *A narrative of travels on the Amazon and Rio Negro*, Londres, 1852.

WALSH, Robert. *Notices of Brazil in 1828, and 1829*, Londres-Boston, 1830-1831.

WARREN, John Esaías. *Pará; or scenes and adventures on the banks of the Amazons*, Nova York, 1851.

WEBSTER, W. H. *Narrative of a voyage to the south Atlantic ocean*, Londres, 1834.

WERNECK, L. P. de Lacerda. *Ideias sobre colonização precedidas de uma sucinta exposição dos princípios gerais que regem a população*, Rio de Janeiro, 1855.

WETHERELL, James. *Stray notes from Bahia: being extracts from letters & C, during a residence of fifteen years*, Liverpool, MDCCCLX.

WIED-NEUWIED, Príncipe Maximiliano de, *Travels in Brazil in the years 1815, 1816, 1817* (trad.), Londres, 1820.

_____. *Souvenir de ma vie* (trad.), Paris, 1868.

WIENER, Charles. *333 jours au Brésil*, Paris, s. d.

WILKES, Charles. *Narrative of the United States exploring expedition during the years 1838, 1839, 1840, 1841, 1842*, Londres, 1852.

II. Fontes: Periódicos, Almanaques, Anais etc.

a) Indicações gerais

Album Brésilien (águas-tintas), de Ludwig & Briggs, *sobre o Rio de Janeiro*.

Almanaque Administrativo, Mercantil e Industrial do Rio de Janeiro, Rio de Janeiro.

Almanaque Administrativo, Mercantil, Industrial e Agrícola da Província de Pernambuco, pernambucano.

Almanaque Comercial de Pernambuco, Recife.

Almanaque da Província de São Paulo, São Paulo, 1885.

Almanaque de Lembranças Luso-Brasileiro, Lisboa, 1872.

Almanaque de Pernambuco, Recife.

Almanaque do Brasil (Serigué).

Almanaque do Maranhão, São Luís, 1860.

Almanaque do Rio de Janeiro, Rio de Janeiro.

Almanaque dos Comerciantes, Rio de Janeiro, 1827.

Almanaque dos Negociantes do Império do Brasil, Rio de Janeiro.

"Almanack Historico da Cidade de São Sebastião do Rio de Janeiro para o anno de 1799", *Revista do Instituto Histórico e Geográfico Brasileiro*, XXI.

Almanaque Paulistano, São Paulo, 1857.

Americano (O), São Paulo, 1870.

Americano (O), Rio Grande do Sul, 1860.

Anais Brasilienses de Medicina — Jornal da Academia Imperial de Medicina do Rio de Janeiro.

Anais de Medicina Pernambucana, Recife.

Anais do Parlamento Brasileiro, Rio de Janeiro.

Anais Fluminenses de Ciências, Artes e Literatura, Rio de Janeiro.

Argos Maranhense (O), São Luís do Maranhão.

Aurora Fluminense, Rio de Janeiro, 1828.

Auxiliar da Indústria Nacional (O), Rio de Janeiro, 1837.

Barca de São Pedro (A), Recife, 1854.

Barco dos Patoteiros (O), Recife, 1866.

Barco dos Traficantes (O), Recife, 1845.

Boticário (O), Rio de Janeiro, 1852.

Brado da Razão (O), Recife, 1849.

Brasil (O), Rio de Janeiro, 1848.

Brasil Artístico (O), Rio de Janeiro, 1857.

Carapuceiro (O), Recife, 1837-1842.

Censor Brasileiro, Recife, 1834.

Clamor Público (O), Recife, 1848.

Cometa (O), Recife, 1844.

Conciliador (O), Recife, 1850.

Conservador (O), Recife.

Contrariedade pelo Povo (A), Rio de Janeiro.

Correio das Modas, Rio de Janeiro.

Correio Mercantil, Rio de Janeiro, 1868.

Correio Mercantil, Salvador, 1855.

Correio Paulistano, São Paulo, 1854.

Corsário Vermelho (O), Rio de Janeiro, 1850.

Cruzeiro (O), Recife, 1826.

Democrata Pernambucano (O), Recife, 1880.

Dezenove de Dezembro (O), Curitiba, 1854.

Diabo a Quatro (O), Recife, 1876.

Diário da Bahia, Salvador, 1874.

Diário de Notícias, Salvador, 1875.

Diário de Pernambuco, Recife, 1825-...

Diário de São Paulo, São Paulo, 1869.

Diário do Maranhão, São Luís, 1865.

Diário do Rio de Janeiro, Rio de Janeiro, 1821-1878.

Diário Fluminense, Rio de Janeiro, 1830.

Eco da Torre (O), Recife, 1880.

Eco Juvenil (O), Paraíba, 1883.

Escolástico (O), Rio de Janeiro, 1849.

Estado de Pernambuco, Recife.

Estandarte (O), Maceió, 1883.

Estrela do Ocidente, Rio de Janeiro, 1849.

Estudante (O), Rio de Janeiro, 1851.

Gazeta da Tarde, Recife, 1879.

Futuro (O), Recife, 1864.

Gazeta do Povo, Rio de Janeiro, 1888.

Gazeta do Rio de Janeiro, Rio de Janeiro, 1808-1822.

Globo (O), São Luís, 1854.

Grito Nacional, Rio de Janeiro, 1830.

Guarda Nacional (O), Recife, 1843.

Guia das Ruas, Morros e Praias do Rio de Janeiro, Rio de Janeiro, 1856.

Guia do Rio de Janeiro ou Indicação Alfabética da Morada dos seus Principais Habitantes, Rio de Janeiro, 1874.

Homem do Povo Fluminense (O), Rio de Janeiro.

Idade d'Ouro do Brazil, Bahia, 1811-1823.

Imprensa (A), Recife, 1852.

Industrial (O), (revista de indústrias e artes), Recife, 1883.

João Fernandes (O), Recife, 1886.

Jornal do Commercio, Rio de Janeiro, 1827-...

Jornal do Recife, Recife, 1864.

Liberal (O), Recife, 1864.

Liberal Pernambucano (O), Recife, 1856.

Lira (A), Pernambuco, número único, julho de 1881.

Marmota Pernambucana (A), Recife, 1850.

Metralha, Rio de Janeiro, 1888.

Minerva Brasiliense, Rio de Janeiro, 1845.

Mocó (O), Recife, 1851.

Nacional (O), Rio de Janeiro, 1861.

Nouvelles Annales des Voyages et des Sciences Géographiques, Paris, 1847.

Nova Luz Brasileira, Rio de Janeiro, 1830.

Paladim (O), Recife, 1852.

Pavilhão Nacional (O), Rio de Janeiro, 1850.

Pequeno Almanaque do Rio de Janeiro, Rio de Janeiro.

Povo (O), Recife, 1855.

Povo (O), Rio Grande do Sul, 1830.

Progresso (O), Recife, 1846.

Província (A), Recife.

Província de São Paulo (A), São Paulo, 1875.

Publicador Maranhense, São Luís, 1865.

Reforma (A), Rio de Janeiro, 1872.

República Federal, Salvador, 1888.

Revista Americana, Rio de Janeiro, 1848.

Revista Popular, Rio de Janeiro, 1859.

Revista Universal Lisbonense, Portugal, 1843 a 1852.

Revolução de Novembro (A), Recife, 1850.

Revue des Deux Mondes, Paris, 1862.

Semana Ilustrada, Rio de Janeiro, 1875.

Sentinela da Liberdade na Sua Primeira Guarita, a de Pernambuco, Onde Hoje Brada Alerta!!, Recife, 1834.

Sete de Setembro (O), Recife, 1846.

Sineta da Misericórdia (A), Rio de Janeiro, 1849.

Sino dos Barbadinhos (O), Rio de Janeiro, 1849.

Tempo (O), Recife, 1885.

Times (The), Londres.

União (A), Recife, 7 de agosto de 1852.

Verdadeiro Regenerador (O), Recife, 1845.

Voz do Brasil (A), Recife, 1848.

b) Indicações particulares

"A agricultura", *A Marmota Pernambucana*, 30 de julho de 1850.

"A agricultura e a colonização", *O Liberal Pernambucano*, Recife, 4 de abril de 1856.

"A agricultura, o comércio e a indústria", *O Conservador*, Recife, 27 de agosto de 1867.

"A colonização e a liberdade dos escravos", *O Conservador*, Recife, 31 de agosto de 1867.

"A colonização que convém ao Brasil", Memória escrita no Rio de Janeiro em 1842 e publicada com acréscimos pelo General Abreu e Lima, em *A Barca de São Pedro*, de 11 de setembro, 16 de setembro, 26 de setembro, 9 de outubro, 16 de outubro, 23 de outubro de 1850, sendo a segunda parte do último artigo intitulada "O triunfo das ideias socialistas". (Como a memória se refere principalmente à questão de terras e ao problema do trabalho escravo e trabalho livre, foi por nós considerada principalmente em nosso ensaio, *Ordem e progresso*.)

"A defeza dos portuguezes no Brazil", artigos publicados em 11 de março, 18 de março, 25 de março e 8 de abril de 1852 na *Revista Universal Lisbonense*, Lisboa.

"A insuficiência do capital", *O Tempo*, Recife 9 de junho de 1885.

"A lavoura do norte", *A Província*, Recife, 4 de agosto de 1874.

"A lavoura do norte" (Carta do Dr. Buarque de Macedo), *A Província*, Recife 25 de novembro de 1873.

"A questão dos impostos", *A Província*, Recife, 2 de agosto de 1874.

"A viagem à china", *Gazeta da Tarde*, Recife, 23 de setembro de 1879.

ADET, Émile, "O Império do Brasil e a Sociedade Brasileira em 1850" (trad.), *Revista Universal Lisbonense*, 25 de dezembro de 1851.

"Agricultura", *O Democrata Pernambucano*, Recife, 29 de maio de 1880.

"Agricultura nacional", *Jornal do Commercio*, Rio de Janeiro, 17 de setembro de 1874.

"Agricultura nacional — Estudos econômicos" *Jornal do Commercio*, 5 de fevereiro a 10 de outubro de 1875.

ALBUQUERQUE, Pedro Autran da Mata. "Comunicado", *A União*, Recife, 7 de agosto de 1852.

ALMEIDA, Inácio Álvares Pinto de. "Manifesto", *Diário do Rio de Janeiro*, 12 de setembro de 1821.

ANDRADA, Gomes Freire de. "Instrução e norma, etc.", *Revista do Instituto Histórico e Geográfico Brasileiro*, Rio de Janeiro, 1849, 3ª série.

Anais da Biblioteca Nacional (ordens, provisões, relatórios, posturas, cartas jesuíticas, memórias, biografias).

Anais do Museu Paulista (ordens, provisões, relatórios, posturas, cartas jesuíticas, memórias, biografias).

Anais do Parlamento Brasileiro. Assembleia Constituinte (1823), Rio de Janeiro, 1874.

Anais do Parlamento Brasileiro. Câmara dos srs. deputados. Sessões de 1826-1827-1828, Rio de Janeiro, 1874.

Anais do Parlamento Brasileiro. Câmara dos srs. deputados. Sessão de 1829, Rio de Janeiro, 1877.

Anais do Parlamento Brasileiro. Câmara dos srs. deputados. Sessão de 1830, Rio de Janeiro, 1878.

Anais do Parlamento Brasileiro. Câmara dos srs. deputados. Sessão de 1846. Coligidos por Antônio Pereira Pinto, Rio de Janeiro, 1880.

ARANHA, Manuel Guedes, "Papel político sobre o estado do Maranhão apresentado em nome da câmara, por seu procurador Manuel Guedes Aranha (1665)", *Revista do Instituto Histórico e Geográfico Brasileiro*, XLVI.

ARAÚJO Silva, "Regulamentação sanitária da prostituição" *Anais Brasilienses de Medicina*, LV.

"Aristocratas do Brasil", *Diário de Pernambuco*, 19 de novembro de 1829.

AUBÉ, Leonce. "Colonização e Agricultura", *Revista Popular*, I, Rio de Janeiro, 1859.

————. "O futuro da colonização", *Revista Popular*, VII, Rio de Janeiro, 1860.

"Avisos diversos", *Diário de Pernambuco*, 2 de fevereiro de 1839.

AZEVEDO, Luís Correia de. "Concorrerá o modo por que são dirigidas entre nós a educação e instrução da mocidade para o benéfico desenvolvimento físico e moral do homem?", *Anais Brasilienses de Medicina*, Rio de Janeiro, abril de 1872, XXIII.

"A Mulher perante o médico", *Anais Brasilienses de Medicina*, XXXVIII.

————. "O médico", *Anais Brasilienses de Medicina*, XVII.

————. "A educação da mocidade e o desenvolvimento do homem entre nós", *Anais Brasilienses de Medicina*, XXXVII.

———. "Prostituição no Rio de Janeiro", *Anais Brasilienses de Medicina*, XXXV.

———. "Esgotos do Rio de Janeiro", *Anais Brasilienses de Medicina*, XXXIX.

Biografia inicial, *Almanaque de Lembranças Luso-Brasileiro*, Lisboa, 1872.

BOSCHE, The. "Quadros alternados de viagens terrestres e marítimas, aventuras, acontecimentos políticos, descrição de usos e costumes de povos durante uma viagem ao Brasil" (trad.), *Revista do Instituto Histórico e Geográfico Brasileiro*, LXXXIII.

"Breves considerações sobre a praça comercial de Pernambuco", *A Província*, Pernambuco, 4 de dezembro de 1875.

BRUM, Menezes. "Prostituição no Brasil", *Anais Brasilienses de Medicina*, XLIV.

"Calmante para a febre das emigrações", *Revistas Universal Lisbonense*, tomo II, Lisboa, 1843.

"Carestia de vida", *Jornal do Commercio*, Rio de Janeiro, 14 de maio de 1858.

"Carta de Henrique Felis de Dacia", *Censor Brasileiro*, vol. I, nº 4, suplemento, Recife, 18 de julho de 1834.

"Cartas fluminenses", *O Tempo*, Recife, 28 de agosto de 1883.

CARVALHO, Manuel Feliciano de, SIMONI, Luís V de, MOURA, João Alves de, MENESES, Francisco de Paula. "Projecto de resposta á consulta do governo acerca da origem das enfermidades que affligem os aprendizes menores do arsenal de guerra", *Anais Brasilienses de Medicina*, Rio de Janeiro, 1851, ano 7, nº 1.

"Centenário de *Madame* Durocher", *Anais Brasilienses de Medicina*, LXXXII.

"Colonização", *A Província*, Recife, 7 de outubro de 1873.

"Colonização", *A Reforma*, Rio de Janeiro, 24 de julho de 1872.

"Colonização", *Jornal do Commercio*, Rio de Janeiro, 9-24 de fevereiro de 1874.

CORDIER, Henri. "Bahia en 1847 — Deux lettres de M. Forth-Rouen, envoyé et chargé d'affaires en Chine", *Journal de la Société des Américanistes*, tomo IV, nº 1, Paris.

COUTINHO, Lino. Discurso, *Anais do Parlamento Brasileiro (Câmara dos Srs. Deputados. Sessão de 1830)*, Rio de Janeiro, 1878.

E. R., "Revista Retrospectiva", *O Progresso*, Recife, novembro de 1846.

Editorial, *A Revolução de Novembro*, Recife, 29 de setembro de 1850.

Editorial, *O Conciliador*, Recife, 25 de junho de 1850.

"Em resposta a um Dr. Dacia", *Sentinela da liberdade na sua primeira guarita, a de Pernambuco, onde hoje brada alerta!!*, Recife, 2 de agosto de 1834.

"Fala dirigida às senhoras", *Diário do Rio de Janeiro*, 18 de setembro de 1821.

FEIJÓ (Dr.) "Aborto provocado sobre o ponto de vista médico-legal e humanitário", *Anais Brasilienses de Medicina*, XXV.

FEITAL (Dr.) "Posição do médico", *Anais Brasilienses de Medicina*, XI.

FERRAZ, Costa. "A salubridade do Rio de Janeiro e os cortiços", *Anais Brasilienses de Medicina*, XLIX.

————. "Parecer sobre o projeto de saneamento das habitações para operários, e empregados subalternos", *Anais Brasilienses de Medicina*, LIII.

————. "Regulamentação da prostituição", *Anais Brasilienses de Medicina*, LV.

————. "O mongolismo ameaça o Brasil", *Anais Brasilienses de Medicina*, 1879, XXXI.

FIGUEIREDO, Antônio Pedro de. "Correspondência", *Diário de Pernambuco* 12 e 13 de agosto de 1852.

————. "Ao sr. Dr. Pedro Autran da Mata Albuquerque", *A Imprensa*, Recife, 6 de setembro de 1852.

————. "Colonização do Brasil", *O Progresso*, Recife, 1846.

FRANCISCO, João. "Medidas contra a prostituição no Brasil", *Anais Brasilienses de Medicina*, XLII.

FREDERICO, Conselheiro Carlos. "Parecer sobre o projeto de saneamento das habitações para operários, proletários e empregados subalternos", *Anais Brasilienses de Medicina*, LIII.

"Governo de D. Lourenço de Almeida. Cartas régias sobre o procedimento que se há de ter com os povos que se sublevam e outros assuntos (1721)", *Revistas do Arquivo Público Mineiro*, ano VI, Belo Horizonte, 1901.

GUARANI, Soeiro. "Parecer sobre o projeto de saneamento das habitações para operários, proletários e empregados subalternos, *Anais Brasilienses de Medicina*, LIII.

————. "Prostituição e sífilis no Brasil", *Anais Brasilienses de Medicina*, XLIV.

"Indústria", *Jornal do Recife*, 11 de janeiro de 1864.

"Instruções do vice-rei (da Índia) D. Frederico Guilherme de Sousa (1779-1786) ao seu sucessor D. Francisco da Cunha Meneses", manuscrito, Arquivo Nacional, Rio de Janeiro, segunda parte publicada no *Jornal do Commercio*, Rio de Janeiro, 12 de agosto de 1950.

JOBIM, José Martins da Cruz. "Habitações para classes pobres", *Anais Brasilienses de Medicina*, LIII.

——. "Pântanos do Rio de Janeiro", *Anais Brasilienses de Medicina*, VII.

——. "Moléstias que mais afligem a classe pobre no Rio de Janeiro", *Anais Brasilienses de Medicina*, X.

—— *"Discurso inaugural que na sessão pública da instalação da sociedade de medicina do Rio de Janeiro recitou..."*, Rio de Janeiro, 1830.

KAYSERLING, M. "The earliest rabbis and jewish writers of America", *Publications of the American jewish historical society*, Nova York, 1895.

LAVRADIO, Barão de. "Contribuição ao estudo das moléstias mais frequentes nas crianças das classes pobres da cidade do Rio de Janeiro", *Anais Brasilienses de Medicina*, LV.

LAVRADIO, Marquês de. "Relatório", *Revista do Instituto Histórico e Geográfico Brasileiro*, Rio de Janeiro, nº 16, 1843.

LE MASSON, (Dr.) "Colonização", *Minerva brasiliense*, III, Rio de Janeiro, 1845.

LISBOA, M. P. A. de. "Notes sur la race noire et la race mulâtre au Brésil", *Nouvelles annales des voyages et des sciences géographiques*, Paris, II, 1847.

LOBO, Haddock. "Causas da mortalidade dos recém-nascidos no Rio de Janeiro", *Anais Brasilienses de Medicina*, XLII.

——. "Estatística mortuária no Rio de Janeiro", *Anais Brasilienses de Medicina*, XV.

LOBO, Manuel Gama. "Oftalmia brasiliana", *Anais Brasilienses de Medicina*, Rio de Janeiro, 1865.

LOMONACO, (Dr.) "Sulle razze indigene del Brasile", *Archivio per l'Antropologia e la Etnologia*, Itália.

MACHADO, M. Lopes. "O 14 de abril de 1832, em Pernambuco", *Revista do Instituto Arqueológico, Histórico e Geográfico Pernambucano*, XXXIII.

MACHADO, Simão Ferreira. "Triumpho eucharistico, Exemplar da christandade luzitana em publica exaltação da fé na solenne transladação do divinissimo sacramento da igreja da senhora do Rosario para um novo templo da senhora do Pilar em Villa Rica, corte da capitania das Minas aos 24 de maio de 1733", Lisboa, 1734, *Revista do Arquivo Público Mineiro*, ano III, 1901, 1902.

"Manifesto do Dr. Joaquim d'Aquino Fonseca sobre a sua retirada da Commissão de Hygiene Publica", *Diário de Pernambuco*, 29 de fevereiro de 1856.

Manifesto dos proprietários dos trapiches do Salvador, *Idade d'Ouro do Brazil*, 25 de setembro de 1818.

MATOS, Cunha. "Corografia histórica da província de Goiás", *Revista do Instituto Histórico e Geográfico Brasileiro*, XXXVII, Rio de Janeiro, 1874.

MATOS, Raimundo José da Cunha. "Memória". *O auxiliar da indústria nacional*, Rio de Janeiro, 1837, nº II ao V.

MAVIGNIER, Simplício. "Representação que a Sociedade de Medicina (de Pernambuco) dirigio ao excellentíssimo presidente da provincia em maio de 1842, acerca das molestias que então reinavão e estado da capital da provincia", *Anais da Medicina Pernambucana*, Recife, nº 2, 1842.

MEDEIROS, Joaquim Antônio de. "Resposta ao inquérito da Câmara do Rio de Janeiro sobre o clima e a salubridade", *Anais Brasilienses de Medicina*, Rio de Janeiro, vol. II. 1846.

"Memória feita por M. Monlevade sôbre a cultura da batata-doce na sua fábrica de ferro perto de São Miguel", *Jornal do Commercio*, Rio de Janeiro, 18 de dezembro de 1839.

"Memória sobre as aldeias dos índios da província de São Paulo", *Revista do Instituto Histórico e Geográfico Brasileiro*, IV.

MENESES, Francisco de Paula, SIMONI, Luís V. de, CARVALHO, Manuel Feliciano de, MOURA, João Alves de. "Projecto de resposta á consulta do governo acerca da origem das enfermidades que affligem os aprendizes menores do Arsenal de Guerra", *Anais Brasilienses de Medicina*, Rio de Janeiro, ano 7, nº 1, 1851.

MEROZ (Cônsul). "Carta", *Diário de Pernambuco*, 16 de dezembro de 1828.

"Minha viagem ao Brasil", *Diário de Pernambuco*, 29 de agosto de 1868.

MOREIRA, Nicolao Joaquim. "Cruzamento de raças e degeneração do produto resultante", *Anais Brasilienses de Medicina*, XXXV.

———. "Discurso", *Anais Brasilienses de Medicina*, XXXIV.

———. "Aborto provocado sobre o ponto de vista médico-legal e humanitário", *Anais Brasilienses de Medicina*, XXV.

———. "Questão étnica-antropológica: o cruzamento das raças acarreta degradação intelectual do produto hibrido resultante?", *Anais Brasilienses de Medicina*, Rio de Janeiro, XXII, nº 10, março de 1870.

———. "Estudos patogênicos — questões de higiene", *Anais Brasilienses de Medicina*, Rio de Janeiro, XIX, novembro de 1867.

MOURA, João Alves de, SIMONI, Luís V. de, CARVALHO, Manuel Feliciano de, MENESES, Francisco de Paula. "Projecto de resposta á consulta do governo acerca da origem das enfermidades que affligem os aprendizes menores do Arsenal de Guerra", *Anais Brasilienses de Medicina*, Rio de Janeiro, ano 7, nº 1, 1851.

NUNES, Antônio Duarte. "Almanaque histórico da cidade de São Sebastião do Rio de Janeiro para o ano de 1799", *Revista do Instituto Histórico e Geográfico Brasileiro*, XXI, Rio de Janeiro.

"O Governo deve intervir no fornecimento de farinha e da carne", *O Liberal Pernambucano*, 26 de janeiro de 1856.

"O luxo no nosso Pernambuco" (transcrição de *O carapuceiro*), *Diário de Pernambuco*, 31 de outubro de 1843.

"O trabalho e a lavoura", *Diário de Pernambuco*, 13 de setembro de 1884.

"O trabalho livre. Estudo econômico", *A Província*, Recife, 22 de novembro de 1875.

"Os recursos da lavoura", *Diário de Pernambuco*, 9 de abril de 1884.

"Parecer da comissão encarregada pelo Exmo Sr. presidente da província para consultar sobre as causas da carestia dos gêneros alimentícios", *Relatório apresentado à Assembleia Legislativa na segunda sessão da décima legislatura pelo ministro e secretário de Estado dos Negócios do Império marquês de Olinda*, Rio de Janeiro, 1858.

"Parecer da Sociedade de Medicina do Rio de Janeiro sobre a enfermidade que grassou em 1830 na Vila de Magé e seu termo", *Anais Brasilienses de Medicina — Jornal da Academia Imperial de Medicina do Rio de Janeiro*. Rio de Janeiro, XXN, nº 5 e 6, outubro de 1872.

PEREIRA, Alfredo de Sá. "Da insolação domiciliar e sua aplicação à cidade do Rio de Janeiro", *Anais Brasilienses de Medicina*, LXXV.

―――. "O médico", *Anais Brasilienses de Medicina*, XVII.

"Portugal e Brazil", *Revista Universal Lisbonense*, Lisboa, 6 de setembro de 1849.

"Posturas da Câmara", *Diário de Pernambuco*, 13 de dezembro de 1831.

"Posturas da Câmara da Mariana (1829)", *Revista do Arquivo Público Mineiro*, vol. XIII, Belo Horizonte.

"Quadro da população do Rio de Janeiro no ano de 1799", *Revista do Instituto Histórico e Geográfico Brasileiro*, XXI.

RECLUS, Elisée. "Le Brésil et la colonisation, les provinces du littoral, les noirs et les colonies allemandes", *Revue des Deux Mondes*, Paris, 15 de julho de 1862.

REGO, José Pereira. "Prostituição", *Anais Brasilienses de Medicina*, X.

———. "Moléstias tratadas no hospital da Misericórdia", *Anais Brasilienses de Medicina*, VIII.

"Relatório das moléstias reinantes tratadas no hospital da Marinha... pelo Sr. Dr. Francisco Félix Pereira da Costa ", *Revista de Medicina Fluminense*, Rio de Janeiro, ano 5, nº 7, 1839.

"Relatório do presidente Manuel Antônio Galvão", *Jornal do Commercio*, Rio de Janeiro, 15 de novembro de 1847.

"Relatório sobre a nota ou memória do Dr. Júlio Rodrigues de Moura, pelo Dr. Peçanha da Silva", *Anais Brasilienses de Medicina*, I, tomo XIX, Rio de Janeiro, 1867.

"Representação de José Antônio Lisboa" (Rio de Janeiro, 10 de janeiro de 1846), manuscrito, Arquivo Nacional, Rio de Janeiro. Publicado no *Jornal do Commercio*, Rio de Janeiro, 9 de agosto de 1950.

"Resposta ao inquérito da Câmara do Rio de Janeiro" (1798), *Anais Brasilienses de Medicina*, Rio de Janeiro, vol. 2, 1846.

"Retrospecto anual", *Jornal do Commercio*, Rio de Janeiro, 5 de janeiro de 1875.

"Retrospecto semanal", *Diário de Pernambuco*, 31 de julho de 1854 e 5 de fevereiro de 1859.

"Reunião na praça do Comércio da Bahia", *Diário da Bahia*, Salvador, 25 de julho de 1874.

Revista de Documentos para a História da Cidade do Rio de Janeiro (ordens, provisões, relatórios, posturas, cartas jesuíticas, memórias, biografias).

Revista do Arquivo do Distrito Federal (ordens, provisões, relatórios, posturas, cartas jesuíticas, memórias, biografias).

Revista do Arquivo Público Mineiro (ordens, provisões, relatórios, posturas, cartas jesuíticas, memórias, biografias).

Revista do Instituto Arqueológico, Histórico e Geográfico de Pernambuco (ordens, provisões, relatórios, posturas, cartas jesuíticas, memórias, biografias).

Revista do Instituto Histórico Brasileiro (ordens, provisões, relatórios, posturas, cartas jesuíticas, memórias, biografias).

Revista do Instituto Histórico da Bahia (ordens, provisões, relatórios, posturas, cartas jesuíticas, memórias, biografias).

Revista do Instituto Histórico de São Paulo (ordens, provisões, relatórios, posturas, cartas jesuíticas, memórias, biografias).

SANTOS, Carolino Francisco de Lima. "Conselhos higiênicos aos europeus que abordam o Brasil", *Diário de Pernambuco*, 18 de agosto de 1855.

———. "Considerações sobre o Brasil, seu clima, suas enfermidades especiais", *Diário de Pernambuco*, 9 de agosto de 1855.

SARMENTO, José Joaquim de Morais. "Relatório dos trabalhos da Sociedade de Medicina de Pernambuco no ano de 1841 a 1842",*Anais de Medicina Pernambucana*, Recife, nº 3, 1843.

"Seguro contra a mortalidade dos escravos", *Diário de Pernambuco*, 11 de novembro de 1856.

SIGAUD, J. F. X. "A moda dos remédios e os remédios da moda", *Diário de Saúde ou Efemérides das Ciências Médica e Naturais do Brasil*, Rio de Janeiro, vol. I, nº 81, 18 de abril de 1835.

SILVA, Tomé Maria da Fonseca e. "Breve notícia sobre a colônia de suíços fundada em Nova Friburgo", *Revista do Instituto Histórico e Geográfico Brasileiro*, 2º trimestre, tomo 5, Rio de Janeiro, 1849.

SIMONI, Luís V. de, CARVALHO, Manuel Feliciano de, MOURA, João Alves de, MENESES, Francisco de Paula. "Projecto de resposta á consulta do governo acerca da origem das enfermidades que affligem os aprendizes menores do Arsenal de Guerra",*Anais Brasilienses de Medicina*, Rio de Janeiro, ano 7, nº 1, 1851.

"Sobre os recursos e despesas do Império do Brasil", *Revista Universal Lisbonense*, Lisboa, 30 de dezembro de 1852.

STURZ, João Diogo. "Emigração para o Brasil", *Revista Americana*, II, Rio de Janeiro, 1848.

TOLLENARE. "Notas dominicais tomadas durante uma viagem em Portugal e no Brasil, em 1816, 1817 e 1818", *Revista do Instituto Arqueológico, Histórico e Geográfico de Pernambuco*, XI, nº 61.

Um açoriano, "Publicação a pedido", *Diário de Pernambuco*, 17 de outubro de 1844.

Um agricultor, "O abolicionismo e a lavoura", *Diário de Pernambuco*, 6 de abril de 1884.

Um negociante, "Breves considerações sobre a praça comercial de Pernambuco",*A província*, Recife, 4 de dezembro de 1875.

Um português, "Publicação a pedido", *Diário de Pernambuco*, 12 de outubro de 1844.

VAUTHIER, Louis Léger. "Casas de residência no Brasil" (trad.), introdução e notas de Gilberto Freyre, *Revista do Serviço do Patrimônio Histórico e Artístico Nacional*, vol. 7, Rio de Janeiro, 1943.

"Vereanças de 1805 a 1829",*Arquivo do Distrito Federal*, Rio de Janeiro, 1894-1897.

VIANA, Araújo. "Das artes plásticas no Brasil em geral e na cidade do Rio de Janeiro em particular", *Revista do Instituto Histórico e Geográfico Brasileiro*, LXXVIII.

III. Material Subsidiário: Livros

AGUIAR, A. A. *Vida do marquês de Barbacena*, Rio de Janeiro, 1896.

ALMEIDA, José Américo de. *A Paraíba e seus problemas*, Paraíba, 1923.

ALMEIDA, Pires de. *Homossexualismo (A libertinagem no Rio de Janeiro)*, Rio de Janeiro, 1906.

ALMEIDA, Rómulo. *Traços da história econômica da Bahia no último século e meio* (distribuição particular), Rio de Janeiro, 1949.

ALMEIDA, Tavares de. *Oeste paulista*, Rio de Janeiro, 1943.

ALMEIDA JÚNIOR, Antônio Ferreira de. *Diretrizes e bases da educação nacional*, Rio de Janeiro, s. d.

AMADO, Gilberto. *Grão de areia*, Rio de Janeiro, 1919.

———. *Dança sobre o abismo*, Rio de Janeiro, 1933.

———. *A chave de Salomão e outros escritos*, Rio de Janeiro, 1947.

AMADO, Jorge. *Suor*, Rio de Janeiro, 1936.

AMARAL, Azevedo. *O Brasil na crise atual*, Rio de Janeiro, 1935.

AMARAL, Brás do. *A conspiração republicana da Bahia de 1798*, Rio de Janeiro, s. d.

ANDRADE, Mário de. *Modinhas imperiais*, São Paulo, 1930.

———. *O Aleijadinho e Álvares de Azevedo*, Rio de Janeiro, 1935.

———. *Namoros com a Medicina*, Porto Alegre, 1939.

ARARIPE, Tristão de Alencar. *Prefácio a fanatismo religioso — memória sobre o reino encantado na comarca de Vila Bela*, de Antônio Ático de Sousa Leite, 2ª ed. por Solidônio Ático Leite, Juiz de Fora, 1898.

ARAÚJO, Elísio de. *Estudo histórico sobre a polícia da capital federal de 1808 a 1831*, Rio de Janeiro, 1898.

ARAÚJO FILHO, Luís. *Recordações gaúchas*, Porto Alegre, 1905.

ARBOUSSE-BASTIDE, Paul. *Prefácio a um engenheiro francês no Brasil*, de Gilberto Freyre, Rio de Janeiro, 1940.

Architectural use of building materials (The), publicação do Ministério de Obras da Grã-Bretanha, Londres, 1946.

ÁVILA, Bastos de. *Questões de antropologia brasileira*, Rio de Janeiro, 1935.

AZEVEDO, Álvares de. *Obras completas*, São Paulo, 1942.

AZEVEDO, Fernando de. *A cultura brasileira*, Rio de Janeiro, 1943.

AZEVEDO, João Lúcio de. *História dos cristãos-novos portugueses*, Lisboa, 1922.

———. *Épocas de Portugal econômico*, Lisboa, 1929.

AZEVEDO, Tales de. *Gaúchos — Notas de antropologia social*, Bahia, 1943.

———. *Padrão alimentar da população da cidade do Salvador*, Bahia, 1947.

———. *Povoamento da cidade do Salvador*, Salvador, 1949.

AZIZ, Chevket. *Sur la tache bleue congénitale chez les nouveau-nés turcs*, Paris, 1934.

BACHOFEN, J. J. *Mutterrecht und Urreligion*, Stuttgart, 1861.

BAGU, Sérgio. *Economía de la sociedad colonial — ensayo de historia comparada de la América Latina*, Buenos Aires, 1949.

BARATA, Cônego Antônio do Carmo. *Um grande sábio, um grande patriota, um grande bispo* (conferência), Pernambuco, 1921.

BARRETO, Castro. *Estudos brasileiros de população*, Rio de Janeiro, 1944.

BARRETO, Plínio. *A cultura jurídica no Brasil*, Rio de Janeiro, 1922.

BARRETO FILHO, Melo e LIMA, Hermeto. *História da polícia no Rio de Janeiro*, Rio de Janeiro, s. d.

BARTELS, P., E PLOSS. H. H. *Das weib*, Berlim, 1927.

BARZUN, Jacques. *Race: a study in modern superstitions*, Nova York, 1937.

BASTIDE, Roger. *Psicanálise do cafuné e estudos de sociologia estética brasileira*, Curitiba, 1941.

BAUR, Erwin; FISCHER, Eugen e Lentz, Fritz. *Human heredity* (trad.), Londres, 1931.

BELLO, Júlio. *Memórias de um senhor de engenho*, 2ª ed., Rio de Janeiro, 1947.

BENEDICT, Ruth. *Race: science and politics*, Nova York, 1940.

BENNETT, Frank. *Forty years in Brazil*, Londres, 1914.

BERLE JÚNIOR, Adolf A. e MEANS, Gardner C. *The modern corporation and private property*. Nova York, 1944.

BESOUCHET, Lídia. *José Maria Paranhos, visconde de Rio Branco — ensayo histórico — biográfico*, Buenos Aires, s. d.

BEZERRA, Felte. *Etnias sergipanas — contribuição ao seu estudo*, Aracaju, 1950.

BLOCH, I. *The sexual life of our time* (trad.), Londres, 1928.

BOAS, Franz. *Changes in the bodily forms of immigrants*, Washington, 1910-1911.

———. *Anthropology and modern life*, Londres, 1929.

———. *Race, language and culture*, Nova York, 1940.

BOLDRINI, M. *Biometrica — problemi della vita, della specie e degli individui*, Pádua, 1928.

BONFIM, Manuel. *O Brasil*, Rio de Janeiro, 1935.

BOOTH, Meyrick. *Woman and society*, Londres, s. d.

BOUSFIELD, Paul. *Sex and civilization*, Londres, 1925.

BRIFFAULT. *The mothers, a study of the origins of sentiments and institutions*, Londres, 1927.

BRITO, João Rodrigues de. *Cartas econômico-políticas*, Salvador, 1923.

BROWN, Isaac. *O normotipo brasileiro*, Rio de Janeiro, 1934.

BRUNO, Ernâni Silva. *História e tradições da cidade de São Paulo*, Rio de Janeiro, 1953.

BRUZZI, Nilo. *Casimiro de Abreu*, Rio de Janeiro, 1949.

BRYCE, James. *South America — Observations and impressions*, Londres, 1910.

BURTON, Richard Francis. *Arabian nights* (trad.), Londres, 1885-1888.

CALASANS, José. *Aracaju*, Aracaju, 1942.

CALMON, Pedro. *O espírito da sociedade colonial*, Rio de Janeiro, 1934.

———. *História da fundação da Bahia*, Bahia, 1949.

CALÓGERAS, J. P. *O marquês de barbacena* (2ª ed.), São Paulo, 1936.

CALVERTON E SCHMALHAUSEN (ed.). *Sex in civilization*, Londres, 1929.

CANCIO, Henrique. *D. João VI*, Bahia, 1909.

CARMO NETO, H. J. do. *O intendente Aragão*, Rio de Janeiro, 1913.

CARNAXIDE, Visconde de. *O Brasil na administração pombalina*, São Paulo, 1940.

CARNEIRO, Edson. *Candomblés*, Bahia, 1948.

———. *O quilombo dos Palmares*, Rio de Janeiro, 1947.

CARQUEJA, Bento. *O capitalismo moderno e as suas origens em Portugal*, Lisboa, 1908.

CARVALHO, Alfredo de. *Estudos pernambucanos*, Recife, 1907.

———. *Frases e palavras*, Recife, 1906.

CARVALHO, Augusto da Silva. *O culto de São Cosme e São Damião em Portugal e no Brasil*, Coimbra, 1928.

CARVALHO, Delgado de. *História da cidade do Rio de Janeiro*, Rio de Janeiro, 1926.

CARVALHO, Rodrigues de. *Cancioneiro do norte*, Fortaleza, 1903.

CASTRO, Josué de. *Fatores da localização da cidade do Recife*, Rio de Janeiro, 1939.

———. *Geografia da fome*. Rio de Janeiro, 1946.

———. *Alimentação e raça*. Rio de Janeiro, 1936.

CHINA, José B. D'oliveira. *Os ciganos do Brasil*, São Paulo, 1936.

COARACY, Vivaldo. *Couves da minha horta*, Rio de Janeiro, 1949.

———. *O Rio de Janeiro no século 17*, Rio de Janeiro, 1944.

COMPREDON, J. *Le bois, matériaux de construction moderne*, Paris, 1946.

CORREIA, A. Magalhães, e SAMPAIO, A. J. de. *Nota sobre o habitat rural rudimentar*, no Brasil, Rio de Janeiro, 1932.

CORREIA, Alberto C. Germano da Silva. *La vieille Goa (Aperçu historique, récueils de voyageurs, Saint François Xavier, chronique sanitaire, esquisse archéologique)*, Bombaim, 1931.

———. Os *"Lusos descendentes" da Índia portuguesa — estudo histórico, degráfico, antropométrico e aclimativo*, Lisboa, 1925.

COSTA, Craveiro. *Maceió*, Rio de Janeiro, 1939.

COSTA, F. A. Pereira da. *Dicionário bibliográfico de pernambucanos célebres*, Recife, 1882.

———. *Folclore pernambucano*. Rio de Janeiro, 1908.

―――. *Vocabulário pernambucano*. Recife, 1937.

COUTINHO, Aluísio Bezerra. *O problema da habitação higiênica nos países quentes em face da arquitetura viva*, Rio de Janeiro, 1930.

COUTINHO, Rui. *Valor social da alimentação*, Rio de Janeiro, 1947.

CRESPIN, Jean. *A tragédia de Guanabara* (trad.), Rio de Janeiro, 1917.

CREVENNA, Theo R. *Materiales para el estudio de la clase media en la América Latina*, Washington, 1950.

CRITILO. *Cartas chilenas* (Introdução e notas por Afonso Arinos de Melo Franco), Rio de Janeiro, 1940.

CRULS, Gastão, *Aparência do Rio de Janeiro*, Rio de Janeiro, 1949.

CRUZ, Ernesto. *Nos bastidores da cabanagem*, Belém, 1942.

CUNHA, Alberto da. *Obsessões*, Rio de Janeiro, 1898.

CUNHA, Euclides da. *Os sertões*, Rio de Janeiro, 1902.

―――. *À margem da história*, Porto, 1909.

CUNNINGTON, C. W. *Feminine attitudes in the 19th century*, Londres, 1935.

DANTAS, Luís Ascendino. *São João Marcos e Rio Claro — Subsídio histórico*, Rio de Janeiro, 1936.

DAVENPORT, C. B. *Heredity in relation to eugenics*, Nova York, 1911.

DAVENPORT, C. B. e STEGGERDA, Morris. *Race crossing in Jamaica*, Washington, 1929.

DELL, Floyd. *Love in the machine age: a psychological study of transition from patriarcal society*, Nova York, 1930.

DE GABRIAC, Cte. *Promenade à travers l'Amérique du Sud*, Paris, 1868.

DEBRET, J.-B. *Aquarelas relativas ao Brasil publicadas por Robert Heymann*, Paris, 1939.

Diário íntimo do engenheiro Vauthier, anotado por Gilberto Freyre, Rio de Janeiro, 1940.

DIAS, Carlos Malheiros. *A mulata*, Rio de Janeiro. s. d.

DIEGUES JÚNIOR, Manuel. *O banguê nas Alagoas*, Rio de Janeiro, 1949.

DIÓGENES, Nestor. *Brasil virgem*, Recife, 1924.

DOMINGUES, Otávio. *Hereditariedade em face da educação*, São Paulo, s. d.

DÓRIA, Escragnolle. *Memória histórica comemorativa do 1º centenário do colégio de Pedro II*, Rio de Janeiro, s. d.

DORNAS FILHO, João. *A escravidão no Brasil*, Rio de Janeiro, 1939.

———. *O padroado e a Igreja brasileira*, Rio de Janeiro, 1939.

———. *Os ciganos em Minas Gerais*, Belo Horizonte, 1948.

DREW, John B. e FRY, E. Maxwell. *Village housing in the tropics*, Londres, 1946.

DRYSDALE, J. W. *Climate and house design*, Camberra, 1947.

———. *An appraisal method for measuring the quality of urban housing*, Washington, 1946.

DUARTE, Abelardo. *Ladislau Neto*, Maceió, 1950.

DUARTE, Manuel. *Província e nação*, Rio de Janeiro, 1949.

DUARTE, Nestor. *A ordem privada e a organização política nacional*, São Paulo, 1939.

DUNLOP, C. J. *Apontamentos para a história da iluminação da cidade do Rio de Janeiro* (edição particular), Rio de Janeiro, 1949.

EDMUNDO, Luís. *O Rio de Janeiro no tempo dos vice-reis*, Rio de Janeiro, 1935.

Efemérides mineiras. Belo Horizonte, 1926.

ELLIS, Havelock. *Man and woman*, Londres, 1926.

———. *Sex in relation to society*, Filadélfia, 1923.

ELLIS JÚNIOR, Alfredo. *Raça de gigantes*, São Paulo, 1926.

— *Populações paulistas*, São Paulo, 1935.

EMBREE, John. *The japanese nation*, Nova York, 1945.

ENGELS, Friedrich. *The origin of the family, private property and the state* (trad.), Chicago, 1902.

ENNES, Ernesto. *As guerras nos Palmares*, São Paulo, 1938.

FAUVILLE, Alfred de. *Enquête sur les conditions de l'habitation en France — les maisons-types*, Paris, 1894.

FAZENDA, José Vieira. *Os provedores da Santa Casa de Misericórdia da cidade de São Sebastião do Rio de Janeiro*, Rio de Janeiro, 1912.

FERNANDES, Gonçalves. *O folclore mágico do nordeste*, Rio de Janeiro, 1938.

FERREIRA, João da Costa. *A cidade do Rio de Janeiro e o seu termo*, Rio de Janeiro, 1935.

FISCHER, Eugen. *Die rehobother und das bastardierungs-problem bein menschen*, Jena, 1913.

———. *Rasse und rassenentstchung bein menschen*, Berlim, 1927.

FISCHER, Eugen; BAUR, ERWIN e LENTZ, Fritz. *Human heredity* (trad.), Londres, 1931.

FLÜGEL (DR.) *The psycho-analytic study of the family*, Londres, 1921.

FONSECA, Alvarenga. *Coisas municipais*, Rio de Janeiro, 1889.

FORBES, Frederick. E *Dahomey and the dahomeans*, Londres, 1851.

FOULÉE, Alfred. *Tempérament et caractère selon les individus; les sexes et les races*, Paris, 1895.

FRANCO, Afonso Arinos de Melo. *Desenvolvimento da civilização material no Brasil*, Rio de Janeiro, 1944.

———. *Espelho de três faces*, São Paulo, 1937.

———. *História do Banco do Brasil* (Primeira fase, 1808-1833), São Paulo, 1947.

———. "A época das luzes", *Mar de sargaços*, São Paulo, s. d.

———. Introdução e notas a *Cartas chilenas*, de Critilo, Rio de Janeiro, 1940.

FRANCO, Caio de Melo. *O inconfidente Cláudio Manuel da Costa*, Rio de Janeiro, 1931.

FRAZER, James George. *The golden bough*, Nova York, 1942.

FREIRE, Felisbelo. *História territorial do Brasil*, Rio de Janeiro, 1906.

FREITAS, João Alfredo de. *Lendas e superstições do norte do Brasil*, Recife, 1884.

FREITAS, Otávio de. *A tuberculose em Pernambuco*, Recife, 1896.

FREYRE, Gilberto. *Bahia de todos os santos e de quase todos os pecados*, Recife, 1926.

———. *Brazil: an interpretation*, Nova York, 1945.

———. *Casa-grande & senzala*, Rio de Janeiro, 1950.

———. *Ingleses no Brasil*, Rio de Janeiro, 1948.

———. *Introdução a Memórias de um senhor de engenho*, Rio de Janeiro, 1938, de Júlio Bello.

————. *Mucambos do nordeste*, publicação do Serviço (hoje diretoria) do Patrimônio Histórico e Artístico Nacional, Rio de Janeiro, 1937.

————. Prefácio a *Tempo dos flamengos*, Rio de Janeiro, 1947, de José Antônio Gonsalves de Melo.

————. Prefácio a *Discursos parlamentares*, de Joaquim Nabuco, publicados por iniciativa da Mesa da Câmara dos Deputados, Rio de Janeiro, 1949.

————. *Problemas brasileiros de antropologia*, Rio de Janeiro, 1942.

————. *Sociologia — introdução ao estudo dos seus princípios. Limites e posição da sociologia*, Rio de Janeiro, 1945.

————. *Um engenheiro francês no Brasil*, Rio de Janeiro, 1940.

FRY, E. Maxwell e DREW, John B. *Village housing in the tropics*, Londres, 1946.

GAFFAREL, Paul. *Histoire du Brésil français au seizième siècle*, Paris, 1878.

GALVÃO, Sebastião. *Dicionário corográfico, histórico e estatístico de Pernambuco*, Rio de Janeiro, 1908, A-O.

————. *Dicionário corográfico, histórico e estatístico de Pernambuco*, Rio de Janeiro, 1921, Letras O-R.

GARCIA, Rodolfo. *As órfãs*, Rio de Janeiro, 1946.

GEDDES, Patrick e THOMPSON, J. Arthur. *The evolution of sexes*, Londres, 1889.

GIDE, Paul. *Étude sur la condition privée de la femme*, Paris, 1867.

GILMAN, Charlotte Perkins. *Women and economics*, Nova York, 1898.

GIMPERA, P. Bosch. *La formación de los pueblos da España*, México, 1945.

GIRÃO, Raimundo. *História econômica do Ceará*, Fortaleza, 1947.

GRAHAM, R. B. Cunninghame. *A vanished arcadia*, Londres, 1901.

GUIMARÃES, P. *Hereditariedade normal e patológica*, Rio de Janeiro, 1935.

GÜNTHER, H. F. K. *Rassenkunde des deutschen volkes*, 11ª ed., Munique, 1927.

HAMBLY, Wilfrid Dyson. *Source-book for African anthropology*, Chicago, 1937.

HEARN, Lafcadio. *Two years in the French west indies*, Nova York, 1890.

HERCULANO, Alexandre. *História de Portugal*, Lisboa, 1853.

HERSKOVITS, Melville. J. *The american negro: a study in racial crossing*, Nova York, 1928.

———. *The anthropometry of the american negro*, Nova York, 1930.

HERTZ, F. *Rasse und kultur* (trad. em inglês por G. S. Levetus e W. Entz, sob o título *Race and civilization*, Londres, 1928).

HOBHOUSE, L. T. *Morals in evolution*, Londres, 1906.

HOLANDA, Sérgio Buarque de. *Raízes do Brasil*, 2ª ed., Rio de Janeiro, 1947.

HOLMES, S. J. *Studies in evolution and eugenics*, Nova York, 1923.

HOOTON, E. A. *Up from the ape*, Nova York, 1931.

HUBER, E. *Evolution of facial musculature and facial expression*, Nova York, 1931.

IZOULET, Jean. *La cité moderne, métaphysique de la sociologie*, Paris, cit. por Viola Klein, *The feminine character*, Nova York, 1949.

JOHNSTON, Sir Harry H. *The negro in the new world*, Londres, 1910.

JONES, Robert C. *Low cost housing in Latin America*, Washington, 1944.

JUREMA, Aderbal. *Insurreições negras no Brasil*, Recife, 1935.

KAYSERLING, M. *Geschichte der juden in Portugal*, Viena, 1867.

KEHL, Renato. *Sexo e civilização*, São Paulo, 1934.

KEITH, Arthur. *Ethnos*, Londres, 1931.

KLEIN, Viola. *The feminine character – history of an ideology*, Nova York, 1949.

KOEBEL, W. H. *British exploits in South America*, Nova York, 1917.

LAMEGO, Alberto. *A terra goitacá*, Niterói, 1941.

LAMEGO, Alberto Ribeiro. *O homem e o brejo*, Rio de Janeiro, 1945.

———. *O homem e a restinga*, Rio de Janeiro, 1946.

LAMEGO FILHO, Alberto. *Planície do solar e da senzala*, Rio de Janeiro, 1934.

LANCE, Menessier de La. *Essai de bibliographie hippique, donnant la description detaillée des ouvrages publiés ou traduits en latin et en français sur le cheval et la cavalerie*, Paris, 1915-1921.

LAPIE, Paul. *La femme dans la famille*, Paris, 1908.

LATIF, Miran de Barros. *As Minas Gerais*, Rio de Janeiro, 1938.

LAYTANO, Dante de. *Açorianos e alemães*, Porto Alegre, 1948.

———. *O negro no Rio Grande do Sul*, Porto Alegre, 1941.

LAZARSFIELD, Paul. *Nota prévia sobre pesquisa sociológica realizada em Marienthal (Áustria)*. Cópia fornecida pelo Dr. Stephen P. Duggan.

LEAL, Vítor Nunes. *O município e o regime representativo no Brasil*, Rio de Janeiro, 1948.

LEÃO FILHO, Joaquim de Sousa. *Franz Post*, São Paulo-Rio de Janeiro, ... MCMXLVIII.

LEITÃO, C. de Melo. *Visitantes do Primeiro Império*, São Paulo, 1934.

LEITE, Antônio Ático de Sousa. *Fanatismo religioso — memória sobre o reino encantado na comarca de Vila Bela*, Juiz de Fora, 1898.

LEITE, Aureliano. *Pequena história da casa verde*, São Paulo, 1939.

———. *História da civilização paulista*, São Paulo, s. d.

LEITE S. J., Serafim. *História da Companhia de Jesus no Brasil*, Rio de Janeiro, 1943-1950.

LEITE FILHO, Solidônio. *Os judeus no Brasil*, Rio de Janeiro, 1922.

LENTZ, Fritz; BAUR, Erwin e FISCHER, Eugen. *Human heredity* (trad.), Londres, 1931.

LEWINSON, Paul. *Race, class and party*, Nova York, 1932.

LIMA, Hermeto e BARRETO FILHO, Melo. *História da polícia no Rio de Janeiro*, Rio de Janeiro, s. d.

LIMA, Jorge de. *Rassenbilding und rassenpolitik in Brasilien*, Rio de Janeiro, 1934.

LIMA, M. de Oliveira. *D. João VI no Brasil*, Rio de Janeiro, 1908.

———. *Notas à revolução de 1817*, Recife, 1917.

———. "Impressões da América espanhola", manuscrito, Coleção Oliveira Lima, Biblioteca da Universidade Católica, Washington.

LIMA JÚNIOR, Augusto de. *A capitania das Minas Gerais — suas origens e formação*, Lisboa, 1940.

LLOYD, Christopher. *The navy and the slave trade — the suppression of the African trade in the nineteenth century*, Londres, 1949.

LOBO, Costa. *História da sociedade em Portugal no século XV*, Lisboa, 1904.

LOOTAR, A. B. *The torch bearers*, Lagos, 1943.

LUSCHAN, F. Von. *Volker, rassen, sprachen*, Berlim, 1922.

MACHADO, Alcântara. *Vida e morte do bandeirante*, São Paulo, 1930.

MACHADO FILHO, Aires da Mata. *Tiradentes, herói humano*, Belo Horizonte, 1948.

MACINNES, C. M. *England and slavery*, Londres, 1934.

MCLENNAN, S. F. *The patriarchal theory*, Londres, 1885.

MAGALHÃES, Basílio de. *Estudos de história do Brasil*, São Paulo, 1940.

MALHEIRO, Agostinho Marques Perdigão. *A escravidão no Brasil-ensaio jurídico-histórico-social*, Rio de Janeiro, 1866-1867.

MALINOWSKI, Bronislaw. *A scientific theory of culture*, Chapel Hill, 1944.

MARCONDES, Moisés. *Pai e patrono*, Rio de Janeiro, s. d.

MARIANO FILHO, José. *Arquitetura mesológica*, Rio de Janeiro, 1931.

———. *Estudos brasileiros*, Rio de Janeiro, 1940.

MÁRIO FILHO. *O negro no foot-ball brasileiro*, Rio de Janeiro, 1945.

MARIZ, Celso. *Ibiapina. Um apóstolo do nordeste*, Paraíba, 1942.

MARS, J. A. e TOOLEY E. M. *The kudeti book of yoruba cookery*, 7ª ed., Lagos, 1948.

MARTINS, Antônio Egídio. *São Paulo antigo*, Rio de Janeiro, 1911.

MARTINS, Luís. "*O bacharel e o patriarca*", manuscrito de ensaio a ser publicado breve.

MARTY, Paul. *Études sur l'islam au dahomey*, Paris, 1926.

MAUROIS, André. *Journal d'un tour en Amérique Latine*, Paris. s. d.

MAY, Geoffrey. *Social control of sex expression*, Londres, 1930.

MEAKIN, A. M. B. *Woman in transition*, Londres, 1907.

MEANS, Gardner C. e BERLE JÚNIOR, Adolf A. *The modern corporation and private property*, Nova York, 1944.

MEDEIROS, José Augusto Bezerra de. *O sal e o algodão na economia potiguar*, Rio de Janeiro, 1948.

MELO, A. da Silva. *Alimentação, instinto e cultura*, Rio de Janeiro, 1946.

MELO, Clóvis. *Ensaio (manuscrito) sobre a Guerra dos Mascates.*

MELO, José Maria de. *Enigmas populares*, Rio de Janeiro, 1950.

MELO, Mário. *A guerra dos mascates como afirmação nacionalista*, Recife, 1941.

MELO, Veríssimo de. *Adivinhas*, Natal, 1948.

MELO, José Antônio Gonçalves de. *Tempo dos flamengos*, Rio de Janeiro, 1947.

Memória sobre matadouros no Rio de Janeiro, Rio de Janeiro, 1909.

Memórias de João Daudt de Oliveira, Rio de Janeiro, 1949.

MENCKEN, Henry L. *In defense of woman*, Nova York, 1926.

MIGUEL-PEREIRA, Lúcia. *A vida de Gonçalves Dias*, Rio de Janeiro, 1943.

MILES, Catharine Cox. *Sex in social psychology*, Nova York, 1935.

MILES, Catharine Cox e TERMAN, Lewis M. *Sex and personality: studies in masculinity and femininity*, Nova York, 1936.

MILLIET, Sérgio. *Roteiro do café*, São Paulo, 1939.

―――. *Diário crítico* (V), São Paulo, 1947.

MONTENEGRO, Tulo Hostílio. *Tuberculose e literatura*, Rio de Janeiro, 1950.

MORAIS, A. J. de Melo. *A independência e o império do Brasil*, Rio de Janeiro, 1877.

―――. *Corografia histórica, cronológica, genealógica, nobiliária e política do Brasil*, Rio de Janeiro, 1863.

―――. *Crônica geral e minuciosa do império do Brasil*, Rio de Janeiro, 1879.

―――. *O Brasil social e político — o que fomos e o que somos*, Rio de Janeiro, 1872.

MORAIS FILHO, Melo. *Fatos e memórias*, Rio de Janeiro, 1904

MORAZÉ, Charles. *La France bourgeoise*, Paris, 1946.

MOREL, Edmar. *Dragão do mar — o jangadeiro da abolição*, Rio de Janeiro, 1949.

MOTA, Otoniel. *Do rancho ao palácio*, São Paulo, 1941.

MOUTINHO, A. Ferreira. *Notícia histórica e descritiva da província de Mato Grosso*, São Paulo, 1869.

NABUCO, Joaquim. *Um estadista do império*, Rio de Janeiro, 1898.

————. *O abolicionismo*, Londres, 1883.

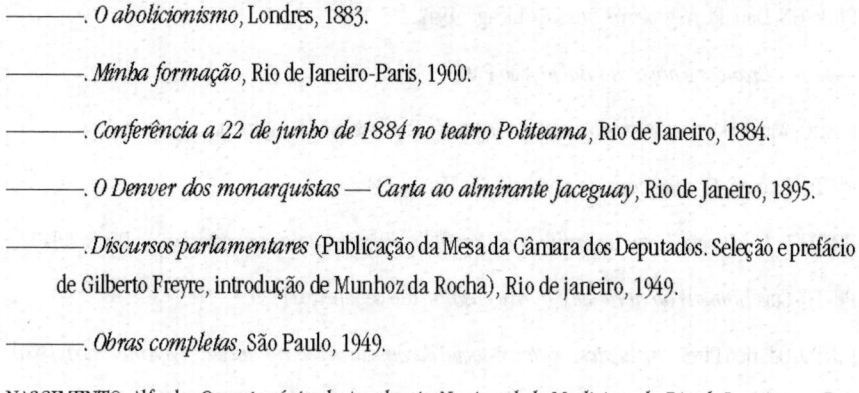

————. *Minha formação*, Rio de Janeiro-Paris, 1900.

————. *Conferência a 22 de junho de 1884 no teatro Politeama*, Rio de Janeiro, 1884.

————. *O Denver dos monarquistas — Carta ao almirante Jaceguay*, Rio de Janeiro, 1895.

————. *Discursos parlamentares* (Publicação da Mesa da Câmara dos Deputados. Seleção e prefácio de Gilberto Freyre, introdução de Munhoz da Rocha), Rio de janeiro, 1949.

————. *Obras completas*, São Paulo, 1949.

NASCIMENTO, Alfredo. *O centenário da Academia Nacional de Medicina do Rio de Janeiro — Primórdios e evolução da medicina no Brasil*, Rio de Janeiro, 1929.

NASH, Roy. *The conquest of Brazil*, Nova York, 1926.

NAVA, Pedro. "Introdução ao estudo da história da medicina popular no Brasil", *Capítulos da história da medicina no Brasil*, Rio de Janeiro, 1949.

NEUVILLE, Henry. *L'espèce, la race et le métissage en anthropologie*, Paris, 1933.

NICOLLE, J. *Biologie de l'invention*, Paris, 1932.

NOËTTES, Lefebvre des. *L'attelage, le cheval de selle à travers les âges — contribution à l'histoire de l'esclavage*, Paris, 1931.

NOGUEIRA, Almeida. *A academia de São Paulo — tradições e reminiscências*, São Paulo, 1908.

NORMANO, J. F. *Brazil: a study of economic types*, Chapel Hill, 1935.

NORTHROP, F. S. C. *The logre of the sciences and the humanities*, Nova York, 1947.

NYEMILOV, A. V. *The biological tragedy of woman* (trad.), Londres, 1932.

ORNELAS, Manoelito de. *Gaúchos e beduínos*, Rio de Janeiro, 1948.

ORTIGÃO, Ramalho. *O culto da arte em Portugal*, Lisboa, 1896.

OSÓRIO, Fernando Luís. *História do general Osório*, Rio de Janeiro, 1894.

PEIXOTO, Afrânio. e outros. *Os judeus na história do Brasil*, Rio de Janeiro, 1936.

PERETTI, João. *Barléu e outros ensaios críticos*, Recife, 1941.

PETERS, M. C. *The jews in America*, Nova York, 1906.

PIERSON, Donald. *Negroes in Brazil*, Chicago, 1942.

———. *Brancos e pretos na Bahia*, São Paulo, 1945.

PINHO, Wanderley de. *Salões e damas do Segundo Reinado*, São Paulo, s. d.

PINTO, Estêvão. *Os indígenas do nordeste*, São Paulo, 1935.

PINTO, L. A. da Costa. *Lutas de famílias no Brasil — Introdução ao seu estado*, São Paulo, 1949.

PINTO, Luís *Homens do nordeste e outros ensaios*, Rio de Janeiro, 1950.

PINTO, Odorico Pires. *"Influência histórico-social da missão artística francesa" (manuscrito), 1950*.

PINTO, Silva. *No Brasil (Notas de viagem)*, Porto, 1879.

PITT-RIVERS, George Henry Lane-Fox. *The clash of culture and the contact of races*, Londres, 1927.

———. *The clash of culture and the contact of races*, Londres, 1927.

PLOSS, H. H. e BARTELS, P. *Das weib*, Berlim, 1927.

POMBO, Rocha. *História do Brasil*, Rio de Janeiro, 1922.

PRADO, J. F. de Almeida. *A Bahia e as capitanias do centro do Brasil*, Rio de Janeiro, 1949.

PRADO, Paulo. *Retrato do Brasil*, São Paulo, 1928.

PRADO JÚNIOR, Caio. *Formação do Brasil contemporâneo – colônia*, São Paulo, 1942.

———. *Evolução política do Brasil*, São Paulo, 1947. "Primeiros resultados de um inquérito em torno da população operária do Recife", Serviço Social da Indústria, Recife, 1949.

PRUETTE, L. *Woman and leisure: a study of waste*, Nova York, 1924.

PULIDO, Angel. *Los israelitas españoles y el idioma castellano*, Madri, 1904.

PUVION, R. *La pathologie des juifs est due non à la race mais aux moeurs*, Paris, 1930.

QUINTAS AMARO. *O sentido social da revolução praieira*, Recife, 1948.

RAMOS, Arthur. *O negro brasileiro*, Rio de Janeiro, 1934.

———. *O folclore negro no Brasil*, Rio de Janeiro, 1935.

———. *As culturas negras do novo mundo*, Rio de Janeiro, 1937.

———. *A aculturação negra no Brasil*, São Paulo, 1942.

———. *Introdução à antropologia brasileira*, Rio de Janeiro, 1943.

RAMOS, Artur e RAMOS, Luísa. *A renda de bilros e sua aculturação*, Rio de Janeiro, 1948.

RAMOS, Guerreiro. *Uma introdução ao histórico da organização racional do trabalho*, Rio de Janeiro, 1950.

RAMOS, Luísa e RAMOS, Artur. *A renda de bilros e sua aculturação*, Rio de Janeiro, 1948.

RANGEL, Alberto. *Gastão d'Orléans, o último conde d'Eu*, São Paulo, 1935.

READERS, George. *Le comte de Gobineau au Brésil*, Paris, 1934.

REMÉDIOS, Mendes dos. *Os judeus em Portugal*, Coimbra, 1928.

RENARD, R. G. *La philosophie de l'institution*, Paris, 1939.

RESENDE, Cássio Barbosa de. e RESENDE, Plácido Barbosa de. *Os serviços de saúde pública no Brasil, especialmente na cidade do Rio de Janeiro, de 1808 a 1907*, Rio de Janeiro, 1909.

RESENDE, Plácido Barbosa de, e RESENDE, Cássio Barbosa de. *Os serviços de saúde pública no Brasil, especialmente na cidade do Rio de Janeiro, de 1808 a 1907*, Rio de Janeiro, 1909.

REUTER, E. B. *The mulato in the United States*, Nova York, 1918.

———. *The american race problem*, Nova York, 1927.

———. *Race mixture*, Nova York, 1931.

———. *Race and culture contacts*, Nova York, 1934.

RIBEIRO, João. *História do Brasil*, Rio de Janeiro, 1909.

RIBEIRO, Joaquim. *Folclore brasileiro*, Rio de Janeiro, 1944.

———. *Folclore dos bandeirantes*, Rio de Janeiro, 1945.

RIBEIRO, Joaquim e RODRIGUES, José Honório. *Civilização holandesa no Brasil*, São Paulo, 1940.

RICARDO, Cassiano. *Marcha para oeste*, Rio de Janeiro, 1942.

RINGBON, Lars. *The renewal of culture* (trad.), Londres, s. d.

ROCHA, Munhoz da. *Introdução a discursos parlamentares*, de Joaquim Nabuco, publicados por iniciativa da Mesa da Câmara dos Deputados, Rio de Janeiro, 1949.

RODRIGUES, F. Contreiras. *Traços da economia social e política do Brasil colonial*, Rio de Janeiro, 1935.

RODRIGUES, José Honório. *Notas à memorável viagem marítima e terrestre ao Brasil* (trad.), São Paulo, s. d. de John Nieuhof.

RODRIGUES, José Honório e RIBEIRO, Joaquim. *Civilização holandesa no Brasil*, São Paulo, 1940.

RODRIGUES, José Wasth. *Documentário arquitetônico relativo à antiga construção civil no Brasil*, São Paulo, 1944-1947.

RODRIGUES, Nina. *Os africanos no Brasil*, São Paulo, 1933.

ROMERO, Sílvio. *História da literatura brasileira*, 4ª ed., Rio de Janeiro, 1949.

———. *Martins Pena*, Porto, 1901.

RÖPKE, Wilhelm. *Die gesellschafter-krisis der gegenward*, 1942 (tradução para o espanhol sob o título *La crisis social de nuestro tiempo*, Madri, 1947).

ROQUETTE-PINTO, E. *Ensaios de antropologia brasiliana*, Rio de Janeiro, 1933.

———. "Os sinais da suspeição", *Os judeus na história do Brasil*, Rio de Janeiro, 1935.

ROSSEL, Ivilar, M. *La raza*, Barcelona, 1930.

RUI, Afonso. *História política e administrativa da cidade do Salvador*, Bahia, 1949.

———. *Primeira revolução social brasileira*, São Paulo, 1942.

SAMPAIO, A. J. de, e CORREIA, A. Magalhães. *Nota sobre o habitat rural rudimentar* no Brasil, Rio de Janeiro, 1932.

SAMPAIO, Alberto. *As "Vilas" do norte de Portugal*, Porto, 1903.

SAMPAIO, Teodoro. *História da fundação da cidade de Salvador*, Bahia, 1949.

SANTANA, Nuto. *São Paulo histórico*, São Paulo, 1937 e 1944.

SANTOS, José Maria dos. *Os republicanos paulistas e a abolição*, São Paulo, 1942.

SANTOS, Noronha. *Meios de transporte no Rio de Janeiro — história e legislação*. Rio de Janeiro, 1934.

———. *Resenha analítica de livros e documentos do Arquivo Geral da Prefeitura*, Rio de Janeiro, 1949.

SCHMALHAUSEN e CALVERTON (ed.) *Sex in civilization*, Londres, 1929.

SCHMOLLER, G. *Príncipes d'économie politique*, Paris, 1905.

SEABRA, Antônio Luís. *A propriedade — comentário à lei dos forais*, Coimbra, 1850, cit. por Edmundo Zenha em *O município no Brasil*, São Paulo, s. d.

SELLIN, A. W. *Geografia geral do Brasil* (trad.), 2ª ed., Rio de Janeiro, 1889.

SENNA, Ernesto. *O velho comércio do Rio de Janeiro*, Rio de Janeiro, s. d.

———. *Conselheiro Antônio Ferreira Viana*, Rio de Janeiro, 1902.

SERRA, Astolfo. *A balaiada*, Rio de Janeiro, 1946.

Sex in civilization (obra coordenada por V. F. Calverton e S. D. Schmalhausen), Nova York, 1929.

SILVA, J. Norberto de Sousa e. *História da conjuração mineira* (edição do Instituto Nacional do Livro), Rio de Janeiro, 1948.

SIMONSEN, Roberto. *História econômica do Brasil, 1500-1820*, São Paulo, 1937.

———. *A evolução industrial do Brasil*, São Paulo, 1939.

SODRÉ, Nelson Werneck. *Formação da sociedade brasileira*, Rio de Janeiro, 1944.

SOMBART, W. *The jews and modern capitalism* (trad.), Londres, 1913.

———. *Le bourgeois* (trad.), Paris, 1926.

SOUTHEY, Robert. *História do Brasil* (trad.), IV, cit. por Edmundo Zenha em *O município no Brasil*, São Paulo, s. d.

SOUSA, J. P. Coelho de. *Conflito de culturas*, Porto Alegre, 1949.

SPENCER, A. G. *Woman's share in social culture*, Filadélfia, 1913.

SPENGLER, Oswald. *La decadencia del occidente* (trad.), Madri, 1926.

SPIEGEL, Henri William. *The brazilian economy*, Filadélfia-Toronto, 1949.

STEGGERDA, Morris. e DAVENPORT, C. B. *Race crossing in Jamaica*, Washington, 1929.

STURZO, Luigi. *The true life, sociology of the supernatural*, Washington, 1943.

TAUNAY, Afonso de E. *Estudos da história paulista*, São Paulo, 1927.

———. *História seiscentista da Vila de São Paulo*, São Paulo, 1927.

———. *Na era das bandeiras*, São Paulo, 1922.

———. *Non ducor, duco*, São Paulo, 1924.

———. *São Paulo nos primeiros anos* (1554- 1601), Tours, 1920.

———. *Sob el rey nosso senhor — aspectos da vida setentista brasileira, sobretudo em São Paulo*, São Paulo, 1923.

TÁVORA, Franklin. *O matuto* (crônica pernambucana), Rio de Janeiro, 1902.

TERMANS, Lewis M. e MILES, Catharine Cox. *Sex and personality: studies in masculinity and femininity*, Nova York e Londres, 1936.

The 250th anniversary of the settlement of the jews in the U. S. A., Nova York, 1905.

THOMAS, William I. *Sex and society*, Chicago, 1907.

THOMPSON, Helen B. *The mental traits of sex*, 1903.

THOMPSON, J. Arthur e GEDDES, Patrick. *The evolution of sexes*, Londres, 1889.

TICKNER, F. W. *Women in english economic history*, Londres, 1923.

TOOLEY E. M. e MARS, J. A. *The kudeti books of Yoruba cookery*, Lagos, 1948.

TOPINARD, Paul. *Éléments d'anthropologie générale*, Paris, 1885.

TORRES, Alberto. *A organização nacional*, Rio de Janeiro, 1914.

TOYNBEE, Arnold. *A study of history*, OxFord, 1945.

TRINDADE, Cônego Raimundo. *Arquidiocese de Mariana — subsídios para a sua história*, São Paulo, 1928.

———. *Instituições de igrejas no bispado de Mariana*, Rio de Janeiro, 1945.

VAËRTING, Mathilde e VAËRTING, Mathias. *Die weibliche eigenart in männerstaat und die männlich eigenart im frauenstaat*, Karlsruhe, 1923.

———. *The dominant sex — a study in sociology of sex differentiation*, Londres, 1923.

VASCONCELOS, J. Leite. *A barba em Portugal — estudo de etnografia comparativa*, Lisboa, 1925.

———. *Origem histórica e formação do povo português*, Lisboa, 1923.

VIANA, Artur. *Pontos de história do Pará*, cit. por Ernesto Cruz, *Nos bastidores da cabanagem*, Belém, 1942.

VIANA, Oliveira. *Instituições políticas brasileiras*, Rio de Janeiro, 1949.

———. *Raça e assimilação*, São Paulo, 1932.

———. *Evolução do povo brasileiro*, São Paulo, 1933.

VIANA, Vítor. *O Banco do Brasil — sua formação, seu engrandecimento, sua missão nacional*, Rio de Janeiro, 1926.

VIANA FILHO, Luís. *O negro na Bahia*, Rio de Janeiro, 1946.

VITERBO, Sousa. *Artes e artistas em Portugal — contribuição para a história dar artes e indústrias portuguesas*, 2ª ed., Lisboa, 1920.

WARD, Barbara. *Turkey*, Nova York, 1942.

WÄTJEN, Hermann. *Das hollandische kolonialreich in Brasilien*, Gota, 1921.

WATSON, W. C. *Portuguese architecture*, Londres, 1908.

———. *The history of human marriage*, Londres, 1921.

WESTERMARCK, E. A. *The origin and development of moral ideas*, Londres, 1926.

WHIFFEN, Thomas. *The north-west amazons*, Londres, 1915.

WHITAKER, Arthur P. e outros, *Latin America and the enlightment*, Nova York, 1940.

WILLEMS, Emílio. *A aculturação dos alemães no Brasil*, São Paulo, 1946.

———. *Burocracia e patrimonialismo*, São Paulo, 1945.

ZENHA, Edmundo. *O município no Brasil (1532-1700)*, São Paulo, s. d.

IV. Material Subsidiário: Periódicos, Anais etc.

a) Indicações gerais

Almanaque de Pernambuco, Recife.

American Journal of Physical Anthropology, Estados Unidos.

American Journal of Sociology, Estados Unidos.

American Mercury (The), Estados Unidos.

American Sociological Review, Estados Unidos.

Americas (The), Washington.

Anais da Academia Politécnica do Porto, Porto.

Anais da Biblioteca Nacional, Rio de Janeiro.

Anais do Arquivo Público e da Inspetoria dos Monumentos do Estado da Bahia, Salvador.

Anais do 1º Congresso Brasileiro de Eugenia, Rio de Janeiro.

Anthropologie (L'), Paris.

Archivio per l'Antropologia e la Etnologia, Itália.

Arquivo do Distrito Federal, Rio de Janeiro.

Arquivos de Assistência a Psicopatas de Pernambuco, Recife.

Ata Venezolana, Caracas.

Boletim da Associação de Cultura Franco-Brasileira, Recife.

Boletim Geográfico, Santa Catarina.

Boletim Informativo, publicado pelo Serviço de Informações da Embaixada da Índia no Rio de Janeiro.

Boletim Paulista de Geografia, São Paulo.

Boletim Policial, Rio de Janeiro.

Boletín de Filología, Montevidéu.

Cahiers des Annales, Paris.

Catholic Historical Review (The), Estados Unidos.

Correio da Manhã, Rio de Janeiro.

Cruzeiro (O), Rio de Janeiro.

Cultura, Rio de Janeiro.

Diário de Minas, Belo Horizonte.

Diário de São Paulo, São Paulo.

Diário Oficial, Salvador.

Diário Popular, São Paulo.

Engenics News, Estados Unidos.

Eugenics Review, Estados Unidos.

Folha da Manhã, Recife.

Folha de Minas, Belo Horizonte.

Geografia, São Paulo.

Housing and Town and Country Planning, Lake Success.

Human Biology, Estados Unidos.

Ilustração Brasileira, Rio de Janeiro.

Jewish Historical Society of America, Estados Unidos.

Journal de la Société des Américanistes, Paris.

Journal of Applied Sociology, Estados Unidos.

Journal of Heredity, Estados Unidos.

Journal of Negro Education, Estados Unidos.

Journal of Negro History, Estados Unidos.

Journal of Social Forces, Estados Unidos.

Journal of the African Society, Londres.

Journal of the Royal Anthropological Institute, Estados Unidos.

Lanterna Verde, Rio de Janeiro.

L'Anthropologie, França.

Letras e Artes (Suplemento dominical de A Manhã), Rio de Janeiro.

Man, Estados Unidos.

Manhã (A), Rio de Janeiro.

Menorah Journal, Estados Unidos.

Nation (The), Nova York.

Nordeste, Recife.

Notícia (A), Rio de Janeiro.

Ocidente, Lisboa.

Paulistana, São Paulo.

Philosophische Kultur, Leipzig.

Popular Science Monthly, Nova York.

Província de São Pedro, Porto Alegre.

Publications of the American Jewish Historical Society, Estados Unidos.

Renascença, Rio de Janeiro.

Revista Brasileira de Medicina, Rio de Janeiro.

Revista da Faculdade de Direito, Belo Horizonte.

Revista das Academias de Letras, Rio de Janeiro.

Revista de Aracaju, Sergipe.

Revista de Filología Española, Madri.

Revista de História, São Paulo.

Revista de Imigração e Colonização, Rio de Janeiro.

Revista de Patologia e Clínica, Rio de Janeiro.

Revista do Arquivo Municipal, São Paulo.

Revista do Arquivo Público Mineiro, Belo Horizonte.

Revista do Arquivo Público, Recife.

Revista do Instituto Arqueológico e Geográfico Alagoano, Maceió.

Revista do Instituto Arqueológico, Histórico e Geográfico Pernambucano, Recife.

Revista do Instituto Histórico e Geográfico Brasileiro, Rio de Janeiro.

Revista do Serviço do Patrimônio Histórico e Artístico Nacional, Rio de Janeiro.

Revista Industrial, São Paulo.

Revista Médica de Pernambuco, Recife. Revista Nova, São Paulo.

Revue Anthropologique, Paris.

Revue des Études Juives, Paris.

Rio Magazine, Rio de Janeiro.

Science, Estados Unidos.

Spectator (The), Londres.

Sur, Buenos Aires.

b) Indicações particulares

"A religião cristã reformada no Brasil no século XVII (Atas dos sínodos e classes do Brasil no século XVII, durante o domínio holandês)" (tradução de Pedro Souto Maior), apêndice de *A tragédia de Guanabara*, de Jean Crespin, Rio de Janeiro, 1917.

A. W. "The bantu are coming", *Journal of the African Society*, XXIV, Londres.

"*Alfândega da Bahia — sua história documentada com a cópia de manuscritos existentes no Arquivo Público do Estado*", Salvador, 1922.

ALMEIDA, Luís R. de. *Comunicação (manuscrito) sobre "capoeira e capoeiragem", feita à Comissão Nacional de Folclore, do Instituto Brasileiro de Educação, Ciência e Cultura.*

_____. "Introdução ao estudo das regiões brasileiras — o espaço e a água", *Cronos*, nº 4, Rio de Janeiro, 1949.

ALMEIDA JÚNIOR, A. "Sobre o aguardentismo colonial", *Revista do Arquivo Municipal*, vol. 72, São Paulo, 1940.

AMARAL, Alexandrino, e SILVA, Ernesto. "Consolidação de leis e posturas municipais", cit. por Noronha Santos, *Resenha analítica de livros e documentos do Arquivo Geral da Prefeitura*, Rio de Janeiro, 1949.

ANDRADE, Carlos Drummond de. "Rosário dos homens pretos", *Correio da Manhã*, Rio de Janeiro, 1º de agosto de 1948.

ARCHER, Maria. "*Presença da mulher na paisagem social da África Portuguesa*", (manuscrito), *conferência proferida a 31 de outubro de 1945, Porto, 1945.*

AZEVEDO, Tales de. "Um aspecto da mestiçagem na Bahia", *Revista do Arquivo Municipal*, São Paulo, março de 1945.

AZEVEDO NETO, Vasco. "Os vales na economia sergipana", *Revista de Aracaju*, nº 2, Aracaju, 1944.

BARBOSA, Cônego Januário da Cunha. "Qual seria o melhor systema de colonisar os indios entranhados em nossos sertões...", *Revista do Instituto Histórico e Geográfico Brasileiro*, II.

BARRETO, Carlos Xavier Pais. "Sangue estrangeiro e indígena no povoamento nordestino", *Revista das Academias de Letras*, nº 63, Rio de Janeiro, 1º semestre de 1948.

BARRETO, Paulo. "Artigo sobre arquitetura no Piauí", em *Revista do Serviço do Patrimônio Histórico e Artístico Nacional*, nº 2, Rio de Janeiro, 1938.

BARROS, F. Borges de. "Novos documentos para a história colonial", *Anais do Arquivo Público e da Inspetoria dos Monumentos do Estado da Bahia*, Salvador, 1931.

BASTIDE, Roger. "Cerimonial de polidez", *Revista do Arquivo Municipal*, São Paulo, setembro-outubro, 1944.

_____. "Dans les amériques noires: Afrique ou Europe?" *Cahiers des annales*, nº 4, Paris, 1949.

_____. "A cozinha dos deuses", *Cultura e alimentação*, Rio de Janeiro, janeiro de 1950.

BILDEN, Ruediger. "Brazil laboratory of civilization", *The nation*, vol. 128, Nova York, 1929.

BOAS, Franz. "The half blood Indian", *Popular science, monthly*, Nova York, 1894.

_____. "The question of racial purity", *The american mercury*, 1934.

CAMERON, e Herskovits. M. J., "The physical form of Mississippi negroes", *American Journal of Physical Anthropology*, XVI.

"Caraça", *Revista do Arquivo Público Mineiro*, Belo Horizonte, 1907, ano XII.

CARDOZO, Manoel. "Brazilian gold rush", *The Americas*, Washington, vol. III, nº 2, outubro de 1946.

_____. "The lay brotherhoods of colonial Bahia", *The catholic historical review*, vol. XXXIII, abril, 1949.

CARPEAUX, Otto Maria. "Os revoltosos da regência", *A Manhã*, Rio de Janeiro, 28 de julho de 1949.

Cartas citadas por Feu de Carvalho, em "Primeiras aulas e escolas de Minas Gerais, 1721-1860", *Revista do Arquivo Público Mineiro*, Belo Horizonte, vol. I, ano XXIV, 1933.

CARVALHO, Feu de. "Primeiras aulas e escolas de Minas Gerais, 1721-1860", *Revista do Arquivo Público Mineiro*, Belo Horizonte, vol. I, ano XXIV, 1933.

CASTLE, C. S. "Biological and social consequences of race-crossing", *American Journal of Physical Anthropology*, IX.

_____. "Race mixture and physical disharmonies", *Science*, LXXXI.

CAVALCANTI, Luís Robalinho. *"Longevidade — sua relação com os grupos étnicos da população"* (trabalho apresentado ao 1º Congresso Afro-Brasileiro, Recife, 1934).

CAVIGLIA HIJO, Buenaventura. "Indios y esclavos "Cabras", *Boletín de Filología*, Montevidéu, III, nº 1314, 1940.

CHARMONT, Padre F. *L'humanisme et l'humain*, cit. por Antônio Ferreira de Almeida Júnior, *Diretrizes e bases da educação nacional*, Rio de Janeiro, 1948.

CLEMENS, J., "Racial differences in mortality and morbidity", *Human biology*, III.

COLINI, G. A. "Notícia histórica e etnográfica sobre os guaicuru e os mbayá", apêndice a *Os caduveo*, de Guido Boggiani (trad.), São Paulo, 1945.

CORREIA, A. A. Mendes. "O elemento português na demografia do Brasil", *Ocidente*, VI, 3, Lisboa, 1940.

_____. ""As condições físicas na formação das raças",*Anais da Academia Politécnica do Porto*, Porto, XII.

COSTA, Craveiro. "Maceió, seu Desenvolvimento histórico", *Revista do Instituto Arqueológico e Geográfico Alagoano*, vol. XII, Maceió, 1927.

COSTA, Dante. "Contribuição ao estudo do caju e doces de caju", separata da *Revista Brasileira de Medicina*, Rio de Janeiro, vol. V, fevereiro, 1948.

COUTINHO, A. Bezerra. "A mestiçagem humana e o problema das culturas", *Revista Médica de Pernambuco*, Recife, 1934.

COUTO, José Vieira. "Memória sobre as Minas da capitania de Minas Gerais, 1801", publicada na *Revista do Arquivo Público Mineiro*, Belo Horizonte, ano X, 1905.

CUNHA, Sílvio da. "Os primeiros fotógrafos no Brasil, *Letras e Artes* (Suplemento da *A Manhã*), Rio de Janeiro, 9 de novembro de 1947.

DANIEL, M. "Essai anthropologique sur les nègres et mulâtres du Congo", *Revue Anthropologique*, Paris, 1914.

DAVENPORT, C. B. "Mingling of the races", *Human biology and race welfare*, Nova York, 1930.

_____. "Evidences of disharmony in negro-white crossings", *Eugenics News*, XIV.

_____. "The effects of race intermingling", *proceedings, American Philosophical Society*, LXI.

_____. "Some criticism of race crossing in Jamaica", *Science*, LXXII.

Devassas e sequestros da "Inconfidência da Bahia em 1798", *Anais da Biblioteca Nacional*, Rio de Janeiro, XLIII-IV, 1920-21.

DÓRIA, Escragnolle. "Cousas do passado", separata da parte II do tomo LXXXII, *Revista do Instituto Histórico e Geográfico Brasileiro*, Rio de Janeiro, 1909.

DORNAS FILHO, João. "O populário do negro brasileiro"; *Diário de Minas*, 19 de fevereiro de 1950.

DUARTE, A. Teixeira. "Catecismo da cooperação", *Revista do Arquivo Público Mineiro*, Belo Horizonte, 194, ano XVIII.

DUARTE, C. Amazonas. "Biografia de uma cidade, Santos", *Cursos e Conferências*, Ministério da Educação e Saúde, Rio de Janeiro, 1946.

DUNN, L. C. "An anthropometric study of hawaiians of pure and mixed blood upon data collected by Alfred M. Tozzer", *Papers* of the *Peabody Museum*, XI.

EDMUNDO, Luís. "De um livro de memórias", *Correio da Manhã*, Rio de Janeiro, 21 de maio de 1950.

ELLIS JÚNIOR, Alfredo. "O ouro e a paulistânia", *História da Civilização Brasileira*, 8, São Paulo, 1948.

_____. "O Ciclo de muar", separata da *Revista de História*, nº 1, São Paulo, 1950.

"Esboço histórico do município de Januária", *Revista do Arquivo Público Mineiro*, Belo Horizonte, ano XI, 1906.

"Estatutos do recolhimento de Nossa Senhora da Glória", cit. pelo cônego Antônio do Carmo Barata, *Um grande sábio, um grande patriota, um grande bispo* (conferência), Pernambuco, 1921.

FARIA, Álvaro de. *"O problema da tuberculose no preto e no branco e relação da resistência racial" (estudo apresentado ao 1º Congresso Afro-Brasileiro, Recife, 1934).*

FELNER, Rodrigo José de Lima. "Nome verdadeiro do portuguez João Fernandes Vieira, celebre nos governos de Pernambuco contra os holandezes", separata das *Memorias da Academia*, N, II, Lisboa.

FERRAZ, A. "Raça e constituição individual",*Arquivos de Assistência a Psicopatas de Pernambuco*, Recife, 1935.

FLEMING, A. "Human hybrids, Racial crosses, in various pans of the world", *Eugenics Review*, XXI.

FLORENCE, Hércules. "Viagem de Langsdorff", *Revista do Instituto Histórico e Geográfico Brasileiro*, XXXVIII, 2ª

FONSECA, Froes da. "Os grandes problemas da antropologia", e outros estudos nos *Trabalhos do Primeiro Congresso Brasileiro de Eugenia*, Rio de Janeiro, 1929.

FRANCO, Afrânio de Melo. "Cláudio Manuel da Costa", *Revista do Arquivo Público Mineiro*, ano XXIII, Belo Horizonte, 1929.

FRANK, Waldo. *"La selva", Sur, nº 1, Buenos Aires, 1931.*

FRAZIER, E. Franklin. "The negro family in Bahia, Brazil",*American Sociological Review*, VII, 4, 1942.

FREYRE, Gilberto. Prefácio a *O banguê nas Alagoas*, reproduzido em *Cultura*, Rio de Janeiro, nº I, setembro-dezembro de 1948.

_____. Notas às cartas de L. L. Vauthier, *Revista do Serviço do Patrimônio Histórico e Artístico Nacional*, Rio de Janeiro, 1944.

_____. "O escravo nos anúncios de jornal do tempo do Império", *Lanterna Verde*, Rio de Janeiro, 1934.

_____. "Problemas de relações de personalidade com o meio", *Problemas Brasileiros de Antropologia*, Rio de Janeiro, 1943.

_____. "Sugestões para o Estudo histórico-social do sobrado no Rio Grande do Sul", *Problemas Brasileiros de Antropologia*, Rio de Janeiro, 1943.

GATES, R. R. "Mendelian heredity and racial differences", *Journal of the Royal Anthropological Institute*, LV.

GOLDENWEISER, Alexander. "Man and woman as creators", *Our changing morality, A Symposium*, Nova York, 1930.

_____. "Sex and primitive society", *Sex in civilization*, coordenado por V. F. Calverton e S. D. Schmalhausen, Nova York, 1929.

_____. "Are the races potentially equal?", *Proceedings, American Philosophical Society*, LVIII.

_____. "Concerning racial differences", *Menorah Journal*, VIII, 1922.

_____. "Race and culture in the modern world", *Journal of Social Forces*, III, 1924.

GOTTHEIL, R. "Contributions to the history of the jews in surinam", *Jewish Historical Society of America*, vol. IX, Nova York.

GUIMARÃES, Argeu. "Os judeus portugueses e brasileiros na América espanhola", *Journal de la Société des Américanistes de Paris*, Paris, 1926.

HEDDAD, Jamil Almansur. "As morenas de Castro Alves", *Diário de São Paulo*, São Paulo, 7 de julho de 1946.

HERSKOVITS, M. J. "A critical discussion of the mulatto hypothesis", *Journal of Negro Education*, 1934.

_____. "The new world negro as an anthropological problem", *Man*, XXXI.

_____. "On the provenience of new world negroes", *Social Forces*, XII, nº 2, 1933.

_____. "The social history of the negro", e outros estudos, *A Hand-book of Social Psychology*, 1935.

_____. "The negro in Bahia, Brazil: a problem in method", *American Sociological Review*, VIII, 4, 1943.

HERSKOVITS, M. J., e CAMERON. "The physical form of Mississippi negroes", *American Journal of Physical Anthropology*, XVI.

HILL, Owen Berkeley. "The colour bar", *The Spectator*, Londres, 15 de setembro de 1931.

HOLBE, M. "Métis de Cochinchine", *Revue Anthropologique*, Paris, XXIV.

HOLANDA, Sérgio Buarque de. "Redes e redeiras de São Paulo", *Paulistânia*, São Paulo, julho-agosto, 1948.

HOLLINGWORTH, L., MONTAGUE, H. "The comparative variability of the sexes at birth", *American Journal of Sociology*, 1914-1915, XX.

_____. "Variability as related to sex differences in achievement", *American Journal of Sociology*, 1914, XIX.

HOOTON, E. A. "Methods of racial analysis", *Proceedings, American Philosophical Society*, LXV.

_____. "Observations and queries as to the effect of race mixture on certain physical characteristics", *2nd International Congress of Eugenics, Papers*, II.

_____. "Progress in the study of race mixtures with special reference to work carried on at Harvard University", *Proceedings, American Philosophical Society*, LXV.

HORTA, Raul Machado. "O bacharel na formação social brasileira", *Revista da Faculdade de Direito*, Universidade de Minas Gerais, outubro de 1949.

HRDLICKA, Ales. "On the relation of anthropology to psychology", *American Association for Advancement of Science, Address*, 1920.

JARDIM, Luís. "A pintura decorativa em algumas igrejas de Minas", *Revista do Serviço do Patrimônio Histórico e Artístico Nacional*, Rio de Janeiro, 1939.

JUREMA, Aderbal. "A mulher na literatura brasileira", *Nordeste*, Recife, agosto, 1947.

KAYSERLING, M. "The colonization of America by the jews", *Jewish Historical Society of America*, vol. II, Nova York.

_____. "The first jews in America", *Jewish Historical Society of America*, vol. X, Nova York.

_____. "The earliest rabbis and jewish writers of America", *Jewish Historical Society of America*, vol. III, Nova York.

KEITH, Arthur. "The physical characteristics of two pitcairn islanders", *Man*, XXV

KOHLER, M. J. "Jewish activity in american colonial commerce", *Jewish Historical Society of America*, vol. III, Nova York.

_____. "Phase of jewish life in New York before 1800", *Jewish Historical Society of America*, vol. II, Nova York.

KOHUT, A. "Les juifs dans les colonies hollandaises", *Revue des Études Juives*, vol. XXXI, Paris.

_____. "Les juifs dans les colonies françaises au XVI 1º siècle", *Revue des Études Juives*, vols. IV e V, Paris.

KOPARD, Sylvia. "Where are the female geniuses?", *Our Changing Morality*, Nova York, 1930.

LACERDA, J. B. de. "The métis or half-breeds of Brazil", *Papers on Inter-Racial Problems*, Londres, 1911.

LASCIO, A. Di, e PERNAMBUCANO, Ulisses. "Alguns dados antropológicos da população do Recife", *Arquivos da Assistência a Psicopatas de Pernambuco*, Recife, 1935.

LAYTANO, Dante de. "História particular de uma cidade do Rio Grande do Sul", *Província de São Pedro*, Porto Alegre, nº 1, junho, 1945.

LEITE, S. J., Serafim. "A música nas escolas jesuíticas do Brasil no século XVI", *Cultura*, nº 2, Rio de Janeiro, janeiro-abril, 1949.

LIMA, Herman. "Comidas baianas", *Cultura e Alimentação*, Rio de Janeiro, janeiro de 1950.

LIMA, Zózimo. "Episódios da vida sergipana", *Revista de Aracaju*, nº 2, Aracaju, 1944.

LOPES, Cunha. "Aspectos psicopatológicos das raças no Brasil", *Revista de Patologia e Clínica*, Rio de Janeiro, dezembro, 1935.

LUNDBORG, M. "Hybrid types of the human race. Race mixture as a cause of conspicuous morphological changes of the facial type", *Journal of Heredity*, XII.

MAHALANOBIS, R. "Anthropological observations of the anglo-indians of Calcutta", *Records of the Indian Museum*, XXIII.

MARANHÃO, Gil de Metódio. "Alguns aspectos do ciclo do açúcar", *Cultura*, nº 2, Rio de Janeiro, janeiro--abril, 1949.

MARISCAL, Francisco de Sierra y. "Ideias gerais sobre a revolução do Brasil e suas consequências", *Anais da Biblioteca Nacional*, Rio de Janeiro, XLIII-IV, 1920-21.

MARTINS, Wilson. "Um tema de sociologia brasileira", *Folha de Minas*, Belo Horizonte, 6 de dezembro de 1946.

MCKENZIE, M. "The concept of social distance as applied to the study of racial attitudes and racial relations differences as bases of humans symbiosis", *Social Attitudes* (ed. por Kinball Young), Nova York, 1931.

MEADE, M. "The methodology of racial testing: its significance for sociology", *American Journal of Sociology*, 1926.

MENESES, Diogo de Melo. *Notas às memórias de um Cavalcanti*, São Paulo, 1940, de Félix Cavalcanti de Albuquerque.

MILLER, N. "Changing concepts of race", *Publications of the American Sociological Society*, XXI.

MONTAGUE, H., Hollingworth L. "Variability as related to sex differences in achievement", *American Journal of Sociology*, 1914, XIX.

_____. "The comparative variability of the sexes at birth", *American Journal of Sociology*, 1914-1915, XX.

MUNIZ, Artur. "Dr. José da Natividade Saldanha", *Almanaque de Pernambuco*, Recife, 1908.

NEIVA, Artur. H. "Estudos sobre a imigração semita no Brasil", *Revista de Imigração e Colonização*, Rio de Janeiro, ano V, nº 2, junho de 1944.

PALES, Léon. "Contribution à l'étude anthropologique du noir en Afrique équatoriale française", *L'Anthropologie*, XLN, Paris, 1934.

PARK, Robert. "A race relations survey", *Journal of Applied Sociology*, VIII.

_____. "Mentality of racial hybrids", *American Journal of Sociology*, XXXVI.

_____. "The problem of cultural differences", *Proceedings of the Institute of Pacific Relations*, 1931.

PELUSO JÚNIOR, Vítor A. 'A vila de Ituporanga", *Boletim Geográfico*, nº 3, Departamento Estadual de Geografia e Cartografia de Santa Catarina, janeiro de 1948.

_____. "Paisagens catarinenses", *Boletim Geográfico*, nº 3, Departamento Estadual de Geografia e Cartografia de Santa Catarina, janeiro de 1948.

PEREIRA, Batista. "Piratininga no século XVI", *Revista do Arquivo Municipal*, XLIII, São Paulo, 1938.

PERETTI, João. "Vauthier et la Gentry Pernambucane", *Associação de Cultura Franco-Brasileiro, do Recife, Buletin d'Octobre*, 1949.

PERNAMBUCANO, Ulisses, e LASCIO, A. Di. "Alguns dados antropológicos da população do Recife", *Arquivos da Assistência a Psicopatas de Pernambuco*, Recife, 1935.

PORTO, Fernando. "A cidade de Aracaju", *Revista de Aracaju*, nº 2, Aracaju, 1944.

PRADO, Almeida. "São Paulo antigo e sua arquitetura", *Ilustração Brasileira*, Rio de Janeiro, setembro, 1929.

PRADO JÚNIOR, Caio "O fator geográfico na formação e no desenvolvimento da cidade de São Paulo", *Geografia*, nº 3, São Paulo, 1935.

QUEIRÓS, Maria Isaura Pereira de. "A estratificação e a mobilidade social nas comunidades agrárias do vale do Paraíba entre 1850 e 1888", *Revista de História*, nº 2, São Paulo, abril-junho, 1950.

QUINTAS, Amaro. "Considerações sobre a revolução praieira", separata da *Revista do Arquivo Público*, Recife, ano III, nº 5, 1949.

_____. "Vauthier e a expansão das ideias socialistas em Pernambuco", *Folha da Manhã*, Recife, 21 de maio de 1950.

RABELO, José da Costa Sousa. "Exposição manuscrita sobre o estudo das Minas", em J. Felício dos Santos, "Memórias do distrito diamantino", *Revista do Arquivo Público Mineiro*, ano XV, Belo Horizonte, 1910.

"Race and civilization", *Whither Mankind*, ed. por Charles Beard, Nova York, 1929.

"Race segregation in cities", *Readings in Social Problems*, Nova York, 1916.

"Racial contacts and racial research", *28th Annual Meeting of the American Sociological Society*, 1933.

RANGEL, Alberto. "Extratos de correspondência", *Revista Nova*, São Paulo, 15 de novembro, ano I, nº 4, 1931.

Regimento destinado ao Grão-Pará e ao Maranhão, cit. por Perdigão Malheiro, *A escravidão no Brasil*, Rio de Janeiro, 1866-1867.

"Relatório de Francisco Martins Coutinho de 1536", citado por Teodoro Sampaio, *História da fundação da cidade do Salvador*, Bahia, 1949.

Relatório do Conselho Ultramarino de 26 de outubro de 1706, códice 232, Arquivo Histórico Colonial, de Lisboa, citado por Manuel Cardozo em "Brazilian gold rush", *The Americas*, Washington, vol. III, nº 2, 1946.

REQUENA, Antônio. "Noticias y consideraciones sobre las anormalidades sexuales de los aborígenes americanos: sodomía", *Ata Venezolana*, Caracas, 1945.

Resumo das observações que De La Salle fez no Brasil, por C. de Melo Leitão, *Visitantes do Primeiro Império*, São Paulo, 1934.

REUTER, E. B. "The personality of the mixed blood", *Publications, American Sociological Society*, XXII.

RIBEIRO, René. "On the *amaziado* relationship and other aspects of the family in Recife, Brazil", *American Sociological Review*, vol. X, nº I, fevereiro de 1945.

RIOS, Morales de Los. "Subsídios para a história da cidade de São Sebastião do Rio de Janeiro" (Congresso de História), *Revista do Instituto Histórico e Geográfico Brasileiro*, I.

_____. "Resumo monográfico da evolução da arquitetura do Brasil", *Livro de Ouro Comemorativo do Centenário da Independência e da Exposição Internacional do Rio de Janeiro*, Rio de Janeiro, 1922.

ROQUETTE-PINTO, E. "Notas sobre os tipos antropológicos do Brasil", *Anais do 1º Congresso Brasileiro de Eugenia*, Rio de Janeiro, 1929.

SAMPAIO, Teodoro. "A engenharia e a sua evolução no século da independência da Bahia", *Diário Oficial do Estado da Bahia*, Edição especial do Centenário, 2 de julho de 1922.

SANTOS, J. Felício dos. "Memórias do distrito diamantino", *Revista do Arquivo Público Mineiro*, Belo Horizonte, ano XV, 1910.

SCHMIDT, Carlos Borges. "A habitação rural na região do Paraitinga", *Boletim Paulista de Geografia*, nº 3, São Paulo, outubro de 1949.

SILVA, Ernesto, e AMARAL, Alexandrino. "Consolidação de leis e posturas municipais", cit. por Noronha Santos, *Resenha Analítica de Livros e Documentos do Arquivo Geral da Prefeitura*, Rio de Janeiro, 1949.

SIMMEL, Georg. "Das relative und das absolute im geschechterproblem", *Philosophische Kultur*, Leipzig, 1911.

SOARES, José Eugênio de Macedo. "Sinos e campanários", *Rio Magazine*, Rio de Janeiro, dezembro, 1949.

SODRÉ, Nelson Werneck. "Origens da industrialização do Brasil", *Revista Industrial de São Paulo*, nº 51, São Paulo, fevereiro, 1949.

SOLOW, Anatole A. "Housing in tropical areas", *Housing and Town and Country Planning*, Lake Success, nº 2, 1949.

TAUNAY, Afonso de E. "A missão artística de 1816", *Revista do Instituto Histórico e Geográfico Brasileiro*, LXXIV.

_____. "A expedição do cônsul Langsdorff ao interior do Brasil", *Revista do Instituto Histórico e Geográfico Brasileiro*, XXXVIII.

TOCANTINS, Leandro. "Rocinhas e gelosias", *A Manhã*, Rio de Janeiro, 20 de agosto de 1950.

TORRES, Lígia Lemos. "Pioneiras do intelectualismo feminino no Brasil", *Jornal do Commercio*, Rio de Janeiro, 27 de julho de 1947.

VAËRTING M. E M. "Dominant sexes", *Our Changing Morality*, Nova York, 1930.

VASCONCELOS, Antônio Luís de Brito Aragão e. "Memórias sobre o estabelecimento do Império do Brasil, ou Novo Império lusitano", *Anais da Biblioteca Nacional*, Rio de Janeiro, 1920-21, XLIII-IV.

VIANA, Araújo. "Solares de outros tempos — O militão", *Renascença*, Rio de Janeiro, setembro de 1905.

_____. "Saguões",*A notícia*, Rio de Janeiro, 13 de outubro de 1904.

_____. "Portões",*A notícia*, Rio de Janeiro, 22 de dezembro de 1903.

_____. "Alcovas",*A notícia*, Rio de Janeiro, 12 de janeiro de 1905.

_____. "Casas de jantar",*A notícia*, Rio de Janeiro, 19 de dezembro de 1904.

_____. "Um velho solar",*A notícia*, Rio de Janeiro, 16 de maio de 1907.

_____. "O estilo clássico na arquitetura do Rio de Janeiro", *Renascença*, Rio de Janeiro, Fevereiro de 1906.

_____. "A casa dos adobes",*A notícia*, 25 de julho de 1906.

_____. "Varandas",*A notícia*, Rio de Janeiro, 12 de janeiro de 1904.

_____. "Solares de outros tempos – o Figueiredo", *Renascença*, Rio de Janeiro, novembro de 1905.

_____. "Tetos",*A notícia*, Rio de Janeiro, 26 de maio de 1904.

_____. "Clarabóias",*A notícia*, Rio de Janeiro, 11 de maio de 1904.

_____. "Beirais",*A notícia*, Rio de Janeiro, 19 de maio de 1904.

_____. "Carros e telhados",*A notícia*, Rio de Janeiro, 9 de maio de 1907.

VIANA, Ernesto da Cunha de Araújo. "Das artes plásticas no Brasil em geral e da cidade do Rio de Janeiro em particular", *Revista do Instituto Histórica e Geográfico Brasileiro*, tomo LXXVIII, parte 2ª.

WAGNER, K. "The variability of hybrid population",*American Journal of Physical Anthropology*, XV.

WEYL, Jonas. "Les juifs protégés français aux échelles du levant et en barbarie", *Revue des Études Juives*, vol. XII, Paris.

WOODSON, M. "The beginings of the miscegenation of the whites and the blacks", *Journal of Negro History*, III.

WOODWORTH, M., "Racial differences in mental traits", *Source Book of Anthropology*, 1931.

YAHUDA, A. S. "Contribución al estudio del judío-espanol, Revista de Filología Española, Madri, 1915, II.

Apêndice 1 – Biobibliografia de Gilberto Freyre

1900 Nasce no Recife, em 15 de março, na antiga Estrada dos Aflitos (hoje Avenida Rosa e Silva), esquina da Rua Amélia (o portão da hoje residência da família Costa Azevedo está assinalado por uma placa), filho do dr. Alfredo Freyre educador, juiz de direito e catedrático de Economia Política da Faculdade de Direito do Recife e de Francisca de Mello Freyre.

1906 Tenta fugir de casa, abrigando-se na materna Olinda, desde então, cidade muito de seu amor e da qual escreveria, em 1939, *Olinda, 2º guia prático, histórico e sentimental de cidade brasileira*.

1908 Entra no jardim de infância do Colégio Americano Gilreath. Lê as *Viagens de Gulliver* com entusiasmo. Não consegue aprender a escrever, fazendo-se notar pelos desenhos. Tem aulas particulares com o pintor Telles Júnior, que reclama contra sua insistência em deformar os modelos. Começa a aprender a ler e escrever em inglês com Mr. Williams, que elogia seus desenhos.

1909 Primeira experiência da morte: a da avó materna, que muito o mimava por supor que o neto tinha *deficit* de aprendizado, pela dificuldade em aprender a escrever. Temporada no engenho São Severino do Ramo, pertencente a parentes seus. Primeiras experiências rurais de menino de engenho. Mais tarde escreverá sobre essa temporada uma das suas melhores páginas, incluída em *Pessoas, coisas & animais*.

1911 Primeiro verão na Praia de Boa Viagem, onde escreve um soneto camoniano e enche muitos cadernos com desenhos e caricaturas.

1913 Dá as primeiras aulas no colégio. Lê José de Alencar, Machado de Assis, Gonçalves Dias, Castro Alves, Victor Hugo, Emerson, Longfellow, alguns dramas de Shakespeare, Milton, César, Virgílio, Camões e Goethe.

1914 Ensina latim, que aprendeu com o próprio pai, conhecido humanista recifense. Toma parte ativa nos trabalhos da sociedade literária do colégio. Torna-se redator-chefe do jornal impresso do colégio *O Lábaro*.

1915 Tem lições particulares de francês com Madame Meunieur. Lê La Fontaine, Pierre Loti, Molière, Racine, *Dom Quixote*, a Bíblia, Eça de Queirós, Antero de Quental, Alexandre Herculano, Oliveira Martins.

1916 Corresponde-se com o jornalista paraibano Carlos Dias Fernandes, que o convida a proferir palestra na capital do estado vizinho. Como o dr. Freyre não apreciava Carlos Dias Fernandes, pela vida boêmia que levava, viaja autorizado pela mãe e lê no Cine-Teatro Pathé sua primeira conferência pública, dissertando sobre Spencer e o problema da educação no Brasil. O texto foi publicado no jornal *O Norte*, com elogios de Carlos Dias Fernandes. Influenciado pelos mestres do colégio e pela leitura do *Peregrino*, de Bunyan, e de uma biografia do dr. Livingstone, toma parte em atividades evangélicas e visita a gente miserável dos mucambos recifenses. Interessa-se pelo socialismo cristão, mas lê, como espécie de antídoto a seu misticismo, autores como Spencer e Comte. É eleito presidente do Clube de Informações Mundiais, fundado pela Associação Cristã de Moços do Recife. Lê ainda, nesse período, Rui Barbosa, Joaquim Nabuco, Oliveira Lima, Nietzsche e Sainte-Beuve.

1917 Conclui o curso de Bacharel em Ciências e Letras do Colégio Americano Gilreath, fazendo-se notar pelo discurso que profere como orador da turma, cujo paraninfo é o historiador Oliveira Lima, daí em diante seu amigo (ver referência ao primeiro encontro com Oliveira Lima no prefácio à edição de suas *Memórias*, escrito a convite da viúva e do editor José Olympio). Leitura de Taine, Renan, Darwin, Von Ihering, Anatole France, William James, Bergson, Santo Tomás de Aquino, Santo Agostinho, São João da Cruz, Santa Teresa, Padre Vieira, Padre Bernardes, Fernão Lopes, São Francisco de Assis, São Francisco de Sales e Tolstói. Começa a estudar grego. Torna-se membro da Igreja Evangélica, desagradando a mãe e a família católica.

1918 Segue, no início do ano, para os Estados Unidos, fixando-se em Waco (Texas) para matricular-se na Universidade de Baylor. Começa a ler Stevenson, Pater, Newman, Steele e Addison, Lamb, Adam Smith, Marx, Ward, Giddings, Jane Austen, as irmãs Brönte, Carlyle, Mathew Arnold, Pascal, Montaigne, Euclides da Cunha e Monteiro Lobato. Inicia sua colaboração no *Diário de Pernambuco*, com a série de cartas intituladas "Da outra América".

1919 Ainda na Universidade de Baylor, auxilia o geólogo John Casper Branner no preparo do texto português da *Geologia do Brasil*. Ensina francês a jovens oficiais norte-americanos convocados para a guerra. Estuda Geologia com Pace, Biologia com Bradbury, Economia com Wright, Sociologia com Dow, Psicologia com Hall e Literatura com A. J. Armstrong, professor de Literatura e crítico literário especializado na filosofia e na poesia de Robert Browning. Escreve os primeiros artigos em inglês publicados por um jornal de Waco. Divulga suas primeiras caricaturas.

1920 Conhece pessoalmente, por intermédio do professor Armstrong, o poeta irlandês William Butler Yeats (ver, no livro *Artigos de jornal*, um capítulo sobre esse poeta), os "poetas novos" dos Estados Unidos: Vachel Lindsay, Amy Lowell e outros. Escreve em inglês sobre Amy Lowell. Como estudante de Sociologia, faz pesquisas sobre a vida dos negros de Waco e dos mexicanos marginais do Texas. Conclui, na Universidade de Baylor, o curso de Bacharel em Artes, mas não comparece à solenidade da formatura: contra as praxes acadêmicas, a Universidade envia-lhe o diploma por intermédio de um portador. Segue para Nova York e ingressa na Universidade de Colúmbia. Lê Freud, Westermarck, Santayana, Sorel, Dilthey, Hrdlicka, Keith, Rivet, Rivers, Hegel, Le Play, Brunhes e Croce. Segundo notícia publicada no *Diário de Pernambuco* de 5 de junho, a Academia Pernambucana de Letras, por proposta de França Pereira, elege-o sócio-correspondente.

1921 Segue, na Faculdade de Ciências Políticas (inclusive as Ciências Sociais Jurídicas) da Universidade de Colúmbia, cursos de graduação e pós-graduação dos professores Giddings, Seligman, Boas, Hayes, Carl van Doren, Fox, John Basset Moore e outros. Conhece pessoalmente Rabindranath Tagore e o príncipe de Mônaco (depois reunidos no livro *Artigos de jornal*), Valle-Inclán e outros intelectuais e cientistas famosos que visitam a Universidade de Colúmbia e a cidade de Nova York. A convite de Amy Lowell, visita-a em Boston (ver, sobre essas visitas, artigos incluídos no livro *Vida, forma e cor*). Segue, na Universidade de Colúmbia, o curso do professor Zimmern, da Universidade de Oxford, sobre a escravidão na Grécia. Visita a Universidade de Harvard e o Canadá. É hóspede da Universidade de Princeton, como representante dos estudantes da América Latina que ali se reúnem em congresso. Lê Patrick Geddes, Ganivet, Max Weber, Maurras, Péguy, Pareto, Rickert, William Morris, Michelet, Barrès, Huysmans, Verlaine, Rimbaud, Baudelaire, Dostoiévski, John Donne, Coleridge, Xenofonte, Homero, Ovídio, Ésquilo, Aristóteles e Ratzel. Torna-se editor associado da revista *El Estudiante Latinoamericano*, publicada mensalmente em Nova York pelo Comitê de Relações Fraternais entre Estudantes Estrangeiros. Publica diversos artigos no referido periódico.

1922 Defende tese para o grau de M. A. (*Magister Artium* ou *Master of Arts*) na Universidade de Colúmbia sobre *Social life in Brazil in the middle of the 19th century*, publicada em Baltimore pela *Hispanic American Historical Review* (v. 5, n. 4, nov. 1922) e recebida com elogios pelos professores Haring, Shepherd, Robertson, Martin, Oliveira Lima e H. L. Mencken, que aconselha o autor a expandir o trabalho em livro. Deixa de comparecer à cerimônia de formatura, seguindo imediatamente para a Europa, onde recebe o diploma, enviado pelo reitor Nicholas Murray Butler. Vai para a França, a Alemanha, a Bélgica, tendo antes passado pela Inglaterra, estabelecendo-se em Oxford. Vai para a França, atravessa a Espanha e conhece Portugal, onde se fixa. Lê Simmel, Poincaré, Havelock Ellis, Psichari, Rémy de Gourmont, Ranke, Bertrand Russell, Swinburne, Ruskin, Blake, Oscar Wilde, Kant e Gracián. Tem o retrato pintado pelo modernista brasileiro Vicente do Rego Monteiro. Convive com ele e com outros artistas modernistas brasileiros, como Tarsila do Amaral e Brecheret. Na Alemanha conhece o Expressionismo; na Inglaterra, estabelece contato com o ramo inglês do Imagismo, já seu conhecido nos Estados Unidos. Na França, conhece o anarcossindicalismo de Sorel e o federalismo monárquico de Maurras. Convidado por Monteiro Lobato a quem fora apresentado por carta de Oliveira Lima –, inicia sua colaboração na *Revista do Brasil* (n. 80, p. 363-371, agosto de 1922).

1923 Continua em Portugal, onde conhece João Lúcio de Azevedo, o Conde de Sabugosa, Fidelino de Figueiredo, Joaquim de Carvalho e Silva Gaio. Regressa ao Brasil e volta a colaborar no *Diário de Pernambuco*. Da Europa escreve artigos para a *Revista do Brasil* (São Paulo), a pedido de Monteiro Lobato.

1924 Reintegra-se no Recife, onde conhece José Lins do Rego, incentivando-o a escrever romances, em vez de artigos políticos (ver referências ao encontro e início da amizade entre o sociólogo e o futuro romancista do Ciclo da Cana-de-Açúcar no prefácio que este escreveu para o livro *Região e tradição*). Conhece José Américo de Almeida através de José Lins do Rego. Funda-se no Recife, a 28 de abril, o Centro Regionalista do Nordeste, com Odilon Nestor, Amaury de Medeiros, Alfredo Freyre, Antônio Inácio, Morais Coutinho, Carlos Lyra Filho, Pedro Paranhos, Júlio Bello e outros. Excursões pelo interior do estado de Pernambuco e pelo Nordeste com Pedro Paranhos, Júlio Bello (que a seu pedido escreveria as *Memórias de um senhor de engenho*) e seu irmão, Ulysses Freyre. Lê, na capital do estado da Paraíba, conferência publicada no mesmo ano: Apologia pro generatione sua (incluída no livro *Região e tradição*).

1925 Encarregado pela direção do *Diário de Pernambuco*, organiza o livro comemorativo do primeiro centenário de fundação do referido jornal, *Livro do Nordeste*, onde foi publicado pela primeira vez o poema modernista de Manuel Bandeira "Evocação do Recife", escrito a seu pedido (ver referências no capítulo sobre Manuel Bandeira no livro *Perfil de Euclides e outros perfis*). O *Livro do Nordeste* consagra, também, o até então desconhecido pintor Manuel Bandeira e publica desenhos modernistas de Joaquim Cardoso e Joaquim do Rego Monteiro. Lê na Biblioteca Pública do Estado de Pernambuco uma conferência sobre Dom Pedro II, publicada no ano seguinte.

1926 Conhece a Bahia e o Rio de Janeiro, onde faz amizade com o poeta Manuel Bandeira, os escritores Prudente de Morais Neto (Pedro Dantas), Rodrigo M. F. de Andrade, Sérgio Buarque de Holanda, o compositor Villa-Lobos e o mecenas Paulo Prado. Por intermédio de Prudente, conhece Pixinguinha, Donga e Patrício e se inicia na nova música popular brasileira em noitadas boêmias. Escreve um extenso poema, modernista ou imagista e ao mesmo tempo regionalista e tradicionalista, do qual Manuel Bandeira dirá depois que é um dos mais saborosos do ciclo das cidades brasileiras: "Bahia de todos os santos e de quase todos os pecados" (publicado no Recife, no mesmo ano, em edição da *Revista do Norte*, reeditado em 20 de junho de 1942, na revista *O Cruzeiro* e incluído no livro *Talvez poesia*). Segue para os Estados Unidos como delegado do *Diário de Pernambuco*, ao Congresso Panamericano de Jornalistas. Convidado para redator-chefe do mesmo jornal e para oficial de gabinete do governador eleito de Pernambuco, então vice-presidente da República. Colabora (artigos humorísticos) na *Revista do Brasil* com o pseudônimo de J. J. Gomes Sampaio. Publica-se no Recife a conferência lida, no ano anterior, na Biblioteca Pública do Estado de Pernambuco: A propósito de Dom Pedro II (edição da *Revista* *do Norte*, incluída, em 1944, no livro *Perfil de Euclides e outros perfis*). Promove no Recife o 1º Congresso Brasileiro de Regionalismo.

1927 Assume o cargo de oficial de gabinete do novo governador de Pernambuco, Estácio de Albuquerque Coimbra, casado com a prima de Alfredo Freyre, Joana Castelo Branco de Albuquerque Coimbra. Conhece Mário de Andrade no Recife e proporciona-lhe um passeio de lancha no rio Capibaribe.

1928 Dirige, a pedido de Estácio Coimbra, o jornal *A Província*, onde passam a colaborar os novos escritores do Brasil. Publica no mesmo jornal artigos e caricaturas com diferentes pseudônimos: Esmeraldino Olímpio, Antônio Ricardo, Le Moine, J. Rialto e outros. Lê Proust e Gide. Nomeado pelo governador Estácio Coimbra, por indicação do diretor A. Carneiro Leão, torna-se professor da Escola Normal do Estado de Pernambuco: primeira cadeira de Sociologia que se estabelece no Brasil com moderna orientação antropológica e pesquisas de campo.

1930 Acompanhando Estácio Coimbra ao exílio, visita novamente a Bahia, conhece parte do continente africano (Dacar, Senegal) e inicia, em Lisboa, as pesquisas e os estudos em que se basearia *Casa-grande & senzala* ("Em outubro de 1930 ocorreu-me a aventura do exílio. Levou-me primeiro à Bahia; depois a Portugal, com escala pela África. O tipo de viagem ideal para os estudos e as preocupações que este ensaio reflete", como escreverá no prefácio do mesmo livro).

1931 A convite da Universidade de Stanford, segue para os Estados Unidos, como professor extraordinário daquela universidade. Volta, no fim do ano, para a Europa, permanecendo algum tempo na Alemanha, em novos contatos com seus museus de antropologia, de onde regressa ao Brasil.

1932 Continua, no Rio de Janeiro, as pesquisas para a elaboração de *Casa-grande & senzala* em bibliotecas e arquivos. Recusando convites para empregos feitos pelos membros do novo governo brasileiro um deles José Américo de Almeida –, vive, então, com grandes dificuldades financeiras, hospedando-se em casas de amigos e em pensões baratas do Distrito Federal. Estimulado pelo seu amigo Rodrigo M. F. de Andrade, contrata com o poeta Augusto Frederico Schmidt então editor a publicação do livro por 500 mil-réis mensais, que recebe com irregularidades constantes. Regressa ao Recife, onde continua a escrever *Casa-grande & senzala*, na casa do seu irmão, Ulysses Freyre.

1933 Conclui o livro, enviando os originais ao editor Schmidt, que o publica em dezembro.

1934 Aparecem em jornais do Rio de Janeiro os primeiros artigos sobre *Casa-grande & senzala*, escritos por Yan de Almeida Prado, Roquette-Pinto, João Ribeiro e Agrippino Grieco, todos elogiosos. Organiza no Recife o 1º Congresso de Estudos Afro-Brasileiros. Recebe o prêmio da Sociedade Felipe d'Oliveira pela publicação de *Casa-grande & senzala*. Lê na mesma sociedade conferência sobre O escravo nos anúncios de jornal do tempo do Império, publicada na revista *Lanterna Verde* (v. 2, fev. 1935). Regressa ao Recife e lê, no dia 24 de maio, na Faculdade de Direito e a convite de seus estudantes, conferência publicada, no mesmo ano, pela

Editora Momento: O estudo das ciências sociais nas universidades americanas. Publica-se no Recife (Oficinas Gráficas The Propagandist, edição de amigos do autor, tiragem de apenas 105 exemplares em papel especial e coloridos a mão por Luís Jardim) o *Guia prático, histórico e sentimental da cidade do Recife*, inaugurando, em todo o mundo, um novo estilo de guia de cidade, ao mesmo tempo lírico e informativo e um dos primeiros livros para bibliófilos publicados no Brasil. Nomeado em dezembro diretor do *Diário de Pernambuco*, cargo que exerceu por apenas quinze dias por causa da proibição, por Assis Chateaubriand, da publicação de uma entrevista de João Alberto Lins de Barros.

1935 A pedido dos alunos da Faculdade de Direito do Recife e por designação do ministro da Educação, inicia na referida escola superior um curso de Sociologia com orientação antropológica e ecológica. Segue, em setembro, para o Rio de Janeiro, onde, a convite de Anísio Teixeira, dirige na Universidade do Distrito Federal o primeiro Curso de Antropologia Social e Cultural da América Latina (ver texto das aulas no livro *Problemas brasileiros de antropologia*). Publica-se no Recife (Edições Mozart) o livro *Artigos de jornal*. Profere, a convite de estudantes paulistas de Direito, no Centro XI de Agosto, da Faculdade de Direito de São Paulo, a conferência Menos doutrina, mais análise, tendo sido saudado pelo estudante Osmar Pimentel.

1936 Publica-se no Rio de Janeiro (Companhia Editora Nacional, volume 64 da Coleção Brasiliana) *Sobrados e mucambos*, livro que é uma continuação da série iniciada com *Casa-grande & senzala*. Viaja à Europa, permanecendo algum tempo na França e em Portugal.

1937 Viaja de novo à Europa, dessa vez como delegado do Brasil ao Congresso de Expansão Portuguesa no Mundo, reunido em Lisboa. Lê conferências nas Universidades de Lisboa, Coimbra e Porto e na de Londres (King's College), publicadas no Rio de Janeiro no ano seguinte. Regressa ao Recife e lê conferência política no Teatro Santa Isabel, a favor da candidatura de José Américo de Almeida à presidência da República. A convite de Paulo Bittencourt, inicia colaboração semanal no *Correio da Manhã*. Publica-se no Rio de Janeiro (José Olympio) o livro *Nordeste: aspectos da influência da cana sobre a vida e a paisagem do Nordeste do Brasil*.

1938 É nomeado membro da Academia Portuguesa de História pelo presidente Oliveira Salazar. Segue para os Estados Unidos como lente extraordinário da Universidade de Colúmbia, onde dirige seminário sobre sociologia e história da escravidão. Publica-se no Rio de Janeiro (Serviço Gráfico do Ministério da Educação e Saúde) o livro *Conferência na Europa*.

1939 Faz sua primeira viagem ao Rio Grande do Sul. Segue, depois, para os Estados Unidos, como professor extraordinário da Universidade de Michigan. Publica-se no Rio de Janeiro (José Olympio) a primeira edição do livro *Açúcar* e no Recife (edição do autor, para bibliófilos) *Olinda, 2º guia prático, histórico e sentimental de cidade brasileira*. Publica-se em Nova York (Instituto de las Españas en los Estados Unidos) a obra do historiador Lewis Hanke *Gilberto Freyre, vida y obra*.

1940 A convite do governo português, lê no Gabinete Português de Leitura do Recife a conferência (publicada no Recife, no mesmo ano, em edição particular) Uma cultura ameaçada: a luso-brasileira. E, em Aracaju, na instalação da 2ª Reunião da Sociedade de Neurologia, Psiquiatria e Higiene Mental do Nordeste, lê conferência publicada no ano seguinte pela mesma sociedade; no dia 29 de outubro, na Biblioteca do Ministério das Relações Exteriores e a convite da Casa do Estudante do Brasil, profere conferência sobre Euclides da Cunha, publicada no ano seguinte; no dia 19 de novembro, na Biblioteca do Estado do Rio Grande do Sul, faz uma conferência por ocasião das comemorações do bicentenário da cidade de Porto Alegre, publicada em 1943. Participa do 3º Congresso Sul-Rio-Grandense de História e Geografia, ao qual apresenta, a pedido do historiador Dante de Laytano, o trabalho Sugestões para o estudo histórico-social do sobrado no Rio Grande do Sul, publicado no mesmo ano pela Editora Globo e incluído, posteriormente, no livro *Problemas brasileiros de antropologia*. Publica-se em Nova York (Columbia University Press) o opúsculo Some aspects of the social development on Portuguese America, separata da obra coletiva *Concerning Latin American culture*. Publicam-se no Rio de Janeiro (José Olympio) os livros *Um engenheiro francês no Brasil* e *O mundo que o português criou*, com longos prefácios, respectivamente, de Paul Arbousse-Bastide e Antônio Sérgio. Prefacia e anota o *Diário íntimo do engenheiro Vauthier*, publicado no mesmo ano pelo Serviço do Patrimônio Histórico e Artístico Nacional.

1941 Casa-se no Mosteiro de São Bento do Rio de Janeiro com a senhorita Maria Magdalena Guedes Pereira. Viaja ao Uruguai, Argentina e Paraguai. Torna-se colaborador de *La Nación* (Buenos Aires), dos *Diários Associados*, do *Correio da Manhã* e de *A Manhã* (Rio de Janeiro). Prefacia e anota as *Memórias de um Cavalcanti*, do seu parente Félix Cavalcanti de Albuquerque Melo, publicadas pela Companhia Editora Nacional (volume 196 da Coleção Brasiliana). Publica-se no Recife (Sociedade de Neurologia, Psiquiatria e Higiene Mental do Nordeste) a conferência Sociologia, psicologia e psiquiatria, depois ampliada e incluída no livro *Problemas brasileiros de antropologia*, contribuição para uma psiquiatria social brasileira que seria destacada pela Sorbonne ao conceder-lhe o título de doutor *honoris causa*. Publica-se no Rio de Janeiro (Casa do Estudante do Brasil) e em Buenos Aires a conferência Atualidade de Euclides da Cunha (incluída, em 1944, no livro *Perfil de Euclides e outros perfis*). Ao ensejo da publicação, no Rio de Janeiro (José Olympio), do livro *Região e tradição*, recebe homenagem de grande número de intelectuais brasileiros, com um almoço no Jóquei Clube, em 26 de junho, do qual foi orador o jornalista Dario de Almeida Magalhães.

1942 É preso no Recife, por ter denunciado, em artigo publicado no Rio de Janeiro, atividades nazistas e racistas no Brasil, inclusive as de um padre alemão a quem foi confiada, pelo governo do estado de Pernambuco, a formação de jovens escoteiros. Com seu pai reage à prisão, quando levado para "a imunda Casa de Detenção do Recife", sendo solto, no dia seguinte, por interferência direta de seu amigo general Góes Monteiro. Recebe convite da Universidade de Yale para ser professor de Filosofia Social, que não pôde aceitar. Profere, no Rio de Janeiro, discurso como padrinho de batismo de avião oferecido pelo jornalista Assis Chateaubriand ao Aeroclube de Porto Alegre. É eleito para o Conselho Consultivo da American Philosophical Association. É designado pelo Conselho da Faculdade de Filosofia da Universidade de Buenos Aires Adscrito Honorário de Sociologia e eleito membro correspondente da Academia Nacional de História do Equador. Discursa no Rio de Janeiro, em nome do sr. Samuel Ribeiro, doador do avião Taylor à campanha de Assis Chateaubriand. Publica-se em Buenos Aires (Comisión Revisora de Textos de Historia y Geografía Americana) a 1ª edição de *Casa-grande & senzala* em espanhol, com introdução de Ricardo Saenz Hayes. Publicam-se no Rio de Janeiro (José Olympio) o livro *Ingleses* e a 2ª edição de *Guia prático, histórico e sentimental da cidade do Recife*. A Casa do Estudante do Brasil divulga, em 2ª edição, a conferência Uma cultura ameaçada: a luso-brasileira, proferida no Gabinete Português de Leitura do Recife (1940).

1943 Visita a Bahia, a convite dos estudantes de todas as escolas superiores do estado, que lhe prestam excepcionais homenagens, às quais se associa quase toda a população de Salvador. Lê na Faculdade de Medicina da Bahia, a convite da União dos Estudantes Baianos, a conferência Em torno de uma classificação sociológica e no Instituto Histórico da Bahia, por iniciativa da Faculdade de Filosofia do mesmo estado, a conferência A propósito da filosofia social e suas relações com a sociologia histórica (ambas incluídas, com os discursos proferidos nas homenagens recebidas na Bahia, no livro *Na Bahia em 1943*, que teve quase toda a sua tiragem apreendida, nas livrarias do Recife, pela Polícia do Estado de Pernambuco). Recusa, em carta altiva, o convite para ser catedrático de Sociologia da Universidade do Brasil. Inicia colaboração no *O Estado de S. Paulo* em 30 de setembro. Por intermédio do Itamaraty, recebe convite da Universidade de Harvard para ser seu professor, que também recusa. Publicam-se em Buenos Aires (Espasa--Calpe Argentina) as 1ªˢ edições, em espanhol, de *Nordeste* e de *Uma cultura ameaçada* e a 2ª, na mesma língua, de *Casa-grande & senzala*. Publicam-se no Rio de Janeiro (Casa do Estudante do Brasil) o livro *Problemas brasileiros de antropologia* e o opúsculo Continente e ilha (conferência lida, em Porto Alegre, no ano de 1940 e incluída na 2ª edição de *Problemas brasileiros de antropologia*). Publica-se também, no Rio de Janeiro (Livros de Portugal), uma edição de *As farpas*, de Ramalho Ortigão e Eça de Queirós, selecionadas e prefaciadas por ele, bem como a 4ª edição de *Casa-grande & senzala*, livro publicado a partir desse ano pelo editor José Olympio.

1944 Visita Alagoas e Paraíba, a convite de estudantes desses estados. Lê na Faculdade de Direito de Alagoas conferência sobre Ulysses Pernambucano, publicada no ano seguinte. Deixa de colaborar nos *Diários Associados* e em *La Nación*, em virtude da violação e do extravio constantes de sua correspondência. Em 9 de junho de 1944, comparece à Faculdade de Direito do Recife, a convite dos alunos dessa escola, para uma manifestação de regozijo em face da invasão da Europa pelos Exércitos Aliados. Lê em Fortaleza a conferência Precisa-se do Ceará. Segue para os Estados Unidos, onde profere, na Universidade do Estado de Indiana, seis conferências promovidas pela Fundação Patten e publicadas no ano seguinte, em Nova York, no livro *Brazil: an interpretation*. Publicam-se no Rio de Janeiro os livros *Perfil de Euclides e outros perfis* (José Olympio), *Na Bahia em 1943* (edição particular) e a 2ª edição do guia *Olinda*. A Casa do Estudante do Brasil publica, no Rio de Janeiro, o livro *Gilberto Freyre*, de Diogo Melo Menezes, com prefácio consagrador de Monteiro Lobato.

1945 Toma parte ativa, ao lado dos estudantes do Recife, na campanha pela candidatura do brigadeiro Eduardo Gomes à presidência da República. Fala em comícios, escreve artigos, anima os estudantes na luta contra a ditadura. No dia 3 de março, por ocasião do primeiro comício daquela campanha no Recife, começa a discursar, na sacada da redação do *Diário de Pernambuco*, quando tomba a seu lado, assassinado pela Polícia Civil do Estado, o estudante de Direito Demócrito de Sousa Filho. A UDN oferece, em sua representação na futura Assembleia Nacional Constituinte, um lugar aos estudantes do Recife, que preferem que seu representante seja o bravo escritor. A Polícia Civil do Estado de Pernambuco empastela e proíbe a circulação do *Diário de Pernambuco*, impedindo-o de noticiar a chacina em que morreram o estudante Demócrito e um popular. Com o jornal fechado, o retrato de Demócrito é inaugurado na redação, com memorável discurso de Gilberto Freyre: Quiseram matar o dia seguinte (cf. *Diário de Pernambuco*, 10 de abril de 1945). Em 9 de junho, comparece à Faculdade de Direito do Recife como orador oficial da sessão contra a ditadura. Publicam-se no Recife (União dos Estudantes de Pernambuco) o opúsculo de sua autoria em apoio à candidatura de Eduardo Gomes: *Uma campanha maior do que a da abolição*, e a conferência lida, no ano anterior, em Maceió: Ulysses. Publica-se em Fortaleza (edição do autor) a obra *Gilberto Freyre e alguns aspectos da antropossociologia no Brasil*, de autoria do médico Aderbal Sales. Publica-se em Nova York (Knopf) o livro *Brazil: an interpretation*. A editora mexicana Fondo de Cultura Económica publica *Interpretación del Brasil*, com orelhas escritas por Alfonso Reyes.

1946 Eleito deputado federal, segue para o Rio de Janeiro, a fim de participar nos trabalhos da Assembleia Constituinte. Em 17 de junho, profere discurso de críticas e sugestões ao projeto da Constituição, publicado em opúsculo: Discurso pronunciado na Assembleia Nacional Constituinte (incluído na 2ª edição do livro *Quase política*). Em 22 de junho lê no Teatro Municipal de São Paulo, a convite do Centro Acadêmico XI de Agosto, conferência publicada no mesmo ano pela referida organização estudantil Modernidade e modernismo na arte política (incluída, em 1965, no livro *6 conferências em busca de um leitor*). Em 16 de julho, na Faculdade de Direito de Belo Horizonte, a convite de seus alunos, apresenta conferência publicada no mesmo ano: Ordem, liberdade, mineiralidade (incluída, em 1965, no livro *6 conferências em busca de um leitor*). Em agosto inicia colaboração no *Diário Carioca*. Em 29 de agosto profere na Assembleia Constituinte outro discurso de crítica ao projeto da Constituição (incluído na 2ª edição do livro *Quase política*). Em novembro, a Comissão de Educação e Cultura da Câmara dos Deputados indica, com aplauso do escritor Jorge Amado, membro da Comissão, o nome de Gilberto Freyre para o Prêmio Nobel de Literatura de 1947, com o apoio de numerosos intelectuais brasileiros. Publica-se no Rio de Janeiro a 5ª edição de *Casa-grande & senzala* e em Nova York (Knopf) a edição do mesmo livro em inglês, *The masters and the slaves*.

1947 Apresenta à Mesa da Câmara dos Deputados, para ser dado como lido, discurso sobre o centenário de nascimento de Joaquim Nabuco, publicado no ano seguinte. Em 22 de maio, lê no auditório da Associação Brasileira de Imprensa, a convite da Sociedade dos Amigos da América, conferência sobre Walt Whitman, publicada no ano seguinte. Trabalha ativamente na Comissão de Educação e Cultura da Câmara dos Deputados. É convidado para representar o Brasil no 19º Congresso dos Pen Clubes Mundiais, reunido em Zurique. Publica-se em Londres a edição inglesa de *The masters and the slaves*, em Nova York, a 2ª impressão de *Brazil: an interpretation* e no Rio de Janeiro, a edição brasileira deste livro, em tradução de Olívio Montenegro: *Interpretação do Brasil* (José Olympio). Publica-se em Montevidéu a obra *Gilberto Freyre y la sociología brasileña*, de Eduardo J. Couture.

1948 A convite da Unesco, toma parte, em Paris, no conclave de oito notáveis cientistas e pensadores sociais (Gurvitch, Allport e Sullivan, entre eles), reunidos pela referida Organização das Nações Unidas por iniciativa do então diretor Julian Huxley para estudar as Tensões que afetam a compreensão internacional, trabalho em conjunto depois publicado em inglês e francês. Lê, no Ministério das Relações Exteriores, a convite do Instituto Brasileiro de Educação, Ciência e Cultura (Comissão Nacional da Unesco), conferência sobre o conclave de Paris. Repete na Escola de Comando do Estado-Maior do Exército a conferência lida no Ministério das Relações Exteriores. Inicia em 18 de setembro sua colaboração em *O Cruzeiro*. Em dezembro, profere na Câmara dos Deputados discurso justificando a criação do Instituto Joaquim Nabuco de Pesquisas Sociais, com sede no Recife (incluído na 2ª edição do livro *Quase política*). Lê no Museu de Arte de São Paulo duas conferências: uma sobre Emílio Cardoso Ayres e outra sobre d. Veridiana Prado. Apresenta mais uma conferência na Escola de Comando do Estado-Maior do Exército. Publicam-se no Rio de Janeiro (José Olympio) o livro *Ingleses no Brasil* e os opúsculos *O camarada Whitman* (incluído, em 1965, no livro *6 conferências em busca de um leitor*), *Joaquim Nabuco* (incluído, em 1966, na 2ª edição do livro *Quase política*) e *Guerra, paz e ciência* (este editado pelo Ministério das Relações Exteriores). Inicia sua colaboração no *Diário de Notícias*.

1949 Segue para os Estados Unidos, a fim de participar, na categoria de ministro, como delegado parlamentar do Brasil, na 4ª Conferência Internacional da Organização das Nações Unidas. Lê conferências na Universidade Católica da América (Washington, D.C.) e na Universidade de Virgínia. Profere, em 12 de abril, na Associação de Cultura Franco-Brasileira do Recife, conferência sobre Emílio Cardoso Ayres (apenas pequeno trecho foi publicado no *Bulletin* da

Associação). Em 18 de agosto, apresenta na Faculdade de Direito do Recife conferência sobre Joaquim Nabuco, na sessão comemorativa do centenário de nascimento do estadista pernambucano (incluída no livro *Quase política*). Em 30 de agosto, profere na Câmara dos Deputados discurso de saudação ao Visconde Jowitt, presidente da Câmara dos Lordes do Reino Unido da Grã-Bretanha e Irlanda do Norte (incluído em *Quase política*). No mesmo dia, lê, no Instituto Histórico e Geográfico Brasileiro, conferência sobre Joaquim Nabuco. Publica-se, no Rio de Janeiro (José Olympio), a conferência apresentada no ano anterior, na Escola de Comando do Estado-Maior do Exército: Nação e Exército (incluída, em 1965, no livro *6 conferências em busca de um leitor*).

1950 Profere na Câmara dos Deputados, em 17 de janeiro, discurso sobre o pernambucano Joaquim Arcoverde, primeiro cardeal da América Latina, por ocasião da passagem do primeiro centenário de seu nascimento (incluído em *Quase política*). Apresenta na Câmara dos Deputados, em 5 de abril, discurso sobre o centenário de nascimento de José Vicente Meira de Vasconcelos, constituinte de 1891 (incluído em *Quase política*). Profere na Câmara dos Deputados, em 28 de abril, discurso de definição de atitude na vida pública (incluído em *Quase política*). Discursa na Câmara dos Deputados, em 2 de maio, sobre o centenário da morte de Bernardo Pereira de Vasconcelos (incluído em *Quase política*). Profere na Câmara dos Deputados, em 2 de junho, discurso contrário à emenda parlamentarista (incluído em *Quase política*). Apresenta na Câmara dos Deputados, em 26 de junho, discurso no qual transmite apelo que recebeu de três parlamentares ingleses, em favor de um governo supranacional (incluído em *Quase política*). Discursa na Câmara dos Deputados, em 8 de agosto, sobre o centenário de nascimento de José Mariano (incluído em *Quase política*). Profere no Parque 13 de Maio, do Recife, discurso em favor da candidatura do deputado João Cleofas de Oliveira ao governo do estado de Pernambuco (incluído na 2ª edição de *Quase política)*. Em 11 de setembro inicia colaboração diária no *Jornal Pequeno*, do Recife, sob o título Linha de fogo, em prol da candidatura João Cleofas ao governo do estado de Pernambuco. Profere, em 8 de novembro, na Câmara dos Deputados, discurso de despedida por não ter sido reeleito para o período seguinte (incluído na 2ª edição de *Quase política*). Publica-se em Urbana (University of Illinois Press) a obra coletiva *Tensions that cause wars*, em Paris, em 1948, tendo como contribuição de Gilberto Freyre: Internationalizing social sciences. Publicam-se no Rio de Janeiro (José Olympio) a 1ª edição do livro *Quase política* e a 6ª de *Casa-grande & senzala*.

1951 Publicam-se no Rio de Janeiro (José Olympio) a seguinte edição de *Nordeste* e de *Sobrados e mucambos* (esta refundida e acrescida de cinco novos capítulos). A convite da Universidade de Londres, escreve, em inglês, estudo sobre a situação do professor no Brasil, publicado, no mesmo ano, pelo *Year book of education*. Publica-se em Lisboa (Livros do Brasil) a edição portuguesa de *Interpretação do Brasil*.

1952 Lê, na sala dos capelos da Universidade de Coimbra, em 24 de janeiro, conferência publicada, no mesmo ano, pela Coimbra Editora: Em torno de um novo conceito de tropicalismo. Publica-se em Ipswich (Inglaterra) o opúsculo editado pela revista *Progress* de Londres com o ensaio Human factors behind Brazilian development. Publica-se no Recife (Edições Região) o *Manifesto regionalista de 1926*. Publicam-se no Rio de Janeiro (Serviço de Documentação do Ministério da Educação e Cultura) o opúsculo *José de Alencar* (José Olympio) e a 7ª edição de *Casa-grande & senzala* em francês, organizada pelo professor Roger Bastide, com prefácio de Lucien Fèbvre: *Maîtres et esclaves* (volume 4 da Coleção La Croix du Sud, dirigida por Roger Caillois). Viaja a Portugal e às províncias ultramarinas. Em 16 de abril, inicia colaboração no *Diário Popular* de Lisboa e no *Jornal do Comércio* do Recife.

1953 Publicam-se no Rio de Janeiro (José Olympio) os livros *Aventura e rotina* (escritos durante a viagem a Portugal e às províncias luso-asiáticas, "à procura das constantes portuguesas de caráter e ação") e *Um brasileiro em terras portuguesas* (contendo conferências e discursos proferidos em Portugal e nas províncias ultramarinas, com extensa "Introdução a uma possível luso-tropicologia").

1954 Escolhido pela Comissão das Nações Unidas para o estudo da situação racial na união sul-africana como o antropólogo estrangeiro mais capacitado a opinar sobre essa situação, visita o referido país e apresenta à Assembleia Geral da ONU um estudo publicado pela organização nessa nação em: *Elimination des conflits et tensions entre les races*. Publica-se no Rio de Janeiro a 8ª edição de *Casa-grande & senzala*; no Recife (Edições Nordeste), o opúsculo Um estudo do prof. Aderbal Jurema e, em Milão (Fratelli Bocca), a 1ª edição, em italiano, de *Interpretazione del Brasile*. Em agosto é encenada no Teatro Santa Isabel a dramatização de *Casa-grande & senzala*, feita por José Carlos Cavalcanti Borges. O professor Moacir Borges de Albuquerque defende, em concurso para provimento efetivo de uma das cadeiras de português do Instituto de Educação de Pernambuco, tese sobre *Linguagem de Gilberto Freyre*.

1955 Lê, na sessão inaugural do 4º Congresso Brasileiro de Neurologia, Psiquiatria e Higiene Mental, conferência sobre Aspectos da moderna convergência médico-social e antropocultural (incluída na 2ª edição de *Problemas brasileiros de antropologia*). Em 15 de maio profere no encerramento do curso de treinamento de professores rurais de Pernambuco discurso publicado no ano seguinte. Comparece, como um dos quatro conferencistas principais (os outros foram o alemão Von Wreie, o inglês Ginsberg e o francês Davy) e na alta categoria de convidado especial, ao 3º Congresso Mundial de Sociologia, realizado em Amsterdã, no qual apresenta a comunicação, publicada em Louvain, no mesmo ano, pela Associação Internacional de Sociologia: *Morals and social change*. Para discutir *Casa-grande & senzala* e outras obras, ideias e métodos de Gilberto Freyre, reúnem-se em Cerisy-La-Salle os escritores e professores M. Simon, R. Bastide, G. Gurvitch, Leon Bourdon, Henri Gouhier, Jean Duvignaud, Tavares Bastos, Clara Mauraux,

Nicolas Sombart e Mário Pinto de Andrade: talvez a maior homenagem já prestada na Europa a um intelectual brasileiro; os demais seminários de Cerisy foram dedicados a filósofos da história, como Toynbee e Heidegger. Publicam-se no Recife (Secretaria de Educação e Cultura) os opúsculos Sugestões para uma nova política no Brasil: a rurbana (incluído, em 1966, na 2ª edição de *Quase política*) e Em torno da situação do professor no Brasil; em Nova York (Knopf) a 2ª edição de *Casa-grande & senzala* em inglês: *The masters and the slaves*, e em Paris (Gallimard) a 1ª edição de *Nordeste* em francês: *Terres du sucre* (volume 14 da Coleção La Croix du Sud, dirigida por Roger Caillois).

1957 Lê, em 4 de agosto, na Escola de Belas Artes da Universidade Federal de Pernambuco, em solenidade comemorativa do 25º aniversário de fundação daquela instituição, conferência publicada no mesmo ano: Arte, ciência social e sociedade. Dirige, em outubro, curso sobre Sociologia da Arte na mesma escola. Colabora novamente no *Diário Popular* de Lisboa, atendendo a insistentes convites do seu diretor, Francisco da Cunha Leão. Publicam-se no Recife os opúsculos Palavras às professoras rurais do Nordeste (Secretaria de Educação e Cultura do Estado de Pernambuco) e Importância para o Brasil dos institutos de pesquisa científica (Instituto Joaquim Nabuco de Pesquisas Sociais); no Rio de Janeiro (José Olympio), a 2ª edição de *Sociologia*; no México (Editorial Cultural), o opúsculo A experiência portuguesa no trópico americano; em Lisboa (Livros do Brasil), a 1ª edição portuguesa de *Casa-grande & senzala* e a obra *Gilberto Freyre's "lusotropicalism"*, de autoria de Paul V. Shaw (Centro de Estudos Políticos Sociais da Junta de Investigações do Ultramar).

1958 Lê, no Fórum Roberto Simonsen, conferência publicada no mesmo ano pelo Centro e Federação das Indústrias do Estado de São Paulo: Sugestões em torno de uma nova orientação para as relações intranacionais no Brasil. Publicam-se em Lisboa (Centro de Estudos Políticos e Sociais da Junta de Investigações do Ultramar) o livro, com texto em português e inglês, *Integração portuguesa nos trópicos/Portuguese integration in the tropics*, e no Rio de Janeiro (José Olympio), a 9ª edição brasileira de *Casa-grande & senzala*.

1959 Lê, em abril, conferências no Instituto Joaquim Nabuco de Pesquisas Sociais, iniciando e concluindo cursos de Ciências Sociais promovidos pelo referido órgão. Em julho, apresenta na Faculdade de Direito da Universidade Federal de Minas Gerais conferência publicada pela mesma universidade, no ano seguinte. Publicam-se em Nova York (Knopf) *New world in the tropics*, cujo texto contém, grandemente expandido e praticamente reescrito, o livro (publicado em 1945 pelo mesmo editor) *Brazil: an interpretation*; na Guatemala (Editorial de Ministério de Educación Pública José de Pineda Ibarra), o opúsculo Em torno a algunas tendencias actuales de la antropología; no Recife (Arquivo Público do Estado de Pernambuco), o opúsculo A propósito de Mourão, Rosa e Pimenta: sugestões em torno de uma possível hispano-tropicalologia; no Rio de Janeiro (José Olympio), a 1ª edição do livro *Ordem e progresso* (terceiro volume da Série

Introdução à história patriarcal no Brasil, iniciada com *Casa-grande & senzala*, continuada com *Sobrados e mucambos* e finalizada com *Jazigos e covas rasas*, livro nunca concluído) e *O velho Félix e suas memórias de um Cavalcanti* (2ª edição, ampliada, da introdução ao livro *Memórias de um Cavalcanti*, publicado em 1940); em Salvador (Universidade da Bahia), o livro *A propósito de frades* e o opúsculo Em torno de alguns túmulos afrocristãos de uma área africana contagiada pela cultura brasileira; e em São Paulo (Instituto Brasileiro de Filosofia), o ensaio A filosofia da história do Brasil na obra de Gilberto Freyre, de autoria de Miguel Reale.

1960 Viaja pela Europa, nos meses de agosto e setembro, lendo conferências em universidades francesas, alemãs, italianas e portuguesas. Publicam-se em Lisboa (Livros do Brasil) o livro *Brasis, Brasil e Brasília*; em Belo Horizonte (edições da *Revista Brasileira de Estudos Políticos*), a conferência Uma política transnacional de cultura para o Brasil de hoje; no Recife (Imprensa Universitária), o opúsculo Sugestões em torno do Museu de Antropologia do Instituto Joaquim Nabuco de Pesquisas Sociais, e no Rio de Janeiro (José Olympio), a 3ª edição do livro *Olinda*.

1961 Em 24 de fevereiro recebe em sua casa de Apipucos a visita do escritor norte-americano Arthur Schlesinger Junior, assessor e enviado especial do presidente John F. Kennedy. Em 20 de abril profere na Faculdade de Medicina da Universidade Federal de Pernambuco uma conferência sobre Homem, cultura e trópico, iniciando as atividades do Instituto de Antropologia Tropical, criado naquela faculdade por sugestão sua. Em 25 de abril é filmado e entrevistado em sua residência pela equipe de televisão e cinema do Columbia Broadcasting System. Em junho viaja aos Estados Unidos, onde faz conferência no Conselho Americano de Sociedades Científicas, no Centro de Corning, no Centro de Estudos de Santa Bárbara e nas Universidades de Princeton e Colúmbia. De volta ao Brasil, recebe, em agosto, a pedido da Comissão Educacional dos Estados Unidos da América no Brasil (Comissão Fulbright), para uma palestra informal sobre problemas brasileiros, os professores norte-americanos que participam do II Seminário de Verão promovido pela referida comissão. Em outubro, lê, no Instituto Joaquim Nabuco de Pesquisas Sociais, quatro conferências sobre sociologia da vida rural. Ainda em outubro e a convite dos corpos docente e discente da Escola de Engenharia da Universidade Federal de Pernambuco, lê na mesma escola três conferências sobre Três engenharias inter-relacionadas: a física, a social e a chamada humana. Viaja a São Paulo e lê, em 27 de outubro, no auditório da Academia Paulista de Letras, sob os auspícios do Instituto Hans Staden, conferência intitulada Como e porque sou sociólogo. Em 1º de novembro, apresenta, no auditório da ABI e sob os auspícios do Instituto Cultural Brasil-Alemanha, conferências sobre Harmonias e desarmonias na formação brasileira. Em dezembro, segue para a Europa, permanecendo três semanas na Alemanha Ocidental, para participar, como representante do Brasil, no encontro germano-hispânico de sociólogos. Publicam-se em Tóquio (Ministério da Agricultura do Japão, série de Guias para os emigrantes em países estrangeiros), a edição japonesa de *New world in the tropics*, intitulada *Nettai no shin sekai*; em Lisboa (Comissão Executiva das Comemorações do V Centenário da

Morte do Infante Dom Henrique) em português, francês e inglês –, o livro *O luso e o trópico*, *Les Portugais et les tropiques* e *The portuguese and the tropics* (edições separadas); no Recife (Imprensa Universitária), a obra *Sugestões de um novo contato com universidades europeias*; no Rio de Janeiro (José Olympio), a 3ª edição brasileira de *Sobrados e mucambos* e a 10ª edição brasileira (11ª em língua portuguesa) de *Casa-grande & senzala*.

1962 Em fevereiro, a Escola de Samba de Mangueira desfila, no Carnaval do Rio de Janeiro, com enredo inspirado em *Casa-grande & senzala*. Em março é eleito presidente do Comitê de Pernambuco do Congresso Internacional para a Liberdade da Cultura. Em 10 de junho, lê, no Gabinete Português de Leitura do Rio de Janeiro, a convite da Federação das Associações Portuguesas do Brasil, conferência publicada, no mesmo ano, pela referida entidade: *O Brasil em face das Áfricas negras e mestiças*. Em agosto reúne-se em Porto Alegre o 1º Colóquio de Estudos Teuto-Brasileiros, organizado por sugestão sua. Ainda em agosto é admitido pelo presidente da República como comandante do Corpo de Graduação da Ordem do Mérito Militar. Por iniciativa do Banco Interamericano de Desenvolvimento, o professor Leopoldo Castedo profere em Washington, D.C., no curso Panorama da Civilização Ibero-Americana, conferência sobre La valorización del tropicalismo en Freyre. Em outubro, torna-se editor associado do *Journal of Interamerican Studies*. Em novembro, dirige na Faculdade de Letras da Universidade de Coimbra um curso de seis lições sobre Sociologia da História. Ainda na Europa, lê conferências em universidades da França, da Alemanha Ocidental e da Espanha. Em 19 de novembro recebe o grau de doutor *honoris causa* pela Faculdade de Letras de Coimbra. Publicam-se no Rio de Janeiro (José Olympio) os livros *Talvez poesia* e *Vida, forma e cor*, a 2ª edição de *Ordem e progresso* e a 3ª de *Sociologia*; em São Paulo (Livraria Martins Editora), o livro *Arte, ciência e trópico*; em Lisboa (Livros do Brasil), as edições portuguesas de *Aventura e rotina* e de *Um brasileiro em terras portuguesas*; no Rio de Janeiro (José Olympio), a obra coletiva *Gilberto Freyre: sua ciência, sua filosofia, sua arte (ensaios sobre o autor de Casa-grande & senzala e sua influência na moderna cultura do Brasil, comemorativos do 25º aniversário de publicação desse seu livro)*.

1963 Em 10 de junho, inaugura-se no Teatro Santa Isabel do Recife uma exposição sobre *Casa-grande & senzala*, organizada pelo colecionador Abelardo Rodrigues. Em 20 de agosto, o governo de Pernambuco promulga a Lei Estadual nº 4.666, de iniciativa do deputado Paulo Rangel Moreira, que autoriza a edição popular, pelo mesmo estado, de *Casa-grande & senzala*. Publicam-se em *The American Scholar*, Chapel Hill (United Chapters of Phi Beta Kappa e University of North Caroline), o ensaio On the Iberian concept of time; em Nova York (Knopf), a edição de *Sobrados e mucambos* em inglês, com introdução de Frank Tannenbaum: *The mansions and the shanties (the making of modern Brazil)*; em Washington, D.C. (Pan American Union), o livro *Brazil*; em Lisboa, a 2ª edição do opúsculo Americanism and latinity in Latin America (em inglês e francês); em Brasília (Editora Universidade de Brasília), a 12ª edição brasileira de *Casa-grande & senzala* (13ª edição em língua portuguesa) e no Recife (Imprensa Universitária), o livro *O escravo nos anúncios de jornais brasileiros do século XIX* (reedição muito ampliada da conferência lida, em 1935, na Sociedade Felipe d'Oliveira). O professor Thomas John O'Halloran apresenta à Graduate School of Arts and Science, da New York University, dissertação sobre *The life and master writings of Gilberto Freyre*. As editoras A. A. Knopf e Random House publicam em Nova York a 2ª edição (como livro de bolso) de *New world in the tropics*.

1964 A convite do governo do estado de Pernambuco, lê na Escola Normal do mesmo estado, em 13 de maio, conferência como orador oficial da solenidade comemorativa do centenário de fundação daquela Escola. Recebe em Natal, em julho, as homenagens da Fundação José Augusto pelo trigésimo aniversário da publicação de *Casa-grande & senzala*. Recebe, em setembro, o Prêmio Moinho Santista para Ciências Sociais. Viaja aos Estados Unidos e participa, em dezembro, como conferencista convidado, do seminário latino-americano promovido pela Universidade de Colúmbia. Publicam-se em Nova York (Knopf) uma edição abreviada (*paperback*) de *The masters and the slaves*; em Madri (separata da *Revista de la Universidad de Madrid*) o opúsculo De lo regional a lo universal en la interpretación de los complejos socioculturales; no Recife (Instituto Joaquim Nabuco de Pesquisas Sociais), em tradução de Waldemar Valente, a tese universitária de 1922 *Vida social no Brasil nos meados do século XIX* e o opúsculo (Imprensa Universitária) O estado de Pernambuco e expressão no poder nacional: aspectos de um assunto complexo; no Rio de Janeiro (José Olympio), a seminovela *Dona Sinhá e o filho padre*, o livro *Retalhos de jornais velhos* (2ª edição, consideravelmente ampliada, de *Artigos de jornal*), o opúsculo A Amazônia brasileira e uma possível luso-tropicologia (Superintendência do Plano de Valorização Econômica da Amazônia) e a 11ª edição brasileira de *Casa-grande & senzala*. Recusa convite do presidente Castelo Branco para ser ministro da Educação e Cultura.

1965 Viaja a Campina Grande, onde lê, em 15 de março, na Faculdade de Ciências Econômicas, a conferência (publicada no mesmo ano pela Universidade Federal da Paraíba) *Como e porque sou escritor*. Participa no Simpósio sobre Problemática da Universidade Federal de Pernambuco (março/abril), com uma conferência sobre a conveniência da introdução, na mesma universidade, de "Um novo tipo de seminário (Tannenbaum)". Viaja ao Rio de Janeiro, onde recebe, em cerimônia realizada no auditório de *O Globo*, diploma com o qual o referido jornal homenageou, no seu quadragésimo aniversário, a vida e a obra dos Notáveis do Brasil: brasileiros vivos que, "por seu talento e capacidade de trabalho de todas as formas invulgares, tenham tido uma decisiva participação nos rumos da vida brasileira, ao longo dos quarenta anos conjuntamente vividos". Em 9 de novembro, gradua-se, *in absentia*, doutor pela Universidade de Paris (Sorbonne), em solenidade na qual também foram homenageados outros sábios de categoria internacional, em diferentes campos do saber, sendo a consagração por obra que vinha abrindo "novos caminhos à filosofia e às ciências do homem". A consagração cultural pela Sorbonne juntou-se à recebida das Universidades da Colúmbia e de Coimbra e às quais se somaram as de Sussex (Inglaterra) e Münster (Alemanha), em solenidade prestigiada por nove magníficos reitores alemães. Publicam-se em Berlim (Kiepenheur & Witsch) a 1ª edição de *Casa-grande & senzala* em alemão: *Herrenhaus und sklavenhütte (ein bild der Brasilianischen gesellschaft)*; no Recife (Imprensa Oficial do Estado de Pernambuco), o opúsculo *Forças Armadas e outras forças*, e no Rio de Janeiro (José Olympio), o livro *6 conferências em busca de um leitor.*

1966 Viaja ao Distrito Federal, a convite da Universidade de Brasília, onde lê, em agosto, seis conferências sobre Futurologia, assunto que foi o primeiro a desenvolver no Brasil. Por solicitação das Nações Unidas, apresenta ao United Nations Human Rights Seminar on Apartheid (realizado em Brasília, de 23 de agosto a 5 de setembro) um trabalho de base sobre *Race mixture and cultural interpenetration: the Brazilian example*, distribuído na mesma ocasião em inglês, francês, espanhol e russo. Por sugestão sua, inicia-se na Universidade Federal de Pernambuco o Seminário de Tropicologia, de caráter interdisciplinar e inspirado pelo seminário do mesmo tipo, iniciado na Universidade de Colúmbia pelo professor Frank Tannenbaum. Publicam-se em Barnet, Inglaterra, *The racial factor in contemporary politics*; no Rio de Janeiro (José Olympio), a 13ª edição do mesmo livro; e no Recife (governo do estado de Pernambuco), o primeiro tomo da 14ª edição brasileira (15ª em língua portuguesa) de *Casa-grande & senzala* (edição popular, para ser comercializada a preços acessíveis, de acordo com a Lei Estadual nº 4.666, de 20 de agosto de 1963).

1967 Em 30 de janeiro, lançamento solene, no Palácio do Governo do Estado de Pernambuco, do primeiro volume da edição popular de *Casa-grande & senzala*. Em julho, viaja aos Estados Unidos, para receber, no Instituto Aspen de Estudos Humanísticos, o Prêmio Aspen do ano (30 mil dólares e isento de imposto sobre a renda) "pelo que há de original, excepcional e de valor permanente em sua obra ao mesmo tempo de filósofo, escritor literário e antropólogo". Recebe o Nobel dos Estados Unidos na presença de embaixador, enviado especial do presidente Lyndon B. Johnson, que se congratula com Gilberto Freyre pela honraria na qual o autor foi precedido por apenas três notabilidades internacionais: o compositor Benjamin Britten, a dançarina Martha Graham e o urbanista Constantino Doxiadis por obras reveladoras de "criatividade genial". Em dezembro, lê, na Academia Brasileira de Letras, no Instituto Histórico e Geográfico Brasileiro e no Instituto Joaquim Nabuco de Pesquisas Sociais, conferências sobre Oliveira Lima, em sessões solenes comemorativas do centenário de nascimento daquele historiador (ampliadas no livro *Oliveira Lima, Dom Quixote gordo*). Publicam-se em Lisboa (Fundação Calouste Gulbenkian) o livro *Sociologia da medicina*; em Nova York (Knopf), a tradução da "seminovela" *Dona Sinhá e o filho padre*, intitulada *Mother and son: a Brazilian tale*; no Recife (Instituto Joaquim Nabuco de Pesquisas Sociais), a 2ª edição de *Mucambos do Nordeste* e a 3ª edição do *Manifesto Regionalista de 1926*; em São Paulo (Arquimedes Edições), o livro *O Recife, sim! Recife não!*, e no Rio de Janeiro (José Olympio), a 4ª edição de *Sociologia*.

1968 Em 9 de janeiro, lê, no Palácio do Governo do Estado de Pernambuco, a primeira da série de conferências promovidas pelo governador do estado para comemorar o centenário de nascimento de Oliveira Lima (incluída no livro *Oliveira Lima, Dom Quixote gordo*, publicado no mesmo ano pela Imprensa da Universidade de Recife). Viaja à Argentina, onde faz conferência sobre Oliveira Lima na Universidade do Rosário, e à Alemanha Ocidental, onde recebe o título de doutor *honoris causa* pela Universidade de Münster por sua obra comparada à de Balzac. Publicam-se em Lisboa (Academia Internacional da Cultura Portuguesa) o livro, em dois volumes, *Contribuição para uma sociologia da biografia (o exemplo de Luís de Albuquerque, governador de Mato Grosso no fim do século XVII)*; no Distrito Federal (Editora Universidade de Brasília), o livro *Como e porque sou e não sou sociólogo*, e no Rio de Janeiro (Record), as 2as edições dos livros *Região e tradição* e *Brasis, Brasil e Brasília*. Ainda no Rio de Janeiro, publicam-se (José Olympio) as 4as edições dos livros *Guia prático, histórico e sentimental da cidade do Recife* e *Olinda, 2º guia prático, histórico e sentimental de cidade brasileira*.

1969 Recebe o Prêmio Internacional de Literatura La Madonnina por "incomparável agudeza na descrição de problemas sociais, conferindo-lhes calor humano e otimismo, bondade e sabedoria", através de uma obra de "fulgurações geniais". Lê conferência, no Conselho Federal de Cultura, em sessão dedicada à memória de Rodrigo M. F. de Andrade. A Universidade Federal de Pernambuco lança os dois primeiros volumes do seminário de Tropicologia, relativos ao ano de 1966: *Trópico & colonização, nutrição, homem, religião, desenvolvimento, educação e cultura, trabalho e lazer, culinária, população*. Lê no Instituto Joaquim Nabuco de Pesquisas Sociais quatro conferências sobre Tipos antropológicos no romance brasileiro. Publicam-se no Recife (Instituto Joaquim Nabuco de Pesquisas Sociais) o ensaio Sugestões em torno da ciência e da arte da pesquisa social, e no Rio de Janeiro (José Olympio), a 15ª edição brasileira de *Casa-grande & senzala*.

1970 Completa setenta anos de idade residindo na província e trabalhando como se fosse um intelectual ainda jovem: escrevendo livros, colaborando em jornais e revistas nacionais e estrangeiros, dirigindo cursos, proferindo conferências, presidindo o conselho diretor e incentivando as atividades do Instituto Joaquim Nabuco de Pesquisas Sociais, presidindo o Conselho Estadual de Cultura, dirigindo o Centro Regional de Pesquisas Educacionais e o Seminário de Tropicologia da Universidade Federal de Pernambuco, comparecendo às reuniões mensais do Conselho Federal de Cultura e atendendo a convites de universidades europeias e norte-americanas, onde é sempre recebido como o embaixador intelectual do Brasil. A editora A. A. Knopf publica em Nova York *Order and progress*, com texto traduzido e refundido por Rod W. Horton.

1971 Recebe a 26 de novembro, em solenidade no Gabinete Português de Leitura, do Recife, e tendo como paraninfo o ministro Mário Gibson Barbosa, o título de doutor *honoris causa* pela Universidade Federal de Pernambuco. Discursa como orador oficial da solenidade de inauguração, pelo presidente Emílio Garrastazu Médici, do Parque Nacional dos Guararapes, no Recife. A rainha Elizabeth lhe confere o título de *Sir* (Cavaleiro Comandante do Império Britânico) e a Universidade Federal do Rio de Janeiro, o grau de doutor *honoris causa* em filosofia. Publicam-se a 1ª edição da *Seleta para jovens* (José Olympio) e a obra *Nós e a Europa germânica* (Grifo Edições). Continua a receber visitas de estrangeiros ilustres na sua casa de Apipucos, devendo-se destacar as de embaixadores do Reino Unido, França, Estados Unidos, Bélgica e as de Aldous Huxley, George Gurvitch, Shelesky, John dos Passos, Jean Duvignaud, Lincoln Gordon e Robert Kennedy, a quem oferece jantar a pedido desse visitante. A Companhia Editora Nacional publica em São Paulo, como volume 348 de sua Coleção Brasiliana, a 1ª edição brasileira de *Novo mundo nos trópicos*.

1972 Preside o Primeiro Encontro Inter-Regional de Cientistas Sociais do Brasil, realizado em Fazenda Nova, Pernambuco, de 17 a 20 de janeiro, sob os auspícios do Instituto Joaquim Nabuco de Pesquisas Sociais. Recebe o título de Cidadão de Olinda, conferido por Lei Municipal nº 3.774, de 8 de março de 1972, e em sessão solene da Assembleia Legislativa do Estado de Pernambuco, a Medalha Joaquim Nabuco, conferida pela Resolução nº 871, de 28 de abril de 1972. Em 14 de junho profere no Instituto Joaquim Nabuco de Pesquisas Sociais palestra sobre José Bonifácio e as duas primeiras conferências da série comemorativa do centenário de Estácio Coimbra. Em 15 de dezembro, inaugura-se na Praia de Boa Viagem, no Recife, o Hotel Casa-grande & senzala. A editora Giulio Einaudi publica em Turim a edição italiana de *Casa-grande & senzala*, intitulada *Case e catatecchie*.

1973 Recebe em São Paulo o Troféu Novo Mundo, "por obras notáveis em sociologia e história", e o Troféu Diários Associados, pela "maior distinção anual em artes plásticas". Realizam-se exposições de telas de sua autoria, uma no Recife, outra no Rio, esta na residência do casal José Maria do Carmo Nabuco, com apresentação de Alfredo Arinos de Mello Franco. Por decreto do presidente Médici, é reconduzido ao Conselho Federal de Cultura. Viaja a Angola, em fevereiro. A 10 de maio, a convite da Assembleia Legislativa do Estado de Pernambuco, profere discurso no Cemitério de Santo Amaro, diante do túmulo de Joaquim Nabuco, em comemoração ao Sesquicentenário do Poder Legislativo no Brasil. Recebe em setembro, em João Pessoa, o título de doutor *honoris causa* pela Universidade Federal da Paraíba. Profere na Câmara dos Deputados, em 29 de novembro, conferência sobre Atuação do Parlamento no Império e na República, na série comemorativa do Sesquicentenário do Poder Legislativo no Brasil, e na Universidade de Brasília, palestra em inglês para o corpo diplomático, sob o título de Some remarks on how and why Brazil is different. Em 13 de dezembro é operado pelo professor Euríclides de Jesus Zerbini, no Hospital da Beneficência Portuguesa de São Paulo.

1974 Faz sua primeira exposição de pintura em São Paulo, com quarenta telas adquiridas imediatamente. A 15 de março, o Instituto Joaquim Nabuco de Pesquisas Sociais comemora com exposição e sessão solene os quarenta anos da publicação de *Casa-grande & senzala*. Em 20 de julho profere no Instituto Joaquim Nabuco de Pesquisas Sociais conferência sobre a Importância dos retratos para os estudantes biográficos: o caso de Joaquim Nabuco. A 29 de agosto, a Universidade Federal de Pernambuco inaugura no saguão da reitoria uma placa comemorativa dos quarenta anos de *Casa-grande & senzala*. A 12 de outubro recebe a Medalha de Ouro José Vasconcelos, outorgada pela Frente de Afirmación Hispanista do México, para distinguir, a cada ano, uma personalidade dos meios culturais hispano-americanos. O cineasta Geraldo Sarno realiza documentário de cinco minutos intitulado *Casa-grande & senzala*, de acordo com uma ideia de Aldous Huxley. O editor Alfred A. Knopf publica em Nova York a obra *The Gilberto Freyre reader*.

1975 Diante da violência de uma enchente do rio Capibaribe, em 17 e 18 de julho, lidera com Fernando de Mello Freyre, diretor do Instituto Joaquim Nabuco, um movimento de estudo interdisciplinar sobre as enchentes em Pernambuco. Profere, em 10 de outubro, conferência no Clube Atlético Paulistano sobre O Brasil como nação hispano-tropical. Recebe em 15 de outubro, do Sindicato dos Professores do Ensino Primário e Secundário de Pernambuco e da Associação dos Professores do Ensino Oficial, o título de Educador do Ano, por relevantes serviços prestados à comunidade nordestina no campo da educação e da pesquisa social. Profere em 7 de novembro, no Teatro Santa Isabel, do Recife, conferência sobre o Sesquicentenário do *Diário de Pernambuco*. O Instituto do Açúcar e do Álcool lança, em 15 de novembro, o Prêmio de Criatividade Gilberto Freyre, para os melhores ensaios sobre aspectos socioeconômicos da zona canavieira do Nordeste. Publicam-se no Rio de Janeiro suas obras *Tempo morto e outros tempos*, *O brasileiro entre os outros hispanos* (José Olympio) e *Presença do açúcar na formação brasileira* (IAA).

1976 Viaja à Europa em setembro, fazendo conferências em Madri (Instituto de Cultura Hispânica) e em Londres (Conselho Britânico). É homenageado com a esposa, em Londres, com banquete pelo embaixador Roberto Campos e esposa (presentes vários dos seus amigos ingleses, como Lord Asa Briggs). Em Paris, como hóspede do governo francês, é entrevistado pelo sociólogo Jean Duvignaud, na rádio e na televisão francesas, sobre Tendências atuais da cultura brasileira. É homenageado com banquete pelo diretor de *Le Figaro*, seu amigo, escritor e membro da Academia Francesa, Jean d'Ormesson, presentes Roger Caillois e outros intelectuais franceses. Em Viena, identifica mapas inéditos do Brasil no período holandês, existentes na Biblioteca Nacional da Áustria. Na Espanha, como hóspede do governo, realiza palestra no Instituto de Cultura Hispânica, presidido pelo Duque de Cadis. Em Lisboa é homenageado com banquete pelo secretário de estado de Cultura, com a presença de intelectuais, ministros e diplomatas. Em 7 de outubro, lê em Brasília, a convite do ministro da Previdência Social, conferência de encerramento do Seminário sobre Problemas de Idosos. A Livraria José Olympio Editora publica as 16ª e 17ª edições de *Casa-grande & senzala*, e o IJNPS, a 6ª edição do *Manifesto regionalista*. É lançada em Lisboa 2ª edição portuguesa de *Casa-grande & senzala*.

1977 Estreia em janeiro no Nosso Teatro (Recife) a peça *Sobrados e mucambos*, adaptada por Hermilo Borba Filho e encenada pelo Grupo Teatral Vivencial. Recebe em fevereiro, do embaixador Michel Legendre, a faixa e as insígnias de Comendador das Artes e Letras da França. Profere em março, no Seminário de Tropicologia, conferência sobre O Recife eurotropical e, na Câmara dos Deputados, em Brasília, conferência de encerramento do ciclo comemorativo do Bicentenário da Independência dos Estados Unidos. Exibição, na Biblioteca Municipal Mário de Andrade, em São Paulo, de um documentário cinematográfico sobre sua vida e obra, *Da palavra ao desenho da palavra*, com debates dos quais participam Freitas Marcondes, Leo Gilson Ribeiro, Osmar Pimentel e Egon Schaden. Profere conferências na Câmara dos Deputados, em Brasília, em 19 de agosto, sobre A terra, o homem e a educação, no Seminário sobre Ensino Superior, promovido pela Comissão de Educação e Cultura, e no Teatro José de Alencar de Fortaleza, em 24 de setembro, sobre O Nordeste visto através do tempo. Lançamento em São Paulo, em 10 de novembro, do álbum *Casas-grandes & senzalas*, com guaches de Cícero Dias. Apresenta, no Arquivo Público Estadual de Pernambuco, conferência de encerramento do Curso sobre o Sesquicentenário da Elevação do Recife à Condição de Capital, sobre O Recife e a sua autobiografia coletiva. É acolhido como sócio honorário do Pen Clube do Brasil. Inicia em outubro colaboração semanal na *Folha de S. Paulo*. A Livraria José Olympio Editora publica *O outro amor do dr. Paulo*, seminovela, continuação de *Dona Sinhá e o filho padre*. A Editora Nova Aguilar publica, em dezembro, a *Obra escolhida*, volume em papel-bíblia que inclui *Casa-grande & senzala*, *Nordeste* e *Novo mundo nos trópicos*, com introdução de Antônio Carlos Villaça, cronologia da vida e da obra e bibliografia ativa e passiva, por Edson Nery da Fonseca. A Editora Ayacucho lança em Caracas a 3ª edição em espanhol de *Casa-grande & senzala*, com introdução de Darcy Ribeiro. As Ediciones Cultura Hispánica publicam em Madri a edição espanhola da *Seleta para jovens*, com o título de *Antología*. A Editora Espasa-Calpe publica, em Madri, *Más allá de lo moderno*, com prefácio de Julián Marías. A Livraria José Olympio Editora lança a 5ª edição de *Sobrados e mucambos* e a 18ª edição brasileira de *Casa-grande & senzala*.

1978 Viaja a Caracas para proferir três conferências no Instituto de Assuntos Internacionais do Ministério das Relações Exteriores da Venezuela. Abre no Arquivo Público Estadual, em 30 de março, ciclo de conferências sobre escravidão e abolição em Pernambuco, fazendo Novas considerações sobre escravos em anúncios de jornal em Pernambuco. Profere conferência sobre O Recife e sua ligação com estudos antropológicos no Brasil, na instalação da XI Reunião Brasileira de Antropologia, no auditório da Universidade Federal de Pernambuco, em 7 de maio. Em 22 de maio, abre em Natal a I Semana de Cultura do Nordeste. Profere em Curitiba, em 9 de junho, conferência sobre O Brasil em nova perspectiva antropossocial, numa promoção da Associação dos Professores Universitários do Paraná; em Cuiabá, em 16 de setembro, conferência sobre A dimensão ecológica do caráter nacional; na Academia Paulista de Letras, em 4 de dezembro, conferência sobre Tropicologia e realidade social, abrindo o 1º Seminário Internacional de

Estudos Tropicais da Fundação Escola de Sociologia e Política. Publica-se *Recife & Olinda*, com desenhos de Tom Maia e Thereza Regina. Publicam-se as seguintes obras: *Alhos e bugalhos* (Nova Fronteira); *Prefácios desgarrados* (Cátedra); *Arte e ferro* (Ranulpho Editora de Arte), com pranchas de Lula Cardoso Ayres. O Conselho Federal de Cultura lança *Cartas do próprio punho sobre pessoas e coisas do Brasil e do estrangeiro*. A editora Gallimard publica a 14ª edição de *Maîtres et esclaves*, na Coleção TEL. A Livraria Editora José Olympio publica a 19ª edição brasileira de *Casa-grande & senzala*, e a Fundação Cultural do Mato Grosso, a 2ª edição de *Introdução a uma sociologia da biografia*.

1979 O Arquivo Estadual de Pernambuco publica, em março, a edição fac-similar do *Livro do Nordeste*. Participa, no auditório da Biblioteca Municipal de São Paulo, em 30 de março, da Semana do Escritor Brasileiro. Recebe em Aracaju, em 17 de abril, o título de Cidadão Sergipano, outorgado pela Assembleia Legislativa de Sergipe. É homenageado pelo 44º Congresso Mundial de Escritores do Pen Clube Internacional, reunido no Rio de Janeiro, quando recebe a medalha Euclides da Cunha, sendo saudado pelo escritor Mário Vargas Llosa. Recebe o grau de doutor *honoris causa* pela Faculdade de Ciências Médicas da Fundação do Ensino Superior de Pernambuco Universidade de Pernambuco, em setembro. Viaja à Europa em outubro. Profere conferência na Fundação Calouste Gulbenkian, em 22 de outubro, sobre Onde o Brasil começou a ser o que é. Abre o ciclo de conferências comemorativo do 20º aniversário da Sudene, em dezembro, falando sobre Aspectos sociais do desenvolvimento regional. Recebe nesse mês o Prêmio Caixa Econômica Federal, da Fundação Cultural do Distrito Federal, pela obra *Oh de casa!*. Profere na Universidade de Brasília conferência sobre Joaquim Nabuco: um novo tipo de político. A Editora Artenova publica *Oh de casa!*. A Editora Cultrix publica *Heróis e vilões no romance brasileiro*. A MPM Propaganda publica *Pessoas, coisas & animais*, em edição não comercial. A Editora Ibrasa publica *Tempo de aprendiz*.

1980 Em 24 de janeiro, a Academia Pernambucana de Letras inicia as comemorações do octogésimo aniversário do autor, com uma conferência de Gilberto Osório de Andrade sobre Gilberto Freyre e o trópico. Em 25 de janeiro, a Codepe inicia seu Seminário Permanente de Desenvolvimento, dedicando-o ao estudo da obra de Gilberto Freyre. O Arquivo Público Estadual comemora a efeméride, em 26 e 27 de fevereiro, com duas conferências de Edson Nery da Fonseca. Recebe em São Paulo, em 7 de março, a medalha de Ordem do Ipiranga, maior condecoração do estado. Em 26 de março, recebe a medalha José Mariano, da Câmara Municipal do Recife. Por decreto de 15 de abril, o governador do estado de Sergipe lhe confere o galardão de Comendador da Ordem do Mérito Aperipê. Em homenagem ao autor, são realizados diversos eventos, como: missa cantada na Catedral de São Pedro dos Clérigos, do Recife, mandada celebrar pelo governo do estado de Pernambuco, sendo oficiante monsenhor Severino Nogueira e regente o padre Jayme Diniz. Inauguração, na redação do *Diário de Pernambuco*, de placa comemorativa da colaboração de Gilberto Freyre, iniciada em 1918. Almoço na residência de Fernando Freyre. *Open house* na vivenda Santo Antônio. Sorteio de bilhete da Loteria Federal da Praça de Apipucos. Desfile de clubes e blocos carnavalescos e concentração popular em Apipucos. Sessão solene do Congresso Nacional, em 15 de abril, às 15 horas, para homenagear o escritor Gilberto Freyre pelo transcurso do seu octogésimo aniversário. Discursos do presidente, senador Luís Viana Filho, dos senadores Aderbal Jurema e Marcos Freire e do deputado Thales Ramalho. Viaja a Portugal em junho, a convite da Câmara Municipal de Lisboa, para participar nas comemorações do Quarto Centenário da Morte de Camões. Profere conferência A tradição camoniana ante insurgências e ressurgências atuais. É homenageado, em 6 de julho, durante a 32ª Reunião Anual da Sociedade Brasileira para o Progresso da Ciência, realizada no Rio de Janeiro, e em 25 de julho, pelo XII Congresso Brasileiro de Língua e Literatura, promovido pelas universidades estaduais do Rio de Janeiro e Universidade Federal do Rio de Janeiro. Em 11 de agosto, recebe do embaixador Hansjorg Kastl a Grã-Cruz do Mérito da República Federativa da Alemanha. Ainda em agosto, é homenageado pelo IV Seminário Paraibano de Cultura Brasileira. Recebe o título de Cidadão Benemérito de João Pessoa, outorgado pela Câmara Municipal da capital paraibana. Recebe o título do sócio honorário do Instituto Histórico e Geográfico da Paraíba. Em 2 de setembro, é homenageado pelo Pen Clube do Brasil com um painel sobre suas ideias, no auditório do Palácio da Cultura, no Rio de Janeiro. Encenação, no Teatro São Pedro de São Paulo, da peça de José Carlos Cavalcanti Borges *Casa-grande & senzala*, sob a direção de Miroel Silveira, pelo grupo teatral da Escola de Comunicação e Artes da USP. Em 10 de outubro, apresenta conferência da Fundação Luisa e Oscar Americano, de São Paulo, sobre Imperialismo cultural do Conde Maurício. De 13 a 17 de outubro, profere simpósio internacional promovido pela Universidade de Brasília e pelo Ministério da Educação e Cultura, com a participação, como conferencistas, do historiador social inglês Lord Asa Briggs, do filósofo espanhol Julián Marías, do poeta e ensaísta português David Mourão-Ferreira, do antropólogo francês Jean Duvignaud e do historiador mexicano Silvio Zavala. Recebe o Prêmio Jabuti, de São Paulo, em 28 de outubro. Recebe, em 11 de dezembro, o grau de doutor *honoris causa* pela Universidade Católica de Pernambuco. Em 12 de dezembro, recebe o Prêmio Moinho Recife. São publicadas diversas obras do autor, como: o álbum *Gilberto poeta*: algumas confissões, com serigrafias de Aldemir Martins, Jenner Augusto, Lula Cardoso Ayres, Reynaldo Fonseca e Wellington Virgolino e posfácio de José Paulo Moreira da Fonseca (Ranulpho Editora de Arte); *Poesia reunida* (Edições Pirata, Recife); 20ª edição brasileira de *Casa-grande & senzala*, com prefácio do ministro Eduardo Portella; 5ª edição de *Olinda*; 3ª edição da *Seleta para jovens*; 2ª edição brasileira de *Aventura e rotina* (todas pela José Olympio); e a 2ª edição de *O escravo nos anúncios de jornais brasileiros do século XIX* (Companhia Editora Nacional). A editora Greenwood Press, de Westport, Conn., publica, sem autorização do autor, a reimpressão de *New world in the tropics*.

1981 A Classe de Letras da Academia de Ciências de Lisboa reúne-se, em fevereiro, para a comunicação do escritor David Mourão-Ferreira sobre Gilberto Freyre, criador literário. Encenação, em março, no Teatro Santa Isabel, da peça-balé de Rubens Rocha Filho *Tempos perdidos, nossos tempos*. Em 25 de março, o autor recebe do embaixador Jean Beliard a *rosette* de Oficial da Legião de Honra. Inauguração de seu retrato, em 21 de abril, no Museu do Trem da Superintendência Regional da Rede Ferroviária Federal. Em 29 de abril, o Conselho Municipal de Cultura lança, no Palácio do Governo, um álbum de desenhos de sua autoria. Inauguração, em 7 de maio, no Museu Nacional da Quinta da Boa Vista, da edição quadrinizada de *Casa-grande & senzala*, numa promoção da Universidade Federal do Rio de Janeiro, Museu Nacional e Editora Brasil-América. Profere conferência, em 15 de maio, no auditório Benício Dias da Fundação Joaquim Nabuco, sobre Atualidade de Lima Barreto. Viaja à Espanha, em outubro, para tomar posse no Conselho Superior do Instituto de Cooperação Ibero-Americana, nomeado pelo rei João Carlos I.

1982 Recebe em janeiro a medalha comemorativa dos trinta anos do Conselho Nacional de Desenvolvimento Científico e Tecnológico (CNPq). Profere na Academia Pernambucana de Letras a conferência Luís Jardim Autodidata?, comemorativa do octogésimo aniversário do pintor e escritor pernambucano. Na abertura do III Congresso Afro-Brasileiro, em 20 de setembro, apresenta conferência no Teatro Santa Isabel. Em setembro, é entrevistado pela Rede Bandeirantes de Televisão, no programa *Canal Livre*. Recebe do embaixador Javier Vallaure, na Embaixada da Espanha em Brasília, a Grã-Cruz de Alfonso, El Sabio (outubro), e no auditório do Palácio da Cultura, em 9 de novembro, profere conferência sobre Villa-Lobos revisitado. Profere no Nacional Club de São Paulo, em 11 de novembro, conferência sobre Brasil: entre passados úteis e futuros renovados. A Editora Massangana publica *Rurbanização: o que é?* A editora Klett-Cotta, de Stuttgart, publica a 1ª edição alemã de *Das land in der stadt: die entwicklung der urbanen gesellschaft Brasiliens* (*Sobrados e mucambos*) e a 2ª edição de *Herrenhaus und sklavenhütte* (*Casa-grande & senzala*).

1983 Iniciam-se em 21 de março Dia Internacional das Nações Unidas Contra a Discriminação Racial as comemorações do cinquentenário da publicação de *Casa-grande & senzala*, com sessão solene no auditório Benício Dias, presidida pelo governador Roberto Magalhães e com a presença da ministra da Educação, Esther de Figueiredo Ferraz, e do diretor-geral da Unesco, Amadou M'Bow, que lhe entrega a medalha Homenagem da Unesco. Recebe em 15 de abril, da Associação Brasileira de Relações Públicas, Seção de Pernambuco, o Troféu Integração por destaque cultural de 1982. Em abril, expõe seus últimos desenhos e pinturas na Galeria Aloísio Magalhães. Viaja a Lisboa, em 25 de outubro, para receber, do ministro dos Negócios Estrangeiros, a Grã-Cruz de Santiago da Espada. Em 27 de outubro, participa de sessão solene da Academia de Ciências de Lisboa e da Academia Portuguesa de História, comemorativa do cinquentenário da publicação de *Casa-grande & senzala*. A Fundação Calouste Gulbenkian promove em Lisboa um ciclo de conferências sobre *Casa-grande & senzala* (2 de novembro a 4 de dezembro). É homenageado pela Feira Internacional do Livro do Rio de Janeiro, em 9 de novembro. O Seminário de Tropicologia reúne-se, em 29 de novembro, para a conferência de Edson Nery da Fonseca, intitulada Gilberto Freyre, cultura e trópico. Recebe em 7 de dezembro, no Liceu Literário Português do Rio de Janeiro, a Grã-Cruz da Ordem Camoniana. A Editora Massangana publica *Apipucos: que há num nome?*, a Editora Globo lança *Insurgências e ressurgências atuais* e *Médicos, doentes e contextos sociais* (2ª edição de *Sociologia da medicina*). Realiza-se na Fundação Joaquim Nabuco, de 19 a 30 de setembro, um ciclo de conferências comemorativo dos cinquenta anos de *Casa-grande & senzala*, promovido com apoio do governo do estado e de outras entidades pernambucanas (anais editados por Edson Nery da Fonseca e publicados em 1985 pela Editora Massangana: *Novas perspectivas em Casa-grande & senzala*). A José Olympio Editora publica no Rio de Janeiro o livro de Edilberto Coutinho *A imaginação do real: uma leitura da ficção de Gilberto Freyre*, tese de doutoramento defendida na Universidade Federal do Rio de Janeiro. A Editora Record lança no Rio de Janeiro *Homens, engenharias e rumos sociais*.

1984 Lançamento, em 20 de janeiro, de selo postal comemorativo do cinquentenário de *Casa-grande & senzala*. Viaja a Salvador, em 14 de março, para receber homenagem do governo do estado pelo cinquentenário de *Casa-grande & senzala*. Inauguração, no Museu de Arte Moderna da Bahia, da exposição itinerante sobre a obra. Conferência de Edson Nery da Fonseca sobre Gilberto Freyre, *Casa-grande & senzala* e a Bahia. Convidado pelo governador Tancredo Neves, profere em Ouro Preto, em 21 de abril, o discurso oficial da Semana da Inconfidência. Profere em 8 de maio, na antiga Reitoria da UFRJ, conferência sobre Alfonso X, o sábio, ponte de culturas. Recebe da União Cultural Brasil-Estados Unidos, em 7 de junho, a medalha de merecimento por serviços relevantes prestados à aproximação entre o Brasil e os Estados Unidos. Convidado pelo Conselho da Comunidade Portuguesa do Estado de São Paulo, lê no Clube Atlético Paulistano, em 8 de junho (Dia de Portugal), a conferência Camões: vocação de antropólogo moderno?, publicada no mesmo ano pelo conselho. Em setembro, o Balé Studio Um realiza no Recife o espetáculo de dança *Casa-grande & senzala*, sob a direção de Eduardo Gomes e com música de Egberto Gismonti. Recebe a Medalha Picasso da Unesco, desenhada por Juan Miró em comemoração do centenário do pintor espanhol. Em setembro, é homenageado por Richard Civita no Hotel 4 Rodas de Olinda, com banquete presidido pelo governador Roberto Magalhães e entrega de passaportes para o casal se hospedar em qualquer hotel da rede. Participa, na Arquidiocese do Rio de Janeiro, em outubro, do Congresso Internacional de Antropologia e Práxis, debatedor do tema *Cultura e redenção*, desenvolvido por D. Paul Poupard. É homenageado no Teatro Santa Isabel do Recife, em 31 de novembro, pelo cinquentenário do 1º Congresso Afro-Brasileiro, ali realizado em 1934. Lê no Museu de Arte Sacra de Pernambuco (Olinda) a conferência Cultura e museus, publicada no ano seguinte pela Fundação do Patrimônio Histórico e Artístico de Pernambuco (Fundarpe).

1985 Recebe da Fundarpe a Homenagem à Cultura Viva de Pernambuco, em 18 de março. Viaja em maio aos Estados Unidos, para receber, na Baylor University, o prêmio consagrador de notáveis triunfos (Distinguished Achievement Award). Profere em 21 de maio, na Harvard University, conferência sobre My first contacts with american intellectual life, promovida pelo Departamento de Línguas e Literaturas Românicas e pela Comissão de Estudos Latino-Americanos e Ibéricos. Realiza exposição na Galeria Metropolitana Aloísio Magalhães do Recife: Desenhos a cor: figuras humanas e paisagens. Recebe, em agosto, o grau de doutor *honoris causa* em Direito e em Letras pela Universidade Clássica de Lisboa. É nomeado em setembro, pelo presidente da República, para compor a Comissão de Estudos Constitucionais. Recebe o título de Cidadão de Manaus, em 6 de setembro. Profere, em 29 de outubro, conferência na inauguração do Instituto Brasileiro de Altos Estudos (Ibrae) de São Paulo, subordinada ao título À beira do século XX. Em 20 de novembro, é apresentado, no Cine Bajado, de Olinda, o filme de Kátia Mesel *Oh de casa!*. Em dezembro viaja a São Paulo, sendo hospitalizado no Incor para cirurgia de um divertículo de Zenkel (hérnia de esôfago). A José Olympio Editora publica a 7ª edição de *Sobrados e mucambos* e a 5ª edição de *Nordeste*. Por iniciativa do Centro de Estudos Latino-Americanos da Universidade da Califórnia em Los Angeles, a editora da universidade publica em Berkeley reedições em brochuras do mesmo formato de *The masters and the slaves*, *The mansions and the shanties* e *Order and progress*, com introduções de David H. E. Mayburt-Lewis e Ludwig Lauerhass Jr., respectivamente.

1986 Em janeiro, submete-se a uma cirurgia do esôfago para retirada de um divertículo de Zenkel, no Incor. Regressa ao Recife em 16 de janeiro, dizendo: "Agora estou em casa, meu Apipucos". Em 22 de fevereiro, retorna a São Paulo para uma cirurgia de próstata no Incor, realizada em 24 de fevereiro. Recebe em 24 de abril, em sua residência de Apipucos, do embaixador Bernard Dorin, a comenda de Grande Oficial da Legião de Honra, no grau de Cavaleiro. Em maio, é agraciado com o Prêmio Cavalo-Marinho, da Empitur. Em agosto, recebe o título de Cidadão de Aracaju. Em 24 de outubro, reencontra-se no Recife com a dançarina Katherine Dunhm. Em 28 de outubro é eleito para ocupar a cadeira 23 da Academia Pernambucana de Letras, vaga com a morte de Gilberto Osório de Andrade. Toma posse em 11 de dezembro na Academia Pernambucana de Letras. Recebe, em 16 de dezembro, o título de Pesquisador Emérito do Instituto de Pesquisas Sociais da Fundação Joaquim Nabuco. Publica-se em Budapeste a edição húngara de *Casa-grande & senzala*, intitulada *Udvarház és szolgaszállás*. A professora Élide Rugai Bastos defende na Pontifícia Universidade Católica de São Paulo (PUC) a tese de doutoramento *Gilberto Freyre e a formação da sociedade brasileira*, orientada pelo professor Octavio Ianni. A Áries Editora publica em São Paulo o livro de Pietro Maria Bardi *Ex-votos de Mário Cravo*, e a Editora Creficullo lança o livro do mesmo autor *40 anos de Masp*, ambos prefaciados por Gilberto Freyre.

1987 Instituição, em 11 de março, da Fundação Gilberto Freyre. Em 30 de março, recebe em Apipucos a visita do presidente Mário Soares. Em 7 de abril, submete-se a uma cirurgia para implantação de marca-passo no Incor do Hospital Português. Em 18 de abril, Sábado Santo, recebe de Dom Basílio Penido, OSB, os sacramentos da Reconciliação, da Eucaristia e da Unção dos Enfermos. Morre no Hospital Português, às 4 horas de 18 de julho, aniversário de Magdalena. Sepultamento no Cemitério de Santo Amaro, às 18 horas, com discurso do ministro Marcos Freire. Em 20 de julho, o senador Afonso Arinos ocupa a tribuna da Assembleia Nacional Constituinte para homenagear sua memória. Em 19 de julho, o jornal *ABC de Madri* publica um artigo de Julián Marías: Adiós a um brasileño universal. Em 24 de julho, missas concelebradas, no Recife, por Dom José Cardoso Sobrinho e Dom Heber Vieira da Costa, OSB, e em Brasília, por Dom Hildebrando de Melo e pelos vigários da catedral e do Palácio da Alvorada com coral da Universidade de Brasília. Missa celebrada no seminário, com canto gregoriano a cargo das Beneditinas de Santa Gertrudes, de Olinda. A Editora Record publica *Modos de homem e modas de mulher* e a 2ª edição de *Vida, forma e cor; Assombrações do Recife Velho* e *Perfil de Euclides e outros perfis*; a José Olympio Editora, a 25ª edição brasileira de *Casa-grande & senzala*. O Círculo do Livro lança nova edição de *Dona Sinhá e o filho padre*, e a Editora Massangana publica *Pernambucanidade consagrada* (discursos de Gilberto Freyre e Waldemar Lopes na Academia Pernambucana de Letras). Ciclo de conferências promovido pela Fundação Joaquim Nabuco em memória de Gilberto Freyre, tendo como conferencistas Julián Marías, Adriano Moreira, Maria do Carmo Tavares de Miranda e José Antônio Gonsalves de Mello (convidado, deixou de vir, por motivo de doença, o antropólogo Jean Duvignaud). Ciclo de conferências promovido em Maceió pelo governo do estado de Alagoas, a cargo de Maria do Carmo Tavares de Miranda, Odilon Ribeiro Coutinho e José Antônio Gonsalves de Mello. Homenagem do Conselho Latino-Americano de Ciências Sociais, na abertura de sua XIV Assembleia Geral, realizada no Recife, de 16 a 21 de novembro. A editora mexicana Fondo de Cultura Económica publica a 2ª edição, como livro de bolso, de *Interpretación del Brasil*. A revista *Ciência e Cultura* publica em seu número de setembro o necrológio de Gilberto Freyre, solicitado por Maria Isaura Pereira de Queiroz a Edson Nery da Fonseca.

1988 Em convênio com a Fundação Gilberto Freyre e sob os auspícios do Grupo Gerdau, a Editora Record publica no Rio de Janeiro a obra póstuma *Ferro e civilização no Brasil*.

1989 Em sua 26ª edição, *Casa-grande & senzala* passa a ser publicada pela Editora Record, até a 46ª edição, em 2002.

1990 A Fundação das Artes e a Empresa Gráfica da Bahia publicam em Salvador *Bahia e baianos*, obra póstuma organizada e prefaciada por Edson Nery da Fonseca. A editora Klett-Cotta lança em Stuttgart a 2ª edição alemã de *Sobrados e mucambos* (*Das land in der Stadt*). Realiza-se na Fundação Joaquim Nabuco o seminário O cotidiano em Gilberto Freyre, organizado por Fátima Quintas (anais publicados no mesmo ano pela Editora Massangana).

1994 A Câmara dos Deputados publica, como volume 39 de sua Coleção Perfis Parlamentares, *Discursos parlamentares*, de Gilberto Freyre, texto organizado, anotado e prefaciado por Vamireh Chacon. A Editora Agir publica no Rio de Janeiro a antologia *Gilberto Freyre*, organizada por Edilberto Coutinho como volume 117 da Coleção Nossos Clássicos, dirigida por Pedro Lyra. A Editora 34 publica no Rio de Janeiro a tese de doutoramento de Ricardo Benzaquen de Araújo *Guerra e paz:* Casa-grande & senzala *e a obra de Gilberto Freyre nos anos 30*.

1995 Realiza-se na Fundação Joaquim Nabuco a semana de estudos comemorativos dos 95 anos de Gilberto Freyre, com conferências reunidas e apresentadas por Fátima Quintas na obra coletiva *A obra em tempos vários (Editora* Massangana*)*, publicada em 1999. A Fundação de Cultura da Cidade do Recife e a Imprensa Universitária da Universidade Federal de Pernambuco publicam no Recife *Novas conferências em busca de leitores*, obra póstuma organizada e prefaciada por Edson Nery da Fonseca. A Editora Massangana publica o livro de Sebastião Vila Nova *Sociologias e pós-sociologia em Gilberto Freyre*.

1996 Realiza-se na Fundação Joaquim Nabuco o simpósio Que somos nós?, organizado por Maria do Carmo Tavares de Miranda em comemoração aos sessenta anos de *Sobrados e mucambos* (anais publicados pela Editora Massangana em 2000).

1997 Comemorando seu septuagésimo quinto aniversário, a revista norte-americana *Foreign Affairs* publica o resultado de um inquérito destinado à escolha de 62 obras "que fizeram a cabeça do mundo a partir de 1922". *Casa-grande & senzala* é apontada como uma delas pelo professor Kenneth Maxwell. A Companhia das Letras publica em São Paulo a 4ª edição de *Açúcar*, livro reimpresso em 2002 por iniciativa da Usina Petribu.

1999 Por iniciativa da Fundação Oriente, da Universidade da Beira Interior e da Sociedade de Geografia de Lisboa, iniciam-se em Portugal as comemorações do centenário de nascimento de Gilberto Freyre, com o colóquio realizado na Sociedade de Geografia de Lisboa, de 11 e 12 de fevereiro, Lusotropicalismo revisitado, sob a direção dos professores Adriano Moreira e José Carlos Venâncio. A Fundação Oriente institui um prêmio anual de 1 milhão de escudos para "galardoar trabalhos de investigação na área da perspectiva gilbertiana sobre o Oriente". As comemorações pernambucanas são iniciadas em 14 de março, com missa solene concelebrada na Basílica do Mosteiro de São Bento de Olinda, com canto gregoriano pelas Beneditinas Missionárias da Academia Santa Gertrudes. Pelo Decreto nº 21.403, de 7 de maio, o governador de Pernambuco declara, no âmbito estadual, Ano Gilberto Freyre 2000. Pelo Decreto de 13 de julho, o presidente da República institui o ano 2000 como Ano Gilberto Freyre. A UniverCidade do Rio de Janeiro institui, por sugestão da editora Topbooks, o prêmio de 20 mil dólares para o melhor ensaio sobre Gilberto Freyre.

2000 Por iniciativa da TV Cultura de São Paulo, são elaborados os filmes *Gilbertianas I e II*, dirigidos pelo cineasta Ricardo Miranda com a colaboração do antropólogo Raul Lody. Em 13 de março, ocorre o lançamento nacional da produção, numa promoção do Shopping Center Recife/UCI Cinemas/Weston Táxi Aéreo. Em 21 de março são lançados na sala Calouste Gulbenkian da Fundação Joaquim Nabuco, no Núcleo de Estudos Freyrianos, no governo do estado de Pernambuco, na Sudene e no Ministério da Cultura. Por iniciativa do canal GNT, VideoFilmes e Regina Filmes, o cineasta Nelson Pereira dos Santos dirige quatro documentários intitulados genericamente de *Casa-grande & senzala*, tendo Edson Nery da Fonseca como corroteirista e narrador.

Filmados no Brasil, em Portugal e na Universidade de Colúmbia em Nova York, o primeiro, *O Cabral moderno*, exibido pelo canal GNT a partir de 21 de abril. Os demais, *A cunhã: mãe da família brasileira*, *O português: colonizador dos trópicos* e *O escravo na vida sexual e de família do brasileiro*, são exibidos pelo mesmo canal, a partir de 2001. As editoras Letras e Expressões e Abregraph publicam a 2ª edição de *Casa-grande & senzala em quadrinhos*, com ilustrações de Ivan Wasth Rodrigues colorizadas por Noguchi. A editora Topbooks lança a 2ª edição brasileira de *Novo mundo nos trópicos*, prefaciada por Wilson Martins. A revista *Novos Estudos Cebrap*, n. 56, publica o dossiê Leituras de Gilberto Freyre, com apresentação de Ricardo Benzaquen de Araújo, incluindo as introduções de Fernand Braudel à edição italiana de *Casa-grande & senzala*, de Lucien Fèbvre à edição francesa, de Antonio Sérgio a *O mundo que o português criou* e de Frank Tannenbaum à edição norte-americana de *Sobrados e mucambos*. Em 15 de março, realiza-se na Maison de Sciences de l'Homme et de la Science o colóquio Gilberto Freyre e a França, organizado pela professora Ria Lemaire, da Universidade de Poitiers. Nesse mesmo dia, o arcebispo de Olinda e Recife, José Cardoso, celebra missa solene na Igreja de São Pedro dos Clérigos, com cantos do coral da Academia Pernambucana de Música. Na tarde de 15 de março, é apresentada, na sala Calouste Gulbenkian, em projeção de VHF, a Biblioteca Virtual Gilberto Freyre, disponível imediatamente na internet. De 21 a 24 de março realiza-se na Fundação Gilberto Freyre o Seminário Internacional Novo Mundo nos Trópicos (anais publicados com título homônimo). De 28 a 31 de março é apresentado no Centro Cultural Banco do Brasil do Rio de Janeiro o ciclo de palestras A propósito de Gilberto Freyre (não reunidas em livro). De 14 a 16 de agosto realiza-se o seminário Gilberto Freyre: patrimônio brasileiro, promovido conjuntamente pela Fundação Roberto Marinho, pela UniverCidade do Rio de Janeiro, pelo Colégio do Brasil, pela Academia Brasileira de Letras, pela *Folha de S.Paulo* e pelo Instituto de Estudos Avançados da USP. Iniciado no auditório da Academia Brasileira de Letras e num dos *campi* da UniverCidade, é concluído no auditório da *Folha de S.Paulo* e na cidade universitária da USP. Em 18 de outubro, realiza-se no anfiteatro da História da USP o seminário multidisciplinar Relendo Gilberto Freyre, organizado pelo Centro Angel Rama da Faculdade de Filosofia, Letras e Ciências Humanas na mesma universidade. Em 20 de outubro realiza-se na embaixada do Brasil em Paris o seminário Gilberto Freyre e as ciências sociais no Brasil, promovido pelo Ministério das Relações Exteriores e Fundação Gilberto Freyre. Em 30 de outubro realiza-se em Buenos Aires o seminário À la busqueda de la identidad: el ensayo de interpretación nacional en Brasil y Argentina. De 6 a 9 de novembro é realizada no Sun Valley Park Hotel, em Marília (SP), a Jornada de Estudos Gilberto Freyre, organizada pela Faculdade de Filosofia e Ciências da Unesp. Em 21 de novembro, na Universidade de Essex, ocorre o seminário *The english in Brazil:* a study in cultural encounters, dirigido pela professora Maria Lúcia Pallares-Burke. Em 27 de novembro, realiza-se na Universidade de Cambridge o seminário Gilberto Freyre & história social do Brasil, dirigido pelos professores Peter Burke e Maria Lúcia Pallares-Burke. De 27 a 30 de novembro, acontece no Centro de Ciências Humanas, Letras e Artes da Universidade Federal da Paraíba o simpósio Gilberto Freyre: interpenetração do Brasil, organizado pela professora Elisalva Madruga Dantas e pelo poeta e multiartista Jomard Muniz de Brito (anais com título homônimo publicados pela editora Universitária em 2002). De 28 a 30 de novembro, ocorre na sala Calouste Gulbenkian da Fundação Joaquim Nabuco o seminário internacional Além do apenas moderno. De 5 a 7 de dezembro é apresentado no auditório João Alfredo da Universidade Federal de Pernambuco o seminário Outros Gilbertos, organizado pelo Laboratório de Estudos Avançados de Cultura Contemporânea do Departamento de Antropologia da mesma universidade. Publica-se em São Paulo, pelo Grupo Editorial Cone Sul, o ensaio de Gustavo Henrique Tuna *Gilberto Freyre: entre tradição & ruptura*, premiado na categoria "ensaio" do 3º Festival Universitário de Literatura, organizado pela Xerox do Brasil e pela revista *Livro Aberto*. Por iniciativa do deputado Aldo Rebelo a Câmara dos Deputados reúne no opúsculo Gilberto Freyre e a formação do Brasil, prefaciado por Luís Fernandes, ensaios do próprio deputado, de Otto Maria Carpeaux e de Regina Maria A. F. Gadelha. A Editora Comunigraf publica no Recife o livro de Mário Hélio *O Brasil de Gilberto Freyre: uma introdução à leitura de sua obra*, com ilustrações de José Cláudio e prefácio de Edson Nery da Fonseca. A Editora Casa Amarela publica em São Paulo a 2ª edição do ensaio de Gilberto Felisberto Vasconcellos *O xará de Apipucos*. A Embaixada do Brasil em Bogotá publica o opúsculo Imagenes, com texto e ilustrações selecionadas por Nora Ronderos.

2001   A Companhia das Letras publica em São Paulo a 2ª edição de *Interpretação do Brasil*, organizada e prefaciada por Omar Ribeiro Thomaz (nº 19 da Coleção Retratos do Brasil). A editora Topbooks publica no Rio de Janeiro a obra coletiva *O imperador das ideias: Gilberto Freyre em questão*, organizada pelos professores Joaquim Falcão e Rosa Maria Barboza de Araújo, reunindo conferências do seminário realizado no Rio de Janeiro e em São Paulo de 14 a 17 de agosto de 2000. A editora Topbooks e a UniverCidade publicam no Rio de Janeiro a 2ª edição de *Além do apenas moderno*, prefaciada por José Guilherme Merquior e as 3ªs edições de *Aventura e rotina*, prefaciada por Alberto da Costa e Silva, e de *Ingleses no Brasil*, prefaciada por Evaldo Cabral de Mello. A Editora da Universidade do Estado de Pernambuco publica, como nº 18 de sua Coleção Nordestina, o livro póstumo *Antecipações*, organizado e prefaciado por Edson Nery da Fonseca. A Editora Garamond publica no Rio de Janeiro o livro de Helena Bocayuva *Erotismo à brasileira: o excesso sexual na obra de Gilberto Freyre*, prefaciado pelo professor Luiz Antonio de Castro Santos. O *Diário Oficial da União* de 28 de dezembro de 2001 publica, à página 6, a Lei nº 10.361, de 27 de dezembro de 2001, que confere o nome de Aeroporto Internacional Gilberto Freyre ao Aeroporto Internacional dos Guararapes do Recife. O Projeto de Lei é de autoria do deputado José Chaves (PMDB-PE).

2002   Publica-se no Rio de Janeiro, em coedição da Fundação Biblioteca Nacional e Zé Mário Editor, o livro de Edson Nery da Fonseca *Gilberto Freyre de A a Z*. É lançada em Paris, sob os auspícios da ONG da Unesco Allca XX e como volume 55 da Coleção Archives, a edição crítica de

Casa-grande & senzala, organizada por Guillermo Giucci, Enrique Rodríguez Larreta e Edson Nery da Fonseca.

2003 O governo instalado no Brasil em 1º de janeiro extingue, sem nenhuma explicação, o Seminário de Tropicologia criado em 1966 pela Universidade Federal de Pernambuco, por sugestão de Gilberto Freyre, e incorporado em 1980 à estrutura da Fundação Joaquim Nabuco. Gustavo Henrique Tuna defende, no Departamento de História do Instituto de Filosofia e Ciências Humanas da Unicamp, a dissertação de mestrado *Viagens e viajantes em Gilberto Freyre*. A Editora da Universidade de Brasília publica, em coedição com a Imprensa Oficial do Estado de São Paulo, as seguintes obras póstumas, organizadas por Edson Nery da Fonseca: *Palavras repatriadas* (prefácio e notas do organizador); *Americanidade e latinidade da América Latina e outros textos afins*, *Três histórias mais ou menos inventadas* (com prefácio e posfácio de César Leal) e *China tropical*. A Global Editora publica a 47ª edição de *Casa-grande & senzala* (com apresentação de Fernando Henrique Cardoso). No mesmo ano, lança a 48ª edição da obra-mestra de Freyre. A mesma editora publica a 14ª edição de *Sobrados e mucambos* (com apresentação de Roberto DaMatta). Publica-se pela Edusc, Editora Unesp e Fapesp o livro *Gilberto Freyre em quatro tempos* (organização de Ethel Volfzon Kosminsky, Claude Lépine e Fernanda Arêas Peixoto), reunindo comunicações apresentadas na Jornada de Estudos Gilberto Freyre, realizada em Marília (SP), em 2000. É lançado pela Edusc, Editora Sumaré e Anpocs o livro de Élide Rugai Bastos *Gilberto Freyre e o pensamento hispânico: entre Dom Quixote e Alonso El Bueno*.

2004 A Global Editora publica a 6ª edição de *Ordem e progresso* (apresentação de Nicolau Sevcenko), a 7ª edição de *Nordeste* (com apresentação de Manoel Correia de Oliveira Andrade), a 15ª edição de *Sobrados e mucambos* e a 49ª edição de *Casa-grande & senzala*. Em conjunto com a Fundação Gilberto Freyre, a editora lança o Concurso Nacional de Ensaios Prêmio Gilberto Freyre 2004/2005, destinado a premiar e a publicar ensaio que aborde "qualquer dos aspectos relevantes da obra do escritor Gilberto Freyre".

2005 Em 15 de março é premiado o trabalho de Élide Rugai Bastos intitulado *As criaturas de Prometeu: Gilberto Freyre e a formação da sociedade brasileira*, vencedor do Concurso Nacional de Ensaios Prêmio Gilberto Freyre 2004/2005, promovido pela Fundação Gilberto Freyre e pela Global Editora. Esta publica a 50ª edição (edição comemorativa) de *Casa-grande & senzala*, em capa dura. Em agosto, o grupo de teatro Os Fofos Encenam, sob a direção de Newton Moreno, estreia a peça *Assombrações do Recife Velho*, adaptação da obra homônima de Gilberto Freyre, no Casarão do Belvedere, situado no bairro Bela Vista, em São Paulo. Em 18 de outubro, na Livraria Cultura do Shopping Villa-Lobos, em São Paulo, é lançado *Gilberto Freyre: um vitoriano dos trópicos*, de Maria Lúcia Pallares-Burke, pela Editora Unesp, em mesa-redonda com a participação dos professores Antonio Dimas, José de Souza Martins, Élide

Rugai Bastos e a autora do livro. A Global Editora publica a 3ª edição de *Casa-grande & senzala em quadrinhos*, com ilustrações de Ivan Wasth Rodrigues colorizadas por Noguchi.

2006 Realiza-se em 15 de março na 19ª Bienal Internacional do Livro de São Paulo, sediada no Pavilhão de Exposições do Anhembi, no salão A-Mezanino, a mesa de debate sobre os setenta anos de *Sobrados e mucambos*, de Gilberto Freyre, com a presença dos professores Roberto DaMatta, Élide Rugai Bastos, Enrique Rodríguez Larreta e mediação de Gustavo Henrique Tuna. No evento, é lançado o 2º Concurso Nacional de Ensaios Prêmio Gilberto Freyre 2006/2007, organizado pela Global Editora e pela Fundação Gilberto Freyre, que aborda qualquer aspecto referente à obra *Sobrados e mucambos*. A Global Editora publica a 2ª edição, revista, de *Tempo morto e outros tempos*, prefaciada por Maria Lúcia Garcia Pallares-Burke. Realiza-se no auditório do Instituto de Filosofia e Ciências Humanas da Unicamp, nos dias 25 e 26 de abril, o Simpósio Gilberto Freyre: produção, circulação e efeitos sociais de suas ideias, com a presença de inúmeros estudiosos do Brasil e do exterior da obra do sociólogo pernambucano.

A Global Editora publica *As criaturas de Prometeu: Gilberto Freyre e a formação da sociedade brasileira*, de Élide Rugai Bastos, trabalho vencedor da 1ª edição do Concurso Nacional de Ensaios Prêmio Gilberto Freyre 2004/2005, promovido pela editora e pela Fundação Gilberto Freyre.

2007 Publicam-se em São Paulo, pela Global Editora: a 5ª edição do livro *Açúcar*, apresentada por Maria Lecticia Monteiro Cavalcanti; a 5ª edição revista, atualizada e aumentada por Antonio Paulo Rezende do livro *Guia prático, histórico e sentimental da cidade do Recife*; a 6ª edição revista e atualizada por Edson Nery da Fonseca do livro *Olinda: 2º guia prático, histórico e sentimental de cidade brasileira*. Publica-se no Rio de Janeiro, pela Civilização Brasileira, o primeiro volume da obra *Gilberto Freyre, uma biografia cultural*, dos pesquisadores uruguaios Enrique Rodríguez Larreta e Guillermo Giucci, em tradução de Josely Vianna Baptista. Publica-se no Recife, pela Editora Massangana, o livro de Edson Nery da Fonseca *Em torno de Gilberto Freyre*.

2008 O Museu da Língua Portuguesa de São Paulo encerra em 4 de maio a exposição, iniciada em 27 de novembro de 2007, *Gilberto Freyre intérprete do Brasil*, sob a curadoria de Élide Rugai Bastos, Júlia Peregrino e Pedro Karp Vasquez. Publicam-se em São Paulo, pela Global Editora: a 4ª edição revista do livro *Vida social no Brasil nos meados do século XIX*, com apresentação e índices de Gustavo Henrique Tuna; e a 6ª edição do livro *Assombrações do Recife Velho*, com apresentação de Newton Moreno, autor da adaptação teatral representada com sucesso em São Paulo. O editor Peter Lang de Oxford publica o livro de Peter Burke e Maria Lúcia Pallares-Burke *Gilberto Freyre: social theory in the tropics*, versão de *Gilberto Freyre, um vitoriano nos trópicos*, publicado em 2005 pela Editora Unesp, que em 2006 recebeu os

Prêmios Senador José Ermírio de Moraes da ABL (Academia Brasileira de letras) e Jabuti, na categoria Ciências Humanas.

A Global Editora publica *Ensaio sobre o jardim*, de Solange de Aragão, trabalho vencedor da 2ª edição do Concurso Nacional de Ensaios Prêmio Gilberto Freyre 2006/2007, promovido pela editora e pela Fundação Gilberto Freyre.

2009 A Global Editora publica a 2ª edição de *Modos de homem & modas de mulher* com texto de apresentação de Mary Del Priore. A É Realizações Editora publica em São Paulo a 6ª edição do livro *Sociologia: introdução ao estudo dos seus princípios*, com prefácio de Simone Meucci e posfácio de Vamireh Chacon, e a 4ª edição de *Sociologia da medicina*, com prefácio de José Miguel Rasia. O Diário de Pernambuco edita a obra *Crônicas do cotidiano: a vida cultural de Pernambuco nos artigos de Gilberto Freyre*, antologia organizada por Carolina Leão e Lydia Barros. A Editora Unesp publica, em tradução de Fernanda Veríssimo, o livro de Peter Burke e Maria Lúcia Pallares-Burke *Repensando os trópicos: um retrato intelectual de Gilberto Freyre*, com prefácio à edição brasileira.

2010 Publica-se pela Global Editora o livro *Nordeste semita: ensaio sobre um certo Nordeste que em Gilberto Freyre também é semita*, de autoria de Caesar Sobreira, trabalho vencedor da 3ª edição do Concurso Nacional de Ensaios Prêmio Gilberto Freyre 2008/2009, promovido pela editora e pela Fundação Gilberto Freyre. A Global Editora publica a 4ª edição de *O escravo nos anúncios de jornais brasileiros do século XIX*, com apresentação de Alberto da Costa e Silva. A É Realizações publica a 4ª edição de *Aventura e rotina*, a 2ª edição de *Homens, engenharias e rumos sociais*, as 2ªˢ edições de *O luso e o trópico*, *O mundo que o português criou*, *Uma cultura ameaçada e outros ensaios* (versão ampliada de *Uma cultura ameaçada: a luso-brasileira*), *Um brasileiro em terras portuguesas* (a 1ª edição publicada no Brasil) e a 3ª edição de *Vida, forma e cor*. A Editora Girafa publica *Em torno de Joaquim Nabuco*, reunião de textos que Gilberto Freyre escreveu sobre o abolicionista organizada por Edson Nery da Fonseca com colaboração de Jamille Cabral Pereira Barbosa. Gilberto Freyre é o autor homenageado da 10ª edição da Feira Nacional do Livro de Ribeirão Preto, realizada entre os dias 14 e 18 de junho. É também o autor homenageado da 8ª edição da Festa Literária Internacional de Paraty (Flip), ocorrida na cidade carioca entre os dias 4 e 8 de agosto. Para a homenagem, foram organizadas mesas com convidados nacionais e do exterior. A conferência de abertura, em 4 de agosto, é lida pelo ex-presidente Fernando Henrique Cardoso e debatida pelo historiador Luiz Felipe de Alencastro; no dia 5 realiza-se a mesa Ao correr da pena, com Moacyr Scliar, Ricardo Benzaquen e Edson Nery da Fonseca, com mediação de Ángel Gurría-Quintana; no dia 6 ocorre a mesa Além da casa-grande, com Alberto da Costa e Silva, Maria Lúcia Pallares-Burke e Ângela Alonso, com mediação de Lilia Schwarcz; no dia 8 realiza-se a mesa Gilberto Freyre e o século XXI, com José de Souza Martins, Peter Burke e Hermano Vianna, com mediação de Benjamim Moser. É lançado na Flip o tão esperado inédito de Gilberto Freyre *De menino a homem*, espécie de livro de memórias do pernambucano, pela Global Editora. A edição, feita com capa dura, traz um rico caderno iconográfico, conta com texto de apresentação de Fátima Quintas e notas de Gustavo Henrique Tuna. O lançamento do tão aguardado relato autobiográfico até então inédito de Gilberto Freyre realiza-se na noite de 5 de agosto, na Casa da Cultura de Paraty, ocasião em que o ator Dan Stulbach lê trechos da obra para o público presente. O Instituto Moreira Salles publica uma edição especial para a Flip de sua revista *Serrote*, com poemas de Gilberto Freyre comentados por Eucanaã Ferraz. A Funarte publica o volume 5 da Coleção Pensamento Crítico, intitulado *Gilberto Freyre, uma coletânea de escritos do sociólogo pernambucano sobre arte*, organizado por Clarissa Diniz e Gleyce Heitor.

2011 Realiza-se entre os dias 31 de março e 1º de abril na Universidade Lusófona, em Lisboa, o colóquio Identidades, hibridismos e tropicalismos: leituras pós-coloniais de Gilberto Freyre, com a participação de importantes intelectuais portugueses como Diogo Ramada Curto, Pedro Cardim, António Manuel Hespanha, Cláudia Castelo, entre outros. A Global Editora publica *Perfil de Euclides e outros perfis*, com texto de apresentação de Walnice Nogueira Galvão. O livro *De menino a homem* é escolhido vencedor na categoria Biografia da 53ª edição do Prêmio Jabuti. A cerimônia de entrega do prêmio ocorre em 30 de novembro na Sala São Paulo, na capital paulista. A 7ª edição da Festa Literária Internacional de Pernambuco (Fliporto), realizada entre os dias 11 e 15 de novembro na Praça do Carmo, em Olinda, tem Gilberto Freyre como autor homenageado, com mesas dedicadas a discutir a obra do sociólogo. Participam das mesas no Congresso Literário da Fliporto intelectuais como Edson Nery da Fonseca, Fátima Quintas, Raul Lody, João Cezar de Castro Rocha, Vamireh Chacon, José Carlos Venâncio, Valéria Torres da Costa e Silva, Maria Lecticia Cavalcanti, entre outros. Dentro da programação da Feira, a Global Editora lança os livros *China tropical*, com texto de apresentação de Vamireh Chacon, e *O outro Brasil que vem aí*, publicação voltada para o público infantil que traz o poema de Gilberto Freyre ilustrado por Dave Santana. No mesmo evento, é lançado pela Editora Cassará o livro *O grande sedutor: escritos sobre Gilberto Freyre de 1945 até hoje*, reunião de vários textos de Edson Nery da Fonseca a respeito da obra do sociólogo. Publica-se pela Editora Unesp o livro *Um estilo de história A viagem, a memória e o ensaio: sobre Casa-grande & senzala e a representação do passado*, de autoria de Fernando Nicolazzi, originado da tese vencedora do Prêmio Manoel Luiz Salgado Guimarães de teses de doutorado na área de História promovido no ano anterior pela Anpuh.

2012 A edição de março da revista do Sesc de São Paulo publica um perfil de Gilberto Freyre. A Global Editora publica a 2ª edição de *Talvez poesia*, com texto de apresentação de Lêdo Ivo e dois poemas inéditos: "Francisquinha" e "Atelier". Pela mesma editora, publica-se a 2ª edição do livro *As melhores frases de Casa-grande & senzala: a obra-prima de Gilberto Freyre*, organizado por Fátima Quintas. Publica-se pela Topbooks o livro *Caminhos do açúcar*, de Raul Lody, que reúne temas abordados pelos trabalhos do sociólogo pernambucano. A Editora Unesp publica o livro *O triunfo do fracasso: Rüdiger Bilden, o amigo esquecido de Gilberto Freyre*, de Maria Lúcia Pallares-Burke, com texto de orelha de José de Souza Martins. A Fundação Gilberto Freyre promove em sua sede, em 10 de dezembro, o debate "A alimentação na obra de Gilberto Freyre, com presença de Maria Lecticia Monteiro Cavalcanti, pesquisadora em assuntos gastronômicos.

2013 Publica-se pela Fundação Gilberto Freyre o livro *Gilberto Freyre e as aventuras do paladar*, de autoria de Maria Lecticia Monteiro Cavalcanti. Vanessa Carnielo Ramos defende, no Departamento de História do Instituto de Ciências Humanas e Sociais da Universidade Federal de Ouro Preto, a dissertação de mestrado *À margem do texto: estudo dos prefácios e notas de rodapé de Casa-grande & senzala*. A Global Editora e a Fundação Gilberto Freyre abrem as inscrições para o 5º Concurso Nacional de Ensaios Prêmio Gilberto Freyre 2013/2014, que tem como tema Família, mulher e criança. Em 4 de outubro, inaugura-se no Centro Cultural dos Correios, no Recife, a exposição Recife: Freyre em frames, com fotografias de Max Levay Reis e cocuradoria de Raul Lody, baseada em textos do livro *Guia prático, histórico e sentimental da cidade do Recife*, de Gilberto Freyre. Publica-se pela Global Editora uma edição comemorativa de *Casa-grande & senzala*, por ocasião dos oitenta anos de publicação do livro, completados no mês de dezembro. Feita em capa dura, a edição traz nova capa com foto do Engenho Poço Comprido, localizado no município pernambucano de Vicência, de autoria de Fabio Knoll, e novo caderno iconográfico, contendo imagens relativas à história da obra-mestra de Gilberto Freyre e fortuna crítica. Da tiragem da referida edição, foram separados e numerados 2013 exemplares pela editora.

2014 Nos dias 4 e 5 de fevereiro, no auditório Manuel Correia de Andrade do Centro de Filosofia e Ciências Humanas da Universidade Federal de Pernambuco, realiza-se o evento Gilberto Freyre: vida e obra em comemoração aos 15 anos da criação da Cátedra Gilberto Freyre, contemplando palestras, mesas-redondas e distribuição de brindes. No dia 23 de maio, em evento da Festa Literária Internacional das UPPs (FLUPP) realizado no Centro Cultural da Juventude, sediado na capital paulista, o historiador Marcos Alvito profere aula sobre Gilberto Freyre. Entre os dias 12 e 15 de agosto, no auditório do Instituto Ricardo Brennand, no Recife, Maria Lúcia Pallares-Burke ministra o VIII Curso de Extensão Para ler Gilberto Freyre. Realiza-se em 11 de novembro no Empório Eça de Queiroz, na Madalena, o lançamento do livro *Caipirinha: espírito, sabor e cor do Brasil*, de Jairo Martins da Silva. A publicação bilíngue (português e inglês), além de ser prefaciada por Gilberto Freyre Neto, traz capítulo dedicado ao sociólogo pernambucano intitulado "Batidas: a drincologia do mestre Gilberto Freyre".

2015 Publica-se pela Global Editora a 3ª edição de *Interpretação do Brasil*, com introdução e notas de Omar Ribeiro Thomaz e apresentação de Eduardo Portella. Publica-se pela editora Appris, de Curitiba, o livro *Artesania da Sociologia no Brasil: contribuições e interpretações de Gilberto Freyre*, de autoria de Simone Meucci. Pela Edusp, publica-se a obra coletiva *Gilberto Freyre: novas* *leituras do outro lado do Atlântico*, organizada por Marcos Cardão e Cláudia Castelo. Marcando os 90 anos da publicação do *Livro do Nordeste*, realiza-se em 2 de setembro na I Feira Nordestina do Livro, no Centro de Convenções de Pernambuco, em Olinda, um debate com a presença de Mário Hélio e Zuleide Duarte. Sob o selo Luminária Academia, da Editora Multifoco, publica-se *O jornalista Gilberto Freyre: a fusão entre literatura e imprensa*, de Suellen Napoleão.

2016 A Global Editora e a Fundação Gilberto Freyre abrem as inscrições para o 6º Concurso Nacional de Ensaios Prêmio Gilberto Freyre 2016/2017. Realiza-se entre 22 de março e 8 de maio no Recife, na Caixa Cultural, a exposição inédita "Vida, forma e cor", abordando a produção visual de Gilberto Freyre e explorando sua relação com importantes artistas brasileiros do século XX. Na sequência, a mostra segue para São Paulo, ocupando, entre os dias 21 de maio e 10 de julho, um dos andares da Caixa Cultural, na Praça da Sé. Em 14 de abril, Luciana Cavalcanti Mendes defende a dissertação de mestrado *Diários fotográficos de bicicleta em Pernambuco: os irmãos Ulysses e Gilberto Freyre na documentação de cidades na década de 1920* dentro do Programa de Pós-Graduação "Culturas e Identidades Brasileiras" do Instituto de Estudos Brasileiros da USP, sob a orientação da Profa. Dra. Vanderli Custódio. Publica-se pela Global Editora a 2ª edição de *Tempo de aprendiz*, com apresentação do jornalista Geneton Moraes Neto. Em 25 de outubro, na Fundação Joaquim Nabuco, em sessão do Seminário de Tropicologia organizada pela Profa. Fátima Quintas, o Prof. Dr. Antonio Dimas (USP) profere palestra a respeito do *Manifesto Regionalista* por ocasião do aniversário de 90 anos de sua publicação.

2017 O ensaio *Gilberto Freyre e o Estado Novo: região, nação e modernidade*, de autoria de Gustavo Mesquita, é anunciado como o vencedor do 6º Concurso Nacional de Ensaios Prêmio Gilberto Freyre 2016/2017, promovido pela Fundação Gilberto Freyre e pela Global Editora. A entrega do prêmio é realizada em 15 de março na sede da fundação, em Apipucos, celebrando conjuntamente os 30 anos da instituição, criada para conservar e disseminar o legado do sociólogo. Publicam-se pela Global Editora o livro *Cartas provincianas: correspondência entre Gilberto Freyre e Manuel Bandeira*, com organização e notas de Silvana Moreli Vicente Dias, e *Algumas assombrações do Recife Velho*, adaptação para os quadrinhos de sete contos extraídos do livro *Assombrações do Recife Velho*: "O Boca-de-Ouro", "Um lobisomem doutor", "O Papa-Figo", "Um barão perseguido pelo diabo", "O visconde encantado", "Visita de amigo moribundo" e "O sobrado da rua de São José". A adaptação é de autoria de André Balaio e Roberto Beltrão; a pesquisa, realizada por Naymme Moraes e as ilustrações, concebidas por Téo Pinheiro.

2018 Em fevereiro, é publicado pela Global Editora o livro *Gilberto Freyre e o Estado Novo: região, nação e modernidade*, de Gustavo Mesquita. A Editora Gaia lança a 2ª edição da obra *Gilberto Freyre e as aventuras do paladar*, de Maria Lecticia Monteiro Cavalcanti. Em abril, é publicada pela Editora Massangana a obra coletiva *O pensamento museológico de Gilberto Freyre*, organizada por Mario Chagas e Gleyce Kelly Heitor.

2019 Realiza-se, em março, em cerimônia na Fundação Gilberto Freyre, a entrega do Prêmio Gilberto Freyre 2018/2019 a Claudio Marcio Coelho, autor do ensaio vencedor intitulado *Os sherlockismos de Gilberto Freyre: a antecipação metodológica freyriana nas décadas de 1920 e 1930*. Na mesma ocasião, é lançada a antologia *Gilberto Freyre crônicas para jovens*, prefaciada e selecionada por Gustavo Henrique Tuna, publicada pela Global Editora. Encerrando o ciclo de conferências daquele ano da Academia Brasileira de Letras, o acadêmico Joaquim Falcão profere, em 5 de dezembro, a palestra "Na varanda, com Gilberto Freyre" na sede da instituição, na cidade do Rio de Janeiro.

2020 A Cepe (Companhia Editora de Pernambuco) relança o livro *O Brasil de Gilberto Freyre: uma introdução à leitura de sua obra*, de autoria de Mario Helio. A nova edição traz ilustrações de Zé Cláudio e prefácio de Kathrin Rosenfield. Realiza-se entre os dias 25 e 26 de fevereiro na Universidade de Salamanca, Espanha, o Congresso Internacional de Ciências Sociais e Humanas – A obra de Gilberto Freyre nas Ciências Sociais e Humanas na contemporaneidade, promovido pelo Centro de Estudos Brasileiros daquela universidade. A Global Editora e a Fundação Gilberto Freyre lançam o 1º Concurso Internacional de Ensaios Prêmio Gilberto Freyre 2020/2021, possibilitando, assim, que trabalhos de autoria de pesquisadores de outros países possam ser inscritos no já consagrado concurso literário dedicado à obra do sociólogo pernambucano.

2021 O historiador britânico Peter Burke publica pela Editora Unesp o livro *O polímata – Uma história cultural de Leonardo da Vinci a Susan Sontag*, no qual realiza uma instigante reflexão sobre Gilberto Freyre. Publica-se pela Global Editora o livro *Os sherlockismos de Gilberto Freyre: a antecipação metodológica freyriana nas décadas de 1920 e 1930*, de Claudio Marcio Coelho. É divulgado o resultado do 1º Concurso Internacional de Ensaios Prêmio Gilberto Freyre 2020/2021. O ensaio vencedor é de autoria de Cibele Barbosa, pesquisadora da Fundação Joaquim Nabuco, e intitula-se *Escrita histórica e geopolítica da raça: a recepção de Gilberto Freyre na França*. Em junho, na Universidade de Salamanca, Espanha, Pablo González-Velasco defende a tese de doutorado *Gilberto Freyre y España: la constante iberista en su vida y obra* no Programa de Ciências Sociais daquela universidade, na área de Antropologia.

2022 Sai pela Cepe o livro *A história íntima de Gilberto Freyre*, de autoria de Mario Helio Gomes. Em 18 de maio, a Casa-Museu Magdalena e Gilberto Freyre, situada em Apipucos, Recife, reabre para a visitação do público após ter ficado fechada durante dois anos em virtude de um amplo processo de restauro do imóvel e de conservação de seu acervo.

Nota: após o falecimento de Edson Nery da Fonseca, em 22 de junho de 2014, autor deste minucioso levantamento biobibliográfico, sua atualização está sendo realizada por Gustavo Henrique Tuna e tenciona seguir os mesmos critérios empregados pelo profundo estudioso da obra gilbertiana e amigo do autor.

Apêndice 2 – Edições de *Sobrados e mucambos*

Brasil

1936   *Sobrados e mucambos, decadência do patriarchado rural no Brasil*. 1ª ed. São Paulo, Companhia Editora Nacional. Prefácio do autor.

1951   *Sobrados e mucambos, decadência do patriarcado rural e desenvolvimento do urbano*. 2ª ed. 3 vols. Rio de Janeiro, José Olympio. Prefácios do autor. Ilustrações de Lula Cardoso Ayres, Manoel Bandeira, Carlos Leão e do autor.

1961   3ª ed. 2 vols. Rio de Janeiro, José Olympio. Prefácios do autor. Ilustrações de Lula Cardoso Ayres, Manoel Bandeira, Carlos Leão e do autor.

1968   4ª ed. 2 vols. Rio de Janeiro, José Olympio. Prefácios do autor. Ilustrações de Lula Cardoso Ayres, Manoel Bandeira, Carlos Leão e do autor.

1977   5ª ed. 2 vols. Rio de Janeiro, José Olympio, Brasília, INL. Prefácios do autor. Ilustrações de Lula Cardoso Ayres, Manoel Bandeira, Carlos Leão e do autor.

1981   6ª ed. 2 vols. Rio de Janeiro, José Olympio. Prefácios do autor. Ilustrações de Lula Cardoso Ayres, Manoel Bandeira, Carlos Leão e do autor.

1985   7ª ed. 2 vols. Rio de Janeiro, José Olympio, Brasília, INL. Prefácios do autor. Ilustrações de Lula Cardoso Ayres, Manoel Bandeira, Carlos Leão e do autor.

1990   8ª ed. Rio de Janeiro, Record. Prefácios do autor. Ilustrações de Lula Cardoso Ayres, Manoel Bandeira, Carlos Leão e do autor.

1996   9ª ed. Rio de Janeiro, Record. Prefácios do autor. Ilustrações de Lula Cardoso Ayres, Manoel Bandeira, Carlos Leão e do autor.

1998   10ª ed. Rio de Janeiro, Record. Prefácios do autor. Ilustrações de Lula Cardoso Ayres, Manoel Bandeira, Carlos Leão e do autor.

2000   11ª ed. Rio de Janeiro, Record. Prefácios do autor. Ilustrações de Lula Cardoso Ayres, Manoel Bandeira, Carlos Leão e do autor.

2000 12ª ed. Rio de Janeiro, Record. Prefácios do autor. Ilustrações de Lula Cardoso Ayres, Manoel Bandeira, Carlos Leão e do autor.

2002 13ª ed. Rio de Janeiro, Record. Prefácios do autor. Ilustrações de Lula Cardoso Ayres, Manoel Bandeira, Carlos Leão e do autor.

2003 14ª ed. São Paulo, Global. Apresentação de Roberto DaMatta.

2004 15ª ed. São Paulo, Global. Apresentação de Roberto DaMatta.

2006 São Paulo, Global. Apresentação de Roberto DaMatta. (Edição comemorativa de 70 anos de publicação da obra)

Estados Unidos

1963 *The mansions and the shanties, the making of modern Brazil*. New York, Alfred A. Knopf. Introdução de Frank Tannembaun. Trad. de Harriet Onís.

1980 2ª ed. Westport, Greenwood. Introdução de Frank Tannembaun. Trad. de Harriet Onís. Ilustrações de Lula Cardoso Ayres, Manoel Bandeira, Carlos Leão e Gilberto Freyre.

1986 3ª ed. Los Angeles, University of Califórnia. Introdução de Frank Tannembaun e E. Bradford Burns. Trad. de Harriet Onís. Ilustrações de Lula Cardoso Ayres, Manoel Bandeira, Carlos Leão e Gilberto Freyre.

Alemanha

1982 *Das land in der stadt, die entwicklung der urbanen gesellschaft Brasilens*. Sttugart. Klett Cotta. Trad. de Ludwig Graf Schöenfeldt. Ilustrações de Manoel Bandeira.

1990 2ª ed. Sttugart. Klett Cotta. Trad. de Ludwig Graf Schöenfeldt.

Portugal

1962 *Sobrados e mucambos, decadência do patriarcado rural e desenvolvimento do urbano*. Lisboa, Livros do Brasil. Prefácio do autor. 2v.

Itália

1972 *Case e catapechie, la decadenza del patriarcato rurale brasiliano e lo sviluppo della famiglia urbana*. Torino, Giulio Einaudi. Prefácio do autor. Tradução de Alberto Pescetto.

Índice remissivo

A

Açúcar
    base econômica de Recife e Salvador, 129
    desprestígio econômico, 155, 156
    falsificação, 123
    obra dos judeus no Brasil, 114
    produção ameaçada pela usura dos bancos, 156
    produção modificada pela introdução de máquinas a vapor, 678
África do Sul
    semelhanças com o Brasil, 780
"Agregados", 65, 66
Agricultura brasileira
    destruidora da natureza, 124, 125
    papel importante do escravo, 406
    presença de imigrantes europeus no séc. XIX, 455
Alcoolismo no Brasil, 280, 281, 785
Alfaiates, 163
Alimentação brasileira
    deficiente nos sobrados, 234
    dos escravos, 404
    dos escravos nas áreas industrializadas, 401
    escassez de gêneros alimentícios, 285, 360, 361
    escravos, segundo Rugendas, 406, 408
    europeização, 458, 518
    europeização (desvantagens), 461
    insipidez e pobreza na mesa dos senhores, 404
    presença marcante de bebidas alcoólicas, 280, 281, 282
    problema de abastecimento de víveres, 283, 284, 286
    superior nas senzalas e mucambos menos desafricanizados, 405
    superstições, 344
    vinhos falsificados, 282, 283
América inglesa
    e o Brasil, 224, 658, 748
Ancas, 220
Angelismo ou culto dos meninos mortos, 202, 236
Antagonismos em conflito no Brasil, 30, 270, 275, 513, 514, 517, 535, 711, 750, 807, 808
Anúncios em jornais brasileiros do séc. XIX, 322
    artigos europeus que imitavam os orientais, 583
    artigos orientais, 571, 572, 574, 575, 576, 581, 582, 592
    artistas de daguerreótipo, 767
    bengalas da Índia, 591
    brinquedos, 417
    cadeiras inglesas, 462
    caixeiros fugidos, 391
    calçados ingleses, 648, 696
    camas, 375
    candeeiros franceses, 340
    carruagens europeias, 457

casas com "quartos para creados
    ou escravos", 352
casas de sítio, 308
casas térreas, 362
casas urbanas pintadas de vermelho
    ou amarelo, 332
"casas-grandes", 305
cavalos só para carros, 672
chácaras, 353
chapéus de sol orientais, 576
cirurgiões procurados, 172
coches, 278
comidas importadas, 458
cosméticos de fabricação europeia, 221
cuspideira, 154
distinção entre cabra-bicho e cabra-mulher para o
    aleitamento infantil, 504, 546
elucidativos a respeito do patriarcalismo, 92
escravos carregadores marcados por "coroas", 634
escravos fugidos, 327, 735, 774
escravos fugidos das casas burguesas, 327
espartilhos, 220
esteiras para janelas, 579
gamelas, 314, 367
gravuras, 340
importância de seu estudo, 39, 40
jarros de louça para jardins, 369
lampiões norte-americanos, 417
leilão de porcelanas e pratas, 376
máquinas, 671, 673, 674, 675, 676
maquinistas ou técnicos europeus, 705
missas em capelas particulares, 239
mobiliário oriental, 596
modinhas, 152
móveis europeus, 341
mucamas à venda, 337
mulatos fugidos, 736
negros fugidos, 92, 181
negros, negras, mulatos e mulatas, 279
negros roubados às cidades para os engenhos, 158
parteiras, 355
pássaros, 257
pianos, 518
plantas e flores europeias, 255
portugueses procurando trabalho, 390

raptos de moças, 247
remédio para reconstituição do hímem das
    mulheres, 279
remédios, 279, 417, 503, 545
remédios para as classes mais altas, 503, 545
sacerdotes à procura de trabalho em casas-grandes
    e chácaras, 263
selins, 580
sobradinhos, 362
sobrados com oratórios, 263
sobrados do Rio de Janeiro, 331
tamancos, 506
técnicos e artistas europeus, 456
velas de cera da Índia, 617
vinhos franceses, 282
Araçá, 143
Areópagos, 161, 162
Arquitetura
    das casas de sítio, 323
    dos mucambos, 347, 414
    dos sobrados, 306, 309, 317, 422
    elogio de L. L. Vauthier ao caráter
        ecológico da arquitetura doméstica
        desenvolvida no Brasil, 370
    europeização, 455, 456, 465, 556
    influência asiática, 430
    influência holandesa, 273, 354
    influência moura no Brasil, 312
    orientalismo, 556, 564
    reeuropeização do Brasil, 331, 333
Assistência social
    origem, 147
Aventureiros
    das minas, 111, 136, 137
Avuncularismo, 250

B

Bacalhau, 164
Bacharéis
    afrancesados, 720
    ascensão, 74, 112, 122, 196, 197, 199, 205, 246,
        712, 713, 720, 722, 724, 740,
        760, 767, 770

ascensão dos genros, 724
contestadores da ordem patriarcal, 122
descrição de seu vestuário, 502
desrespeito em relação aos seus ancestrais, 127
força nova e triunfante, 711
formação europeia, 712, 714, 715, 716, 717, 720, 721, 724, 732, 760
"inimigos da aristocracia matuta", 716
liberalismo, 688
lusofobia, 392
melhor reputação que a dos caixeiros, segundo artigo de jornal recifense, 395
militares, 726
mística do bacharel moço, 713
"morenos", 718
mulatos, 715, 718, 723, 728, 732, 733, 739
mulatos: generalização do uso do chapéu, 739
mulheres ("bacharelas"), 225
nativistas, 716, 717
origem biológica e traços físicos, 712
responsáveis pela Abolição e pela República, 724
revolta dos jovens em relação aos velhos, 200
revoluções, 717, 718
traço quase romântico da falta de saúde, 194
uso de beca, 184
vestuário, 722
"vida de conhaque e de vadiação com mulheres", 196
Bacharelismo
educação acadêmica e livresca, 194
"idealização doentia da mocidade doente", 195
moços que imitavam os velhos, 198
"Baetas", 169, 280, 355
Bahia
colégio de padres descrito por Gabriel Soares de Sousa, 202
declínio do patriarcado rural, 135
demonstrações da capacidade revolucionária dos negros, 491
falsificação de vinhos, 283
grande área de comércio com o Oriente, 569, 570
loja maçônica no séc. XIX, 241
moda do jardim em torno às casas, 254
modinha recolhida por Wetherell, 152
porto intermediário de navios ingleses para o Oriente, 568
"primeiro centro de cultura médica no Brasil", 440
segregação do Brasil da Europa não ibérica, 430
"Baiano"
duplo sentido da palavra, 501
Bailes
de máscaras, 226, 227, 228
públicos, 226
Bancos
desprestigiadores "da majestade das casas-grandes", 121
"desprestigiadores da gente rural endividada", 112, 131
usura, 156
Bandeirantes, 667
contribuição para a diferenciação cultural em relação à Portugal, 67
traços patriarcais, 64
Banguês
origem oriental, 577
Banzo, 548
Bigamia
no Brasil Colônia, 179
Boceteiras, 141, 170
"Bodes", 169
Bororo, 211
Bosquímanos, 211
Botocudos, 211
Brasil
amalgamento de raças e culturas, 474, 475
ambiente de mobilidade social (vertical e horizontal), 802, 803
ambiente de reciprocidade entre as culturas, 802, 806, 807
assimilação criativa dos valores orientais, 558
campo político: domínio masculino, 225
cidades patriarcais, 54
colonização: tendência individualista, 219
concentração de renda, 302
condição dos degredados, 494
consciência de cor, 730
degradação da cultura atrasada pelo contato com a adiantada, 445

desenvolvimento da atividade comercial, 394, 399
e a América inglesa, 224, 727
escravidão: comparação com a
    América inglesa, 658
Estado: o grande asilo das fortunas
    desbaratadas da escravidão,
    segundo Joaquim Nabuco, 123
europeização, 74, 75, 76, 220, 226, 252, 253,
    419, 429, 445, 451, 453, 454, 455, 456,
    458, 459, 460, 461, 462, 463, 470, 469,
    485, 507, 510, 513, 516, 518, 556, 557, 565,
    579, 584, 586, 593, 594, 600, 647, 648, 669,
    670, 671, 672, 673, 674, 676, 677, 680,
    712, 715, 721, 732, 738, 739, 740
exploração das matas, 332
família patriarcal ou tutelar, 58
formação aristocrática, 501
formação histórica: maternalismo, 138
formação patriarcal: máxima diferenciação entre
    os sexos, 208
formação social: papel estabilizador da mulher, 219
formação social: predominância de figuras
    senhoris ou superiores, 502, 503
futuro segundo os reis de Portugal, 166
importância de ter nome de família ilustre, 250
industrialização, 464
industrialização: despersonalização das relações
    de senhor com escravo, 403
influência inglesa, 154, 336, 429
influência moura, 313
integração social ou nacional incompleta, 136
maçonaria, 241
mística popular em torno dos títulos militares, 721
orientalismo, 551, 552, 741, 742
origem da ausência de W. C. públicos limpos, 316
país de possibilidades de ascensão social
    rápida, 802
"país semifeudal em sua economia", 560
"parentesco ecológico" antigo como
    o Oriente, 552
patriarcalismo como elemento de unidade, 63
predominância do status político sobre a cor, 488
predominância do status religioso
    sobre a raça, 488

prestígio do comércio no séc. XIX, 393, 398, 399
revolução técnica e social após 1808, 677, 678
séc. XIX: ascensão do bacharel, 714
séc. XIX: despersonalização das relações entre
    senhor e escravo, 660
séc. XIX: "frequentes conflitos sociais e de cultura",
    514
séc. XIX: grande mortalidade infantil e feminina,
    789
séc. XIX: início da "era da máquina", 650
séc. XIX: mobilidade das raças, 806
séc. XIX : "predominância do caráter sociológico
    da branquidade sobre o biológico", 764
séc. XIX: "reeuropeização", 422, 431, 432, 433,
    436, 510, 513, 605, 740
séc. XIX: sob a obsessão dos "olhos dos
    estrangeiros", 554
séc. XIX: transição do familismo para
    o estatismo, 593
sécs. XVI ao XIX: organização feudal, 474
sistema patriarcal escravocrático, 67
sociedade: primeira grande civilização moderna
    nos trópicos, 59
sociedade patriarcal: semelhança com a Índia
    portuguesa, 602, 603
tendência de idolatria de líderes com traços
    do povo, 800
tendência de integração das "gentes de cor", 488
transição do patriarcalismo absoluto para o
    semipatriarcalismo, 238
urbanização, 126, 253, 270, 293, 299, 306, 464,
    684
Brasil Colônia
    corrupção da língua portuguesa, 188
    créditos para o senhor de engenho, 141
    diferença regional de estilos de vida, 138
    homens que a metrópole enviava para o governo
        do Brasil, 198
    luta entre a Metrópole e as oligarquias rurais e dos
        senados e das Câmaras, 193
    período de maior senso de contemporização, 514
    projeção política da atividade dos estrangeiros, 451
    Recife: primeira "cidade moderna", 299
    sociedade feudal, 174

Brasil Império
  ascensão do bacharel e do mulato, 711
  agricultura dependente da atividade comercial, 386
  aumento da tuberculose, 434
  ausência de contemporização por parte das câmaras municipais, 515
  D. Pedro II, imperador de sobrecasaca, 434
  "dissolução dos costumes", 279
  europeização, 226, 236, 252, 253
  europeização causadora de "muito artigo falsificado", 461
  excesso de tributos, 383
  "falta de um pé médio brasileiro", 737
  função importante de mulheres educadas, 228
  industrialização, 464, 675, 676
  medo da mancha mongólica no Brasil, 561, 562, 609,
  "país de mestiços", 725
  "Passeio público", 254
  período de formação do povo brasileiro, 27
  prestígio do título de "bacharel" e de "doutor", 722
  proposta de zoneamento das cidades, 330
  "reeuropeização em sentido quase sempre antiportuguês, 254
  sociedade, até certo ponto, feudal, 174
  urbanização, 126, 253, 270, 293, 299, 306, 464, 484
  vestuário: "ar de luto fechado", 434
Brasileiro
  adaptação aos trópicos, 59
  costume de bater palmas à porta para se anunciar, 587
  culto de Maria, 83
  culto do pé pequeno e bonito, 650
  desejo de estabelecer intimidade, segundo Sérgio Buarque, 793
  hábido de comer depressa, 339
  influência da casa, 36
  maternalismo, 79
  negligência em relação à obra de seu antepassado, 46
  personalismo, 78
  privatismo patriarcal ou semipatriarcal, 37

  produto de quatro séculos de interpenetração de influências de culturas diversas, 51
  rivalidade com o comerciante ou artífice europeu, 463
  rural (fraco sentimento de solidariedade), 148
  tendência para a contemporização no plano político, 126
  tendência para a harmonização no plano jurídico, 126
Brasileiros
  anglomania no séc. XIX, 648
  arcaísmo de muitos proprietários (resistência aos melhoramentos mecânicos), segundo John Mawe, 662
  avidez pela posse de conhecimento ou inventos europeus, segundo Robert Walsh, 662
  configurações psicológicas diversas, 803
  cordialidade, 790, 791
  europeização excessiva, segundo Gilberto Freyre, 458
  mistificação da aparência nas fotografias, 768
  necessidade de desassombramento, segundo os ocidentalistas, 557
  romantismo boêmio, 388
  temperamento das raças, 804
  tendência dos jovens se vestirem como velhos, 507
  tendência para a oratória, 438
  uso generalizado de rapé, 485
  vantagens e desvantagens da influência europeia, 436
Bumba-meu-boi, 118, 384, 621

C

"Cabeças-chatas", 807
Cabriolet, 578
Caduveo, 211
Café
  alicerce da nobreza paulista, 501
  causa do nervosismo, 418
  introdução no Brasil do escravo como máquina, 296
  moagem e torrificação por aparelhos modernos, 252

popularização no séc. XIX, 337
preponderância sobre o açúcar na segunda metade
  do séc. XIX, 155
surto no Brasil, 156
"transição da economia patriarcal para a
  indústria", 296
Cafuné, 522, 597, 598, 599, 600, 743
Câmaras e senados
  inércia no Brasil colônia, 289, 292
Câmaras municipais
  a serviço de interesses particulares, 289
  desatenção em relação aos problemas de higiene
    urbana, 330
  indiferença em relação à comercialização
    criminosa da arquitetura pela economia
    privada, 329
  inércia, 292
  medidas de cunho europeizante, 512
  Recife: desprezo pelo vestuário dos matutos e
    sertanejos, 508
  Recife: reclamações em relação ao "contrabando
    de carnes verdes", 291
Camélias, 254
Cana-de-açúcar
  declínio econômico, 155, 156
Canudos, 30, 487, 488, 529
Capangas, 151
Capoeira
  alternativa para a falta de armas de fogo,
    511, 644
  ambiente em que era praticada, 652
  estudo feito por Luís R. de Almeida,
    696, 697, 698, 699, 700
  introdução de faca ou navalha, 652, 653
  jogo afro-brasileiro, 652
  negro capoeira como conservador da ordem social
    contra o agressor estrangeiro, 651, 655, 656
  utilizada para matar brancos, 654
Cará, 142, 143
"Carioca"
  sentido pejorativo da expressão, 492, 501
Carnaval
  africanidade, 227
  bailes mascarados, 226, 227

coexistência do fino e do plebeu, 227
meio de desobstrução psíquica e social no Brasil
  patriarcal, 228
origem indiana, 612
zona de confraternização no Brasil, 31
Carne-seca, 118
Carpinteiros, 163
Casa
  assobradada, 323
  da Carioca, 302
  de sítio, 308, 313, 322, 323
  e a rua, 272, 750
  elemento de diferenciação social, 299
  híbrida: metade térrea, metade sobrado, 310
  influência social poderosa sobre o homem e a
    mulher, 269
  objeto de estudo de Gilberto Freyre, 38
  simplicidade das casas dos fazendeiros mais ricos,
    446, 467
  superstições, 342, 344
  térrea, 555
Casa-grande
  atenuação acerca de sua tendência conservadora,
    161
  centro da integração social brasileira, 138
  centro de um sistema rural de economia e de
    família no Brasil, 305
  degradação, 46
  diminuição de seu volume e de sua complexidade
    social, 270
  e senzala (complexo transregional), 70
  e senzala: "quase maravilha de acomodação", 30
  episódios nos quais manifestou tendência liberal,
    162
  europeização, 154
  exemplo arquitetônico, 59
  "homens de cor" entre os "ricos plantadores",
    498
  influência decisiva sobre a família patriarcal, 269
  maternalismo, 83
  pioneira em "qualidades e em condições de
    higiene e de adaptação ao meio tropical", 326
  residência de verão, 308
  sadismo presente, 180

vinho adocicado de caju característico da
    hospitalidade, 142
Casamento
    meio de ascensão do bacharel pobre, 722
Casamentos
    consanguíneos no Brasil patriarcal, 242
    de "brancos com mulheres de cor", segundo
        Rugendas, 757, 758
    de ingleses com moças de famílias importantes, 667
    entre católicos e acatólicos, 629
    holandeses com filhas de senhores de engenho, 108
    meio de ascensão social, 112, 722
Casas de caridade, 83, 85, 86
Castrati, 151, 588
Catolicismo brasileiro
    amorenamento, amulatamento, 799, 800
    culto da "sola do sapato de Nossa Senhora", 646
    "elemento poderoso de integração brasileira", 799
    festivo, 151
    orientalismo na decoração das igrejas, 596
    papel do sino de igreja cristão no Rio de Janeiro, 379
    santos para achar objetos perdidos, 346
    sincrético, 657
    uniformidade da fé católica, 107
    vitória sobre o calvinismo, 443
Cavalo
    animal símbolo do sexo masculino no Brasil
        patriarcal, 217
Cérebro
    indiferença entre os sexos, 221, 222
Chá
    da China, 552
    introdução da cultura no Brasil, 610
    introdução oriental, 561
    variedades no Brasil no séc. XIX, 573
Chinas, 489
Cidades brasileiras
    "aldeias africanas": forte presença negra, 373
    ativa presença judaica, 113
    atividades mecânicas, comerciais e industriais a
        serviço dos sobrados, 251
    atraentes para os bacharéis, 122
    centros de grandes reformadores da administração
        e higiene, 160
    "centros de usura", 160
    coloniais: condições de higiene, 178
    conflito entre Olinda e Recife, 109
    desenvolvimento, 30, 74, 106, 109, 118, 147
    efeitos da febre amarela, 688
    erros na sua construção, 300
    europeização, 455
    funções de assistência social e medicina
        pública, 147
    jardins com plantas europeias, 586
    luta aberta contra as oligarquias rurais e dos
        senados das câmaras, 193
    maiores - o "paraíso dos mulatos", 748
    "ocidentalismo dos urbanistas", 565
    presença maciça dos negros, 751
    razões para a extensão de área, 306
    rivais da nobreza rural, 111
    subcidades africanas, 378
    superiores higienicamente às zonas rurais, 147
    urbanização comandada por ingleses e franceses,
        683
    urbanização no séc. XIX, 253
Ciganos, 141, 146, 169, 358, 373, 588, 589, 590, 615
Classes
    distâncias entre elas, 646
    no Brasil patriarcal, 474
Clima brasileiro
    influência importante na formação brasileira, 95
    influência sobre o vestuário, 740
    propiciador de doenças, 520
    resistência ao nórdico, 431
    semelhante ao do Oriente, 605
Coco-da-índia, 143
Coimbra, 217
Colégios
    com mestres franceses e ingleses, 437
Colégios de padres
    arquitetura grandiosa, 183, 202
    desinteresse pela elevação intelectual ou social do
        negro e do mulato, 747
    difusores de ideais universais e urbanos, 187
    oposição ao sistema patriarcal das
        casas-grandes, 185
    padronização da língua portuguesa
        no Brasil, 188, 189

pedagogia severa, 181, 186
Colégios de padres e seminários
  gosto pela disciplina, 187
Colporteur, 140
Comboeiro, 117
Confessionário
  função psicanalítica no Brasil patriarcal, 208, 237
Confrarias, 126, 147, 497, 499, 536, 537, 538
Coolies, 657
Cortiços
  condições subhumanas de vida, 300
  focos de epidemias, 363
  habitação preferida do proletariado, 299
  meio social onde nasciam os mulatos pobres, 749
  proliferação depois de 1888, 301
Cozinha brasileira
  abuso de condimentos, 337
  desprestígio nas cidades (quando comparada à sua importância no meio rural), 143
  europeização, 75, 76, 142, 251, 338, 402, 458, 461, 518
  influência inglesa no séc. XIX, 154
  influência judaica, 441
  nos sobrados, 143
  papel dos condimentos, 558
  patriarcal, 72
  peixes, 338
  presença das iaiás, 138
  presença de vegetais: herança africana, 402
Criança brasileira
  alerta de Azeredo Coutinho, 191
  vestuário europeizado, 436
Crimes
  cometidos por negros, 638, 639
  de família, 392
  em Pernambuco, 442
  no Brasil no séc. XIX, 253
Cristianismo no Brasil
  imagem de Cristo como um "judeu palidamente moreno", 800
  influenciado pelo islamismo e por outras formas africanas de religiosidade, 78
  vitória do catolicismo sobre o calvinismo, 443

Culinária brasileira
  europeização, 142, 251, 402, 461, 518, 731, 732
  influência judaica, 441
  largo uso do arroz, 338
  papel dos condimentos, 558
  peixes, 338
  presença de vegetais: herança africana, 402
  temperos do Oriente e da África, 337
Culto de Maria no Brasil, 83, 88
Culto pela mulher, 212, 213
Cultura
  ação do meio cultural sobre o mestiço, 792
  amalgamento de culturas no Brasil, 475
  ambiente de reciprocidade entre as culturas no Brasil, 802
  brasileira: herança ibérica ou hispânica, 448
  degradação da cultura atrasada pelo contato com a adiantada, 445
  desenvolvimento relacionado ao ambiente social, 806
  influência do "meio brasileiro" sobre os negros vindos da África, 762, 763
  opressão da cultura não europeia pela europeia, 513
  oriental na formação brasileira, 551
  reciprocidade entre as culturas no Brasil, 806, 807
Cuscuz, 173, 386, 419, 518, 552

D

Daguerreótipos, 38, 92, 741, 765, 766, 767
Danças
  capoeira, 511, 644, 696, 697
  carnavalescas: "quase todas dionisíacas", 531
  dos negros: proibições, 514
  europeização, 490, 532, 565
  fandangos, 490
  influências estrangeiras, 454
  lundu, 531
  negras, 150
  samba, 657
Doce com queijo, 73
Doenças
  aumento da tuberculose no Brasil império, 434

banzo, 548
causas sociais, 520, 521
cólera, 641, 642, 687
das mulheres nos sobrados, 221
"dos cavaleiros", 520
entre os bacharéis, 194, 195
febre amarela, 431, 464, 641, 688
importação de negros doentes para o Brasil, 373
no Recife, 276
no séc. XIX, 147
opilação, 520, 521
predominantes entre os escravos, 548
resistência antieuropeia no Brasil, 431
vício de comer terra, 520, 521
Domínio holandês,
07, 108, 273, 274, 275, 443, 449, 628, 630
Draiscene, 670

E

Economia brasileira
   comércio intenso com a Índia nos sécs. XVII e XVIII, 603
   decadência da economia escravista, 455
   escassez de gêneros alimentícios, 360, 361
   industrialização, 675
   mudanças no séc. XIX, 120, 121, 156
   papel motivador de revoluções no Brasil, 447
   privilégios concedidos aos ingleses, 132
   problema de abastecimento de víveres, 283, 284, 286
   relação forte com o Oriente, 559
   semifeudal, 560
Educação brasileira
   ensino do latim, 437, 438
   estudo da retórica nos autores latinos, 438
   jesuítica sobre o menino, 181, 182
   nos colégios de padres, 186, 187, 188, 203
Engenho
   desprestígio, 135
   e a praça, 135, 159
   local onde havia ação criadora dos homens na vida política, administrativa e literária, 160
Engenhos
   "base feudal da sociedade colonial", 173

costume de mandar benzê-los, 443
desprestígio, 121
do norte comparados às grandes fazendas do sul, 155
larga procriação de mulatos, 774
Ensino no Brasil
   Caraça, 185, 186, 203
   desprestígio do ensino do grego, 438
   desvantagens do ensino do latim ou outra língua morta, 437
   estudo da retórica nos autores latinos, 438
   liberalismo falso dos mestres franceses e ingleses, 437
   nos colégios de padres, 183, 187, 188, 203
Erotismo
   feminino e o lazer, 214
   na arte dos tempos patriarcais, 212
   na literatura dos tempos patriarcais, 212
Escravidão
   abalo grande com a epidemia de cólera asiática, 687
   alimentação dos escravos, 404, 406
   atenuação do sistema pela introdução de animais, 622, 625
   causadora do atraso, 662
   combatida por Luiz Gama e por Saldanha Marinho, 96
   comparação entre Brasil e Estados Unidos, 658
   despersonalização das relações entre senhor e escravo no séc. XIX, 659, 660
   efeitos nocivos para o desenvolvimento, segundo Theodoro Peckolt, 683
   ferida aberta, 114
   fundamento, 28
   grande número de escravos ociosos, 385
   higiene, 350
   importância do fim do tráfico legal de escravos, 685, 686, 709
   leis, 429
   nas civilizações antigas, 625
   obsolescência do escravo diante da introdução da máquina, 622, 669, 679, 681
   quase a mesma em todo o Brasil, 136
   semelhanças entre Brasil e Estados Unidos, 748

"sentimentalismo antiescravocrático", 402
Escravos
   alegres e inclinados à dança e à música no Rio de Janeiro, 155
   alimentação, 521
   alimentação, segundo o médico Manuel da Gama Lobo, 294, 295
   atuação como civilizadores, 409, 522
   base da riqueza colonial, 113
   "base de riqueza e de crédito", 125
   carregadores de palanquins, 625
   casas de saúde exclusivas, 505
   considerados como afilhados, 407
   contaminados por doenças dos brancos, 522
   de senzala "substituídos pelo pária de mucambo", 502
   depoimento de Rugendas sobre a alimentação deles, 406, 408
   "desprestigiados" pela roda, pela máquina, pelo cavalo, 457
   desviados de um engenho para outro, 158
   diferença entre os do serviço doméstico e os que trabalhavam nas ruas, 155
   dizimados pela cólera asiática, 687
   e matriarcalismo, 211
   energia para o trabalho explicada por Gilberto Freyre, 410
   fugidos, 296, 297
   fugidos: possível origem do uso da palha de coqueiro na cobertura de moradias, 298
   furtados de seus senhores, 157, 158, 159
   hábito da nudez, 411, 412
   hábito de fumar maconha, 485
   impedidos por lei de andarem armados, 511, 644
   importação do sul para o norte do Brasil, 156
   importância do número de escravos, 446
   importância para o senhor rural, 124
   melhores condições de vida que operários ou camponeses europeus livres, 401
   melhores nutridos que todos os outros, 402, 405
   mulatos claros para o serviço doméstico, 735, 748
   nos anúncios de jornais, 158
   nos mucambos, 379
   ociosos, 385
   papel do canto no trabalho, 511, 626, 634
   "pessoas de casa" (mães pretas, mucamas e malungos), 626
   predomínio do leite de escrava em meados do séc. XX, no Rio de Janeiro, 622
   proibição ao uso de calçados, 578
   propensão musical, 155
   responsáveis pela presença de vegetais nas mesas dos senhores, 401, 402
   satisfação quando tratados paternalmente, 659
   status dos boleeiros ou cocheiros, 672
   substituição pelos europeus, 455
   substituídos pelas máquinas, 622, 679, 681
   tratados como máquinas, 384, 661
   vestuário, 521
   vício de comer terra, 521
Espartilhos, 220, 233, 236, 415
Estado e dirigismo econômico, 164
Estados Unidos
   casos de superioridade do sentimento de classe sobre a cor, 727
   condição social dos negros e mulatos, 782
   mortalidade por tuberculose, 782
   uniões ilícitas de brancos com negras, 780
Estradas de ferro
   companhias repletas de mestiços, 668
   consequências no séc. XIX, 112
Eugenia, 712, 723, 726, 732, 733, 734, 735, 750, 759
Eurasiáticos, 781
Exército brasileiro
   contrato de soldados alemães durante o reinado de D. Pedro I, 702
   elemento de afirmação do poder, 510
   explicação de suas inquietações no séc. XIX, 726
   presença de bacharéis, 726

F

Família
   africana nas mucambarias (com "pais", "tios" e "malungos"), 413
   afro-brasileira, segundo Roger Bastide, 755

grande força permanente, 78
inventários, 376, 377
órgão renovador e descentralizador de poder, 78
Família brasileira
　facilitação de sua dispersão pela introdução do gás
　　para iluminação, 267
　história social marcada por desigualdades, 444
　maternalismo, 754
　sobrevivências africanas, segundo
　　Melville J. Herskovits, 755
Família patriarcal
　declínio, 246
　defendida no depoimento do jurista A. Coelho
　　Rodrigues, 248
　desprezo pela medicina pública, 147
　influência da casa, 269
　lentas e raras viagens, 628
Farmacopeia
　brasileira no séc. XIX, 251
　europeia no Brasil patriarcal, 458
Febre amarela, 688
Feijão
　fator de unificação brasileira, 256
Frades
　beneditinos - "os mais doces senhores de
　　escravos", 747
　contrabandistas, 287
　depoimento sobre a sexualidade no Brasil, 271
　estimuladores da mestiçagem, 746, 747
　franciscanos: "boêmios da ação religiosa em
　　contraste com os jesuítas", 439
　franciscanos: "primeiro arremedo de
　　universalidade" no Brasil, 438
　libertinagem, 119, 276
　negociantes, 287
Franceses no Brasil
　em Pernambuco, 706
　influência cultural no séc. XIX, 516
　relações com as pessoas "de cor", 665, 666
Fruta-pão, 143
Futebol
　"dança dionísica" do brasileiro, 739
　descendente da capoeiragem, 657
　jogadores quase todos mestiços no Brasil, 796

G

Galãs de teatro no Brasil patriarcal, 213
Gato
　função nos sobrados e casas patriarcais, 345
Ginástica, 145, 146, 194
"Godemes", 169, 170
Gringos, 141, 169, 373, 471, 588, 589, 615
Guerra
　contra os holandeses no Norte, 495
　"de índios contra brancos" (Cabanagem), 471
　diminuidora das distâncias entre classes e raças na
　　área gaúcha, 490
　dos Mascates, 168, 175

H

Higiene
　da mulher, 236
　das senzalas, 548
　nas cidades, 147
　nas vilas e cidades coloniais, 178
　no séc. XIX, 146
　pessoal dos asiáticos, 562
　pública: falta de saneamento nas cidades,
　　315, 316
　pública: precária, 313
　pública: preocupação das câmaras municipais, 330
　urbana: especialidade de ingleses e franceses, 683
História do Brasil
　coexistência de matriarcado e patriarcado, 250
　desajustamentos profundos, 40
　distâncias sociais entre grupos e regiões, 807
　importância da mulher e do menino, 101
　importância do nome de família, 250
　marcada pelo patriarcalismo, 60, 63
　presença judaica, 115
　relações entre as áreas de maior mestiçagem e o
　　surgimento de grandes homens, 809
　tendência de integração das "gentes de cor", 488
　valor do estudo da história regional,
　　491, 492, 493
Holandeses no Brasil
　arquitetura, 272, 273

casamentos com filhas de senhores
de engenho, 108
concentração e verticalidade dos sobrados em
Recife, 307
festa organizada por Nassau em 1641, 630
"força de diferenciação", 449
guerra e ascensão dos negros, 495
primeira tentativa de colonização urbana no
Brasil, 275
Recife como centro de diferenciação intelectual,
440, 441
sexualidade, 275
"vício do álcool", 280
Homeopatia no Brasil, 642, 693
Homossexualidade
explicação de Karl von den Steinen, 259

I

Ibiapina, 84, 85, 88, 89
Igreja Católica
culto de Maria, 79, 83
e os santos africanos, 799, 800
funções de assistência social e
medicina pública, 147
padre pobre contrastado com o padre rico, 726
papel no declínio do patriarcalismo rural, 239
tentativa de se libertar das oligarquias
regionais, 125
Igrejas
adornos do Oriente, 596, 618
associadas às casas, 264
órgãos renovadores e descentralizadores de poder, 78
ostentação de ouro, prata e pedras preciosas, 364
presença de eunucos, 588
uso de perfumes e incensos do Oriente, 595
Inconfidência Mineira, 106, 447, 717
Indianismo literário, 729
Índias
a quem e como se entregavam, segundo Saint-
-Hilaire, 489
Indígenas
aldeados, 478, 479

diferenças regionais de raça, de cultura e
de classe, 482
efeminados no Brasil, 258
europeização, 485
farinha de mandioca, 477
importante função desempenhada pela mulher
indígena, 211
incapazes de esforços demorados
ou sedentários, 484
indolentes, 749
mulher como elemento mais criador que o
homem no Brasil, 223
nomadismo, 483
origem do uso do fumo no Brasil, 485
predileção pelas florestas, 526
problema de sua incorporação na sociedade
brasileira, 479, 481, 482, 483
rancor em relação aos brancos, 178
tendência de integração dos dois sexos numa
figura comum, 211
tratados como "negros", 483
uso das redes de dormir, 477
valores absorvidos pelo sistema patriarcal, 68
vícios e costumes, 485
Infância no Brasil patriarcal, 177, 178
Ingleses no Brasil
atuantes na mecanização do trabalho, 622, 623
capitalismo amenizador das influências orientais
sobre a cultura brasileira, 551
casas de saúde exclusivas, 505, 507
contrabandistas, 568, 569
dançarinos ingleses em Salvador, 457
e luso-brasileiro: diferenças, 506
horror aos tamancos, palitos e escarradeiras, 506
influência cultural no Brasil, 422
influência nas alterações urbanas, 683
influências no vestuário das senhoras, 452
interesses econômicos na luta contra
a escravidão, 623
intermediários no comércio Brasil-Oriente, 567
métodos de cuidar da terra e dos animais, 663
papel central na reeuropeização do Brasil, 431
papel central no saneamento das cidades, 464
presença constante de navios ingleses na costa

brasileira, 568
propagação do chá e da cerveja, 461
sentido sociológico da frase "para inglês ver", 555
substitutos dos jesuítas e da Santa Inquisição, 555
uso do chá, 336
Intermediários no comércio, 113, 117, 129, 285, 287, 289, 290, 293, 294, 357, 567
Interpenetração de raças e culturas, 475, 808
Irmandades
   expressão do poder dos ricos, letrados e maçônicos, 126
   rivalidades, 172
Irmandades religiosas, 498, 499, 500, 534, 535, 536, 537, 538, 539, 541, 542, 543, 636

J

Jardinagem no Brasil no séc. XIX, 254
Jardins, 304, 319, 320, 321, 322, 369, 584, 586
Jazigo
   "esforço no sentido de permanência ou sobrevivência das famílias", 45
   expressão do patriarcalismo, 45, 47
Jenipapo, 143
Jesuítas
   cartas do séc. XVI, 202
   casuística feminina, 225
   contribuição para a cultura literária dos primeiros tempos coloniais, 184
   criação de bois e vacas nos colégios, 284
   e as posturas, 33
   ensino de latim, 437
   estimuladores da mestiçagem, 746
   formação de bacharéis e doutores, 714
   influente papel educacional nos tempos coloniais, 184
   ladrões de terras, 33
   ortodoxia, 108
   paternalismo, 477, 478, 480, 481, 528
   prováveis responsáveis pelo culto à morte da criança, 178
   racismo em relação aos pardos, 487
   rivais dos patriarcas, 181

Joias femininas no Brasil patriarcal, 213, 214
Judeus
   "agentes mais ou menos secretos do orientalismo", 590
   atuação como mascates, 141
   "capacidade para o comércio internacional", 449
   espécie de maçonaria, 114
   fabrico de moeda falsa no Brasil, 450
   "força de diferenciação", 449
   forte presença na ação colonizadora do flamengo, 275
   influência na culinária brasileira, 441
   papel de negociantes no meio urbano, 113
   papel na fundação da lavoura canavieira no Brasil, 113, 114, 115
   presença móvel e provisória, 115
   riqueza admitida por João Lúcio de Azevedo, 116
   "riqueza de contatos", 449
   sefardins: desenvolvimento de um comércio internacional, 449
   sefardins: familiaridade com a "cultura predominante no Brasil", 448
   sefardins: influências no Brasil, 448
Justiça no Brasil patriarcal, 180, 202

K

Kamchadales, 211

L

Lapões, 211
Lesbianismo, 599, 600
Língua portuguesa
   amolecimento no Brasil por influência africana, 189
   correção do vício de falar arrastado, 190
   falada no Brasil colônia, 190
   orientalismo, 564
   papel dos colégios de padres em favor de sua padronização, 188, 189
Livros no Brasil patriarcal, 183

M

Maçonaria
    acusação de "negrofobia" feita por Silva Pinto, 772
    função das lojas no Brasil, 241
    introdução no Brasil, segundo Pereira da Costa, 241
    liderança exercida por Saldanha Marinho, 97
    ocorrência de padres dentro da instituição, 97
Maconha
    "fumo de negro", 485
    resistência à desafricanização, 797
    uso associado às classes inferiores, 521
    vício dos negros adotados pelos mulatos e brancos pobres, 788
Madamismo, 127
Malungos, 626, 643, 754, 755
Mamãi, 218
Mamão, 143
Mandioca, 142, 288, 584, 663
Maracatu, 516, 788
Maranhão
    condições precárias de trabalho para os negros, 133
    miscigenação, 777, 778, 779
    "precoce industrialização da economia", 400, 403
    traços da língua francesa no português falado, 439
Marceneiros, 297
Maria-você-me-mata, 727, 770
Marmelada, 143
Mascates
    atividade comercial, 111, 140
    difusores das novidades do meio urbano, 141
    etimologia, 563
    Guerra dos, 106, 168, 175
    importância no interior do Brasil, 140, 141
    "portadores de numerosos orientalismos", 564
    prestígio concedido pelos reis de Portugal, 393
Materialismo histórico, 622, 625
Maternalismo brasileiro, 79, 83, 88, 98, 138, 407, 753, 754
Matriarcado africano, 101, 109, 211
Matriarcalismo no Brasil, 82, 101, 210, 258
Médicos
    alertas para a "invasão" da população asiática, 560, 561, 562, 563
    atenção em relação às influências de meio social, 235
    de família, 226
    de família e a mulher brasileira, 237, 262
    de formação europeia e o curandeirismo africano, 639, 640, 641
    desejo de fundar um jardim farmacêutico no Rio de Janeiro, 585, 586
    don Juan, 237
    estudos sobre a miscigenação e seus efeitos, 762
    função assumida por senhores patriarcais, 172
Meninas brasileiras
    alimentação deficiente, 234
    vestuário impróprio, 234, 235
Meninos brasileiros
    amadurecimento precoce, 177, 182, 192
    costume de passear de carneirinho, 345
    criaturas comparadas aos anjos, 178
    curta meninice, 177
    de sobrado, 269
    falta de ação educadora da mãe, 230, 231
    respeito pela figura do patriarca, 180
    status semelhante ao dos negros, 180
    tratados severamente após seis ou sete anos de idade, 178
    tristeza, segundo John Luccock, 192
Mestiçagem
    amaciadora dos antagonismos entre os extremos nas cidades, 270
    imigrantes portugueses e italianos com mulatos, 749
    intensa nas Minas, 242
    medo da mancha mongólica no Brasil, 561
    no Maranhão, 777, 778
    no Rio Grande do Sul, 489
    tabuada das misturas para ficar branco, de Robertson, 778
    tabuada das misturas para ficar negro, 779
    uniões entre brancos e índios bem vista por J.-B. Debret, 527

Mestiço
   a melhor solução, segundo Lars Ringbom, 808
   ascensão, 760
   elemento instável, segundo Alberto Rangel, 815
   solução encontrada por José Bonifácio, 752

Mestiços
   ascensão, 398, 727, 810
   branqueamento para "todos os efeitos sociais", 249
   honestidade intelectual, 805
   mão de obra presente nas minas e fundições, 668
   papel importante na modernização do Brasil, 762
   "pés pequenos e ágeis", 645
   sôfregos de ascensão social, 665

Minas Gerais
   bacharéis da época colonial, 714
   diferenciação no sentido urbano, 110
   esplendor de vida e de ideias no séc. XVIII, 444
   estudo de Augusto de Lima Júnior, 256
   hábito generalizado de banhos quentes no séc. XIX, 599
   mestiçagem intensa no Brasil Colônia, 242
   perda de prestígio dos grandes proprietários, 119
   presença judaica, 449
   prostituição, 354
   região de grande europeização, 451

Mineiros, 117
   gosto pela cachaça, 280, 281

Mineração
   atraso técnico no Brasil no séc. XIX, segundo John Mawe, 664
   criação de uma burguesia rica, 447
   desenvolvimento, 286, 397
   e europeização, 451
   e riqueza, 469

Miscigenação
   amaciadora dos antagonismos entre os extremos nas cidades, 270
   criadora de novas raças, segundo, 806
   depoimento desfavorável de Alberto Rangel, 814, 815
   estudo "quase marxista" de Abreu e Lima, 779, 780
   imigrantes portugueses e italianos com negras, 749
   importância do estudo de Gayoso, segundo Gilberto Freyre, 779
   índio com negra, 131
   intensa nas Minas, 242
   medo da mancha mongólica no Brasil, 561
   no Maranhão, 777, 778, 779
   no Rio Grande do Sul, 489
   "patologia da miscigenação", 780, 781
   resultados desfavoráveis em consequência de causas sociais, 780, 781, 782, 784
   solução histórica bem vista por Lars Ringbon, 808
   tabuada das misturas para ficar branco, de Robertson, 778
   tabuada das misturas para ficar negro, de Robertson, 779
   uniões entre brancos e índios bem vista por J.-B. Debret, 527

Moças brasileiras
   alimentação imprópria, 235
   idealização das que morriam virgens, 236
   raptadas, 247, 248
   vestuário europeizado, 236
   vestuário impróprio, 235

Modinha, 517, 518, 519
   de amor, 230
   declínio no Brasil, 173
   presença nos anúncios de jornais, 152
   típica dos brasileiro, 388

Moleque brasileiro
   e a rua - desenvolvimento da inteligência, 750
   gosto pelo banho de rio, 315

Monocultura
   cafeeira: prolongamento da açucareira, 293
   devastadora da paisagem física, 437
   ferida aberta, 113
   obstáculo à lavoura de alimentos, 293, 357, 360, 361, 411

Moralidade brasileira
   escândalo em relação à nudez dos negros nos armazéns, 373
   grande solidez dos tabus entre os sexos, 244
   mulheres com "preconceitos de pudor", 453
   padrão duplo devido ao sistema patriarcal, 208
   patriarcal, 420

"Morena brasileira"
    glorificação, 566
Mosquiteiro, 341, 582
Mouros
    costume das mulheres de taparem o rosto, 430
    gosto pelo azulejo, 430
    influência na arquitetura brasileira, 312
    influência na higiene pessoal e doméstica no Brasil, 312
    origem do cafuné, 598
    origem do complexo brasileiro da cabeleira, 598
Mucamas
    beleza dos pés, 647
    bem-vestidas e cheias de joias, 216
    catadoras de piolho, 522
    especialistas nos cafunés, 597
    "mãos de anjo", 144
    peritas na extração de bichos, 598
    uso de turbantes, 587
Mucambo
    desprezado pelo "imperalista europeu", 445
    "habitação boa para o meio tropical", 504
    privatismo patriarcal, 37
Mucambos
    aldeias de mucambos: retomada dos estilos de vida africanos, 413
    animais de estimação, 423
    arquitetura, 347, 414
    arquitetura bem planejada, 298
    capacidade de harmonização em relação ao meio tropical, 348, 349
    com alpendres, 414
    conservadores da primitividade do início do período colonial, 350
    construídos dentro da lama, 783
    construídos na praia por pescadores, 291
    culto de orixás africanos, 798
    de negros ou pardos livres: ócio na rede, 414
    desenvolvimento, 270
    do Recife, 782, 783
    epidemia de cólera asiática, 688
    localização: "pelos mangues, pela lama, pelos alagadiços", 300
    maior adaptação ao clima quente que os sobrados, 348

melhores que as senzalas "para muito negro ou pardo", 350
    mucambos-sobrados, 414
    raro consumo de carne entre seus moradores, 295
    refúgios dos caboclos, dos negros fugidos, dos negros livres e do branco pobre, 350
    saneamento, 315
    vícios e defeitos, 348
Mucuri
    experiência etnográfica, 562
Mula
    animal de transporte, 624
    melhor adaptada ao calor que o cavalo, 632
    "o melhor escravo do homem", 624
Mulas
    importadas de Sorocaba, 635
Mulata
    ascensão social, 744
    mulher de "natureza priápica", 744
    "superexcitação de sexo", 744
"Mulata da terra"
    glorificação, 566
Mulatas
    amantes de técnicos europeus, 666
    "diabólicas" (superexcitação "por natureza"), 743
    hostilizadas pelas senhoras de sobrados, 770, 771
    "influência africanizante", 798, 799
    papel de ativas civilizadoras, 798
    "sugestão sexual", 743
Mulato
    abuso de perfumes europeus, 742
    aptidão para os estudos, segundo os relatórios de professor no Brasil Império, 795
    arrivismo intelectual e social, 794, 795
    ascensão social, 246
    ascensão social através da carreira militar, 726
    capacidade de assimilação de novas técnicas de trabalho, 464
    denguice, 794
    desenvolvimento na sociedade brasileira, 430
    elemento de "intercomunicação entre os extremos sociais e de cultura", 808
    elemento dinâmico na formação social brasileira, 30

força nova e triunfante, 711
homem mais forte, vivo e ardente que o branco, 246
"inteligência de líder", 810
livre: rivalidade com o europeu, 462
"maior plasticidade dos músculos da face do que no branco", 791
o "homem cordial", 743, 790, 791
produto das cidades e das fazendas do litoral, 774
"riso abundante" desenvolvimento social, 791
riso como instrumento de ascensão profissional, 792
riso "criador de intimidade", 793
simpatia brasileira, 742, 743, 790, 791
uso brasileiro do diminutivo, 793, 794

Mulatos
apreciação de Rugendas, 757
ascensão, 297, 398, 498, 524, 740, 748, 768, 791, 793, 794, 810
bacharéis, 715, 718, 723, 728, 732, 733
bacharéis: casamento como meio de ascensão social, 239
bacharéis: generalização do uso do chapéu, 739
capazes de esforços notáveis de criação intelectual e artística, 805
casamento com mulheres da aristocracia, 243
claros: menos desprezados que os mais escuros pelo folclore, 788
claros: reservados para o serviço doméstico, 735, 748
colocados como oficiais de regimento, 119
como capitão-mor, 727, 770
"cor-de-rosa", 734
de engenho, 750
depoimentos sobre a inteligência deles, 763, 764
descritos por J.-B. Debret, 527
"eugênicos", 733, 734, 735, 759
grandes atletas, 797
inconformados: Aleijadinho, 730, 731
inteligência mais plástica e ágil que a de negros, 736, 748
irmandades destinadas a eles e aos pretos, 536
livres: alimentação, 408
livres: auxiliares na mecanização, 664
livres: dieta alimentar inferior à dos escravos, 796
livres: lenientes com os escravos, segundo Henry Koster, 533
livres de cidade, 750
melhores mecânicos, segundo Henry Koster, 533
nos esportes, 796
os melhores mecânicos, segundo Henry Koster, 497
pés como elemento de ascensão social, 736
produtos das cidades e das fazendas do litoral, 749
reafricanização (caso de Pai Adão), 797
senadores, 789
usos e costumes que lhes eram vedados, 790

Mulher
"afetabilidade", tese de Havelock Ellis, 224
condição comparada à das raças consideradas inferiores, 245
deformação do corpo pelo vestuário, 233
entre os bascos e ciganos, 218
francesa, 244
o sexo que corresponderia à raça negra, 218
"superioridade nervosa", 222
tendência conservadora, conformista e coletivista, 218

Mulher brasileira
alívio graças ao confessionário, 208
artificialidade e morbidez em seu tipo físico franzino, 212, 232
ascensão dentro da sociedade, 246
ausência de uma "simpatia criadora", 229
beleza dos pés, 646
comparação entre a dos sobrados e a das casas-grandes, 219
desaparecimento do vestuário oriental, 249
elemento estável de colonização, 303
elemento mais conservador da fé ortodoxa, 241
estabilizadora de civilização europeia no Brasil, 138
"europeização ou reeuropeização" do Brasil, 272
gorda e procriadora, depois de casada, 232
hostilidade às mulatas belas e sedutoras, 770, 771
ideal da cintura estreita, 220
ideal de mulher gorda modificado pela europeização, 600
influência amolecedora sobre o brasileiro, 230
mãe aliada do menino no Brasil patriarcal, 230

mais resistente que o homem à ocidentalização, 593, 594
meios de condução no Brasil patriarcal, 217
mestiça clara "tornando-se" branca, 744
papel integralizador e conservador no sistema patriarcal, 217
pés pequenos, 213
senhoras começam a aparecer em público no séc. XIX, 145
sexualidade, 232
vestuário impróprio, 235
vida reclusa das senhoras, 144

Mulheres brasileiras
de sobrado: abusada pelo pai e pelo marido, 243
do Rio de Janeiro: hábito de ler romances, 415
exemplos de matriarcas, 209, 210
hábito de falarem gritando, 519, 547
ocorrência de "figuras magníficas de mulheres criadora", 208
patriarcal: apego à casa e à família, 229
patriarcal: exagero de ornamentos, 213, 214, 215
perfumadas, 418
semelhança com as orientais, 601, 602
timidez, 453
vida reclusa da "solteirona", 243, 244

Música
nos sobrados, 151, 153
orquestral em um sobrado mineiro, 153
propensão dos escravos, 155

Muxarabi, 579

N

Negras
alcoolismo no Rio de Janeiro, segundo Cunha Lopes, 785
boceteiras, 141, 170
discriminadas por se vestirem como senhoras, 524
proibição do uso de joias dos senhores, 261
quitandeiras, 141
tipo físico propenso à robustez, 233
vestuário, 403

Negros
(na condição escrava) criadores do sentido de solidariedade, 148
abanando senhores para afastar mosquitos, 342
ascensão social, 29, 131, 297, 398, 524
atuação como civilizadores, 409, 522
Bahia: amostras da capacidade revolucionária, 491
bailarinos da bola de foot-ball, 657
carregadores de palanquins, 577
cheiro de corpo, 315
colocados como oficiais de regimento, 119
companheiros dos brancos no Rio Grande do Sul, 488, 489
concorrência com os chins nos serviços de campo e no doméstico, 563
condições precárias de trabalho, 133
considerados "pessoas", não "máquinas", pelos senhores, 659
contaminados por doenças dos brancos, 522
crioulos: preocupação com a beleza, 215
culto de São Jorge, 637, 638, 639, 642, 643, 644, 692
curandeiros ("preto Manoel"), 639, 640, 641
danças, 515
danças: proibições, 514
da senzala: atendidos por cirurgiões, 237
das senzalas: melhor alimentados que os dos mucambos, 295
de ganho, 633
de "idades quase bíblicas" ("pretos velhos"), 796
dentes bons, 411
desprezo social por eles no folclore brasileiro, 785, 786, 787
discriminados por vestirem como senhores, 524
dizimados pela cólera asiática, 688
doenças comuns, 520, 548
doentes importados para o Brasil, 350, 373
e mulatos: predisposição para o encarnado, 434
em Roma, 745
exemplos no sentido cooperativista, 148, 149
fugidos, 296, 297
hábito de fumar maconha, 485
impossibilidade de queixar-se à polícia, 516

industrialização de seu processo de trabalho, 296
inexistência de negros puros no Brasil, segundo
    Roquette-Pinto, 797
livres: alimentação, 408
livres: auxiliares na mecanização, 664
nas imediações das cidades brasileiras, 351
nos mucambos, 350
pesquisas de Ulisses Pernambucano de Melo, 812
presença maciça nas cidades brasileiras, 751
proibição do uso de joias dos senhores, 261
religiosidade, 150
revoltados por se sentirem como máquinas, 660
substituição pelos europeus, 455
superioridade no tamanho dos órgãos sexuais, 744
tratados como máquinas, 384
variedade de nações e de subgrupos
    linguísticos, 694
Neocracia, 200
Nogueiras, 584

O

Objetivos e metodologia do livro, segundo Gilberto
    Freyre, 27, 43, 48, 49, 51, 54, 90, 100, 125
Ogum
    "deus da Guerra", 637
Óleo de coco, 216
Olinda
    bispo "quase um menino", 197
    centro de unificação de pensamento e de
        comportamento de moços, 74
    curso jurídico, 89
    primeiras gerações de bacharéis, 198
Orientalismo
    ciganos, 588
    costume brasileiro de usar unhas compridas, 426
    costume de bater palmas à porta para
        se anunciar, 587
    costume de sentar no chão de pernas cruzadas, 586
    culto dos pés, 646
    em Pernambuco, 227
    em Portugal, 554
    fogos de vista nas festas, 595
    hábito do cafuné, 597, 598
    judeus como "agentes secretos", 590
    na arquitetura, 430, 556, 558, 564
    na cozinha, 558
    na culinária brasileira, 335, 336
    nas camas dos sobrados, 341
    no vestuário, 558, 566, 574
    ofuscamento no Brasil pelo capitalismo industrial
        britânico, 552
    origem do complexo brasileiro da cabeleira, 598
    possível explicação para o fato do brasileiro ser
        perfumado, 418
    presente desde o início do Brasil Colônia, 554
    resistência à pressão do "imperialismo
        europeu", 459
    resistência das árvores, 584
    resistência dos palanquins, 578, 579
    respeito dos filhos pelos pais, 588
    "saudável adaptação do homem ao trópico", 558
    uso de grandes pentes o cabelo das senhoras, 594
Oriente
    "aclimatação" de seus produtos no Brasil, 552
    "afinidades de organização patriarcal e
        escravocrática" com o Brasil, 604
    aguçador da hierarquia na vida social
        brasileira, 551
    clima semelhante ao da América portuguesa, 605
    hábito do cafuné, 597
    manifestações no estilo de vida brasileira, 558
    origem do culto dos pés, 646
    presença no Brasil desde os tempos coloniais, 554
    produtos comercializados no Brasil,
        552, 570, 576
    resistência enérgica ao Ocidente, no Brasil, até
        cerca de 1840, 593
Orquídeas, 254
Ouro Preto
    arquitetura, 421
    casas com jardins, 319
    presença de casas híbridas, 310

P

Padres
    interesses econômicos envolvidos nas capelas
        particulares, 240

responsáveis pelo amadurecimento precoce do menino branco e do culumim, 182
sadistas, 185, 186, 203
Palatium, 478
Palhoças, 270, 271, 276, 284, 298, 301, 302, 347, 348, 351, 413, 445, 478, 479, 502, 504, 519, 548, 555, 703
Palmares
   negros organizados em associação cooperativista, 148
   "primeira cidade a levantar-se contra o engenho", 149
Pão, 337, 338, 495
Pão de trigo, 173
Papa-angu, 150
Papa-mel, 486
Pará
   comerciantes falsificadores no séc. XVIII, 133
Pater famílias, 52, 122, 123, 139, 181, 188, 237, 238, 239
Patriarcado rural
   decadência, 27, 105, 123, 135, 181, 217, 239, 270, 424, 475, 507, 605, 714, 765
   observado por Auguste de Saint-Hilaire, 110
Patriarcado urbano
   ascensão, 27, 30, 382
   quebra da harmonia social, 31
Patriarcalismo
   aristocrático no Brasil, 93
   chinês, hebreu e árabe, 213
   "criador de valores caracteristicamente brasileiros", 58
   desintegração no Brasil, 90, 91, 92, 99, 100
   existente em todo o Brasil, 44, 61, 62, 64, 65, 67, 77, 94
   padrão duplo de moralidade, 208
   papel da casa, 269
   presença no Brasil até os dias atuais, 100
   semelhanças entre o brasileiro e o oriental, 559
   tendência à caracterização da mulher como o sexo fraco, 207
   tendência à máxima diferenciação entre homem e mulher, 207
Patriarcalismo brasileiro
   absorção de valores indígenas, 68
   agricultura destruidora da natureza, 124
   autoridade questionada pela proibição de se ouvir missa em casa, 241
   caracterização da atividade comercial, 175
   cigano: observado por J.-B. Debret, 589
   contestações à ênfase dada por Gilberto Freyre ao sistema patriarcal, 53
   contraditório, 525
   críticas de Gilberto Freyre ao tratamento dispensado aos escravos, 408
   "culto pela mulher", 212, 213
   decadência, 46, 139, 200, 463, 759, 760, 808, 811
   desenvolvimento desigual e contraditório, 43
   e região, 492, 493
   endogamia, 242
   escravos como afilhados, 407
   expresso na instalação da Corte numa "quinta" no Rio de Janeiro, 374
   figura do "padrinho" e da "madrinha", 407
   homem como elemento móvel, militante e renovador, 217
   ideal de mulher gorda e bonita, 600, 601
   influências da cultura oriental, 551
   matriarcas como equivalentes de patriarcas, 82
   mulher apegada à casa e à família, 229
   mulher como elemento conservador, estável e integrador, 217, 219
   opulência, 39
   penetrações de influências europeias após 1808, 76
   presença na atividade comercial, 396, 397
   presença nos nomes de povoados e cidades, 60
   sadismo, 180
   semelhanças com a Índia portuguesa, 602
   semelhanças com o patriarcalismo africano, 560
   semelhanças com o patriarcalismo oriental, 559
   sentimentos solidários entre senhor e escravo, 530
   solidez e composição das mesas, 336
   submetido às influências francesas, 218
   tendência à caracterização da mulher como o sexo fraco, 210
   transregional, 70, 73
   unicidade, 44
Pecuária brasileira
   prejudicada pela monocultura canavieira, 293

Pedagogia patriarcal, 180
Pederastia, 259
  no Rio de Janeiro, 277
Pedreiros, 163
Peixes
  classificação entre classes, 338, 504
  comércio dominado por proprietários de terras, 290
  na culinária brasileira, 338
Perfume
  uso no Brasil patriarcal, 418
Pernambuco, 121
  antagonismo entre o patriarcado das casas-grandes e a burguesia dos sobrados do Recife, 106
  aristocratização da vida e da casa pela mulher europeia, 138
  conflito entre a aristocracia rural e a cidade do Recife, 119
  consequências culturais da presença holandesa, 439, 440
  declínio do patriarcado rural, 135
  distinções de classe, 497
  "grandes senhoras", 139
  luxo dos senhores, 385
  mulatos: os melhores mecânicos no séc. XIX, 497
  mulheres ricas, 214
  orientalismo, 227
  ponto ideal para estudo comparativo das duas colonizações (portuguesa e holandesa no Brasil), 275
  porto intermediário de navios ingleses para o Oriente, 568
  "Revolta praieira", 163
  segregação do Brasil da Europa não ibérica, 430
"Pés-rapados", 500, 645
Piano, 518, 519
  nos engenhos, 152
  tocado pelas moças, 151
"Polícia praieira", 159
Portugal
  atividade criadora no Brasil no início do séc. XVI, 118
  expansão conciliatória entre Oriente e Ocidente, 552
  grande invasor do Oriente, 554
  imperialismo no Brasil no séc. XVIII, 119
  orientalismo, 554
  origem dos tamancos no Brasil, 506
  política colonial no Brasil, 553
  política monopolista no Brasil, 566, 567
Portugueses
  alfaiates, 392
  arquitetura patriarcal, 324
  assassinados pelos próprios filhos no Brasil, 392
  caixeiros, 388, 389, 390, 393
  carpinteiros, 392
  ferreiros, 392
  marceneiros, 392
  negociantes, 391
  plasticidade, 273
  predisposição à aculturação, 298
Posturas
  defensoras das ruas, 33, 34, 35, 318
  defensoras dos sobrados, 318
  proibições aos escravos no Recife, 510, 511
Prostituição
  breve histórico sobre sua situação no Rio de Janeiro, 416
  depoimentos sobre suas características no Brasil, 276, 277
  em Minas Gerais, 354
  em Pernambuco, 107
  figura da prostituta de luxo, 417
  no Recife: disseminação da sífilis, 274
  no Rio de Janeiro (tese médica), 414
  prostitutas holandesas no Recife, 274

Q

Quinta
  residência da corte portuguesa no Brasil, 374
Quitandeiras, 141

R

Raça
  avanços da escola de Franz Boas, 222

dinamismo e mobilidade, 806
e determinismo biológico, 805
e experiência social, 804
estudo deve utilizar o critério histórico-cultural, 222
fornecedora de predisposições, 806
importância menor diante da classe e da religião no Brasil, 488
preconceito racial presente nas Irmandades, 498, 533, 535
sentimento superado pelos de classe e de região no Brasil, 758, 771, 772
teorias sobre a acomodação, 28
Raças
amalgamento no Brasil, 474, 475
estudo de Roquette-Pinto sobre os "tipos antropológicos" do Brasil, 812
leis favoráveis às uniões entre brancos e índios, 481, 482
mobilidade biológica, 806
no Brasil patriarcal, 473
Racismo
diferenciação entre os sexos no Brasil, 245
dos ingleses em relação aos mestiços e negroides, 507
dos jesuítas em relação aos pardos, 487
em relação aos asiáticos, 561, 562, 563
em relação aos bacharéis mulatos, 723
em relação aos mulatos, 746
lusofobia de muitos bacharéis, 392
nas Irmandades, 498, 533, 535
negras discriminadas por usarem chapéus franceses, 413
negros livres discriminados por se vestirem como brancos, 412
Rapé
nos anúncios de jornais do séc. XIX, 573
uso generalizado no Brasil, 485
vício do interior do Brasil, 518
Recife
aluguel de casas e quartos, 274
amadurecimento precoce em "cidade moderna", 299
áreas dos mucambos, 782, 783
arquitetura, 128
cemitério protestante, 431

cidade repleta de pontes, 273
declínio de sua íntima ligação com o Oriente, 580
desenvolvimento da capoeira, 511
escassez de gêneros de primeira necessidade no séc. XVIII, 287
falsificação de vinhos, 283
insurreição de pardos e pretos em 1823, 752
leis que vislumbravam a higiene da cidade, 34
local de intensa sifilização, 274
local de "nascimento" do sobrado caracteristicamente urbano, 311
"maior centro de diferenciação intelectual na colônia", 440
presença da língua hebraica, 441
"preto Manoel", 639, 640, 641
recifenses chamados de "mascates" por olindenses, 492, 501
serenatas, 313
"sodoma", 274
topografia e arquitetura, 307
verticalidade dos sobrados (influência holandesa), 307
"vício do álcool" (predisposição nórdica), 280
Reforma Pombalina, 478
Revolta Praieira, 291, 387, 447, 463, 470, 756
Rio de Janeiro
armazém de importação de produtos orientais, 574
breve mapa e histórico da prostituição, 416
causas da insalubridade, 236
cavalos do início do séc. XIX, 631
cemitério protestante, 431
consumo de leite de escrava no séc. XIX, 622
cortiços semelhantes aos de cidades europeias, 351
culto de São Jorge, 637
descrição de A. J. de Melo Morais, 369
desenvolvimento da capoeira, 511
erros na construção da cidade, 300
espécie de síntese nacional, segundo Emile Adet, 424
estado das ruas, 632
europeização observada pelo comandante Vaillant, 326
explicações sobre os palácios governamentais, 57
favelas, 783
iluminação pública, 266, 267
importância do sino de igreja cristão, 379

jardins mouriscos, 319
jornais do séc. XIX que defendiam os caixeiros, 395
milícia de pardos no Brasil colônia, 752
moda dos banhos de mar, 512, 546
pederastia no séc. XIX, 277
porto intermediário de navios ingleses para o Oriente, 568
séc. XIX: fama pelo excesso de velocidade dos carros puxados por cavalos, 671

Rio Grande do Sul
distâncias entre estancieiros e peões, 490
enorme população de origem africana, 489
negros companheiros dos brancos, 488, 489

Rua
ambiente predominantemente masculino, 145
aristocratização, 126
defendida pelas posturas municipais, 33, 34
espaço vedado às senhoras, 144
lugar escuro nas cidades no início do séc. XIX, 146
poder de contemporização, 35

Ruas
alargamento: substituição dos becos estreitos, 557
atenuação acerca de sua tendência democrática, 161
calçamento de ruas do Rio de Janeiro, 684
costume dos homens de urinarem nelas, 316
focos de infecção, segundo artigo do *Diário de Pernambuco*, 427
presença dos carros de boi, 691

S

Sadismo brasileiro
dos padres, 185, 186, 203
dos senhores velhos sobre os moleques, 181
nos seminários, 192
patriarcal, 180

Salões, 82, 490, 516

Salvador
arquitetura, 128
cemitério protestante, 431
depoimento de Johan Brelin, 365
falta de higiene pública observada por von Martius, 371
mercado melhor abastecido de vegetais, 405

presença de casas híbridas, 310
ruas compridas e largas, 272
"tipo da cidade talássica", 303
transporte dependente dos escravos, segundo D. P. Kidder, 626

Samba, 503, 656, 657
Santas casas de misericórdia, 172

São Paulo
arquitetura dos sobrados de residência, 307
dificuldades constantes no suprimento de carne verde, 284
furor agrícola e destruição da natureza, 125
insolência da Câmara no séc. XVII, 120
preferência pelas chácaras, 307
presença antiga de negros e mulatos, 308
presença de casas híbridas, 310
primeiras gerações de bacharéis, 198
segregação do Brasil da Europa não ibérica, 430
sobrados com janelas envidraçadas na cidade de São Paulo, 309

São Vicente
aristocratização da vida e da casa pela mulher europeia, 138
fundação, 43

Sapateiros, 163

Seminário
de Mariana, 189, 203, 438
de Olinda, 191, 192, 438
de São Joaquim, 192
no Rio de Janeiro, 438

Senhores de engenho
desprestígio, 501
diferenças de poder conforme a região, 491
membros da "ordem democrata", 381

Senzalas
diminuição do tamanho, 270
epidemia de cólera asiática, 688
"muito pouco asseio", 548

Sertanistas
habitações, 304

Sexualidade
"atos lésbicos" entre senhoras e suas mucamas, 599, 600
fetichismo, 141
na "Nova Holanda", 275

opressão das mulheres pelo despotismo masculino, 599
propriedades de terra com "verdadeiros serralhos ou prostíbulos de escravos", 774
superexcitação da mulata, 743, 744
Sífilis no Brasil
abuso dos medicamentos mercuriais, 334
depoimento de Heredia de Sá, 415
disseminação nas cidades brasileiras, 277
no Recife, 274
sífilis cerebral entre as mulheres de cor no Rio de Janeiro, 785
Sobrado
burguês: europeização, 326
cão de raça como animal característico, 256
"de esquina", 36
no Recife: magro como tipo físico do homem (influência holandesa), 272
símbolo da mais alta civilização, 421
Sobrados
adulteração do material de construção, 317, 327, 328, 329
alimentação deficiente, 234
arquitetura, 301, 306, 309, 317, 422
aumento do número de sobrados e o crescimento da prostituição no Rio de Janeiro, 416
banhos de gamela e de assento, 314
bordéis, 274
cachorros soltos à noite para segurança da casa, 344, 345
"casa de condições as mais anti-higiênicas de vida", 301
casa nobre urbana ou semiurbana, 111
cortiços, 274, 299, 301, 351
de azulejo, 312
defesa contra a "plebe da rua", 750
degradação, 46
descrição das camas, 341
disposição dos móveis segundo a hierarquia patriarcal, 339, 340
e mucambos (complexo transregional), 70
e mucambos: diferenciação social, 808
escuridão característica, 318, 323, 324, 325
europeização, 31, 35, 326

expressões do domínio do sistema patriarcal, 57
fama de mal-assombrados, 346, 347
função de assistência social e médica, 172
gatos no interior deles, 345
grande número de negros e de moleques, 311, 312
importância superior à das casas-grandes do interior, 156
libertinagem, 276, 278
muros: descrição, 321
no século XVIII, 110
"nobreza arquitetônica", 58
número de andares, 306
preferência inglesa pelas janelas de vidraça e varandas de ferro, 555
presença da "música profana", 151
presença das modinhas, 152
proximidade com o mar era condição ideal, 420
quase inimigos de rua, 318
saneamento, 315
solidez na construção apontada por viajantes, 304
superstições, 343, 344
umidade, 318, 329
vícios de construção, 370, 371
Socialismo cristão, 149
Socialismo francês, 162, 164
Sociedades primitivas
a mulher, 223
igualdade entre meninos e homens, 177
Sociologia
genética, 52
necessidade de estar aliada à História e à Psicologia, 52
norte-americana, 49
quantitativa, 49
Sorocaba
feira de muares, 635

T

Tabagismo
no declínio do patriarcalismo, 252

Tapioca, 173, 337, 678
Teatros públicos, 253
Tejupar, 347
"Tigres", 315, 404, 633
Transoceanismo, 168

U

Urbanização
    ação desvirtualizadora do patriarcalismo dos senhores de sobrado, 408
    atuação de ingleses e franceses, 683
    benefícios para a população das cidades brasileiras, 253
    "desassombramento" da sociedade brasileira, 557
    em Minas Gerais, 110
    em Pernambuco, 109
    em sentido vertical, 306
    intensificação dos antagonismos, 270
    processo atrasado no Brasil, 146
    propostas de zoneamento das cidades, 330
    vagarosidade no Brasil, 126

V

Velocípede, 670
Vestuário
    adaptações ao clima brasileiro, 740
    "ar de luto fechado" no Brasil no séc. XIX, 434
    desarmonia em relação ao clima no Brasil no séc. XX, 435
    dos bacharéis, 722
    europeização no Brasil no séc. XIX, 433, 435, 436, 452, 454, 467, 508, 647, 738, 740, 773
    leis municipais no séc. XIX que tratam do trajo masculino, 508
    orientalismo no Brasil, 574
Violão, 173, 388, 454, 517, 518, 519

Z

Zonas de confraternização
    no Brasil Colônia: engenhos, 31
    no Brasil Império: a procissão, a festa de igreja, o entrudo, o carnaval, 31
    no séc. XIX: prestígio da rua no Brasil, 32

Índice onomástico

A

ABBEVILLE, Claude d', 54
ABBOT, Jonathan, 456
ABREU, Antônio Paulino Limpo, 125
ABREU, Caetano Leonel de, 540
ABREU, Casimiro de, 195, 392
ABREU, Francisco Bonifácio de, 418, 817
ABREU, João Capistrano de, 93, 168, 827
ABREU, Máximo José de, 377
ADET, Émile, 423, 850
AGASSIZ, Louis, 806, 817
AGUIAR, A. A., 859
AGUIAR, Manuel de Albuquerque e, 450, 462
AGUILAR, Sebastião Pereira de, 287
ALARCÃO, D. José de, 265
ALBUQUERQUE, Almeida e, 204, 817
ALBUQUERQUE, Francisco de Paula Cavalcanti de, 160, 175
ALBUQUERQUE, Jerônimo de, 137, 476, 488
ALBUQUERQUE, José Francisco de Paula Cavalcanti de, 160
ALBUQUERQUE, José Maria C. de, 38
ALBUQUERQUE, Luís Francisco de Paula Cavalcanti de, 160
ALBUQUERQUE, Martinho de Souza e, 133
ALBUQUERQUE, padre Luiz de, 33
ALBUQUERQUE, Pedro Autran da Mata, 164, 850

ALEGRE, conde de Porto, 770
ALEIJADINHO, 517, 730, 731, 772, 805
ALENCAR, José de, 82, 196, 249
ALLAIN, Émile, 323, 357, 369, 373, 378, 429, 465, 701, 817
ALMEIDA JÚNIOR, A., 881
ALMEIDA JÚNIOR, Antônio Ferreira de, 466, 859, 882
ALMEIDA, Aluísio de, 635
ALMEIDA, Antônio Calmon du Pine, 817
ALMEIDA, D. Lourenço de, 130, 137, 166, 242, 249, 274, 761, 853
ALMEIDA, Eduardo de Castro e, 131, 695, 817, 822
ALMEIDA, Inácio Álvares Pinto de, 394, 675, 851
ALMEIDA, João Mendes de, 493, 529, 540, 817
ALMEIDA, José Américo de, 859
ALMEIDA, Júlia Lopes de, 225
ALMEIDA, Luís R. de, 696, 881
ALMEIDA, Pires de, 203, 276, 277, 355, 618, 649, 696, 774, 818, 859
ALMEIDA, Renato, 696
ALMEIDA, Rômulo, 859
ALMEIDA, Tavares de, 859
ALMEIDA, Tito Franco de, 818
ALTAS, barão de Catas, 336
ALVARENGA, Silva, 188, 718, 759, 760, 805
ALVARENGA, Tomé Correia de, 544
ALVES, Castro (Antônio C. A.), 195, 589, 811
AMADO, Gilberto, 720, 724, 725, 742, 773, 791, 795, 815, 859

AMADO, Jorge, 787, 859
AMÁLIA, Narcisa, 225
AMARAGI, barão de, 819
AMARAL JÚNIOR, Amadeu, 260
AMARAL, Alexandrino, 881, 890
AMARAL, Azevedo, 800, 801, 802, 803, 813, 859
AMARAL, Brás do, 859
AMARAL, F. P. do, 356, 818
AMARAL, Ferreira do, 281
AMARAL, Francisco do, 286
ANADIA, visconde de, 492, 822
ANCHIETA, padre José de, 54, 182, 184
ANDARAÍ, barão de, 325
ANDRADA, Antônio Carlos Ribeiro de, 770
ANDRADA, Gomes Freire de, 132, 645, 695, 851
ANDRADE JÚNIOR, José Bonifácio Caldeira de, 234, 262, 818
ANDRADE, Almir de, 152, 818
ANDRADE, Carlos Drummond de, 537, 881
ANDRADE, Francisco Berenguer de, 112
ANDRADE, Manuel de Carvalho Pais de, 332
ANDRADE, Mário de, 693, 731, 859
ANDRADE, Rodrigo Melo Franco de, 828
ANDRADE, Vera Melo Franco de, 38, 364
ANGEJA, marquês de, 359, 822
ANGOLA, João da Costa Preto, 361
ANTÔNIO, Gabriel, 399
ANTUNES, padre, 185, 203
ARAGÃO, Francisco Alberto Teixeira de, 379, 655
ARAGO, J., 587, 588, 603, 615, 632, 654, 705, 818
ARANHA, Manuel Guedes, 27, 28, 482, 529, 728, 851
ARANTES, José Manuel, 390
ARARIPE, Tristão de Alencar, 530, 859
ARAÚJO, Antônio Alves de, 818
ARAÚJO, Elísio de, 355, 615, 651, 653, 696, 700, 859
ARAÚJO, Francisco Lopes de Oliveira, 372, 709, 818
ARAÚJO, José de Sousa Azevedo Pizarro, 708, 818
ARAÚJO, Manuel José de, 74
ARAÚJO, Nabuco de, 162
ARAÚJO, Silva, 851
ARAÚJO FILHO, Luís, 859
ARBOUSSE-BASTIDE, Paul, 606, 859, 899
ARCHER, Maria, 102, 881
ARCO VERDE, José Pessoa Panasco, 470
ARCOS, conde de, 198

ARCOVERDE, Da. Maria Espírito Santo, 534
ASSIER, Adolphe D', 140, 168, 169, 459, 460, 470, 749, 774, 819
ASSIS, Joaquim Maria Machado de, 160, 734, 790, 795, 798, 805
ASSUMAR, conde de, 119, 121, 136, 166, 175, 198, 397, 819, 822
AUBÉ, Leonce, 851
AUBERTIN, J. J., 668, 709, 819
AUCHINCLOSS, William, 367, 819
AUSTREGÉSILO, Antônio, 796
AVÉ-Lallement, 820
AVÉ-LALLEMENT, 211, 258, 820
ÁVILA, Bastos de, 741, 860
ÁVILA, Garcia d', 96, 100, 534
AZEVEDO, Aluísio, 732, 742, 749, 772, 820
AZEVEDO, Aluísio, 820
AZEVEDO, Fernando de, 738, 860
AZEVEDO, João Lúcio de, 114, 116, 129, 860
AZEVEDO, Luís Correia de, 230, 233, 235, 262, 300, 328, 329, 330, 340, 363, 372, 373, 436, 454, 466, 469, 851
AZEVEDO, Manuel Antônio Álvares de, 195, 860
AZEVEDO, Moreira de, 37, 708, 759, 760, 820
AZEVEDO, Soares d', 254
AZEVEDO, Tales de, 409, 410, 411, 426, 783, 860, 881
AZEVEDO NETO, Vasco, 881
AZIZ, Chevket, 860

B

BACHOFEN, J. J., 860
BACON, 49
BAGU, Sérgio, 173, 174, 860
BAHIANA, Manoel de Vasconcelos de Souza, 820
BALDUS, Herbert, 258, 259, 260
BANDEIRA, Manuel, 731
BARATA, cônego Antônio do Carmo, 204, 860, 884
BARBOSA, Caldas, 805
BARBOSA, cônego Januário da Cunha, 529, 881
BARBOSA, Francisco de Assis, 38
BARBOSA, Rui, 100
BARCA, conde da, 518, 673
BARCELOS, Rubens de, 71
BARRETO FILHO, Melo, 700, 860, 868

BARRETO, Carlos Xavier Pais, 881
BARRETO, Castro, 860
BARRETO, Domingos Alves Branco Moniz, 559, 609, 820
BARRETO, Luís do Rego, 282, 836
BARRETO, Paulo Thedin, 66, 532, 820
BARRETO, Paulo, 881
BARRETO, Plínio, 860
BARRETO, Tobias, 81, 230, 790, 811
BARROS, F. Borges de, 614, 882
BARROS, Francisco do Rego, 127, 368, 835
BARROS, José de Sousa, 544
BARROS, Sebastião do Rego, 127
BARROSO, Gomes, 544
BARTELS, P., 266, 860, 872
BARZUN, Jacques, 860
BASTIDE, Roger, 522, 549, 598, 599, 695, 755, 860, 882, 904
BASTOS, frei, 276
BASTOS, Humberto, 130
BATES, Henry Walter, 691, 820
BAUR, Erwin, 860, 868
BEARD, Charles, 889
BEEVOR, sir Hugh, 233
BELLEGARD, P. D'A., 820
BELLEGARDE, G. C., 820
BELLINI, 152, 456
BELLO, Júlio, 546, 773, 860, 865
BELMONTE, conde de, 331
BENEDICT, Ruth, 860
BENEVIDES, D. Antônio Maria Correia de Sá e, 264
BENNETT, Frank, 860
BENTHAM, 456
BERLE JÚNIOR, Adolf A., 860, 869
BERNARDES, Pedro José, 673
BERREDO, Bernardo Pereira de, 820
BESOUCHET, Lídia, 861
BETTENCOURT, Ana Ribeiro de Góis, 249
BEY, Prumer, 745
BEZERRA, Alcides, 38
BEZERRA, Felte, 413, 696, 861
BILDEN, Ruediger, 882
BIMBA, mestre, 697, 700
BLAKE, mr., 458
BLASQUEZ, Antônio, 182

BLOCH, L., 861
BOA VISTA, barão da, 159, 162, 369, 455, 463, 527, 834, 841
BOAS, Franz, 222, 245, 266, 747, 792, 812, 813, 861, 882
BOCAGE, 456
BOCAYUVA, Quintino, 820
BOELEN, Jacobus van, 633, 639, 692, 701, 820
BOGGIANI, Guido, 260, 883
BOLDRINI, M., 861
BOMTEMPO, José Maria, 419, 427, 821
BONAPARTE, Napoleão, 161
BONFIM, baronesa de, 39
BONFIM, Manuel, 861
BONIFÁCIO, José, 224, 492, 719, 752
BONTEMPO, José Maria, 821
BOOTH, Meyrick, 261, 861
BOSCHE, The, 852
BOUSFIELD, Paul, 861
BOTELHO, cap.-mor Manuel de Carvalho, 539
BRACKENRIDGE, H. M., 635, 692, 821
BRANCO, R. P. Castelo, 64, 65
BRANDÃO, Alfredo, 785
BRANDÔNIO, 116, 117
BRANNER, John Casper, 464
BRAUDEL, Fernand, 67, 70
BRELIN, Johan, 38, 304, 364, 365, 821
BRIFFAULT, Robert, 261, 861
BRITES, da., 209
BRITO, João Rodrigues de, 861
BROWN, Isaac, 861
BRUM, Menezes, 852
BRUNO, Ernâni Silva, 166, 299, 363, 364, 690, 691, 861
BRUZZI, Nilo, 169, 266, 861
BRYCE, James, 744, 771, 774, 861
BUENO, Luís de Oliveira, 821
BURFORD, Robert, 309, 365, 827
BURLAMAQUI, F. L. C., 123, 124, 133, 821
BURMEISTER, Hermann, 243, 265, 821
BURTON, Richard F., 196, 204, 260, 280, 334, 356, 374, 618, 667, 668, 705, 821, 861

C

CABUGÁ, Cruz, 160
CACHOEIRA, 814

CALABAR, Domingos Fernandes, 814
CALADO, frei Manuel, 628, 821
CALASANS, José, 861
CALDAS, padre Sousa, 122
CALDEIRA, Pedro Soares, 373, 821
CALMON, Pedro, 423, 616, 861
CALÓGERAS, J. Pandiá, 861
CALVERTON, V. F., 261, 861, 874, 875, 885
CALVINO, J., 107, 441, 442
CÂMARA, Eusébio de Queirós Matoso, 840
CÂMARA, Manuel de Arruda, 28, 719, 720, 721, 769, 821, 822
CÂMARA, Manuel Ferreira da, 127, 282, 356
CAMARAGIBE, visconde de, 162
CAMARÃO, 488
CAMBRONNE, Charles Louis, 677
CAMERON, E., 882, 885
CAMÕES, Luís de, 321
CAMPOS, Filipe de, 494
CAMPOS, mons. Joaquim Pinto de, 231
CAMPOS, Silva, 37
CANAMERIM, sr., 29
CANCIO, Henrique, 610, 702, 861
CÂNDIDO, Francisco de Paula, 326, 327, 328, 371, 548, 706, 821
CANECA, frei, 291, 456
CANNEL, C., 677
CANOEIRO, Antônio, 377
CARAMURU, 170, 534
CARCOPINO, Jérôme, 625
CARDIM, padre Fernão, 54, 113, 139, 167, 214, 321, 821
CARDOSO, Manoel de Almeida, 610
CARDOZO, Manuel, 882
CARMO NETO, H. J. do, 361, 378, 637, 638, 691, 692, 701, 820, 861
CARNAXIDE, Visconde de, 862
CARNEIRO, Edson, 172, 692, 862
CARNEIRO, H. J. d' Araújo, 751, 822
CARPEAUX, Otto Maria, 882
CARQUEJA, Bento, 862
CARSON, João Monteiro, 822
CARVALHO, Alfredo de, 38, 131, 175, 354, 366, 379, 468, 702, 706, 771, 862
CARVALHO, Augusto da Silva, 693, 862
CARVALHO, Carlos de, 823

CARVALHO, Delgado de, 37, 358, 708, 862
CARVALHO, Feu de, 167, 882
CARVALHO, Hippolite, 367, 823
CARVALHO, Joaquim Roberto de, 308
CARVALHO, Jorge de, 543
CARVALHO, Manuel Feliciano de, 204, 852, 855, 858
CARVALHO, Rodrigues de, 785, 812, 814, 862
CARVALHO, Vicente Antônio Esteves de, 823
CÁSSIO, 823
CASTELÃO, Manuel Fonseca de Azevedo, 535
CASTELNAU, Francis de la Porte, 823
CASTLE, C. S., 882
CASTRO, E. Machado de, 823
CASTRO, José da Gama e, 526, 823
CASTRO, Josué de, 409, 862
CASTRO, Manuela de, 229
CASTRO, Martinho de Melo e, 514, 515
CASTRO, padre Leonardo de Azevedo, 539
CASTRO, Tito Lívio de, 98, 623, 690, 795, 805, 823
CAUMONT, 254
CAVALCANTI, Antônio, 112
CAVALCANTI, Filipe, 108
CAVALCANTI, Luís Robalinho, 39, 796, 813, 882
CAVIGLIA HIJO, Buenaventura, 689, 882
CAXIAS, duque de, 510, 800
CELSO, Afonso, 197
CEPEDA, padre, 33
CHAHOMME, 278
CHAPMAN, W. H., 432
CHAPUIS, P., 823
CHARDON, mr., 253
CHARMONT, padre F., 466, 882
CHAVES, Pedro, 771
CHINA, José B. d'Oliveira, 862
CÍCERO, 438
CLARK, James, 738, 773
CLARK, rev. Hamlet, 367, 401, 823
CLEMENS, J., 883
CLEMENTE, (mulato escravo), 361
COARACY, Vivaldo, 265, 353, 535, 862
CODMAN, John, 632, 691, 823
COELHO, Duarte, 115, 209, 303
COELHO, Gonçalo, 302
COHEN, Morris R., 51
COLAÇO, Filipe Nery, 762

COLERIDGE (o 2º), 801
COLINI, G. A., 211, 260, 883
COLTON, Walter, 627, 689, 690, 824
COMPREDON, J., 349, 378, 862
CONCEIÇÃO, Ignacia Joaquina da, 238
CONSELHEIRO, Antônio, 488
CONSTANT, Benjamin, 810
CORDEIRO, José de Abreu, 376, 377
CORDEIRO, Rodrigues, 730
CORDIER, Henri, 615, 852
CORRÊA, Adelmar Brasil, 832
CORREIA JÚNIOR, A. B., 826
CORREIA, A. A. Mendes, 883
CORREIA, A. Magalhães, 862, 874
CORREIA, Alberto C. Germano da Silva, 608, 619, 862
CORREIA, Manuel Francisco, 197
COSTA, Antônio Correia de Sousa, 297, 826
COSTA, Antônio da, 266, 589
COSTA, Bento José da, 112, 156, 281, 356, 819
COSTA, Cláudio Manuel da, 188, 616, 715
COSTA, Craveiro, 862, 883
COSTA, d. Antônio de Macedo, 84
COSTA, Dante, 171, 883
COSTA, F. A. Pereira da, 38, 169, 170, 241, 323, 359, 369, 370, 465, 471, 497, 531, 547, 563, 564, 597, 615, 689, 694, 769, 772, 787, 812, 821, 822, 826, 839, 862
COSTA, Francisco Félix Pereira da, 857
COSTA, João Severiano Maciel da, 826
COSTA, Joaquim José da, 538
COSTA, Joaquim Matos, 575
COSTA, José Daniel Rodrigues da, 614, 827
COSTA, Josefina da Fonseca, 789
COSTA, Lamartine Pereira da, 700
COSTA, Manoel José da, 640
COSTA, Olímpio, 38
COTEGIPE, barão de, 789, 790
COUTINHO, Aluísio Bezerra, 348, 349, 378, 863, 883
COUTINHO, bispo Azeredo, 189, 190, 191, 192, 243, 717
COUTINHO, d. José Joaquim da Cunha de Azevedo, 191
COUTINHO, d. Rodrigo de Sousa, 644, 679, 695, 771, 842
COUTINHO, Francisco Martins, 170, 889
COUTINHO, Lino, 470, 852

COUTINHO, Lívio, 548
COUTINHO, Rui, 256, 411, 863
COUTO, José Vieira, 175, 883
COUTO, Ribeiro, 782, 791
COUTY, Louis, 754, 775, 827
CREARY, reverendo, 827
CRESPIN, Jean, 467, 881, 863
CREVENNA, Theo R., 863
CRISTINA, da. Teresa, 98
CRITILO, 863
CRULS, Gastão, 37, 364, 708, 748, 863
CRUZ, Antônio Gonçalvez da, 241
CRUZ, Ernesto, 359, 360, 471, 529, 863, 876
CUBAS, Antônio, 494
CUNHA, Agostinho Rodrigues, 827
CUNHA, Alberto da, 649, 696, 863
CUNHA, conde da, 198, 287, 358
CUNHA, Euclides da, 61, 68, 360, 411, 471, 805, 863
CUNHA, Herculano Augusto Lassance, 277, 355, 416, 827
CUNHA, Jacintho Suriano Moreira da, 753
CUNHA, Sílvio da, 766, 883
CUNNINGTON, C. W., 266, 863
CUVIER, 222

D

DACIA, Henrique Félix de, 28, 852
DAMPIER, William, 304, 446
DANIEL, M., 883
DANTAS, Luís Ascendino, 267, 863
DANTAS, Rodolfo, 197
DARWIN, Charles, 367
DAVENPORT, C. B., 735, 741, 745, 773, 782, 812, 863, 875, 883
DE GABRIAC, cte., 215, 863
DE LA SALLE, 171, 889
DEBRET, Jean-Baptiste, 168, 325, 342, 370, 371, 527, 533, 553, 556, 589, 608, 615, 616, 646, 647, 665, 666, 680, 696, 704, 771, 827, 863
DEGREMONTE, mme., 454
DELGADO, desembargador, 528, 827
DELL, Floyd, 261, 863
DENIS, Ferdinand, 214, 281, 356, 374, 375, 459, 461, 470, 680, 707, 827

DEOS, João de, 756
DIAS, Carlos Malheiros, 863
DIAS, Cícero, 595, 617, 731
DIAS, Gonçalves, 196, 230, 728, 729, 730, 790, 798, 805, 809
DIAS, Henrique, 488, 534
DIAS, Luís, 500
DIEGUES JÚNIOR, Manuel, 38, 530, 863
DINIZ, Antônio Alves, 540
DIÓGENES, Nestor, 863
DIVINA PROVIDêNCIA, frei Teodoro da, 247
DIXON, 806
DOLORES, Cármen, 225
DOMINGUES, Otávio, 812, 863
DÓRIA, Escragnolle, 37, 771, 864, 883
DORNAS FILHO, João, 358, 761, 844, 864, 883
DOSTOIÉVSKI, 801
DOUVILLE, J. B., 576, 613, 828
DRAIS, barão Charles de, 670
DREW, John B., 349, 378, 864, 866
DRUMMOND, A. M. V. de, 828
DRYSDALE, J. W., 349, 378, 864
DU PETIT-THOUARS, Abel, 178, 202, 370
DUARTE, A. Teixeira, 172, 883
DUARTE, Abelardo, 864
DUARTE, C. Amazonas, 884
DUARTE, José Rodrigues de Lima, 350, 378, 828
DUARTE, Manuel, 71, 813, 864
DUARTE, Nestor, 202, 864
DUCKWORTH, 745
DUGGAN, Stephen P., 868
DUNCH, Carlos, 704
DUNLOP, C. J., 266, 267, 864
DUNN, L. C., 884
DURÃO, Santa Rita, 188, 717
DUROCHER, mme., 32
DUTOT, S., 470, 828
DUVAL, mr., 703, 704

E

EDMUNDO, Luís, 37, 818, 864, 884
EDWARDS, William H., 828
ELLIS JÚNIOR, Alfredo, 635, 692, 864, 884
ELLIS, Havelock, 218, 221, 224, 231, 233, 260, 261, 864

EMBREE, John, 607, 864
ENGELS, Friedrich, 864
ENNES, Ernesto, 864
ENTZ, W., 814, 867
ESCOFFON, mme. Camille, 220
ESCRICH, 249
ESPÍRITO SANTO, Ladislau do, 674
ESTRELA, baronesa de, 39
EUFRÁSIA (preta escrava), 361
EUGêNIA (mulata escrava), 361
EVAN, mr., 766
EVREUX, Ives D', 54
EWBANK, Thomas, 576, 612, 646, 692, 696, 829
EXPILLY, Charles, 459, 470, 597, 599, 618, 619, 829

F

FAIRBANKS, George Eduardo, 706, 829
FARIA, Álvaro de, 784, 812, 884
FARIA, I. G. Teixeira de, 829
FAUVILLE, Alfred de, 864
FAZENDA, José Vieira, 38, 544, 798, 864
FEDRO, 438
FEIJÓ, Diogo Antônio, 187, 492, 835
FEIJÓ, dr., 853
FEITAL, dr., 853
FEITOSA, Nascimento, 162, 164
FÉLIX, José, 756
FELNER, Rodrigo José de Lima, 884
FERNANDES, conselheiro Paulo, 368
FERNANDES, Gonçalves, 865
FERNANDES, Jorge, 128
FERNANDES, Raul, 39
FERRAZ, A., 884
FERRAZ, Costa, 853
FERRAZ, dr. Costa, 561, 563, 853
FERRAZ, Lourenço Gomes, 112
FERREIRA, Alexandre Rodrigues, 61, 62, 132, 399, 829
FERREIRA, cap., 661, 662, 664
FERREIRA, João da Costa, 34, 865
FERREIRA, Joaquim Antônio, 544
FERREIRA, Pedro Afonso, 79
FERREIRA, Pinto, 49
FIALHO, d. frei José, 504

FIGUEIREDO, Antônio Pedro de, 98, 156, 162, 163, 164, 165, 173, 174, 853
FIGUEIREDO, José Bento da Cunha e, 693, 831
FILHO, Mário, 796, 813, 869
FISCHER, Eugen, 860, 865, 868
FLEMING, A., 884
FLETCHER, J. C., 173, 214, 312, 318, 319, 324, 325, 340, 366, 371, 691, 829, 831
FLORENCE, Hércules, 82, 258, 884
FLORESTA, Nísia, 82, 225
FLÜGEL, dr., 865
FOA, Edouard, 829
FONSECA, Alvarenga, 865
FONSECA, Borges da, 162
FONSECA, Deodoro da, 814
FONSECA, Froes da, 741, 884
FONSECA, Joaquim de Aquino, 235, 263, 378, 434, 465, 466, 694, 829
FONSECA, Pedro P. da, 829
FORBES, Frederick E., 865
FORSYTY, Diogo, 705
FOULÉE, Alfred, 865
FRANÇA JÚNIOR, 39
FRANÇA, Clemente Ferreira, 654
FRANÇA, Eduardo Ferreira, 283, 829
FRANCCIONI, 456
FRANCISCA, da. (do Rio Formoso), 225
FRANCISCO, (preto), 149
FRANCISCO, João, 853
FRANCO, Afonso Arinos de Melo, 38, 69, 132, 596, 606, 686, 709, 731, 769, 772, 863, 865
FRANCO, Afrânio de Melo, 616, 884
FRANCO, Caio de Melo, 769, 865
FRANCO, Francisco de Melo, 127, 451
FRANCO, Francisco Soares, 751, 752, 829
FRANCO, José de Melo, 716
FRANK, Waldo, 884
FRAZER, Alex, 432
FRAZER, J. G., 865
FRAZIER, E. Franklin, 755, 884
FREDERICO, conselheiro Carlos, 853
FREDRICK, Carlos D., 92, 766, 767
FREIRE, Alfredo Alves da Silva, 819
FREIRE, Brito, 532
FREIRE, Felisbelo, 37, 865

FREIRE, José Domingos, 709, 829
FREIRE, Junqueira, 195
FREITAS, Antônio de Paula, 328, 329, 371, 372, 708, 829
FREITAS, João Alfredo de, 865
FREITAS, Otávio de, 236, 466, 865
FREITAS, padre Martinho, 718
FREYCINET, Louis de, 237, 243, 263, 265, 323, 327, 328, 370, 371, 375, 829
FREYRE, Gilberto, 72, 128, 357, 366, 606, 609, 827, 828, 829, 834, 858, 859, 863, 865, 871, 884
FREYRE, Ulisses de Melo, 90
FRÉZIER, 285, 304, 358, 364, 830
FRITSCH, 211, 260
FROGER, 304, 358, 364, 830
FRY, E. Maxwell, 349, 378, 864, 866
FRYER, John, 603, 619, 830
FURTADO, Celso, 130
FURTADO, Jerônimo de Mendonça, 120

G

GAFFAREL, Paul, 364, 866
GAILLARD, Jules, 690
GALINHO, Thomaz, 458
GALVÃO, Manuel Antônio, 857
GALVÃO, Manuel da Cunha, 830
GALVÃO, Sebastião, 532, 775, 866
GALVÊAS, conde das, 450
GAMA, Basílio da, 188, 714, 717
GAMA, Chichorro da, 121, 159
GAMA, Domício da, 734, 790
GAMA, Luís, 96, 97, 98, 802, 811
GAMA, padre Miguel do Sacramento Lopes, 133, 159, 230
GAMA, Saldanha da, 194, 726, 810
GARCIA, Ângela Montini, 705
GARCIA, Rodolfo, 38, 47, 468, 827, 866
GARDNER, George, 280, 281, 356, 457, 830
GATES, R. R., 885
GATTINA, frei Miguel Ângelo de, 280, 355
GAULD, Charles, 465
GAYOSO, Raymundo José de Souza, 777, 778, 779, 830
GEDDES, Patrick, 844, 866, 876
GERAS, padre Silvestre José da Costa, 822
GERBAULT, 348
GEREMOABO, barão de, 823

GIDE, Paul, 866
GIGANTE, Manuel Fernandes, 494
GILMAN, Charlotte Perkins, 866
GILMOUR, João, 673
GIMPERA, P. Bosch, 468, 866
GIRÃO, Raimundo, 866
GLICÉRIO, Francisco, 487, 790, 811, 814
GOBINEAU, conde de, 788, 789, 791, 806
GOIANA, barão de, 194, 229, 723
GOLDENWEISER, Alexander A., 222, 223, 231, 261, 885
GOMENSORO, Ataliba de, 363
GOMES, Antônio Alq., 540
GOMES, Bernardino Antônio, 276
GOMES, Carlos, 801
GONÇALVES, Domingos Maria, 830
GONÇALVES, Francisco, 482
GONCOURT, Irmãos (Edmond e Jules), 50
GONZAGA, são Luís, 185, 186, 195
GONZAGA, Tomás Antônio, 769
GORKI, 801
GOTTHEIL, R., 885
GOULART, Sallis, 71
GOVER, William, 267
GRACE, Charles, 267
GRAHAM, Maria, 82, 145, 325, 333, 374, 477, 526, 527, 528, 596, 617, 631, 691, 830
GRAHAM, R. B. Cunninghame, 308, 866
GRANDE, Nascimento, 650
GRANDPREY, Clement de, 782
GRANT, Andrew, 155, 214, 292, 399, 404, 405, 406, 425, 427, 532, 568, 672, 830
GUARANI, Soeiro, 853
GUIMARÃES, Argeu, 885
GUIMARÃES, Costa, 674
GUIMARÃES, Francisco Pinheiro, 771, 830
GUIMARÃES, gal. Moreira, 39
GUIMARÃES, Joaquim, 390
GUIMARÃES, P., 866
GUIMARÃES, Pascoal da Silva, 119
GUIMARÃES, Sebastião Lopes, 640
GÜNTHER, H. F. K., 809, 814, 866

H

HADFIELD, W., 830
HAMBLY, Wilfrid Dyson, 813, 866
HANBURY, Charles, 373, 708, 830
HANDELMANN, H., 360
HARDY, Rosa, 582
HEARN, Lafcadio, 866
HEDDAD, Jamil Almansur, 885
HELLWARD, 211, 260
HENDERSON, James, 308, 326, 365, 536, 830
HENRIQUES, Bernardo de Miranda, 120
HENRIQUES, Diogo, 450
HENRIQUES, José da Cruz, 450
HERCULANO, Alexandre, 533, 866
HERSKOVITS, Melville J., 595, 755, 784, 802, 812, 882, 885, 867
HERTZ, A. F., 809, 814, 867
HEYMANN, Robert, 863
HILL, Owen Berkeley, 886
HOBHOUSE, L. T., 867
HOLANDA, Sérgio Buarque de, 504, 546, 791, 793, 813, 867, 886
HOLBE, M., 886
HOLLINGWORTH, L., 261, 886, 888
HOLMAN, James, 130, 598, 618, 830
HOLMES, S. J., 867
HOMEM, João Vicente Torres, 232, 262, 709, 801, 805, 830
HOMEM, os Torres, 436
HOOTON, E. A., 806, 808, 814, 867, 886
HORÁCIO, 203, 437, 438
HORTA, Raul Machado, 886
HOUSSAY, L., 830
HRDLICKA, Ales, 744, 886
HUBER, E., 867
HUNT, mr., 576

I

IBIAPINA, padre, 83, 84, 85, 86, 87, 88, 89, 493
IBSEN, 809
ISABEL, princesa, 57, 229, 711, 802
ISABELLE, Arsène, 375, 460, 467, 831
IZOULET, Jean, 266, 867

J

JACEGUAY, alm., 810
JACQUES, João Cesimbra, 530, 531, 831

JAGUARIBE FILHO, Domingos, 831
JARDIM, David Gomes, 296, 361, 831
JARDIM, Luís, 596, 618, 886
JERVIS, alm., 465
JESUS, Manuel Tomé de, 341, 819
JESUS, Teresa de, 89
JOÃO IV, D., 532
JOÃO V, D., 105
JOÃO VI, D., 12, 15, 37, 105, 118, 120, 151, 154, 155, 318, 333, 366, 416, 429, 433, 456, 545, 552, 592, 610
JOAQUINA, Da. Carlota, 102, 107
JOBIM, José Martins da Cruz, 334, 374, 548, 854
JOHNSTON, Sir Harry H., 867
JONES, Robert C., 349, 378, 867
JORGE, Nicolau, 451
JOSÉ, El-Rey D., 347
JOUSSELANDIÈRE, S. V. Vigneron, 611, 692, 831
JUNDIÁ, barão de, 819
JUREMA, Aderbal, 82, 867, 886

K

KAYSERLING, M., 466, 854, 867, 886
KEHL, Renato, 867
KEITH, Arthur, 867, 886
KEMAL, 607
KIDDER, D. P., 173, 311, 312, 323, 362, 366, 371, 556, 578, 588, 608, 614, 615, 626, 627, 690, 691, 829, 831
KLEIN, Viola, 261, 266, 867
KOEBEL, W. H., 170, 867
KOERSTING, Augusto, 455
KOHLER, M. J., 886
KOHUT, A., 887
KOPARD, Sylvia, 245, 266, 887
KOPERNICKI, 745
KOSTER, Henry, 168, 299, 332, 363, 374, 497, 533, 536, 578, 604, 614, 619, 643, 659, 665, 694, 723, 727, 728, 737, 770, 771, 832

L

LA BARBINAIS, Le Gentil de, 285, 358, 820
LA FAYETTE, 153

LA SALLE, comte. De, 145, 171, 889
LABRE, Bento José, 832
LACERDA, J. B., 887
LAGO, Antônio Bernardino Pereira do, 400, 403, 832
LALLEMANT, Roberto, 709, 832
LAMEGO FILHO, Alberto, 867
LAMEGO, Alberto Ribeiro, 37, 94, 167, 467, 774, 867
LANCE, Menesier de La, 689, 867
LANGSDORFF, G. H. Von, 82, 209, 258, 832, 884
LAPICQUE, 741
LAPIE, Paul, 867
LASCIO, A. di, 887, 888
LATIF, Mirian de Barros, 110, 129, 868
LAVAL, Francisco Pyrard de, 603
LAVRADIO, barão de (José Pereira Rego), 709, 832, 854
LAVRADIO, marquês de, 131, 167, 168, 338, 350, 368, 653, 729, 771, 854
LAXE, João Batista Cortines, 832
LAYTANO, Dante de, 71, 75, 489, 490, 530, 868, 887, 899
LAZARSFIELD, Paul, 50, 868
LE MASSON, dr., 854
LEAL, Vítor Nunes, 868
LEÃO FILHO, Joaquim de Sousa, 868
LEÃO, Carlos, 925, 926
LEÃO, Henrique Hermeto Carneiro, 832
LEÃO, Honório Hermeto Carneiro (marquês de Paraná, 160, 197
LECKY, 78
LEDE, Charles van, 832
LEGORI, Carlos, 71
LEI, Gaspar van der, 108
LEITÃO, C. de Melo, 171, 370, 371, 868, 889
LEITE FILHO, Solidônio, 868
LEITE, Antônio Ático de Sousa, 530, 859, 868
LEITE, Aureliano, 868
LEITE, Serafim, 887
LEITE, Solidônio, 467
LENIONE, 801
LEÔNIDAS, 657
LEROY, 384
LÉRY, Jean de, 364
LESSA, Aureliano, 195
LETANNEUR, 765
LEVETUS, G. S., 814, 867

LEWINSON, Paul, 868
LIMA, Barbosa (um bacharel), 186
LIMA, da. Flora Cavalcanti de Oliveira, 39
LIMA, Ermiro, 741
LIMA, Herman, 887
LIMA, Hermeto, 700, 860, 868
LIMA, Jorge de, 805, 868
LIMA, José Antônio Pereira de, 615
LIMA, José Ignácio de Abreu e, 29, 163, 164, 779, 780, 850
LIMA, Manuel de Oliveira, 37, 107, 161, 191, 468, 549, 868, 894, 895, 910
LIMA, Pedro de Araújo (marquês de Olinda), 160, 360, 709, 831, 840, 856
LIMA, Zózimo, 887
LIMA JÚNIOR, Augusto de, 129, 256, 499, 500, 618, 868
LIMOGES, 169
LINDLEY, Thomas, 241, 265, 404, 543, 544, 567, 568, 577, 578, 610, 613, 614, 832
LINHARES, conde de, 554
LINS, Mário, 49
LIRA, Manuel de Santos, 658
LISBOA, Baltasar da Silva, 708, 832
LISBOA, Estanislau Pereira, 573
LISBOA, José Antônio, 857
LISBOA, José da Silva (visconde de Cairu), 125, 554, 684, 822, 832
LISBOA, M. P. A. de, 764, 854
LÍVIO, Tito, 437
LLOYD, Christopher, 868
LOBO, A. Costa, 423, 868
LOBO, Manuel da Gama, 294, 361, 411, 854
LOBO, Roberto Jorge Haddock, 37, 833, 854
LOCTEUR, Louis, 833
LODGAT, Guilherme, 653
LOGO, Manuel da Gama, 361
LOMONACO, dr., 260, 854
LOOTAR, A. B., 869
LOPES, Cunha, 785, 887
LOPES, Elias José, 322
LOUREIRO, Trigo de, 244
LUCCOCK, John, 154, 168, 178, 192, 202, 315, 316, 327, 333, 335, 336, 337, 340, 341, 342, 344, 368, 371, 374, 375, 376, 378, 436, 439, 466, 601, 602, 603, 604, 617, 619, 833

LUCENA, Maria, 599
LUCÍLIO, 745
LUÍSA (africana livre), 96
LUNDBORG, M., 887
LUSCHAN, F. von, 869
LUTERO, 809

M

MACADAM, 631, 632
MACARTNEY, Lord, 746
MACEDO, brigadeiro, 119
MACEDO, Buarque de, 850
MACEDO, coronel, 490
MACEDO, Duarte Ribeiro de, 833
MACEDO, Francisco Ferraz de, 416, 833
MACEDO, Joaquim Manuel de, 368, 708, 833
MACHADO, Alferes, 144
MACHADO, Antônio de Alcântara, 202, 310, 363, 366, 869
MACHADO, Domingos, 495
MACHADO, M. Lopes, 529, 854
MACHADO, Simão Ferreira, 175, 617, 854
MACHADO FILHO, Aires da Mata, 537, 718, 869
MACINNES, C. M., 869
MADEIRA, Pinto, 814
MAGALHÃES, Basílio de, 259, 360, 843, 869
MAHALANOBIS, R., 887
MALHEIRO, Agostinho Marques Perdigão, 526, 528, 529, 734, 773, 869
MALINOWSKI, Bronislaw, 813, 869
MANCILLA, padre, 304, 364
MANSFIELD, Charles B., 150, 154, 173, 322, 341, 369, 453, 833
MANUEL, D., 771
MANUELZINHO, padre, 185
MARANHÃO, Augusto Severo de Albuquerque, 557
MARANHÃO, Gil de Metódio, 887
MARCONDES, Jesuíno, 73
MARCONDES, Moisés, 74, 869
MARIA (mãe de Jesus), 79, 83
MARIA I, da., 498
MARIANO FILHO, José, 53, 324, 869
MARIANO, José, 229, 650, 811
MARINHO, Pedro, 629, 630

MARINHO, Saldanha, 96, 97, 98, 487, 772, 805, 811
MÁRIO FILHO, 796, 813, 869
MARISCAL, Francisco de Sierra y, 381, 382, 887
MARIZ, Celso, 85, 86, 89, 869
MARREIROS, Manuel Joaquim, 330
MARROCOS, Luiz Joaquim dos Santos, 834
MARS, Alfred, 739, 773, 834
MARS, J. A., 869, 876
MARTINS, Antônio Egídio, 690, 869
MARTINS, Luís, 99, 869
MARTINS, os Silveira, 194
MARTINS, Sousa, 813
MARTINS, Wilson, 70, 72, 73, 887
MARTIUS, C. F. P. von, 260, 365, 548, 834
MARTY, Paul, 869
MASCARENHAS, Fernando, 286
MATOS, Antônio Gomes de, 707, 834
MATOS, Cunha, 668, 705, 855
MATOS, Eusébio de, 188
MATOS, Gregório de, 188, 437, 714, 732
MATOS, Raimundo José da Cunha, 164, 855
MAUÁ, barão de, 126, 395
MAURÍCIO, José, 805
MAUROIS, André, 772, 869
MAVIGNIER, Cincinato, 765
MAVIGNIER, Simplício, 465, 855
MAWE, John, 307, 314, 319, 326, 327, 365, 369, 446, 451, 452, 468, 469, 545, 548, 594, 595, 599, 602, 604, 617, 618, 619, 661, 662, 663, 664, 704, 834
MAY, Geoffrey, 261, 869
MAYER, 723
MCKENZIE, M., 887
MCLENNAN, S. F., 869
MEADE, M., 887
MEAKIN, A. M. B., 266, 869
MEANS, Gardner C., 860, 869
MEDEIROS, Antônio Joaquim de, 331
MEDEIROS, Joaquim Antônio de, 855
MEDEIROS, José Augusto Bezerra de, 869
MEIRELES, dr., 814
MELLO, Thomaz José de, 198, 287, 294, 324
MELO, A. da Silva, 869
MELO, Antônio do Vale, 761
MELO, Catarina de São José e, 376

MELO, Clóvis, 168, 175, 870
MELO, Félix Cavalcanti de Albuquerque e, 71, 90, 283, 313, 357, 366, 819, 827
MELO, Figueira de, 162
MELO, Joaquim Pedro de, 418, 419, 834
MELO, José Antônio Gonsalves de, 37, 38, 128, 336, 354, 468, 557, 870
MELO, José Maria de, 870
MELO, Manoel Felizardo de Sousa e, 610, 834
MELO, Maria Cavalcanti de Albuquerque e, 819
MELO, Mário, 175, 870
MELO, Thomas José de, 371, 515
MELO, Ulisses Pernambucano de, 784, 785, 812, 887, 888
MELO, Veríssimo de, 870
MENCKEN, Henry L., 870
MENDONÇA, Renato, 732
MENDONÇA, Salvador de, 834
MENESES, Diogo de Melo, 38, 90, 357, 366, 888
MENESES, Francisco da Cunha, 853
MENESES, Francisco de Paula, 204, 855, 858
MENESES, frei Francisco de, 286
MENESES, José César, 644
MENEZES, Adolfo Bezerra de, 834
MENEZES, Francisco D'Alpuim, 751, 834
MEROZ, cônsul, 470, 855
MESERI, Horacio, 458
MESSINA, frei Plácido de, 354, 527, 834
MEXIA, Bartolomeu de Sousa, 136, 166, 822
MEYER, Augusto, 71
MICHAUX-BELLAIRE, L., 834
MIGUEL-PEREIRA, Lúcia, 870
MILES, Catharine Cox, 231, 870
MILET, Henrique Augusto, 834
MILLER, N., 888
MILLIET, Sérgio, 70, 870
MILTON, 456
MIMOZO, Pedro da Costa, 537
MIRANDA, Carmen, 657
MOISÉS, 441
MONLEVADE, M., 855
MONTAGUE, H., 261, 888
MONTEIRO, A. Peregrino Maciel, 127, 162, 247, 281, 493, 766
MONTEIRO, Luís Vaía, 287

MONTEIRO, Tobias, 37
MONTELO, Josué, 133
MONTENEGRO, Caetano Pinto de Miranda, 289, 359, 492, 822
MONTENEGRO, Túlio Hostílio, 204, 870
MONTESQUIEU (Charles de Secondat M.), 456
MONTEZUMA, 801, 805, 814
MONTIGNY, Grandjean de, 456
MOOG, Vianna, 71, 772
MORAIS FILHO, Melo, 752, 835, 870
MORAIS, Alexandre J. de Melo, 131, 173, 204, 364, 369, 870
MORAIS, general, 814
MORAIS, J. P. Carvalho de, 840
MORAIS, João Rodrigues de, 450
MORAIS, Vilhena de, 38, 707
MORAZÉ, Charles, 870
MOREAU, Pierre, 274, 275, 354, 355, 835
MOREIRA, barão de, 277
MOREIRA, Juliano, 790, 802, 805
MOREIRA, Nicolau Joaquim, 262, 747, 774, 835, 855
MOREIRA, tenente João, 653
MOREL, Edmar, 426, 870
MOTA, Otoniel, 870
MOURA, Carneiro d'Albuquerque e, 158
MOURA, Gusmão e, 158
MOURA, João Alves de, 204, 855, 858
MOURA, Júlio Rodrigues de, 548, 857
MOUTINHO, A. Ferreira, 365, 666, 704, 870
MÜLLER, Lauro, 794
MUMFORD, prof., 433
MUNIZ, Artur, 770, 888
MUNIZ, padre, 161

N

NABUCO, Evelina (viúva de Joaquim Nabuco), 39
NABUCO, Joaquim, 20, 22, 25, 26, 39, 79, 118, 123, 131, 132, 160, 188, 194, 198, 200, 205, 250, 342, 407, 413, 468, 470, 509, 609, 657, 689, 725, 870, 894, 902, 903
NAMORADO, Pedro Martins, 364
NARCISO, cocheiro, 278
NASCIMENTO, Alfredo, 871
NASH, Roy, 302, 307, 312, 364, 365, 366, 871

NASSAU, conde Maurício de, 107, 273, 287, 299, 441, 442, 449, 451, 628, 629, 630
NAVA, Pedro, 693, 871
NAVARRO, José Gregório de Morais, 706, 835
NEGREIROS, André Vidal de, 532
NEIVA, Artur H., 467, 888
NETSCHER, P. M., 835
NEUVILLE, Henry, 871
NICOLLE, J., 871
NIEUHOF, Johan, 129, 354, 835, 874
NOBRE, Inácio de Siqueira, 610
NOBRE, Martinho, 570
NÓBREGA, padre Manuel de, 183
NOËTTES, Lefebvre des, 625, 689, 690, 871
NOGUEIRA, Almeida, 871
NORMANO, J. F., 293, 360, 871
NORTHROP, F. S. C., 871
NOVAIS, Felício, 653
NUNES, Antônio Duarte, 856
NUNES, José, 450
NUNES, padre Manuel, 238
NYEMILOV, A. V., 266, 871

O

ÓCULOS, frei Manuel dos, 629, 630
OGILVIE, G. C. W., 349
OLEGARINHA, Da., 229
OLIVEIRA, Antônio de, 242
OLIVEIRA, Botelho de, 714
OLIVEIRA, Bráulio Gonçalves de, 80
OLIVEIRA, corretor, 376, 581
OLIVEIRA, D. Vital Maria Gonçalves de, 79, 80, 81, 83, 84, 126, 197, 263
OLIVEIRA, João Alfredo Correia de, 723
ORBIGNY, Alcide d', 762, 836
ORLANDO, Artur, 468
ORNELAS, Manoelito de, 871
ORTIGÃO, Ramalho, 595, 871
ORTIZ, Fernando, 102
OSÓRIO, Fernando Luís, 258, 871
OSÓRIO, Tomás José Luís, 258
OTAVIANO (min. Francisco Otaviano de Almeida Rosa, 197
OTRANTO, arcebispo de, 240, 263, 264, 836

OTTONI, Cristiano Benedito, 71, 562, 836
OTTONI, Teófilo Benedito, 609, 836
OURÉM, barão de, 238, 836
OUSELEY, WM. Gore, 322, 332, 369, 374, 836
OVÍDIO, 437, 438

P

PADILHA, Francisco Fernandes, 283, 357, 836
PAIS, Pascoal Leite, 546
PAIVA, José de Barros, 690, 836, 838
PALES, León, 745, 888
PALMA, marquês de São João da, 771
PARANÁ, marquês de (Honório Hermeto Carneiro Leão, 160, 197, 770
PARANÁ, marquesa de, 521
PARIDANT, Ladislas, 396, 836
PARK, Robert, 218, 888
PASCUAL, A. D. de., 453, 837
PASSOS, Zoroastro, 537
PATI DO ALFERES, barão de, 837
PATRÍCIA, Maria, 398
PATROCÍNIO, José do, 98, 801, 811
PEÇANHA, Nilo, 725, 790, 793, 811
PECKOLT, Theodoro, 682, 683, 707, 837
PEDRO I, D., 325, 335, 486, 545, 591, 592, 655, 701, 711, 713
PEDRO II, D., 47, 80, 99, 186, 192, 193, 194, 198, 231, 375, 433, 434, 461, 486, 545, 593, 711, 713, 714, 741, 789, 791
PEDROSA, Mário, 768
PEDROSO, (insurreto de Pernambuco), 728, 752, 753
PEDROSO, Silva, 726
PEIXOTO, Afrânio, 871
PEIXOTO, Inácio José de Alvarenga, 188, 715, 716, 717, 769, 837
PELUSO JÚNIOR, Vítor, 888
PENA, Belisário, 348
PENA, Martins, 769, 770
PENALVA, marquês de, 476, 526, 837
PEREIRA JÚNIOR, José Luciano, 337, 356, 374, 837
PEREIRA, Alfredo de Sá, 856
PEREIRA, Batista, 888
PEREIRA, Cosme de Sá, 640, 693
PEREIRA, Francisco de Araújo, 544

PEREIRA, Francisco Rodrigues, 399
PEREIRA, João, 757
PEREIRA, José Clemente, 684
PEREIRA, Nuno Marques, 837
PEREIRA, padre, 438
PEREIRA, Pedro de Sousa, 544
PERES, Diogo, 500
PERETTI, João, 162, 468, 871, 888
PESSANHA, João, 719, 772, 821, 822
PESSOA, padre João Ribeiro, 769
PETERS, M. C., 871
PETIT-THOUARS, Abel du, 178, 202, 370
PFEIFFER, Ida, 325, 367, 401, 837
PHILLIPS, Ray, 780
PIACENZA, Dionísio de, 280, 355
PIERSON, Donald, 67, 70, 872
PIMENTA, D. Silvério Gomes, 790
PIMENTEL, Antônio Martins de Azevedo, 350, 351, 357, 363, 378, 379, 708, 837
PIMENTEL, J. Galdino, 837
PIMENTEL, Madalena, 599
PIMENTEL, Sancho de Barros, 127
PINCHES, James, 822
PINHO, Wanderley de, 81, 82, 872
PINTO, Antônio Pereira, 771, 851
PINTO, Bento Teixeira, 449, 837
PINTO, Estêvão, 872
PINTO, L. A. da Costa, 202, 872
PINTO, Luís, 872
PINTO, Odorico Pires, 872
PINTO, Silva, 772, 837
PIRES, Antônio, 183
PISO, Guilhermo, 354, 837
PITA, Sebastião da Rocha, 714
PITT-RIVERS, George Henry Lane-Fox, 872
PIZA, Simão de Toledo, 494
PLOSS, H. H., 266, 860, 872
POHL, Johann Emanuel, 838
POMBAL, marquês de, 321
POMBO, Rocha, 706, 754, 755, 872
POMPÉIA, Raul, 230
POMPEU, Joaquina do, 102, 225, 819
PONA, Moraes, 690, 836, 838
PORTALIS, Jean-Etienne-Marie, 244, 838
PORTO, Da. Leonor, 229

PORTO, Fernando, 888
PORTUGAL, Bernardo Luís Ferreira, 160
PORTUGAL, Fernando José de, 657, 679
PORTUGAL, Manuel de Castro, 452
PORTUGAL, Marcos, 151
PORTUGAL, Tomás Antônio de Vilanova, 836
POST, Franz, 441
POST, Peter, 273, 441
POVOLIDE, conde de, 514, 570
PRADO, Caio, 127
PRADO, Domingos Rodrigues do, 136
PRADO, J. F. de Almeida, 166, 363, 742, 872
PRADO, Paulo, 40, 872
PRADO, Veridiana da Silva, 71
PRADO JÚNIOR, Caio, 23, 129, 360, 686, 872, 888
PRADOS, visconde de, 657
PRATES, Tiburtino Moreira, 762, 763, 775, 838
PROENÇA, Antônio, 494
PROUDHON, 245
PROUST, Marcel, 48
PRUETTE, L., 261, 872
PRÚSSIA, príncipe Adalberto da, 322
PUDSEY, Cuthbert, 108, 839
PUIQCERVER, F. Rivas, 839
PULIDO, Angel, 872
PUSHKIN, 801
PUVION, R., 872

Q

QUARAIM, barão de, 771
QUEIRÓS, Maria Isaura Pereira de, 889
QUEIROZ, Eça de, 734
*QUEIRÓZ, Eusébio de (v. Eusébio de Queiróz Matoso, 840
QUINTAS, Amaro, 470, 872, 889
QUINTILIANO, 438
QUINTILIANO, vigário, 264

R

RABELO, José da Costa Sousa, 130, 889
RABELO, Laurindo, 195
RACINE, Jean, 839
RADIGUET, Max, 214, 672, 705, 839

RAFFARD, Henri, 839
RAMALHO, João, 64
RAMEL, 255
RAMOS, Artur, 173, 692, 787, 812, 872, 873
RAMOS, dr., 505, 507
RAMOS, Guerreiro, 873
RAMOS, Luísa, 873
RANGEL, Alberto, 260, 719, 814, 873, 889
RAYNAL, abade, 114, 129, 839
READERS, George, 813, 873
REBELO, Henrique Jorge, 679, 707, 839
RECIFE, marquês do, 162, 188
RECLUS, Elisée, 764, 856
REGADAS, José Maria Rodrigues, 356, 839
REGO, José Pereira, 372, 684, 707, 708, 709, 840, 857
REID, Thomas, 673
REIS, Fábio A. de Carvalho, 840
REIS, João Gualberto dos Santos, 198
REIS, Manoel dos, 615
REMÉDIOS, Mendes dos, 873
RENAN, 799
RENARD, R. G., 873
RENDU, Alphonse, 200, 205, 356, 841
REQUENA, Antônio, 258, 889
RESENDE, Cássio Barbosa de, 367, 873
RESENDE, conde de, 266
RESENDE, Plácido Barbosa de, 367, 873
REUTER, E. B., 782, 784, 812, 873, 889
REYBAUD, Charles, 708, 841
RIACHO, Maria Salta, 724
RIBEIRO, Chagas, 783
RIBEIRO, João Pinto, 476
RIBEIRO, João, 37, 40, 719, 873
RIBEIRO, Joaquim, 354, 468, 754, 873, 874
RIBEIRO, René, 755, 812, 889
RIBEYROLLES, Charles, 841
RICARDO, Cassiano, 873
RINGBON, Lars, 808, 814
RIO BRANCO, Visconde de, 79, 80, 81
RIOS, José Artur, 841
RIOS, Morales de los, 37, 273, 298, 354, 363, 889
RIVERS, 434
ROBERTSON, 778, 779
ROCHA, Justiniano da, 814
ROCHA, Manuel Ribeiro da, 841

ROCHA, Munhoz da, 609, 873
RODRIGUES, A. Coelho, 155, 841
RODRIGUES, Eugênio, 841
RODRIGUES, F. Contreiras, 873
RODRIGUES, irmão Antônio, 182
RODRIGUES, José Bonifácio, 534, 536
RODRIGUES, José Honório, 129, 354, 873, 874
RODRIGUES, José Wasth, 874
RODRIGUES, Nina, 150, 743, 798, 874
RODRIGUES, Vicente, 183
ROHAN, Henrique de Beaure-Paire, 841
ROMERO, Sílvio, 196, 204, 531, 725, 729, 769, 770, 794, 805, 810, 841, 874
ROMUALDO, D., 79, 713
RÖPKE, Wilhelm, 174, 874
ROQUETTE-PINTO, Edgar, 466, 741, 785, 796, 797, 812, 874, 890
ROSA, da. Ana, 250, 339
ROSA, Francisco Luís da Gama, 373, 841
ROSÁRIO, Joana Francisca do, 666
ROSSEL I VILLAR, M., 874
ROSSINI, 152
ROZAS, 169
RUELLE-POMPONNE, M., 841
RUGENDAS, J. M., 325, 371, 610, 696, 757, 758, 771, 775, 841
RUSSELL, Bertrand, 51
RUSSOMANO, V., 170
RUY, Afonso, 543, 695, 702, 703

S

SÁ, dona Maria da Conceição de, 74
SÁ, Manuel Ferreira da Câmara Bittencourt Aguiar, 282
SÁ, Miguel Antônio Heredia de, 414, 426, 841
SAAVEDRA, 456
SABUGOSA, conde de, 332, 539
SAIÃO, Joaquim Alves, 589
SAINT-HILAIRE, Auguste de, 110, 144, 168, 171, 189, 203, 308, 309, 310, 326, 339, 340, 342, 354, 356, 365, 366, 375, 446, 452, 467, 469, 489, 490, 531, 547, 659, 691, 703, 842
SAINT-MARTIN, Vivien de, 775
SALDANHA, José da Natividade, 723, 728, 770, 805, 814

SALGADO, Joaquim Vaz, 573
SALGADO, Paulo Cavalcanti de Amorim, 827
SALOMÃO, 179
SALVADOR, frei Vicente do, 188
SAMPAIO, A. J. de, 862, 874
SAMPAIO, Alberto, 478, 527, 874
SAMPAIO, Teodoro, 37, 128, 170, 299, 363, 533, 534, 543, 703, 874, 890
SANT'ANA, José Joaquim de, 842
SANT'ANNA NERY, barão de, 835
SANTANA, Nuto, 363, 874
SANTOS, Carolino Francisco de Lima, 427, 858
SANTOS, Ferreira dos, 842
SANTOS, Filipe dos, 110
SANTOS, Gabriel José Rodrigues dos, 842
SANTOS, J. Felício dos, 890
SANTOS, Joaquim Felício dos, 130, 468
SANTOS, José Maria dos, 95, 874
SANTOS, marquesa de, 82, 225, 279
SANTOS, Noronha, 37, 357, 368, 701, 705, 708, 874
SANTOS, padre Luís Gonçalves dos, 553, 608, 842
SANTOS, Tomás Delfino, 373, 708, 842
SAPUCAÍ, marquês de, 321
SARAIVA, conselheiro, 523
SARMENTO, José Joaquim de Morais, 263, 465, 858
SAY, Horace, 456, 648, 696, 842
SCHADEN, Egon, 259
SCHAEFFER, L. M., 596, 633, 634, 691, 701, 842
SCHLICHTHORST, C., 708, 842
SCHMALHAUSEN, S. D., 261, 861, 874, 875, 885
SCHMIDT, Carlos Borges, 890
SCHMOLLER, Gustav, 36, 874
SCHOPENHAUER, Artur, 809
SCHUMANN, 809
SEABRA, Antônio Luís, 533, 874
SEBASTIÃO, D., 49
SEIXAS, D. Romualdo de, 79, 713, 842
SEIXAS, José Venâncio de, 644, 695, 771, 842
SELLIN, A. W., 171, 246, 265, 401, 875
SENA, Ernesto, 773, 875
SêNECA, 745
SÉRIS, M. H. L., 169, 366, 842
SERRA, Astolfo, 529, 875
SETTE, Mário, 71
SEVE, dr., 505, 507

SHERMAN, Dr., 417
SIGAUD, J. F. X., 521, 545, 548, 586, 709, 842, 858
SILVA, brig. José Roberto Pereira da, 573
SILVA, Cláudio José Pereira da, 572
SILVA, David Mendes da, 450
SILVA, Ernesto, 881, 890
SILVA, Fernando Brás Tinoco da, 758
SILVA, J. M. Pereira da, 656, 701, 842
SILVA, J. Norberto de Sousa e, 769, 875
SILVA, João Pinto da, 71
SILVA, Joaquim Caetano da, 188
SILVA, José Correia da, 371
SILVA, Lima e, 814
SILVA, Manoel Gonçalves da, 640
SILVA, Manuel José da, 237
SILVA, padre Francisco da, 276
SILVA, Peçanha da, 521, 548, 857
SILVA, Pirajá da, 170, 203, 354
SILVA, Tomé Maria da Fonseca e, 858
SILVA NETO, A. da, 842
SILVÉRIO, mons., 264
SIMÃO, mestre, 666
SIMMEL, Georg, 261, 890
SIMONI, Luís V. de, 204, 855, 858
SIMONSEN, Roberto, 129, 686, 875
SINIMBU, J. L. V. Cansanção de, 842
SIQUEIRA, Da. Ana, 341
SMITH, Adam, 456
SÔ, Casusa, 738
SOARES, Antônio Marques da Costa, 573
SOARES, Caetano Alberto, 842
SOARES, José Eugênio de Macedo, 890
SOARES, Sebastião Ferreira, 293, 296, 360, 361, 696, 843
SODRÉ, Nelson Werneck, 875, 890
SOLOW, Anatole A., 349, 378, 890
SOMBART, W., 113, 114, 875
SOROCABA, baronesa de, 340
SOUSA, Antônio José de, 283, 356, 843
SOUSA, Augusto Fausto de, 708, 843
SOUSA, Auta de, 795
SOUSA, Bernardino de, 690
SOUSA, D. João de, 532
SOUSA, Da. Ana de, 101
SOUSA, Gabriel Soares de, 142, 143, 170, 171, 183, 202, 203, 213, 272, 302, 303, 304, 354, 364, 843

SOUSA, Irineu Evangelista de, 267
SOUSA, J. P. Coelho de, 71, 807, 875
SOUSA, Luís Antônio de, 125
SOUSA, Paulino de, 71, 160, 509
SOUSA, Tomé de, 113, 344, 843
SOUTHEY, Robert, 160, 174, 495, 532, 875
SOUTO MAIOR, Pedro, 467
SOUTO, Francisco do, 543
SOUTO, Vieira, 373, 708, 843
SPALDING, Walter, 71
SPENCER, A. G., 266, 875
SPENGLER, Oswald, 875
SPIEGEL, Henri William, 875
SPIX, J. B. von, 260, 306, 365, 521, 548, 691, 834, 843
STANDFAST, Jorge Thomaz, 457
STAUTON, sir George, 746, 747, 774, 843
STEGGERDA, Morris, 773, 812, 863
STEINEN, Karl von den, 211, 259, 260, 843
STEINMANN, J., 843
STEWART, C. S., 171, 843
STRATEN-PONTHOZ, Auguste Von Der, 843
STURZ, J. J., 692, 858
STURZO, Luigi, 875
SUAÇUNA, visconde de, 241
SUCKOW, Guilherme, 677
SUZANNET, conde de, 367, 712, 769, 770, 843

T

TAMANDARÉ, alm., 810
TAQUES, Pedro, 494, 529
TAUNAY, Afonso d'Escragnolle, 37, 39, 40, 127, 131, 258, 299, 355, 363, 364, 494, 532, 875, 890
TAUNAY, C. A., 573, 584, 610, 611, 614, 615, 844
TAUNAY, visconde de, 258, 374, 844
TÁVORA, Franklin, 168, 844, 876
TEISSIER, 456
TEIXEIRA, José Maria, 844
TELFER, Guilherme, 767
TEMUDO, Valentim, 543
TERMAN, Lewis M., 231, 870, 876
THEARD, Mme., 117
THOMAS, William I., 261, 876
THOMPSON, Helen B., 876

THOMPSON, J. Arthur, 844, 876
TIBIRIÇÁ, 534
TICKNER, F. W., 876
TIRADENTES, 110
TOCANTINS, Leandro, 890
TOLLENARE, Louis François de, 144, 171, 192,
    281, 297, 332, 339, 356, 361, 374, 401,
    453, 469, 858
TOOLEY E. M., 869, 876
TOPINARD, Paul, 219, 261, 876
TORRES, Alberto, 876
TORRES, Lígia Lemos, 890
TORRES, padre, 182
TOUSSAINT-SAMSON, mme., 844
TOWNER, 177
TOYNBEE, A. J., 49, 876
TOZZER, M., 884
TRINDADE, cônego Raimundo, 264, 265, 537, 876
TROVÃO, Lopes, 725
TSCHUDI, J. J. von, 844
TURGUENEV, 222

U

UBÁ, barão de, 705
URSEL, Charles D'., 844

V

VADET, E. G., 366, 844
VAËRTING, Mathias, 260, 876, 890
VAËRTING, Mathilde, 260, 876, 890
VAILLANT, cmte., 325, 326, 371
VALADARES, conde de, 119, 131, 193, 727, 729
VALADARES, José, 38
VALE, Helena do, 450
VANDELLI, Domingos, 130, 133
VARELA, Fagundes, 230
VASCONCELOS, A. L. de Brito Aragão e, 420, 890
VASCONCELOS, Bernardo Pereira, 194
VASCONCELOS, Diogo de, 149, 172, 537
VASCONCELOS, J. Leite de, 260, 468, 876
VAUTHIER, Louis Léger, 128, 162, 312, 324, 331, 364,
    366, 370, 371, 690, 858
VAZ, Antônio, 273, 274

VEBLEN, 73, 93, 388
VEDRA, Basílio Teixeira de Sá, 761, 844
VEIGA, Evaristo Ferreira da, 160
VEIGA, Luís Francisco da, 844
VELHO DA TAIPA, 179, 180
VELLINHO, Moisés, 71, 102
VELOZINO, 440
VERGER, Pierre, 797
VERÍSSIMO, José, 743
VIANA, Araújo, 322, 323, 324, 331, 858, 891
VIANA, Artur, 360, 876
VIANA, cons. Antônio Ferreira, 875
VIANA, Ernesto da Cunha de Araújo, 374, 891
VIANA, F. J. de Oliveira, 37, 758, 767, 803,
    805, 813, 814
VIANA, Manuel Nunes, 287
VIANA, Pedro Antônio Ferreira, 844
VIANA, Vítor, 686, 709, 876
VIANA FILHO, Luís, 877
VIDIGAL, major, 652
VIEGAS, Joam Peixoto, 129, 707
VIEIRA, José Fernandes, 174
VIEIRA, Ana Maria de Assunção, 361, 844
VIEIRA, João Fernandes, 112
VIEIRA, padre Antônio, 474, 482, 488, 528, 844
VILAS BOAS, cônego, 398
VILHENA, Luís Santos, 285, 357, 358, 435, 466, 844
VILLEGAIGNON, Nicolas D. de, 364
VIRGÍLIO, 437
VITERBO, Sousa, 543, 877
VOLTAIRE, 456

W

WAGENER, Zacharias, 441
WAGNER, K., 891
WALLACE, Alfred R., 844
WALSH, Robert, 557, 593, 608, 616, 634, 661, 662, 663,
    692, 703, 704, 734, 773, 844
WALTER, Frederic, 766
WANDERLEY, Manuel da Rocha, 239, 335, 833
WARD, Barbara, 607, 877
WARREN, John Esaías, 366, 512, 546, 845
WÄTJEN, Hermann, 37, 354, 877
WATSON, W. C., 877

WEBER, Max, 115
WEBSTER, W. H., 774, 845
WEIS, 673
WERNECK, L. P. de Lacerda, 609, 845
WESTERMARCK, E. A., 259, 260, 877
WETHERELL, James, 152, 202, 215, 254, 404, 410, 423, 426, 507, 566, 845
WEYL, Jonas, 891
WHIFFEN, Thomas, 877
WHITAKER, Arthur P., 606, 877
WHITALL, John, 108
WIED-NEUWIED, Príncipe Maximiliano, 138, 167, 280, 302, 444, 467, 477, 482, 484, 526, 610, 690, 769, 845
WIENER, Charles, 660, 661, 703, 845
WILKES, Charles, 632, 633, 634, 691, 694, 845
WILLEMS, Emílio, 877
WILLIAMS, Ernest Ranger, 432
WILLIAMSON, J., 432
WOLFE, Bertham, 102
WOODSON, M., 891
WOODWORTH, M., 891
WUCHERER, Dr., 520

X

XAVIER, Thomaz, 159
XICO REI, 172
XUMBERGAS, 106

Y

YAHUDA, A. S., 467, 891
YOUNG, Kimball, 887

Z

ZENHA, Edmundo, 493, 494, 532, 533, 877
ZIMMERMANN, Carl C., 46, 58